H.6218

HISTOIRE GÉNÉRALE

DE L'EUROPE

SOUS LE REGNE

DE LOUIS XIII.

TOME SIXIEME, SECONDE PARTIE, p. 579.

HISTOIRE
DE
LOUIS XIII,
ROI DE FRANCE ET DE NAVARRE,

CONTENANT *les choses les plus remarquables arrivées en France & en Europe, depuis la découverte, au Cardinal de* RICHELIEU, *du Traité négocié à Madrid jusqu'à la mort du Roi.*

PAR MICHEL LE VASSOR.

NOUVELLE EDITION.

AUGMENTÉE D'UNE TABLE GÉNÉRALE DES MATIERES.

TOME SIXIEME. IIᴱ PARTIE, p. 579.

A AMSTERDAM,
AUX DÉPENS DES ASSOCIÉS.

M. DCC. LVII.

HISTOIRE
DU RÉGNE
DE
LOUIS XIII.
ROI DE FRANCE ET DE NAVARRE.
LIVRE CINQUANTIE'ME.

SOMMAIRE.

E *Cardinal de Richelieu est averti du traité négocié à Madrid par Fontrailles. Le Duc d'Orléans & Cinq-Mars concertent de se retirer à Sedan. Le Duc de Bouillon, Cinq-Mars & de Thou sont arrêtés. Le Roi va visiter le Cardinal de Richelieu malade à Tarascon. Mort de Marie de Médicis. Bassesses du Duc d'Orléans, qui tâche de faire sa paix avec le Roi & avec le Cardinal de Richelieu. Le Duc d'Orléans demande pardon au Roi & au Cardinal de Richelieu, & leur envoie des indignes déclarations. Cinq-Mars & de Thou sont condamnés à mort. Exécution de l'arrêt rendu contre Cinq-Mars & de Thou. Le Duc de Bouillon sauve sa vie en cédant Sedan au Roi. Prise de Perpi-*

gnan & de Salces. Le Marquis de Léganez marche pour assiéger Lérida, & le Maréchal de la Motte-Houdancourt l'oblige à se retirer. Prise de Tortone & de quelques autres Places en Italie. Progrès de Torstenson Général de Suéde en Allemagne. Le Maréchal de Guébriant s'approche de lui. Le Cardinal de Richelieu cherche à faire de nouvelles créatures. Il oblige le Roi à chasser de sa maison certains Officiers suspects au Cardinal. Mort du Cardinal de Richelieu. Déclaration du Roi contre le Duc d'Orléans. Le Cardinal Mazarin est fait Ministre d'Etat. Conduite des nouveaux Ministres de Louis XIII. Disgrace du Comte Duc d'Olivarez. Retour du Duc d'Orléans à la Cour. Elargissemens de quelques Seigneurs prisonniers. Rappel des exilés. Anne d'Autriche tâche d'obtenir la Régence du Royaume après la mort de Louis XIII. & se fait des amis & des créatures. Des-Noyers, l'un des trois Ministres d'Etat, se retire de la Cour. Déclaration de Louis XIII. pour le gouvernement du Royaume durant la minorité de son Fils. Le Roi ordonne qu'on fasse les cérémonies omises au baptême du Dauphin, & se prépare à la mort. Mouvemens & intrigues à la Cour de France dans les derniers jours de la Vie de Louis XIII. Mort de Louis XIII.

1642.
Le Cardinal de Richelieu est averti du traité négocié à Madrid par Fontrailles.
Vie du Cardinal de Richelieu, par Aubery. Liv. 6. Cap. 85. Mémoires de Bouillon & de Montrésor. Relation de Fontrailles dans ceux-ci. Histoire du Maréchal de Gassion. Tom. II.

RICHELIEU ne demeura pas long-temps à Tarascon, sans avoir connoissance du traité négocié par Fontrailles à Madrid. Par quel canal il apprit une nouvelle capable de rétablir sa fortune ébranlée, & de le rendre supérieur à tous les efforts de ses ennemis, c'est ce qu'on n'a jamais bien découvert. Ses créatures firent de concert avec lui courir le bruit, que le Maréchal de Brezé, Viceroi de Catalogne, avoit intercepté un pacquet venu d'Espagne, où se trouva un original du traité, qu'il envoya incessamment à son beau-frere. Mais cela ne paroit gueres croyable. Pourquoi une piece de cette conséquence seroit-elle venue par mer du côté de la Catalogne? A qui l'adressoit-on? Si le Comte Duc d'Olivarez dût envoyer à quelqu'un l'original, ou du moins une copie authentique du traité : ce fut à Dom Francisco de Melo dans les Pays-Bas par l'Océan, à Dunkerque, ou à quelqu'autre endroit maritime de Flandres. Il étoit nécessaire que cet Officier, avec qui les Ducs d'Orléans & de Bouillon, & le Grand Ecuyer, devoient avoir une étroite correspondance, dès-qu'ils seroient à Sedan, du moins jusques à ce que l'Arhiduc Léopold se rendit à Bruxelles, fût pleinement instruit des conditions du traité. Les gens de bon sens crurent que ce bruit étoit artificieusement répandu par les confidens du Cardinal, afin de faire accroire au monde qu'il avoit en main le traité; quoique dans le fonds il n'en eût ni original, ni copie, mais tout au plus un extrait tiré par quelqu'un qui l'avoit vû. Encore cela est-il assez incertain. L'original que Fontrailles apporta fut envoyé par le Comte d'Aubijoux au Duc d'Orléans, qui le brûla dès qu'il apprit que Cinq-Mars étoit arrêté. Il en garda une copie, qu'il avoit fait tirer. S'il eût voulu la brûler pareillement, ou qu'il eût constamment refusé de la donner, & de la reconnoître pour véritable & authentique, jamais on n'auroit pû le convaincre juridiquement, ni condamner Bouillon, Cinq-Mars & de Thou. Mais intimidé par les menaces qu'on lui fit de le chaffer de France, & de le reléguer avec une modique penſion à Veniſe, ou ailleurs, il en paſſa par tout ce que Richelieu lui preſcrivit. Lâcheté qui ſera, comme pluſieurs autres, une flétriſſure éternelle à la mémoire de ce Prince.

1642.
Mercurio di Vittorio Siri. T. 2. Lib. 2.

Un Hiſtorien du Cardinal dit que la premiere nouvelle de la négociation faite en Eſpagne vint du Nonce du Pape à Madrid, qui écrivit qu'un François avoit eu de fréquentes & longues conférences avec le Comte Duc d'Olivarez; qu'on eut enſuite un plus grand éclairciſſement par une dépêche de Dom Franciſco de Melo interceptée ; que le Cardinal Mazarin reçut en même-temps d'Italie pluſieurs avis d'une grande conſpiration tramée en France contre la perſonne & l'autorité du premier Miniſtre. On put apprendre encore d'ailleurs quels en étoient les complices. Quelques jours avant ſon empriſonnement, le Grand-Ecuyer reçut une lettre de la Princeſſe Marie de Gonzague, qui l'avertiſſoit de prendre garde à lui. *Votre affaire*, diſoit-elle, *eſt connue à Paris, comme on y ſçait que la Seine paſſe ſous le Pont-neuf*. Selon le ſyſtême de cet Auteur, il faudroit ajoûter, que pour derniere confirmation Richelieu reçut un extrait des articles du traité, qu'il l'envoya inceſſamment au Roi par Chavigni, qu'il aſſura Sa Majeſté qu'il avoit été fait ſur l'original, & que *ſur ſa vie* il en auroit des preuves convaincantes. On dit communément que c'étoit la copie même du traité que Gaſton reconnut enſuite. Mais cela ne s'accorde pas avec la lettre que Marca Conſeiller d'Etat, & depuis Archevêque de Touloufe & de Paris, l'un des juges Commiſſaires donnés à Cinq-Mars & à de Thou, écrivit à Brienne Secrétaire d'Etat. Nous y liſons que le Duc d'Orléans, ayant brûlé l'original, retint la copie. Il faut donc que le papier envoyé au Cardinal ne fût qu'un extrait, ou une ſeconde copie tirée à l'inſçu de l'imprudent Gaſton, qui auroit apparemment fait tranſcrire le traité par l'Abbé de la Riviere, mort depuis Evêque de Langres, ſon confident, ou par Goulas Secrétaire de ſes commandemens, tous deux eſpions & penſionnaires de Richelieu. Tout ceci eſt fort incertain, pour ne pas dire abſolument faux. J'en marquerai incontinent les raiſons.

Quelques-uns, dit l'Auteur de l'Hiſtoire du Maréchal de Gaſſion, *imputent cette découverte à la legereté du Duc d'Orléans, qui n'avoit point de ſecret pour l'Abbé de la Riviere, le plus fameux, le plus riche, & le mieux récompenſé de tous les traîtres du Royaume. Par ſes vices, ou par ſon eſprit*, ajoûte-t-il, *cet homme de néant fut aſſez heureux pour plaire à Son Alteſſe Royale, & pour parvenir à ſa confidence. Mais il trahit ſans ceſſe un ſi bon maître, au rapport de quels-uns, l'Abbé pénétra dans cette affaire dès-les commencemens, & en donna les premiers avis au Cardinal. Cela ne ſe dit pas ſans fondement. L'Ame ſordide & les trahiſons fréquentes du perſonnage ſont de notorieté publique.* Cependant, lorſque je réfléchis ſur la maniere dont le Roi, ſon Miniſtre, & Chavigni en uſerent avec la Riviere, afin de l'intimider, & de l'obliger à déclarer, ou du moins à faire en ſorte que Gaſton avouât ingénument tout ce qui s'étoit paſſé, j'ai peine à me perſuader qu'il ait été le premier délateur. De maniere que je ſoupçonnerois plûtôt Goulas, s'il étoit bien ſûr que Richelieu connut l'intrigue par quelqu'un des domeſtiques ou des confidens du Duc d'Orléans. Le Comte de Bethune fut accuſé d'avoir révélé le ſecret ; mais Montréſor proteſte que c'eſt *la plus lâche calomnie qui ſe pût inventer contre la probité reconnue* de ce Seigneur. Un mémoire du Cardinal, alors embarraſſé à trouver des preuves ſuffiſantes pour faire condamner ſes ennemis à la mort, donne à penſer qu'il fut premierement averti par des perſonnes de grande diſtinction, qui ne voulurent pas être nommées. Ce fut apparemment le Maréchal de Schomberg, à qui Cinq-Mars s'ouvrit trop librement, le croyant ennemi juré & irréconciliable de Richelieu. *Si ceux qui ſçavent beaucoup de particularités de cette affaire vouloient être allégués*, dit le Cardinal à Chavigni & à Des-Noyers, *on n'auroit pas tant de peine. Mais la raiſon veut qu'on choye ſes amis & qu'on s'en ſerve ſelon leur goût. Avec le temps, M. de Schomberg ſera néceſſaire ici. Outre qu'il ſçait des circonſtances, il eſt vraiſemblable que M. le Grand plus reſſerré qu'auparavant, & preſſé par un Commiſſaire, voudra parler à M. de Schomberg. Du moins ſon humeur l'y doit porter.* Cela ſuppoſe que le Maréchal avoit déja révélé quelque choſe ; & qu'on eſpéroit qu'il en diroit davantage, ſi Cinq-Mars, alors priſonnier, s'ouvrit à lui.

Ces paroles de Richelieu me font croire que l'Hiſtorien de Gaſſion peut bien être celui qui a le mieux connu la maniere dont l'intrigue fut découverte. Je rapporterai ſon texte même. „ J'ai peine à me perſuader d'une „ choſe, dit-il par maniere de préface à un fait qui doit ſurprendre. J'ai con- „ nu le cœur & la probité de celui qu'on accuſe. Cependant les Miniſtres „ & les plus clairvoyans de la Cour n'en veulent point d'autre. Voici ce „ qu'on raconte. Je le publie à regret pour l'amour du coupable. Mais je „ ne puis taire, ni diſſimuler la vérité. Le Maréchal de Schomberg reçut „ ordre de venir commander l'Armée de Rouſſillon. Le monde fut ſurpris „ de ce qu'on appelloit un homme ſi peu néceſſaire, & de ce qu'on don- „ noit un compagnon au Maréchal de la Meilleraie, qui n'en ſouhaitoit „ point. Cela parut d'autant plus extraordinaire, que le Cardinal avoit de- „ puis peu ſeulement mortifié Schomberg ſur le gouvernement de Langue- „ doc. Le Grand-Ecuyer, ſe flattant de trouver un ami dans un Seigneur „ déſobligé par le Miniſtre, ouvrit ſon cœur au Maréchal, lui dit tout le „ ſecret de la conſpiration, & lui en nomma les complices. L'abſence de „ Richelieu, le chagrin du Roi, & la faveur de Cinq-Mars qui comman- „ doit preſqu'en chef, ſurprirent d'abord Schomberg. Il va bride en main, „ tâche de preſſentir les intentions de Sa Majeſté, & reconnoiſſant qu'elle „ ne ſçait rien des projets, il lui découvre tout ce qu'il a appris du Grand- „ Ecuyer. On envoye quérir Chavigni, qui ſurpris de la choſe en éxagere „ les conſéquences. Le Roi, informé de la brouillerie entre ſon Miniſtre „ & Schomberg, fut plus ſenſible à la dépoſition de celui-ci. Il l'éxamina „ en particulier, & parla au Favori, qui tint bon. Richelieu, averti de „ tout, fut d'avis d'approfondir l'affaire dans les formes, de ſe ſaiſir des

» papiers des accusés, & de leur donner des Commissaires. En cas qu'ils
» soient coupables, disoit-il en lui-même, on le découvrira bientôt. Que
» s'ils se trouvent innocens, le Roi les disculpera facilement devant le mon-
» de, en leur accordant de nouvelles graces. » L'embarras du Cardinal
dans ses lettres, quand il est question de trouver de quoi convaincre juridiquement les accusés, les artifices employés pour surprendre le Duc d'Orléans, & les menaces qu'on lui fait afin de l'obliger à donner la copie du
traité qu'il avoit gardée, & à la reconnoître pour authentique, en présence du Chancelier & de quelques Magistrats, rendent à mon avis le récit de l'Historien de Gassion plus vraisemblable que celui des autres.

1642.

Lorsque la conspiration commençoit de se découvrir, ou du moins
peu de temps auparavant, le Duc d'Orléans & Cinq-Mars, qui attendoient fort tranquillement la mort de Richelieu, résolurent, à la sollicitation de Fontrailles, de se retirer à Sedan. Le Grand-Ecuyer s'appercevoit
de la diminution de sa faveur, quoiqu'il se vantât à Gaston d'être mieux
que jamais dans l'esprit du Roi. La perte de la bataille d'Honnecour, la
longueur du siege de Perpignan, & les mouvemens du Roi d'Espagne pour
secourir la Place, inquiétoient le foible Louis. Il craignoit de ne se pouvoir démêler des embarras que des créatures de Richelieu affectoient de
lui représenter comme des suites inévitables de la levée du siege de Perpignan, à laquelle il se faudroit bien résoudre, si l'armée Espagnole s'avançoit une fois jusques dans le Roussillon. Ces insinuations disposerent insensiblement le Roi à contenter son Ministre irrité, & à lui sacrifier tout,
afin de le détourner de sa feinte résolution d'abandonner le timon des
affaires. *Monsieur*, dit un jour le Comte de Brion à Gaston, *ne croyez-vous
point trop facilement M. le Grand sur sa parole ? Il vous écrit qu'il est tout-
puissant auprès du Roi, & entierement maître de son esprit. Il est facile de vous
en convaincre par vous-même. Le Cardinal vous donne de continuels sujets de
plainte. Ecrivez-les au Roi, & priez M. le Grand de lui rendre la lettre,
& d'appuyer ce que vous direz contre le Cardinal. Nous verrons s'il osera la
présenter.* Le Duc d'Orléans agrée l'expedient, dépêche Brion à la Cour,
sous prétexte de demander à Sa Majesté la permission d'aller prendre les
eaux de Bourbon, & de donner la lettre concertée. Cinq-Mars proteste qu'on
ne peut être mieux que lui dans l'esprit du Roi. Cependant il ne rend pas
la lettre : d'où Brion conclut que le Grand-Ecuyer en fait accroire à Gaston.
Afin que son voyage fût de quelque utilité, Brion engagea Cinq-Mars à
presser le Duc d'Orléans d'éloigner l'Abbé de la Riviere, qui, par sa longue habitude dans la maison & auprès de la personne de Son Altesse
Royale, pénétroit, dit-on, ses plus secretes intentions, & en avertissoit
Richelieu. La tentative fut inutile. Plus prévenu que jamais en faveur de
son perfide domestique, Gaston le garde, se confie uniquement à lui, &
abandonne ses plus fideles serviteurs.

Le Duc d'Orléans & Cinq-Mars concertent de se retirer à Sedan. Mémoires de Bouillon & de Montrésor. Relation de Fontrailles dans ceux-ci.

Quelque temps s'étant écoulé, dit Frontrailles, *durant lequel M. le Grand
étoit en de violentes inquiétudes, & vouloit fort avoir quelqu'un capable de le
soulager, & auquel il pût parler confidemment, il m'envoya prier plusieurs*

fois d'aller à la Cour. Déterminé à n'y plus retourner, je m'en excusai toujours. Enfin souhaitant que je me rendisse auprès de Monsieur, pour finir l'affaire, il me dépêcha un Gentilhomme avec une lettre de sa part. Le Roi est à l'extrêmité, m'écrivoit-il. Accourez promptement. Je ne crois pas que vous le trouviez en vie, quelque diligence que vous fassiez. *Je pars la nuit même, & en arrivant devant Perpignan, je rencontre M. de Thou, qui me dit qu'à la vérité le Roi a été fort mal, mais qu'il se porte beaucoup mieux. Je me plaignis à M. le Grand de ce qu'il m'avoit fait venir à fausses enseignes.* C'est par nécessité, *me répondit-il.* Je ne reçois aucune nouvelle de Monsieur: il faut que vous l'alliez trouver pour sçavoir au vrai l'état des choses. Je le veux bien, *repartis-je.* Mais agréez que pour me bannir tellement de la Cour qu'il ne me reste aucun prétexte d'y revenir, je fasse appeller M. d'Espenan. Nous avons eu un démêlé, comme vous sçavez. Le Roi m'ayant fait défendre par M. le Cardinal & par M. le Maréchal de Schomberg d'appeller M. d'Espenan, Sa Majesté sera si fort irritée contre moi, qu'il ne me sera plus possible de m'approcher de la Cour, sans m'exposer au danger d'être infailliblement arrêté. *M. le Grand en étant convenu, l'appel fut fait. Ayant été séparés selon notre désir, je m'en allai à Chambor. J'y trouvai Son Altesse Royale, qui attendoit la mort du Cardinal, sans penser à son affaire, quelqu'importante qu'elle fût.*

Vous êtes, Monsieur, en un fort grand péril, *lui dis-je franchement.* Le traité que vous avez fait avec le Roi d'Espagne ne doit pas être regardé comme une chose de néant, & indigne de votre application. Le Cardinal n'est point si malade qu'on se l'imagine, & je ne sçai si M. le Grand n'est pas absolument ruïné dans l'esprit du Roi. Ne comptez ni sur la mort de l'un, ni sur la faveur de l'autre. Il n'y a point de temps à perdre. Pensez à votre sûreté, & à celle des gens qui vous ont servi. Vous avez raison, *me répondit-il.* L'avis que vous me donnez est fort bon. Je l'aurois déja suivi, si on ne m'eût pas assuré que le Cardinal ne pouvoit vivre long-temps. *Le Comte d'Aubijoux fut dépêché à M. de Bouillon pour tirer les ordres nécessaires, afin que Son Altesse Royale fût reçue à Sedan.* Quand d'Aubijoux sera de retour, *me dit-elle*, je m'en irai, dès que M. le Grand le jugera nécessaire. Pour être plus près de lui, je m'avancerai jusques à Bourbon. J'ai permission d'y aller prendre les eaux. *Je m'en retourne donc à Perpignan, & ne marche que la nuit. Après avoir rendu à M. de Cinq-Mars la lettre de Son Altesse Royale, je le pressai de se retirer à quelque prix que ce fût, & sans perdre un moment de temps. Je l'y avois une fois déterminé, quand tout d'un coup il me fit la question suivante.* Avez-vous dit à Monsieur que j'irois si promptement le trouver? Non, *répondis-je.* Vous ne m'en aviez pas donné charge. Et bien, *reprit-il*, je ne veux pas me présenter devant lui comme un fugitif. Il faut que cela se fasse de concert. Je dépêcherai Montmor à Son Altesse Royale. Il arrêtera le jour & le lieu où je me rendrai pour sortir du Royaume avec elle. *Je l'exhortai inutilement à prendre le parti le plus sûr, & à ne hazarder point sa vie sur une bienséance. Mais n'ayant pû rien gagner, je lui prédis avec douleur à notre séparation, que je ne le reverrois vois plus*. Cela ne s'accorde pas avec cette raillerie aſſez froide qu'on met communément à la bouche de Fontrailles quand il prit congé du Grand-Ecuyer. *Pour vous, Monſieur, qui êtes un homme fort bien fait, vous aurez encore aſſez bonne mine, quand on vous aura ôté la tête de deſſus les épaules. Mais un petit homme auſſi mal tourné que moi ſeroit étrangement défiguré, s'il perdoit la ſienne.* Des perſonnes de ma connoiſſance ayant demandé à Fontrailles, ſi ce conte étoit vrai, il répondit que non. Plus ſage que les autres, il ſe ſauva au plus vîte en Angleterre. D'Aubijoux & Montreſor l'y ſuivirent de même. En vérité il y eut tant d'imprudence & ſi peu de concert dans la conduite de Gaſton, de Bouillon & de Cinq-Mars depuis la concluſion de leur traité avec le Roi d'Eſpagne, que s'ils ne s'étoient pas perdus, ç'auroit été la choſe du monde la plus extraordinaire.

Voyons maintenant ce que d'Aubijoux fit avec le Duc de Bouillon. L'Auteur de ſes Mémoires en donne un long détail. Tranſcrivons-le. On éxaminera enſuite, s'il eſt exact, ou non. *Aubijoux*, dit-il, *n'apporta qu'une lettre de créance. Il étoit chargé de demander au Duc de Bouillon les ordres néceſſaires pour faire recevoir dans Sedan Monſieur avec la Reine & Meſſieurs ſes Enfans.* Fontrailles, ni aucun autre, ne raconte qu'on ait parlé de conduire alors la Reine, le Dauphin, & le Duc d'Anjou ſon frere à Sedan. Ce conte eſt de la façon de Langlade, qui cherche à diminuer la faute de ſon Héros, & à nous faire accroire que le Duc d'Orléans & Cinq-Mars le tromperent. Suivons le récit de cet Hiſtorien. D'Au-
» bijoux, *continue-t-il*, avoit lié une aſſez grande amitié avec le Duc de
» Bouillon. Il étoit homme de grande qualité, de la maiſon d'Amboiſe,
» & il paſſoit pour avoir beaucoup d'honneur & de courrage. Le Duc de
» Bouillon ne ſe pouvant déterminer le garda trois jours caché dans le camp.
» Il lui répéta pluſieurs fois les mêmes choſes qu'il avoit dites au Duc
» d'Orléans à l'hôtel de Veniſe, lorſqu'on y parla de Sedan, du traité d'Eſ-
» pagne, & de ce que Monſieur avoit à faire, ſi le Roi venoit à mourir.
» Plus le Duc de Bouillon y penſoit, & moins il pouvoit comprendre que
» la Reine & Monſieur s'imaginaſſent que le Roi étant mort, ils ſeroient
» obligés de ſortir du Royaume. De maniere que lorſqu'il joignoit aux rai-
» ſonnemens qui lui venoient ſur cela dans l'eſprit ce qui s'étoit paſſé entre
» le Duc d'Orléans, Cinq-Mars & lui, cette derniere inſtance ſur Sedan
» ne lui paroiſſoit qu'un artifice du Grand-Ecuyer.

» Le prétexte de donner retraite à la Reine, aux enfans de France, & à
» Monſieur, étoit plauſible & glorieux au Duc de Bouillon. Mais il avoit
» tout ſujet de craindre que par cet engagement il ne ſe trouvât dans la
» ſuite embarqué malgré lui avec les Eſpagnols pour ſoûtenir une guerre ci-
» vile. Cependant d'Aubijoux, qui ſçavoit avec quelle impatience on at-
» tendoit ſon retour, n'oublioit rien de tout ce qui pouvoit diſſiper les
» ſoupçons du Duc de Bouillon, & celui-ci ne doutoit pas que ſi on avoit
» deſſein de le ſurprendre, on n'eût commencé par tromper d'Aubijoux. »
Je ſuis trop votre ſerviteur, Monſieur, *avoit dit plus d'une fois le Gentilhomme au Duc*, pour vous diſſimuler l'artifice ſi j'y en connoiſſois le moin-

dre. Confidérez, s'il vous plaît, que si vous me renvoyez sans me rien accorder, Monsieur en aura un chagrin mortel. En quel terrible embarras serez-vous, si le Roi meurt, comme je n'en doute pas? Le Cardinal vous haïra toujours secretement, & Monsieur se déclarera votre ennemi. *Le Duc de Bouillon avoit résisté à ces considérations. Mais enfin il arriva un courier de la Cour, chargé de lettres pour lui, & pour plusieurs Officiers de l'armée. Elles portoient toutes qu'on désespéroit de la vie du Roi. Alors, le Duc de Bouillon se détermina, donna les lettres que le Duc d'Orléans lui demandoit: mais à condition, qu'elles ne sortiroient des mains d'Aubijoux qu'après la mort du Roi, & que si Sa Majesté revenoit en santé, d'Aubijoux les rendroit au Duc de Bouillon, ou qu'il les brûleroit, s'il y avoit du péril à les garder.* Fable inventée à mon avis par un Auteur entêté de justifier son Héros, comme je l'ai déja insinué. Et quand il seroit vrai que le Duc de Bouillon fut trompé, seroit-il excusable de s'être laissé surprendre dans une affaire où il y alloit de sa vie & de tout son bien?

Venons au fait. Comment Aubijoux osa-t-il dire que le Roi étoit mourant? Il se portoit mieux lorsque Fontrailles alla trouver le Duc d'Orléans à Chambor, & par conséquent avant qu'Aubijoux partît pour le Piémont. Dire que lorsqu'il y étoit, un courier rapporta des lettres qui assuroient qu'on désespéroit de la santé de Louis, c'est la chose du monde la plus insoutenable; car enfin Sa Majesté ne fut qu'une fois dangereusement malade au camp devant Perpignan; après quoi elle voulut retourner à Narbonne, & de-là vers Paris. Le Duc de Bouillon ne pouvoit pas non plus ignorer l'état de la santé du Roi. Tous les jours, il arrivoit quelque courier de la Cour à l'armée d'Italie, & le Duc de Bouillon avoit un de ses domestiques confidens auprès de Sa Majesté, qui l'avertissoit de ce qui s'y passoit. Son Historien auroit donc mieux fait d'avouer de bonne foi, que le Duc avoit pris de si grands engagemens avec Son Altesse Royale, qu'il ne put honnêtement lui refuser une retraite à Sedan, après l'avoir si solemnellement promise. *Fontrailles me vient trouver à Chambor*, dit Gaston, dans la déclaration donnée au Roi, & confirmée depuis en présence du Chancelier & de plusieurs Magistrats, *pour me dire que les affaires de M. le Grand alloient mal, & qu'il falloit pourvoir à notre sureté. Sur quoi j'envoyai le Comte d'Aubijoux à M. de Bouillon, lui demander une lettre, pour me faire recevoir à Sedan. Il me l'envoya. M. le Grand me dépêcha ensuite un courier, afin d'avertir qu'il étoit en fort mauvais état auprès du Roi, & de me demander ce que je voulois qu'il devînt. Je lui répondis de se trouver à Moulins le 4. Juillet, & qu'il se retirât avec moi dans la franche Comté & de là à Sedan. Mais le courier trouva qu'il étoit arrêté.* Le Duc d'Orléans demanda donc une retraite à Bouillon, non sur la maladie du Roi parfaitement guéri alors; mais sur la nécessité de pourvoir à la sureté de sa personne, à cause du changement arrivé à la faveur de Cinq-Mars.

Aubijoux, dit Frontrailles, *apporta tout ce qu'il avoit demandé. M. de Bouillon supplia seulement Son Altesse Royale, de différer son depart de quelques jours. La maladie du Cardinal*, & non pas celle du Roi, *les avoit tous amusés.* Montrefor enfin. *Le Comte d'Aubijoux alla dans ce même-temps en Piémont, vers le Duc de Bouillon, pour tirer de lui les pouvoirs qu'il avoit promis, & des ordres à ceux qui commandoient dans sa Place, d'y recevoir Son Altesse Royale, toutes les fois qu'il lui plairoit d'y chercher sa sûreté. M. de Bouillon les remet tous à d'Aubijoux, qui les emporta si à propos à Moulins, que Monsieur eût pû s'en servir s'il fut demeuré dans la même résolution.* En voilà suffisamment pour réfuter le Roman de Langlade. Mais quel fut l'aveuglement du Duc de Bouillon, de demeurer tranquillement dans l'armée d'Italie après avoir envoyé de pareilles lettres au Duc d'Orléans ? Prétendoit-il la faire soulever en sa faveur, ou qu'on lui en laisseroit le commandement lorsque Gaston seroit à Sedan ? La prudence vouloit qu'il s'y enfuît lui-même au-plûtôt. *M. de Bouillon fut arrêté à Cazal d'une maniere fort peu honorable pour lui,* dit Montrefor avec beaucoup de raison. En effet il n'y eut jamais de conduite plus irréguliere, plus imprudente que celle de ce Seigneur, fort habile d'ailleurs.

Contre le sentiment de ses Medecins, qui l'assuroient que l'air du Roussillon étoit contraire à sa santé, Louis s'opiniâtroit à demeurer dans son camp devant Perpignan. Mais lors qu'ébranlé par le témoignage du Maréchal de Schomberg, & par les vives instances de Chavigni, il eut enfin consenti à l'emprisonnement du Grand-Ecuyer, Sa Majesté prit la résolution d'aller à Narbonne. On crut qu'il seroit facile à Cinq-Mars de s'échapper du camp, où il avoit beaucoup d'amis & de créatures, & qu'on auroit moins de peine à s'assurer de lui dans une ville dont les portes seroient fermées & éxactement gardées. Louis ne s'étoit rendu qu'après de grands combats. Incertain si son premier Ministre, dont la conservation sembloit dépendre de la ruïne du Favori, n'avoit point engagé Schomberg à faire une découverte fondée sur des conjectures peut-être éloignées, & craignant de mettre Cinq-Mars dans la nécessité de révéler tout ce qui s'étoit passé entr'eux contre Richelieu, le Roi auroit plus long-temps résisté à donner son consentement, si le P. Sirmond Jésuite, son Confesseur, ne le lui eût enfin arraché. On dit que s'étant mis d'abord à genoux, il pria instamment Dieu de lui inspirer la résolution qu'il devoit prendre dans une conjoncture qui lui paroissoit fort embarassante. Le vieux Jésuite, gagné peut-être par le Secrétaire d'Etat, dont la fortune étoit uniquement appuyée sur celle du Cardinal, persuada facilement à son Pénitent superstitieux de punir des perfides qui traitoient avec ses ennemis, pour l'obliger à faire une paix désavantageuse, & de n'épargner pas même son propre frere, qui nonobstant plusieurs révoltes pardonnées retomboit toujours dans la même désobéïssance. Louis chercha plus d'une fois à se défaire de son Ministre arrogant : mais il voulut le chasser de son propre mouvement, du moins en apparence. Jaloux avec raison de certains dehors d'autorité, il ne pouvoit souffrir qu'on entreprît de l'y forcer malgré lui, ni qu'on prît aucun engagement avec la Maison d'Autriche. Sa Majesté va donc à Narbonne : Cinq-Mars la suit. Plus attentif à contenter ses passions criminelles qu'à sa sûreté, & à l'éxécution de ses projets déja trop évantés, le jeune étour-

1642.

Le Duc de Bouillon, Cinq-Mars, & de Thou sont arrêtés.

Vie du Cardinal de Richelieu par Aubery. Liv. 6. Chap. 85. *& 87.*
Vie nouvelle du même. Lib. 6.
Mémoires pour servir à l'Histoire du même. T. II.
Histoire du Maréchal de Gassion. Tom. II.
Mémoires du Duc de Bouillon, de Montrésor, du Maréchal du Plessis-Praslin.

di suborne, dès le jour même de son arrivée à Narbonne, une infâme créature, & l'engage à lui vendre la fille qu'elle avoit d'un nommé Burgos faiseur de poudre à canon dans la même ville.

1642.
& de Chavagnac.
Mercurio di Vittorio Siri. T. 2. Lib. 2.

Le 13. Juin, Louis donne ordre au Comte de Charrost, Capitaine de ses gardes, d'arrêter le Grand-Ecuyer. La chose ne fut point si secrete qu'elle ne vînt à la connoissance d'un ami de Cinq-Mars, qui l'en avertit lorsqu'il faisoit la débauche chez Beaumont, Gouverneur de S. Germain, dit-on. Il va prendre ses bottes au Palais de l'Archevêque, où il étoit logé près de l'appartement du Roi, monte à cheval suivi d'un seul valet de chambre, & court aux portes de la ville. Les trouvant toutes fermées, il se réfugie chez la Burgos, dont le mari étoit absent. Charrost ayant manqué son coup, le va dire au Roi, qui ordonne des perquisitions dans toute la ville, défend sous peine de la vie, à qui que ce soit, de cacher Cinq-Mars, & menace de la même peine ceux qui auront connu le lieu de sa retraite sans le découvrir. L'infortuné Favori auroit pu échapper aux recherches de l'Archevêque créature de Richelieu, du Lieutenant de Roi, & des Consuls de la ville, si Burgos ne fût pas malheureusement revenu au logis. Quelqu'un de ses domestiques l'ayant averti qu'un jeune Gentilhomme fort bien fait étoit dans la maison, il conjectura que ce pourroit bien être le Grand-Ecuyer. Burgos, ébranlé peut-être par les grandes promesses que Cinq-Mars lui faisoit, consulte un de ses amis, qui lui conseille de ne s'exposer point au danger de perdre la vie. Il avertit donc le Lieutenant de Roi, qui vient prendre Cinq-Mars, & le conduit prisonnier à l'Archevêché. De Thou & Chavagnac le pere furent arrêtés en mêmetemps au camp devant Perpignan, par Ceton Lieutenant de la compagnie des gardes Ecossois. Il en usa si bien avec de Thou, dont le mérite étoit généralement estimé, qu'on lui laissa la liberté de brûler les lettres & les papiers dont il crut devoir dérober la connoissance à ses ennemis. Le Grand-Ecuyer fut transféré de Narbonne dans la Citadelle de Montpellier; de Thou & Chavagnac à Tarascon, où Richelieu leur fit subir divers interrogatoires. Je n'ai pû me dispenser de marquer par avance que le Cardinal interrogea lui-même de Thou sur les propositions de paix envoyées à Rome par ordre du Roi.

Avant le depart de Sa Majesté pour Narbonne, Chavigni expédia l'ordre d'arrêter le Duc de Bouillon, & de le faire conduire à Pignerol. Il étoit adressé à Aiguebonne Ambassadeur de Louis en Piémont, au Comte du Plessis Praslin, & à Castellans Maréchaux de camp dans l'armée que le Duc commandoit en Italie. On enjoignoit dans un autre à tous les Officiers des troupes & des Places de Sa Majesté dans le même Pays, d'obéïr à tout ce qu'Aiguebonne, du Plessis, & Castellans leur ordonneroient. *Ceci est ma volonté*, mit Louis de sa propre main à la fin des deux ordres. On raconte différemment la maniere dont elle fut éxécutée. Voyons premierement ce que le Comte du Plessis rapporte dans ses mémoires. Il y marque en même-temps comment le Duc se préparoit à l'ouverture de la campagne. L'an 1642. *dit cet Officier brave & intelligent à la véri-*

té, *mais importun par l'affectation continuelle de se donner des louanges*, « le Duc de Bouillon passa en Italie pour y servir de Général. On se pré- » pare à la campagne, on assemble les troupes, on tient plusieurs Conseils, » où, comme l'on peut juger le Comte du Plessis devoit avoir grande part » aux résolutions qui se prirent. Il avoit seul le secret des affaires, & sça- » voit mieux que tout autre la guerre en Italie. Aussi le Duc de Bouillon » déféra-t-il presque toujours à ses avis. L'armée s'assemble vers Albe, & » passe de là dans le voisinage d'Alexandrie. Le Comte y reçut l'or- » dre d'arrêter le Duc de Bouillon. C'étoit une action assez difficile & fort » épineuse. Elle ne se put faire le même jour, comme il le desiroit. Par » un bonheur extraordinaire le secret se garda quatre jours avant l'éxécu- » tion. Tout se passa heureusement ; mais avec une véritable douleur, & » beaucoup de civilité de la part du Comte du Plessis. Le Duc de Bouillon » ne s'en plaignit pas, & le Cardinal de Richelieu, assez délicat en de sem- » blables choses, fut content de la conduite du Comte. Il en eut assez dans » cette rencontre pour réprimer une espece de soulevement des soldats, qui » devenus insolens depuis la prison du Duc de Bouillon, croyoient que tout » étoit permis. En trois ou quatre marches, le Duc les avoit voulu réduire » par une extraordinaire sévérité à l'ordre tant desirable parmi les gens » de guerre. Mais des troupes qui n'y étoient pas accoûtumées ne s'y pou- » voient mettre qu'avec un peu de temps. Dans cette extrémité qu'il ju- » geoit dangereuse, sur tout au milieu du pays ennemi, le Comte se ré- » solut à la fermeté. Inébranlable à plusieurs insolences qu'il châtia rigou- » reusement, il s'acquit autant d'autorité dans l'armée, où il n'étoit que » Maréchal de camp avec plusieurs camarades, que s'il l'eût comman- » dée en chef.

Un Auteur Italien, que le dernier Historien de Richelieu suit préférablement aux autres, raconte qu'Ossonville Capitaine des gardes du Duc de Bouillon, qui demeuroit auprès du Grand-Ecuyer afin d'avertir le Duc de tout ce qui se passoit à la Cour, prit la poste pour l'Italie, dès qu'il sçut que Cinq-Mars étoit arrêté. Le Duc auroit pû se sauver, si le Vicomte de Turenne, qui se trouvoit alors à Monfrin, n'eût par un contretemps fâcheux, été lui-même la cause innocente de l'emprisonnement de son frere. Il crut devoir donner avis à Richelieu malade à Tarascon, de ce qui venoit d'arriver à Narbonne. Le Vicomte, ajoûte-t-on, ne sçavoit rien de l'engagement du Duc avec le Grand-Ecuyer, & s'imaginoit que le Cardinal pourroit ignorer la disgrace de celui-ci. L'un est véritable, à mon avis. Mais qui persuadera jamais que Turenne ait pû croire, qu'une pareille chose se fût passée à l'insçu de Richelieu, & qu'il n'en fût pas le principal, l'unique auteur ? Pour rendre sa nouvelle plus croyable, poursuit-on, le Vicomte marque au Cardinal qu'il la tient du Capitaine des gardes de son frere, qui va du Roussillon en poste à l'armée d'Italie. Autre circonstance qui rend ce fait douteux. Comment Ossonville, qui sçavoit la liaison de son Maître avec Cinq-Mars, ne découvrit-il pas à Turenne que le Duc étoit lui-même en danger, & qu'il alloit l'avertir de pourvoir à la sûreté de sa personne ? Richelieu, reprend l'Auteur Italien dépêche incessamment un de ses gens, qui devoit porter le commandement d'arrêter Bouillon, lui ordonne de faire la plus grande diligence qu'il sera possible, de devancer Ossonville, & de laisser par-tout des ordres de l'arrêter prisonnier. Si cela est, celui de Sa Majesté fut donc envoyé du camp devant Perpignan à Tarascon, afin que le Cardinal le fît exécuter comme il le jugeroit à propos. Il n'y a rien là d'impossible. J'y trouve seulement une difficulté. Cinq-Mars fut arrêté quelques jours après l'expédition de l'ordre de s'assurer de Bouillon. D'où vient que Richelieu, si actif en des affaires dont le succès dépend de la diligence, tarde si long-temps à dépêcher quelqu'un en Italie ? Ossonville, dit-on enfin, est fait prisonnier à Valence, & le Comte du Plessis reçoit son pacquet, avant que Bouillon sçache rien de la révolution arrivée à la Cour.

Bienaise d'exécuter sûrement ce qui lui étoit commandé, & de se décharger en même-temps sur un autre d'une commission odieuse, le Comte insinue adroitement au Duc d'aller visiter la citadelle de Cazal, & ordonne à Couvonges, Commandant de la garnison Françoise qu'on y avoit mise, d'arrêter Bouillon de la part du Roi. Couvonges invite le Duc à souper, & durant le repas lui déclare l'ordre venu de la Cour. Bouillon demande à le voir. Couvonges répond qu'il ne l'a pas, & qu'il le va chercher. Dans cet intervalle, le Duc s'échappe suivi d'un de ses domestiques, & tâche de sortir de la ville. Mais il étoit trop tard. Bouillon trouve les portes fermées, passe toute la nuit dans un cul de sac, appuyé contr'une muraille. Au point du jour, il entre dans une maison, & feint d'être un Gentilhomme qu'on veut arrêter pour un duel. Le valet du logis le cache dans le grenier au foin. Le Duc y demeure jusques à ce que des soldats, envoyés pour visiter la maison, le saisissent & le conduisent en prison. *Heureux Couvonges*, s'écrie l'Italien, *qui, après une des plus grandes fautes qu'un homme de sa profession pût commettre, évita la punition qu'il avoit justement méritée*. L'Auteur de la nouvelle vie de Richelieu fait une réfléxion autant & plus judicieuse. *Ainsi*, dit-il, *Bouillon & Cinq-Mars furent pris sans se pouvoir sauver, en partie par leur imprudence, & en partie par je ne sçai quel bonheur attaché aux desseins du Cardinal, à qui fort peu de ses ennemis échapperent, pendant qu'il se tiroit heureusement des plus évidens dangers.*

Ce que l'Ecrivain des Mémoires de Bouillon raconte paroit moins éloigné de la vérité. *Les ordres d'arrêter le Duc*, dit-il, *étoient adressés au Comte du Plessis-Praslin, à Couvonges, & à Castellans. Après qu'ils eurent raisonné tous trois ensemble sur la manière de les exécuter, ils convinrent qu'il falloit differer jusques au lendemain que Bouillon devoit aller visiter la citadelle de Cazal; jugeant qu'ils ne pouvoient sans péril entreprendre de l'arrêter à la tête de l'armée; tant étoit grande la vénération qu'on y avoit pour lui, & l'estime qu'il s'y étoit acquise. Il l'avoit trouvée dans une licence si extraordinaire, qu'il n'y manquoit qu'un Chef pour la révolte. Par ses soins, & par sa connoissance parfaite des ordres de la guerre, il la réduisit en six semaines à une discipline exemplaire. Il n'en coûta la vie qu'à deux soldats. Jamais peut-être*

Général n'acquit en si peu de temps la réputation d'un grand Capitaine, sans avoir fait de siege, ni donné de Bataille, sans avoir presque eu d'ennemis en tête. Le Comte du Plessis ne convient pas de cette habileté du Duc à rétablir le bon ordre dans l'armée. Il insinue au contraire que Bouillon irrita les soldats par une trop grande sévérité, & pour avoir voulu faire en peu de semaines ce qui ne se pouvoit éxecuter que dans un plus long-temps. Quoiqu'il en soit, *l'armée se trouvant près de Cazal*, ajoûta Langlade, *Couvonges, qui en étoit Gouverneur, y alla de grand matin disposer toutes choses.* Bouillon y mena Castellans avec lui, & laissa le commandement du camp à du Plessis. Après que le Duc eut soupé à la citadelle, il descendit à la ville, où son logis étoit préparé. Ayant rencontré en son chemin un Officier qui venoit de l'armée, il lui demanda s'il y avoit quelque chose de nouveau. Je n'ai rien appris, *répondit l'Officier*. S'il y a quelque chose, vous le pourrez sçavoir de M. le Comte du Plessis. Il doit être arrivé long-temps devant moi. Je ne sçai, pas *dit alors le Duc en se tournant vers Couvonges*, comment M. du Plessis l'entend, d'avoir quitté l'armée sans mon ordre. Je ne suis ici que depuis un moment, *repartit Couvonges embarrassé*. Puis s'approchant de l'oreille de Bouillon, il lui allegue une si méchante excuse, que le Duc commence de soupçonner qu'il y a quelque chose. Immédiatement après, Bouillon se retire dans sa chambre, disant qu'il vouloit écrire. Ce récit ne paroît ni éxact, ni véritable. J'en dis autant de la suite.

Couvonges qui avoit remarqué la surprise du Duc, comme celui-ci avoit remarqué la sienne, poursuit Langlade, *alla promptement dire à du Plessis ce qui venoit de se passer. Il l'avoit fait cacher dans un logis voisin de celui de Bouillon, en attendant que le Duc fût couché. Les trois Officiers avoient résolu entr'eux de l'arrêter lors qu'il seroit au lit. Le sort de porter la parole tomba sur Couvonges. Mais il avoit déja conçu tant d'estime & de respect pour Bouillon, que prévenu qu'en éxecutant l'ordre dans la ville, il ménageroit en quelque maniere les droits de l'hospitalité, & qu'il y feroit avec moins de répugnance une action dont il ne pouvoit se défendre, Couvonges ne se put jamais déterminer à l'arrêter dans la citadelle. Ayant dit à du Plessis & à Castellans ce qui s'étoit passé entre le Duc & lui, les trois Officiers jugerent qu'il y avoit du péril à différer un moment l'éxecution de leur dessein. Couvonges revient donc sur ses pas à la chambre de Bouillon, & demande à lui parler en particulier, sous prétexte qu'un espion rapporte quelque nouvelle considérable des ennemis. Après que le Duc eut fait retirer ceux qui se trouvoient auprès de lui, Couvonges débute par le compliment ordinaire en pareilles occasions:* J'ai un extrême déplaisir, Monsieur, de ce que le Roi m'ordonne de vous arrêter prisonnier. Cela ne peut pas être, *repartit Bouillon.* Où est votre ordre? Montrez-le-moi. Je l'ai laissé à M. le Comte du Plessis, *dit Couvonges.* Allez le chercher, *reprit le Duc.* Puis portant la main sur la garde de son épée, je ne sçai, *ajoûta-t-il*, ce qui m'empêche de vous en donner dans le corps. Sçavez-vous si peu votre devoir, que d'oser arrêter une personne de mon rang, sans en avoir l'ordre à la main? *Couvonges troublé de l'entreprise, & encore plus de l'incident, retourne à du Plessis, qui pour lors étoit dans la cour.*

Sans perdre du temps, & sans faire aucun bruit, Bouillon éteint lui-même les flambeaux de sa chambre, & sort par une porte de derriere. Il rencontre dans la rue S. Aubin, son Maréchal des logis, qui se retiroit. Après lui avoir confié l'état où il se trouve, il lui dit de le suivre, prend son manteau pour se mieux cacher, marche vers les remparts, cherche quelque endroit par où il se puisse sauver. Mais il jugea la chose impossible après avoir jetté des pierres, pour reconnoître la hauteur des murailles. S. Aubin offrit de se jetter lui-même, afin de faire une épreuve plus assurée du péril; mais le Duc, qui le croyoit évident, n'y voulut pas consentir. La ronde ayant paru dans ce temps-là, Bouillon retourne sur ses pas, & s'arrêtant près d'une muraille, envoie S. Aubin à la ville voir ce qui s'y fait, lui ordonne d'acheter des cordes, ne désespérant pas encore de pouvoir descendre de la muraille, & se sauver à la faveur de la nuit. S. Aubin revient un moment après, & rapporte qu'il y a des corps de garde à toutes les avenues, qui ne laissent passer personne. Un soldat m'a dit, ajoûta-t-il, que les Bourgeois sont sous les armes, sur le bruit répandu que vous avez voulu livrer Cazal aux Espagnols. S'imaginant que S. Aubin s'est peut-être effrayé mal à propos, le Duc marche du côté dont il l'avoit vû revenir, trouve que le rapport est véritable, & entend lui-même sa proscription. Couvonges faisoit promettre à son de trompe mille pistoles à celui qui prendroit Bouillon, mort ou vif. Le Duc étoit dans un cul de sac, où il y avoit un cabaret à biere. Il entre & en demande à une femme qui étoit seule dans la maison. Le mari revient de la ville un moment, & raconte tout ce qu'il sçait du désordre qui avoit excité sa curiosité.

Persuadé pour lors qu'il n'a plus d'autre ressource, que de gagner cet homme, Bouillon donne de l'argent à la femme pour aller chercher du vin, renvoie S. Aubin, se découvre au mari, tire sa bourse, où il y avoit vingt ou trente piéces d'or, la lui met dans la main, le comble de promesses, & le gagne si bien qu'avant le retour de sa femme, il cache le Duc dans un grenier à foin, & lui promet de le faire sauver la nuit suivante. Mais l'indiscret cabaretier ne put s'empêcher de tout dire à sa femme, ni celle-ci de le révéler à Couvonges, qui va reconnoître à l'instant si l'avis est véritable. Quelques soldats étant montés au grenier, Bouillon qui se voit découvert, met l'épée à la main, & menace de tuer le premier qui l'approchera. Un d'eux lui tira un coup de pistolet; mais il fit faux feu. Couvonges entendant le bruit monte en diligence par une échelle de main, & menace de faire pendre le premier qui touchera au Duc. L'émeute étoit si grande & si générale dans Cazal, à cause de la haine qu'on y avoit pour les Espagnols, & du bruit répandu que Bouillon vouloit les rendre maîtres de la Place, que quelque précaution qu'on pût prendre, ce ne fut qu'avec beaucoup de peine qu'on le garantit de la fureur du peuple, lorsqu'il traversa la ville. Mais parce que les ordres portoient de le conduire incessamment au Château de Pierre-Encise, on le fait partir au plutôt dans un carrosse cadenassé, & avec une escorte qui marquoit assez combien on jugeoit important qu'il ne se pût échapper. Langlade se trompe. Louis enjoignit de mener Bouillon *à la citadelle de Pignerol*, & non pas au Château *de Pierre-Encise* à Lyon. Ceci arriva le 20. Juin ou environ

environ, huit jours après l'expédition de l'ordre. Je déférerois beaucoup au récit de cet Historien, qui a pû tout apprendre de la bouche même du Duc. Mais il affecte tellement de disculper son Héros, & de déguiser ce qui peut lui être désavantageux, que j'aime mieux m'en tenir à une lettre datée de Cazal le 23. Juin 1642. Voici ce qu'elle marque.

L'armée partit du camp de Cormant, & alla camper aux cassines de S. Germain près d'Auximian. M. le Duc de Bouillon en laissa le commandement à Mrs. du Plessis & de Castellans. Lorsqu'elle commençoit à défiler, il prit le chemin de Cazal, où il arriva sur les neuf heures du matin accompagné de Mrs. de S. André & de Salis Maréchaux de camp, de quelques Officiers de cavalerie & d'infanterie, de certains Gentilshommes de sa maison, & de sa compagnie des gardes. Il fut salué de l'artillerie, & alla descendre au logis de M. de Couvonges, où il vit la garnison qui passa devant lui, & le salua selon la coutume. Il dîna sur les onze heures, employa quelque temps après à entendre Couvonges sur l'état de la garnison; visita le Château, le pont qui se faisoit sur le Pô pour le passage de l'armée, les magasins des vivres & des munitions de guerre, fit le tour de la ville par dedans, retourna au logis de Couvonges sur les sept heures du soir, joua au trictrac avec S. André jusques à huit, & puis soupa. Cependant du Plessis & Castellans qui avoient quitté l'armée aussitôt que le campement fut fait, s'étoient rendus à Cazal en diligence, & ayant fait voir à Couvonges les ordres du Roi, ils résolurent ensemble d'arrêter Bouillon immédiatement après son souper, pendant lequel Couvonges feroit fermer les portes de la ville, & ordonneroit ce qu'il jugeroit nécessaire pour la sûreté de cette exécution. A quoi ayant été pourvû, du Plessis & Castellans furent conduits en la maison où ils étoient, dans les écuries de Couvonges, dont la porte donne sur un jardin vis-à-vis de la chambre où M. de Bouillon se devoit retirer après souper. Afin de l'induire à quitter le monde qui étoit avec lui dans la salle, & à entrer dans la Chambre, Couvonges lui propose d'écouter des paysans mandés pour l'instruire du chemin que l'armée devoit tenir le lendemain, après avoir passé le Pô. Mais il arriva que le Duc ayant appris que du Plessis & Castellans avoient quitté l'armée contre son ordre, & qu'ils étoient à Cazal depuis cinq heures du soir, sans l'avoir vû, il commença de soupçonner qu'il y avoit quelque chose qu'on lui vouloit céler.

M. de Bouillon déclara son soupçon à S. André & à Salis. Avez-vous observé, leur dit-il, que M. de Couvonges m'a fait attendre plus d'une heure & demie à souper, & qu'à son retour il avoit le visage tout changé? Son excuse, qu'il venoit de faire la ronde, est ridicule. L'armée ne couvre-t-elle pas la Place? Si vous sçavez quelque chose, dites-le-moi, je vous en prie. Couvonges l'étant venu trouver alors, M. du Plessis & de Castellans, lui demanda le Duc, ne sont-ils pas à Cazal? Oui, Monsieur, lui répondit Couvonges. Ils me veulent arrêter, reprit le Duc en élevant la voix. Rien moins que cela, repartit Couvonges, & pria M. de Bouillon d'entrer dans la chambre pour entendre les paysans Montferrins. Il faut parler tout haut, dit encore le Duc. On me veut arrêter sans ordre du Roi. Qu'on me le montre auparavant, je sçai bien qu'il n'y en a point. M. de Bouillon marche droit à la porte du logis, où il y avoit un corps de garde, qui le laisse passer, pendant que Couvonges court avertir du Plessis & Castellans. Ils trouverent en arrivant que le Duc s'étoit échappé. On changea l'ordre. Deux coups de canon furent tirés pour donner l'allarme dans la ville. La garnison & les paysans prirent les armes, & borderent toutes les murailles afin d'animer les habitans. On publia que le Duc vouloit livrer la ville aux ennemis, & qu'il le falloit avoir mort ou vif. A la pointe du jour le Conseil Souverain de Cazal s'assemble, & enjoint de la part de Son Altesse de Mantoue à tous les habitans, de déceler M. de Bouillon sous peine de la vie. Couvonges fit une pareille injonction aux Officiers & aux soldats de la garnison. Dans le temps même de la publication de l'ordre, une femme dont le mari étoit à la garde des murailles entendit du bruit chez elle, fit monter son neveu au grenier. Le Duc y fut trouvé couvert de paille, sans colet, & accompagné d'un Officier de sa maison. Quelques habitans le saisirent, & le menerent avec beaucoup d'ignominie & de mauvais traitemens jusques devant l'Eglise de S. Paul, où Couvonges le reçut. On le conduisit à pied au logis. De là, il fut mené dans un carrosse au Château, où il est gardé jusques à présent. Si l'ordre du Roi fut suivi à la lettre, Bouillon dut être transporté du Château de Cazal à la Citadelle de Pignerol.

Le Comte du Plessis disoit ci-dessus, que Bouillon fut arrêté *avec beaucoup de civilité*, & *qu'il ne se plaignit pas*. On ne la remarque point, cette grande *civilité*. Lui imputer faussement d'avoir voulu livrer Cazal aux Espagnols; exciter par une noire calomnie les habitans à le maltraiter, ce fut un artifice utile, peut-être nécessaire après l'imprudence de Couvonges. Mais étoit-ce une conduite honnête & *civile*? Si le Duc *ne se plaignit pas*, sa patience est certainement louable. Car enfin, il essuya *beaucoup d'ignominie & de mauvais traitemens* de la part de ceux qui le conduisirent à Couvonges. Peut-être qu'il ne crut pas devoir imputer aux Officiers chargés de l'arrêter, la brutalité des gens qui le saisirent dans le grenier. *Le Cardinal de Richelieu assez délicat en de semblables choses*, ajoute-t-on, *fut content de la conduite du Comte*. Passons cela. Son Eminence fut-elle satisfaite de celle de Couvonges, qui, après avoir signifié l'ordre du Roi à Bouillon, le laisse seul, & prend si peu de précaution, que le Duc s'échappe le plus facilement du monde? Le 3. Juillet Louis, retournant de Narbonne à Paris, écrivit de Montelimar en Dauphiné une lettre à la Duchesse douairière de Bouillon mére du prisonnier, pour lui recommander d'empêcher qu'aucune personne qui pût être suspecte à Sa Majesté n'entrât ou ne séjournât à Sedan, & qu'il ne s'y fît aucune cabale préjudiciable au service de Louis. Deux jours après, il écrivit de S. Valier à la Duchesse épouse du même, & lui défendit de recevoir le Duc d'Orléans à Sedan, s'il se présentoit pour y entrer, & d'avoir aucun égard aux instantes prieres que Gaston lui en feroit peut-être.

Richelieu, désormais supérieur à ses ennemis, recommande à Chavigni & à Des-Noyers, Secrétaires d'Etat, ses créatures, de persuader à Louis, dont la santé s'altéroit extrêmement, de s'en retourner à Paris, & de l'engager à venir auparavant consoler le Cardinal toujours malade à Tarascon : que dis-je ? se réconcilier solemnellement avec son Ministre, & lui faire comme une réparation publique de sa facilité à écouter les insinuations de Cinq-Mars. Bon Dieu ! quelle fut la surprise du monde, quand on vit un Roi si tourmenté des hémorroïdes, & si foible, qu'il ne pouvoit ni se tenir debout, ni demeurer assis sur un fauteüil, passer le Rhône, & se faire porter dans la chambre de Richelieu, où il fallut dresser un petit lit, afin que Sa Majesté se pût entretenir avec le Cardinal couché dans un autre ! On dit que dans la conversation il se plaignit amerement, de ce que Louis avoit souffert les médisances & les entreprises de son jeune & audacieux Favori, contre un Ministre qui l'avoit si utilement servi. Sa Majesté se mit alors à pleurer, & l'entrevûe finit par de nouvelles assurances qu'elle donna de la reconnoissance à Richelieu, & par de grandes promesses de le protéger. Combien le Cardinal se seroit-il récrié ? Quels reproches n'auroit-il pas fait, s'il eût sçû que Cinq-Mars *n'avoit point eu de mauvais desseins contre lui, que le Roi n'y eût consenti ?* Ce mystere ne fut découvert à Richelieu que dix ou douze jours après son entrevûe avec Sa Majesté, comme il le dit lui-même, dans un Mémoire envoyé à Chavigni & à Des-Noyers le 4. Juillet. *Je me trouve toujours bien de vous voir*, écrivit Louis dans un billet à son Ministre. *Je me porte beaucoup mieux depuis hier, & ensuite de la prise de M. de Bouillon. C'est un coup de partie. J'espere qu'avec l'aide de Dieu tout ira bien, & qu'il me donnera une santé parfaite.* Il y eut plus de grimace que de réalité dans cette réconciliation. Les larmes que le Roi versa furent plutôt un effet de la foiblesse de son esprit & de son inconstance naturelle, que d'un repentir & d'une douleur sincere. Les choses avoient été portées trop loin. Louis demeura toujours dégoûté du Cardinal ; & celui-ci, plus soupçonneux que jamais, vécut environ six mois dans une continuelle défiance de son Maître. L'habile Mazarin sçut bien profiter d'une si heureuse conjoncture. Il ménagea Richelieu, & s'insinua dans les bonnes graces du Roi avec toute la dextérité possible.

Chavigni & Des-Noyers le suivirent à Paris. Le Cardinal leur donna des Mémoires de tout ce que Sa Majesté devoit ordonner pour toutes les Provinces du Royaume. Il recommanda instamment qu'elle *exécutât la résolution prise après la mort du Comte de Soissons*, de faire le Duc de Lesdiguieres Gouverneur du Dauphiné ; mais avec cette clause, que le Roi se réservoit *la prononciation des arrêts en son nom, & la nomination aux charges & aux offices.* Le Parlement de Grenoble, ajoûte Richelieu, *souhaiteroit que le Gouverneur fût aussi privé de la préséance qu'il a sur lui. Mais je ne crois pas que le service du Roi le demande. Cette Compagnie a besoin plutôt d'être abaissée, qu'élevée.* Telle fut la constante maxime du Cardinal pour l'établissement du pouvoir arbitraire, de ruiner l'autorité

1642.
Le Roi va visiter le Cardinal de Richelieu malade à Tarascon.
Vie du Cardinal de Richelieu par Aubery. Liv. 6. chap. 91.
Mémoires de Monttrésor.
Mercurio di Vittorio Siri. Tom. 2. Lib. 2.

des Parlemens & à Paris & dans les Provinces. Il semble que nonobstant la foiblesse de l'Espagne, on craignoit à la Cour que le Comte Duc d'Olivarez ne tentât une diversion en Guienne, & qu'il n'y envoyât des troupes par mer, afin de faire une descente. En ce cas, Richelieu ne croyoit point le Vicomte d'Arpajon *capable de soutenir cet effort. On pourroit penser au Maréchal de la Force*, dit-il : *mais outre que l'expérience a fait connoître que son âge a beaucoup diminué de sa capacité, il me semble qu'il est bon d'éviter, autant qu'on pourra, de mettre des troupes qui seront presque toutes Huguenotes entre les mains d'un Chef zélé pour cette Religion ; sur-tout en une Province éloignée de Sa Majesté, & où elle n'a point de corps d'armée composé de vieilles troupes Catholiques, ensuite de la connoissance qu'on a, que M. de Cinq-Mars a tâché d'émouvoir les esprits des Huguenots de tous côtés.* Je trouve seulement que le Grand-Écuyer fut soupçonné d'avoir employé Chavagnac le pere, qui avoit servi sous le Duc de Rohan dans les Cevennes & dans le Vivarez, afin d'exciter quelque mouvement dans ces Provinces. Voilà pourquoi ce Gentilhomme d'Auvergne fut arrêté en même temps que Cinq-Mars & de Thou. Mais on ne put le convaincre.

Ce que Richelieu dit dans un autre Mémoire à ses deux autres créatures est remarquable. *Il faut sçavoir du Roi, si dans les choses importantes & pressées le Cardinal donnera les ordres qu'il jugera les plus convenables au service de Sa Majesté, ainsi qu'elle le lui a commandé plusieurs fois par le passé. En cas que le Roi le veuille, il écrira de son propre mouvement au Cardinal, n'y ayant rien de si dangereux que de faire les affaires à demi.* Telle fut la réponse de Louis sur cet article. Mazarin en fut le porteur. Si le Roi écrivit de *son propre mouvement*, ou de celui que Chavigni & Des-Noyers lui inspirerent, je le laisse à penser. *Mon Cousin, étant contraint par la considération de mes affaires, & par l'état de votre santé, de vous laisser en ce Pays avec grand regret, je vous écris cette lettre pour vous dire qu'ayant une entiere confiance en vous, mon intention est que vous y fassiez les choses qui regarderont mon service, avec la même autorité que si j'y étois. Que tous les ordres que vous enverrez, soit dans les Provinces de deça, soit hors du Royaume, aux Lieutenans Généraux de mes armées, ou à mes Ministres, soient aussi ponctuellement exécutés, que les miens propres. Que vous pourvoyiez aux choses pressées, sans m'en donner avis. Je suis assuré que je ne sçaurois jamais mettre mes affaires en meilleure main.* Richelieu répondit de la sorte le 2. Juillet. *Je n'ai jamais abusé des honneurs qu'il a plû à Votre Majesté de me faire. J'userai du pouvoir qu'elle me donne avec la modération que je dois, & le plus avantageusement que je pourrai pour son service.*

Mort de la Reine Marie de Médicis.

Ferai-je un jugement téméraire, si je dis que Marie de Médicis retirée à Cologne depuis neuf ou dix mois, & réduite à la derniere indigence, attendoit avec impatience à quoi aboutiroient les bruits répandus de la disgrace ou de la mort prochaine de Richelieu son violent & opiniâtre persécuteur ? N'espéra-t-elle point plus d'une fois que ses maux finiroient bientôt ? Elle en fut délivrée véritablement le 3. Juillet, non par la mort de son ingrat domestique, mais par la sienne propre. Guérie, du moins en apparence, d'une maniere d'hydropisie, dont elle fut attaquée l'hyver précédent, l'infortunée Princesse tomba vers la fin du mois de Juin dans une fievre ardente, accompagnée d'une soif extraordinaire. Son visage couvert de rougeurs fit penser aux Médecins que c'étoit une érésipele. Dans l'extrême agitation que la fievre lui causa le premier Juillet, Riolan son premier Medecin apperçut des taches noires sur ses jambes, qui augmenterent à vûe d'œil. On ne douta plus que ce ne fût la gangrene. Rossetti, Nonce du Pape à Cologne, se chargea de la disposer à souffrir les remedes douloureux & incertains dont il faut user dans une pareille maladie. La Reine y consentit, & se prépara premierement à la mort par la confession de ses péchés, & par la réception de ce qu'on nomme, selon l'usage de l'ancienne Eglise, *le dernier Viatique*. On lui fit quelques incisions. Elle en parut d'abord un peu soulagée. Mais la fievre redoubla si fort la nuit du 2. ou 3. du mois, qu'elle mourut vers midi. Telle fut la triste fin d'une Reine autrefois si puissante, fille de François de Médicis Grand Duc de Toscane, & de Jeanne d'Autriche sœur de l'Empereur Maximilien II. épouse d'Henri IV. Roi de France, mere de Louis XIII. de Gaston Duc d'Orléans, d'Elizabeth Reine d'Espagne, de Christine Duchesse de Savoye & d'Henriette Reine d'Angleterre. Il seroit inutile de parler ici de ses bonnes & de ses mauvaises qualités. On ne les a ni omises, ni dissimulées dans les livres précédens de cet ouvrage. L'Auteur de la derniere vie de Richelieu rapporte, sur le témoignage de quelques autres, que Louis retournant à Paris reçut cette nouvelle avec une extrême douleur. La tendresse qu'il avoit eue pour sa mere se réveilla lorsqu'il n'en étoit plus temps. Sa conscience lui reprochoit d'avoir par sa dureté, & par une complaisance trop aveugle pour un Ministre vindicatif & inéxorable, laissé mourir sa mere dans l'éxil & dans l'indigence, sans se vouloir réconcilier avec elle, quelqu'instantes, quelque soumises que fussent les prieres qu'elle lui fit plus d'une fois, de la rappeller, ou du moins de lui permettre de jouïr librement de son bien. Quels furent les sentimens intérieurs de Richelieu, nous ne le sçavons pas. Forfante & comédien jusques à la fin de ses jours, il fit faire, selon l'usage superstitieux de la Communion de Rome, un service magnifique dans l'Eglise Collégiale de Tarascon, pour le repos de l'ame d'une libérale bienfaictrice, qu'il avoit cruellement tourmentée durant plusieurs années.

Le Duc d'Orléans fut apparemment moins touché de la mort de sa mere. Il avoit alors de terribles affaires en tête. Dès que Gaston apprend à Bourbon la découverte de la conspiration, & l'emprisonnement du Grand-Ecuyer, il envoie le 17. Juin la lettre suivante à Richelieu. *Mon Cousin, le Roi mon Seigneur m'a fait l'honneur de m'écrire quelle a été enfin la conduite de l'ingrat Cinq-Mars. C'est l'homme du monde le plus coupable, de vous avoir déplû après les obligations qu'il vous a. Nonobstant les graces qu'il recevoit de Sa*

1642.
Vie du Cardinal de Richelieu par Aubery.
Liv. VI.
Chap. 91.
Vie nouvelle du même.
Liv. 6.
Nani Historia Veneta.
Lib. 12.
1642.
Historie di Gualdo Priorato.
Part. III.
Lib. 3.
Mercurio di Vittorio Siri.
Tom. 2.
Lib. 2.

Bassesses du Duc d'Orléans qui tâche de faire sa paix avec le Roi & avec le Cardinal de Richelieu.

Majesté, je me suis toujours tenu sur mes gardes contre lui, & contre ses artifices. Vous avez bien vû, je m'assure, que si je l'ai consideré, ce n'a été que jusques aux Autels. Aussi est-ce pour vous, mon Cousin, que je conserve mon estime, & mon amitié toute entiere. Je vous prie de croire que vous ne sçauriez jamais avoir de plus véritable, de plus fidele ami que moi. De pareils monumens doivent être transmis à la postérité, afin que le monde connoisse que les Princes sont souvent plus rampans, plus fourbes, plus parjures que les autres. Le Duc avoit recherché le premier l'amitié du Grand-Ecuyer. De quelle indigne maniere le sacrifie-t-on maintenant au Cardinal? Mais ceci n'est que peu de chose, en comparaison des bassesses que Gaston fera dans la suite. Au lieu de se retirer promptement à Sedan, comme il l'avoit promis à Aubijoux & à Montrésor, Place où il auroit pû, en menaçant d'appeller les Espagnols à son secours, obtenir une bonne composition pour lui & pour ses amis, *il choisit la voie de la négociation*, dit Montrésor, *la commet à l'Abbé de la Riviere, qui dépendoit entierement de Richelieu*, & le dépêche de Moulins avec des lettres de créance datées du 25. Juin, pour le Roi, pour les Cardinaux de Richelieu & Mazarin, pour Des-Noyers, & Chavigni Secrétaires d'Etat.

Mon Cousin, écrit-il au premier Ministre, *je vous envoie l'Abbé de la Riviere, pour vous dire ce que j'attens de votre générosité. Je vous prie d'avoir une entiere créance en lui, & de garder cette lettre, pour m'être un reproche éternel, si je manque à la moindre chose dont il vous assurera de ma part. Je prends Dieu à témoin de la sincérité avec laquelle je vous fais cette protestation, & celle d'être toute ma vie le plus fidele de vos amis.* C'est ainsi que les personnes du premier rang ne font aucun scrupule d'ajoûter le parjure au mensonge. Le Duc d'Orléans étoit-il si simple que de se flater qu'il pourroit en imposer à l'homme du monde le plus pénétrant, le plus habile à cacher ses artifices, & à découvrir ceux des autres? Richelieu, fier de voir un si puissant ennemi à ses pieds, lui répond avec beaucoup de dignité, peut-être avec trop d'arrogance. *Monsieur, puisque Dieu veut que les hommes ayent recours à une entiere & ingénue confession de leurs fautes, pour être absous en ce monde, je vous enseigne le chemin que vous devez tenir, afin de vous tirer de la peine où vous êtes. Votre Altesse a bien commencé. C'est à elle d'achever, & à ses serviteurs de supplier le Roi d'user en ce cas de sa bonté en votre endroit. Il y est fort disposé. C'est tout ce que je vous puis dire.* La lettre de Gaston à Chavigni Officier de sa maison, aussi bien que de celle du Roi, est flateuse & insinuante ; mais plus supportable que celle au Cardinal. *Je vois bien par vos dernieres lettres*, y dit Son Altesse Royale, *que vous n'êtes pas content de moi : & certes vous en avez sujet. Cependant, je ne laisse pas de vous prier de travailler à mon accommodement avec Son Eminence. J'attens cette marque de la véritable affection que vous avez pour moi. Je crois qu'elle sera plus grande que votre colere. Vous sçavez le besoin que j'en ai. J'espere qu'elle ne me manquera pas dans une conjoncture si pressante pour mon repos. J'ai commandé à l'Abbé de la Riviere de vous rendre compte de toutes choses, de prendre vos avis, & de les suivre. Il me faut tirer de la peine où je suis. Vous l'avez déja fait deux fois auprès de Son Eminence. Je vous jure que ce sera la derniere que je vous donnerai de pareilles commissions. Je ne vous fais point de complimens ; ce sera lorsque vous m'aurez délivré de l'embarras où je me trouve. Je vous conjure que je puisse voir Son Eminence devant le Roi. Après cela tout ira bien.* Chavigni servit le Duc comme il avoit fait auparavant. Il employa toute son adresse à le faire donner dans les piéges qu'on lui tendoit. Plus attaché à Richelieu l'auteur de sa fortune, qu'à un Prince dans la maison duquel il n'entra que pour être son espion, il souhaitoit de voir humilié & banni du Royaume, le plus puissant & le plus dangereux, s'il avoit été plus prudent & moins léger, ennemi du Cardinal, sans l'appui duquel le Secrétaire d'Etat ne se pouvoit jamais soutenir à la Cour. Ni le Roi, ni son Ministre, ne voulurent voir Gaston. Trop heureux d'en être quitte pour la peur d'être chassé de France. Menace dont le but unique fut d'extorquer de lui une confession telle qu'on la demandoit.

Chavigni raconte ainsi dans un Mémoire envoyé de Monfrin le 30. Juin à Richelieu, que cette ame aussi prophane que servile signe en se disant, *la très-humble, la très-obligée & très-fidele créature* du Cardinal ; Chavigni, dis-je, raconte ainsi le détail de l'audience donnée à l'Envoyé du Duc d'Orléans. *Le Roi parla hier à M. de la Riviere aussi bien & aussi fortement qu'on le pouvoit desirer. Je l'obligerai de mettre par écrit tout ce qu'il dit à Sa Majesté, de la part de Monsieur. Lorsqu'il fit difficulté d'obéir à l'ordre qu'elle lui donna, le Roi lui parla en maître. L'Abbé eut si grande peur d'être arrêté, qu'il tomba presque en défaillance, & qu'il eut ensuite une violente colique. On l'en guérit en lui rassurant l'esprit. Le Roi fut ravi de ce qu'en parlant à la Riviere Son Eminence n'eut point dans la pensée de voir Monsieur. J'ai fait ensorte que l'Abbé est insensiblement tombé dans le dessein de proposer à Monsieur de donner une confession ingénue de toutes choses, dans un écrit qu'il enverra au Roi, & de s'en aller, après avoir vû Sa Majesté, hors du Royaume pour un temps, avec les bonnes graces du Roi, & celles de Son Eminence.* Quel orgueil ! Quelle insolence ! Le Frere unique de Louis étoit-il donc sujet d'un Prêtre arrogant ? Devoit-il se croire trop heureux, d'être banni, avec les bonnes graces de Son Eminence, d'un Royaume dont il fut long-temps l'héritier présomptif ? *L'Abbé m'a dit,* ajoûte le Secrétaire d'Etat, *qu'il feroit cette proposition à Monseigneur le Cardinal, & qu'il lui demanderoit sa parole pour la sureté de Monsieur, si en confessant toutes choses il vient trouver le Roi avant que de sortir de France. En ce cas, Son Eminence aura la bonté de faire sçavoir à ses créatures, c'est-à-dire, à Chavigni & à Des-Noyers, si Venise n'est pas le meilleur endroit où Monsieur peut aller, & quelle somme d'argent on lui promettra par an.*

J'envoie à Monseigneur le Cardinal la réponse du Roi, qui doit être mise au pied de la déclaration de la Riviere, afin qu'elle soit corrigée comme Son

Eminence le jugera convenable, & qu'elle la mette entre les mains de l'Abbé, quand il passera par Tarascon. C'est ainsi que Richelieu prescrivoit à son foible Maître tout ce qu'il devoit dire, ou faire. Prenons une maniere particuliere de raconter un fait. Rapportons seulement ce que le Cardinal marquoit à sa *très-fidele créature*. Le Lecteur voudra bien le prendre pour un récit historique de ce qui s'est passé. Louis obéissoit éxactement aux ordres de son Ministre. *La réponse du Roi*, écrit Chavigni à Richelieu dans un Mémoire daté du premier Juillet, *sera mise au bas de l'écrit de M. de la Riviere, telle que Monseigneur le Cardinal l'a envoyée. Tout ce qui est dans le Mémoire de Son Eminence du dernier Juin sera ponctuellement exécuté. Les choses y sont si nettement expliquées, qu'on ne peut faillir. Si Monsieur fait sincerement ce qui est proposé, il se mettra en repos, & le Roi aura son compte.* Que signifie cela en bon François? Que le Cardinal sera lui-même *en repos* & fort à son aise, quand Gaston ira vivre à Venise, & que banni du Royaume, il n'en pourra plus disputer la Régence à Richelieu, qui espere de survivre à Louis. C'est ainsi que le Cardinal & non pas le Roi, *aura son compte*.

Je ne fais point de difficulté, si Sa Majesté le trouve bon, répond Richelieu à Chavigni, *de donner parole à l'Abbé de la Riviere, que si Monsieur déclare par écrit, & sans reserve tout ce qu'il sçait, il viendra voir le Roi, avant que de sortir du Royaume, selon la proposition qui en a été faite. On lui permettra de s'en aller librement, & sans recevoir du mal, pourvû que ce soit avec le consentement de Sa Majesté. Venise est une bonne demeure. En ce cas il faudra mettre cette clause dans la permission que Son Altesse demandera; pour ne revenir en France, que lorsqu'il plaira au Roi nous le permettre & nous l'ordonner. Quant à l'argent, je crois que Monsieur se doit contenter de ce que le Roi d'Espagne promettoit de lui donner, à sçavoir, de dix mille écus par mois*, ajoûte le Cardinal par une raillerie insultante. *Car enfin lui accorder davantage, c'est lui donner le moyen de mal faire. Le Roi ne peut pas consentir que Monsieur mene avec lui les mauvais esprits qui l'ont perdu*, on désigne ici Fontrailles, Montrésor, d'Aubijoux. *Cela suffit pour lui & pour les gens de bien. Cependant, s'il faut passer jusques à quatre cent mille livres, je ne crois pas qu'il faille s'arrêter pour peu de chose*. Merveilleuse condescendance! Au reste ces paroles, que Gaston doit être content de ce que le Roi d'Espagne, *promettoit de lui donner, sçavoir dix mille écus par mois*, prouvent que Richelieu n'avoit pas vû l'original du traité, qui en promet *douze mille*, & que, sur le rapport de quelqu'un, il en sçavoit tout au plus quelques particularités.

Voici maintenant ce que le Cardinal prescrit au Roi de dire dans l'audience que Sa Majesté devoit donner à l'Envoyé du Duc d'Orléans. *Ou l'Abbé de la Riviere vient avec un simple compliment de paroles, & une confession de fautes déguisée; où il est chargé de découvrir une partie de ce qui s'est fait. S'il vient avec le premier, Sa Majesté doit ajoûter foi à ce qu'il dira, ou du moins le témoigner, répondre qu'elle pardonne volontiers à Monsieur, encourager l'Abbé à déclarer ce qu'il a sur la conscience, & lui promettre*

mettre qu'il ne fera jamais inquiété pour cela. *Que s'il vient avec la seconde commission, le Roi doit encore témoigner croire que l'Abbé ne dissimule rien, & lui parler de la sorte.* Monsieur de la Riviere, ce que vous venez de découvrir me surprend, & ne me surprend pas. J'en suis étonné, parce que je n'aurois jamais attendu de la part de mon frere une chose qui prouve qu'il n'a pas d'affection pour moi. D'un autre côté, je ne suis point surpris de ce que vous m'avez dit. Car enfin, depuis que M. de Cinq Mars est arrêté, il s'enquiert beaucoup si on ne l'accuse point d'intelligence avec mon frere. Monsieur l'Abbé, je vous parlerai franchement. Ceux qui ont donné ces mauvais conseils à mon frere ne doivent rien attendre de moi que la rigueur de la justice. Pour ce qui est de lui, s'il me découvre sans réserve tout ce qui s'est passé, il recevra des témoignages de ma bonté, aussi grands que ceux que je lui ai déja donnés plus d'une fois. *Quelque instance que la Riviere fasse d'obtenir un pardon général, sans l'obligation de découvrir tout ce qui s'est passé, le Roi demeurera dans sa derniere réponse, & dira:* Monsieur de la Riviere, vous ne voudriez pas me conseiller de faire plus que Dieu. Avant que de pardonner, ne demande-t-il pas un vrai repentir, & une confession ingénue? C'est assez que je vous promette de donner à mon frere des marques de ma bonté, s'il en use avec moi comme son devoir l'y oblige. Je veux que mon procédé soit si net & si justifié dans le monde, en une affaire qui me touche de fort près, que j'entends que vous mettiez par écrit tout ce que vous m'avez dit. *Le Roi ordonnera que sa réponse y soit ajoutée. Quoique la Riviere s'en excuse, il faut l'y obliger. Il ne peut, ni n'oseroit le refuser, par raison.*

Louis ayant fidelement suivi la leçon que son Ministre lui avoit envoyée à Monfrin, où il demeura quelques jours, en attendant la fin de de la négociation, ou plutôt de la comédie, l'Abbé donna l'écrit suivant daté du 29. Juin. *Monsieur m'ayant commandé d'assurer Son Eminence du déplaisir qu'il a d'avoir failli, & de son ardent désir de la voir, pour lui avouer tout ce qu'il sçait, Son Eminence a voulu que je déclarasse la même chose au Roi; bien que je n'en eusse point l'ordre positif de Monsieur, mais seulement celui de faire tout ce que Son Eminence me prescriroit. A quoi ayant obéi, Sa Majesté m'a commandé absolument d'écrire. Je l'ai fait après une longue & respectueuse résistance de ma part. Monsieur m'a ordonné de dire à Son Eminence, qu'il souhaite de la voir. Qu'il la conjure d'obtenir sa grace du Roi & l'oubli de sa faute. Qu'il a eu des liaisons avec M. de Cinq-Mars, dont il expliquera le détail à Son Eminence. Qu'il en a eu aussi quelques-unes avec M. de Bouillon, & qu'il en dira les particularités à Son Eminence. Je ne les sçai point.* Telle fut la réponse du Roi mise au bas de cet écrit. *Après ce que le Sieur de la Riviere a déclaré de la part de mon frere, je desire qu'il retourne le trouver, pour lui dire que s'il envoie par écrit toutes les choses par lesquelles il s'étoit engagé & ausquelles on l'a voulu porter contre mon service, & que s'il déclare ce qu'il sçait, sans rien reserver, il recevra des effets de ma bonté, ainsi qu'il en a déja reçu plusieurs fois par*

Tome VI.   Gggg

le passé. *Je desire que le Sieur de la Riviere m'apporte promptement réponse, & qu'il vienne au-devant de moi.* Louis étoit sur le point de s'en aller à Fontainebleau par le Dauphiné & par Lyon.

Richelieu raconte de la sorte son entretien avec le Duc d'Orléans. *La proposition faite à la Riviere, c'est que si Monsieur confesse tout sans réserve, le Roi trouve bon, que sans voir Sa Majesté il sorte du Royaume pour aller vivre à Venise. L'Abbé témoigne croire, que si on accorde la liberté à Monsieur, il donnera une confession entiere & ingénue de toutes choses. Il m'a demandé plusieurs fois ma parole sur ce sujet. Je n'ai osé la lui donner, ne sçachant pas si Sa Majesté le trouveroit bon. Mais ma pensée est, qu'il n'y a pas de difficulté à le faire, parce que Monsieur enverra une bonne & entiere confession, ou une mauvaise & défectueuse. En ce dernier cas, on le fera poursuivre par des troupes, selon la résolution prise. Cependant la confession, quoique mauvaise, pourra servir à la conviction de ses complices, & à celle de sa propre personne. S'il l'envoie bonne, on en fera encore un meilleur usage. Le Roi ne sera obligé qu'à le laisser aller à Venise, & à ne lui ôter pas la liberté. Cela n'empêchera point qu'on ne fasse ensuite ce qu'il faudra pour l'Etat.* Tel étoit donc le projet du Cardinal. En cas que Gaston ne voulût pas révéler tout ce qu'il sçavoit, on le devoit poursuivre avec des troupes, de peur qu'il ne s'échappât du Royaume, l'arrêter prisonnier, le convaincre par sa propre confession, quoiqu'imparfaite, & le déclarer du moins incapable d'avoir aucune part à l'administration des affaires, si le Roi venoit à mourir. Le Comte de Noailles fut destiné à la conduite de ces troupes. Chavigni l'insinue d'un air railleur dans un Mémoire du premier Juillet. *Si ce n'est qu'une demi-confession*, M. de Noailles aura part à la négociation.... Les troupes marchent, ajoûte-t-il ; car enfin, la peur est un excellent Orateur pour persuader Monsieur de faire ce qu'on desire de lui. Que si Gaston la donnoit, cette confession entiere, si artificieusement demandée, Richelieu consentoit qu'on lui permît d'aller à Venise, mais à condition qu'il y demeureroit jusques à ce qu'il plût au Roi, ou plutôt au Cardinal, de le rappeller. Après quoi, on auroit fait ce que le bien de l'Etat demandoit. Que cela signifie-t-il dans le dictionnaire de Richelieu ? Que le Duc d'Orléans auroit été déclaré incapable d'avoir après la mort du Roi aucune part à l'administration des affaires. Le Cardinal prétendoit se la faire donner toute entiere, en son nom, ou du moins sous celui de la Reine Anne d'Autriche. Etrange ambition d'un Prêtre mourant !

Mon avis est, dit-il encore à Chavigni, *que vous parliez ainsi à l'Abbé de la Riviere. M. le Cardinal ne vous a pas voulu donner parole, que le Roi laisseroit aller librement Monsieur à Venise, sans le voir, en cas qu'il envoyât à Sa Majesté une entiere confession de ce qu'il sçait. Cependant, pour vous montrer que Son Eminence fait toujours plus qu'elle ne promet, elle m'a écrit de conseiller au Roi de donner son consentement. Je le ferai fidelement, & en ce cas, je vous donnerai, par ordre de Sa Majesté, la parole de M. le Cardinal. De maniere qu'il ne tiendra qu'à Mon-*

fieur de fortir, par l'intervention de Son Eminence, du mauvais pas où il eſt. J'ai promis à l'Abbé, qu'on ne dira point à Monſieur, que ſa confeſſion eſt défectueuſe, mais ſeulement que la déclaration qu'il donnera doit être ſignée de lui, & contreſignée de Gaulas Secrétaire de ſes commandemens. *La Riviere eût bien voulu avoir un projet ; mais j'ai crû qu'il valoit mieux que ces Meſſieurs agiſſent à leur mode. Je vous avoue que je ne crois point que Monſieur déclare la vérité. Alors il faudra faire avancer des troupes vers lui ſans perdre aucun temps. Je penſe même qu'en attendant la déclaration, leur marche ne doit pas être différée.* L'Abbé ſuivit quelques jours le Roi, qui s'en retournoit vers Paris. Il ſemble par une lettre de Chavigni à Richelieu, datée de Montelimar en Dauphiné le 3. Juillet, que ce fut-là, que la Riviere prit congé de Loüis, pour aller rapporter au Duc d'Orléans, fort inquiet à Aigueperce en Auvergne, ville du Duché de Monpenſier, le ſuccès de ſa négociation auprès du Roi & de ſon Miniſtre. *L'Abbé*, dit le Secrétaire d'Etat, *a été dépêché avec la réponſe & la lettre de Sa Majeſté. M. Des-Noyers & moi lui avons donné la parole de Son Eminence aux termes qu'elle nous l'a commandé. Il témoigne eſpérer que Monſieur acceptera le parti propoſé.* Richelieu avoit peine à le croire: *Quoiqu'on ait fait*, dit-il à Chavigni dans un Mémoire daté du 30. Juin, *pour porter Monſieur à donner une confeſſion ingénue, & que la Riviere ait intérêt que cela s'exécute, la connoiſſance que j'ai de ce perſonnage fait que je ne puis croire qu'il y conſente.* De ce perſonnage ! L'inſolent Cardinal parloit-il donc ainſi, non-ſeulement du premier Prince du Sang, comme je l'ai remarqué dans quelqu'un des livres précédens de cet ouvrage, mais encore du Frere unique de ſon Maître ? *Ou Monſieur déguiſera le traité d'Eſpagne*, continue Son Eminence, *ou il en diſſimulera les principales conditions, ou il ne nommera point ſes complices. En un mot, je crois que la confeſſion ſera défectueuſe. En ce cas il eſt à propos que M. de Noailles parte inceſſamment. Il faut le faire avancer autant qu'il ſera poſſible, pour l'exécution du juſte deſſein du Roi, ſi Monſieur ne veut pas faire ce qu'il doit.* Cela ne prouve-t-il pas manifeſtement que le Cardinal n'avoit ni l'original, ni une copie autentique du traité ? Si l'un ou l'autre étoit entre ſes mains, ſe ſeroit-il donné de ſi grands mouvemens, pour avoir du moins une *confeſſion entiere du Duc d'Orléans*, & l'original du traité ? Pourquoi les demandoit-il avec tant d'inſtance ? Pour avoir en main de quoi faire couper la tête à ſes ennemis priſonniers. L'original du traité ſuffiſoit preſque pour cela. D'où il s'enſuit que ſi le Duc de Bouillon, le Grand-Ecuyer, & l'innocent de Thou ſe virent perdus, ce ne fut que par l'imprudence de Gaſton, qui garda une copie du traité qu'il pouvoit brûler auſſi-bien que l'original, & par ſa facilité à donner dans les piéges que les créatures de Richelieu lui tendoient, en le preſſant de faire la confeſſion qu'on lui demandoit, & de reconnoître la copie du traité pour autentique. Sans cela, les priſonniers n'auroient jamais pû être juridiquement convaincus. Voici une autre preuve que Richelieu n'avoit pas des piéces juſtificatives en main. *Il faut*, dit-il, *que Monſieur donne l'original du*

1642.

traité qu'il a fait. Sans cela une confession ne peut être regardée comme entiere. Se feroit-on tant tourmenté, pour tirer une piéce qu'on tenoit entre ses mains ? Chavigni penſoit de même que Richelieu ſur le refus que le Duc d'Orléans feroit d'avouer tout. Cependant & le Miniſtre & le Secrétaire d'Etat devoient ſçavoir par une longue expérience, quelles étoient & la foibleſſe & la timidité de ce Prince. *Quoique l'Abbé de la Riviere eſpere de la confeſſion de Monſieur,* dit Chavigni au Cardinal, *le peu de connoiſſance que j'ai de lui me porte à croire qu'il n'y conſentira pas : ainſi, à tout événement, nous ferons avancer M. de Noailles le plus diligemment qu'il ſe pourra.*

Le Duc d'Orléans demande pardon au Roi & au Cardinal de Richelieu, & leur envoie des indignes déclarations.
Mémoires de Montréſor.

La ſuite convainquit le Miniſtre d'Etat, qu'il avoit eu raiſon de dire que la peur étoit un excellent Orateur, pour perſuader au Duc d'Orléans de faire tout ce qu'on déſiroit de lui. A peine la Riviere eſt-il arrivé à Aigueperce, que Gaſton le renvoie avec une ample confeſſion, & des lettres les plus ſoumiſes du monde, au Roi & à ſon Miniſtre. " Monſeigneur, écrivit-il à Louis le 17. Juillet, je ſuis au déſeſpoir d'avoir manqué encore à la fidélité que je dois à Votre Majeſté. Je la ſupplie très-humblement d'agréer que je lui en demande un million de pardons, & que je l'aſſure de ma ſoumiſſion & de mon repentir. J'eſpere de votre extrême bonté, Monſeigneur, que vous aurez toute compaſſion du malheureux état où me réduit votre indignation, & que le premier acte d'obéïſſance que vous m'avez commandé de vous rendre, & auquel je proteſte d'avoir ſatisfait très-ſincerement, m'obtiendra la grace & le pardon que Votre Majeſté m'a fait l'honneur de me promettre par l'Abbé de la Riviere, & qu'elle ſera pareillement conviée par la tendreſſe qu'elle a toujours euë pour moi, à écouter favorablement les très-humbles ſupplications qu'il lui en fera de ma part. C'eſt ce dont je la conjure par ſon propre Sang. " Ne blâmons point Gaſton, d'avoir écrit ſi reſpectueuſement à ſon frere. Mais lui pardonnerons-nous les complimens bas & flateurs dont la lettre à Richelieu eſt remplie ? " Mon Couſin, *lui dit-il*, après avoir ſatisfait au commandement qu'il a plû au Roi mon Seigneur de me faire, & au conſeil que vous m'avez donné, ayez agréable que je vous prie, qu'enſuite du pardon & de la grace que vous m'avez obtenuë du Roi mon Seigneur, j'emploie encore votre généroſité pour l'adouciſſement du triſte état où je me trouve réduit. Je vous avoue, mon Couſin, qu'après toutes les choſes qui ſe ſont paſſées, il faut qu'elle ait fait un dernier effort ſur vous, pour vous obliger à m'aider dans cette malheureuſe conjoncture. Mais ſi vous pouviez voir la ſincérité de mon cœur, je n'aurois aucun ſujet de craindre que vous ne vouluſſiez ajoûter à la grande gloire que vous avez acquiſe, celle de donner à un Fils de France le ſecours qu'il vous demande. Je vous renvoie l'Abbé de la Riviere, pour vous dire avec quelle réſignation je vous fais cette priere, & celle de me conſerver toujours l'honneur de votre amitié. Je ſuis ſi réſolu à vous donner de telles preuves de la parfaite eſtime & de l'extrême affection que j'aurai pour vous toute ma vie, que je ſuis aſſuré que vous aurez un jour une entiere confiance en moi, &

» que vous connoîtrez que je suis aussi inviolablement que je vous le pro-
» teste votre très-affectionné Cousin.

Quelle étoit donc cette *entiere confiance* que le Duc d'Orléans prétendoit que le Cardinal auroit un jour en lui? Que Son Altesse Royale serviroit Richelieu à se faire Régent du Royaume? Le délié Ministre n'étoit
pas si dupe. Quoi qu'il en soit l'Eminence répondit à Gaston en termes
généraux, & évita fort soigneusement de s'engager à servir le Duc dans
le dessein qu'il avoit de demeurer en France. Elle connoissoit trop bien
ses intérêts. Peut-être qu'elle pensoit seulement à l'intimider d'une telle
maniere, qu'il n'osât rien refuser de tout ce qu'on éxigeroit de lui pour
la conviction des accusés, & que par un acte autentique il se désistât
de ses justes prétentions à l'administration des affaires après la mort du
Roi. » Monseigneur, *lui répondit Richelieu*, j'ai été fort aise d'apprendre
» par la lettre qu'il vous a plû de m'écrire, & par Mrs. de Chavigni &
» la Riviere, que Votre Altesse prend le vrai chemin pour se retirer du
» malheur & du crime où les ennemis de l'Etat l'ont précipitée. En con-
» tinuant comme vous avez commencé, je ne doute point que vous ne
» receviez des effets de la bonté de Sa Majesté. Je tiendrai à faveur de
» vous y servir, dans les termes de ce que je dois au Roi & à l'Etat.
» Je m'y porterai d'autant plus volontiers, que j'oublie sans peine les
» projets formés contre moi, pourvû qu'en le faisant je ne préjudicie point
» aux intérêts publics. Vous le connoîtrez toujours, Monseigneur. « Quels
étoient-ils, *ces termes* de ce que le Cardinal devoit *au Roi & à l'Etat?*
Que demandoient ces *intérêts publics*, auxquels il ne vouloit point *préjudicier?* Que le Duc d'Orléans consentît à demeurer à Venise aussi long-
temps que Son Eminence le jugeroit à propos, c'est-à-dire, le reste de
la vie de l'un ou de l'autre; que Gaston se contentât tout au plus, de
vivre *en particulier, sans charge, sans train* dans le Royaume; qu'il re-
nonçât enfin à la part que sa naissance & son rang lui donnoient à l'administration des affaires après la mort du Roi. A telles conditions, & à de
plus dures encore, *Richelieu oublioit-il sans peine les projets formés* contre lui.

Comment *oublia*-t-il ceux qu'il attribuoit à la Reine mere, aux Ducs
de Montmorenci, de Bouillon, de la Valette, aux Maréchaux de Marillac
& de Bassompierre, au Grand-Ecuyer & à de Thou? En laissant sa bienfaitrice dans l'éxil & dans l'indigence; en persuadant au Roi de faire mourir
les uns par la main du bourreau, & de présider lui-même aux jugemens où
d'autres furent condamnés à être décapités en effigie, sans avoir égard à la
bienséance que le Souverain doit garder, aux services importans que les
prétendus criminels lui avoient rendus, & aux preuves que quelques-uns
alléguoient de leur innocence; en insinuant à Louis d'obliger un d'eux à
racheter sa vie par la cession d'une Principauté, & de tenir toujours dans
une étroite prison l'infortuné Bassompierre. Les Ducs de Vendôme & de
Guise, le Grand-Prieur de France, la Princesse de Conti, comment leurs
prétendus *projets* furent-ils *oubliés?* Celle-ci chassée de la Cour, & releguée à Eu, mourut de chagrin & de déplaisir. Guise son frere alla tris-

tement finir ſes jours à Florence. Vendôme priſonnier ſe tira d'intrigue en ſe démettant de ſon gouvernement de Bretagne. Accuſé depuis par des ſcélérats ſubornés, il crut que pour ſauver ſa vie, du moins ſa liberté, il ſe devoit réfugier en Angleterre. Le Grand-Prieur ſon frere, enfermé à Vincennes, y mourut peut-être de poiſon, ou du moins du mauvais air & de la puanteur de ſa priſon. Si le Cardinal eût *oublié* autrement *les projets formés* contre ſa perſonne, ce n'auroit pas été *dans les termes* de ce qu'il devoit *au Roi & à l'Etat*: il auroit cru *préjudicier aux intérêts publics*. Son Eminence a-t-elle pû s'imaginer que les gens d'eſprit ſe payeroient de pareilles fadaiſes?

Gaſton s'explique plus particulierement dans ſa lettre à Chavigni. Elle n'eſt gueres moins indigne que la précédente. Le bon Prince étoit-il aſſez aveugle pour ne voir pas que le Secrétaire d'Etat le jouoit & le ſacrifioit au Cardinal? » J'avoue d'avoir failli, *dit le Duc à Chavigni*. La confeſ-
» ſion que j'envoie le prouve aſſez. Mais j'ai fait auſſi une grande faute,
» & c'eſt la cauſe de toutes les autres. Je ne vous ai pas cru. L'Abbé de la
» Riviere m'a rapporté avec quelle affection vous avez eſſayé de me ſer-
» vir. « Etoit-ce en intimidant l'Abbé, peut-être en ſubornant cette ame vénale, en exécutant ſi ponctuellement les réſolutions priſes de faire ſuivre Son Alteſſe Royale par des troupes, & de l'arrêter en cas qu'elle ne voulût pas ſortir du Royaume? » Je ſçai, *pourſuit-elle, que* ſi vous n'avez
» pas réüſſi, c'eſt plutôt ma faute que la vôtre. Auſſi je n'accuſe de mon
» malheur que moi-même. « Le Duc avoit grande raiſon. Il choiſit pour négociateur un miſérable vendu à Richelieu, & pour médiateur *la trèshumble créature* du Cardinal. Il pouvoit connoître l'un & l'autre. Le reſte de la lettre n'eſt pas moins ridicule. » Je conſerve le ſouvenir de la bon-
» ne volonté que vous m'avez témoignée, & j'eſpere que vous trouve-
» rez un jour moyen de la faire valoir plus utilement. « S'il y avoit ici de l'ironie, on la pardonneroit peut-être. Mais la ſuite montre que Son Alteſſe Royale parle ſérieuſement. » Je me réſous de ma part à faire
» tout ce que vous me conſeillerez. Pour cet effet, j'ai commandé à la
» Riviere, de vous demander certaines choſes que je vous prie de ne pas
» refuſer. Je vous conjure auſſi de lui ouvrir, ſi cela ſe peut, les voies
» qu'il doit prendre auprès du Roi & de Son Eminence, pour obtenir
» que je ne ſorte pas du Royaume. Il n'y a point de condition & de
» demeure que je refuſe pour cela.

Pouvoit-il donner plus aveuglément dans le panneau groſſier que le Miniſtre & le Secrétaire d'Etat lui tendoient? Ne valoit-il pas mieux ſe réſoudre à ſortir de France qu'à commettre de ſi étranges indignités? La ſanté de Louis étoit fort altérée: mais enfin, ſelon toutes les apparences, il devoit ſurvivre Richelieu. Après la mort de ſon implacable ennemi, Gaſton auroit été rappellé ſans doute. Quand même le Roi ſeroit mort le premier, tant de gens intéreſſés à empêcher que le Cardinal ne demeurât Régent du Royaume n'auroient-ils pas aidé le Duc d'Orléans à y revenir? Richelieu & ſes deux alliés, le Prince de Condé

& le Duc d'Enguien, lui en pouvoient-ils jamais fermer les portes? » Quoi qu'il arrive, *dit-il enfin à Chavigni*, je vous protefte devant Dieu, » que je conferve une affection toute particuliere pour vous, & que je » vous en donnerai de telles preuves, que fi je me trouve jamais en état » de cela, vous ne douterez point de la vérité de mes paroles, & de » la foi que je vous en donne. » Trifte néceffité, à laquelle Gafton s'étoit véritablement réduit par *fa faute*, de ramper de la forte devant fon domeftique! Il fe feroit exempté de cette baffeffe, & de quelques autres beaucoup plus grandes, s'il eût voulu croire ceux qui lui confeilloient de fe retirer au plûtôt à Sedan. Il valoit mieux fe fier à eux qu'à Chavigni & à la Riviere. Son Alteffe Royale, trompée peut-être par d'infideles confidens, ne le fit pas. En ce fens, elle a raifon de *s'accufer* elle-même *de fon malheur*.

L'Abbé portoit encore deux déclarations de fon maître; l'une pour le Roi, & l'autre pour Richelieu. Dans la premiere le Duc confeffoit, qu'à la follicitation de Cinq-Mars, il s'étoit lié avec lui pour *mettre le Cardinal hors des affaires*. Que le Duc de Bouillon entra dans le complot, qu'il promit de fe retirer à Sedan avec Son Alteffe Royale. Qu'ils traiterent tous trois avec le Roi d'Efpagne à certaines conditions que Gafton rapporte. Dans la déclaration envoyée au premier Miniftre, il protefte qu'il eut bien quelque foupçon que Cinq-Mars vouloit attenter à la vie de Richelieu; mais le Grand-Ecuyer ne lui déclara nettement. » Je n'aurois jamais prêté l'oreille, ni le cœur, *ajoûte-t-il*, à la moin- » dre propofition contre la perfonne de M. le Cardinal, en quelque fa- » çon, ou en quelque temps que ce pût être. Ma conduite eft une preu- » ve fuffifante. Dieu m'a fait la grace de me donner de fi bonnes incli- » nations, que j'aurai toute ma vie horreur de fi damnables penfées con- » tre le moindre homme du monde; à bien plus forte raifon contre une » perfonne facrée & fi précieufe, que je prie Dieu de la conferver long- » temps pour la France, & pour mon bien particulier, que je veux ef- » pérer & attendre entierement d'elle. » Le Duc eft certainement louable d'avoir eu tant d'horreur des affaffinats, & encore plus de n'avoir voulu prêter, *ni l'oreille, ni le cœur*, à ceux qui lui ont pû propofer de fe défaire de fon plus dangereux ennemi. Mais eft-il bien certain qu'il ne prêta pas du moins *l'oreille* à Montréfor, lorfque le complot de tuer le Cardinal dans Amiens fut formé? On doit rendre juftice à Gafton. S'il fembla quelques fois être tenté de confentir à l'affaffinat, une action fi noire lui fit horreur lorfqu'on fut fur le point de la commettre. Il refufa d'y avoir part, & ne voulut jamais la commander. Mais qui l'obligeoit de dire ici que *la perfonne* de Richelieu étoit *fi précieufe*? Lui qui avoit attendu avec tant d'impatience à Chambor la nouvelle de la mort du Cardinal. Qu'il ait prié Dieu de *le conferver long-temps*; à la bonne heure. Cependant on aura peine à fe le perfuader. A-t-il jamais penfé, & devoit-il penfer, que la vie du Cardinal lui fût avantageufe & néceffaire? Il attendoit *fon bien particulier* de celui qui le vouloit chaffer du

1642.

Royaume, & le dépouiller des droits attachés à sa qualité de Fils de France. Cela est bon à dire aux sots. Richelieu ne l'étoit pas assez pour regarder comme sinceres des flateries que la seule crainte arrachoit.

Ces déclarations que Chavigni porta lui-même à Tarascon, après que la Riviere les lui eut remises, ne contenterent pas le Cardinal. Il vouloit avoir en main de quoi convaincre de léze-majesté ses ennemis prisonniers. Ces piéces ne lui sembloient pas suffisantes. » Autre chose est de » connoître un crime, *dit-il dans un Mémoire donné à Chavigni lorsqu'il* » *s'en retourna vers le Roi, & daté du 15. Juillet*, & autre chose de le pou- » voir prouver en justice. Le Roi sçait que celui de Mrs. Bouillon & de » Cinq-Mars ne peut être plus certain qu'il l'est. Si on le peut vérifier » aux Juges sans l'intervention de Monsieur, je crois qu'il le faut laisser » aller à Venise. Que si elle est nécessaire, Sa Majesté lui peut déclarer, » que pourvû qu'il consente à tout ce qu'il faudra pour faire châtier les » méchans qui l'ont voulu perdre, en perdant l'Etat, elle lui peut per- » mettre de vivre en particulier dans le Royaume, aux conditions qui » lui seront prescrites. C'est ce qu'il demande. Mais avant que de rien » accorder, il faut que lui & quelques-uns des siens soient confrontés » aux criminels le plus noblement qu'il sera possible. De maniere que la » preuve de leur crime soit complette. Cela doit être promptement exé- » cuté. Monsieur ne peut appréhender cette confrontation. En la faisant » hautement, elle passera pour un acte de la bonté d'un Prince qui veut » sauver ceux qui sont avec lui. « Plaisante imagination! Richelieu croyoit-il le monde assez dupe de regarder comme un *acte de bonté* sa *noble* confrontation, extorquée à un Prince foible & timide, pour faire couper la tête à ceux qui l'avoient voulu servir? Se rendre indignement témoin contre des amis accusés qui ne peuvent être autrement convaincus, est-ce les vouloir sauver? Voyons la suite du Mémoire. On y découvre les nouveaux projets formés par le Cardinal *après avoir bien philosophé sur cette affaire*. Ce sont ces termes.

» Cela fait, *y ajoute-t-il*, Monsieur renonçant à son gouvernement » d'Auvergne, à ses compagnies de gens-d'armes & de chevaux-légers, » conservant celle de ses gardes, & déclarant qu'il ne prendra jamais » ni charge, ni emploi, ni administration dans le Royaume, en quelque » temps & en quelque occasion que ce puisse être, Sa Majesté lui peut » accorder de vivre en particulier à Blois, avec le train dont il sera con- » venu, sans pouvoir jamais garder auprès de lui aucune personne désa- » gréable au Roi, & se soumettant à déchoir de la grace que Sa Majesté » lui veut bien faire, s'il contrevient en aucune maniere à la moindre de » ces conditions. Il n'est pas besoin de faire sçavoir maintenant que le » Roi desire cela. Il suffira de lui dire en général, qu'après avoir con- » vaincu ceux qui l'ont voulu perdre, le Roi lui permettra de demeurer » en France, aux conditions que Sa Majesté jugera convenables. Mon- » sieur se contentera présentement de cette promesse. Lorsqu'il sera temps » de l'éxécuter, on la lui expliquera. « L'Abbé de la Riviere s'en va

porter

DE LOUIS XIII. Liv. L.

porter à son maître les nouvelles demandes du Cardinal. Gaston le renvoie à Fontainebleau, où le Roi étoit arrivé vers la fin de Juillet, & lui donne ordre de promettre tout de sa part, pourvû qu'on lui épargne la confusion d'être confronté avec les accusés. En cas qu'il plût à Sa Majesté de s'engager par un écrit à lui permettre de demeurer à Blois, de lui laisser la jouïssance de son appanage, & de faire vérifier au Parlement une déclaration pour le pardon de sa faute, le Duc d'Orléans promettoit de se rendre à Trevoux, ville de la Principauté de Dombes, ou à Villefranche dans le Beaujolois, & de confesser devant le Chancelier Séguier, qui le viendroit trouver à l'un de ces deux endroits, la vérité de ce qu'il avoit écrit dans sa déclaration envoyée au Roi, & de reconnoître autentiquement le traité fait avec l'Espagne, & toutes ses circonstances.

Louis ayant demandé à Séguier si une pareille reconnoissance seroit équivalente à la confrontation, & au récollement juridique des témoins, le Chancelier consulta deux ou trois Magistrats habiles & expérimentés dans les affaires criminelles, & écrivit ensuite une longue lettre à Richelieu. »Ces Messieurs, *y dit-il*, ont donné leur avis que j'envoie à Votre Emi-
»nence. Elle verra qu'on peut dispenser Monsieur d'être présent à la lec-
»ture de sa déclaration, qui sera faite aux accusés, en observant les
»formalités contenues dans leur avis. Il est appuyé d'exemples & de rai-
»sons. Nous avons la procédure faite contre * la Mole & Coconas, accu-
»sés du crime de léze-majesté. En ce procès les déclarations du Roi **
»de Navarre, & du Duc † d'Alençon furent reçues & lûes aux accusés,
»sans confrontation, quoiqu'ils l'eussent demandée. Il n'y a point d'exem-
»ple que les Enfans de France ayent été ouïs autrement dans un procès
»criminel. Cette procédure, que j'ai proposée, approche de la confron-
»tation. La personne du témoin est absente à la vérité. Mais sa décla-
»ration est lûe aux accusés. On leur donne la liberté d'y répondre, &
»d'alléguer même ce qu'ils ont à dire contre Monsieur. On lui lira en-
»suite ce que les accusés auront dit, & on recevra sa replique. Je ne
»crois pas qu'il fasse difficulté sur cette formalité. L'Abbé de la Riviere
»assure que Monsieur se soumet à tout, pourvû qu'on l'exempte d'être
»présent.

Puisque l'affaire dont je parle étoit *une des plus importantes de cette nature, qui fût jamais en France*, dit le Cardinal dans son Mémoire du 15. Juillet, on ne sera pas fâché de trouver ici quel fut l'avis de Jacques Talon, du sçavant Jerôme Bignon, & d'Omer Talon, donné par écrit à Fontainebleau le premier Août au Chancelier de France. Le voici dans leur vieux style du Palais. »Nous estimons que c'est chose nouvelle, &
»que nous ne sçachions, qu'aucun Fils de France ait été ouï dans au-

1642.

* Sous le regne de Charles IX.
** Depuis Roi de France sous le nom d'Henri IV.
† François, dernier fils du Roi Henri II.

Tome VI. Hhhh

„ cun procès criminel, par forme de dépofition ; ains feulement par dé-
„ clarations qu'ils ont baillées par écrit, & fignées de leurs mains, con-
„ tenant la vérité du fait dont il s'agiſſoit. Lefquelles déclarations ont
„ été reçues, & fait partie du procès, fans que l'on ait defiré leur pré-
„ fence, lorfque la lecture de leur déclaration a été faite aux accufés :
„ Et fçavoir qu'il a été ainfi pratiqué dans le Parlement de Paris aux cri-
„ mes de léze-majefté. Et fur ce que M. le Chancelier nous a dit, que
„ ladite déclaration feroit reçue par lui-même, en la place de ceux qui
„ feroient Juges du procès, & que d'icelle lecture fera faite aux accu-
„ fés, qui feront à l'inſtant interpellés de dire ce que bon leur fem-
„ bleroit contre le contenu en ladite déclaration, dont fera fait procès
„ verbal, qui fera par après préfenté à Monſieur Frere du Roi, pour
„ expliquer fon intention fur le dire des accufés : nous croyons que ces
„ formalités étant ajoûtées à ce qui a été fait par le paffé, rendront l'acte
„ plus folemnel & plus autentique qu'il n'a été fait & pratiqué ci-de-
„ vant en telle matiere. De telle forte que les Enfans de France n'ayant
„ été accoutumés d'être ouïs dans les procès criminels, en autre forme
„ que celle ci-deſſus, nous eſtimons qu'une déclaration ainfi faite par
„ Monfieur Frere du Roi, & accompagnée des formes ci-deſſus, doit être
„ auffi véritable en fon efpece, que la dépofition d'un particulier, fui-
„ vie de récollement & de confrontation.

Sur cette aſſurance, Louis donne parole par écrit, que fon Frere aura la permiſſion de demeurer à Blois ; & le Duc d'Orléans figne l'acte fui-vant, dont la Riviere lui porte la minute. „ Après avoir donné, *y dit-il,*
„ une ample déclaration au Roi, du crime auquel le Sieur de Cinq-
„ Mars Grand-Ecuyer de France nous a fait tomber par fes preffantes
„ follicitations, recourant à la clémence de Sa Majefté, nous déclarons
„ que nous nous tiendrons extrêmement obligés, & bien traités, s'il plaît
„ à Sa Majefté de nous laiffer vivre comme un fimple particulier dans
„ le Royaume, fans gouvernement, fans compagnie de gens-d'armes ni
„ de chevaux-légers, ni fans jamais pouvoir prétendre pareille charge,
„ ni adminiftration telle qu'elle puiffe être, ni à quelque occafion qu'el-
„ le puiffe arriver. „ Pauvre homme, qui étourdi par la crainte, ou trompé par des domeftiques artificieux & infideles, fe dégrade lui-mê-me ! Plus pauvre encore, fi en fignant un acte fi honteux. il ne s'ap-perçut pas qu'il renonçoit aux prétentions que fa naiffance & fon rang lui donnoient à l'adminiftration du Royaume après la mort de fon frere !
„ Nous confentons en outre, *ajoûte-t-il*, à la vie particuliere que nous
„ fupplions Sa Majefté de nous permettre de mener, fans avoir aucun
„ train que celui qu'il plaira au Roi de nous prefcrire, & fans pouvoir
„ tenir auprès de nous aucune perfonne que Sa Majefté nous témoigne
„ lui être défagréable : le tout fous peine de déchoir, par la moindre
„ contravention à tout ce que deſſus, de la grace que nous fupplions
„ le Roi de nous accorder, après la faute que nous avons commife.

Le 3. Août le Chancelier part de Fontainebleau, pour aller à Lyon

présider au jugement du procès qui s'y devoit faire au Duc de Bouillon, au Grand-Ecuyer, & à de Thou. Accompagné de quelques autres Magistrats, Séguier se transporte le 22. du même mois à Villefranche en Beaujolois, où Gaston s'étoit rendu. „ Là Son Altesse Royale, *dit Mon-*
„ *trésor*, interrogée par le Chancelier assisté de Conseillers d'Etat & de
„ Maîtres des Requêtes, déclare en leur présence toutes les particula-
„ rités les plus secretes. Comme il n'y en pouvoit avoir aucune, dans
„ la vérité de l'affaire, capable de me rendre criminel, *ajoûte par une*
„ *ironie piquante le Gentilhomme justement indigné de l'ingratitude & de la*
„ *foiblesse de son maître*, la bonté de Monsieur, surprise sans doute,
„ le laissa consentir qu'il fût mis dans un article, que si j'avois fait
„ quelque autre traité avec M. de Thou mon cousin, ou avec un autre,
„ Son Altesse le désavouoit. Elle sçavoit pourtant bien que je n'étois
„ pas capable de rien faire à son insçû dans une occasion si considéra-
„ ble & de telle importance. Néanmoins, je fus nommé de la sorte, dans
„ un monument que les Princes de sa naissance n'ont pas coûtume de
„ laisser à la postérité. « Par cette nouvelle déclaration Gaston confirme celle qu'il avoit déja envoyée au Roi; ajoûte plusieurs circonstances omises dans la premiere, parce qu'il *ne s'en étoit pas souvenu*, dit-il; jure *en foi de Prince*, que la copie qu'il a gardée du traité fait par Fontrailles avec le Roi d'Espagne *est conforme à l'original, & qu'elle contient les mêmes clauses & conditions*; met sa reconnoissance au bas, *signée de sa propre main, & contresignée du Secrétaire de ses commandemens*, & consent quelle *demeure entre les mains* du Chancelier.

Non content d'avoir contraint Son Altesse Royale à servir de témoin contre ceux dont elle avoit recherché l'amitié, Richelieu sçut encore engager Louis à déposer lui-même contre son propre Favori, autant qu'il le pouvoit, & que la majesté du Souverain le lui permettoit. Je n'avance point un paradoxe: c'est une réalité. Le 6. Août, sans autre nécessité que celle de rendre plus croyable l'accusation que son Procureur Général au Parlement de Grenoble devoit intenter contre Cinq-Mars, le Roi témoigne dans une lettre de cachet envoyée au Parlement de Paris & à ceux des Provinces, sur l'emprisonnement du Grand-Ecuyer, que depuis un an il lui avoit paru mal intentionné pour l'Etat, & entretenir de grandes correspondances à la Cour d'Espagne, *Le notable & visible changement qui a paru depuis un an dans la conduite du Sieur de Cinq-Mars notre Grand-Ecuyer*, dit Louis, *nous fit résoudre, aussitôt que nous nous en apperçûmes, à prendre soigneusement garde à ses actions & à ses paroles, afin de pénétrer quelle en pourroit être la cause. Pour cet effet, nous le laissâmes agir & parler avec nous plus librement qu'auparavant*. C'est ainsi que Louis tâche de mettre sa réputation à couvert du bruit qui commençoit de se répandre, que Cinq-Mars lui avoit proposé de se défaire de Richelieu, & que Sa Majesté y avoit consenti. Ces fréquens & longs entretiens contre le Cardinal, on les vouloit faire passer pour une politique raffinée, qui tendoit à découvrir les vûes secretes du

Cinq-Mars & de Thou sont condamnés à la mort.
Mémoires de Montrésor.
Recueil de diverses pieces imprimées en 1652.
Bernard Histoire de Louis XIII.
L. XX.
Mercurio di Vittorio Siri.
Tom. 1.
Lib. 2.

Hhhh 2

Grand-Ecuyer. *Par ce moyen, nous reconnûmes*, poursuit le Roi, *qu'agissant selon son génie, il prenoit un extrême plaisir à ravaler tous les bons succès qui nous arrivoient, & à publier les nouvelles qui nous étoient désavantageuses. Qu'une de ses principales fins, c'étoit de blâmer les actions de notre Cousin le Cardinal de Richelieu, & de louer hardiment celles du Comte Duc d'Olivarez. Qu'il favorisoit tous ceux qui étoient en notre disgrace, & qu'il traversoit les personnes qui nous servoient le mieux. Qu'il désapprouvoit continuellement ce que nous faisions de plus utile pour notre Etat. La promotion des Sieurs de Guébriant & de la Motte à la charge de Maréchal de France lui fut insupportable.* Quel venin ! quelle malignité ! Le Grand-Ecuyer n'aimoit pas celui-ci, parce qu'il avoit rendu de mauvais offices à l'Archevêque de Bourdeaux, oncle de la Marquise d'Effiat belle-sœur de Cinq-Mars. Guébriant, uniquement attaché à Richelieu & à ses créatures, lui déplaisoit. S'ensuit-il de là qu'il voulût les éloigner des emplois, parce que l'un servoit utilement la France contre le Roi d'Espagne, & l'autre contre l'Empereur.

Ce n'est pas tout. On tâche de décrier le Grand-Ecuyer, comme libertin & impie. *Il entretenoit*, ajoûte-t-on, *une intelligence très particuliere avec quelques-uns de la Religion Prétendue Réformée, dont le principal étoit Chavagnac, mauvais esprit, nourri dans les factions. Il parloit ordinairement des choses les plus saintes avec une si grande impieté, qu'il étoit aisé de voir que Dieu n'étoit pas dans son cœur.* Quelle pauvreté ! Qu'un jeune homme de vingt-un ou vingt-deux ans, plein d'ambition, & emporté par les passions ordinaires aux Courtisans, ait tenu des discours trop libres, peut-être prophanes, en des occasions de débauche ; cela n'est que trop vraisemblable. Mais la patience & la résignation Chrétienne avec laquelle Cinq-Mars souffrit le dernier supplice prouvent manifestement qu'il n'avoit point secoué le joug, & que les sentimens de la Religion qu'il professoit demeurerent toujours profondément gravés dans son cœur. Laubardemont Conseiller d'Etat, & Rapporteur du procès, Magistrat servilement vendu à Richelieu, ne manqua pas de faire valoir la déposition de Louis. *La lettre que le Roi a écrite dans les Provinces doit être considérée*, dit-il. *Ses principales circonstances ont un si grand rapport à certaines choses dites par le Sieur de Cinq-Mars, & aux dépositions du Duc de Bouillon & de Monsieur, qu'il semble quasi que c'est une même chose.* Pouvoit-on nous marquer plus clairement la raison pourquoi on persuada au Roi d'envoyer une pareille lettre à Paris & dans les Provinces.

Soit que le Cardinal, moins chagrin & plus tranquille depuis la dissipation du parti formé contre lui, sente de nouvelles forces ; soit qu'il veuille, à quelque prix que ce soit, se trouver à Lyon au temps de l'instruction du procès qui s'y devoit faire par le Chancelier & par des Commissaires esclaves de la Cour, & choisis exprès dans le Conseil d'Etat & dans le Parlement de Grenoble, selon la jurisprudence qu'il a établie, Son Eminence part de Tarascon pour se rendre à Lyon, & de là auprès du Roi. Ne vouloit-elle point faire couper la tête à son ennemi dans la même ville où il avoit projetté de l'assassiner quelques mois auparavant ? Quoi qu'il en soit, sa présence lui parut du moins nécessaire, pour tenir les Juges dans le respect, pour les empêcher de se laisser fléchir, & d'avoird égard à la jeunesse imprudente d'une des deux victimes qu'il vouloit sacrifier à sa vengeance, & à la droiture des intentions de l'autre. Comme il étoit encore si foible qu'il ne pouvoit demeurer hors du lit, on lui fit une espece de chambre portative, dit un Auteur Italien, couverte de damas & d'une toile cirée par-dessus. Il y pouvoit être couché dans son lit, & s'entretenir avec quelqu'un assis près de lui sur une chaise. Dix-huit de ses gardes, relayés d'espace en espace par autant d'autres, portoient la machine, & demeuroient la tête découverte, nonobstant le mauvais temps qu'il pouvoit faire. La litiere étant trop large, ou trop haute, pour entrer par les portes de quelques villes, ajoûte le même Historien, il en fallut abattre les murailles, aussi bien que celles des maisons où il logeoit. On élargit les chemins trop étroits, on applanit les plus raboteux. Richelieu pouvoit épargner bien de la peine à ses gardes durant deux cent lieuës. La saison étoit douce. Sa santé ne lui permettoit-elle pas de remonter le Rhône jusques à Lyon dans un bateau, de se faire porter à Rouanne, & de descendre la Loire jusques à Orléans. Je trouve en effet dans un Auteur, qu'il se mit sur le Rhône, sur la Loire, sur le canal de Briare, & sur la Seine même. Quoi qu'il en soit, Pontis témoin oculaire de l'entrée du Cardinal à Paris dans son nouveau char de triomphe, n'en dit pas tant que l'Auteur étranger : voici son récit. *Richelieu trouva moyen de marcher dans son lit, & porté par seize personnes. Jamais il n'entroit par la porte de la maison où il devoit loger. Son fidele M. Des-Noyers, faisant, pour ainsi dire, le Maréchal des logis, alloit devant, & avoit soin que l'endroit des fenêtres de la chambre où Son Eminence passeroit la nuit fût ouvert. On dressoit en même temps un grand échaffaut dans la rue, sur lequel on montoit par degrés, afin que le lit magnifique où le Cardinal étoit couché pût entrer dans la chambre. On tendit les chaînes dans les rues de Paris, de peur que la foule du peuple qui accouroit de toutes parts, pour voir cette espece de triomphe d'un Ministre qui revenoit en grande pompe, après avoir vaincu ses ennemis, ne causât trop de confusion.* Le Roi, presqu'aussi malade, ne marcha pas à si grands frais. Il prit moins de précautions, & ne causa pas tant de fatigues à ses gardes, à ses domestiques, à ses sujets. Content d'emprunter la litiere ordinaire de son Ministre jusques à Lyon, il acheva le reste du voyage en carrosse. Si le Secrétaire d'Etat se fit *Maréchal des logis* de Richelieu, ce ne fut pas depuis Lyon jusques à Paris, comme il est marqué dans les Mémoires de Pontis. Car enfin il suivit Louis de Narbonne à Fontainebleau. Ce fut apparemment depuis cette maison Royale, où Richelieu se rendit auprès du Roi, que Des-Noyers fit jusques à Paris ce que l'Auteur des Mémoires lui attribue. J'ai remarqué plus d'une fois que cet Historien manque souvent d'exactitude.

Retournons à Lyon. Le Duc de Bouillon, Cinq-Mars & de Thou, y furent transférés, l'un de Pignerol, l'autre de la Citadelle de Montpellier, & le troisiéme du Château de Tarascon, afin d'être jugés par les Commissaires nommés au gré de leur implacable ennemi. Je trouve dans un Journal de l'instruction de ce fameux procès, que le 7. Septembre Séguier alla visiter le Grand-Ecuyer au Château de Pierre-Encise, où il étoit enfermé. *Monsieur*, lui dit l'artificieux & dissimulé Chancelier, *bien loin d'avoir sujet de craindre, vous devez espérer toutes choses à votre avantage. Vous avez en moi un bon Juge. A Dieu ne plaise que je sois méconnoissant de vos faveurs. Je n'ignore pas que je vous suis redevable de ce que le Roi ne m'a pas ôté les Sceaux. Une si grande obligation ne demande pas seulement un souvenir immortel, mais encore une reconnoissance infinie. Je vous la témoignerai dans l'occasion.* Il étoit vrai que Cinq-Mars adoucit une fois l'esprit de Louis fort irrité contre Séguier. Mais le but véritable du compliment n'étoit pas tant de témoigner sa gratitude, que d'empêcher que le Grand-Ecuyer ne recusât le Chancelier, & ne demandât d'être renvoyé à ses Juges naturels. *Votre civilité, Monsieur*, répondit Cinq-Mars, *me donne de la confusion. Mais la procédure commencée me fait juger qu'on en veut à ma vie. Je suis perdu; le Roi m'abandonne. Je ne me regarde plus que comme une victime qui doit être bientôt immolée à la passion de ses ennemis, & à la facilité du Roi. Vos sentimens ne sont pas justes*, repartit le Chancelier. *Je suis persuadé du contraire par diverses expériences. Dieu le veuille*, reprit le Grand-Ecuyer; *mais je ne le puis croire.* On lit dans un autre Journal, que Séguier s'insinua si bien dans l'esprit du trop crédule Cinq-Mars, que celui-ci déclara confidemment au Chancelier tout ce qu'il dit depuis sur la sellette, à condition que Séguier ne s'en serviroit point comme Juge; mais qu'il en parleroit seulement à Richelieu. Facile à donner dans les piéges qu'on lui tendit, le Grand-Ecuyer espéra-t-il de fléchir le Cardinal par un aveu sincere de son crime? Voici comment.

Ceton, Lieutenant des gardes Ecossois, chargé de garder Cinq-Mars dans sa prison, l'exhorta plusieurs fois à implorer la clémence du Roi, & à fléchir Richelieu par une confession ingénue. *M. le Cardinal*, dit un jour le prisonnier à Ceton, *a raison de faire ce qu'il fait contre moi. Vous vous sentez donc coupable, Monsieur*, répondit l'Officier. *Que ne recourez-vous à la bonté du Roi en confessant votre faute? Je ne veux rien déclarer*, reprit le Grand-Ecuyer. *J'ai appris autrefois une chanson qui dit: J'aime mieux mourir que parler. On n'a point de preuve contre moi : veut-on que je me condamne par ma propre bouche?* Cela étoit fort bien : mais falloit-il s'ouvrir de la sorte à un homme dépendant de son ennemi, & donner des présomptions contre soi, que Ceton ne manqueroit pas de révéler? Il le fit en effet. *Ne sçavez-vous pas*, repartit un autre jour l'imprudent Cinq-Mars au Lieutenant qui le pressoit d'avouer la vérité, *qu'on est pendu pour la dire? Sans grace, je n'ai rien à déclarer. Qu'on me la promette, & je découvrirai des choses qu'on ne sçaura pas autrement.*

Je vois bien qu'on vient pour me faire parler. Mais m'assure-t-on de quelque chose ? Qu'on m'accorde la vie, je donnerai la carte blanche pour le reste. Je me soumettrai à tout. Il ne faut pas attendre que dans une si fâcheuse & si embarrassante conjoncture la conduite d'un jeune homme soit unie & réguliere. *Je ne dirai rien, & je n'accuserai personne*, repliqua-t-il au Lieutenant des gardes en une autre occasion. *S'il faut mourir, je mourrai en homme d'honneur. Tout le monde me parle de confesser. C'est une vieille chanson. Pourquoi me vient-on prêcher ce que je ne puis espérer ?* Puis oubliant ces sentimens raisonnables, *on veut que je confesse*, dit-il, *mais on ne promet rien. Qu'on me donne la moindre assurance par une personne de crédit & d'autorité, je déclarerai des choses qu'on ne découvrira pas autrement. Je puis bien avoir la volonté de confesser ; mais on ne me promet rien. Est-il possible que vous n'ayez rien à me proposer ?* Cinq-Mars ayant ainsi témoigné plus d'une fois sa disposition à tout avouer, pourvû qu'*une personne de crédit & d'autorité* l'assurât de la vie ; Séguier, le voyant peut-être encore plus ébranlé par la crainte d'une condamnation prochaine, le porta par des espérances générales, & sans lui rien promettre de positif, à tout confesser devant ses Juges. Il le fit en effet deux jours après d'une maniere honnête ; j'ajoûterois, judicieuse, s'il n'eût pas dû connoître que son ennemi étoit l'homme du monde le plus artificieux & le plus vindicatif.

Bouillon, le Grand-Ecuyer, & de Thou se perdirent eux-mêmes. S'ils n'eussent rien déclaré, il auroit été difficile, pour ne pas dire impossible, de les condamner juridiquement. De l'aveu du Rapporteur, il y avoit quatre points à bien établir dans le procès ; & cela n'étoit pas si aisé. *Que la déposition du Duc d'Orléans, sans confrontation, étoit bonne & valable.* Tout le monde n'en convenoit pas avec les Avocats Généraux du Parlement de Paris consultés par le Chancelier. *Que sçavoir une conjuration contre l'Etat, & n'en avertir pas, c'est un crime punissable de mort.* Quelques Jurisconsultes le peuvent dire ; mais leur sentiment est-il généralement reçu ? *Qu'entreprendre contr'un Ministre qui sert utilement son Prince, c'est un crime de même nature que celui d'entreprendre contre la personne du Souverain.* Si les complots pour *mettre* un Ministre d'Etat *hors des affaires* sont des crimes capitaux, combien faudroit-il couper de têtes ? Richelieu croyoit *servir inutilement* son Maître. Toute la France en étoit-elle convaincue ? Louis lui-même l'a-t-il toujours pensé ? *Qu'en un crime de leze-majesté les conjectures pressantes peuvent établir une preuve.* A ce compte un Roi soupçonneux ou prévenu, un Ministre ambitieux ou vindicatif, feront mourir tous ceux qu'il leur plaira. Les loix équitables doivent être conçues de telle maniere, que dix coupables puissent être plutôt sauvés, qu'un innocent condamné. Ce quatrieme point étoit la derniere & grande ressource du Cardinal & des Magistrats qui se dévouerent servilement à lui. Supposons, je le veux, que la déclaration du Duc d'Orléans fût recevable en justice, il n'y avoit qu'un seul témoin contre les accusés : encore étoit-il fort reprochable. Fontrailles, Montresor, Aubijoux, Montmor, Brion, s'étoient échappés. Bouillon fut convaincu par la déposition de Gaston, par la confession de Cinq-Mars : celui-ci par celles des Ducs d'Orléans & de Bouillon. L'infortuné de Thou n'avoit contre lui que l'aveu du Grand-Ecuyer, & le sien propre.

Au-lieu de donner un long, & peut-être ennuyeux extrait des divers interrogatoires que les trois accusés subirent, je transcrirai ce que Marca Conseiller d'Etat, & depuis Archevêque de Toulouze & de Paris, l'un des Commissaires, écrivit à Brienne Secrétaire d'Etat le 16. Septembre. » Après « la déposition de Monsieur, reçue à Villefranche en forme judiciaire, » *dit-il*, on a procédé à l'interrogation de M. le Duc de Bouillon dans le » château de Pierre-Encise. M. le Chancelier, assisté de M. de Laubarde- » mont & de moi, y vaqua une après dînée. Le Duc demeura d'accord » dans ses réponses, de ce qui regardoit la liaison avec Monsieur & le traité » d'Espagne, quoiqu'il dît ne l'avoir pas approuvé. M. le Grand fut in- » terrogé dans le même château par M. le Chancelier assisté de quatre » Commissaires. Il nia toutes choses avec beaucoup de fermeté. Deux jours » après, on lui confronta M. de Bouillon. Cela ne l'obligea pas à recon- » noître son crime, quoiqu'il parût extrêmement surpris de la confession » du Duc. On lui lut ensuite la déposition de Monsieur. Après l'avoir in- » terpellé de donner des reproches, s'il en avoit, il dénia. Le procès ver- » bal fut fait sur cette lecture de la déposition de Monsieur, qui s'étoit ap- » proché jusques à Vimi, *maison de l'Abbé d'Esnai, frere du Marquis de* » *Villeroi, & depuis Archevêque de Lyon, à deux lieuës de la même ville.* » En présence de sept Commissaires, le Chancelier interrogea de nouveau » Monsieur sur les contredits des accusés. Son Altesse Royale persista en » tout ce qui étoit contenu dans sa déposition. M. le Grand fut ouï enfin » sur la sellette dans la chambre du Présidial de Lyon. Il confessa ingénu- » ment la liaison avec Monsieur, avec le Duc de Bouillon, & le traité d'Es- » pagne. Surquoi il fut condamné *à la mort* «. Ou le récit de Marca n'est pas tout-à-fait éxact, ou bien il y a faute dans les dates des interrogatoires imprimés. Cela n'est pas important.

L'une de ces pieces du 9. Septembre découvre que les Juges se trouvant denués de preuves suffisantes, & embarrassés du déni de Cinq-Mars, dont la fausseté ne se pouvoit montrer juridiquement, on lui avoit insinué, que s'il avouoit tout de bonne foi, le Cardinal fléchi obtiendroit la grace au fils d'un Maréchal de France qui l'avoit fidelement servi. Mais Richelieu étoit moins sensible au souvenir de ce qu'Effiat fit autrefois pour lui, qu'au mal que Cinq-Mars venoit de projetter contre sa fortune & contre sa personne. » Je suis persuadé, *dit le Grand-Ecuyer à ses Juges*, que cette » détention n'a point été faite pour mon bien. Je n'ai aucune espérance d'en » avoir bonne issue ; à moins que le Roi n'use de miséricode en mon en- » droit, & que Monseigneur le Cardinal ne veuille en cette occasion me » donner une nouvelle marque de sa bonté, dont il m'a libéralement fait » sentir les effets en des conjonctures moins importantes que celle-ci. Il est » vrai, Messieurs, *ajoûta-t-il de son propre mouvement & sans qu'aucun des*
» *Juges*

„ *Juges l'interrompit*, que Monsieur n'a jamais laissé perdre aucune occasion
„ de me faire solliciter par Fontrailles, de me mettre dans ses intérêts
„ toutes les fois qu'il a vû que j'étois mal avec le Roi ou avec M. le Car-
„ dinal, & qu'il n'a point cessé qu'il ne m'ait fait consentir à sa volonté. M.
„ de Bouillon étant venu en Cour après l'accommodement de Sedan, ils
„ firent un projet entr'eux pour l'acheminement de la paix. Ils me l'ont com-
„ muniqué, & les moyens qu'ils prétendoient tenir, par l'entremise de
„ Fontrailles. Le traité me fut montré. On le dressa, on le conclut avec le
„ Comte Duc au nom du Roi d'Espagne. Voilà, Messieurs, la pure véri-
„ té de ce qui s'est passé. Il n'en faut imputer la faute qu'à nous. Du moins,
„ je n'en sçai pas davantage. J'avoue que j'ai failli, & que je n'ai autre es-
„ pérance qu'en la grace du Roi, & en celle de M. le Cardinal. Je ne la
„ mérite pas. Mais sa générosité paroîtra plus grande, s'il l'employe pour
„ une personne qui en est aussi indigne que moi. *Cinq-Mars fit la même
„ confession sur la sellette le 12. Septembre, jour de sa condamnation & de sa
„ mort*. Il parla, *porte un Journal de cette fameuse affaire*, avec tant de dou-
„ ceur & de tranquillité d'esprit, que les Juges, saisis d'étonnement &
„ d'admiration, se regarderent l'un l'autre, furent contraints d'avouer
„ qu'une pareille constance étoit sans exemple, & que jamais accusé ne fit
„ paroître un esprit plus ferme ni plus net. *Que dirent-ils donc, quand ils
„ eurent entendu de Thou immédiatement après*?

„ *Marca s'étend davantage sur l'affaire de celui-ci, plus particuliere & plus
„ difficile*. Ce que Gaston, le Duc de Bouillon & le Grand-Ecuyer déposerent
„ d'abord contre lui paroissoit si peu criminel, que plusieurs de ses Juges étoient
„ disposés, *dit ce Magistrat*, à ne le pas condamner sur ces preuves. Mais il
„ arriva, *continue-t-il*, que M. le Grand dit sur la sellette, que M. de
„ Thou avoit sçu & désapprouvé le traité d'Espagne. Au-lieu de se tenir
„ dans sa dénégation, celui-ci avoua qu'il en avoit eu connoissance par
„ Fontrailles à Carcassonne. Qu'il l'avoit blâmé, sans le découvrir, de
„ de peur d'être accusé par les complices. Qu'il avoit résolu d'aller en Ita-
„ lie, & de voir en chemin M. de Bouillon, afin de le détourner de cette
„ entreprise. Qu'il croyoit que ce traité ne pouvoit nuire à l'Etat, parce-
„ qu'il falloit battre premierement M. de Guebriant. Cette confession d'a-
„ voir eu connoissance du traité, sans le révéler; les preuves qui sont au
„ procès, des entremises pour la liaison des complices; le temps de six se-
„ maines, ou plus, que M. de Thou demeura près de M. le Grand, lo-
„ geant dans sa maison près de Perpignan, le conseillant dans ses affaires,
„ après qu'il avoit connu qu'il avoit traité avec l'Espagne, & par consé-
„ quent qu'il étoit criminel de leze-majesté; tout cela, dis-je, joint ensem-
„ ble porta les Juges à le condamner, selon les loix & l'ordonnance qui dé-
„ clarent expressément coupables ceux qui ont sçu une conspiration contre
„ l'Etat, sans la découvrir; quoique leur silence ne soit pas accompagné
„ des autres circonstances qui se trouvoient dans l'affaire de M. de Thou. „
Et quelles sont ces *circonstances si aggravantes* ? De Thou s'étoit *entremis
pour la liaison des complices*. Prétendoit-il les unir dans le dessein de traiter

avec les ennemis de l'Etat ? On le lui cacha. Il penſoit ſeulement à lier les *complices*, afin d'empêcher que Richelieu ne ſe fît Régent du Royaume, en cas que le Roi vînt à mourir. Il *logea* chez Cinq-Mars, il le *conſeilla dans ſes affaires*. Et quels conſeils lui donna-t-il ? De renoncer aux engagemens pris avec la Cour de Madrid, de porter le Roi à faire la paix, & à éloigner de lui un Miniſtre odieux à toute la France. Il valoit mieux dire rondement, que ſous le prétexte de je ne ſçai quelle loi, ou ordonnance, priſe trop à la lettre, on voulut aider le Cardinal à ſe venger d'un Gentilhomme bien intentionné pour ſa Patrie, qui chercha ſeulement à lui procurer la paix, & à ſe ſervir de la faveur de Cinq-Mars, pour perſuader à Louis de la donner promptement à l'inſçu d'un Miniſtre qui dévoré par ſon ambition avoit allumé la guerre, & l'entretenoit, de peur que ſon Maître ne ſe dégoûtât de lui, quand il ne le croiroit plus ſi néceſſaire.

Voici ce que je lis encore dans un des Journaux déja cités. *M. de Thou fut conduit du château de Pierre-Enciſe au Palais, & préſenté aux Juges pour être interrogé ſur la ſellette. Après les demandes ordinaires, M. le Chancelier lui fit celle-ci.* M. de Cinq-Mars ne vous a-t-il pas découvert la conſpiration ? Meſſieurs *répondit l'accuſé*, je pourrois nier abſolument que je l'aie jamais ſçue ; vous ne pouvez me convaincre de faux que par la confeſſion de M. de Cinq-Mars. Je n'en ai jamais ni écrit, ni parlé à perſonne du monde. Or un accuſé ne peut validement accuſer un autre. On ne condamne à la mort que ſur la dépoſition de deux témoins irréprochables. Ma vie & ma mort, ma condamnation & mon abſolution, ſont dans ma bouche. Cependant, Meſſieurs, j'avoue que j'ai ſçu la conſpiration. Je le confeſſe pour deux raiſons. Durant trois mois de priſon, j'ai ſi bien enviſagé la mort & la vie, que j'ai clairement connu, que quelque vie dont je puſſe jamais joüir, elle ne ſeroit que triſte & ennuyante. La mort m'eſt beaucoup plus avantageuſe. Je la regarde comme la marque la plus certaine de ma prédeſtination. Je me ſuis préparé à mourir, & je ne me trouverai jamais en meilleure diſpoſition. Je ne ne veux donc pas perdre cette occaſion de mon ſalut. Quoique mon crime ſoit puniſſable de mort, il n'eſt ni noir, ni énorme. Je le confeſſe, Meſſieurs, j'ai ſçu la conſpiration, & j'ai fait tout mon poſſible pour en détourner M. de Cinq-Mars. Il m'a cru ſon ami unique & fidele ; je ne l'ai pas voulu trahir. C'eſt pourquoi je mérite la mort, & me condamne moi-même ſelon la loi *Quiſquis*. N'y a-t-il point ici une ironie ingénieuſe & piquante ? Je ſuis fort tenté de le croire.

Ce diſcours prononcé avec une vivacité d'eſprit merveilleuſe, ajoûte-t-on dans le même Journal, *ravit tellement les Juges, qu'ils avoient peine à revenir de leur étonnement. Il n'y en avoit pas un qui n'eût une extrême envie de le ſauver, & de conſerver à la France la plus grande eſpérance de la Cour. Ses ennemis même l'appelloient ainſi.* Et qui empêchoit ces Magiſtrats de *ſauver la vie à un Héros Chrétien, dont les nobles ſentimens & la vertu les raviſſoient ?* La peur de déplaire à un Miniſtre mourant. Ne voyoient-il pas qu'en pareil cas la rigueur du droit étoit une grande injuſtice ? De Thou

DE LOUIS XIII. Liv. L.

ne leur remontra-t-il pas, qu'il n'avoit paffé aucun jour fans dire quelque chofe à fon ami, pour le détourner de l'éxécution du traité? Que s'il ne l'avoit pas révélé, c'étoit parceque le Grand-Ecuyer l'affuroit qu'une des conditions portoit, qu'il n'auroit lieu qu'après que l'armée du Maréchal de Guébriant feroit chaffée des poftes qu'elle occupoit trop près de Sedan. Que cela paroiffant peu pratiquable, de Thou avoit eu fujet d'efpérer que le traité s'en iroit en fumée. Enfin, que ne l'ayant jamais vû, & n'en pouvant alléguer aucune preuve, il devoit craindre de fe perdre lui-même, par une accufation intentée en l'air contre le frere unique du Roi, contre une perfonne du rang du Duc de Bouillon, & contre le Favori de de Sa Majefté. Un des Juges opina, dit-on, aux galeres, & une autre à toute forte de punition, exepté la mort. Rare exemple d'intégrité!

Il n'eft pas poffible, dit l'Auteur des Mémoires de Bouillon, *d'aller à la mort avec plus de courage, ni avec de plus grandes marques de piété, que Cinq-Mars & de Thou en firent paroître*. Le premier fur le point de monter fur l'échaffaut écrivit à la Maréchale d'Effiat fa mere, pour la prier de faire payer les dettes d'un fils enlevé à la fleur de fon âge & au commencement d'une grande fortune. *La lettre étoit une preuve de la liberté de fon efprit & du foin qu'il prenoit de fa confcience. L'autre plus inftruit de fa Religion, fit des difcours furprenans, & remplis de paffages tirés des Pfeaumes & du Nouveau Teftament. On voit dans toutes fes paroles une foi vive, & un entier détachement des chofes du monde. Mais enfin, fi dans les dernieres actions de leur vie ils témoignerent une conftance égale, il eft difficile, qu'en confidérant la difproportion de leur âge & de leur fortune, on ne trouve en faveur de Cinq-Mars quelque différence à leur gloire.* Je penfe tout autrement que cet Ecrivain. On jugera de l'extrait que je ferai, le plus exactement qu'il me fera poffible, des trois Rélations que nous avons de la mort de ces deux illuftres malheureux, fi j'ai raifon, ou non. J'avoue qu'il ne faut pas attendre d'un jeûne homme de vingt-deux ans, toujours rempli de penfées d'ambition & de plaifir, la gravité, la modeftie, & la piété d'un homme de trente-cinq ans, ou environ, élevé pour fuccéder à fes ancêtres dans les premieres Magiftratures d'un grand Royaume. Je pardonne beaucoup de chofes à la jeuneffe du Grand-Ecuyer. Mais je ne fçai qu'il n'y eut point plus d'oftentation & de fanfaronade que de véritable conftance dans fa démarche & dans fa contenance; au-lieu qu'à quelques pratiques fuperftitieufes près, cependant ordinaires à ceux de fa communion, tout eft grand, héroïque, Chrétien, dans les paroles & dans les actions de l'autre. S'il témoigna fe défier de lui-même au dernier moment de fa vie, c'eft qu'il fuivit fans affectation les fentimens raifonnables de la nature & du folide Chriftianifme. Cinq-Mars ne tâcha-t-il point de s'étourdir par la gloire d'avoir regardé fixément la mort? Il voulut paroître intrépide; l'étoit-il dans le fonds de fon cœur? De Thou envifagea la mort en difciple de Jefus-Chrift: Convaincu de la foibleffe naturelle de l'homme, il penfa feulement à fe fortifier par les fentimens d'une foi prefqu'auffi vive que celle des anciens Martyrs. *Ils moururent l'un & l'autre avec beaucoup de ré-*

1642.

Exécution de l'arrêt rendu contre Cinq-Mars & de Thou. Mémoires de Montréfor & de Bouillon.
Recueil de diverfes pièces imprimées en 1652.

solution & de constance, remarque judicieusement l'Auteur d'une des trois Relations. *De Thou témoigna plus de devotion, & le Grand-Ecuyer parut plus résolu aux yeux du peuple, parcequ'il eut moins d'action.* Entrons dans le détail de ce triste, mais instructif événement.

L'Arrêt de mort fut prononcé le 12. Septembre, & exécuté le même jour selon la coûtume de France. De Thou, voyant le Greffier qui venoit le leur lire, dit en s'écriant ces paroles de l'Ecriture Sainte : *Qu'ils sont beaux les pieds de ceux qui nous apportent l'heureuse nouvelle de la paix, qui nous annoncent le bonheur !* L'Arrêt portoit que Cinq-Mars seul, seroit *appliqué à la question ordinaire & extraordinaire, pour avoir plus ample révélation de ses complices.* Je trouve dans une des Relations, que le Grand-Ecuyer *ne changea, ni de couleur, ni de contenance durant la triste lecture de sa condamnation, qui tiroit les larmes des yeux des Juges & des gardes. Qu'il ne perdit rien de sa gayeté ordinaire, ni de la majesté qui accompagnoit toutes ses actions. Que sur la fin ayant ouï le mot de question, il dit à ses Juges avec la même douceur :* Messieurs, cela me semble bien rude. Une personne de mon âge & de mon rang ne devoit pas être sujette à toutes ces formalités. Je sçai les formes de la Justice ; mais je connois aussi ma condition. J'ai tout dit, & je le répéterai encore. Je me soumets de bon cœur à la mort. Après celà, Messieurs, la question n'est point nécessaire : j'avoue ma foiblesse, la torture me trouble l'esprit. *Il poursuivit son discours pendant quelque temps avec tant de grace & de douceur, que la pitié ne permettoit pas à ses Juges de lui repliquer, ni de le contredire.* Une autre Relation est fort différente. Je la trouve plus naïve. Ne seroit-elle point aussi plus vraisemblable ?

Dès que Cinq-Mars eut ouï parler de la question ordinaire & extraordinaire, *il s'emporta*, raconte l'Auteur, *& dit tout ce que le désespoir peut faire dire à un homme. Il fut conduit dans la Chambre où il devoit y être appliqué. En passant par une de celles où étoient les prisonniers :* Mon Dieu, *s'écria-t-il*, où me menez vous ? Ah ! qu'il sent mauvais ici ! *Appercevant les instrumens de la torture qu'on lui préparoit, il se mit encore à détester son malheur. Puis témoignant un peu de tendresse*, n'y a-t-il point de miséricorde, *demanda-t-il ? Un Huissier du Conseil s'étant presenté à ses yeux, il l'envoya prier M. le Chancelier, qu'on ne fît point cet affront & cette infamie à une personne de son rang, puisqu'il avoit déclaré tout ce qu'on pouvoit desirer de lui. M. de Laubardemont, Rapporteur du Procès, arriva là-dessus, pour recevoir sa déposition pendant la question. M. le Grand s'approcha de lui, & demanda de lui parler en particulier. Il y consentit. Tous ceux qui étoient dans la chambre sortent. Mrs. de Cinq-Mars & de Laubardemont demeurent seuls. Le Magistrat va ensuite faire la déclaration du criminel aux Commissaires, qui le déchargent de la question. Depuis ce temps-là le Grand-Ecuyer ne fît aucune action qui ne fût pleine de courage & de résolution.* Ne menaça-t-il point le Rapporteur, de déclarer à la torture tout ce qui s'étoit passé entre Louis & son Favori, lorsque celui-ci proposa de tuer Richelieu ? Le Chancelier & les autres Juges auroient-ils osé décharger le criminel de la question, sans la permission du Cardinal ? Il étoit parti de Lyon ce jour-là même. Il faut donc que Séguier ait eu une raison bien pressante de n'exposer pas Cinq-Mars à parler trop devant un Greffier & des bourreaux. Car enfin, il n'est gueres vraisemblable que Richelieu voulût épargner celui qui avoit pressé Louis de faire assassiner son Ministre. L'entretien secret de Cinq-Mars & de Laubardemont, la conférence de celui-ci avec le Chancelier, & la question relâchée ensuite, donnent beaucoup à penser.

De Thou écouta fort tranquillement la lecture de l'Arrêt de sa condamnation. Lorsqu'il entendit les mots *de trahison & d'infidélité* qu'on y avoit mis: *Cela n'est point pour moi*, dit-il seulement. Un des Juges, dont il n'avoit pas sujet de se louer, entreprit de l'exhorter à la patience & à la résignation. Il se détourna de lui avec dédain, & s'approchant de Thomé, Prevôt des Maréchaux à Lyon, chargé de garder désormais les deux condamnés: *Monsieur*, lui dit de Thou qui le connoissoit, *voulez-vous bien que je vous parle un moment? Vous allez perdre un bon ami*, ajoûta-t-il. *Je pouvois mieux défendre ma vie en chicanant. Mais j'ai considéré que des personnes haïes, comme moi, ne doivent point espérer de pardon au temps où nous sommes. Le meilleur marché que je pouvois obtenir, c'étoit d'être exposé aux tourmens d'une dure question, & d'être mis ensuite dans une prison perpétuelle. Je me suis tellement ennuyé dans celle que j'ai soufferte, que la mort m'est plus douce que ne me seroit le déplaisir de retomber entre les mains de mon Exempt. Il m'a traité en barbare. Incapable de supporter cela; je serois peut-être mort, ou dans les tourmens, ou dans la prison, moins préparé pour le Ciel que je ne le suis. Je ne veux pas perdre une si bonne occasion. La plus grande peine, c'est de s'y résoudre. Cela est fait. Ma mort n'est point une flétrissure à ma famille. Qu'y a-t-il de noir dans mon crime? Je vous prie de dire à M. le Cardinal de Lyon* * *que j'ai vécu & que je meurs son très-humble serviteur, & que je le prie de demander pardon pour moi à M. le Cardinal de Richelieu, non pas pour avoir haï sa personne, j'en prens Dieu à témoin; mais pour avoir haï son gouvernement. Je ne me suis jamais tant aimé moi-même, que j'ai honoré le Roi, & chéri la conservation de l'Etat. Je n'ai jamais été Espagnol. Assurez aussi M. le Chancelier, que je meurs son très-humble serviteur. Je suis bien fâché de ce qu'étant issu d'une famille qui a si bien & si fidélement servi tant de Rois, j'ai failli en ne révélant pas un secret important.* Que ces sentimens sont justes & nobles!

Il écrivit ensuite deux lettres de grand sens. Une au sçavant Dupuy son parent, & l'autre à une Dame, sans aucune suscription. Il en dit le nom au Jésuite Mambrun son Confesseur, & tira parole de lui qu'il ne la découvriroit à personne du monde. La Dame inconnue, ne seroit-ce point la Reine Anne d'Autriche? De Thou apprit d'elle premierement, & non de Fontrailles, le traité d'Espagne. Je l'ai déja remarqué. Ce parfaitement honnête-homme ne voulut-il point tirer d'inquiétude une Princesse persécutée, en l'assurant qu'il lui avoit été fidele, & qu'elle ne devoit rien appréhender? Quoi qu'il en soit, toujours maître de lui-même, il com-

---

* Frere du Cardinal de Richelieu.

posa ensuite une courte, mais belle & judicieuse inscription Latine. On la devoit mettre dans la Chapelle qu'il fit vœu de fonder en l'Eglise des Cordeliers de Tarascon. L'inscription étoit à *Jesus-Christ Libérateur*, envers lequel *François-Auguste de Thou*, *sur le point d'être délivré de la prison de son corps*, *s'acquittoit du vœu fait pour obtenir sa liberté*. Que de présence d'esprit ! que de Religion ! Les anciens Héros d'Athenes & de Rome ; que dis-je ! les Chrétiens des premiers siecles eurent-ils plus de constance, plus de vertu ?

Son Confesseur l'ayant abordé immédiatement après la prononciation de l'arrêt : *Allons, mon Pere*, lui dit-il en le prenant par la main, *allons à la mort & au Ciel; allons à la véritable gloire. Qu'ai-je fait pour Dieu en ma vie, qui m'ait pû obtenir la grace qu'il m'accorde aujourd'hui, de mourir avec ignominie, pour passer plutôt à la gloire ?* Cinq-Mars étoit déja dans la chambre où de Thou fut conduit. Dès que le Grand-Ecuyer l'apperçoit, il court à lui en criant, *Ami, ami, que je regrette votre mort ! Ah ! que nous sommes heureux de mourir de la sorte !* répond de Thou en baisant Cinq-Mars. Ils se demanderent pardon l'un à l'autre, s'embrasserent tendrement, & s'entretinrent quelques momens. *Cher ami*, dit Cinq-Mars en quittant de Thou, *allons employer le reste de notre vie à notre salut. C'est bien penser*, repartit celui-ci. Après avoir confessé ses péchés selon l'usage de la Communion de Rome, il récita en se promenant, & à haute voix, le Pseaume 50. avec une ferveur d'esprit incroyable, & des tressaillemens si extraordinaires, que son corps sembloit s'élever de terre. Il répéta plusieurs fois les mêmes versets, en forme d'oraison jaculatoire, y mêla des endroits de S. Paul ; puis revenant toujours au premier verset, il répéta jusques à neuf fois ces paroles, *selon ta grande miséricorde*. Quelques Gentilshommes étant venus lui dire les derniers adieux. : *Ne m'interrompez point, s'il vous plaît*, cria-t-il en leur faisant signe de se retirer. *Je ne suis plus de ce monde ; je ne pense qu'au Ciel*. Il récita pour lors cette partie du Pseaume 116. *J'ai crû, c'est pourquoi j'ai parlé*, & le reste jusques à la fin. Il en étoit si vivement touché, que sur l'échaffaut il en fit une pieuse paraphrase, par rapport à l'état où il se trouvoit. On nous l'a conservée. Après avoir achevé d'écrire l'inscription dont j'ai parlé ci-dessus, il récita le Pseaume 138. *avec des transports si violens, qu'il ne se pouvoit plus soûtenir*, dit-on dans une des Relations.

En allant au supplice, où Cinq-Mars & de Thou furent menés dans un méchant carrosse de louage ; celui-ci exhorta continuellement le Grand-Ecuyer. *Mon Maître*, lui dit-il, *voici la séparation de nos corps & l'union de nos ames. Ne vous souvenez plus que vous avez été grand, l'admiration de tous ceux qui vous voyoient, l'espoir de ceux qui vous pouvoient approcher, & jeune avec tous les avantages imaginables. Il faut mépriser tout cela, comme périssable & passager. Considérons le Ciel qui est éternel. Je me suis réjoui à cause de ceux qui me disoient, nous irons dans la maison du*

Seigneur, conclut-il par le premier verset du Pseaume 122. Lorsque le carrosse fut arrivé au pied de l'échaffaut. *Allez mon Maître*, dit de Thou à Cinq-Mars, *allez ; l'honneur vous appartient. Montrez que vous sçavez bien mourir.* Des trois Relations je ne tiendrai à celle qui me paroît la plus simple, la moins étudiée, & par conséquent la plus vraisemblable. *Le Grand-Ecuyer*, porte-t-elle, *étant descendu de carrosse, vêtu d'un habit couleur de noisette couvert de dentelles d'or, avec un chapeau noir retroussé à la Catalane, des bas de soie verts, un bas blanc par-dessus bordé de dentelle, & un manteau d'écarlate, monta lui seul sur l'échaffaut. Lors qu'il étoit sur le second ou troisième échelon, Monsieur, il faut témoigner plus de modestie, dit un Garde à cheval, en enlevant le chapeau de dessus la tête de Cinq-Mars, qui se détourne si promptement, qu'il arrache son chapeau des mains du Garde. L'ayant remis sur sa tête, il acheve de monter l'échelle avec autant de courage que s'il fût allé à l'assaut. Il fit la révérence à toute l'assemblée, se tourna des trois côtés de l'échaffaut, ayant la main gauche sur le côté, avec la même grace & la même démarche qu'il avoit dans la chambre du Roi.*

Il se mit ensuite à genoux devant le poteau, ou billot, l'embrassa, pencha la tête dessus, & dit au bourreau : Est-ce ainsi que je me dois mettre ? Ouï Monsieur, *répondit ce vieux crocheteur de la ville, pris au défaut du bourreau ordinaire, dont la jambe se trouvoit cassée. Le Grand-Ecuyer se releve, s'entretient quelque temps avec le Jésuite son Confesseur, & lui donne son manteau. Puis tirant une boëte de portrait, la met entre les mains du Pere, le prie de brûler le portrait qui étoit dedans, & d'employer la valeur de la boëte à des œuvres de charité. L'anneau qu'il portoit à son doigt fut destiné pareillement à des aumônes. Ne voulant pas que le bourreau lui coupât les cheveux, ou qu'il le touchât en aucune maniere, que lorsqu'il en seroit temps, il prit les ciseaux, se coupa lui-même la moustache, dit au Jésuite de la brûler avec le portrait, lui donna les ciseaux d'un air gracieux, & le pria de lui couper les cheveux. Il se tourna ensuite vers le poteau, & l'embrassa fort étroitement.* Suis-je bien ? *dit-il alors au bourreau.* Oui, Monsieur, *répond celui-ci.* Frappe, *reprend le Grand-Ecuyer. Le bourreau, qui à l'âge de soixante ans fait encore son apprentissage, tire une hache de son sac, & lui tranche la tête d'un seul coup. Du moins il s'en fallut fort peu qu'il n'achevât de la couper. Elle fit plusieurs bons en tombant : mais le corps demeura dans la même posture, embrassant le poteau. Il se baissa seulement d'un demi-pied par sa pesanteur, les mains toujours jointes. Ce qui témoignoit,* ajoûte l'Auteur de la Relation, *le grand calme d'esprit*, qu'Henri Ruzé d'Effiat, Seigneur de Cinq-Mars & Grand-Ecuyer de France, conserva dans les derniers momens de sa vie.

La haine que ce jeune, imprudent & ingrat Favori de Louis XIII. conçut contre Richelieu, à qui le Maréchal d'Effiat & Cinq-Mars lui-même son fils furent redevables de leur élévation, le conduisit à une si triste fin. Il haït le Cardinal, & n'aima jamais le Roi qui le combloit de biens. *Je ne puis souffrir son haleine puante*, répondoit-il à ceux qui lui reprochoient son peu de complaisance pour un Maître si affectionné. Plus attentif à la conservation de sa fortune qu'à celle de la vie de Louis, il se lia étroitement avec le Duc d'Orléans, dès que la santé du Roi lui parut trop altérée. *Vous verrez qu'il traînera encore*, dit-il avec quelque chagrin de ce qu'un Maître si bienfaisant se portoit un peu mieux. Cinq-Mars déclara au Chancelier Séguier les principaux motifs de son aversion pour Richelieu, mortelle en un double sens. Elle lui coûta la vie, & il projetta de l'ôter à son ennemi. Je les ai déja marqués ci-dessus, ces motifs : répétons-les encore. Qu'après le siege d'Arras, le Cardinal avoit parlé de lui comme d'un poltron. L'envie de démentir son ennemi ne le porta-t-elle point à cette intrépidité peut-être affectée, qui parut à sa mort? Qu'ayant souhaité d'être créé Duc & Pair, Richelieu en détourna le Roi. Qu'ayant fait confidence au Cardinal que la Maréchale d'Effiat ménageoit le mariage du Grand-Ecuyer son fils avec la Princesse Marie de Gonzague, depuis Reine de Pologne, Richelieu en fut indigné. *Votre mere est une folle*, dit-il ; *& si la Princesse Marie pense à une telle mésalliance, elle est plus folle que votre mere. Voudroit-elle vous épouser, après que Monsieur l'a recherchée? Votre prétention est extravagante & ridicule*. Enfin, que le Cardinal avoit trouvé mauvais que le Roi appellât Cinq-Mars à son Conseil, & que Richelieu l'en avoit fait sortir.

De Thou vêtu d'un habit de deuil, & suivi de deux Jésuites, monte à l'échaffaut, le chapeau à la main & le manteau sur le bras, dit-on dans la même Relation. Il voit le billot tout sanglant, & le corps de son ami étendu & couvert d'un drap. Ces objets ne l'effrayent point encore. *Nous sommes faits un spectacle aux hommes & aux Anges, dit-il en montrant la foule du peuple à son Confesseur. Seigneur, fais-moi connoître tes voies; enseigne moi tes sentiers*. Il demanda l'assistance des prieres du peuple, & récita la partie du Pseaume 116. selon la version vulgate ; J'ai cru, c'est pourquoi j'ai parlé; j'ai été extrêmement humilié, & en fit une assez longue paraphrase. Son Confesseur s'offrit à lui couper les cheveux. Plus humble & raisonnable que Cinq-Mars, il remercia le Pere, & dit que c'étoit au bourreau de lui rendre cet office. Il pria le bourreau de lui couper les cheveux, lui baisa la main avec une humilité nonpareille, lui pardonna, l'embrassa en l'appellant son frere. *Nous ne regardons point les choses visibles, dit-il après S. Paul, lorsque le bourreau lui coupoit les cheveux, mais celles qui ne se voient point. Les unes sont passageres, & les autres demeurent toujours. Ayant prié le bourreau de le bander, Monsieur, je n'ai point de bandeau, répondit celui-ci*. Je suis homme, dit alors de Thou, en se tournant vers la Compagnie, je crains la mort. Cet objet me trouble, ajoûte-t-il en montrant le corps de son ami étendu, sur les pieds duquel son chapeau étoit tombé. Je vous demande par aumône de quoi me bander les yeux. On lui jette deux mouchoirs, dont l'un tombe dans sa main : Dieu vous le rende dans le Ciel, dit-il à ceux qui les lui avoient jettés. Il voulut encore être lié au poteau. Il pria alors les deux Jésuites de ne l'abandonner pas, appuye sa tête sur le billot. Le malheur voulut que le bourreau, homme vieux & mal-adroit, ne le frappât que sur le haut de la tête. L'ayant repris, & mis sur le plancher de l'échaffaut, il lui donna douze coups avant que de séparer la tête du corps. Ainsi mourut à l'âge de trente-cinq ans, ou environ, François-Auguste, fils aîné de l'illustre Jacques-Auguste de Thou, Président au Parlement de Paris, & Auteur de l'excellente Histoire universelle de son temps, que les gens d'esprit lisent avec admiration. Quelqu'un a dit dans une épitaphe de François-Auguste, que le Cardinal haïssoit le nom & la postérité du Président de Thou, parce que dans le XVIIe. livre de son Ouvrage il ne dissimule pas les mauvaises qualités & les méchantes actions d'Antoine du Plessis de Richelieu surnommé *le Moine*. Le Cardinal auroit-il porté si loin sa délicatesse & son ressentiment ? C'étoit un homme extrêmement vain & vindicatif, je l'avoue. Cependant, il ne descendoit point de cet Antoine du Plessis de Richelieu, qui fut tout au plus son grand-oncle.

1642.

La maniere dont le Duc de Bouillon racheta sa vie, par la cession de sa Souveraineté de Sedan, est différemment racontée. *Peu sçavant dans les loix du Royaume*, dit Langlade, *le Duc étoit persuadé qu'il n'avoit fait que l'action d'un homme d'honneur, en ne révélant pas le secret de ses amis, & que pour n'être pas criminel de léze-majesté, il suffisoit de n'avoir donné aucun pouvoir, ni rien signé touchant le traité d'Espagne. Mais lorsqu'il apprit la condamnation de M. de Thou, il ne douta point qu'il ne fût perdu lui-même. Durant trois jours qu'il demeura sans recevoir aucunes nouvelles, il ne pensa qu'à se préparer à la mort. Néanmoins, il n'y eut point d'arrêt prononcé contre lui, soit par le défaut des preuves, soit par les instances du Vicomte de Turenne. Mais ce qui sans doute contribua le plus efficacement que toutes choses au salut du Duc de Bouillon, c'est que dès le moment que la Duchesse son épouse fut avertie de sa détention, elle fit partir pour la Cour Mademoiselle de Bouillon sa belle-sœur, Princesse d'un grand esprit, & très capable d'affaires. Elle la chargea de déclarer de sa part au Cardinal, que si on faisoit mourir le Duc, elle livreroit Sedan aux Espagnols. Afin que Richelieu n'en pût douter, elle avoit déja envoyé vers eux, pour les faire approcher. Mais lorsque Mademoiselle de Bouillon vit de Thou condamné, elle retourna au Cardinal ; lui dit qu'elle avoit pouvoir d'entrer en négociation, & de s'engager à toutes choses pour la vie & pour la liberté du Duc son frere.*

Le Duc de Bouillon sauve sa vie en cédant Sedan au Roi. *Histoire du Cardinal de Richelieu par Aubery. Liv. VI. Chap. 88. Mémoires pour servir à l'Histoire du même. Tom. II. Mémoires de Bouillon. Vie du Cardinal Mazarin. Liv. 1. chap. 3. Mercurio di Vittorio Siri. T. 2. Lib. 3.*

Les autres Historiens ne disent rien, ni du voyage de Mademoiselle de Bouillon à la Cour, ni de sa négociation avec Richelieu. Il est certain que la Duchesse douairiere de Bouillon & sa belle-fille, ayant appris l'emprisonnement du Duc, écrivirent incontinent au Cardinal, & aux deux Secrétaires d'Etat, Chavigni & Des-Noyers ses confidens, afin de leur demander leurs bons offices pour le Duc, qu'elles supposoient innocent. Henri-Frédéric Prince d'Orange & la Princesse son épouse, non contens de parler à l'Ambassadeur de France auprès des Etats-Généraux des Provinces-Unies en faveur de Bouillon, écrivirent d'une maniere fort preſſante au Roi & à ſon Miniſtre. Nous avons ces lettres. Eſt-il vraiſemblable que dans le temps même que les plus proches parens du Duc s'efforçoient de fléchir Louis & Richelieu, la Ducheſſe de Bouillon ait chargé ſa belle-fœur de faire une pareille menace ? La Demoiſelle de *grand eſprit & très capable d'affaires*, dit-on avec juſtice, dut-elle penſer à rien d'approchant ? C'étoit le moyen d'irriter encore plus le Cardinal bien convaincu de la foibleſſe préſente des Eſpagnols, qu'il auroit bientôt chaſſés de Sedan. Mais voici une preuve poſitive & inconteſtable de la fauſſeté de tout le récit de Langlade. *Le Duc*, dit-il, *demeura trois jours*, après la condamnation de ſon ami *de Thou, ſans recevoir aucunes nouvelles*. Or il eſt évident par des actes indubitables que dès le jour même, il pria le Comte de Rouci, ſon beau-frere, d'aller en Cour propoſer la ceſſion de Sedan, & que le lendemain il ſouhaita que le Chancelier Seguier le vînt trouver à Pierre-Enciſe. Mademoiſelle de Bouillon, ajoûte le même Hiſtorien, parla *d'accorder toutes choſes*, quand elle vit l'éxécution faite à Lyon. Les mêmes piéces autentiques prouvent que la négociation commença quelques jours auparavant. Le Cardinal partit de Lyon le 12. Septembre au matin, avant que Cinq-Mars & de Thou fuſſent condamnés. Mazarin dit dans un acte daté de Lyon le 15. Septembre, que Richelieu lui avoit donné pouvoir de promettre en ſon nom la vie & la liberté du Duc de Bouillon, dès que Sedan ſeroit remis entre les mains du Roi. On avoit donc entamé la négociation avant que Richelieu partît de Lyon. C'eſt pourquoi Mazarin y demeura quelques jours après le départ du premier Miniſtre.

Voici donc la vérité du fait, à mon avis. Il importoit plus au Roi d'avoir Sedan, que de faire mourir le Duc de Bouillon. Une Souveraineté indépendante de la Couronne n'étoit pas confiſquable au profit de Sa Majeſté. Le Prince d'Orange auroit bien ſçu la conſerver aux enfans du Duc ſes petits-neveux. Richelieu le voyoit fort bien. Content d'avoir donné à Bouillon la peur toute entiere, en le faiſant confronter avec Cinq-Mars & de Thou, il charge Mazarin d'aller voir Bouillon à Pierre-Enciſe, & de lui propoſer de ſe tirer d'intrigue par la ceſſion de Sedan. Le Duc n'en paroiſſant pas éloigné, Richelieu avant ſon départ de Lyon donne pouvoir à Mazarin, de finir la négociation aux conditions propoſées, & de ſigner en ſon nom. Bouillon y auroit-il conſenti, s'il eût plus aimé ſes enfans que ſa propre vie ? Effrayé de la mort du Grand-Ecuyer, il envoie le 13. Septembre Boiſloüet Lieutenant des Gardes du Corps mis auprès de lui, prier Séguier de venir à Pierre-Enciſe, parce que le Duc avoit une propoſition importante à lui faire. *Je vous prie, Monſieur*, dit Bouillon au Chancelier, *de ſurſeoir le jugement de mon affaire juſques à ce que j'aie reçu réponſe du Roi. M. le Comte de Rouci eſt allé de ma part implorer la clémence de Sa Majeſté. Sedan eſt la cauſe de toutes mes fautes paſſées. J'ai réſolu de le remettre entre les mains de Sa Majeſté, à quelles conditions il lui plaira.* Séguier, aſſiſté de ſix Commiſſaires qu'il avoit amenés avec lui, dreſſe incontinent un procès-verbal. On y voit que le Duc se croyoit plus coupable qu'il ne plaît à son Historien de le supposer. *Le Duc de Bouillon nous a représenté*, dit-on dans cet acte qu'il signa aussi bien que le Chancelier & les six autres Magistrats, *qu'ayant sçu le jugement & l'éxécution des Sieurs de Cinq-Mars & de Thou, & connoissant par les charges qui sont au procès contre lui, & par sa propre confession, qu'il ne sçauroit éviter une pareille condamnation, s'il étoit jugé, il nous supplioit au nom de Dieu, de différer de mettre son procès sur le bureau jusques à ce qu'il eût réponse d'une proposition qu'il veut faire au Roi. Que la Place de Sedan ayant été cause de tous ses malheurs, il supplie le Roi de la recevoir, de la prendre en ses mains, & de lui donner grace. Qu'il n'a point de condition à faire avec son maître, qu'il lui remettra la Place purement & simplement, pour en user ainsi qu'il semblera bon à Sa Majesté, & que cependant il prendra la hardiesse d'écrire à M. le Cardinal Duc, pour faire connoître à Son Eminence, & par le détail, tout ce qui est de son intention ; laquelle il soumet toutefois entierement à la volonté du Roi. Qu'il ne fait point cette proposition pour gagner du temps, ni pour allonger l'affaire ; parce que, si Sa Majesté l'agrée, il prétend lui faire remettre la Place dans dix jours, envoyant expressément à Sedan, comme il fera, un de ses beaux-freres à cet effet.*

1642.

Mazarin fut une partie de ce jour-là enfermé avec le Duc. Ils concerterent apparemment la lettre que celui-ci vouloit *prendre la hardiesse d'écrire* à Richelieu. Elle mérite d'être rapportée. *Monsieur, ayant fait ce matin une ouverture à M. le Chancelier, qu'il n'aura pas manqué d'envoyer à Votre Eminence, qui est de remettre la Place de Sedan au Roi, pour obtenir ma grace, & promis de donner par le détail les conditions que je desirerois, si la bonté du Roi me permettoit de souhaiter autre chose qu'un effet de sa clémence ; j'ai cru ne pouvoir mieux faire que d'adresser mes pensées à Votre Eminence, que je soumets non seulement à Sa Majesté, mais encore à Votre Eminence, étant résolu de les changer, ou diminuer, selon qu'elle l'estimera à propos. Mon intention seroit donc, de remettre sans aucune récompense, que celle de la vie & de la liberté que je demande, dans quinze jours au plus-tard, le château & la ville de Sedan entre les mains du Roi, pour être inséparablement unis à cette Couronne, & possédés par Sa Majesté, & à l'avenir par ses successeurs, comme leur propre, & ainsi que le sont les autres Places de ce Royaume qu'ils ont en propriété. J'entens aussi de remettre entre les mains de Sa Majesté tout le Domaine de Sedan, & celui dont je jouïs aux environs, ne prétendant faire aucun marché avec Sa Majesté, mais me soumettre entierement à ses volontés & à celles de Votre Eminence, déclarant que si par son entremise, Sa Majesté a la bonté de me récompenser des domaines & revenus de Sedan, de quelque façon qu'elle en use, je demeurerai très-satisfait, puisque mes fautes ne me permettoient pas seulement d'espérer la grace de ma liberté, ni celles que j'ai déja reçues. Je déclare de plus à Votre Eminence, que je ne prétens rien pour l'artillerie, boulets, & autres choses semblables. Mais j'ose très-humblement la supplier, de considérer les grandes dettes dont ma maison est chargée, & que les dépen-*

ſes faites pour mettre la Place de Sedan en bon état, & pour la bien munir d'artillerie, en ſont la ſeule cauſe ; me ſoumettant derechef aux volontés du Roi & de Votre Eminence, deſquelles toute ma vie je dépendrai, comme j'y ſuis ſi étroitement obligé, confeſſant lui être redevable de tout, & qu'auſſi je n'ai ſouhait ni penſée, que de faire connoître par toutes mes actions à Votre Eminence, que je ſuis ſans réſerve, Monſeigneur, votre très-humble & très-obeïſſant ſerviteur.

C'eſt ainſi que la peur de mourir fait prendre un ſtyle humble & ſoumis aux ames les plus fieres. Le Cardinal de Bouillon, fils du Duc, à écrit depuis peu d'un ſtyle fort différent au Fils de Louis XIII. dès qu'il s'eſt vû hors des mains du *grand & invincible Monarque*, diſoit-on autrefois. Je blâmerois plûtôt M. le Cardinal d'être allé de Rome ſe mettre a la diſcrétion d'un Prince enyvré de ſon pouvoir arbitraire, & irrité, que de s'être tiré d'un long & dur eſclavage. Il faut croire que M. le Cardinal eut ſes raiſons de retourner en France. Pour dire librement ce que je penſe de ſa lettre, je ne vois pas comme il peut ſoutenir raiſonnablement, que n'ayant été lié à Sa Majeſté Très-Chrétienne que par les ſermens faits à cauſe de la charge de Grand Aumônier de France, & de la dignité de Commandeur des ordres du Roi, il rentre par ſa démiſſion dans les droits que *la naiſſance* donne au fils d'un Prince Souverain qui ne dépend que de Dieu ſeul. M. le Cardinal n'a pas ſoixante-huit ou neuf ans. Il eſt donc né d'un pere entierement ſujet, comme il paroît par les actes de la ceſſion de Sedan. Et quand il ſeroit-même plus âgé, dès qu'un pere renonce abſolument à ſa Principauté, & ſe rend ſujet d'un autre, les enfans ne ſont-ils pas dépouillés par le même acte de tous les droits qu'ils peuvent avoir comme fils d'un Souverain dépendant de Dieu ſeul ? Je ne crois pas que M. le Cardinal veuille fonder ſa prétention ſur la terre de Bouillon, ni ſur ce que le Roi de France a bien voulu accorder à la poſtérité du feu Maréchal de Bouillon le titre & le rang de Princes étrangers. La terre de Bouillon n'eſt entrée dans la maiſon de M. le Cardinal que par le traité de Nimegue. L'Egliſe de Liege la poſſédoit auparavant. Le titre & le rang de Prince étranger ne ſignifient rien, à moins qu'on ne ſoit iſſu d'une maiſon actuellement Souveraine, comme ſont celles de Savoye & de Lorraine. C'eſt ſeulement une diſtinction que le Roi veut bien accorder au Louvre, ſans exempter pour cela du nom & des devoirs de ſujet. N'auroit-il pas été plus raiſonnable de dire ſeulement, que par la dignité de Cardinal obtenue à la nomination du Roi, on étoit, du conſentement de Sa Majeſté, devenu membre du Clergé de Rome, & par conſéquent ſujet du Pape. De maniere que délié des ſermens faits depuis au Roi, M. le Cardinal a droit de s'en aller à Rome, où il eſt le premier ſujet de l'Etat Eccléſiaſtique, en qualité de Doyen de ce qu'on nomme le *Sacré Collége*. Mais quoi ! on veut être Prince. Il faut donc parler en Prince, dût-on faire de faux raiſonnemens.

Le traité fut conclu le 15. Septembre, comme il paroît par un billet de Mazarin, donné ce jour-là. *Monſeigneur le Cardinal de Richelieu*, porté-t-il, *n'étant pas en état de signer*, à cause de l'extrême foiblesse de son bras droit, *une promesse pour l'assurance de la liberté de M. le Duc de Bouillon, suivant le pouvoir que le Roi lui en a donné, m'a chargé de la faire au nom de Son Eminence. Je promets donc à M. le Duc de Bouillon, qu'aussi-tôt que la Ville, Château & Citadelle de Sedan seront entre les mains de Sa Majesté*, on donnera *tous les ordres nécessaires pour le faire sortir du Château de Pierre-Encise, & qu'il aura la liberté d'aller à Rouci, à Turenne, ou à celle de ses maisons qu'il lui plaira.* Mazarin entroit de la sorte dans les affaires, en se faisant, pour ainsi dire, le *Sous-Ministre* de Richelieu. Les letres d'abolition en faveur du Duc de Bouillon furent expédiées peu de jours après, *à la priere de notre Cousin le Prince d'Orange*, dit Louis, *& de notre Cousine la Landgrave de Hesse*. L'enregîtrement ne s'en fit au Parlement de Paris que le 5. Décembre. Fabert Capitaine au régiment des Gardes, & depuis Maréchal de France, obtint le gouvernement de la Ville & du Château de Sedan. *On arrêta que le Roi auroit la Place*, dit Langlade ; *qu'il en donneroit récompense en terres dans le Royaume ; que pendant qu'on travailleroit à l'éxécution des conditions, le Duc de Bouillon sortiroit de prison, & que les troupes du Roi entreroient dans Sedan. Le Cardinal y fut envoyé de la part de Sa Majesté, pour prendre & pour donner toutes les sûretés nécessaires. La Duchesse de Bouillon, persuadée que la vie & la liberté de son époux dépendoient de livrer Sedan, le livra du même esprit dont elle auroit pu recevoir une grace considérable, & alla trouver le Duc retiré à Turenne. Chaque jour, il y donnoit quelques heures à la lecture des saints Peres*, si nous en croyons son Panégyriste.

Je lis ailleurs que le Comte de Buquoi, Officier du Roi d'Espagne, se mit en embuscade près de Doncheri avec huit cent cavaliers & autant de fantassins en croupe, pour enlever Mazarin, avant qu'il entrât à Sedan. Mais le Cardinal, averti du dessein de Buquoi, évita le péril, en marchant la nuit, & arriva heureusement à Doncheri avec onze compagnies des régimens des gardes Françoises & Suisses. Après quelques conférences avec la Duchesse de Bouillon & le Comte de Rouci, Mazarin alla prendre possession de Sedan au nom de Louis. N'omettons pas ici ce que Langlade ajoûte à la gloire de son Héros. *Dès le moment que le Duc apprit la mort du Cardinal de Richelieu, arrivée deux mois après, ou environ, il ordonna que dans toutes ses terres on fît des prieres publiques pour Son Eminence ; soit par le seul motif d'une pieté Chrétienne ; soit parceque la haine personnelle faisant peu d'impression sur les ames élevées, elles ne puissent la porter jusques dans le tombeau de leurs plus cruels ennemis.* N'y eut-il point aussi quelque ostentation ? Ne voulut-on point faire le zélé converti au Papisme, afin d'en imposer au Roi & au monde ?

Sire, vos armes sont dans Perpignan, & vos ennemis sont morts, écrivit Richelieu à son départ de Lyon d'un air triomphant au Roi, pour le féliciter sur la conquête de la meilleure Place du Roussillon, & ce qui est indigne & inhumain, sur l'éxécution de l'arrêt rendu contre Cinq-Mars

1642.

Prise de Perpignan & de Salces.

1642.
Vie du Cardinal de Richelieu par Aubery. Liv. 6. Chap. 89.
Mémoires pour servir à l'Histoire du même. T. II.
Nani Historia Veneta. Lib. 12. 1642.
Historie di Gualdo Priorato. Part. III. Lib. 3.
Mercurio di Vittorio Siri. Tom. 2. Liv. 3.

& de Thou. Le Cardinal ne sçavoit-il pas encore la cession de Sedan ? Cette acquisition valoit bien l'autre. Du moins, elle ne coûtoit pas tant. Perpignan ayant été plûtôt étroitement bloqué par les Maréchaux de Schomberg & de la Meilleraïe, qu'assiégé dans les formes ; il ne se passa rien de mémorable à la prise d'une Place uniquement forcée par la famine à se rendre. Philippe Roi d'Espagne, qui s'étoit avancé jusques à Saragosse avec le Comte Duc d'Olivarez, prit des mesures pour secourir Perpignan qui souffroit les dernieres rigueurs de la disette des vivres. Dom Charles de Médicis, frere du Grand-Duc de Toscane, fait Généralissime des forces maritimes d'Espagne, devoit conduire à Roses les provisions qu'on espéroit de jetter dans Perpignan, par le moyen du Marquis de Torrecuse excellent Officier Italien, qui se préparoit à marcher au secours des assiégés, avec un corps d'armée dont le *rendez-vous* général étoit à Tarragone. Mais les ordres se donnoient, ou s'éxécutoient trop lentement, & la mésintelligence étoit trop grande entre les principaux Officiers. Les Espagnols peu expérimentés, & jaloux de la réputation de Torrecuse, ne lui obéïssoient qu'avec une extrême répugnance, & le contredisoient dans toutes les occasions. Cependant Dom Florès d'Avila, de la maison de la Cueva, frere du Duc d'Albuquerque, Gouverneur de Perpignan, & les Officiers de la garnison, réduits à la derniere extrémité, capitulerent le 20. Août avec les deux Maréchaux de France, à condition de rendre la Place en cas qu'elle ne fût pas secourue dans le 8. du mois suivant. Schomberg & la Meilleraïe eurent l'humanité de permettre aux assiégés d'acheter des vivres dans le camp des assiégeans ; mais seulement, autant qu'il en falloit pour un jour, & avec de telles précautions, que la faveur accordée aux vaincus ne pût préjudicier aux victorieux.

Le secours ne paroissant point, les François entrent le 9. Septembre dans Perpignan, & la garnison Espagnole en sort. Le Duc d'Enguien volontaire au siége, & les Généraux François, firent toutes les civilités possibles à Dom Florès d'Avila & aux autres Officiers Espagnols. On trouva dans l'Arsenal *de quoi armer vingt mille hommes, tant d'infanterie que de cavalerie, six vingts pieces de canon, trois cent milliers de poudre, & autant de meche, avec toutes les autres munitions de guerre* nécessaires à la défense de la frontiere d'Espagne. J'ai déja remarqué plus d'une fois, que sous le Ministere du Cardinal de Richelieu, les Prélats tâchoient de lui faire leur cour, en allant aux expéditions militaires, & qu'ils y prenoient même des emplois indignes de leur caractere. L'Archevêque de Narbone & les Evêques d'Albi & de Nîmes se trouverent à la prise de Perpignan. Fut-ce seulement pour entonner le *Te-Deum*, & pour officier à une Messe solemnelle d'action de graces ?

Le bruit courut que le Comte Duc d'Olivarez, désespéré de la perte d'une Place si importante à son Maître, & craignant qu'elle ne fût bientôt suivie de celle de sa fortune déja chancelante, entra dans le cabinet de Philippe, les larmes aux yeux ; que poussant de profonds soupirs, il se jetta aux genoux de Sa Majesté Catholique, & qu'il la conjura de

DE LOUIS XIII. Liv. L.   631

1642.

trouver bon qu'il se précipitât, qu'il se fît couper les veines, ou du moins qu'il s'allât cacher pour le reste de ses jours, dans le coin le plus obscur & le plus écarté du monde. Surpris de ce transport, le Roi en demande la raison. *Sire, Perpignan est perdu*, lui répond le désolé Olivarez avec une voix entrecoupée de sanglots. *Il se faut soumettre à la volonté de Dieu*, reprend gravement Philippe, embrasse le Comte Duc, & se met à le consoler. Si cela est, il y eut plus d'affectation & de forfanterie que de réalité dans le prétendu désespoir d'Olivarez. Ce n'étoit qu'un artifice grossier, pour apprendre une fâcheuse nouvelle à Philippe, & pour prévenir les premiers mouvemens de sa juste colere. Tout autre que ce foible Prince auroit chassé sur l'heure, & fait mettre en prison un Ministre négligent & malhabile, qui ne pensoit qu'à l'avancement de ses indignes créatures, pendant que son Maître perdoit ses meilleures Places frontieres ; que dis-je ? des Provinces, des Royaumes. Un Auteur Italien raconte, qu'Olivarez tâcha de dissimuler son chagrin, & de paroître supérieur aux disgraces dont le Roi & tous ses fideles serviteurs étoient publiquement consternés. Le Comte Duc, dit un Historien François, engagea je ne sçai quel Ecrivain *à composer un traité, où il s'efforçoit de prouver que la perte de Perpignan étoit aux Espagnols la plus favorable & la plus importante conquête qu'ils pussent souhaiter dans la conjoncture présente.* Voici le fondement du ridicule paradoxe. Il plaisoit à l'Auteur de supposer, que Louis content du Roussillon, afin de couvrir le Languedoc, abandonneroit bientôt la Catalogne, & qu'il ne se mettroit plus en peine d'en fomenter la rébellion. L'Historien de Richelieu a tiré cette particularité de l'Italien que je cite assez souvent. L'exactitude & la fidélité ne demandoient-elles pas qu'il rapportât ce que le Mercure Italien ajoûte, que l'impertinent écrit fut incontinent supprimé, & que le Comte Duc l'ordonna selon toutes les apparences ?

L'armée Françoise renforcée des volontaires que les Evêques d'Albi & de Nîmes, Prélats guerriers, eurent soin d'assembler par ordre de Richelieu, alla mettre le siege devant Salces, Place moins forte, & plus dépourvuë de vivres que Perpignan. L'Espagne allarmée de la perte infaillible de tout le Roussillon faisoit des efforts extraordinaires, afin de la prévenir. Madrid, les Provinces, les Grands animés par la Reine Elizabeth de France, Princesse d'un courage mâle, d'un zele ardent & sincere pour la conservation de la Monarchie de Philippe son époux, contribuoient à l'envi de l'argent & des troupes levées à leurs dépens. Le Comte de Monterey, revenu depuis peu de sa Viceroyauté de Naples avec des trésors immenses, crut se devoir signaler en cette occasion. Il dépense quatre cent mille écus, dit-on, à lever huit cent Gentishommes, à leur acheter des chevaux & les autres choses nécessaires. Vivement sollicité de s'avancer au-plûtôt avec un renfort si considérable, Monterey marche à petites journées, suivi d'une troupe de comédiens, & se délasse de son pénible voyage, en prenant par-tout où il peut les divertissemens que ses bouffons lui peuvent donner. Une armée nombreuse &

leste s'assembloit près de Tarragone, par les soins d'Olivarez, qui nullement effrayé, du moins en apparence, de la perte de Perpignan, se vantoit de réduire bientôt les Catalans, & de chasser les François hors du Roussillon. Mais pour éxécuter ce noble projet il devoit donner à de si belles troupes un autre Général que son Marquis de Léganez, entiérement perdu de réputation, depuis la levée honteuse du siege de Cazal, & le secours de Turin manqué. Le Marquis éxilé de la Cour étoit venu à Valence, & demandoit instamment la permission de se justifier auprès du Roi. Quelle fut la surprise de tous les bons Espagnols quand ils virent que bien loin de punir Léganez, comme il le méritoit, on lui donnoit le commandement de l'armée. Le Comte Duc avoit assuré Philippe, que les mortifications essuyées dans le Montferrat & en Piémont rendroient Léganez plus vigilant, plus actif; & qu'il feroit tous ses efforts pour recouvrer la réputation qu'il avoit premierement acquise dans les Pays-Bas. Mais le Marquis ne se mit pas trop en peine de répondre aux bonnes espérances que son patron avoit données de lui.

Il quitte le camp de Tarragone avec sa lenteur ordinaire, & apprend à Fraga, que les François sont maîtres de Salces, conformément à la capitulation accordée le 15. Septembre à Quiroga Gouverneur de la Place. Il s'étoit engagé à la rendre le 29. du même mois, en cas qu'elle ne fût pas secourue. Vit-on jamais tant de foiblesse, ou de négligence? Louis tourne ses forces principales contre le Roussillon: il y va lui-même de bonne heure avec Richelieu. Cependant Philippe ne pense pas à pourvoir de vivres les Places capables de faire quelque résistance. Le Cardinal, prévenu qu'après la conquête de Perpignan, Salces ne seroit plus si nécessaire, avoit résolu de la faire démolir. Mais il changea d'avis sur les vives remontrances du Maréchal de Schomberg, que la Place étant beaucoup mieux fortifiée depuis que les Espagnols l'avoient reprise sur les François, il étoit à propos de la laisser dans le même état; que sans elle on auroit peine à conserver Colioure; & que durant la guerre, elle seroit d'une extrême importance à la sûreté de Perpignan.

Le Marquis de Léganaz marche pour assiéger Lérida, & le Maréchal de la Motte-Houdancourt l'oblige à se retirer.

Pour dédommager son Maître en quelque maniere de la perte des deux meilleures Places du Roussillon, le Comte Duc résolut de prendre Lérida, Ville de Catalogne sur la Ségre. Le Marquis de Torrecuse chagrin de ce que par la nomination de Léganez, on lui ôtoit le commandement de l'armée en chef, & persuadé que la Place, dépourvue d'une bonne garnison, pourroit être facilement emportée avec un peu de diligence, projetta de profiter d'une occasion favorable de se signaler, avant que Léganez l'eût joint. Il s'avance donc, laisse derriere lui le Maréchal de la Motte-Houdancourt, qui le côtoyoit, s'approche de Lérida, reconnoît lui même le pont, & commande au Marquis d'Inojosa de l'attaquer. Les Officiers Espagnols, informés que Léganez arrivera bientôt avec trois mille chevaux & cinq mille hommes d'infanterie, ne peuvent souffrir qu'un étranger enleve au Général de leur nation l'honneur de la conquête projettée dans le Conseil du Roi. Inojosa découvre le dessein de

Torrecuse

Torrecuse au Connétable de Castille, & aux Marquis de Mortare & d'Ayetone. *Endurerons-nous*, disent ces quatres Seigneurs, *qu'un Italien se signale au préjudice de notre Général ? Le Roi, content de ce que Torrecuse l'aura bien servi, s'avisera peut-être d'appeller le Marquis de Léganez à la Cour ; & nous demeurerons encore sous le commandement de cet étranger. Non, non, déclarons lui nettement, qu'il ne faut rien entreprendre avant l'arrivée du Général nommé par Sa Majesté.* Inojosa retourne à Torrecuse. *Monsieur*, lui dit-il, *les principaux Officiers de l'armée demandent que le Conseil de guerre soit assemblé.*

1641.
Vie du Cardinal de Richelieu par Aubery. Liv. 6. chap. 90. Mémoires pour servir à l'Histoire du même. T. 2. Histoire di Gualdo Priorato. Part. II. Lib. 3. Mercurio di Vittorio Siri. Tom. 2. Lib. 3.

Torrecuse y consent. Pouvoit-il s'en deffendre ? *Messieurs*, leur remontra-t-il, *vous sçavez qu'il n'y a pas plus de huit cent hommes de garnison dans Lérida. Nous emporterons la Place dans un assaut imprévû. On y a ramassé tous les grains de la plaine d'Urgel. L'armée manque de vivres, & les ennemis sont tellement postés, qu'ils peuvent facilement nous couper tous les convois. Il faut donc avoir les provisions enfermées dans Lérida. Croyez-vous que cela soit fort difficile ?* Mortare & Inojosa répondent qu'on ne doit pas espérer de se rendre maître de la Place, sans l'assiéger dans les formes, & qu'un assaut coûtera trop de gens au Roi. *Combien Monsieur, pensez-vous*, replique Torrecuse, *que Sa Majesté en pourra perdre ? Deux cent tout au plus. N'en mourra-t-il pas davantage dans un siege réglé ? En un mot, c'est à moi de commander, & je prétens emporter Lérida dans un assaut. Monsieur*, éprend Inojosa, *on ne vous conteste point votre pouvoir. Cependant nous protestons contre l'entreprise. Je vous entends, Messieurs* dit alors Torrecuse. *J'ai eu l'honneur de vous commander jusques à présent. M. le Marquis*, ajoûte-t-il en s'adressant à Inojosa, *nous commandera tous désormais. Je vous remets le bâton, Monsieur. Je vas prendre une pique dans le régiment de M. le Comte Duc.* Il se retire incontinent. Les soldats témoignerent hautement leur chagrin de la résolution du brave & habile Italien. *Vive, vive, M. de Torrecuse*, crioit-on dans l'armée. *Pourquoi quitte-t-il le bâton ? Qu'il vienne le reprendre. Nous lui obéïrons plus volontiers qu'à tout autre.* Cependant la Motte, renforcé d'une partie des troupes employées aux sieges de Perpignan & de Salces, vient se poster de telle maniere, qu'il peut empêcher que Léganez ne joigne l'armée qu'Inojosa commandoit depuis la généreuse retraite de Torrecuse. L'Espagnol, effrayé du voisinage des ennemis, prie l'Italien de reprendre le bâton, & proteste que toute l'armée est disposée à lui obéïr. *Monsieur*, répondit-il à Inojosa, *hier on s'imaginoit qu'il n'y avoit rien à craindre, & je n'étois pas capable de commander. Vous vous croyez plus habile que moi. L'ennemi s'est approché. Montrez votre expérience. Faites-en autant avec votre bâton, que j'en ferai avec ma pique. Elle n'a pas peu contribué à quelques avantages remportés par les armes du Roi.* Inojosa n'osant se mesurer avec la Motte passe la Segre sur un pont de bâteaux, & se campe si bien, qu'il peut attendre sûrement l'arrivée de Léganez. Le Général François profite de ce mouvement, jette du renfort dans Lérida, met le pont en état de défense, & se campe avantageusement.

Tome VI.

J'ai toujours côtoyé les ennemis, dit-il dans une lettre du 3. Octobre. Sçachant qu'ils étoient campés à Ville-Novette, dans le dessein d'assiéger Lérida, je les allai reconnoître avec ma cavalerie, pour essayer de combattre la leur. Mais je ne pus les attirer à la campagne. Après avoir considéré leur camp, je jugeai que pour mieux secourir la Place, il étoit à propos de passer par Balaguer. Je l'ai fait, & les ennemis se sont retirés vers la Tour de Segre. Je suis venu occuper leur poste, où j'attens ce qu'ils voudront entreprendre. J'ai sçû par les déserteurs, qu'ils sont en grande nécessité de toutes sortes de vivres. Le pain leur a manqué, & nous avons pris tous leurs bœufs & tous leurs moutons. Dans une lettre du 6. du même mois. Je fatigue les ennemis par les partis de cavalerie que j'envoie des deux côtés de la Segre, & je les tiens comme assiégés. Depuis qu'ils sont partis de Tarragone, ils ont perdu plus de mille chevaux, & autant d'infanterie. Le pont de Fraga est rompu, & ils n'ont pû encore achever celui de Scarpe. La disette des vivres est grande chez eux, & la division continue plus que jamais parmi leurs Généraux. Toutes ces choses me font espérer un heureux succès. Le Maréchal ne fut pas trompé. Le Marquis de Léganez, dit-il dans une troisieme lettre du 10. Octobre, ayant joint les autres Généraux avec son armée, ils vinrent tous ensemble m'attaquer Mardi dernier 7. de ce mois. Le combat dura depuis dix heures du matin jusques à la nuit. Nous y eûmes toutes sortes d'avantages. Les ennemis s'étant retirés, je demeurerai maître du champ de bataille, sans qu'ils pussent retirer leurs morts, qui sont au nombre de plus de quatre cent. Nous avons pour le moins soixante prisonniers, tous gens de condition, la plûpart Chevaliers des Ordres d'Espagne. Nous n'avons perdu que quarante hommes tués, & environ trente prisonniers. On a pris quantité de cornettes & de drapeaux. Les ennemis nous ont enlevé trois petits fauconneaux; mais nous en avons aussi gagné des leurs. Ils sont à présent dans leur poste vers la Tour de Segre. J'attens ce qu'ils voudront faire. On s'en pourroit tenir à ce récit du Général de France. Voyons cependant les autres circonstances rapportées dans le Mercure Italien.

Après la jonction de Léganez & des autres Généraux de Philippe, l'armée Espagnole, dit l'Auteur, se trouva forte de dix-sept mille hommes de pied, de quinze cent dragons, de six mille chevaux, & de quarante pieces de canon. La Françoise inférieure en nombre, mais composée de soldats agguerris, étoit d'environ huit mille hommes d'infanterie, & quatre mille de cavalerie. Léganez jaloux de la réputation & de l'estime que Torrecuse avoit acquise dans l'armée, & irrité de ce qu'un étranger a formé le projet de lui ravir l'honneur de la conquête de Lérida, que le Général Espagnol croit assurée, lui donne toutes les mortifications imaginables, & l'oblige à prendre le parti d'aller trouver le Roi à Sarragosse. *Quand je serois sûr de subjuguer toute la France avec le secours de cet Italien,* disoit le Marquis, *je ne voudrois pas le souffrir dans mon armée.* Il écrivit même à la Cour, qu'il ne feroit aucune fonction de Général, si Torrecuse demeuroit plus long-temps auprès de lui. Les soldats indignés & découragés, crioient contre Léganez. *Non contens de tout perdre par sa lenteur & par sa négligence*, disoit-on, *il écarte l'homme le plus capable de suppléer à sa malhabileté*. Torrecuse va donc à la Cour. Philippe tâcha de le consoler en le faisant Grand d'Espagne, & en lui accordant la permission d'aller pour quatre mois dans le Royaume de Naples son pays. Dégoûté du monde, il se fit Capucin. Du moins, le bruit en courut, comme on le voit dans une lettre du Maréchal de la Motte-Houdancour écrite le 29. Novembre.

Léganez fier de sa supériorité marcha droit aux ennemis, dans le dessein de les combattre. Leur Général avantageusement posté l'attend. L'aîle droite de l'armée Françoise est d'abord enfoncée. Au-lieu de profiter de cet avantage, l'Espagnol donne temps aux ennemis de se rallier. Ils retournent alors avec tant de bravoure & d'impétuosité, que l'avant-garde Espagnole est enfoncée, & le corps de bataille mis en désordre. Léganez se retire à la faveur de la nuit & d'une hauteur. Houdancourt se va poster dans le champ de bataille comme victorieux. Cependant le Général Espagnol écrit à la Cour que l'ennemi est battu. On le croit; du moins, on en fait semblant. Les Cardinaux Spinola & Trivulce arrivé depuis peu de Milan à la Cour, tous les Grands excités par le Comte Duc, vont féliciter Philippe. Bientôt désabusé, non seulement par la retraite de Léganez, qui n'osant assiéger Lérida se contente d'emporter quelque Place peu considérable, mais encore par la dissipation de sa belle armée, réduite à une si grande disette de vivres, que pendant trois jours on n'y mangea que de la chair d'âne & de fort méchant biscuit, Philippe disgracie son malhabile Général, le fait enfermer à Consuegra, lui donne enfin, à la sollicitation de la Marquise son épouse, leur maison de Madrid pour prison. Je trouve dans le Mercure Italien, qu'une raillerie du Maréchal de la Motte, rapportée au Roi d'Espagne, acheva de le déterminer à punir Léganez. *Si Sa Majesté Catholique*, dit le Général François, *a récompensé le Marquis de Torrecuse, pour avoir manqué, par la jalousie des Officiers Espagnols, d'emporter Lérida; il est juste que le Roi mon Maître récompense le Marquis de Léganez, dont la lenteur a sauvé la même Place*. Le Maréchal de Brezé ne jouit pas long-temps de la Viceroyauté de Catalogne. Soit que les habitans du pays ne fussent pas contens de lui ; soit qu'on ne le crût pas assez habile pour défendre la Province contre les Espagnols, il fut rappellé en France vers le mois d'Août. Dom Joseph Margarit, Catalan, ennemi juré des Castillans, eut la commission de faire les fonctions de Viceroi, jusques à ce que le Roi en nommât un. On crut que le Maréchal de la Motte remplirait fort bien la place vacante. Il va donc en prendre possession à Barcelone le 4. Décembre.

Richelieu, arrivé de Fontainebleau à Paris avec le Roi, formoit de nouveaux plans de guerre & de conquêtes, sur les bonnes nouvelles qu'il recevoit de Catalogne, d'Italie, & d'Allemagne. Enflé de tant d'heureux succès, il ne pensoit à rien moins qu'à la ruïne entiere de la Maison d'Autriche & à rendre Louis, disons mieux, à se rendre lui-

Prise de Tortone & de quelques autres Places en Italie.

1641.
Hiftoire du Maréchal du Pleffis.
Hiftorie di Gualdo Priorato.
Part. 3.
Lib. 3.
Mercurio di Vittorio Siri.
Tom. 2.
Lib. 2.

même, maître de toute l'Europe. Cet homme mourant fe flatoit-il donc de vivre affez long-temps pour voir l'éxécution de fes chimériques projets ? Non content de s'en repaître dans fon cabinet, ou dans fon lit, il les déclare tout publiquement. Le 15. Novembre il fait repréfenter une impertinente comédie, que tous les gens de bon fens auroient fifflée, s'ils l'euffent ofé. En voici le fujet & les principaux perfonnages. *Europe*, Princeffe belle & d'un rare merite, avoit plufieurs amans. Les plus confidérables & les plus empreffés étoient *Ibere* & *Francion*. Après plufieurs intrigues, la bravoure & les excellentes qualités de celui-ci le font préférer à fon plus redoutable rival. Les campagnes, les victoires, les prifes de villes, tous les événemens depuis la rupture entre les deux Couronnes, jufques à la confpiration de Cinq-Mars, trouverent leur place dans la comédie. Le plan étoit apparemment de la façon de Richelieu, qui fe piquoit de bon gout pour les pieces de théatre. Il eft affez intelligible de lui-même; un commentaire feroit fuperflu. Sous le regne du Fils de celui dont j'acheve l'Hiftoire, *Francion* s'eft flaté d'être bientôt l'amant heureux *d'Europe*. Mais par malheur, à mefure que Louis XIV. eft avancé en âge, il a fenti que la fortune, femblable aux Courtifanes, abandonne les vieillards, & s'attache aux jeunes gens. C'eft ce que Charles-Quint difoit dans fon chagrin, des avantages qu'Henri II. Roi de France, plus jeune que lui, remportoit fur un Empereur chéri de la fortune dans la fleur de fon âge, & méprifé d'elle à mefure que les forces de fon corps & de fon efprit diminuerent.

Les progrès du Prince Thomas de Savoye & du Duc de Longueville, dans le Piémont & dans le Milanez, augmenterent extrêmement les efpérances de Richelieu. *Le traité de Thomas avec la France étant conclu*, dit le Maréchal du Pleffis dans fes Mémoires, *le Prince entre dans le fervice du Roi, fans attendre qu'il ait reçu la commiffion de commander l'armée; & pour l'engager davantage à fe déclarer, le Comte du Pleffis & les autres Maréchaux de Camp le reconnoiffent*. On lui donne un corps de troupes; & à la faveur de l'armée qui le couvre, il fait le fiege de Crefcentino, ville du Marquifat d'Ivrée fur le Pô. Affez vigoureufement défendue par les Efpagnols, elle fe rendit vers le mois d'Août, un peu avant la célébration du mariage de Maurice Prince, autrefois Cardinal de Savoye, avec la Princeffe Louife fa niece. Vérue, ville fituée vis-à-vis de Crefcentino, fut emportée par le Marquis de Pianezze Général des troupes de Charles Emanuel Duc de Savoye, vers la fin d'Octobre, pendant que les Efpagnols étoient occupés à défendre le Duché de Milan, attaqué par le Prince Thomas & par le Duc de Longueville, envoyé de France au mois d'Août en Italie, pour y remplir la place du Duc de Bouillon prifonnier. Après l'arrivée de Longueville, on délibéra fur ce qui fe feroit dans la fuite de la campagne. Le fiége de Nice-de-la-Paille ville du Montferrat fut refolu. *Le Comte du Pleffis*, dit-il encore lui-même, *commença d'y faire les fonctions de la charge de Lieutenant Général, dont le Duc de Longueville lui avoit apporté la commiffion. Comme il avoit grande connoiffance des sieges, il conitribua fort à faire avancer celui-ci, dont la fin fut suivie d'une entreprise sur Novare*, dans le Duché de Milan. Le 3. Septembre le Baron de Batteville rendit Nice-de-la-Paille. Quelques années auparavant, S. Pol Officier François, assiégé dans la même Place par le Marquis de Léganèz, l'avoit rendue, à condition que la garnison auroit la liberté de se retirer à Cazal. S. Pol entendoit la capitale du Montferat, & le Général Espagnol le comprenoit fort bien. Mais par une équivoque indigne d'une personne de son rang, il dit, après que S. Pol fut sorti de la Place, que le Commandant & sa garnison pouvoient aller à *Cazal-Maggiore* dans le Crémonois, & qu'il n'avoit jamais promis de les faire conduire à Cazal dans le Montferrat. Pour venger S. Pol, le Prince Thomas commanda que la garnison Espagnole fût menée par le Dauphiné dans la Franche-Comté, dont Batteville étoit originaire.

1642.

Toute l'armée, poursuit du Plessis, *se porta au siege de Novare, sans autre fruit que celui d'être éloignée de Tortone, qu'on résolut en même-temps de prendre. On crut que la grande distance d'une Place à l'autre donneroit lieu d'investir facilement celle-ci, avant qu'elle pût être munie des choses nécessaires à sa défense. Le Comte du Plessis eut assez de part à cette résolution, comme à tout le reste du siege. On sçait quelles furent les difficultés pour y donner une heureuse fin, & les fatigues extraordinaires que le Comte du Plessis endura pendant le cours de cette rude entreprise. Il prenoit soin de toutes les attaques, & n'épargnoit ni sa peine, ni sa vie, afin que la mauvaise saison n'empêchât point la réduction de cette importante Place, que l'armée ennemie voulut secourir à force ouverte. Une hauteur qui ne se put enfermer dans la circonvallation auroit été de grande utilité aux Espagnols, s'ils s'en fussent saisis. Le Comte du Plessis conseilla de l'occuper. L'armée y fut mise en bataille si avantageusement, que les ennemis n'oserent nous attaquer. S'étant retirés durant la nuit, ils prirent un autre poste, pour tenter une autre fois le secours de la Place. Mais à leur vûe, & par la vigilance du Comte du Plessis, à qui les Généraux laissoient le principal soin de cette affaire, le Gouverneur capitula. On peut dire qu'avant que d'entrer en possession de Tortone, nous nous vimes plus d'une fois en état de ne rien espérer. La Place étoit si avancée dans le pays ennemi, que les convois ne passoient qu'avec une extrême peine au camp des assiégeans. Sans les bleds qui se trouverent dans la ville, il eût été impossible de faire subsister l'armée. Aussi le Comte du Plessis n'avoit-il fondé son avis que sur ce qu'il étoit assuré de prendre la ville en deux jours, & d'y trouver une grande abondance de vivres. Mais comme les armées éloignées du Roi n'ont pas ordinairement des équipages d'artillerie fort considérables, & qu'il n'y en a jamais qui le soient assez pour conduire dès la premiere voiture toutes les choses nécessaires à un siege, le défaut de munitions de guerre, d'outils, & de canons, fut si grand en celui-ci, que si nous eussions voulu avoir devant nous tout ce qui manquoit, on n'eût jamais formé ce dessein, ni beaucoup d'autres. Mais le Comte du Plessis & les braves gens qui composoient l'armée, accoûtumés à entreprendre sans avoir tous leurs besoins, ne s'étonnerent point de ces difficultés. C'est-pourquoi le Prince Thomas, & le*

Duc de Longueville assez porté de lui-même aux résolutions vigoureuses, ne furent point rebutés. De maniere qu'après plusieurs convois amenés des frontieres du Montferrat, où il falloit aller prendre ce qui nous étoit nécessaire, on vint à bout de l'entreprise.

Puisque ce Seigneur a plûtôt écrit pour informer la postérité de ses belles actions & de son habileté, que pour nous apprendre les circonstances des évenemens dont il parle, cherchons-les ailleurs que dans ses Mémoires. Il en omet ici une, qui rend son récit obscur & embarrassé. On est surpris d'abord qu'un Officier qui se vante d'une si *grande connoissance des sieges* ait assuré de prendre *en deux jours* une Place qui se défendit près de deux mois. Le Comte du Plessis auroit éclairci cela en nous marquant que la tranchée ayant été ouverte devant Tortone le 4. Octobre, les Espagnols abandonnerent la ville où il y avoit du bled, six ou sept jours après, & que s'étant retirés dans le château, ils s'y défendirent jusques au 25. Novembre. Le Comte de Sirvela Gouverneur de Milan, effrayé de la perte d'une Place qui donne entrée aux François dans le cœur du Duché, dépêche des couriers à Venise, à Florence, à Naples, crie *au secours*, mande à Valence les Résidens de la République, du Grand-Duc, de quelques autres Princes, & leur remontre que si le Roi de France envahit une fois le Milanez, c'en est fait de toute l'Italie; que la neutralité n'est plus de saison, & que chaque Souverain doit penser à sa propre conservation.

Quelle allarme ne prit-on pas, ajoûta-t-il, *lorsqu'on s'imagina que le Roi mon maître prétendoit s'emparer de la Valteline & du Montferrat? Les progrès de la France doivent-ils causer moins de jalousie? Depuis que les Rois d'Espagne possedent par droit de succession, ou d'investiture, des Souverainetés en Italie, ils se sont contentés de ce qui leur appartenoit légitimement; ils ont permis que chaque Prince jouit librement de son bien. Doit-on attendre la même modération de l'inquiétude & de l'ambition Françoise?* Lieu commun, dont les deux Couronnes se servent également l'une contre l'autre, selon que la situation de leurs affaires le demande. Les Ministres de la Maison d'Autriche déclament maintenant & avec grande raison contre les vastes desseins de la France. Ceux de cette Couronne s'efforcent de leur côté d'effrayer encore les gens de l'ambition démesurée de Charles-Quint, de Philippe son fils, de Ferdinand II. & de leurs descendans.

Le Gouverneur de Milan assembloit alors une armée de sept mille hommes de pied & de trois mille chevaux, sans les milices du pays, presque égale à celle des François qui n'avoient pas plus de douze mille hommes, & se préparoit à marcher au secours de la citadelle de Tortone. Afin de couper les convois aux assiégeans, Sirvela fit presser instamment les Génois de se déclarer en faveur de l'Espagne, & d'empêcher que les convois destinés à la subsistance de l'armée Françoise ne passassent par leurs Etats. Trop prudens pour irriter une Couronne supérieure, le Doge & le Sénat répondent, qu'ils demeureront dans les termes de la neutralité promise. Sirvela s'avance vers la fin d'Octobre à la tête de son armée, &

DE LOUIS XIII. Liv. L. 639

s'approche des François qui l'attendent en bonne contenance. Après quelques escarmouches, où les Espagnols ont du désavantage, le Gouverneur craint de hazarder une bataille dont la perte seroit suivie de celle du Milanez, se retire, & ne pense plus qu'à intercepter les convois qui viendront aux assiégeans, & à jetter quelque secours dans la citadelle. Quatre cent hommes y entrerent heureusement le 15. Novembre. Mais les François étoient déja si avancés, & la bréche faite au corps de la Place étoit si grande, que Dom Emmanuel Sanchez de Guevara Gouverneur fut obligé de capituler le 15. Novembre avec le Duc de Longueville. Par le traité de Louis & du Prince Thomas, les conquêtes qui se feroient dans le Duché de Milan devoient appartenir à celui-ci. Le Roi cede d'autant plus volontiers Tortone à Thomas, que Sa Majesté veut témoigner aux Princes d'Italie, qu'elle ne pense point à s'aggrandir audelà des Alpes, mais à y faire tout au plus un Souverain feudataire de sa Couronne. Le Prince ne devoit posséder Tortone & les autres Places conquises dans le Milanez, que comme un fief relevant de la Couronne de France. Vérue fut remise en même temps au jeune Charles Emmanuel Duc de Savoye.

1642.

» Le Comte du Plessis, *dit enfin ce Seigneur toujours occupé à faire son pané-*
» *gyrique*, ayant conduit le siege de Tortonne, & acquis la gloire de sou-
» mettre à l'obéïssance du Roi une Place que le nombre des assiégés, leur
» valeur, les fortifications, les nécessités extrêmes de toutes sortes de muni-
» tions de guerre dans notre camp, & sur tout la rigueur de la saison or-
» dinaire à la fin du mois de Novembre, sembloient mettre dans une en-
» tiere sûreté, le Roi lui en sçut bon gré. A l'issuë de ce siege, les glorieuses
» peines du Comte auroient été récompensées du bâton de Maréchal de
» France, si le Cardinal de Richelieu eut été informé de cette conquête
» avant sa mort. L'armée se retira dans le Piémont, & du Plessis en France.
» Le Roi, qui l'honoroit de sa bienveillance, l'y fit venir, afin de rendre
» compte des affaires d'Italie à Sa Majesté ». Je ne sçai pourquoi le Comte, qui servoit sous le Prince Thomas & le Duc de Longueville, Généraux habiles & expérimentés, s'attribuë si hautement *la gloire* de la prise de Tortone. N'eût-il point parlé plus éxactement, s'il eût dit que ses *glorieuses* peines durant le siege, jointes au grand mérite d'avoir arrêté le Duc de Bouillon, auroient pû servir de prétexte à Richelieu d'élever une de ses créatures à la dignité de Maréchal de France?

Le Cardinal ne fut guerres moins content du progrès des armes de Suede en Allemagne, que des conquêtes de son Maître en Italie. Torstenson, Général de cette Couronne, remporta cette année deux grandes victoires, en Silésie, & en Saxe près de Leipsick, endroit plus d'une fois fatal à la Maison d'Autriche. Digne successeur de Bannier, il résolut au commencement du Printemps d'aller en Silésie, d'où les Suédois avoient été chassés. Son armée en bon état se trouvoit forte de dix-huit, ou vingt mille hommes. Il emporte avec assez de rapidité Glosgaw, ou Glosgolaw ville considérable, & plusieurs autres Places. Lorsqu'il étoit occupé au siege de

Progrès de Torstenson Général de Suede en Allemagne. Le Maréchal de Guébriant

1642.
s'approche de lui.

*Histoire du Maréchal de Guébriant. L. 8. Chap. 8. 9. 10. 11.
Puffendorf Comment. Rerum Suecicarum. Lib. XIV.
Nani Historia Veneta. Lib. 12.*
1642.
*Historie di Gualdo Priorato. part. 3. Lib. 3.
Mercurio di Vittorio Siri. Tom. 2. Lib. 2. 3.*

Schweidnitz, François Albert Duc de Laxe-Lavembourg s'avança au secours des assiégés. L'Empereur Ferdinand III. avoit donné le commandement de son armée en cette Province à un Prince Protestant; soit que la Cour de Vienne crût que ceux de la même Religion qui avoient pris parti dans les troupes Impériales lui obéïroient plus volontiers; soit qu'elle se flatât que François Albert, qui servit autrefois sous le Roi Gustave Adolphe, pourroit attirer à lui les Allemands enrollés au service de la Couronne de Suede. Torstenson, averti de la marche du Général de l'Empereur, s'avance au-devant de lui, l'attaque, & le défait vers le commencement de Juin. Trois mille Impériaux demeurerent prisonniers, ou sur la place. Le Duc blessé fut du nombre des prisonniers, & mourut ensuite de ses blessures. Le Suedois poursuit l'ennemi qui se retire dans la Moravie, y entre, prend Olmutz, & envoye des partis jusques à six milles de Vienne. Picolomini, Général de l'Empereur, ramasse promptement une assez bonne armée, repousse le Suédois affoibli par plusieurs sieges & par les garnisons laissées dans les Places conquises, reprend Olmutz, va chercher Torstenson dans la Silésie, & renforcé des troupes que l'Archiduc Léopold Guillaume, frere de l'Empereur, lui amene à propos, oblige le Suedois à lever le siege mis devant Brieg.

Leopold & Picolomini ne furent pas long-temps supérieurs. Torstenson rétablit ses troupes diminuées, tâche inutilement d'attirer l'ennemi au combat, marche vers la Misnie, & assiege Leipsick. L'Archiduc & Picolomini courent promptement au secours, & s'avancent en ordre de bataille près du camp des assiégeans. Torstenson ne la refuse pas, & les défait le 23. Octobre. Ils perdirent cinq mille hommes tués, ou prisonniers. Le Suédois retourne au siege de Leipsick commencé; & la Place se rend à composition le 25. Novembre: conquête qui lui ouvroit l'entrée de la Boheme & de l'Autriche, si son armée affoiblie une seconde fois se fût trouvée en état d'y pénétrer. Ferdinand effrayé envoie demander du secours au Pape, & au Sénat de Venise, pour défendre Vienne, disoit-il & pour empêcher que les Protestans portent leurs armes victorieuses en Italie. Urbain plus attentif à l'avancement de ses neveux, qu'à la sûreté de la Communion dont il se dit le Chef, s'excuse sur l'embarras que lui cause Farnese Duc de Parme; & les Vénitiens répondent que l'ambition des Barberins donne tant de jalousie aux Puissances liguées pour la défense d'un Prince qu'ils veulent opprimer, que la République ne se trouve pas en état de secourir la Maison d'Autriche. Si cette circonstance est véritable, Ferdinand n'eut-il point d'abord une peur panique? Outre que la saison étoit trop avancée, la Reine de Suede & son Général pressoient le Maréchal de Guébriant d'aller incessamment joindre l'armée Suédoise, qui sans le secours de la France n'étoit pas en état de profiter de sa victoire. Louis & son Ministre étoient bien-aises, à la vérité, de réduire la Maison d'Autriche à la nécessité de faire une paix telle qu'ils la souhaitoient, peut-être de la voir entierement abaissée. Bien loin de vouloir aider la Couronne de Suede à conquérir l'Italie, son aggrandissement en Allemagne leur don-

DE LOUIS XIII. Liv. L.

1642.

na souvent de l'inquiétude & de la jalousie. Mais tel étoit le style ordinaire de l'Empereur & du Roi d'Espagne. Ils n'avoient point d'autres ennemis que les hérétiques, ou les fauteurs de l'hérésie. La France parle aujourd'hui le même langage. Ceux qui s'opposent aux vastes projets de Louis XIV. ont juré la ruine de la Religion Romaine, ou du moins, séduits par les insinuations artificieuses des Protestans, ils travaillent, sans y penser, à les mettre en état d'opprimer les prétendus Catholiques. Ces exclamations peuvent bien tromper les sots de France, comme elles en imposoient autrefois aux idiots d'Espagne & d'Italie ; mais les gens d'esprit en rient, comme on en rioit dans le siecle précédent.

Si nous en croyons l'Historien de Guébriant, la victoire de Torstenson fut sanglante, & non pas si complette que celle de son Héros à Kempen sur les Impériaux & les Bavarois au commencement de cette année, dans le cours de laquelle Ferdinand & Philippe eurent des échecs considérables, sur le Rhin, en Silésie, en Saxe, en Catalogne, & en Italie. » La cava-
» lerie Impériale, *dit cet Auteur*, ayant peu combattu, resta presque en-
» tiere. Le grand effort tomba sur l'infanterie, qui se défendit fort bien,
» & blessa près de quatre mille hommes avant que de plier. Il y eut un
» grand nombre de prisonniers. La ville de Leipsick, qui devoit être le
» fruit de la victoire, avoit assez de forces pour soûtenir le siege. L'Em-
» pereur & le Duc de Saxe assembloient une nouvelle armée. On la desti-
» noit à joindre la cavalerie retirée sur les frontieres de la Boheme, & à
» tenter la fortune d'une seconde bataille, dont le succès ne pouvoit vrai-
» semblablement être avantageux à Torstenson, incapable désormais d'en-
» trer dans une troisiéme action. La ville de Leipsick se défendoit coura-
» geusement, dans l'espérance d'être bientôt secourue, & les Impériaux
» s'imaginant qu'elle tiendroit assez long-temps, pour leur donner le loisir
» de venir réparer leur honneur, se renforçoient de tous côtés. La France
» seule se trouvoit en état de rompre l'entreprise, & c'étoit au Ma-
» réchal de Guébriant de lever cette difficulté, & de mettre Torstenson en
» possession de ses avantages. » Si cet Historien est exact, comme il paroîtra dans la suite, celui de Suede a ignoré beaucoup de choses, ou bien il affecte de dissimuler l'obligation que Torstenson eut à Guébriant. Je crois avoir remarqué plus d'une fois, que Puffendorf donne lieu de le soupçonner de quelque chose d'approchant. Il ne rapporte rien de tout ceci, & parle même fort legérement de la marche du Général de France. Peut-être que l'Auteur François éxagere un peu, afin d'éxalter son Heros, & que l'autre craint que la France ne paroisse avoir eu trop de part aux avantages remportés par les Suédois. Quoiqu'il en soit, on voit dans la lettre des Régens du Royaume de Suede, écrite au nom de Christine leur Reine, encore mineure, & dans une autre du Comte d'Avaux Plenipotentiaire de Louis à Hambourg, que Guébriant fut vivement sollicité d'aller joindre Torstenson. Les Régens avouent que la victoire coûte beaucoup à leur Couronne. Beauregard, Ministre de France auprès d'Amélie Elizabeth Landgrave de Hesse donne, dans une lettre au Général François, de

Tome VI. Mmm m

grands avantages au Suédois. *Il est certain*, dit-il, *que Torstenson a battu les ennemis, qui ont perdu toute leur infanterie, cinquante pieces de canon, leur bagage, & beaucoup de cavalerie*. Cela est assez conforme à ce qui se lit dans la lettre de Christine, ou de ses Tuteurs, à S. Romain Agent de France à Hambourg. Ils supposent que l'infanterie Impériale est ou dissipée, ou prisonniere, ou tuée ; que les Suédois ont pris tout le bagage des ennemis, & que les victorieux ont emporté un grand nombre d'étendards.

" Le Maréchal de Guébriant, *poursuit l'Auteur de sa vie*, se disposa fort " volontiers à donner toute l'assistance possible aux Suédois. Il consentit à " s'approcher de Torstenson, à passer ensuite dans la Franconie & dans la " Suabé, a porter la guerre dans le pays du Duc de Baviere, & à tenir en " échec les troupes de ce Prince fort jaloux de ses Etats & de ses intérêts. " Trop foible pour soûtenir une pareille entreprise sans un nouveau secours " de France, le Maréchal dépêche un de ses Officiers à la Cour, *& lui or-* " *donne de demander qu'un petit corps de troupes passe le Rhin & entre dans le* " *Brisgavv*. Guébriant part de Gronaw, ville de l'Evêché d'Hildesheim où " il étoit allé se rafraîchir, & arrive avec une diligence extrême à Mulhau- " sen dans la Turinge, à douze lieues de Leipsick. De-là il envoye le Gé- " néral Roze avec deux mille chevaux à Torstenson. Les ennemis, informés " de son arrivée, désesperent de l'éxécution de leur dessein. N'osant rien " entreprendre contre deux si grands Capitaines, ils mettent leurs troupes " en quartiers d'hyver. La ville de Leipsick, qui les voit partir, se rend à " composition. Le Général Suédois écrivit à Guébriant, que cette conquê- " te étoit le fruit de la marche de celui-ci, & qu'il l'en viendroit remer- " cier, dès-qu'il auroit donné ses ordres dans la Place. " En vérité, il est fort surprenant que Puffendrof ait ignoré ces circonstances, ou qu'il les omette à dessein. Voici une lettre de Louis à son Général en Allemagne, qui sert à justifier la sincérité de l'Historien François. " Mon Cousin, " ayant sçu que vous êtes allé avec mon armée que vous commandez, join- " dre celle de la Couronne de Suéde, commandée par le Général Torsten- " son, devant Leipsick, j'ai été bien aise que vous ayez fait connoître en " cette occasion, combien je desire de contribuer aux avantages de mes al- " liés. Je ne les considere pas moins que les miens propres, & je serai toû- " jours fort aise de le témoigner par effet. Mais comme il est important au " bien commun que les armées agissent, chacune de son côté, il sera fort " à propos aussi que l'affaire de Leipsick étant finie, vous vous sépariez " avec mon armée de celle de Torstenson. Faites toutes les civilités & " toutes les protestations d'amitié que vous jugerez convenables, afin de " ne lui laisser aucun mécontentement.

Dans une lettre écrite au mois de Décembre à Beauregard Ministre de France à Casel, Guébriant parle ainsi de son entrevue avec le Général Suédois. " Nous nous sommes trouvés à Budstadt, M. le Maréchal " Torstenson, & moi. Nous avons resolus ensemble, d'avancer contre les " ennemis, lui à la gauche, & moi à la droite. Il partira de Leipsick au " commencement de la semaine prochaine. Cependant il donnera ordre à

» sa cavalerie de marcher vers le Voistland. *Dans une autre au même.* On ne
» s'est jamais séparé en meilleure intelligence, que M. Torstenson & moi.
» On s'est fait réciproquement toutes les protestations d'amitié & d'assistance
» en cas de besoin. Il m'a fort remercié de m'être avancé jusques-ici, pen-
» dant le siege de Leipsick. Nous nous sommes assurés, l'un l'autre, d'ê-
» tre chacun en son particulier, content de son compagnon. » Cette bonne
intelligence, cette satisfaction, elles ne dureront pas long-temps. Le récit
de l'Historien de Guébriant éclaircit les lettres du Maréchal. » Après la
» prise de Leipsick, *dit-il*, Torstenson envoya demander un rendez-vous
» à Guébriant, & lui fit des excuses sur ce qu'il n'étoit point allé à Mulhau-
» sen, le remercier de sa généreuse assistance. L'entrevue se fit à Rudsstat,
» petite ville à moitié chemin de Mulhausen à Leipsick. Ils s'y trouve-
» rent le 17. Decembre. Les premiers mouvemens furent employés en
» complimens. Après cela, on entre en matiere sur la marche & sur l'éta-
» blissement des quartiers d'hyver pour les deux armées. Torstenson vou-
» loit engager Guébriant vers la Boheme. Son dessein, c'étoit de tirer des
» avantages particuliers pour la Couronne de Suede. Mais le Maréchal fit
» si bien voir que cette résolution étoit contraire au fruit qu'on pouvoit
» recueillir de la victoire & de la conquête des Suédois, pour les affaires
» générales, que son sentiment prévalut. Tout se passa fort civilement de
» part & d'autre. Voici comment la marche fut arrêtée. Les deux armées
» partirent le même jour. La Françoise devoit passer le Mein à Guémind,
» & le Nekre vers Heilbron, afin de s'opposer aux desseins d'Halzfeldt &
» de Whal, *Officiers généraux du Duc de Baviere.* On résolut qu'après la
» prise d'Hof, *ville du Marquisat de Culembach en Franconie*, les Suédois
« iroient dans le haut Palatinat, où étoit Picolomini. Séparés de dix ou
» douze heures de marche, les uns & les autres se pouvoient rejoindre en
» moins de deux jours, & se donner la main, soit aux marches, soit aux
» quartiers arrêtés. C'étoit le plus grand projet, & l'entreprise la plus
» avantageuse de cette guerre. L'Empereur & le Duc de Baviere n'a-
» voient point d'armées assez puissantes, pour faire tête à celles des
» deux Couronnes. Le petit corps que Guébriant proposa de faire en-
» trer par Brisack en Allemagne y auroit fait une diversion fort utile.
» On eût gagné des villes & des postes excellens pour les quartiers
» d'hyver. Le Duc de Baviere se seroit vû ruïné. Tout auroit si bien
» réüssi à la cause commune, que rien n'eût été capable d'en traverser
» la prospérité.

» Torstenson demanda dix ou douze jours de temps pour donner les or-
» dres nécessaires à la conservation de Leipsick. Il y laissa seize cent hom-
» mes. On marcha comme il avoit été projetté, mais durant deux jours
» seulement. Il ne plut pas au Général Suédois de tenir sa parole. Son ar-
» mée rebrousse chemin. Au lieu d'aller prendre Hof, elle assiége Friberg
» sur l'Elbe. Au bout de six semaines, l'ennemi refait en Boheme oblige
» Torstenson à lever le siege, & à se retirer au bas de l'Elbe. On dit que
» son dessein étoit d'engager Guébriant à le suivre, afin d'éviter les périls

Mmmm 2

1642.

„ de la marche, & de profiter des conquêtes qui se feroient en commun,
„ peut-être du débris de notre armée, qui faute de paye, de renfort, & de
„ communication avec la France, auroit été dissipée. Quoi qu'il en soit,
„ ce mauvais tour jette dans une grande perpléxité le Maréchal, qui a déja
„ passé le Mein. Il ne perd point courage. Cependant une juste crainte de-
„ voit succéder à tant de hautes espérances manquées. La mauvaise nouvelle
„ fut suivie de celle que le Duc de Lorraine avoit joint l'armée Bavaroise.
L'Historien de Suede prétend que Torstenson ne se soucioit pas autrement
d'avoir avec lui les troupes du feu Duc Bernard de Saxe Weymar, que
Guébriant commandoit. Les Allemands de l'armée Suédoise, jaloux de la
grosse solde que Louis donnoit à ceux de leur nation qui servoient dans
la sienne, se dégoûtoient du service de la Couronne de Suede, & pensoient à prendre un meilleur parti.

Rocqueservieres, Officier de Guébriant, fait un récit succinct des principaux évenemens des expéditions du Maréchal en Allemagne dont l'Historien cite quelques endroits que j'ai rapportés après lui. En voici un qui
touche la fin de cette campagne. „ Au lieu de prendre sa marche vers
„ Hof, comme il avoit été résolu, Torstenson marcha droit à Friberg sur
„ l'Elbe, & l'assiégea. Le Maréchal de Guébriant suit sa route, passe le
„ Mein à Guémund, prend des quartiers sur le Tauber, s'y rafraîchit, &
„ marche ensuite vers le Nekre. Cependant l'armée de Baviere se for-
„ tifie, & le Duc de Lorraine la joint. Ils entrent en action contre le
„ Maréchal, & l'obligent à camper six semaines sur la neige. Faute de
„ fourrage & de vivres, il fut contraint à se retirer, & à prendre des
„ quartiers d'hyver dans le Brisgaw & dans le Comté de Rotelin. «
L'Auteur de sa vie raconte, que les ennemis faisant mine de le vouloir
combattre, il marcha droit à eux, & leur présenta la bataille. On la
refusa, de peur d'exposer les affaires du Duc de Baviere & de l'Empereur même au succès incertain d'un combat. Guébriant le souhaitoit parce
que la victoire auroit mis ses troupes en de bons quartiers, qu'il ne pouvoit occuper avec le peu de forces qu'il avoit. La guerre se fait de la
sorte en Allemagne, l'hyver aussi bien que l'été. Durant la belle saison,
les Généraux pensent aux conquêtes & aux progrès dans le Pays ennemi. Après cela, on se bat pour prendre de bons quartiers, ou pour s'y
maintenir.

Le Cardinal de Richelieu cherche à se faire de nouvelles créatures. Mémoires de Pontis.

Richelieu ne se repaissoit point tant de l'élévation chimérique de la
France, sur la ruine entiere de la Maison d'Autriche, qu'il ne s'occu-
pât encore plus de la conservation de sa fortune & de sa vie. Il avoit
couru trop grand risque de perdre l'une & l'autre durant la faveur de
Cinq-Mars. Dès que le Cardinal est de retour à Paris, il pense à faire
de nouvelles créatures, à gagner de braves Officiers de guerre, & à
éloigner de la Maison du Roi tous les gens suspects à Son Eminence,
parce qu'ils n'ont pas voulu se dévouer servilement à elle. L'Auteur des
Mémoires de Pontis raconte un entretien secret de ce Gentilhomme avec
Louis. Je le rapporterai d'autant plus volontiers, qu'on y voit la triste ser-

vitude de ce Prince sous son Ministre impérieux. *Etant un jour chez le Roi,* écrit-on assez naïvement sous le nom de Pontis, *il me fit signe de le suivre dans sa garderobe. Je n'osai d'abord y entrer. Mais il avertit l'Huissier de m'appeller. Extraordinairement pensif, il s'assied sur un coffre. D'où vient, me demande-t-il pour lors avec beaucoup de confiance,* que les Capitaines que j'ai faits me quittent tous ? A peine en reste-t-il un auprès de moi. Sire, lui répondis-je pour les excuser, quelques-uns sont de vieux Officiers usés par les fatigues de la guerre, & incapables désormais de remplir les devoirs de leurs charges. D'autres ont été estropiés au service de Votre Majesté. Il est encore assez vraisemblable, que certains se sont ennuyés des grands travaux de l'armée. Mais pourquoi, *reprit le Roi en m'en nommant un,* celui-ci m'a-t-il quitté, pour se donner à M. le Cardinal ? Il n'a pas gagné au change, *repartis-je.* C'est quitter le Maître pour le valet. *Ces paroles ne déplurent pas sans doute à Sa Majesté. Le pauvre Prince se met encore à compter sur ses doigts tous ceux qui l'ont quitté, & déplore en quelque sorte son malheur. Quoique je fisse de mon mieux pour disculper les uns & les autres, j'étois sensiblement touché de voir un Roi ainsi abandonné de la plûpart de ses serviteurs. L'aimant au dernier point, j'avois peine à m'imaginer, comment on pouvoit être assez lâche, pour préférer le service d'un sujet, quelque puissant qu'il pût être, à celui d'un si bon Prince. Durant cet entretien, le Roi me parut fort inquiet. Il passoit continuellement d'un discours à l'autre. Tantôt il demeuroit interdit: tantôt il me faisoit quelque nouvelle question.*

Comme il n'avoit pas coutume de me parler avec tant de circonlocutions & de figures, je crus qu'indubitablement il avoit quelque chose dans l'esprit ; qu'il n'osoit me le déclarer, & qu'il cherchoit à m'y faire tomber insensiblement. Sa Majesté formoit alors des desseins contre le Cardinal. J'avois donc grand sujet de penser, qu'elle me vouloit confier quelque secret sur cela. Mais il arriva tout d'un coup que le Comte de Nogent rompit notre entretien. Il regardoit à travers la porte, par une fente, ou par le trou de la serrure. Le Roi s'en étant apperçu, haussa la voix, & demanda s'il y avoit là quelqu'un. Le Comte gratte incontinent, & le Roi surpris se leve avec précipitation, & témoigne assez par son extérieur, qu'il est fâché qu'on me trouve avec lui. Cette conversation à dû se faire dans le temps que Cinq-Mars pressoit Louis de se défaire de Richelieu. Quel pouvoit être le dessein du Roi ? Que vouloit-il confier à Pontis ? Quoi qu'il en soit, *Nogent salue le Roi & lui dit :* Sire, je viens de la part de M. le Cardinal, demander à Votre Majesté, si elle ne sortira point. Il souhaiteroit de la venir voir. M. le Cardinal sera la très bien venu, *répondit le Roi. Nogent me demande ensuite ce que Sa Majesté me disoit.* Elle vous parloit avec beaucoup d'action, *ajoûta-t-il, en m'insinuant qu'il soupçonnoit quelque chose de cet entretien. Je fus bien tenté de mortifier sa curiosité, & de lui faire comprendre qu'il se mêloit de ce qui ne le regardoit pas. Mais craignant un homme si dévoué au Cardinal, le Roi, lui repartis-je, me parloit, selon sa coûtume, de l'armée, des soldats, des Officiers.* Il y avoit quelqu'autre chose sur le tapis, repliqua le Comte, qui se doutoit bien que c'étoit une défaite. Il retourne au Cardinal, & lui inspire de mauvais soupçons contre moi, en lui rapportant qu'il m'a trouvé seul avec le Roi dans sa garderobe, & que Sa Majesté me parloit en confidence de quelqu'affaire secrete. Il y a quelque chose de particulier & de curieux dans cette conversation. En voici de plus divertissantes.

Je me trouvai comme les autres au passage du Cardinal, lorsque porté dans son lit magnifique il entra dans Paris, dit encore Pontis. N'étant point si malade qu'il ne jettât les yeux de côté & d'autre sur ceux qui le regardoient, il m'apperçut dans la foule. Avertissez M. de Pontis, dit-il au Lieutenant de ses Gardes, qui étoit près de son lit, qu'il se trouve au Palais Cardinal dans le temps que j'y descendrai. Au même instant cet Officier crie, & demande si je suis-là. Je me montre, & le Lieutenant me rapporte ce que son Maître lui a ordonné de me dire. Pontis étoit alors en disgrace, & Richelieu lui avoit fait défendre de suivre le Roi à Perpignan. Ses amis, présens avec lui au spectacle, le blâmerent de s'être fait voir, & lui remontrerent qu'il devoit craindre; que le Cardinal avoit apparemment quelque mauvais dessein contre lui; que le Gentilhomme étoit trop fier, & qu'il avoit tort de s'exposer témérairement & sans nécessité. Pour moi, qui avois toute l'assurance d'un homme qui ne se sent coupable de rien, poursuit Pontis dans son récit, je répondis que j'étois résolu d'aller voir ce que Son Eminence souhaitoit de moi. Je pars sur l'heure, & me rends au Palais Cardinal, lorsqu'elle y arrive. Je me présente avec tous les autres. Mais comme il y avoit un fort grand monde, elle ne me vit pas; ou, si elle me vit, on ne voulut pas me parler en si bonne compagnie. Ah! Dieu soit loué, dit le Cardinal en arrivant. C'est une grande douceur, que d'être chez soi. Comme tous ceux devant lesquels il passoit se baissoient avec un profond respect, il leur disoit seulement, le serviteur très-humble; mais d'un ton bien différend de celui dont il me le dit, lorsque par cette seule parole il me fit enfuir de son jardin de Ruel.

Voyant qu'il ne m'avoit point parlé, je priai le Lieutenant de ses Gardes de lui témoigner que je n'avois pas manqué d'obéïr à l'ordre que Son Eminence m'avoit donné. Il me le promit, & me pria de revenir le lendemain, pour sçavoir la réponse du Cardinal. J'y allai plusieurs fois sans le pouvoir saluer. Il étoit occupé à recevoir les complimens des personnes de qualité, qui venoient en foule lui faire la cour après un si long voyage. Lorsque je m'entretenois un jour dans son antichambre avec M. le Premier Président de Molé, on me vint dire que M. le Cardinal me demandoit. J'eus ainsi audience, & M. le Premier Président fut laissé derriere. Dès que j'entre, ceux qui étoient auprès du lit se retirent, excepté deux Pages qui demeuroient toujours au pied. Je m'approche, je salue le Cardinal, je baise son drap. Cérémonie assez particuliere. Je ne crois pas qu'elle se pratique maintenant. Quoi qu'il en soit, le Cardinal, continue Pontis, me demande d'abord pourquoi je n'ai pas suivi le Roi à Perpignan. Monseigneur, j'avois reçu un ordre exprès de ne sortir point de Paris, lui répondis-je. Depuis ce temps-là, je n'en ai reçu aucun autre, ni de la part du Roi, ni de celle de Votre Eminence. C'eſt cela, *reprit-il*, qui vous a véritablement arrêté. Ouï, Monſeigneur, *dis-je*. La ſeule crainte de déſobéïr au Roi & à Votre Eminence. Mais encore, *ajoûta le Cardinal*, n'y a-t-il point quelque autre raiſon particuliere, qui vous ait porté à demeurer ? Car enfin, s'il n'eût tenu qu'à demander la permiſſion du Roi, je ſçai qu'il eſt ſi bon, qu'il ne vous l'auroit jamais refuſée. Il y a quelque choſe de caché, que vous ne voulez pas nous dire. Votre Eminence ſçait aſſez, *repliquai-je*, qu'un particulier ne doit pas prendre la hardieſſe de demander au Roi, qu'il l'appelle auprès de ſa perſonne, lorſque Sa Majeſté l'en éloigne pour des raiſons qu'il ne nous eſt pas permis de pénétrer. Je ſuis aſſuré, *me dit-il*, que le Roi ne l'auroit pas trouvé mauvais de votre part. En tout cas, vous pouviez facilement employer des amis, qui ſe feroient volontiers chargés de parler en votre faveur, ſans que vous vous adreſſaſſiez immédiatement au Roi. Cela eſt vrai, Monſeigneur, *repartis-je* ; mais Votre Eminence me permettra de lui dire, que toute ma vie j'ai tâché de n'être point à charge à mes amis, & de ne les importuner jamais ſur ce qui me regarde en particulier. Sa Majeſté a beaucoup de bonté pour moi. C'eſt à cauſe de cela même que j'ai crû être obligé de recevoir les châtimens & les faveurs du Roi avec une égale reconnoiſſance ; & perſuadé que je ſuis, que plus il a de bonté pour moi, plus je ſuis coupable, lorſque je l'ai offenſé en quelque choſe. Je ſuis bien-aiſe de vous voir dans ces ſentimens, *reprit le Cardinal*. On ne ſçauroit trop reconnoître les faveurs du Roi. Mais une perſonne eſtime-t-elle aſſez le bonheur qu'il y a d'être auprès du Prince, ne ſe rend-elle pas même coupable de quelque mépris, lorſqu'elle ſe tient auſſi contente d'être éloignée, que de demeurer auprès de lui ? Eſt-ce importuner ſes amis, que de les prier d'intercéder pour nous en certaines rencontres ? Il faut qu'il y ait quelqu'autre raiſon que vous diſſimuliez ; car enfin, le Prince le plus irrité ſe peut appaiſer.

Nous parlions ainſi familierement. Le Cardinal m'attaquoit, & je me tenois ſur la défenſive. Voyant qu'il n'avançoit rien par ſes interrogations réïtérées, & que je demeurois ferme ſur le même point, ſans m'en vouloir écarter : puiſque vous ne voulez pas répondre ſur ce que je vous demande, *me dit-il*, je ne veux pas vous dire le ſujet pourquoi je vous ai fait venir. Voyez M. Des-Noyers : il vous l'apprendra. *Le Cardinal commande à un des pages de ſa chambre de me conduire chez le Secrétaire d'Etat.* Pontis ne comprenoit rien à l'empreſſement que Son Eminence témoignoit de ſçavoir ce qui l'avoit arrêté à Paris. Il s'imaginoit qu'elle vouloit tirer de lui ce qui s'étoit dit dans l'entretien particulier qu'il avoit avec le Roi, lorſque Nogent les ſurprit dans la garderobe. Rien moins que cela. On cherchoit à gagner un brave & fidele Officier. Pour en venir là, on prétendoit lui faire valoir, comme une faveur inſigne, l'oubli de ce qu'il avoit écrit d'une maniere fort mépriſante contre le Cardinal, dans une lettre dont j'ai parlé à propos de la priſe de Colioure.

Pontis y appelloit plus d'une fois Richelieu, *bonnet*, ou *tocque rouge*. Suivons le récit du Gentilhomme. *Lorsque je fus arrivé au logis de M. Des-Noyers avec le Page du Cardinal*, continue-t-il, *les livrées de Son Eminence me firent ouvrir le passage au travers de tout le monde, qui attendoit pour avoir audience. Le Secrétaire d'Etat, voyant que je venois de la part du Cardinal, me conduisit dans son cabinet. Là me faisant les mêmes questions, il me demande & redemande pourquoi je n'ai pas suivi le Roi à Perpignan. Je compris alors que c'étoit une affaire concertée entre Richelieu & son confident, qu'il y avoit là du myſtere. Je trouvois d'ailleurs qu'il étoit du dernier ridicule de me demander tant de fois la raison de mon séjour à Paris. Ne la sçavoit-il pas mieux que moi ? J'étois d'humeur à me mettre tout de bon en colere, si j'en eusse eu la liberté. Je me retins de peur d'irriter le Cardinal, & demeurai ferme à la réponse que j'avois faite à Son Eminence. Monſieur, dis-je au Secrétaire d'Etat*, ayant reçu un ordre exprès & signé de votre main, par lequel Sa Majeſté m'enjoignoit de ne ſortir point de Paris, ne feriez-vous pas le premier à me blâmer, ſi j'avois déſobéï ? *On me tourne & retourne en toutes manieres, dans l'eſpérance de découvrir quelque choſe.*

Me voyant à l'épreuve de toutes ſes queſtions, M. Des-Noyers prend une liaſſe de papiers, & en tire la lettre fatale que j'avois écrite, ſur ce qu'on me défendoit d'aller au voyage du Roi, & contre la perſonne du Cardinal. Reconnoiſſez-vous votre écriture & votre ſeing ? *me dit-il en me la donnant à lire. Quel fut mon étonnement, bon Dieu ! quand je vis cette lettre ! Je m'imaginois qu'elle ne pouvoit être tombée entre leurs mains, que par une une eſpece de magie. Car enfin, je me croyois aſſuré de la perſonne à qui je l'avois confiée, & encore plus de celui à qui elle fut écrite. J'avoue, Monſieur, que la lettre eſt de moi, répondis-je. Quoi, reprit le Secrétaire d'Etat, vous avez eu la hardieſſe de traiter ainſi M. le Cardinal, le plus grand génie & le premier homme du monde ? Lui qui fait du bien à toute la France, qui tire les gens de la pouſſiere pour les élever aux premieres charges, quand il les en juge dignes ; lui qui travaille uniquement à contenter tous les ſujets du Roi ; qui fait du bien à ſes ennemis mêmes. Dans le temps même que vous le déchiriez de la ſorte, il demandoit pour vous au Roi le gouvernement de Colioure. Eſt-il poſſible que de petites gens attaquent ſi injurieuſement les premieres Puiſſances, & qu'on outrage ceux à qui le Roi confie le ſoin & la conduite de l'Etat ?* Il eſt vrai, Monſieur, *repartis-je*, que j'ai eu tort de parler ainſi d'une perſonne à qui je dois toute ſorte de reſpect. J'étois dans Paris comme un pauvre priſonnier. Il n'eſt pas étrange que je me ſois échappé à me plaindre, & à crier un peu plus haut que je ne devois. Décharger ſon cœur, & déplorer ſa diſgrace, c'eſt toute la liberté qui reſte à un malheureux. Les priſonniers n'ont pas d'autres moyens de ſe ſoulager. Ils diſent tout ce qui leur vient à la bouche ; & cela ne rend pas leur cauſe plus mauvaiſe. Il eſt naturel de crier quand on ſent du mal. Souffrir ſans dire mot, c'eſt une eſpece de ſtupidité. Je n'ai pas eu assez de patience, je le confesse. Mais enfin, j'espere que M. le Cardinal aura la bonté d'excuser un homme à qui sa conscience ne reproche rien, & qui tout d'un coup se voit accablé d'une disgrace qu'il n'a pas méritée. Je veux bien vous servir auprès de son Eminence, *dit alors M. Des-Noyers, qui sans doute avoit un bon ordre de me ménager en cette occasion.* Je me charge volontiers de faire votre paix. Vous verrez dans la suite que je ne suis pas moins votre ami que je l'ai toujours été. *Je pris congé de lui, fort étonné des artifices & des souplesses d'un Ministre, qui me haïssant à cause de mon attachement à la personne du Roi, & cherchant depuis long-temps un prétexte de me perdre, en avoit trouvé un assez plausible, & qui cependant aimoit mieux s'en servir pour m'attirer à son service, que pour me ruiner entierement.*

Quelques jours après je rencontrai les Maréchaux de Brezé & de la Meilleraie. Nous ne sçavons, *me dirent-ils*, ce que vous avez fait à M. le Cardinal. Il est tout changé à votre égard; il parle souvent de vous en bonne part. Je veux vous mener chez lui, *ajoûta M. de Brezé.* Non ce sera moi, *reprit M. de la Meilleraie. Après quelque contestation, ils convinrent de m'y mener tous deux. Nous allons ensemble au Palais Cardinal.* Monseigneur, *dirent les deux Maréchaux en me présentant*, voici M. de Pontis que nous amenons à Votre Eminence, bien repentant, & bien résolu à la servir. Nous vous répondons de sa fidélité. *Je ne disois mot, & n'avouois ce que ces Messieurs avançoient pour moi que par un profond & respectueux silence.* Eh bien, M. de Pontis, *me dit alors le Cardinal*, il n'a tenu qu'à vous jusques ici de faire votre fortune. Vous avez cru gagner davantage ailleurs, & avancer mieux vos affaires. Vous n'y auriez pas perdu, en approchant de nous. *Ce compliment me causa un dépit mortel. Je ne pouvois souffrir qu'on me raillât de la fidélité inviolable que j'avois vouée au Roi. Je me retins cependant.* Monseigneur, je suis confus de l'honneur que Votre Eminence me fait de penser à moi, *lui répondis-je.* Quoique je m'en reconnoisse fort indigne, ma conscience ne me reproche point d'avoir manqué à éxécuter les ordres que j'ai reçus de la part de Votre Eminence, ni à lui rendre tous les services dont j'étois capable. Il est vrai que j'ai cru ne pouvoir quitter le service du Roi. Vous auriez blâmé mon ingratitude. Votre Eminence sçait que je suis redevable de ma fortune & de ma vie à la libéralité de Sa Majesté. *Le Cardinal fit semblant de ne comprendre pas ma réponse.* Ce qui s'est passé, *reprit-il*, ne servira qu'à nous rendre désormais meilleurs amis. Revenez me voir.

Nullement accoutumé à sa Cour & à ses manieres, je résolus de ne changer pas les miennes, & jugeai qu'il étoit à propos d'informer le Roi de tout ceci. Sa Majesté m'auroit sçû mauvais gré de lui avoir caché des particularités qui la regardoient de si près. Dès que je lui en eus touché quelque chose, elle me fit entrer dans son cabinet. Je lui contai exactement tout ce qui s'étoit passé entre M. le Cardinal, M. Des-Noyers & moi. Le Roi en rit beaucoup en son particulier. Lorsque je lui rapportai entr'autres choses ce que le Secrétaire d'Etat m'avoit dit du gouvernement de Colioure demandé pour moi; Ah, le fourbe ! s'écria le Roi avec quelque indignation de cette souplesse, & d'un artifice si grossier. Je lui demandai ensuite, s'il trouveroit bon que j'allasse voir le Cardinal, comme il m'y avoit fort exhorté. Si c'est le bon plaisir de Votre Majesté, je ne verrai jamais cette Eminence qu'en tableau, ajoûtai-je. Il vaut mieux y aller comme les autres, me répondit le Roi. Otez-lui tout sujet d'ombrage, & conservez du moins cette bonne volonté qu'il vous témoigne. Depuis ce temps-là, je fus fort bien à la Cour. Sa Majesté me mena diverses fois chez le Cardinal, lorsqu'elle alla le visiter dans les derniers jours de la vie du Ministre mourant; mais ce fut sans me faire entrer dans sa chambre. Il y a bien de l'apparence que Richelieu fit de semblables tentatives auprès de ceux qu'il croyoit lui pouvoir être utiles. Tous furent-ils aussi généreux, aussi désintéressés que celui-ci ?

Richelieu oblige le Roi à chasser de sa maison certains Officiers suspects au Cardinal.
Vie du Cardinal de Richelieu par Aubery. Liv. VI. chap. 92.
†*Mémoires pour servir à l'Histoire du même. T. II. Récit de ce qui se passa un peu avant la mort du Cardinal, dans les Mémoires de Montrésor.*
Histoire du Maréchal de Gassion. Tom. II.
Vie du Cardinal Mazarin. Liv. I. chap. 3.

Les soupçons & la défiance recommençoient, ou plutôt, n'avoient point cessé entre Louis & Richelieu. Les lettres obligeantes qu'ils s'écrivirent réciproquement, après la disgrace de Cinq-Mars, étoient pleines d'artifice ou de dissimulation. Cela paroît assez dans les entretiens du Roi avec Pontis. En voici une autre preuve. Le Cardinal, inquiet du refroidissement continuel du Roi à son égard, recourt à son artifice usé. Il fait encore semblant de vouloir se retirer des affaires, & d'être dans la résolution de ne penser plus qu'à prendre du repos & à rétablir sa santé. Mais dans le même temps, il engage sous main Frédéric-Henri Prince d'Orange à faire expressément recommander à l'Ambassadeur des Etats-Généraux des Provinces-Unies en France, d'insinuer à Sa Majesté, que ces Messieurs effrayés de ce qu'elle sembloit, il y a quelques mois, disposée à éloigner Richelieu, & à confier l'administration de ses affaires à un jeune Favori sans expérience, les Etats-Généraux écouteroient volontiers les propositions que la Cour de Madrid leur faisoit d'une paix particuliere, ou d'une treve avec le Roi d'Espagne. Cela réüssit bien. Louis intimidé résolut de conserver son Ministre à quelque prix que ce fût, & de lui accorder les demandes extravagantes qu'il faisoit pour lors à Sa Majesté. Nous les rapporterons incontinent. Sensible aux bons offices que Frédéric-Henri lui rendit en cette rencontre, Richelieu écrit, six semaines avant sa mort une lettre au Prince. Estrade, que nous avons vû depuis Maréchal de France, en fut le porteur. Il alloit de la part de Louis négocier à la Haïe certaines choses qui regardoient, ou la continuation de la guerre, ou le traité de la paix générale, pour lequel on se devoit assembler à Osnabruck & à Munster. » M. d'Estrade, écrivit » le Cardinal à Frédéric-Henri, vous dira ce qui s'est passé ici dans l'af- » faire de M. de Bouillon. L'intervention de votre Altesse m'a beau- » coup facilité les moyens de l'assister. Le même Gentilhomme vous assu- » rera pareillement de la reconnoissance que j'ai de vos bons sentimens » sur le sujet de ma maladie, & des traverses que quelques mauvais » esprits ont voulu causer aux affaires du Roi. Je n'ai point de paroles » pour vous remercier de la grace que vous m'avez faite en ces occa- » sions. Je vous supplie de croire, que je n'en perdrai aucune de vous

" témoigner par bons effets, que je suis véritablement votre très-hum-
" ble serviteur.

Richelieu demeura ferme dans une résolution que j'ai déja marquée. *Mercurio*
Il la prit, dès qu'il sçut le consentement du Roi à la proposition que Cinq- *di Vittorio*
Mars lui fit plus d'une fois, de permettre qu'on se défît d'un Ministre *Siri. T. 1.*
insupportable. *Vous aurez beaucoup de peine à rapprivoiser l'esprit de M.* *Lib. 3.*
le Cardinal, dit-il lui-même, dans un Mémoire envoyé de Tarascon à
Chavigni & à Des-Noyers. *Bien informé du consentement que le Roi a donné, il aura toujours peur aux endroits où ce qu'on a voulu faire pourroit
être fait, tandis que ceux qui étoient destinés à l'exécution seront auprès du
Roi.* La Cour se rendit de Fontainebleau à S. Germain en Laïe. Sous
prétexte des conseils fréquens que Sa Majesté devoit tenir dans la situation présente des affaires de l'Europe, Richelieu la presse de venir demeurer au Louvre, ou au Château de Madrid dans le Bois de Boulogne,
ou à S. Maur des fossés, un peu au-delà de Vincennes. Le Cardinal s'imaginoit que S. Germain étoit un lieu trop ouvert & trop exposé, où certains Officiers de la maison du Roi, complices, disoit-il, des mauvais
desseins de Cinq-Mars, pouvoient facilement venger la mort de leur
ami, par un attentat à la personne de celui qu'ils en croyoient l'auteur
pour plusieurs raisons. J'en ai omis une ou deux, que je rapporterai ici.
Pourquoi Richelieu porta-t-il Louis à s'en retourner promptement à Paris,
dès que le Grand-Ecuyer fut arrêté? N'étoit-ce pas afin de l'éloigner du
voisinage de la ville où le jeune Favori devoit être exécuté, & d'empêcher que Cinq-Mars n'obtînt facilement sa grace? Pourquoi le Cardinal alla-t-il lui-même à Lyon, après s'être fait donner un plein pouvoir d'ordonner ce qu'il jugeroit à propos dans les Provinces méridio-
nales de France? N'est-il pas visible que Richelieu vouloit hâter & la
condamnation, & la mort de son ennemi, avant que Louis en fût informé? Le Cardinal nomma quatre Officiers de la maison du Roi, dont
il demandoit l'éloignement; Trois-villes Lieutenant des Mousquetaires,
Tilladet, de la Sale & Des-Essards, Capitaines aux Gardes. Soupçon-
noit-ils ces Gentilshommes d'avoir offert leurs services au Grand-Ecuyer,
pour le défaire de son ennemi; ou du moins de les lui avoir promis
quand il leur en fit la proposition? L'arrogance fut encore poussée plus
loin. Le Cardinal prétendit d'entrer au Louvre accompagné de ses propres gardes, qui demeureroient mêlés avec ceux du Roi. Pouvoit-il témoigner plus hautement sa peur d'être assassiné dans le Louvre, comme
le Maréchal d'Ancre son ancien patron? Louis avoit consenti qu'on le
défît d'un Ministre de sa mere; Richelieu craignoit qu'il ne se trouvât un nouveau Luines, qui dissipât encore les scrupules du Roi sur l'article de l'assassinat.

Louis faisant difficulté d'accorder des demandes extravagantes, & in-
jurieuses à sa personne, le Cardinal persuadé que les insinuations des Etats-
Généraux des Provinces-Unies ont tellement intimidé le Roi, qu'il n'osera
plus rien refuser, fait encore semblant de vouloir abandonner le timon

des affaires, & laisser à Louis le soin de se démêler le mieux qu'il pourra des embarras d'une longue guerre, que l'ambition de son Ministre a suscitée. Lorsqu'incertain du parti qu'il doit prendre, le Roi craint d'un côté de mécontenter ses alliés, & pense de l'autre à punir l'insolence d'un Prêtre qui veut lui donner la loi, Chavigni arrive à S. Germain, & présente à Sa Majesté un Mémoire, où l'artificieux & dissimulé Cardinal demande la permission de quitter l'administration des affaires, puisqu'il ne plaît pas à Louis d'éloigner de lui les Officiers suspects à un Ministre, dont ils ont juré la perte, parce qu'il sert trop utilement son Prince. » Sortez d'ici, *dit le Roi justement indigné*, & rapportez à celui qui vous » envoie, qu'il a continuellement auprès de lui certaines gens, dont je » me défie plus justement qu'il ne se défie du Lieutenant de mes Mous- » quetaires, & des trois Capitaines qu'il me nomme. Je parle de vous, » Chavigni, & de votre bon ami Des-Noyers. S'il faut que Trois-Villes » & les autres soient éloignés, je vous chasserai tous deux de la Cour » au même instant. « Mazarin paroît ensuite avec sa souplesse Italienne, & ménage avec tant de dextérité l'esprit de Louis extraordinairement aigri, que la crainte de donner aux Etats-Généraux le moindre prétexte de conclure leur accommodement particulier avec l'Espagne, le détermine enfin à contenter un Ministre dont il redoute lui-même l'esprit altier & vindicatif.

» Le Congé des Sieurs de Tilladet, de la Sale & des Essards, Ca- » pitaines aux Gardes, fut donné le 26. Novembre, *dit l'Auteur d'une* » *Relation imprimée dans les Mémoires de Montrésor*. Le Roi ayant souffert » que le Cardinal lui fît cette violence, eut néanmoins assez de coura- » ge, de vouloir que pendant leur éloignement leurs charges fussent exer- » cées par leurs Lieutenans, & que leurs pensions leur fussent payées » dans le lieu de leur retraite. Parce que des Essards étoit beau-frere de » Trois-Villes, il fallut que Sa Majesté l'envoyât servir en Italie, pour » contenter le Cardinal. Mais la peur de Richelieu ne s'arrêta pas-là. » Trois-Villes, qui en étoit le principal objet, devoit être éloigné de la » Cour afin de mettre l'esprit de Son Eminence en repos. Après une forte » résistance, le Roi fut enfin contraint d'obéir. « Expressions particulieres & plaisantes, cependant éxactes & justes. *Le premier Décembre, le Roi envoie un des parens de Trois-Villes, lui donner son congé, & peu après le fait visiter par un des Gentilshommes ordinaires de Sa Majesté*. Je suis expressément chargé, *dit celui-ci au Lieutenant des Mousquetaires*, de vous assurer de la continuation de la bonne volonté du Roi. S'il accorde votre éloignement aux importunités du Cardinal, Sa Majesté vous conserve toute sa bienveillance. Elle vous laisse partir, mais ce ne sera que pour peu de temps. Le Roi veut que vous vous retiriez à Monstier-en-Der. Vos pensions vous y seront payées avec une augmentation de la moitié. *Trois-Villes partit le jour même, & ne voulut point voir le Cardinal*, attaqué déja de la maladie qui le mit au tombeau. Les Médecins avoient-ils assuré Louis que son Ministre n'en releveroit pas, & que le Cardinal

DE LOUIS XIII. Liv. L.   653

mourroit dans peu de jours ? Ce récit le donne à penser. *Monstier-en-*
Der est une riche Abbaye en Champagne : Sa Majesté l'avoit donnée au
fils aîné de Trois-Villes.

 „ Richelieu, *poursuit-on dans la Relation* , se flatoit de disposer à sa
„ fantaisie de la charge de cet Officier , & de celles des trois autres.
„ Mais le Roi s'opiniâtra toujours à ne le pas souffrir, & à faire en-
„ rager le Cardinal. De maniere que l'éxil de ces Gentilshommes, si re-
„ doutables à une ame timide, n'ayant pas eu le succès qu'elle espéroit,
„ & toute sa violence n'ayant servi qu'à rendre le Roi plus inflexible &
„ plus roide, ce pauvre homme se vit bien loin de la fin qu'il s'étoit pro-
„ posée. Il en fut convaincu, quand il apprit avec quelle hauteur le Roi
„ avoit répondu à Chavigni, qui le pressoit d'agréer ceux que le Car-
„ dinal vouloit mettre dans les places vacantes, & avec quelle colere
„ Sa Majesté commanda ensuite au Secrétaire d'Etat de sortir de S. Ger-
„ main. Elle acheva de décharger sa bile contre lui, en voyant Des-
„ Noyers. Le Roi lui dit mille choses aigres, & lui ordonna de les rap-
„ porter toutes à Richelieu. Peu de temps après, le Cardinal Mazarin
„ étant venu pour adoucir les choses, & pour tenter l'accommodement
„ de Chavigni qui l'accompagnoit, Sa Majesté les reçut tous deux fort
„ froidement, & témoigna tant de mépris au dernier, qu'elle ne le vou-
„ lut pas regarder. La défiance que le Maître & le valet eurent l'un de
„ l'autre, depuis la mort de Cinq-Mars, altéra tellement leur santé, qu'ils
„ en perdirent la vie. „ On trouve une circonstance de cette affaire dans
l'Histoire du Maréchal de Gassion. Rapportons-la sur la bonne foi de
l'Auteur. „ Le Cardinal, *dit-il*, n'ayant pû gagner les quatre Officiers,
„ résolut de les perdre. Peu de jours avant sa mort ils furent éxilés de
„ la Cour. Trois-Villes étoit plus odieux, parce que le Roi l'aimoit
„ davantage, & qu'il s'opposa hautement à la hardiesse de Richelieu,
„ qui se fit conduire par ses gardes jusques au cabinet de Sa Majesté,
„ au travers des gardes du Roi, qui se mirent en haïe des deux côtés.
„ La chose étoit extraordinaire & insolente. Trois-Villes, zélé pour son
„ Maître, y trouva le Roi si intéressé, qu'il pria Sa Majesté de lui per-
„ mettre de charger le Cardinal. La seule défense expresse du Roi le re-
„ tint. Comme il avoit le plus éclaté, il fut le plus puni. Outre son
„ éxil, sa compagnie fut cassée. Et comme si le Roi eût dû avoir sa
„ part du châtiment de son Officier, il fut privé pour ainsi dire, de ses
„ gardes, & du divertissement que ses Mousquetaires lui donnoient. „
Cette derniere circonstance est-elle bien certaine ? Je ne le voudrois pas
assurer.

 Le même Historien rapporte que Gassion, arrivé à Paris huit ou neuf
jours avant la derniere maladie de Richelieu, observa que le Cardinal
avoit *la voix assez dégagée. Mais c'étoit plutôt un effet de son courage, que*
de sa vigueur naturelle. Il affectoit d'en témoigner, & se déguisoit à lui-même
& aux autres les approches de la mort. Durant plusieurs années il fut fort
tourmenté des hémorrhoïdes. Un Médecin les arrêta mal-à-propos. Gué-

1642.

Mort du
Cardinal
de Riche-
lieu.

Nnnn 3

1642.
Vie du Cardinal de Richelieu par Aubery. Liv. 6. Cap. 93.
Relation dans les Mémoires de Montrésor.
Histoire du Maréchal de Gaſſion. Tom. II.
Mercurio di Vittorio Siri. Tom. 2. Liv. 3.

riſſez-moi promptement, diſoit le Marquis de Louvois au ſien. *Je n'ai pas le temps d'être malade.* Richelieu n'avoit-il point la même impatience? Quoi qu'il en ſoit on a cru que le ſang trop acide du Cardinal ſe dégorgea depuis ſur les parties ſupérieures du corps. Voici donc une grande fluxion ſur le bras droit. Il s'y forme un ulcére. On le ferme en y appliquant des cauſtiques. L'humeur qui ſortoit par-là ſe répandit apparemment dans la poitrine, & cauſa deux abſcès au-deſſus du poumon, qui ſe découvrirent à l'ouverture de ſon corps. De-là cette douleur de côté, cette difficulté de reſpirer qu'il ſentit dans les derniers jours de ſa vie. De toutes les relations que nous avons de la mort de cet homme véritablement extraordinaire, celle qui ſe trouve dans les Mémoires de Montréſor me paroît la meilleure. Je m'y arrêterai principalement. Il fut ſaiſi de la fiévre & d'une grande douleur de côté le 28. Novembre. L'une & l'autre redoublérent tellement le dernier jour du même mois, qu'il fallut recourir aux remedes. On le ſeigne deux fois durant la nuit, & autant la ſuivante. Le mal augmente au lieu de diminuer. Un crachement de ſang & une grande difficulté de reſpirer ſurviennent. On fait par ordre du Roi des priéres publiques dans toutes les Egliſes de Paris, pour la guériſon d'un Miniſtre dont ſon Maître fut bien-aiſe d'être délivré.

Après de *preſſantes ſollicitations*, Louis le va voir le 2. Décembre, entre dans la chambre accompagné du Marquis de Villequier Capitaine de ſes Gardes, & s'approche du lit. *Sire*, lui dit Richelieu, *voici le dernier adieu. Et prenant congé de Votre Majeſté, j'ai la conſolation de laiſſer ſon Royaume plus puiſſant qu'il n'a jamais été, & vos ennemis abattus. La ſeule récompenſe de mes peines & de mes ſervices, que j'oſe demander à Votre Majeſté, c'eſt la continuation de ſa bienveillance & de ſa protection à mes neveux & à mes parens. Je ne leur donnerai ma bénédiction, qu'à condition qu'ils vous ſerviront toujours avec une fidélité inviolable. Votre Majeſté a dans ſon Conſeil pluſieurs perſonnes capables de la ſervir utilement. Je lui conſeille de les retenir auprès d'elle.* On dit que le Miniſtre mourant recommanda Mazarin, comme le ſujet le plus propre à remplir ſa place. Des-Noyers fut nommé particuliérement. Louis promit d'avoir égard aux recommandations & aux bons avis de Richelieu. *Pour lui témoigner plus de tendreſſe qu'il n'en avoit, Sa Majeſté lui fait prendre lui-même deux jaunes d'œuf.* Le Roi paſſe de la chambre dans la galerie, s'y proméne, conſidere les tableaux dont elle eſt remplie, *& ne peut s'empêcher de rire.* Quelques-uns le remarquerent. Réſolu à voir de près le cours de la maladie, il va coucher au Louvre, & y demeure juſques à la mort de ſon Miniſtre.

Cependant Richelieu demande à ſes Médecins, avec beaucoup de fermeté, combien ils croyent que ſa vie peut encore durer, les prie de lui parler ſincerement, & proteſte qu'il eſt bien préparé à la mort. *Monſeigneur*, lui répondirent ces flateurs, *il n'y a rien encore à déſeſpérer. La vie de Votre Eminence eſt ſi néceſſaire à l'Etat, que Dieu fera un coup de ſa main pour la lui conſerver. Il faut attendre juſques au ſeptiéme. Avant* cela, nous ne pouvons porter aucun jugement, selon les régles de notre art. Puis appellant un des Médecins du Roi, *Monsieur Chicot*, lui dit le Cardinal, *je vous conjure non comme Médecin, mais comme mon ami, à me parler à cœur ouvert*. *Monseigneur*, répondit Chicot après s'être défendu quelque temps, *je crois que dans vingt-quatre heures vous serez mort ou guéri*. *C'est parler comme il faut*, répondit Richelieu. *Je vous entends*. Il fait appeller Lescot son Confesseur, nommé à l'Evêché de Chartres, & joue à son ordinaire la derniere scene de la comédie. L'eau benite, les reliques, les cierges bénits, les images, le crucifix, rien ne manquoit à la décoration. Le Curé de S. Eustache sa Paroisse apporte le Viatique à une heure après minuit. Le Cardinal le reçoit avec tout l'extérieur possible de dévotion. *Voilà mon Juge*, dit-il, lorsqu'on eut posé le ciboire sur la table. *Je le prie de me condamner, si j'ai eu d'autre intention que de bien servir la Religion & l'Etat*. Exécrable hypocrisie ! Croyoit-il avoir *bien servi la Religion* en mettant toute l'Europe en feu pour soutenir sa fortune chancelante ? Croyoit-il avoir *bien servi l'Etat*, en l'accablant d'impôts, en l'épuisant d'hommes & d'argent ? Il demanda ensuite l'Extrême-Onction. Le même Prêtre la lui administra deux heures après. Quand on voulut commencer la cérémonie, *mon Pasteur*, dit le dévot malade à son Curé, *parlez-moi, je vous prie, comme à un grand pécheur; traitez-moi comme le plus chetif de la Paroisse*. Après qu'il a récité, selon la coûtume, l'Oraison Dominicale, & le Symbole, en baisant un crucifix qu'il tient à la main, le Curé lui demande s'il croit tous les articles de foi. *Oui, sans aucune restriction*, répond-il. *Si j'avois mille vies, je les donnerois toutes pour la foi & pour l'Eglise*. Que dit-on à Rome de cette protestation ? Le Pape & les Cardinaux la reçurent-ils comme sincere ? *Monseigneur*, reprit le Curé, *pardonnez-vous à vos ennemis & à ceux qui vous ont offensé ?* La question étoit délicate & embarrassante. *De tout mon cœur*, répond Richelieu sans hésiter, *& comme je prie Dieu de me pardonner*. Prophane Comédien ! Prétendoit-il en imposer à Dieu & aux hommes ?

Sans parler de ce qu'il avoit fait depuis peu de jours contre Trois-Villes & les autres Officiers exilés de la Cour, dans la derniere visite que le Roi lui rendit, ne conseilla-t-il pas à Sa Majesté de faire enregistrer au Parlement la Déclaration dressée à la sollicitation de ce bon Chrétien, pour exclure le Duc d'Orléans de ses prétentions légitimes à la Régence du Royaume après la mort de Louis ? Acte où la réputation de Gaston est flétrie de la plus étrange maniere. C'est ainsi que le Cardinal pardonnoit à ce Prince, en lui faisant tout le mal possible. Demandoit-il à Dieu de lui *pardonner* de la sorte ? Il plaisoit à Richelieu de supposer qu'il n'avoit point d'autres ennemis que ceux de son Maître, & qu'il pensoit uniquement au bien de l'Etat. Il auroit parlé plus éxactement, s'il eût dit, *à l'avantage particulier de ma maison*. Le pénétrant & malin Politique craignoit que si Gaston jouïssoit un jour de l'autorité que sa naissance lui donnoit dans une minorité, Son Altesse Royale ne se vengeât sur les neveux de son implacable ennemi de tout le mal que leur oncle lui avoit fait. Voyons le reste d'une scéne aussi ridicule qu'impie. Le Curé ayant demandé à Richelieu, *si en cas que Dieu lui rendît la santé il le serviroit avec plus de fidélité que jamais : qu'il m'envoye plutôt mille morts*, répondit le Cardinal, *s'il prévoit que je doive jamais consentir à un seul péché mortel.* Qui ne croiroit après cela, que ce Prélat ambitieux, vindicatif, sanguinaire, en un mot, coupable des crimes les plus atroces, a mené la vie du monde la plus Chrétienne? Certains bigots dirent sérieusement au Roi que son Ministre étoit mort *comme un Saint.* Soit que Sa Majesté le voulût bien croire; soit qu'elle eût envie de rire, elle en fit le conte à Trois-Villes rappellé incontinent après la mort de Richelieu. *Si l'ame du Cardinal est au Ciel,* repartit cavalierement le Gentilhomme en son patois Gascon que Louis entendoit fort bien; *par ma foi, Sire, le Diable s'est laissé dévaliser en chemin.*

Richelieu parla souvent à la Duchesse d'Eguillon sa bonne niece. Quand on en vint aux derniers adieux, *il lui défendit expressément, mais en des termes pleins d'amour & de tendresse*, d'accomplir le vœu qu'elle avoit fait depuis plusieurs années, de se retirer dans un couvent : *si vous voulez me déplaire après ma mort,* ajoûta-t-il, *vous n'avez qu'à y penser. Vous êtes plus nécessaire dans le monde. Je vous prie d'avoir soin de l'éducation des jeunes Pontcourlai, vos neveux & les miens. Vous êtes la personne que j'ai le plus aimée,* reprit-il après lui avoir baisé la main. *Je suis bien mal. Retirez-vous, ma niece, je vous en prie. Votre tendresse m'attendrit trop. Epargnez-vous la douleur de me voir mourir.* La Duchesse fondant en larmes obéit, & sort comme hors d'elle-même. Il la fallut saigner au pied, dès qu'elle fut arrivée à la maison. Le Chirurgien, eut dit-on, beaucoup de peine à lui tirer du sang. Les Médecins ayant abandonné le malade, on le mit entre les mains d'un Empirique, dont les remedes parurent le soulager un peu. Des-Noyers court en porter la nouvelle au Louvre, entre dans la chambre du Roi, & crie d'un air gai, *Sire, M. le Cardinal est ressuscité.* Louis, à qui son premier Médecin avoit dit que la chose étoit impossible, ne croit pas autrement le Secrétaire d'Etat, & ne témoigne ni joie, ni tristesse. Peu de temps après, deux personnes vinrent consécutivement donner avis au Roi que son Ministre étoit expiré. *Voilà un grand Politique mort,* dit froidement Sa Majesté à quelques-uns de ses Courtisans.

Armand-Jean du Plessis Cardinal, Duc de Richelieu, Pair, Grand-Maître & Intendant de la Navigation & Commerce de France, Commandeur des Ordres du Roi, Chef du Conseil & principal Ministre d'Etat de Sa Majesté, finit ainsi sa vie le 4. Décembre dans la cinquante-huitiéme année de son âge, "presqu'à la vûe de son Prince, qui ne fut
" jamais si content d'aucune chose arrivée sous son régne, *dit l'Auteur*
" *de la Relation que j'ai principalement suivie.* Le Cardinal, *ajoûte-t-il*,
" eut beaucoup de bonnes & de mauvaises qualités. Il avoit de l'esprit,
" mais du commun. Il aimoit les belles choses, sans les bien connoître,
" &

» & n'eut jamais le goût fin & délicat pour les productions d'esprit. Sa
» jalousie contre ceux qu'il voyoit en réputation fut extrême. Les grands
» hommes de quelque profession qu'ils fussent, ont été ses ennemis. Ceux
» qui eurent le malheur ou la hardiesse de le choquer, sentirent la ma-
» lignité de son humeur vindicative. Les gens qu'il n'a pû faire mourir
» passerent du moins une partie de leur vie dans l'éxil, ou languirent
» dans les prisons. Il y eut plusieurs conspirations tramées contre lui.
» Son Maître y entra lui-même. Par un excès de bonne fortune, il a
» triomphé de la vie de ses ennemis, & a laissé le Roi mourant. Enfin, on
» l'a vû dans un lit de parade, pleuré de peu de gens, méprisé de plu-
» sieurs, & regardé de tous les badauts de Paris, qui accouroient en si
» grande foule, que durant un jour entier à peine put-on aborder aux
» environs du Palais Cardinal.

1641.

Dès le matin du jour précédent, Louis averti par son premier Medecin, qui avoit passé la nuit auprès de Richelieu, que le malade est à
l'extrémité, & qu'il mourra dans fort peu de temps, mande le Parlement de Paris. Molé Premier Président & quelques autres Magistrats
s'étant rendus au Louvre, » Messieurs, *leur dit le Roi*, je veux que la
» Déclaration contre mon Frere, que j'ai mise entre les mains de mon
» Procureur Général, soit vérifiée. Il est tant de fois retombé dans la
» même faute, que je lui ai toujours pardonnée, que je ne le puis plus
» souffrir. J'ai grand sujet de craindre que de si fréquentes rechutes ne
» soient une preuve qu'il conserve encore quelque mauvais dessein con-
» tre mon Etat. C'est pourquoi j'ai résolu de lui ôter les moyens de
» l'éxécuter. Et afin qu'il n'en puisse user mal avec la Reine, & avec
» mes enfans après ma mort, je veux lui ôter toute espérance d'avoir
» jamais part au gouvernement de mon Royaume. M. le Chancelier vous
» dira le reste de mes intentions. « Quelques-uns rapportent que Molé
fit des remontrances en faveur du Duc d'Orléans, & qu'il pria Sa Majesté de surseoir une affaire de cette importance. D'autres assurent que
le Premier Président garda le silence. Quoi qu'il en soit, la Princesse
fille aînée de Gaston, avertie de ce que le Roi son oncle vouloit faire,
mit tout en œuvre pour détourner le coup. Ses prieres & les interces-
sions des personnes qu'elle employa furent inutiles. Richelieu meurt le
lendemain. Louis mande encore Molé, & fait semblant d'être affligé
d'avoir perdu son Ministre. Puis, comme se souvenant de ce qu'il avoit
dit le jour précédent au Magistrat, » Monsieur le Premier Président,
« *ajoûta-t-il*, la mort de M. le Cardinal ne doit nullement empêcher,
» ni retarder la vérification dont je vous parlai hier. Il y faut procéder
» avec d'autant plus de diligence, que dans cette conjoncture, je dois
» maintenir toutes choses sur le même pied, & prévenir tous les soup-
» çons du moindre changement dans l'administration de mes affaires.

Déclara-
tion du
Roi con-
tre le Duc
d'Orléans
*Mémoires
de Mon-
trésor.*
*Vie du
Cardinal
Mazarin.
Liv. 1.
chap. 4.
Mercurio
di Vittorio
Siri. T. 2.
Lib. 3.*

La Déclaration, dit quelqu'un, fut antidatée de deux jours. On ne
la dressa qu'après l'arrivée du Roi de S. Germain à Paris, pour rendre
visite au Cardinal, c'est-à-dire, après le premier Décembre, jour de la

date. Richelieu la remit entre les mains de Louis, dans une seconde ou troisiéme visite, le 3. du même mois, un peu devant que le bon Chrétien protestât qu'il pardonnoit à ceux qui l'avoient offensé, comme il prioit Dieu de lui pardonner ses péchés. Quel est le mystere de cette antidate ! De faire accroire au monde que la Déclaration fut résolue & dressée à S. Germain, avant que le Roi eût parlé à son Ministre, & que le Cardinal ne l'avoit nullement suggérée. Le 9. Décembre, les Gens du Roi présentent la Déclaration aux trois Chambres du Parlement assemblées, sans aucune requisition, & sans dire autre chose, sinon *qu'ils sont porteurs de lettres dont la lecture seule fera connoître l'importance.* Après un récit succinct de ce que Sa Majesté lui a dit, *la Compagnie,* ajoûte le Premier Président, *si clairement informée des ordres du Roi, ne se peut dispenser de s'y soumettre.* On opine du bonnet, & ces paroles sont insérées dans l'Arrêt d'enrégistrement, *que les lettres de Sa Majesté ont été lûes, publiées & régistrées par l'exprès commandement dudit Seigneur Roi, ouï & requerant son Procureur Général, pour être exécutées selon leur forme & teneur.*

L'acte est singulier & curieux. Le voici tout entier dans le style de la » Chancellerie. » Louis par la grace de Dieu Roi de France & de Na- » varre, à tous ceux qui les présentes lettres verront, salut. Lorsque nous » pensons quelle a été la conduite de notre très-cher & très-aimé Frere » unique, le Duc d'Orléans, envers nous, nous ne sçaurions qu'avec » étonnement nous représenter toutes les entreprises qu'il a faites contre » notre service. Nous pouvons dire avec vérité qu'il n'y a jamais eu Fils » de France qui ait reçu de si grands bienfaits du Roi son frere, & qui » les ait moins reconnus. Notre amour a toujours été si grand pour lui, » que sa méconnoissance ne nous a jamais fait perdre la volonté de lui » bien faire, qui a été telle, que lors même qu'il s'est porté contre notre » service, nous l'avons toujours sollicité de se remettre en son devoir, » & n'avons oublié aucuns moyens pour l'y obliger. Mais tous ces bons » traitemens, qui devoient être autant de liens pour le tenir étroitement » attaché à nous, n'ont pas eu assez de force pour l'empêcher de pren- » dre, en divers temps, parti avec nos plus grands ennemis, & de for- » tifier leurs mauvais desseins. « Si ce que Louis suppose est véritable, Gaston est certainement le plus ingrat & le plus coupable de tous les hommes. Que le lecteur ait, s'il lui plaît, la bonté de rappeller dans sa mémoire ce qu'il a pû remarquer dans les livres précédens, par rapport aux reproches que le Roi va faire au Duc d'Orléans. Il sera facile pour lors de juger, s'ils sont bien fondés, ou non. Car enfin, il ne seroit pas raisonnable de condamner un Prince sur une piéce dressée avec autant d'artifice que de malignité, par la direction & sous les yeux de son ennemi déclaré. Gaston ne haïssoit point son Frere; mais il ne pouvoit souffrir la domination de Richelieu, qui porta son ambition jusques à le vouloir contraindre à épouser sa niéce, *la personne que le Cardinal avoit le plus aimée.* Ces insignes bienfaits, c'étoient certaines choses accordées par le Ministre, pour amuser l'Héritier présomptif de la Couronne, soulevé contre lui. Cette ingratitude, ces fréquentes rechutes, tout cela n'est autre chose que l'aversion insurmontable que le Duc d'Orléans conçut, non par humeur, ni sans raison, contre un des plus grands scélérats qui fut jamais. Continuons.

1642.

» La Conspiration de Chalais, faite sous le nom & du consentement » de notre Frere, nous donna l'an 1626. la premiere preuve de sa mau- » vaise volonté. Il sollicita notre Cousin le Duc d'Epernon de s'assurer » contre notre service de la Ville & Citadelle de Metz, en quoi nous » usâmes de tant de bonté, que nous voulûmes oublier sa faute, & nous » nous contentâmes de faire punir le crime de Chalais. « Que de venin ! que de malice ! On veut insinuer ici que Gaston a projetté de faire assassiner le Roi son frere, & d'épouser ensuite Anne d'Autriche sa belle-sœur : calomnie diabolique, dont Louis, prévenu par les artifices de son Ministre, conserva le souvenir jusques au dernier soupir de sa vie; il ne voulut jamais s'en désabuser. J'en ai fait voir la fausseté. Il est vrai que le Duc d'Orléans mécontent de ce que le Maréchal d'Ornano son confident, le Duc de Vendôme & le Grand-Prieur de France avoient été mis en prison à l'instigation du Cardinal, & craignant pour lui-même, forma le dessein de se retirer à Metz, & pria le Duc d'Epernon de l'y recevoir. Qu'y a-t-il de si criminel ? S'il y a de la *mauvaise volonté*, c'est contre le Ministre & non contre le Roi.

» Depuis étant obligés de passer par le Piémont, pour secourir nos » Alliés, où la seule vûe de nos armes assura leur repos, *ajoûte-t-on au* » *nom de Sa Majesté*, nous ne fûmes pas plutôt de retour, que notre » Frere se retira de nous, l'an 1629. sans aucun sujet, auprès du Duc » Charles de Lorraine. Quoique cette action si extraordinaire, en un » temps où toute la France & nos Alliés faisoient connoître leur ressen- » timent de l'heureux succès de notre voyage, nous donnât un grand » sujet d'aigreur, nous ne laissâmes pas, dissimulant sa faute, de lui » donner lieu de revenir auprès de nous, en changeant les peines qu'il » méritoit en des graces que nous lui fîmes, en lui augmentant ses apa- » nages, & lui donnant le Gouvernement d'Orléans & d'Amboise. Bien » qu'un traitement si favorable l'obligeât à s'unir inséparablement à nos » intérêts, il sortit néanmoins quelques temps après de Paris, se retira » à Orléans, & ensuite en Lorraine l'an 1631. où blessant les loix fon- » damentales de notre Etat, il se maria contre notre volonté à la sœur » du Duc Charles. « Comment Gaston alla en Lorraine de concert avec la Reine Marie de Médicis sa mere, aussi mécontente que lui de la domination violente de Richelieu, je l'ai rapporté ci-dessus. On y pourra voir que s'il y eut de l'imprudence & de la legéreté dans la conduite du Duc d'Orléans, il ne formoit aucun *mauvais dessein* contre l'Etat, & qu'il pensoit uniquement à éloigner de la Cour un Ministre arrogant & vindicatif, qui ne méditoit rien moins, que de faire déclarer l'Héritier présomptif de la Couronne incapable d'y succéder, en cas que le

Ci-dessus L. XXVII. XXX. XXXI.

Roi mourût sans enfans. Et quel étoit le but de toutes les intrigues & de tous les artifices du Cardinal ? De réduire enfin Gaston intimidé à prendre le parti d'épouser la Combalet. Justement irrité du mauvais traitement fait à la Reine sa mere, le Duc d'Orléans se retire dans son apanage, va une seconde fois en Lorraine, y épouse la Princesse Marguerite sœur du Duc Charles : cela est vrai. Que par cette alliance il blessa les *loix fondamentales* du Royaume, Richelieu & tous ses habiles Docteurs ne l'ont jamais pû prouver. Suivons la Déclaration.

1642.

» Ce mariage étant fait, notre Frere se retira à Bruxelles l'an 1632.
» & se mit en la puissance de nos ennemis, qui le porterent à entrer
» en armes dans notre Royaume, pour se joindre dans le Languedoc
» à la faction qu'il avoit formée avec le Duc de Montmorenci. Cette fac-
» tion n'ayant pas été plutôt formée, que dissipée par nos armes, nous
» le reçûmes pour une troisiéme fois en notre grace. Nous croyions que
» notre Frere, comblé de tant de témoignages de notre bonne volonté,
» prendroit enfin la résolution de demeurer dans son devoir. Mais nous
» n'eûmes pas plutôt quitté le Languedoc pour venir à Paris, qu'il sor-
» tit pour la troisiéme fois de notre Etat, & s'allia de nouveau avec le
» Roi d'Espagne, & prit son parti contre nous. En quoi sa mauvaise vo-
» lonté parut d'autant plus grande, qu'il n'avoit reçu & recherché notre
» grace à Beziers, que pour en abuser plus aisément, en se délivrant des
» obstacles, qui sans cela lui eussent été inévitables, au passage qu'il avoit
» résolu de faire en Flandres. Cette mauvaise conduite n'empêcha pas,
» qu'étant lassé du mauvais traitement qu'il recevoit des Espagnols, il
» ne prît la résolution de se mettre en liberté, & que revenant près
» de nous avec intention de reconnoître sa faute, nous ne la lui par-
» donnassions volontiers pour une quatriéme fois. « La guerre n'étoit pas déclarée entre les deux Couronnes, lorsque le Duc d'Orléans alla dans les Pays-Bas Espagnols auprès de la Reine sa mere. Il ne se mit donc point entre les mains des ennemis de la France ; il se réfugia dans les Etats d'un Roi son beau-frere. Quelle autre retraite pouvoit-il choisir ? Louis contraignit à force ouverte le Duc Charles à faire sortir Gaston de chez lui. Pour ce qui est de la liaison avec le Duc de Montmorenci, & du voyage en Languedoc, si la chose n'est pas tout-à-fait excusable, elle n'est point si criminelle. A quelle extrémité la violente persécution du Cardinal ne réduisoit-elle point l'Héritier présomptif de la Couronne ? Louis veut-il prendre sur lui-même tout ce que son Ministre a fait, souvent à son insçû ! Bien loin de se plaindre si amérement du Duc d'Orléans, il doit se reprocher que jamais Roi de France n'a tant tourmenté un Frere unique. Sa Majesté ne devoit pas se récrier si fort contre la seconde retraite de Gaston à Bruxelles. Il y alla honteux & chagrin de ce que Bullion l'avoit trompé par de fausses espérances, & par des paroles générales & ambiguës en faveur du Duc de Montmorenci, dont Son Altesse Royale demandoit la grace dans sa négociation avec le Roi. Il est vrai qu'elle signa un traité avec le Roi d'Espagne. Mais Louis &

Ci-dessus
L. XXXI.
XXXII.
XXXV.

son Miniſtre ſçavoient fort bien qu'il y eut plus de diſſimulation que de réalité dans cette démarche. Sollicité par les émiſſaires de Richelieu, Gaſton négocioit en même temps ſa réconciliation avec le Roi.

" Peu après, notre Frere étant en France, *dit encore Sa Majeſté*, la
" connoiſſance que nous eûmes que ſes actions n'étoient pas telles que
" nous pouvions deſirer, & qu'il ſuivoit les mauvais conſeils du Duc de
" Puylaurens, nous fûmes contraints, pour prévenir un plus grand mal,
" de faire arrêter ledit Duc; & pour obliger davantage notre Frere à
" s'unir étroitement avec nous, & à nous rendre l'honneur & le ſervice
" qu'il nous doit, nous lui fîmes enſuite tous les bons traitemens qu'il
" pouvoit eſpérer de notre affection, juſques à l'honorer du comman-
" dement de la plus floriſſante & plus nombreuſe armée qui ſe ſoit vûe
" de long-temps en ce Royaume. Au lieu de porter nos forces auſſi puiſ-
" ſamment qu'il le pouvoit contre les armes de nos ennemis, qui avoient
" ſurpris quelques Places ſur notre frontiere de Picardie, les perſuaſions
" du Comte de Soiſſons & du Duc de la Valette eurent tant de pouvoir
" ſur lui, qu'ils projetterent enſemble de s'en ſervir contre nous-même.
" Mais ayant été détourné de ce pernicieux deſſein par la connoiſ-
" ſance qu'ils eurent qu'ils n'y pouvoient jamais diſpoſer les gens de
" guerre, le Comte de Soiſſons ſe retira à Sedan, & notre Frere à Blois
" l'an 1636. en intention de paſſer en Guienne. Nous le ſuivîmes juſ-
" ques à Orléans, où nous ayant fait entendre le déplaiſir qu'il avoit
" d'avoir conſenti à de ſi mauvais deſſeins, il obtint de nous un cin-
" quiéme pardon pour cette faute, avec la même facilité qu'il l'avoit
" eu pour toutes les autres. " Le Duc d'Orléans ſortit de la Cour chagrin de l'empriſonnement de ſon favori que Richelieu avoit honteuſement trompé en lui donnant une de ſes proches parentes en mariage, & mécontent de ce que le Cardinal prétendoit obliger Son Alteſſe Royale de demander elle-même la diſſolution de ſon mariage avec la Princeſſe Marguerite. On ne trouve rien qui donne à penſer que Gaſton & le Comte de Soiſſons ayent tenté de ſe ſervir de l'armée contre le Roi même. Ils projetterent ſeulement de ſe défaire de Richelieu. Voilà le grand & unique crime des deux Princes, à qui le Cardinal eut l'audace de vouloir marier la Combalet. Il eſt vrai qu'ils ſe retirerent, l'un à Blois, & l'autre à Sedan. Mais Richelieu n'employa-t-il point ſes artifices ordinaires, pour les effrayer, & pour les porter à prendre une réſolution qui acheveroit de les perdre dans l'eſprit du Roi? Gaſton, je l'avoue, ſollicita le Duc d'Epernon de le recevoir dans la Guienne. Il falloit bien que ce Prince, obſédé & menacé de tous côtés, cherchât un azyle contr'un ennemi qui l'environnoit d'eſpions malins, & qui le tenoit comme priſonnier dans ſon propre Palais.

" Enſuite de cette derniere grace, *continue-t-on*, comme les actions de
" notre Frere pendant quelques années nous donnerent ſujet de croire,
" qu'il étoit bien éloigné de prêter encore l'oreille à des conſeils ſembla-
" bles à ceux qu'il avoit écoutés par le paſſé, nous fûmes bien-aiſes de

1642.

Ci-deſſus Livres XXXVII. XL. XLI.

» lui donner, comme nous fîmes en plusieurs occasions, tous les effets qu'il
» pouvoit attendre de notre bonté. La croyance que nous avions de la
» bonne disposition de son esprit nous avoit fait desirer qu'il fît avec
» nous, dans cette derniere campagne, le voyage de Roussillon. Mais,
» quelque parole qu'il nous eût donnée, il différa de l'éxécuter, en pro-
» posant des excuses qui nous faisoient bien juger qu'il avoit quelque
» mauvais dessein. Lorsque nous étions en peine de le découvrir, Dieu
» nous fit la grace de nous donner connoissance de cette détestable con-
» juration, qui avoit formé un parti dans notre Etat, & fait faire un
» traité avec l'Espagne. Il est vrai que nous fûmes grandement surpris,
» de voir que notredit Frere le Duc d'Orléans, de qui nous devions
» espérer toute sorte d'assistance pour soutenir la prospérité de nos ar-
» mes, eût entrepris de fortifier nos ennemis, & de se mettre à la tête
» de leurs forces, pendant que nous étions occupés à un grand siege.
» Nous fûmes fort sensiblement touchés de voir que ni nos bienfaits sans
» nombre, ni les graces que nous lui avions diverses fois accordées avec
» tant de bonté, ni l'amour de sa Patrie, ni la gloire d'une Couronne
» à laquelle il a tant de part par sa naissance, ne l'avoient pû retenir en
» son devoir, & qu'il aimoit mieux, en violant tous ces saints respects,
» suivre une injuste passion de relever la grandeur de nos ennemis sur
» la ruïne de la nôtre. Néanmoins le ressentiment que nous devions
» avoir de tant d'offenses, ne nous a pas empêché, aussitôt que notredit
» Frere nous eut reconnu & confessé sa faute, & promis d'éloigner à l'ave-
» nir toute sorte de mauvais esprits d'auprès de lui, & nommément tous
» ceux que nous desirerons, de faire tout ce qui nous a été possible
» pour le retirer du danger auquel il s'étoit précipité. Nous nous sommes
» contentés de faire punir deux des principaux auteurs du crime, & avons
» consenti encore d'oublier sa mauvaise conduite.

Imputer à de Thou d'avoir été un *des principaux auteurs* de la conspiration, c'est une noire calomnie. Il n'eut aucune part au traité avec
l'Espagne. On lui en cacha & le projet & la conclusion. Il le désap-
prouva, quand on lui découvrit le secret. Il s'efforça d'en détourner l'éxécution. Ses Juges le condamnerent seulement, parce qu'il ne l'avoit pas
révélé. Est-ce ainsi que Richelieu, si dévot à l'Extrême-Onction, pardonnoit à un ennemi qui ne lui pouvoit plus nuire ? Non content de
l'avoir fait mourir par la main du bourreau, il flétrit encore plus sa
mémoire dans une Déclaration du Roi qu'il a dictée, que des Magistrats intéressés, ou trop sévéres, ne l'ont flétrie dans un Arrêt qui condamne à la mort un Gentilhomme aussi sincérement religieux sur l'échaffaut, que le Cardinal fut hypocrite & impie en recevant ses derniers
Sacremens. Ce que j'ai raconté dans les deux livres précédens doit être
si présent à l'esprit de ceux qui acheveront de lire cet ouvrage, qu'il
seroit inutile de les en faire souvenir. Je me contente de remarquer,
que le *dessein* de la liaison de Gaston avec le Duc de Bouillon & Cinq-
Mars ne fut ni si *mauvais*, ni si *détestable*. Son Altesse Royale préten-

doit uniquement d'empêcher que Richelieu maître des forces de terre & de mer, des ports, des meilleures Places, des arsenaux de France, étroitement lié avec les trois seuls Princes du Sang qui s'étoient dévoués à lui, & prêt à s'assurer des Enfans de Louis, de la Reine son épouse, & de son Frere unique, dès que le Roi languissant depuis longtemps auroit les yeux fermés, ne se fît Régent du Royaume durant la minorité prochaine, & qu'il ne régnât plus tyranniquement que jamais, sous le nom d'un Roi âgé de quatre ans. Ne falloit-il pas chercher un azyle à la famille Royale, en cas que le Cardinal entreprît d'éxécuter son dessein criminel, médité depuis long-temps ? Sedan parut plus propre & plus commode qu'aucun autre endroit. S'y pouvoit-on défendre contre Richelieu & les gens de son parti, sans le secours du Roi d'Espagne, frere de la Reine, oncle & beau-frere des trois plus proches héritiers de la Couronne ? A quelle autre Puissance pouvoit-on naturellement recourir, dans une pareille extrémité ? Quant aux conditions stipulées de la part de Philippe dans le traité, on sçait que ces choses ne s'éxécutent point à la lettre. Chacun cherche son avantage. Mais on revient à composition après l'éxécution du projet. Il étoit question de se précautionner contre les entreprises du Cardinal. Si elles eussent été déconcertées par le secours du Roi d'Espagne, on auroit trouvé moyen de s'accommoder avec lui, sans causer un trop grand préjudice à la France. Tout ce que Philippe auroit pû obtenir, c'étoit la fin d'une guerre également ruineuse aux deux Couronnes, & la restitution de quelques Places. N'étoit-il pas plus avantageux de les rendre, que de laisser le Royaume à la discrétion d'un Régent ambitieux, sanguinaire, & odieux à tous les gens de bien ? Il est si vrai que Gaston, le Duc de Bouillon, & le Grand-Ecuyer redressé par les bons avis de son ami de Thou, n'avoient pas d'autre vûe, qu'ils ne pensent plus au traité conclu par Fontrailles, dès qu'ils ont sujet d'espérer que le Roi survivra au Cardinal, ou que celui-ci sera du moins éloigné des affaires : sécurité qui les perdit. Je reviens à la suite de la Déclaration.

„ Mais comme la nature nous a donné ces bons mouvemens, *conclut*
„ *Louis*, & que nous les avons pris pour faire sentir à notre Frere un si
„ avantageux traitement ; aussi nous avons estimé que cette grace si fa-
„ vorable devoit être réglée par la considération du bien de notre Cou-
„ ronne, & par l'intérêt de nos Enfans. Ces motifs nous ont fait juger,
„ qu'il étoit à propos de retrancher à notredit Frere les moyens qui le
„ pourroient porter à l'avenir à troubler le repos de notre Etat, sup-
„ primant ses compagnies de gens-d'armes & de chevaux-légers, & le
„ privant présentement du gouvernement d'Auvergne dont nous l'avions
„ gratifié, & pour l'avenir de toute sorte d'administration en cet Etat,
„ & nommément de la Régence, pendant la minorité de nos Enfans,
„ en cas que Dieu nous appelle à lui, avant qu'ils soient en âge de
„ majorité. Ce que nous avons d'autant plus de raison de faire, qu'il
„ est comme impossible de ne craindre pas une continuation de mauvai-

„ ſes intentions en une perſonne qui au milieu de nos proſpérités, & au
„ fort de notre puiſſance, dans un temps où tous nos ſujets conſpirent
„ avec un même eſprit à ſeconder nos juſtes deſſeins, a ſollicité le Roi
„ d'Eſpagne de lui fournir des forces & de l'argent, pour nous faire la
„ guerre, avec cette condition que l'on n'entendroit point à un traité
„ de paix, qu'en remettant entre les mains de nos ennemis toutes les
„ Places que nous avons conquiſes ſur eux, ou achetées des Princes
„ nos alliés. Et en effet, ſi le dangereux état auquel une grande maladie
„ nous avoit réduit cette campagne ne l'a point touché, & qu'au con-
„ traire nous ayions eu connoiſſance par la dépoſition des complices
„ de ſa conſpiration, qu'il s'aſſuroit du côté de l'Eſpagne, avec ce deſ-
„ ſein que s'il venoit faute de nous, il ſe trouvât, outre le parti qu'il
„ pouvoit avoir dans notre Etat, appuyé d'un traité qu'il avoit fait avec
„ les étrangers; il faudroit que nous fuſſions inſenſibles au bien de notre
„ Royaume, qui nous eſt plus cher que notre propre vie, pour n'ap-
„ préhender & ne prévoir pas, que ſi notredit Frere avoit un jour la
„ puiſſance de la Régence dans la foibleſſe & le bas âge d'un Roi, il
„ pourroit ſe porter à exciter des troubles & des diviſions, qui cau-
„ ſeroient plus de ruïne à notre Etat, que nous ne lui avons acquis de
„ grandeur par nos travaux.

„ A ces cauſes, ſçavoir faiſons que de notre propre mouvement, gra-
„ ce ſpéciale, pleine puiſſance & autorité Royale, nous avons oublié,
„ remis & pardonné à notredit Frere le Duc d'Orléans, la faute par lui
„ commiſe, d'avoir formé un parti dans notre Etat, & fait un traité
„ avec le Roi d'Eſpagne ; & lui permettons de jouïr de ſes penſions &
„ de ſon apanage, auquel il pourra demeurer librement ; mais ſans pou-
„ voir venir à notre Cour, ſi premierement il n'en a obtenu de nous
„ la permiſſion en bonne & dûe forme. Et néanmoins nous avons dé-
„ claré & déclarons de notre même autorité Royale, que nous avons ſup-
„ primé & ſupprimons ſes compagnies de gens-d'armes & de chevaux-
„ légers, & l'avons privé & le privons de ſon gouvernement d'Auver-
„ gne, & ordonné & ordonnons, qu'il ne pourra jamais à l'avenir avoir
„ aucune adminiſtration en ce Royaume, ni être Régent pendant la mi-
„ norité de nos Enfans, & l'en avons dès-à-préſent déclaré & déclarons
„ incapable pour les conſidérations & raiſons ci-deſſus. Si donnons en
„ mandement à nos amés & féaux les Gens tenans notre Cour de Par-
„ lement à Paris, & autres Cours de Parlement, que ces préſentes let-
„ tres de Déclaration ils ayent à faire lire, publier & régiſtrer, ſur la
„ préſentation qui en ſera faite par notre Procureur Général ſeulement,
„ nonobſtant toutes les Lettres, Edits, Ordonnances, Réglemens, Arrêts,
„ & autres choſes à ce contraires. Car tel eſt notre plaiſir. En témoigna-
„ ge de quoi nous avons fait mettre le ſcel à ceſdites préſentes. Donné
„ à S. Germain le premier jour de Décembre l'an de grace 1642. LOUIS.«

Il y a ici une formalité extraordinaire : on ne nous dit pas pourquoi.
Les patentes n'ont point la date du jour, mais ſeulement celle du mois,

parce

parce qu'un seul jour, dit-on, *est trop peu pour délibérer*. Quel dut être le juste dépit de Gaston, quand il se vit flétri de la sorte, & dépouillé des droits légitimes que sa naissance lui donnoit ! Son Altesse Royale ne s'en dut prendre qu'à elle-même. En ne sortant pas du Royaume au plutôt, Gaston causa la mort à ses amis, ou les obligea de racheter leur vie par la cession de leur bien, & se mit dans la nécessité de subir la loi que Richelieu lui imposa. Le Cardinal mourut bientôt après, & la santé du Roi étoit désespérée. On eût incessamment sollicité le Duc d'Orléans de revenir en France. Car enfin, il importoit trop à la tranquillité publique de ne le laisser pas entre les mains des étrangers ou des ennemis, qui lui auroient fourni de quoi faire valoir ses justes prétentions. Toute la ressource du pauvre Prince, c'étoit l'espérance que Louis révoqueroit la Déclaration, afin de ne laisser à son Frere aucun prétexte de brouiller durant une minorité, ou du moins qu'elle seroit cassée après la mort du Roi.

L'Historien de la République de Venise avance, je ne sçai pas sur quel fondement, que Mazarin, voyant Richelieu menacé d'une disgrace prochaine en Languedoc, projetta de se retirer en Italie, & qu'il demanda d'y être envoyé pour négocier l'accommodement du Duc de Parme avec le Pape. Mais un ancien domestique du Cardinal Antoine Barberin fut suspect à Farnese. Mazarin demeura donc en France ; & Richelieu, devenu autant & plus puissant que jamais, & l'avança & le recommanda en mourant au Roi. Qu'incertain de la résolution que Louis prendroit après la mort de son Ministre, Mazarin ait eu la pensée d'aller à Rome, je n'en disconviens pas. Il le dit lui-même dans une lettre à Frédéric-Henri Prince d'Orange. Mais je ne trouve point ailleurs, qu'il l'ait eue dès qu'il vit la fortune de Richelieu assez ébranlée. Quoi qu'il en soit, ce que le Procurateur Nani ajoûte est absolument faux ; qu'à la sollicitation de la Reine son épouse, Louis pensa quelque temps à n'employer aucune des créatures de Richelieu, contre la mémoire duquel & la ville & la Cour se déchaînoient presqu'également. Que le Roi paroissoit bienaise d'être délivré d'un Ministre importun, & de gouverner désormais par lui-même. Que le monde s'appercevant que Sa Majesté ne demeureroit pas long-temps dans cette disposition, & qu'elle ne se pouvoit passer d'un premier Ministre, il y eut de grandes intrigues à la Cour. Que les uns tâchoient d'obtenir par eux-mêmes la place vacante, & les autres d'y porter quelqu'un de leurs parens, ou de leurs amis. Souvent les Auteurs supposent les choses comme ils s'imaginent qu'elles ont dû arriver. Il n'y eut rien de tout cela. Voici un Mémoire que Des-Noyers envoya le 8. Décembre au Maréchal de Guébriant. *Son Eminence mourut le Jeudi 4. du mois, à midi. Incontinent après Mrs. de Chavigny & Des-Noyers allerent porter au Roi cette triste nouvelle. Il la reçut en bon maître. Sa Majesté mande ensuite M. le Cardinal Mazarin, M. le Chancelier & M. le Surintendant. Le Roi leur déclara qu'il avoit reconnu tant de passion pour son service en la personne de M. le Cardinal Mazarin, qu'il*

Le Cardinal Mazarin est fait Ministre d'Etat.
Vie du Cardinal Mazarin. Liv. 1. chap. 4. Mémoires de Montrésor & de la Rochefoucaut. Histoire du Maréchal de Guébriant. L. 8. Chap. 14. Nani Historia Veneta. Lib. 12. 1642. Mercurio di Vittorio Siri. T. 2. Lib. 3.

1642.

l'appelloit dans son Conseil. Qu'il vouloit que Mrs. de Chavigni & Des-Noyers fussent toujours auprès de Sa Majesté, & la suivissent par-tout. Qu'il auroit en eux la même confiance que Son Eminence, & les obligea en termes très-honorables à lui continuer leurs services, comme il fit envers M. le Chancelier & M. le Surintendant. Et parce que les affaires de Sa Majesté les obligent à être ordinairement dans Paris, lorsqu'il surviendra quelque chose d'extraordinaire, ils se rendront à S. Germain, où Sa Majesté continue sa demeure, pour y recevoir les commandemens du Roi. Qu'au reste, il n'y aura aucun changement dans la conduite de ses affaires. Qu'il fera voir, par la protection de ceux qui ont appartenu à Son Eminence, combien il l'a toujours estimée & aimée. Louis s'imaginoit que la bonne & fine politique demandoit qu'il en usât ainsi d'abord.

Dès le lendemain de la mort de son Ministre, le Roi écrivit aux Parlemens, aux Gouverneurs des Provinces, & à ses Ambassadeurs dans les Pays étrangers, pour leur déclarer le choix qu'il avoit fait de Mazarin, & son intention de maintenir tout ce que Richelieu avoit établi. Telle fut la lettre au Parlement de Paris. » Nos amés & féaux, Dieu ayant
» voulu retirer à lui notre très-cher & très-aimé Cousin le Cardinal Duc
» de Richelieu, lorsqu'après une longue maladie nous avions plutôt lieu
» d'espérer sa guérison, cette lettre est pour vous en donner avis, avec
» un très-sensible regret d'une perte si considérable, & pour vous dire
» qu'ayant depuis tant d'années reçu des effets si avantageux des con-
» seils & services de notredit Cousin, nous sommes résolus de conser-
» ver & entretenir tous les établissemens que nous avons ordonnés du-
» rant son ministére, & de suivre tous les projets que nous avons arrê-
» tés avec lui, pour les affaires du dehors & du dedans de notre Royau-
» me; ensorte qu'il n'y aura aucun changement, & que continuant dans
» nos Conseils les mêmes personnes qui nous y servent si dignement,
» nous avons voulu y appeller notre très-cher Cousin le Cardinal Ma-
» zarin, de qui nous avons éprouvé la capacité & l'affection à notre ser-
» vice dans les divers emplois que nous lui avons donnés, & qui nous
» a rendu des services si fideles & si considérables, que nous n'en sommes
» pas moins assurés que s'il étoit né notre sujet. A ces causes nous vous
» mandons & ordonnons, que dans le rencontre des affaires qui pourront
» s'offrir vous ayez à vous conformer entierement à ce qui est en cela de
» nos intentions, & empêcher que sur cet accident il n'arrive aucune alté-
» ration aux choses qui regarderont notre service & la tranquillité pu-
» blique; mais qu'elles soient toutes maintenues au bon état qu'elles se
» trouvent, selon que nous l'attendons de votre fidélité & affection. Si
» n'y faites faute. Car tel est notre plaisir. Donné à Paris le 5. Décem-
» bre l'an 1742. LOUIS.

Le jour suivant, le Roi écrivit la même chose à ses Ambassadeurs dans les Pays étrangers. Nous le voyons par les dates des lettres envoyées au Marquis de Fontenai-Mareuil Ambassadeur de France à Rome, & à Des-Hameaux qui avoit le même caractère à Venise. Il est surprenant que l'Historien de la République n'en ait pas eu connoissance. La date lui auroit appris que Louis n'hésita pas long-temps sur le choix d'un Ministre, & qu'il n'y eut point tant de brigues à la Cour de France, quand il fut question de donner un successeur à Richelieu. » Monsieur » le Marquis de Fontenai, *dit le Roi à cet Ambassadeur*, chacun sça- » chant les grands & signalés services que mon Cousin le Cardinal de » Richelieu m'a rendus, & de combien d'avantageux succès il a plu à » Dieu de bénir les conseils qu'il m'a donnés, personne ne peut douter » que je ne ressente apparemment autant que je dois la perte d'un si bon » & si fidele Ministre. Aussi veux-je que tout le monde connoisse quel » est mon déplaisir, & combien sa mémoire m'est chere, par les témoi- » gnages que j'en veux rendre en toutes les occasions. Mais la connois- » sance que j'ai que les sentimens que je dois avoir pour le gouverne- » ment de mon Etat, & le bien de mes affaires, doivent marcher devant » les autres, m'oblige à en prendre plus de soin que jamais, & à m'y » appliquer de telle sorte, que je puisse maintenir les grands avantages » que j'ai à présent, jusques à ce qu'il ait plu à Dieu me donner la paix, » qui a toujours été le seul & unique but de toutes mes entreprises, & » pour l'accomplissement de laquelle je n'épargnerai pas même ma pro- » pre vie. Pour cet effet, j'ai pris la résolution de continuer les mêmes » personnes dans mes Conseils, qui m'y ont servi dans l'administration » de mondit Cousin le Cardinal de Richelieu, & d'y appeller mon Cou- » sin le Cardinal Mazarin, qui m'a donné tant de preuves de son affec- » tion, de sa fidélité, & de sa capacité dans les diverses occasions où » je l'ai employé, & dans lesquelles il m'a rendu des services très-con- » sidérables, que je n'en suis pas moins assuré que s'il étoit né mon su- » jet. Ma principale pensée sera toujours de maintenir la bonne corres- » pondance qui a été jusques ici entre moi & mes alliés, & d'user de » la même vigueur & fermeté dans mes affaires que j'ai gardées, au- » tant que la justice & la raison me le pourront permettre, & de con- » tinuer la guerre avec la même application & les mêmes efforts que » j'ai faits depuis que mes ennemis m'ont contraint de m'y porter, jus- » ques à ce que Dieu leur ayant touché le cœur, je puisse contribuer avec » tous mes alliés à l'établissement du repos général de la Chrétienté, » mais enforte qu'il soit fait si solidement, que rien ne le puisse troubler » à l'avenir. Vous donnerez part de tout ce que dessus à notre Très- » Saint Pere le Pape, & à tous ceux que vous estimerez à propos par » delà, afin que l'on puisse juger que les affaires de ce Royaume suivront » le même train qu'elles ont pris il y a long-temps, & qu'il ne man- » quera rien à la conduite que l'on continuera d'y tenir, pour donner » lieu d'espérer quelles succéderont toujours heureusement.

Pourquoi Louis s'expliquoit de la sorte, il n'est pas difficile de le juger. Le Pape se vouloit faire médiateur de la paix entre la Maison d'Autriche & la Couronne de France; mais de telle maniere que celle-ci consentît à un traité particulier, où la Suede & les Provinces-Unies ne fus-

sent pas comprises. Richelieu en rejetta toujours la proposition avec une extrême hauteur. On se pouvoit flater à Rome, que Louis en danger de laisser un Fils mineur se relâcheroit après la mort du Cardinal. C'est afin de prévenir de nouvelles instances de la part d'Urbain, & de peur de donner la moindre défiance à ses alliés, que Sa Majesté ordonne de déclarer positivement ses intentions au Pape & à ses neveux. Des-Hameaux eut ordre de témoigner la même chose au Sénat de Venise; & à tous les Ministres des Princes d'Italie, alors fort intrigués à cause de la guerre allumée entre les Barberins & le Duc de Parme. Louis étoit bien-aise d'assurer la République & les Souverains ligués avec elle pour la conservation du repos de leur Pays, qu'il persistoit dans la résolution d'y contribuer, & de vivre en bonne intelligence avec ses alliés d'Italie. Le nouveau Ministre travailloit de son côté à dissiper les ombrages que la mort de Richelieu pouvoit donner aux Etats-Généraux des Provinces-Unies & aux Régens du Royaume de Suede. Voici une lettre de Mazarin à Frédéric-Henri Prince d'Orange. » Si j'ai différé jusques ici à ren-
» dre graces à Votre Altesse du souvenir qu'il lui a plu avoir de moi,
» & des assurances que M. d'Estrade m'a données de votre affection en
» mon endroit, l'affliction extrême que j'ai eue, & que j'ai encore, de
» l'accident qui est arrivé en la personne de M. le Cardinal Duc, en est
» la seule cause. Comme elle m'étoit infiniment chere pour toutes sortes
» de raisons, sa perte m'a été si sensible, que je n'ai pas été capable d'au-
» cune consolation, ni même de penser à autre chose qu'au sujet de ma
» douleur. Je faisois état après un tel malheur, de me retirer à Rome,
» pour essayer de servir le Roi, ainsi qu'il m'y a obligé. Mais Sa Ma-
» jesté ne l'ayant pas desiré, & m'ayant fait l'honneur de me comman-
» der de demeurer auprès d'elle, pour l'assister dans ses Conseils, & pren-
» dre la conduite de ses affaires les plus importantes, j'ai cru que je ne
» pouvois moins faire, après toutes les graces que j'ai reçues de sa bonté,
» que de me soumettre à ses volontés, & de tâcher, par toutes sortes
» de devoirs & de services, de correspondre à la bonne opinion qu'elle
» a conçue de mon affection & de ma fidélité, & à me rendre digne de
» son choix. Je supplie Votre Altesse de croire, qu'un de mes principaux
» soins dans ce glorieux emploi sera de rechercher les moyens de main-
» tenir une bonne union & correspondance entre Sa Majesté & Votre Al-
» tesse, & de vous faire connoître par effet, que de tous ceux qui ho-
» norent votre personne & votre mérite, il n'y en a point qui soit plus
» sincerement que moi votre très-humble serviteur.

La douleur que Louis & son nouveau Ministre témoignent de la mort de Richelieu est à peu près de la même sincérité des deux côtés. Mazarin y gagnoit trop, pour n'être pas bientôt consolé de la perte qu'il fait semblant de déplorer. Tout le monde crut que son Maître en étoit réellement bien-aise. *J'arrivai à la Cour*, dit le Duc de la Rochefoucaut en commençant ses Mémoires, *que je trouvai aussi soumise aux volontés du Cardinal de Richelieu après sa mort, qu'elle l'avoit été durant sa*

DE LOUIS XIII. Liv. L. 669

vie. Ses parens & ses créatures y avoient les mêmes avantages qu'il leur avoit procurés ; & par un effet de sa bonne fortune, dont on trouvera peu d'exemples, le Roi, qui le haïssoit & qui souhaitoit sa perte, fut contraint non seulement de dissimuler ses sentimens, mais même d'autoriser la disposition que le Cardinal de Richelieu faisoit par son testament des principales charges & des plus importantes Places de son Royaume. Il choisit encore le Cardinal Mazarin, pour lui succéder au gouvernement des affaires ; & Richelieu fut ainsi assuré de régner bien plus absolument après sa mort, que le Roi son maître n'avoit pû faire depuis trente-trois ans qu'il étoit parvenu à la Couronne.

1642.

Prétendre connoître & expliquer mieux la situation de la Cour de France au commencement de l'an 1643. que deux Seigneurs témoins oculaires de ce qui s'y passoit, & fort intrigués pour leur propre fortune, ou pour l'avancement de leurs amis, ce seroit une vanité ridicule & insupportable. Je parle du Duc de la Rochefoucaut & du Marquis de la Chastre, dont nous avons les Mémoires. Je me contenterai d'en transcrire quelques endroits importans. Celui-ci prend les choses d'un peu plus haut, & entre dans un plus grand détail. Voici son récit. Après la mort du Cardinal de Richelieu, toute la France s'attendoit à voir un changement entier dans les affaires. Comme ce Ministre ne subsistoit que par la terreur, on crut que cette raison étant finie avec lui, la haine de Sa Majesté éclateroit contre tout ce qui restoit de la famille & de la cabale du Cardinal. Mais ces espérances, dont plusieurs personnes se flatoient, ne durerent pas long-temps. On vit avec étonnement sa maison maintenue dans ses dignités, & ses dernieres volontés entierement suivies, hormis en un seul point : c'étoit l'échange des charges de Surintendant de la Navigation, & de Général des galeres. La premiere fut donnée au Duc de Brezé, & l'autre au petit de Pontcourlai Duc de Richelieu ; quoique le Cardinal mourant eût demandé le contraire, & destiné la charge de l'un à l'autre. Cette affaire causa de grandes querelles entre la Duchesse d'Eguillon & le Maréchal de Brezé, qui dit contr'elle tout ce que la rage lui suggéra. L'ancienne familiarité de celui-ci avec le Roi lui apporta cet avantage sans le secours de personne. Quoique cette disposition des plus belles charges & des plus beaux gouvernemens semblât bizarre, & que celui de Bretagne donné au Maréchal de la Meilleraïe parût une chose fort extraordinaire, on fut beaucoup plus surpris de voir le Cardinal Mazarin, Chavigni & Des-Noyers, seuls dans le Conseil étroit du Roi. Je dis *seuls* : car enfin, quoiqu'en apparence Séguier Chancelier, Bouthillier Surintendant des Finances, & les deux autres Secrétaires d'Etat, Brienne & la Vrilliere, fussent présens à toutes les délibérations, il est certain que le secret étoit pour les trois premiers. Outre le grand Conseil, où ils se trouvoient tous six, une ou deux fois la semaine, Mazarin, Chavigni & Des-Noyers, qui demeuroient assidument à S. Germain, en tenoient tous les jours un pour le moins avec le Roi. Là se déterminoient les plus grandes affaires.

1643.
Conduite des nouveaux Ministres de Louis XIII.
Mémoires de la Chastre.
Mercurio di Vittorio Siri.
Tom. 3.
Lib. 1.

Se voyant appellés au Ministére dès que leur Protecteur fut mort, ils jugerent que le seul moyen d'y subsister, c'étoit d'être unis ensemble & & de travailler de concert en tout ce qui se présenteroit. Mais quelque résolution qu'ils en eussent prise, leurs premieres actions & la différence de leur conduite firent connoître aussi-tôt leur division secrete. Mazarin & Chavigni, liés de tout temps l'un avec l'autre, s'unirent encore plus étroitement dans cette conjoncture. Celui-ci, convaincu de l'aversion du Roi pour sa personne, crut que pour se maintenir il devoit attacher inséparablement ses intérêts à ceux de l'autre, qui entrant nouvellement dans les affaires auroit besoin de lui, pour en être instruit. Telle fut leur méthode pour s'insinuer dans l'esprit du Roi. Ils témoignoient un désintéressement général au regard de toutes choses, & affectoient même de dire, l'un que sa plus grande passion c'étoit de se retirer en Italie ; & l'autre, qu'il ne pensoit qu'à se délivrer de l'embarras de la Cour, & à vivre avec plus de repos & moins de traverses. Après ce premier fondement, ils songent à s'acquerir des gens qui prônent leurs actions auprès du Roi, & qui essayent de lui persuader que la dépense extraordinaire que fait Mazarin est un effet de son humeur ; que le Cardinal ne se soucie pas d'amasser de l'argent ; que remplissant la place de premier Ministre, il croit ne pouvoir se dispenser de vivre avec plus de splendeur & de magnificence. Pour cet effet, on fait revenir le Commandeur de Souvré à la Cour. Elevé auprès de Louis, dont son pere fut Gouverneur, il connoissoit parfaitement l'humeur du Roi. Quoique Richelieu craignant l'esprit du Commandeur l'eût éloigné de la Cour depuis le siege de la Rochelle, il leur parut fort capable de les servir utilement. Souvré, qui n'a pas oublié le biais de s'insinuer dans l'esprit de Louis, rentre en peu de jours dans une assez grande familiarité avec le Roi, pour se rendre nécessaire à ceux qui l'employent. Outre ce premier émissaire, leur maniere de vivre libre & magnifique, la profession qu'ils faisoient de vouloir obliger toutes les personnes distinguées par leur naissance ou par leur rang, & de penser à la délivrance des prisonniers, & au rappel des exilés, leur acquirent pour amis, ou du moins pour complaisans & pour approbateurs, la plus grande partie de la Cour, entr'autres le Maréchal de Schomberg, les Ducs de Lesdiguieres & de la Rochefoucaut & le Marquis de Mortemar. Pour ce qui est du Marquis de Liancour, sa liaison avec Mazarin & Chavigni parut moins étrange. Il avoit été de tout temps ami intime de celui-ci, & fort dépendant du feu Cardinal.

Le petit M. Des-Noyers avoit le même but que les deux autres, de se rendre agréable à son maître. Mais sa méthode étoit toute contraire. Au lieu que Mazarin & Chavigni affectoient la splendeur & l'éclat, il continuoit dans une vie basse & obscure. Tandis que ses collegues, ou plutôt ses rivaux, recevoient les compagnies, & passoient une partie du jour & les soirées entieres à jouer & à se divertir, Des-Noyers s'enfonçoit plus que jamais dans le travail. Hors les heures qu'il employoit à prier Dieu, & à demeurer auprès du Roi, il écrivoit continuellement dans son cabinet. La charge de Secrétaire d'Etat pour la guerre lui donnoit, plus qu'aux autres, des sujets d'entretien capables de plaire au Prince. Les grandes négociations fatiguoient Louis. Le tracas & la discussion des troupes sembloient être ses seules affaires; tant il prenoit plaisir à retrancher quelque chose aux Officiers, & à parler du détail de tous les emplois militaires, dans la distribution desquels il lui sembloit que paroissoit principalement son pouvoir. La dévotion dont Des-Noyers faisoit profession lui donnoit encore une familiarité avec le Roi, que les autres n'avoient pas. Il étoit de toutes les prieres de Louis, & se trouvoit fort souvent dans l'oratoire de Sa Majesté. Après l'avoir aidée à dire son office, il avoit de longues conférences avec elle. Il n'accepta le don que le Roi lui voulut faire de cent ou deux cent mille écus, qu'à condition de l'employer aux bâtimens du Louvre : preuve de désintéressement qui fit un grand effet sur l'esprit de Louis. Les prisonniers & les éxilés ne trouvoient point de protection chez lui. Pour ne se charger pas de la haine publique, il promettoit seulement de ne s'opposer point à la bonne volonté du Roi pour eux. Il avoit deux raisons d'en user ainsi ; l'une de complaire à son Maître, dont il sçavoit que l'humeur n'étoit pas naturellement portée à faire du bien ; & l'autre de témoigner du respect pour la mémoire du Cardinal, en ne contribuant pas sitôt au changement de ce que Richelieu avoit fait, & en évitant de paroître rejetter sur lui toutes les violences passées.

Mazarin fut en danger de se brouiller sur le cérémoniel avec les Princes du sang. Ils avoient cédé avec une répugnance dissimulée à son prédécesseur. Mais Condé, Enguien & Conti, n'étoient pas d'humeur d'avoir pour le nouveau Cardinal Ministre autant de complaisance que pour celui qui les faisoit trembler, & dont ils rechercherent l'alliance avec des bassesses indignes de leur rang. Le Pere & les deux Fils prétendent le pas sur les Cardinaux, & déclarent hautement qu'ils le prendront par-tout. Ils avoient raison sans doute. Car enfin, quelle est la bizarre & chimérique dignité d'un Evêque suffragant du Pape, d'un Prêtre & d'un Diacre du Clergé de Rome ? Mazarin soûtint de son côté, que revêtu du même caractére que Richelieu, on ne peut lui refuser les mêmes honneurs, la même distinction. Telle fut la décision de Louis sur une contestation, je dirois formée très-mal à propos, si les Princes du sang, trop rampans & trop intéressés, n'y avoient donné occasion. Plus le courageux & fier Comte de Soissons s'efforçoit de soutenir les droits de sa naissance, plus l'avare & timide Condé les abandonnoit, pour obtenir la faveur & l'appui de Richelieu. Sa Majesté régla donc que dans les Eglises, & dans les cérémonies religieuses, les Cardinaux précéderoient les Princes du Sang; que par-tout ailleurs, ceux-ci auroient le pas sur les autres; que dans leurs visites réciproques, le Prince du Sang rendroit chez lui les mêmes civilités au Cardinal que l'Eminence rendoit à l'Altesse qui l'alloit voir : c'est-à-dire, que Mazarin & les autres Cardinaux donneroient le pas chez eux à Condé & à ses enfans, qu'ils les conduiroient jusques à leur carrosse, & que les Princes du Sang en useroient de même avec les Eminences. Condé & ses Fils n'allerent voir Mazarin qu'après ce réglement du cérémoniel. Richelieu ne leur donnoit point le pas chez lui. Le nouveau Ministre vouloit demeurer sur le même pied, & paroissoit d'autant mieux fondé, que le cérémoniel introduit durant le Ministére de son Prédécesseur étoit pour Son Eminence. Les Princes du Sang cédoient sans façon aux Cardinaux avant la mort de Richelieu. D'où vient donc que Condé & ses fils s'avisent aujourd'hui de former une nouvelle contestation? Le voici. Honteux de leur basse complaisance pour un Ministre arrogant, ils céderent le pas à tous les Cardinaux, & crurent sauver leur honneur, en disant que c'étoit une déférence qu'ils rendoient à une dignité Ecclésiastique de leur communion, & non à la qualité de premier Ministre d'Etat. Après la mort de Richelieu on ne voulut plus être si religieux. Le monde se moqua & des uns & des autres. On vit bien que tout dépend de la faveur du Roi. Les Cardinaux s'élévent, & les Princes du Sang s'abaissent, à mesure que le crédit & l'autorité des premiers prévalent à la Cour.

Un autre différend sur le cérémoniel chagrina Mazarin. Louis avoit ordonné un service solemnel dans l'Eglise Cathédrale de Paris à son Ministre mort. Le Clergé, les Cours Souveraines, tout y fut invité. Mazarin, que la bienséance obligeoit d'y assister, fait préparer pour lui un *prie-Dieu* couvert d'un grand tapis de velours, au-dessus des Evêques, & hors du rang où leurs sieges étoient placés. Etampes Archevêque de Reims, Duc & premier Pair de France, & Potier Evêque de Beauvais, l'un des trois Comtes & Pairs Ecclésiastiques, se récrierent contre la prétention de Mazarin, & dirent hautement que des Cardinaux plus distingués que lui par leur naissance, par leurs dignités & par leur mérite, s'étoient contentés d'avoir la premiere place sur la même ligne que les Evêques. Les deux Prélats auroient pû dire avec autant & plus de raison, qu'il étoit ridicule qu'un homme qui n'eut jamais de ce qu'on nomme les *Ordres Sacrés* dans la Communion de Rome entreprît de précéder des Evêques. Mais quoi! ces Messieurs se sont depuis long-temps rendus inférieurs à tous ceux qu'il plaît au Pape d'honorer d'un *chapeau rouge*, quand il n'auroit que ce qui s'appelle la *tonsure Cléricale*. Il n'est plus temps de réclamer. Je ne sçai pas si Mazarin fut obligé de se désister de sa prétention. Un Historien dit qu'il se vengea dans la suite de l'affront que l'Archevêque de Reims & l'Evêque de Beauvais lui firent, ou du moins lui voulurent faire.

Disgrace du Comte Duc d'Olivarez.

La disgrace du Comte Duc d'Olivarez causa un plus grand changement à la Cour d'Espagne, que la mort du Cardinal de Richelieu à celle de France. La Reine Elizabeth, lasse du rigoureux esclavage qu'Olivarez & la Comtesse son épouse lui font souffrir depuis plus de vingt ans, indignée de la perte du Portugal, de la Catalogne & du Roussillon, inquiéte de la mauvaise éducation du Prince Balthazar son fils, qui à l'âge de quatorze ans demeure sous la conduite des femmes, jusques à ce que

Comte Duc trouve l'occasion favorable de lui donner pour Gouverneur Enriquez, cet indigne bâtard, qu'il avoit légitimé & marié à la fille du Connétable de Castille, chagrine enfin de la décadence entiere d'une grande Monarchie dont son Fils est l'héritier; Elizabeth, dis-je, cherchoit depuis long-temps les moyens d'ôter à Olivarez l'administration des affaires. On croit que ce fut de concert avec elle que l'Empereur écrivit à Philippe une lettre pressante pour lui remontrer le déplorable état de la Monarchie d'Espagne, & que le Marquis de Grana, Ambassadeur de Ferdinand à Madrid, combattit dans le Conseil de Sa Majesté Catholique avec tant de liberté les sentimens du Comte Duc. Les mauvais succès de la campagne derniere, & les conquêtes de Louis au-delà des Pirénées avoient tellement chagriné Philippe contre son Ministre, que toute la Cour s'appercevoit de la diminution du crédit & de la faveur d'Olivarez. Elizabeth résolut alors de tout faire pour achever de le ruïner, dès que le Roi seroit de retour de son voyage d'Arragon. La Reine pensa que l'Infante Marguerite de Savoye, Duchesse Douairiere de Mantoue, ci-devant Vicereine de Portugal, pourroit l'aider à dessiller les yeux de Philippe, & à lui faire sentir que la mauvaise conduite du Comte Duc avoit été la cause principale du soulévement des Portugais.

1643. Disgratia del Conte d'Olivarez nell' opere di Ferrante Palavicino. Nani Historia Veneta. Lib. 12. 1643. Historie di Gualdo Priorato. part. 3. Lib. 4. Mercurio di Vittorio Siri. Tom. 3. Lib. 1.

Outre que la maison de Savoye haïssoit mortellement Olivarez, qui la traversa à la Cour de Madrid, Marguerite avoit en son particulier de grands sujets de se plaindre de la maniere dont le Comte Duc en avoit usé avec elle, pendant qu'elle gouvernoit le Portugal, & depuis son retour en Espagne. Reléguée à l'Aranjuez, où à Ocagna ville voisine de cette maison Royale, l'Infante y manquoit des choses nécessaires à la vie, par la négligence, ou par la mauvaise volonté d'Olivarez. La voilà donc à Madrid le 4. Janvier de cette année. Elizabeth l'avoit pressée de s'y rendre. Le Comte Duc surpris, la loge fort mal dans je ne sçai quel appartement incommode du Palais. Il se doutoit bien que Marguerite ne venoit pas sans dessein, & qu'Elizabeth prétendoit la faire parler au Roi, & appuyer par son moyen ce que les Grands d'Espagne, presque tous également déclarés contre le Ministre, disoient à son désavantage. Il mit tout en œuvre afin d'empêcher que l'Infante n'eût des entretiens particuliers avec Philippe. Mais comment pouvoit-on lui interdire l'appartement de la Reine, où elle auroit toute la facilité possible de parler au Roi ? La Comtesse d'Olivarez affecta de se trouver dans la chambre d'Elizabeth, lorsque Marguerite y devoit être avec Leurs Majestés. Mais toutes les précautions de la Comtesse, premiere Dame de la Reine, furent inutiles. L'Infante eut des audiences secretes. Elle raconta naïvement au Roi tout ce qui s'étoit passé avant le soulévement du Portugal, lui montra les lettres du Comte Duc, les copies des siennes où elle donnoit avis de tout à Philippe, & découvrit tant de choses, que le Roi dût être convaincu qu'il avoit perdu le Portugal, aussi bien que la Catalogne, par la faute de son Ministre.

Cependant Olivarez subsistoit. Philippe l'écoutoit encore, nonobstant les remontrances des Grands, de la Duchesse de Mantoue & de la Reine; soit qu'il craignît que tout ce manége ne fût une intrigue de Cour; soit qu'accoûtumé au Ministre qui le servoit depuis vingt-deux ans, & qui ne manquoit ni d'esprit, ni de dextérité, le Roi eût une peine extrême à se défaire de lui, & qu'il s'imaginât que dans les disgraces des années précédentes il y avoit eu plus de malheur que de mauvaise conduite de la part du Comte Duc. Elizabeth usa pour lors d'un artifice à peu près semblable à celui de Joab, * quand il voulut persuader à David de rappeller son fils Absalom chassé de la Cour. Anne de Guevara, nourrice de Philippe, ne fut pas moins adroite que la femme de Tecue. Introduite par la Reine, le 4. Janvier, elle attend Philippe près de l'appartement d'Elizabeth, & se jettant à ses genoux: *Ce n'est pas, Sire*, lui dit-elle, *pour demander aucune grace à Votre Majesté, mais pour lui rendre le service le plus important dont je suis capable. Si vous voulez bien me permettre de parler librement, je vous découvrirai beaucoup de choses, que des gens retenus par la crainte, ou par l'intérêt, n'osent dire à Votre Majesté.* Après avoir représenté vivement au Roi l'état pitoyable de ses sujets, la misere générale de l'Espagne, le désordre de la monnoye, la perte des meilleures Places frontieres, d'une belle Province, d'un Royaume entier, & les disgraces continuelles de la Maison d'Autriche dans les Pays-Bas, en Italie, & en deça des Pirénées: *Pardonnez, Sire*, ajoûta la nourrice, *pardonnez à une femme à qui il est permis d'avoir pour vous la tendresse d'une mere. Dieu vous punit de ce que vous laissez entre les mains d'un autre la conduite d'une grande Monarchie que vous devez gouverner par vous-même. N'est-il pas temps que vous sortiez de tutele? N'irritez pas davantage la vengeance divine, en abandonnant vos sujets à la discrétion d'un Ministre qui les ruine. Ayez pitié du Prince votre fils. Si vous n'y donnez ordre, il est en danger de se voir réduit à la condition d'un simple Gentilhomme. La hardiesse que je prends de parler de la sorte déplaira peut-être à Votre Majesté. Si c'est un crime, je suis prête à souffrir la punition que vous ordonnerez. Heureuse si après vous avoir nourri de mon sang, je puis répandre ce qui en reste dans mes veines pour la conservation de votre personne & de vos Etats.* Philippe écoute avec beaucoup de patience & d'attention une femme non moins insinuante que la Técuite. Sans lui demander si *la main d'un nouveau Joab n'est point dans cette affaire: Vous avez dit la vérité*, répond-il gravement, & entre fort rêveur dans la chambre de la Reine.

Les Grands, avertis que la nourrice a si bien rompu la glace, appuyent fortement ce qu'Elizabeth & Marguerite ont remontré au Roi. Ils haïssoient généralement Olivarez. Le Comte de Monterey & le Marquis de Léganez étoient presque ses seuls amis. Le Marquis del Capio son beau-frere, & Dom Louis de Haro fils de celui-ci, indignés de l'élévation du bâtard Enriquez, détestoient le Ministre autant que les autres.

---

* II. Samuel Chap. XIV.

Le 17. Janvier, Philippe écrit un billet à son Favori, lui déclare sa résolution de gouverner par lui-même, le remercie de ses services passés, & lui ordonne de se retirer dans sa maison de Locheches, à trois ou quatre lieuës de Madrid. Le billet, dit-on, fut un coup de foudre dont Olivarez demeura long-temps étourdi. Cependant il y devoit être préparé. Dans les derniers jours de l'année précédente, Philippe, occupé à faire la maison du Prince Balthazar son fils, délibéra sur les Officiers & sur l'appartement qu'on lui donneroit au Palais. Le Comte Duc rejetta un grand nombre de ceux que le Roi avoit fait mettre sur la liste, & n'en approuva que fort peu. *Le Prince*, dit alors Sa Majesté choquée de la hauteur d'Olivarez, *où le logerons-nous?* Je crois, Sire, répondit le Comte Duc, *qu'il sera fort bien dans l'appartement de M. le Cardinal Infant. Mais*, Comte, reprit Philippe, *ne seroit-il point mieux dans le vôtre? Il a toujours été destiné au fils aîné du Roi. Je l'occupois avant la mort du Roi mon Pere : c'étoit aussi le sien au temps du Roi mon Grandpere.* Si nous en croyons l'Auteur d'une Relation de la disgrace d'Olivarez, il comprit fort bien que le Roi pensoit à le déloger. L'insolence d'un homme qui prétendoit garder pour lui le second ou troisiéme appartement du Palais Royal, & en donner un moindre au Fils unique de son Maître, déplut tellement au Roi, qu'il écouta plus volontiers tout ce qu'on lui remontra depuis contre le Comte Duc.

A la persuasion de son Favori flateur, Philippe avoit pris fort mal à propos le fastueux surnom de *Grand*. Dès que la nouvelle de la disgrace d'Olivarez fut répandue à Madrid, quelqu'un afficha secretement à la porte du Palais Royal un papier avec ces mots: *C'est maintenant que tu es Philippe le Grand : le Comte Duc te rendoit petit.* Louis XIV. neveu & gendre de Philippe, s'est avisé de prendre le même surnom, & avec plus de raison : Car enfin, il faut avouer de bonne foi que certaines circonstances de sa vie ont quelque chose d'éblouïssant. A la fin son ambition démesurée l'a rendu *petit*. Redeviendra-t-il *grand?* Ouï dans le Ciel, par sa patience exemplaire dans les adversités, & par son humble résignation à la volonté de Dieu. On ne pensoit pas d'abord à la grandeur de l'autre vie. Il y a fallu recourir. Les discours consolans du Cardinal de Noailles, & de quelques Prédicateurs embarrassés à trouver d'autres éloges, la promettent sûrement aux vertus Chrétiennes de leur *Grand Monarque*. Il est dévot, humble, patient, soumis aux ordres de la Providence divine. Cependant, il aime mieux continuer de mettre l'Europe en feu, & achever de ruïner ses sujets, que de rendre ce qu'il a injustement usurpé. Philippe sortant de son Palais, entendit les acclamations du peuple content, qui crioit : *vive le Roi pour ce qu'il a fait : vive le Roi, & meure le mauvais gouvernement.* Surpris de voir les Grands d'Espagne, qui vinrent quelques jours après en grand nombre au devant de lui à une lieuë de Madrid, il demanda s'il y avoit quelque chose d'extraordinaire, Sire, *le temps est venu*, répondit Dom Melchior de Borgia, *que Votre Majesté connoîtra l'affection sincere & l'attachement in-*

violable des Grands d'Espagne à sa personne. Si votre Cour a été moins nombreuse les années précédentes, Votre Majesté en sçait la raison.

Philippe en usa fort humainement au regard de son Favori disgracié. A la priere de Dom Louis de Haro, Sa Majesté permit au Comte Duc de demeurer encore trois jours à Madrid, de visiter ses papiers, & de brûler ceux qu'il voudroit. La patience échappa seulement au Roi, quand il vit qu'Olivarez ne se pressoit pas autrement d'aller à Locheches. *Cet homme*, dit Philippe d'un air courroucé à Dom Louis de Haro, *attend-il qu'on le chasse par les épaules?* Désespérant alors de fléchir son Maître, le Comte Duc ordonne le 23. Janvier, que trois carrosses & ses mulets l'attendent à la porte du Palais. Cependant il sort par un endroit dérobé, & monte dans un méchant carrosse tiré par quatre mules. Bien lui en prit de tromper le peuple par cette précaution. Dès que les carrosses où il devoit être selon toutes les apparences commencerent de marcher, la canaille attroupée se met à jetter des pierres, & ne cesse de les poursuivre, qu'après des protestations réiterées qu'Olivarez a pris une autre route. Le lendemain, Philippe assemble son Conseil d'Etat & y parle de la sorte. *J'ai voulu vous faire sçavoir, que j'ai éloigné le Comte Duc de l'administration de mes affaires & de la Cour, non que je le croye coupable d'aucune chose; mais j'ai cru devoir me contenter moi-même, en accordant à mes sujets une chose qu'ils souhaitent. Je veux que tout le monde chérisse la mémoire d'un Ministre qui m'a bien servi durant plusieurs années. Je n'en prendrai point d'autre. Je me trouverai régulierement au Conseil, & toutes les dépêches passeront par mes mains. J'espere que vous m'aiderez de vos bons avis pour remédier aux choses dont mes sujets se plaignent. Vous pouvez me les donner sans aucun scrupule, & avec une entiere liberté. Je proteste devant Dieu, que je n'aime rien tant que la vérité. J'aurai toute la considération possible pour ceux qui sincerement zélés pour le bien public, me la découvriront sans aucun respect humain, & punirai severement ceux qui voudront me surprendre, & me représenter les choses autrement qu'elles sont.*

Le discours de Sa Majesté fut applaudi. Le Cardinal de Borgia répondit au nom des Conseillers d'Etat, qu'ils la serviroient tous avec une inviolable fidélité. Le jour suivant, elle fait appeller tous les Gentilshommes de sa chambre; leur commande d'être exacts & ponctuels dans les fonctions de leur emploi; de n'abuser point du libre accès qu'ils ont auprès du Prince, pour demander des choses injustes & contraires au service de Dieu; de ne fatiguer point les Conseillers d'Etat par des sollicitations inutiles; de s'adresser au Roi même pour les graces qu'ils voudront obtenir, & de ne s'employer point en faveur des personnes indignes de remplir les places importantes de l'Eglise, ou de l'Etat. La révolution fut entiére à la Cour de Madrid. Ceux que la faveur du Comte Duc avoit élevés furent abattus. Le Roi rappella les exilés, & rendit la liberté aux Grands emprisonnés à l'instigation d'Olivarez. Les malcontens revinrent d'eux-mêmes. Sa Majesté rendit les premiers charges de l'Etat, ou de la Cour, aux Seigneurs que le Comte Duc en avoit dépouillés, & gratifia ceux qu'on avoit noircis & rendus suspects. Quoique Philippe affectât de dire qu'il vouloit déformais gouverner par lui-même, Dom Louis de Haroe, fils du Marquis del Carpio qui avoit épousé une sœur d'Olivarez, trouva moyen de s'insinuer doucement dans l'esprit du Roi. Feignant de n'être que le simple éxécuteur des ordres de Sa Majesté, il sçut enfin parvenir à la place que son Oncle avoit remplie.

L'Historien de la République de Venise dit que Philippe, accablé du poids des affaires, fut sur le point de rappeller le Comte Duc. La Cour s'y opposa généralement, & Olivarez acheva de se perdre en publiant à contretemps certaines apologies de sa conduite. Les personnes distinguées qu'il offensoit en firent de grandes plaintes au Roi. Afin de les apaiser, Sa Majesté crut le devoir reléguer encore plus loin de Madrid. On l'envoye donc à Toro dans le Royaume de Leon. Il y mourut de chagrin peu de temps après. Si cela est, n'y eût-il point plus d'affectation que de réalité dans sa dévote tranquillité à Locheches? Si nous en croyons un autre Italien, le Comte Duc se levoit de grand matin, passoit trois heures en prieres à l'Eglise, prenoit quelque éxercice. L'après-dinée, il jouoit un peu de temps avec ses domestiques, faisoit une heure *d'oraison mentale*, se promenoit, ou se divertissoit avec des chiens & des singes. Il ne recevoit ni lettres, ni visites. La Comtesse son épouse, qui avec la permission du Roi demeura plus long-temps à la Cour, étoit la seule personne qui lui écrivît. J'ai rapporté quelque part des éloges que l'ingénieux Voiture lui donne. Tout le monde convient qu'il eut de grangrandes qualités, l'esprit vif & capable d'application, & le cœur noble & grand. Les étrangers le tenterent souvent; mais incorruptible en tout ce qui regardoit le service de son Maître, il rejetta constamment les offres avantageuses qu'on lui fit. Cela ne me surprend pas. Qui pouvoit donner plus à Olivarez & à Richelieu, qu'ils ne recevoient de Philippe & de Louis? Emporté par la colere, & par d'autres passions violentes, le Comte Duc commit des fautes énormes. Il poussa la patience des Catalans & des Portugais à bout. Il nuisit beaucoup aux affaires de son Prince en le flatant trop, & en lui dissimulant presque toujours la vérité. Jaloux de faire tout lui seul, il ruïna l'autorité des Conseils établis pour maintenir le bon ordre dans l'administration des affaires de la Monarchie d'Espagne. Ses seules créatures furent avancées; mais son choix fut presque toûjours si mauvais, qu'elles remplirent fort mal les emplois qu'il leur procura. De-là vient qu'on lui imputoit ordinairement les fautes que d'autres avoient commises.

Si le Comte Duc fut jaloux de l'autorité de son Maître, ou plûtôt de la sienne propre, il ne s'en servit pas pour amasser de grandes richesses. Il ne pensa nullement à se soûtenir par des Places fortes à sa devotion, dit le Procurateur Nani, par le commandement des armées, par les grands gouvernemens, par les charges considérables. Quelle merveille! Si le Comte Duc se fût vû premier Ministre du Roi de France, il auroit apparemment pris d'autres mesures. Les Etats du Roi Catholique sont si séparés les uns des autres, si éloignés du lieu de sa résidence, que les Vicerois & les Gouverneurs sont obligés d'y aller. Un Favori ne peut donc accepter ces emplois éclatans sans abandonner le Prince, & par conséquent sans renoncer à tout ce qui rend grand & puissant. Il n'en étoit pas de même en France. Un Ministre, un Favori revêtu d'un grand gouvernement avoit des Places fortes, des troupes, des arsenaux à sa disposition. Il jouissoit de tout cela sans être obligé de s'éloigner trop de la Cour. Qu'auroit fait Olivarez dans les Pays-Bas, à Naples, dans le Duché de Milan? Usurpé un Royaume, une Souveraineté? Le pouvoit-il sans le secours des étrangers? N'auroit-il pas été chassé, ou fait prisonnier, avant que d'être assisté par la France, ou par quelque autre Puissance jalouse de la grandeur de la Maison d'Autriche? Le Duc d'Ossone forma un semblable projet à Naples : quel en fut le succès ? Les charges considérables à la Cour d'Espagne, à quoi se réduisent-elles ? *Connétable*, *Amirante*; ce sont des noms & des titres héréditaires sans autorité. Il n'en étoit pas de même en France, un Connétable, un Amiral, se pouvoit faire un nombre infini de créatures. L'un avoit à sa disposition toutes les forces de terre, & l'autre celles de mer. La prétendue modération d'Olivarez se termine donc à ne s'être pas mis en peine d'obtenir des emplois, qui l'auroient abaissé, au lieu de l'agrandir. *Il fut*, dit-on enfin, *un habile Ministre, mais malheureux.* Pauvre éloge! *Imprudent & malheureux, c'est la même chose*, disoit le Cardinal de Richelieu. *Pour bien réüssir, il ne faut pas prendre des mesures trop justes. On doit toujours penser à faire plus qu'on ne projette. Si vous n'avez pas une vûe trop longue en apparence, elle se trouvera trop courte en effet.* Le Marquis de la Chastre commence ses Mémoires par une maxime qui pourroit servir à la justification du Comte Duc, si celle du Cardinal, plus solide dans le fonds, n'en faisoit voir la fausseté, du moins en plusieurs rencontres. *Il est bien difficile d'être prudent, quand on est malheureux*, dit la Chastre. *Comme la plûpart des gens ne s'attachent qu'à l'apparence des choses, l'événement seul regle leurs jugemens. Jamais un dessein ne leur paroît bien formé, ni bien suivi, lorsque l'issue n'en est pas favorable.* Olivarez rejettoit toutes ses disgraces sur son malheur, & sur la bonne fortune de Richelieu son rival. Le Comte Duc ne devoit-il pas voir que ses projets auroient mieux réüssi, s'il les eût concertés avec plus de prévoyance ; s'il en eût confié l'exécution à des gens mieux choisis & plus habiles ?

Retour du Duc d'Orléans à la Cour. Elargissement de quelques Seigneurs prisonniers.

Si la révolution ne fut pas si grande à la Cour de France après la mort du Cardinal de Richelieu, qu'à celle d'Espagne après la disgrace du Comte Duc d'Olivarez, on vit du moins quelque chose d'approchant à S. Germain en Laïe, dans les premiers mois de cette année. Suivons les Mémoires du Marquis de la Chastre. Mazarin, Chavigni & Des-Noyers, nouveau triumvirat, voyant que la santé du Roi qui s'affoiblissoit de jour en jour, raconte-t-il, donnoit peu d'espérance d'une longue vie, penserent chacun à chercher un appui. Comme ils n'étoient pas convenus en toutes les autres choses, ils ne s'accorderent pas non plus en celle-ci. Chavigni croyant que sa charge de Chancelier du Duc d'Orléans, & les derniers services qu'il prétendoit avoir rendus à Son Altesse Royale après le traité d'Espagne, & en quelques autres occasions, lui tenoient lieu d'un grand mérite auprès d'elle, & que la Reine au contraire le devoit toujours haïr, comme le principal confident de Richelieu, qui l'avoit cruellement persécutée ; Chavigni, dis-je, fit pencher Mazarin du côté de Gaston. Ils se mettent donc l'un & l'autre à travailler de concert pour le faire revenir à la Cour. L'Abbé de la Riviere arrive de Blois à S. Germain de la part du Duc d'Orléans, & avec l'aide des deux Ministres ménage si heureusement les intérêts de son Maître, que peu de jours ensuite on revoit Gaston auprès de Louis son frere en fort bonne intelligence, du moins au-dehors. Son Altesse Royale se rendit à S. Germain le 12. Janvier. Entrant dans le cabinet du Roi, elle se jette à ses genoux, lui demande humblement pardon des fautes passées, le prie de les oublier, & fait de grandes protestations d'une constante fidélité. *Il est temps que vos actions répondent à vos paroles*, dit Louis en embrassant le Duc. *Si vous persistez dans cette résolution, vous recevrez de moi toutes les marques de bienveillance que vous pouvez attendre d'un bon frere. La suite vous fera connoître, que votre plus grand avantage, c'est de vous rendre digne de mon amitié.*

1643.
Rappel des exilés.
Mémoires de la Chafvre, de Montrésor & de Beauvau. Mercurio di Vittorio Siri. Tom. 3. Liv. 1.

Deux ou trois mois après, Louis envoya au Parlement de Paris une déclaration, par laquelle il révoquoit celle qui rendoit le Duc d'Orléans incapable d'avoir aucune part à la Régence du Royaume, en cas que le Roi mourût avant que ses enfans eussent atteint l'âge de majorité. La nouvelle déclaration fut publiée trois semaines, ou environ, avant la mort de Louis. *La satisfaction que nous avons de notre très-cher & très-amé Frere le Duc d'Orléans*, y dit Sa Majesté, *nous donne sujet d'espérer qu'à l'avenir ses actions seront telles, que nous, & après notre décès, notre trèschére & très-aimée Epouse & compagne la Reine Mere de nos Enfans, en aurons toute sorte de contentement* .... *A ces causes de notre certaine science, pleine puissance & autorité Royale, nous avons par ces présentes signées de nôtre main révoqué & révoquons la déclaration du* 1. *Décembre passé, vérifiée en notre Cour de Parlement de Paris ; voulons & nous plaît qu'elle demeure nulle & supprimée, & qu'elle soit tirée des registres de notredite Cour de Parlement de Paris, & remise entre les mains de notre très-cher & féal le Sieur Séguier Chancelier de France, pour être cancellée.* * Le Roi consentit encore que Marguerite de Lorraine épouse de Gaston vint en France. *Mais la Duchesse d'Orléans*, dit Beauvau dans ses Mémoires, *appréhendant toujours quelque fourberie ne se put résoudre à entrer dans le Royaume, avant que d'être assurée de la mort du Roi, quoiqu'il eût un extrême desir de voir sa belle sœur.*

La réconciliation de Louis avec son frere fut suivie du retour des Sei-

---

* C'est-à-dire, ou rayée, ou déchirée.

gneurs éxilés, ou fugitifs, & de l'élargissement des Maréchaux de Bassompierre & de Vitri, & du Comte de Carmin, ou Cramail, que Richelieu avoit fait enfermer dans la Baſtille. Le moyen, dont le Cardinal Mazarin & Chavigni se servirent pour obtenir la délivrance de ces Seigneurs *est assez plaisant*, dit le Marquis de la Chaſtre, *& mérite d'être écrit. Ne voyant pas que le Roi y eût beaucoup d'inclination, ils le prirent par son foible, & lui représenterent que les trois prisonniers lui faisoient une extrême dépense à la Baſtille, & que n'étant pas en état de cabaler dans le Royaume, ils seroient aussi-bien dans leurs maisons, où ils ne coûteroient rien à Sa Majeſté. Ce biais leur réüssit. Louis étoit si extraordinairement avare, que tous ceux qui lui pouvoient demander de l'argent lui pesoient sur les épaules, jusques-là qu'après le retour de Trois-Villes & des autres Officiers que la violence du feu Cardinal l'avoit forcé d'abandonner, il chercha occasion de faire une rebuffade à chacun d'eux, pour leur ôter toute espérance d'être récompensés de ce qu'ils avoient souffert pour lui.* Les éxilés furent rappellés ensuite. Le Maréchal d'Etrées obtint la permission de revenir d'Italie. Baradas & le Duc de S. Simon, autrefois Favoris du Roi, que Richelieu avoit éloignés, eurent la liberté de retourner à la Cour, & firent la révérence à Sa Majeſté. On accorda la même grace à la Duchesse Douairiere de Guise retirée à Florence. Triste spectacle dans les lieux de son passage! On la vit traînant après elle les cercueils du Duc son époux & de ses deux fils aînés morts en éxil. Le troisieme devenu Duc de Guise par leur mort, & le Duc de la Valette d'Epernon depuis un an, condamnés par contumace à perdre la tête, ne revinrent pas sitôt; soit que le Roi fût trop prévenu contr'eux; soit qu'il fallût plus de temps pour casser les procédures faites au Conseil du Roi & au Parlement de Paris.

Louis informé par Richelieu que de Thou & quelques autres avoient sollicité le Duc de Beaufort, second fils de César Duc de Vendôme, de se lier avec les Ducs d'Orléans & de Bouillon & avec Cinq-Mars, écrivit plusieurs lettres à Beaufort, pour lui reprocher de n'avoir pas révélé un secret de cette importance à Sa Majeſté, & pour lui ordonner de se rendre incessamment à la Cour, afin de découvrir tout ce qu'il sçavoit de la conspiration. Incapable de trahir ses amis, & encore plus de se rendre témoin contr'eux; bassesse que Louis n'auroit pas manqué d'éxiger de lui, Beaufort se défendit d'éxécuter les ordres de Sa Majeſté, sous prétexte d'une maladie feinte, ou véritable. Ses amis lui ayant remontré que son refus opiniâtre, quoiqu'honnête & généreux, choqueroit tellement Richelieu, que le Cardinal s'en vengeroit par quelque mauvais traitement, Beaufort sortit du Royaume, & se retira en Angleterre auprès du Duc de Vendôme son pere. Si nous en croyons le Marquis de la Chaſtre, ce voyage ne fut pas inutile à Beaufort. *Il m'entretint de ses intérêts à cœur ouvert*, dit le Marquis à propos du Duc nouvellement revenu en France. *Il me parla encore de l'état présent de la Cour, non en termes extrêmement polis, n'étant pas naturellement fort éloquent; mais au moins avec des sentimens si beaux & si nobles, que je pus remarquer aisément qu'il avoit*

beaucoup

beaucoup profité en Angleterre, dans la converſation de quelques Seigneurs qu'il y avoit fréquentés. Beaufort tenoit de la Ducheſſe ſa mere ce défaut de politeſſe, fort choquant dans une perſonne du premier rang. C'étoit bien la Dame la plus groſſiere qu'on eût jamais vûe. Elle ne parloit pas mieux qu'une femme des hales. Le Duc en eſt raillé dans une piece * attribuée à S. Evremont. *M. de Beaufort*, y dit-on, *fait gloire d'ignorer des termes trop délicats, & capables d'amollir les courages, comme d'affoiblir les eſprits. Il ne ſçait ce que c'eſt que juſteſſe & diſcernement*. Voici le portrait que le Marquis de la Chaſtre fait de celui à qui S. Evremont veut donner un fort grand ridicule. *Pour le cœur & la fidélité*, écrit-il dans ſes Mémoires, *peu de perſonnes ſe peuvent comparer au Duc de Beaufort. Je ne dirai pas qu'il ait toute la prudence qui ſe peut ſouhaiter, & je ſuis contraint d'avouer, qu'un peu de vanité & de feu de jeuneſſe lui ſit commettre à ſon retour d'Angleterre des fautes conſidérables. Je lui remontrai un jour que dans la ſituation où il ſe trouvoit*, durant la minorité de Louis XIV. *il ne devoit pas s'amuſer aux bagatelles des femmes, & que la partie des Héros devoit être ſa principale. S'il en eût uſé de la ſorte, il ne ſe fût pas fait des ennemis puiſſans, qui ont enfin beaucoup contribué à ſa perte. Mais c'eſt un défaut ordinaire aux perſonnes de ſon âge, de ſe laiſſer trop emporter au dépit & à l'amour*. L'avis étoit bon. La Chaſtre y pouvoit ajoûter, que le Duc ſe trouveroit fort mal de ſe jouer aux Ducheſſes de Longueville & de Monbazon, qui avoient trop d'eſprit pour lui. Le Marquis propoſoit encore à Beaufort des modeles trop élevés. Comment s'y feroit-il pris pour devenir un Héros? Il avoit de la bravoure & de l'honneur : quelles étoient ſes autres qualités ?

La Reine Anne d'Autriche, à qui le Duc ſe dévoua particulierement, le regarda quelque temps *comme le plus honnête homme de France*. Immédiatement après la mort du Cardinal de Richelieu, elle lui fit écrire par Coſpean Evêque de Liſieux, de revenir en France. Comme il en étoit ſorti de lui-même, il partit d'Angleterre ſans prendre d'autres précautions. N'oſant ſe montrer à la Cour ſans la permiſſion du Roi, qu'il avoit irrité contre lui, en refuſant de découvrir ce qu'il ſçavoit de la conſpiration du Duc d'Orléans & de Cinq-Mars, il vint d'abord à Anet maiſon de Céſar ſon pere. Les Ducs de Retz, de Sulli, la Chaſtre, Fieſque, & Chabot, allerent d'abord l'y voir. La Reine avoit tant de conſidération & d'eſtime pour lui, que tous les Seigneurs qui s'attachoient à elle crurent lui faire leur cour, en prévenant Beaufort. Le Duc de Mercœur, ſon frere aîné, eut avant lui la permiſſion de venir à la Cour. Le Cardinal Mazarin le conduiſit au Roi. Dans ſon premier entretien avec Sa Majeſté, il parla en faveur de Beaufort, & lui obtint la liberté de paroître pareillement à la Cour. Il arriva peu de jours après *avec éclat & avec une eſtime fort grande*, dit la Chaſtre. *Avant que de voir les Miniſtres, il alla droit chez le Roi, qui le reçut avec des marques*

---

* Apologie de M. le Duc de Beaufort contre la Cour, la Nobleſſe & le Peuple.

d'une extrême amitié, & l'entretint des affaires d'Angleterre, comme s'il y eût été envoyé par ordre exprès de Sa Majesté. Le retour du Duc de Vendôme fut accordé le même jour au Duc de Mercœur. Le Roi vit la Duchesse épouse de César, qu'il avoit renvoyée assez rudement, sans vouloir lui parler, lorsqu'elle se présenta incontinent après la mort du Cardinal de Richelieu. La Reine témoigna *beaucoup de bonne volonté* au Duc de Beaufort. Elle parut s'intéresser aux caresses que Louis lui avoit faites, l'entretint fort familierement; & par l'estime qu'elle marqua hautement, *confirma*, poursuit la Chastre, *ce qu'elle nous avoit dit à notre retour d'Anet, que nous venions de voir le plus honnête homme de France.*

Beaufort étoit ami particulier des Comtes de Béthune & de Montrésor, à qui l'Abbé de la Riviere avoit rendu de fort mauvais offices. Après l'emprisonnement de Cinq-Mars, il courut un bruit que le traité d'Espagne avoit été révélé par Béthune. Le Duc d'Orléans, à l'instigation de la Riviere, sembla confirmer cette fausseté & l'avouer tacitement. L'Abbé croyoit ne se pouvoir mieux venger de Montrésor durant son absence, ni lui fermer plus sûrement le chemin de rentrer jamais auprès de Gaston, qu'en faisant Montrésor auteur, ou du moins approbateur d'une si noire calomnie contre son meilleur ami. Beaufort convaincu de la probité de Béthune, & uni plus particulierement avec Montrésor durant leur séjour en Angleterre, conçut tant d'indignation contre la Riviere, qu'étant revenu à la Cour, il ne voulut pas même saluer l'Abbé. Tel fut le fondement du bruit répandu contre Béthune. Peu de temps après l'emprisonnement du Grand-Ecuyer, Louis fit une gratification assez considérable au Comte. On raisonna sur la récompense donnée à un Seigneur lié avec les ennemis de Richelieu, & intime ami des gens qui sçavoient le secret de la conspiration. Des soupçons encore plus mal fondés passent pour légitimes dans l'esprit des Courtisans. *Le Cardinal*, dit-on, *quoique peu ami de Béthune, désabusa ceux qui lui rapporterent cette médisance.* Foible preuve ! Le témoignage de Montrésor, qui disculpe lui-même Béthune sur cet article, m'en paroît une plus solide. Quoi qu'il en soit de cette affaire qui fit grand bruit, & donna tant d'appréhension à la Riviere qu'il ne voulut point aller à la Cour négocier le retour du Duc d'Orléans, à moins qu'on ne l'assurât contre le juste ressentiment de Béthune; la froideur de Beaufort au regard de l'Abbé *sépara infiniment le Duc de l'intérêt & du commerce de Gaston*, poursuit la Chastre. *Son Altesse Royale avoit déja quelque chose sur le cœur contre Beaufort, parceque lui ayant parlé du traité d'Espagne, il s'excusa d'y entrer, & dit qu'il ne le pouvoit sans le consentement du Duc de Vendôme son pere, qui étoit en Angleterre, & auquel on auroit difficilement confié un tel secret.* Beaucoup de gens trouverent étrange que le Duc de Beaufort eût refusé de se mettre dans un parti fait contre l'ennemi capital de sa maison. J'aurois moi-même peine à comprendre sa retenue sur ce sujet, si je ne sçavois que quelque temps après, il en fit parler à la Reine par une personne, à qui elle ne voulut point s'ouvrir, ni même presque prêter l'oreille; ne la jugeant pas, à mon avis, assez prudente pour une intrigue de cette importance; & si je ne conjecturois de là, qu'avant que de se jetter dans cet embarras, il fut bienaise de sçavoir le sentiment de la Reine, à qui il s'étoit dès-lors absolument dévoué. Le Duc de Beaufort joua un si grand rolle durant les derniers jours de la vie de Louis XIII. & sous la minorité de son Fils, que je ne pouvois gueres me dispenser de le faire connoître.

1643.

Dans le mois de Mars, on eut quelques espérances du rétablissement de la santé de Louis: du moins ses Ministres firent courir le bruit qu'elle étoit beaucoup meilleure. *Le Roi se porte de mieux en mieux*, dit Des-Noyers dans une lettre du 20. Mars au Maréchal de Guébriant. *Nous ne doutons plus que bientôt il n'ajoûte au soin qu'il prend de ses affaires, ses exercices & ses divertissemens ordinaires.* Et Chavigni dans une du 11. Avril. *Le Roi se porte beaucoup mieux qu'il n'a encore fait. Sa santé revient à vûe d'œil; & ses forces commencent de se rétablir tellement, que j'espere qu'il pourra dans quelques jours aller à Chantilli, & de-là vers la frontiere, si le bien de ses affaires le demande.* Les paroles suivantes ne donnent-elles point à penser que les Ministres écrivoient de fausses nouvelles, afin de prévenir le mauvais effet que le bruit *de la santé du Roi déplorée*, comme dit le Duc de la Rochefoucaut, pouvoit causer dans les pays étrangers, en relevant le courage des Impériaux & des Espagnols, & en diminuant celui des Officiers & des soldats François? *Vous ne serez pas fâché*, ajoûte Chavigni dans la même lettre à Guébriant, *d'avoir de quoi combattre les mauvais bruits qui courent sans doute sur ce sujet dans le lieu où vous êtes.* Quoi qu'il en soit de la sincérité des deux Secrétaires d'Etat, ils s'intriguoient l'un & l'autre pour avoir un appui après la mort de Louis. Le Cardinal Mazarin & Chavigni s'accommoderent d'abord avec le Duc d'Orléans, comme je l'ai raconté. *Des-Noyers prenoit d'autres brisées*, dit la Chastre. Par l'entremise du Marquis de Chandenier son intime ami, il assuroit la Reine d'un attachement inséparable à ses intérêts. Après cette premiere déclaration, il eut sur le même sujet quelques conférences avec Potier Evêque de Beauvais, confident d'Anne d'Autriche, dans lesquelles il s'ouvrit assez clairement sur les desseins de Mazarin & de Chavigni, qui lui donnerent belle matiere d'entretien. Voyant que la maladie du Roi augmentoit, & que Sa Majesté leur parloit quelquefois de régler le gouvernement du Royaume après sa mort, le Cardinal & Chavigni engagerent le P. Sirmond Jésuite, son Confesseur, à lui proposer la *corregence* pour la Reine & le Duc d'Orléans. Ils allerent l'un & l'autre à Paris solliciter plusieurs Magistrats du Parlement d'entrer dans leurs vûes, & se servirent pour cet effet de Longueil de Maisons Président au mortier. La proposition déplut si fort à Louis, qu'après l'avoir aigrement rejettée, & en avoir même dit quelque chose à la Reine, il ne voulut plus entendre parler de son Confesseur. L'ayant fait renvoyer sous un autre prétexte, il prit en sa place le P. Dinet de la même Société. Le sçavant Sirmond, plus propre à déchiffrer les anciens manuscrits & à éclaircir avec autant d'élégance que de solidité l'Histoire & la Disci-

Anne d'Autriche tâche d'obtenir la régence du Royaume après la mort Louis XIII. & se fait des amis & des créatures.
‡ *Mémoires de la Chastre & de la Rochefoucaut. Histoire du Maréchal de Guébriant. Liv. IX. chap. 1.*

pline Eccléfiaftique, se soutint à la Cour sous le Ministere de Richelieu, parce qu'il ne se mêloit point des affaires d'Etat. Dès qu'il voulut sortir de sa sphere, & entrer dans les intrigues de Cour, il se perdit. Dinet son confrere ne remplira pas long-temps une place, qui depuis le souple & insinuant Coton fut & sera toujours l'objet de la dévote & fine ambition des Jésuites qui se distinguent dans leur Compagnie.

L'Evêque de Beauvais sera tant parler de lui, qu'il est à propos de dire quelque chose d'un homme qui se vit premier Ministre d'Etat, & ne sçut se soutenir qu'environ quinze jours dans un si grand emploi. Voici le portrait que la Chastre & la Rochefoucaut nous en font. *La Reine*, dit le premier, *ne pouvoit mieux choisir pour la fidélité, ni gueres plus mal pour la capacité. Le bon Prélat n'avoit pas la cervelle assez forte pour une telle place. C'est un homme de grande probité, & désinteressé pour le bien, mais fort ambitieux, comme sont la plûpart des dévots. Se voyant désigné pour être premier Ministre, tout le monde lui faisoit ombrage. C'étoit*, dit l'autre, *le seul des serviteurs de la Reine que le Cardinal de Richelieu avoit trop méprisé, pour l'ôter d'auprès d'elle. Par son assiduité, il trouva occasion d'y détruire presque tous ceux qu'elle considéroit.* Mazarin & Chavigni voyant que leurs brigues en faveur de Gaston ne produisoient point d'autre fruit, que de faire éclater l'inclination que la France presque toute entiere avoit de servir Anne d'Autriche, & que le Duc d'Orléans, perdant toute espérance d'être *corrégent*, témoignoit une grande disposition à se contenter de quelque part au gouvernement sous la Reine; le Cardinal & le Secrétaire d'Etat, dis-je, tenterent de se mettre bien auprès d'elle, & de ménager même l'Evêque de Beauvais. Leurs efforts furent d'abord assez inutiles, & leurs complimens peu persuasifs. Outre ce qu'ils avoient entrepris ouvertement pour Gaston, Des-Noyers, qui témoigna dès le commencement son dessein de servir Anne d'Autriche, avoit tout le mérite de ce qui s'étoit fait jusques alors, & les deux autres au contraire en portoient toute l'iniquité. De plus, leur changement étoit plûtôt reçu comme une marque de leur impuissance, que comme un effet de leur bonne volonté. Ils auroient sans doute fait peu de progrès, *si le petit bon homme M. Des-Noyers eût eu plus de patience, ou plus de souplesse auprès du Roi*, dit le Marquis de la Chastre. S'étant retiré de la Cour peu de jours après, comme je le raconterai, la Reine fut obligée d'accepter les offres de service que Mazarin & Chavigni lui firent, ou du moins de dissimuler avec eux.

Le Duc de la Rochefoucaut raconte les choses un peu autrement que la Chastre. On ne sera pas fâché de voir son récit. *Des-Noyers*, dit-il, *fut le premier qui donna des espérances à la Reine, de pouvoir porter le Roi par son Confesseur, à l'établir Régente, croyant faire par-là une liaison étroite avec elle, à l'exclusion de Chavigni, qu'elle avoit considéré davantage durant la vie du Cardinal de Richelieu. Mais Des-Noyers se trouva peu de temps après bien éloigné de son projet. Le Confesseur eut ordre de se retirer, & Des-Noyers fut chassé lui-même.* La Chastre prétend que Sirmond ne fut pas employé par Des-Noyers, pour persuader à Louis de déclarer Anne d'Autriche Régente, mais pour établir le Duc d'Orléans corrégent avec elle. Des-Noyers ne fut point chassé. Ayant demandé trop brusquement la permission de se retirer des affaires, Louis la lui donna volontiers, poussé apparemment par Mazarin & Chavigni, bienaises de se défaire d'un concurrent qui les traversoit sous main. Qui en croirons-nous du Duc, ou du Marquis ? Il parut, continue la Rochefoucaut, que ce changement n'avoit rien diminué de l'espérance de la Reine, & qu'elle attendoit de Mazarin & de Chavigni le même service que Des-Noyers avoit eu dessein de lui rendre. Ils lui donnoient tous les jours l'un & l'autre toutes les assurances qu'elle pouvoit espérer de leur fidélité. Elle en attendoit des preuves, lorsque la maladie du Roi augmentée à un point, qu'il ne lui restoit aucune espérance de guérison, leur donna lieu de lui proposer de régler toutes choses, pendant que sa santé lui pouvoit permettre de choisir lui-même une forme de gouvernement qui pût exclure des affaires toutes les personnes qui lui étoient suspectes. Cette proposition, quoiqu'elle fût apparemment contre les intérêts de la Reine, sembla néanmoins trop favorable pour elle. Louis ne pouvoit consentir à la faire Régente : il ne pouvoit aussi se résoudre à partager la Régence entr'elle & Gaston. Les intelligences dont il avoit soupçonné son épouse, & le pardon accordé depuis peu à son Frere pour le traité d'Espagne, le tenoient dans une irrésolution qu'il n'auroit peut-être pas surmontée, si Mazarin & Chavigni ne lui en eussent fourni le moyen par une ouverture dont je parlerai.

Cependant Anne d'Autriche & Gaston, qui ont eu trop de marques de l'aversion de Louis, & qui le soupçonnent presque également de vouloir les exclure de l'administration des affaires, cherchent toutes sortes de voyes pour y parvenir. La Reine tâche de dissiper les préjugés de son époux contr'elle, par le moyen de Chavigni. *J'ai sçû de celui-ci même*, dit la Rochefoucaut, *qu'étant allé trouver le Roi de la part de la Reine, pour lui demander pardon de ce qu'elle avoit jamais fait, & même de ce qui lui avoit déplu dans sa conduite, le suppliant particulierement de ne croire point qu'elle eût aucune part dans l'affaire de Chalais, ni qu'elle eût trempé dans le dessein d'épouser Monsieur, après que Chalais auroit fait mourir le Roi, il répondit là-dessus à Chavigni, sans s'émouvoir :* En l'état où je suis, je lui dois pardonner ; mais je ne la dois pas croire. *La Reine & le Duc d'Orléans prétendoient d'abord chacun à la Régence.* Si Gaston ne demeura pas long-temps dans cette pensée, il se flata du moins d'être déclaré Régent avec Anne d'Autriche. Les espérances de la Cour & de tout le Royaume étoient trop différentes, & tout l'Etat, qui avoit presque également souffert sous le Ministere de Richelieu, attendoit un changement avec trop d'impatience, *pour ne recevoir pas avec joye une nouveauté dont chaque particulier espéroit de profiter.* C'est la pensée du Duc de la Rochefoucaut. Les intérêts différens des principaux Seigneurs du Royaume, & des plus considérables Magistrats du Parlement, les obligerent bientôt à prendre parti entre la Reine & le Duc d'Orléans. Si les brigues qui se faisoient en faveur de l'un & de l'autre n'éclatoient pas davantage, c'est que la santé du Roi, qui sembla se retablir un peu avant sa mort, leur faisoit craindre qu'il ne fût averti de leurs intrigues, & qu'il ne fît passer pour un crime les précautions qu'ils prenoient afin d'établir leur autorité.

Dans cette conjoncture, le Prince de Marsillac, depuis Duc de la Rochefoucaut, dont je transcris les Mémoires, crut qu'il importoit à la Reine, pour laquelle il se déclaroit, d'être assurée du Duc d'Enguien. Elle approuva la proposition que Marsillac lui fit, de s'acquérir le fils aîné du premier Prince du Sang. Lié d'une amitié particuliere avec Coligni intime confident du Duc d'Enguien, Marsillac leur représenta les avantages qu'Anne d'Autriche & Enguien trouveroient dans leur union, & qu'outre l'intérêt particulier qu'ils avoient l'un & l'autre de s'opposer à l'autorité du Duc d'Orléans, celui de l'Etat les y obligeoit encore: proposition si avantageuse à Enguien, qu'il ne manqua pas de la recevoir agréablement. Il ordonne donc à Marsillac de contribuer à la faire réussir. Et comme un trop grand commerce entre lui & Enguien auroit pû être suspect à Louis, ou à Gaston, sur-tout lors qu'Enguien avoit nouvellement reçu le commandement de l'armée de Flandre, & qu'en toutes façons il importoit grandement de le tenir secret ; Enguien desira que Marsillac rendît à Coligni seul les réponses de la Reine, & qu'ils fussent les seuls témoins de l'intelligence liée entre Anne d'Autriche & le Duc. Il n'y eut aucune condition mise par écrit. Marsillac & Coligni furent les dépositaires de la parole que la Reine donnoit à Enguien, de préférer au Duc d'Orléans, non seulement par des marques de son estime & de sa confiance, mais encore dans tous les emplois dont elle pourroit exclure Gaston, *par des biais* dont ils conviendroient ensemble, & qui ne pourroient point porter le Duc d'Orléans à une rupture ouverte avec Anne d'Autriche. Enguien promettoit de son côté d'être inséparablement attaché aux intérêts de la Reine, & de ne prétendre que par elle à toutes les graces qu'il desireroit de la Cour. Il partit peu de temps après pour aller commander l'armée de Flandre.

La Chastre qui, de concert avec Anne d'Autriche, avoit acheté depuis peu la belle charge de Colonel Général des Suisses, fut un de ceux en qui elle eut une confiance particuliere, durant ses brigues pour obtenir la Régence. Voyons le portrait que le Marquis nous fait de lui-même, & sur quoi les espérances d'une grande fortune sous l'administration de la Reine étoient fondées. *Ce seroit une présomption trop grande à moi*, dit-il à la tête de ses Mémoires écrits après sa disgrace, *de croire que je n'ai point commis de fautes, dans le temps que j'ai demeuré à la Cour, puisque les plus rafinés Courtisans se trouvent quelquefois embarrassés en des rencontres, où quelque adroits & quelque souples qu'ils soient, il leur arrive des accidens dont ils ne se peuvent bien retirer. J'avoue que j'ai pû manquer, soit faute d'expérience, soit en ne contraignant pas assez mon naturel, ennemi de toutes fortes de finesses*. Lorsque je suis venu auprès du Roi Louis XIII. j'y ai apporté un esprit mal propre aux fourbes & aux bassesses, & qui a toujours fait profession d'une franchise trop ouverte. J'ai trouvé ce train de vie assez honnête, pour le continuer depuis ; & quoique j'aye apparemment reconnu que ce n'étoit pas le chemin de faire fortune, j'ai préféré la satisfaction de ma conscience, une réputation sincere, & l'acquisition de quelques amis, gens d'honneur, aux dignités & aux avantages que j'aurois pû espérer en faisant l'espion, ou en jouant le double, & promettant en même temps aux deux partis. Dans cette maniere d'agir que j'ai observée, je me suis peut-être découvert trop librement, & d'ailleurs je me suis attaché trop fermement à mes amis, quand ils ont été en mauvaise posture. C'est en ces deux points que je puis avoir principalement manqué. Mais je crois que de telles fautes paroîtront excusables aux personnes de probité, & que le fondement en est trop bon, pour avoir des suites condamnables. Cela est certain. Si le Marquis s'est peint lui-même d'après nature, il ne mérite que de l'estime & des louanges. Ce n'est pas ici le lieu d'examiner si le portrait est ressemblant. Cela regarde l'Histoire de la Régence d'Anne d'Autriche. Suivons son récit, & voyons comment il sçut s'avancer à la Cour, & s'insinuer dans l'esprit de cette Princesse.

Quelque temps après la naissance de notre Roi Louis XIV. poursuit-il, voyant qu'il n'y avoit rien à espérer pour moi, tant que le Cardinal de Richelieu seroit tout-puissant, parceque je ne pouvois m'assujettir servilement à lui, & que d'ailleurs j'avois beaucoup d'alliances & de liaisons d'amitié qui lui pouvoient être suspectes, je crus que je devois songer à prendre quelque autre parti, qui pût un jour relever ma fortune. Dans cette pensée, je n'en trouvai point de plus raisonnable ni de plus grande espérance, que celui de la Reine. La santé du Roi étant fort mauvaise, & n'y ayant aucune apparence qu'il pût vivre jusques à ce que son fils eût atteint l'âge de majorité, la Régence devoit infailliblement tomber en peu d'années entre les mains d'une Princesse dont les adversités presque continuelles, & souffertes avec grande patience, avoient élevé l'estime à un si haut point, qu'on la croyoit la meilleure, la plus douce personne du monde, & la moins capable d'oublier ceux qui s'étoient attachés à elle dans sa disgrace. Ces belles qualités me charmerent. Je jugeai de plus qu'il y avoit de l'honneur à se jetter de son côté, dans un temps où le pouvoir absolu de son persécuteur faisoit éviter son abord à toutes les personnes foibles & intéressées. Par un excès de tyrannie, il ne laissoit presque dans la maison de la Reine que des traîtres, ou des gens que leur stupidité rendoient exempts de soupçon, & incapables de la servir en quoi que ce fût. Je lui vouai pour lors mes services, & je l'en fis assurer par une Dame & par M. de Brienne. Les réponses obligeantes que j'en reçus par leur canal, m'engagerent encore plus. De maniere que je résolus de ne penser jamais à aucun avantage, que quand elle seroit en état de me le procurer, ou lorsque je croirois lui pouvoir être plus utile dans une autre charge que celle de Maître de la Garderobe du Roi que j'avois. Je demeurai dans ce sentiment jusques à la mort du Cardinal. Ceux qui s'étoient le plus éloignés de la Reine se pressant alors de lui faire leur cour, il n'est pas étrange que m'étant déja dévoué entierement à elle, je cherchasse avec soin les occasions de lui témoigner mon zele.

Il s'en présenta une incontinent, que j'embrassai avec joye. Je la fis proposer à la Reine par M. de Brienne, & lui en parlai moi-même ensuite. Elle la crut avantageuse à son service, & m'en remercia en des termes qui redoublerent mon attachement à ses intérêts, & accrurent mes espérances. C'étoit l'achat de la charge de Colonel Général des Suisses. Je ne m'arrêtai ni à la grande somme d'argent que j'y employois, ni à d'autres considérations que me pouvoient faire naître la vue d'une femme & de trois enfans, dont la ruine étoit inévitable, si venant à mourir, ma charge se perdoit sans récompense. Je sacrifiai donc sans regret toute ma famille à la Reine. Soit que mon procédé plein de franchise lui plût ; soit qu'elle jugeât que je la pouvois utilement servir, elle me fit encore meilleur visage, & redoubla ses civilités à mon égard. Elle parloit de moi comme d'un Officier qui lui étoit absolument dévoué, & sur la fidelité duquel elle se reposoit ; ordonnant particulierement à l'Evêque de Beauvais, qui avoit alors son secret, de me communiquer librement les choses qui regarderoient son service. Le nouveau Colonel des Suisses s'unit ensuite fort étroitement avec le Duc de Beaufort, qui à son retour d'Angleterre lui fit paroître une passion extraordinaire pour les intérêts d'Anne d'Autriche. Comme c'étoit un parti que la Chastre n'embrassoit pas avec moins d'ardeur, cette considération, dit-il, emporta la balance, & l'attacha plus que toute autre chose au Duc, que la Reine sembloit préférer à tous ceux qui se dévouoient à elle.

J'ai remarqué ci-dessus que la Rochefoucaut n'a pû dire exactement que Des-Noyers fut chassé de la Cour. En voici la preuve dans une lettre de Mazarin au Maréchal de Guébriant datée du 11. Avril. M. Des-Noyers ayant fait instance en diverses rencontres, depuis la mort de M. le Cardinal, de se retirer, & en ayant de nouveau pressé hier Sa Majesté, elle lui a enfin permis d'aller chez lui. Pour témoigner la satisfaction que le Roi a de ses services, Sa Majesté lui conserve la charge d'Intendant de ses bâtimens & de Concierge de Fontainebleau. Il paroît par-là que Des-Noyers ne fut, à proprement parler, ni chassé, ni disgracié ; mais que depuis la mort de Richelieu, trouvant certains désagrémens à la Cour, il pressa Louis plus d'une fois de lui accorder la permission de se retirer. On le voit encore dans une lettre de Chavigni à Guébriant de même date. Après diverses instances que M. Des-Noyers a faites à Sa Majesté de lui permettre de se retirer en sa maison, elle a été obligée de la lui accorder. Quoiqu'il soit éloigné des affaires, il ne laisse pas pourtant de demeurer dans les bonnes graces du Roi. Anne d'Autriche fut fâchée de l'éloignement d'un Ministre qui s'efforçoit de la servir utilement. M. Des-Noyers, dit-elle un jour à la Chastre, s'est trop pressé. Il a voulu se perdre à plaisir. Si on en croit ce Seigneur, la retraite du nouveau Ministre d'Etat fut généralement attribuée au déplaisir qu'il eut de ne pouvoir gagner auprès de Louis le crédit que ce bigot ambitieux desiroit, & de voir que celui de Mazarin prévaloit. C'est ce qui le portoit à mettre au Roi si souvent *le marché à la main*, comme Sa Majesté s'en plaignit elle-même. *Cet homme*, dit un jour Louis irrité contre lui, *veut faire le petit Cardinal. S'imagine-t-il être si néceſſaire, qu'on ne se puiſſe paſſer de lui ? J'en trouverai cent plus habiles, plus capables de remplir son emploi.* Il étoit haï des gens de guerre. Tous se plaignoient presque également de lui. Accoûtumé aux airs impérieux que Richelieu lui avoit laiſſé prendre, il maltraitoit les Officiers qu'il n'aimoit pas, & n'avançoit que ses amis & ses parens. Par sa ridicule bigoterie, il nuisit souvent aux affaires de son Maître, pour ne donner pas trop d'avantage aux Princes Protestans d'Allemagne alliés de la France. *Quand je signe quelque chose en faveur des Huguenots*, dit-il au Maréchal de Châtillon en je ne sçai quelle rencontre, *il me semble que la main me seche.* Cependant sa grande & presqu'unique religion, c'étoit de plaire au premier Ministre. *Si M. le Cardinal se faisoit Turc*, disoit Louis, *Des-Noyers prendroit bientôt le turban.*

Dans une contestation avec le Roi pour les intérêts du Maréchal de la Motte-Houdancourt son intime ami, & sur les dépenses de l'armée d'Italie, Des-Noyers demanda brusquement la permiſſion de se retirer. Cet artifice avoit si souvent & si bien réüſſi à Richelieu, que le nouveau Ministre d'Etat s'imagina peut-être que Louis ne craindroit pas moins de le perdre. Mais la différence étoit trop grande entre le Cardinal & Des-Noyers. Le Roy n'ayant pas voulu lui répondre avec la même promptitude, qu'il pouvoit s'en aller quand il lui plairoit, Des-Noyers va follement prier Mazarin de l'aider à obtenir du Roi la permiſſion de se retirer. Le Cardinal parla *si efficacement* en sa faveur, que dès le soir même il lui apporte l'agrément de Louis. L'un des *triumvirs* sort ainsi de la Cour, & s'en va dans sa maison de Dangu en Normandie. *Pour moi*, dit la Chastre, *je crois avec des personnes aſſez intelligentes, que ce qui parut être le premier mouvement d'un esprit fort prompt fut un trait de Courtisan prévoyant & rafiné.* Voici le fondement de cette conjecture. Des-Noyers avoit jusques alors détourné Louis de faire la Déclaration que Mazarin & Chavigni lui proposerent, pour régler le gouvernement du Royaume après sa mort. Voyant qu'elle éclateroit dans peu de jours, soit par l'opiniâtreté du Roi, soit par les suggestions des deux autres Ministres, & que Sa Majesté l'y mettoit au nombre de ceux qui devoient composer le Conseil de la Régence, il voulut s'en ôter absolument, *perſuadé qu'il étoit*, dit la Chastre, *que se retirant chez lui, dans un temps où le Roi ne pouvoit gueres durer, la Reine ne perdroit point le souvenir de ses services, & que justement aigrie* contre Mazarin & Chavigni, *à cause d'une Déclaration qui la rendoit dépendante du Conseil que Louis lui nommoit, elle les éloigneroit dès qu'elle en auroit le pouvoir, pour se servir de lui, comme du plus instruit dans les affaires.*

Les plus déliés Courtisans sont quelques fois attrapés comme les autres. Quand Des-Noyers fut hors de la Cour, on ne pensa plus à le rappeller. Mazarin & Chavigni s'accommodent avec Anne d'Autriche. Le

1643.
Mercurio di Vittorio Siri. T. 3. *Lib.* 2.

Cardinal prend le deſſus, & maintient dans la charge de Secrétaire d'Etat le Tellier Intendant de l'armée de Piémont, à qui elle ne fut donnée d'abord que *par commiſſion*. Plus ſouple & plus habile que ſon prédéceſſeur, le Tellier eſt mort Chancelier de France, après avoir mis à ſa place Louvois ſon fils aîné, fait l'autre Archevêque de Reims, & vû juſques à la fin d'une longue vie ſa perſonne & ſa famille comblées tous les ans de nouvelles proſpérités. Un Hiſtorien étranger raconte pluſieurs circonſtances des deux conteſtations que Des-Noyers eut avec ſon Maître. Si nous l'en voulons croire, le Miniſtre d'Etat perdit le reſpect au Roi, & prit plaiſir à l'irriter. Cela n'eſt gueres vraiſemblable. Je crois bien que Mazarin & Chavigni profiterent de l'occaſion, & qu'ils porterent Louis à ſe défaire d'un homme qu'ils voyoient avec chagrin fort bien auprès d'Anne d'Autriche. La joie que ſa retraite leur put donner fut mêlée de quelque amertume. Dès le lendemain de ſon départ, le Roi ne voulut point parler d'affaires à Mazarin, tant que Chavigni demeureroit dans la chambre; & le Cardinal ayant fait enſuite je ne ſçai quelle propoſition qui déplut à Louis: *Cela eſt Italien en diable*, repartit aigrement Sa Majeſté. Il ne faut pas trop refléchir ſur les chagrins paſſagers d'un malade. Ces deux circonſtances donnent cependant à penſer, que le Cardinal & l'autre Miniſtre d'Etat *n'étoient pas trop aſſurés de l'eſprit du Maître*, ſelon la remarque du Marquis de la Chaſtre.

Déclaration de Louis XIII. pour le gouvernement du Royaume durant la minorité de ſon Fils.
Mémoires de la Rochefoucaut, de la Chaſtre & de Pontis.
Hiſt. du Cardinal Mazarin. Liv. 1. chap. 4.
Mercurio di Vittorio Siri. Tom. 3. Lib. 2.

Le triſte état de Louis dans les derniers mois de ſa vie eſt aſſez bien décrit dans les Mémoires publiés ſous le nom de Pontis. *Depuis la mort du Cardinal*, y dit-on, *le Roi n'eut preſque aucune ſanté. Il tomba dans une eſpece de langueur, qui le réduiſit enfin à un état digne de compaſſion. S'étant mis un jour au ſoleil qui entroit par une fenêtre de ſa chambre, afin de s'échauffer, j'allai ſans y prendre garde me placer juſtement devant la fenêtre. Eh, Pontis, me dit-il aſſez agréablement, ne m'ôte pas ce que tu ne ſçaurois me donner. Ne comprenant point ce que Sa Majeſté me vouloit dire, & paroiſſant en peine de le ſçavoir, je demeurois toujours dans la même place. Le Comte de Treſmes m'avertit alors que c'étoit le ſoleil que j'ôtois au Roi. Je me retirai incontinent. Le pauvre Prince devint ſi maigre & ſi défait, que ayant pitié de lui-même, il découvroit quelquefois ſes bras tout décharnés, & les montroit aux Courtiſans qui le venoient voir. Lorſqu'il étoit au lit de la mort, Souvré, premier Gentilhomme de la chambre, ayant dit un jour, ſelon la coutume, que tout le monde ſortît afin que le Roi pût repoſer, & tiré le rideau du lit du côté où j'étois, pour m'obliger de ſortir comme les autres, le Roi le retira tout d'un coup, & m'ordonna de demeurer. Il penſoit moins à repoſer, qu'à ſe délivrer de l'importunité des Courtiſans. Appercevant le clocher de S. Denys par la fenêtre de ſa chambre*, dans le Château neuf de S. Germain, où il ſe fit tranſporter quelque temps avant ſa mort, *il me demanda ce que c'étoit. Quand je lui eus répondu que c'étoit S. Denys: Voilà où nous repoſerons, reprit-il. Puis tirant ſon bras hors du lit, Tiens, Pontis, ajoûta-t-il en le montrant, vois cette main, regarde ce bras. Tels ſont les bras du Roi de France. Je vis en effet, mais avec une angoiſſe mortelle*, *que ce n'étoit qu'un squelette avec la peau sur les os, couverte de grandes taches. Il me fit voir ensuite sa poitrine, si décharnée qu'on en comptoit facilement tous les os. Ne pouvant retenir mes soupirs, ni mes larmes, je me retirai. On le servoit fort mal durant sa maladie. A peine prenoit-il jamais un bouillon qui fût chaud. J'avois une peine extrême de voir un Roi, au milieu d'un si grand nombre d'Officiers, beaucoup plus mal servi que le moindre Bourgeois de Paris.*

Louis sentant que sa fin approche ne fait plus mystere de la Déclaration que Mazarin & Chavigni lui ont proposée pour le gouvernement du Royaume durant la minorité de son Fils. On en parle tout haut. *Si ces deux Messieurs en furent les inventeurs*, dit le Marquis de la Chastre, *ils devinerent fort bien les sentimens du Roi*, qui jugeoit Anne d'Autriche incapable de toutes affaires, & trop *passionnée* pour sa maison. L'autorité de Charles de l'Aubespine, autrefois Garde des Sceaux, & l'un des principaux confidens de la Reine, paroissoit à Louis devoir être pernicieuse à l'Etat. Il croyoit ce Magistrat inséparable de la Duchesse de Chevreuse, contre laquelle il étoit tellement prévenu, qu'il eût voulu trouver un moyen de la bannir pour jamais de France. Le Roi n'avoit guéres plus d'inclination pour le Duc d'Orléans son frere. *Je sçai*, ajoûte la Chastre, *que durant sa maladie, il a dit quelquefois à la Reine, que ce Prince étoit celui dont leurs Enfans avoient principalement à craindre.* De maniere que ce qui regardoit Gaston dans la Déclaration venoit du propre mouvement de Louis. Mais, soit qu'il ait voulu de lui-même lier les mains à son épouse, soit que Mazarin & Chavigni l'y eussent porté, Anne d'Autriche en fut *si horriblement ulcérée*, qu'elle se déchaînoit contr'eux en présence des gens qui avoient quelque accès auprès d'elle. *De pareils tours ne se pardonnent point*, disoit-elle. *Si le Cardinal de Richelieu mon ennemi déclaré vivoit encore, me pourroit-il faire pis?* La Reine avoit-elle si grand sujet de se plaindre de Louis, & de ceux qui lui avoient conseillé la Déclaration? Il semble au contraire que cet acte fut fort bien conçu. Un Roi mourant pouvoit-il faire plus sagement que de nommer des Ministres habiles & expérimentés, sans le conseil desquels sa Veuve peu éclairée, & suspecte avec quelque fondement, ne pourroit rien déterminer d'important? Après la mort de Gustave-Adolphe Roi de Suede, la Reine son Epouse fut exclue du gouvernement; le Chancelier Oxenstiern & quelques autres Ministres, eurent l'administration des affaires. Jamais la Suede fut-elle mieux gouvernée que durant la minorité de la Reine Christine fille de Gustave?

Je n'ai point l'original de cette fameuse Déclaration. Voici l'extrait que j'en trouve. On y a omis quelque chose: je le suppléerai sur une traduction Italienne. Louis y ordonne donc, qu'en cas que Dieu l'appelle à lui, la Reine son épouse sera Régente du Royaume. Qu'elle aura le soin de l'éducation de leurs enfans, & l'administration des affaires. Que le Duc d'Orléans sera Lieutenant Général du Roi mineur dans toutes les Provinces de France, sous l'autorité d'Anne d'Autriche. Qu'elle

& Gaston ne pourront rien faire que de l'avis du Conseil Souverain de la Régence. Que le Prince de Condé, le Cardinal Mazarin, Séguier Chancelier de France, Bouthillier Surintendant des finances, & Chavigni, tous Ministres d'Etat, composeront le Conseil de la Régence. Qu'en l'absence de Gaston, le Prince de Condé & le Cardinal Mazarin en seront les Chefs, dans l'ordre qu'ils sont nommés. Que toutes les affaires seront déterminées dans le Conseil à la pluralité des voix. Qu'on y pourvoira de même tant aux emplois importans & aux charges de la Couronne, qu'à celles de Surintendant des finances, de premier Président, & de Procureur Général au Parlement de Paris, & de Secrétaire d'Etat. Que la Régente pouvoit régler les affaires & disposer des dignités Ecclésiastiques de l'avis du Cardinal Mazarin seul. Que Châteauneuf, autrefois Garde des Sceaux, enfermé depuis long-temps dans le Château d'Angoulême y demeurera prisonnier jusques à la conclusion de la paix générale. Qu'après cela, de l'avis du Conseil, Anne d'Autriche lui pourra permettre de se retirer en quelque endroit, dans ou dehors le Royaume, selon qu'il sera jugé plus à propos. Que la Duchesse de Chevreuse ne sera point rappellée en France, qu'après la conclusion de la paix générale. Qu'elle n'y sera reçue qu'avec la permission de la Régente & du Conseil, qui marqueront un endroit éloigné de la Cour & de la personne d'Anne d'Autriche, où la Duchesse pourra demeurer. Qu'en présence du Roi, des Princes du Sang, des Ducs, Pairs, Maréchaux de France, & des autres Officiers de la Couronne, la Reine & le Duc d'Orléans feront serment d'observer exactement la Déclaration, & de n'y contrevenir en aucune maniere.

Le 19. Avril, la Reine, le Dauphin, les Ducs d'Anjou & d'Orléans, les Princes de Condé & de Conti, les Ducs & Pairs, les Maréchaux de France, les Officiers de la Couronne qui se trouverent à S. Germain, le Cardinal Mazarin, le Chancelier, le Surintendant des finances, les trois Secrétaires d'Etat Chavigni, la Vrilliere & Brienne; car enfin Des-Noyers ne l'étoit plus, & le Tellier son successeur n'étoit pas encore arrivé de Piémont ; toutes ces personnes, dis-je, s'étoient rendues à deux heures après midi dans la chambre du Roi, la Déclaration fut lûe tout haut. Louis la signa, & écrivit au bas, de sa propre main, les paroles suivantes : *Ce que dessus est ma très-expresse & derniere volonté, que je veux être exécutée.* Ignoroit-il que les Rois les plus absolus n'ont pas le pouvoir de se faire obéïr après leur mort ? Anne d'Autriche & Gaston signerent ensuite la Déclaration, & *se jurerent l'un à l'autre*, de n'y point contrevenir : serment qui fut violé presque dès le jour même ; du moins la résolution en étoit déja prise : on cherchoit les moyens de l'éxécuter au plutôt. *Cela ne se passa point de la part de la Reine*, dit un Auteur, *sans verser bien des larmes, témoins de son affliction & de sa douleur* : Oui, de ce qu'en lui donnant le nom spécieux de Régente du Royaume, son époux mourant la mettoit en tutele. Louis avoit mandé le Parlement de Paris. Les Députés de cette Compagnie furent introduits après les cérémonies que j'ai rapportées. Le Roi leur déclara lui-même qu'il avoit fait dresser des Lettres pour régler le gouvernement du Royaume après sa mort. Que pour cet effet, le Duc d'Orléans, le Prince de Condé & le Chancelier, iroient de sa part le lendemain à la Grand'Chambre.

Ils s'y rendent le matin, & la Déclaration est lûe & publiée à l'audience. Les Ducs d'Usez, de Ventadour, de Sulli, de Lesdiguieres, de S. Simon, de Retz & de la Force s'y trouverent. On ne nomme aucun Pair Ecclésiastique. Cela me surprend. Il y en avoit certainement quelques-uns à Paris. Potier, Evêque & Comte de Beauvais, évita-t-il de se trouver à une action trop contraire aux intérêts de la Reine sa maîtresse? Quoi qu'il en soit, le Parlement ordonna conformément aux conclusions des Gens du Roi, que la Déclaration seroit envoyée aux autres Parlemens de France, pour y être pareillement publiée & enregistrée; *n'y ayant*, dit un Historien croyable en cette matiere, *que le Parlement de Paris qui ait droit de délibérer sur les affaires de cette conséquence*. Preuve évidente, que cette Cour est l'ancien & primitif Conseil des Rois de France, & qu'elle représente même les Etats-Généraux du Royaume: Autorité dont la tyrannie du Cardinal de Richelieu l'avoit entierement dépouillée. Le Parlement s'efforça de la reprendre durant la minorité de Louis XIV. Mais ce fut presqu'inutilement. Mazarin le ménagea plus que son Prédécesseur. Sous le régne présent, plus long & plus dur que celui dont j'écris l'histoire, les droits les plus sacrés du Parlement ont été anéantis. Le Duc de Longueville, nommé Plénipotentiaire au traité prochain de la paix générale, se plaignit apparemment de n'avoir pas été mis dans le Conseil de la Régence. Quinze jours après, Louis fait expédier des lettres-patentes en faveur du Duc, qui lui assurent à son retour, & après la conclusion de la paix, la qualité de Ministre d'Etat, & une place dans le Conseil de la Régence, immédiatement au-dessous de Mazarin. Fut-ce une adresse du Cardinal pour gagner un des plus puissans Seigneurs du Royaume, & pour appuyer davantage une Déclaration qui lui étoit si avantageuse? Le Prince de Condé ne cherchat-il pas aussi à procurer cette distinction, & à donner plus d'autorité à celui qui avoit épousé sa fille?

Anne d'Autriche étoit si ouvertement irritée contre Mazarin & Chavigni, que tous ceux qui s'attachoient à elle s'éloignerent absolument d'eux. Les Ducs de Mercœur, de Beaufort, de Verneuil & de Retz, Marsillac, la Chastre, Fiesque, Bethune, & plusieurs autres, ne visitoient plus les deux Ministres. Le jour même de la Déclaration, les Médecins jugeant que Louis n'avoit plus que deux ou trois jours à vivre, tous les Seigneurs du parti de la Reine résolurent de *pousser tout-à-fait* le Cardinal & le Secrétaire d'Etat, qu'ils voyoient *sur leur penchant*, & de porter Anne d'Autriche à se choisir d'autres Ministres. On lui proposoit sur-tout, de rappeller Châteauneuf, & de lui rendre les Sceaux qu'on ôteroit à Séguier. C'est ainsi que les confidens de la Reine pensoient à la rendre religieuse observatrice du serment qu'elle venoit de faire. On prétendoit lever ses scrupules & sauver sa réputation, en gagnant les Magistrats du Parlement de Paris, dont les principaux embrasseroient volontiers une occasion de faire valoir leur autorité, & de se mettre bien auprès de la Régente, afin de casser la Déclaration, dès que le Roi auroit les yeux fermés. Le pouvoient-ils sans le consentement d'Anne d'Autriche, & de Gaston ? Quel tour auroit-on donné à cette affaire, sans les rendre coupables l'un & l'autre d'un énorme parjure ? *Des gens de robe zélés pour la Reine*, ou plutôt empressés à s'avancer auprès d'elle, vinrent demander à l'Evêque de Beauvais, qu'on regardoit déja comme premier Ministre, quel service ils pourroient rendre à Anne d'Autriche dans le Parlement. C'étoit s'offrir ouvertement à elle pour casser la Déclaration. Mais le Prélat, ou mal-habile, ou scrupuleux, gâtoit tout, au rapport de la Chastre. *Il fit mal-à-propos semblant d'ignorer les intentions de sa Maîtresse*, dit le Marquis, *& voulut différer, au lieu que le Roi tirant à sa fin, tous les momens devoient être précieux*.

Le Prélat, qui a jusques alors vécu en parfaite intelligence avec le Duc de Beaufort, se refroidit, & persuade même à la Reine d'être plus réservée avec le Duc. Jaloux de la Faïette Evêque de Limoges, Potier imaginoit que Beaufort le vouloit avancer auprès d'Anne d'Autriche. *Il se reconnut, & changea d'humeur sur ce sujet*, ajoûte la Chastre. Mais il ne fit pas de même au regard de M. de Châteauneuf. Craignant l'ancienne inclination de la Reine pour le Magistrat prisonnier, & la diminution de son propre crédit auprès d'elle, il ruina M. de Châteauneuf autant qu'il lui fut possible. Je croirois même que ce fut par son conseil que la Reine promit, quelque temps auparavant, de donner les Sceaux au Président le Bailleul. Je sçai du moins qu'avant la mort du Roi elle changea une fois d'avis, & qu'elle résolut de rendre justice à M. de Châteauneuf. Mais j'ai peine à me persuader que l'Evêque de Beauvais y ait contribué. Le bon homme, qui ne se connoissoit pas, se vouloit charger seul du poids des affaires. La Reine l'en jugea incapable dès le premier jour. Il donna ainsi lieu à ses ennemis de s'insinuer, & de le détruire. Au lieu qu'en rappellant M. de Châteauneuf, s'il n'eût pas conservé la premiere place, il en auroit eu du moins une fort honorable. Mais il ne sentoit pas sa foiblesse. Parmi ses défauts, il est louable d'en avoir usé de bonne foi avec ses amis. Quoique le Cardinal Mazarin & M. de Chavigni lui fissent, ou lui envoyassent faire chaque jour beaucoup de propositions, il n'a jamais rien ménagé avec eux, dont il n'ait fait part aux gens qui s'étoient liés avec lui.

Le Roi ordonne qu'on fasse les cérémonies omises au baptême du Dauphin, & se prépa-

Louis, content d'avoir réglé l'administration du Royaume durant la minorité de son Fils sembla ne vouloir penser désormais qu'à sa conscience & à la mort. Le jour même de la Déclaration, il écouta volontiers ceux qui le pressèrent de pardonner entierement aux personnes, dont il se croyoit offensé, & d'accorder aux prisonniers élargis déja par son ordre, & aux exilés qu'il avoit rappellés, la liberté de revenir à la Cour. Le Duc de Beaufort, dit la Chastre, fut le premier qui parla pour le Duc de Vendôme son pere. Il étoit revenu d'Angleterre à la maison d'Anet; mais il n'avoit pas, non plus que les autres Seigneurs élargis, ou rappellés, la liberté de paroître à S. Germain. *Si vous ne propofez fur l'heure au Roi de rappeller M. mon pere auprès de lui*, dit Beaufort à Mazarin & à Chavigni, *j'irai de ce pas lui en parler moi-même*. De peur qu'Anne d'Autriche ne les prive de leur emploi, à la follicitation d'un homme impérieux & fier de fa faveur auprès d'elle, les deux Miniftres preffent Louis à l'inftant d'accorder ce que Beaufort demande. Ils obtinrent la même grace pour le Duc de Bellegarde, pour les Maréchaux de Baffompierre, d'Etrées & de Vitri, pour le Comte de Cramail, pour Manicamp, & pour Beringhen premier Valet de chambre de la Reine, homme fouple & adroit, qui fit enfuite une fortune extraordinaire, & devint premier Ecuyer du Fils de Louis XIII. *Le Duc de Vendôme arriva le même jour d'Anet*, ajoûte la Chaftre. *Les autres plus éloignés vinrent à la file durant le refte de la femaine*. Le foir du 2. Avril, le Roi fe fentit un peu mieux; mais non pas affez bien pour faire efpérer qu'il pût vivre plus de deux ou trois jours.

1643.
re à la mort.
Mémoires de la Chaftre.
Bernard Hiftoire de Louis XIII L. XX.
Hiftoire du Cardinal Mazarin.
Liv. 1. chap. 4.
Mercurio di Vittorio Siri.
Tom. 3. Lib. 2.

Le lendemain, Louis fut prefque au même état. Il voulut que le Cardinal Mazarin fût le parrain, & la Princeffe de Condé la marraine de fon Fils aîné. Immédiatement après fa naiffance, le Dauphin avoit été *ondoyé*, comme on dit dans l'Eglife de Rome. Mais les autres cérémonies du baptême ayant été omifes, Louis ordonna qu'elles fe fiffent le 21. Avril, par Séguier Evêque de Meaux, fon premier Aumônier, dans la Chapelle du vieux Château de S. Germain. La Princeffe de Condé donna le nom de *Louis* au Dauphin. Il eft affez furprenant qu'en cette occafion éclatante le Roi ait préféré un étranger d'une naiffance médiocre, au Duc d'Orléans fon Frere unique, & au premier Prince de fon fang. Toutes les réfléxions qui fe feront là-deffus ne peuvent être que fort avantageufes à Mazarin. Il eft vraifemblable que Louis, qui fe défioit étrangement de Gafton, peut-être autant de Condé, voulut par cet honneur extraordinaire engager le Cardinal, dont il eftimoit l'habileté à fervir fidellement fon filleul, & à s'oppofer aux mauvais deffeins que l'oncle du jeune Roi & le premier Prince du Sang pourroient former contre lui, durant fa minorité.

Le jour fuivant, la maladie du Roi augmente. Mazarin & le Jéfuite Dinet lui font alors quelque ouverture de penfer à la mort. Dès qu'on lui en dit le premier mot, *le pauvre Prince s'y réfolvant avec beaucoup de conftance & de piété, fe confeffe & demande le viatique*. Ce font les paroles du Marquis de la Chaftre. Quand le Roi de France communie, les deux perfonnes les plus confidérables, entre ceux qui fe trouvent auprès de Sa Majefté, tiennent les deux bouts de la nappe de la communion devant elle. Louis craignant qu'il n'y eût quelque conteftation fur le rang, entre les Seigneurs qui feroient dans la chambre, défendit d'étendre une nappe fur fon lit, & demanda une ferviette, ou un mouchoir, qu'il tiendroit lui-même fur fes mains. Le Duc d'Orléans & le Prince de Condé entrant alors dans la chambre du Roi, l'Evêque de Meaux lui représenta qu'il ne pouvoit plus y avoir de contestation. La nappe fut donc apportée. Gaston & Condé la tiennent chacun de leur côté, pendant que Louis reçoit le viatique. Tous les assistans, dit un Historien, fondoient en larmes. Ferme & intrépide à l'appareil de la mort prochaine, le Roi s'occupoit des sentimens que sa dévotion lui inspiroit. Les Maréchaux de la Force & de Châtillon, à qui leur Religion ne permettoit pas d'être présens à la cérémonie, vinrent saluer Louis après qu'elle fut faite. *Monsieur le Maréchal*, dit-il en s'adressant à la Force, *je vous ai toujours regardé comme un des plus excellens Officiers de mon Royaume. Puisque je suis sur le point d'aller rendre compte de mes actions à Dieu, je crois vous devoir exhorter à une conversion sincere. Dieu ne vous conserve si long-temps la vie, que pour vous donner le loisir de reconnoître que la Religion Catholique est la seule véritable ; & qu'il n'y a point de salut à espérer hors l'Eglise Apostolique & Romaine*. Le Roi répéta les mêmes choses à Châtillon, qui s'approcha ensuite du lit de Sa Majesté. Les deux Maréchaux l'écouterent avec respect. Mieux instruits que Louis des vérités de l'Evangile, ils ne crurent pas que l'exhortation d'un Roi superstitieux & peu éclairé fût un motif assez pressant pour les porter à quitter leur Religion, & à embrasser celle de Louis. Ils étoient trop convaincus de la solidité de la Réformation, & des erreurs de la Communion de Rome.

<small>Mouvemens & intrigues à la Cour de France dans les derniers jours de la vie de Louis XIII. Mémoires de la Chastre & de la Rochefoucaut.</small>

Le reste de ce jour, dit le Marquis de la Chastre, *les Medecins trouverent que le Roi baissoit de plus en plus ; & le lendemain, ils le jugerent assez mal pour lui faire donner l'Extrême-Onction*. Ce jour, qu'on nomma depuis le grand Jeudi, fut remarquable pour beaucoup de choses qui se passerent à la Cour. En voici l'origine. Le Duc de Vendôme, dépouillé de son gouvernement de Bretagne par le Cardinal de Richelieu, qui le prit sans façon pour lui-même, prétendoit y rentrer après la mort de son persécuteur. Le Duc de Beaufort, tout-puissant auprès d'Anne d'Autriche, appuyoit les sollicitations de son pere contre le Maréchal de la Meilleraïe, à qui Louis l'avoit donné. Cela causa une grande mésintelligence entre celui-ci & la Maison de Vendôme. Toute la Cour prit parti dans cette querelle. Les Ducs d'Enguien, de Longueville, de Lesdiguieres, de la Rochefoucaut, le Maréchal de Schomberg, & plusieurs autres Seigneurs, se déclarent pour la Meilleraïe, & presque tous les autres en faveur de ses adversaires. Marsillac fils du Duc de la Rochefoucaut, & confident du Duc d'Enguien, se rangeoit du côté de son pere & du Prince son ami. Mais ne voulant rien faire sans le consentement d'Anne d'Autriche, à laquelle il se devouoit, elle lui ordonne de s'offrir à Beaufort, & *lui parle du Duc comme de la personne du monde pour qui elle avoit le plus d'estime & d'affection*, dit la Chastre. Marsillac, depuis Duc de la Rochefoucaut, confirme la même chose dans ses Mémoires. *La Reine voulut que je fusse ami du Duc de Beaufort dans un différend qu'il eut avec le Maréchal de la Meilleraïe. Elle m'ordonna encore de voir le Cardinal Mazarin, afin d'éviter un sujet de plainte de la part du Roi, prévenu qu'elle empêchoit ses serviteurs de voir ceux en qui il avoit confiance.*

Le jour du *grand Jeudi*, la Meilleraïe croyant que Louis, qui avoit reçu l'Extrême-Onction, alloit mourir, & craignant que le Duc de Vendôme & ses deux fils, appuyés presque de toute la Cour, ne lui fissent un affront, s'avisa d'avoir l'escorte la plus nombreuse qu'il pourroit. Il envoya donc chercher à Paris tous les Officiers dépendans de sa charge de Grand-Maître de l'artillerie, qui amenent chacun leurs amis. Tout ce ramas, dit la Chastre dont je transcris les Mémoires, fit environ trois ou quatre cent chevaux, qui venant de Paris en assez grosses troupes, donnerent l'allarme à S. Germain. Sur ce bruit, le Duc d'Orléans demande au Prince de Condé, s'il fait venir ses gens. Celui-ci s'imaginant, à ce qu'il protesta depuis, qu'on lui parle des Officiers de sa maison, repond qu'il va les mander. Gaston, qui entend la chose autrement, envoye querir sur l'heure la plûpart de sa suite. Anne d'Autriche, avertie de ces mouvemens, ne doute point qu'il n'y ait quelque entreprise projettée. Elle sort du vieux château de S. Germain, où elle logeoit, va joindre Louis qui attend la mort dans le neuf, laisse les Ducs de Mercœur & de Beaufort auprès du Duc d'Anjou, & recommande particulierement ses deux Fils à Beaufort, en des termes *qui marquoient la plus haute estime & la plus grande confiance qu'on puisse jamais avoir*. Dès-que la Reine entre dans le château neuf, elle mande la Chastre Colonel des Suisses, & lui parle de la sorte tout haut: *Envoyez ordonner au régiment des gardes Suisses, de se tenir prêt à marcher; mandez les Officiers qui sont à Paris, & assurez vous de vos amis*. Louis & elle commandent au Marquis de Charrost Capitaine des gardes, de mettre une garde extraordinaire dans le vieux château, pour la sûreté du Dauphin & du Duc d'Anjou. Le jour précédent, on leur en avoit donné une aussi nombreuse que celle du Roi. La défiance de Louis & d'Anne d'Autriche au regard de Gaston parut extrême. Ils n'en auroient pas moins eu du Prince de Condé, s'il ne fût venu promptement conter à Leurs Majestés ce qui étoit arrivé. Le Duc d'Orléans se raccommode le jour même avec la Reine, se plaint de la défiance qu'elle témoigne, & rejette tout le vacarme fait contre lui sur l'imprudence, ou la malignité du Prince de Condé.

Ce récit n'insinue-t'il point que Louis & son Epouse craignirent que Gaston n'eût formé le projet de se saisir de leurs Enfans, de se faire seul Régent du Royaume après la mort du Roi, & peut-être de s'assurer la couronne par la mort des deux plus proches héritiers, qui seroient entre ses mains? Je sçai bien qu'on ne sçauroit prendre trop de précautions en de pareilles rencontres. L'espérance d'une couronne peut porter aux plus grands crimes. Cependant, c'étoit connoître fort mal le Duc d'Orléans, que de le croire capable d'un attentat si noir. Avoit-il même assez de pouvoir, d'amis, de force d'esprit pour l'éxécution d'une telle entreprise? *Quand le Duc de Beaufort,* dit la Chastre, *n'auroit eu que ce jour de bonheur en toute sa vie, je le tiendrois assez glorieux, d'avoir été choisi gardien du plus grand tréfor qui fût en France. On le blâme d'avoir trop fait l'empreſſé. Mais il ſe trouvera peu de perſonnes capables de ſe modérer dans une ſituation ſi avantageuſe.* Qui ne ſe ſeroit pas laiſſé tranſporter à la joye, en voyant cinq cent Gentilhommes parmi leſquels il y en avoit pluſieurs d'une naiſſance diſtinguée, qui n'attendoient que ſes ordres, & le premier Prince du ſang obligé de lui venir faire compliment? Si Louis fût mort ce jour-là, Mazarin & Chavigni étoient perdus ſans reſſource. *La Reine, animée par tant de raiſons contr'eux, ne leur eût point pardonné.* Mais voici une autre ſcéne.

Quoique le Roi ne reçût point de ſoulagement durant toute la journée, & que ſur le ſoir voulant éloigner de ſon eſprit toutes les penſées du gouvernement de l'Etat, il ordonnnât à Anne d'Autriche, d'aller tenir le Conſeil, *ce qu'elle ne fit qu'après s'en être défendue avec beaucoup de larmes*, feintes, ou ſinceres, Dieu le ſçait, la nuit apporta de l'amendement. Louis, qui ſe trouve mieux, ſe fait razer le lendemain, paſſe l'après-dinée à voir *enfiler des morilles & des champignons*, & à faire chanter Nielle dans la ruelle de ſon lit, *auquel il répondit par fois.* Voulant tenir Conſeil ſur le ſoir, il le dit à la Reine, & la prie de ſe retirer. Compliment qu'elle prit *pour un nouvel outrage que* Mazarin & Chavigni lui faiſoient. Un petit moment de meilleure ſanté leur avoit tellement rehauſſé le cœur, que leurs amis & leurs créatures diſoient hautement, que ſi le Roi en réchappoit, la ruine *des Importans* étoit infaillible. C'eſt le nom qu'on donnoit à tous ceux qui ſe déclaroient ouvertement pour Anne d'Autriche, & contre les deux Miniſtres. Mais le jour ſuivant, Louis étant retombé dans ſa premiere langueur, le Cardinal & le Secrétaire d'Etat perdirent toute eſpérance de ſa guériſon, & redoublerent leurs intrigues auprès de la Reine.

La Princeſſe de Condé, piequée de ce que le Duc de Beaufort avoit témoigné trop *de dépit & d'aigreur* contre la Ducheſſe de Longueville ſa fille, fut une des premieres qui parla pour eux. Le Marquis & la Marquiſe de Liancour ſœur du Maréchal de Schomberg les ſervirent avec ardeur. L'Epouſe de Chavigni, habile & intriguante, ne s'oublia pas en cette occaſion. Mais *les plus fortes machines* que les deux Miniſtres *employerent*, dit la Chaſtre, furent le P. Vincent, Béringhen, & Montaigu Gentilhomme Anglois, Abbé de S. Martin de Pontoiſe, pour qui Anne d'Autriche eut tant d'affection qu'il ſe flata depuis avec quelque fondement d'être un jour Cardinal & Miniſtre d'Etat. J'ai déja parlé de lui dans les livres précédens. Vincent Inſtituteur & premier Supérieur Général de la Congrégation appellée *des Prêtres de la Miſſion*, dont la principale maiſon eſt S. Lazare dans un des fauxbourgs de Paris, homme qui ſous un extérieur ſimple & humble cachoit un eſprit inſinuant & adroit, *attaque la Reine par la conſcience, & lui prêche inceſſamment le pardon des ennemis.* Béringhen ſon *premier Valet de chambre*, aſſidu aux heures où perſonne ne la voit, lui remontre que Mazarin & Chavigni lui ſont utiles, & qu'ayant le ſecret de toutes les affaires importantes, il lui ſera preſque impoſſible de s'en paſſer dans les premiers commencemens. Montaigu *dévot de profeſ-*

fion, mêlant Dieu & le monde ensemble, & joignant aux raisons de dévotion la nécessité d'avoir un Ministre instruit des affaires de l'Etat, y ajoûte, selon la conjecture du Marquis de la Chastre, *une considération qui gagne absolument la Reine*. Il lui représente que le Cardinal a en main plus que personne *les moyens de faire la paix*. Qu'étant originairement sujet du Roi d'Espagne son frere, il aura soin de la faire *avantageuse* à la Maison d'Autriche. Enfin, qu'elle doit essayer de le maintenir, afin d'avoir un appui contre les factions qui se pourront former dans le Royaume durant sa Régence. Louis n'avoit donc pas si grand tort de soupçonner son Epouse, d'être trop *passionnée pour sa Patrie*. La Princesse de Guimené de la Maison de Rohan, & Brienne Secrétaire d'Etat, furent encore deux des *principaux ressorts* que Mazarin & Chavigni *firent jouer*. La Princesse, l'une des premieres à qui Anne d'Autriche s'ouvrit, la *confirma* dans la pensée de garder le Cardinal. La Chastre ne parle pas si positivement de Brienne. *Il est certain*, dit-il, *que devant, ou après la mort du Roi, il fut un des premiers qui changea de parti, après nous avoir promis amitié.*

On s'étonnera peut-être, ajoûte-t-il, *que toutes ces choses se soient passées, sans que notre cabale*, ennemie de Mazarin & de Chavigni *se remuât davantage*. Telles sont les raisons que le Marquis en apporte. L'Evêque de Beauvais, qui sembloit avoir le principal secret de la Reine, fut le premier trompé. Peu contente des réponses du Prélat sur les affaires qu'elle lui propose d'abord, elle se dégoûte de lui, & ne lui découvre plus le fonds de son ame. Incertaine & irrésolue d'ailleurs, tantôt elle veut garder le Cardinal pour un temps, & puis elle semble acquiescer aux raisons qu'on lui allegue pour la dissuader, & n'en parle pas davantage. Dans le temps même qu'elle incline pour Mazarin, elle donne au Duc de Beaufort des espérances que le Marquis de la Vieuville sera remis dans la charge de Surintendant des finances. Un jour elle promet les Sceaux pour Châteauneuf, & le lendemain au Président le Bailleul. Elle assure même au Duc de Vendôme que Des-Noyers sera rappellé deux heures après la mort du Roi. Enfin elle envoye querir le Président de Barillon, nouvellement revenu de son exil d'Amboise, & Gondi Prêtre de l'Oratoire, autrefois Comte de Joigni & Général des galeres, pere du fameux Cardinal de Retz, pour sçavoir leurs sentimens. *Je crois*, dit la Chastre, *qu'il peut y avoir eu de la dissimulation dans tout ce procédé. Mais il y eut aussi sans doute de l'incertitude & de l'irrésolution.* Mazarin sçut la fixer en sa faveur.

Le délié Cardinal tentoit en même-temps, de se maintenir auprès du Duc d'Orléans, & de s'assurer du Prince de Condé. Quoique celui-ci aime mieux que les affaires demeurent entre les mains des deux Ministres, que de les voir tomber dans celles de Châteauneuf, il ne veut rien promettre à Mazarin & à Chavigni. *Je ferai ce que Monsieur fera*, répondit-il en termes généraux à leurs propositions. L'Abbé de la Riviere, qui gouvernoit absolument Gaston, tint le Cardinal *en balance* jusques à la fin. *Si ses intérêts particuliers ne l'eussent empêché de s'accommoder avec nous, je crois qu'il n'auroit jamais favorisé l'autre parti.* Quels étoient-ils ces intérêts par-

1643.

ticuliers de l'Abbé ? La crainte du ressentiment de Montrésor & de Béthune amis du Duc de Beaufort. Par l'entremise du Maréchal d'Etrées, la Riviere s'étoit accommodé avec le Duc de Vendôme. Ce n'étoit pas encore assez. Il falloit gagner Beaufort. La veille de la mort du Roi, Etrées le va trouver, & lui dit, *Monsieur, si vous voulez accorder votre amitié à la Riviere, & le garantir du ressentiment de Mrs. de Montrésor & de Béthune ses ennemis, il vous promettra de faire agir Monsieur comme vous voudrez.* Beaufort conte la proposition à la Chastre, & lui demande ce qu'il en pense. Celui-ci répond sagement que les intérêts généraux du Parti doivent l'emporter sur les querelles particulieres. Baufort prie la Chastre d'en parler à Béthune, qui s'explique d'une maniere si froide & si peu positive, que le Duc rompt le traité entamé avec la Riviere, & n'en veut plus entendre parler, de peur de chagriner Montrésor & Béthune ses amis. *On le doit louer*, poursuit la Chastre, *de ce qu'en cette occasion, & en toutes les autres, il a toujours préféré l'honnête à l'utile. Il n'a jamais pensé à ses avantages particuliers.* Cela parut évidemment dans la distribution que Louis fit des charges vacantes. Lorsque le Prince de Condé eut celle de Grand-Maître de la maison du Roi, le Duc de Beaufort pouvoit obtenir celle de Grand-Ecuyer, s'il eût voulu s'aider. La Reine le pressoit de la prendre ; mais il s'en défendit en lui disant, *Madame, je ne veux recevoir aucune gratification que des mains de Votre Majesté.* Le Cardinal eût donné toutes choses pour avoir son amitié, & même celle de tous ceux de la cabale. *Je le sçai par moi-même*, dit enfin la Chastre ; *le Commandeur de Souvré m'étant venu sonder de la part de Mazarin, & me dire qu'encore qu'on me nommât parmi ceux qui lui vouloient le plus de mal, notre amitié de Rome l'empêchoit de le croire. A quoi je répondis que Son Eminence m'obligeoit beaucoup d'avoir cette pensée, & que je me mêlois seulement de faire ma charge & de servir la Reine.*

Le Duc de la Rochefoucaut parle plus succinctement des intrigues racontées par le Marquis de la Chastre, & des raisons de l'irrésolution d'Anne d'Autriche dans les derniers jours de la vie de Louis. Voici ce qu'il en dit. « Le Roi dont la maladie augmentoit, voulant donner quel-
» ques marques de clémence, soit par dévotion, soit pour témoigner que
» le Cardinal de Richelieu avoit eu plus de part que lui aux violences
» exercées depuis la disgrace de la Reine sa mere, consentit à rappeller à
» la Cour les plus considérables de ceux qui avoient été persécutés. Il s'y
» disposa d'autant plus volontiers, que les Ministres, prévoyant beaucoup
» de désordres, essayoient de l'assurer contre tout ce qui pouvoit arriver
» dans la révolution dont ils étoient menacés. Les exilés revinrent presque
» tous. Comme il y en avoit beaucoup d'attachés à la Reine par les ser-
» vices qu'ils lui avoient rendus, ou par la liaison que la disgrace fait
» d'ordinaire entre les personnes persécutées, il y en eut peu qui n'eussent
» pas assez bonne opinion de leurs services, pour n'attendre pas une ré-
» compense proportionnée à leur ambition. Plusieurs crurent que la Reine
» leur ayant promis toutes choses conserveroit dans la souveraine autorité

» les mêmes sentimens qu'elle avoit eus dans sa disgrace. Le Duc de Beau-
» fort étoit celui qui avoit conçu les plus grandes espérances. Il étoit de-
» puis long-tems attaché fort particulierement à la Reine. La preuve de sa
» confiance qu'elle lui donna, en le choisissant pour garder le Dauphin &
» le Duc d'Anjou, lorsqu'on croyoit le Roi sur le point d'expirer, est si
» publique & si grande, que ce ne fut pas sans fondement qu'on commen-
» ça de considérer son crédit, & de trouver beaucoup d'apparence à l'o-
» pinion qu'il essayoit d'en donner.

» L'Evêque de Beauvais crut ne se devoir point opposer à la faveur du
» Duc de Beaufort. Il souhaita même de se lier avec lui, pour ruiner de
» concert le Cardinal Mazarin, qui commençoit de s'établir. Ils espérent
» d'en venir facilement à bout, non seulement par l'opinion qu'ils avoient
» de leur crédit, & par l'expérience que l'Evêque de Beauvais avoit faite de
» sa facilité à ruïner des personnes qui devoient être plus considérables à la
» Reine par leurs services que le Cardinal Mazarin ; mais encore, parceque
» celui-ci étant créature du Cardinal de Richelieu, ils croyoient que cette
» liaison-là seule lui devoit donner l'exclusion, & que la Reine avoit con-
» damné trop publiquement la conduite du Cardinal de Richelieu, pour
» conserver dans les affaires une personne qu'il y avoit mise de sa main, &
» que la Reine regardoit comme auteur de la Déclaration du Roi dont elle
» étoit aigrie au dernier point : Confiance qui fit négliger au Duc de Beau-
» fort, & à l'Evêque de Beauvais, beaucoup de précautions, durant les
» derniers jours de la vie du Roi, qui leur auroient été bien nécessaires
» après sa mort. La Reine étoit encore assez irrésolue en ce temps-là, pour
» recevoir les impressions qu'on auroit voulu lui donner. Elle me cachoit
» moins qu'aux autres la situation de son esprit, parce que n'ayant jamais
» eu d'autres intérêts que les siens, elle ne me soupçonnoit pas de vouloir
» embrasser un autre parti que celui qu'elle choisiroit. Elle commençoit de
» craindre l'humeur impérieuse & altiere du Duc de Beaufort, qui non con-
» tent de soûtenir les prétentions du Duc de Vendôme son pere au gouver-
» nement de Bretagne, appuyoit encore celles de tous ceux qui avoient souf-
» fert sous l'autorité du Cardinal de Richelieu, non seulement pour attirer
» presque toutes les personnes de condition par leurs intérêts particuliers,
» dans une cause qui leur paroissoit juste ; mais encore pour avoir un pré-
» texte de choquer le Cardinal Mazarin, & en remplissant les principales
» charges de l'Etat, faire des créatures, & donner des marques si éclatan-
» tes de sa faveur, qu'on en pût attribuer la cause à tout ce qui étoit le
» plus capable de satisfaire son ambition, & même sa vanité. La Reine con-
» sidéroit d'un autre côté, qu'après avoir confié ses Enfans au Duc de Beau-
» fort, ce seroit une legereté que tout le monde condamneroit, si on la
» voyoit passer en si peu de temps d'une extrémité à l'autre, sans aucun su-
» jet apparent. La fidélité du Cardinal Mazarin & celle de M. de Chavi-
» gni ne lui étoient pas assez connues, pour être assurée qu'ils n'eussent
» point de part à la Déclaration. De maniere que trouvant des doutes de
» tous côtés, il lui étoit mal-aisé de prendre une résolution sans s'en repen-

HISTOIRE

1643.

»tir. La mort du Roi l'y obligea néanmoins : » évenement qui sera la conclusion de cette Histoire.

Mort de Louis XIII.

Bernard Histoire de LouisXIII Liv. XX. Histoire du Cardinal Mazarin. Liv. 2. chap. 1. Mercurio di Vittorio Siri. Tom. 3. Lib. 1.

Louis avoit, comme je l'ai dit, reçu l'Extrême-Onction le Jeudi 23. Avril avec de grands sentimens de dévotion. Il répondoit aux litanies & aux prieres qui se récitent, selon l'usage de la Communion de Rome, dans une cérémonie qu'elle regarde comme un véritable Sacrement, à cause de l'onction qui se fait sur le malade. C'est une institution assez nouvelle, & dont il est difficile de trouver des traces dans les premiers siecles de l'Eglise. L'onction pratiquée par les Apôtres n'y a pas de rapport. A proprement parler, cette observance est un reste de la pénitence publique, à laquelle un mourant, touché du repentir des péchés de sa vie passée, se soumettoit, en se faisant revêtir d'un sac, & mettre sur la cendre ; chose qui est en usage dans certains Ordres Monastiques. On eut quelqu'espérance dans les derniers jours du mois d'Avril. Mais au commencement de Mai les symptômes de la maladie furent si mauvais, que les Medecins, désespérant de la guérison du Roi, ne lui donnerent plus de remedes. Le 12. du mois, il communia une seconde fois, fit approcher de lui la Reine & le Duc d'Orléans, prit leurs mains, & les mettant l'une dans l'autre, éxigea qu'ils se promissent réciproquement de vivre en bonne intelligence après sa mort, & d'avoir soin de ses deux fils.

Peu attentif à la défaillance de ses forces, il s'entretenoit de choses pieuses & édifiantes avec Cospean Evêque de Lisieux & quelques autres Prélats présens. *Je me soumets de tout mon cœur à la volonté de Dieu*, disoit-il. *La vie & la mort me sont indifférentes. Je souhaiterois plus celle-ci que l'autre. Mon ame s'ennuie de vivre* ajoûta-t'il en citant les paroles du saint homme Job selon la Version Vulgate. *S'il plaît à Dieu de me laisser encore dans le monde, j'employerai, moyennant sa grace, le temps qu'il voudra bien m'accorder, à implorer sa miséricorde pour moi & pour mes sujets, à leur rendre justice & à leur procurer une bonne paix.* Montrant sa poitrine & ses bras décharnés au Duc d'Angoulême & au Marquis de Liancourt ; *Les Rois*, dit-il au premier, *ne sont pas plus exempts que les autres des miseres de la vie*. Puis se tournant vers le second, il récita ces paroles, que l'Eglise de Rome employe en donnant des cendres le premier jour du Carême : *Souviens-toi, homme, que tu es poudre, & que tu retourneras en poudre.* Le jeudi 14. Mai, jour de la fête de l'Ascension de Jesus-Christ au Ciel & de la mort violente du Roi Henri IV. Louis sentant que son heure étoit venue demanda qu'on fît les prieres des *agonizans*, y répondit fort dévotement, écouta attentivement les exhortations de l'Evêque de Lisieux, l'embrassa en l'appellant son pere, perdit peu de temps après la parole, & expira sur les deux heures après midi, la 43. année de son âge, & la 33. de son Regne.

Le corps fut ouvert en présence du Duc de Nemours, du Maréchal de Vitri, & du Marquis de Souvré premier Gentilhomme de la chambre. On trouva les intestins presque tout ulcérés, les poumons adhérans aux côtes, un petit abscès dans le méfentere, & une espece de boule dans l'estomac pleine de vers, parmi lesquels il y en avoit un fort gros. Quoiqu'il n'y eût aucune apparence d'une mort avancée par le poison, le peuple de Paris, excité apparemment par les ennemis de la mémoire de Richelieu, se mit à crier que le Cardinal avoit empoisonné son Maître dans l'espérance de se faire Régent du Royaume. L'émotion fut si grande contre ses parens, que durant quelques jours, ils n'oserent paroître ni à la Cour, ni dans la ville. Louis avoit ordonné que ses funérailles fussent simples & peu magnifiques. On eût bien voulu suivre ses intentions. Mais cela n'étoit gueres possible, à cause des formalités qu'il falloit observer. Le Corps fut porté le 19. du mois, de S. Germain à l'Abbaye de S. Denys, accompagné des troupes & des Officiers de la maison du Roi. La cérémonie de l'enterrement se fit quelques jours après. Le Cardinal de Lyon frere de Richelieu, Grand Aumônier de France, officia. Quatre Présidens au mortier porterent les coins du poisle. Les Officiers de la Couronne & de la maison du Roi, ou les gens nommés pour remplir leurs places, ayant porté ou les marques de leur dignité, ou les ornemens Royaux, jusques au caveau, où le corps fut mis premierement; le Duc de la Tremouille, qui faisoit l'office de Grand Maître de la maison du Roi, dit à haute voix, *le Roi est mort.* Un Héraut d'armes répéta la même chose par trois fois, & ajouta ces paroles, *prions tous pour le repos de son ame.* Après quelques momens de prieres secretes, ou de silence, le Duc de la Tremouille cria selon la coûtume, *vive le Roi.* Un Héraut d'armes ploclama pour lors, *Louis XIVe. du nom Roi Très-Chrétien de France & de Navarre,* & finit en exhortant les assistans à faire les mêmes acclamations.

F I N.

TABLE DES MATIERES.

A B

ABANCEZ, (Dom Alvare) proclame Jean IV. Roi de Portugal. VI. 170.

Abbot, Archevêque de Cantorberi, déclaré ouvertement contre Vorstius & contre les Arminiens, I. 212. 219. s'intrigue auprès de la Reine épouse de Jacques I, pour la faire consentir à l'avancement de Villiers, 474. 475. prévient le Roi contre les Arminiens, 747. Abbot est d'avis que l'Electeur Palatin doit accepter la Couronne de Bohême : raisons sur lesquelles il se fonde. Ce que ce bon Prélat s'imaginoit sur cette affaire, II. 164. 165. Remontrance qu'il écrit au Roi, pleine de zele & de courage, 559. 560. Articles du mariage du Prince de Galles avec l'Infante, dont il jura l'observation, 599. Il se déclare contraire aux sentimens des Arminiens. Son zele pour la liberté du peuple déplaît à la Cour, 751.

Abbot refuse d'approuver un Sermon touchant l'obéïssance dûe aux Rois : est disgracié & relégué dans son Diocèse, III. 132. 133. Ce qu'il propose dans une conférence de la Chambre Haute avec celle des Communes, touchant les griefs de la Nation, 190. Il inspire ses préjugés contre l'Arminianisme à plusieurs membres des Communes, 298. condamne les innovations de Laud. Calomnies répandues contre *Abbot*. Portraits différents que les Anglois font de ce Prélat, IV. 291. & *suiv*. S'il mérite la censure qu'en a fait le Comte de Clarendon, 293. Sa mort, 300.

Aberdeen en Ecosse. L'Université de cette Ville contribue à maintenir la partie septentrionale du Royaume dans la fidélité dûe au Roi, &c. V. 587.

Abscheid : ce que ce mot signifie en Suisse, II. 774. 780.

Absolution ad Cautelam, formalité superstitieuse & comique, pourquoi introduite, II. 647.

A C

Académie Françoise ridiculement flateuse, &c. II. 538. III. 272. 274. Egaremens où l'esprit de flaterie à jetté ses premiers membres, 640. Premier berceau de l'*Académie Françoise* : son établissement sous l'autorité publique : motifs de son Instituteur & des premiers *Académiciens*, IV. 777. & *suiv*. Flateries impertinentes de ceux-ci : leur projet fanfaron : qualités qu'ils devoient avoir pour l'exécuter ; 782. & *suiv*. On trouve dans l'Histoire de cette Compagnie de quoi la tourner en ridicule. A quoi ont abouti ses occupations. Satire contre ses premiers membres, 784. & *suiv*. Définition de l'*Académie Françoise*. Lettres Patentes pour son établissement : le Parlement fait difficulté de les enregistrer, 786. & *suiv*. Son Fondateur paroît s'en soucier peu dans la suite, & la laisse errer à Paris de rue en rue, 789. Sentimens de l'*Académie Françoise* sur le Cid, ouvrage entrepris par l'ordre du Cardinal. Idée que le peuple de Paris se forma d'abord de cette Compagnie, 792. 793. Elle ne devroit pas étourdir le monde des louanges de son misérable Fondateur, VI. 308. 446.

Acugna (Dom Roderic d') Archevêque de Lisbonne, entre dans la conspiration des Portugais contre les Espagnols, VI. 141. Discours qu'il fait dans une assemblée des Conjurés, selon l'Abbé de Vertot, 142. 143. Il y soutient le droit du Duc de Bragance à la Couronne, 144. s'assure des plus considérables du Clergé de la Ville, 159. Sa conduite au jour de la révolution. Il prend le Gouvernement de l'Etat jusqu'à l'arrivée du nouveau Roi, &c. Prétendu miracle qu'il procure, ou accrédite, 169. 170. Il assiste à la reconnoissance solemnelle de ce Prince, 177. 178. Réponse que lui fit la nouvelle Reine, 384.

Acugna (Dom Emmanuel d') Evêque d'Elvas, VI. 156. prononce un Discours aux Etats Généraux du Portugal ; y fait l'éloge du nouveau Roi, 178. 179.

V vvv

TABLE DES MATIERES.

A C

Acugna (Dom Estevan d') un des conjurés contre les Espagnols à Lisbonne, VI. 162.

Acugna (Dom Louis d') neveu de l'Archevêque de Lisbonne, & un des Conjurés contre les Espagnols, VI. 142. 166.

AD AE

Adolphe Frédéric, Duc de Mekelbourg, s'entremet pour le rétablissement de la paix dans l'Empire, V. 118. indique une assemblée des Princes Protestants d'Allemagne à Lunebourg, &c. 120. 121.

Aerssens (François) Seigneur de Sommerdyk, Ambassadeur des Provinces-Unies, fait grand bruit contre le double mariage entre la France & l'Espagne, I. 127. Protecteur des Contre-Remontrants; par quel motif. Résolu de se venger de Barnevelt, il se livre au Prince Maurice: ce qu'il lui insinue: menace le pensionnaire, 523. 524. 740. 750. De quoi il se sert pour rendre Barnevelt suspect & odieux: il fait publier des libelles contre lui, & y parle de la Cour de France d'une maniere injurieuse, II. 44. fait courir des pasquinades contre la Lettre du Pensionnaire au Prince d'Orange, 48. est une des causes des troubles & des malheurs domestiques: profit qu'il en tire, 97. Il paroît parmi les Juges de Barnevelt, 98. Combien il étoit odieux à la Cour de France, 328-329. Il y est envoyé Ambassadeur extraordinaire: par quel motif, 792. *Aerssens* a part au projet formé contre le mariage de Gaston avec la Princesse de Montpensier, III. 37.

Aerssens, Confident de Frédéric-Maurice, & fort estimé dans les Provinces-Unies, dans les pays étrangers, & par Richelieu, V. 479. marque, avec exactitude & avec jugement, la situation de sa République, dans les réponses qu'il fait aux lettres du Maréchal de Châsillon, 482. *& suiv.* témoigne avoir mauvaise opinion des affaires de Suede, au commencement de l'année 1638. 486. Ce qu'il écrit sur la Douairiere de Landgrave de Hesse, 487. 488. Lettre judicieuse d'*Aerssens* au Maréchal de Châtillon, 519. Extrait d'une de ses lettres, 598. Réponse qu'il fait au même Seigneur: comment il y dépeint les affaires d'Angleterre. Négociation dont il étoit chargé dans ce Royaume, VI. 249. *& suiv.*

A G

Aglié (Le Comte d') Voyez *Daglié*.

Agnès, fille du dernier Prince de la race des Comtes Palatins du Rhin, porte de grands biens à son mari Othon Duc de Baviere, II. 528.

A I

Aiamonte (Le Marquis d'). Voyez *Ayamonté*.

Aiazzi, Colonel Piémontois, est tué à côté du Cardinal-Infant, à la bataille de Norlingue, IV. 648.

Aides (La Cour des) de Paris résout de ne point vérifier un Edit pécuniaire: est interdite. Ses Officiers plient, & sont rétablis, III. 441. 442.

Aiguebere est dépêché au Prince d'Orange pour concerter les projets de la campagne de 1637. V. 321. 322. 397. défend la ville d'Aire avec un courage & une constance admirables, VI. 345.

Aiguebonne est envoyé à Gaston par le Roi, IV. 162. Ambassadeur de S. M. à la Cour de Savoye, il signe un traité avec les Princes Maurice & Thomas, VI. 501. Ordre qui lui est adressé. 588.

Algueville se signale dans une expédition, IV. 733.

Aiguillon (La Duchesse d') Voyez *Combalet*.

Aire, Ville de l'Artois prise par les François & reprise par les Espagnols, VI. 343. *& suiv.* 441.

Aix-la-Chapelle: divisions entre les Catholiques & les Protestants de cette Ville, I. 82. *& suiv.* 86. Elle est mise au Ban de l'Empire, & réduite, 263. 264.

A L

Alais (Le Comte d') ou *d'Aletz*, fils du Duc d'Angoulême, affecte de ne point faire sa Cour au Prince de Piemont qui étoit à Paris, III. 8. tâche de guérir l'esprit du Duc de Montmorenci, son oncle, IV. 113. Il accompagne Gaston à Tours. Pourquoi on l'éloignoit, 167. 168. Il fait des instances auprès du Cardinal pour obtenir la grace de Montmorenci, 191. est fait Chevalier de l'ordre du St. Esprit, 276. va au-devant de la Duchesse Nicole, 444, & du Chancelier de Suede, qui refuse de le traiter en Prince, &c. 696. défere à la décision du Conseil du Roi sur le Cérémonial à observer avec le Duc de Parme, V. 78. obtient le gouvernement de Provence, 348. 367. 368. introduit une garnison Françoise dans Monaco, d'accord avec le Prince de ce nom, VI. 395.

TABLE DES MATIERES.

A L

Alard Confident de Lefdiguieres, & homme d'intrigue du Duc de Savoye auprès du Maréchal, fait affaffiner le mari de la Vignon: eft arrêté. Sous quel prétexte on le tire d'entre les mains de la Juftice, I. 409.

Albe (Le Duc d') Grand Maître de la Maifon du Roi d'Efpagne, le Comte-Duc, &c. prefent Arfchot de contenter S. M. C. IV. 489. Le Duc d'*Albe* eft chargé de harceller les Portugais, VI. 176. fe retire de la Cour, 485.

Albert Duc de Baviere refufe, fur un fcrupule de confcience, la Couronne de Bohême qu'on lui offroit, II. 144. 145. Conteftation qu'il eut avec l'Electeur Palatin, dont il tâcha d'obtenir l'Electorat, &c. 529. 530.

Albert Archiduc d'Autriche, époux de l'Infante Ifabelle, I. 6. Réponfe d'*Albert* & d'Ifabelle au fujet du Prince & de la Princeffe de Condé, réfugiés dans leurs Etats, 11. 12. Si la générofité fut le feul motif de leurs refus, 12. part qu'il prend aux troubles d'Aix-la-Chapelle, 84. Il a la commiffion de faire exécuter un Mandement Impérial contre cette ville, &c. 163. 164. renonce à fes prétentions en faveur de Ferdinand, 715. 716.

Albert & Ifabelle donnent l'héritiere de Pequigni à Cadenet: fous quelle condition, II. 158. envoient fommer les Provinces-Unies de fe foumettre à leur obéiffance, 330. Mort de l'Archiduc *Albert*. Son caractere: fa fuperftition, 386.

Albornoz, Cardinal Efpagnol, défend fon confrere Borgia dans un Confiftoire, IV. 59. commande dans le Duché de Milan: dépourvu de troupes il ne dit rien fur l'expédition du Duc de Rohan dans la Valteline, V. 3. n'omet rien pour déconcerter les entreprifes des confédérés, 8. Réponfe qu'il fait au Pape, & à fon neveu François Barberin, VI. 512. 515. Il fort de Rome, 518.

Albuquerque (le Duc d') va propofer au Pape Gregoire XV. d'accepter le dépôt des forts de la Valteline, II. 565.

Alcala (Le Duc d') ne s'accorde pas avec le Marquis de Léganez, &c. V. 133. eft épouvanté du paffage de la riviere du Tefin par les confédérés, 144.

Aldobrandin, Cardinal: ce qu'il perfuade au Duc de Savoye, I. 210. Il tente de le raccommoder avec le Sénat de Venife, 268. On tâche de le mettre dans les intérêts de la France, 686. 687. Pourquoi il ceffe de paroître

A L

à la Cour, & aux Confiftoires; IV. 60.

Aldobrandin (Le Prieur) va négocier pour les troupes du Pape à Milan, II. 770.

Aldobrandin (le Prince) Colonel, eft tué à la bataille de Norlingue, IV. 640. 641.

Aldringhen ou *Aldringher*, Officier de l'armée Impériale en Italie, III. 402. 467. 472. 473. IV. 23. 81. grievement bleffé en Baviere, 81. Ordre qu'il reçoit, 352. Commiffion que Valftein, dont il dépendoit, lui donne, 374. Il mene un détachement confidérable au Duc de Feria, 393. appuie dans un confeil de guerre l'avis favorable au deffein de fon Général, 394. empêche les Efpagnols de faire quelque chofe de confidérable, &c. 400. fe déclare contre Valftein, après la confpiration, 478. 479. 481. a part au commandement des troupes, 482. accourt trop tard au fecours de Landshut, y eft tué. Sa fortune & fes talents, 633.

Alencaftro (Dom Louis d') Portugais, frere du Duc d'Aveiro, commande les galeres d'Efpagne dans un combat contre les François, VI. 491.

Alexandre le Grand: pourquoi il fouhaitoit de reffufciter pour un temps après fa mort, I. Préface, XIV.

Alexandre Severe, Empereur. Jugement équitable qu'il rend. II. 27.

Alexandre (Dom) frere du Duc de Bragance, VI. 141. 154.

Alfefton, qu'on avoit fuborné pour affaffiner le Cardinal de Richelieu, eft condamné à expirer fur la roue, IV. 369. & fuiv.

Aligre n'obtient pas les Sceaux par une avanture bizarre, quoique le Roi ait de l'inclination pour lui, II. 513. & fuiv. Il les obtient enfuite: charmé de la franchife de Baffompierre, il fe réconcilie avec lui, 593. eft fait Chancelier, 596. Négociation où il eft Commiffaire, 615. 640. Il appuie le droit des Univerfités contre les Jéfuites, 654. Ce qu'il répond aux plaintes des Miniftres du Pape fur l'irruption dans la Valteline, 690. 691. Il rend vifite au Légat à la tête du Confeil du Roi, 712. Expofé qu'il fait dans un Confeil extraordinaire, pour examiner les propofitions de Barberin, 739. Articles qu'il prefcrit aux Rochelois, qui demandent la paix, 768. Il fait une réponfe au Duc d'Anjou, dont on le blâme. Il eft chaffé de la Cour, III. 42. meurt relégué dans une de fes terres, V. 64.

Alincourt (Le Marquis d') eft envoyé à Lyon

AL

pour veiller sur les démarches du Duc de Savoye, I. 68. Il remet son pere dans les bonnes graces de la Reine, en travaillant efficacement à la réconciliation du Duc de Longueville & du Maréchal d'Ancre, 352. négocie celle du Duc de Nemours avec le Duc de Savoye, 777. fait arrêter l'Evêque de Luçon; le retient, quoique muni d'un passeport & d'une lettre du Roi, jusqu'à nouvel ordre; II. 107. 108. Son avis dans un Conseil tenu à Lyon par le Cardinal de Richelieu, &c. III. 413.

Allaiz (Louis) scélérat, caché sous un habit d'Hermite, sert à ourdir une trame contre le Duc de Vendôme, VI. 234. 235.

Allemagne : méthode que les Princes de ce pays ont prise. A quoi s'y réduit la liberté. Le peuple y ressent les effets du pouvoir arbitraire, II. 387. Disette affreuse en *Allemagne*, V. 227. Les trois ordres de cet Empire demandent fortement la paix. Comment on les amuse, VI. 201. Maniere dont la guerre se fait en *Allemagne*, 644.

Allemans engagés au service du feu Duc de Weymar: négociation de la Cour de France pour les attirer au sien, V. 692. & *suiv.* Traité entre Louis & leurs Officiers, 700. 701. Intrigue de Bannier pour les débaucher, & les attirer à lui, VI. 95. 96. On les engage à prêter serment de fidélité au Roi de France, 103. & *suiv.*

Alliaga, Confesseur de Philippe III. & Inquisiteur général, est un des executeurs du Testament de ce Prince, II. 321. est privé de sa charge: a ordre de retourner dans son Couvent, 323.

Almada (Dom Antoine & Dom Louis d') pere & fils, Portugais conjurés contre les Espagnols, VI. 142. Assemblée des conjurés dans le jardin de Dom Antoine, 146. 147. Conférence où il se trouve, &c. 161. 162. Avanture qui lui arrive, 163. 164. *Almada* & son fils retiennent la Vice-Reine avec respect, 167. Le pere est un des Ambassadeurs de Portugal en Angleterre, 188.

Almeyda (Dom Miguel d') se distingue parmi les Portugais ennemis de la domination Castillane, VI. 141. 156. 157. 161. 162. 165. 166. 168. 169.

Altamira (Le Comte d') par erreur Alcamira, maltraité par Olivarez, VI. 485.

Altemps (le Comte d') va saluer le Cardinal Infant, de la part du Roi de Hongrie, IV. 635.

AL

Altesse Royale : origine de ce titre, dédaigné par Monsieur Frere de Louis XIV. rejetté par la Cour de Madrid, quoiqu'il eût été inventé pour un Infant d'Espagne, IV. 333. 334. Voyez 497. 673. Rois qui se contentoient autrefois du titre d'*Altesse*, VI. 6. 171.

Altier, Colonel sous Picolomini, à la bataille de Thionville, V. 671.

Aluie (Le Marquis d') est fait Chevalier de l'ordre du Saint-Esprit, IV. 276.

AM

Amanzé, Gentilhomme Bourguignon dépêché au Roi par le Duc de Bellegarde, &c. III. 625.

Ambassadeurs : peu de fonds qu'on doit faire sur leurs discours & sur leurs mémoires, II. 780. Dispute dans une assemblée de Notables sur la proposition de défendre aux particuliers tout commerce avec les *Ambassadeurs* des Princes étrangers, III. 96. 97. La charge des *Ambassadeurs*, dans les Cours où ils sont, les oblige de ramasser & d'écrire le bon & le mauvais, le sûr & l'incertain, V. 130.

Ambres (Le Marquis d') obtient une Lieutenance générale en Languedoc, IV. 276. joint le Gouverneur de la Province, avec lequel il ne vivoit pas en bonne intelligence, pour s'opposer aux Espagnols, V. 340. 341. 345. est blessé au combat de Leucate, 346. rassemble des milices pour le secours de Salces, 727.

Amelia (L'Evêque d') nommé Nonce en Espagne, & chargé de porter le chapeau de Cardinal au Duc de Lerme, II. 5.

Amelot, Maître des Requêtes : commission dont il est chargé, I. 3.

Amfreville se trouve à la défense des lignes devant Arras, VI. 77.

Amiens (Le Vidame d') fils du Maréchal de Chaunes, loué par Châtillon, VI. 78.

Amirante (L') de Castille est chargé de faire une irruption dans la Guienne, V. 199. 203. & *suiv.* se disculpe de n'avoir pas attaqué Bayonne par un mot à la louange du Duc d'Epernon, 206. a la conduite d'une armée pour le secours de Fontarabie, 545. Se poste à la portée du Canon des assiégeants, 546. Occasion dont il profite, 555.

Amontot, Envoyé du Roi de France, conclut un traité avec la Landgrave de Hesse, VI. 97.

Amsterdam se déclare pour les Contre-Remontrants : origine singuliere de cette révolution,

TABLE DES MATIERES.

A M

& suites qu'elle eut, &c. I. 519. & *suiv*. 742. 743. 747. *Amsterdam* s'oppose aux résolutions & aux Ordonnances des Etats de Hollande, II. 48. 51. demande un Synode national, 53.

Anstruther (Le Chevalier) Ambassadeur d'Angleterre vers une Assemblée de quatre Cercles à Heilbron, IV. 247. 248. *bis*. 249. Il fomente la jalousie d'Oxenstiern contre la France: ne conclut rien avec le Chancelier de Suede, 254. & *suiv*. Voyez *Anstruther*.

Amurath IV est mis sur le Thrône des Ottomans à la place de Mustapha: il se propose de marcher sur les traces de ses Ancêtres, &c. II. 576. 577. Ses bonnes & ses mauvaises qualités. Jamais Sultan ne fut plus féroce que lui. Outrage qu'il fait à Marcheville Ambassadeur de France, IV. 539. 540. Il pleure en voyant le désastre qu'un incendie cause dans la Capitale; monte à cheval, & donne ses ordres pour l'arrêter; fait attaquer la Pologne, reçoit mal un Ambassadeur que Ladislas lui envoie : tâche d'amuser les Polonois jusqu'à l'arrivée de ses troupes d'Asie, &c. 543. & *suiv*. S'avance vers la Pologne avec une nombreuse armée : Sa marche pompeuse. Craignant le sort de son frere Osman, il fait la paix avec le Roi & la République de Pologne, 547. 548. Insulte que font les Vénitiens à un de ses ports, pendant qu'il est occupé au Siege de Bagdad. Ils l'apaisent, V. 506. & *suiv*. 664. *Amurath* fait vœu, dit-on, d'attaquer les Chrétiens, pour obtenir la guérison d'une maladie causée par son intempérance, 663. affecte un grand zele pour sa religion, boit cependant du vin avec tant d'excès qu'il tombe dans une extrême foiblesse : fait vœu de n'en plus boire, l'oublie dès que sa santé est rétablie : retombe dans ses premiers excès, & creve, 665.

A N

Anciens, Laïques qui ont part au Gouvernement des Eglises presbytériennes, V. 588. Les Confédérés d'Ecosse en établissent contre l'usage présent, qui sont députés à l'Assemblée Ecclésiastique. Dispute sur ce sujet, 592. 593.

Ancre (Le Maréchal & la Maréchale d') Voyez Concini & Galigai. Le nom du Marquisat d'*Ancre* est changé en celui d'Albert. II. 120.

Andelot (Le Marquis d') fils du Maréchal de Châtillon, se signale à la défense des lignes devant Arras, VI. 77. 78. obtient le Régiment de Piémont après la défaite de son pere à Sedan, 309.

Andilli (Arnaud d') fait donner le Maréchal d'Ornano dans un piege, III. 39. fut un de ceux qui contribuerent le plus à la perte de ce Maréchal, qui l'avoit mis dans la maison du Duc d'Anjou. Il en est chassé, III. 44. Remarques à son désavantage. Il répare ses fautes dans la retraite, V. 54. 55.

Andouins, Baïonois, fait entrer du secours dans le Fort Saint Martin de l'Isle de Ré, III. 146.

Andrada (Le Docteur François d') est un des Ambassadeurs de Portugal en Angleterre, VI. 183.

Angennes (Charles d') Seigneur de Maintenon, membre de la Chambre de la Noblesse aux Etats, député à celle du Clergé, I. 321. 326.

Angleterre. Anglois heureux par la Loi *Habeas corpus*, I. 443. Bonne constitution du gouvernement d'*Angleterre*, 473. 474. Les Anglois crient contre leur Roi Jacques I. à l'occasion de la remise de trois places engagées par les Etats généraux, 518. Sentiment des plus savans & des plus modérés Prélats d'*Angleterre* sur les questions agitées en Hollande, 739.

Angleterre (Parlement d') convoqué par le Roi Jacques, II. 312. & *suiv*. Mécontentement réciproque du Roi & des Communes. Le Parlement est prorogé, 316. 317. Dans quelle vûe il est rassemblé. Mésintelligence entre S. M. & cette Assemblée, 409. & *suiv*. Les Anglois ne sont pas d'accord sur l'origine du Parlement. Il est prorogé & cassé. Protestation de la Chambre des Communes, 414. Autre convocation du Parlement d'*Angleterre*, 601. & *suiv*. Il est d'avis que le Roi rompe ses négociations pour le mariage de son fils, & pour la restitution du Palatinat, 605. & *suiv*. offre à S. M. d'amples subsides pour faire la guerre, 608. & *suiv*. lui présente une adresse pour arrêter les progrès du Papisme, 610. 611. Le Parlement est prorogé, 614. Loi sagement établie en *Angleterre*, 635. Pourquoi les Anglois, qui crierent si fort contre les articles du mariage du Prince de Galles avec l'Infante d'Espagne, demeurerent tranquilles à la vue de ceux qu'on accordoit à la France, 640. Anglois qui témoignerent plus de zele pour leur religion que les sujets des Provinces-Unies. Par quel manege il y eut des vaisseaux Anglois dans une flote de Louis XIII. qui agit contre les Réformés, 730. & *suiv*. Le Parlement d'*Angleterre* est convoqué par Charles I. Ce qui s'y

V vvv iij

AN

paſſa, 748. & ſuiv. Il eſt transféré à Oxford, & n'y eſt pas plus complaiſant qu'à Londres, 752. & ſuiv. Il eſt caſſé, 756. 757. Vaiſſeaux *Anglois* & Hollandois qui bloquent Dunkerque, diſperſés. Flote d'*Angleterre* ſur les côtes d'Eſpagne, rentre dans le port ſans avoir rien fait, 761. 762.

Angleterre : ſecond Parlement que Charles I. y aſſemble. Plainte des Communes contre Buckingam. Les Seigneurs tentent une eſpece de diverſion en ſa faveur. Suite des procédures de la Chambre baſſe, malgré les Lettres & les Mémoires que S. M. lui envoie, III. 17. & ſuiv. Remontrance qu'elle lui préſente en cette occaſion. Ce qu'on penſoit en France de ce procédé des *Anglois*, 23. 24. La Chambre Haute appuie le Comte de Briſtol, 25. 26. Les Communes envoient ſolemnellement aux Seigneurs leurs chefs d'accuſation contre Buckingam, &c. 26. & ſuiv. demandent qu'il ſoit arrêté, témoignent leur mécontentement ſur l'arrêt de deux de leurs membres; 28. 29. La Chambre Haute demande avec inſtance l'élargiſſement du Comte d'Arondel, & l'obtient, 29. 30. Ce Parlement eſt caſſé. Piece que la Chambre Baſſe fait publier. Vraie cauſe du mauvais ſuccès de cette Aſſemblée, 31. 33. Sageſſe & bonheur des *Anglois*, 29. Ce qu'ils repréſentoient à Baſſompierre au ſujet d'une ligue contre la Maiſon d'Autriche. Leur intérêt préſent exige le contraire, 77. Flotte d'*Angleterre* deſtinée contre la France, 134. Deſcente des *Anglois* dans l'Iſle de Ré, 138. 139. 142. 143. 153. & ſuiv. Ils ſe retirent. Leur arriere-garde eſt défaite, 156. 157. Ouverture du Parlement d'*Angleterre* : matières qui y furent agitées. Il engage le Roi à confirmer les anciennes Loix pour la liberté de ſes Sujets : accorde à S. M. un ample ſubſide, &c. 184. & ſuiv. Requête de la Chambre des Communes contre Buckingam. Le Parlement eſt prorogé, 195. 196. Les *Anglois* ſe ſont préſervés d'un eſclavage honteux, 187. Flote *Angloiſe* au ſecours de la Rochelle, qui s'en retourne ſans avoir rien fait, 198. 199. Autre, fort belle : ſes exploits, 231. 232. Elle s'en retourne dans ſes ports. Parallele de la puiſſance de l'*Angleterre* ſous Elizabeth, & ſous Charles I. &c. 253. 254. Le Parlement ſe raſſemble. Procédés de la Chambre des Communes, 300. & ſuiv. Etat des affaires d'*Angleterre* en 1630. 489. & ſuiv. Situation

AN

avantageuſe où les *Anglois* ſe trouverent, 491.

Angleterre : Etat des affaires dans ce Royaume IV. 289. & ſuiv. 292. & ſuiv. Précaution avec laquelle il faut lire ſon hiſtoire moderne, 291. Diviſion entre le Clergé Papiſte d'*Angleterre*, ou celui de France prend part, 308. & ſuiv. Les *Anglois* s'intéreſſent peu à la proſpérité des armes Suédoiſes, 613. Mécontentement en *Angleterre* à l'occaſion d'un impôt mis par le Roi, V. 101. & ſuiv. Affaires de ce Royaume en 1637. 447. & ſuiv. Les *Anglois* prenoient peu de part à ce qui ſe paſſoit en Ecoſſe, 459. Ils ſe préviennent contre Marie de Médicis, 568. 569. Les Seigneurs d'*Angleterre*, plus prévoyants que ceux de France, ont de la répugnance à ſeconder le Roi dans ſon projet de réduire l'Ecoſſe, 717. 718. Ceux qui étoient auprès de S. M. ſont preſque tous dégoutés de la guerre entrepriſe, 719.

Titres dont les Rois d'*Angleterre* ſe contentoient autrefois, VI. 6. 171. Ouverture d'un Parlement d'*Angleterre*, 116. & ſuiv. Juſte idée du gouvernement de ce Royaume, 117. 118. La Chambre des Communes s'opiniâtre à examiner les griefs de la Nation, avant que d'accorder un ſubſide, 118. & ſuiv. Différend de cette Chambre avec celle des Seigneurs, 122. & ſuiv. Le Parlement d'*Angleterre* eſt congédié, 125. & ſuiv. Convocation du Clergé d'*Angleterre*, continuée contre les regles, & qui fait des ordonnances contre leſquelles on ſe récrie, 128. Richeſſe de l'*Angleterre* en 1640. 129. Ancien uſage que le Droit féodal y avoit introduit, 133. Si les *Anglois* eurent du chagrin de voir la fille de leur Roi mariée au fils du Prince d'Orange, 252. 253. Etat de l'*Angleterre* ſous le regne de Charles I. & celui où elle ſe trouve maintenant. Partis qui la diviſoient, & qui la diviſent encore, 254. & ſuiv. Ouverture du ſecond des deux Parlemens convoqués en 1640. La Chambre des Communes retentit de plaintes contre le gouvernement, 256. & ſuiv. Procédés des deux Chambres contre le Comte de Strafford, 260. & ſuiv. Fauſſe maxime que la Baſſe établit ſur l'élection de ſes membres : injuſtice ordinaire en *Angleterre*. Irrégularité que le Roi reprocha depuis à cette Chambre. Elle ſe rend redoutable, 264. & ſuiv. Ce qu'elle déclare ſur le pouvoir des Aſſemblées du Clergé, & ſur des Canons faits dans un prétendu Concile national. Elle prend la réſolution d'exclure

AN

les Evêques du Parlement & de la Magiftrature, 268. & *suiv*. Accufation qu'elle intente contre Laud Archevêque de Cantorberi, 271. & *suiv*. Préliminaires dont les deux Chambres convinrent fur la maniere de juger le Comte de Strafford, 273. & *suiv*. Ufage d'*Angleterre* dans la défenfe des Accufés, 278. 280. Procédure qui y fut introduite fous Henri VIII. 281. Acte de condamnation, paffé par les deux Chambres du Parlement contre Strafford, 282. & *suiv*. Complot de plufieurs Officiers de l'armée d'*Angleterre* contre le Parlement: avantages que le parti puritain en tire, 284. & *suiv*. Proteftation de la Chambre des Communes au Roi, après qu'il eut paffé l'acte de condamnation de Strafford. Députation de celle des Pairs à S. M. fur la Lettre qu'elle leur avoit écrite pour demander la grace de ce Seigneur, 290. 291. Acte pour rendre les convocations du Parlement plus fréquentes, dans le cas même de la négligence & du refus du Roi : Loi qui n'eut pas lieu dans la fuite. Par quel moyen le Roi de cette Ifle fe rend un des plus grands Monarques du monde, 291. & *suiv*. Autre acte des Communes, que les Seigneurs paffent, que Charles confirme, & qui fut pernicieux à S. M. & à la Chambre Haute, 293. 294. Le Parlement fupplie le Roi de preffer fa belle-mere de fortir d'*Angleterre*; témoigne quelque générofité à cette Reine avant fon départ, &c. 298. 299. Procédures du Parlement d'*Angleterre*, furtout de la Chambre des Communes, VI. 396. & *suiv*. Conclufion de la paix entre l'*Angleterre* & l'Ecoffe, 399. Le Parlement choifit des Commiffaires pour être auprès du Roi en Ecoffe : pouvoir que cette compagnie leur fait donner, 401. 402. Suite des procédures des deux Chambres, quoique réduites à un petit nombre de membres, 403. & *suiv*. Elles s'ajournent d'une maniere nouvelle, en nommant des Commiffaires pendant leur abfence: pouvoir qu'elles leur donnent, 406. 407. Le Parlement reprend fes féances, fe donne des Gardes, fe remet à la réformation de l'Eglife, 407. Coutume des Prédicateurs *Anglois*, de s'étendre plus fur les affaires d'Etat que fur les vérités de la Religion, 406. Les *Anglois* Catholiques Romains d'Irlande fe joignent aux ennemis de leur nation, contre les Proteftants. Piece qui put leur en impofer, 413. 415. Le Parlement d'*Angleterre* prend la conduite de la guerre d'Irlande : fi ce fut du

AN

confentement du Roi, ou par entreprife fur fon autorité, 416. 417. Nouvelles brouilleries du Parlement avec Charles. La Chambre des Communes veut continuer d'avoir des Gardes, 418. & *suiv*. Remontrance qu'elle fait à S. M. 422. & *suiv*. Requête qu'elle y ajoute : elle fait imprimer ces deux pieces contre le gré du Roi, 425. 426. Accufation qu'elle intente contre les Evêques. La Chambre Haute en fait renfermer treize à la Tour, & les y retient pendant plus d'un an, 429. Les Pairs d'*Angleterre* Papiftes doivent être exclus du Parlement, 427. Propofition incivile de la Chambre Baffe, rejettée par la Haute. Acte de proteftation de la premiere, dont l'examen eft remis à quelques jours. Plufieurs Seigneurs proteftent contre ce délai. Les Communes obtiennent ce qu'elles demandent, 521. & *suiv*. Projet des prétendus Réformateurs de l'Eglife & de l'Etat d'*Angleterre*, 523. 524. Ce qui fe paffe dans le Parlement au fujet de l'accufation intentée au nom du Roi contre un Pair & cinq membres de la Chambre des Communes. Surprife que caufe à cette Chambre une vifite du Roi, 524. & *suiv*. Propofitions qu'on y fait à cette occafion. Expédient dont elle s'avife pour animer la multitude. Entreprife qu'elle fait fur l'autorité du Roi, 532. 533.

Elle approuve le zele irrégulier du peuple de Londres qui s'arme & ramene en triomphe au Parlement les gens accufés par le Roi : fait garder le Palais de Weftminfter par la milice de cette Ville: donne des atteintes criminelles à l'autorité royale. La Chambre Haute garde de plus grands ménagements, 534. 535. Procédés honnêtes de Charles, dont les deux Chambres du Parlement ne fe contentent pas. Prétention qu'elles forment, réfutée par le Comte de Clarendon. Elles preffent le Roi de nommer ceux qui lui ont confeillé d'accufer Kimbolton & les autres. Sur le refus de S. M. elles s'en preennent à fon Procureur Général, &c. 535. & *suiv*. Vraie époque de la guerre Civile, ou *rébellion* en *Angleterre*, 537. 538. Opiniâtreté de la Chambre des Communes : elle obtient enfin des Seigneurs & du Roi le confentement à l'acte qui exclut les Evêques du Parlement, 538. 539. A quoi aboutiffoient les démarches de ce long Parlement de 1640. Terreur panique répandue artificieufement en *Angleterre*, &c. 540. & *suiv*. Pouvoir des Rois

AN

d'*Angleterre* fur les milices & fur les places fortes : complot de la Chambre-Baſſe pour l'ôter à Charles. Intrigues des Puritains pour y faire conſentir la haute, 544. *& ſuiv*. Le Parlement fait une Ordonnance pour le commandement des milices : défend d'obéir à aucune autre : rompt le premier ouvertement avec le Roi, & ſans cauſe légitime, &c. 548. *& ſuiv*. s'aſſure de la Flotte, 551. *& ſuiv*. de la ville de Hull & de ſes magaſins, 554. *& ſuiv*. accorde la ſurvivance du Gouvernement de cette place. Réponſe qu'il fait aux plaintes du Roi, que le Gouverneur avoit refuſé d'y recevoir : acte de rébellion le plus inſoutenable que le Parlement eût encore commis, 557. 558. Extraits de quelques Ecrits publiés de ſa part, & de celle du Roi ſur cette affaire, 560. *& ſuiv*. Paradoxe avancé par cette Aſſemblée, & ſes prétentions, 563. *& ſuiv*. Procédures des deux Chambres, alarmées de leur ſolitude à Weſtminſter, contre neuf Pairs. Acte que font les Pairs d'*Angleterre* qui étoient auprès du Roi ; mais qui n'eſt pas rendu public, 565. 566. Autre acte qu'ils ſignent, & qui eſt publié, 567. Ordonnance du Parlement, pour empêcher que Charles ne leve des Soldats. Requête qu'il lui préſente, où l'on découvre le projet formé d'établir une République dont il ſeroit ſeulement le Chef. Véritable conſtitution du Gouvernement d'*Angleterre*, expliquée nettement dans la réponſe du Roi, 567. *& ſuiv*. Ce que le Duc de Rohan dit de cet Etat. Changement propoſé dans ſa conſtitution après le rappel de Charles II. Malheur qui auroit été une des plus pernicieuſes ſuites de la guerre Civile, &c. 570. 571. On prend la réſolution dans la Chambre des Communes de lever une armée. Elle déclare qu'elle veut vivre & mourir avec le Comte d'Eſſex ſon Général. Les Seigneurs promettent de ſeconder les Communes en tout. Requête que les deux Chambres envoient au Roi par bienſéance, 571. *& ſuiv*. Ce qu'elles prononcent contre un acte de Charles, qui déclare Criminels de leze-Majeſté le Comte d'Eſſex & ſes Adhérants, 573. 574. Elles ne veulent pas permettre que des Députés de S. M. prennent leurs places au Parlement. Ce qu'elles répondent à un Mémoire de ce Prince, 577.

Angoulême, (Charles de Valois Duc d') priſonnier à la Baſtille, ſe démet du Gouvernement d'Auvergne, pour obtenir ſon élargiſ-

AN

ſement, I. 160. Son caractere. La Reine Mere l'attache à ſon ſervice, 535. 536. Il préſide au Conſeil de guerre : quelques Officiers trouvent cela étrange & s'en plaignent, &c. 550. On le deſtine à commander une armée, 553. 559. Il aſſiege le Duc de Mayenne dans Soiſſons, 608. Le ſiege finit à la nouvelle de la mort du Maréchal d'Ancre, 652. Il commande des troupes deſtinées à ſecourir le Duc de Savoye, 706. 707. tâche d'obtenir la liberté du Prince de Condé, II. 74. 75. Eſt fait Chevalier des ordres du Roi, 172. Chef d'une Ambaſſade en Allemagne, 183. 218. Traité qu'il y négocie, avec ſes Collegues, entre les Princes de la Ligue Catholique & ceux de l'Union Proteſtante, 223. *& ſuiv*. Ils vont à Vienne ; offrent la médiation du Roi à Gabor & aux Etats de Hongrie, 228. Leurs négociations, 238. 239. 242. 243. Relation qu'ils envoient au Roi de la bataille de Prague, 247. 248. Ils font une aſſez mauvaiſe figure en Allemagne. Mémoire qu'ils envoient au Roi ſur les affaires de ce pays après la bataille de Prague, 251. *& ſuiv*. Leur longue & inutile négociation avec Bethlem Gabor, 257. *& ſuiv*. 375. Ils reviennent en France. Le Duc d'*Augoulême* eſt employé dans la guerre contre les Réformés, 376. 392. 397. Commandement qui lui eſt confié, 426. Ordre qu'il reçoit & qu'il exécute, 492. 494. Il eſt chargé de défrayer & de régaler Mansfeld, 600.

Angoulême (le Duc d') obtient le commandement d'une armée en Poitou, III. 135. ſerre la Rochelle autant qu'il peut, 144. commet des actes d'hoſtilité contre cette Ville, 146. Conteſtation qu'il a avec les Maréchaux de Baſſompierre & de Schomberg, terminée à ſon avantage. Il s'expoſe aux bons mots du premier, 150. 151. conſeille de fermer le port de la Rochelle par une digue, 159. prend poſſeſſion de cette place, accompagne le Roi à l'entrée qu'il y fait, 245. 247. Va voir le Maire Guiton, 248. tâche de guérir l'eſprit de Montmorenci, IV. 113. Ses démarches pour obtenir la grace de ce Seigneur : Lettre qu'il écrit au Cardinal, 190. *& ſuiv*. Il eſt donné pour adjoint au Maréchal de la Force, avec lequel il ne s'accorde pas, V. 38. va obſerver le Duc de Lorraine, 45. Suite de ſes opérations durant cette campagne, 52. 55. 58. 62. Il eſt rappellé, 63. revient à la Cour, 191. trahit le P. Cauſſin qui vouloit lui

TABLE DES MATIERES.

AN

lui procurer l'emploi de premier Ministre, 367. 368. Paroles que le Roi mourant lui adresse, 702.

Anhalt (Christian Prince d') va négocier à la Cour de France, &c. I. 9. Il obtient le commandement des armées de Frederic Roi de Bohême, II. 169. Précautions qu'il prend avant la bataille de Prague, 247. 248. Il est mis au ban de l'Empire, 303. Général de l'Empereur, il paroit à la Diete de Ratisbone avec éclat, 496.

Anne d'Autriche, Infante d'Espagne. Signature des articles de son mariage avec Louis XIII. Renonciation générale qu'on lui fait faire, deux cas exceptés. Réponse qu'elle fait au Duc de Mayenne, & repartie à sa Gouvernante qui la désapprouvoit, I. 155. Son mariage célébré à Burgos. Echange des deux Princesses, 481. 482. Elle a compassion du petit Concini, le fait danser en sa présence malgré les circonstances cruelles où il se trouvoit, 644.

Anne d'Autriche a des différends pour le Cérémonial, avec Marie de Médicis, II. 119. Voyage qu'elle fait à Poitiers, 217. à S. Jean d'Angeli, à Bourdeaux, &c. 365. 391. S. M. prend le chemin de Paris, 403. Fait une fausse couche, 457. 458. Insinuations qui l'engagent à traverser le mariage de MONSIEUR, 676. Comment elle en use avec Buckingam & Richelieu. Sa vertu à l'abri du soupçon, 705.

Anne d'Autriche goûte ce qu'on lui insinue contre le mariage de Gaston avec la Princesse de Montpensier, III. 35. Voy. 57. 58. Elle est maltraitée par le Roi en plein Conseil, 62. 63. Comment elle avoit pu contribuer à l'empressement de Buckingam pour aller la voir, 78. 79. S. M. se console aisément de la mort de la Duchesse d'Orléans, & s'oppose à un second mariage de Gaston, 118. est de bonne intelligence avec S. A. R. Point sur lequel ils ne s'accordoient pas, &c. 159. Elle tâche de détourner le Roi du voyage d'Italie, &c. 287. Ce qui l'anime à la ruine du Cardinal, suivant lui, 381. Elle suit le Roi jusqu'à Lyon, 444. joint ses instances à celles de la Reine-Mere, pour le dissuader de retourner à l'armée en Savoye : se déchaîne contre Richelieu, 454. 455. 457. se réunit avec la Reine-Mere dans le dessein de le perdre, 483. Démarche faite de l'aveu d'*Anne* d'Autriche, durant une maladie dangereuse du Roi, 527. 528. Affaire qui lui causa de cuisants déplai-

AN

sirs, &c. 548. 549. Chagrins qu'on lui donne : ressentiment qu'elle en témoigne, 569. 570.

Anne d'Autriche voit une cérémonie des Etats de Languedoc, devient tous les jours plus suspecte au Roi, par la malignité de Richelieu, IV. 168. Route qu'elle est obligée de prendre pour s'en retourner avec le Cardinal, &c. 207. 208. Voyages où elle suit le Roi, 367. Comment elle reçoit la Duchesse Nicole de Lorraine, 445. Ce qu'elle fait dire à l'Ambassadeur d'Espagne, pour obéir au Roi, 587.

Anne d'Autriche est chargée des affaires du dedans, pendant que le Roi va chasser les Espagnols de la Picardie, V. 215. Assurée de la vertu de la Demoiselle de la Fayette, elle tâche de la retenir à la Cour. Circonstance qui fut l'occasion de la premiere grossesse de la Reine, suivant un Auteur Italien, 355. S. M. sent un terrible effet de l'humeur vindicative de Richelieu. Cette affaire est différemment racontée. Conjectures là-dessus, 356. & *suiv.* Elle accouche du Dauphin, qui fut Louis XIV. 552.

Anne d'Autriche met au monde Philippe Duc d'Anjou, ensuite d'Orléans, VI. 83. Détails de l'audience qu'elle donna aux Ambassadeurs du nouveau Roi de Portugal, 188. Elle obtient de demeurer avec ses enfants, & de ne suivre pas le Roi en Roussillon, 436. Frayeurs qu'elle conçoit, & qui n'étoient pas mal fondées, 445. 446. S. M. recherche le Duc de Bouillon, se lie étroitement avec le Duc d'Orléans, 447. Elle a connoissance du Traité de ce Prince avec l'Espagne, en fait confidence à de Thou, &c. 467. Si c'est à cette Princesse que de Thou écrivit dans ses derniers moments, 621. La Reine fait grand cas du Duc de Beaufort, lui fait écrire de revenir en France, & lui témoigne beaucoup de bonne volonté à son retour, 681. 682. Elle tâche d'obtenir la Régence du Royaume, & se fait des amis & des créatures, 683. & *suiv.* est fâchée de la retraite de Des Noyers, 688. Sentiments du Roi sur *Anne* d'Autriche. Elle est horriblement ulcérée contre Mazarin & Chavigni. Si elle avoit sujet de se plaindre de Louis & de ces deux Ministres. Autorité de la Reine bornée par la Déclaration sur la Régence. Elle signe cet acte, & fait un serment qui fut violé presque dès le jour même. Principale cause des larmes qu'elle répand, 691. 692. A quoi ses

X xxx

TABLE DES MATIERES.

AN

Confidents la portent, &c. 693. 694. Mouvements qui l'inquietent, & lui donnent de la défiance au regard de Gaston. Elle confie ses enfants aux Ducs de Mercœur & de Beaufort : se raccommode le jour même avec S. A. R. tient le Conseil par ordre du Roi. Compliment qu'elle prit pour un nouvel outrage, 697. 698. Irrésolution de S. M. touchant Mazarin & Chavigni, 698. & suiv. Promesse que Louis mourant exige d'elle & de Gaston, 702.

Anne de Danemarck, Reine d'Angleterre, a une grande aversion pour Carr, favori du Roi son époux, se met à la tête d'une faction formée contre lui, I. 472. détourne le Chancelier de sceller un acte en sa faveur, 473. souhaite l'éloignement de Carr, & ne veut pas qu'il ait un successeur : réponse qu'elle fait à l'Archevêque de Cantorbery. On la persuade de parler en faveur de Villiers, 474. 475. Elle meurt dans une réputation assez équivoque, II. 128.

Anne Reine de la Grande Bretagne : pourquoi elle a regné avec plus de gloire qu'aucun de ses prédécesseurs, VI. 212. Son regne non moins ou plus éclatant que celui d'Elisabeth, 571.

Anne de Médicis niece de la Reine-Mere, &c. III. 117.

Annibal, frere naturel du Duc de Montmorenci, III. 250.

Anspach (Le Marquis d') Général de l'Union protestante, II. 229. 238. 240.

Anstruther (Le Chevalier) Ambassadeur d'Angleterre à la Diete de Ratisbonne, intercede vainement pour le Palatin, III. 503. 504. Voyez *Amstruther*.

Apothéoses introduites dans le Christianisme : pompe prophane qu'on y étale, I. 90.

Appels comme d'abus, le grand grief des Evêques de France, I. 695. Origine de ces *Appels*, II. 650. 651.

AQ. AR

Aquaviva, Général des Jésuites ; ce qu'il répond aux plaintes des François de sa Société, &c. I. 22.

Aquino (le Cardinal d') intrigue liée pour le faire Pape, II. 300.

Arach. Voyez *Pasman*.

Aragonois (Les) sont dépouillés de leurs Privileges par Philippe II. VI. 5.

Arbonne, Conseiller au Parlement de Paris, est relégué à Brest pour quelques mois, V. 66.

AR

Archibald, Fou du Roi d'Angleterre, est condamné à être chassé de la Cour sur quelques railleries qu'il avoit faites à Laud, V. 449.

Archy, Fou de la Cour de Londres, plaisante sur le voyage du Prince de Galles en Espagne, II. 548.

Areze (le Comte d') un des Commandants d'un détachement Espagnol, est blessé dans une expédition contre les Piemontois, V. 131.

Argencourt, Officier de la garnison de Montpellier, empêche que le Duc de Montmorenci ne soit fait prisonnier, II. 512. sert dans le Piémont ; tue un Colonel Espagnol, III. 481. 482. Maréchal de Camp du Duc d'Halluin, il se distingue à la bataille de Leucate, V. 346. sert en qualité de Maréchal de Camp, sous le Prince de Condé, dans le Roussillon, VI. 367.

Argenson, Intendant de l'Armée en Italie, V. 491. 505. est chargé de traverser le Traité de Christine avec ses beaux-freres, VI. 24. Chargé des intérêts du Roi en Catalogne, il consent à l'entreprise téméraire d'assiéger Tarragone, 365. 367. 368.

Argyle (Archibald Campbel, Comte, puis Marquis d') Seigneur Ecossois, devient irréconciliable ennemi de Laud & du Clergé, IV. 301. V. 707. favorise sous main les Confédérés d'Ecosse, V. 387. 589. 590. Question qu'il fait dans le Conseil privé au Commissaire du Roi, 592. Il leve le masque, se retire du Conseil, & se rend comme le Chef & le principal Directeur de l'Assemblée Eccléfiastique à laquelle il n'étoit pas député, 595. Comment il est désigné dans une Déclaration du Roi. S. M. commence à sentir la vérité de ce que le vieux Comte d'*Argyle* lui avoit prédit, lorsqu'elle l'obligea à se défaire de son bien & de sa dignité en faveur de son fils, &c. 706. 707. Il paroit vouloir se disculper dans une lettre à Charles : mais n'ose se mettre à sa discrétion, 710. Le Comte d'*Argyle* se raccommode avec Hamilton, qui le rapproche du Roi. Manege qu'ils jouent auprès de S. M. VI. 408. 409. *Argyle* obtient la qualité de Marquis, 411.

Aristote. Ses dogmes, odieux aux anciens Docteurs de l'Eglise, deviennent ensuite les fondements de la Théologie des Chrétiens, II. 645. 646.

Armamar (le Comte d') neveu de l'Archevêque de Brague, entre dans un complot con-

A R

tre Dom Jean IV. nouveau Roi de Portugal, VI. 378. eſt puni de mort, 384.

Armand, Supérieur de la Maiſon Profeſſe des Jéſuites de Paris, ſigne la nullité du mariage de Gaſton, IV. 749.

Armées: quel eſt ſouvent le ſort de ceux qui les commandent, V. 307. 351.

Arminianiſme, Arminiens, Arminius: Commencement de l'Arminianiſme en Hollande, I. 100. & ſuiv. Diſputes entre Arminius & Gomar, 102. & ſuiv. Point de la controverſe. Mort d'Arminius, 104. Pourquoi on donne aux Arminiens le nom de Remontrants. Ils choiſiſſent mal-à-propos Vorſtius pour remplir la Chaire d'Arminius. Conférence entre eux & les Gomariſtes. Ce qui fait ſoupçonner les Arminiens de Socinianiſme, 105. Continuation de leurs diſputes dans les Provinces-Unies, 211. & ſuiv. 222. Conférence de Delft entre les deux partis: réflexion ſur leurs procédés réciproques, 217. 218. Les Arminiens opprimés à Amſterdam, 519. & ſ. Choſes étranges dont on les charge, 511. Ils prévalent à Roterdam, 522. Leur état en divers autres lieux, 523. Leur inquiétude ſur les ſentimens du Prince Maurice, 526. La diviſion augmente à l'occaſion de leur doctrine, 539. & ſuiv.

Arminianiſme, Arminiens. Comment l'Arminianiſme devint un affaire d'Etat, II. 43. S'il eſt vrai que la Cour d'Eſpagne en avoit jetté les premieres ſemences dans les Provinces-Unies, 44. 45. Le parti Arminien eſt abattu dans la Gueldre & dans l'Overiſſel par le Prince d'Orange, 50. 51. Sageſſe & modération des Arminiens. Si quelques-uns parmi eux n'avoient paru imbus du Socinianiſme, on n'auroit pû leur faire aucun reproche, 52. 53. Leur parti abattu à Utrecht, 54. & ſuiv. Ils cedent, & ſouffrent avec patience, 57. Une des cauſes de l'averſion des Réformés de France pour leur parti, 62. Les Arminiens ſe défendent au Synode de Dordrecht. Propoſitions qu'ils faiſoient. Ils ſont exclus de l'Aſſemblée, 90. & ſuiv. Leurs plaintes & leurs remontrances vaines. Condamnation de leur doctrine & de leurs perſonnes, 93. & ſuiv. Ils prennent pour leur compte une Comete qui leur avoit apparu, 128. Entrepriſe criminelle qu'on leur impute malignement & à tort, 541. Déclamations contre l'Arminianiſme dans le Parlement d'Angleterre, 750. Diviſions dans le Clergé de ce pays ſur ce ſujet.

A R

Les Arminiens zélés pour l'obéiſſance paſſive, 751. 752. III. 193. 194. Acharnement étrange de la Chambre des Communes contre l'Arminianiſme, 195. D'où cela provenoit? Vœu, ou proteſtation qu'elle fait contre la doctrine des Arminiens, 298. 299.

Arnaud, Meſtre de Camp, porte des lettres du Roi aux Ducs de Rohan & de Soubize, &c. II. 356. augmente les fortifications du Fort-Louis près la Rochelle, au lieu de le démolir conformément au Traité de Montpellier, 544. Son rare mérite. Diſcipline qu'il avoit miſe dans ſon Régiment de Champagne, &c. 545. Sa mort, 546.

Arnaud de Courbeville, Meſtre de Camp des Carabins, va conférer avec Guiton, Maire de la Rochelle, III. 222. Eſt envoyé à Veniſe, pour faire approuver un deſſein de le Sénat, 468. Il ſe ſignale au combat de Caſtelnaudari, IV. 155. Arnaud, parent de Feuquieres, eſt chargé d'aller conférer avec Kinski, & de faire des propoſitions à Valſtein, 472. & ſuiv. commande dans Philipſbourg ſous le Duc de Wirtemberg, 683. 684. Se laiſſe ſurprendre dans cette place. On ſe moque de ſon apologie, 686.

Arnaud d'Andilli. Voyez Andilli.

Arnheim, Maréchal de Camp ſous Valſtein; conduit des Troupes au ſecours de Sigiſmond, Roi de Pologne, &c. III. 347. 348.

Arnheim, Général des Troupes de l'Electeur de Saxe, eſt dépêché au Roi de Suede, &c. IV. 21. 22. ſe trouve à la bataille de Leipſick, 24. Son génie, 27. Il entre dans la Bohême avec des troupes Saxonnes, 32. Irrité d'un reproche que Guſtave lui avoit fait, il tâche de détacher l'Electeur de ſon alliance, 170. 171. Il confere avec Valſtein, 172. ſe laiſſe corrompre, 173. Ce qu'il propoſe à ſon Maître, de concert avec Valſtein, 176. Il convient d'une Treve avec le Duc de Fridland, 260. s'abouche avec lui, &c. 264. communique à Oxenſtiern la confidence qu'il lui avoit faite. Arnheim paroît ſuſpect à l'Ambaſſadeur de France, 272. 273. Surpriſe qu'il eut le bonheur d'éviter, 484. Il traverſe les entrepriſes des Suédois, 614. Si on l'en veut croire, il tâcha de détourner l'Electeur de Saxe de ſigner le Traité de Prague, 796. Il condamne, ou fait ſemblant de condamner cette paix: ne peut, malgré cela, gagner la confiance des Suédois. Raiſon particuliere qu'il avoit d'empêcher la réconciliation de

X xxx ij

son Maître avec l'Empereur, 798. 799.

Arnoux (le Père) Jésuite, choisi pour Confesseur de Louis XIII. I. 679. Sermons qu'il preche devant le Roi contre la Confession de foi des Réformés : reproches qu'il attire contre lui & contre ses Confreres, 690. & *suiv*.

Arnoux (le P.) obtient à ceux de sa Compagnie la permission d'enseigner publiquement à Paris, II. 3. Acte qu'il fait signer à Marie de Médicis, 21. Il fait sentir au Roi, dans un sermon, qu'il ne doit pas poursuivre sa mere à force ouverte, &c. 74. est caution du Roi & de son Favori, 119. Il va au-devant de la Reine-Mere, 121. se déclare le plus ardent persécuteur de Déageant, 124. agit vivement en faveur de Ferdinand II. 169. 170. 172. sert de tout son cœur le Nonce du Pape & l'Ambassadeur d'Espagne : est écouté comme un oracle par le Favori, 173. 174. 178. 179. lui conseille de ménager la Reine-Mere, 188. 199. appuie une proposition du Nonce, 230. Piece de sa façon, 237. Il porte Luines à la guerre, 277. Nom qu'il donnoit à Lesdiguieres, 288. 292. 363. Représentations qu'il faisoit au Favori, 335. Il veut l'engager à s'assurer de la personne de Lesdiguieres, 336. 363. Confident des dégoûts du Roi pour Luines, il ne travaille point à les dissiper, 365. 366. Il s'oppose à ce que les offres du Duc de Rohan soient écoutées. Conversation du Jésuite avec Bassompierre, 400. Disgrace du P. *Arnoux* : fausse démarche qu'il fait dans cette occasion, &c. 418. & *suiv*. C'étoit un franc Tartuffe, III. 276. Il assiste le Duc de Montmorenci à la mort : conseil qu'il lui donne à tort, &c. IV. 196. & *suiv*. Démarche où il l'engage. Contraste de sa basse superstition avec les nobles sentimens de ce Seigneur. Compliment adulatif du P. *Arnoux* au Roi, &c. 199. 200.

Arondel (Thomas Howard, Comte d') envoyé à la Tour de Londres par le Roi, est élargi par les instances de la Chambre Haute, III. 29. suit Charles I. en Ecosse, IV. 297. Ambassadeur de ce Prince à la Cour Impériale, il y sollicite inutilement le rétablissement de la Maison Palatine, V. 270. & *suiv*. Le Comte d'*Arondel*, soupçonné de Papisme, est nommé Général de l'Armée contre les Ecossois, à cause de sa dignité de Grand Maréchal d'Angleterre, quoiqu'il n'entende pas la guerre, 709. On crie contre lui. Comment il se disculpe, 717. Il reçoit bien ceux qui lui apportent une lettre des Confédérés ; promet de s'employer à procurer une bonne paix entre les deux Nations, &c. 719. 720. Changement qui chagrine le Comte d'*Arondel*, VI. 129. Il sollicite l'audience pour les Ambassadeurs du nouveau Roi de Portugal, 188. préside au jugement du Comte de Strafford, dont il étoit ennemi déclaré, 177. accompagne Marie de Médicis jusqu'en Hollande, 299.

Arpajon (le Vicomte d') Maréchal de Camp, &c. IV. 125. est fait Lieutenant Général en Languedoc, 276. propose au Gouverneur de Philisbourg, assiégé par les Suédois, de rendre cette Place au Roi de France, &c. 400. 401. conduit la Duchesse Nicole à Paris, 444. sert au siege de la Motte, 510. Expéditions où il agit, V. 517. 523. 536. Il sert en Languedoc, 669. est chargé du siege de Salces, 725. Commande en qualité de Lieutenant-Général sous le Prince de Condé : prend Argilliere dans le Roussillon, VI. 367. Emploi auquel le Cardinal ne le croit pas propre, 596.

Arragon (Dom Martin d') est fait prisonnier au combat de Carignan. Réponses qu'il fait au Duc de Montmorenci, III. 482. 483. Querelle qu'il fait à Mazarin, &c. 540. Il se trouve au combat du Tesin, V. 147. entre dans le Plaisantin avec des troupes, & le ravage, 151. 300. Conseil de guerre où il se trouve, 632. Il est tué à l'attaque d'une petite Place, 464. *Arragonois*. Voy. *Aragonois*.

Arras : ses Habitans plus Espagnols que les Castillans : quolibet qu'ils avoient sans cesse à la bouche. Siege de cette Ville par les François, VI. 53. & *suiv*. 70. & *suiv*. Sommation faite à ses Habitans, qui ne les ébranle pas encore. Ils sont obligés de capituler & de se rendre, 80. 81.

Arschot (le Duc d') accompagne Spinola au siege de Bergopzom, II. 497. révele à l'Infante une conspiration, IV. 145. est envoyé à la Haïe par les Etats des Pays-Bas Catholiques, 224. 231. consent d'aller en Espagne, contre le sentiment de ses amis : sous quel prétexte ; & quel étoit son véritable dessein, 488. On le presse de découvrir ce qu'il savoit de la conspiration de Bergues : est arrêté sur son refus : perd la tramontane, & déclare plus qu'on ne lui demandoit, 489. 490. Récit que le Roi d'Espagne fait lui-même de

A R

cette affaire, 490. & *suiv.* Entrevue d'*Arschot* avec Olivarez. Mort du premier, 432.

A S

Ascoli (le Prince d') envoyé à Mantoue par le Gouverneur de Milan; dans quel dessein, I. 182. Il va au secours du Montferrat avec des troupes, 194. Peu s'en faut qu'il ne soit surpris, 594.

Ashburnham, neveu du Duc de Buckingam, &c. III. 144. Complot où il a part, VI. 284.

Ashley, ou *Ashly* (Jacob) conduit un renfort dans Berwick, V. 713. Commandement qui lui est confié, VI. 132.

Aspe (Dom Martin d') Secrétaire d'Etat, regle les difficultés sur le cérémonial de l'entrevûe du Duc de Savoye avec l'Infant Ferdinand, IV. 333. est envoyé au Roi de Hongrie, &c. 635.

Asperen, Noble de Hollande, se met en mouvement en faveur de Barnevelt, &c. II. 57. 58.

Assemblées: si toutes celles qui se font sans l'autorité du Prince sont défendues, IV. 781.

Assomption de la Vierge au Ciel, miracle fondé sur de fausses légendes: Fête superstitieuse, II. 727. V. 549. 750.

A S T O N (le Chevalier) Ambassadeur d'Angleterre à Madrid, pour terminer l'affaire du mariage, &c. II. 312. 585. 586. 587.

Astrologie judiciaire: impertinence & vanité de cet Art. Prédictions contraires des *Astrologues*: on voit leurs impostures, & l'on ne cesse pas d'y ajouter foi, III. 338. 339. *Astrologues* menteurs, 528. Misere de ceux qui croient à l'*Astrologie judiciaire*, 596. 597.

A T. A V.

Atoguia (Dona Philippe de Villena, Comtesse d') Portugaise: sentiment qu'elle inspire à ses fils, en les armant pour la conjuration contre les Espagnols, VI. 165.

Attichi (le Marquis d') Colonel, neveu du Maréchal de Marillac, III. 563. 565. tâche de se jetter dans la citadelle de Verdun: est fait prisonnier, 580.

Avaugour, (le Comte d') Ambassadeur de France en Suede, fait une remontrance aux Régents de cette Couronne, qu'ils ne goûtent pas, V. 97. 117. Il apporte la ratification du traité de Wismar, faite par Louis, 124. Expédition où il se trouve, 525.

Avaux (Claude de Mesmes, Comte d') Am-

A V

bassadeur de France à Venise, sollicite la République à s'opposer vigoureusement à une entreprise de la Cour de Madrid, III. 209. fait de nouvelles instances en faveur du Duc de Mantoue, 214. les redouble, annonçant au Sénat la prise de la Rochelle, 283. 330. Peinture qu'il faisoit des Souverains d'Italie. Il presse le Sénat de faire une irruption dans le Milanez, 421. 422. Affaires qu'on lui confie, 468. 474. Il est nommé Ambassadeur extraordinaire auprès des trois Couronnes du Nord. Ample instruction qu'on lui donne sur ce qu'il devoit y négocier, IV. 605. & *suiv.* Belle réputation qu'il acquit dans ses négociations. Qualités de son esprit & de son cœur, 608. Après bien des difficultés, il ménage une longue treve entre la Suede & la Pologne, 811. 812.

Triste nouvelle pour le Comte d'*Avaux*, revenu de son Ambassade du Nord, V. 180. Il conclut à Hambourg le traité de ligue offensive & défensive avec la Suede, 486. 487. S'il faut s'arrêter au témoignage avantageux qu'il rend au P. Joseph, 610. Il fournit à Bannier de l'argent qu'il trouve sur son crédit, 660. empêche qu'on ne lui envoie le plein pouvoir qu'il demandoit pour négocier la paix, &c. 662. Choses qui se font & ne se disent pas, selon le Comte d'*Avaux*, 664. Il confere avec le Prince Edouard, frere du Duc de Bragance, VI. 191. négocie & conclut deux grandes affaires à Hambourg, 359. Lettre qu'il écrit au Comte de Guébriant après sa victoire à Kempen, 457.

Aubazine (l'Abbé d') est envoyé au Duc d'Epernon par M o n s i e u r, III. 51. va communiquer au Pape le mariage de ce Prince avec Marguerite de Lorraine, IV. 14.

Aubery, Historien flateur du Cardinal de Richelieu: Réfutation de ce qu'il dit des intentions de Marie de Médicis dans une lettre qu'elle écrivit au Roi son fils, IV. 767. Récit de cet Auteur, où il y a presque autant de fautes que de mots, V. 46. Extraits de son Histoire, 134. 135. 155. 156. 157. 158. 164. 165. & *suiv.* 169. 190. 236. 257. 329. 736. Fausseté d'une proposition de cet Auteur, VI. 51. Remarque judicieuse de cet Historien, 343. Extraits de son ouvrage, 473. 581.

Aubespine (Gabriel de l') Evêque d'Orléans, connu par ses Ouvrages, souscrit à la censure contre Richer. Ce qu'on disoit de ce Prélat, I. 136.

A V

Aubespine (Charles de l') voyez *Châteauneuf.*
Aubeterre (Le Vicomte d') Gouverneur de Blaye, mécontent de n'avoir pas eu le Cordon-bleu, II. 189. se déclare pour la Reine Mere, 199. perd le Gouvernement de Brouage, obtient le Bâton de Maréchal de France, &c. 217. Expédition où il assiste, 368.
Aubijoux (le Comte d') suit Gaston à Blois, V. 237. est son entremetteur avec Cinq-Mars, VI. 437. 444. 449. 452. 466. Il est dépêché au Duc de Bouillon en Italie par S. A. R. 584. & *suiv*. se retire en Angleterre, 585.
Aubray, Commissaire des Guerres, parent de des-Noyers, reçoit des coups de canne de la part de Saint-Preuil, &c. VI. 349.
Aubri, Président au Parlement, I. 642. 667.
Aubri, Conseiller d'Etat, Commissaire du Roi à une Assemblée du Clergé, IV, 749.
Avein (Bataille d') où les Espagnols sont battus par les François, IV. 727. & *suiv*.
Aveiro (le Duc d') du Sang Royal de Portugal, VI. 143. 144.
Auguste, Empereur Romain, donnoit dans des puérilités, IV. 789.
Auguste (Le Prince) de Neubourg, qui servoit sous le Roi de Suede, ne peut en obtenir la neutralité pour son frere, IV. 84.
Augustin (Saint) disputes à l'occasion de son hypothese sur la grace & la prédestination, I. 99. & *suiv*. Paroles judicieuses de ce Pere, II. 95.
Augustopoli (l'Archevêque d') Coadjuteur de Rouen : ce qu'il déclare dans une remontrance qu'il fait à S. M. au nom du Clergé, I, 434.
Avila (le Marquis Florès d') Officier brave & expérimenté, commande la garnison de Perpignan assiégé par les François, VI. 471. Est obligé de capituler, 630.
Aumont (le Marquis d') se signale à la défense des lignes devant Arras, VI. 77. sert au siege d'Aire en qualité de Maréchal de Camp, 344.
Aurelius (Petrus) Auteur inconnu, prend la défense des Evêques de France & de la Sorbonne, contre les Jésuites. Qui ce pouvoit être. Tentation délicate où sa modestie ne succombe pas. Illusion qu'il fit au monde, reconnue dans la suite, IV. 312. 313.
Auriac forme, sur S. Jean d'Angeli, une entreprise qui échoue, II. 356. Conseil où il est appellé, III. 431.

A V

Auros, Gentilhomme Réformé, pris & condamné à mort, n'obtient pas sa grace en changeant de religion, III. 181.
Autheuil (le Vicomte d') est chassé d'auprès du Duc d'Orléans, avec ordre de sortir de Paris, V. 70. rejoint S. A. R. 264.
Autriche : foiblesse des deux branches de la Maison d'*Autriche* à la fin du regne d'Henri IV. I. 6. 7. Vûes des Princes de cette Maison sur les Etats de Cleves, Berg, & Juliers, 8. 9. Leurs divisions en Allemagne, 54. & *suiv*. Traité entre les branches de cette Maison en Espagne & en Allemagne, 714. & *suiv*.

Autriche : état de cette Maison. Projet pour lui ôter l'Empire. Elle remue ciel & terre pour détourner ce coup, II. 23. 24. Traité entre les Princes d'*Autriche*, qui souleve bien des gens contre eux, 131. 132. Les Etats d'*Autriche* mal disposés à l'égard de Ferdinand, 132. 133. Affoiblissement de la Maison d'*Autriche* : les Etats Protestants l'ont soutenue, 159. 160. Etrange situation où elle se trouva à la fin de l'an 1619. 161. Préjugé qui unissoit son sort à celui de la Religion Catholique, &c. 181. 182. Réduction de l'*Autriche* à l'obéissance de Ferdinand II. 228. 229. Dessein de la Maison d'*Autriche* découvert dans des lettres interceptées, 499. Maxime qui a contribué à son agrandissement, 581. 582.

Autriche. Soulevement des Paysans de la Haute *Autriche*. Ils sont réduits, III. 70. Premiere cause de la décadence de la Maison d'*Autriche*, 313. Parallele de cette Maison avec celle de France en 1630. Changement survenu depuis à cet égard, 409. & *suiv*. Dessein secret de la Maison d'*Autriche*, &c. IV. 61. Disposition à une guerre ouverte entre elle & la France, 584. & *suiv*. Récriminations que la Maison d'*Autriche* & celle de France font depuis long-temps l'une contre l'autre : & souvent toutes deux ont raison, 797. 798.
Auvergne (le Comte d') voyez *Angoulême*.

A Y

Ayamonté (le Marquis d') est chargé de harceler les Portugais, VI. 176. Proche parent de la Reine de Portugal, il contribue, dit-on, à la découverte d'un complot formé contre Dom Jean son époux, 382. 383. Ce qu'il

TABLE DES MATIERES.

A Y

déclara à la charge du Duc de Médina-Sidonia, &c. 485.

Ayetone (Dom François de Moncade, Marquis d') III. 548. 659. obtient le commandement des troupes dans les Pays-Bas, IV. 145. Expédition qu'il fait à Bouchain, 231. 232. Conseil qu'il donne à Gaston, 286. Il marche trop tard au secours de Rhimberg, &c. 288. 289. L'administration des affaires lui est déférée après la mort d'Isabelle. Protestation qu'il fait à Marie de Médicis, à Gaston & à Marguerite son épouse. Il entre dans les fonctions de sa charge avec modération & avec sagesse, 416. tâche de raccommoder Puylaurens avec la Reine-Mere. Déclaration qu'il fait au nom du Roi Catholique touchant le mariage de MONSIEUR, 449. 450. Peine que lui causoient les domestiques de la Mere & du Fils. Réponse qu'il fait à ce que Marie de Médicis lui fait déclarer de son dessein de se raccommoder avec Louis, 451. 452. Conseil qu'il donne à Gaston, pour le payer de sa franchise, 461. Le Marquis d'*Ayetone* tâche de s'assurer de trois Seigneurs des Pays-Bas : prend mal ses mesures, & n'en attrappe qu'un. Déclaration qu'il publie, 493. 494. Il étouffe une mauvaise affaire, par prudence, 500. 501. tâche d'apaiser les querelles des François de la suite de Marie de Médicis & de Gaston, 504. Offres qu'il fait à Puylaurens. Il signe un traité avec Gaston, 504. 505. fait le siege de Mastricht ; s'en desiste pour aller au secours de Breda. Vanité ridicule de cet Espagnol, 551. 552. Persuadé que MONSIEUR cherche à s'échapper, comment il se comporte à son égard, 664, 665. Il ne témoigne aucune altération à un Exprès que ce Prince lui envoie après son évasion, 667. Avances qu'il fait à S. A. R. sachant qu'elle est mécontente, 671. Il contribue à réparer le mal causé par la perte de la bataille d'Avein, 743. Sa complaisance pour le Comte-Duc, VI. 486. Il est un des Segneurs qui s'opposent à un projet de Torrecuse, 633.

A Z

Azevedo (Le Capitaine George) & le Chancelier de Portugal, insinuent à la Cour de France la disposition où étoient les Portugais, V. 437. 438.

Azzolini, Secrétaire de la Légation du Cardinal Barberin, &c. II. 713. 729.

B A

BACHELIER, est envoyé à Mantoue & à Venise, III. 395.

Bacon (François) Chancelier d'Angleterre, est condamné par le Parlement, pour ses malversations : sa lâcheté dans cette disgrace, II. 314. & suiv. Il compare ridiculement Jacques I. à Salomon. 696.

Bacon se défend bravement dans le Château de Beaucaire, IV. 151.

Baëza (Pierre) le plus riche & le plus considérable des *nouveaux Chrétiens* du Portugal, & Chevalier de l'Ordre de Christ, entre dans une conspiration contre le nouveau Roi, &c. VI. 380. 381.

Bagni (Le Marquis) est chargé du commandement des troupes du Pape dans la Valteline, II. 566. Embarras où il se trouve par l'irruption du Marquis de Cœuvres dans ce pays, 673.

Bagni, Nonce du Pape en France, y propose une ouverture pour terminer l'affaire de Mantoue à l'amiable, III. 218. présente au Roi un Bref du Pape sur la prise de la Rochelle, 257. s'intéresse pour la République de Genes, 328. 329. Est fait Cardinal, 409. Négociation où il paroît comme Nonce, depuis sa promotion, 445. Conseil qu'il donne, 570. Il tâche en vain de réconcilier la Reine Mere avec Richelieu, 577. 578. Ce qu'il persuade à ce Ministre, IV. 527.

Bagshaw, Membre de la Chambre des Communes, y déclame contre le Gouvernement, VI. 257.

Bailleul (Le) Maître des Requêtes, I. 667. Président à Mortier : comment il opine dans le procès du Duc de la Valete, V. 616. 627. Il opine du bonnet au jugement définitif, 628. On parle de lui donner les Sceaux, VI. 694, 699.

Bainette (le Comte de) dévoué à la Vice-Reine de Portugal, VI. 146.

Balançon (le Duc de) désole la frontiere de Picardie, avec le Comte de Buquoi, V. 49. commande un corps de troupes que Picolomini joint, 404.

Balfour (Le Chevalier) Lieutenant de la Tour de Londres : pourquoi Charles I. l'ôte de ce poste, VI. 521.

Balthazar (Dom) Prince d'Espagne, fils unique de Philippe IV. & d'Elizabeth de France : son éducation est négligée, VI. 483. Indigne Gouverneur qu'on lui destinoit, 487. 672. 673.

B A

Ballouet, homme rude & à tout faire, est chargé de garder Puylaurens, IV. 680.

Balzac : caractere de cet Ecrivain. Le Duc d'Epernon se sert de sa plume. Extrait d'une lettre qu'il écrit au nom de ce Seigneur, II. 69. 70. Il débite des maximes détestables, & des flatteries ridicules & impies : insulte Marie de Médicis. Sa fausse éloquence. A quoi un de ses adversaires le condamne plaisamment, III. 639. & *suiv*.

Ban & arriere-Ban, autrefois la force principale de la France. On se moque aujourd'hui d'une pareille convocation, III. 99.

Bandini (Le Cardinal) ce qu'il dit plaisamment, II. 294.

Bankes (Le Chevalier) Procureur Général du Roi Charles I. défend un droit prétendu de S. M. Ce qu'il dit sur la grande Charte, V. 104. 105.

Bannier (Jean & Charles) l'un Général de l'Infanterie, l'autre Secrétaire d'Etat, Commissaires du Roi de Suede dans la ligue conclue avec la France, III. 583. Jean *Bannier* amene des troupes à Gustave, IV. 80. 176. Seconde Oxenstiern, 614. Entreprise où il engage l'Electeur de Saxe, sans succès, 635. Il fait en vain des remontrances & des offres avantageuses à ce Prince, 736. est le seul qui ne perde pas courage : tire Oxenstiern d'un fâcheux contre-temps : ranime ses troupes : remporte un avantage considérable sur les Saxons, 800. 801.

Bannier (Jean) embarrasse beaucoup l'Electeur de Saxe, V. 57. repasse l'Elbe, & se retranche : ne peut secourir Magdebourg. Après avoir renforcé son armée, il marche aux ennemis, les défait à Wirstock, &c. 118. Ce qu'il répond à une proposition du Duc de Weymar, dont il pénetre les vûes secrettes, 489. 490. Retraite que *Bannier* est obligé de faire avec quatorze mille hommes, devant une armée de quarante ou quarante-cinq mille hommes : action la plus prudente & la mieux conduite qu'on eût peut être jamais vûe, &c. 652. & *suiv*. Après avoir bien défendu la Poméranie, il fait des progrès dans la Saxe & dans la Bohême : se plaint de ce que les François ne font aucune diversion. Une lettre & un présent de Louis l'apaisent, 660. 661. Il entame une négociation de paix, ébloui par une offre qu'on lui fait : ne peut obtenir un plein pouvoir des Régents de Suede, 661. & *suiv*.

B A

Bannier (Jean) tâche de débaucher du service de France, & d'attirer à lui les Officiers & les Soldats du feu Duc de Weymar. Desseins secrets de ce Général, VI. 55. & *suiv*. Maximes qu'il pratiquoit, & dont on reconnut la solidité. Il est obligé d'abandonner la Bohême : perd une place importante : s'approche de Picolomini, & l'envoie défier : presse la jonction des armées de France & de Suede, 58. & *suiv*. oblige les Duc de Brunswick & de Lunebourg de se joindre aux deux Couronnes. Marche qu'il propose après la jonction des deux armées, &c. 100. 101. *Bannier* paroit désolé de la mort de sa femme. Ce qu'il dit à cette occasion, plus vrai qu'il ne pensoit peut-être. Il diminue l'estime qu'on avoit pour lui : oublie en peu de jours une femme si vivement regrettée, & se livre à un nouvel amour. Mouvements du Duc de Longueville & du Général Suédois. Menaces que celui-ci fait à la Douairiere de Hesse & au Duc de Lunebourg. Ce qui le radoucit, &c. 102. 103. Fautes qu'il fait, occupé de sa passion. Il épouse sa maîtresse : ensuite, joint à Guebriant, il déconcerte un projet de Picolomini, 106. 107. recommande l'Officier François à la Cour, 108. Projet hardi dont on attribue communément tout l'honneur à *Bannier*, 200. 202. 203. Contestation qu'il a avec le Comte de Guébriant sur les quartiers d'hiver. Ils se séparent. Avantage que les Impériaux tirent de cette mésintelligence, 203. & *suiv*. Belle retraite du Général Suédois. Son armée & celle de France se rejoignent, 206. & *suiv*. Mort de Jean *Bannier*. Sa conduite, ses maximes, & son caractere, 208. & *suiv*.

Bapaume est pris par les François, VI. 346. Avanture qui arrive à la garnison qui en sortoit, 347. 348.

Baradas entre dans les bonnes graces de Louis XIII. s'excuse d'aller en Angleterre ; affecte beaucoup de modestie ; & cependant cause de l'inquiétude à la Reine-Mere & à Richelieu, II. 705. Parti où il entre, III. 36. Il avertit le Roi d'une prétendue conspiration, 53. s'intrigue contre le mariage de Gaston, &c. 55. 56. est chassé de la Cour, & dépouillé de ses Charges, 79. Il porte la botte à Cazal, 476. Action téméraire qu'il propose, 478. Il retourne à la Cour, VI. 680.

Barbançon (le Prince de) goûte un projet pour secouer le joug des Espagnols, IV. 141. Il

est

TABLE DES MATIERES.

BA

est arrêté & conduit à la citadelle d'Anvers, 493.

Barberini (Maffeo) Florentin, est élu Pape, II. 567. Voyez *Urbain VIII*.

Barberini (D. Carlo) frere du Pape Urbain VIII. II. 568. 686.

Barberini (Antoine) Capucin, puis Cardinal, frere du Pape Urbain VIII. II. 568. est proposé pour Légat à l'Ambassadeur de France, &c. 693. 694. Cardinal du titre de S. Onufre; scene où il a part dans un Consistoire, IV. 59. Il persuade au Pape d'exclure les Capucins du Cardinalat & de l'Episcopat, V. 72.

Barberini (Dom Thadeo) neveu d'Urbain VIII. Offre que lui font les Espagnols, II. 569. 686. Parti que la France lui propose: on l'engage avec les premiers, 686. 687. Il est créé Préfet de Rome. Orgueilleuse prétention que ce titre lui inspire, IV. 523. Proposition que lui font les Espagnols, 526. Espérance dont ils le leurrent, V. 87. 89. Il assemble une armée contre le Duc de Parme; prend Castro, VI. 391. Envoie demander passage au Duc de Modene, pour passer dans le Parmesan, 507. Impatience qu'a son frere François de le voir devenir un fameux conquérant, 508. Dom Thadée mal-habile Général de méchantes troupes, 509. Il fait le brave. Son armée est dissipée; il se retire promptement, 510. Son oncle ne veut pas le voir, le rebute, & le renvoie comme un lâche & un poltron, 512.

Barberini (François) *Barberin* en France, neveu d'Urbain VIII. Cardinal: ses bonnes qualités: part qu'il avoit au gouvernement, II. 568. 569. Il se fait nommer Légat en France & en Espagne, pour accommoder les différends sur la Valteline, reçoit l'ordre de Prêtrise à Avignon, &c. 692. *& suiv.* Son arrivée en France: honneurs qui lui sont rendus dans sa route, 708. *& suiv.* Son entrée à Paris: fin plaisante de ce spectacle. Sa premiere entrevue avec le Roi, 711. 712. Détails de la premiere audience que S. M. lui donne publiquement. Conférences du Légat avec les Ministres, 712. *& suiv.* Il trouve mauvais que la paix des Réformés se négocie en sa présence, 716. dit sa premiere Messe, où toute la Cour communie; répand les Indulgences avec profusion: on le comble d'honneurs. Remontrance qu'il fait au Roi, 727. 728. Il est désolé de la fermeté des Ministres de France. Sa Légation pouvoit avoir un motif secret: ses réponses aux instances de Richelieu rendent la chose vraisemblable, page 727. répétée, *& suiv.* Il prend son audience de congé, part avec précipitation, refuse un présent du Roi, &c. 735. 736. est nommé Légat en Espagne; sous quel prétexte, 770.

Barberin (Le Cardinal François) arrive en Espagne à contre temps. Fausseté pratiquée par ménagement pour lui, III. 11. Cérémonial de son entrée concerté avec lui. Orgueil de ce Prêtre, fils d'un Bourgeois de Florence: entrée qu'on lui fit à Madrid. Fonctions de ses deux Légations, 13. *& suiv.* Il accepte la protection de l'Aragon & du Portugal: plaintes de la Cour de France sur cette conduite, 105. Ce qu'il pensoit de la disposition des Espagnols après le traité de Suze, 333. Il se déclare ami de l'Espagne, & son frere de la France, 417.

Le Cardinal François *Barberin* garde le silence dans une scene intéressante: apaise son oncle, IV. 59. 60. Il persuade au Pape d'empêcher qu'Antoine son frere n'exerce la *comprotection* de la France: se démet lui même de l'emploi de Protecteur de l'Aragon & de Portugal. Négociation sur cette affaire, où le Neveu d'Urbain & le Ministre de France s'opiniâtrerent l'un contre l'autre, 516. *& suiv.* Barberin confond le Maréchal de Crequi sur le mariage de Gaston: est maltraité dans une lettre que l'Ambassadeur écrit en France, 534. *& suiv,*

François *Barberin* traverse les grandes vûes & les intrigues de son frere Antoine, forme d'autres projets, flatté par les Espagnols, V. 37. Confidence qu'il fait au Maréchal d'Estrées, 93. Ses offres reçues avec civilité, & avec défiance par le Duc de Parme, 153. Démélés qu'il a avec l'Ambassadeur de France, 649. *& suiv.* Il est d'une congregation sur les affaires de Portugal. Demande qu'il fait à l'Agent de cette Couronne, &c. VI. 387. Caractere de ce Cardinal neveu, qui gouvernoit son oncle, 388. Il se brouille avec le Duc de Parme à l'occasion du cérémonial: donne au Pape un conseil prudent, qu'il oublie bientôt lui-même; cherche avec ses freres les moyens de mortifier Farnese. Ils animent Urbain contre ce Prince, 390. *& suiv.* Réponse ridicule de François *Barberin*. Autre où il se joue de ce qu'il vouloit faire passer pour un

Yyyy

B A

acte de Religion, 503. Impatient de voir Thadée son frere à la tête d'une armée, ce qu'il déclare à l'Ambassadeur de Venise, 508. Il rit des menaces du Duc de Parme : essuie une rude mortification de sa part, 510. Maltraité par son oncle, comment il l'adoucit. Il lie une négociation pour amuser le Duc de Parme, 511. & *suiv.* tâche de prévenir une insulte que l'Ambassadeur d'Espagne fait à celui de Portugal, 516. 517.

Barberini (Antoine) *Barberin*, neveu du Pape Urbain VIII. Chevalier de Malte, Cardinal, Archevêque de Reims & Grand Aumônier de France, II. 569. Légat pour la pacification de l'Italie, III. 400. 403. 415. 417. Proposition singuliere qu'il fait à Richelieu, 437. Il brille peu dans sa Légation, s'en dégoûte & l'abandonne, 445. Pourquoi l'on souhaite en France qu'il soit *Comprotecteur* de cette Couronne. Il accepte cet emploi : opposition de la part de François son frere, & du Pape leur oncle, &c. IV. 515. & *suiv.* Antoine *Barberin* fait tous ses efforts pour tenir sa parole, 517. & *suiv.* 526. 527. Montre son zele pour Louis, &c. 534.

Le Cardinal Antoine *Barberin* appuie Mazarin de tout son crédit, V. 83. forme un projet ambitieux & chimérique, 87. Trait de sa façon, pour chagriner son frere François, 651. Antoine ménage, dit-on, sous main les mécontents du Royaume de Naples, VI. 69. prend des mesures pour empêcher qu'on n'insulte l'Ambassadeur de Portugal, 387. Ordonnance qu'il donne, en qualité de Camerlingue, contre le Duc de Parme, 503. Mesures qu'il prend pour arrêter les progrès de ce Prince, 512. Son habileté exaltée par le Pape son oncle, 514. Désordre qu'il ne peut prévenir, étant à la chasse, 516. 517. Précautions qu'il prend pour empêcher qu'il n'en arrive un plus grand, 518.

Barberins (Les) desseins qu'on leur impute, V. 151. Leurs civilités regardées comme des pieges par le Duc de Parme, 153. 300. Démêlés des *Barberins* avec le Maréchal d'Etrées, 649. & *suiv.* Leur arrogance se fait haïr de tous les Princes d'Italie. Ils veulent vendre au Duc de Parme un chapeau de Cardinal à des conditions qui ne lui plaisent pas, VI. 389. 390. Brouillerie ouverte entre eux & ce Prince : ils cherchent à s'en venger avec éclat : animent le Pape contre lui, &c. 390. & *suiv.* Pourquoi ils engagent leur on-

cle à faire enfin la promotion de Cardinaux attendue depuis long-temps, 392. 393. Projets des *Barberins* contre le Duc de Parme. Leurs instances pour faire rappeller en France le Maréchal d'Etrées, 502. & *suiv.* Ils amusent les Princes d'Italie & les Rois de France & d'Espagne : arment cependant, & se mettent en état d'exécuter leurs desseins, 506. & *suiv.* Mortification & alarmes que leur cause la dissipation de leur armée, 510. 511. Manege & négociations de ces fourbes, 512. & *suiv.*

Barbin, créature de Concini, & Intendant de Marie de Médicis, confirme les soupçons qu'elle avoit contre Villeroi, fournit à Sa Majesté une ouverture qu'elle trouve merveilleuse, I. 506. Changement réel ou affecté de *Barbin* : il manque de respect à sa maitresse, 508. On lui donne l'administration des Finances, 511. Il avoit gagné la confiance de Marie de Médicis. Conseil violent qu'il lui donne, 537. 538. indique Themines pour arrêter le Prince de Condé, 540. tâche d'engager S. M. à profiter d'une belle occasion, 541. est fait Controlleur Général des Finances, 582. exhorte le Maréchal d'Ancre à pousser les choses à l'extrémité : détourne la Reine-Mere de remettre le Gouvernement de l'Etat au Roi, 598. Effroi que lui donne la mort du Maréchal d'Ancre, 640. Il est arrêté ; déclame contre son protecteur. Comment il s'étoit avancé, 642. Spectacle qu'on le contraint à regarder, 648. Enfermé dans la Bastille, on fait tenir ses Lettres à la Reine-Mere, &c. 733. Ses papiers sont saisis. On le condamne à un bannissement perpétuel hors du Royaume, 735.

Barcellos (Théodose Duc de) fils ainé de Jean Duc de Bragance & de Catherine de Portugal, est retenu en Espagne sous divers prétextes, & obligé de s'y marier, V. 433. 434.

Barcelone. Dispute que ses Officiers eurent avec Ferdinand le Catholique : il leur cede, & consent à payer les impôts établis dans cette ville, VI. 5. & *suiv.* Etats que Philippe IV. y tint deux diverses fois, 7. 8. Délibérations des Magistrats de *Barcelone*, alarmés des ordres de la Cour, 14. Le Viceroi n'ose y introduire des gens de guerre : deux de ses Magistrats sont arrêtés, 16. 17. Soulevement général dans cette ville, 18. & *suiv.* L'Evêque de *Barcelone* est nommé par la Cour Viceroi de la province : dans quelle in-

TABLE DES MATIERES.

B A

tention, 20. 21. Les habitans de cette ville, dénués de tout, se préparent à une vigoureuse défense, 1. 5. & suiv. repoussent l'armée Espagnole, qui vouloit les surprendre, 198. Leur prétention particuliere sur le salut du pavillon du Roi, 361.

Barclai écrit contre Bellarmin sur l'autorité du Pape. Son ouvrage condamné à Rome, I. 40.

Barcos, neveu de l'Abbé de St. Cyran, soupçonné d'être le même que *Petrus Aurelius*, IV. 312.

Barde (La) parent de Chavigni, va déclarer au Nonce Scoti les intentions du Roi, &c. V. 717. *La Barde* un des Agents Généraux du Clergé, 740.

Bardonville s'excuse de demeurer auprès du Duc d'Orléans, de la part du Comte de Soissons, V. 238.

Barillon, Président aux Enquêtes, se signale entre ceux qui conservoient quelque reste de l'ancienne liberté, III. 630. Il est suspendu de l'exercice de sa charge, & relégué : rappellé peu de temps après, 634. 635. est conduit au Château de Saumur, où il demeure quelques mois, V. 66. Il est relégué à Tours, 462. est consulté par la Reine, VI. 699.

Barillon, Maître des Requêtes, un des Juges du Maréchal de Marillac, IV. 106.

Barnevelt (Jean d'Olden-) Pensionnaire de Hollande, fait un remerciment à l'Ambassadeur d'Angleterre, &c. I. 197. Reglement qu'il propose sur la maniere d'élire les Pasteurs : il amene les Etats de Hollande à son sentiment, 214. 215. négocie & obtient la restitution de trois places engagées à l'Angleterre par la République, 517. 518. Entreprise où il échoue, & se perd lui-même, 519. Opinion qu'il avoit d'Aerssens. Comment il avoit vécu avec le Prince Maurice, 524. Proposition qu'il lui fait de la part des Etats de Hollande, 525. Origine de sa mésintelligence avec ce Prince, 526. 527. Il s'étoit défendu de prendre l'emploi de Pensionnaire, & avoit voulu s'en démettre, &c. 526. 527. Son sentiment un procédé des Contre-Remontrants, 741. La mésintelligence augmente entre le Prince & Barnevelt, 742. & suiv. Réflexions sur sa conduite, 744. Il tâche d'apaiser le Prince ; veut se démettre ; tombe malade : nouvelle qui augmente son déplaisir, 745. 746. Proposition qu'il fait aux Etats de Hollande, qui n'est pas reçue, 748. Il refuse de consentir à la convocation d'un Synode National, mal-

B A

gré la remontrance judicieuse de Witenbogart : tâche d'obtenir la permission de se retirer, 749. 750.

Barnevelt est estimé & appuyé par la Cour de France. Avantages que les ennemis du Pensionnaire en tirent contre lui, II. 42. & suiv. Pourquoi il avoit été d'avis de conclure la treve avec l'Espagne, 44. 45. Il publie son apologie, précédée d'une Lettre au Prince d'Orange. Réflexion sur un passage de cette Lettre, & sur les démarches de *Barnevelt*, 48. Extrait de son apologie. Il y représente vivement, & mal-à-propos, les services qu'il avoit rendus au Prince, 48. & suiv. Conférences de *Barnevelt* avec Witenbogart, 52. Réflexions sur sa conduite. Il tâche de rassurer ce Ministre, 53. porte la parole pour sa province aux Etats Généraux, &c 54. paroit fort déconcerté, 56. Il est arrêté, &c. 57. & suiv. Instances des Ambassadeurs de France en sa faveur, 60. 63. pourquoi il plaisoit tant à la Cour, & si peu aux Réformés de France, 62. On travaille à son procès, & à celui des autres prisonniers, après les avoir gardés six mois en prison. Réflexion sur cette circonstance, 95. & suiv. procédures iniques de ses Juges, 98. & suiv. L'Ambassadeur de France intercede en vain pour lui. Mort de *Barnevelt*, 100. 101. 101. Pourquoi sa veuve, n'ayant pas demandé sa grace, tâcha de l'obtenir pour un de ses fils, 541.

Baronius, Cardinal, attaque la puissance spirituelle des Rois de Sicile. Exclusion que la Cour de Madrid lui fit donner. Son tome onzieme supprimé en Espagne, I. 42.

Barraut (le Comte de) Ambassadeur extraordinaire auprès du Duc de Savoye, &c. I. 68. 69. Ambassadeur de France à la Cour de Madrid, reçoit une longue instruction, IV. 588. 589. confere avec le Duc d'Olivarez. Rupture de ces Conférences. Ils s'accusent réciproquement de mauvaise foi, & avec justice, 590. 591. Le Comte de *Barraut* est rappellé de la Cour d'Espagne, 698. 702. rassemble des milices pour secourir Salces, V. 727. 728.

Barraut (Jean-Aubert de) Archevêque d'Arles, un des Présidents de l'Assemblée du Clergé, IV. 748. fait des remontrances au Roi contre l'extension de la Régale, 752.

Barre (Le Marquis de la) Lieutenant d'artillerie, est tué au siege de Saint-Omer, V. 523. 525.

Barri, Gouverneur de Leucate, tâche d'imiter

Y yyy ij

BA

un exemple héroïque que son pere & sa mere lui avoient laissé. Belle réponse qu'il fait à un Emissaire des Espagnols, qui vouloit le gagner. Il défend bravement sa place, V. 342. & *suiv.*

Barriere, Officier du régiment de Champagne, V. 185.

Bartolini, Résident du Grand Duc de Toscane en France, agit en faveur de Marie de Médicis, I. 654.

Basques (Les) prompts & impatiens, ne peuvent souffrir de Corps d'armée chez eux : méprisent de loin les Espagnols, les craignent de près, V. 203. & *suiv.*

Bassadona (Jean) Sénateur de Venise, opine contre le projet d'attaquer la République de Genes. Le Sénat goûte ses raisons, II. 671. 672.

Bassompierre, Gentilhomme Lorrain : pourquoi Henri IV. empêcha qu'il n'épousât la fille du Connétable de Montmorenci, I. 10. Réponse qu'il fait à Sulli d'un ton fier, &c. 14. A quel dessein Henri IV. l'avoit envoyé en Lorraine, 25. Amusements auxquels il se livre, 138. Ami des Guises, bon office qu'il leur rend, 173. Il négocie le raccommodement de la Régente avec les Ducs de Guise & d'Epernon, &c. 174. & *suiv.* Ce qu'il insinue malignement au Prince de Condé, 178. Avis qu'il donne à Concini, &c. 190. se plaint de lui & des Ministres, est sur le point de quitter la Cour de France : ce qui l'y retient, 191. est fait Colonel Général des Suisses, avec l'agrément des treize Cantons, 232. 233. va recevoir les Suisses nouvellement levés, 242. Ses liaisons avec la Princesse de Conti. Procès qu'une de ses Maîtresses lui avoit intenté, &c. 262. Ce qu'il dit des Seigneuries des deux freres de Luines, 393. Il fait revenir le Maréchal de Bois-Dauphin à lui-même, 463. Lettres qu'il produit dans le Conseil sur les desseins du Duc de Vendôme, 488. Accident où il est blessé, 498. Caractere de ce Courtisan. Confidence que lui fait la Reine-Mere, occasion d'une scene entre *Bassompierre*, Silleri, & S. M. 502. 503. Avis qu'il donne à Marie de Médicis, 540. Indigné du manege de la Cour, il répond à la Reine Mere avec une noble fierté, 546. Il conduit le Prince de Condé à la Bastille, 560. Avis important qu'il donne à la Reine-Mere, dont elle ne fait pas profiter, 617. Il

BA

demande la permission de lui faire la révérence, après la mort du Maréchal d'Ancre, &c. 653. Conversation qu'il eut avec Louis XIII. 659. 660.

Bassompierre rend de bons offices au Duc d'Epernon, II. 8. 8. Avis qu'il donne à Luines, &c. 190. Commission dont il est chargé, 206. Il amene des troupes au Roi, après avoir pris Dreux, 211. Tentatives pour l'attirer dans le parti de la Reine-Mere, 212. Il contribue à sauver la vie au Comte de S. Agnan, 213. 214. flate l'humeur sévere du Roi, qui lui témoignoit de la confiance : cause du chagrin au Favori, 214. 215. Impression qu'il donne à S. M. &c. 217. Il rend un service important, 230. Raisons qui le porterent à accepter l'Ambassade en Espagne, comme un exil honnête, 264. 265. Mot de *Bassompierre*, 268. Il est bien reçu en Espagne. Grace que S. M. Catholique lui accorde, 318. Affaire qu'il négocie à cette Cour, 319. 320. Ce qu'il raconte des derniers momens de Philippe III. 321. Il découvre au Roi dans une Lettre les desseins de la Cour de Madrid. La maniere dont il se comporte à la premiere audience qu'il eut de Philippe IV. déplaît aux François. Réponses qu'il fit aux propositions du Ministre d'Espagne, 323. & *suiv.* Il conclut le traité de Madrid. Lettres judicieuses qu'il écrit au Roi & à Puisieux, 326. 327. Il fait des complimens de condoléance sur la mort de Philippe III. Réponse franche qu'il fait au nouveau Roi d'Espagne. Comment il se peint dans une autre Lettre, 327. 328. Mariage qu'on lui propose, 336. Emploi qu'il procure au Duc d'Epernon, 359. *Bassompierre* sert au Siege de S. Jean d'Angeli, 361. Confidence périlleuse que le Roi lui fait, 366. Il sert au Siege de Montauban, en fait un ample détail, 392. Ce qu'il dit du Duc de Mayenne. Avis qu'il donne au Duc de Guise, 393. 394. Plaisanterie de *Bassompierre*. Ce qu'il répond aux plaintes de S. M. contre le Connétable. Il avertit Luines de prendre garde à lui, 395. 396. Puérilité dont Louis lui fait part, &c. 397. Ce qu'il raconte de la vaine & ridicule confiance de quelques Officiers, 400. & *suiv.*

Bassompierre investit Monheur ; fait des propositions à celui qui y commandoit, II. 418. s'oppose à l'établissement d'un nouveau ministere : refuse une commission qu'on veut

TABLE DES MATIERES.

B A

lui donner pour l'éloigner de la Cour : fait une belle remontrance dans le Conseil du Roi, 422. 423. Résolution qu'il inspire à S. M. de se tirer de la dépendance de ses Ministres, 425. 426. Il rompt les mesures du Prince de Condé, pour retarder le retour du Roi à Paris, 427. Témoignage qu'il rend à la bravoure de Louis XIII. 463. Confiance que S. M. lui témoigne, 465. Détail qu'il donne du Siege de Royan, 467. 468. Le Prince de Condé & sa cabale offrent à *Bassompierre* la place de Favori du Roi. Réponse qu'il leur fait, 472. *& suiv.* Avec des mœurs corrompus, il conserve de la droiture, de la prudence & de la grandeur d'ame, &c. 474. Ce qu'il dit cavalierement sur la prise de Negrepelisse, 476. Expéditions où il sert utilement, 477. 478. Il fait pendre des Soldats qui violoient une capitulation, 506. Conseil sur la paix où il est appellé : son avis fait tressaillir de joie le Prince de Condé, 508. 509. Intrigue où il a part : efforts de S. A. pour le détacher du parti de Puisieux : Discours tenu dans cette occasion à *Bassompierre*, qui le redit au Roi. Réponse de *Bassompierre*. Il propose Caumartin pour Garde des Sceaux, 514. accompagne S. M. dans une marche, 515. Ce qu'il dit de l'humeur de Louis, 516. Il est fait Maréchal de France, &c. 521. Bons offices qu'il rend à Schomberg, 525. 526. Son sentiment sur le Fort-Louis près la Rochelle déplait aux Ministres, 544. Avis qu'il donne au Chancelier & à son fils : ce qu'il dit plaisamment sur une démarche du pere, 592. Perplexité où il se trouve par leur chute, & par l'élévation d'Aligre à la dignité de Garde des Sceaux : parti qu'il prend pour se réconcilier avec celui-ci, & qui lui réussit, 593. Il se soutient, malgré les efforts de la Vieuville pour le perdre. Y eut-il jamais un Courtisan pareil à *Bassompierre* ? 596. 597. Pourquoi il insulte à la Vieuville disgracié, 620. 621. Bon conseil qu'il donne à la Princesse de Condé, 676. 677. Ce qu'il dit sur la seconde guerre des Réformés, 678. & de l'entreprise sur Blavet, 682. Il y est employé avec un ample pouvoir, & arrive trop tard, 683. Son sentiment dans un conseil extraordinaire, sur les propositions du Légat, 740. Il est chargé de traiter avec l'Ambassadeur d'Espagne sur l'affaire de la Valteline : comment cette négociation est interrompue, 741. 742. Il est envoyé Ambassadeur extraordinaire vers

B A

les Cantons Suisses : pour quel sujet, 743. Détail de sa négociation. Lettre qu'il écrit au Roi sur la maniere d'y réussir, 773. *& suiv.* Ses raisons sont goûtées : on remet à sa prudence la direction de cette affaire. Ses talents pour négocier. Il se trompe dans une conjecture, 775. 776. Mortification qui le chagrine : son *Ambassade châtrée.* Il agit sous main pour avoir tout l'honneur de l'affaire, 776. 777. Honneurs qu'il reçoit de la Diete des Suisses : Discours qu'il leur adresse, 777. *& suiv.* Audience que les Députés lui donnent dans son logis. Il replique fortement à ce que le Nonce du Pape leur avoit dit, 783. *& suiv.* Remarque sur cette piece. Lettre de *Bassompierre* au Roi, pour lui rendre compte du succès de sa négociation, 788. *& suiv.*
Bassompierre (Le Maréchal de) revenu de son Ambassade en Suisse, se moque d'une nouvelle qui se trouve vraie : donne dans un paneau, comme bien d'autres : surprise que lui cause le Traité de Monçon. Récit naïf qu'il fait de la Comédie jouée à la Cour sur cette affaire, III. 9. 10. Il tâche de répondre à un reproche que les Anglois font à Henriette, 16. est envoyé en Angleterre comme Ambassadeur extraordinaire, 65. arrive en Angleterre, y est assez mal reçu. Difficultés qu'il eut à surmonter avant que d'entrer en négociation, 73. *& suiv.* Détails de son audience publique, 75. Audience particuliere qu'il eut de Charles II. circonstance qu'il en rapporte, 76. Succès de sa négociation, 77 *& suiv.* Il est nommé un des Présidents de l'assemblée des Notables, 91. y parle peu. Discours plein d'esprit & de finesse qu'il y fit. 95. 96. Il s'oppose à un reglement proposé, 96. Repartie agréable qu'il fait au Roi. Chagrin qu'il essuie de la part du Cardinal, 135. Il soutient les droits de sa dignité avec vigueur, refuse de partager le commandement avec le Duc d'Angoulême ; obtient le commandement d'une armée séparée. Bons mots qu'il dit en cette occasion, 150. 151. Ce qu'il raconte de la derniere flote des Anglois devant la Rochelle, 231. 232. Il refuse de signer la capitulation de cette Ville, 244. 247. Commission dont le Roi veut le charger envers Toiras : ce qu'il représente à S. M. 256. *Bassompierre* se signale beaucoup au combat pour forcer le pas de Suze : récit qu'il fait de cette affaire, 315. 317. *& suiv.* Il se voit en danger de perdre les bonnes gra-

Y yyy iij

TABLE DES MATIERES.

BA

ces de Louis, en rendant service à des Ambassadeurs de Genes, 328 *& suiv.* sert à l'expédition de Privas, affecte d'en parler brievement, 353. 354. 358. est chargé de réduire Montauban, 375. Commission dont il se charge pour le Duc d'Epernon, auprès du Cardinal, 376. Comment il raconte une brouillerie du Cardinal avec la Reine-Mere, 379. 380. Emploi que *Bassompierre* refuse, 395. Il est nommé pour commander sous Richelieu. Intrigue qui le fait destiner à une seconde Ambassade en Suisse, 406. Ce qu'il dit du pouvoir que le Roi donna au Cardinal, 408. Faute de pénétrer les intentions de Richelieu, il lui fait mal sa cour dans un Conseil, & lui devient suspect, 412. *& suiv.* Irrité de la hauteur d'un Ministre de l'Archiduc Léopold, il se met en tête d'empêcher qu'une Diete des Suisses ne lui donne audience; & réussit, 422. *& suiv.* Discours & propositions que le Maréchal fait à cette Diete, 424. *& suiv.* Ce qu'il en obtient, 428. Il va joindre le Roi à Lyon; rend compte à S. M. des Suisses qu'il amenoit. Repartie folâtre qu'il lui fait. Emploi qu'on lui destine, 444. 450. Entretien où il est présent. Réponse qu'il fait au Cardinal, 551. Fautes qu'il fait à la *journée des Dupes*, 555. 556. Intérêt qu'avoit le Ministre de perdre *Bassompierre*. Sur les avis qu'on lui donne, il refuse de s'enfuir. Il fait dans son Journal la Confession de ses péchés sans repentir. Précaution qu'il prend. Entretien qu'il a avec le Roi. Le Maréchal est arrêté, & conduit à la Bastille, &c. 611. *& suiv.* Circonstances qui ne lui sont pas honneur, si elles sont véritables, 614.

Bassompierre (Le Maréchal de) ce qu'il disoit plaisamment de Voiture, IV. 135. Il prend intérêt dans sa prison aux affaires de son pays, 431. offre la démission de sa charge de Colonel des Suisses, dans l'espérance d'obtenir sa liberté, 592. Récit qu'il fait de l'expédition du Cardinal de la Valette au delà du Rhin, V, 24. 26. 32. Extraits de son Journal, 45. 48. 65. 67. 158. 161. 170. 172. 173. 178. 191. Comment il nommoit Saint Simon, 210. Extraits du Journal de *Bassompierre*, 218. 219. 236. 299. 300. Ce qu'il y raconte du soulevement des Grisons contre la France, 302. *& suiv.* Récit qu'il fait d'une occasion que Louis eut de marcher vers la Normandie, 319. de la reprise des Isles de Provence, & des coups de canne donnés à l'Archevêque

BA

de Bourdeaux, 321. 322. Extraits de son Journal, 336. 356. Nouvelle affaire qui lui est suscitée, & qui acheve de le perdre dans l'esprit du Roi. Imprudence du Maréchal dans cette occasion, 371. 373. Autre avanture qui l'inquiete, 373. 374. Extraits de son Journal, 374. 425. Sur une ironie maligne du Cardinal, il s'imagine que le moment de sa liberté approche, &c. 426. Extraits de son Journal, 462 *& suiv.* 472. *& suiv.* 479. Eloge qu'il fait du Maréchal de Crequi, 491. Extraits du Journal de *Bassompierre*, 494. 497. 513. 515. 519. *& suiv.* Comment il raconte la levée du siege de S. Omer, 521. Extraits de son Journal, 544. 545. 550. 552. 553. 555. 559. 565. 568. 597. Evenement qu'il raconte d'une maniere un peu différente de celle d'un autre Historien, 600. 601. Ce qu'il rapporte des commencements de la fortune de son ami Erlach, 607. 608. Extraits de son Journal sur les affaires de Piémont, sur la surprise de Turin, 641. 642. & sur une treve consentie par Léganez, 643. Autres, 667. *& suiv.* Récit succinct qu'il fait de l'affaire de Thionville, 669. Extraits de son Journal, 677. On tâche d'engager Erlach à stipuler quelque chose en faveur de *Bassompierre*, 696. Extraits de son Journal, 729. 730. Extraits du Journal du Maréchal de *Bassompierre*, VI. 37. 48. 51. 56. 58. 59. Récit où il manque d'exactitude, 70. Comment il raconte l'attaque des lignes devant Arras, 74. Il sort de la Bastille, 680. a permission de paroître à la Cour, 695.

Bassompierre (Le Marquis de) neveu du Maréchal, sert sous le Duc de Lorraine dans l'armée de l'Empereur, IV. 634. 636. Récit qu'il fait de la bataille de Norlingue, & des circonstances qui la précéderent, 642. 643. 647. *& suiv.* Expédition où il est fait prisonnier, en venant se faire reconnoître pour Général de l'Artillerie de l'Empereur, V. 600.

Bastwick Médecin, & deux autres Ecrivains de Libelles contre la Hiérarchie, sont condamnés à une peine très-sévere, & fort maltraités, V. 448. 449. Ils sont amenés à Londres par ordre de la Chambre des Communes Accueil que le peuple de cette ville leur fait. Les Arrêts rendus contre eux sont déclarés contraires aux Loix du Royaume, VI. 268.

Batailles : les descriptions étudiées qu'en donnent les Historiens sont suspectes, IV. 626. 647. Le gain & la perte d'une bataille dépendent souvent de peu de chose, 649.

BA

Batilli, son Régiment est reçu au service du Roi sur le pied d'étranger, quoiqu'il fût François, V. 59.

Batteville (Le Baron de) un des Commandants d'un détachement Espagnol, est blessé dans une expédition contre les Piémontois, V. 31. rend Nice de la paille au Prince Thomas. Tour qu'on lui joue par représailles, VI. 637.

Batthori (Etienne) Prince de Transilvanie, ensuite Roi de Pologne, fait élire Christophe, son frere, à cette Principauté. Sigismond *Batthori*, fils de celui-ci, succede à son pere, quitte l'alliance du Sultan, s'unit avec l'Empereur. Ce qu'il éprouva, à la honte du Christianisme, &c. Il donne la Principauté au Cardinal *Batthori* son frere, qui soutient une rude guerre contre l'Empereur, & y est tué. Gabriel *Batthori*, Prince de Transilvanie, odieux par ses cruautés, réduit au désespoir, &c. I. 201. 202. Beau sentiment d'Etienne *Batthori*, Roi de Pologne, II. 160.

Baugy, Ambassadeur de Louis XIII. à la Haye, Négocie le renouvellement de l'alliance avec les Provinces-Unies, III. 489.

Baumbergher (Gaspar) Colonel Alleman, propose de surprendre Philipsbourg, se charge de l'exécution, & réussit, IV. 683. *& suiv.*

Baume (La) Evêque de Viviers, leve des soldats à ses dépens, pour le secours de Salces, V. 728.

Bautru fait fortune en disant de bons mots : il est envoyé Ambassadeur à Londres : flate Charles & son Favori, 792. est envoyé à la flote Angloise de la part de Richelieu, III. 234. porte en Espagne la nouvelle de la reduction de la Rochelle : instruction dont il est chargé, 281. Voyez 578. Il est envoyé au devant de Gaston par le Roi. Inquiétude qu'il cause à Puylaurens, IV. 667. 668. *Bautru*, Conseiller d'Etat, est aggrégé à l'Académie Françoise, 781. va faire compliment au Roi, de la part de Richelieu, sur ce que le tonnerre étoit tombé près de S. M. Flaterie extravagante de cet adulateur, ou de celui qui l'avoit envoyé, V. 41. amuse Louis d'un démêlé de Gassion avec le Capucin Joseph, 60. est dépêché à Monsieur, 238. 252. Remontrance qu'il lui fait, 253. Lettre & réponse qu'il rapporte à la Cour de la part de S. A. R. 254. *Bautru* va trouver le Comte de Soissons à Sedan de la part du Roi, &c. 282.

BA

Bayonne en mauvais état, V. 203. consternation de ses habitants. La présence du Duc d'Epernon, & la circonspection des Espagnols les rassure, 205. 206.

BE

Bearn. Révolutions de cette Principauté. Pourquoi la Religion Catholique y avoit été abolie. Tentatives du Clergé pour l'y rétablir, I. 364. 365. 694. Arrêt du Conseil qui en ordonne le rétablissement, & la restitution des biens Ecclésiastiques dans ce pays contre ses *Fors*, ou Coutumes, 697. *& suiv.* Assemblée des Réformés du *Bearn* : résolution qu'on y prend, 698. Anciennes Loix du *Bearn*. Les Etats du pays protestent contre l'infraction de leurs privileges, 699. Edit pour la réunion de cette Principauté à la Couronne de France. Si les *Bearnois* etoient bien fondés à demander qu'elle ne se fît point sans le consentement des Etats du pays, 659. 700.

Bearn : les brouilleries y augmentent à l'occasion de l'Edit pour la main-levée des biens Ecclésiastiques, II 16. *& suiv.* Voyage du Roi dans ce pays pour cette affaire. Cette Principauté est dépouillée de ses privileges & de sa liberté, 231. *& suiv.* si les habitants étoient en droit de les défendre, 351. Le Duc d'Epernon acheve de réduire le *Bearn*, 359. 360

Beauclerc Secrétaire des commandements de la Reine, ensuite Secrétaire d'Etat: son département, II. 596. Sa mort, III. 560.

Beaufort, lâche dénonciateur, accuse à tort le Marquis de la Vieuville, II. 641.

Beaufort, Mestre de camp du Duc de Rohan, est fait prisonnier en introduisant du secours dans Montauban, II. 398. tâche de défendre Pamiers : est pris en voulant se sauver, & condamné à mort, III. 181.

Beaufort (Le Duc de) second fils du Duc de Vendôme, est envoyé avec son frere au devant du Duc de Parme, V. 77. fait des merveilles dans une occasion périlleuse, 185. obtient le commandement de la cavalerie dans l'armée du Comte de Soissons contre les Espagnols, en Picardie, 186. 187. se rend secretement à Blois auprès de Gaston, &c. 256. Expédition où il se trouve, VI. 72. Il fait des merveilles à la défense des lignes devant Arras, 74. 77. est relegué avec sa mere & son frere, 235. Le Duc de *Beaufort* s'excuse d'entrer dans un parti contre Richelieu,

BE

453. Pressé par des Lettres du Roi de venir à la Cour, pour découvrir ce qu'il savoit de cette conspiration, il se retire en Angleterre. A quoi ce voyage lui fut utile. Défaut de politesse dont il est raillé. Portrait de ce Duc. S'il pouvoit devenir un Héros. Il se dévoue à Anne d'Autriche qui lui fait écrire de revenir : n'ose paroître à la Cour sans la permission du Roi : obtient cette liberté : y arrive ; est bien reçu. Indignation qu'il conçoit contre l'Abbé de la Riviere, & qui le sépare de l'intérêt & du commerce de Gaston, &c. 680. & suiv. Le Duc de *Beaufort* s'éloigne de Mazarin & de Chavigni, 693. demande que le Duc de Vendôme, son pere, soit rappellé à la Cour, 694. 695. appuie ses sollicitations pour recouvrer le Gouvernement de Bretagne : reçoit une marque glorieuse de confiance de la part de la Reine, 696. & suiv. rompt un traité entamé avec l'Abbé de la Riviere : préfere l'honnête à l'utile, 700.

Beaulieu, Gentilhomme du Duc François de Lorraine, l'aide à fuir avec la Duchesse son épouse, IV. 440. 441.

Beaumarchais Trésorier de l'Espagne, beaupere du Marquis de la Vieuville. II. 525. 526.

Beauregard-Champron se signale au combat de Castelnaudari, IV. 155. est blessé par le Duc de Montmorenci, 157. *Beauregard* est envoyé vers l'Electeur de Saxe, &c. 687. Commission que *Monsieur* lui donne d'aller à Sedan, &c. V. 267. *Beauregard*, Agent du Roi de France dans l'armée Suédoise, fournit des mémoires à l'Auteur de la vie du Maréchal de Guébriant, sur une belle retraite de Bannier : fait une fiere réponse à ce Général, 658. 559. Embarrassé de ses intrigues pour la paix, il en avertit le Comte d'Avaux : s'occupe à défendre la conduite de la France : observe de près le Suédois, 661. Avis que *Beauregard* donne au Duc de Longueville, VI. 99. 100. Mémoires qu'il fournit à l'Auteur de la vie du Comte de Guébriant, 107. 202. 208. *Beauregard* tire le Maréchal Bannier d'un grand embarras, &c. 211. 212. Ce qu'il dit du combat de Wolfembutel, 355. 356. Lettre où il donne de grands avantages à Torstenson, dans un combat contre les Impériaux, 641. 642.

Beauveau (Le Marquis de) Gentilhomme Lorrain ; ce qu'il dit du Duc de Lorraine dans ses Mémoires, IV. 341. 352. Circonstance

BE

dont il ne convient pas sur le siege de Nanci, &c. 353. 354. Extraits de ses Mémoires, 356. 357. Il est envoyé de Nanci vers le Duc Charles arrêté au camp des François. Ce qu'il raconte de la situation & des sentimens de ce Prince, 365. 366. Extraits de ses Mémoires, 367. 433. 437. 438. 439. Récit qu'il fait de la fuite du Duc François & de la Duchesse son épouse, 440. 441. & de celle de la Princesse de Phaltzbourg, 442. Extraits de ses Mémoires, 409. 410. 731. Son récit sur la prise de S. Michel, conforme à une Lettre du Cardinal au Roi, V. 46. Ce qu'il rapporte d'une belle retraite du Duc de Lorraine, 600. de la passion de ce Prince pour la Comtesse de Cantecroix, 601. 602. Extraits des Mémoires de *Beauveau*, 657. Mystere qu'il nous découvre dans la conduite de Charles, VI. 243. Ce qu'il dit de la Duchesse d'Orléans, 679.

Beauvau, Evêque de Nantes, est employé sur mer. Faute qu'on rejette sur lui : ce qu'en disent les railleurs, V. 100. Il se trouve à la déroute de Fontarabie, 556.

Beauveau (Le Baron de) se charge d'une négociation pour les Ducs de Guise & de Bouillon, VI. 227. se distingue à la bataille de Sedan, 320.

Bécan, Jésuite. Un de ses Livres condamné par l'Inquisition, pour éviter la censure de la Sorbonne, I. 161. 162.

Bec-Crespin (Le Marquis de) Gouverneur de la Capelle, reçoit Gaston dans sa place, après avoir hésité, &c. IV. 66. la rend aux Espagnols par capitulation, V. 172. On lui fait son procès : il s'évade, 177. Supplice auquel il est condamné par contumace, &c. 179. Amnistie dont il est excepté. Il avoit joint le Comte de Soissons, VI. 336.

Beck, Sergent général de bataille sous Picolomini, se distingue beaucoup à la bataille de Thionville : y est blessé, V. 670. & suiv. Joint le Cardinal Infant avec ses troupes, pour secourir Arras, VI. 56. 80. Ce Prince lui laisse le soin de finir le siege d'Aire, 346. *Beck* se trouve au combat d'Honnecour, 480. 481.

Bedford (Le Comte de) concerte une requête avec quelques autres Seigneurs, VI. 134. se déclare presque ouvertement pour les confédérés d'Ecosse, 136. Charge dont il avoit envie : ce qu'il fait pour l'obtenir. Il meurt en condamnant la violence des gens de son parti,

parti, 283. 284. Affaire dont il avoit empêché l'éclat, 285. protestation signée par un autre Comte de *Bedford*, 522. Il est nommé Général de la Cavalerie du Parlement, 571.

Bedmar (Alphonse de la Cueva Marquis de) Ambassadeur d'Espagne à Venise; protestations qu'il fait à la Seigneurie, I. 187. Audience qu'il demande au Sénat, pour répondre à une harangue de l'Envoyé de Savoye, 269. Il fait grand bruit sur le premier traité d'Ast, 276. & sur le second, 389. forme une espece de Triumvirat avec le Viceroi de Naples, & le Gouverneur de Milan. Ce qu'il remontroit sans cesse touchant la République de Venise, 701. 762. Livre anonyme qu'il avoit publié contre elle, 709. Peu s'en faut que sa maison ne soit pillée, 713. Comment il arrête les préparatifs du Sénat pour la guerre, 731. Le Marquis de *Bedmar* accusé d'avoir tramé une conspiration contre Venise, II. 12. 13. A quoi cela peut se réduire, 15. 16. Il est envoyé auprès des Archiducs des Pays-Bas, 16. est fait Cardinal, 524. Voyez *Cueva*.

Beecher, Secrétaire du Duc de Buckingam, est introduit dans la Rochelle: Discours qu'il y fait au Maire & aux autres Magistrats, III. 135. & *suiv*.

Bélanger & Saussier, complices d'un complot contre Richelieu, le révelent, & obtiennent leur grace, IV. 370.

Belegno, Commandant d'une armée navale de Venise, I. 712.

Bellarmin, Jésuite & Cardinal, écrit contre le serment exigé des Catholiques en Angleterre, I. 38. Il replique au Roi Jacques, 39. Il adresse sa réponse à l'Empereur & aux Rois Catholiques: ce qu'il dit pour se disculper d'avoir écrit contre un Roi, 40. Les Gens du Roi s'opposent à l'impression de ses Controverses: le Parlemement supprime son Livre sur la puissance du Pape, 41. Il souscrit à la condamnation d'un Livre de Bécan: singularité de cette conduite, 163.

Bellebat est envoyé au Duc de Mayenne par la Cour, II. 189.

Bellebrune est fait Gouverneur d'Hesdin, V. 684.

Bellefonds, Maréchal de Camp sous le Maréchal de Châtillon, exécute une expédition dont il étoit chargé, V. 409. se distingue au Siege de S. Omer, 523.

Bellegarde (Octave de) Archevêque de Sens, crie contre une censure où les Dogmes favoris de la Cour de Rome sont réfutés, II. 796.

Bellegarde, Grand Ecuyer, a une querelle avec Concini. On les raccommode, I. 47. 48. Chargé de veiller sur les démarches du Duc de Savoye, 68. Il cherche à se réunir aux Princes du Sang contre Concini, suborne des gens pour l'accuser de Magie, 147. En chemin pour la Cour, où il étoit mandé, pourquoi il s'en retourne au plus vîte, 161. On lui destine le commandement d'une armée, 192. Il négocie la réconciliation du Duc de Nemours avec le Duc de Savoye, 577. écrit à la Reine-mere, pour la dissuader de se mettre entre les mains du Duc d'Epernon, II. 71. 72. est envoyé vers S. M. après avoir été reçu Duc & Pair, 200. 208. 213. 215. se déclare ennemi du Chancelier & de son fils, 591.

Bellegarde (Le Duc de) est fait Surintendant de la maison & premier Gentilhomme de la Chambre du Duc d'Orléans, & sa femme Dame d'honneur de la Duchesse, III. 59. devient suspect à ce Prince, 82. Avis qu'il lui donne en vain, 116. Il se signale dans une expédition contre la Rochelle, 146. Avis qu'il donne à la Reine-Mere, 336. Gouverneur de la Province de Bourgogne, &c. 443. Il entre dans la faction contraire au Cardinal: de quoi il se plaignoit, 483. 484. Manege du Duc de *Bellegarde* entre le Roi & Monsieur, 620, 621. 625. Déclaration où il est compris, 627. Il perd son gouvernement de Bourgogne, 648. Ses biens sont confisqués, IV. 7.

Bellegarde (Le Duc de) dégouté de Gaston, veut faire sa paix avec le Roi, profite d'un avis qu'on lui donne, évite une embuscade, & retourne en Lorraine, IV. 12. Son avis sur le mariage de S. A. R. avec Marguerite de Lorraine, 13. Il s'oppose à sa retraite dans les Pays-Bas Espagnols, querelle Puylaurens, &c. 99. a la permission de revenir à la Cour, VI. 695.

Bellejambe, ou *Bellejamme*, Commissaire dans quelques procès criminels, V. 178. 298. Intendant en Picardie, Président de la commission pour juger Saint-Preuil, VI. 352.

Belle-Isle (Antoinette d'Orleans de Longueguevilie, veuve de Charles de Gondi Marquis de) dirigée par le P. Joseph, forme

Zzzz

BE

l'Inſtitut des Filles du Calvaire, III. 494.

Bellier (Du) Gentilhomme Dauphinois, avertit Deageant ſon ami de ce qu'il croyoit remarquer, &c. I. 624. 625. Avis qu'il donne au Roi, 633.

Bellievre, Chancelier de France, manque de courage dans une occaſion importante, & ne profite pas de ſa complaiſance, I. 306.

Bellievre obtient la charge de Procureur Général au Parlement de Paris, I. 139. Il eſt un des trois ſujets que Silleri propoſe au Roi pour avoir les Sceaux, II. 513. Bellievre Préſident à Mortier reçoit l'ordre de ſe rendre à la Cour avec d'autres membres du Parlement, &c. IV. 9. Hiſtoriette où il eſt dit Intendant de l'armée du Maréchal de Schomberg : portrait qu'il tire d'un bracelet de Montmorenci, 168. Négociation dont il eſt chargé auprès des Princes d'Italie, 698. 705. & ſuiv. ſa conduite dans une affaire propoſée au Parlement, V. 191. Ambaſſadeur à la Cour de Londres, il a ordre de ne rendre aucune civilité à Marie de Médicis, 568. Malgré ſes précautions, il ne peut éviter un entretien avec S. M. ce qui s'y paſſa, 570. 571. Il témoigne du courage & de la probité dans l'affaire du Duc de la Valete, 616. 627. Diſcours qu'il adreſſe au Roi à la ſeconde ſéance. Il opine contre ce Duc ſuivant toute la rigueur du Droit, 628. & ſuiv. Bellievre, Ambaſſadeur en Angleterre, écoute des propoſitions de Charles : ce qu'il lui remontre ſur le deſſein du Palatin de traverſer la France, 702. Le Préſident de Bellievre eſt appellé au jugement du Duc de Vendôme, VI. 235.

Bellujeon, Domeſtique du Maréchal de Leſdiguieres, dépêché vers le Roi, &c. I. 724.

Belnaſt (Le Baron de) commiſſion que Jacques Roi d'Angleterre lui donne, dont il eſt bientôt rappellé, II. 533.

Belon (Marc Antoine) Colonel Piémontois, eſt défait avec ſon régiment, III. 321.

Bembo (Jean) élu Doge de Veniſe, I. 569. meurt, I'. 10.

Benac Maiſon en Bearn : offre qu'elle fait à la Cour, II. 18.

Benavidez (Dom Chriſtoval de) Ambaſſadeur d'Eſpagne à la Cour de France, rejette avec mépris des conditions d'accommodement propoſées par Richelieu : eſt regardé de mauvais œuil : a un démêlé avec Seguier : ſe conduit avec fierté, &c. IV. 587. Conteſtation de ce Miniſtre avec l'Introducteur des Ambaſſadeurs. Il refuſe le préſent ordinaire, & part ſans voir le Roi, ni le Cardinal, 702. 703.

Benevent (Le Comte de) avis qu'il donne à ſon fils chargé de porter à Madrid la copie du traité d'Aſt, I. 389.

Bentivoglio, Nonce du Pape en France à la place d'Ubaldini, s'emploie pour raccommoder le Duc de Nevers avec la Cour. Surpriſe que lui cauſe un compliment de l'Evêque de Luçon, I. 599. Il s'intéreſſe pour la Reine-Mere, 654. agit en faveur des Eſpagnols, 707. eſt adjoint aux Commiſſaires du Roi pour conclure la paix de l'Italie, 722. 727.

Bentivoglio, Nonce du Pape, s'intrigue en faveur de Marie de Médicis, & contre la liberté du Prince de Condé, II. 75. préſente au Roi des Brefs du Pape ; offre ſon entremiſe pour la réconciliation de la Mere & du Fils. Raiſons qu'on avoit de ſe défier de lui : on le remercie en termes fort honnêtes, 110. Ce qu'il diſoit à Luines, pour l'exciter à faire la guerre aux Huguenots, 158. 159. Avis qu'il lui donne, 183. Ce qu'il écrit à Rome, ſur la ſituation de la Cour de France, 188. Il ſe donne de grands mouvements en apparence, pour ajuſter les affaires, &c. 189. fait agir le Cardinal de Retz & le P. Arnoux, 199. Lettre qu'il écrit à la Reine-Mere. Fauſſetés qu'il y avance, 201. 202. Il ſert bien la Maiſon d'Autriche en France, 230. eſt fait Cardinal, &c. 297. Comprotecteur de France à Rome, il ſe démet de cet emploi ſur les deſirs de Louis. IV. 515. 516. Coup qu'il détourne, VI. 511.

Bergeré, frere de Gaſſion, lui inſpire des ſoupçons ſur une Lettre du Cardinal, VI. 229. n'approuve pas ſon dévouement aveugle pour ce Miniſtre, 230. Comment on l'éloigne, pour empêcher que ſon frere ne lui faſſe confidence d'une propoſition qu'on lui avoit faite, 232.

Bergopzom aſſiégé par le Marquis Spinola, délivré par le Prince Maurice d'Orange, II. 497. 498.

Bergues (Le Comte Henri de) inveſtit Juliers, II. 389. eſt chargé d'obſerver Frédéric Henri, 497. 656. ne peut empêcher la priſe de Bosleduc, III. 349. 350. Mécontent des Eſpagnols, il entre dans une conſpiration contre eux. Ses deſſeins échouent, &c. IV. 140. &

B E

suiv. Amniſtie dont il eſt excepté. Il eſt condamné à la mort par contumace, 494.

Beringhen premier valet de Chambre du Roi, III. 557. eſt diſgracié d'une façon particuliere : ſe retire en Hollande ſa patrie, y ſert, revient en France, & y fait fortune, 571. VI. 695. premier valet de Chambre de la Reine, il parle à S. M. en faveur de Mazarin & de Chavigny, 698.

Berkeley (Le Chevalier Robert) un des douze Juges d'Angleterre, ſcandaliſé tous les bons Anglois. Paroles qu'on ne lui pardonna pas, V. 104.

Berkeley un des Députés du Parlement d'Ecoſſe au Roi, VI. 109.

Berkshire (Le Comte de) III. 31. V. 719.

Berlize, Introducteur du Duc de Weymar à l'audience du Roi, &c. V. 80. va ſignifier, avec un Huiſſier du Conſeil, au Nonce Scoti l'ordre de s'abſtenir de l'audience du Roi, &c. 740.

Bermelt, Sergent-Major d'Arras aſſiégé, VI. 55.

Bernard, Duc de Saxe-Weymar, prend Mantheim, IV. 29. Commandement qui lui eſt confié. Il ne s'accorde pas avec ſon Collegue, 80. tâche de détourner Guſtave de combattre Valſtein, 177. prend le commandement de l'armée à la bataille de Lutzen, après la mort de ce Prince, & aſſure la victoire aux Suédois, 179. pourſuit les Impériaux, & les oblige d'abandonner la Saxe & la Miſnie, 181. ſous quel prétexte il ſe défend d'accepter une penſion de la Cour de France. Ce que Feuquieres penſoit de ce guerrier, 246. Il joint le Maréchal Horn, 391. eſt d'avis de riſquer la bataille contre l'armée du Duc de Feria, 395. 396. ſe ſépare de Horn, prend Ratisbone, & s'avance juſqu'à Paſſau, 397. 398. Il n'oſe ſe fier à Valſtein, 471. 479. 481. 483. apprend ſa triſte deſtinée, 484. cherche à ſe rendre indépendant, 614. tente inutilement de délivrer Ratisbone aſſiégée par les Impériaux, 632. *& ſuiv.* Sa conduite après la reddition de cette place, 634. 635. Mouvements de ce Prince & du Maréchal Horn pour ſecourir Norlingue, 636. *& ſuiv.* Ils engagent une bataille près de cette ville, où ils ſont défaits, 640. *& ſuiv.* Bernard court riſque d'y perdre la vie, ou la liberté : tout ſon bagage y eſt pris, 647. Faute conſidérable qu'on lui impute, 649. Il refuſe de partager le commandement

B E

avec le Palatin de Birkenfeld : eſt nommé Général des quatre Cercles de la haute Allemagne, 652. ſe défend d'aller au ſecours de la citadelle d'Heidelberg. Extrémité où il eſt réduit : il verſe des larmes : cede enfin., & va faire lever le ſiege de cette place, &c. 660. 661. Propoſitions qu'on lui fait de la part de Louis. Conditions qu'il demande & qu'on lui accorde avec le commandement général de l'armée confédérée, 691.

Bernard Duc de Saxe-Weymar, preſque entierement accablé, ne perd point courage : demande & obtient un ſecours, qui lui eſt envoyé avec le Cardinal de la Valete : n'eſt point difficile ſur le cérémonial avec ce Prélat. Pourquoi principalement il avoit demandé ce ſecours avec inſtance, V. 19. *& ſuiv.* Le Duc & la Valete, joints enſemble, font lâcher le pied aux Impériaux devant Mayence. *Bernard* engage ſon Collegue à paſſer le Rhin, 23. *& ſuiv.* Conjecture ſur les vûes de ce Prince : plaintes & propoſition qu'il fait après cette démarche, 26. 27. La Cour de France lui accorde, non ſans répugnance, ce qu'il demande, 28. *& ſuiv.* Le Duc & le Cardinal ſont obligés de trouſſer bagage, de repaſſer le Rhin, & de ſe retirer à Metz, 32. *& ſuiv.* Traité conclu entre Louis XIII. & *Bernard*, 36. 37. Il joint trois Généraux François, confere avec eux, 52. Réſultat de leur conférence, 55. Il rend un témoignage à Gaſſion qu'il envoie vers le Maréchal de la Force, 58. 59. lui accorde ſon congé de bonne grace, & à ſon régiment, 61. Il va à Paris : pourquoi il n'y eſt pas traité avec la même diſtinction que le Duc de Parme, quoiqu'il fût de meilleure Maiſon. But de ſon voyage. Partis qu'on lui propoſe en mariage : il en rejette un avec mépris. Particularités de la premiere audience qu'il eut du Roi, &c. 79. 80. *Bernard* diſſimule ſon reſſentiment au regard de S. M. ; éclate contre le Duc de Parme, &c. 80. 81. Il eſt dédommagé en quelque maniere par les viſites que les Princes & les Seigneurs lui rendent avec empreſſement. Ridicule qu'il donne au P. Joſeph, &c. 82. *Bernard* donne de l'occupation aux Impériaux, 129. 158. aſſiege Saverne, 159. agit avec plus de chaleur que de prudence : refuſe de recevoir cette ville à compoſition, & s'en repent bientôt : ne peut la prendre qu'avec le ſecours de la Valete : ſigne la capitulation après ce Cardinal, 169.

BE

161. Cette place n'eſt pas remiſe à *Bernard*, par le manege de Richelieu & de ſon Confrere, qui le trompent. Sa baſſe complaiſance pour eux méritoit bien qu'il fût leur jouet, 162. 163. On craint qu'il ne ſoit tenté de s'accommoder avec l'Empereur, 194. *Bernard* eſt chargé de ſauver la Bourgogne de concert avec la Valete, 195. *& ſuiv.* Ils ne peuvent empêcher la jonction du Duc de Lorraine & de Galas ; mais ils les écartent de Dijon, 199.

Bernard & la Valete pourſuivent quelque temps les Impériaux qui ſe retirent. Difficultés pour les quartiers d'hiver des troupes du Duc de Weymar, qui faiſoient par-tout de furieux dégâts. Il prend Jonvelle en Franche-Comté ; parle de paſſer le Rhin : ce projet alarme Richelieu, que ſon Confrere raſſure, V. 230. *& ſuiv.* Las d'avoir un Cardinal pour collegue, ou pour maître, *Bernard* demande & obtient un corps d'armée ſéparé, 321. 350. fait un voyage à Paris, explique ſon mécontentement à Grotius ; fait divers mouvemens en Franche-Comté & en Allemagne ; bat le Duc de Lorraine & Jean de Wert ; forme une étroite liaiſon avec le Duc de Rohan, &c. 350. *& ſuiv.* Il paſſe le Rhin, prend trois Villes Foreſtieres, aſſiege Rhinfeld, 472. a du déſavantage dans un premier combat contre les Impériaux, & ſe venge glorieuſement dans un ſecond, 473. 474. Son armée, fort diminuée, ſe renforce bien-tôt, 476. 477. Il reçoit fort bien Guebriant, & lui fait un compliment très-gracieux, 479. tente d'épouſer la veuve de Guillaume Landgrave de Heſſe. Projet de *Bernard* : propoſition qu'on fait de ſa part au Général Bannier, &c. 489. 490. Ce qu'il dit dans ſon chagrin de voir la Cour de France ſi peu effective. On ne peut nier qu'il n'eût ſujet de ſe plaindre, 538. Il bloque Briſac, l'aſſiege enſuite après avoir défait le Duc Savelli & Goetz : rend un témoignage avantageux au Comte de Guebriant, 539. 540. tombe malade : bat le Duc de Lorraine, & admire ſa belle retraite, 599. *& ſuiv.* Les lignes de *Bernard* ſont attaquées par les Impériaux, & conſervées par la bravoure & la bonne conduite des François : compliment qu'il en fait à Guébriant, 603. *& ſuiv.* Il prend Briſac, y met un Gouverneur auquel il ſe confioit avec une garniſon Allemande, & ne paroît pas d'humeur de céder la Place au Roi,

BE

605. *& ſuiv.* parle d'un voyage à Paris, pour ſe défaire des inſtances de Guébriant. On fait diverſes propoſitions au Duc, 611. Raiſons qu'il avoit de garder Briſac, 612. 613. Vaines tentatives pour l'engager à le céder. Il mene ſes ſoldats en quartiers d'hyver dans la Franche-Comté, 613. *& ſuiv.* y refait ſes troupes fatiguées, remonte ſa cavalerie, &c. part pour retourner au-delà du Rhin : tombe malade, & meurt de la peſte, ou de poiſon. Partage de ſentimens à cet égard. Eloge que font de ce Prince Grotius, Puffendorf, & deux Auteurs Catholiques Romains, 688. *& ſuiv.* Teſtament de *Bernard*, 691. 692. La Cour de France négocie vivement pour avoir ſes conquêtes & ſes troupes, 692. *& ſuiv.* Traité entre Louis & les Officiers du feu Duc de Weymar, 700. 701. Voyez *Allemans.*

Bernholt, à qui le Duc de Weymar avoit confié le Gouvernement de Fribourg, eſt laiſſé dans cette Place, après la mort de ce Prince, avec des proviſions du Roi, à qui il prête ſerment de fidélité, V. 701.

Bernovite défend bravement la ville d'Aire, &c. VI. 344.

Bertheville, un des Députés à la Cour par les Réformés, ſe lie avec le Maréchal de Bouillon, I. 395. envoyé à la Cour par l'Aſſemblée de Nîmes, 491. 492.

Berthier, Préſident du Parlement de Toulouſe, harangue le Roi à ſon entrée dans cette ville. Trait de ſon diſcours qui irrita Luines, II. 404.

Berthier, un des Agens Généraux du Clergé, V. 740.

Berticheres, élu Lieutenant Général, à la place de Châtillon, par l'Aſſemblée de Nîmes, II. 408. a des intelligences avec la Cour, 483. 485.

Bertrand, Conſeiller au Parlement de Toulouſe, fait une remontrance aſſez bruſque au Connétable : ſon courage louable, s'il avoit eu un bon motif, II. 404.

Berulle (Pierre de) Inſtituteur & Général de l'Oratoire en France, agit à la Cour en faveur du Duc de Nevers. Crédit qu'il y avoit par ſon eſprit, par ſa dévotion ſublime. Il va plus loin que M. de Cambrai en fait de Quiétiſme, &c. I. 600. Il eſt envoyé à la Reine-Mere, &c. II. 86. 87. Ses allées & venues pour l'accommodement de la Mere & du Fils. Si l'on doit juger de ſon eſprit & de ſes qua-

BE

lités par ce qu'on lit dans sa Vie & dans ses Ouvrages, 106. 107. 110. 111. Commission dont il est chargé, qu'il avoit d'abord refusée, 200. 213. 215. Il appuie une proposition du Nonce, 230. va solliciter à Rome la dispense pour le mariage d'Henriette avec le Prince de Galles : Instruction qu'on lui donne, 634. & suiv. Comment il s'aquitte de cette négociation. Dévotes idées dont il se repait, 637. 638. Indiscrétion qu'un zele mal-entendu lui fait commettre, 639. 684. Ses remontrances ne peuvent arrêter le Légat, 736. Berulle suit Henriette en Angleterre, pour être son Confesseur ; est ami de Williams, 756.

Berulle (le P. de) a un grand crédit auprès de Marie de Médicis : parle à S. M. suivant les intentions de Richelieu, sans le savoir, & poussé par des motifs bigots, III. 4. 5. est détaché pour apaiser le Prince de Piémont, 10. Sert bien la Cour de Rome ; s'intrigue pour faire révoquer la censure du Livre de Santarel, 102. 103. Son cœur autant Espagnol que François : Il s'entremet d'une ligue entre la France & l'Espagne, 109. Dessein qu'avoit la Reine-Mere de l'opposer à Richelieu. La partie n'étoit pas égale, 118. Il reçoit le bonnet de Cardinal. Sa lettre de remerciment au Pape ne donne pas grande opinion de *Berulle* à la Cour de Rome, 153. Ses sentimens connus du Duc de Savoye, 210. 211. 217. Berulle homme d'Etat à révélations : politique dévote dont il se repaissoit, & qu'il débitoit au Conseil de la Reine-Mere, &c, 276. 279. Son avis dans le Conseil du Roi sur l'expédition d'Italie, 286. Conseil précipité qu'il donne à la Reine-Mere, & dont il a honte, 336. 338. Equipage dans lequel il se présente à la Cour, 380. Il meurt subitement, en disant la Messe. S'il fut empoisonné. Cause de ses travers dans la politique, 382.

Béthlem Gabor, ou *Gabriel Béthlem*, Prince de Transilvanie, I. 201. Sa fortune & son élévation, 102.

Béthlem Gabor, fait une irruption en Hongrie, II. 147. & suiv. Il consent mal-à-propos à une treve, 149. élude les offres qu'on lui fait de la médiation de la France : se fait élire Roi de Hongrie, 128. Ses progrès, 246. Mesures qu'il prend après la bataille de Prague, 249. Il négocie avec les Ambassadeurs de France, 257. 259. Ses troupes font le dé-

BE

gât jusqu'aux portes de Vienne. Il emporte la Couronne & les ornemens royaux de Hongrie, 258. Ses vûes & ses desseins, 376. Ses affaires, qui alloient mal, se rétablissent, 376. 377. Evénemens qui le rendent plus traitable. Prétexte qu'il avoit fourni au Grand-Seigneur de déclarer la guerre à la Pologne, 378. 379. Il pense à s'accommoder avec l'Empereur, 381. conclut cette affaire à des conditions avantageuses, 428. 429. Irruption & progrès qu'il fait en Hongrie. Ce qui le détermine à se raccommoder avec l'Empereur, 575. 576. *Béthlem Gabor* promet de rompre encore avec l'Empereur ; épouse une sœur de l'Electeur de Brandebourg avec beaucoup de pompe. Considération qu'il avoit acquise dans l'Europe, III. 68. pourquoi il ne veut plus se déclarer contre l'Empereur, 69. 125.

Béthune (Le Marquis de) envoyé en Italie en qualité d'Ambassadeur extraordinaire, &c. I. 498. Avis que lui donne Lesdiguieres. Entretien qu'il a avec l'Ambassadeur de Venise en France, qu'il rencontre dans son chemin, 568. 569. Bonnes espérances qu'il reçoit dans sa route, 571. Il arrive à Turin : ce qu'il représente au Duc de Savoye, 572. Il va à Milan, présente un mémoire au Gouverneur, &c. 573. 574. négocie pour la paix de l'Italie, 577. & suiv. Ce qu'il représente au Roi, qui vouloit le rappeller, 579. Il va trouver le Gouverneur de Milan, 723. De quoi il convient avec lui, 730. Il proteste contre ses artifices, 731.

Béthune (Le Marquis de) ses instances auprès du Gouverneur de Milan, II. 11. 12. Lettre & négociation dont il est chargé auprès de Marie de Médicis, 79. 80. Ce qu'il lui propose, &c. 86. 104. 111. est adjoint au Duc d'Angoulême pour une Ambassade en Allemagne, 183. 218. 224. & suiv. 228. 238. 239. 242. 243. 247. 248. Mémoire qu'il dresse sur les affaires de ce pays après la bataille de Prague, 251. & suiv. Il revient en France avec ses Collegues, 373. & suiv. est envoyé Ambassadeur à Rome, 595. 637. 638. ses négociations touchant la Valteline, 661. & suiv. 667. Il concerte une irruption dans ce pays avec le Marquis de Cœuvres, 672. 673. presse le Pape d'accorder la dispense pour le mariage d'Henriette, 684. 685. tâche de détourner le Pape de nommer un Légat, &c. 393. 394. embarasse S. S. & ses neveux sur l'offre des Valtelins de se sou-

B E

mettre au Pape, &c. *p.* 727. *répétée*. Vivacités de *Béthune* fur la prétendue réfolution du Pape de ravoir à main-armée les Forts de la Valteline, 771.

Béthune (Le Marquis de) refufe de procurer une mortification au Comte de Soiffons, à Rome, III. 62. négocie fur l'exécution du traité de Mouçon, 72. fait de vaines inftances auprès d'Urbain VIII. pour l'engager dans une ligue, 332. 333. Remontrance qu'il lui fait fur l'affaire de Mantoue, 420. On accufe mal-à-propos *Béthune* d'avoir révélé le complot de Cinq-Mars, VI. 582. Fondement de ce bruit répandu contre lui : témoignage qui le difculpe, 682. Il s'attache à la Reine, 693. s'explique d'une manière froide fur l'Abbé de la Riviere, 700.

Beverwert, Gouverneur de Bofleduc, fils naturel de Maurice, Prince d'Orange, II. 698. Ambaffadeur des Provinces-Unies en France, &c. VI. 251.252.

Beuvron (Le Marquis de) fe foumet, II. 209. eft tué au fiege de Montpellier, 511. Autre de ce nom qui fe bat en duel contre Bouteville, III. 113. Il fe jette dans Cazal affiégé, s'y diftingue beaucoup, & y perd la vie, 210.

Bezançon, commis à un recouvrement de Finances pour les troupes, donne lieu à les employer ailleurs, V. 463.

Beze (Theodore de) s'attache fortement aux dogmes de S. Auguftin fur la grace & la prédeftination, I. 100.

B I

Biafone, Sujet du Pape, au fervice de l'Ecuyer de l'Ambaffadeur de France, entretient un bréland public ; eft condamné aux galeres, & délivré de la chaîne par fon maitre : ce qui occafionne un grand démêlé, V. 650. 651.

Bichi, Nonce du Pape en France, IV. 207. 419. intercede vainement pour la Maifon de Lorraine, 509. Le Cardinal *Bichi* s'entremet d'accommoder le Maréchal d'Etrées avec François Barberin, V. 651. détourne le Pape d'une réfolution qu'il étoit prêt de prendre contre l'Ambaffadeur de Portugal, VI. 386. 387.

Bidevan fe fignale au combat de Caftelnaudari, IV. 155. 156.

Bignon (Jerôme) Avocat Général au Parlement de Paris, II. 704. fait une vive remontrance fur des Edits portants création de nou-

B I

velles Charges, au Roi tenant fon lit de Juftice, V. 64. Ce qui le rend fufpect à la Cour, 66. Il donne fon avis, avec Jacques & Omer Talon, fur la queftion fi un Fils de France étoit obligé, dans une affaire criminelle, de dépofer fuivant les formes ordinaires, VI. 609. 610.

Binet (Le P.) Jéfuite bigot, propofé pour Confeffeur du Roi, & plus propre à faire de méchants Livres de dévotion, qu'à diriger la confcience d'un Prince, V. 370. 371.

Birago, Auteur Vénitien, qui a écrit une Hiftoire de la Révolution de Portugal : fes récits comparés avec ceux de l'Abbé de Vertot, VI. 140. &*fuiv*. Prétendu miracle qu'il raconte, & dont il s'efforce de prouver la certitude, 169. 170. Ce qu'il dit de la trame ourdie contre le nouveau Roi, 381. 832.

Biron (Le Maréchal de) juftement puni, I. 5. IV. 186. 200. Parallele qu'on fit de fa mort avec celle de la Galigaï, I. 668.

Biron (Le Comte de) intrigue dont il a connoiffance, VI. 453.

Biron (Le Chevalier) Anglois, porte l'alarme dans le Camp du Roi Charles, V. 717. Nommé Lieutenant de la Tour de Londres, il n'eft pas agréable à la Chambre des Communes, VI. 522. 523.

Bifcara, ou *Bifcaras*, à qui le Maréchal de Marillac avoit laiffé le commandement de la citadelle de Verdun, ne la remet que fur un ordre exprès de ce Seigneur, III. 580. Ce qu'il dit à la Reine-Mere de la part de Gafton, IV. 164. 213. *Bifcaras* fait des merveilles au fiege de S. Omer, V. 523. Avis qu'il donne au Maréchal de Châtillon, 676. *Bifcaras*, Gouverneur du Mont-Olympe, VI. 311.

Bifterfeld va à Paris & à Hambourg faire des propofitions de la part de Ragotfi, Prince de Tranfilvanie, V. 664.

Bitaut : these qu'il devoit foutenir contre les fentiments d'Ariftote ; condamnée, & lui banni de Paris, II. 644. 645.

Bitaut, Confeiller au Parlement de Paris, eft obligé de fe défaire de fa Charge, VI. 21.

B L

Blackwel (George) Archiprêtre d'Angleterre, prête le ferment exigé par le Roi Jacques, & écrit pour le défendre. Lettre que Bellarmin lui écrit, I. 38.

Blacquiere (La) Gentilhomme François, dé-

dépêché au Duc de Rohan par le Roi d'Angleterre, &c. III. 200.
Blainville (Le Marquis de) va plusieurs fois à Angers, de la part du Favori, pour fléchir la Reine-Mere; tient à S. M. un discours qui gâte tout, II. 188. 189. est envoyé Ambassadeur extraordinaire en Angleterre, &c. 748. Sujet de son Ambassade. On a peu d'égard à ses remontrances. Ses réponses fieres déplaisent en Angleterre, & sont désapprouvées en France, 762. & *suiv*. 792.
Blerancourt (Potier de) Gouverneur de Peronne, agit avec autant d'aigreur que de franchise contre Richelieu, V. 110.
Blet (De) Président de l'Assemblée des Réformés à Grenoble, concourt avec Lesdiguieres contre le parti du Prince de Condé, I. 443.
Bobba (Le Marquis) expédition où il assiste le Duc de Parme, V. 14.
Bochart de Champigni (Jean) premier Président du Parlement de Paris : sa mort : ce qu'on a dit à sa gloire, III. 560.
Bodendorf, Colonel dans l'armée Suedoise, est blessé à la bataille de Nolingue, IV. 640.
Boderie (La) Gentilhomme du Marquis de Feuquieres, dépêché vers Valstein avec un plein pouvoir, apprend sa catastrophe en chemin, IV. 480.
Bogerman, Président du Synode de Dordrecht, prend les manieres du Légat du Pape au Concile de Trente, II. 90. 91. Demande qu'il fait aux Ministres Arminiens. Il les chasse de l'Assemblée avec emportement, 92. 93.
Bogislas, dernier Duc de Poméranie, s'entremet de la capitulation de Stralsund, &c. III. 202. tâche de détourner la guerre de son pays, 515. confere avec le Roi de Suede, s'accorde avec lui après avoir fait quelque difficulté de se déclarer contre l'Empereur, &c. 517. 518. Lettre qu'il écrit à S. M. I. qui jure sa perte, 521. 522.
Bogsdorf, Officier de l'Electeur de Brandebourg, IV. 263. 264.
Bohême. Deux partis sur la Religion dans ce pays : Etats qu'on y tient. Articles présentent à l'Empereur Rodolphe, I. 30. Troubles sur la Religion en *Bohême*, 32. & *suiv*. Edit qui les pacifie, 33. Invasion de Leopold dans ce Royaume, 55. & *suiv*. Les Etats du pays proposent leurs conditions à leur nouveau Roi Mathias, 57. Ce qu'ils stipulent en élisant Ferdinand, 717.

Bohême. Troubles dans ce Royaume. Officiers de l'Empereur jettés par les fenêtres, &c. II. 16. & *suiv*. Guerre civile en *Bohême*, 31. & *suiv*. voyez 130. & *suiv*. Opposition des Etats de ce pays à ce que Ferdinand soit reconnu pour leur Roi à la Diete, 136. & *suiv*. Ils protestent contre l'admission de ce Prince au nombre des Electeurs, 138. 139. procedent à l'élection d'un autre Roi, 140. & *suiv*. Sur quoi ils fondoient leur prétention, 142. & *suiv*. Suite de ce différend, 218. & *suiv*. 229. 246. & *suiv*. Réduction de ce Royaume à l'obéissance de l'Empereur, 250. Il en dépouille les habitants de leurs privileges & de leur liberté. Exécutions qu'on y fait, 306. & *suiv*. 381. 382. Dernier coup porté à la liberté de la *Bohême*, III. 124. 125.
Boisdauphin, Maréchal de France, chargé du commandement d'une armée, I. 440. Ordres qu'on lui donne, 441. Réponse qu'il fait aux Parisiens alarmés, 460. Sa conduite, *ibid*. & 462. son aveuglement. Il revient à lui-même, 463. On lui ôte le commandement de l'armée, 489. Il reçoit la Reine-Mere au Pont-de-Cé, II. 123.
Boislouet, Lieutenant des Gardes-du-Corps, mis auprès du Duc de Bouillon prisonnier, VI. 626.
Boismaillé, Souffleur, remplit la Cour de fumée : est mis en prison à Vincennes à la sollicitation des Capucins qu'il avoit quittés : continue d'y souffler, V. 216. 225.
Boisrobert (François Metel de) Abbé de Châtillon-sur-Seine, diseur de bons mots, d'une vie déréglée, délassant l'esprit du Cardinal, chassé de chez lui, rappellé peu après, donne occasion à l'établissement de l'Académie Françoise, IV. 778. 779. est aggregé à cette Compagnie, quoique destitué des qualités requises, 784.
Boissac, Gentilhomme généreux, récompense de quelques pistoles une Paysane courageuse du Montferrat, III. 479.
Boissi (Le Marquis de) est impliqué dans une affaire, IV. 7. *Boissi*, Officier dans l'armée de la Meilleraie, est tué, V. 684.
Boissieu de Salvocing, Lieutenant-Général de Grenoble, fait une longue & mauvaise harangue au Pape, en Latin : titre qu'on lui avoit donné pour cet effet. Basse soumission par où son discours finit, IV. 330.
Boissise, Ambassadeur de France vers les Prin-

TABLE DES MATIERES.
BO
BO

ces Protestants assemblés à Hall ; ce qu'il leur déclare au nom de son Maître, I. 9. Commissaire du Roi vers l'Assemblée de Saumur, 74. 76. Envoyé vers le Prince de Condé, avec le Duc de Ventadour, 228. 229. 237. Il va traiter avec les Seigneurs mécontents de la détention du Prince de Condé, 558. & suiv. apporte les ordres de la Cour au Duc d'Epernon, &c. 566.

Boissise va à la Haie en qualité d'Ambassadeur extraordinaire ; s'aquite de sa commission, II. 56. Instances qu'il fait, avec l'Ambassadeur ordinaire, en faveur de Barnevelt & des autres prisonniers, &c. 60. & suiv. Nouveau Mémoire qu'il présente aux Etats-Généraux, 62. & suiv. Il est rappellé : refuse le présent ordinaire ; raison qu'il en donne, 65. est un des Commissaires pour le renouvellement de l'alliance avec eux, 328. reçoit bien Grotius, 329.

Boizenval, devenu premier Valet de Chambre du Roi sans la participation du Cardinal, commet une friponnerie à son instigation, pour se maintenir dans ce poste. Il est honteusement chassé, V. 354. 355.

Bolognetti, Nonce du Pape auprès de Louis, voit avec dépit que Mazarin pense à le débusquer, V. 83. obtient un Arrêt du Conseil qui défend le débit du Recueil des preuves des Libertés de l'Eglise Gallicane, 620. a part, dit on, à un Libelle contre le Cardinal. Affronts qu'on fait au Nonce, 623. Il suit la Cour à Grenoble, 733.

Bombes, invention ajoutée à celles que l'enfer a vomies pour l'extirpation du genre humain, V. 156. 157. 344.

Bombini (Le P.) Jésuite, trouve des raisons pour autoriser les dispenses au premier degré d'affinité en ligne directe, IV. 62.

Bon (Octave) Ambassadeur de Venise en France, rencontre Bethune Ambassadeur de cette Couronne en Italie, & s'entretient avec lui sur les affaires de ce pays, I. 568. 569. Difficultés que lui & son Collegue font sur la signature de l'accommodement, 727. 728. Ils le signent. Le Sénat de Venise les condamne à venir se constituer prisonniers, &c. 729. 730.

Bonneval, Député de la Noblesse aux Etats, outrage un Député du Tiers-Etat ; est condamné par contumace, I. 352. 353.

Bonneuil, Introducteur des Ambassadeurs, II. 711.

Bonnivet (Le Marquis de) tâche de soutenir une entreprise du Prince de Condé, I. 256. 258. envoyé par S. A. à la Cour d'Angleterre, 490.

Bonzi (Le Cardinal de) menace Richer, & lui tient un discours extravagant, I. 136. Invité à se trouver à la premiere Audience du Duc de Pastrane, avec le Cardinal de Sourdis : leur prétention ridicule : confusion qu'ils essuient, 153. Il s'entremet dans l'affaire du Livre de Bécan, 162.

Bonzi, Evêque de Beziers, I. 733.

Bordes (Des) un des quatre Députés des Eglises Réformées à la Cour, I. 395. Des-Bordes-Mercier, nommé pour porter au Roi les cahiers de l'Assemblée de Grenoble, gagné par le Maréchal de Bouillon, 446.

Borghese (Les) Neveux de Paul V, à quoi ils s'occupent durant le Pontificat de leur oncle, &c. I. 574. Ils se déclarent ouvertement pour l'Espagne, malgré les offres de la Cour de France, 686. veulent profiter des effets que le Maréchal & la Maréchale d'Ancre avoient à Rome, 688. Accord sordide entre eux & Luines à ce sujet, 689.

Le Cardinal *Borghese* rend un bon office à Ferdinand Roi de Bohême, II. 30. Il fait agir le Nonce pour éloigner l'Abbé Rucellai de la Cour de Marie de Médicis, 109. Les *Borgheses* se reposent du soin de secourir Ferdinand II. sur le zele du Successeur de leur oncle, 168. Le Cardinal *Borghese* met dans le sacré College un homme décrié par sa vie scandaleuse, 296. 297. Caractere de ce Cardinal Neveu. Successeur qu'il veut donner à son oncle, 299. 300. Perplexité où il se trouve. Comment on le fit concourir à l'élection de Ludovisio, 302. Il ne veut pas rendre le premier visite au Prince de Condé ; & fait cette démarche un an après pour le Duc de Pastrane, 519. est à la tête d'une faction au Conclave où fut élu Urbain VIII. 567. Confidence qu'il fait au Résident de France, IV. 330.

Borgia (Le Cardinal) Chef de la faction d'Espagne à Rome, I. 570. 574. est fait Viceroi de Naples, dépossede le Duc d'Ossone, II. 195. 196. Proposition qu'il fait à Urbain VIII. &c. 686. Protestation qu'il fait au nom du Roi d'Espagne : scene à ce sujet en plein Consistoire : invention pour le chasser de Rome, IV. 58. & suiv. Le Pape lui ordonne d'aller résider dans son Archevêché

de

BO

de Seville, V. 495. Le Cardinal de *Borgia* va prier la Princeffe de Carignan de différer fon départ d'Efpagne. Repartie qu'elle lui fait, VI. 494. Autre envoi de ce Prélat vers la même : ce qu'elle lui répond, 495. Il répond au Roi au nom des Confeillers d'Etat, 676.

Borgia (Dom Inigo de) Gouverneur de la Citadelle d'Anvers, affiege l'Eclufe: fon entreprife échoue, II. 390. ordre qu'il reçoit & qu'il exécute, 497.

Borgia (Dom Melchior de) Général des Galeres d'Efpagne dans un combat naval contre les François, VI. 373. Réponfe qu'il fit au Roi Philippe IV. 675. 676.

Boris Fédérovits, Seigneur Mofcovite, fe fraye le chemin au thrône par des meurtres. Embarras où le met un prétendu Démétrius, I. 165. Précautions qu'il prend contre ce perfonnage, 166. Sa mort, & celle de fa veuve & de fon fils. 167.

Boromée (Le Comte Jules Céfar) Seigneur d'Arone, prend des mefures pour empêcher que les Confédérés ne s'emparent de cette place, V. 144.

Bornet, premier Gentilhomme du Duc François de Lorraine, eft maltraité à caufe de l'évafion de ce Prince & de fon Epoufe, IV. 440. 441.

Boftkai, élu Prince de Tranfilvanie, fe maintient contre la Maifon d'Autriche; traite avec elle; eft empoifonné, I. 202.

Bouchain (Le Comte de) battu par Bannier, garde le paffage de l'Oder avec fix mille hommes bien retranchés, V. 658. quitte ce pofte pour joindre Galas, à la grande fatisfaction du Général Suédois, 659.

Bouillon (Le Maréchal de) donne de l'inquiétude à Henri IV, fes foumiffions, I. 5. Grande émulation entre le Duc d'Epernon & *Bouillon* : ce qui le faifoit confidérer, 19. Il prétend à l'emploi de fecourir Juliers ; ce qu'il n'obtient pas, & dont il fait grand bruit, 26. Il va au-devant du Prince de Condé : confeil qu'il lui donne, 27. veut s'accommoder avec la Cour, & réunir les deux partis, 28. Il fe retire à Sedan, après s'être fait un ami puiffant auprès de la Régente, 28. 29. offre fes fervices au Duc de Guife, & le défend, 50. 51. Ses fentimens fur la difgrace de Sulli, 51. 52. Ses diverfes démarches dans l'Affemblée de Saumur. Il fe réconcilie en apparence avec Sulli, 72. 73. Dans

BO

quelle vûe il le traverfe : il veut perfuader fon Gendre, le Duc de Rohan, d'abandonner fon beau-pere, 75. lie la partie pour féparer l'Affemblée, 77. 78. Gagné pour confentir au double mariage, 126. Avis qu'il donne en y applaudiffant, 127. Ambaffade du Maréchal en Angleterre : vûes de la Cour : deffein particulier de *Bouillon*, 142. 143. plaintes réciproques des Miniftres de la Régente, & de l'Ambaffadeur, 143. 144. Il fe rend aux remontrances de Cœuvres, &c. 146. Il entreprend d'ôter au Duc de Rohan le Gouvernement de S. Jean d'Angeli, 147. *& fuiv*. Remede qu'il trouve à un nouvel inconvénient, 152. Partie dont il devoit être, & dont il s'excufa. Coutume de cet habile politique, 174. Il travaille fourdement à détacher le Duc de Guife des intérêts de la Reine, 189. forme un nouveau parti à la Cour de France, 215. 226. Efpérance dont il avoit flatté le Prince de Condé, 233. Ses vûes dans une démarche qu'il lui fait faire vers le parti Huguenot, 234. 235. Ce qu'il obtint par le Traité de Sainte Menehould, 246.

Le Maréchal de *Bouillon* eft récufé par le Clergé fur l'affaire de l'article du Tiers Etat. Réponfe qu'il fait, I. 348. Irrité contre la Reine, il travaille à augmenter le parti du Prince de Condé, 393. Ses intrigues dans le Parlement de Paris & ailleurs, 394. 395. Il raffure cette Compagnie contre les ordres fulminans de la Cour, 401. 402. fe retire à Sedan, publie une Lettre qu'il avoit écrite à Jeannin, 425. 426. Négligé par la Reine, il travaille à fe rendre néceffaire, 428. Il fe rend auprès du Prince. Contretemps dont il profite, 430. Ménagemens qu'il a pour le Maréchal d'Ancre, 431. Ses mefures bien prifes à l'affemblée de Grenoble. Confeil qu'il avoit donné au Prince de Condé, 444. Marches qu'il fait faire à l'armée qu'il commande fous S. A. 460. 462. 464. vûes de ce politique aifé à gagner, 490. Il affifte à la conférence de Loudun, 499. appuie les raifons de Villeroi, 500. fe divertit de la folie de Silleri, 502. travaille à faire accepter les conditions du Traité par les autres Seigneurs & par les Réformés, 508. demande que l'Ambaffadeur d'Angleterre y figne : Villeroi s'y oppofe, 509. 510. déclame contre l'affemblée des Réformés: l'indignation éclate contre les démarches du Maréchal. Ecrit qu'il figne, & qu'il fait figner

BO

au Duc de la Tremouille. Proposition qu'il rejette avant la conclusion de la paix, & qu'il remet ensuite sur le tapis : on ne donne pas dans le piege, 510. 511. Il retourne à la Cour, invité par le Roi, &c. demeure étroitement uni au Duc de Mayenne, 512. 513. Usage qu'ils font l'un & l'autre des offres de Concini : ils le menacent, &c. 516. Trop vieux pour s'occuper des plaisirs, *Bouillon* forme une nouvelle cabale, 531. 532. Inquiétude qu'il a de deux voyages de l'Evêque de Luçon vers le Prince, 533. Action qu'il ne veut communiquer à S. A. qu'après qu'elle sera faite ; 534. Il approuve un dessein du Duc de Longueville. Ruse du Maréchal, 536. Il empêche que le Prince de Condé ne se réconcilie avec la Reine-Mere, 538. entre en défiance, & se tient sur ses gardes, 541. 542. se retire de Paris avec précipitation, 544. assemble son parti à Couci, 551. 552. use de toute l'adresse imaginable pour fixer l'irrésolution du Duc de Guise ; donne un bon conseil ; se retire à Sedan, 552. 553. revient à Soissons dans une grande inquiétude, se plaint du Duc de Guise, propose de l'arrêter, &c. 557. 558. 560. Intrigues du Maréchal : comment il tâche d'effacer les mauvaises impressions qu'on avoit prises de lui dans le parti réformé. Ses Lettres au Roi, &c. 594. *& suiv.* Remontrances du *Bouillon* joint aux Ducs de Vendôme & de Mayenne, pleines d'aigreur contre le Maréchal d'Ancre & sa femme, 601. *& suiv.* Il est déclaré rebelle & criminel de leze-Majesté, 603. Troupes qu'il commande, 608. Intrigues de sa femme, pour mettre les Réformés dans son parti, 609. Remontrance judicieuse qu'il fait au Roi, 638. Il est embarrassé des Soldats levés sous son nom en Allemagne, &c. 662. exhorte le Palatin, son neveu, à penser à l'Empire, 721.

Bouillon (Le Maréchal de) donne des ombrages à la Cour. Vûes qu'on lui attribue, II. 34. Comment il reçoit la proposition qu'on lui fait de servir la Reine-Mere. Il se donne tout entier aux affaires d'Allemagne : propose le Duc d'Epernon pour l'entreprise. Sa générosité louable, s'il étoit exempt de quelque mouvement secret de jalousie & de vengeance, 36. 37. On le réconcilie avec Epernon. De quoi il convient avec ce Seigneur, & avec le Cardinal de Guise, 41. Ses vûes secretes dans les mouvemens de la Cour au sujet de l'évasion de Marie de Médicis, 75. 76. Il paroît vouloir demeurer neutre dans cette occasion, 103. Idées de la Cour qui le désoloient, &c. 150. Il détermine le Palatin, son neveu, à l'acceptation de la Couronne de Bohême. Fierté que l'élection de Frédéric inspiroit au Maréchal, 165. Il emploie toute son adresse à le maintenir. Belle Lettre qu'il écrit au Roi sur cette affaire, 170. 171. Enfermé dans Sedan, il sert secretement la Reine-Mere ; tente de gagner Bassompierre, 212. Colere où il entre en apprenant les extravagances de Favas. Lettre qu'il écrit au Roi en faveur de l'Assemblée de la Rochelle, 283. 284. Il s'entremet pour ajuster cette affaire, 332. *& suiv.* Réponse qu'il fait à une Lettre de S. M. 338. Bon avis qu'il lui avoit donné à cette Assemblée, 345. Emploi qu'elle lui donne, 347. Il n'est point disposé à s'en charger, 348. 349. ne prend aucune part à ces brouilleries, &c. 422. Négociation dont il est chargé, 427. Chagrin que deux affaires lui causent. Il fait des avances pour s'unir avec le Duc de Rohan, 489. tâche d'engager Mansfeld & l'Administrateur de Halberstad à fondre sur la Champagne, 490. *& suiv.* perplexité où il se trouve : il se tire d'intrigue habilement, rend un service au Roi, & lui fait oublier le chagrin qu'il lui avoit donné en appellant ces deux avanturiers, 494. 495. Conseil qu'il donne à Frédéric, 499. Mort d'Henri de la Tour, Duc de *Bouillon*, Maréchal de France. Abrégé de sa vie : son caractere : ce qu'il recommanda à ses deux fils, 526. 527.

Bouillon (Frédéric-Maurice de la Tour d'Auvergne Duc de) reçoit de l'argent de Gaston : s'excuse ensuite d'entrer dans son parti, &c. IV. 9. 10. La Cour de France s'en défie : précaution qu'elle prend à son égard, 40. Il obtient le Gouvernement de Mastricht. Son entrée dans le monde, ses premieres campagnes, son mariage, 145. *& suiv.* Réflexions sur sa conduite, & sur un récit de l'Auteur de ses Mémoires, 148. 149. Le Duc de *Bouillon* se jette dans Mastricht menacé d'un siege, & défend cette place, 551. 552. Il change de Religion : par quels motifs ; selon son panégyriste, 554. *& suiv.* Conjectures sur les vues humaines qui entrerent dans la prétendue conversion de ce Seigneur, 556. 557. Il se montre à la Cour de France, s'y lie fort peu avec le Cardinal, 557. 558. va donner avis aux Maréchaux de Châtillon & de Brezé, de la prochaine arrivée de son oncle le Prince d'Orange & de son armée, 235. Il reçoit le Comte de Soissons à Sedan, en donne avis à la Cour. V. 237. conserve le Gouvernement de Mastricht malgré son changement de religion: dépêche de là un Exprès au Roi de France, &c. 259. 260. continue à demeurer dans les Pays-Bas pendant qu'on négocie l'accommodement du Comte de Soissons. Lettre que la Duchesse sa mere reçoit du Roi, & réponse qu'elle fait à S. M. 299.

Le Duc de *Bouillon* à Sedan, avec le Comte de Soissons, & le jeune Duc de Guise : peine que cette union cause à Richelieu, &c. VI. 216. 217. 223. 224. Par quels motifs le Duc de *Bouillon* s'engagea dans l'affaire du Comte de Soissons. Il tâche de fixer les irrésolutions de ce Prince : se prépare à la guerre, &c. 224. *& suiv.* Sa prévoyance & son activité. Conférence qu'il a avec Lamboi. Ce qu'il dit au Comte de Soissons dans un entretien. Circonstances qui prouvent qu'il fut le principal auteur de l'intrigue, & qu'on fit fort habilement de l'obliger à se défaire de *Sedan*, & de ne lui point rendre. Il engage le Général de l'Empereur à passer la Meuse, 303. 304. Discours tiré de ses Mémoires, qui découvre ses vues secretes, 305. Ce qu'il va déclarer au Comte de Soissons. Généreuse contestation entre eux. Ils marchent l'un & l'autre au Maréchal de Châtillon, 306. Déclaration du Roi où le Duc de *Bouillon* est compris: procédures du Parlement de Paris contre lui, 309. *& suiv.* 314. 315. Il se console facilement de la perte des emplois qu'il avoit dans les Provinces-Unies, 318. Ce qu'il contribua au gain de la bataille de Sedan, 319. *& suiv.* 322. *& suiv.* Il prend la résolution de s'accommoder avec le Roi & son Ministre : confere secretement avec Puysegur là-dessus. On lui donne libéralement de l'Altesse à Vienne & à Bruxelles. Zele qu'il témoigne pour la mémoire du Comte de Soissons, 328. *& suiv.* 332. Le Duc envoie un Exprès à Bruxelles avec une instruction. Rodomontade que son Historien lui met en bouche. Mémoire responsif à son instruction : période longue & avantageuse à *Bouillon*, contenue dans cette piece. Il s'apperçoit trop tard de la solidité des remontrances qu'on lui faisoit, &c. 331. *& suiv.* Il va se jetter aux genoux du Roi, rend visite au Cardinal, est

bien reçu de l'un & de l'autre : obtient des Lettres d'abolition : prête cependant l'oreille à des propositions que les ennemis du Ministre lui faisoient. Comment il s'étoit conduit envers le Duc de Guise, 335. 336. *Bouillon* ne paroît pas avoir donné dans un projet d'assassiner Richelieu ; mais il s'unit avec le Duc d'Orleans & Cinq-Mars, pour travailler à la ruine de ce Ministre, 339. *& suiv.* Particularité qui sert à justifier le Duc de *Bouillon* de cette seconde entreprise contre S. E. protestation qu'il fait à Puysegur : ce qu'il promet au Favori, 341. 342.

On offre au Duc de *Bouillon* le commandement de l'armée d'Italie, VI. 435. Il ne veut pas consentir positivement à l'assassinat de Richelieu, 438. Conversation qu'il a avec de Thou sur Cinq-Mars, &c. 439. 440. Intrigue où il participe : entretien secret qu'il a avec le Favori, 441. 442. S'il est vrai, comme le prétend son Historien, qu'il ne consentit pas à traiter avec l'Espagne. Vues particulieres du Duc, 442. *& suiv.* perplexité où il se trouve. Il est recherché par la Reine : se lie avec elle, & accepte fort imprudemment le commandement de l'armée d'Italie, 444. *& suiv.* Preuves de son consentement à traiter avec l'Espagne. Plan du parti où il entra, 448. *& suiv.* 452. 454. Remontrance pleine de bon sens qu'il fit au Duc d'Orléans, 451. Autre aussi inutile que la précédente. Conversation du Duc de *Bouillon* avec Fontrailles qui alloit à Madrid, 453. 454. Belle occasion que le premier & son parti négligent, 482. Imprudence dans leur conduite. Ce qui se passe entre le Duc & d'Aubijoux que Gaston lui avoit dépêché, 585. *& suiv.* Aveuglement de *Bouillon*, après les Lettres qu'il avoit envoyées à S. A. R. Circonstances diversement racontées de la maniere dont il fut arrêté, 588. *& suiv.* 594. Il est transféré à Lyon, pour être jugé, &c. 614. Le Duc, Cinq-Mars & de Thou se perdirent eux-mêmes. Interrogatoire que le premier subit, 615. 616. Il rachete sa vie par la cession de Sedan. Diverses manieres dont cette affaire est racontée. Lettre humble & soumise qu'il écrit à Richelieu, 625. *& suiv.* Il fait faire des prieres publiques dans toutes ses terres pour son Eminence, 620.

Bouillon (Le Cardinal de) conserve son titre d'*Altesse* depuis sa promotion, y ajoute le titre d'*Eminentissime*, III. 453. Faux raison-

A aaaa ij

BO

nements qu'il fait dans une Lettre arrogante qu'il écrivit à Louis XIV. VI. 628.

Bourdeaux : Le Parlement de cette Ville décrete le Cardinal de Sourdis de prise de corps, I. 482. Arrêt injuste qu'il rend contre Lescun. De quoi les Magistrats qui le donnerent auroient dû se ressouvenir. Cette ville, autrefois libre, maintenant bridée par des Citadelles, II. 461. 462. Démêlés du Parlement de *Bourdeaux* avec le Duc d'Epernon, 719. & *suiv.* III. 118. & *suiv.* Il travaille à une information contre ce Seigneur, IV. 327. Sédition dans cette Ville, 794. Le Parlement de *Bourdeaux* défend l'exécution de quelques Edits, V. 68. Le Duc d'Epernon, par des voies modérées, l'engage à obéir, 201. 202.

Bourdeilles (Le Marquis de) détourne le Duc d'Elbeuf de prendre d'assaut le Château de la Force, II. 462. *Bourdeilles*, frere de Montrésor, est dépêché en Guienne, &c. V. 247.

Bourdet, fils de Laurieres : coup qu'il reçoit de Montmorenci, IV. 157.

Bourdonnet, Gouverneur de la Bassée, défend bravement cette place, VI. 477.

Bourg (Du) Gouverneur du Fort de Socoa, donne avis à la Cour d'une prétendue découverte, VI. 314.

Bourges, rentier, est mis à la Bastille, V. 462.

Bourgoin, infame dénonciateur, accuse faussement la Vieuville, II. 641.

Bournonville, Commandant à la Bastille sous Persan son frere ; fait tenir à Marie de Médicis les Lettres que Barbin lui écrivoit, &c. I. 733. Il est mis en prison, 735.

Bournonville (Le Duc de) fait des propositions avantageuses à Mansfeld, de la part de l'Infante Isabelle, II. 490. goûte un projet pour secouer le joug des Espagnols, IV. 141. Il évite d'être arrêté, & s'enfuit en France, &c. 493.

Bouteville (François de Montmorenci Comte de) accompagne le Duc de Montmorenci dans une expédition, II. 732. 733. tâche d'accommoder une querelle, III. 53. Fausse bravoure de cet enragé duéliste. Fameux duel qu'il fait comme pour braver le Roi. Il est pris & décapité. Son fils posthume, le fameux Maréchal Duc de Luxembourg, 113. 114.

Bouthillier, Secrétaire d'Etat, est envoyé vers le Duc d'Orléans, à Nanci, III. 407. est nommé Commissaire dans une négociation, 446. Ce qu'il va dire à Richelieu de la part

BO

de la Reine, 570. Voyez 593. On lui donne la direction des Finances, & à Bullion, IV. 125. Il confere avec le Duc de Lorraine, 365. a la confiance de Marie de Médicis, 409. Lettre qu'il reçoit de Chanteloube, & qu'il porte au Roi toute cachetée, 453. Il fait des instances à Gondi, afin qu'il aille inviter la Reine Mere à se retirer à Florence, 577. Réponse qu'il fait à cet Envoyé, revenu de Bruxelles, 583. Intrigues, affaires où *Bouthillier* est employé, 663. 667. 669. 670. 681. 694. 698. Effrayé d'une réprimande du Roi, il tombe malade, 769. mande de bonnes nouvelles d'Italie, mais peu sûres, V. 11. exalte le Cardinal de la Valete, 26. est Commissaire du Roi dans un traité avec le Duc de Weymar, 36. accompagne S. M. dans son voyage en Lorraine, 40. Extrait d'une Lettre de *Bouthillier*, 216. Conseil extraordinaire où il est appellé, 617. Il assiste au jugement du Duc de Vendôme, VI. 235. Il n'étoit pas du Conseil étroit du Roi, 669. Il est mis dans le Conseil de la Régence, 692.

Bouthillier (Victor) Coadjuteur de Tours, un des Présidents de l'Assemblée du Clergé, IV. 748.

Bouvard, premier Médecin de Louis XIII. Ce qu'il lui remontre, d'intelligence avec les Reines, III. 454.

Bouville, Conseiller au Parlement, est relégué à Caen, & reçoit l'ordre de demeurer prisonnier dans le Château de cette Ville, V. 462. 463.

Boyer : offre qu'il va faire au Duc d'Anjou, de la part du Comte de Soissons, III. 51.

BR

Brachet, Secrétaire du Maréchal d'Etrées, porte à la Cour de France le détail des affaires qui donnoient lieu au démêlé de l'Ambassadeur avec les Barberins, V. 652.

Bragadino (Marc-Antoine, Evêque de Vicenze, petit fils du brave défenseur de Famagouste écorché vif par les Turcs, est promu au Cardinalat, VI. 393.

Bragance (Théodose Duc de) perd la tête sur un échaffaut. Sa maison est rétablie, V. 434. 435.

Bragance (Jean, ou Jacques Duc de) mari de Catherine de Portugal, légitime héritiere de cette Couronne, V. 419.

Bragance (Jean Duc de) ne cherche point à profiter de la bonne disposition du peuple en sa faveur : exhorte les gens à demeurer fideles au Roi d'Espagne : réponse qu'il fait à des Gentilshommes qui lui représentoient les griefs des Portugais. Si c'étoit en lui indolence & timidité, ou dissimulation & prudence. Portrait qu'en fait l'Abbé de Vertot, V. 434. & suiv. Vrai caractere de ce Prince, qui n'auroit fait aucunes avances pour le thrône, si on ne l'y avoit poussé, 436. Artifices d'Olivarez pour s'assurer de sa personne : le Duc, quoique son esprit parût plus pesant que délié, se défait de toutes les instances de ce Ministre avec une extrême dextérité, 443. & suiv. Son incertitude, ou véritable ou affectée, modere l'ardeur de ses partisans, VI. 68. Son Intendant agit pour lui, sans l'engager à rien, 140. & suiv. Circonstances d'un voyage du Duc de Bragance, & d'une visite qu'il rendit à la Vice-Reine, 147. 148. Les Conjurés lui offrent la Couronne. Réponse qu'il leur fait, &c. 148. & suiv. Il communique le projet à son épouse, & lui expose les difficultés de l'entreprise, 151. On tâche d'attirer le Duc à Madrid, &c. 152. & suiv. Il se rend aux instances des Conjurés, & leur donne enfin sa parole, 154. & suiv. Perplexité où il se trouve, & qui n'est pas longue, 160. Divers embarras de Bragance & des Conjurés un peu avant l'exécution du projet, 162. & suiv. Le Duc est proclamé Roi de Portugal sous le nom de Jean IV. 165. & suiv. Voyez Jean IV.

Bragelogne ou *Bragelone*, émissaire de Mangot Garde des Sceaux, de l'Evêque de Luçon, & de Barbin, I. 640.

Bragneau, Amiral de la Rochelle, passe de la flotte Angloise dans cette Ville, III. 198. Revenu de-là à la flote, ce qu'il écrit aux Rochelois, 199.

Brancaccio, Officier du Roi d'Espagne, entre dans Sabionnette, avec de l'Infanterie Napolitaine, V. 301.

Brandebaurg (l'Electeur de) Voyez *Jean Sigismond : George-Guillaume*.

Brantes (Léon d'Albert de) frere de Luines, I. 393. II. 115. 124. est dépêché à la Reine-Mere, &c. 152. est fait Chevalier des ordres du Roi : épouse l'héritiere de Piney-Luxembourg, 173. Voyez *Luxembourg*.

Brassac (Le Comte de) rappellé de son Ambassade à Rome, IV. 329. obtient le Gouvernement de Nanci, 367. envoie un Exprès au Roi, pour recevoir ses ordres touchant le Duc François, 439. On lui donne deux fois son poisson d'Avril, 441. 442. Il est fait Gouverneur des Duchés de Lorraine & de Bar, 510. ensuite Surintendant de la Maison de la Reine, & son épouse Dame d'honneur de S, M. V. 568.

Brasseuse, Exprès dépêché au Roi avec une Lettre de Marie de Médicis, IV. 406. Cet Exprès est nommé *Hurtaut* à la page 284.

Breauté (Le Marquis de) Sergent de bataille, & Mestre de Camp du Régiment de Piémont, est tué dans un combat, VI. 56.

Breda est assiégé, ensuite bloqué par Spinola, II. 657. 658. Cette place se rend par capitulation, 699. Elle est reprise par Frédéric-Henri Prince d'Orange, V. 407. & suiv.

Brederode (Le Comte de) repousse les Espagnols qui venoient au secours de Mastricht, IV. 144. est un des Ambassadeurs Extraordinaires des Provinces-Unies en Angleterre, &c. 151.

Brenne (Le Comte de) premier Ecuyer de la Reine-Mere, la sert dans son évasion de Blois, II. 72. Il est porteur d'une dépêche de S. M. Sa fierté mal entendue, &c. 113.

Bressieux (Le Marquis de) envoyé au Roi par la Reine-Mere, pour lui demander la permission de le voir, après le meurtre du Maréchal d'Ancre, I. 635. Ce qu'il va offrir à Lesdiguieres de la part de la Cour, &c. II. 289. 290. Il accompagne le Duc de Montmorenci dans une expédition, 732.

Bret (Le) Avocat Général, I. 367. Conseiller d'Etat, opine en misérable Flateur dans le procès du Duc de la Valete, V. 627.

Bretagne, Conseiller au Parlement de Dijon, un des Commissaires du Maréchal de Marillac ; scrupule qu'il affecte, IV. 101. Sa maison de campagne pillée & renversée par les troupes de Gaston, 127. Il est fait premier Président du nouveau Parlement de Metz, 350.

Breth, Agent des Provinces Catholiques des Pays Bas à la Cour de Madrid, fait des propositions de paix au Cardinal, de la part du Comte-Duc : confere avec S. E. & avec Chavigni, &c. VI. 60. 61.

Bretigni, Officier du Duc de Rohan, lie une intrigue, & donne dans un piege où il perd la vie, III. 177. & suiv.

Breton, Roi d'armes, va sommer solemnellement le Maire & le Conseil de Ville de la Rochelle : dans quels termes ces sommations étoient conçues. On refuse de l'écouter, III, 221. 222.

A aaaa iij

BR

Breves, Ambaſſadeur de France à la Cour de Rome, preſſe en vain le Pape de ſe déclarer dans l'affaire de Mantoue, I. 183. Ce qu'il lui repréſente ſur la propoſition du mariage d'une Fille de France avec le Prince de Galles, 198. Idée qu'il donnoit de Paul V. en écrivant à Marie de Médicis, 208. Ambaſſades dont il s'étoit acquité. On lui donne la Charge de Gouverneur de Monſieur, Frere unique du Roi. Il n'eſt pas au gré de Luines, qui le fait congédier honnêtement, 680.

Brezé (Urbain de Maillé Marquis de) Beaufrere du Cardinal de Richelieu, eſt envoyé en Italie, &c. III. 488. annonce au Duc de Vendôme ſon élargiſſement, 515. eſt nommé Ambaſſadeur extraordinaire à la Cour de Suede, IV. 38. ſes conférences avec Guſtave, 51. 52. Il s'engage à propoſer des conditions de neutralité aux Princes de la Ligue Catholique, 71. demande en vain qu'une ſuſpenſion d'armes ſoit prorogée, 72. Réponſe qu'il fait à une queſtion du Roi de Suede, 80. Il ſe trouve au combat de Caſtelnaudari, 153. 155. 159. eſt fait Maréchal de France, & Gouverneur de Calais, 169. Commiſſion dont il eſt chargé, 195. Il eſt fait Chevalier de l'ordre du S. Eſprit, 276. Chargé de s'oppoſer aux entrepriſes du Duc de Lorraine, 656. Brezé & ſon Collegue la Force ſe préparent à paſſer le Rhin: ordre qui les arrête. Ils paſſent cette riviere quelque temps après: manquent de faire un beau coup, 660. 661. encouragent le Chancelier de Suede, qui étoit venu conférer avec eux, 689. Commandement deſtiné aux Maréchaux de Brezé & de Châtillon. Article ridicule des inſtructions qu'on leur donne, 698. 701. Détail de leur premiere expédition. Leur méſintelligence. Ils gagnent la bataille d'Avein, 714. & ſuiv. 738. & ſuiv. Rodomontades de Brezé, 737. 738. & ſuiv. Jonction de l'armée des deux Maréchaux avec celle du Prince d'Orange, &c. 735. Brezé veut faire le brave mal-à-propos, 741. Suite des opérations où il a part, 742. & ſuiv. Ses démélés avec ſon Collegue, 802. Il ſemble plus propre à commander les enfans perdus, qu'à conduire une armée. Querele qu'il fait à Pontis qui lui avoit rendu un bon office, 84. Le Maréchal paſſe l'hiver à la Haie en qualité d'Ambaſſadeur extraordinaire, 809.

Brezé (Le Maréchal de) promet plus qu'il ne tient, V. 58. A ſon retour de Hollande il vit en mauvaiſe intelligence avec le Combalet: ſe tire mal d'un différend qu'il a avec Bullion. Brezé eſt envoyé à ſon Gouvernement de Saumur. Sa diſgrace n'eſt pas longue, 68. Ce qu'il avoit remontré aux Etats Généraux étant encore en Hollande, de concert avec Charnacé, &c. 112. Paroles obligeantes qu'il dit à Pontis, 115. Il ſert ſous le Comte de Soiſſons, 172. eſt traité fierement par S. A. 175. 176. fait un tour d'ami à Pontis, 177. va eſcarmoucher avec les Eſpagnols qui avoient paſſé la Somme, 180. Problême ſur ſa conduite envers le Comte de Soiſſons: procédé plein de franchiſe qui fait croire qu'il ne rendit pas ſous main de mauvais offices à S. A. 185. & ſuiv. Pourquoi il ne ſe trouve pas à l'armée de Picardie avec le Roi & le Cardinal, 221. Fauſſe démarche de Brezé que ſon beau-frere tâche de couvrir, 533. 534. Mécontentement réciproque de ces deux Alliés, 668.

Le Maréchal de Brezé eſt nommé Viceroi de Catalogne, VI. 200. adjoint au Maréchal de Châtillon après la bataille de Sedan, 322. ſert dans l'Artois avec la Meilleraie, 346. n'oſe ſe déclarer pour Saint Preuil, qu'il conſidéroit, 348. Emploi du Maréchal de Brezé dans la campagne de 1642. 435. Il va en Rouſſillon, où il ne s'acquite pas trop bien de la commiſſion qu'on lui avoit donnée: ſe rend à Barcelone, où il eſt reçu Viceroi de Catalogne, 461. 462. Il ne demeure pas long-temps dans ce poſte: eſt rappellé en France, 635. s'entremet de mettre bien Pontis avec le Cardinal, 649. dit tout ce que la rage lui ſuggere contre la Ducheſſe d'Aiguillon, 669.

Brezé (Armand de Maillé, Marquis de) neveu du Cardinal, commande la Flote du Ponant, remporte un grand avantage ſur une Flote Eſpagnole, &c. VI. 68. Emploi qui lui eſt deſtiné, 188. Il ſe rend à Lisbone avec ſa Flote, & fait les compliments de Louis au nouveau Roi de Portugal, &c. 377. Commiſſion qui lui eſt donnée pour la Campagne de 1642, 435. Diſpoſition en ſa faveur dans le teſtament du Cardinal, 475. Le Duc de Brezé obtient la charge de Surintendant de la navigation après la mort de ſon oncle, 669.

Brezé (Claire-Clémence de Maillé) fille du Maréchal de ce nom, & niece du Cardinal de Richelieu, eſt mariée au Duc d'Enghien,

VI. 213. 214. Sort de cette Princesse, 214.

Briançon, cadet de la Maison de Lude, porte au Roi des Lettres du Duc d'Orléans, III. 626. Il est mis en prison, & relâché peu de jours après, 629.

Bridgwater (Le Comte de) Président de la Principauté de Galles: ordre qu'il reçoit, V. 705.

Brienne (Le Comte de) Secrétaire d'Etat, n'étoit pas du Conseil étroit du Roi, VI. 669. Acte où il assiste, 692. Il sert Mazarin & Chavigni auprès de la Reine, 699.

Briet, Conseiller au Parlement de Bourdeaux, calomnie le Duc d'Epernon: vengeance que ce Seigneur en tire, IV. 795.

Brigueil (Le Vicomte de) II. 706.

Brille (La) Ville de Hollande. Affaire qui y arrive contre les intérêts du Prince Maurice, I. 745. 746.

Brion (Le Comte de) est sur le point de se battre avec le Duc d'Elbeuf, &c. IV. 49. va faire des complimens à Montmorenci de la part de Gaston, 128. tâche de délivrer ce Seigneur fait prisonnier, 159. est dépêché diverses fois à Sedan au Comte de Soissons, V. 291. & suiv. Expédition où il se trouve, VI. 72. Expédient qu'il propose à Gaston, pour découvrir si Cinq-Mars étoit aussi-bien dans l'esprit du Roi, qu'il s'en vantoit. Voyage qu'il fait à la Cour en conséquence, &c. 583. Il s'échappe, 615.

Briquemaut, Aide-de-Camp du Maréchal de Châtillon, est fait Gouverneur d'Ivoi : perd cette place, V. 410. 411. introduit Puysegur dans la Chambre du Duc de Bouillon, VI. 329.

Brisac est bloqué, puis assiégé par le Duc de Weymar, V. 539. 540. 599. & suiv. Efforts inutiles pour engager ce Prince à le céder au Roi, 611. & suiv.

Brison, Gentilhomme Réformé, surprend le Fort du Poussin : fait sa paix d'une maniere avantageuse, III. 12. 13.

Brissac (Le Maréchal de) a la commission de tenir les Etats de Bretagne, &c. I. 144. 145. Il va de la part du Roi à la Chambre Ecclésiastique, l'exhorte à finir son cahier, 356. assiste à la Conférence de Loudun, au nom du Roi, 499. Envoyé à Poitiers pour l'exécution d'un article du Traité de Loudun, 532. Il cede la Présidence du Conseil de guerre au Duc d'Angoulême. Confus du reproche qu'on lui en fait, à quoi il s'offre brutalement, 550. Il est reçu Duc & Pair, & envoyé en Bretagne pour s'opposer au Duc de Vendôme, II. 200. Sert au siege de S. Jean d'Angeli, 361.

Brissac (Le Duc de) accompagne le Duc de Vendôme au secours de Blavet, II. 683. reçoit l'Amiral d'Espagne en Bretagne, III. 169. est fait Chevalier de l'ordre du S. Esprit, IV. 176. Comment il opine dans le procès du Duc de la Valete, 630.

Bristol (Digby Comte de) Ambassadeur d'Angleterre à Madrid: ordres pressants qu'il reçoit de Jacques II. 500. Il presse la conclusion du mariage du Prince de Galles avec l'Infante, 501. 504. Trompé par les protestations & par les sermens des Espagnols, ce qu'il écrit au Roi son Maître, 502. 546. Il sert d'interprete au Roi d'Espagne & au Prince de Galles, 554. 555. Eclaircissement qu'il demande à S. A. R. sur ses sentimens touchant la religion, &c. 556. 557. Paroles qu'il lui dit, à l'occasion d'un Bref du Pape, qui donnerent lieu à une accusation contre le Comte, dont il se défendit mal, 558. Apophtegme qu'il rapporte en plein Parlement, 560. Il avoit détourné le Roi, autant qu'il avoit pû, d'une avance que S. M. vouloit faire au Pape, 561. Son humeur douce & insinuante, 580. Rôle désagréable qu'on lui fait jouer dans l'affaire du mariage du Prince de Galles, &c. 584. & suiv. Il est rappellé de son Ambassade, perdu dans l'esprit de S. M. & de S. A. R. par les insinuations de Buckingam, &c. Sentimens nobles qu'il fit paroître en quittant la Cour de Madrid, 588. 589. Il n'étoit pas fort scrupuleux sur le chapitre de la religion, 589. Débarqué à Douvres, il a ordre de se retirer dans une de ses maisons de campagne: fait difficulté d'obéir : envoie des protestations contre l'exposé de Buckingam : est mis à la Tour, 614.

Bristol (Le Comte de) vivant comme relégué dans ses terres, & voyant Buckingam, son ennemi, poussé par les Communes, présente une requête aux Seigneurs, & demande à jouir de son privilege de Pair. Procédure irréguliere qui l'oblige à présenter une seconde requête. Accusation intentée contre lui qu'on laisse tomber. Il accuse de son côté le Favori, &c. III. 24. & suiv. A quoi il contribua vraisemblablement, VI. 569.

Brock Seigneur Anglois, étant à l'armée du

BR

Roi, refuse de prêter un ferment que S. M. exige : est arrêté, puis renvoyé dans sa maison, V. 715.

Brone, Gentilhomme Lorrain, fournit à la Princesse de Phaltzbourg les moyens de se sauver, IV.º 442.

Bronk, Gouverneur d'Ivoi pour les Espagnols, surprend cette Place que les François avoient prise, V. 411.

Brooks (Le Chevalier) un de ceux qui portent la Bannière Royale à Nottingham, VI. 575.

Brueil (Du) Président à Metz, est envoyé à Aix-la-Chapelle par Marie de Médicis, &c. I. 82.

Brulart (Léon) Ambassadeur de France à Venise : ce qu'il répond aux plaintes de Bedmar contre le second Traité d'Ast, I. 389. Conseil qu'il donne au Duc Ferdinand de Mantoue, &c. 495. Il fait des plaintes au nom du Roi, 730. Ce qu'il écrivit en France sur la conjuration contre Venise, II. 14. Il est envoyé pour accommoder un différend du Duc d'Epernon avec le Parlement de Bourdeaux; s'en retourne sans rien conclure, III. 119. est dépêché aux Cantons Suisses, en qualité d'Ambassadeur extraordinaire. Discours qu'il leur adresse, 396. *& suiv*. A quoi il les avoit déterminés. Les Suisses Catholiques changent d'avis. *Brulart* s'efforce en vain de les détromper, 398. 399. Entreprise dont il veut détourner le Maréchal de Bassompierre, 422. 423. Il est envoyé à Ratisbone avec le P. Joseph. Portrait qu'il fit de ce Moine, 493. Il fomente le mécontentement contre l'Empereur. Coup qu'il détourne habilement, 498. Ses négociations touchant l'affaire de Mantoue : il signe un traité, qui est désavoué, & sur lequel il reçoit de fortes réprimandes, 504. *& suiv*. Il est Commissaire du Roi à une Assemblée du Clergé, IV. 740. est chargé d'assister la Reine de ses conseils, pendant l'absence du Roi, V. 215, va à Blois demander au Duc d'Orléans sa dernière résolution, 281. Comment il opine dans le procès du Duc de la Valete, 627.

Brulon (Le Comte de) Introducteur des Ambassadeurs, difficultés qu'il fait à Grosius sur son titre d'Ambassadeur de Suede, IV. 693. va au-devant du Chancelier de Suede, 696. Démêlé qu'il a avec l'Ambassadeur d'Espagne, 701. Il va au-devant du Duc de Parme à Orléans, V. 77. le reconduit jusqu'à Fontainebleau, 79.

BR

Brunswick : différend de cette Ville avec le Duc de ce nom : elle est assiégée : le siège est levé. Accord entre le Duc & la Ville : I. 478. 479.

BU

Bucanan, Précepteur du Roi Jacques I. lui avoit inculqué des principes qu'il ne suivit pas. Sa réponse à la proposition qu'on lui faisoit de rétracter ce qu'il avoit avancé dans un de ses Livres, II. 656.

Buckingam (George Villiers, Comte, ensuite Duc de) commencement de sa fortune, I. 472. 473. Comment il devient Favori du Roi Jacques I. 474. 475. Il s'avance avec une rapidité surprenante. Ses bonnes qualités. Il avoit son Conseil privé, 476.

Buckingam écrit une Lettre pour justifier la conduite de son maître dans l'affaire de Bohême & du Palatinat. Extrait de cette pièce, II. 243. *& suiv*. On le croyoit Pensionnaire d'Espagne, 245. Sa vanité, &c. Il accompagne le Prince de Galles dans son voyage à Madrid, 547. est fait Duc. Ses titres pompeux, 548. Sa conduite en Espagne : son indifférence pour la religion, &c. 555. 556. Bref que le Pape lui adresse, 558. 559. Il pense à se mettre à couvert de la colère du peuple. Lettres écrites au Pape à l'instigation de *Buckingam*, 560. 561. Il suit les avis de son Conseil secret, & songe à rompre la négociation du mariage avec l'Infante, 577. *& suiv*. 582. Prétexte plausible de reculer, que les Espagnols lui donnent. Il brusque le Comte Duc. Réponse précise qu'il fait à l'Evêque de Segovie, 579. *& suiv*. Il ménage le départ du Prince de Galles : évite d'être présent à des promesses dont il vouloit empêcher l'effet, 584. ramène S. A. R. à Londres : prévient le Roi contre les Espagnols & contre Bristol, 585. 588. Accueil qu'il fait à Mansfeld : il gagne les membres d'un nouveau Parlement, où sa conduite est applaudie : affecte de paroître zélé Protestant, &c. 601. 602. Il fait dans l'Assemblée un long exposé de ce qui s'étoit passé dans la négociation du mariage, &c. 604. 605. incite le Parlement à presser le Roi de déclarer la guerre, 608. Intrigue des Ambassadeurs d'Espagne, pour perdre *Buckingam*, 611. *& suiv*. Il devient plus puissant que jamais, 614. Favori du Père & du Fils : pourquoi il a fort à cœur le mariage du Prince avec Henriette de France, 614. 615. Il change de langage & de manières

TABLE DES MATIERES.
BU

tieres avec l'Archevêque d'Ambrun, 618. 619. se presse de finir la négociation du mariage, 632. va à Paris, y étale sa magnificence: motifs de son voyage. Il porte ses vues fort haut: donne de grands ombrages à Richelieu : se brouille avec lui, &c. 704. 705. Manege de *Buckingam* pour faire prêter des vaisseaux au Roi de France, 730. 731. Il détourne le coup qu'on vouloit lui porter à ce sujet, 732. engage le Roi à transférer le Parlement à Oxford ; se laisse prévenir contre Williams, &c. 755. connoît la vérité de ce qu'il lui avoit prédit : est obligé de rabattre de sa fierté : ses démarches pour conjurer l'orage qui le menace, 754. Il reçoit mal une remontrance judicieuse de l'Evêque de Lincoln ; fait casser le Parlement, 756. 757. Paroles indiscretes qu'il dit à S. M. Il s'empresse à se rendre plus agréable au Peuple, & à calmer les Puritains, 758. 759. devient ennemi de la France, & songe à se venger de Richelieu : par quel motif, 759. Il va à la Haye : traités qu'il y conclut, 760. 761. Comment il se comporte envers Blainville Ambassadeur de France, 762. 763. Il concerte les moyens de réduire Louis à donner la paix aux Réformés, &c. 791. 792.

Buckingam (Le Duc de) est trompé par Richelieu, III. 3. Il crie à la perfidie. Les affaires qu'on lui suscite en Angleterre le détournent de penser aux étrangeres, 15. Il s'efforce en vain de dissiper l'orage qui le menaçoit, 17. explique dans une conférence des deux Chambres du Parlement, quelques paroles dites aux Communes de la part du Roi : tente de ramener les esprits, &c. 22. 23. Manege de ses ennemis. Il tâche d'éloigner du Parlement le Comte de Bristol, &c. 24. 25. *Buckingam* est accusé devant la Chambre des Seigneurs par celle des Communes : artifices pour engager le Roi à le soutenir, 26. 27. On demande qu'il soit arrêté. Discours qu'il tient aux Seigneurs, 28. Il est élu Chancelier de l'Université de Cambridge. Lettre qu'il écrit à cette occasion, & qui lui fait honneur, 31. Sa réponse aux chefs d'accusation proposés contre lui. Amnisties dont il prétend se servir. Il porte S. M. à casser le Parlement, 31. 32. entre dans une intrigue de la Cour de France, 37. fait congédier les Domestiques François de la Reine, &c. 64. 65. se propose en qualité d'Ambassadeur extraordinaire pour terminer la brouillerie qui en résulte ; choqué d'un se-

cond refus de la Cour de France, il fait exhorter sous main les Réformés à prendre les armes, 65. 66. Vûes qui le portent à faire réussir la négociation de Bassompierre, 74. 75. 77. Effronterie de *Buckingam*, 76. son étrange empressement pour aller en France. Irrité d'un troisieme refus, il fait rompre l'accord conclu avec Bassompierre, 78. 79. insulte le Cardinal qui le brave, fait prendre les vaisseaux François. Démarche qu'il fait pour empêcher la conclusion d'une Ligue entre la France & l'Espagne. Il prend mal ses mesures, 108. 109. forme un beau projet, l'exécute mal, 111. commande la flotte envoyée contre la France, 134. fait une descente dans l'Isle de Ré, contre ce dont il étoit convenu avec Soubize : ne profite pas de son premier avantage, 138. 139. assiege mal le Fort de Saint Martin, 142. *& suiv.* pense à la retraite, 153. 154. tâche de s'opposer à une descente, qu'il trouva faite ; ne seconde point les efforts de quelques Réformés François ; livre un assaut général, sans succès, 155. 156. leve le siege ; envoie faire des compliments à Toiras : son arriere garde est battue : il est sur le point d'être pris : se rembarque. Fâcheuses suites de son expédition, &c. 156. 157. Promesses qu'il fit aux Habitants de la Rochelle à son départ : si elles étoient sinceres, 182. On crie hautement contre lui, 184. Harangue étudiée qu'il fit dans le Conseil, & imprimée, pour appaiser la Chambre des Communes : tentative inutile, 188. 189. On crie plus fort contre lui. Requête où il est taxé d'être la cause principale des désordres du Gouvernement, 194. 195. Il secourt négligemment la Rochelle : s'il faut l'imputer à mal habileté ou à perfidie, 196. 197. 223. *& suiv.* Il est assassiné. Sa mort est regardée d'un œil différent du Roi & de la Reine. *Buckingam* traitoit Henriette avec une extrême hauteur, 226. 227.

Budiani, Seigneur Hongrois du parti de Gabor, fait des courses jusqu'à Vienne, II. 377.

Budovits, Chef des Evangéliques de Bohême, comment il se comporte dans leur assemblée : réponse qu'il fait en leur nom, I. 33.

Bueil (Le Chevalier de) est chassé d'auprès du Duc d'Orléans, avec ordre de sortir de Paris, V. 70.

Buisson (Du) Conseiller au Parlement, Serviteur de la Reine-Mere, lui rend un service important, II. 68. 71.

B bbbb

BU

Buisson (Du) envoyé en Cour par les Réformés assemblés à Grenoble, I. 450.

Buisson (Du) Espion de Luines: avis qu'il lui donne, I. 630.

Bullingbrook (Le Comte de) signe une protestation, VI. 522.

Bullion, (Claude de) Conseiller d'Etat, Commissaire du Roi vers l'assemblée de Saumur, I. 74. Ce qu'il y déclare avec son Collegue, 76. Il proteste avec exécration que son cahier est répondu favorablement, *ibid.* y présente une Lettre de la Régente, &c. 78. Nota, qu'on a mis à toutes ces pages, par erreur, Bouillon, au lieu de Bullion. Ce que le Prince de Condé lui impute, 425. La Cour offre de l'éloigner, 429. nommé comme un des auteurs des désordres, 431. 436. Dépêché en Piémont, vers le Maréchal de Lesdiguieres, 723.

Bullion porte les ordres du Roi à Lesdiguieres, accompagne le Maréchal à Turin, assiste à des Conférences sur les mouvements de la Valteline, II. 263. Commission délicate & difficile dont il est chargé, 290. *& suiv.* Embarras dont il tire Lesdiguieres, 354. Il l'accompagne en Dauphiné, &c. 406. 454. amene à la Cour des Députés des Réformés, 457. 464. 465. Nouvelle agréable qu'il apporte à S. M. 481. Il conseille la paix, nonobstant la résolution des Habitans de Montpellier de ne point permettre l'entrée du Roi dans leur ville, 508. accompagne Lesdiguieres dans une Conférence avec le Duc de Savoie, 672. Replique qu'il fait au Ministre de Venise, 700. 701.

Bullion va à Turin apaiser le Duc de Savoie, irrité du Traité de Monçon, III. 12. sa négociation avec ce Prince, III. 70. 71. Il part pour le Dauphiné avec une instruction, &c. 288. est nommé Commissaire dans une négociation, 293. Entretien qu'il a avec la Reine-Mere, 577. Il trouve l'original d'une ancienne Loi pour perdre le Maréchal de Marillac, IV. 102. Reprôche que ce Seigneur lui fait, 104. *Bullion* est du nombre des Juges qui le condamnent à la mort, 106. a la direction des Finances avec Bouthillier, 125. va négocier avec le Duc d'Orléans: instruction qui lui est donnée, 163. Il réduit Puylaurens. Comment il élude les instances de Gaston pour Montmorenci, &c. 164. *& suiv.* Proposition qu'il fait au Duc d'Epernon, de la part du Cardinal, 206. Traité qu'il signe en qualité de Commissaire du Roi, 698.

BU

Bullion Commissaire du Roi chez les Grisons, &c. V. 3. & dans un Traité avec le Duc de Weymar, 36. Ce qu'il écrit au Cardinal de la Valete touchant Arnaud d'Andilli, 54. 55. Il offre de se démettre de la Charge de Chancelier des Ordres du Roi, & prend celle de Président à Mortier, nouvellement créée, 66. 67. cause apparemment la disgrace de Servien. Sa réponse à un reproche du Maréchal de Brezé, 68. Promenade de *Bullion* dans Paris, dont les Habitans sont épouvantés & mécontents, 193. offre qu'il fait au Duc d'Epernon, pour ses appointemens, 201. *Bullion* est chargé d'assister la Reine de ses conseils durant l'absence du Roi, 215. Gaston ne veut rien avoir à démêler avec lui, 267. *Bullion* chicaneur retranche quelque chose au Duc de Weymar, 350. est Commissaire du Roi dans un Traité de Ligue avec le Roi d'Angleterre, 447. Désordre dans les troupes auquel il donne lieu, 463. Conseil extraordinaire où il est appellé, 617. Ce qu'il répond à l'Ambassadeur d'Angleterre, qui réclamoit le Palatin arrêté, 703. Mort de *Bullion*. Avis qu'il avoit donné au Roi, selon un Auteur Italien, VI. 302. Autre avis qu'il fournit à S. M. en mourant, 359.

Buquoi (Charles de Longueval Comte de) amene des troupes en Bohême, II. 33. attend Mansfeld en embuscade, & le défait, 133. escorte Ferdinand, 135. défait Bethlem Gabor, &c. 148. se maintient dans la Haute Autriche, 150. remporte de grands avantages, 218. contribue à gagner la bataille de Prague, 246. *& suiv.* acheve de réduire la Moravie, 250. Ses succès en Hongrie. Il assiege maladroitement Neuhausel: est tué dans une rencontre. Services qu'il avoit rendus à la Maison d'Autriche, 377.

Buquoi (Le Comte de) commande la Cavalerie Espagnole, sous le Prince Thomas, IV. 727. désole la frontiere de Picardie avec le Duc de Balançon, V. 49. Expédition où il accompagne le Cardinal Infant, 420. Le Comte de *Buquoi* Général de la Cavalerie dans l'armée destinée au secours d'Arras, VI. 57. Action où il commande, dont le succès est diversement raconté, 59. Il dresse une embuscade pour enlever le Cardinal Mazarin, qui évite le péril, 629.

Burges, faiseur de poudre à canon à Narbonne, livre Cinq-Mars qui avoit une intrigue avec sa fille, & qui s'étoit caché dans sa maison, VI. 588.

B U

Burnet, Auteur estimable, mais qu'on ne croit pas impartial, V. 580. VI. 1,0. 480. Grand défenseur de la liberté du peuple, quoiqu'il ait varié quelquefois sur cet article. Où il fixe l'époque de la rébellion contre Charles I. Le sentiment du Comte de Clarendon, préféré au sien dans cette occasion, VI. 537. 538.

Burton, Ecclésiastique, & deux autres Ecrivains de Libelles contre la Hiérarchie, sont condamnés à un rigoureux supplice, V. 448. 449. Ils sont amenés à Londres par ordre de la Chambre Basse. Accueil que leur fait le peuple de cette Ville. Les poursuites faites & les Arrêts rendus contre eux sont déclarés contraires aux Loix du Royaume, VI. 268.

Bussi (Le Marquis de) de la maison d'Amboise, est tué dans un fameux duel, III. 113.

Bussi-Lamet, Commandant de la garnison Françoise dans Treves. Cette ville est surprise en son absence, malgré les efforts de son fils, IV. 703. 704. Il se jette dans Hermenstein : ne peut empêcher qu'il ne soit pris, V. 349. 350. est tué au siege de la Capelle, 417.

Butler, Officier Irlandois, participe à un noir complot contre Valstein son Bienfaiteur, contre ses deux beaux-freres, & contre deux de ses confidents : pousse la brutalité plus loin que ses complices, IV. 483.

Buzinelli, Résident de Venise auprès du Duc de Mantoue, a un différend avec ce Prince, s'obstine à s'en plaindre au Sénat, &c. III. 467. 468. confère avec le Maréchal d'Estrées, 469, a la permission de se retirer de Mantoue, prise par les Impériaux, 473.

C A

CADAREYLA (Le Marquis de) Ambassadeur d'Espagne à Vienne, &c. IV. 31.

Cadenet (Honoré d'Albert de) frere de Luines : on disoit qu'il avoit fait le métier d'Avocat, I. 393. permission qu'il sollicite, instruit par son frere, &c. 622. Il accourt d'Amboise à Paris, 624. enhardit son frere, tient un discours artificieux au Roi, pour l'animer à l'exécution du projet d'assassiner le Maréchal d'Ancre, 626. & suiv. est plus résolu & plus prévoyant que son frere, &c. 629.

Cadenet fait un voyage à Blois : dans quel dessein, II. 20. Il cede à son frere le Comté de Maillé, 120. Mariage qui lui est proposé, 121. Il accompagne Luines, qui alloit délivrer le Prince de Condé, 150. obtient la Lieutenance générale de Picardie : épouse l'héritiere de Pequigni, 158. est fait Chevalier des Ordres du Roi, & Maréchal de France : change de nom, 173. Voy. *Chaunes*.

Cadhirac, Secrétaire & Confident du Duc de Bouillon, VI. 305.

Cagni, député au Prince de Condé par l'Assemblée des Réformés à Grenoble, I. 450.

Cahusac, Lieutenant des Chevaux-légers du Cardinal, périt dans une retraite, V. 33. 35.

Calderon (Roderic) homme de néant, élevé au poste de Secrétaire d'Etat, encourt la haine publique, & périt par la main du Bourreau, II. 190. 191.

Calonge, Gentilhomme de Guienne, est choisi par le Duc de Rohan pour commander dans Montpellier, durant le siege, II. 485. Sa bonne conduite & sa bravoure, 511. Il obtient une pension. Harangue qu'il fit en se jettant aux genoux du Roi, 521. 522.

Calvaire (Filles du) Bénédictines : par qui réformées : voudroient bien faire canoniser le P. Joseph, III. 493. 494. Vision d'une de ces béates, V. 509. 528. Elles s'imaginent avoir perdu un autre Moïse, en perdant leur Pere Joseph : obtiennent son cœur & son manteau, que ces Dévotes venerent comme des reliques, 609. 610.

Calvin, attaché aux dogmes de S. Augustin sur la Grace & la Prédestination, I. 100. n'étoit pas persuadé que ce système fût essentiel à la Religion, 101. 102. Ce qu'on doit dire de son sentiment, II. 571.

Camerarius (Louis) Conseiller de Frédéric, Electeur Palatin, l'exhorte à prendre la Couronne de Bohême, II. 182.

Camigna (Dom Miguel de Menezez Duc de) fils du Mraquis de Villaréal, entre dans la conspiration contre le nouveau Roi de Portugal, plustôt par complaisance pour son pere, que par mauvaise volonté, VI. 381. 382. est puni de mort, 384.

Caminade (La) second Président au Parlement de Toulouse, soutient la liberté de cette Compagnie devant le Prince de Condé, III. 176.

Campagi, chargé de tuer le Prince de Moldavie & de prendre sa place, tombe dans une embuscade, où il est tué avec son cortege, II. 379.

Campanella, Moine Astrologue, rencontre

B bbbb ij

CA

mieux qu'un autre de la même profession, III. 338.

Campel : deux freres de ce nom se signalent dans une expédition, IV. 733.

Campion a connoissance d'un complot formé contre le Cardinal, V. 223. est envoyé auprès de MONSIEUR à Blois, par le Comte de Soissons, 256. Dépêché en Cour, il disculpe S. A. avec beaucoup de zele, d'une intrigue qu'on lui imputoit, &c. VI. 220. *& suiv.*

Campora, Cardinal de basse naissance & de peu de mérite, proposé pour Pape, & presque élu, II. 300. *& suiv.*

Campredon, un de ceux que le Duc de Rohan avoit envoyé négocier en Espagne, est pris : lâche & cruelle supercherie dont il est la victime, II. 793.

Campremi est dépêché en Franche-Comté, avec une lettre de créance : ne réussit pas dans sa tentative, V. 154.

Camus (Jacques) Evêque de Séez, Commissaire pour l'examen d'une proposition envoyée par le Roi au Clergé, IV. 749.

Canaples (Le Marquis de) second fils du Maréchal de Crequi, amene des troupes au secours de l'Isle de Ré, III. 155. se trouve au combat du Suze, 317.

Candale (Le Comte de) fils aîné du Duc d'Epernon, mécontent de son pere, se déclare pour le Prince de Condé. Ses projets déconcertés. Il feint d'embrasser la Religion Réformée, I. 449. 450. travaille efficacement pour Condé dans l'Assemblée de Nîmes ; est fait Général des Réformés dans les Cevennes, 483. assiste à la Conférence de Loudun, 499. 509. tâche d'apaiser son pere ; abandonne la Religion Réformée, 706. se met au service des Vénitiens ; amene du secours dans la Valteline, II. 743. Querelle qu'il a avec Louvigni, III. 52, 53. Il va à Bourdeaux, pour une fête que son pere donnoit, &c. 120. amene de nouvelles levées aux Vénitiens, 401. le Duc de *Candale* est fait Général de l'Infanterie Vénitienne. Expédition malheureuse où il se trouve, 468. *& suiv.* Comment il le disculpe, 471. Il se trouve au siege de Mastrict, IV. 143. 145. Son chagrin contre son pere & son frere. On tâche de lui procurer la dignité de Maréchal de France : pourquoi il ne l'obtient pas, 206. 207. est fait Chevalier de l'Ordre du Saint Esprit, 276. on pense à l'employer en Italie,

CA

&c. V. 18, 19. Il se réconcilie avec le premier Ministre par l'entremise du Cardinal de la Valete son frere, 243. consent à servir sous lui, 321. 396. emporte Cateau-Cambresis, 399. se poste à Maubeuge avec un corps séparé : faute qu'on lui impute, 403. 404. Naturellement railleur, il tourne quelquefois le P. Joseph en ridicule, 419. Embarras où il se trouve, & comment il s'en tire, 420. 421. Son exploit exalté à la Cour, & dont les Mémoires du temps ne disent rien, 423. Il accompagne le Cardinal son frere en Piemont, 495. Sa bassesse envers Richelieu, qui persécutoit sa maison, est méprisée : ce qu'on peut dire pour l'excuser, 563. le Duc de *Candale* meurt à Cazal, 564. 631.

Canillac (Le Vicomte de) est tué au siege de Montpellier, II. 511.

Canisi, Officier distingué parmi les troupes, conduit un renfort en Italie, V. 134. 135.

Canonier. Adresse d'un *Canonier*, cause principale de la retraite des Espagnols d'auprès des lignes d'Arras, VI. 79.

Cantagnede (Le Comte de) Président de la Chambre de Lisbonne, VI. 170. présente les clefs de la Ville à Dom Jean IV. nouveau Roi, 176.

Cantecroix (La Comtesse de) Beatrix de Cuzance, veuve d'Eugene-Leopold de Granvelle, Comte de *Cantecroix*, & femme de campagne du Duc de Lorraine, V. 601. 602. Projet que Richelieu fonde sur elle. Procédures contre son prétendu mariage, 654. 655. Elle employe toute son adresse à persuader à Charles de se réconcilier avec la France, 657. Panneau où il donne à son instigation, VI. 238. 239. Elle fait la Souveraine, & reçoit beaucoup d'honneurs en Lorraine. Violence à quoi elle engage des Juges flatteurs & iniques, 242. Elle est excommuniée par le Pape avec son prétendu mari. Ils se séparent de corps & d'habitation ; mais continuent secretement leur commerce criminel : fruit qui en résulte. Fin de cette longue & scandaleuse affaire, 514. 515.

Cantelmo (Dom André) & deux autres Officiers Espagnols, obligent le Prince d'Orange à lever le siege de Gueldres, VI. 51 *Cantelmo*, Mestre de Camp-Général dans l'armée du Cardinal Infant, insiste sur l'attaque des lignes des François devant Arras, 57. 73. Expédition où il commande, 82. Il est envoyé dans l'Artois : prend Lens, 343. 344.

est du Conseil d'Etat établi après la mort du Cardinal-Infant, 547.

Canus (Melchior) Evêque des Canaries, avoit mauvaise opinion de l'Instituteur & de la Compagnie des Jésuites : prophétie qu'il leur appliquoit. Ce qui justifie son témoignage, I. 93.

Capel (Arthur) Membre de la Chambre des Communes, VI. 119.

Capelets, Cavalerie Corse, III. 469. pillent les Vivandiers de leur armée, 470. se battent mieux que les Italiens, 471.

Capelle (La) est prise par les Espagnols, V. 172. reprise par les François, 416. 417.

Capello (Marino) Commandant d'une armée navale des Vénitiens, attaque une flotte de Corsaires dans un port de l'Empire Ottoman, V. 506. 507.

Capestan, Lieutenant d'une Compagnie Corse, chargé d'une lettre du Duc d'Anjou, se défend en brave, contre des gens qui vouloient la lui arracher, III. 43.

Caponi, Cardinal : comment il fait élire Pape son ami Ludovisio, II. 302.

Cap,iata, Historien Génois : à quoi il s'expose pour avoir dit la vérité, III. 471.

Caraccioli (Thomas) commande les troupes de Gènes : est défait, & demeure prisonnier, II. 702.

Caracene (Le Marquis de) Général de la Cavalerie dans l'armée Espagnole défaite devant Cazal, VI. 32. donne des fêtes au Prince Thomas dans Milan, 247. s'entremet en vain d'accommoder ses différends avec le Gouverneur de ce Duché, 500.

Carandini, Résident du Duc de Parme à Rome, V. 7.

Caravajal (Antoine Coello de) distingué par son habileté dans le Droit-Civil, est envoyé à Paris en qualité d'Ambassadeur Extraordinaire, avec François de Mello, par Dom Jean IV. Roi de Portugal, VI. 186.

Carcassone (L'Evêque de) fait une remontrance à Marie de Médicis touchant Concini & sa femme, I. 615.

Carces, Maréchal de Camp sous le Comte d'Harcourt, V. 327.

Cardenas (Dom Innigo de) Ambassadeur d'Espagne, fait rire les Courtisans François, I. 138. signe les articles du mariage de Madame & du Prince d'Espagne, 154. Il se plaint de l'obstination du Duc de Savoye, &c. 270.

Cardenas (Dom Diego de) est tué au combat de Carignan, III. 482.

Cardenas (Dom Alphonse de) Ministre du Roi d'Espagne à Londres, &c. VI. 188. demande la permission de prendre au service du Roi son Maître des Irlandois congédiés, 402.

Cardinaux : leur prétention ridicule, de précéder les Princes du Sang, &c. I. 258. Titre qu'on leur donnoit en 1618. Comment on en use à l'égard de ceux qui sont faits *Cardinaux*, étant absents de Rome, II. 5. S'il importe aux Souverains d'avoir des Sujets *Cardinaux*, 6. Leur indépendance de tout autre Souverain que le Pape : on enfreint quelquefois ce privilege, 30. On se moque de leur arrogance. Les Princes du Sang leur cedent le pas, pour faire leur cour à Richelieu, 173. *Cardinal* mis en prison. Prétention de la Cour de Rome à ce sujet, 294. Si leur Compagnie mérite le nom de sacré Collège, qu'on lui donne, 296. Ressorts qui se remuent dans l'élection des Papes, 300. 301. Murmures de quelques *Cardinaux* sur les honneurs rendus au Prince de Condé à Rome, 519. Mémoire que Richelieu fit dresser pour montrer que les *Cardinaux* étoient en possession de la préséance sur les Princes du Sang, &c. 598. 599. Decret qui donne aux *Cardinaux* les titres d'*Eminence* & d'*Eminentissime* : les *Cardinaux* Princes ne s'y soumettent pas, & ne quittent pas leur titre d'*Altesse*, III. 451. & suiv. Irrégularité introduite dans la promotion des *Cardinaux*, VI. 393. Ils sont mortifiés d'une entreprise que fit Urbain VIII. sans les avoir consultés, 507. Leur bizarre & chimérique dignité. Après la mort de Richelieu, les Princes du Sang refusent de leur céder le pas. Reglement sur ce sujet, 671. 672.

Cardone (Le Duc de) commande en chef l'armée Espagnole qui entre dans le Languedoc, V. 337. Il n'étoit ni fort brave, ni fort habile, 340. On le nomme Viceroi de la Catalogne soulevée. Ordre qui le chagrine. Il tombe malade, & meurt, VI. 20.

Cardone (La Duchesse douairiere de) est employée à apaiser les Catalans, VI. 20. lie une intrigue qui leur déplaît. Ils s'assurent de sa personne, & de celles de deux de ses fils, 67.

Carette (Le Marquis de) sert sous Picolomini, à la bataille de Thionville, V. 671.

Carignan (Marie de Bourbon - Soissons, Princesse de) épouse du Prince Thomas de Savoye, fait un voyage à Paris : à quel dessein.

C A

Elle engage ce Prince à se tourner vers l'Espagne : part secretement de Chamberi, & va à Milan, IV. 495. 496. Haïssant également la Duchesse Chrisine & le Cardinal de Richelieu, elle conclut à Madrid un nouveau traité pour son mari avec le Roi d'Espagne, VI. 89. Grande & longue contestation qu'elle a avec Philippe & avec ses Ministres sur sa demande de retourner en Italie avec ses enfants : fermeté & courage qu'elle témoigne dans cette occasion, 493. & suiv.

Carleton, Ambassadeur d'Angleterre à Venise, obtient une audience pour l'Envoyé de Savoye à la République, I. 268. Il sollicite le Sénat d'approuver le Traité d'Ast, &c. 276. le presse de soutenir Charles - Emmanuel, 380. Il ne veut pas être nommé après le Nonce du Pape, dans le traité d'Ast, 386. promet la garantie de ce traité au nom du Roi son maitre, 388. Étant Ambassadeur auprès des Etats-Généraux, il leur fait une remontrance contre la doctrine d'Arminius, 749. négocie à Paris la paix des Réformés, II. 792. 793. Représentation qu'il fait à la Chambre des Communes, pour servir le Roi, III. 28. 29. Intrigue où il entre à la Cour de France, 58. Il fait, de la part de S. M. Britannique, un compliment qui est mal reçu, 65.

Carlile (Le Comte de) va négocier le mariage du Prince de Galles avec Henriette de France, II. 613. 614. 632. 639. 640. 684. 695. 703. 704. Voyez III. 75. IV. 297. Protestation qu'il signe, VI. 522. Acte qu'il porte au Roi, 547.

Carlile (La Comtesse de) Dame intriguante de la Cour, & bonne amie de Pym, avis qu'elle lui donne, VI. 527.

Carlos (Dom) Infant d'Espagne, frere de Philippe IV. plus jaloux de son rang que le Duc d'Anjou, refuse de donner la droite au Légat Barberin, III. 13. 14. Charge dont il prend possession. Il demande de l'emploi : meurt. Vraie cause de sa mort, IV. 133. 134. VI. 483. 484.

Carlson, Amiral & un des Régents de Suede durant la minorité de Christine, IV. 236.

Carmain (Le Comte de) voy. *Cramail*.

Carnere, Secrétaire d'Etat en Espagne, confident du Comte d'Olivarez, VI. 463. 464. 495. 496. Commission qu'on lui donne vers la Princesse de Carignan, 497. 498.

Caron, Ambassadeur des Etats-Généraux des Provinces-Unies à Londres, I. 219. finit

C A

le traité pour la restitution des Places engagées à l'Angleterre, 518.

Carondelet, Secrétaire du Marquis d'Inojosa, & Archidiacre de Cambray, trempe dans une intrigue contre Buckingam, II. 612. & s.

Carondelet, Doyen de Cambrai, dépéché à la Cour de France par l'Archiduchesse Isabelle, y est fort caressé. Complot qu'il forme avec Richelieu, III. 665. 666. Il communique son projet à quelques Seigneurs des Pays-Bas, & le leur fait goûter, IV. 140. 141. Sa conspiration est révélée, 145. Ses intrigues, & celles de ses deux freres, déconcertées : il est arrêté, 231. 232.

Carpegna, Agent du Pape auprès du Duc de Parme, V. 152. n'est agréable ni à ce Prince, ni aux Espagnols, 300. Il va demander passage au Duc de Modene pour l'armée Barberine destinée contre le Duc de Parme, VI. 507.

Carpio (Le Marquis del) réponse qu'il fait à une demande de Philippe IV. Roi d'Espagne, VI. 485. Il déteste Olivarez, quoique son beau-frere, 674.

Carr (Robert) Favori du Roi Jacques, I. &c. I. 158. Fortune de cet Ecossois, fait Vicomte de Rochester, puis Comte de Sommerset, 160. 196. Soupçonné d'avoir avancé la mort de Henri, Prince de Galles, ibid. Il épouse la Comtesse d'Essex, fameuse par ses crimes & par ses avantures, 160. 197. Faction puissante contre lui. Crime que sa conscience lui reproche. Pardon général que le Roi lui accorde, & que le Chancelier ne veut pas sceller, 472. & suiv. Ce qui acheve sa ruine. Il est condamné à mort. Le Roi lui fait grace de la vie, 475. 476. Sa femme est enveloppée dans la même condamnation, ibid.

Casati (Le Comte) est dépéché par le Gouverneur de Milan, aux Cantons Suisses Catholiques. Discours qu'il leur adresse, III. 396. 398.

Casaubon adoucit Jacques I. en faveur des Arminiens, dont il suivoit, à peu près, les sentiments, I. 219. Ce qu'il écrit à Grotius sur un Edit des Etats de Hollande, 222.

Casimir, second fils de Sigismond Roi de Pologne, avoit un parti pour se faire élire, IV. 89. Il auroit mieux accommodé les gens d'Eglise, que son frere. Réflexion sur le parti qu'il prit, dans la suite, de renoncer à la Couronne, 92. Nommé Viceroi du Portugal, il est arrêté en Provence, où il passoit

TABLE DES MATIERES.

CA

incognito & fans paffeport, V. 440. 441. A quelles conditions il obtient fa liberté. Honneurs qu'on lui rend à la Cour, &c. VI. 43.

C*ffils* (Le Comte de) Pair d'Ecoffe, s'oppofe à deux Actes, IV. 298. Requête que lui & quelques autres Seigneurs envoient au Roi, V. 578. Il avance une fomme confidérable d'argent aux Confédérés d'Ecoffe, VI. 112.

Caftagneda, ou *Caftagnede* (Le Comte ou Marquis de) Miniftre d'Efpagne à Genes, tâche de guérir les Génois de leur défiance, II. 702. Miniftre de Philippe auprès de l'Empereur, &c. IV. 810. eft donné pour conducteur à Dom Jean d'Autriche, VI. 487. Commiffion qu'on lui donne vers la Princeffe de Carignan, 498.

Caftelan, ou *Caftellans*, Maréchal de Camp, s'oppofe au projet téméraire d'une defcente en Sardaigne, V. 323. fe diftingue dans la reprife des Ifles de Sainte Marguerite & de S. Honorat, 326. 327. 329. Maréchal de Camp fous le Duc de Bouillon en Italie, il contribue à le faire arrêter, VI. 588. 590. & *fuiv*.

Cafteldos, Officier des Gardes du Duc de Montmorenci, eft envoyé à Madrid : ce qu'il en rapporte, IV. 133.

Caftelnau, fils du Marquis de la Force, difpofé à fe défendre dans Bergerac, n'eft pas fecondé, II. 368. prend Monflanquin, 461. Voyez *Force* (La) fils, &c.

Caftelnaudari : combat près de cette ville, où le Duc de Montmorenci fut fait prifonnier, IV. 152. & *fuiv*.

Caftel - Rodrigo (Dom Emanuel de Moura, Marquis de) Ambaffadeur d'Efpagne à Rome, y fait enlever un Seigneur Néapolitain, VI. 69.

Caftets, Commandant à Nerac, II. 368.

Caftiglione (Le Prince) Commiffaire de l'Empereur en Italie, va à Turin : dans quel deffein. Proclamation qu'il fait publier : ce qu'elle contenoit, I. 193. 194. conteftation qu'il a avec le Gouverneur de Milan : comment elle fe termine, 195. Il va traverfer à Mantoue la négociation du Marquis de Cœuvres, 239. Médiateur, avec le Gouverneur de Milan, d'une nouvelle négociation, 267. Mandement qu'il fait fignifier à Charles-Emmanuel au nom de l'Empereur, &c. 272. 273.

Caftignofa (Le Marquis de) Commandant d'une flotte Efpagnole, périt dans un combat, VI. 68.

CA

Caftillans, *Caftille*. *Caftillans* payés fur le Tréfor-Royal de Lifbone, ce qu'ils fe difoient les uns aux autres, V. 442. Les Comtes de *Caftille* comment traités par un ancien Roi de Leon, 443. Mot d'un Gentilhomme *Caftillan* fur la révolution de Portugal, VI. 173.

Caftille, Intendant des Finances : commiffion dont il eft chargé, I. 642.

Caftres : cette ville s'unit au Duc de Rohan, III. 181.

Caftro (Dom François de) Evêque de Guarda, & Inquifiteur Général de Portugal, affifte à la reconnoiffance folemnelle de Dom Jean IV. nouveau Roi, VI. 177. 178. On lui fait confidence de la confpiration contre ce Prince. Il n'y entre pas, & ne la découvre pas. Dom Jean lui pardonne dans la fuite, 381.

Catalans, *Catalogne* : parallele de la conduite des *Catalans* avec celle des Rochelois, III. 184. Ils refufent de traiter avec Olivarez, IV. 133. Zele des *Catalans* au premier bruit de l'irruption des François dans le Rouffillon. Pourquoi leur grand empreffement diminue, V. 725. Lettres du Roi Catholique & de fon Miniftre, où l'on voit avec quelle dureté ils furent traités, 726. & *fuiv*. La Catalogne avoit fes loix & fes prérogatives particulieres. Fait qui marque les nobles & généreux fentiments des *Catalans*, VI. 5. & *fuiv*. un de leurs principaux privileges violé par Philippe IV. plaintes qu'ils en font à S. M. fans s'adreffer à Olivarez. Maxime qu'ils débitent dans divers écrits, odieufe à ce Miniftre : mépris qu'ils affectent pour lui. Ce qui fe paffa dans deux Affemblées des Etats du pays, 7. 8. Occafion qui donne lieu d'augmenter leur mécontentement. Mémoire que le Tribunal Souverain de la *Catalogne* adreffe au Roi. Réponfe aux plaintes des *Catalans*, 10. & *fuiv*. Nouvel ordre qui les aigrit. Raifons fur lefquelles Philippe & fon Miniftre fe fondent pour enfreindre quelques - uns de leurs privileges, 13. & *fuiv*. Juftice des plaintes des *Catalans* : les violences & les facrileges des foldats, l'emprifonnement de quelques-uns de leurs Magiftrats achevent de les irriter, 16. & *fuiv*. Soulevement général dans toute la *Catalogne*. On tâche de l'apaifer par la douceur, 18. & *fuiv*. Demande fur laquelle les *Catalans* infiftent, 21. Ils recourent à la protection de la Couronne de France : négociation en conféquen-

CA

ce. Leur premier projet de former une République, 63. *& fuiv*. Ils parlent plus fierement à Philippe : Lettre qu'ils lui écrivent, 65. 66. Suite de leur négociation avec Louis. Premier traité qu'ils concluent avec S. M. & qui n'eût point lieu, 67. 68. 195. Réponse qu'ils font a l'Evêque de Barcelone, qui les fomme, de la part de S. M. Catholique, de rentrer dans le devoir, 197. Ils se donnent au Roi de France fous certaines conditions, 199. 200. Réponse qu'ils font à des offres de la Cour d'Espagne. Leur disposition expliquée par leur Député à celle de France, 362. 363. Rodomontade des *Catalans*. Ils preffent la Mothe & Argenfon d'entreprendre le fiege de Tarragone, 364. 365. ne font aucun cas d'une amnistie publiée par le Roi d'Espagne, &c. 461. 462. Députés *Catalans* à Lyon, pour faire des compliments à Louis. Les Magistrats du Tribunal Souverain de *Catalogne*, appellé l'*Audience Royale*, se rendent auprès de S. M. en Roussillon, &c. 472.

Catelet (Le) est pris par les Espagnols, V. 176. 177. méchante bicoque dans ce cas-là, conquête glorieuse quand les François le reprennent, 482. 534.

Catherine Jagellon, premiere femme de Jean Roi de Suede, I. 108. avoit imbû fon fils Sigifmond des principes de l'Eglise Romaine, 110.

Catherine de Navarre, protestante, sœur d'Henri IV. est mariée au Duc de Bar fans dispense du Pape. On la demande enfuite, II, 634.

Catherine, légitime héritiere du Portugal, épouse de Jean Duc de Bragance, V. 429. refufe, après la mort de son mari, d'époufer Philippe II. 434.

Catholiques : parti que prennent les Princes Catholiques d'Allemagne dans l'affaire de la fuccession de Cleves, I. 9. Divisions enrre eux & les Proteftants à Aix-la Chapelle, 82. *& fuiv*. Conduite des *Catholiques* à une Diete tenue à Ratifbonne. Possession où ils font de crier contre ceux qu'ils oppriment, 200. 201. 694. Conféquences pernicieufes de leur Religion, 467. 691. Fanfaronades des Prélats *Catholiques*, 695. 696.

Catholiques : s'ils ont bonne grace de fe plaindre des pirateries des Mahométans, &c. II. 15. Affemblée des Princes *Catholiques* à Wirtzbourg, &c. 168. les *Catholiques* habiles à divifer ceux qu'ils ne peuvent pas détruire tous enfemble, 169. préjugé que la ruine de la Religion *Catholique* fuivroit celle de la Maifon d'Autriche, 181. Cette Religion eft favorable au pouvoir arbitraire, 202. 203. 275. Traité d'Ulm entre les Princes de la Ligue *Catholique*, & ceux de l'Union Protestante, 224. *& fuiv*. Génie des Princes entêtés de cette Religion, 382. Reponfe des Princes *Catholiques* à la propofition de l'Empereur fur le transport de l'Electorat Palatin au Duc de Baviere, 535. Danger que courent les Princes Protestants en époufant des *Catholiques*, 635. Superstition ridicule des Rois, des Princes, des Seigneurs, des Magistrats & des Evêques de cette Communion, 709. *& fuiv*. 712.

Catholiques (Les) *Romains* regardent comme le triomphe de leur Religion des chofes qui prouvent la fauffeté & la nouveauté de leur culte, III. 248. les Electeurs *Catholiques*, alarmés des fuccès de Guftave, implorent le fecours, ou la protection du Roi de France, IV. 14. *& fuiv*. leur négociation à fa Cour, 37. 38. Les Princes de la ligue *Catholique* defirent la paix, V. 117. Réponfe des *Catholiques-Romains* à une réflexion de quelques Réformés, fur ce que la déroute de Fontarabie arriva le jour de la fête de la Nativité de la Vierge, 554. Révolte des *Catholiques-Romains* en Irlande, même de ceux qui étoient Anglois : maffacre qu'ils y font des Protestants, VI. 412. *& fuiv*. les Pairs *Catholiques* d'Angleterre doivent être exclus du Parlement, 427.

Cavaliers, fobriquet que les Prefbytériens donnoient aux gens de la Cour, VI. 529. 524.

Cavazza, Réfident de la République de Venife à Zurich, II. 667. est préfent au traité de Quierafque, III. 671.

Caudiac, Conseiller à la Chambre mi-partie de Languedoc, moyenne la paix pour les Réformés, III. 363. 364.

Caulet (François) Evêque de Pamiers, estimable par fa conduite dans l'affaire de la Régale, IV. 752.

Caumartin, Confeiller d'Etat : pourquoi le Roi héfitoit de lui donner les Sceaux. Il les obtient, II. 514. 515. prévient S. M. contre Schomberg, 516. Sa mort, 525.

Caumette-Chambaud, nommé Colonel d'un Régiment de Réformés, &c. III. 179.

Cavois fait des propofitions de paix à Gafton, IV. 152.

Cauffin

TABLE DES MATIERES.

CA

Cauſſin (Le Pere) Jéſuite, Confeſſeur de Louïs XIII. jette des ſcrupules dans l'eſprit de ce Prince, & l'indiſpoſe contre le Cardinal, V. 364. *& ſuiv.* propoſe le poſte de premier Miniſtre au Duc d'Angoulême, qui découvre tout à Richelieu. *Cauſſin* offre de ſoutenir ſon ſentiment en préſence du Cardinal: le bon Pere eſt rélégué en Baſſe-Bretagne, 367. *& ſuiv.* Extraits de trois de ſes lettres, 371. 372. Doctrine qu'il prêchoit ſouvent à Louïs, contre le ſentiment commun de ſa Société, 468.

Caux (Antoine de) Coadjuteur de Condom, I. 311.

Cazal aſſiégé par D. Gonzalez de Cordoue, Gouverneur de Milan, III. 209. 210. 216. 217. Extrémité où la Place ſe trouvoit, 321. le ſiege en eſt levé, 323. Autre ſiege de *Cazal* par Spinola, 474. *& ſuiv.* Il eſt remis aux Eſpagnols en vertu d'une treve: ſa citadelle eſt gardée par les François, 488. Comment le ſiege en eſt levé, 539. 540. *Cazal*, aſſiégé par le Marquis de Léganez, eſt délivré par le Comte d'Harcourt, VI. 26. *& ſuiv.*

CE

Celada (Le Marquis de) Eſpagnol, va ſaluer Gaſton en paſſant par Blois, s'aperçoit de ſes dégoûts pour la Cour, & en donne avis au Marquis d'Ayetone, IV. 671. ſoutient le ſiege de Valence, V. 8.

Céleſtins de Marcouſſis zélés pour la mémoire de leur Fondateur. Réponſe qu'un de ces Religieux fit à François I. IV. 5. les *Céleſtins* de Paris ſignalent leur zele pour l'Etat, V. 191.

Cerfontaine, Officier Liégeois, offre de ſurprendre la ville de Treves, & réuſſit, IV. 703. 704.

Ceriſy (L'Abbé de) un des premiers Membres de l'Académie Françoiſe, IV. 777.

Cervois, Rentier, eſt mis à la Baſtille, V. 462.

Céſar: Il y avoit des gens de ſon temps qui ne ſe ſioient pas à ſes Mémoires, I. *Préface*, VIII. Maxime déteſtable qu'il avoit ſans ceſſe dans l'eſprit, 527.

Céſar d'Eſte, Duc de Modene: dépôt qu'on veut lui confier, I. 184. 185. Jalouſie que lui donne la conſtruction du Fort d'Urbain, III. 216.

Ceton, Lieutenant de la Compagnie des Gardes Ecoſſois, arrête de Thou, en uſe bien avec lui, VI. 588. Exhortation qu'il fait à *Tome VI.*

CE

Cinq-Mars qu'il gardoit: il révele ſes réponſes, 614.

Ceva, Nonce extraordinaire d'Urbain VIII. en France, IV. 56.

Cevenes: difficulté qu'on a eue à réduire les habitans des *Cevenes*. Exemple que leur réſiſtance fournit à leurs Compatriotes, III. 619. Si les Généraux envoyés contre eux ont acquis beaucoup de gloire dans cette expédition, V. 754.

CH

Chabant, Agent de France dans l'armée Vénitienne, tombe dans une embuſcade, eſt fait priſonnier, III. 468.

Chabot va voir à Anet le Duc de Beaufort revenu d'Angleterre, VI. 681.

Chalancé, Maréchal de Camp dans l'armée du Roi, perd la vie à la bataille de Sedan, VI. 324.

Chalais (Henri de Talleran, Marquis de) Maître de la Garderobe de Louïs XIII. Amant de la Ducheſſe de Chevreuſe, tue Pontgibaut en duel; obtient ſa grace, ſe dévoue au Duc d'Anjou, & traverſe ſon mariage avec la Princeſſe de Montpenſier, III. 36. entre dans une conſpiration contre le Cardinal, l'en avertit enſuite, 46. trahit ſon Amante & Gaſton, 50. Outré de l'empriſonnement du Grand-Prieur, il veut ſe donner de bonne foi au Duc d'Anjou, 51. Manege & variations de ce Courtiſan étourdi. Dépoſition faite contre lui. Il eſt arrêté, & on nomme des Commiſſaires pour travailler à ſon procès. Artifices employés pour le tromper, &c. 52. *& ſuiv.* Il eſt condamné à la mort: pour quel crime. Le Duc d'Orléans & la mere de *Chalais* ſollicitent en vain ſa grace. On l'exécute fort mal-adroitement, 59. *& ſuiv.*

Chambert prêt à ſeconder le Duc d'Elbeuf dans un duel, IV. 503.

Chambre de Juſtice dont les Etats-Généraux demandent l'établiſſement, I. 318. A quoi ſervit celle qui fut érigée ſous le Regne de Louïs XIV. 319. La Cour élude la demande de l'Aſſemblée, 321. Il ſemble que le nom de *Chambre de Juſtice* ſoit devenu odieux, &c. Louïs XIII. en établit une: elle eſt révoquée au bout de quelques mois, 644. *Chambres* érigées contre ceux qui avoient ſuivi la Reine-Mere, & le Duc d'Orléans hors du Royaume, &c. IV. 6. 7. 9.

Chambret, envoyé à la Rochelle de la part de

Ccccc

CH

Marie de Médicis & du Duc d'Epernon, eſt averti de ſe retirer, II. 88.

Chamier, fameux Miniſtre, a une grande influence dans la réſolution priſe à Montauban, de ſe défendre. Il s'expoſe, eſt emporté d'un coup de canon, II. 392.

Champeaux, un des Députés qui portent au Roi les cahiers de l'Aſſemblée des Réformés à Grenoble, I. 446. 447.

Champigni eſt nommé un des Directeurs - Généraux des Finances, II. 622. 793.

Champrond, Préſident aux Enquêtes, a ordre de ſe retirer chez lui, V. 462.

Chandenier (Le Marquis de) intime de Des-Noyers, VI. 683.

Chantal (Rabutin Baron de) eſt tué à la deſcente des Anglois dans l'Iſle de Ré, III. 138.

Chanteloube un des Confidents de Marie de Médicis, II. 37. Prêtre de l'Oratoire : négociation dont S. M. le charge auprès du Prince de Condé, III. 574. On l'envoie à Nantes. Il s'arrête à Orléans auprès de Gaſton, qui le prend dans ſa maiſon, 611. Déclaration où il eſt compris, 627. Pouvoir qu'il reçoit de Marie de Médicis, IV. 10. Lettres qu'il compoſe pour cette Reine. Autre lettre qu'il publie pour ſa propre juſtification. Trait vif & piquant, tiré de cette piece, contre Richelieu, 43. 44. Imprécations dont *Chanteloube* eſt chargé par Gaſton, 163. Entrepriſe violente qu'il ſuggere. Louis preſſe l'Infante Iſabelle de lui livrer cet homme, 204. 205. *Chanteloube* fomente la froideur de la Reine-Mere envers Gaſton, &c. 213. ce qu'il inſinuoit ſans ceſſe à S. M. 218. Il la diſſuade de ſortir de Gand, 282. & d'écouter des propoſitions d'accommodement, conduit par ſon propre intérêt. Ambition de ce Prêtre, &c. 286. Noir complot qu'on lui impute, & pour lequel on le condamne à être rompu en effigie : ſes défenſeurs ont peine à l'en juſtifier, 369. & ſuiv. Autre affaire dont on le diſculpe plus aiſément. Acharnement réciproque de Richelieu & de *Chanteloube* l'un contre l'autre. La partie n'étoit pas égale, 372. 373. La haine mutuelle de Puylaurens & de *Chanteloube* augmente la diviſion entre la Reine-Mere & le Duc d'Orléans, 403. & ſuiv. Ce Prêtre hypocrite n'eſt pas bien intentionné pour la réconciliation de S. M. avec Louis, &c. 408. Lettre interceptée qu'on lui attribue, & miſe entre les mains du Roi, de laquelle on peut ſe défier. *Chanteloube* autant

CH

ſcélérat que Richelieu & Joſeph : différence entre eux à cet égard. On eut raiſon de preſſer Marie de Médicis de ſe défaire du premier, 411. Il va déclarer au Marquis d'Ayetone le deſſein qu'a S. M. de ſe raccommoder avec Louis, 451. 452. écrit de la part de ſa Maîtreſſe une lettre à Bouthillier. Réponſe qu'on y fit, 452. 453. Ce que *Chanteloube* remontroit à la Reine-Mere, ſur les diſpoſitions de Richelieu à l'égard de S. M. &c. 453. 454. Pour préliminaire d'accommodement, le Roi demande que ce Prêtre lui ſoit livré, 459. Peu de gens prennent ſon parti ; à quoi ſe terminoit ce qu'on diſoit en ſa faveur, 460. 461. On le ſoupçonne d'avoir trempé dans un complot contre la vie de Puylaurens, 500. 501. La Reine - Mere donne des Gardes à *Chanteloube* : pourquoi elle prend cette précaution en ſa faveur, 505. 506. Il n'eſt pas nommé dans un mémoire de S. M. entre ceux qu'elle prétend protéger, V. 296. obtient la liberté de demeurer à Bruxelles, quoique les domeſtiques de Marie de Médicis euſſent ordre d'en ſortir, 566. 567.

Chanvalon (Harlai de) Gentilhomme intriguant, attaché à la Maiſon de Lorraine, propoſe le mariage du Prince François avec la niece du Cardinal de Richelieu, IV. 345. 346. Il eſt envoyé à Nanci, &c. 353. 354. Ce qu'il diſoit du mariage du Duc de Lorraine avec Nicole, V. 602.

Chapelain détermine les gens de lettres qui s'aſſembloient avec lui chez Conrart à accepter une propoſition que le Cardinal leur avoit fait faire, IV. 780. Critique d'une maxime qu'il avoit avancée dans ſon diſcours, 781. S'il avoit les qualités requiſes pour être Académicien, 784. Il eſt chargé par Richelieu de faire des obſervations ſur une piece de ſa façon, &c. 790. Scenes qui ſe paſſent entre *Chapelain* & ce Miniſtre, 792. 793.

Chapelles (François de Roſmadec, Comte des) tue Buſſi en duel : eſt pris & décapité, III. 113. 114.

Charbonniere, Réſident de France auprès de l'Empereur, reçoit une longue inſtruction, &c. IV. 592. & ſuiv.

Charenton ; les Réformés y tiennent un Synode National : on y entreprend de faire jurer la réception des articles définis à Dordrecht : la Cour s'y oppoſe : comment on élude la défenſe du Roi, II. 570. 571.

TABLE DES MATIERES.

CH

Charges de Judicature, comment établies en France. Variations dans la maniere d'y pourvoir. Origine de leur vénalité, I. 302. & *suiv.* Abus étrange introduit dans ce commerce, 304. On les rend héréditaires, 305. 306. Ce qu'on fait dire au Cardinal de Richelieu sur ce point, 305.

Charges : promesse de pourvoir aux désordres de leur vénalité, non exécutée, II. 2. 3. Malheureux effet de leur vénalité, III. 642. Pourquoi on a créé un nombre énorme de *Charges* sous Louis XIII. & sous son Fils, IV. 349. 350. 429. 430. La vénalité des *Charges* rend les Magistrats esclaves, 573. Remontrance de l'Avocat Général Bignon contre cet abus, & contre la création de nouvelles *Charges*, V. 64.

Charles V. dit le *Sage*, Roi de France : Remarques sur son Edit touchant la Majorité des Rois. Préface pitoyable qui y fut mise, I. 278. Ce qu'il y regle sur l'âge pour le sacre n'est pas observé, 279. Il eut de grands ménagements pour le peuple, 296. Il donnoit les Offices à ferme, 303.

Charles VI. Roi de France, sacré avant sa majorité, nonobstant la loi de son pere, I. 279.

Charles VII. Roi de France, ménage la Noblesse, I. 292. impose des tailles sans l'aveu des Etats. Ce qu'en dit Comines. Remontrance que lui firent les Prélats sur ce sujet, 295.

Charles VIII. Roi de France, fut le premier qui engagea une partie de son domaine, &c. I. 294. transporta le premier du canon au-delà des Alpes, III. 315.

Charles IX. Roi de France, marie sa sœur au Roi de Navarre, Huguenot, sans dispense du Pape, II. 633.

Charles IX. Roi de Suede. Voyez l'article suivant.

Charles, Duc de Sudermanie, se joint à Jean Duc de Finlande, contre leur frere Eric, Roi de Suede, &c. I. 108. Il s'oppose au changement que Jean, devenu Roi, vouloit faire à la Religion établie par son pere, 109. 110. Réconcilié avec Jean, il a part à l'administration des affaires, épouse Christine de Holstein, &c. 111. 112. Sa conduite après la mort du Roi son frere, 112. 113. Brouilleries entre lui & Sigismond son neveu, 113. 114. Il se charge du Gouvernement, à la sollicitation du Sénat, pendant l'absence du Roi : est déclaré Régent par les Etats, &c.

CH

114. 115. Divisions entre ce Prince & le Sénat, 115. 116. En guerre ouverte avec Sigismond, il le surprend. Ils traitent ensemble, 116. Il est élu Roi de Suede, & accepte la Couronne après des refus peu sinceres, 117. 118. fait la guerre contre les Polonois. Attaqué par le Roi de Danemark, il lui envoie un cartel de défi, 119. Il tombe en apoplexie, & meurt d'une rechute, 120.

Charles I. Roi d'Angleterre. Voyez l'article suivant.

Charles, Prince de Galles, après la mort de son frere Henri : proposition de le marier avec Christine de France, I. 198. A quoi l'on doit imputer les malheurs de ce Prince, II. 309. Négociation de son mariage avec l'Infante d'Espagne, *ibid. & suiv.* 501. & *suiv.* Il part secretement de Londres, passe à la Cour de France, y assiste à un ballet *incognito*, & se rend à Madrid. Raisonnements divers sur cet évenement extraordinaire, 546. & *suiv.* Honneurs qu'on lui fait. Il s'attire l'estime des Espagnols par ses bonnes qualités, 554. 555. On le sollicite de changer de religion, &c. 555. & *suiv.* Bref que le Pape lui adresse, 557. 558. Réponse du Prince de Galles à cette piece, 560. Suite de la négociation de son mariage : Nouvelles difficultés sur sa conclusion, 577. & *suiv.* Bref qu'il reçoit d'Urbain VIII. *Charles* retourne en Angleterre : promesses réitérées qu'il fit en Espagne : procuration qu'il y laisse pour épouser l'Infante, 584. 585. Démarches feintes pour terminer ce matiage. Il est entierement rompu, 586. 587. Condition à laquelle il n'avoit pas voulu consentir, comme ferme Protestant, 589. Accueil qu'il fait à Mansfeld, 601. Il appuie un récit de Buckingam, 604. incite le Parlement à presser le Roi de déclarer la guerre, 608. Proposition de marier *Charles* avec Henriette de France, 614. Preuve qu'il étoit bon Protestant, 620. 635. On poursuit la négociation de son mariage, 632. & *suiv.* Il en ratifie les articles, 640. Nouvelles conditions que le Pape y ajoûte dans sa dispense, &c. 684. 685. *Charles* est proclamé Roi d'Angleterre. Ses premieres résolutions. Il rend personnellement les derniers devoirs à son pere, 696. 697. Son mariage avec Henriette, 703. 704. 706. Il prête des vaisseaux à Louis XIII. manege pratiqué dans cette occasion, 730. 731. *Charles* assemble le Parlement : dis-

CH

cours qu'il fait aux deux Chambres, 749. Il tâche de les gagner, & d'obtenir un subside plus ample, &c. 750. 751. fait donner à la Chambre des Communes un avertissement dont elle est mécontente. Embarras où il se trouve, 752. S. M. transfere le Parlement à Oxford : sa harangue & les remontrances de ses Ministres sont inutiles, 753. Sa complaisance pour une Requête contre le Papisme, 754. Il redouble ses instances pour un nouveau subside, 755. Mécontente ses Sujets en cassant le Parlement, & en leur demandant de l'argent par maniere d'emprunt, 757. Mésintelligence entre ce Prince & la Reine son épouse, 758. 759. Il demande ses vaisseaux prêtés contre les Rochelois, écoute ce que son Favori lui insinue contre la France, conclut une ligue avec les Provinces-Unies contre l'Espagne, 760. 761. Entreprises en exécution de ce traité, qui ne réussissent point, 761. 762. Il differe de voir Blainville, Ambassadeur de France ; n'a point d'égard à ses remontrances ; est choqué de ses reparties fieres, 762. 763. donne de bonnes paroles à Soubize, où il y a plus d'artifice que de réalité : sacrifie toutes ses autres passions à celle de recouvrer le Palatinat, &c. 791.

Charles I. Roi d'Angleterre, crie contre le traité de Mouçon, est couronné; convoque le Parlement, III. 15. 16. s'efforce en vain de détourner l'orage qui menaçoit Buckingam, 17. se plaint fortement, & en vain, de la hardiesse de la Chambre des Communes, 18. entreprend d'arrêter ses procédures ; se commet trop facilement, 19. Mécontent du subside accordé, il mande les Seigneurs & les Communes dans son Palais : ce qu'il leur dit. Déclaration faite de sa part aux Communes sur laquelle on se récrie, & qu'il fait adoucir par une explication, 22. Il est obligé de les laisser agir contre son Favori, 23. Ses préventions contre Bristol : accusation qu'il lui fait intenter, & qu'il laisse tomber, 25. 26. Artifices qu'on emploie pour engager S. M. à soutenir Buckingam. Démarche de *Charles* envers la Chambre des Seigneurs, en faveur de son Favori, &c. 26. 27. Il fait élargir des membres des Communes qu'il avoit fait arrêter : est obligé d'en user de même à l'égard du Comte d'Arondel. Malheur de ce Prince dans les démarches où ses Conseillers l'engagent, 29. *& suiv.* Il

CH

recommande Buckingam pour la place de Chancelier de l'Université de Cambridge ; soutient son élection, 31. casse le Parlement : publie les raisons qui l'ont porté à casser consécutivement deux de ces Assemblées ; en impute à tort le mauvais succès au Pape & au Roi d'Espagne : leve de l'argent par des moyens extraordinaires, qui mécontentent ses Sujets, 33. entre dans une intrigue de la Cour de France, 37. congédie les Domestiques François de la Reine son épouse, &c. 65. Dépêche un Gentilhomme François au Duc de Rohan : offre qu'il lui fait, 66. Ce que S. M. exige de Bassompierre, & qu'il n'obtient pas. Détails de l'audience particuliere qu'il lui donne, &c. 75. *& suiv. Charles* s'opposoit avec raison, à l'oppression des Réformés de France ; mais il n'étoit ni médiateur, ni garant de la paix qu'on leur avoit donnée, 77. 78. Il entre dans les passions de son Favori, 108. contraint ses Sujets à donner de l'argent par maniere de prêt, 131. Motifs de sa déclaration de guerre contre Louis, 134.

Charles I. répond favorablement aux remontrances des habitants de la Rochelle, s'applique aux moyens de les secourir, fait un traité avec eux, convoque son Parlement, III. 182. *& suiv.* élargit tous les Prisonniers pour avoir refusé de lui prêter de l'argent. Discours qu'il fit à l'ouverture du Parlement, 184. 185. Il tente inutilement d'interrompre les délibérations des Communes sur les griefs de la Nation ; promet d'accorder leurs demandes ; obtient un ample subside, 187. 188. tâche d'éluder des requêtes qu'on lui présente : déclarations qu'il va faire au Parlement : lettre qu'on apporte de sa part aux deux Chambres, 190. 191. Démarches qu'il fait à regret, pour les contenter. Il récompense ceux que le Parlement punit, 192. 193. reçoit une remontrance des Communes contre Buckingam, & n'y a point d'égard ; s'emporte contre cette Chambre, à l'occasion d'un impôt dont elle demandoit la suppression, & proroge le Parlement, 195. 196. Il alloit de bonne foi dans l'affaire de la Rochelle ; mais prenoit mal ses mesures, 196. 197. Il promet un nouveau secours aux Rochelois : dépêche un Gentilhomme François au Duc de Rohan, &c. 199. 200. Comment il reçut la nouvelle de l'assassinat de son Favori. Sa M. hâte l'expédition du secours pour la Rochelle 227. 228. Faits qui le rendroient

CH

coupable d'une duplicité honteuse. Circonstance qui peut le justifier, 252. 253. Il perd beaucoup de son crédit & de sa réputation par le mauvais succès des deux expéditions navales pour la Rochelle, 253. 254. Pourquoi *Charles* se détermine à faire la paix avec la France & avec l'Espagne. Conseil imprudent qu'il suivit, & qui fut la source de ses malheurs, 293. 294. Ce qu'il concerte dans son Conseil pour éviter de se brouiller avec le Parlement rassemblé, 295. 296. Discours qu'il adresse aux deux Chambres. Il demande la continuation d'un ancien impôt. Contestation qu'il a sur ce sujet avec la Chambre des Communes, &c. 297. *& suiv.* Il se brouille avec elle, punit plusieurs de ses Membres, casse ce Parlement. Discours qu'il adresse à la Chambre Haute, 300. *& suiv.* Fausses démarches qui le rendent suspect & odieux à ses Sujets, 304. Les Réformés de France & le Duc de Rohan implorent en vain son secours. Ce qu'il répond à leurs instances, &c. 304. 305. Lettre touchante que ce Seigneur écrit à S. M. Brit. 308. *& suiv.* Il conclut la paix avec la France, sans y comprendre les Réformés, 333. 334. négocie avec l'Espagne : ce qui l'y oblige. Lettre qu'il écrit à sa sœur, à cette occasion. Il appuie, sous main, l'entreprise du Roi de Suede. Comment il auroit pû se rendre heureux. Sa conduite imprudente, III. 489. *& suiv.* Il intercede en vain en faveur de Frédéric son beau frere, 503. 504. Ce qu'on fait dire à *Charles*, lorsqu'il apprit la prétendue disgrace de Richelieu, 555.

Charles I. Roi d'Angleterre, entre en négociation avec Gustave, pour rétablir le Palatin. Proposition qui refroidit S. M. Brit. IV. 53. A quelle condition il consent de secourir le Duc d'Orléans, 122. Il fait difficulté de donner retraite à Marie de Médicis, 220. envoie un Ambassadeur à l'Assemblée d'Heilbron; dans quel dessein, 247. *Charles*, fort décrédité au dehors, se fait une fausse idée de l'état des affaires de Suede, après la mort de Gustave, &c. 254. agit foiblement en faveur de ses neveux. Quelle paroissoit être sa grande affaire, 290. *& suiv.* 293. *& suiv.* Il va se faire couronner en Ecosse, en convoque le Parlement, mécontente les Ecossois, 297. 298. *& suiv.* approuve une nouvelle liturgie pour l'Eglise d'Ecosse, ordonne une collection de Canons ; comment il a

CH

dessein de les faire recevoir, 303. 304. *Charles* est recherché par les Rois de France & d'Espagne, 596. *& suiv.* Comment il est disposé à l'égard de la Couronne de Suede, 612. 613. Incertain entre la France & la Maison d'Autriche, il prend la résolution d'équiper une bonne flotte : recourt à des moyens extraordinaires, pour avoir de l'argent, 705.

Charles I. projette d'équiper une puissante flotte, recherche un prétexte de lever de l'argent, sans assembler un Parlement : profite pour cet effet des mémoires dressés par son Procureur-Général, &c. V. 99. *& suiv.* Les ordres qu'il envoie de payer une taxe excitent de grands murmures. Il fait décider le cas à son avantage par les douze grands Juges du Royaume, &c. 102. *& suiv.* Ce qu'il envoie déclarer au Chancelier de Suede par son Résident à Hambourg, &c. 121. Moyen par lequel *Charles* se flatte d'obtenir le rétablissement de la Maison Palatine. Quelle étoit sa politique : négociation en conséquence à la Cour de Vienne, 170. *& suiv.* Il s'occupe d'affaires qu'il devoit négliger, & néglige celles qui devoient l'occuper. Son incertitude continuelle contribue beaucoup à ses malheurs inouïs. Premiere cause des mouvemens qui aboutiront à sa mort tragique, &c. 447. *& suiv.* Son zele pour l'Episcopat, 454. Il étoit naturellement bigot & superstitieux, 457. L'Edit qu'il donne pour autoriser la Liturgie faite pour l'Ecosse n'apaise pas les murmures. Ce qu'il recommande dans ses instructions aux Evêques, 457. 458. Il ne communiquoit pas les affaires de ce pays à son Conseil d'Angleterre. Averti d'une émotion arrivée à Edimbourg, il se contente d'en témoigner son déplaisir, &c. 459. Requêtes auxquelles il évite de répondre, 461. Menace qu'il fit, dont Richelieu fut fort mécontent, 565. *Charles* va au devant de Marie de Médicis ; s'intéresse vivement pour son retour en France : méprise un Officier Ecossois qui, pour se venger, lui suscite des embarras, 568. 569. La déclaration que fait S. M. de la sincérité de ses intentions pour la conservation de la Religion Protestante en Ecosse, n'apaise point les troubles, 572. *& suiv.* Sa prétention juste quant au fonds : points où il s'oublioit. Il rejette la confédération des Ecossois signée sans demander son consentement. Déclaration dont il ne se paye pas, 576. 577. Re-

CH

montrances & requête auxquelles il n'a aucun égard. Il fait une déclaration qui aigrit davantage les esprits, 578. 579. envoie en Ecoffe Hamilton en qualité de Grand Commiffaire : penfe à réduire par la force les Confédérés de ce Royaume, comme fes lettres le témoignent, 579. 580. 591. Préliminaire qu'il exige d'eux, qui les échauffe davantage. Réponfe de S. M. à une remontrance de fon Commiffaire, 583. 584. Déclaration de *Charles* : proteftation qui la fuit de près, 585. 586. Expédient qu'il accepte pour gagner du temps, 587. Jufques où il pouffe la condefcendance, fur une remontrance concertée entre Hamilton & trois autres Seigneurs, 588. 589. Plaintes qu'il fait des Confédérés dans une déclaration en forme de manifefte, où il recueille quelques paroles de leurs Prédicateurs malins & fanatiques, 596. 597. Il n'eft plus en état de fecourir fes neveux, &c. 598. Envoie Jermin à la Cour de France, pour ménager la réconciliation de la mere & du fils, 615.

Affaire qui rend *Charles* encore plus fufpeɛ̃t aux Confédérés contre la Maifon d'Autriche, V. 686. & *fuiv.* Il découvre à l'Ambaffadeur de France le projet du Palatin fon neveu, fur l'armée du feu Duc de Weymar, & fait des propofitions, 702. prend des mefures pour réduire les Confédérés d'Ecoffe par la force des armes, 704. 705. convoque la Nobleffe, ou les Pairs d'Angleterre par une lettre qu'il leur écrit, 705. 706. Déclaration qu'il adreffe à fes Sujets Anglois fur la fituation des affaires d'Ecoffe, 707. & *fuiv.* Fondement du reproche qu'on lui fait de donner le commandement de fes troupes à des Papiftes, 709. Il part de Londres, arrive à York. Un de fes premiers foins, 713. Ses projets mal exécutés. Déclaration qu'il donne contre les Confédérés. Comment il gâte tout lui-même. Il s'aperçoit qu'il auroit mieux fait de laiffer les Seigneurs Anglois fe divertir chez eux, 714. 715. Véritable dénouement de fa malheureufe expédition, 717. Ce qu'il fait répondre à une requête des Confédérés. Content d'une marque de foumiffion qu'ils lui donnent, il promet d'écouter leurs demandes, &c. 718. 719. va conférer lui-même avec leurs Commiffaires, &c. Sa marche fi pompeufe, & fes grands préparatifs de guerre aboutiffent à un traité honteux. De retour à Londres, il a honte de fa foibleffe, 720. 721. s'aperçoit du tort que cela fait à fa réputation. La découverte d'une lettre de quelques Chefs des Confédérés fait une grande impreffion fur fon efprit, &c. 723.

Charles I. ne veut entrer dans aucune négociation avec la France, avant que fon neveu ne fût mis en liberté, VI. 44. 45. trouve mauvais qu'il ait fubi les loix qu'on lui avoit impofées : ne remercie point Louis de la liberté accordée au Palatin : préfere la paix avec la Maifon d'Autriche aux intérêts de fes proches parents, 46. 47. eft jaloux du rétabliffement des affaires de la Couronne de Suede. Double mariage dont la Cour de Madrid tâche de le leurrer. Embarraffé plus que jamais dans fes Etats, il eft bientôt négligé par les deux Couronnes, 108. *Charles* ordonne de proroger le Parlement d'Ecoffe ; donne audience à fes Députés, auxquels il l'avoit d'abord refufée, 109. & *fuiv.* Prétention dont il fe relâche, quoiqu'elle fut approuvée par fon Confeil privé. Il renvoie ces Députés fans aucune réponfe : publie une Déclaration en forme de Manifefte, pour prévenir les Anglois en fa faveur, 112. & *fuiv.* Réflexions fur la conduite & fur les malheurs de ce Prince, 115. Il fait l'ouverture d'un Parlement : difcours & promeffes qu'il y fait. Fauffe maxime de *Charles*, & qui lui caufa un grand préjudice dans l'efprit des Anglois, 116. 117. Vertus de ce Prince. Fautes qu'on ne devoit pas lui imputer à caufe de fa prérogative, 118. Il appelle les deux Chambres à Whitehall : ce qu'il leur fait remontrer, &c. *Charles* & fes Miniftres, embarraffés de la fermeté ou opiniâtreté des Communes, s'avifent d'un expédient qui gâte les affaires de S. M. 121. & *fuiv.* Propofition qui fembloit propre à terminer fes différends avec le Parlement, &c. Difcours qu'il fait en le congédiant. Il publie une Déclaration en forme de manifefte fur la diffolution de cette Affemblée, 125. & *fuiv.* confirme les Ordonnances d'une efpece de Synode du Clergé d'Angleterre, 128. prend des réfolutions vigoureufes, qu'il n'exécute pas, 129. 130. donne une Déclaration contre les Confédérés, arrive à York, 131. 132. y convoque les Seigneurs d'Angleterre : démarche blâmée. Il prend la réfolution de convoquer un Parlement : nomme des Commiffaires pour négocier avec les Confédérés

TABLE DES MATIERES.

CH

d'Ecoſſe, &c. 133. & ſuiv. Accord pernicieux aux affaires de S. M. 137.

Charles I. donne audience aux Ambaſſadeurs de Portugal, & conclut un traité de paix & de commerce avec leur nouveau Roi, VI. 188. conſent au mariage de ſa fille aînée avec Guillaume fils du Prince d'Orange, 252. la retient juſqu'à l'âge preſcrit pour ratifier cet engagement, 253. Ce qui put contribuer à la réſolution que S. M. Britannique prit de conclure ce mariage, 254. Extrait de la harangue que *Charles* fait au Parlement, 256. On ne peut ſe diſpenſer de blâmer ſes Miniſtres, & de plaindre ce Prince infortuné, 265. Il élargit & rétablit l'Evêque de Lincoln: dans quelle vûe, 266. 267. Alarmé des deſſeins formés au préjudice des Evêques, il fait une ſage remontrance aux deux Chambres du Parlement, 270. 271. *Charles* & ſon Conſeil privé conſentent à une demande ſinguliere qu'elles font, 275. S. M. fait Pairs du Royaume quelques Gentilshommes de la Chambre Baſſe, dans une vûe que les Communes traverſerent, 277. Le Roi eſt préſent *incognito* aux accuſations & aux défenſes du Comte de Strafford, & a ſujet de s'en repentir, 277. 278. Démarche qu'il fait mal-à-propos en ſa faveur, 283. 284. Il conſent qu'on lui préſente une requête de la part des Officiers de l'armée. Déplorable état de ce Roi infortuné, 285. Il conſulte ſon Conſeil & quelques Evêques ſur l'acte contre Strafford, &c. Remords continuels qu'il eut de ſa foible & criminelle politique dans cette occaſion, 288. 289. Il donne ſon conſentement à cet acte: demande la grace du Comte par une lettre aux Pairs de ſon Royaume: réponſe qu'il fait à leurs Députés. *Charles* refuſe de reprendre la lettre qu'il leur avoit écrite, 290. 291. Propoſition d'une loi dont il eſt d'abord alarmé, & à laquelle il conſent enſuite, 291. & ſuiv. Il en confirme une autre qui le rendit le Prince le plus infortuné du monde, 293. 294. Réflexions qu'il fait ſur la condamnation du Comte de Strafford, dans le Livre qu'il compoſa étant en priſon, 295. & ſuiv. Parallele de la faute qu'il fit dans cette affaire avec celle de David à l'égard d'Urie, & de la réparation qu'ils en firent l'un & l'autre. Si l'on doit trouver étrange que l'Egliſe Anglicane regarde *Charles* comme un Martyr. Une des réflexions de ce Prince n'eſt pas juſte,

CH

297. Il eſt obligé de congédier Marie de Médicis. Manifeſte où il déclare ſa réſolution de travailler au rétabliſſement des Palatins ſes neveux, 298. Il envoie un Ambaſſadeur à la Diete de Ratisbone pour demander ce rétabliſſement, 361.

Charles, mal conſeillé, réſiſte mal-à-propos, puis cede avec trop de foibleſſe: conclut la paix avec les Ecoſſois: conſent à faire un voyage en Ecoſſe, dans quelle vûe, VI. 398. 399. Sa déplorable ſituation. Il part accompagné d'Eſpions que le Parlement lui donne ſous le titre de Commiſſaires. Pouvoir que S. M. refuſe de leur donner. Elle conſent que les troupes Irlandoiſes congédiées paſſent dans les pays étrangers, &c. 401. 402. *Charles* ſe dépouille de toute ſon autorité en Ecoſſe par un effet de ſa facilité ordinaire, 408. & ſuiv. 411. Il aſſiſte au culte des Egliſes Preſbyteriennes à Edimbourg. Pourquoi il conſentit à l'abolition de l'Epiſcopat en Ecoſſe, & refuſa conſtamment d'y ſouſcrire en Angleterre, 409. 410. Avis qu'il avoit fait donner à ceux qui gouvernoient l'Irlande, 413. 414. Fauſſe commiſſion que les Irlandois rebelles publient comme de ſa part, & qui fit grand tort à ſa réputation: comment il s'en juſtifie dans un Livre qui porte ſon nom, 414. 415. S'il abandonna de ſon propre mouvement la conduite de la guerre d'Irlande au Parlement d'Angleterre, 416. 417. Retour de *Charles* à Londres: il y eſt reçu d'une maniere reſpectueuſe & magnifique: répond obligeamment à la harangue qu'on lui fait à ſon entrée: ne demeure pas long-temps dans cette ville: promet d'y revenir à la ſollicitation du Maire & des principaux Magiſtrats, 417. 418. Ses nouvelles brouilleries avec le Parlement. Membres des Communes qu'il auroit pû & dû gagner. Regle qu'il s'étoit impoſée, bonne en elle-même, mais point de ſaiſon, 418. 419. Conteſtation qu'il a avec la Chambre des Communes ſur les gardes qu'elle s'étoit donnés, & qu'elle vouloit continuer d'avoir. Diſcours qu'il tient aux deux Chambres à cette occaſion, 420. & ſuiv. Remontrance de la Baſſe, conçue d'une maniere injurieuſe à *Charles*, 422. & ſuiv. Requête qu'elle lui fait préſenter en même temps. Il n'a aucun égard à la premiere. Ce qu'il répond à la ſeconde. Ces deux pieces ſont rendues publiques contre ſon gré, 425. 426. *Charles*

CH

communique à contre-temps aux Seigneurs une protestation des Evêques, 428.

Charles prend la résolution de gagner deux habiles Députés de la Chambre des Communes : néglige Pym mal-à-propos : marque trop de confiance à Digby. Démêlé qu'il a avec les Communes sur le choix d'un Lieutenant de la Tour de Londres : il leur cede, &c. VI. 519. & f. Projet des Puritains qui sert à justifier la mémoire de Charles sur sa prise d'armes, 523. 524. Il acheve de gâter ses affaires, & donne de trop grands avantages à ses ennemis par une entreprise formée à contre-temps & mal concertée. Accusation intentée en son nom contre un Pair & cinq Membres des Communes, 524. & suiv. Il commet mal-à-propos sa personne & son autorité dans une visite qu'il fait à la Chambre-Basse. Ses ennemis s'en prévalent, pour lui imputer un dessein qu'il n'avoit pas, 527. & suiv. Il s'expose à un nouvel affront, & va demander lui-même au Maire & au Conseil de Londres que les Accusés soient remis entre ses mains, 529. & suiv. ressent des angoisses mortelles, nonobstant sa constance affectée. Si Charles a pu tomber en tant de disgraces, sans se les attirer par de grandes fautes, 531. 532. Il sort de Londres, se retire à Hamptoncour, se flate du secours des Provinces-Unies & des Ecossois, 533. Effrayé de ce que sa Capitale & quelques Provinces se déclarent pour la Chambre des Communes, le Roi lui fait une déclaration fort honnête dont elle ne se contente pas. S. M. se desiste de l'accusation intentée contre Kimbolton & les autres : refuse de nommer ceux qui lui ont conseillé cette affaire, 535. 536. Charles passe l'acte qui exclut les Evêques du Parlement : motifs qu'on emploie pour l'y déterminer. Cette condescendance plus préjudiciable qu'utile à ses intérêts, 538. & suiv. Il s'offre d'aller lui même en Irlande. Pourquoi les Communes l'en détournent, 541. Injure dont il demande satisfaction à la Chambre des Communes, sans pouvoir l'obtenir. Sa mémoire justifiée contre ceux qui prétendent la flétrir, 543. 544. Ce qu'il représente aux Communes dans une lettre. Réponse qu'il leur fait concernant les places fortes & les milices, 545. 546. Opposition ouverte entre le Roi & le Parlement sur ce sujet. Réponses de S. M. à des Députés de

CH

cette Assemblée, 547. & suiv. Commissions que Charles donne de lever des soldats, que le Parlement déclare contraires aux loix, 549. S. M. souhaite de pacifier toutes choses : nomme en vain des Officiers pour commander la flote : révoque Northumberland Grand-Amiral. Incertitudes & délais qui causent un grand préjudice à ses affaires, &c. 551. & suiv. Il cherche à s'assurer d'Hull & des magazins qui y étoient : est prévenu par le Parlement ; & on refuse de l'y recevoir, 554. & suiv. Il se plaint amerement de la désobéissance du Gouverneur de cette Place, en demande justice au Parlement. Réponse qui ne le satisfait pas. Il fait mine d'assiéger Hull : démarche irréguliere & mal concertée en apparence, parcequ'on n'en savoit pas la véritable raison, 558. & suiv. Extrait de quelques écrits publiés de la part de Charles, & du Parlement, sur l'affaire d'Hull, 560. Sa Cour nombreuse à York. Acte qu'il fait lire aux Seigneurs qui se trouvoient auprès de lui, & à son Conseil privé. Autre qu'ils signent de leur côté, 565. & suiv. Réponse qu'il fait à une prétendue requête des deux Chambres du Parlement, où elles levoient le masque. Il y donne l'idée de la véritable constitution du Gouvernement d'Angleterre, 567. & suiv. Ce qu'il répond à un autre requête du Parlement. Il déclare criminels de leze-Majesté le Comte d'Essex, & tous ceux qui porteroient les armes sous lui, 573. La cause de Charles juste & légitime. Si la prudence régla ses démarches. Etranges ennemis qu'il avoit à combattre. Situation déplorable de ses affaires. Proclamation qu'il fait publier à York, 574. 575. Il en part, & va à Nottingham faire poser sa Banniere Royale. Mémoire, ou Message qu'il envoie aux deux Chambres, 575. & suiv. Protestation qu'il fait en vain. Equivoque que l'on pourroit trouver dans ses paroles, démêlée, 577. 578.

Charles II. Roi d'Angleterre. Sa naissance. Sa mauvaise conduite après son rétablissement sur le Thrône de la Grande-Bretagne, III. 491. Dogme dont il favorise le progrès, VI. 570.

Charles-Emmanuel, Duc de Savoye, trame une conspiration contre Henri IV. l. 5. Jaloux des avantages accordés à l'Infante Isabelle, sœur de sa femme, il fait une ligue offensive & défensive avec la France, 6. Son embar-

ras

TABLE DES MATIERES.

CH

ras à la mort d'Henri : ce qu'il demande à la Régente, &c. 61. Il veut engager le Sénat de Venise à conclure une ligue offensive & défensive contre l'Espagne, 61. 62. brave les menaces de la Cour de Madrid, 63. Son imprudence & sa duplicité : ses allures connues le rendent odieux, *ibid*. Pourquoi il ne veut pas désarmer, *ibid. &* 64. Mécontent de la Régente, il pense à se jetter du côté de l'Espagne. Préliminaire mortifiant que Philippe III. exige de lui. Le Savoyard presse en vain la France de lui envoyer du secours, 64. Il envoie un de ses fils à la Cour de Madrid, 65. Satisfaction que les Espagnols prétendent : sa rage & ses emportements. Il s'y soumet pourtant, 66. 67. Son dépit, ses différents projets. Il prend la résolution d'attaquer Geneve & le pays de Vaux, 68. Intrigues & démarches bizarres de ce Prince : il gâte ses affaires en faisant trop le fin. Contraint de désarmer, il tâche de s'en faire un mérite auprès de Marie de Médicis, 69. 70. Irrité contre la France, ses desseins, 123. Ce que fait le Conseil d'Espagne pour le traverser, 125. Ses intrigues pour allumer une guerre civile en France, 145. 146. Il veut s'entremettre pour accommoder les Ducs de Mantoue & de Parme : ses vûes, 157. Propositions de mariage entre une de ses filles & le Prince de Galles : ce qu'il fait dire au Roi d'Angleterre sur ce que le Grand Duc de Toscane offroit une de ses sœurs à ce Prince, 157. 158. Ses nouveaux desseins à l'occasion de la mort de François Duc de Mantoue. Artifices de *Charles-Emmanuel*, 180. *& suiv*. Ce qu'il répond à Trenel, envoyé par Marie de Médicis, 182. Projet ambitieux du Duc, 185. 186. Il envahit le Montferrat. Mouvements que cette entreprise cause en Italie, 186. 187. Son manifeste. Ses artifices & ses bravades, 187. 188. Ses intrigues à la Cour de France découvertes, 188. *& suiv*. Ses amis secrets le servent à la Cour de France, 192. Embarrassé plus que jamais, ses diverses démarches : incidents qui lui font plaisir, 193. Il est contraint de se soumettre à la volonté du Roi d'Espagne, 194. 195. Pressé de désarmer, prétextes dont il se sert pour s'en dispenser, 205. 206. Avis qu'on lui donnoit de France, 206. Il enrage de se voir régenter avec empire, 209. Ce que le Roi d'Espagne lui fait écrire. Circonstance qui montre que le Duc

Tome VI.

CH

étoit l'homme du monde le plus chimérique, 210. Artifices de *Charles-Emmanuel* pour exciter une guerre civile en France, I. 226. 227. Il évite la rencontre du Marquis de Cœuvres. Hauteur de la Cour d'Espagne à son égard, qu'il ne pouvoit digérer, 237. 238. (par erreur 288.) Il fait semblant d'accepter les conditions proposées par le Marquis de Cœuvres, & cependant leve de nouvelles troupes, 240. 241. Nouvelle qui déconcerte ses projets, 241. Il se brouille avec l'Espagne, 266. 267. tâche de mettre les Vénitiens de son côté. Harangue de son Envoyé au Sénat, 268. 269. Correspondance du Duc avec Lesdiguieres. Il avoit peu d'égards pour Paul V. 270. 271. méprise les bravades des Espagnols, entre en guerre avec eux, 271. 272. Se défend par la plume. Lettre qu'il écrit à l'Empereur en forme d'apologie, 272. 273. Pressé de désarmer par l'Ambassadeur de France, perplexité où il se trouve. Il sollicite les Vénitiens de s'unir à lui, &c. 273. 274. Il accepte les conditions proposées par le Nonce & par l'Ambassadeur de France, 274. 275. surprend une lettre du Roi d'Espagne, qu'il rend publique, 277. Suite de leur démêlé, 379. Fermeté & artifices du Duc, 380. *& suiv*. Guerre ouverte : combats entre les Espagnols & les Savoyards, 382. *& suiv*. Nouveau Traité entre ce Prince & le Roi d'Espagne, 385. *& suiv*. Pourquoi on en fit deux copies. Différence que mit le Duc de Savoye entre le Roi d'Angleterre & le Pape, 386. Eloges donnés à *Charles-Emmanuel*, par les Italiens, après la conclusion du Traité. Réflexions sur sa situation, &c. 388. 389. Prétexte qu'on lui fournit pour conserver ses troupes, 390. Bassesse qu'on lui attribue, 409. Il donne de l'argent au Prince de Condé, quoiqu'il en eût lui-même grand besoin. 425. ne paroit pas se mettre en peine d'exécuter le Traité d'Ast, &c. 468. Plaisir que lui donne la brouillerie des Vénitiens avec la Maison d'Autriche : offres qu'il leur fait, 471. 493. Il conserve ses Troupes, & en leve de nouvelles, 494. Sa défiance augmentée par les procédés du nouveau Gouverneur de Milan, 496. Démarche à laquelle il consent. Proposition qu'il rejette avec dédain, 496. 497. Remontrances de ses Ministres à la Cour de France, &c. 497. Nouvelle qui l'alarme, &c.

Ddddd

CH

498. Ses liaisons avec les Vénitiens, & avec Lesdiguieres, 567. & suiv. Il s'abouche avec le Maréchal, ne veut point se fier aux paroles du Gouverneur de Milan, &c. 572. 573. Ses préparatifs de défense : il apprend les desseins du Duc de Nemours, les prévient ; s'accommode avec cet ennemi domestique, 575. & suiv. paroît disposé à accepter des conditions raisonnables, refuse celles que les Espagnols veulent lui imposer, se défend avec courage contre leurs hostilités, 577. & suiv. replique à un Ecrit du Gouverneur de Milan, 580. Il gagne la Vignon, & par son moyen Lesdiguieres, qui vient à son secours, 588. & suiv. remercie le Maréchal de la maniere la plus obligeante, 594. n'oublie pas les bons offices de la Vignon, ibid. Il se flate de l'espérance de devenir Empereur, 687. tâche d'empêcher la prise de Verceil, 704. envoie un Ambassadeur Extraordinaire à Louis XIII. 705. Il étoit le seul Prince d'Italie qui eût le courage de résister aux Espagnols. Encouragement qu'il reçoit de la part des Vénitiens, 713. 714. Il traite conjointement avec eux, &c. 719. 720. fait une irruption dans le Milanez, avec Lesdiguieres, 722. & suiv. Son accommodement avec le Roi d'Espagne est conclu, 726. & suiv. Conduite du Duc sur les nouvelles chicanes du Gouverneur de Milan, 730. 731.

Charles-Emmanuel se tient sur ses gardes contre le Gouverneur de Milan : fait un nouveau Traité avec les Vénitiens, II. 11. conserve une haine mortelle contre les Espagnols, après le rétablissement de la paix, &c. 16. envoie le Cardinal son fils à Paris pour traiter du mariage du Prince de Piemont avec Christine de France, 41. est peu porté pour les intérêts de Marie de Médicis, 83. aspire tout de bon à la Couronne Impériale, 115. 116. concourt dans le dessein de s'opposer à l'agrandissement de la Maison d'Autriche, 129. S'il est vrai qu'il refusa la Couronne de Bohême, 140. 141. Il entre dans les brouilleries de la Cour de France. Ses sujets de mécontentement, &c. 186. Il approuve le dessein du Duc d'Ossone de se faire Roi de Naples ; agit pour lui à la Cour de France, 194. 195. prend intérêt aux mouvements de la Valteline : s'abouche avec Lesdiguieres, &c. 263. offre qu'il lui fait, comptant plus sur son amitié que sur celle

CH

du Roi, 405. ses Ministres crient contre le Gouverneur de Milan, 437. Il va s'aboucher avec Louis XIII. dans Avignon, &c. 522. conclut une Ligue avec S. M. & la République de Venise, &c. 563. 564. Ses vues dans cette affaire : espérances chimériques dont il se repaît. Il propose d'attaquer la République de Genes : ses plaintes contre les Génois, 669. 670. sa proposition est bien reçue en France : Conférence du Duc avec le Connétable de Lesdiguieres : on y partage l'Etat de Genes. Imprudence de S. A. &c. 671. 672. Ils attaquent les Génois de concert : succès de cette entreprise, &c. Mésintelligence entre ce Prince & le Connétable, 699. & suiv. 703. *Charles-Emmanuel* tâche de prévenir une guerre civile en France, 715. Embarras où il se trouve. Il demande le rappel du Connétable : propose une irruption dans le Milanez : perd l'artillerie qu'il avoit laissée à Gavi, 745. 746. fait diverses propositions, qui sont rejettées ; forme un projet qui est renversé, 748.

Charles-Emmanuel Duc de Savoie : pourquoi on négocie la paix de la Valteline à son insû, III. 4. Dans quel dessein il envoie le Prince de Piémont en France, 7. Il frémit de colere & de rage en apprenant le Traité de Mouçon : accepte en dédommagement un titre qui flate sa vanité, 12. fait offrir en mariage à Gaston sa petite-fille, la Princesse de Mantoue, 36. devient ennemi irréconciliable de Richelieu, 47. cherche à s'en venger ; propose, dans ce dessein, des projets à la Cour d'Angleterre, 64. amuse Bullion Ambassadeur de France : continue à négocier à la Cour d'Angleterre & dans le parti Réformé. Prérogatives qu'il demande comme Roi de Chypre : idées dont il se repait, &c. 71. Ce qu'il promet au Roi d'Angleterre contre la France, 111. Projets de *Charles-Emmanuel*, 130. Il prend des engagements avec la Cour de Madrid, pour les faire réussir, 164. persiste dans sa résolution, malgré les remontrances de Saint-Chaumont Ambassadeur de France, 166. Beau projet qu'il forme, & qu'il n'exécute pas, 180. sa fausse politique : quoique joué de tous côtés, il ne se rebute pas de ses projets chimériques, 204. Tentatives pour le détacher des Espagnols, 206. Il fait un Traité avec le Roi d'Espagne, par lequel ils partageoient entre eux le Montferrat, 207. Le Duc de Savoie

TABLE DES MATIERES. 763
CH
CH

écrit une Lettre à son Ambassadeur en France, en forme de manifeste, pleine de railleries & de malice : fait une irruption dans le Montferrat: les progrès qu'il y fait donnent de la jalousie aux Espagnols, 210. *& suiv.* Conspiration contre Genes, tramée de concert avec ce Prince : ce qu'il répond aux reproches qu'on lui en fait. Il engage le Gouverneur de Milan à demander la grace des traitres: menace d'user de représailles sur des prisonniers Génois, 212. tente de traverser par la plume les desseins de Richelieu : Libelles qu'il fait publier en France, un, entr'autres, de sa façon, 212. 213. Joie qu'il a de se voir recherché par les deux Couronnes. Il se détermine pour l'Espagne : repousse le Marquis d'Uxelles : défend aux siens de faire aucun acte d'hostilité en France, 218. 219. Ce qui l'engage dans les intérêts de la Rochelle & des Réformés, 224. 225.

Charles-Emmanuel répond aux offres de Louis & de son Ministre par des rodomontades, III. 282. tâche de gagner du temps, envoie son fils pour amuser S. M. 314. *& suiv.* Ses précautions pour empêcher le passage à Suze, 317. Il est sur le point d'être fait prisonnier, 319. 320. Traité qu'il fait avec Louis après le combat de Suze, 321. *& suiv.* Il est prêt à se dédire & à rompre tout: nouveau raccommodement, 325. Ses archives abondantes en traités non exécutés. Il va voir le Roi: reçoit sa visite: veut paroître de belle humeur, & dit de jolies choses, enrage cependant, 326. 327. forme de nouveaux projets. Remontrances qu'il fait faire aux Cours de Vienne & de Madrid, 383. Pressé de se déclarer, subterfuges dont il use, 393. 394. 412. 418. But de S. A. R. 395. Propositions qu'il fait faire à Gaston, 407. *Charles-Emmanuel* fait grand bruit sur la hauteur de Richelieu, &c. 416. Négociation entre ce Prince & ce Ministre, trainée en longueur par l'un & par l'autre, &c. 419. 420. S. A. R. reçoit bien le Duc de Montmorenci. Suite de ses négociations & de ses procédés, 428. *& suiv.* Rupture ouverte de la France avec ce Prince. Déclaration & Manifeste qu'il dresse. Il fait massacrer la garnison de Pignerol qui avoit mal défendu cette place, 434. 435. Son chagrin & son dépit, &c. 436. Ce qu'il perdoit par la prise de cette place, 438. Colere où il entre contre Spinola: il résout de le perdre à la Cour de Madrid, 446. Il s'avance avec son armée, pour combattre les François ; meurt d'apoplexie. Intrigue qu'on prétend qu'il avoit liée avec Valstein. Principaux évenements de sa vie. Son caractere. Portrait qu'en fait un Noble Vénitien, 463. *& suiv.* Pourquoi ce Prince avoit cédé une grande étendue de pays pour le Marquisat de Saluces, &c. 668.

Charles-Emmanuel II. petit fils du précédent, & Duc de Savoye après la mort de son frere aîné, V. 378. 499. Dessein qu'a Richelieu de le faire conduire en France, pour être élevé auprès du Dauphin, 732.

Charles IV. Empereur, casse dans une Diete une transaction que son Prédécesseur avoit faite avec ses neveux, &c. II. 529.

Charles-Quint, Empereur & Roi d'Espagne, grand voyageur, I. 751. A quoi a servi sa fausse politique, II. 160. Superstition de ce Prince, 322. Ce qu'il disoit de la fortune, VI. 636.

Charles Philippe, frere de Gustave Adolphe : puissant parti pour l'élever sur le thrône de Moscovie, I. 164. 169.

Charles d'Autriche, Evêque de Breslau, frere de Ferdinand II. se retire en Pologne ; sous quel prétexte. Il engage Sigismond à donner du secours à l'Empereur, II. 148. 149. ne peut faire consentir l'Electeur de Saxe à l'élévation du Duc de Baviere, 531.

Charles de Lorraine, fils du Comte de Vaudemont, comment il parvient à épouser sa cousine Nicole, & à quelles conditions. Mauvaise opinion que son oncle & beaupere avoit de ce Prince. Il lui succede sous le nom de *Charles* IV. Duc de Lorraine, II. 656. traite Nicole avec indifférence ; se fait reconnoître Souverain par lui-même, & non plus en vertu de son mariage avec cette Princesse, 764. 765.

Charles IV. Duc de Lorraine, animé par la Duchesse de Chevreuse dont il étoit amoureux, prend des engagements avec le Roi d'Angleterre contre la France. Il avoit été élevé à la Cour de France, où Louis XIII. lui témoignoit de l'amitié. Ces deux Princes devinrent ennemis irréconciliables. *Charles* traverse la construction d'une citadelle à Verdun. Autre point qui le chagrine. Il va à Paris, &c. III. 111. 112. affecte un grand desir de conserver les bonnes graces du Roi ; compliment qu'il lui fait. Il est mécontent

D ddddij

CH

des procédés de Gaston à son égard, 113. s'entremet d'accommoder le Palatin avec l'Empereur, 127. va saluer le Roi à Châlons sur Saône, & lui présente une meute de chiens, 285. sentiment de *Charles* sur les Traités, 326. Il reçoit bien le Duc d'Orléans dans sa Cour leste, galante & polie ; garde cependant les bienséances avec le Roi, &c. 369. 370. 407. Affaire de *Charles* que Gaston prenoit à cœur, 592. Il donne azyle à ce Prince en Lorraine, causes de l'irrésolution qu'il marque d'abord, 642. *& suiv.*

Charles IV. Duc de Lorraine : projets qu'il forme avec le Duc d'Orléans déconcertés. Il conduit son armée au service de l'Empereur, &c. IV. 9. 10. la ramene en mauvais état, 14. On se défie de lui à la Cour de France. Il se dévoue à Ferdinand. Espérance dont S. M. I. l'amuse, 15. 18. Il promet à Valstein de lever une nouvelle armée. Embarras où on le met. Il ne peut défendre Moyenvic, 39. 41. Il est insulté en passant à Strasbourg : va trouver Louis à Metz. Ce qu'il répond aux reproches de S. M. Conditions qu'on extorque de lui dans le Traité de Vic, &c. Il s'en retourne chez lui dans l'intention de rompre à la premiere occasion, 44. *& suiv.* Origine des malheurs de ce Prince. Balet qu'il fait danser. Il leve de nouvelles troupes ; sous quel prétexte. Réponse qu'il fait à une Lettre du Roi de Suede, &c. 47. *& suiv.* Inquiétudes qu'il donne à Louis & à Gustave, 121. Attaqué par le premier, il fait des soumissions à S. M. conclut avec elle un Traité à Liverdun : va lui faire la révérence, 124. viole les Traités qu'il a faits avec Louis. Surpercherie dont il use, &c. 337. Il se cache aux approches d'un Exprès de France : rentre en lui-même, donne audience à cet Envoyé. Projets de *Charles* découverts par quelques-uns de ses Ministres, 338. Il prie le Cardinal son frere d'aller au devant du Roi, 339. tente d'apaiser S. M. par des soumissions : pourvoit à la défense de Nanci : se retire dans les montagnes de Voge. Sa derniere faute assez pardonnable. Quel étoit son plus grand crime, 342. 343. Propositions qu'il fait pour sauver ses Etats & sa maison, 346. Il est pris pour dupe, 347. pense à gagner du temps. Ce qui releve ses espérances. Préjudice que lui cause son étourderie. Triste situation de ses affaires. Il pense à reprendre la voie de

CH

la négociation, 352. *& suiv.* Accommodement qu'il ratifie, & qu'il n'exécute pas. Motifs d'une entrevue de *Charles* avec le Cardinal de Richelieu, & ce qui s'y passa, 355. *& suiv.* A la persuasion de ce Ministre, il va trouver le Roi à la Neuville. Vue secrete du Duc dans cette démarche. Ce qui se passe dans l'entrevue qu'il a avec S. M. 358. *& suiv.* On s'assure de *Charles* sous prétexte de lui faire honneur. Conversation nocturne qu'il a avec Pontis, 360. *& suiv.* Le Duc envoie l'ordre de recevoir les troupes du Roi dans Nanci,&c. 365. 366. Témoignages d'affection que les Lorrains lui rendent en présence de Louis. *Charles* se retire à Mirecour, s'enfuit peu de mois après, & vit depuis en Avanturier. Réflexions sur la conduite de la Cour de France à son égard, 366. *& suiv.*

Charles IV. Duc de Lorraine, se démet de ses Etats en faveur de son frere, IV. 431. 412. Il se retire en Franche-Comté avec quelques troupes. Collusion entre les deux freres, vraisemblable, & louable, 433. Plan dont il craint l'exécution : offre qu'il fait pour la prévenir, rejettée avec hauteur, 440. Il est décrété d'ajournement personnel par le Parlement de Paris. Edit que *Charles* fait afficher dans toute la Lorraine. Second ajournement personnel contre ce Prince. Présent qu'il envoie à la Duchesse sa femme, qui étoit à Paris, 447. 448. Procédures & Arrêt contre le mariage de Gaston, où le Duc *Charles* est compris, 571. 572. Commandement qu'il a dans l'armée Impériale, &c. 636. Il se conduit bravement à la bataille de Norlingue, 636. 647. 648. envoie à Marie de Médicis & à Gaston des Cornettes que ses troupes avoient prises sur les Suédois, &c. 661. 662. fait souvent des courses dans son Duché, & y conserve quelques Forts, 730. 731. demeure quelques jours avec son armée, en présence de celle du Maréchal de la Force : se forge des chimeres : décampe. Son arriere-garde est maltraitée, 731. 733.

Charles IV. pénetre en Lorraine, & y fait des progrès, V. 36. 38. 45. est joint par Galas, 52. 54. Plusieurs détachements de ses troupes sont battus par Gassion, 61. Il se retire dans la Franche-Comté, 63. On s'attend à une démarche qu'il ne fit pas, 69. Il va au secours de Dole, 168. joint ses forces à celles du Cardinal-Infant, pour faire une irruption en Picardie, 170. 172. attend Ga-

CH

las en Franche-Comté, pour faire une irruption en Bourgogne, 195. Ils se joignent & entrent dans cette Province; n'osent pas attaquer Dijon. *Charles* assiege Saint-Jean de Losne, 199. ne peut prendre cette place, & se retire, 229. 230. est battu par le Duc de Weymar dans le Comté; ne cesse pourtant pas de l'inquiéter, 351. 352. tente le secours de Brisac. Abandonné par sa Cavalerie, il fait une belle retraite, & ramene son convoi, 600. 601. Passion de ce Prince pour la Comtesse de Cantecroix : il l'épouse, supposant que son mariage avec Nicole est invalide, 601. 602. paroît mécontent de ses protecteurs. Chagrin que l'Archevêque de Malines lui donne de la part du Pape sur son prétendu mariage avec la Cantecroix. *Charles* noue diverses négociations secretes avec la Cour de France, 654. *& suiv.*

Charles IV. Duc de Lorraine, joint le Cardinal-Infant avec ses troupes: insiste sur l'attaque des lignes des François devant Arras, VI. 56. 57. Son avis drns un conseil de guerre, 73. Sa brave conduite à l'attaque des lignes. Repartie qu'il fit dans la suite sur cette expédition, 78. 79. Piege dans lequel il donne étourdiment, à la sollicitation de sa femme de campagne. Réponse qu'il fait à un Exprès du Cardinal Infant. Le Duc se rend à Paris; se jette aux genoux du Roi, &c. 238. *& suiv.* Préface injurieuse, & dures conditions d'un Traité qu'il signe, & dont il jure l'exécution, 240. *& suiv.* Il le ratifie à Bar, avec un nouveau serment: presse lui-même la démolition des fortifications de Marsal; dans quelle vûe : s'excuse de renforcer l'armée de Châtillon. Déchu de ses espérances, *Charles* s'en va dans son ancien poste avec ses troupes: comment il colore sa retraite. Tour qu'il joue à la des Essarts, 243. 244. Voyez 303. 306. Il est excommunié par le Pape, avec sa femme de campagne. Appels de la part de *Charles*. Sentence définitive contre son prétendu mariage, 514. 515. Il joint l'armée Bavaroise, 644.

Charles de Gonzague, Duc de Mantoue, soutient mal la réputation qu'il avoit acquise, étant Duc de Nevers, III. 167. Voyez *Nevers*. Projets divers, les uns pour l'opprimer, les autres pour le maintenir, 204. *& suiv.* Ses démarches à la Cour Impériale pour obtenir l'investiture de ses Etats, 207. Il leve des troupes, & se met en défense, 208. Echan-

CH

ge qui lui fut proposé par la Cour de Madrid. Procédures de l'Empereur contre le Duc de Mantoue. Il envoie son fils à Vienne, faire des soumissions à S. M. I. &c. 213. *& suiv.* prouve à tout le monde la duplicité du Gouverneur de Milan, 216. Les grandes traverses qu'on suscite à *Charles* le rendent irrésolu. Il ménage le Capucin Joseph avec qui il avoit eu d'étroites liaisons, 217. reprend courage sur les bonnes paroles qu'on lui apportoit de France, &c. 282. 283. Ce qui l'empêche d'aller voir Louis son Libérateur: il lui envoie son principal Ministre. Article sur lequel il marque du mécontentement. Il est plus satisfait d'une réponse du Cardinal que d'un compliment du P. Joseph, &c. 327. Ligue de *Charles* avec le Roi de France & la République de Venise, 332. Démarches pour opprimer le Duc de Mantoue, & pour le défendre, 383. *& suiv.* Il rejette des conditions proposées par le Marquis Spinola, Gouverneur de Milan, 400. 401. Edits Impériaux publiés contre *Charles*. Il se renferme dans sa Capitale menacée d'un siege. Sa conduite ne répond pas à ce qu'on attendoit de lui. Faute qu'il fait. Il ne veut accepter aucune condition que de concert avec la France & Venise: refuse de demander pardon à l'Empereur, &c. 402. 403. Sa réponse à la proposition qui lui en fut faite, 405. Mauvais état de ses affaires : sa mauvaise conduite, 464. *& suiv.* Comment on le détourne de s'accommoder avec l'Empereur. Sa Capitale prise & saccagée : il obtient la liberté de se retirer dans l'Etat Ecclésiastique avec sa famille, 472. 473. Projet chimérique dont il s'entêta, n'étant que Duc de Nevers, 494. 495. Traité à Ratisbone sur ses démêlés, dont il n'est pas content, & qui est sans effet, 505. 506. Négociation à Quierasque pour les terminer, 669. On l'oblige à céder une partie du Montferrat au Duc de Savoye, 671. Articles stipulés pour lui dans le Traité de Quierasque, 672. 673. Malgré son chagrin, il ne se laisse pas éblouïr par les Espagnols, 674.

Charles Duc de Mantoue: mauvais état de ses affaires. On lui propose d'épouser la veuve de son fils, &c. IV. 61. 62. Piege que Marguerite de Savoye lui tend, & dans lequel il étoit prêt de donner. Embarras qu'elle lui suscite. Il la prie de se retirer de ses Etats, 335. *& suiv.* Sa réponse à une invitation qu'on

Ddddd iij

CH

lui fait de la part de la France, 706. Traité de ligue offenfive & défenfive qu'il figne, quoique hors d'état de remplir les engagemens qu'il y contracte, 707. 708. Mort de *Charles* I. Duc de Mantoue. Par fon teftament il recommande fon petit-fils au Roi de France & au Sénat de Venife. Ses vaftes projets lorfqu'il n'étoit que Duc de Nevers, auxquels il avoit renoncé en devenant Duc de Mantoue. Extrême pauvreté où la défolation de fes Etats l'avoit réduit. Il ne manquoir ni d'efprit ni de courage, V. 735. 736.

Charles de Gonzague, Prince de Mantoue, eft envoyé à Vienne par fon pere, pour y faire des foumiffions & des offres à l'Empereur. Il y eft mal reçu, & revient en Italie, III. 215. fa mort, IV. 61.

Cha les IV. Duc de Mantoue, livre Cazal & fa Capitale à Louis XIV. pour avoir de quoi contenter fon inclination au plaifir & à la débauche, III. 327.

Charles XII. Roi de Suede, incité contre la France, III. 583. 584.

Charles-Louis, fils aîné de Frederic Electeur Palatin & Roi de Bohême, IV. 182. eft mis en poffeffion de ce que Guftave avoit pris dans les deux Palatinats, 250. prépare un long manifefte, en differe la publication par le Confeil du Roi d'Angleterre, fon oncle, V. 270. Extrait de l'endroit de cette piece où il eft parlé des inftances de l'Ambaffadeur d'Angleterre en faveur de la Maifon Palatine, à la Cour de Vienne, 271. *& fuiv.* *Charles-Louis* publie ce manifefte, qui finit par une plainte véhémente contre l'Empereur Ferdinand II. & le Duc de Baviere, 275. *& fuiv.* Proteftation juridique qu'il y joint, 277. *& fuiv.* Il leve une petite armée : eft défait & fe fauve avec bien de la peine, 597. *& fuiv.* Il tâche de gagner les Officiers & les Soldats du feu Duc de Weymar; obtient de l'argent du Roi fon oncle, traverfe la France incognito, fans permiffion, & fans avoir caché fon départ : eft arrêté & conduit à Vincennes, 699. 701. *& fuiv.* On s'affure de deux de fes freres qui étoient à Paris pour leurs exercices, 703.

Charles-Louis Electeur Palatin: fa liberté difficile à ménager, VI. 43. 44. On engage la Reine Chriftine à la demander folemnellement, 45. 46. Loix qu'il fubit pour l'obtenir. On lui fait de grands honneurs à la Cour ; mais on lui refufe la qualité d'Electeur. Il fouffre

CH

l'arrogance de Richelieu : fait des propofitions pour fon rétabliffement qui font reçues froidement: obtient la permiffion de fortir de France, 46. 47. Caufe de fon chagrin dans le mariage de la Princeffe d'Angleterre avec le fils du Prince d'Orange. Entreprife contre le Palatin condamnée par Grotius, 252. 253. *Charles-Louis* tâche d'obtenir quelque fecours du Parlement d'Angleterre. Manifefte du Roi fon oncle en fa faveur, 298. Le Palatin envoie des Agens à Ratisbonne, &c. 360.

Charlus (Le Comte de) Gouverneur de Moulins, arrête le Duc de Sulli, &c. II. 478. Commiffion dont il eft chargé envers Montmorenci : il fe jette aux pieds du Roi, & demande la grace de ce Seigneur, IV. 201.

Charnaffé (Le Baron de) ou *Charnacé* : ce qui lui fait prendre la réfolution de voyager. Il conçoit beaucoup d'eftime pour le Roi de Suede : confere à fon retour en France avec Richelieu, qui l'envoie à ce Prince comme fimple particulier : revient fans rien conclure : eft renvoyé publiquement à Guftave, avec une inftruction, &c. III. 283. *& fuiv.* Sa négociation à Munick, 341. Propofitions qu'il va faire au Roi de Danemarck, 342. 343. & enfuite au Roi de Suede, 346. 347. Défaite ridicule donnée à l'Empereur fur les négociations de *Charnaffé*, 388. Négociation qu'il traverfe, & qui l'engage à faire des offres avantageufes à Guftave, 515. Il conclut enfin la Ligue propofée entre le Roi de France & ce Prince, 581. *& fuiv.*

Charnaffé ne peut perfuader au Duc de Baviere, ni à l'Electeur de Cologne, de fe féparer de la Maifon d'Autriche, IV. 70. 71. Avertiffement qu'il donne au Maréchal d'Effiat, 125. Commiffion dont il eft chargé, & qu'il exécute, 134. Il part pour la Haie en qualité d'Ambaffadeur extraordinaire auprès des Etats Généraux des Provinces-Unies : pourquoi on l'y envoie, 222. 223. Inftruction qu'on lui donne, 226. *& fuiv.* Il traverfe fortement la négociation entamée entre les Pays-Bas Catholiques & les Provinces-Unies, 228. Offres qu'il fait à celles-ci, 231. Il conclut un nouveau Traité avec elles, 548. *& fuiv.* en figne un autre de Ligue offenfive & defenfive, 698. *Charnacé* fait une remontrance aux Etats Généraux, de concert avec le Maréchal de Brezé, &c. V. 112. eft tué au fiege de Breda, fort regretté en France, 408.

TABLE DES MATIERES.

CH

Charnazé, parent du Duc de Puylaurens, est arrêté, IV, 678.

Charni (Le Marquis de) fils naturel, non reconnu de Gaston, se retira en Espagne, & y obtint de l'emploi, V. 416.

Charrost (Le Comte de) Capitaine des Gardes, IV. 679. Commissions dont il est chargé, V. 158. VI. 466. 467. 588. Il sert au siege d'Aire, VI. 344. Ordre qu'on lui donne, 697.

Charsse (La) de Gouvernet, fait de nouvelles instances au Maréchal de Lesdiguieres, de la part des Réformés des Cevennes & du Gevaudan, II. 286. 287.

Chartreux (Les) de Paris signalent leur zele pour l'Etat, V. 191.

Chastelier - Barlot commande à l'attaque de Tillemont, IV. 339.

Chastre (Le Maréchal & le Marquis de la) Voy. *Châtre* (La)

Chataigner, Evêque de Poitiers, fait échouer une entreprise du Prince de Condé sur cette ville, I. 256. 257. Il va à Tours avec deux cents habitants, supplier leurs Majestés de venir à Poitiers. Ce qu'il disoit du jour où il avoit paru plus Capitaine qu'Evêque, 261.

Châteauneuf (Le Président de) nommé un des Directeurs des Finances, I. 52.

Châteauneuf (Charles de l'Aubespine de) Abbé de Preaux, est adjoint au Duc d'Angoulême pour une Ambassade en Allemagne, II. 183. 218. 224. & *suiv*. 228. 238. 239. 242. 243. 247. 248. 251. Il va conférer avec Gabor, 259. revient en France avec ses Collegues, 373. & *suiv*. est dépêché à Venise & en Suisse, pour y faire agréer le traité de Mouçon, III. 12. 71. 72. Sentiment qu'il inspire au Roi sur les Génois, 328, Il est Ambassadeur en Angleterre, 334. Commissaire dans une négociation, 445. Son attachement au Cardinal presque disgracié, 554. Il est fait Garde des Sceaux, 559. On l'emploie à gagner Puylaurens, son parent, 589. Instances qu'il fait à la Reine Mere, de la part du Roi, 601. Il expose les intentions de S. M. sur un Arrêt du Parlement: réprimande de cette Compagnie, 634.

Châteauneuf, Garde des Sceaux, fait des reproches à des Députés du Parlement de Paris, IV. 9. Quoique Sousdiacre, il préside au jugement du Maréchal de Marillac. Dispense obtenue du Pape à cet effet, 100. Interpellation qui lui est faite par l'accusé, 103. 104. Il opine à le condamner à la mort, 106. assiste aux Etats de Languedoc, 168. préside au jugement du Duc de Montmorenci, dont il avoit servi le pere en qualité de Page, 195. Reproche dont il fut confus, 198. Disgrace de *Châteauneuf*: il est dépouillé des Sceaux, & arrêté, 220. 221. Prévention du Roi contre ce Ministre, VI. 691. 692. On parle de le rappeller, 693. 694. 699.

Châteauneuf (Le Marquis de) un des Membres de l'Assemblée de la Rochelle, va conférer à Niort avec quelques Seigneurs Réformés, II. 334. rend bassement Pons, qu'il avoit promis de défendre, 368.

Châtelet. Les Officiers du *Châtelet* cessent de rendre la justice, III. 441.

Châtelet (Hay du) flateur du Cardinal de Richelieu, publie des satires sanglantes contre le Maréchal de Marillac, III. 360. entre en lice pour justifier le Ministre, 638. Intendant en Champagne, il donne un bon avis au Duc de Bellegarde: fait paroître, en quelques rencontres, des sentiments d'honneur, IV. 12. est mis au nombre des Juges du Maréchal de Marillac, quoiqu'ennemi déclaré de ce Seigneur & de son frere. Pourquoi il les haïssoit. Il divertit Richelieu par ses satires. Prose rimée en latin, pleine de calomnies atroces, qu'il avoit faite, 98. 99. Il est vivement interpellé pour le Maréchal, 104. On l'arrête; pourquoi, selon lui-même, 105. Il est élargi en récompense d'un libelle qu'il composé pour justifier la condamnation de ce Seigneur. Plaisanterie qu'il fait dire au Roi, &c. 109. Il intercede fort ingénieusement pour le Duc de Montmorenci, 193. 194. est aggrégé à l'Académie Françoise, sans avoir les qualités requises, 784.

Châtillon (Le Marquis de) petit-fils de l'Amiral de Coligni, & Gouverneur de Montpellier, avoit beaucoup de crédit parmi les Réformés: soupçonné d'être dévoué à la Cour, I. 459. s'intrigue en vain pour empêcher l'union des Réformés avec le Prince de Condé, 483. 484. s'offre pour accommoder l'affaire de l'Assemblée de Loudun, II. 177. 178. a une petite guerre avec le Duc de Montmorenci, en Languedoc, 272. Département que l'Assemblée de la Rochelle lui confie, 347. Mouvements excités contre lui dans le bas Languedoc. Sa mésintelligence avec le Duc de Rohan, &c. 406. & *suiv*. *Châtillon* se justifie par une apologie publi-

CH

que, 408. fomente les divisions dans le Languedoc, 454. tend un piege au Duc de Rohan, pour se rendre plus nécessaire à la Cour: s'accommode avec elle, & obtient le bâton de Maréchal de France. Réflexion sur cette conduite du petit-fils de l'Amiral de Coligni, 484. 485.

Châtillon (Le Maréchal de) condamne les Réformés qui se joignent aux Anglois, III. 145. Emploi qu'on lui destine, 444. 450. Il sollicite la grace du Duc de Montmorenci, son parent, IV. 194. Commandement destiné aux Maréchaux de Châtillon & de Brezé. Article ridicule de leurs instructions, 698. 701. Détail de leur premiere expédition. Leur mésintelligence. Ils gagnent la bataille d'Avein, 724. & suiv. Leur jonction avec le Prince d'Orange. Lettres de Châtillon au Roi & au Cardinal, &c. 735. & suiv. celle qu'il écrit à Servien sur la prise & le Sac de Tillemont, 738. 739. Suite des opérations où il a part, & dont il rend compte dans ses Lettres: marche vers Bruxelles: siege de Louvain, 742. & suiv. Il se trompe dans son calcul: rencontre mieux en faisant appréhender le secours envoyé par l'Empereur, 745. 801. accuse le Prince d'Orange de froideur: rend cependant témoignage de sa droiture, 802. 804. Démêlé de Châtillon avec son Collegue: comment il en parle en écrivant au Cardinal, 802. 803. Détail qu'il fait des raisons & des particularités de la levée du siege de Louvain, 805, & suiv. Lettres où il parle de la prise du Fort de Skenk, & déclare ce qu'il pense de la conduite de Frédéric-Henri, 807. & suiv. le Maréchal retourne à Paris; informe ce Prince de ce qui s'est dit à la premiere audience qu'il a eue du Cardinal, 809. 810.

Châtillon (Le Maréchal de) donne au Prince d'Orange des nouvelles d'Italie, V. 11. Ce qu'il lui mande sur la retraite en deçà du Rhin du Cardinal de la Valete, 32. 33. Extrait d'une lettre du Maréchal, 45. Il va commander en Picardie avec le Maréchal de Chaunes: compte qu'il rend de leur marche & de leur expédition, Ordre auquel ils se défendent d'obéir, de peur de passer pour des incendiaires, 48. & suiv. Lettre de Châtillon, où il parle de la retraite forcée du Cardinal de la Valete, & des talens militaires de ce Prélat, 52. 53. Autre où il mande l'état des affaires en Lorraine : circonstance dé-

CH

savantageuse aux François, laquelle il oublie, 57. 58. De concert avec Richelieu, il propose d'attaquer Corbie à force ouverte; & cet avis passe au Conseil, 225. 226. Service important qu'il rendit à son Eminence dans cette occasion, 228. 229. Une armée que Châtillon commande aux environs de Sedan, donne de l'ombrage au Comte de Soissons, & l'oblige à s'accommoder, 297. 298. 321. 322. Il prend Ivoi & Damvilliers, 409. & suiv. Extrait d'une de ses lettres, 471. 472. Il mande à Aersens le projet pour la campagne de 1635. 479. & suiv. Devenu le Général à la mode, il est pressé d'assiéger S. Omer, 509. 510. Il réfute une lettre vive de Des-Noyers, 511. Lettres où il rend compte de l'état de ce siege, 512. & suiv. Il assure l'entreprise infaillible, 515. 516. Lettre du Maréchal sur le même ton. Il est blâmé d'être si positif dans ses promesses, 517. 518. Rélations qu'il envoie de la levée du siege, 513. & suiv. & de la retraite de l'armée de devant cette Place. Lettre qu'il écrit au Cardinal pour se disculper: pourquoi il y affecte de donner des louanges à la Force, 528. & suiv. Sa consternation: on tâche de le consoler. Pourquoi on le ménage. Il reçoit ordre de se retirer dans sa maison, &c. 530. & suiv. 536. Ordre que son Collegue & lui avoient reçu de donner bataille. Châtillon étoit moins positif depuis l'affaire de Saint Omer, &c. 532. 533. Dépêche qu'il avoit écrite à Des-Noyers. Expédition où il avoit montré trop d'ardeur, qui fut peut-être cause que le Roi lui enjoignit de se retirer chez lui, 535. 536. Emploi qu'on lui donne, peu digne d'un Maréchal de France: pourquoi il l'accepte. On prétend qu'il vit avec plaisir l'embarras de Feuquieres devant Thionville, 669. Relation qu'il dresse de l'affaire de Thionville, sur ce qu'il en avoit appris, 673. 674. Ce qu'il dit de Feuquieres. Soupçon malin contre Châtillon, qu'il semble confirmer par une lettre, 675. 676. On l'envoie pour arrêter les progrès de Picolomini. Il promet des merveilles au Roi & au Cardinal, selon sa maniere. Ses promesses sont effectives cette fois; & il oblige ce Général à lever le siege de Mouzon, 677. 678. Se défend honnêtement de joindre la Meilleraie pour faire le siege de Bapaume: lui offre ensuite un détachement considérable, 684. 685.

Le Maréchal de Châtillon commande une armée

TABLE DES MATIERES.

CH

armée avec le Maréchal de Chaunes, VI. 48. répond à un mémoire du Cardinal, 52. raconte la maniere dont le siege d'Arras se forma, 54. y fait des travaux extraordinairement beaux : prend son ton de confiance, 55. Contestation qu'il a avec la Meilleraie, 57. 58. En quelles trances *Châtillon* se trouva, VI. 72. 73. Trait qui pouvoit être un tour d'adresse de sa part. Circonstance glorieuse à ce Général, 74. Contestation curieuse qu'il a avec le Comte de Guiche, 75. Récit qu'il fait de la maniere dont les Espagnols furent repoussés à l'attaque des lignes devant Arras, 76. & *suiv.* Il presse cette ville. Extrait de deux de ses lettres, 80. 81. Il rend compte au Prince d'Orange de ce qui se passa depuis la prise d'Arras, 81. 82. va au-devant des Ambassadeurs de Portugal, 187. est appellé au procès du Duc de Vendôme, 233. 235. Lettre qu'il écrit à Aersens, 249. Le Maréchal de *Châtillon* commande une armée, pour attaquer Sedan, 303. Ses desseins, 306. 308. Son armée se laisse battre par chagrin contre le Cardinal de Richelieu. Défauts du Maréchal, 319. & *suiv.* Lettre qu'il écrit sur cette affaire. Il rampe bassement devant le Ministre. Mortification qu'il en reçoit. Mémoire où Richelieu marque ce qu'il pensoit de ce Général, &c. 321. 322. Il n'apprend la mort du Comte de Soissons que le lendemain de la bataille : en informe la Cour par un Exprès : demande qu'il fait, qui ne lui est pas accordée, 326. Il est relégué dans sa maison, 346. revient à la Cour : écoute avec respect un exhortation que le Roi mourant lui fait, mais n'y défere pas, 696.

Châtre (La) Maréchal de France, chargé de secourir Juliers, I. 26. Troupes qu'il amene au Prince d'Orange qui l'assiégeoit, 35. Sa mort. Comment il avoit obtenu le bâton de Maréchal. Mot à cette occasion, 378.

Châtre (Le Marquis de la) comment il dépeint, dans ses Mémoires, la situation de la Cour de France après la mort du Cardinal de Richelieu, VI. 669. & *suiv.* 678. & *suiv.* Maxime par où son ouvrage commence, fausse en plusieurs rencontres, 678. Circonstances qu'il raconte autrement que le Duc de la Rochefoucault, 684. 685. La *Châtre* s'attire la confiance de la Reine : achete, de concert avec elle, la Charge de Colonel - Général des Suisses. Extraits de ses Mémoires. Por-

Tome VI.

CH

trait qu'il fait de lui-même, 686. & *suiv.* Il s'unit étroitement avec le Duc de Beaufort, 688. Intrigues qu'il rapporte, & où il a part, dans les derniers jours de Louis XIII. 691. & *suiv.*

Chavagnac, offre ses services à Monsieur, IV. 127. entre dans la conspiration de Cinq-Mars, ou en fait les particularités : tente de faire soulever les Protestants du Vivarez & des Cevenes. Extraits des Mémoires publiés sous son nom, VI. 459. 460. Il est arrêté avec de Thou, & conduit à Tarascon, 588. On ne put le convaincre, 596.

Chavagnac, scélérat condamné à la potence : complot qu'il impute à Chanteloube, IV. 372. 373.

Chavaille, Lieutenant d'Uzerche, député du tiers Etat, grievement insulté par un Député de la Noblesse, I. 352.

Chavanac, fait Gouverneur de Castres par le Duc de Rohan, arrête le cours des victoires du Prince de Condé, III. 181.

Chaudebonne, premier Maréchal de Logis, est conduit à la Bastille, III. 41. Messages qu'il fait vers le Roi, de la part de Gaston, 593. 594. 624. Il détourne S. A. R. d'une expédition téméraire, IV. 151. est dépêché à la Cour par ce Prince, 161. 162. s'emploie à lui inspirer de l'amour pour la Combalet, 448. 757. Chevalier d'honneur de Madame, il a ordre de demeurer auprès de cette Princesse à Bruxelles. On le contraint à sortir des Pays-Bas, 667. *Chaudebonne*, est dépêché à la Cour, avec une instruction, de la part du Duc d'Orléans, V. 264. & *suiv.*

Chavigni (Bouthillier de) Secrétaire d'Etat, Domestique du Duc d'Orléans, vendu au Cardinal ; à quoi il s'emploie auprès de S. A. R. IV. 448. 462. 667. 680. Commission qu'on lui donne auprès de Monsieur, où il ne garde pas le respect dû à S. A. R. 683. Inquietude que lui cause un voyage de ce Prince, 756. *Chavigni* accompagne le Roi dans son voyage de Lorraine, V. 40. Extraits de ses lettres, 47. 56. Il est brouillé avec Servien, & contribue apparemment à sa disgrace. Lettre où il semble qu'il le désigne, 68. Intrigue dans la maison du Duc d'Orléans, où il a part : repartie que lui fait ce Prince. Offensé d'une préférence donnée à l'Abbé de la Riviere, *Chavigni* entreprend de l'humilier, & y réussit, 69. 70. Extrait d'une de ses lettres, concernant le P. Joseph,

Eeeee

CH

74. Il plaisante sur l'Archevêque de Bourdeaux, 151. Lettres qu'il écrit au Cardinal de la Valette, 159. Témoignage glorieux qu'il rend au Colonel Hebron, 161. Extraits de ses lettres, 176. 177. 180. Il est chargé de diviser le Duc d'Orléans & le Comte de Soissons, 209. On crut que *Chavigni* succéderoit à Saint-Simon auprès de Louis. Lettre de ce Secrétaire d'Etat, où il met la faveur de Richelieu avant celle de Gaston. Autre lettre du même, &c. 211. 212. Comment il parle de l'ordre que le Cardinal lui avoit donné de suivre le Duc d'Orléans, &c. 216. 217. Lettres de *Chavigni*, 219. 221. 226. 234. 235. 238. 252. Il écrit à Gaston d'une maniere artificieuse, par ordre du Cardinal, 253. 254. est envoyé à Blois pour négocier avec S. A. R. 255. 256. Particularités de cette négociation, 260. & *suiv.* 283. & *suiv.* Lettre de *Chavigni*, où il devine mal, 298. Extraits d'autres lettres du même, 332. 333. 335. 356. 361. 362. 377. 397. 398. Il tâche de dissiper les ombrages & les soupçons du Cardinal de la Valette, 405. & *suiv.* Extraits de ses lettres, 414. & *suiv.* Voyage qu'il fait vers ce Prélat guerrier, dont on raisonne fort, 418. 422. Extraits des lettres qu'il lui écrit, 423. & *suiv.* *Chavigni* est Commissaire dans un traité de ligue avec le Roi d'Angleterre, 447. Extrait d'une de ses lettres, 502. Il dresse par avance la minute d'une réponse que le Roi devoit faire concernant sa mere, 616. Conseil extraordinaire où *Chavigni* est appellé, 617. Entretien qu'il a avec Grotius sur la soustraction de l'obédience du Pape sans cesser d'être Catholique, 622. Il est envoyé à Turin en qualité d'Ambassadeur Extraordinaire. Remontrances, promesses & menaces qu'il est chargé de faire à Christine, 638. & *suiv.* Commission secrete dont il étoit chargé auprès du Cardinal de la Valette, 641. Il est envoyé derechef vers la Duchesse de Savoye avec une instruction artificieuse, 731. & *suiv.* Emportement de *Chavigni* contre le Nonce Scoti. Il en a honte & nie le fait, 739. Conférence qu'il a avec ce Ministre du Pape, &c. 741. & *suiv.*

Chavigni, Secrétaire d'Etat : ce qu'il insinue à Grotius de la part du Cardinal, VI. 45. Il confere à Vincennes avec le Palatin ; le conduit chez le Comte de Leycester, 46. prend soin de remplir de grain les magazins de Picardie, 53. confere avec un Agent du Comte Duc, & rejette avec hauteur la treve qu'il propose, 62. 63. est un des Commissaires du Roi pour une ligue avec le Portugal, 188. Ce qu'il insinue au Duc de Lorraine, pour surmonter sa répugnance à convenir d'un traité, 240. Lettre qu'il écrit à l'occasion de cet accord, 243. Autre au Comte de Guébriant, 357. 358. *Chavigni*, plus dépendant du Cardinal que du Roi, étoit Gouverneur de Vincennes, 435. Lettre qu'il écrit au Comte de Guébriant sur sa promotion à la dignité de Maréchal de France, 457. Extraits d'un mémoire que *Chavigni* envoya au Cardinal, 460. Il fait de vives instances contre Cinq-Mars, 587. expédie l'ordre d'arrêter le Duc de Bouillon, 588. emploie toute son adresse à faire que Gaston donne dans les pieges qu'on lui tend. Mémoires qu'il envoie au Cardinal : comment cette ame profane & servile les signe, 599. 600. 602. 603. 604. Mémoire de Richelieu que *Chavigni* va présenter à Louis, qui le maltraite, &c. 652. 653. Il est du Conseil étroit du Roi après la mort du Cardinal, 669. Union étroite de Mazarin & de *Chavigni* : leur conduite & leur maniere de vivre, 670. Ils cherchent un appui, se tournent du côté de Gaston, & travaillent de concert pour le faire revenir à la Cour, 679. Moyen dont ils se servent pour obtenir la délivrance de trois Seigneurs prisonniers à la Bastille, 680. *Chavigni* donne de bonnes nouvelles de la santé du Roi : si c'étoit avec sincérité. Brigues de ce Ministre & de Mazarin pour faire établir le Duc d'Orléans co-Régent avec la Reine. Voyant qu'elles ne réussissent pas, ils tentent de se mettre bien auprès d'elle : leurs offres de service d'abord rejettés, puis acceptés, 683. 684. La Reine emploie *Chavigni* à dissiper les soupçons de son époux contr'elle, 685. Ce qu'il écrit sur la retraite de Des-Noyers, 688. La Reine est ulcérée contre *Chavigni* touchant la Déclaration de la Régence, où il est établi un des Membres du Conseil, 691. 692. 693. Mazarin & lui redoublent leurs intrigues auprès de la Reine, 699. L'épouse de celui-ci, habile & intriguante, &c. 698. 699.

Chaunes (Le Maréchal de) nommé auparavant Cadenet, est fait Duc & Pair : sert au siege de S. Jean d'Angeli, II. 361. à celui de Montauban, 391. 400. 401. 402. est taxé d'ingratitude envers Luines son aîné, 421. s'oppose à l'établissement d'un nouveau Ministere, 422. approuve un sentiment de Bassompierre, 423. est fait Gouverneur de Picardie, IV. 276. va au-devant de Gaston, 667. Trop foible pour repousser l'ennemi, il demande du secours. On lui donne un adjoint. Leur expédition. Ordre qu'ils se défendent d'exécuter, de peur de passer pour incendiaires, V. 48. & suiv. Le Maréchal de Chaunes dégarnit la citadelle d'Amiens, afin de pourvoir à la sûreté de son Château de Chaunes. Lettre assez seche qu'il reçoit. Il sert sous le Comte de Soissons, 171. 172. commande une armée avec le Maréchal de Châtillon, VI. 48. lui est adjoint par bienséance, 52. va au-devant d'un convoi, 70. 72. rentre dans le camp, 78. 80. est appellé au procès du Duc de Vendôme, 235.

Chemeraut (Mademoiselle de) est enveloppée dans la disgrace de Mademoiselle de Hautefort, sa bonne amie, V. 745.

Cheminot (Le P. Didier) Jésuite, assez hardi Casuiste pour soutenir l'invalidité du mariage du Duc de Lorraine avec Nicole, est cité à Rome par son Général, & confiné dans un lieu inconnu, V. 602.

Chenu, Rentier, est mis à la Bastille, V. 462.

Cheré, Secrétaire du Cardinal de Richelieu, V. 571. VI. 236.

Chevillon, prêt à seconder le Duc d'Elbeuf dans un duel, IV. 503. est blessé à la bataille de Norlingue, 648.

Chevreuse (Le Duc de) lié avec le Duc de Vendôme & avec Bassompierre, par les plaisirs, I. 138. envoyé au Louvre par le Duc de Guise son frere : dans quel dessein, 545. Il suit ses traces, 551. 552. est fait Chevalier des Ordres du Roi, II. 171. Commission qu'on lui donne, 205. Il accompagne le Cardinal son frere dans une querelle qu'il fit au Duc de Nevers, &c. 292. & suiv. sert au siege de S. Jean d'Angeli, 361. à celui de Montauban, 392. 397. épouse la veuve du Connétable de Luines, 458. Belle action qu'on lui attribue, 476. Il sert au siege de Montpellier ; assiste aux conférences pour la paix, 515. est chargé de la procuration du Roi d'Angleterre pour épouser Henriette, 703. 704. la conduit en Angleterre avec sa femme, 706. y sollicite pour les intérêts de Louis, 731. obtient le gouvernement de Picardie, IV. 7. 8. va au-devant du Duc de Lorraine, 45. se bat avec le Duc de Montmoren-

ci dans la maison du Roi, &c. 112. 113. intercede généreusement pour ce Seigneur, 194. va chercher sa femme à Londres, &c. VI. 44. conduit les Ambassadeurs de Portugal à l'audience du Roi, 187. & le Duc de Lorraine, 239.

Chevreuse (Marie de Rohan Duchesse de) après la mort du Connétable de Luines, son premier mari : différend qu'elle eut avec la Connétable de Montmorenci, terminé d'une maniere qui déplait à l'une & à l'autre, II. 592. Ce qui la porte à traverser le mariage de Gaston avec l'héritiere de Montpensier, 676. Excitée par Chalais son amant, & par la Reine Anne d'Autriche, elle s'intrigue contre la Maison de son mari, III. 35. 36. Ses secrets découverts par Chalais. Conseil qu'elle donne à Gaston, 50. 51. Elle se retire de la Cour pendant qu'on travaille au procès de son amant ; & après sa mort, elle passe en Lorraine, & de-là en Angleterre, &c. 62. pouvoir de ses charmes, 111.

Chevreuse (La Duchesse de) se réconcilie avec le Cardinal, & revient à la Cour, IV. 7. 8. sert à tromper le Duc de Lorraine, 45. forme une cabale contre Saint-Simon, 113. Comment elle désignoit Richelieu dans une de ses Lettres, qui fut montrée à ce Ministre. Elle est bannie de la Cour, &c. 221. Prétendue intrigue où elle est soupçonnée d'avoir eu part, V. 356. 357. Elle entretient avec la Reine un commerce étroit, qui alarme Richelieu. Reléguée de Tours à Loches, elle s'enfuit en Espagne : reçoit une abolition de son crime prétendu à une condition qui ne lui plaît pas, &c. 361. & suiv. passe en Angleterre : dans quels motifs. Elle y est reçue avec beaucoup de distinction, 564. La Duchesse de *Chevreuse* s'enfuit à Bruxelles, dès qu'elle apprend le départ de son mari pour Londres, VI. 44. Trame qu'une déclaration du Roi l'accuse d'avoir ourdie, 309. préventions de S. M. contre cette Dame, 691.

Chevrille ou *Chabrille*, Gentilhomme réformé, trahit ceux de son parti en Languedoc, III. 351. 354. 355.

Chicot, Medecin du Roi, parle à cœur ouvert au Cardinal mourant, VI. 655.

Chimai (Le Prince de) accompagne Spinola au siege de Bergopzom, II. 497.

Chiumazzero (Dom Jean) Ambassadeur ordinaire de la Cour d'Espagne à Rome, agit pour empêcher qu'on ne reconnoisse l'Ambassadeur de Portugal, VI. 386.

Eeee ij

TABLE DES MATIERES.
CH

Choisi (L'Hôpital, Comte de) député par la Chambre de la Noblesse à celle du Clergé, I. 328.

Choisi, un des Commissaires pour l'instruction du Procès des Gouverneurs de la Capelle & du Catelet, V. 178. Intendant de l'armée de Feuquieres, 673. fait des informations secretes sur l'affaire de Thionville, 675. est dépêché en Allemagne vers les Officiers de l'armée du Duc de Weymar, & adjoint à Guebriant & à Oisonville. Ce qu'on remarquoit dans son instruction, 697. 698. *Choisi*, Intendant de l'armée d'Allemagne, conclut un Traité provisionel avec la Landgrave de Hesse, VI. 98. seconde le Comte de Guébriant dans une négociation avec les Directeurs de l'armée du feu Duc de Weymar, 104. 105. traverse les intrigues de l'Electeur de Saxe, auprès de la Douairiere de Lunebourg, 211.

Chouppes porte à du Hallier un ordre de faire diligence, &c. VI. 71. 72.

Christian II. Electeur de Saxe; sa mort: son penchant à boire: tour qu'il joua à un Ministre, I. 86. 87.

Christian IV. Roi de Dannemarck, déclare la guerre à celui de Suede. Cartel de défi que celui-ci lui envoie: réponse outrageante de *Christian*, I. 119. Il tâche de pousser ses conquêtes en Suede; fait la paix, 164. va voir le siege de Brunswick, ménage un accord entre cette Ville & son Duc, 478. 479. se fait déclarer Chef du Cercle de la Basse Saxe, &c. II. 665. 666. oblige Tilli d'abandonner le siege de Nieubourg, 767. publie un manifeste. Ses expéditions dans ce pays, III. 67. 68. Il remporte un avantage dont il ne profite pas: est défait par Tilli, malgré sa bravoure extraordinaire, 69. 70. Il s'efforce de rétablir les affaires du Cercle de la Basse Saxe: refuse de confier la garde du Sund à des troupes des Provinces-Unies: ne réussit pas dans ses desseins: demande la paix: rejette le joug honteux qu'on veut lui imposer, 125. 126. offre sa médiation pour la paix entre la France & l'Angleterre: autres demandes qu'il fait à la Cour de France, & réponses qu'il en eut, 172. 173. Chassé du continent d'Allemagne, *Christian* veut rompre le projet de Valstein sur Stralsund: il est défait par ce Général, 202. Il presse le Roi d'Angleterre & Buckingam de laisser à part l'intérêt des Réformés, &c. 225. ne s'arrête point aux remontrances d'un Envoyé de France: conclut la paix avec l'Empereur: article qui fit tort à sa réputation, 342. & suiv. Comment on l'avoit engagé dans cette guerre, dont il se tira mal, 511. 512. Il tâche de détourner Gustave de son entreprise contre l'Empereur, par un accommodement: offre sa médiation, 514. 515. tâche d'acquérir l'Isle de Rugen, afin que les Suédois ne s'en emparent pas, 516.

Christian IV. ordonne des feux de joie pour la victoire de Gustave à Leipsick. Sa jalousie secrette, IV. 24. Ombrage qu'il cause au Roi de Suede. Ce qu'il fait dire à ce Prince par deux Sénateurs qu'il lui envoie. Il paroît content de la réponse de Gustave, 79. Il embarrasse Oxenstiern par des propositions de paix, & par les offres de sa médiation. Vues de S. M. Danoise, 251. Il se plaint de la Cour de France: les émissaires de l'Empereur & du Roi d'Espagne tâchent de profiter de sa disposition. Propositions que le Comte d'Avaux lui fait après un préambule spécieux. Promesse que *Christian* fait de vive voix, 605. 606. Il fomente la jalousie des Allemans contre les Suédois, 614. 632.

Christian IV. continue ses bons offices pour la paix à Vienne, à Stockolm & à Dresde: ils sont suspects en Suede, V. 117. 118. ses véritables sentimens. Il indique une assemblée à Lubeck, 118. revient à la charge pour la paix. Ce qu'il écrit à Stockolm. Tiers parti où il ne paroît pas éloigné d'entrer, &c. Evenement qui le fait changer de ton, 119. 120. Il fait plus de bruit que les autres en faveur du Palatin Charles-Louis arrêté en France, 703.

Christian IV. jaloux du rétablissement des affaires de la Couronne de Suede en Allemagne, est gagné par la Cour de Vienne. Le Sénat de Dannemarck s'oppose à ses desseins, VI. 108. *Christian* refuse de recevoir dans les formes un Ambassadeur du nouveau Roi de Portugal. A quoi aboutissent les civilités qu'il lui fait, 190. Reglement des préliminaires de la paix générale, par sa médiation, 359. 360.

Christian de Brunswick, Administrateur de Halberstat, se donne des mouvemens en faveur du Roi de Bohême: pille les Evêchés de Munster & de Paderborn. Raillerie de ce Prince, laquelle a un air d'irréligion. Sa devise. Barbarie qu'on lui impute, &c. II. 388. 389. Inquiétude qu'il donne à l'Empereur, 432. Il

CH

est défait : joint Mansfeld avec les débris de son armée, &c. Le Roi de Bohême les congédie, 436. 488. Ils sont recherchés de tous côtés, s'avancent jusqu'aux frontieres de la Champagne, 489. & suiv. Ils se brouillent : le Maréchal de Bouillon les raccommode. Bataille qu'ils donnent contre les Espagnols : *Christian* y a un bras cassé, 494. & suiv. Voyez *Mansfeld*. Il va dans l'Oostfrise, &c. 501. Expédition où il est en danger de faire naufrage, 539. Le cercle de la basse Saxe lui destine le commandement d'une armée qu'il veut assembler, &c. *Christian* est obligé de se retirer de ce pays : il est défait par Tilli, 574. 575. amene un renfort à Mansfeld, &c. 699. est mis en possession des Etats de Volfenbutel, y meurt : son courage plûtôt férocité que vertu : motifs qui l'avoient mis dans le parti de l'Electeur Palatin, &c. III. 67. 68.

Christian-Guillaume de Brandebourg, Administrateur de Magdebourg & d'Halberstat, &c. III. 125. Entreprise qu'il forme sur Magdebourg, dont l'Empereur l'avoit dépouillé, 522. 523. Il défend cette place avec plus de courage que de prudence ; y est blessé & fait prisonnier. Ce qu'il répond aux reproches qu'on lui fait, IV. 16. 17. projet qu'il propose à Gustave, 27.

Christian, Comte Palatin de Birkenfeld : commandement que Gustave lui confie. Il ne s'accorde pas avec son Collegue, IV. 80. amene des troupes au Roi de Suede, 176. assiege Haguenau : combat les Lorrains qui s'opposoient à cette entreprise, 337. 338. joint le Maréchal Horn, 391. 397. 400. 483. prié par le Duc de Weymar de lui amener ses troupes, il se remue lentement, 632. Irrité de la préférence donnée au Duc de Weymar, il se retire à Vormes, 652.

Christianisme, abus qu'en font plusieurs de ceux qui le professent, II. 261. ses préceptes mal observées, 295. Fausse idée qu'en avoient Philippe III. son pere, & son grand-pere, 321. 322. Véritable esprit du *Christianisme*, V. 454.

Christine de Holstein épouse de Charles de Sudemanie. Sa haine contre Sigismond qui avoit rejetté son alliance, I. 111. 112. Mere de Gustave Adolphe, 115. vengée des mépris de Sigismond, 118. laisse à son fils, qui n'avoit pas dix-huit ans, l'administration du Royaume, 164.

Christine de France, seconde fille d'Henri IV.

CH

On parle de la marier à Henri Prince de Galles, I. 157. 158. & après la mort de ce Prince, à Charles son frere, 178. On conclut son mariage avec le Prince de Piémont, II. 42. Elle va à Saumur avec sa sœur Henriette : sujet du voyage, 116. Le Roi son frere lui renvoie les drapeaux pris sur les Savoyards au combat de Suze, III. 324. Elle va voir S. M. qui l'appelloit *sa bonne sœur*, 326. tâche de raccommoder son époux & son frere, 533. fait faire des obseques magnifiques à Toiras, V. 142. Déférence de *Christine* pour le P. Monod son Confesseur, 364. 365. Elle est Régente des Etats de Savoye après la mort de son mari, 378. Précautions qu'elle prend fort à propos, qui renversent un projet violent d'Hemeri, 380. Elle veut traiter avec l'Espagne. Richelieu l'en détourne, 382. On la détermine à refuser l'entrée du Piémont à son beau-frere le Cardinal Maurice : elle envoie au-devant de lui des Exprès avec une instruction, pour le détourner d'y venir, 384. 385. ne veut pas même recevoir sa visite. Lettre qu'il lui écrit, 387. 388. Message qui embarrasse beaucoup plus *Christine*. Ce qu'elle répond aux remontrances du Prince Thomas de Savoye, 388. & suiv. Elle prend la résolution d'éloigner son Confesseur qui lui parle trop en faveur des Princes : Richelieu l'en sollicite vivement, 390. & suiv. Les soupçons de S. A. R. se dissipent : Lettre de S. E. là-dessus, 393. & suiv. Embarras où se trouve la Duchesse : elle ne peut obtenir la liberté de demeurer neutre entre les deux Couronnes. Toutes ses tentatives en faveur de son Directeur sont inutiles : elle l'envoie à Coni, &c. 491. & suiv. Traité de Ligue qu'elle conclut avec le Roi son frere : elle introduit un Régiment François dans Turin : fait la revue de l'armée, harangue les Officiers & les Soldats, 496. 497. Lettre qu'elle écrit à son beau-frere Maurice, avertie de son arrivée, 499. 500. Elle résiste avec fermeté à certaines demandes de Richelieu : réponse qu'elle fait à Hemeri, 500. 501. S. A. R. demeure inébranlable aux artifices & à la calomnieuse politique du Cardinal, 502. 503. Menacée d'un soulevement général en faveur de ses beaux-freres, elle commence à les ménager davantage : ordonne que le P. Monod soit enfermé dans le Château de Montmélian, & en fait bassement sa cour à Richelieu, 632. Prévenue par ses insinuations mali-

CH

gnes, & obsédée par les Emissaires de Louis, elle rejette opiniâtrement les offres de Maurice & de Thomas. Comment elle se voit réduite à ramper devant l'arrogant Ministre de son frere, &c. 633. *& suiv*. Ce qui augmente sa frayeur. Elle envoie son fils & ses filles à Montmélian; redouble ses instances auprès de Louis & de Richelieu. Lettres pressantes qu'elle leur écrit, 637. 638. Traité par lequel elle remet trois de ses places entre les mains du Roi, &c. 640. 641. *Christine*, ne pouvant empêcher la prise de Turin, se retire dans la Citadelle, & de-là à Veillane, 642. envoie faire des compliments au Roi & à son Ministre qui s'avancent vers le Dauphiné, 731. ne se laisse pas éblouir aux raisons spécieuses que Richelieu lui fait insinuer par Chavigni. Précautions qu'elle prend avant son départ pour Grenoble : ce qu'elle envoie déclarer nettement au Roi, 733. Entrevue de S. M. & de S. A. R. Elle persiste dans sa résolution malgré toute l'éloquence du Cardinal : se rit de ses maximes de piété encore plus que de ses maximes politiques, &c. 734. 735.

Christine de France, Duchesse Douairiere de Savoye, est détournée de s'accommoder avec ses beaux-freres, VI. 24. 25. On n'épargne à cet effet ni menaces ni promesses, 35. 36. Dureté dont elle use envers son Directeur, par complaisance pour Richelieu, &c. 36. 37. Elle s'ennuie à Chamberi : obtient la permission de retourner à Turin, où elle est dans une plus grande dépendance du Roi son frere, 88. La Duchesse entre dans une sérieuse colere, en apprenant une entreprise faite sur son autorité, & l'enlevement de son principal Confident. Considérations qui la radoucissent, &c. 94. Elle publie un Manifeste contre ses beaux-freres, 497. son accommodement avec ces Princes, 501.

Christine, fille unique de Gustave-Adolphe, âgée de sept ans, est proclamée Reine de Suede, IV. 233. Motifs de son abdication ; caractere de cette Princesse, 235. Proposition de la marier avec le Prince Electoral de Brandebourg, 250. 251. Traité entre Louis & *Christine*, 254. Autre Traité entre Leurs Majestés conclu à Wismar, V. 126. 127. *Christine* ne peut refuser ses bons offices pour l'Electeur Palatin arrêté en France, 703. Elle écrit au Roi de France, & ordonne à Grotius de demander solemnellement, de sa part,

CH

l'élargissement de Charles-Louis, VI. 45. 46. reconnoît le nouveau Roi de Portugal ; mais ne lui accorde pas tout ce qu'il demande, 190. ratifie un nouveau Traité d'alliance avec Louis, 359.

Christine de Lorraine, Duchesse Douairiere de Toscane, exhorte son neveu le Cardinal François à demander en mariage la niece du Cardinal de Richelieu, IV. 416. 417.

Christophe de Bade est tué au siege d'Ingolstad, &c. IV. 87.

Chrysostome (Saint) son sentiment sur la Grace & la Prédestination préféré par plusieurs Théologiens à celui de Saint Augustin, I. 100.

CI

Ciceron : Histoire qu'il vouloit avoir de son Consulat. Qualité qu'il exige dans un bon Historien, I. *Préface*, IV. Sa vanité : ce qui le retenoit d'écrire lui-même les merveilles de son Consulat, VII. Comment il railloit un de ses amis, dont il n'approuvoit pas la vertu trop austere, 420.

Cinq-Mars (Henri Ruzé d'Effiat, Seigneur de) second fils du Maréchal d'Effiat, apporte au Roi la nouvelle de la prise de la Capelle, V. 417. 418. Beau-frere de la Meilleraie, &c. 683. Commencement de la faveur de *Cinq-Mars*, 745. 746. Il est fait Grand-Ecuyer ; brave bientôt le Cardinal : néglige un avis salutaire, 747. Portrait de ce nouveau Favori : ses démêlés avec le premier Ministre, 747. 748. Scene singuliere entre le Roi & *Cinq-Mars* : billets de celui-ci qui font connoître son arrogance, ou plûtôt son étourderie, 749. 750. Circonstance où il paroit agir. Il commande les Volontaires dans l'armée de du Hallier. S'il avoit engagé Gaston à se rendre auprès du Roi, VI. &c. 72. 73. *Cinq-Mars* accusé faussement d'avoir manqué de bravoure au siege d'Arras, &c. 77. 78. Demande indiscrete qu'il avoit faite au Roi, &c. 80. Il est appellé au procès du Duc de Vendôme, 235. Extrait d'une Lettre qu'il écrit au Cardinal sur le Traité conclu avec le Duc de Lorraine, 241. *Cinq-Mars* détourne le Roi de suivre les insinuations du Ministre contre le Comte de Soissons & le Duc de Bouillon, 309. est consterné de la mort du Comte, avec qui il avoit des liaisons secretes. Ce qui put déterminer le Favori à une résolution qui lui devint funeste. Conversation qu'il a avec Fontrailles son Confident, 337. *& suiv*. Rude

C I

mortification que *Cinq-Mars* essuie de la part du Cardinal. Offre qui lui est faite pour l'adoucir en apparence, & qu'il rejette. Il se confirme dans le dessein de perdre Richelieu : forme des liaisons avec le Duc de Bouillon : confidence qu'il lui fait. Il a plusieurs Conférences avec Gaston, 340. *& suiv.* crie contre l'injustice faite à l'Archevêque de Bourdeaux, 375.

Liaison de *Cinq-Mars* avec le Duc d'Epernon, VI. 432. 433. Le Favori tâche de lier des intrigues avec diverses personnes. Ce qui l'encourage à une entreprise aussi hardie que celle de vouloir renverser la fortune du Cardinal. Unique cause du malheur de *Cinq-Mars*, 433. 434. Il sonde plusieurs fois la disposition du Roi à l'égard de Richelieu : tombe dans une grande irrésolution. Ce qui réveille son ardeur contre le Cardinal. Il propose à S. M. de le tuer, & s'offre à faire le coup. *Cinq-Mars* soutint devant ses Juges que Louis avoit consenti à cette proposition, 436. *& suiv.* Le Favori pense à renouer plus étroitement son intrigue avec les Ducs d'Orléans & de Bouillon : reçoit de grandes mortifications de la part du Roi. Plaisant manege de S. M. & de *Cinq-Mars*, lorsqu'ils étoient brouillés. Comment celui-ci vivoit extérieurement avec le Ministre. Il se remet bien dans l'esprit de Louis, 439. 440. Entretien secret de *Cinq-Mars* avec le Duc de Bouillon, &c. 441. *& suiv.* Complot que le Favori forma ; autre qu'il accepta, 444. Il avoit engagé la Reine à s'unir avec le Duc d'Orléans, 447. Projet mal conçu qu'il avoit concerté avec S. A. R. Conférence secrette de ce Prince, du Duc de Bouillon & de *Cinq-Mars*, 449. *& suiv.* Pourquoi le Favori tâche de traverser la promotion du Comte de Guébriant à la dignité de Maréchal de France, 456. Entrevue secrete de *Cinq-Mars* avec le Duc d'Orléans : dessein du Favori. Il manque une belle occasion de se défaire de son ennemi, 458. 459. Attentif à profiter de tout contre Richelieu, il fait remarquer au Roi la mauvaise conduite de Brezé dans le Roussillon, 462. Conférence du grand Ecuyer avec Fontrailles revenu d'Espagne, 466. Témoignages favorables que *Cinq-Mars* rendit à Thou, 467. 468. Il traverse la promotion du Comte de la Mothe-Houdancourt à la dignité de Maréchal de France : obtient le Gouvernement de Colioure pour une de ses Créatures, malgré le Cardinal, 470. Mortification que le Favori

C I

donne à la Meilleraie son beau-frere : parti qu'il a dans l'armée devant Perpignan, sous le nom de *Royalistes*, opposé à celui des Cardinalistes, 471. Il insinue au Roi qu'il lui étoit important de donner promptement la paix à la France, 476. *Cinq-Mars* est moins bien dans l'esprit de son Maître : ne pense presque plus aux engagements pris avec le Roi d'Espagne, 482. Diminution de sa faveur, quoiqu'il se vantât d'être mieux que jamais dans l'esprit du Roi. Il concerte avec le Duc d'Orléans de se retirer à Sedan, & tarde trop, &c. 583. *& suiv.* suit le Roi à Narbonne : y suborne le jour de son arrivée une Créature qui lui vend sa fille : tâche en vain de s'évader : est arrêté & transféré dans la Citadelle de Montpellier, 587. 588. Lettre de cachet où le Roi dépose contre lui, & le décrie, 611. 612. Instruction de son procès, & comment il s'y conduit, 614. *& suiv.* Il est exécuté & subit son supplice avec un grand courage, 619. 620. 623. Pourquoi il n'aimoit pas le Roi : motifs de son aversion pour le Cardinal, 623. 624.

Ciré (Le Baron de) V. 264. 600.

Citois, premier Medecin du Cardinal de Richelieu, rend un bon office, en riant, à l'Abbé de Bois-Robert, IV. 778. apostille un ouvrage sous son Eminence, 792.

Ciudad-Réal (Le Duc de) commande une flotte Espagnole, VI. 491. 492.

C L

Clare (Le Comte de) signe une protestation, VI. 522.

Clarendon (Edouard Hyde, Comte de) Chancelier d'Angleterre, explique fort bien, dans son Histoire, les causes qui rendirent Charles I. odieux à un grand nombre de ses Sujets, III. 492. Censure véhémente qu'il fait d'Abbot, Archevêque de Cantorberi : si ce Prélat la méritoit, IV. 292. (par erreur 268) 293. Ce qu'il dit des vûes de Charles & de l'Evêque Laud dans leur voyage d'Ecosse, avec des réflexions, 294. *& suiv.* Remarque qu'il fait sur une promotion d'Evêques aux premieres Charges de l'Etat en Ecosse, 300. Grand admirateur de Laud, portrait qu'il en donne en bien, & en mal, 301, 302. Réflexion qu'il fait sur la conduite trop rigide de cet Evêque, 303. Comment il rapporte une contestation entre Laud & Williams, 304. 305.

C L

Portrait que le Comte de *Clarendon* fait du Chevalier Hambden, V. 105. Ce qu'il dit de la religion des Ecoſſois, 454. Il demeure d'accord de l'imprudence des Evêques d'Ecoſſe, 456. prétend que les Anglois n'étoient pas inſtruits des affaires de ce pays, 459. ne rend pas bon témoignage du Marquis puis Duc d'Hamilton, 580. A quoi Il attribue le mauvais ſuccès de l'expédition du Roi contre les Confédérés d'Ecoſſe. Circonſtance aſſez particuliere qu'il raconte, &c. 713. Suivant ſa penſée, il ne tint qu'à Charles de finir cette guerre en peu de jours, &c. 715. 717. Le Comte de *Clarendon* a donné un récit imparfait des affaires d'un Parlement dont il fut Membre, & aux affaires duquel il prit grande part, &c. Divers extraits de ce qu'il en dit, VI. 118. & ſuiv. Autres extraits de ſon Hiſtoire, 129. 130. 133. 136. Article où il ne s'accorde pas avec les actes publics, ni avec les mémoires du temps, du moins quant à la date. Ce qu'il fait dire à Pym, 259. 260. Circonſtance qu'il rapporte ſur l'accuſation intentée contre le Comte de Strafford, 262. Procédures qu'il déſapprouve, 265. Il accuſe trop légerement l'Evêque de Lincoln de *Puritaniſme*, 266. 267. fait une remarque judicieuſe ſur une procédure employée dans le jugement du Comte de Strafford, 274. Extraits de ſon Hiſtoire, 275. 276. 277. 280. 288. 289. 396. 399. 401. 402. 404. 405. 411. Extrait d'un manuſcrit qu'on attribue au Comte de *Clarendon*, mais qui ne ſe trouve pas dans ſon Ouvrage, où l'on voit une circonſtance contraire, 416. 417. Remarque judicieuſe qu'il fait. Il connoiſſoit bien le genie de ſes Compatriotes, 419. Sa prévention contre Williams, 427. Extraits de ſon Ouvrage, 428. 429. Pourquoi il refuſe un emploi que le Roi vouloit lui donner. Portrait avantageux qu'il fait du Lord Falkland, qu'il perſuade d'accepter la Charge de Secrétaire d'Etat, 519. 520. Projet que *Clarendon* attribue aux prétendus Reformateurs de l'Egliſe & de l'Etat, 523. 524. Extraits de ſon Hiſtoire, 525. 527. Apologie de cet Ouvrage, 532. Prétention des Communes qu'il réfute, 536. Où il fixe l'époque de la *rébellion* contre Charles I. Son ſentiment préféré à celui de Burnet, 537. 538. Extraits de ſon Ouvrage, 538. & ſuiv. 546. 556. 557. 558. & ſuiv. Service qu'il rendit à ſa Patrie après le rappel de Charles II. 572.

C L

Extraits de ſon Hiſtoire, 572. 574.

Claris (Paul) Chanoine de la Cathédrale d'Urgel, & Député général du Clergé de Catalogne, eſt arrêté par ordre du Roi d'Eſpagne. Quel étoit ſon crime, VI. 17. 18. Le peuple ſoulevé le met hors de la priſon, 19. Il engage ſes Compatriotes à recourir à la France, 63. Accident auquel lui & ſes Collegues remédient, 65. Il répond au diſcours de l'Envoyé de France, 67. & à l'Evêque de Barcelone, au nom de ſes Collegues, 197. 198. Il inſinue aux Catalans de ſe donner au Roi de France, 199.

Claude, ſeconde fille du Duc Henri de Lorraine, ſœur de la Ducheſſe Nicole, &c. II. 764. 765. épouſe le Duc François, ſon couſin germain, avec précipitation, & ſans attendre la diſpenſe du Pape. Caſuiſtes qui furent conſultés pour cette affaire, IV. 437. 438. Cruelles extrémités où elle eſt réduite avec ſon mari, pour ſauver leur liberté, 440. 441. Lieux de leur retraite. Elle eſt la mere du fameux Charles V. 442.

Claude de Médicis, Archiducheſſe douairiere d'Inſpruck, veuve de Léopold : ce qu'on remontre en ſon nom au Suiſſes, IV. 378. 387. reçoit l'Infant Ferdinand avec beaucoup d'honneurs, 635. donne avis à la Cour de Vienne de ce qui ſe paſſe chez les Griſons, V. 3.

Claves (de) Medecin Chymiſte, eſt banni de Paris pour une theſe qu'il avoit voulu faire ſoutenir contre les ſentimens d'Ariſtote, II. 644. 645.

Clauzel propoſe au Duc de Rohan une négociation, eſt envoyé à Madrid pour ce ſujet, III. 200. 201. Traité qu'il y négocie, 310. 311. Il paſſe de-là à Turin; promet des ſecours au Duc de Rohan, 352. Attentat qu'on lui impute ſur la vie de Puylaurens, IV. 500. propoſitions qu'il fait au Duc de Rohan. Il eſt arrêté, condamné à mort, & étranglé à la hâte, malgré ſon changement de Religion, 769. 771. & ſuiv. Voyez V. 4.

Cleen, Secrétaire du Roi de Danemarck, découvre à Oxenſtiern les véritables ſentimens de S. M. Danoiſe, V. 118.

Clemangis (Nicolas de) à qui il attribue le droit de juger ſi un impôt eſt néceſſaire ou non, I. 294. 295.

Clemence (Votre) titre qu'on donnoit autrefois aux Rois d'Angleterre, VI. 6. 171.

Clement

TABLE DES MATIERES.

CL

Clement VIII. Pape, réfolu de prononcer fur la controverfe de la Grace & de la Prédeftination, meurt fort à propos pour les Jéfuites. Sa Bulle fupprimée par fon Succeffeur, I. 199.

Clement X. Pape ftupide, II. 301.

Clement XI. Pape, fe ligue à contretemps avec la France, VI. 390. Comédie qu'il a donnée au monde, 511.

Clerac, ville qui réfifte au Roi, eft affiégée; fe rend à difcrétion: exécution de quelques-uns de fes habitants. Une partie de la garnifon eft noyée, &c. II. 369.

Clergé de France a couru avec ardeur à la fervitude, I. 288. Bonne maxime qu'il lui auroit été glorieux de fuivre, 299. Ce qui le tient dans la dépendance de la Cour, 300. Il demande la publication du Concile de Trente, 308. & fuiv. que les Jéfuites foient admis dans l'Univerfité de Paris, 313. joint à la Nobleffe, preffe l'accompliffement du double mariage, 318. Demande à laquelle il fait difficulté de concourir: il fait enfuite mine d'y confentir, 318. 319. Il plie, 320. 322. Ses mouvements contre un article du Tiers-Etat fur la puiffance fouveraine du Roi, & la fûreté de fa perfonne, 325. & fuiv. 328. & fuiv. Parallele du Clergé d'alors, & de celui qui compofoit l'Affemblée de 1682. 327. 335. Celui-ci auroit bien de la peine à foutenir fes quatre articles contre un raifonnement du Cardinal du Perron, 338. 339. Plaintes du *Clergé* des Etats-Généraux contre un Arrêt du Parlement. 340. 341. Il dreffe un article pour la fûreté de la vie des Princes. Réflexion fur fa conduite, 343. 344. Soin qu'il a d'étendre fa puiffance fpirituelle. En quoi elle confifte, 344. 345. Zele déplacé du *Clergé*, démarche hautaine qu'il fait contre l'article du Tiers Etat & l'Arrêt du Parlement, 345. 346. Il fait une nouvelle inftance pour la fuppreffion de cet article & de la Paulette. Véritable efprit du *Clergé* dans cette affaire, 348. 349. Réponfe foumife qu'il fait à un Bref de remerciment du Pape, 351. 352. Remontrance & article du *Clergé* contre les duels, 352. Proteftations étudiées qu'il fit au Roi & à la Reine, fur ce que le Prince de Condé leur avoit manqué de refpect, 354. Il travaille à la compilation de fes cahiers: efpérances dont il eft leurré: fon chagrin contre les Parlements: ce qui l'engageoit à fouhaiter que les Etats ne fuffent congédiés

Tome VI.

qu'après la réponfe aux cahiers, 356. 357. Avis courageux d'un membre du *Clergé*, que perfonne n'appuie. Réfolutions prifes dans ce Corps. La Reine le gagne. Nouvelle propofition qu'il n'ofe reietter, 358. 359. Réponfe qu'il fait à un Difcours du Duc de Ventadour, 360. 361. Il fe foumet à la volonté du Roi, 362. 363. Remontrances du Clergé contre les Réformés, 363. & fuiv. Articles qu'il concerte avec la Nobleffe, 363. 364. Les Laïques des Etats Généraux parlent plus jufte que les Eccléfiaftiques, des caufes véritables des défordres du *Clergé*, & propoferent des remedes plus efficaces, 370. 371. Plaintes contre cet Ordre, dans les Remontrances du Parlement, 417. Affemblée du *Clergé*, où il fait ferment qu'il reçoit le Concile de Trente, 434. 435. Réflexion du Prince de Condé fur cette entreprise, 436. Le *Clergé* pourfuit le rétabliffement de la Religion Romaine, & la reftitution des biens Eccléfiaftiques en Bearn, 6.3.

Clergé: parallele de fa conduite avec celle d'un Empereur payen, II. 27. Subfide qu'il accorde au Roi pour prendre la Rochelle. Longue & mauvaife harangue faite à S. M. en fon nom, 371. 373. Le *Clergé* affemblé à Paris crie, pour empêcher la paix avec les Réformés, 726. Affemblée nombreufe du *Clergé*: différend qu'elle a avec le Parlement de Paris, à l'occafion de la cenfure de quelques Libelles, &c. 795. & fuiv. 798. Indigne fupercherie pratiquée par le *Clergé*, 797.

Clergé de France: fon zele pour les intérêts du Pape, III. 96. 99. fon courage contre les Moines, IV. 309. & fuiv. 315. fa lâcheté devant Richelieu, 316. 31. Proteftation qu'il fit dans la fuite contre une reprife d'Urbain VIII. & oppofition qu'il mit à une pareille qu'on vouloit former. D'où provenoit fa vigueur d'alors, ibid. Jurifdiction du *Clergé* fur la validité des mariages: comment on tâche d'éluder fa prétention. Les zélés ne fe payent point de cette fubtile diftinction, 419. 420. Affemblée du *Clergé*: propofition que le Roi lui envoie fur le mariage de Gafton. Commiffaires nommés pour l'examiner, 748. 749. Leur rapport: Déclaration de l'Affemblée fur la dite propofition, 750. 751. Remontrance qu'elle fait faire au Roi fur l'extenfion de la Régale, 752. Le *Clergé* de France fe défend d'accorder une fomme qu'on lui demande, V. 65. Le *Clergé* toujours adulateur, 346. fe

F ffff

C L

livre à l'esprit de domination dans toutes les Communions, 452. 453. 576. Affront fait au *Clergé* de France par le Cardinal de Richelieu, VI. 318.

Clergé (Le) d'Angleterre prêche l'obéissance passive après le rappel de Charles II. La plûpart ouvrent les yeux, & changent d'avis, VI. 570. 571.

Clermont, frere de Baradas, va faire des complimens de la part du Roi, au Légat Barberin, II. 709.

Clermont-Lodeve (Le Comte de) joint le Gouverneur du Languedoc, pour s'opposer aux Espagnols, V. 345.

Closel (Le Cardinal de) premier Ministre de l'Empereur Mathias, l'entretient dans sa défiance contre l'Espagne, I. 184. Il engage S. M. I. à demeurer neutre entre l'Archiduc Ferdinand & les Vénitiens, 569. tâche de l'engager à ne prendre point de Successeur avant sa mort, 715. Conseils qu'il donne à l'Empereur. Il est emprisonné, transféré à Rome, & délivré, II. 28. *& suiv.* Preuve de son désintéressement, 31.

Cleves, Berg, & Juliers : la succession litigieuse de ces Duchés fournit à Henri IV. un prétexte pour armer, &c. I. 8. 9. Nouveaux embarras qu'y jette l'Empereur, en donnant ces Etats à la Maison de Saxe, 35. Assemblée à Cologne pour ajuster cette affaire : on n'y convient de rien, 36. Autre Assemblée sur cette succession : ce qui s'y passa, 84. 85. Division entre les Maisons de Brandebourg & de Neubourg sur le gouvernement de ces Etats, 205. 262. 263. Le Roi d'Espagne & les Etats Généraux des Provinces-Unies s'en emparent, 265. Conférence à Santheim sur cette succession, 266.

Clinchamp (Le Baron de) porteur de quelques Cornettes gagnées sur les Suédois, & envoyées par le Duc de Lorraine à Marie de Médicis & à Gaston, passe secretement par Paris, pour se rendre à Bruxelles, IV. 661. commande un détachement de Lorrains qui est défait, V. 61.

Clotworthy (Le Chevalier) Irlandois, élu membre du Parlement d'Angleterre par le crédit des ennemis du Comte de Strafford, VI. 260.

C O

Code surnommé par dérision *Michau*, III. 134. 135. L'enregistrement s'en fait d'une maniere violente. Cette piece n'étoit pas si méprisable, 289. 290.

Coëffeteau, Dominicain, ensuite Evêque de Marseille, Auteur élégant, écrit contre Jacques I. Embarras où il se jette. Le Pape & les Cardinaux lui donnent le démenti, I. 39. 40.

Cœuvres (Le Marquis de) confident du Comte de Soissons : remontrance qu'il lui fait. Il exhorte Concini à s'accommoder avec Bellegarde, I. 47. 48. Il fonde Bouillon sur la disgrace de Sulli, 51. engage le Comte de Soissons à s'unir étroitement avec le Prince de Condé, 89. 90. le détourne d'une entreprise téméraire contre le Chancelier, & en montre l'indignité, 146. Il engage le Duc d'Angoulême à céder le Gouvernement d'Auvergne, 160. Envoyé en Italie, pour négocier l'accommodement des Ducs de Savoye & de Mantoue : ordres secrets qu'on lui avoit donnés, 211. Charles-Emmanuel évite sa rencontre, 237. Sa négociation traversée secretement par les Espagnols, 239. Ce qu'il obtient du Cardinal Duc de Mantoue. Il va à Venise, ensuite à Turin, &c. 240. Il tâche de raccommoder les Ministres, 252. La Régente l'envoie négocier avec le Duc de Vendôme, 253. 254. Il détourne le Maréchal d'Ancre de rompre tout de bon avec Villeroi, 392. est témoin de l'adresse de Bouillon, 431. donne un bon avis à la Reine : pourquoi il n'est pas suivi. Ce que dit *Cœuvres* à ce sujet, 441. engagé dans le parti du Prince, &c. 552. se retire dans son Gouvernement de Laon, 553. Réflexion qu'il fait à l'occasion de l'accommodement particulier du Duc de Longueville, 557. Il est déclaré rebelle, 603. Ce qu'il a écrit sur le Maréchal d'Ancre, 632. 633. Il revient à la Cour, 661.

Cœuvres (Le Marquis de) pourquoi on l'envoie à Rome en qualité d'Ambassadeur. Il est très choqué de se voir omis dans une nombreuse promotion de Cordons-bleus, &c. II. 173. se moque d'une prétention de la Cour de Rome, à l'occasion de l'emprisonnement du Cardinal de Guise, 294. Rôle ridicule & désagréable qu'on lui fait jouer, 297. 298. Ses intrigues pour avoir un Pape favorable à la France, 300. Compliment qu'il fit à Grégoire XV. 301. Il agit pour l'affaire de la Valteline, 319. intercede en vain pour les Jesuites à Venise, 429. est rappellé de son

CO

Ambaſſade, 441. envoyé Ambaſſadeur extraordinaire aux Suiſſes & aux Griſons : inſtructions qu'on lui donne, 663. 664. Harangue qu'il fait à la Diete Générale des Cantons Suiſſes, 665. 666. Succès de ſa négociation. Il ſe prépare à faire une irruption dans la Valteline, 666. 667. accomplit ce projet, &c. 673. Ses progrès dans ce pays, 692. Prêt à en être chaſſé, il reçoit un renfort, & reprend les poſtes perdus, 742. 743. négocie un accord entre les Griſons & les Valtelins : cette négociation eſt rompue par l'adreſſe de Baſſompierre, pour en avoir tout l'honneur, 776. 777. Article qu'il ne peut régler entre les Griſons & les Valtelins. Il reçoit le brevet de Maréchal de France : ſe fait appeller *le Maréchal d'Etrées*, du nom de ſa famille, III. 72. Voyez *Etrées*.

Cohon (Denys) nommé à l'Evêché de Nîmes, propoſé par le Pape, IV. 526. eſt un des Commiſſaires pour l'examen d'une propoſition envoyée au Clergé par le Roi, 749. Il eſt interrompu dans une Harangue qu'il fait contre les intérêts de ſon Ordre, & apoſtrophé par l'Evêque de S. Malo, V. 65. leve des ſoldats à ſes dépens pour ſecourir Salces, 728. ſe trouve à la priſe de Perpignan : aſſemble des Volontaires pour renforcer l'armée, VI. 630. 631.

Coigneux (Le) Préſident à la Chambre des Comptes, & Chancelier de Gaſton, eſt propoſé pour Chef de ſon Conſeil, de concert avec le Cardinal, &c. III. 55. Conſeil qu'il donne à S. A. R. Il négocie avec Richelieu, 49. 50. rapporte les projets de ſon Maître au Roi & au Cardinal : ſcrupule dont il ſe pare, ſur lequel on plaiſante, 56. Il négocie l'apanage de Gaſton, &c. 58. 59. 61. rompt ſes liaiſons avec Richelieu, & ſe donne de meilleure foi à S. A. R. 82. traverſe la Ducheſſe d'Orléans, 115. Il eſt envoyé au camp de la Rochelle par Gaſton, 230. Ce qu'il propoſe au Roi, & que le Cardinal ne put jamais lui pardonner, 443. Il ſe fait acheter bien cher: eſt fait Préſident à Mortier au Parlement de Paris : perſuade ſon Maître de s'accommoder avec le Cardinal, 571. 572. Ardeur qu'il a d'orner ſa tête d'un Chapeau rouge. On tente de le ſéparer de Puylaurens, Il tourne l'eſprit du Duc d'Orléans du côté de la Reine-Mere, inſpire à S. A. R. de ſortir de la Cour, héſite après, & veut faire différer le départ, &c. 589. *& ſuiv.* Comment

CO

il juſtifioit Gaſton. Préjugés dont *le Coigneux* étoit rempli, & ſur quoi il fondoit ſes eſpérances, 596. Mouvements qu'il ſe donne, 618. ce qu'il concerte avec Puylaurens, 619. 620. Ils détournent S. A. R. de ſe rendre aux inſtances du Cardinal de la Valette, &c. 623. Proteſtation que le Préſident fait faire au Roi. On le prend au mot. Vûes de ce Miniſtre de MONSIEUR, 624. 625. Ce qu'il écrit ſous le nom de ſon Maître, 626. 627. *& ſuiv.*

Coigneux (Le) ſes biens ſont confiſqués, & ſa Charge de Préſident eſt donnée à un autre, IV. 7. Il conſeille au Duc d'Orléans de ne point précipiter ſon mariage avec Marguerite de Lorraine : ſe brouille, à ce ſujet, avec Puylaurens, 11. 13. refuſe de rendre les Sceaux de Gaſton qui le chaſſe, 49. Sa Charge eſt ſupprimée, & une autre créée à ſa place, 275. Il eſt excepté d'une amniſtie promiſe, 430. 663. Fâcheuſe ſituation où il ſe trouve. Ses amis l'introduiſent dans le cabinet du Duc d'Orléans : comment il en eſt reçu, 464. 465. *Le Coigneux* ſe remet bien auprès du Roi. Commiſſion dont il ſe charge, V. 69. Il eſt l'Agent ſecret du Prince d'Orange auprès de la Reine-Mere, VI. 250.

Coire : l'Evêque & le Chapitre de cette ville réveillent quelques prétentions ſurannées ſur la Valteline ; mais inutilement, II. 783.

Coiſlin (Le Marquis de) fils du Baron de Pontchâteau, & d'une couſine du Cardinal, obtient la Charge de Colonel des Suiſſes, IV. 592. Richelieu ne lui donne aucun autre emploi conſidérable, V. 668. Partie dont *Coiſlin* étoit, 684. Ordres qu'il apporte en Languedoc, 729. Il ſert en qualité de Maréchal de Camp ſous la Meilleraie, VI. 50. au ſiege d'Arras, 54. 72. 78. ſecourt Gaſſion, 82. meurt de ſes bleſſures au ſiege d'Aire, 344.

Colbert : pourquoi il n'a pas réuſſi à établir le commerce, III. 86. Il a pouſſé loin la ſervitude, IV. 782.

Colepeper, ou *Culpeper* (Le Chevalier) Membre de la Chambre des Communes : emploi que Charles lui donne pour le gagner, VI. 519. Comment il s'étoit acquis de la réputation dans la Chambre-Baſſe, 520. Sa conduite envers Digby, qui avoit contribué à ſon avancement, 521 Ce qu'il eſt chargé de dire au Roi de la part des Communes, 526. *Colepeper* eſt extrêmement indigné d'un avantage que Charles donnoit à ſes ennemis, &c. 531. Il porte S. M. à paſſer l'acte qui exclut les Evêques du Parlement, 538. 539. A quoi il contribua vraisemblablement, 569. Offres qu'il va faire aux Communes de la part du Roi, 576.

Coligni (L'Amiral de) souffroit certaines choses qu'il n'auroit pas voulu faire lui même, II. 717.

Coligni (Louise de) Princesse Douairière d'O-range, estimoit beaucoup Barnevelt, &c. I. 527. continue de suivre Witenbogart, &c. 742. invite du Plessis-Mornai à faire un voyage en Hollande, 751. paroît ébranlée des faux bruits qu'on fait courir contre Barnevelt; lui conseille de se justifier par un écrit public, II. 47. 48. empêche le Prince son fils de se déclarer contre les Remontrants, 64.

Coligni, intime confident du Duc d'Enghien, témoin d'une intelligence liée entre la Reine & ce Prince, 686.

Coligno (Dom Jerôme & Dom François) fils de la Comtesse d'Atoguia, sont du nombre des Conjurés de Portugal, VI. 165. 166. Dom Gaston *Coligno* écarte la populace du corps de Vasconcellos, & le fait enterrer, 167.

Colioure, Place du Roussillon prise par les François, VI. 469. 470.

Collalte (Le Comte) un des Généraux de l'Empereur, III. 384. passe en Italie avec une belle armée, 399. épargne la République de Venise, dont il étoit né Sujet, 401. publie des Edits contre le Duc de Mantoue, &c. 402. Spinola & *Collalte* s'abouchent avec le Duc de Savoye, 436. Projets de *Collalte*: il paroît jaloux de Spinola, 446. 447. Précautions qu'il prend contre les mouvements de l'armée ennemie, 468. Il ménage les Vénitiens après un avantage signalé remporté sur eux, 471. Malade, ou feignant de l'être, il se tient loin de Mantoue : ordonne à ses Majors Généraux de surprendre cette Place, 472. se défend, sous divers prétextes, de fortifier l'armée de Spinola, 487. 488. n'étoit pas fâché que Casal fût secouru, 531. Son chagrin contre la négociation commencée à Ratisbone, &c. 532. Il négocie avec les Généraux François, par la médiation de Mazarin : envoie du renfort aux Espagnols, 535. 537. 540. Sa mort, 547.

Colletet est aggrégé à l'Académie Françoise sans avoir les qualités requises, IV. 784. Présent que le Cardinal lui fait pour deux vers qui ne sont pas trop bons. Action louable de *Colletet* en cette rencontre. Sa pauvreté en bute à l'Auteur des Satires, 791.

Coloma (Dom Carlos) Ambassadeur d'Espagne à Londres, avertit sa Cour du voyage du Prince de Galles, II. 547. Il met la première pierre à la Chapelle que le Roi d'Angleterre faisoit bâtir pour l'Infante, 579. se plaint, mal-à-propos, d'un discours de Buckingam, 605. Intrigue qu'il aide à lier contre ce Favori, 612. *Coloma* est rappellé à Madrid, sur les plaintes du Roi Jacques, &c. 614. commande les troupes Espagnoles dans le Milanès, V 8. 13. 14.

Colombet, habile dans la connoissance du Droit Romain, pourvû d'une Charge de Conseiller au Parlement de Paris de nouvelle création, y est reçu avec opprobre, V. 67. & maltraité, 463.

Colonne (Le Cardinal) a part dans une scene en plein Consistoire, IV. 59.

Colonne (Frédéric) Connétable de Naples, & Viceroi de Valence, obtient le commandement de l'armée en Catalogne, VI. 199. est campé sous le canon de Tarragone assiégée par les François, 369. Il dépeint l'état de son armée & de cette ville, dans une lettre interceptée par les ennemis, 372.

Coloredo, Officier de l'Empereur, est chargé d'amuser Arnheim : a part au commandement des troupes, IV. 481. 482. Expédition où le jeune *Coloredo* se trouve, V. 33. Il commande quelques troupes en Alsace, 74. 75. est battu, & demeure prisonnier, 76. Expédition où il est tué, 525.

Combalet (La Dame veuve de) niece du Cardinal de Richelieu : mariage dont on la flate, III. 337. Dame d'atour de la Reine-Mere, qui ne la peut plus souffrir auprès d'elle, 484. Mauvais accueil que S. M. lui fait devant le Roi, 549. 550. Elle est chassée de la maison de cette Princesse. Reproche fait à la *Combalet*, qui se livre au monde, après avoir fait la *béate*, 560. Proposition de la marier avec le Comte de Soissons, 573. 574. Ce mariage échoue, IV. 55. 56. Découverte d'un complot pour l'enlever : Lettre que le Roi lui écrit à ce sujet. Elle obtient de S. M. qu'on cesse de poursuivre les Auteurs de ce complot, &c. 204. 205. Proposition de la marier avec le Prince François de Lorraine, 345. & *suiv.* 358. Avance qu'elle fait à une femme de Chambre de la Reine-Mere, 406. Son mariage est remis sur le tapis, 416. & *suiv.* Projet de réduire Gaston à épouser la *Combalet*,

CO

448. Elle voit les possédées de Loudun, & ne se prévient pas pour elles, 561. s'efforce d'inspirer de l'amour à Gaston, 757.

Combalet (La Dame de) vit en mésintelligence avec le Maréchal de Brezé. Le parti de la premiere prévaut dans la maison du Cardinal, V. 68. On propose, dit on, au Duc Bernard de Saxe-Weymar de l'épouser : il rejette ce mariage d'une maniere choquante pour l'oncle & pour la niece, 79. 80. Le bruit court qu'on la destine au Cardinal de la Valette, qui n'étoit pas engagé dans les ordres sacrés, 236. Le monde la marie au Duc de Longueville. La terre d'Aiguillon est érigée en Duché pairie en sa faveur ; & elle en prend le nom, 351. Derniers adieux que lui fit son oncle mourant : combien elle en fut affectée, VI. 656. Querelle entre cette Dame & le Maréchal de Brezé, 669.

Comete à qui le peuple fit présager de grands événemens, & que chaque Nation crut être faite exprès pour elle, II. 127. 128.

Comines (Philippe de) passage de cet Auteur sur le droit de mettre des impôts, I. 295.

Cominges, Commandant du Fort-Louis en l'absence de Toiras, exhorte les Rochelois à rejetter les offres du Roi d'Angleterre, &c. III. 145.

Cominges de Guitaut, Capitaine aux Gardes, va demander passage au Duc de Savoie ; confere avec le Comte de Verrue, III. 318. se fait tuer au siege de Pignerol par sa faute, 435. 436.

Commerce (Le) incompatible avec la tyrannie, III. 86.

Commissaires : remarques sur la maniere de faire juger les Sujets par des *Commissaires* nommés au gré des Ministres ou des Favoris, III. 53. IV. 5. 6.

Commission (La grande) pour les affaires Ecclésiastiques, Jurisdiction en Angleterre, supprimée par le Parlement, VI. 399.

Commissions extraordinaires ; ce que c'est : les Etats en demandent la révocation, I. 320.

Comptes (La Chambre des) & le Parlement donnent la Comédie dans l'Eglise de Notre-Dame, V. 550.

Conally (Owen O-) Protestant Irlandois, révele la conjuration des Catholiques de son pays, dont un de ses amis lui avoit fait confidence, VI. 413. 414. en apporte la nouvelle à Londres, 416.

Conciles plus nuisibles qu'utiles, I. 103. 104. 746. 749. *Concile* à Upsal, en Suede, 112.

Concile de Trente nul & vicieux : vains efforts pour en obtenir la publication en France, 308. *& suiv.* Préliminaires de ce *Concile* comparés à ceux du Synode de Dordrecht, 739. 740. 748. Fruit ordinaire de ces Assemblées. Ce qu'en disoit S. Grégoire de Nazianze, II. 89. Passage de S. Augustin sur les *Conciles généraux*, 95.

Concini (Concino) acquiert le Marquisat d'Ancre, des Gouvernements, la charge de premier Gentilhomme de la Chambre, &c. I. 29. Il se brouille avec Soissons & Epernon. Leur raccommodement, 42. 43. Querelle entre lui & Belle-garde, terminée, 47. 48. promesse qu'il fait au Comte de Soissons, 48. Il conspire contre Epernon, qui le méprisoit, 57. Son attachement pour le Comte de Soissons : il veut marier son fils avec une fille de ce Prince, & sa fille avec le Marquis de la Valette, 58. 59. Il travaille à éloigner les Ministres, &c. 126. Inquiet de la faveur des Guises. Il ne vivoit pas bien avec sa femme. Pourquoi il en veut au Chancelier. Il s'attache aux Princes du Sang, 139. Raccommodé avec sa femme, il fait servir Condé & Soissons à ses desseins, 144. 145. Ses fourberies. Alarmé d'une accusation de Magie qu'on intente contre lui : il se tire d'intrigue, 147. rend de mauvais offices au Chancelier, *ibid.* & 161. à Bellegarde, 161. Sa grande envie d'attirer les Ducs de Guise & d'Epernon dans le parti du Prince de Condé, 173. Démarche qu'il fait pour ce Prince, avec les Ducs de Mayenne & de Nevers, 174. Evenements qui le surprennent, &c. 177. 178. Menacé par la Reine, s'il ne se désunit de la Cabale, ce qu'il répond : dessein de ce fourbe, 189. Embarras où il se trouve par la découverte de son intrigue avec le Duc de Savoye : comment il se tire d'affaire, 190. 191. Les Ministres s'accommodent avec lui, 191. Il obtient le bâton de Maréchal de France, 211. Motif de son avis sur la maniere de dissiper le parti du Prince de Condé. On le dégoûte de Villeroi, 227. Sa jalousie contre Guise, est utile au Prince de Condé, 234. Il s'intrigue pour détourner la Régente de lui faire la guerre, 243. se brouille avec Villeroi, 252.

Intrigues de *Concini* : il rend Villeroi suspect à la Reine, I. 391. songe tout de bon à rompre le mariage de sa fille avec le petit-fils de ce Ministre : il en est détourné par le Marquis de Cœuvres. Autre chagrin

F ffff iij

CO

qu'il donne à Villeroi. Brouillerie de *Concini* avec le Duc de Longueville: réconciliation apparente, &c. 392. Il remarque l'amitié du Roi pour Luines, se résout à le gagner, lui procure le Gouvernement d'Amboise, 393. Ombrage qu'il prend d'une démarche du Prince de Condé, 394. Son dépit contre quelques articles des Remontrances du Parlement, 414. 416. Bruit qui couroit contre lui, 417. Libelle qu'il met entre les mains de la Reine, 422. Il rompt une Conférence dont le succès le faisoit trembler. 430. est nommé, dans une Lettre du Prince de Condé, comme un des Auteurs des désordres. Compliment que Bouillon lui fait faire à cette occasion. *Concini* engage la Reine à mépriser la faction du Prince, 431. Il est terriblement maltraité dans un manifeste de S. A. 435. Réflexion là-dessus, 436. Ses vûes en acceptant le commandement de l'armée qu'on lui offroit, 439. Il en est exclus. Ses artifices pour perdre le Duc d'Epernon & les Silleris, 440. Difficultés à concilier les intérêts de *Concini* avec ceux du Duc de Longueville, 500. 501. 505. 506. Il avoit travaillé secretement à se raccommoder avec le Prince de Condé, & avec ses Confidents. Expédient pour le sauver contre un article proposé par S. A. 505. Il est au comble de ses desirs, &c. Généralement haï de tout le monde, indigné de la fortune étonnante de ce Florentin autrefois très-gueux, & de son insolence, 513. Mortification sensible qu'il essuie de la part d'un Cordonnier, &c. 514. Il prend cette affaire pour un présage de sa perte; propose à sa femme de se retirer en Italie. Comment il avoit passé sa jeunesse à Florence. Divers chagrins qu'il eut en moins de deux ans. Mouvements de dévotion qui le prennent, &c. 514. 515. Il prend les mesures qui lui deviennent pernicieuses. Conspiration des grands Seigneurs contre sa personne, 516. 532. Il tâche d'obtenir la protection du Prince de Condé, 532. 533. n'ose entrer dans Paris qu'avec une bonne escorte, 533. Consultations de ses ennemis pour s'en défaire, 534. Visite qu'il fait à contretemps au Prince: risque qu'il court. Averti du dessein de ses ennemis, il se retire en Normandie, après avoir pris des mesures, &c. 537. Il donne dans des conseils violents, qu'il rejettoit auparavant, 538. Sa maison de Paris pillée, 545.

CO

Cabale à la Cour contre *Concini*. Il s'aperçoit de la froideur du Roi: ce qu'il dit à Luines à ce sujet, I. 580. 581. Il travaille à se rendre plus puissant que jamais, 581. 582. Son insolence extrême. Artifice employé pour prévenir le Roi contre lui, 583. *& suiv.* Suspect au Roi, odieux à toute la France, il prend la résolution d'abattre à force ouverte le parti formé contre lui. Il pressoit souvent sa femme de s'en retourner en Italie; mais en vain. Il pense à se cantonner dans la Normandie. De quoi on l'accusoit dans quelques Libelles, &c. 597. *& suiv.* Ce qu'il répond aux instances du Nonce en faveur du Duc de Nevers, 599. Ce que disoit de lui ce Duc dans son manifeste. *Concini* trouve une plume vénale qui y répond, 601. Remontrance aigre contre lui & sa femme: attentat qu'on leur impute contre la vraisemblance, 601. *& suiv.* Autre manifeste exagéré contre sa personne: faux serment qu'on y joint, 604. 605. Il publie une Lettre qu'il avoit écrite au Roi: déchaînement général contre lui à cette occasion, 606. *& suiv.* Averti de l'intrigue du Cardinal de Guise, il est tenté de le faire arrêter: ce qui l'en empêche, 608. Artifices employés pour perdre *Concini*. Il pense à se retirer, 614. *& suiv.* Réflexions sur le procédé de ses ennemis, 618. *& suiv.* Interprétations malignes, données à ses actions & à ses paroles, 621. Mesures prises pour le faire assassiner, 624. *& suiv.* 630. Etrange sécurité du Maréchal, 628. 629. Il est tué dans le Louvre, 631. Son caractère. Il n'étoit pas aussi méchant homme que ses ennemis l'ont publié, 632. 633. Mouvements dans le Louvre & à Paris après ce meurtre, 633. 634. Mauvais traitement fait à son fils, 643. 644. Distribution des Charges du Maréchal, 644. Rapports de sa chute & de sa mort avec la disgrace de Sejanus. Outrages faits à son corps, 646. *& suiv.* Son fils obligé de déclamer contre son pere & contre sa mere, 649. Lettre du Roi aux Gouverneurs des Provinces sur la mort de *Concini*, 649. 650. La guerre civile cesse par-tout à la premiere nouvelle de cette mort, 652. 653. Commission pour faire le Procès à sa mémoire & à sa veuve, 663. Ancêtres de *Concini*, 664. Procès fait à sa mémoire & à sa veuve, 667. *& suiv.* Sort de son fils, 667. 674.

Condé (Henri de Bourbon, Prince de) épouse Henriette-Charlotte de Montmorenci: mé-

CO

content de la paſſion d'Henri IV. pour ſa femme, il ſe retire avec elle dans les Pays-Bas, I. 10. Il va à Milan, 12. Propoſition qui lui fut faite par les Eſpagnols. Il revient à la Cour, 26. 27. ſe met à la tête d'un parti, manque de courage: combien il auroit pû ſe rendre redoutable en ſuivant le conſeil du Maréchal de Bouillon, 27. 28. A quoi il étoit bon. On lui refuſe la ſurvivance de la dignité de Connétable. Il obtient l'hôtel de Gondi, 28. Il abandonne Sulli, eſpérant d'obtenir ſa dépouille, 44. Il s'entremet pour raccommoder Conti & Soiſſons, ſes oncles; rencontre Guiſe bien accompagné: ce qui ſe paſſe entre eux, 49. Il s'irrite contre lui, 50. Demande l'éloignement de Sulli, 52. cede à la Cabale des bigots, au préjudice du Préſident de Thou, &c. 53. Réuni avec Soiſſons contre le Duc d'Epernon, 57. Il va prendre poſſeſſion de ſon Gouvernement de Guienne: ombrage qu'en prend la Régente mal-à-propos, 58. Rappellé à la Cour, il prend de nouvelles liaiſons avec Soiſſons, 89. 90. On s'intrigue en vain pour les déſunir, il ſe retire de la Cour mécontent, & y revient après quelques négociations, 126. Sa foibleſſe dans le Conſeil ſur le double mariage entre la France & l'Eſpagne. Reproche que lui fit le Connétable de Montmorenci, 127. 128. Il ſe retire de la Cour; ſous quel prétexte, &c. 138. Son retour, 140. Différend qu'il a avec le Duc de Nevers, 153. Il devient ſuſpect à la Régente en demandant le Gouvernement du Château-Trompette, 173. 174. Confuſion & embarras de ce Prince, 178. Il n'oublie rien pour rattrapper le Duc de Guiſe, 189. ſe retire de la Cour à la ſollicitation de Bouillon, va à Châteauroux, 225. 226. refuſe de voir les Députés du Roi, marche en Champagne, eſt reçu à Mézieres, 229. écrit une longue Lettre à la Reine en forme de Manifeſte; écrit en même-temps à ſon oncle, aux Ducs & Pairs, aux Officiers de la Couronne, aux Parlements, aux Cardinaux, 229. 230. Irrégularité de ſa conduite, 231. Il conſent à une Conférence, ibid. Démarches qu'il fait vers le parti Huguenot, 233. & ſuiv. Négociation des Commiſſaires du Roi avec Condé & ceux de ſon parti. Il ſe retire de Soiſſons, &c. 241. & ſxiv. Réflexions ſur ſon entrepriſe. Traité conclu entre la Régente & le Prince, 245. 246. Il cherche à brouiller, va trouver

CO

du Pleſſis-Mornai à Saumur, en reçoit des avis, 254. a une entrevue avec le Duc de Rohan: ce qu'il en écrit à Jeannin: honteux artifice de ce Prince, 255. Il penſe à ſe rendre maître de Poitiers. On lui en ferme les portes, 256. 257. Embarras où il met l'approche de Leurs Majeſtés. Ce qu'il écrit à du Pleſſis. Il ſe retire à Châteauroux, 258. 259. 261.

Vûes du Prince de *Condé* dans l'aſſemblée des Etats, I. 288. Fauſſes démarches de ſon Alteſſe, 298. Il anime le peuple ſous-main, 301. affecte de mortifier le Duc d'Epernon, 316. 317. Occaſion dont il ne fait pas profiter, 330. Réflexions ſur le Diſcours qu'il fit dans le Conſeil ſur l'article du Tiers-Etat, & ſur l'Arrêt du Parlement, 341. & ſuiv. Il ne peut ſouffrir l'inſolence du Cardinal de Sourdis, 349. Ce qu'il avoit remontré dans le Conſeil, 351. Il fait maltraiter un Gentilhomme qui avoit paſſé de ſon ſervice à celui de la Reine: brouillerie à ce ſujet. Réflexion ſur le procédé du Prince, 353. & ſuiv. Il donne un ballet: on en parle diverſement. A quoi il s'occupoit au milieu des plaiſirs, 391. Pourquoi il s'étoit démis du Gouvernement d'Amboiſe, 394. On lui défend & à ſes Partiſans, de la part du Roi, de ſe trouver au Parlement, 397. Le Prince & les Seigneurs de ſon parti tâchent de retarder le voyage du Roi en Guienne pour ſon mariage: ils ſe retirent de la Cour, 414. & ſuiv. Le Roi tâche de l'engager à ſuivre S. Majeſté: négociation de Villeroi avec S. A. Conférence à Couci, rompue par une Lettre du Roi, 428. & ſuiv. Réponſe du Prince à cette Lettre. Déclaration du Roi contre S. A. & les Seigneurs de ſon parti, 431. & ſuiv. Manifeſte de *Condé*, 435. & ſuiv. On eſt ſurpris de l'y voir ſi favorable aux Réformés. Bigoterie qu'il affectoit, 436. Il envoie ce Manifeſte partout, 437. 438. profite de la négligence du Conſeil de la Reine, 441. écrit aux Habitants de la Rochelle, & à l'aſſemblée de Grenoble, 444. Accident dont il ne pût pas profiter, 448. *Condé* & ſes adhérants ſont déclarés rebelles & criminels de leze-Majeſté. Réflexions ſur cette Déclaration, & ſur les démarches du Prince, 451. & ſuiv. Il paſſe les rivieres de Marne & de Seine avec une armée, 459. 460. publie une Déclaration contre celle du Roi, & contre l'Arrêt du Parlement de Paris: extrait de cette piece, 461. 462. paſſe

CO

la Loire, & s'avance vers le Poitou, 462. 463. son armée grossit : on vient à lui de divers endroits : son ingratitude, 483. Les Eglises Réformées s'unissent avec lui : conditions du Traité d'adjonction, 484. 485. Premiere démarche du Prince pour la paix : suspension d'armes, 491. 492. Il vient à la Conférence de Loudun, où il ne tient pas ce qu'il avoit promis, 499. se met en tête de conclure promptement la paix, 500. Sourd aux représentations du Duc de Rohan, jusqu'où va son entêtement, 501. Articles qu'il présente aux Commissaires du Roi, 503. & suiv. Pourquoi il n'insiste pas fortement sur deux de ces articles, 504. Prétention particuliere de S. A. 505. & suiv. Il tombe malade, 508. signe précipitamment la paix : murmures là-dessus, 509. 510. va prendre possession du Gouvernement de Berri, 512.

Le Prince de *Condé* envoie son Favori en Cour : dessein de ce voyage. Intrigues qui le retiennent à Châteauroux, I. 532. Ce qu'il promet, & à quelles conditions. Il se rend à Paris. Ce qu'il dit au Duc de Rohan, 533. se joint, ou feint de se joindre aux ennemis de Concini : ses vûes dans cette intrigue : il fait connoître ses intentions : réponse qui lui déplait, & qui l'engage à promettre sa protection au Maréchal d'Ancre, 534. 535. Il fait mine de condamner une entreprise du Duc de Longueville, 536. empêche qu'on ne tue Concini dans son hôtel), l'avertit des mauvais desseins de ses ennemis, & lui conseille de se retirer en Normandie, 537. Il est arrêté au Louvre, 541. & suiv. Pourquoi l'emprisonnement du Prince de *Condé* ne causa pas de grands mouvemens à Paris & dans les Provinces, 548. & suiv. Démarches des Seigneurs de son parti : ils s'assemblent à Couci, 551. 552. Déclaration du Roi sur sa détention, 553. & suiv. Il est transféré à la Bastille. Feint accommodement des Seigneurs de son parti avec la Cour, 560. 561. Pourquoi Luines ne se presse pas de lui procurer la liberté, 636. 651. 666. 667. Quel avantage il tire de la mort du Maréchal d'Ancre, & de l'éloignement de la Reine-Mere. On le transfere de la Bastille à Vincennes, 666. Il a pitié de la Maréchale d'Ancre, 668. recherche l'amitié de Luines. Caractere de S. A. suivant le Duc de Rohan, 732.

Condé (Le Prince de) occasion qui réveille ses amis : ils tâchent d'obtenir sa liberté, &c. II.

CO

74. 75. Ce qui la retarde, 104. 105. Avances qu'il fait pour abréger sa prison, que la Reine-Mere vouloit prolonger, 121. 122. Il est délivré; demande pardon au Roi. Déclaration de S. M. en sa faveur : remarques sur cette piece, 150. & suiv. On rend au Prince son Gouvernement & ses pensions. Il est appellé aux Conseils secrets. Ses démarches pour Marie de Médicis, 153. Il conseille au Roi la neutralité entre l'Empereur & le Palatin, 172. travaille à accommoder l'affaire de l'assemblée de Loudun : porte au Parlement une Déclaration contre elle, 177. 178. 180. Plaintes contre S. A. 179. Il a un grand différend avec le Comte de Soissons, pour une bagatelle, 184. 185. Il exhorte Luines à ne plus ménager la Reine-Mere, 188. 199. donne un avis salutaire au Roi, 205. accompagne S M. en Normandie, la mene à la tranchée avec son frere-unique. Réflexion là-dessus. Il domine dans le Conseil, &c. 206. 207. s'oppose au retour de S. M. à Paris : parle d'un ton aigre au Cardinal de Retz. Ses manieres trop hautes nuisent à ses desseins, 209. 210. Part qu'il a à la prise du pont de Cé, 213. Il rend ses devoirs à la Reine-Mere; caresse Richelieu, 216. Comment les Princes de la Maison de *Condé* ont perdu leur crédit, 271. Aveuglé par une fausse ambition, & par son avarice, il vouloit la guerre contre les Réformés, &c. 276. Commission qu'il se fait donner : il prend Sancerre par la ruse : tourmente la Duchesse de Sulli, 357. 358. Il va au-devant du Roi après la mort de Luines, 421. Vues, desseins, démarches de S. A. pour se rendre maître des affaires, 423. & suiv. Ses mesures pour retarder le retour du Roi à Paris, rompues : il crie pour la guerre, 426. 427. Raisons secretes qui l'y engagent. Prédiction dont il s'étoit ridiculement entêté, 446. 447. S. A. & ceux de son parti déterminent S. M. à continuer la guerre, 457. Le Roi le déclare son Lieutenant Général, 463. S. A. & ceux de sa cabale crient contre des propositions de paix présentées à S. M. &c. 464. 465. Avertissement qu'il fait donner. Desseins de S. A. Il s'éloigne mal-à-propos de la personne du Roi, & n'acquiert pas la gloire qu'il se proposoit, 469. 470. Il consulte avec le Cardinal de Retz & le Comte de Schomberg, pour donner un Favori à S. M. 472. & suiv. engage Louis à une résolution violente contre les Habitants de Negrepelisse,

TABLE DES MATIERES.
CO CO

grepeliffe, &c. 475. 477. défend le Maréchal de la Force, 478. se déclare pour Epernon dont il étoit ennemi : se lie avec ceux qui haïssoient les Réformés, 481. Son crédit & son autorité diminuent, &c. 486. Il fait assiéger Marsillargues & Lunel : inhumanités dont il est cause par ses ordres secrets, ou par sa connivence, II. 506 Inquiétude que lui donne la négociation de la paix. Pourquoi il montroit tant d'animosité contre les Réformés. Menaces qu'il fait aux Habitants de Montpellier, 507. Sa conduite dans le Conseil, tenu pour délibérer sur la paix 508. 509. Il s'oppose à de bons avis du Duc d'Epernon ; veut faire tout de sa tête : son incapacité dans le métier de la guerre, &c. 510. 511. Il travaille à faire nommer un Garde des Sceaux à sa dévotion: tâche de gagner Bassompierre par des menaces, 513. 514. Mécontent de la paix, il fait un voyage en Italie : ses vûes. Cérémoniel observé à Rome à l'égard de S. A. 518. 519. Sa haine pour le Chancelier & son fils, 591. Invité par le Roi de venir à la Cour, il aime mieux demeurer dans son Gouvernement de Berri, 598. 675. Il cede le pas au Légat Barberin, 709.

Condé (Le Prince de) pourquoi il traverse le mariage de Gaston avec la Princesse de Montpensier, III. 35. On l'engage à changer d'idée. Lâche & noire perfidie qu'un Auteur illustre & honnête homme impute à S. A. 38. 39. Il négocie son retour auprès du Roi : va voir à Limours le Cardinal qui le joue, 49. 50. Il rampe devant le Cardinal. Commission qu'on lui donne. Harangue qu'il fait aux Etats de Languedoc, flateuse pour le Roi, la Reine-Mere & Richelieu ; injurieuse à ses Ancêtres & à lui même, 161. 163. 164. Il fait vérifier des Edits pécuniaires au Parlement de Toulouse : prétend y présider en l'absence des Présidents à mortier; ce qu'on lui refuse, 175, 176. Il remporte quelques avantages : est régalé d'un ballet où il dort, 179. 180. Ses exploits minces, & pleins de violence, 181. 182. Il leve le siege mis devant Sainte Afrique, &c. 201. fait pendre des prisonniers Réformés : représailles que cela occasionne. Lettre qu'il écrit sur ce sujet au Duc de Rohan. Réponse de ce Seigneur, 250. & suiv, Crédulité de S. A. aux prédictions des Astrologues, & son avarice, 252. Expédition dont il est chargé, 351. Lettre basse & flateuse qu'il écrit au Cardinal. Il va le voir à Pezenas, &c. 372. Avis qu'il donne au Duc d'Epernon qui le consultoit, 377. Il va tenir les Etats de Bretagne. y fait le Panégyrique du Cardinal, 450. 451. est recherché par la Reine-Mere : se déclare pour Richelieu après la journée des Dupes : le prie de présenter son second fils au Baptême, 574. Commissions données au Prince de Condé : profit qu'il en tiroit, 647.

Condé (Le Prince de) pourvu du Gouvernement de Bourgogne, va tenir les Etats de Bretagne, & ensuite ceux de son nouveau Gouvernement : fait l'éloge du Cardinal dans ses harangues, &c. IV. 4. 5. Pourquoi l'on donna à S. A. ce Gouvernement, 7. Il fait le mécontent sur le mariage proposé du Comte de Soissons avec la Combalet, 56. se trouve à un Lit de Justice. Commission qu'on lui donne en l'absente du Roi. Espérances qui le flattent dans la jonction de Montmorenci son beau-frere avec Monsieur, 131. 132. Il ne fait aucune démarche pour sauver la vie au premier : quelques jours après qu'on lui a coupé la tête, il prêche les louanges de Richelieu, 194. est plus avide d'argent que d'honneur, 346.

Condé (Le Prince de) parle avec plus de liberté qu'aucun autre, V. 66. s'entremet pour appaiser les clameurs du Parlement : parole qu'il porte à cette Compagnie : il témoigne quelque chagrin de ce que la Cour ne la tient pas;on le calme aisément. Commission dont il se charge, 67. 68. Il entend mieux les moyens de s'enrichir que le métier de la guerre. On lui confie une armée contre la Franche-Comté. Il est difficile de marquer au juste les raisons de ce choix, 253. Il marche vers ce pays, y publie des placards, assiege Dole, &c. 154. & suiv. Les Habitants de cette Ville l'insultent. Réponse qu'il leur fait en colere. Son désespoir augmente sa bravoure. Il leve le siege par ordre du Roi, 163. & suiv. Le Cardinal n'ose se fier à lui, & en parle avec mépris, 195. Basse complaisance du Prince pour Richelieu & la Valette, 197. & suiv. Commission qu'on lui donne à Paris durant l'absence du Roi. Lettres qu'il reçoit de S M. touchant la Comtesse Douairiere de Soissons, 290. 291. Commandement destiné au Prince de Condé, si les Espagnols ne se fussent pas retirés de la Guienne, 335. Mention qu'on fait de lui dans un Vaudeville, 340. Il accepte la commission du siege de Fontarabie : ample

CO

pouvoir qui lui est donné à cet effet, par des Lettres Patentes où on lui donne des éloges magnifiques, 341. 342. S. A. fait une Harangue au Parlement de Toulouse. Quoique assez médiocre Orateur, il se sert mieux de la plume que de l'épée. Sa conduite envers le Duc d'Epernon: partie qu'il avoit liée pour jouer le bon homme, &c. 343. 344. Le Prince prend le port du Passage, & assiege Fontarabie, 544. 545. donne imprudemment dans un sentiment qui flate son impatience, abandonne le port du Passage, 546. Ses retranchements sont forcés par les Espagnols: il s'enfuit honteusement, & en rejette la faute sur le Duc de la Valette, 553. *& suiv.* Il reçoit la commission de commander absolument en Guienne. Passage de cette piece qui fait sourire. Butin soustrait à l'avarice de *Condé.* Il déclame contre le Duc d'Epernon & ses enfants, 560. Lettre vive que le Duc de la Valette écrit à S. A. 561. *& suiv.* Conférence du Prince de *Condé* avec Grotius sur ce qu'on appelle la distinction des deux puissances, spirituelle & temporelle. Il demeure d'accord de tout ce que ce Savant lui dit alors, 621. Proposition qu'il fait faire au Duc d'Epernon, feignant de compatir à ses disgraces. Vues de S. A. 646. On lui donne la Généralité de Guienne & de Languedoc, avec deux armées, 669. 713. Il achete la faveur du Ministre par des bassesses: lui écrit des Lettres rampantes, 723. se brouille avec Schomberg: écrit contre lui, & vante sa propre bravoure: prend Salces: se voit dans la nécessité de retourner en Languedoc, & de penser seulement à conserver sa conquête, 724. 725. marche au secours de cette place par un mauvais chemin: néglige un bon Conseil: son armée est dissipée par le tonnerre, les vents & la pluie. Il se retire, 728. revient avec une armée moindre: attaque les lignes des Espagnols, mais en vain, & avec une perte considérable: rejette la faute du mauvais succès sur Schomberg, 729.

Condé (Le Prince de) tient les Etats de Languedoc, &c. VI. 68. Le peuple ignorant admire son désintéressement généreux à la naissance du Duc d'Anjou. Flateries outrées & ridicules que S. A. profere à cette occasion, 83. Par quels motifs il maria son fils aîné avec une niece du Cardinal. Conte fait à plaisir, & fort mal imaginé sur ce sujet, 213. *& suiv.* Reproche qui lui fut fait en plein

CO

Parlement, & sur lequel il donna un démenti, 215. Commission qui lui est continuée, avec l'inspection sur ce qui se feroit en Catalogne. Il brûle d'envie d'obtenir le Gouvernement de Languedoc, 313. Ses profanes bassesses envers le Cardinal sont magnifiquement récompensées, 326. 327. Il écrit dévotement à ce Ministre sur la mort du Marquis de Coislin, 344. Commandement qui lui est confié: lettre qu'il écrit à S. Em. où il se disculpe d'avoir eu part au meurtre d'un nommé Mégrin, 363. 364. A quoi se terminent les conquêtes qu'il fait en Roussillon, durant une campagne de trois semaines, 367. Il n'a aucun égard aux remontrances de l'Archevêque de Bourdeaux: écrit là-dessus à Richelieu d'une maniere soumise & respectueuse, 371. Emploi destiné au Prince de *Condé* en 1642. 435. 462. Faction dont lui & son fils se déclarent les Chefs, 447. Ce Prince & ses enfants, après la mort de Richelieu, refusent de céder le pas aux Cardinaux. Reglement du Roi là-dessus, 671. 672. *Condé* est du Conseil de Régence, 692. tient un des bouts de la nappe, quand on administre le viatique au Roi, 696. Vacarme auquel il donne lieu par imprudence, ou par malice, 697. Réponse qu'il fait aux propositions de Mazarin & de Chavigni, 699.

Condé (Henriette-Charlotte de Montmorenci, Princesse de) son mariage: sa retraite à Bruxelles, &c. I. 10. 11. Elle se jette aux genoux du Roi pour obtenir la liberté de son mari: s'enferme avec lui à la Bastille, 666. demeure à la Cour pendant l'absence du Prince: suit un conseil judicieux de Bassompierre, II. 676. 677. se déclare ouvertement contre le mariage de Gaston avec la Princesse de Montpensier: ce qu'elle insinue à la Reine Anne d'Autriche, III. 35. Elle abandonne le parti opposé au mariage, &c. 38. 39. accourt en Languedoc pour tâcher de sauver la vie au Duc de Montmorenci, son frere. Le Roi lui défend d'entrer à Toulouse. Visite qu'elle reçoit du Cardinal, &c. IV. 193. La Princesse de *Condé* est marraine du Dauphin, VI. 695. parle à la Reine pour Mazarin & Chavigni, 628.

Condren (Charles de) Prêtre de l'Oratoire, Confesseur du Duc d'Orléans, &c. III. 338. presse ce Prince de consentir à la dissolution de son mariage: motifs qui déterminent *Condren* dans cette affaire. Son goût pour la My-

CO · CO

fticité. Il étoit pourtant plus raisonnable que ne le fait l'Auteur de sa vie, IV. 669. 670. Il figne une décifion pour la nullité du mariage de Monsieur. Comment accorder cela avec sa conduite? Contestation qu'il a fur cette affaire avec Saint-Cyran. Il rend cet Abbé fufpect aux Prêtres de l'Oratoire, 749. 750. Condren est envoyé vers le Roi par Gafton : fe laiffe tromper par Richelieu, V. 281. fait un fecond voyage, & une repréfentation à ce Miniftre qui le fait rentrer en lui-meme, 282.

Confeffion : empire qu'elle donne fur les ames timides & fuperftitieufes, II. 279.

Confifcation de corps & de biens : ce que fignifient ces termes, IV. 102.

Coniers (Le Chevalier) recommandé par la Chambre des Communes à Charles I. pour le pofte de Lieutenant de la Tour de Londres, VI. 522. l'obtient, 523.

Connétable de France : fes prérogatives, II. 479.

Conquêtes où le Conquérant perd fouvent plus qu'il ne gagne, VI. 70.

Conrard (Valentin) Secrétaire du Roi, honnête-homme de profeffion, &c. Sa maifon fut le berceau de l'Académie Françoife, IV. 777. 778. Il en eft élu Secrétaire en fon abfence, 781. chargé de dreffer les Lettres-patentes pour fon établiffement, 786. 787.

Confeil. Affemblée appellée le grand, l'étroit, le privé Confeil, pourquoi érigée : de qui elle étoit compofée : jufqu'à quel temps il a duré, I. 291. 292. Ce n'eft plus qu'un Tribunal de Juftice, 293.

Contade, Sous-Gouverneur de Gafton frere du Roi, l'inftruit à bien jurer, I. 680. rend un bon office au Connétable de Luines mort, II. 421.

Contarini (Simeon) Ambaffadeur de Venife à Rome, juftifie la République auprès du Pape, de ce qu'elle avoit appellé les Hollandois à fon fecours, I. 710. En revenant de fon Ambaffade, il confere avec plufieurs Souverains d'Italie, 713. eft envoyé en France en qualité d'Ambaffadeur extraordinaire, &c. 730. eft averti du traité fecret conclu en Efpagne fur la Valteline, &c. III. 9. parle hautement contre Richelieu : eft rappellé par le Sénat : fort de France tout irrité, 12. Ambaffadeur à Londres : parole qu'il tire du Roi de la Grande-Bretagne, 288. Il eft un des médiateurs de la paix entre la France & l'Angleterre, 333. *Contarini* eft envoyé à Rome en qualité d'Ambaffadeur extraordinaire, &c. VI. 29.

Contarini (Louis) Baile de Venife à Conftantinople, y défend une expédition de la flotte Vénitienne : eft arrêté, V. 508.

Contarini (Nicolas) Doge de Venife, III. 409.

Conti (François de Bourbon) Prince du Sang, I. 13. affifte au Lit de Juftice de Louis XIII. 16. Démêlé qu'il a avec le Comte de Soiffons, fon frere : comment on l'apaife, 48. 49. Il eft fait Gouverneur d'Auvergne, 160. Il jouiffoit de l'Abbaye de S. Germain, quoique marié : réferve de ce Bénéfice pour fa femme, 176. 178. Sa mort, 262.

Conti (La Princeffe de) parle en faveur de Baffompierre, I. 191. fe confole aifément de la mort de fon mari. Mariage de confcience entre elle & Baffompierre, 262. 540. Sœur du Duc de Guife, &c. 550. Elle fait de vains efforts, après le meurtre du Maréchal d'Ancre, pour engager le Roi à voir la Reine-Mere, 635. rend de bons offices au Duc d'Epernon, II. 8. Propofition qu'elle eft chargée de faire à Baffompierre, 336. Elle ménage le mariage de Gafton avec l'héritiere de Montpenfier, 676. 677. anime Marie de Médicis contre le Cardinal, III. 441. entre dans la faction qui travaille à le perdre, 483. 527. 576. 590. 593. eft reléguée ; meurt peu de temps après, 607. 614.

Conti (Armand de Bourbon, Prince de) filleul de Richelieu : ce qu'il enfeigne aux Princes dans un excellent Livre, & par fes vertus, III. 574. On lui donne l'Abbaye de S. Denis, VI. 127.

Conti (Torquato) par erreur *Goni*, commande les troupes qu'Urbain VIII. envoie dans la Valteline, II. 770. III. 72. enfuite celles de l'Empereur dans la Poméranie. Il fait divers mouvements pour furprendre Stetin, 517. ne fait rien qui vaille, &c. 519. eft rappellé, 522.

Contriffon va à la Cour de France, pour annoncer l'arrivée du Cardinal de Lorraine, IV. 339. Il préfente à Richelieu l'acte de démiffion de Charles IV. en faveur du Prince fon frere : mouvements qu'il fe donne, pour les intérêts de la Maifon de Lorraine, auprès de ce Miniftre, 433. *& fuiv.* Il s'avance trop, & gâte encore plus les affaires de fon Maitre, 437.

Ggggg ij

CO

Convocation. L'Assemblée du Clergé d'Angleterre s'appelle ainsi. Comment elle se fait, s'assemble & se sépare, VI. 128.

Conway, Secrétaire d'Etat en Angleterre, II. 610. 619. Manege où il a part, 731. voyez 751. 753. 756. III. 25. 75. 133.

Conway (Le Lord) fils du Secrétaire d'Etat de même nom, a le commandement de la Cavalerie contre les Confédérés d'Ecosse. Portrait assez particulier de cet Officier, VI. 129. Un corps de troupes qu'il commandoit est battu par les Ecossois, 132.

Cook ou *Cooke*, Secrétaire d'Etat en Angleterre, II. Semonce & remerciment qu'il fait à la Chambre des Communes de la part du Roi, III. 188. Réprimande sévere qu'il essuie de la part d'un Membre de cette Assemblée, 189. 190. Il la presse de passer un acte, de la part du Roi, 297. Commission dont S. M. le charge, 301. Reponse qu'il fait de la part de ce Prince, à une requête des Confédérés d'Ecosse, V. 718. *Cooke*, homme peu actif, & d'un âge à chercher le repos, porte Charles à la paix, 719. Faute rejettée sur lui. On lui ôte sa Charge, 722.

Cook, Anglois : ce qu'il dit hautement dans la Chambre des Communes, & qui déplaît beaucoup à la Cour, III. 17. 22.

Cooke, un des douze Juges d'Angleterre, veut se défendre de signer la décision d'un cas proposé par le Roi : ne la signe qu'avec une protestation dont on lui fait bon gré dans la suite, V. 103. 104.

Corbie est prise par les Espagnols, V. 180. bloquée par les François, V. 219. & suiv. attaquée à force ouverte, & reprise, 226. & suiv.

Corbinelli, Secrétaire du Maréchal d'Ancre : Sa maison pillée, I. 545.

Cordes (De) Chanoine de Limoges, distingué par ses belles connoissances, &c. IV. 313.

Cordoue (Dom Gonzalez de) commande les troupes Espagnoles dans le bas Palatinat : assiege inutilement Frankendal, II. 387. ne s'ajuste pas avec le Comte de Tilli, 388. 433. Il le joint, & ils battent le Marquis de Dourlac, 434. Autres expéditions qu'ils font de concert, 435. 436. Il va s'opposer à Mansfeld & à Christian de Brunswic, 490. 492. offre du secours au Duc de Nevers pour les combattre : leur livre bataille, & remporte une victoire bien disputée, 495. 496. S'avance avec des troupes pour s'opposer aux progrès de Mansfeld, 573. On l'envoie assister de ses conseils le Gouverneur de Milan, 747. Il remplace le Duc de Feria dans ce poste, III. 72. Plaintes qu'il faisoit contre le Duc de Mantoue, & contre son fils, 106. 207. Ce qu'il fit croire au Conseil de Madrid, 208. Il entre dans le Montferrat avec un corps de troupes : Edits qu'il y publie. Ce qu'il envoie dire au Sénat de Venise, 208. 209. Intelligence dans Cazal sur laquelle il compte, & qui manque. Il assiege cette place avec négligence & malhabileté : est trop civil pour le bien de ses affaires, 209. 210. Il commence à se défier du Duc de Savoye : démarches qu'il fait pour lui complaire : espérance dont il l'amuse, 211. 212. Duplicité de D. Gonzalez de Cordoue. Il ne sait ni assiéger, ni prendre une place, &c. 216. 217. est prêt à lever le siege de Cazal : ce qui le rassure, 218. 219. Embarras où il se trouve, quand il apprend les dispositions du Roi de France, après la réduction de la Rochelle, &c. 282. Il leve le siege de Cazal, 323. confirme par écrit ce que le Duc de Savoye a promis pour le Roi d'Espagne, par le Traité de Suze. Précaution prise contre les délais de Gonzalez, 324. Il est rappellé de Milan, 383. 399.

Cordoue (D. Gonzalez de) Ambassadeur extraordinaire à la Cour de France, où il passoit : ses plaintes. Il refuse un présent du Roi, IV. 54. donne un foible secours au Duc d'Orléans, 125. tente de secourir Mastricht assiégé, ne réussit pas, 143. Sa jalousie contre Pappenheim, 144.

Cordoue (Dom Jacinthe de) est fait prisonnier au combat de Carignan, III. 482.

Coréa riche Bourgeois de Lisbone : part qu'il eut à la révolution de Portugal, selon l'Abbé de Vertot, VI. 160. 161.

Cornaro (Jean) élu Doge de Venise, II. 700. sa mort, III. 409.

Cornaro (Frédéric) fils du Doge de Venise, est fait Cardinal : ce qui fut agité à cette occasion dans le Sénat, II. 769.

Cornaro Ambassadeur de Venise à Turin : le Duc de Savoye lui ordonne de se retirer, III. 434.

Cornaro (Le Chevalier) Ambassadeur de Venise en France, ménage une affaire auprès du Cardinal, pour Henri de Lorraine Archevêque de Rheims, ensuite Duc de Guise, VI. 223.

Corneille (Pierre) cause de la jalousie au Cardinal par sa piece intitulée le *Cid*, &c. IV. 792. 793.

CO

Cornet, Docteur de Sorbonne, répond au gré de la Cour sur le mariage de Gaston, IV. 749.
Cornuel, Intendant des Finances, est poursuivi avec injures, V. 462.
Cornulier, Evêque de Rennes, fait au Roi une longue & mauvaise harangue : Extrait de cette piece, II. 372. 373.
Cornusson (La Valette-) Evêque de Vabres, I. 348.
Corréa (Antoine) premier Commis de Vasconcellos, est blessé à la journée de la révolution : se sauve pour mourir ensuite d'une mort plus honteuse, VI. 166.
Correro Ambassadeur de Venise en France, dont l'esprit & les manieres plaisoient au Cardinal, VI. 30.
Correspondants, nom donné à quelques Princes Protestants, unis, I. 200.
Corsaires : une flote des Corsaires d'Alger & de Tunis, assemblée pour le service du Sultan Amurat, est détruite par les Vénitiens dans un port de l'Empire Ottoman, &c. V. 506. 507.
Corsini, Nonce du Pape en France, y prêche la guerre contre les Réformés, II. 427. découvre les raisons secretes qui engageoient le Prince de Condé à en souhaiter la continuation, 447. Plaintes ameres du Nonce sur la paix : comment on le consoloit, 541.
Cosme, grand Duc de Toscane, uni étroitement à la Maison d'Autriche, négocie le double mariage entre la France & l'Espagne, I. 124. est chargé de faire la demande des Princesses, 125. Il offre une de ses sœurs en mariage au Prince de Galles, &c. 157.
Cospean, Evêque d'Aire, ensuite de Nantes, enfin de Lisieux, fait une Remontrance au Roi au nom du Clergé. Remarques sur sa harangue, I. 694. & suiv. Flaterie fade par où il finissoit, 697. Il prêche en présence du Roi & des Notables, III. 84. va à l'assemblée de la Faculté de Paris, & s'en retourne fort content, 103. 104. Ce qu'il dit en voyant l'acharnement de ses confreres contre le Duc d'Epernon, IV. 675. Il prononce le Panégyrique du P. Joseph dans l'Eglise des filles du Calvaire, 610. écrit au Duc de Beaufort, par ordre de la Reine, de revenir en France, VI. 681. exhorte le Roi à la mort, 702.
Costa, Président des Finances de Victor Amédée, contribue à la résolution que prend le Prince Thomas, de s'unir avec l'Espagne, &c. IV. 495. 496. Voyez 772. 773.

CO

Costa, Evêque de Savone, & Nonce de Paul V. s'entremet d'un Traité entre le Roi d'Espagne & le Duc de Savoye, I. 386.
Coton (Le P.) Jésuite, Confesseur d'Henri IV. ensuite de Louis XIII. écrit pour justifier sa Société. Il est réfuté. Ses moyens de défense foibles & mal concertés, I. 22. Il fait l'Oraison Funebre d'Henri IV. à la Fleche, 23. Effronterie de ce Jésuite, 97. Ce qu'il représente au Nonce irrité d'une démarche de sa Compagnie, 133. Ce qu'il dit au Pape sur les Libertés de l'Eglise Gallicane, 134. Il déplaît à Luines, reçoit quelques mortifications, & demande la permission de se retirer, 678. 679. Il présente un Placet au Roi contre l'Université. Démarches qu'il est obligé de faire, & déclaration qu'il signe avec ses principaux Confreres à l'occasion du Livre de Santarel. Mort du P. Coton, II. 798. & suiv. Si un Moderne a dû l'ériger en Saint, III. 275. 276.
Cottington (Le Chevalier) accompagne le Prince de Galles dans son voyage d'Espagne, II. 547. Membre du Conseil du Roi, propositions qu'il fait à l'Evêque de Lincoln, V. 450. 451. Témoignage qu'il rend en faveur du Comte de Strafford, VI. 279.
Cotton (Le Chevalier Robert) se plaint d'avoir été mis sur une Liste des Pensionnaires d'Espagne, & en demande réparation, II. 245.
Coudrai (Du) Montpensier est envoyé à Vienne par Gaston, IV. 213. 214. Le Parlement de Dijon le condamne à la mort par contumace, 222. Il fait un appel au Duc d'Elbeuf, qui refuse de se battre avec lui, attendu sa qualité de Prince, 502. 503. est prêt à servir de second à Puylaurens, 503. Gaston le dépêche derechef à Vienne, 553. Comment en surmonte sa répugnance à consentir au Traité de ce Prince avec le Roi, 664. Affection que Puylaurens témoigne à *Coudrai-Montpensier* en dépit du Cardinal, 674. 675. Ils sont arrêtés tous les deux, 678. 679.
Covenant, ligue ou confédération d'Ecosse, V. 573. & suiv.
Coventri Garde du grand Sceau en Angleterre : ce qu'il s'efforce de persuader aux Communes, &c. III. 22. Comment il expose la situation des affaires de l'Europe & de l'Angleterre, à l'ouverture d'un Parlement, 185. 186. Il tâche d'adoucir la sécheresse d'un discours du Roi à cette Assemblée, 192. s'efforce de persuader aux Anglois qu'ils doivent souffrir que le Roi mette des impôts ex-

CO

traordinaires fans le confentement de fon peuple, V. 101. 102. Mort de *Coventri*, VI. 116.

Courcelles Maréchal de Camp, VI. 478. commande la droite au combat d'Honnecour, 480.

Couriers volants: ce que c'étoit : fecret plus beau qu'utile, VI. 84.

Courfan (L'Abbé de) l'un des grands efpions de Richelieu, eft envoyé en Franche-Comté : prétexte fimulé, & véritable deffein de fon voyage, V. 154.

Courtaumer (Le Marquis de) eft tué dans une expédition contre les *Va-nuds-pieds* de Normandie, V. 754.

Courtenai-Blenau, envoyé à Saumur par le Prince de Condé, confere avec du Pleffis-Mornai, I. 438. Prétention des Seigneurs de *Courtenai*, appuyée par S. A. en reconnoiffance de ce qu'ils avoient embraffé fon parti, 504. 505.

Courtenvaux (Le Marquis de) va en Touraine obferver les démarches de la Reine - Mere, II. 205.

Courtin, un des Rapporteurs du procès de la Maréchale d'Ancre, I. 663. A quel prix il achete l'Ambaffade de Venife pour fon fils, 672.

Courtifans (Les) mettent les moindres chofes en œuvre pour ruiner un ennemi, ou écarter un concurrent, V. 372. Ceux de France, fous Louis XIII. ne fe mettoient pas en peine d'être mal auprès du Roi, pourvu qu'ils fuffent bien auprès du Miniftre, 415. 416.

Coutigno (François de Sufac-) Ambaffadeur du nouveau Roi de Portugal vers les deux Couronnes du Nord, eft différemment reçu à Coppenhague & à Stockholm, VI. 189. 190. Les Miniftres de Suede le détournent d'aller à la Diete de Ratisbonne folliciter l'élargiffement du Prince Edouard. Il fe contente d'y envoyer un Mémoire, 192. 193.

Couvonges (Le Marquis de) Commandant dans Mouzon, V. 675. Comandant dans la Citadelle de Cazal. Il contribue à faire arrêter le Duc de Bouillon. Faute confidérable qu'il fit dans cette affaire, VI. 590. *& fuiv.*

CR

Cramail (Le Comte de) ou *Carmain*: queftion qu'il fait au Duc de Montmorenci après le combat de Veillane : réponfe de ce Seigneur, III. 461. Il eft engagé dans les intrigues for-

CR

mées contre Richelieu. Témoignage que le Cardinal lui rend, 170. 171 Il s'intrigue contre fon Eminence : eft envoyé à la Baftille, V. 46. *& fuiv.* eft élargi, VI. 680. a permiffion de paroître a la Cour, 695.

Cratz joint l'armée Suédoife avec des troupes, IV. 640.

Cravates Soldats du Duc de Lorraine, ainfi nommés, quoique Lorrains : leur barbarie, IV. 731. Expédition contre quelques-uns de ces voleurs, V. 409.

Crawford (Le Comte de) Seigneur Ecoffois : Remontrance qu'on fait à Charles contre lui, VI. 409.

Crequi (Charles de Blanchefort, Sire de) mari de la fille légitime de Lefdiguieres I. 408. époufe enfuite une fille adultérine du même, 410. un de ceux que l'on appelloit *les dix-fept Seigneurs*, 541. Pourquoi il obtient un brevet de Duc & Pair, 546. Il preffe fon beau-pere de repaffer les monts, 594. s'oppofe pour le Maréchal de Lefdiguieres, à l'enregiftrement du Brevet de Luines, &c. II. 120. contribue à fauver la vie au Comte de S. Agnan, 213. 214. eft fait Maréchal de France : s'oppofe à l'établiffement d'un nouveau Miniftere, 421. 422. approuve un fentiment de Baffompierre, 423. rompt les mefures du Prince de Condé pour retarder le retour du Roi à Paris, 427. Rôles qu'il joue dans la promotion de fon beau-pere à la dignité de Connétable, 479. 481. 482. Il s'intéreffe pour la paix : confeil où il eft appelié, 507. 508. 515. 518. 520. Il accompagne fon beau-pere à une Conférence avec le Duc de Savoie, 672. & dans la guerre contre Genes, 700. 745. 746. 747. 748.

Crequi (Le Maréchal de) arrivé à la Cour, vit en méfintelligence ouverte avec le Prince de Piémont : ce qu'il repréfente vivement au Roi, III. 7. 8. Il confeille à S. M. de rejetter le Traité de Mouçon, 9. crie, mais en vain, contre une entreprife du Cardinal, 94. 95. reçoit l'ordre d'amaffer des troupes pour le Duc de Mantoue : refufe de commander l'armée deftinée à le fecourir : la laiffe manquer de vivres, 217. 219. Ordre qu'il reçoit de la Cour, 288. Il fert dans l'affaire du pas de Suze, 315. 317. 319. 320. Commiffion qu'il reçoit, 335. 353. Il va à Turin preffer le Duc de Savoie de fe déclarer, 393. 394. eft nommé pour commander fous le Cardinal, 406. continue fa négociation à la Cour

TABLE DES MATIERES.

CR

de Savoie, 417. 429. 430. Conseil où il est appellé, 431. Il investit Pignerol, 435. va recevoir le Roi dans le Dauphiné. Emploi qu'on lui destine, 444. Il est nommé Commissaire dans une négociation, 445. sert dans la conquête de la Savoye, 450. prend le bon parti à la journée des Dupes, 555. Ce qui empêche qu'il ne soit arrêté, après la disgrace de la Reine-Mere, 612. Il confirme Bassompierre dans sa pensée, de ne point s'enfuir, 613.

Crequi (Le Maréchal de) prévient les soupçons du Cardinal, IV. 130. Il est envoyé à Rome en qualité d'Ambassadeur extraordinaire, &c. 330. 332. demande son rappel avec instance, 514. Négociation où il s'emploie, avec l'Ambassadeur ordinaire, avant que de partir, 517. & suiv. Instances inutiles qu'il fit à Rome pour obtenir des Commissaires qui jugeassent en France la contestation sur la validité du mariage de Monsieur, 531. & suiv. Conférence qu'il a sur ce mariage avec François Barberin, qui le met au sac. Le Maréchal donne une mauvaise idée de ce Cardinal-neveu à la Cour de France: se brouille dans une réponse qu'il fait à un Prélat Italien, 534. & suiv.

Le Maréchal Duc de Crequi entre dans le Milanez, & joint le Duc de Parme, V. 6. 7. Rélation qu'il envoie au Roi du siege de Valence, différente de celle du Duc de Savoye, 8. Il fait concevoir à la Cour une espérance presque certaine de sa prise, 11. Suite de sa relation: circonstance sur laquelle il passe légerement, & non sans raison, 13. Ce qu'il rapporte de la levée du siege de cette ville, &c. 16. 17. En cherchant à chagriner le Duc de Modene, il attire la guerre dans les Etats du Duc de Parme: fait une irruption dans le Milanez: combat d'où il se retire avec perte: sur qui il en rejette la faute, 130. 131. Il presse le Duc de Savoye d'agir, &c. 132. 133. Jalousie pour le commandement entre Crequi & Toiras: regle du Roi là-dessus à l'avantage du premier, 134. Il marche vers le Pô: n'est pas de l'avis du Duc de Savoye, &c. 137. & suiv. 140. se rend maître d'Oleggio, & passe le Tesin avec ses troupes, 141. se fortifie au-delà de cette riviere, &c. 144. Combat qu'il y soutient, dont le succès est diversement raconté, 145. & suiv. La division augmente entre Victor-Amédée & Crequi. Ils se retirent du Milanez, 149. Ce qui empêche

CR

le Maréchal de secourir le Duc de Parme, 152. Il rejoint le Duc de Savoye : à quoi se réduisent leurs expéditions, 377. Le Maréchal rejette un projet violent qu'Hemeri lui propose, 379. 380. s'avance au secours du Fort de Brême: est tué d'un coup de canon. Eloge qu'en fait le Maréchal de Bassompierre, 490. 491.

Crevecœur (Le Marquis de) Gouverneur d'Avesnes, III. 659.

Crew (Thomas) Orateur de la Chambre des Communes, II. 750. Le Chevalier Crew, Chef de justice, perd son emploi, &c. III. 31.

Croisette (La) Gentilhomme du Duc de Longueville, va négocier à Sédan avec le Comte de Soissons, non comme de la part du Roi, &c. V. 297. 298.

Croix (La) Evêque de Grenoble, député de la Chambre du Clergé, I. 362.

Cromwel (Thomas) Comte d'Essex, Favori & premier Ministre de Henri VIII. est la victime de ses propres conseils, VI. 281.

Cromwel (Olivier) réflexion qu'il fait dans la Chambre des Communes, III. 299. Parlement dont il étoit membre, où il ne faisoit pas encore grande figure, VI. 285. 286. Projet de cet homme pénétrant & dissimulé, 407.

Croquans, Paysans soulevés: le Duc d'Epernon arrête leurs désordres, V. 200. Détail d'un autre soulevement des Croquans dans la Guienne, arrêté par le Duc de la Valette, 329. & suiv.

CU

Cueva (Alphonse de la) Cardinal, appellé avant sa promotion le Marquis de Bedmar, II. 524. sert de premier Ministre à l'Infante Isabelle, 699. III. 548. Il sort de Rome, VI. 513.

Cueva (Dom Ferdinand de la) Gouverneur du Château S. Jean, avare, ou peu brave, rend cette place aux Conjurés de Portugal, VI. 178.

Culpeper, membre de la Chambre des Communes, y harangue contre le Gouvernement, VI. 257. Voyez Colepeper.

Cumiane (Le Comte de) est envoyé au-devant du Cardinal Maurice de Savoye, V. 385.

Curée (La) Officier de l'armée du Roi, entre dans la Rochelle, III. 246.

Curés de Paris: Requête qu'ils vouloient présenter contre les Jésuites, I. 128.

CU

Cuſſac conduit à Vincennes la Ducheſſe Douairiere de Longueville, & ſa niece Marie de Gonzague, par ordre de la Reine-Mere, III. 336.

Cuylenbourg (Le Comte de) Converſation qu'il a avec Maurice Prince d'Orange, II. 46. 47.

DA

DADINGTON (Le Chevalier) un de ceux qui portent la Banniere Royale à Nottingham, VI. 575.

Daglié (Le Comte) Ambaſſadeur de Savoye à Rome, avoue qu'un certain écrit eſt de la façon de ſon Maître, III. 212. 213. Affaire ſur laquelle il ſe donne beaucoup de mouvement, 452. Le Comte Philippe *Daglié*, celui de tous les Miniſtres de la Ducheſſe de Savoye qui pouvoit le plus ſur ſon eſprit, &c. la fortifie contre les raiſonnemens artificieux du Cardinal : celui-ci propoſe de l'arrêter, V. 734. Epouvanté par Richelieu, il s'enfuit à bride abattue juſques à Montmélian, 735. Comment il eſt déſigné dans une Lettre du Roi. Triſte ſituation du Comte *Daglié* qui ſouhaite la paix & la réunion de la Maiſon de Savoye, VI. 35. 36. Il eſt arrêté à Turin par ordre du Roi de France, & conduit à Pignerol : paroît trop abattu & trop déconcerté de ſa diſgrace, 92. & ſuiv. eſt transféré à Vincennes, 95.

Daguerre, Lieutenant Colonel, répond d'un air trop fanfaron à une queſtion qu'on lui fait, V. 326.

Damontot, Réſident de France à Bruxelles, demande la liberté de l'Electeur de Treves, IV. 704.

Dampierre (Le Comte de) accourt au ſecours de Vienne, II. 133. eſcorte Ferdinand, 135. défend les ponts de Vienne avec beaucoup de courage, 148. s'oppoſe au Comte de Thurn en Bohême, 150. Expédition où il perd la vie, 246.

Un autre Comte de *Dampierre*, François : emploi qu'il a dans une armée ſous le Maréchal de la Force, IV. 733.

Damville (Le Duc de) Frere du Connétable de Montmorenci, ſe joint aux Guiſes, I. 161.

Daniſi, Gouverneur de Lens, ne défend pas bien cette place : eſt condamné par contumace à perdre la tête, comme poltron, VI. 477.

DA

Danſe, Apothicaire de la Reine Anne d'Autriche, eſt un de ceux que le Cardinal vouloit éloigner, III. 570.

Darmſtat (Le Landgrave de Heſſe-) ce qu'en dit Feuquieres. Entrevue de ce Prince avec deux Miniſtres de l'Empereur, IV. 257. 258.

David, un des Députés de la Rochelle à la Cour d'Angleterre, &c. III. 223.

Dauphiné. Quatre cents Gentilshommes du *Dauphiné*, au camp devant Turin, demandent d'être commandés par un Seigneur de leur Province, VI. 83.

DE

Deageant, premier Commis de Barbin Controlleur Général des Finances, eſt gagné par Luines : perſonnage qu'il joue auprès du Roi, contre le Maréchal d'Ancre, I. 583. & ſuiv. Intrigues & fourberies où il joue ſon rôle, 617. 618. 622. 624. 625. 626. 655. Un des intimes confidens de Luines, il devient Intendant des Finances. Témoignage qu'il ſe rend à lui-même, &c. 679. Conſulté par le Favori ſur un prétendu complot, embarras que cette affaire lui donne, 682. & ſuiv. Conſeil qu'il donne. Il entreprend de mettre dans les intérêts de la France les deux factions oppoſées de la Cour de Rome, 686. 687. Fourberies de *Deageant* pour traverſer une négociation en faveur de la Reine-Mere, &c. 733. & ſuiv. Il cherche à ſe faire un mérite en ſe déclarant ennemi des hérétiques, &c. 737.

Deageant procure le chapeau de Cardinal à Gondi, &c. II. 4. 5. ſuggere divers artifices à Luines, pour arrêter la Reine-Mere à Blois, 19. Il eſt éloigné du Conſeil & des affaires ; demeure à la Cour, 22. 23. Soupçons qu'il inſpiroit au Roi : part qu'il dit avoir eue dans la confidence de S. M, &c. 34. Il avoit ſervi à déconcerter les intrigues de l'Ambaſſadeur d'Eſpagne contre le mariage de Chriſtine, &c. 42. Avis qu'il porte à Luines du projet de l'évaſion de la Reine-Mere, 71. Ce qu'il fit remarquer au Roi ſur une propoſition de quelques-uns de ſon Conſeil, 79. Il forme une entrepriſe ſur Metz : dreſſe des Mémoires pour Berulle, 86. 87. Comment ſon projet ſur cette Ville fut renverſé, 103. 104. Il procure à l'Evêque de Luçon la permiſſion de retourner auprès de la Reine-Mere. Chagrin des Miniſtres contre

Deageant.

D I

IV. 799. est fait Confesseur du Roi : place qu'il ne remplit pas long-temps, VI. 683. 684. 695.

Diocésarée (L'Evêque titulaire de) envoyé à Milan & à la Cour de Savoye par le Cardinal Duc de Mantoue, &c. I. 185.

Dispense : si elle est nécessaire pour le mariage d'un Catholique avec une personne d'une autre Communion, II. 533. 634. 685. Si elle peut s'accorder au premier degré d'affinité en ligne directe, IV. 62.

D O

Dolé, créature & confident du Marquis d'Ancre : Charges que son protecteur veut lui obtenir, I. 139. Il détourne le Marquis d'Ancre de se retirer à Amiens, 190. 191. Pourquoi il le dégoûte de l'alliance avec Villeroi, 227. 252. Ce que le Prince de Condé lui impute, 425. La Cour offre de l'éloigner, 429. nommé comme un des auteurs des désordres, 431. 436. Sa mort, 515.

Dole est assiégé par le Prince de Condé. Réponse gaillarde de son Gouverneur & de ses Habitants à une sommation de S. A. IV. 155. *& suiv.* Ils vont jusqu'à l'insulter. Suite de cette expédition. Le siege est levé, 163. *& suiv.*

Domaine du Roi, autrefois son seul trésor, inaliénable ; engagé presque totalement, I. 293. 294.

Dominicains, plus puissants en Italie & en Espagne qu'en France, se déclarent contre les Jésuites, &c. I. 99.

Dominique, Moine Espagnol, fait le Prophete : engage les Impériaux à donner la bataille de Prague, II. 247. 248. va à Paris : est envoyé au siege de Montauban, &c. 395. A quoi il engage Henri le Bon Duc de Lorraine, 656.

Donato (Léonard) Doge de Venise : sa mort : ce qui rend son Dogat fameux, I. 141.

Donato (Nicolas) Doge de Venise, II. 10.

Doncaster (Le Vicomte de) Ambassadeur d'Angleterre : tour que lui joue Ferdinand d'Autriche, II. 135. 136.

Donnersberg, Chancelier de Baviere, est dépêché à la Cour de Vienne : Discours qu'il fait à l'Empereur, IV. 75. 76.

Dordrecht. Ville de Hollande. Préliminaires du Synode de *Dordrecht* semblables à ceux du Concile de Trente, I. 103. 739. 740. 748. Cette Ville se déclare pour le Prince Mau-

rice, contre les Etats de la Province, 742. 743. 747. on y indique la tenue d'un Synode National, 749. Ouverture du Synode qui y avoit été indiqué : de qui il fut composé : à quoi il servit : influence qu'y eurent les Etats Généraux, II. 89. Ses Théologiens plus habiles, & presque aussi passionnés que ceux de Trente. Procédés du Synode contre les Remontrants, 90. *& suiv.* Il condamne leur Doctrine & leurs personnes, 93. *& suiv.*

Doria (Jean Jérôme) détourne les Génois d'une mauvaise résolution qu'ils prenoient, II. 70.

Doria (Païen) Duc de Vagliane, est blessé par le Duc de Montmorenci au combat de Veillane ; fait prisonnier, & traité généreusement, III. 460. 462.

Dormoi Gentilhomme attaché à Gaston, &c. V. 264.

Dorp, Vice-Amiral de Zélande, II. 723. 725.

Dorset (Le Comte de) est envoyé au-devant de Bassompierre, III. 74. Lieutenant de la Province de Middlesex, il est chargé de veiller à la sûreté de Marie de Médicis, VI. 298. Commission dont il est chargé, 421. A quoi il contribua vraisemblablement, 569. Offres qu'il va faire aux Seigneurs, de la part du Roi, 576.

Douai (L'Université de) se déclare contre les Jésuites, I. 99.

Douglas, Ambassadeur d'Angleterre, refuse de céder le pas à celui de France, IV. 811. Le Chevalier *Douglas* est un des Députés des Confédérés d'Ecosse, V. 719. 720. VI. 109.

Dourchant va engager les pierreries de Marie de Médicis & de Gaston, à Amsterdam, IV. 50.

Dourlac (Le Marquis de Bade-) Voyez *George-Frédéric.*

Douvres (Le Comte de) procédure où il est compris, pour s'être rendu auprès de Charles I. à York, VI. 565. 566.

D R

Droit féodal, apporté du Nord, établi dans les Monarchies formées des débris de l'Empire Romain, VI. 133.

Drouet (De) Capitaine aux Gardes, a le Gouvernement de Royan, pour récompense d'un service de trente-cinq années, II. 468.

Drouin (Le Comte de) parole qu'il porte à Louis de la part du Duc de Savoye, III. 671.

TABLE DES MATIERES.

DR. DU

Druente (Le Comte de) Ambaſſadeur extraordinaire de Savoye à la Cour de France, &c. IV. 54. 55. Commiſſion qui lui eſt donnée, V. 385. Il traite pour le Prince Thomas, VI. 87.

Dubois (L'Abbé) réfute dans un ſermon les Dogmes de Mariana. A quoi il exhorte les Jéſuites. Plaintes de ces Peres. Réponſe de l'Abbé à l'Evêque de Paris, &c. I. 21. Il va à Rome, & y eſt enfermé dans une étroite priſon, 22.

Du Cros, Préſident au Parlement de Grenoble, envoyé à Montpellier pour conférer ſur la paix, y eſt aſſaſſiné, II. 456.

Ducs & Pairs : Voyez *Pairs*.

Duels. Réflexions ſur cette barbare Coutume. Foibleſſe de Marie de Médicis à l'occaſion de celui du Chevalier de Guiſe avec le jeune Baron de Lutz. Fermeté de Louis XIII. juſte louange que mérite Louis XIV. ſur ce ſujet, I. 178. 179. Remontrance & article du Clergé contre les *Duels*, 352. *Duels* du Comte de Bouteville, &c. III. 113.

Duhamel eſt dépêché de Dreſde en France par Feuquieres, IV. 269. eſt renvoyé avec de grandes inſtructions pour négocier avec Valſtein, 270. Rendez-vous où il eſt envoyé, 272.

Duivenvoorde, Noble de Hollande, favorable aux Remontrants, change de parti après la déclaration du Prince Maurice, I. 742.

Duménil envoyé à Lucerne, vers les Cantons Catholiques, II. 667.

Dumfermling (Le Comte de) va préſenter au Roi des requêtes de la part des Confédérés, V. 718. eſt un de leurs Députés pour l'accommodement, 719. 720. On l'envoie à la Cour pour juſtifier les procédures du Parlement d'Ecoſſe, 722. VI. 109. Il a la commiſſion de traiter avec les Commiſſaires du Roi, 135.

Dupes : fameuſe *Journée des Dupes*, III. 555.

Dupleix, faux Hiſtoriographe, piqué de quelques notes du Maréchal de Baſſompierre ſur un de ſes ouvrages, lui rend de fort mauvais offices, V. 372. 373.

Du-Pleſſis-Mornai: *Du-Pleſſis*-Praſlin: *Du Pleſſis* Richelieu. Voyez *Mornai: Praſlin: Richelieu.*

Dupuy, premier Conſul de Montauban, contribue beaucoup à la défenſe de cette place, II. 390. Réponſe qu'il fait à une Harangue du Duc de Sulli, 392. Il aſſiſte le Commandant de Montpellier de ſes conſeils & de ſes ſoins, 485.

Durand, Miniſtre de l'Egliſe Réformée de Paris, I. 690.

Durand, impliqué dans une intrigue, eſt arrêté & condamné à la mort, I. 735.

Durant, Patron d'un vaiſſeau de la Rochelle, le fait ſauter avec quatre vaiſſeaux de l'armée royale qui l'avoient accroché, II. 735.

Duras (Le Comte ou Marquis de) va faire des compliments au Duc de Parme de la part du Roi, V. 77. apporte à la Cour la nouvelle de la défaite des *Croquans* : en revient avec la qualitté de Maréchal de Camp, &c. 329. 334.

Durazzo (Le Cardinal) Légat de Bologne, VI. 510.

Duval Capitaine : entrepriſe qui le conduit à la potence, IV. 10.

Duval Médecin Aſtrologue, doublement malheureux, par une fauſſe prédiction, & par ſa condamnation aux Galeres qui en réſulte, III. 339. 596. IV. 7.

Duval (André) Docteur de la Faculté de Paris, veut s'oppoſer à la cenſure de trois Panégyriques d'Ignace de Loyola, I. 90. 91. Réponſe qu'il prépare, en cas que la Faculté ſoit preſſée de s'expliquer ſur certains articles de Doctrine, 133. *Voyez* 97. 98. Il éclate contre le Livre de Richer, 135. Appuie la propoſition de deſtituer ce Docteur du Syndicat, 137. s'intrigue pour faire révoquer la cenſure du Livre de Santarel, III. 103. & ſuiv. répond au gré de la Cour ſur le mariage de Gaſton, IV. 749.

Duval fameux Géographe de qui il reçut les premieres teintures de ſon art, VI. 376.

Duval, Officier Suédois, eſt défait en Siléſie par Valſtein, IV. 374.

EA. EC

Earle, Le Chevalier, membre de la Chambre des Communes, &c. VI. 527.

Echemberg (Le Prince d') s'emploie à fléchir Valſtein, &c. IV. 35. Voyez *Ekemberg*, 65. 66.

Eccléſiaſtiques (Les) ne doivent ſe mêler ni de politique, ni de guerre, &c. II. 392. ont pour l'ordinaire moins de courage & de déſintéreſſement que les gens du monde, 758. donnent des conſeils pernicieux, quand ils trouvent des Princes crédules, III. 499. 500.

TABLE DES MATIERES.

E C

IV. 290. 293. & *suiv*. Ancienne discipline de l'Eglise touchant les affaires *Ecclésiastiques*, renversée par les Papes, IV. 316. & *suiv*.
Ecosse : *Ecossois*. Entreprise pour obliger les *Ecossois* à recevoir la discipline & la liturgie de l'Eglise Anglicane, IV. 293. 294. Corruption de l'Eglise d'*Ecosse*, exagérée par le Comte de Clarendon : en quoi elle consistoit, &c. 295. 296. Parlement d'*Ecosse* convoqué à Edimbourg. Mécontentements donnés aux *Ecossois*, 297. & *suiv*. Origine des troubles d'*Ecosse*, telle qu'un célebre *Ecossois* l'a décrite. Grande autorité que le Synode national de ce pays s'attribuoit, V. 452. & *suiv*. soulevement des *Ecossois* contre l'établissement d'une nouvelle liturgie & d'une nouvelle discipline, 457. & *suiv*. Ligue ou confédération qu'ils renouvellent, en y ajoutant quelque chose par rapport à la conjoncture. Termes dans lesquels cette piece étoit conçue, 573. & *suiv*. Quoique Charles se fût oublié en quelques points, ils n'étoient pas en droit de prendre des mesures si violentes. Les moins emportés d'entre eux tâchent de rectifier cette démarche, faite sans demander le consentement du Roi. S. M. ne se paye pas de leur déclaration, 576. 577. La confédération est signée dans toute l'*Ecosse*. Requêtes & Remontrances rejettées : Déclaration qui aigrit les esprits, 577. & *suiv*. Conduite des Confédérés d'*Ecosse* avec le grand Commissaire que le Roi y envoie, 581. & *suiv*. Piece qui marque nettement l'origine de ces mouvements, 588. 589. Assemblée générale de l'Eglise d'*Ecosse* : ses procédés irréguliers & violents. Elle est dissoute : les Confédérés la continuent, nonobstant l'ordre contraire du Roi, 590. & *suiv*. Mouvements qu'ils se donnent, afin que les actes de cette Assemblée soient généralement reçus dans tout le Royaume, 596. Ils se préparent à la guerre : envoient au Roi une apologie de leur procédé : publient une espece de Manifeste de la façon de leurs Ministres, Saillies d'enthousiasme & traits d'hypocrisie dont cette piece est pleine, 709. & *suiv*. Les Confédérés s'assurent du Château d'Edimbourg & de quelques autres : accablent quelques Seigneurs fideles au Roi, 712. Foiblesse de l'armée des Confédérés : ce qui les sauva, 715. & *suiv*. Ils font des soumissions au Roi, & tâchent de gagner les principaux Officiers de son armée, & quelques Seigneurs Anglois, 718.

E C

& *suiv*. Traité d'accommodement qui leur est plus avantageux qu'à S. M. Ils profitent de la conjoncture, renouvellent à Edimbourg ce qui avoit été fait à Glasgow, se lient plus étroitement, &c. 720. 721. Plus puissants que le parti du Roi dans le Parlement convoqué à Edimbourg, ils poussent loin leurs entreprises, &c. 722.
Les *Ecossois* Confédérés soutiennent leurs premieres démarches : prétendent continuer le Parlement, nonostant la prorogation du Roi : envoient des Députés à S. M. Harangue en leur nom. Leurs demandes sont rejettées par Charles & par son Conseil. Ils se préparent à une vigoureuse défense, VI. 109. & *suiv*. 129. Entreprise qu'ils font sur l'autorité du Roi, 130. Ils se rendent maîtres du Château d'Edimbourg : font une irruption en Angleterre : publient un Manifeste & un autre écrit pour leur justification : battent un corps de troupes Angloises, & prennent Newcastle, 131. 132. présentent une requête soumise & respectueuse en apparence à S. M. 133. Leurs Députés négocient avec les Commissaires du Roi. Prétentions des *Ecossois*. Ils tâchent de gagner les Seigneurs Anglois : refusent de transférer la négociation à York. Ce qu'ils demandoient pour préliminaire du Traité. On convient d'une suspension d'armes, & de transférer la négociation à Londres : accord qui leur est avantageux, &c. 135. & *suiv*. Les Commissaires d'*Ecosse* font présenter à la Chambre Haute du Parlement d'Angleterre un long mémoire de plaintes contre Laud : ils ne doivent pas en être crus, 271. 272. Traité de pacification entre l'Angleterre & l'*Ecosse*. Les *Ecossois* demandent que Charles fasse un voyage dans leur pays : à quoi S. M. consent, &c. 399. 401. 402. Ils lui extorquent toute son autorité, & des gratifications exorbitantes, 409. & *suiv*. Charles se flate en vain du secours des *Ecossois*. Liaison des Presbytériens d'*Ecosse* avec ceux d'Angleterre, 533.

E D

Edit de Nantes, Loi perpétuelle & irrévocable, Traité fait dans toutes les formes, &c. II. 351. 352.
Edmonds (Le Chevalier) Ambassadeur d'Angleterre à la Cour de France, I. &c. 158. négocie avec le Maréchal de Bouillon, 395. offre l'entremise de son Maître pour récon-

Hhhh b iij

E D

cilier le Prince de Condé avec la Cour, 490. 491. On lui donne la qualité de témoin dans cette négociation, 492. Il assiste à la Conférence de Loudun ; s'il faut se récrier là-dessus, 500. Mouvement qu'il se donne pour la paix, 508. On s'oppose à ce qu'il signe au Traité, 510. Il est présent au serment de Louis XIII. pour la paix entre les deux Couronnes, III. 334.

Edouard Farnese, Duc de Parme, refuse de céder au Duc d'Orléans Marguerite de Médicis qui lui étoit promise, III. 117. 118. Son ambition. Il se jette du côté de la France, IV. 331. 332. 392. promet d'entrer dans une ligue projettée pour chasser les Espagnols de la Lombardie. Son impatience. Il confere avec Sabran, 602. 603. va au devant de ce qu'un Ministre de Louis lui devoit proposer : fait mettre les armes de France sur son Palais à Rome : est plus irrité qu'épouvanté des menaces des Espagnols, 706. Son contingent dans un Traité qu'il signe, 707.

Edouard Duc de Parme, rempli d'espérances chimériques, se met en campagne, joint le Maréchal de Crequi, a peu d'égards pour un Bref du Pape. Plaisanterie sur une piece pleine de hauteur & de fierté, qu'il avoit fait publier, &c. V. 7. Expédition où il conduit l'arriere garde, 14. Motifs qui le déterminent à aller en France : son entrée à Paris : compliment que lui fit un vieux Libraire : il interrompt prudemment l'éloge qu'on faisoit de son grand-pere. Accueil que lui fait la Cour. Contestations qu'il a sur le Cérémoniel, terminées à son avantage, 76. *& suiv.* Ce qu'il remporte de son voyage. Il retourne dans ses Etats ravagés, 79. Réponse qu'il avoit faite à une réflexion maligne du Duc de Weymar, &c. 81. Les Ambassadeurs ne virent point *Edouard* à Paris, 82. Irruption des Espagnols & du Duc de Modene dans ses Etats. Il est bientôt rajusté avec celui-ci : les autres continuent leurs hostilités dans le Plaisantin, &c. 130. *& suiv.* Inquiétude & agitation de ce Prince imprudent, qui se défie de tout le monde, 133. 136. Projets & mouvements pour chasser les Espagnols de ses Etats, 137. *& sxiv.* On lui propose un détachement de troupes, & il en demande le commandement. Toiras, qui s'offre à servir sous ses ordres, lui paroit suspect, 140. 141. Variations d'*Edouard*. La complaisance qu'on a pour lui augmente ses soupçons. Il va *incognito* dans ses Etats, & renvoie les troupes qu'on lui a données. On rit de sa terreur panique, &c. 143. Les Espagnols rentrent dans ses Etats & les ravagent. Monitoire du Pape contre *Edouard*, &c. Il est encore éloigné de s'accommoder avec les Espagnols. Ses dispositions à l'égard de la France & des Barberins, 151. *& suiv. Edouard* est contraint d'accepter les propositions que le Roi d'Espagne lui impose. Expédient dont il s'avise pour se délivrer de la garnison Françoise qui étoit dans Plaisance, 299. *& suiv.*

Edouard Duc de Parme se plaint des Barberins : sa fierté ne s'accommode pas des conditions auxquelles ils veulent lui vendre un chapeau de Cardinal pour son frere, VI. 388. 389. Voyage qu'il fait dans une de ses maisons peu éloignée de Rome. Invité par le Pape, il se rend dans cette Ville : à quelle intention. Il fait fort adroitement sa cour au S. Pere : se brouille avec ses neveux à l'occasion du cérémoniel ; s'en retourne chez lui sans les voir, après s'être plaint amerement du Cardinal François Barberin, 389. 390. Les Barberins cherchent à le mortifier. Il se défend par la plume, & pense à se mettre en état d'agir par l'épée, &c. 390. *& suiv.* est excommunié par le Pape : reçoit tranquillement cette nouvelle : se précautionne contre les mouvements que les foudres du Vatican pourroient exciter dans ses Etats, 503. *& suiv.* 504. Requête en forme de protestation qu'il envoie au Pape, respectueuse pour S. S. mais vive & animée contre les neveux, 504. 505. Il reçoit à bras ouverts le Maréchal d'Etrées ; obtient la révocation de l'ordre qui le rappelloit en France : s'opiniâtre à soutenir courageusement son droit, 506. forme le projet de dissiper l'armée Barberine avec des troupes inférieures en nombre ; le poursuit malgré diverses remontrances, & réussit, 509. 510. marche vers la Romagne : jette la confusion & l'épouvante dans Rome, 511. se laisse imprudemment amuser par une négociation, & perd tout le fruit de son expédition, 513.

Edouard (Le Prince) frere du Duc de Bragance, sert l'Empereur. On propose de l'appeller à la Couronne de Portugal, VI. 145. Injustices que la Cour de Madrid lui avoit faites, 154. Il va conférer secretement à Hambourg avec les Plénipotentiaires de France &

TABLE DES MATIERES.

E D

de Suede : n'est pas averti à temps de la révolution de Portugal, 190. 191. est arrêté par ordre de l'Empereur, & livré aux Espagnols, qui le traitent avec inhumanité, &c. 192. 193.

F E. E F. E G

Eenholt Colonel Flamand, dont le pere avoit eu la tête coupée pour une tentative inutile sur le fort de Skenk, se venge en procurant aux Espagnols la prise de cette place, IV. 807.

Effiat (Le Marquis d') Ambassadeur de France en Angleterre, II. 618. sollicite les Catholiques du pays d'écrire au Pape sur l'affaire du mariage du Prince de Galles avec Henriette. Pourquoi il ne leur étoit pas agréable, 637. 638. Il négocie des vaisseaux à Londres, 730. S'intrigue pour le Cardinal de Richelieu, III. 39. est fait Surintendant des Finances, 42. présente un mémoire à l'assemblée des Notables, où il découvre le mauvais état de la France, & les causes du désordre, 92. *& suiv.* se trouve à l'entrée du Roi dans la Rochelle, 247. accompagne le Duc de Montmorenci dans le Piémont, 458. 459. Combat de Veillane engagé contre son avis: il y montre du courage & de la conduite, 460. n'est pas content des éloges que Montmorenci lui donne; conçoit une inimitié mortelle contre lui, &c. 462. est d'un avis contraire à celui de ce Seigneur; le laisse agir au pont de Carignan, 480. 481. Plein pouvoir qu'on lui avoit donné secretement. Il revient à la Cour, 487. est fait Maréchal de France. Affectation ridicule dans ses Lettres Patentes, &c. 576.

Effiat (Le Maréchal d') Surintendant des Finances, traverse fortement le Duc de Montmorenci. Tentative du Cardinal pour les raccommoder, IV. 111. Il persiste dans son animosité, 114. est chargé de presser le Duc de Lorraine de désarmer, 121. attaque ce Prince, 124. part pour rétablir l'Electeur de Treves dans ses Etats. La mort le prévient, *ibid. & 125.*

Effiat (Le Marquis d') assemble des milices, pour secourir Salces, V. 727. 728.

Effiat (L'Abbé d') qui a fait assez de bruit dans le monde par son luxe: à quoi il fut destiné pendant la faveur de son frere Cinq-Mars, V. 747.

Eglise Catholique; mot étrangement équivoque en France, I. 40. Elle doit obéir à Dieu &

E G

aux Souverains. Causes du renversement de cet ordre, 141. Emploi des biens de l'*Eglise* 176. 177. Cas où ils peuvent être saisis, 347. 348. Liberté laissée par les Apôtres aux *Eglises* particulieres sur la discipline & les cérémonies, IV. 294. Fêtes de la primitive *Eglise*, V. 549.

Egmond (Le Comte d') accompagne Spinola au siege de Bergopzom, II. 497.

Eguillon (La Duchesse d') Voyez *Combalet.*

E K. E L

Ekemberg (Le Prince d') Ministre de l'Empereur, fait des propositions sur l'affaire de Mantoue, qui ne sont pas reçues, III. 391. Voyez *Echemberg.* Il se laisse gagner par les ennemis de Valstein, IV. 471.

Ekenfort, un des quatre Généraux d'une armée Impériale, défaite par le Duc de Weymar, & prisonnier, est conduit en France avec Jean de Wert: comment ils y furent traités, V. 473. *& suiv.*

Elbene (D') Evêque d'Alby, député par le Clergé à la Chambre de la Noblesse, I. 348. agit auprès du Duc de Montmorenci, pour l'engager dans le parti de la Reine Mere & de Gaston, IV. 114. 115. Discours qu'il lui tient, 116. 117. Il travaille à gagner les Députés des Etats de Languedoc, 118. redouble ses instances: insinue au Duc de faire arrêter l'Archevêque de Narbonne, &c. 120. Peine à laquelle l'Evêque d'Alby est condamné par des Commissaires du Pape, 320.

Elbene (D') accompagné d'un grand nombre de gens la hallebarde à la main, rassure le Prince de Condé qui s'en allarmoit, I. 543. Le Chevalier d'*Elbene* & son frere l'Abbé prennent à cœur l'affaire du raccommodement du Duc d'Orléans, IV. 462. *& suiv.* Le premier profite d'un moment favorable pour exhorter Puylaurens à renouer cette négociation, 554. Il porte au Roi la nouvelle de l'arrivée de Monsieur, 666.

Elbene (L'Abbé d') neveu de l'Evêque d'Alby, est dépêché au Duc de Montmorenci, par Gaston, IV. 115. 116. Il est envoyé à Paris pour négocier le retour de son A. R. 286. *& suiv.* Suite de sa négociation, 462. *& suiv.* Il presse ce Prince d'accepter les conditions qu'on lui propose: lui fait une grande & forte leçon, &c. 467. 468. porte de bonnes paroles à S. A. R. 674. A quoi il est employé auprès de ce Prince, 680. 682. Voyage

EL

qui alarme l'Abbé d'*Elbene*. Scenes divertissantes que la Riviere & lui donnent, 756. 757. Intrigue où d'*Elbene* a part. Témoignage rendu à sa malice par Monsieur, qui le chasse ignominieusement, V. 69. & suiv.

Elbeuf (Le Duc d') épouse Mademoiselle de Vendôme, I. 679. II. 73. est fait Chevalier des ordres du Roi, 173. commande en Normandie, 209. sert au siege de S. Jean d'Angeli, 361. Commandement qu'on lui confie, 426. Il tâche d'arrêter les progrès des Réformés en Guienne, 462. prend Tonneins, ibid. & 470. sert au siege de Montpellier, 515. rend un service infâme à Monsieur, 599. ajoute foi à une calomnie contre Chalais son ennemi, & la rapporte, III. 53. Commission dont il est chargé, 149. Il arrête le Comte de Rouci, 173. va joindre Gaston, &c. 625. 626. Déclaration où il est compris, 627. Il perd son gouvernement de Picardie, 648. Ses biens sont confisqués, IV. 7.

Elbeuf (Le Duc d') pique d'honneur Puylaurens: assiste au mariage de Gaston avec Marguerite de Lorraine, comme témoin, IV. 13. 14. est sur le point de se battre avec le Comte de Brion, 49, a la Lieutenance générale de la petite armée de Gaston, 126. fait amadouer les Soldats, 127. Dispute qu'il a avec Montmorenci pour le commandement. S'il étoit d'intelligence avec le Cardinal, &c. 150. 151. Il prend garde à ce qui se passe au Traité de Monsieur avec le Roi: obtient sa grace, rentre dans ses biens, &c. 167. est condamné à mort par contumace, 222. dégradé de l'ordre du S. Esprit, 276. Il fomente l'inquiétude des Espagnols touchant la négociation pour le retour de Gaston, 464. Complot contre la vie de Puylaurens, où l'on le soupçonne d'avoir trempé, 499. 500. 501. Il veut s'en disculper auprès de Monsieur: pousse le discours trop loin, irrite ce Prince, & en est traité avec hauteur & avec mépris, 502. envoie un cartel de défi à Puylaurens, &c. 503. fait part au Marquis d'Ayetone du Traité secret de Gaston avec Louis, &c. 664. Le Duc d'*Elbeuf* a une querele avec le jeune Duc de Guise, VI. 337.

Elbeuf (La Duchesse d') sœur du Duc de Vendôme & du Grand Prieur, fait l'affligée de leur disgrace: proposition qu'elle leur fait de concert avec Richelieu, III. 106. & suiv. Elle anime la Reine Mere contre ce Ministre, 441. entre dans la faction qui lui est contraire, 483. 527. 576. est releguée, 607.

EL

Electeurs d'Allemagne: pourquoi les Rois les ont appellés freres, VI. 171. Diete Electorale à Nuremberg, VI. 201.

Eleonore de Gonzague, seconde femme de Ferdinand II. Empereur, II. 429. pleure la désolation de sa patrie, 474. est couronnée Impératrice à Ratisbone, 503.

Elizabeth, Reine d'Angleterre, fâchée du Traité d'Henri IV. avec Philippe II. I. 4. Les Anglois chérissent encore sa mémoire, 7.

Elizabeth de France, fille aînée d'Henri IV. Signature des articles de son mariage avec le Prince d'Espagne: sa dot: renonciation qu'on lui fait faire, I. 154. Elle danse un ballet, 391. part de Paris, 441. tombe malade de la petite vérole à Poitiers, 448. Son mariage célébré à Bourdeaux: elle part pour l'Espagne. Echange de deux Princesses, 481. 482. *Elizabeth* Reine d'Espagne, écrit au Roi son frere, pour le détourner de sa résolution touchant la Valteline, II. 663. Raisons qu'elle avoit de hair Olivarez. Affliction que lui donnent la foiblesse, les désordres & la négligence de son Epoux: sur-tout son insensibilité sur l'éducation de leur fils unique. Elle avoit bien sû prendre les manieres & les intérêts des Espagnols, VI. 483. Maxime qu'elle goûtoit extrêmement. Dans quelles vues elle engage Philippe à faire un voyage en Catalogne, 487. 488. Nouvelle dont elle doute avec raison, 492. Elle anime les Grands d'Espagne à la défense de l'Etat, cherche les moyens d'ôter l'administration des affaires au Comte-Duc, & y réussit enfin, 672. & suiv.

Elizabeth, fille de Jacques I, mariée à l'Electeur Palatin, I. 197. On la reçoit magnifiquement en Hollande, ibid. Elle presse son mari d'accepter la Couronne de Bohême: appelle les motifs de religion à son secours, II. 165. 166. Comment elle fut représentée à Anvers, 415. Ce qu'elle fait pour gagner le Duc de Buckingam, 578. Obligation que son frere lui avoit, 581. A quoi il est vraisemblable qu'elle disposa Buckingam, III. 225. Lettre que le Roi son frere lui écrit. Elle le presse d'appuyer l'entreprise du Roi de Suede, 490. 491.

Elizabeth-Emilie Landgrave de Hesse. Voyez *Emilie-Elizabeth*.

Elliot (Le Chevalier) membre de la Chambre des Communes d'Angleterre, y harangue en Sénateur, III. 20. 21. fait une péroraison

TABLE DES MATIERES.

E L

roraison véhémente, dans la Chambre Haute contre Buckingam, est renfermé dans la Tour de Londres, &c. 26. 28. obtient son élargissement après s'être expliqué, 29. est remis en prison, pour avoir refusé de donner l'argent que le Roi lui demandoit par maniere d'emprunt, Requête qu'il fait présenter à S. M. ses remontrances inutiles, 133. Remontrance qu'il fait dans la Chambre des Communes, 188. Il parle fortement contre la mauvaise conduite du Favori : reprend Cook Secrétaire d'Etat, avec sévérité, &c. 189. 190. proposition qu'il fait contre Buckingam, sans le nommer. Il ne manque pas les occasions de parler contre le Gouvernement, 194. 195. s'échauffe autant contre l'Arminianisme que pour la liberté de la Patrie, 298. 299. se distingue dans la Chambre des Communes contre la Cour : est maltraité à ce sujet, 301. 302. 304.

Elsemere, Chancelier d'Angleterre, n'ose pas sceller un acte accordé par le Roi au Comte de Sommerset, &c. I. 473. 474.

E M

Emanuel, fils aîné de Dom Antoine, V. 418.

Emanuel I. Roi de Portugal, flétrit sa mémoire par ses violences sur le chapitre de la Religion, VI. 380.

Embden (Le Comte d') Gouverneur de Luxembourg, surprend la ville & l'Electeur de Treves, IV. 703. 704. emporte le Fort de Skenk, 807.

Emeri est dépêché à Turin par le Cardinal, &c. III. 417. 418. 429. 432. Conseil où il est appelé, 431. Voyez *Hemeri*.

Emilie-Elizabeth de Hanaw, veuve de Guillaume Landgrave de Hesse, Princesse de bon esprit, & d'un courage mâle, à qui son époux avoit laissé la tutelle de ses enfants, & l'administration de ses Etats, se conduit très-habilement dans une affaire délicate & difficile, V. 487. *& suiv.* Propositions de mariage entre le Duc de Weymar & cette Princesse, 489. 490. Traités qu'elle conclut avec la France, &c. VI. 97. 98. 102. 103. Elle s'excuse de fournir un nouveau corps d'infanterie, 107. contribue plus qu'aucun autre à retenir la Maison de Brunswick dans la confédération. Grand crédit de cette Princesse, par son jugement exquis, 211, Projet où elle eut part, malgré les remontrances de Guébriant, 212. 213. Elle persiste, seule de l'Allemagne, dans l'alliance de la France, 457.

E M

Eminence & *Eminentissime*, Titres inventés pour les Cardinaux : on permet de les donner aux Electeurs Ecclésiastiques & au Grand-Maître de Malte, &c. III. 451. *Eminence*, Titre synonyme à celui de Majesté, VI. 171.

Empereur. Remarque sur le serment qu'on lui fait faire à son couronnement, I. 141. Son autorité foible en Italie, 194. La grande maladresse d'un sat récompensée par un *Empereur*, II. 466. Méthode d'un *Empereur* avare dans l'administration de ses revenus, 643. Les *Empereurs* d'Allemagne avoient seuls le titre de Majesté, VI. 171. Ils ne sont au fonds que chefs d'une République, 172.

E N. E P

Enghien (Le Comte d') Prince du Sang, présent au lit de Justice de Louis XIII. I. 16. Comte de Soissons par la mort de son pere, 161. Voyez *Soissons* (Louis de Bourbon Comte de)

Enghien (Louis de Bourbon Duc d') fils aîné du Prince de Condé, fait sa premiere campagne, en qualité de Maréchal de Camp, sous la Meilleraie, VI. 49. 50. se trouve volontaire au siege d'Arras, 54. Action où il se trouve, 56. 72. Autre où il se distingue, selon l'Auteur de sa vie, quoique les Officiers présents ne fassent pas mention de ce Prince, 77. Il épouse une niece du Cardinal de Richelieu, 113. *& suiv.* est envoyé dans le Roussillon, 313. Lettre qui donne à penser qu'il n'étoit pas si souple que son pere, &c. 364. Il est au siege de Perpignan, comme volontaire, 630. Intelligence secrete, liée entre ce Prince & la Reine. Il va commander l'armée de Flandre, 686. se déclare pour la Meilleraie, contre le Duc de Vendôme, 696.

Enriquez de Guzman, avanturier connu auparavant sous le nom de Julien de Velazar : grand exemple de la bizarrerie de la Fortune, &c. VI. 486. 487. 493, Emploi que son prétendu pere lui destinoit, 673.

Epernon (Jean-Louis de Nogaret de la Valette Duc d') donne des inquiétudes à Henri IV. I. 5. Pourquoi ce Prince le choisit pour chef du Conseil de la Reine Régente, 13. Il empêche qu'on ne tue Ravaillac sur le champ, 14. Ses démarches pour faire déclarer la Reine Régente. Compliment brusque qu'il fit au Parlement. Il se radoucit, 14. 15. Récompensé selon son humeur par

TABLE DES MATIERES.
EP EP

la Régente; recherché par le Comte de Soiſsons, il ne s'engage pas à le ſervir dans tous ſes projets, 18. Emulation entre le Maréchal de Bouillon & *Epernon*: ce qui rendoit celui-ci conſidérable, 19. Ses alarmes à l'arrivée du Prince de Condé, 27. Il ſe brouille avec le Marquis d'Ancre. Eſprit altier & opiniâtre du Duc: ſatisfaction qu'il exigeoit. Expédient qui les réconcilie, 42. 43. Il ſe brouille avec Soiſſons: on tâche en vain de les raccommoder, 48. confirme ce que Sulli diſoit en faveur de Guiſe, 51. Accuſé par la d'Eſcouman d'avoir ſuborné Ravaillac, &c. 53. 54. Cabale contre lui: pourquoi il n'aimoit pas les Favoris: ſa fierté: ſa ſuite dans Paris, 57. Il ſe retire de la Cour, 58. rejette avec dédain l'alliance de Concini, 59. revient à la Cour: on l'y comble de careſſes & d'honneurs: dans quelle vûe, 127. Son parti abaiſſé, 144. 145. Il néglige d'entrer dans un nouveau Traité, 147. prêt à ſe lier avec le Prince de Condé, 173. 174. il ſe raccommode avec la Régente. Beaux ſentimens du Duc, &c. 175. 176. A quelle condition il pardonnoit volontiers: ſa fierté ſatisfaite, 177. Marques de diſtinction que la Reine lui donne, 178. Plus d'oſtentation que de réalité dans ſes ſentimens généreux: Charge qu'il demande pour ſon fils: refus de la Reine: mécontentement du Duc: on l'apaiſe. Conſeil qu'il donne ſur la maniere de diſſiper le parti du Prince de Condé, 227. Voyez 242. 243. Chagrin de ce que ſon Conſeil n'étoit pas ſuivi, réſolution qu'il prend, 228. Avis qu'il avoit donné à Henri III. *ibid.*

Démêlé du Duc d'*Epernon* avec le Parlement de Paris, I. 315. *& ſuiv*. Il conſerva toujours ſa fierté, 317. Offre qu'il fait au Roi à l'occaſion des Remontrances du Parlement, &c. 421. Repartie qu'il fait au premier Préſident, 422. Vûes qu'il avoit en propoſant le commandement de l'armée au Maréchal d'Ancre. Il change d'idée, le fait exclure de cet emploi, & s'attire la haine de cet Italien, 439. 440. ſon avis ſuivi ſur le jour du départ du Roi & de la Reine, qu'il ſe charge de conduire ſûrement. Il refuſe toute ſorte de commandement: de quoi il ſe contente. Il fait rejetter un bon avis du Marquis de Cœuvres qu'il haïſſoit, 441. Concurrence entre *Epernon* & Guiſe qui les déſunit: autre ſujet de froideur & de jalouſie. Chagrin que lui donne ſon fils aîné, dont il déconcerte

les projets, 449. 450. On tâche de le rendre odieux dans une piece publiée par Condé, &c. 461. Il conduit la Cour à Bourdeaux, 464. fait mine de céder au Duc de Guiſe le commandement de l'armée; diſſimule ſon chagrin, &c. 489. Accident qui lui arrive à Tours: ſûr de ſa diſgrace prochaine, il prévient un ordre mortifiant, & ſe retire fierement de la Cour, 498. 499. Il devine la conduite du Duc de Guiſe, 556. Deſſeins & intrigues du Duc d'*Epernon*, peint d'après nature par le Duc de Rohan, 361. 362. Démêlé qu'il a avec les Habitans de la Rochelle, 563. Il arme & marche vers cette ville. Son manifeſte & ſes rodomontades. Bon mot ſur cette expédition, 564. 565. Après avoir réſiſté aux ordres de la Cour, il ſe déſiſte enfin de cette entrepriſe. Lettre Gaſcone qu'il écrit au Roi, 566. 567.

Epernon (Le Duc d') eſt fruſtré de l'eſpérance d'un chapeau de Cardinal pour ſon troiſieme fils, II. 4. 6. Il en témoigne ſon chagrin, & ſe brouille avec Luines, 6. 7. mortifie publiquement du Vair, &c. ſe retire dans ſon Gouvernement de Metz, &c. 7. *& ſuiv*. Ce qui l'avoit brouillé avec l'Abbé Rucellaï, 35. Il eſt propoſé par le Maréchal de Bouillon pour délivrer la Reine-Mere, 36. Négociation avec le Duc pour cette affaire, 37. *& ſuiv*. Il donne ſa parole. Motif qui l'engagea dans cette entrepriſe: ce qu'on en diſoit plaiſamment, 40. Sa colere en apprenant que Rucellaï eſt de l'intrigue: on l'apaiſe, & il donne ſa confiance à cet Abbé, 41. Projets du Duc pour la délivrance de la Reine-Mere. Il fait demander au Roi la permiſſion de ſortir de Metz, 67. 68. écrit à S. M. dans cette vûe: extrait de ſa Lettre compoſée par Balzac, 68. *& ſuiv*. Il part de Metz ſecretement; écrit dans la route à S. M. obtient l'aveu de ſon voyage, 70. ſert Marie de Médicis dans ſon évaſion de Blois: la conduit à Angoulême, 71. 72. écrit au Roi une Lettre pleine de menſonges groſſiers & impertinens, 77. invite ſes amis à ſe joindre à lui, *ibid*. Précautions qu'il avoit priſes. Il ne paroît pas ſe mettre beaucoup en peine des artifices du Favori, 78. 79. Reſpect qu'il avoit pour Berulle. On cherche à amuſer *Epernon*. Il s'intrigue pour engager les Réformés à ſe remuer en faveur de la Reine-Mere, 86. 87. Embarras où le jettent les préparatifs du Roi. Il amaſſe quelques trou-

TABLE DES MATIERES.

E P

pes, perd deux de ses places, empêche le Duc de Mayenne de faire aucun progrès. Inquiétude où il est pour son Gouvernement de Metz, 102. 103. Informé par Marie de Médicis des mauvais conseils que Rucellaï donnoit à S. M. il cesse de parler à un si mal-honnête homme ; défend à ses gens de l'outrager, 105. Charmé de la déférence & des soumissions de l'Evêque de Luçon, il le conduit chez la Reine-Mere, prie S. M. d'accorder ses sceaux au Prélat, 108. 109. Bref du Pape à *Epernon* : les Ministres ne sont pas d'avis qu'on le lui envoie, 110. Courage & fermeté de ce Seigneur. Ce qu'il écrivit au Roi, après la conclusion du Traité avec la Reine-Mere : il ne fait aucune avance à Luines pendant la négociation ; ne demande aucune récompense, 112. 113. contribue à faire donner le Gouvernement d'Angers au Marquis de Richelieu, 114. Splendeur & générosité du Duc envers les personnes de distinction qui venoient voir la Reine-Mere, 115. Récompenses qu'il reçut de S. M. pour les grandes sommes qu'il avoit dépensées à la servir. Ce qui le consoloit de la perte de son argent, 121. 122. Avances que S. M. lui fait, pour l'engager à la servir derechef, 186. Tentative du Favori pour le ramener, 189.

Le Duc d'*Epernon* confirme la Reine-Mere dans la résolution de ne point sortir d'Angers, &c. II. 204. est le premier à poser les armes. Ce qui le console dans cette disgrace. Réponse qu'il fait au Duc de Mayenne. Il va se jetter aux genoux du Roi. Paroles qu'il adresse à S. M. 216. 217. Il régale la Cour à Cadillac, 218. Superstition, générosité ou faste de ce Seigneur. Il acheve de réduire le Bearn, &c. 359. 360. contribue à la prise de S. Jean d'Aegeli, 364. reçoit les ordres du Roi seul. On le laisse autour de la Rochelle avec une petite armée. Ses vastes projets, 367. postes auxquels il aspire : commandement qui lui est confié, 426. Aidé de la Rochefoucault & de Saint Luc, il chasse Soubize de la Saintonge : refuse d'aller à leur secours, malgré les ordres réitérés du Roi, &c. 458. 459. forme le siege de Royan, s'en désiste : pourquoi il refuse de le continuer, quoique S. M. l'en presse, 465. 466. Il dissimule le chagrin qu'il a de ce qu'on lui préfere le Comte de Soissons pour commander les troupes autour de la Rochelle : refuse d'être son Lieutenant Général. Réponse ironique qu'il fait au Secrétaire

E P

d'Etat qui lui en faisoit la proposition. Pourquoi il ne s'éloigne pas de la Cour. Compliment souple & adulatif qu'il fait au Roi, 468. 469. On lui donne le Gouvernement de Guienne. Pourquoi il hésita de l'accepter, &c. 482. 483. Conseil où il est appellé, 508. Revenu de son pelerinage de N. D. de Montferrat, il donne de bons avis pour le siege de Montpellier, qui ne sont pas suivis, 510. 511. fait civilité au Prince de Galles & à Buckingam, sans les connoître, 547. *Epernon* fait plier le Maréchal de Thémines: a des démêlés avec le Parlement de Bourdeaux, & avec son Chef: fait un voyage en Cour; à quelle intention : aigreur secrette & réciproque entre lui & le Cardinal, &c. 719. *& suiv.* Quoique mécontent, le Duc se charge volontiers de faire le dégât aux environs de Montauban, par haine contre les Réformés, 721. 722.

Epernon (Le Duc d') rejette des propositions qu'on lui fait de la part du Duc d'Anjou, en donne avis au Roi, III. 51. a de nouveaux démêlés avec le Parlement de Bourdeaux, 118. *& suiv.* profite considérablement du naufrage d'une Caraque Portugaise. Différend qu'il a avec le Cardinal à cette occasion. Commencement des disgraces du Duc, 120. *& suiv.* Ce qu'il avoit jugé propre à prendre la Rochelle, 159. Pourquoi il servit lentement au siege de cette place, 161. Il va saluer le Prince de Condé à Toulouse ; refuse la commission de Lieutenant Général sous S. A. 175. tente inutilement d'emporter Caussade, 182. 201. fait le dégât à Montauban, 351. Dépit qu'il a d'une commission donnée au Cardinal dans son Gouvernement, 367. Il lui rend visite à Montauban avec une extrême répugnance : répond mal à ses avances, 376. 377. va à la Cour ; y est fort distingué par le Cardinal ; mais inutilement, 377. 378. Il accourt à Metz, sur un bruit de siege. Offre généreuse qu'il fait au Roi, 449. Sa conduite à la journée des Dupes : mortification qu'il essuie, 555. Démarche qu'il fait trop tard, & de mauvaise grace : ce qu'il dit pour couvrir sa double faute, 556. 557. Proposition faite au Conseil de l'arrêter: pourquoi on l'épargne. Avis qu'il donne à Bassompierre, &c. 611, *& suiv.* Il fait sa cour aux Ministres aux dépens de ses amis, suivant le Journal attribué à Richelieu, 615.

I iiii ij

TABLE DES MATIERES.

E P

Epernon (Le Duc d') Consolation qu'il reçoit, &c. IV. 3. Coup de partie, s'il s'étoit uni au Duc de Montmorenci, qui l'en sollicite trop tard, 128. Mouvements qu'il se donne pour prévenir les soupçons du Cardinal : service important qu'il lui rend. Quels furent les motifs qui empêcherent le Duc de se déclarer pour Gaston, &c. 130. 131. Il va à Toulouse pour solliciter la grace de Montmorency ; s'y prend mal. Sa harangue au Roi à ce sujet, 192. Il s'en retourne fort affligé de n'avoir rien obtenu, 193. Sa réponse au Prince du Roi qui le consultoit là-dessus, 194. Sujets d'aigreur entre *Epernon* & le Cardinal. Le Duc reçoit magnifiquement la Reine à Cadillac, 206. *& suiv.* Grand démêlé qu'il a avec l'Archevêque de Bourdeaux, 321. *& suiv.* 325. Il est excommunié par ce Prélat : avoue tout ce qui s'étoit passé à un Commissaire du Roi, 316. 327. Lettre de cachet qui relegue *Epernon* hors de son Gouvernement. Il obéit : réflexion sur les circonstances où il se trouvoit, 327. 328. Insulte qui lui fut plus sensible que la Lettre de cachet : peine qu'on eut à le retenir, 329. Les Espagnols comptent vainement sur lui, 508. Suites & fin de son affaire avec l'Archevêque de Bourdeaux, 675. 676. Le Duc d'*Epernon* fait des efforts pour retirer le Cardinal son fils de la profession militaire, 732. Remontrance qu'il fait à propos, mais inutilement à la Cour. Il apaise des mouvements excités à Bourdeaux & dans la Province. Les mortifications qu'il venoit d'essuyer ne le rendent ni plus modéré, ni moins vindicatif : preuve qu'il en donne, 794. 795.

Le Duc d'*Epernon* arrête les désordres des Croquants. Travers de ce Seigneur. Maladie dangereuse dont il réchappe : mot là-dessus. Proposition lucrative qu'il rejette généreusement, malgré l'exemple des autres Grands, V. 200. 201. Sa modération dans une rencontre où il pouvoit se venger avec éclat du Parlement de Bourdeaux, 201. 202. Mesures qu'il prend pour défendre la Guienne contre les Espagnols, 202. *& suiv.* Il refuse de se déclarer en faveur de Gaston & du Comte de Soissons mécontents, 240. *& suiv.* Division assez bizarre dans la maison du Duc, 243. Conjecture sur les causes qui le détournent du parti proposé, 247. 248. Comment son Historien raconte la conférence qu'il eut avec Montresor, 249. 250. Secret gardé scrupuleusement par le Duc d'*Epernon* : réponse qu'il fait à une Lettre du Chancelier Seguier, 250. 251. Il soutient la puissance d'un ennemi dangereux & opiniâtre, 329. 331. *& suiv.* Refus qu'il fait qui lui attira du désagrément dans la suite : quels purent être les motifs, 334. 335. Il consent que le Prince de Condé soit employé dans son Gouvernement, 541. demande la permission de se retirer dans sa maison de Plassac, sur ce qu'on lui avoit dit à l'oreille ; differe son départ ; reçoit ce Prince ; déconcerte, par des réponses prudentes & discretes, une partie faite par S. A. dans le dessein de le jouer, &c. 542. 543. part de Bourdeaux volontairement, ou forcément. Compliment qu'il fait à Condé, en prenant congé de lui, 444. Voyage qu'il fait sans ordre du Roi. Il ordonne des réjouissances pour la naissance du Dauphin : apprend la déroute de Fontarabie. Sa joie est bientôt troublée, ou son affliction redoublée par l'accusation intentée au Duc de la Valette. Il s'en retourne consterné à Plassac, 559. est averti de la commission donnée à Condé de commander absolument en Guienne : fait enlever les effets qu'il a au Château-Trompette. Le Prince déclame contre *Epernon* & ses enfants, 560. Constance de ce Seigneur dans les disgraces qui lui arrivent. Si sa vertu étoit aussi épurée que son Panégyriste nous la représente. Réponse du Duc à une Lettre de condoléance du Cardinal, 644. *& suiv.* Cela ne produit rien. On lui demande autre chose que des soumissions & des prieres. Il ne veut plus entendre parler d'aucune composition avec la Cour. Réponse qu'il fait à une proposition qu'on lui porte de la part du Prince de Condé, 646.

Affaire où l'on voulut engager le Duc d'*Epernon*, dit un Auteur Italien contre la vraisemblance, VI. 219. Ce Seigneur reçoit ordre de se rendre à Loches. Plainte qu'il fait, étonné de ce nouveau coup de foudre. Lettre qu'il écrit au Roi. Il fait de longs préparatifs pour ce voyage, & marche à petites journées : attend en vain qu'on l'en dispense, 311. *& suiv.* Satisfait des honnêtetés du Maréchal de Schomberg, il lui en témoigne sa reconnoissance, & lui demande une nouvelle grace. Sa fierté l'abandonne dans certaines rencontres, &c. 313. 314. Bon conseil qu'il donne à Thou, 343. Mort du Duc d'*Epernon*. Espérance dont il se flatoit,

E P

quoique fort avancé en âge. Evenemens qui le chagrinerent, & avancerent fes jours. Liaifons qu'il avoit avec Cinq-Mars, 431. & *fuiv*.

Epinai (L') que Gaſton confidéroit, eſt chaſſé d'auprès de ce Prince, avec ordre de n'en pas approcher, & de fortir de Paris, V. 70.

Epine (L') Huiſſier du cabinet, porte l'ordre d'arrêter le Maréchal de Marillac, III. 561.

Epinoi (Le Prince d') accompagne Spinola au fiege de Bergopzom, II. 497. Gouverneur du Hainaut, va au-devant de Marie de Médicis, III. 659. 663. goûte un projet pour fecouer le joug des Eſpagnols, IV. 141. Il évite d'être arrêté, & ſe retire en France, 493.

Epiſcopius, Miniſtre Arminien, a bien défendu ſon parti ; mais lui a fait beaucoup de tort, I. 105. Il eſt fait Profeſſeur à Leyde : ſa grande érudition : ſes ſentiments libres. Rupture ouverte entre lui & Polyander ſon Collegue, 216. Il prêche à la Haie, a un entretien avec le Prince Maurice, 742. Queſtion qu'il fait à Barnevelt, II. 56. Il va à Dordrecht, pour défendre la Doctrine des Remontrants, &c. 90. & *fuiv*.

E R

Eric Roi de Suede après la mort de Guſtave-Ericſon, ſon pere, introduit dans le Royaume des dignités inconnues, ſe rend odieux, eſt déthrôné, renfermé, & empoiſonné, I. 108.

Ericeyra (Le Comte d') Grand de Portugal, Auteur d'une Hiſtoire du rétabliſſement de ce Royaume, VI. 140.

Erizzo Général de l'armée Vénitienne, III. 401. reprend derechef cet emploi, 471.

Erlach (Jean-Louis d') Seigneur de Caſtel, ou Caſteleu, Colonel dans les troupes du Duc de Weymar : ce qu'il propoſe à ce Prince, V. 472. eſt fait priſonnier, 473. Général Major de l'armée de ce Prince, il eſt fait Gouverneur de Briſac. Ce que le Maréchal de Baſſompierre, ſon ami, raconte des premiers commencements de ſa fortune, 607. 608. Il eſt envoyé à Paris, où il ménage bien les intérêts de Bernard, &c. 613. 614. Il eſt un des Directeurs de l'armée, après la mort de ce Prince, & un de ceux que la Cour de France ménage avec le plus de ſoin, &c. 692. 693. Il diſtribue de l'argent à l'armée. Lettre qu'il écrit à Des-Noyers, 694. 695. Il défere un Soldat qui lui propoſoit de s'intéreſſer pour Baſſompierre, 695. 696. *Erlach*

E S

eſt laiſſé dans Briſac, avec des proviſions du Roi, & après lui avoir prêté ferment de fidélité, 701.

Eſcalange (Le Comte Urbain d') Gouverneur de Pignerol, en livre la Citadelle, où il pouvoit ſe défendre long-temps : évite la colere du Duc de Savoye, III. 435.

Eſcouman (La d') femme débordée, accuſe la Marquiſe de Verneuil & le Duc d'Epernon d'avoir ſuborné Ravaillac, I. 53. Peine à laquelle elle eſt condamnée, & qui donne occaſion à pluſieurs raiſonnements, 54.

Eſcures (D') Maréchal des Logis de l'armée, eſt chargé de dreſſer une Carte, &c. III. 286. ſert ſous le Comte de Soiſſons, V. 175.

Eſne (Le Baron d') commis à la défenſe de Nanci par le Duc de Lorraine, IV. 343.

Eſpagne, *Eſpagnols*. Faſte ridicule des *Eſpagnols* dans une affaire où ils n'eurent ni honneur, ni avantage, I. 387. Leurs ſentiments ſur le Traité d'Aſt, 389. 390. Leur manege dans les affaires d'Italie, 571. Ils mettent le ſiege devant Verceil. On ne comprend rien à leurs démarches irrégulieres. Cauſe des troubles qu'ils entretiennent en Italie, &c. 701. 702. Les *Eſpagnols* redevables de leur conſervation à des alliances contre leſquelles ils croient autrefois, 710. Parallele de leur bonne foi avec celle des Hollandois, 711. Bruit que les *Eſpagnols* font courir, qui alarme tous les Princes d'Italie, Deſſein d'étendre la domination de l'*Eſpagne* juſques dans l'Empire, 716. Livre publié à ce ſujet, 718. Pourquoi les *Eſpagnols* ſouffrent qu'on leur ôte la négociation de la paix d'Italie. Ils prennent bien leurs meſures dans cette affaire, 721. 722. Leurs plaintes contre une entrepriſe de Leſdiguieres, 725. 726. Artifices des Miniſtres *Eſpagnols* en Italie pour différer l'exécution du Traité ſur les affaires de ce pays, 730. 731.

Eſpagne, *Eſpagnols*. Chicane des Miniſtres *Eſpagnols* en Italie, II. 10. & *fuiv*. On leur impute une conjuration contre Veniſe, &c. 12. & *fuiv*. Brigue des *Eſpagnols* contre le mariage de Chriſtine de France avec le Prince de Piémont, déconcertée, &c. 42. S'il eſt vrai qu'ils aient jetté les premieres ſemences de l'Arminianiſme dans les Provinces-Unies, &c. 44. & *fuiv*. Ils gagnent le Duc de Luines, & le pouſſent à la guerre contre les Réformés. Ce que l'*Eſpagne* a gagné par leur oppreſſion, 158. & *fuiv*. Irruption des *Eſpa-*

Iiiii iij

gnols dans le Palatinat, 238. & *suiv.* Ils usent de mille artifices pour empêcher que la France n'acquiere trop de crédit dans l'Empire, &c. 251. Intérêt qu'ils ont à réunir la Valteline au Milanès. Ils excitent des troubles dans ce pays, & parmi les Grisons, 259. & *suiv.* se font un mérite auprès du Roi Jacques d'une treve forcée, 314. Manieres *Espagnoles*, 318. 319. Finesse des *Espagnols* dans la feinte négociation du mariage de leur Infante avec le Prince de Galles, 501. & *suiv.* Ils s'opposent à l'agrandissement du Duc de Baviere: leurs desseins sur le Palatin & sur ses Etats: ils laissent faire l'Empereur: évitent de paroître agir de concert avec lui, 531. & *suiv.* Supercherie dont ils usent envers le Roi Jacques, 537. 538. 659. Treve dans le Palatinat, à laquelle ils le font consentir, 538. 539. Leurs artifices pour reculer l'exécution du Traité de Madrid: ils proposent le dépôt des Forts de la Valteline entre les mains du Pape; dans quelles vues, 564. & *suiv.* Ils traversent les desseins de Mansfeld en Angleterre, 601. Leur artifice pour empêcher que la Cour de France ne se lie trop étroitement avec celle d'Angleterre, 616. Leur manege & leurs intrigues concernant la Valteline, 660. & *suiv.* 667. Offres qu'ils font au Duc de Savoie, pour le détourner de ce qu'il tramoit contre Genes, 672. Ils crient contre la froideur du Pape dans l'affaire de la Valteline, 673. Causes de la décadence de l'*Espagne*, 679. 680. Les *Espagnols* assiegent Verrue, qu'ils appelloient un méchant colombier, & ne peuvent le prendre: on se moque d'eux: les François & les *Espagnols* n'ont rien à se reprocher dans cette campagne, 747. 748. Les *Espagnols* épouvantés d'une descente des Anglois: leurs alarmes sont dissipées. Comment leur flote des Indes est sauvée, 761. 762. Leur délicatesse sur la légation du Cardinal Barberin, 770.

Espagne, Espagnols. Mauvais état des affaires d'*Espagne* sous Philippe III. Tom. III. 93. 94. Ligue secrete entre la France & l'*Espagne* contre l'Angleterre: Les *Espagnols* y promettent des merveilles, &c. 109. 110. Leur flote arrive quand on n'en a plus besoin, 149. 150. mal équipée; & se retire sans avoir rien fait, 169. 170. Ils s'avisent trop tard de soutenir les Réformés de France, 201. 311. ne s'enrichissent pas des trésors des Indes Occidentales, 280. Pourquoi ils engagent l'Empereur à conclure la paix avec le Roi de Dannemarck, 343. Rebutés du mauvais succès de leurs armes dans les Pays-Bas, ils proposent une seconde treve aux Provinces-Unies, &c. 350. 351. font échouer un projet de Richelieu chez les Suisses, 428. Chagrin que donne aux *Espagnols* un Traité conclu à Ratisbonne sur les affaires d'Italie, 506. Traité qu'ils concluent avec les François, devant Cazal, sur le point de se battre, 539. 540. Irrités des infractions faites à ce Traité, ils viennent fondre sur eux: on les accorde derechef, 543. & *suiv.*

Espagnols (Les) contents d'avoir Gaston entre leurs mains, &c. IV. 50. tâchent de détourner l'Empereur de rétablir Vastein dans le commandement, 64. 65. font mine d'approuver la résolution de S. M. I. sur ce point. Offres qu'ils font à ce Général. Pourquoi ils eurent plus de crédit dans le Conseil de Ferdinand II que dans ceux de ses Prédécesseurs. Chose semblable vue en *Espagne* dans la suite, 68. 69. Paresse des *Espagnols*, décrite par Voiture, 138. Leurs clameurs contre Urbain VIII. 143. Ce qu'ils prétendoient gagner en convoquant les Etats Généraux des Pays-Bas Catholiques, 223. 224. Ils ne s'accommodent pas des demandes de ceux des Provinces-Unies, 225. 226. déconcertent les intrigues des Carondelets, 231. 232. Armée *Espagnole* qui passe d'Italie en Allemagne, 392. & *suiv.* Les *Espagnols* observent de près Gaston & son Favori à Bruxelles, 405. 406. Ce qu'ils représentent à Philippe IV. sur les Pays-Bas Catholiques, & sur le Duc d'Arschot, 488. Clameurs contre les *Espagnols* dans ces Provinces. Ecrit qu'on y répand contre la violence de leur Gouvernement, 493. 494. S'ils entrerent dans un complot pour assassiner Puylaurens, 500. 501. Ils forment les plus beaux projets du monde, 508. 509. Affaires où ils interviennent à la Cour de Rome, pour traverser les desseins de la Cour de France, 516. & *suiv.* Evenement dont ils triomphent, 523. 524. Offres qu'ils font à Thadée Barberin, 526. Les *Espagnols* font grand vacarme à Rome sur un Traité de Louis avec les Etats Généraux des Provinces-Unies: surprennent la Ville & l'Electeur de Treves, 703. 704. Faits qu'ils relevent avec juste raison, 711. 716. 717. Extrait de

E S

leur réponse au Manifeste de la France, 718. *& suiv.* Raisons qu'ils alleguent sur la surprise de la Ville, & sur la détention de l'Electeur de Treves, 721. *& suiv.* Ils surprennent le Fort de Skenk, 807. Leur flotte s'empare des Isles de Sainte Marguerite & de S. Honorat : ils négligent de les fortifier, 810.

Espagne : Espagnols. Reproche que le Roi de France fait aux *Espagnols*, non sans fondement, V. 5. 6. Ils déconcertent l'entreprise des Confédérés sur Valence, 8. *& suiv.* portent le feu & la désolation en Picardie, 48. *& suiv.* obligent le Pape à rappeller Mazarin de la Cour de France, 83. 84. sollicitent S. S. de poursuivre le Duc de Parme, 87. 89. font une irruption dans les Etats de ce Prince, 131. *& suiv.* attaquent les François sur le bord du Tesin, 145. *& suiv.* retournent dans les Etats du Duc de Parme, 151. Irruption & progrès des *Espagnols* dans la Picardie, 170. *& suiv.* Ils passent la riviere de Somme & prennent Corbie, 178. *& suiv.* jettent l'épouvante dans Paris, &c. 189. *& suiv.* pénetrent dans la Guienne. Leur gravité & leur circonspection sauve Bayonne, 203. *& suiv.* Ils se retirent de la Picardie, 218. *& suiv.* réduisent le Duc de Parme à la nécessité d'accepter les conditions qu'ils lui imposent : occupent Sabionette, 300. 301. s'y prennent fort habilement pour chasser les François du pays des Grisons & de la Valteline, 306. 308. 311. perdent les Isles de Sainte Marguerite & de S. Honorat, 326. *& suiv.* se retirent de la Guienne, 334. *& suiv.* entrent dans le Languedoc, assiegent Leucate, & y sont défaits, 337. *& suiv.* 348. Femmes *Espagnoles* déguisées en hommes, à la bataille de Leucate. Réponse spirituelle d'un prisonnier *Espagnol*, 346. Les *Espagnols* font une irruption dans le Piémont, précédée d'un manifeste, & y prennent Verceil, 496. *& suiv.* Combat entre les Galeres de France & celles d'Espagne, 506. Les *Espagnols*, accoutumés à vivre chez eux en repos, sont émus de la prise du port du Passage : sécurité dans laquelle ils s'entretenoient. Ils forment une bonne armée. Leur flote est brûlée à la rade de Gatari, 545. 546. Ils forcent les retranchements du Prince de Condé devant Fontarabie, 543. *& suiv.* perdent Salces, & le reprennent, 723. *& suiv.* 729. Incommodés d'un déluge inopiné, ils le supportent, & rient des François qu'il avoit dissipés, 728.

E S

Différence entre le Roi d'*Espagne* & celui de France, selon un mot attribué à un Empereur, VI. 5. Violences inouies sacrileges, &c. des Officiers & Soldats *Espagnols* en Catalogne : les auteurs de ces excès sont excommuniés, 15. 18. Ordre du Roi de ne faire aucune procédure criminelle contre eux, &c. 20. 21. Défaite d'une flote d'*Espagne*, qui partoit de Cadix pour les Indes Occidentales, 68. La timide circonspection des *Espagnols* encourage Richelieu, 73. 74. Ils ne remplissent pas leurs engagements avec le Comte de Soissons, 228. fomentent sousmain les troubles de l'Angleterre, 299. Combat naval entre eux & les François, près de Tarragone, 373. 374. Stratagême employé pour chasser les *Espagnols* de Monaco, 395. Ils prennent Lens & la Bassée : battent les François à Honnecour, 476. *& suiv.* Railleries des *Espagnols* pour dessiller les yeux de leur Roi, 488. Combat d'une flote *Espagnole* avec celle de France : fausse nouvelle qui court en *Espagne* à ce sujet, 491. 492. Les *Espagnols* commencent à Rome un vacarme, dont ils ne se tirent pas avec honneur, 516. *& suiv.* Différence entre l'*Espagne* & la France quant aux grandes Charges & aux Gouvernements des Provinces, 678.

Espenan, Gouverneur de Salces, se prépare à se bien défendre contre les Espagnols, V. 725. désole les Assiégeants par ses sorties continuelles, 726. est obligé de capituler, 729. *Espenan*, Gouverneur de Leucate, donne avis à la Cour de la disposition des Catalans, à se mettre sous la protection de la France, VI. 64. conduit une petite armée à Barcelone, 195. se jette trop légérement dans Tarragone : est réduit à capituler, ne pouvant la défendre. Sa capitulation & sa retraite ne sont pas moins blâmées en France qu'en Catalogne. Il ne se tire d'affaire que par le crédit du Prince de Condé, 196. 197. sert sous S. A. dans le Roussillon, en qualité de Maréchal de camp, 367.

Essards (Des) Voyez *Des-Essards*.

Essars (La Dame des) Maitresse d'Henri IV. puis femme clandestine du Cardinal de Guise, enfin mariée dans les formes à du Hallier, cherche à rendre quelque service au Duc de Lorraine, & à le réconcilier avec le Roi. Raisons qui la portoient à cette démarche, V. 657. Avis qu'elle fait donner à Charles. Tour que ce Prince lui joue. Elle est reléguée, VI. 243. 244.

ES

Essex (La Comtesse d') Voyez *Carr.*
Essex (Robert d'Evereux Comte d') est fait Lieutenant Général de l'armée contre les Confédérés d'Ecosse. Son esprit vif & turbulent. La haine & le mépris qu'il affecte pour les Ecossois le rend plus affectionné au Roi, V. 709. Il conduit un renfort dans Berwick: circonstance particuliere dans sa marche, racontée par Clarendon, &c. 713. 714. Il reçoit avec dédain une Lettre des Confédérés, l'envoie au Roi sans y répondre, 719. refuse de prendre part au Traité honteux que S. M. conclut avec eux, 720. prête l'oreille aux discours des Seigneurs mécontents, 722. Changement qui chagrine le Comte d'*Essex*, VI. 129. Requête qu'il concerte avec quelques autres Seigneurs, 134. Il se déclare presque ouvertement pour les Confédérés d'Ecosse, 136. Ce qu'il insinue contre Strafford, 283. 284. Le Comte d'*Essex*, quoique fait grand Chambellan, est irrité de n'avoir pas été nommé Général de l'armée. Les Puritains fomentent son mécontentement, & lui procurent le commandement d'un corps de troupes, &c. 400. 401. 407. Il se démet de cet emploi. Entêtement de la Chambre des Communes d'avoir des Gardes commandés par ce Seigneur, 420. 421. Il signe une protestation, 522. Avis sage & salutaire qu'il donne dans la Chmbre haute, moins par raison, que par humeur & par esprit de parti, &c. 528. 529. Il refuse de suivre le Roi à Hamptoncourt. Comment il couvre la honte de ce refus. On lui ôte sa charge de grand Chambellan, 533. 534. Il est nommé Général de l'armée du Parlement. Les Communes déclarent qu'elles veulent vivre & mourir avec lui, &c. 571. 572. Le Roi le déclare criminel de leze-Majesté, &c. 573. 574.
Est (Renaud d') frere du Duc de Modene, nommé au Cardinalat par l'Empereur, &c. V. 647. est promu à cette dignité, VI. 393.
Este (Dom Louis d') ou d'*Est*, oncle du Duc de Modene, commande les milices de Modenois dans une expédition, V. 131. donne de l'ombrage au Duc de Parme, 133.
Esten un des Ambassadeurs des Provinces-Unies, pour la conclusion d'un Traité avec le Roi de France, II. 630.
Estiaux, Lieutenant Colonel du Duc de Candale, perd la vie au siege de Mastricht, IV. 143.
Estrades, dans la suite Maréchal de France : témoignage qu'il rend à la droiture du Prince d'Orange dans l'affaire du siege de Louvain, IV. 803. Pourquoi il est envoyé en Hollande. Il est porteur d'une Lettre de Richelieu au Prince d'Orange, VI. 630.

ET

Etampes (Léonord ou Leonor d') Evêque de Chartres, compose, de la part du Clergé, une censure contre quelques Libelles : elle est lue & approuvée dans l'Assemblée, qui la désavoue ensuite. Différend qui en résulte avec le Parlement, &c. II. 796. *& suiv.* Il est Commissaire du Clergé pour l'examen d'une proposition envoyée par le Roi, 749. Ce Prélat, nommé par le Pape Commissaire pour la réformation des mœurs des Evêques, regle l'ordonnance d'un ballet chez le Cardinal, V. 611. est promu à l'Archevêché de Rheims, VI. 475. se récrie sur une prétention du Cardinal Mazarin, 672.
Etampes, Maître des Requêtes, est dépêché avec de l'argent vers les Grisons soulevés contre la France: remontrances & offres qu'il leur fait en vain, de concert avec le Comte de Guébriant, V. 314. 315. Ambassadeur à la Haie, il mande au Maréchal l'état des affaires du Pays, 518. 520, 521. a ordre de ne point voir Marie de Médicis, 567.
Etat, Ce qu'on appelle en France *être bien intentionné pour l'Etat*. Différence entre l'*Etat*, & le Roi, I. *Préface*, XVII. Ce qui est néeessaire dans un *Etat* bien policé, 304. Ce qu'il faut entendre par *Raison d'Etat*, 305. II. 199.
Etat (Tiers) n'avoit point séance aux anciens Parlements, I. 291. Quand & pourquoi il fut appelé aux assemblées qui n'étoient composées auparavant que du Clergé & de la Noblesse, 295. *& suiv.* Pourquoi la Cour est toujours plus en garde contre le *Tiers-Etat* que contre les deux autres, 300. Ce qu'il répond à la proposition du Clergé pour la publication du Concile de Trente, 309. 310. Nouvelle instance, inutile sur ce point, 310. Il s'unit à la Noblesse pour demander l'établissement d'une Chambre de Justice: conditions qu'il ajoute, 319. Moins complaisant que les deux autres Ordres, ce qu'il persiste à demander, 320. Article qu'il dresse en faveur de la puissance souveraine du Roi, & pour la sûreté de sa personne. Oppositions du Clergé & de la Noblesse, 323. *& suiv.* Indocilité du *Tiers-Etat* à la voix du Clergé, 344. Evocation du différend sur son article à la personne du Roi, 345. Divers Ecrits à l'occasion

l'occasion de cet article, 347. Le Roi ordonne qu'il soit ôté du cahier du *Tiers-Etat*. Opposition de plusieurs membres de ce corps. Réflexion sur ce différend, 349. & *suiv*. Il n'alloit pas droit sur la Paulette, 371. Assemblée & requête de soixante-six membres du *Tiers-Etat* après la clôture des Etats Généraux. Reproches que leur fait le Roi, 374.

Etats Généraux en France : ce qu'en disoient les Courtisans de Louis XI. convoqués sous le regne de son fils : pourquoi négligés par Louis XII. & ses deux Successeurs : assemblés sous les regnes des trois fils d'Henri II. Leur utilité, I. 289. 290. Ces assemblées moins anciennes que les premiers Parlemens, & tout-à-fait différentes, 290. & *suiv*. Leur véritable origine, 295. & *suiv*. A quel usage la Cour les a employés d'ordinaire, 297. *Etats Généraux* convoqués à Sens : leur tenue différée sous divers prétextes : ils sont transférés à Paris, 297. 298. Ouverture de cette Assemblée, 298 & *suiv*. Contestations entre les trois Chambres des *Etats*, 301. La désunion y augmente, 306. & *suiv*. Proposition qu'on y fait de l'établissement d'une Chambre de Justice pour la recherche de ceux qui avoient manié les Finances. Artifices de la Cour pour empêcher les *Etats* d'entrer en connoissance de cette matiere, 318. & *suiv*. Article de l'Assemblée touchant l'administration des Finances, 323. La division s'y met à l'occasion d'un article reçu par le troisieme Ordre, 323. & *suiv*. ensuite pour un outrage fait à un Député du Tiers-Etat par un Député de la Noblesse, 352. 353. Ils se déclarent contre le Prince de Condé, dans un différend qu'il avoit avec la Reine, 354. La Cour presse fort la conclusion des *Etats Généraux*, 355. 356. Ils demandent de n'être pas congédiés avant la réponse à leurs cahiers, 357. & *suiv*. 361. 362. Clôture des Etats Généraux, 366. & *suiv*. On n'en a pas convoqué depuis. Si dans la situation présente des affaires de la France, leur convocation y feroit de quelque utilité, 372. Artifices de la Cour, qui ne veut point accorder leurs principales demandes, 372. & *suiv*. On propose une nouvelle convocation des Etats Généraux, nom qui fait trembler un Favori, un premier Ministre, 752.

Etats Généraux des Provinces-Unies : Voyez *Provinces-Unies*.

Etoile (Chambre de l') en Angleterre, redoutable à ceux que la Cour vouloit perdre : de qui elle étoit composée. Arrêts rigoureux de ce Tribunal, V. 448. 449. 451. Il est supprimé par le Parlement, & Charles est obligé d'y consentir, VI. 399.

Etrées (Le Maréchal d') III. 173. appellé auparavant le Marquis de *Cœuvres*. Voyez ce mot. Il va faire le dégât à Nîmes, 351. s'oppose à une entreprise du Duc de Rohan, & le met en danger de recevoir un échec, 352. 353. réussit peu autour de Nîmes, 361. Commandement qu'on lui destine, au refus de Bassompierre : les Suisses ne veulent point d'*Etrées*, 395. Il pénetre les intentions du Duc de Savoye en passant à Turin, & en donne avis à Richelieu, 412. est envoyé pour commander les troupes du Duc de Mantoue : va auparavant à Venise en qualité d'Ambassadeur extraordinaire. Lettre de créance qu'il rend au Sénat. Il le presse de faire irruption dans le Milanez, 421. 422. entre dans Mantoue, pour la défendre, 446. Relation qu'il a faite du siege de cette place, où il n'acquit pas beaucoup de gloire, 465. & *suiv*. Il obtient avec peine la permission de se retirer dans l'Etat Ecclésiastique, 473. est chargé de garder la Reine-Mere à Compiegne : instruction qu'on lui donne, 607. 609. Il presse S. M. d'aller au plûtôt à Moulins, 615. 616. devine un dessein qu'elle avoit conçu, en avertit la Cour, 654.

Etrées (Le Maréchal d') s'empare de Treves sur les Espagnols : pille les meubles du Palais Electoral, IV. 125. Il prend l'épouvante à la disgrace de son ami Châteauneuf, reconnoît sa terreur panique, &c. 221. est fait Chevalier de l'ordre du S. Esprit, 276. va recevoir Grotius Ambassadeur de Suede, 693. Il est envoyé Ambassadeur extraordinaire à Rome, quoiqu'il déplût fort à cette Cour: ce que portoit son instruction. Un temps considérable s'écoule avant qu'il obtienne audience, V. 86. & *suiv*. Déclaration précise qu'il fait au Pape sur un Monitoire publié par S. S. contre le Duc de Parme, & qui arrête sa vivacité, 51. 52. *Etrées* fait de vains efforts pour empêcher que Ferdinand III. ne soit reconnu à Rome pour Roi des Romains, 280. Il garde des mesures avec le Pape & ses neveux : s'écarte quelquefois. Démêlé qu'il a avec eux, 649. & *suiv*. Ordres qu'il reçoit de la Cour sur ce différend, 653. 654.

Etrées (Le Maréchal d') Ambassadeur à Ro-

E V

me : comment il reçoit l'offre d'un Seigneur Néapolitain, VI. 69. Pourquoi il avoit quitté Rome, & s'étoit retiré à Parme. Pourquoi il ne se pressoit pas d'obéir aux ordres réitérés qu'on lui envoyoit de revenir à Paris. On l'accorde au Duc de Parme, pour l'aider dans sa défense contre les Barberins, &c. 505. 506. Expédition où il accompagne ce Prince, 510. 511. Pourquoi il ne le détourna pas de donner dans un piege qu'on lui tendoit, 513. Il obtient la permission de revenir d'Italie après la mort du Cardinal, 680. est rappellé à la Cour, 695. s'entremet pour l'Abbé de la Riviere, 700.

Evangéliques, qui l'on comprenoit sous ce nom en Bohême : ce qu'ils demandent à l'Empereur Rodolphe, I. 30. Ce qu'ils font pour se maintenir dans l'exercice de leur Religion, 32. & *suiv*. Edit de Rodolphe en leur faveur. Leur activité à se défendre contre Léopold, 56. Transaction entre eux & les Catholiques Romains. Ce qu'étoient leurs *Défenseurs*. Troubles en Bohême à l'occasion de quelques Temples bâtis par les *Evangéliques*, II. 26. & *suiv*.

Evêques (Les) n'ont pas le courage de dire la vérité à Henri IV. comme avoient fait les Ministres Protestans, I. 23. ne veulent pas qu'on soit persuadé qu'ils peuvent vivre sans train & sans équipages, 364. Fourberie & trahison d'un *Evêque*, 733. Langage des *Evêques* depuis plusieurs siecles. Requête qu'ils présentent au Roi en faveur d'un de leurs confreres. Remarques sur cette piece, II. 648. 649. Différend des *Evêques* sur le Cérémoniel avec le Légat : il se termine à leur honte, 710. Combien peu il leur sied d'être flateurs. Si les places de l'Académie Françoise ne sont pas au-dessous d'eux, III. 272. 273. Si les *Evêques* doivent jouir d'une autorité absolue & indépendante, IV. 295. 296. plusieurs *Evêques* de France, qui se trouvoient à Paris s'assemblent, & condamnent deux Ouvrages d'Auteurs Jésuites. Lettre Synodale qu'ils écrivent à leurs confreres, pleine d'hyperboles. L'affaire ne méritoit pas tant de vacarme. A quoi leur conduite est comparée, 309. & *suiv*. Différend entre eux & les Religieux, apaisé par le Cardinal de Richelieu. Conséquence de l'opinion de ces *Evêques* sur l'autorité du Pape, 315. Lâcheté qu'ils commettent, dont ils rougirent dans la suite, & qu'ils tâche-

E V

rent de pallier par une protestation, &c. 316. 319. 320. Tyrannie qu'ils exerceroient, si on les laissoit faire, 324. Préceptes dont ils devroient se souvenir, 329. Assemblée extraordinaire d'*Evêques* touchant le démêlé de l'Archevêque de Bourdeaux avec le Duc d'Epernon : ils se déclarent parties contre ce Seigneur, qui se soumettoit à leur Jugement, 675.

Les *Evêques* rétablis en Ecosse se ménagent mal avec le peuple, la Noblesse & les Ministres du Pays, V. 454. & *suiv*. Leur mauvaise conduite dans la publication d'une nouvelle Liturgie, 458. & *suiv*. Evêques employés par Richelieu à des choses qui ne leur convenoient nullement, 477. 510. 516. 525. 528. Acte scandaleux & inouï contre les *Evêques* d'Ecosse, 590. Ils recusent l'Assemblée Ecclésiastique où ils étoient cités, 591. 592. Elle les depose ou excommunie, & abolit l'Episcopat, 595. *Evêque* Intendant d'armée & payeur des troupes, VI. 54. 72. *Evêques* mandés à l'armée, ou obligés de payer une somme d'argent, suivant le *Droit féodal*, 133. Puissant parti pour obtenir leur abolition en Angleterre. La Chambre des Communes prend la résolution de les exclure du Parlement & des Magistratures, 268. & *suiv*. demande qu'ils soient exclus du jugement de l'accusation intentée contre le Comte de Strafford. Ils consentent à cet article, en protestant de leur droit, 274. 276. Raisons alléguées pour les priver du droit de séance au Parlement. Le refus que la Chambre haute fait d'y consentir anime encore plus les Puritains de la basse contre les *Evêques*. Cause de cette animosité, 396. & *suiv*. On souleve contre eux la populace, qui les insulte dans les rues, 426. 427. Protestation qu'ils font mal-à-propos. Accusation intentée contre eux. L'Archevêque d'York & douze *Evêques* sont envoyés à la Tour de Londres, & y sont retenus plus d'un an, 428. 429. Ils sont enfin exclus du Parlement, 538. 539. Elargis sans l'aveu des Communes, ils sont remis en prison, 540. Pourquoi ils furent si vivement attaqués par les Puritains, *ibid*. Complaisance des *Evêques* envers les Cardinaux, 672.

Eugene (Le Prince) de Savoye conserve à la Maison d'Autriche une Souveraineté que ses ancêtres ont souvent projetté de lui enlever, VI. 500.

TABLE DES MATIERES.

Europe. Piece où les intérêts de l'Europe en 1630. sont bien expliqués, III. 409. *& suiv.*

Euſtache (Le Pere) Capucin se signale à coups de pierres dans la Motte en Lorraine assiégée par les François, IV. 510.

Excellence : remarque sur ce titre, VI. 171.

Exécutions militaires, nom donné à des actions barbares & injustes, pour en déguiser l'horreur, II. 721. 722.

Exemples : s'ils changent la nature des actions, V. 110.

Extrême-Onction : remarque sur ce Sacrement de l'Eglise Romaine, VI. 702.

Eyneſſe (Savignac d') Gentilhomme Réformé, tue Boësse-Pardaillan, s'assure de Gensac, II. 418.

F A

FABERT sert utilement dans une expédition du Cardinal de la Valette, V. 74. est dépeché à Richelieu du camp devant Arras, VI. 58. Relation qu'il fit de la bataille de Sedan; 319. 320. A quoi il attribue la mort du Comte de Soissons, 324. Il obtient le gouvernement de Sedan, 629.

Fabré, Commandant à Sigean, fait une fiere réponse à un Trompette Espagnol, V. 344.

Fabricius, Secrétaire, jetté par les fenêtres du Château de Prague: sa chute heureuse, &c. II. 28

Fabroni, fameux Astrologue d'Italie, fait une fausse prédiction, de laquelle Marie de Médicis s'entête, III. 338. On est surpris de le voir au nombre des victimes dont Richelieu demande le sacrifice; IV. 459. 460. Affaire que la Reine-Mere confie à *Fabroni* seul, 579. 582. Elle l'envoie à Rome, & lui donne la qualité de son Résident auprès du Pape, &c. 757. Instances de l'Ambassadeur de France pour le faire chasser. Lettre de Marie de Médicis à S. S. sur ce sujet. *Fabroni* se retire à la Cour du grand Duc, 773. *& suiv.*

Fachinetti, Prélat de la Maison du Cardinal François Barberin, donne lieu à un désordre en tâchant de le prévenir, VI. 517.

Faculté de Théologie de Paris. Voyez *Sorbonne.*

Fairfax (Le Lord) membre du long Parlement, où il ne faisoit pas encore grande figure, VI. 285. 286. 407.

Falkland (Le Lord) quoiqu'il ne fût pas ami du Comte de Strafford, tâche d'arrêter la précipitation de la Chambre des Communes contre ce Seigneur, VI. 262. harangue contre l'impôt de la Marine, 265. Son sentiment sur l'Episcopat, 271. Ce qu'il dit assez plaisamment, 398. Charles lui donne la Charge de Secrétaire d'Etat, pour le gagner. *Falkland* se résout avec peine à l'accepter. Portrait avantageux que le Comte de Clarendon fait de ce Lord, 519. 520. Ses sentiments à l'égard de Digby, 521. Ce qu'il est chargé de dire au Roi de la part des Communes, 526. Il est très indigné de l'avantage que S. M. avoit donné à ses ennemis, &c. 531. *Falkland* & Colepeper portent le Roi à consentir à l'acte qui exclut les Evêques du Parlement, 538. 539. A quoi il contribua vraisemblablement, 569.

Fano (Le Duc de) frere du Pape Grégoire XV. va recevoir le dépôt des Forts de la Valteline, &c. II. 566.

Fargis (Le Comte du) envoyé à Madrid; dans quel dessein, II. 42. 319. 324. 325. 326. Ce qu'il déclare au Roi d'Espagne de la part de Louis XIII. 440. 441. Il signe mal-à-propos un Traité que le Roi refuse de ratifier, 564. 565. est chargé de sonder le Comte Duc d'Olivarez: s'attire la négociation de la paix de la Valteline, 741. 742. Par quelle intrigue on l'engage à conclure cette affaire sans pouvoir suffisant du Roi, & à l'insu des Alliés de S. M. en Italie; III. 4. *& suiv.* 9. *& suiv.* Il entre en négociation pour une Treve en Italie, 218. Pourquoi le Cardinal se défioit de lui, 281. Le Comte de *Fargis* & sa femme joignent Gaston, 625. Ce Prince envoie le Comte à la Cour de Madrid: honneurs qu'il y reçoit, IV. 133. Il n'y demeure pas longtemps, 135. sort du Royaume avec S. A. R. 209. 212. donne un soufflet, reçoit un coup d'épée, 451: n'a aucune part au Traité de Gaston avec Louis, &c. 664. 665. Du *Fargis* est arrêté avec Puylaurens, 678. 679.

Fargis (La Comtesse du) femme intriguante & habile, qui pouvoit beaucoup sur l'esprit de Marie de Médicis, aide Richelieu, qu'elle n'aimoit pas, dans l'exécution de ses projets, en croyant le chagriner; III. 4. 5. Dame d'atour d'Anne d'Autriche, elle entre dans une faction contraire au Cardinal, 483. 527. Démarche qu'elle fait; de l'aveu de la Reine, 528. On l'éloigne de S. M. Elle continue ses intrigues en Lorraine, où elle s'étoit retirée, &c. 569. *& suiv.* On la condamne à être décapitée en effigie, IV. 7. Elle obtient la place de Dame d'honneur de la Duchesse

K k k k k ij

FA

d'Orléans, contre le fentiment de la Reine-Mere, 451. Confeil que la Comteffe du *Fargis*, habile dans les intrigues de Cour, donne à Gafton, 466. 467. Elle lui perfuade de figner un Traité avec le Roi d'Efpagne, 504. n'a aucune part au Traité fecret de S. A. R. avec Louis, ni à fon évafion des Pays-Bas : les Efpagnols le reconnoiffent, après l'avoir maltraitée à ce fujet, 664. 665.

Farnefe (Le Cardinal) habile dans le manege des Conclaves, réunit tous les partis en faveur de Maffeo Barberini, II. 567. Il fe moque du titre d'Eminence, III. 453.

Farnefe Duc de Parme. Voyez *Ranuce, Edouard.*

Farnefe : Maifon qui n'eft pas comparable à celles de Lorraine, de Savoye, &c. V. 78. 81.

Farnefe (François-Marie) pour qui fon frere, le Duc de Parme, demande un chapeau de Cardinal, VI. 389.

Favas, un des Députés Généraux des Eglifes Réformées, en provoque une Affemblée à la Rochelle : dans quelles vues, II. 223. 224. Il préfente au Roi les Remontrances de cette Affemblée : S. M. ne veut pas les recevoir. Requête qu'il dreffe en fon nom, qui eft rejettée, 275. Il acheve d'irriter S. M. par fa mauvaife conduite, 282. 283. Craignant qu'après une rupture ouverte, il n'y ait plus de fureté pour lui à la Cour, il fe retire à la Rochelle. Titre pompeux que l'Affemblée lui donne, 339. Il fait remettre au Roi deux places de fureté, 368. defcend dans le Medoc, y prend quelques places, 461. L'Affemblée de la Rochelle l'envoie à Royan, pour s'oppofer au Gouverneur de cette place, &c. 466.

Faucon, nommé Colonel d'un Régiment de Réformés, traverfe le parti : eft arrêté, & jugé par le Confeil de guerre, où il trouve plus de faveur que de juftice, III. 179.

Favoris des Princes ; faute qu'ils font fouvent, qui leur procure des ennemis, I. 472. A quoi font expofés les Princes qui ont des *Favoris*, 501. Le regne abfolu des *Favoris* eft la ruine d'un Etat, 677. 678. Ce qu'ils font pour perdre leurs ennemis, 735. Leur manege pour ne pas perdre le Prince de vûe, 751. Qualités qu'ils ne peuvent fupporter dans les autres, II. 7. On les choifit par caprice, 76. Haine réciproque des trois *Favoris* de trois jeunes Monarques, III. 2. 3. Leurs intérêts

FA

font ordinairement l'origine des maux dont le peuple eft affligé, 66.

Fayet, Préfident aux Enquêtes, propofe aux Chambres affemblées de faire des Remontrances au Roi, I. 396.

Fayet, Docteur député par la Sorbonne. Ce qu'il repréfente à la Reine fur le Livre de Bécan. Réponfe qu'il fait au Chancelier, I. 162. 163. Il excufe l'Univerfité, & foutient fes privileges dans la Chambre Eccléfiaftique des Etats, 311.

Fayette (Mademoifelle de la) Louis XIII. paroît touché de fon mérite & de fa beauté, III. 444. Ce qu'on lui perfuade d'infinuer au Roi, V. 93. Elle parle librement à S. M. contre le Cardinal. Celui-ci remue ciel & terre pour l'éloigner de la Cour. La vertueufe Demoifelle, inébranlable aux inftances du Roi & de la Reine, fe fait Religieufe, 353. & *fuiv.* donne cependant encore de l'inquiétude à Richelieu & à fes Confidents. Ils craignent que fon frere n'entre en faveur, 424.

Fayette (La) Evêque de Limoges caufe de la jaloufie à l'Evêque de Beauvais, VI. 694.

FE

Feira (Le Comte de) Gouverneur de la Citadelle d'Anvers, donné pour Meftre de Camp Général au Prince Thomas, IV. 216. eft fait prifonnier à la bataille d'Avein, 239.

Felix (Dom) fils naturel de la Maifon de Savoye, Gouverneur de Montmélian. La Ducheffe Chriftine lui confie fes enfants, V. 637. 638.

Felton, Officier Anglois, affaffine le Duc de Buckingam : par quels motifs, &c. III. 226. 227. Réponfes qu'il fit, étant interrogé. Supplice auquel on le condamne, 228. 229.

Fenelon (M. de) Archevêque de Cambrai, pourquoi condamné comme Quiétifte, I. 690. Sa grande héréfie étoit en Politique, non en Théologie, &c. 681.

Fenouillet : Evêque de Montpellier, envoyé au Tiers-Etat par le Clergé, s'aquite mal de fa commiffion. Remarque fur une partie de fon Difcours, I. 328. Il porte la parole dans une remontrance contre les duels, 352. Harangue emportée & extravagante qu'il fait au Roi contre les Réformés, II. 485. 486. Il eft un des Commiffaires pour l'examen d'une propofition envoyée au Clergé par le Roi : ce qu'il repréfente à l'Affemblée, IV. 749. Il y fait fon rapport : foutient la nullité du

TABLE DES MATIERES.

FE

mariage de Gaston. Raisons principales qu'il allegue en preuve, 750. 751. Il va justifier à Rome la déclaration du Clergé sur cette affaire : ce qu'il dit là-dessus au Pape, conformément à son instruction, 753. *& suiv.* *Fenouillet* déclame inutilement contre ce mariage devant S. S. Réponse qu'il remporte, V. 69. Harangue qu'il fait au Duc d'Halluin après la bataille de Leucate, avec son éloquence puérile & pédantesque, & qui finit par une flatterie platte & extravagante envers le Cardinal, 346. *& suiv.* Il leve des Soldats à ses dépens, pour le secours de Salces, 728.

Ferdinand le Catholique, Roi d'Aragon, mit en œuvre les maximes de Machiavel, &c. II. 160. Il se soumit à payer, aussi bien que ses Sujets, les impôts établis dans Barcelone, après une dispute qu'il eut avec les Officiers de cette ville, auxquels il céda, VI. 5. *& suiv.*

Ferdinand d'Autriche, Archiduc de Gratz, son ambition démesurée, & son entêtement contre les Protestants, I. 55. Différend qu'il a avec la République de Venise, 204. Il protege les Uscoques : guerre ouverte entre les Vénitiens & ce Prince à cette occasion, 469. *& suiv.* 568. *& suiv.* Continuation de cette guerre. Reproches sanglants que la République lui fait dans un manifeste, 709. *& suiv.* Il s'avance à grands pas vers le thrône Impérial, &c. 714. *& suiv.* est adopté par Mathias ; elu & couronné Roi de Bohême : va à Dresde avec l'Empereur, &c. 717. Difficulté d'ajuster son différend avec les Vénitiens, 719. 720. On les accommode, 726. 727. 731.

Ferdinand avoit de grandes raisons pour finir avec les Vénitiens, II. 11. A quelles conditions il s'assure la succession à la Couronne de Hongrie. Circonstance de son couronnement, 25. 26. Il demande le commandement de l'armée contre les Bohémiens, fait emprisonner le Cardinal de Clesel, 29. tâche d'apaiser les esprits par des soumissions ridicules, 30. Conduite dissimulée de ce Prince, 31. Ses conseils violents prévalent, 33. Son ambition se montre malgré lui, 118. Il tâche en vain d'apaiser les troubles de Bohême, 130. 131. Autres Provinces qui refusent de le reconnoître, &c. Il est assiégé dans Vienne, & délivré, 132. 133. part pour la Diete de Francfort, y trouve les choses bien disposées pour lui, &c. 135. *& suiv.* Il est

FE

élu & couronné Empereur, 139. 140. Sur quoi *Ferdinand* II. fondoit ses droits à la Couronne de Bohême, 142. 143. Nullité des moyens qu'il alléguoit, 145. *& suiv.* Il fait consentir Gabor à une treve, 149. envoie demander du secours au Roi de France, 169. 170. Préjugé qui lui fut utile, 181. Son manifeste contre Frédéric. Caractere de *Ferdinand* conforme à celui de Philippe II. 218. Démarches des Princes de son parti, 220. Déclarations de S. M. I. contre le Palatin, &c. 221. Réflexions sur ces pieces, & sur la réponse qui y fut faite, 223. Bon état de ses affaires. Il invite les Ambassadeurs de France à venir à Vienne. Variation de sa conduite à leur égard. Reconnoissance qu'il témoigne envers Luines, 226. *& suiv.* Il fait des efforts inutiles pour prolonger la treve avec Bethlem Gabor : est reconnu Archiduc d'Autriche 228. 229. Réponse ambigue qu'il fait aux Princes de l'Union Protestante, 239. ce qu'il allegue pour justifier l'irruption des Espagnols dans le Palatinat. Il ne fut jamais esclave de sa parole, 241. 242. Dessein d'un voyage qu'il se proposoit de faire à Saltzbourg, 250. Ses vues après les avantages remportés en Bohême, 251. Propositions qu'il avoit fait faire à Gabor, &c. 257. 258. Enflé du succès de ses armes, il met Frédéric au ban de l'Empire. Nullités de cette procédure, 303. *& suiv.* Il dépouille les Bohémiens de leurs privileges & de leur liberté. Exécutions qu'il fait faire à Prague, 306. *& suiv.*

Ferdinand refuse toutes les propositions dont Gabor auroit pu se contenter : dans quelle vue, II. 375. 376. progrès de ses armes en Hongrie, arrêtés par la mort du Comte de Buquoi, 376. 377. La Bohême & les Provinces annexées sont entierement réduites à son obéïssance. Il en chasse les Ministres Hussites & Protestants, 381. 382. se pique d'observer les engagements pris avec le Duc de Baviere : donne de belles paroles au Roi Jacques. Réflexion sur cette conduite, 382. *& suiv.* 385. Dans quelles vues il accorde à Bethlem-Gabor des conditions avantageuses, 428. 429. Il épouse en secondes noces Eléonore de Gonzague. Prospérité de S. M. I. 429. Ce qui trouble ses plaisirs & sa joie, 432. Prétexte dont il se sert pour refuser de faire grace à Frédéric, 436. Il amuse le Roi d'Angleterre par une feinte négocia-

K k k k k iij

FE

tion, 498. 499. tient une Diete à Ratisbonne, y déclare la résolution où il est d'investir le Duc de Baviere de la dignité électorale de Frédéric, &c. 517. 518. Motifs de S. M. I. dans cette affaire : soins qu'il s'étoit donné pour y faire consentir l'Electeur de Saxe & la Cour de Madrid, 530. & *suiv*. Il passe outre malgré de fortes oppositions : s'arroge un pouvoir arbitraire. Parallele de sa conduite envers le Palatin, avec celle de Charles-Quint envers le Duc de Saxe, 535. 536. Ferdinand tâche d'apaiser les murmures, en mettant certaines clauses dans l'acte d'investiture, &c. 536. Inquiétudes que lui donne le voyage du Prince de Galles en Espagne. Ce qui rassure S. M. I. 553. Il dissipe un orage qui se formoit du côté de la basse Saxe, 574. prend des mesures contre une irruption inopiuée de Gabor ; lui fait bonne composition, occupé de ses projets en Allemagne, 575. 576. Situation avantageuse de ses affaires, 765. & *suiv*.

Ferdinand II. Empereur, rejette les articles qui lui sont proposés par le Cercle de la Basse-Saxe, III. 67. Victoire qui le met en état de tout entreprendre. Affaire imprévue qui l'embarrasse, & dont il se tire heureusement, 69. 70. Il ne dissimule plus ses desseins, qui alarment tous les Princes, 122. & *suiv*. Progrès de ses armes dans la Basse-Saxe, &c. 125. 126. Il feint de vouloir s'accommoder avec Frédéric, en exige des conditions trop dures : prétend agir désormais en Souverain absolu. Proposition qu'il fait mettre sur le tapis à la Diete de Mulhausen. Il prend des précautions contre les Princes Catholiques de l'Empire. Fruit de son ambition démesurée, 127. 128. Les progrès de ses armes arrêtés par la ville de Stralsund, 202. Disposition de S. M. Imp. à l'égard de l'affaire de Mantoue, 204. 207. Il desavoue l'entreprise des Espagnols sur le Montferrat : procede cependant contre le Duc de Mantoue : reçoit mal le fils de ce Prince ; n'accepte pas ses offres ; lui dicte des conditions désavantageuses. On ne doute plus de l'intelligence de *Ferdinand* avec la Cour de Madrid, 214. 215. Ce qu'il porte à conclure la paix avec le Roi de Danemarck. Idée que ses Ministres & ses Officiers avoient de sa supériorité sur toutes les Puissances de l'Europe, 343. 344. Son Edit pour la restitution des biens ecclésiastiques occupés par les Protestants,

FE

&c. Profit qu'il prétendoit faire pour sa Maison. Il ne donne pas dans un piege que le Duc de Baviere lui tendoit, 346. se moque des menaces de Gustave, 347. 349. Ses troupes font une irruption dans le pays des Grisons, pour passer en Italie, & agir contre le Duc de Mantoue, 383, 384. Sa réponse à un Mémoire de l'Envoyé de France : vaine défaite dont il use, 388. 389. Replique de S. M. I. Danger où elle se met par cette diversion. Propositions faites de sa part, 391. 392. 403.

Ce qui empêche *Ferdinand* d'attaquer ouvertement la France, III. 449. A qui il impute les désastres de Mantoue. Prédiction que sa fortune seroit ensévelie sous les ruines de cette ville, 474. Il se rend à la Diete de Ratisbone : propositions qu'il y fait : il y trouve plus de résistance qu'il ne se l'étoit imaginé : est blâmé d'imprudence, 496. & *suiv*. Tempéramment qu'il rejette, ébloui par les remontrances des gens d'Eglise, 498. 499. Il tâche d'amuser les Electeurs de Saxe & de Brandebourg : donne dans un piege, & consent à la déposition de Valstein, 500. 502. se defend de donner sa charge au Duc de Baviere, &c. 502. 503. élude l'intercession du Roi d'Angleterre pour Frédéric, 504. Ce qui l'engage à finir incessamment l'affaire de Mantoue : traité là-dessus dont il est seul content, & qui demeure sans effet, 505. 506. Il paroit faire peu de cas des menaces du Roi de Suede, 508. Il avoit empêché l'accommodement de ce Prince avec le Roi de Pologne. De quoi il flatoit celui-ci. But principal de *Ferdinand* dans cette affaire, 511. 512. Il consent à une négociation, pour gagner du temps, 515. Comment il reçoit la nouvelle de la descente de Gustave en Poméranie, &c. 518. 519. Il n'a aucun égard aux remontrances de l'Electeur de Saxe : hauteur hors de saison qui lui coûta cher. Des nouvelles fâcheuses l'obligent à rabatre de sa fierté, 523. 524. 583. Il méprise les résolutions des Protestants assemblés à Leipsick, &c. 585. *Monitoires* qu'il publie contre leur procédé. Juste reproche qu'on peut faire à *Ferdinand*, 587. 588. ce qui l'engage à terminer les affaires d'Italie. Traité de Quierasque qu'il ratifie, &c. 669. 672. & *suiv*.

Ferdinand II. s'empare de Moyenvic, & le met à la disposition du Duc de Lorraine, IV. 15. est consterné de la perte de la batail-

F E

le de Leipsick, 26. fait proposer un accommodement à l'Electeur de Saxe, 31. se détermine à rappeller Valstein. Superstition & crédulité de *Ferdinand*, 33. 34. Offres qu'il envoie faire au Duc de Lorraine, 47. Il demande du secours au Pape & aux Princes d'Italie : scenes à la Cour de Rome sur ce sujet, 56. *& suiv.* ce qu'il en obtient, 60. Conditions qu'il accepte pour ravoir Valstein, 64. *& suiv.* 68. Bonnes paroles qu'il donne au Duc de Baviere, 76. Il n'est point fâché que son Général refuse d'aller au secours de ce Prince, 81. témoigne beaucoup de modération en apprenant la mort de Gustave, 181. concerte, avec le Roi d'Espagne, les moyens de diminuer le nombre des ennemis de leur maison, 223. *Ferdinand* commence à se défier de Valstein, &c. 245. propose au Landgrave de Hesse-Darmstat une entrevue avec deux de ses Ministres : ce qui s'y passe, 257. 258. L'Empereur infailliblement perdu, si la conspiration de Valstein eût réussi : à quoi il fut redevable de son salut, 269. Demandes de S. M. Impériale & du Roi d'Espagne, pour terminer leurs différends avec la France. Protestations de leurs Ministres : leurs espérances, 273. *& suiv. Ferdinand* tâche d'engager les Suisses à s'opposer à l'entreprise des Suédois sur les villes forestieres, & sur Constance, 378. 387. Il s'intéresse encore pour Valstein, malgré les avis de son Conseil, & les clameurs des Espagnols & du Duc de Baviere. Ce qui lui fait ouvrir les yeux, 399. Il se rend enfin, & prend la résolution de donner le commandement de l'armée au Roi de Hongrie son fils aîné, 471. croit à peine la conspiration de Valstein, 478. Mesures qu'il prend lorsqu'elle a éclaté, 481. 482. Douleur qu'il témoigne par grimace en apprenant la mort de ce Général, 484.

Ferdinand II. rejette avec indignation une offre des Barberins, IV. 523. s'oppose fortement aux vues de Richelieu sur l'Evêché de Spire, 537. souhaite l'accroissement d'un tiers parti parmi les Protestants, 605. conjoncture dont il veut se servir pour faire élire son fils Roi des Romains, &c. 672. partage dans son Conseil sur la proposition de surprendre Philisbourg, qui avoit été remis aux François, 684. 685. Elle est acceptée & exécutée. Autres avantages que l'Empereur remporte, 686. Il fait la paix avec l'Electeur de Saxe, où d'autres Princes Confédérés accé-

F E

dent, 795. *& suiv.* Ce qu'il impute au Roi de France dans une déclaration qu'il publie après la signature de cet accommodement, 797. 798. Il envoie un secours considérable au Cardinal Infant, 801.

Ferdinand II. désigne ses Plénipotentiaires pour la paix, V. 96. On n'est pas content de ses saufconduits ; & il en refuse de particuliers aux Suédois, &c. 98. Situation de ses affaires, 117. Il fait expédier à l'Electeur de Saxe une procuration fort défectueuse, pour entamer la négociation de la paix avec la Suede. Les Suédois ne s'en contentent pas, 119. Disgrace dont il est fort touché, & qui déconcerte ses projets, 128. 129. Pourquoi il envoie ordre à Galas de ne rien hazarder, 230. Situation des affaires de l'Empereur, 232. 233. Négociation à la Cour pour le rétablissement de la Maison Palatine, 271. *& suiv.* Résolution de S. M. I. sur cette affaire, 275. Mort de *Ferdinand* II. Récit abrégé des principaux évenemens de sa vie. Ses bonnes qualités : s'il fut doux & clément : ses enfants, 279. 280.

Ferdinand, Archiduc d'Autriche, fils aîné de l'Empereur Ferdinand II. est élu Roi de Hongrie, II. 767. Couronné Roi de Bohême, III. 124. 125. Il joint le Duc de Baviere, assiege Ratisbone, IV. 632. prend cette Place & Donawert : met le siege devant Norlingue, 634. se trouve à la bataille qui se donne près de cette ville, 647. 648. entre triomphant dans Norlingue avec son beaufrere le Cardinal-Infant. Ils commettent une grande faute, en se séparant sans poursuivre leur victoire, 671. 672. *Ferdinand*, Roi de Hongrie, envoie Galas joindre le Duc de Lorraine, pour faire irruption en France : tourne du côté de Ratisbone. Extrait d'un manifeste qu'il publie, V. 194. 195. Il est élu Roi des Rois des Romains, & reconnu pour tel en Allemagne, malgré des protestations, &c. 270. *& suiv.* succede à son pere sous le nom de *Ferdinand* III. 279.

Ferdinand III. Empereur, proteste qu'il ne reconnoît pas pour Roi de France Louis, qui ne veut pas le reconnoître pour Empereur, V. 280. rend la liberté à l'Electeur de Treves, 350. ménage la veuve de Guillaume Landgrave de Hesse, lui offre des conditions avantageuses, &c. 489. Decret qu'il accorde en faveur du Cardinal Maurice de

FE

Savoye. On détourne l'Empereur de fe mêler trop des affaires d'Italie, 631. 632. Il fait quelques démarches pour gagner les troupes du feu Duc de Weymar, 699.

Ferdinand III. rejette une demande de la Cour de France : traverfe la négociation d'une treve générale en Italie, VI. 22. fe plaint de ce que le Pape rappelle fon Légat de Cologne, 63. refufe d'abord de faire arrêter le Prince Edouard de Portugal, y confent enfuite, & le livre aux Efpagnols, 192. *Ferdinand* n'a pas grande inclination à finir la guerre : tient une Diete générale à Ratisbone : y eft infulté par les armées de France & de Suede : peu s'en faut qu'il ne foit furpris. Sa fermeté retient les Députés de l'affemblée, 201. *& fuiv.* Il eft vengé de l'infulte qu'on lui avoit faite, 207. Ses troupes font battues à Wolfembutel, 353. *& fuiv.* Son armée renforcée fait des progrès confidérables, 356. Il figne les préliminaires de la paix générale, obtient prefque tout ce qu'il demande à Ratisbone : amniftie qu'il y fait publier, dont il excepte la Maifon Palatine, 360. Pourquoi il avoit donné le commandement de fon armée en Siléfie à un Prince Proteftant. Effrayé de deux victoires des Suédois, il demande du fecours au Pape & aux Vénitiens : fous quel prétexte. Style ordinaire de *Ferdinand*, 640. 641. Lettre preffante qu'il écrivit à Philippe IV. touchant le déplorable état de la Monarchie d'Efpagne, 673.

Ferdinand d'Autriche, Cardinal, oblige fes Confreres à l'admettre dans un Conclave, quoiqu'il ne fût pas dans les Ordres facrés, VI. 393. 394.

Ferdinand, Infant d'Efpagne, Cardinal, Archevêque de Tolede, frere de Philippe IV. rend vifite au Légat Barberin, III. 13. 14. eft laiffé à Barcelone, pour y tenir les Etats. Gouvernement qu'on lui deftine, IV. 133. Il arrive en Italie : a une entrevue avec le Duc de Savoye, après quelques difficultés fur le cérémonial, 333. 334. Pourquoi on ne le met pas à la tête de l'armée Efpagnole qui paffoit en Allemagne. Il demeure à Milan avec les pouvoirs néceffaires pour commander en Italie, 392. 393. paffe en Allemagne ; joint le Roi de Hongrie avec fes troupes, 635. 636. traite avec civilité le Maréchal Horn, prifonnier, 647. Preuves de bravoure & de générofité qu'il donne, 648.

FE

649. Il entre triomphant dans Norlingue avec le Roi de Hongrie. Tentative pour retenir l'Infant & fon armée dans l'Allemagne : motifs qui l'en éloignent. Plaintes qu'il fait contre les Miniftres & les Officiers Impériaux. Faute énorme de ces deux Princes, &c. 671. 672. Son entrée folemnelle dans Bruxelles. Vifites qu'il rend à Marie de Médicis & à la Ducheffe d'Orléans, 673. Sa réponfe au fujet de l'Electeur de Treves fait prifonnier, 704. Reffource de *Ferdinand* foible en troupes au commencement de la guerre, 727. Précaution qu'il prend en voyant Louvain affiégé, 738. Il répare avec prudence le mal que la perte de la bataille d'Avein avoit caufé, 742. 743. finit glorieufement fa campagne, 807.

Ferdinand, Cardinal-Infant, envoie un de fes Officiers à Liege : fous quel prétexte, & dans quel deffein, V. 166. 167. Il fait une irruption en Picardie, y fait répandre un manifefte fpécieux, 170. 171. Ses progrès dans cette province, 172. *& fuiv.* Conditions dont il convient avec Marie de Médicis, 295. Embarras où il fe trouve : lettre de ce Prince interceptée, 404. Il ne peut empêcher la perte de Breda : reprend Venlo & Ruremonde, 408. accourt trop tard au fecours de la Capelle, &c. 417. 418. Lettre interceptée de ce Prince, laquelle réveille les efpérances de Richelieu. *Ferdinand* déloge les François de Maubeuge & de quelques autres poftes, 419. *& fuiv.* défait un corps de troupes Hollandoifes, déconcerte les deffeins du Prince d'Orange fur Anvers & fur Gueldres. Ce qu'il faut avouer à la gloire du Cardinal-Infant, 520. 521. Il déconcerte les projets du Prince d'Orange, 686.

Ferdinand, Cardinal-Infant d'Efpagne, VI. 8. fait de grands honneurs au Prince Cafimir de Pologne, 43. reçoit bien la Ducheffe de Chevreufe : envoie, puis marche lui-même au fecours d'Arras, 55. 56. eft long-temps incertain fur la maniere dont il s'y prendra pour exécuter fon deffein, 57. tâche de couper les convois des affiégeants, 59. attaque leurs lignes : Délais qui empêchent le fuccès qu'il fe promettoit. Malheur de ce Prince, par les Confeillers, ou Infpecteurs qu'on lui avoit donnés. Relations de cette action, 73. *& fuiv.* Il eft repouffé, 79. s'avance pour une feconde tentative. Son projet eft déconcerté, &c. 80. 81. Il figne un traité avec le Comte de Soiffons,

227.

227. 228. envoie un exprès au Duc de Lorraine, pour l'engager à demeurer uni à la Maison d'Autriche, 239. Mémoire du Cardinal Infant pour répondre aux plaintes du Duc de Bouillon, 332. & *suiv.* Il agit de bonne heure en Artois : ne peut empêcher la prise d'Aire, 343. 344. assiege cette place, s'entête de la reprendre : s'en retourne malade à Bruxelles, & meurt avant la fin du siege, fort regretté dans les Pays-Bas. Piege dans lequel il n'avoit pas donné, 345. & *suiv.* Pourquoi Olivarez lui avoit fait donner le gouvernement des Pays-Bas, 484.

Ferdinand de Gonzague, Cardinal. Voyez *Gonzague.* Il succede au Duché de Mantoue, I. 180. Ce qui arrête sa prise de possession. Raisons qu'il allegue pour empêcher que sa belle-sœur & sa niece ne sortent des Etats de Mantoue, 181. Il trouve un expédient qui déconcerte le Prince de Piémont & l'Envoyé du Gouverneur de Milan, 182. Il prend le titre de Duc de Mantoue. On parle de le marier avec sa belle-sœur. Piege dans lequel il donne : il ouvre les yeux, &c. 184. 185. Manifeste qu'il publie, pour répondre à celui du Duc de Savoye, 188. Ce qu'il répond aux instances qu'on lui faisoit d'envoyer sa niece à Milan, 206. 207. Sa docilité pour les avis du Sénat de Venise, 207. Mécontent de la Cour d'Espagne : alliance qu'il a en vûe, 209. ses plaintes, 238. (par erreur, 188.) Il accepte les conditions proposées par le Marquis de Cœuvres, 239. 240. Dévoué aux Espagnols, il rejette le Traité d'Ast, 275. Il est aussi mécontent du second Traité conclu dans cette Ville. Effet de sa colere, 390. Il va à Milan conférer avec le nouveau Gouverneur ; renvoie son chapeau de Cardinal, songe à se marier, &c. 495. épouse une Princesse de Toscane, regarde avec assez d'indolence la désolation du Montferrat, 580. refuse son consentement à l'accommodement pour la paix de l'Italie, 730. 731. *Ferdinand*, Duc de Mantoue, prend des alarmes à l'occasion de la guerre contre Genes, &c. II. 699. 700. Il meurt sans enfans, III. 128.

Ferdinand de Baviere, Electeur de Cologne, I. 264. a une extrême passion de voir la Couronne Impériale dans sa Maison, II. 134. refuse d'accepter la neutralité avec Gustave, IV. 70. 71. élude des instances du Prince d'Orange, &c. 144. On tente vainement de le séparer de la Maison d'Autriche, 656.

Tome VI.

Ferdinand II. Grand Duc de Toscane, tâche de détourner un orage dont l'Italie est menacée, II. 674. 699. Ligue de tous les Princes d'Italie qu'il envoie proposer au Pape, IV. 332. Il propose Mazarin au Pape pour une négociation auprès de Louis en faveur des Princes Lorrains, &c. 574. 575. ne se laisse pas tenter par Richelieu, 604. est sourd aux offres magnifiques de Bellievre Ambassadeur de France, &c. 705. 706. ce qu'il dit plaisamment sur le manifeste du Duc de Parme, V. 7. Hostilités dans les Etats de Modene & de Parme, dont il est alarmé, 131. Il s'entremet afin de sauver les Etats presque envahis du Duc de Parme, 152. refuse de le secourir, pour le réduire à faire la paix, 300. entre dans une ligue & arme pour défendre ce Prince contre le Pape, VI. 502. 507. & *suiv.* lui accorde le passage qu'il demandoit pour entrer dans le Perusin. Remontrance qu'il lui envoie faire, 511. Il le presse d'écouter les propositions du Pape, 513. donne de bons ordres pour la sûreté de l'Evêque de Lamego, 518.

Ferdinand de Gonzague, Duc de Mayenne, second fils du Duc de Mantoue, est fait Gouverneur du Montferrat, s'enferme dans Casal. Travail dont il ne veut pas être exempt, III. 475. 476. Voyez 535. 540. 547. Sa mort, IV. 61.

Fereira (Le Marquis de) parent du Duc de Bragance, VI. 172. 383.

Feria (Dom Alvarez de Figueroa, Duc de) Ambassadeur extraordinaire d'Espagne en France, I. 29. 65. Il est nommé Gouverneur de Milan, II. 16. excite des mouvemens dans la Valteline, 259. 261. 262. prend des mesures pour achever de s'en rendre maître, 309. 310. élude l'exécution du Traité de Madrid, 438. 439. Il fait trois Traités avec quelques Députés des Grisons, 440. Entêté de soutenir ce qu'il avoit entrepris, ce qu'il représente à la Cour de Madrid, 564. Il trouve un prétexte de laisser une garnison Espagnole dans trois forts de la Valteline, en remettant les autres au Pape, 566. arrête les progrès du Marquis de Cœuvres dans ce pays, 742. prend Aqui, & enleve le magasin de l'armée de France & de Savoye, 746. assiege Verrue, mauvaise place, qu'il ne peut prendre, 747. 748.

Feria (Le Duc de) est rappellé du Gouvernement de Milan, III. 72. y est renvoyé

Lllll

pour s'opposer à la conclusion de la paix de l'Italie, 669. 674. 675. Ligue qu'il fait proposer à la République de Venſe, IV. 61. Il va au devant du Cardinal-Infant d'Eſpagne, 334. eſt envoyé au ſecours du Duc de Lorraine. Ce qu'il avoit fait propoſer à ce Prince, 352. 374. 378. 379. On prend des meſures pour rendre l'armée du Duc de *Feria* indépendante de Valſtein. Parti que prend le Général Eſpagnol, enſuite des délibération de ſon Conſeil de guerre, 393. 394. A quoi ſe réduiſirent les expéditions de ſon armée. Accablé de chagrin & de fatigues, il va chercher du repos à Munick, où il meurt, guerrier malheureux & peu habile, 400. 401.

Fernandinez (Le Duc de) un des Commandants d'une flotte Eſpagnole, IV. 810.

Fernemont (Le Baron de) Sergent Major de bataille de l'Empereur, paſſe dans la Valteline avec des troupes: eſt battu par le Duc de Rohan, & s'en retourne dans le Tirol, V. 4.

Ferragalli, Secrétaire du Nonce du Pape en Piemont, preſſe Léganez de ſe retirer du Montferrat, VI. 28. lui propoſe une ſuſpenſion d'armes, 32.

Ferrandine (Le Duc de) Général des galères d'Eſpagne, VI. 194. n'oſe ſortir du port de Gènes pour s'oppoſer à l'Archevêque de Bourdeaux, 364. tente de jetter du ſecours & des vivres dans Tarragone, 370. ſeconde tentative qu'il fait, 371. 372. Il commande les galeres de Naples dans un combat naval contre les François, 373. eſt mis en priſon, 485.

Ferrier, Miniſtre, ſoutient dans une theſe que le Pape eſt l'Antechriſt, &c. I. 81.

Ferté (La) Imbaut, Lieutenant des Gendarmes du Duc d'Orléans, &c. III. 618. S'il trahit Montmorenci, IV. 159. Expédition où il eſt employé, V. 513. VI. 72.

Ferté (La) Senneterre. Voyez *Senneterre*.

Fervacques, Maréchal de France, a un différend avec le Comte de Soiſſons, I. 146.

Fêtes de la primitive Egliſe: ce qui a donné lieu, dans la ſuite, à l'introduction de celles de la Vierge & des Saints, V. 549. 550.

Feuillade (La) leve des Soldats pour le ſervice de Gaſton, III. 618. eſt tué au combat de Caſtelnaudari, IV. 155.

Feuquieres (Le Marquis de) conduit en France les Troupes que le Roi avoit dans la Valteline, III. 72. priſonnier de guerre à la Rochelle, 222. Conſeil où il eſt appellé, 431. Portrait qu'il fait de l'Electeur de Saxe, IV. 171. Il agit en Allemagne, 232. 239. 240. Titre qu'on lui avoit donné: ordres & ample inſtruction dont il étoit chargé, 243. & ſuiv. Il ménage les intérêts de la France à l'Aſſemblée d'Heilbron, 246. 247. *bis*. Comment il élude les inſtances des Allemans qui lui demandent de l'argent. Articles ſur leſquels il n'étoit pas d'accord avec Oxenſtiern. Habileté de *Feuquieres* dans les affaires de la guerre & du cabinet, 248. *bis*. 249. Il conclut le rénouvellement de l'alliance entre la France & la Suede, 253. 254. Deſſein d'un voyage qu'il fait à Dreſde & à Berlin. Ce qu'il dit du Landgrave de Heſſe-Darmſtat, 257. Les propoſitions de *Feuquieres* ne ſont pas du goût de l'Electeur de Saxe. Inquiétude qu'il conçoit des réponſes & des démarches de ce Prince, 259. 260. Il négocie heureuſement à Berlin: y confere avec un Ambaſſadeur de Pologne, &c. 260. & ſuiv. envoie un mémoire à Valſtein, 265. & ſuiv. Autre qu'il lui fait tenir en réponſe à ſes demandes, 267. & ſuiv. Il ſe défie du ſuccès de l'entrepriſe de ce Général; déſapprouve ſa conduite, 269. agit avec réſerve en négociant avec lui, 271. & ſuiv. avertit le Cardinal des nouvelles avances de Valſtein, &c. 472. dépêche à ce Général un Exprès avec un plein pouvoir, &c. 479. 480. Affaire qu'il va pourſuivre à Francfort. Cet Ambaſſadeur & le Chancelier de Suede ſe traverſent ſous-main ſur divers articles, 615. 616. Harangue adroite, inſinuante que *Feuquieres* adreſſe aux Princes & Etats confédérés, aſſemblés en Diete, 616. & ſuiv. Réflexions diverſes que les gens rafinés firent ſur ſon diſcours, 621. & ſuiv. Ses artifices à l'égard des Suédois. Il oblige les Confédérés à céder Philipsbourg à Louis, 629. 630. Inſtructions qu'on lui envoie après la défaite des Suédois à Norlingue, 655. 656. Mouvements qu'il ſe donne pour faire ratifier un Traité conclu à Paris par les Députés des Princes Confédérés, 659. 668. Il empêche les Maréchaux de la Force & de Brezé de paſſer le Rhin: engage le Duc de Weymar à ſecourir Heidelberg, 660. va à la Cour de France, y fait peu de ſéjour & retourne en Allemagne pour encourager les Suédois & leurs Alliés, 686. 687. Ce que ſon inſtruction lui enjoint. Exhortation qu'il fait au Chancelier de Suede. Aſſu-

TABLE DES MATIERES.

F E

rances qu'il donne au Duc de Weymar, 690. 691.

Feuquieres (Le Marquis de) témoigne de la bonne volonté à Gaston, & ne fait rien pour lui, V. 50. amene au Duc de Weymar le tiers des troupes qu'on lui avoit promises : est chargé d'une instruction pour l'apaiser, 353. Il investit Damvilliers, 411. a le commandement d'une armée, avec ordre d'assiéger Thionville : n'ose résister, quoiqu'il y sente de la répugnance par le peu de troupes qu'il a, 668. Défaite du Marquis de *Feuquieres* devant cette place : il est blessé, pris, & emmené dans cette Ville, 669. *& suiv.* 672. *& suiv.* Triste fin de cet Officier, plus heureux dans ses négociations que dans le commandement d'une armée. On prétend qu'il perdit cette bataille par sa faute, 675.

Fevre (Nicolas le) homme distingué par sa science & par sa piété, est fait Précepteur de Louis XIII. & meurt un an après, I. 281.

Fevret, fameux Avocat, fait un Discours au Roi, au nom des Habitants de Dijon, III. 443.

F I

Fiennes (Nathanaël) membre de la Chambre des Communes, y parle vivement contre certains canons, VI. 269. soutient qu'il faut abolir l'Episcopat, 271.

Fiesque (Le Comte de) a pitié du fils de Concini, & le prend chez lui, I. 644. sert sous le Comte de Soissons : par quel hazard il n'a pas la cuisse cassée d'un coup de mousquet, V. 184. 185. Emploi qu'on lui donne, auquel il n'étoit pas propre, 238. Affaire où il a part dans la Cour de Gaston, 264. *& suiv.* Il porte la nouvelle de l'accommodement de S. A. R. au Comte de Soissons, 285. va voir à Anet le Duc de Beaufort revenu d'Angleterre, VI. 681. témoigne son attachement à la Reine, en s'éloignant de Mazarin & de Chavigni, 693.

Filesac, Théologal de Paris, opposé aux Jésuites, propose la censure de trois panégyriques de leur Fondateur, I. 90. 91. Elu Syndic de la Faculté à la place de Richer, 137. Sa conduite dans l'affaire touchant le livre de Bécan, 162.

Fin (Prejan de la) Vidame de Chartres, un des Députés de la Noblesse aux Etats, I. 318.

Financiers (Les) donnent du chagrin aux Gen-

F I. F L

tilshommes. Proposition faite aux Etats Généraux d'établir une Chambre pour punir leurs malversations, I. 318. 319. *Financiers* recherchés : leur métier n'est pas fort difficile. Méthode de les punir par des taxes arbitraires, mise en usage sous Louis XIV. Chambre de Justice établie contre eux par Louis XIII. & bientôt révoquée, II. 643. 644.

Finch (Le Chevalier Héneage) Orateur des Communes, III. 16. 18. 186. Manege de cet homme dévoué au Favori, 195. Question qu'il refuse de proposer, 301. 302.

Finch (Le Chevalier Jean) Garde du Grand Sceau d'Angleterre, odieux au peuple. Comment le Comte de Clarendon le représente. Harangue peu convenable qu'il fait à l'ouverture d'un Parlement, VI. 116. 117. Remontrance qu'il fait à cette assemblée de la part du Roi, 121. 122. Ce qu'il déclare aux Communes de la part des Seigneurs, 124. 125. Discours long, flateur & assez mal tourné qu'il fait à l'ouverture du second Parlement de 1640. 256. 257. Par un Discours étudié il tâche de fléchir la Chambre des Communes, qui le déclare traître à la patrie : s'enfuit en Hollande, 266.

Fivalguiero, Chef du Conseil de la Ville de Barcelone, fait une réponse très-courageuse à Ferdinand le Catholique, VI. 6.

Flamans (Les) ne se laissent pas surprendre par les promesses trompeuses de Louis. Les excès de ses Soldats les irritent contre tous les François, IV. 715. 716.

Fleming Grand Trésorier, & un des Régents de Suede durant la minorité de Christine, IV. 236.

Flotte de Louis XIII. une des plus grandes que les Rois de France eussent encore équipées, II. 505.

Flotte (Madame de la) Grand-mere de Mademoiselle de Hautefort, obtient la charge de Dame d'atour d'Anne d'Autriche, III. 608.

Floyd (Jean) Jésuite Anglois, sous un nom déguisé, attaque un Livre sur la Hiérarchie Ecclésiastique. Son ouvrage est condamné en France, IV. 309. *& suiv.* Pieces contre ses Censeurs, qu'on lui attribue, 312.

F O

Foix (L'Abbé de) donne de bonnes leçons à la Duchesse d'Orléans, III. 115. Il est arrêté, comme dévoué à la Reine-Mere, 608.

Llll ij

TABLE DES MATIERES.

FO

Fontaine, Gentilhomme allié de du Fargis, est tué en duel, IV. 451.

Fontaine (Le Comte de) est envoyé au secours de Genep, VI. 345. Il est du Conseil d'Etat établi après la mort du Cardinal-Infant, 347.

Fontarabie : Siege de cette Ville, foible en garnison, par le Prince de Condé, V. 544. & *suiv*. Ses retranchemens sont forcés, & la Ville délivrée, 553. & *suiv*.

Fontenai Mareuil, Maréchal de Camp dans l'armée du Comte de Soissons, V. 185. Commission dont il est chargé, 298. Expédition où il se trouve, 525. Ambassadeur à Rome, d'un caractere different de celui de son Prédécesseur, VI. 387. Il parle au Pape en faveur du Duc de Parme. Réponse de S. S. 392. Ce qu'il insinuoit aux Barberins, 502. Il fait des instances pour obtenir un délai en faveur du Duc de Parme. Entretiens qu'il a avec le Pape, 508. Il n'a aucun égard à une proposition des Barberins. Ce qu'il leur demande, 512. Il donne ordre à ses gens de secourir l'Ambassadeur de Portugal contre les Espagnols, 517. Plaintes qu'il porte de leur violence, 518. Lettre qu'il reçoit du Roi après la mort du Cardinal de Richelieu, avec l'ordre de communiquer les intentions de S. M. au Pape & à ses neveux, 667. 668.

Fontrailles : ce qu'il dit des projets du Cardinal, IV. 676. 677. 755. Comment il rapporte les premiers commencemens de la fortune de Cinq-Mars dont il fut l'intime Confident, V. 745. 746. Conseils qu'il donne à ce Favori : expédient qu'il lui suggere pour se défaire du Cardinal, &c. VI. 337. & *suiv*. Extrait de sa Relation, 341. Proposition qu'il fait au Duc d'Orléans, 342. *Fontrailles*, serviteur particulier du Duc d'Epernon, le lie avec Cinq-Mars : profite fort à propos d'un bon conseil de ce vieux Seigneur, VI. 432. 433. Extrait de sa Relation, 436. 437. Il presse le Favori de prendre des mesures pour se défaire de Richelieu, 439. 442. 444. Ce qu'il dit du Duc de Bouillon, 443. 448. 449. 451. *Fontrailles* est surpris d'une commission que Cinq-Mars lui donne : ce qui le détermine à s'en charger, 452. 453. Il part pour Madrid. Conversation qu'il a avec le Duc de Bouillon qu'il rencontre dans sa route, 454. *Fontrailles* arrive à Madrid. Relation naïve & divertissante qu'il fait de sa négociation. Traité qu'il

FO

conclut au nom du Duc d'Orléans, 461. & *suiv*. Précautions qu'il veut qu'on prenne pour cacher cette affaire. Conférences qu'il a avec Cinq-Mars & de Thou à son retour. Circonstance curieuse qu'il raconte concernant la Reine, 467. Il est rappellé à la Cour par le grand Ecuyer. Expédient dont il se sert pour avoir un prétexte de n'y plus paroître. Il presse Cinq-Mars & Gaston de se retirer à Sedan. Froide raillerie qu'on lui attribue en prenant congé du premier. *Fontrailles* se sauve en Angleterre, 583. & *suiv*.

Forbès (Jean) & ses confreres de l'Université d'Aberdeen, reprouvent la confédération d'Ecosse, V. 587.

Force (Le Marquis de la) Gouverneur de Bearn, soutient les intérêts de ce pays, contre le Clergé. I. 365. joint le Duc de Rohan, 464. 480. Il le quitte pour aller défendre sa Province, 481. Mécontent de Marie de Médicis, 623. Il s'oppose d'abord vigoureusement à un Arrêt du Conseil contraire aux privileges du Bearn ; fléchit ensuite, &c. 698.

Force (Le Marquis de la) garde des ménagemens avec le Roi & avec les Bearnois ; devient suspect à l'un & aux autres, &c. II. 18. est député à S. M. par les Etats de Bearn, 231. Lettre qu'il lui écrit en faveur de l'Assemblée de la Rochelle, 284. On lui ôte le gouvernement de Bearn ; & à son fils aîné la Charge de Capitaine des Gardes, 343. 359. 360. Département que l'Assemblée de la Rochelle leur donne, 347. Il consent à s'accorder avec Pardaillan, 367. tâche de délivrer Nerac en attaquant Caumont ; ne réussit pas, 368. 369. se jette dans Montauban, & le défend bien, 390. & *suiv*. prend Sainte-Foi & Tonneins, 461. accourt au secours de son Château : est repoussé, &c. son zele se refroidit : il pense à s'accommoder, 462. 463. conclut cette affaire d'un dédommagement, & la dignité de Maréchal de France, que Henri IV. lui avoit destinée. Si la prudence lui permettoit d'agir autrement, 470. 471. Résolution violente que le Roi prenoit contre lui, arrêtée par le Prince de Condé, 478.

Force (Le Maréchal de la) est nommé un des Présidents de l'Assemblée des Notables, sous le Duc d'Orléans, III. 91. condamne les Réformés qui se joignent aux Anglois, 145. sollicite en vain l'élargissement du Comte de la Suze, son neveu, 173. Commission

F O

qu'on lui donne, 406. 413. Conseil où il est appellé, 431. Il accompagne le Cardinal au siege de Pignerol, 435. commande l'armée avec le Maréchal de Schomberg, 444. 457. 459. joint par le Duc de Montmorenci: leurs exploits, 462. 463. 480. 482. Mécontentement qui l'engage à solliciter son rappel : il ne l'obtient pas, 487. continue de servir en Italie avec les Maréchaux de Schomberg & de Marillac: marche au secours de Cazal, 531. & suiv. Sa conduite touchant l'ordre d'arrêter Marillac, &c. 561. & suiv.

Force (Le Maréchal de la) expéditions dont on le charge, IV. 40. 121. 124. Il ne peut empêcher MONSIEUR d'entrer en Languedoc. Difficultés qu'il avoit faites de marcher contre ce Prince, 130. Il entre avec son armée dans le bas Languedoc, &c. 150. obtient la charge de Grand-Maître de la Garderobe, 169. prend Epinal en Lorraine, 349. est chargé de poursuivre le Duc Charles IV. 353. Bonnes qualités de la *Force*, 360. Il est laissé en Lorraine avec une armée, 367. Offre qu'il fait au Maréchal Horn, qui est rejettée, 397. Il s'empare de Saverne, 435. fait investir Luneville ; mais ne peut prévenir la conclusion du mariage du Duc François avec sa Cousine Claude, 437. 438. Il réduit toute la Lorraine sous l'obéissance du Roi, 510. est chargé de s'opposer aux entreprises du Duc Charles, 656. se prépare à passer le Rhin avec son Collegue le Maréchal de Brezé, pour secourir la Citadelle d'Heidelberg. Ordre qui les arrête, 660. Ils passent cette riviere, pour secourir cette place assiégée une seconde fois. Beaucoup qu'ils pouvoient faire, & qu'ils ne firent pas, 661. Ils encouragent le Chancelier de Suede, qui étoit venu conférer avec eux, 689. Le Maréchal de la *Force* va au-devant du Duc de Lorraine, bat son arriere-garde, 732. & suiv.

L'armée du Maréchal de la *Force* est affoiblie pour grossir celle du Cardinal de la Valete, malgré les remontrances du premier. Peu s'en faut qu'il ne soit rappellé. On lui donne un adjoint avec lequel il ne s'accorde pas, V. 38. Trop foible pour tenir la campagne, il se retranche, 45. plie devant le Cardinal de la Valette: Lettre qu'il lui écrit. Jonction de ses troupes avec celles de deux autres Généraux françois, & avec l'armée du Duc de Weymar, &c. 51. 52. Résultat de la Conférence qu'il a avec eux, 55. Il

F O

envoie à la Cour Gassion que le Duc Bernard lui avoit dépêché, 59. Son avis de changer de poste, contredit par la Valette. Remontrance qu'il envoie faire au Roi sur ce point. Il obtient la permission de revenir pour ses affaires domestiques, 62. 63. Confiance des Parisiens en ce vieux Maréchal, 191. Conseil qu'il donne, approuvé par le Roi, rejetté par le Cardinal, 216. Son avis, de ne point poursuivre les Espagnols dans leur pays, l'emporte, &c. 220. Il s'oppose à la proposition d'attaquer Corbie à force ouverte, &c. 225. 226. y fait cependant travailler en grande diligence, 227. La *Force* arrive au secours de Châtillon qui assiégeoit Saint-Omer : remporte un avantage sur les Espagnols, 517. Sa conduite à l'attaque qu'ils font des lignes, 522. 523. 525. & suiv. On prétend lui imputer la levée de ce siege : il se justifie fort bien, 530. couvre le siege du Catelet avec Châtillon, 534. s'avance pour soutenir celui-ci engagé trop avant, demeure seul chef de l'armée, 536.

Le Maréchal de la *Force* est appelé au Procès du Duc de Vendôme, VI. 235. 236. Ce que Richelieu dit de ce Maréchal dans un Mémoire de sa façon, 596. Il se trouve au Parlement quand la déclaration sur la Régence y est enregistrée. 693. écoute avec respect une exhortation du Roi mourant, & n'y défere pas, 696.

Force (Le Marquis de la) fils du Maréchal de ce nom, auparavant Marquis de *Castelnau*. Voyez ce mot. Sa collusion avec le Comte d'Orval son beau-frere. Il obéit enfin, II. 478. Expédition où il se trouve avec son pere, IV. 733. Il bat un détachement des Impériaux, V. 76. est employé au blocus de Corbie, 219. 220. Un des Lieutenants Généraux du Prince de Condé pour le siege de Fontarabie, espérance dont il se flatte, 541. Son quartier est attaqué ; il ne peut pas le défendre, & se réfugie auprès du Duc de la Valette, 555. 556. Intrigue prétendue où l'on voulut faire entrer le Marquis de la *Force*, alors disgracié, VI. 219.

Forest (La) frere de Toiras, est dépêché en Hollande, pour y demander des vaisseaux, II. 716.

Forgatsi, Palatin de Hongrie, écrit à Gabor, &c. lui livre Presbourg, II. 148. change de parti, rend cette place au Comte de Buquoi ; assiste au siege de Neuhausel, 377. sert uti-

Llll iij

FO

lement l'Empereur, en portant Gabor à un accommodement, 575. Le Comte *Forgatsi* amene du renfort à Jean de Wert, V. 352.

Forgemont, Docteur de Paris, follicite la cenfure de Richer avec l'Auditeur du Nonce. Il en est blâmé par le Parlement, I. 135.

Fors (Le Marquis de) est tué à la défenfe des lignes devant Arras, VI. 78.

Fortia, Maître des Requêtes, va à Bourdeaux, chargé d'une commiffion dont il ne peut s'aquiter, III. 121.

Forzoni (Catherine) femme qui s'intrigue pour la Reine-Mere à Paris, IV. 409.

Foscarini (François) est élu Doge de Venife. Il s'étoit distingué dans les premiers emplois de la République & dans ses Ambaffades. Bel éloge qu'on lui donne, II. 567.

Foffez (Le Marquis des) Gouverneur de Montpellier, tâche de profiter d'une intrigue qu'on lui révele, & de tromper le Duc de Rohan, III. 177. & *suiv.* Chargé de s'affurer du Duc de Montmorenci, fon complot eft découvert, IV. 115. 116. Il épie les démarches de ce Seigneur, qui tâche de le gagner, 128. est commis pour négocier avec le Duc d'Orléans, 163.

Foucaut, Confeiller au Parlement de Paris, eft conduit au Château d'Angers, & rappellé quelques mois après, V. 66.

Fouilloux perd la vie au fiege de Maftricht, IV. 143.

Fouquet, Maître des Requêtes: commiffion qu'on lui donne, II. 3.

Fourbin (Le Commandeur de) obtient la commiffion de Général des Galeres, V. 667. Sage remontrance qu'il fait à l'Archevêque de Bourdeaux, VI. 69. Il affiege Colioure par mer, 469.

Fozan Vice-Amiral de la Rochelle, d'intelligence avec la Cour, fait échouer les plus grands vaiffeaux de la flote Rocheloife, II. 733. 734.

FR

France, François. Reproche qu'on fait ordinairement aux *François.* S'ils font fort supérieurs aux autres peuples. Si, pour être bon *François*, on doit approuver tous les procédés de la Nation, I. *Préface*, xv. xvi. Renverfement de langage & de raifon en *France*, xvii. Etat de la *France* depuis la Régence de Marie de Médicis, I. 122. & *suiv.* Réflexion d'un Italien sur le génie des *François*, 244. Grands airs de la *France* envers un Duc de Savoye, mal foutenus, 267. Rois de *France* majeurs à leur quatorzieme année, & facrés pendant leur minorité, &c. 278. 279. Ancienne conftitution du gouvernement en *France*, 290. & *suiv.* Ancien & légitime revenu de fes Rois, 293. 294. Vérité reçue autrefois univerfellement en *France*, & qui pafferoit pour un paradoxe dans l'efprit des *François* d'à-préfent, 294. 295. Humiliation des Seigneurs *François* fous Louis XIV. Ils ne fauroient prendre le jufte milieu, 317. Somme de ce qu'on levoit en *France* fous la minorité de Louis XIII. & fous le Miniftere de Richelieu. Maxime qui n'y étoit pas encore reçue, & que ce Miniftre a voulu paroître détefter, 323. Manieres bizarres & inconftantes de la *France*, 329. Ridicule Comedie qu'on y joue quelquefois, 351. La bonne foi bannie de la Cour de *France*, 356. 363. 374. Si les *François* auroient raifon de fe plaindre de ce que les Etats Généraux ne font plus convoqués, 372. Ils ont pouffé la flaterie plus loin que les Italiens, 388. Aveuglement des Seigneurs & des Gentilshommes *François*, 421. Ufage ancien de *France*, qui ne fubfifte plus, 474. Trait rare & furprenant de l'Hiftoire moderne de *France*, 588. Différence entre les Seigneurs *François* du temps préfent d'avec ceux du temps paffé, 592. Politique établie en *France* depuis Richelieu & Mazarin, 597. Voy. 600. Ufage de la flaterie auprès des Rois de *France*, 665. Dure fervitude, génie des *François*, 666. 667. Pourquoi la Cour de *France* avoit peu de crédit à Rome: comment elle auroit pû l'augmenter, 686. 687. Les Rois de *France* ont fenti les pernicieufes conféquences de leur Religion. Comment ils ont tâché d'y remédier, 691. Coutume introduite en *France* contre les loix, & contre les regles de l'équité, 735.

France, François. Manieres des Rois de *France*, depuis long-temps, II. 3. Comment les Seigneurs *François* ont appris aux Rois à réduire leurs Sujets à l'efclavage: quelle en eft la fuite, &c. 17. 18. Ce qu'on appelle en *France* le fervice du Roi, 18. Pourquoi la *France* prenoit un fi grand intérêt dans les troubles domeftiques des Provinces-Unies, 42. 43. 46. 62. Idée qu'on fe fait maintenant en *France* de l'autorité du Roi, contraire à celle du premier Préfident

TABLE DES MATIERES.

FR

de Verdun, 176. Fonctions que les Princes & les Grands de France faisoient autrefois auprès des Rois, dans des occasions solemnelles, comment devenues ordinaires, 184. 185. Princes du sang de France déchus de la part qu'ils devroient avoir aux affaires, 200. 443. 444. Epoque du manquement de parole des Rois de France, 233. Les Grands de France ont travaillé à forger les chaînes dont on les a liés, 268. Légéreté, étourderie des François, 358. 359. Inutilité de quelques fermens des Rois de France, 403. 404. Coutume ridicule des François, 421. Comment ils ont été reduits à l'esclavage, 511. Situation des affaires de France lorsque le Cardinal de Richelieu entra dans le Ministere, 624. & suiv. Son ancienne liberté, 631. Véritable constitution de son gouvernement, changée par Louis XI. 738.

France, François. Droit utile à la conservation de la liberté du peuple, que la France a perdu, III. 23. 24. Restes de l'ancienne liberté des François, abolis, 84. Mauvais état de la France sous Louis XIII. ses conquêtes & celles de son fils ne l'ont pas rendue plus heureuse, ni plus florissante, 93. 94. Provinces de France qui ont perdu peu-à-peu leurs droits, 95. Derniers François. Folie de ceux qui prirent la Rochelle, 160. 161. Abus qui a prévalu en France sous le ministere de Richelieu, 173. 187. Si les Rois de France sont originairement absolus, 290. 291. Impatience des François, 457. Tour de leur fausse bravoure, 478. Humeur des soldats François, 541. 542. Générosité des Officiers François à Cazal, 532. Infidélité des François dans l'exécution du traité conclu devant cette Place : ce qui en résulte. Nouvel accord entre eux & les Espagnols, 543. & suiv. La France redoutable à toute l'Europe, &c. 583. 584. Miseres de la France sous le regne de Louis XIII. augmentées sous celui de son fils. Les François ne sentent pas la pesanteur de leurs chaînes, &c. 619. La France s'en trouveroit mieux, si Louis XIII. & son fils n'eussent pas suivi des principes qu'on leur avoit inspirés. Les bons François détesteront à jamais Richelieu, 638.

France : François. Influence du Conseil de France sur l'Espagne sous le Duc d'Anjou (Philippe V.) IV. 69. Instruction donnée aux Grands de France du temps de Louis XIII. mais qui n'est plus praticable, 129.

FR

Nouvelle forme de Gouvernement introduite en France, 328. 329. Maxime injuste qui y est reçue comme une vérité incontestable, 341. 342. Prétendue loi fondamentale de France, qui ne se trouve nulle part, 420. Malheur déplorable des François depuis qu'ils ont eu la lâcheté de souffrir l'établissement du pouvoir arbitraire. Leur insensibilité les rend indignes d'être plaints, 429. 430. Disposition à une rupture ouverte entre la France & la Maison d'Autriche, 584. & suiv. Style ordinaire de la Cour de France, 699. Loix anciennes du gouvernement de France, desquelles on se souvenoit sous le regne de Louis XIII. & durant la minorité de son fils, maintenant oubliées, ou dont personne n'ose parler, 711. Les François joints aux Hollandois prennent Tillemont & le saccagent, 738. & suiv. Les François semblent prendre plaisir à se donner du ridicule par leur vanité ; & à s'attirer, par leurs airs méprisants & fiers, l'indignation & la haine de leurs voisins, &c. 781. & sxiv. Récriminations mutuelles de la Maison de France, & de celle d'Autriche, où toutes deux ont souvent raison, 797. 798.

France : François. Quand ils se trouvent les plus forts ils font comme les autres, V. 6. Après avoir crié contre l'ambition des Espagnols, ils les imitent, 304. 305. Etat des affaires de France en 1637. 320. Descente des François dans l'Isle de Sardaigne, 323. 324. Ils perdent Hermenstein, 348. & suiv. Précautions que les François prirent, sans doute, en se donnant à Hugues-Capet, 431. Ce que ne savoient pas ceux qui firent des vœux pour la naissance du Dauphin, qui fut ensuite Louis XIV. 462. Pourquoi la France devint supérieure à la fin du regne de Louis XIII. 464. Aversion que les Officiers & les Soldats François avoient pour le service d'Allemagne, 478. Combat entre les Galeres de France & celles d'Espagne, sur lequel on fait parler Richelieu en termes empoulés, 506. Grande joie des François à la naissance du Dauphin. Réflexion qu'ils devoient faire avant que de s'y abandonner. Leurs transports sont des mouvements d'un esprit servile & adulateur. Conduite des gens sensés en de pareilles occasions, 552. 553. Grande déroute des François à Fontarabie, ibid. & suiv. Il y a en France beaucoup de personnes éclairées & bien intentionnées, Dieu veuille

FR

les délivrer du joug d'une Inquisition secrette, &c. 622. Sort des Grands Seigneurs François suspects à Richelieu, durant son sanguinaire & tyrannique Ministere, 624. Armée de François pour le secours de Salces, dissipée par la pluie & l'orage, 728. Coutume des François à l'égard de la Cour de Rome, 745.

Différence entre le Roi d'Espagne & celui de France, selon un mot attribué à un Empereur, VI. 7. Génie des François dans les miseres de la guerre, 21. 22. Les François & les Suédois confédérés se traversent les uns les autres en diverses occasions, 95. & suiv. Jonction des armées des deux Nations, 98. & suiv. Il ne faut pas croire facilement les François quand ils parlent de leurs contestations avec les étrangers, 105. Vérité certaine & nécessaire au bonheur & au repos de la société civile, qu'ils semblent avoir oubliée, 185. Après avoir crié contre le projet d'une Monarchie universelle, la France l'a formé pour elle-même, 245. Une des causes de l'esclavage des François, de n'avoir pas sû conserver la liberté de poursuivre les Ministres coupables, &c. 263. Equité qu'on ne garde pas en France envers un homme arrêté par ordre du Roi, 272. 273. Etat de ce Royaume pendant le tyrannie du Cardinal, dont les bons François ne doivent parler qu'avec abomination, 307. 308. Leur bravoure semble avoir diminué sur la fin du regne de Louis XIV. A quoi l'on pourroit l'imputer pour l'honneur de la Nation, 321. La France a bien acheté ce qu'elle a gagné, 368. Combat naval entre les François & les Espagnols près de Tarragone, 373. 374. Exclamations en France contre les ennemis de Louis XIV. langage qui ne trompe que les sots, 641. Différence entre la France & l'Espagne quant aux grands emplois, & aux Gouvernements au temps de Louis XIII. 678.

Francesca, Paysane du Montferrat, récompensée pour sa bravoure, III. 478. 479.

Francfort sur le Mein : Diete des Princes & Etats confédérés de l'Empire que le Chancelier de Suede y convoque, IV. 615. & suiv.

Franche-Comté : neutralité accordée à ce pays, en considération des Suisses, pendant les démêlés de la France avec l'Espagne : pourquoi Louis trouve à propos de l'enfreindre. Avances de soumission à S. M. que ses habitants, dit-on, avoient faites : tentatives en conséquence, qui n'avoient pas réussi, V.

FR

153. 154. Mesures prises pour empêcher qu'elle ne soit secourue, 157. & suiv.

François I. Roi de France : pourquoi il ne convoqua pas les Etats du Royaume, I. 289. Mauvais gouvernement de ce Prince & de ses Enfants, 293. Ils engagent presque tout leur domaine, 294. François vend ouvertement les Charges, 304. S'il doit être blâmé d'avoir tenu sa parole à Charles-Quint, qui traversoit la France, IV. 364.

François de Gonzague, Duc de Mantoue, I. 155. demande réparation de l'injure que le Duc de Parme faisoit à la mémoire de son pere, &c. 157. Sa mort, 179. Dans quel dessein il avoit épousé Marguerite de Savoye, 180.

François-Jacinthe, Duc de Savoye, ne survit pas long-temps à son pere Victor-Amédée, V. 378. 499.

François-Albert, Duc de Saxe Lawembourg, soupçonné d'avoir assassiné Gustave à la bataille de Lutzen, IV. 180. Valstein s'ouvre fort imprudemment à ce Prince, 271. François-Albert se met en mouvement, pour favoriser le projet de ce Général, 479. 483. Il est arrêté par surprise dans Egra : comment il sauve sa vie, 484. Pourquoi l'Empereur lui avoit donné le commandement de son armée en Silésie. François-Albert y est battu, blessé, fait prisonnier, & meurt de ses blessures, VI. 640.

François-Charles, Duc de Saxe-Lawembourg, n'est pas heureux dans une diversion qu'il tente de faire en faveur du Roi de Suede, III. 523.

François de Lorraine, Cardinal, Frere de Charles IV. va au-devant de Louis, pour lui proposer un accommodement. Compliment qu'il fait à S. M. Il confere avec le Cardinal de Richelieu, IV. 339. & suiv. Chagrin de ne pouvoir rien obtenir, il prend congé du Roi, 341. retourne faire une seconde tentative, avec de nouvelles offres, 343. Egards qu'on a pour lui à la Cour de France. Il apporte de mauvaises nouvelles à son frere. Troisieme tentative de François, par la proposition de son mariage avec la Dame de Combalet. Audiences qu'il a du Roi & du Cardinal, &c. 345. & suiv. Il contribue à l'évasion de sa sœur Marguerite. Son passeport est révoqué, &c. 348. 349. Il renoue la négociation. Articles dont il convient avec Richelieu, &c. 354. 355. On propose enco-

re

FR

re son mariage avec la Combalet, 358. Il accompagne le Roi dans son entrée à Nanci : rend ses devoirs à la Reine avec plus de civilité que de joie, 366. 367. va à Paris négocier pour son frere ; y remet sur le tapis son mariage avec la Combalet. Prétentions différentes dans cette affaire dont l'ajustement est difficile, 416. & *suiv.* Il en presse la conclusion, fait une demande qui l'accroche. Ce qu'il répond à une proposition à laquelle il ne s'attendoit pas. Démarche qu'il fait où il y a plus de bienséance que de réalité. Il prend congé sans rien conclure, régalé de quelques présents du Roi, 418. 419. Démission que le Duc Charles fait de ses Etats en sa faveur : Collusion vraisemblable & louable entre les deux freres, 431. & *suiv.* Démarches de *François*, qui prend le titre de Duc de Lorraine, envers le Roi Très-Chrétien, & envers son Ministre. Querelle qu'on lui fait, 433. & *suiv.* Il épouse sa cousine Claude avec précipitation, & sans attendre la dispense du Pape, envoie un exprès en faire part à Louis : est conduit & retenu au Château de Nanci, avec son épouse, &c. 437. & *suiv.* Ils se sauvent l'un & l'autre d'une maniere assez adroite, mais fort triste pour des personnes de leur rang, 440. 441. leur retraite à Florence, ensuite à Vienne. Fruit de leur mariage, le fameux Charles V. 442. Si Richelieu pouvoit les taxer de mauvaise conduite, 446. Si le Parlement de Paris étoit en droit de citer *François* de Lorraine, 447. Procédures & arrêt de cette Cour, où ce Prince est compris, 571. 572. Il accompagne le Cardinal-Infant à son irruption en Picardie, V. 170. 172. joint ses instances à celles de la Duchesse Nicole, auprès du Pape, contre le mariage de son frere avec la Cantecroix, VI. 515.

François d'Est, Duc de Modene, loin de céder aux instances qu'on lui fait de la part de la France, conclut un nouveau traité avec le Roi d'Espagne, IV. 706. Irruption dans ses Etats sous un prétexte recherché. Sa perplexité. Il est réduit à implorer l'assistance des Espagnols. Ce différend est ajusté. Il persiste dans ses liaisons avec Philippe, V. 130. 131. témoigne au Cardinal Maurice de Savoye le déplaisir que certains discours lui causoient, &c. 499. entre dans une ligue, & arme, pour la défense du Duc de Parme contre le Pape, VI. 502. 507. & *suiv.*

Tome VI.

FR

Frédéric, Comte & Electeur Palatin, épouse la Princesse Elizabeth d'Angleterre, malgré les intrigues du parti Espagnol : est fait Chevalier de la Jarretiere avant la solemnité des noces, I. 197. Les Princes Protestants d'Allemagne pensent à le faire Empereur, 687. 721.

Frédéric, Electeur Palatin, renonce à l'Empire : propose le Duc de Baviere pour Empereur, II. 24. 25. 116. Sa conduite dans les troubles de Bohême, 32. Il veut faire différer l'élection d'un Empereur, jusques à la fin de cette affaire : tâche de persuader au Duc de Baviere de n'abandonner point ses prétentions à l'Empire, 133. & *suiv.* lui donne son suffrage : comment il l'avoit conçu, 139. 140. Il est élu Roi de Bohême ; s'il brigua cette Couronne. Ecrits pour & contre cette élection, 141. & *suiv.* Justice du Droit de *Frédéric*, 143. & *suiv.* Il paroit hésiter sur l'acceptation de cette Couronne. Agitation dans laquelle se trouve son esprit. Ses Conseillers l'exhortent à la prendre : sa mere, son beau-pere, & plusieurs Princes de l'Empire tâchent de l'en détourner, 161. & *suiv.* Il l'accepte enfin publiquement, 165. 166. va prendre possession de ce Thrône : est couronné, 166. 167. Déclaration de *Frédéric* sur ce qu'il avoit accepté cette Couronne, &c. 167. Il se rend à une assemblée qui se tenoit à Nuremberg, &c. *ibid.* & 168. Evénements qui lui font tort, 169. fautes qu'il fit, 218. 219. Ce qu'il répondit à une lettre des Princes du parti de l'Empereur, 221. Protestation & réponse qu'il fait à une déclaration publiée contre lui, *ibid.* & *suiv.* Il publie une déclaration contre l'Electeur de Saxe : prend des mesures pour se défendre, 229. 230. Il est défait, 246. & *suiv.* sort de Prague & de la Bohême, 249. est mis au ban de l'Empire en qualité d'Electeur Palatin : nullités de ce ban, 303. & *suiv.* Il se trouve à une assemblée des Princes Protestants : va en Hollande ; y est reçu en Roi, 308. Ses affaires se rétablissent un peu dans le bas Palatinat. Il pense à quitter la Hollande, 388. Il vient dans le Palatinat : avantages qu'il y remporte, 433. Ce qui ruine ses affaires, 435. Il congédie imprudemment Christian de Brunswick & Mansfeld : se retire à Sedan, 436. Proposition qu'il fait à Mansfeld pour l'engager à fondre sur la Champagne, 490. Il refuse de se désister de sa qualité d'Electeur

Mmmmm

FR

dans un pouvoir qu'il donne pour négocier. Acte qu'il signe à la follicitation de son Beau-pere, 498. 499. Sa dignité électorale eft transférée au Duc de Baviere. Origine & motifs de cette tranflation. Jaloufie entre les deux branches de la Maifon de Baviere, 527. & fuiv. Il figne aveuglément tout ce que fon beau-pere lui envoie, 537. & fuiv. Réponfe qu'il fait à une de fes lettres, 590.

Frédéric, Palatin : tentative pour l'accommoder avec l'Empereur : dures conditions qu'on exige de lui : ce que fes Miniftres offrent, III. 127. Interceffion du Roi d'Angleterre en fa faveur, éludée par des offres déraifonnables, 503. 504. Il va trouver le Roi de Suede, qui le reçoit bien, & qui promet de travailler à fon rétabliffement, IV. 53. 54. entre dans Munick avec ce Prince, modere fa joie, du moins en dehors, 88. Mort de *Frédéric* : fes belles qualités ; fa conftance, 181. 182. Malheur de ce Prince, même après fa mort, V. 20.

Frédéric-Guillaume, Prince Electoral de Brandebourg, qui s'eft diftingué dans la fuite : propofition de le marier avec la Reine Chriftine, IV. 250. 251.

Frédéric-Henri de Naffau, Prince d'Orange. Voyez *Naffau* (Fréd. Henri de)

Frédéric-Ulric, Duc de Brunfwick-Volfenbutel, a un différend avec la ville de Brunfwick, l'affiege en vain. Accord entre le Duc & la ville, I. 478. 479. Il tâche de diffiper les ombrages que caufoit à l'Empereur une délibération du Cercle de la baffe Saxe, &c. II. &c. 574. Il eft chaffé de fes Etats par le Roi de Danemarck, III. 67. Convoque une Diete du Cercle de la Baffe-Saxe à Halberftat, IV. 645. accepte la paix de Prague : donne des paroles aux Suédois, 799.

Frere, Confeiller d'Etat, Commiffaire du Roi à l'affemblée de Grenoble, I. 445. pourquoi il part avec les Députés qui portoient les cahiers, 446.

Frefingue (Le Comte de) Officier de l'armée Efpagnole en Flandre, &c. V. 49.

Frefne (Du) Canaie perd la vie au fiege de Maftricht, IV. 143.

Frefnoi (La Dame du) favorife l'évafion de Marie de Médicis, III. 659.

Frefnoi (Du) petit maître de la Cour du Duc d'Orléans, IV. 164.

Fridland (Le Duc de) Voyez *Valftein*.

Froment, Profeffeur à Valence fait imprimer un avertiffement au nom de toutes les Univerfités de France, où il ne découvre pas mal les vues & les deffeins de la fociété, II. 652. & fuiv.

Fronfac (Le Duc de) fils unique du Comte de S. Pol, eft tué au Siege de Montpellier, II. 511.

Fuenfaldagne (Le Comte de) Gouverneur de Cambrai, &c. VI. 472.

Fuenfalida (Le Comte de) eft maltraité par Olivarez, VI. 485.

Fuenté (Diego de la) porte un bref du Pape au Duc de Buckingam, II. 558.

Fuentes (Pierre Guzman de Tolede, Comte de) tâche de perfuader le Prince de Condé de fe faire Roi, I. 26. Sa mort. Ce qui ternit l'éclat de fes bonnes qualités, 62. Comment il prétendoit donner des entraves à l'Italie. Fort qu'il avoit fait bâtir, & auquel on donna fon nom, II. 260. Comment il avoit mis fon maître en poffeffion de Monaco, VI. 394.

Un autre Comte de *Fuentes* ne réuffit pas dans le deffein de jetter du fecours dans S. Omer, V. 513. Il empêche l'armée des Provinces-Unies de paffer le canal de Bruges, &c. VI. 50. Sanglante efcarmouche où il perd beaucoup de monde, &c. 51.

Furftemberg Le Comte de) Ambaffadeur extraordinaire de Ferdinand II. pour demander du fecours au Roi de France. Ecrit qu'il publie, dont il eut honte, II. 169. 170. Il part fans réponfe pofitive fur le fecours promis, &c. 171.

Furftemberg (Egon de) conduit les troupes Impériales à leur retour d'Italie : fon expédition en Suabe & en Franconie, IV. 19. Il commande la droite des Impériaux à la bataille de Leipfick, 24. Commiffaire de l'Empereur chez les Suiffes, il tâche de les animer contre les Suédois qui avoient pris les villes foreftieres, 378. va faluer le Cardinal Infant de la part du Duc de Baviere, 635.

Furftemberg (Le Prince Guillaume de) enfuite Evêque de Strasbourg, nommé au Cardinalat par la France, exclus avec juftice par l'Empereur, & néanmoins admis, V. 648.

GA

GABIONETTA (Le Préfident) dépêché au Marquis de Léganez par la Princeffe de Mantoue, VI. 27.

GA

Gabor (Bethlem) Voyez *Bethlem*.
Gabrielle, fille naturelle d'Henri IV. & de la Marquise de Verneuil, épouse le Marquis de la Valette, II. 224.
Gaëtan, Nonce du Pape en Espagne, I. 719. prétend ne faire aucune distinction entre le Cardinal Duc de Lerme & les autres Cardinaux ; obtient à son Neveu la qualité de Grand d'Espagne, II. 5.
Gaffarelli, Nonce du Pape en Piémont, va presser le Comte d'Harcourt de ne rien précipiter, &c. VI. 32.
Gaïa, Sergent Major de la Citadelle de Cazal, découvre une trame pour en chasser les François : comment il en est récompensé, V. 505.
Gaiant, Président aux Enquêtes, parle fortement contre une Déclaration du Roi : est suspendu des fonctions de sa Charge, & relegué ; rappellé peu de temps après, III. 630. 634. 635. Autre disgrace qu'il essuie pour quelques jours, V. 462. 463.
Galand (Auguste) Commissaire du Roi au Synode de Charenton, II. 570. traverse le Duc de Rohan dans la Guienne & dans le haut Languedoc, &c. III. 142. 161.
Galas, Officier de l'armée Impériale en Italie, III. 402. 467. 468. enleve des quartiers de l'armée Vénitienne ; la défait, 469. & *suiv.* surprend Mantoue mal gardée, de concert avec Aldringher, 472. 473. est envoyé au secours du Marquis de Sainte-Croix, 538. rend une visite inopinée aux Généraux de l'armée de France, 541. 542. est Général de l'armée Impériale en Italie, 547. reçoit un plein pouvoir de l'Empereur de terminer l'affaire de la succession de Mantoue : traité qu'il conclut en conséquence à Quierasque, 669. 671. & *suiv.* Il se jette dans Pilsen avec des troupes, IV. 32. joint Valstein, 176. Commission dont il est chargé, 398. Il concerte avec Aldringher & Picolomini les moyens d'étouffer la conspiration de Vastein, 478. 479. Galas s'attire la confiance de la Cour de Vienne : a la principale part au commandement des troupes Impériales : Déclaration qu'il leur adresse contre Valstein, 481. 482. Il se trouve à la bataille de Norlingue, 636. 647.
Expéditions de *Galas*, V. 21. Il se retire aux approches du Duc de Weymar & du Cardinal de la Valette, 23. prend sa revanche : les oblige à trousser bagage, & les poursuit dans leur retraite, 32. & *suiv.* Fautes qu'on remarqua dans sa conduite, 35. 36. Il joint le Duc de Lorraine, 52. 54. ne veut pas hazarder une bataille, 57. Si ses troupes furent autant maltraitées qu'on l'a prétendu. Il se retire en Allemagne avec une partie de son armée. Son commandement borné, 63. 64. Mesures prises pour s'opposer à *Galas*, 158. Il repasse le Rhin, 159. Ses mouvements pour joindre le Duc de Lorraine, & pour faire avec lui une irruption en Bourgogne, V. 195. & *suiv.* Ils se joignent & entrent dans cette Province, 199. *Galas* se retire, & ne cherche qu'à se mettre en sûreté, 230. Sa foiblesse, &c. 232. 233. Il repousse les Suédois jusqu'en Poméranie, 486. 487. 657. Belle retraite qu'il laisse faire à Bannier, & dont *Galas* & ses gens sont cruellement raillés, 658. & *suiv.*
Galatis, Colonel Suisse, va lever six mille hommes de sa nation, I. 232. Il en obtient la permission, & le consentement des Cantons, que Bassompierre fût leur Colonel Général, 233. 242.
Galigaï (Léonora) femme de Concini, & confidente de Marie de Médicis, I. 29. se quetelle avec son mari, &c. 139. Elle dit des choses offensantes au Chancelier en presence de la Reine, 161. crie contre son mari, & s'entend avec lui, 189. veut procurer un Chapeau de Cardinal à son frere : de quelle maniere elle s'oublie. Tout le monde est choqué de son insolence, 211. Elle rend son mari plus puissant que jamais, 440. rejette la proposition qu'il lui fait de se retirer en Italie, 514. 515. pousse la Reine-Mere à saisir une belle occasion, 541. plus ferme, ou moins prudente que son mari, elle ne veut pas s'en retourner dans sa patrie, 598. On la nomme dans un manifeste des mécontents. Ce qu'ils lui imputent pitoyablement, 601. 602. La Reine-Mere lui déclare qu'elle feroit bien de se retirer de France avec son mari. Elle se prépare à partir, 615. 616. Arrêtée avec outrage, sa constance dans sa disgrace, 641. 643. Comment on agit avec son frere, 645. Elle déclame contre son mari, 648. 649. Interrogatoire qu'elle subit sur l'état de ses biens. Dénuement absolu où elle se trouve, 667. 668. Transférée à la Conciergerie : crimes qu'on lui impute. Elle se défend bien, 668. & *suiv.* Elle est condamnée à mort & exécutée, meurt avec cons-

tance, s'attire la compaſſion des Pariſiens, 672. 673. Son origine, ſa fortune, & ſon caractere, 674. Partage des effets qu'elle avoit à Rome, 689.

Gallicano (Le Prince de) offre aux Miniſtres du Roi d'Eſpagne à Rome d'attaquer l'Ambaſſadeur de Portugal, VI. 387.

Gallo Valet de Chambre du Prince Thomas de Savoye: expédient dont il s'aviſe, VI. 84.

Galloway (L'Evêque de) en Ecoſſe, pieux & ſavant, mais vif & ardent, fait crier les Ecoſſois, V. 456. Soulevement où il court grand danger, 460. 461.

Gamarre (Dom Eſtevan de) eſt fait priſonnier à la bataille d'Avein, IV. 729.

Gambacorta, Général de la Cavalerie Néapolitaine, eſt tué au combat de Teſin, V. 146. 147.

Gap: Synode des Réformés dans cette Ville: on y dreſſe un nouvel article de foi, I. 81. 82.

Garande, Archidiacre d'Angers, a un grand démêlé avec ſon Evêque, &c. II. 647. 648.

Gardie (Jacques Pontus de la) Lieutenant Général, & un des Régents de Suede durant la minorité de Chriſtine, IV. 236.

Garzez (Diego) Capitaine, tâche de défendre Vaſconcellos: eſt réduit à ſe jetter d'une fenêtre en bas, & ſe caſſe une cuiſſe, VI. 166.

Gaſco Officier Eſpagnol, au combat d'Honnecour, VI. 481.

Gaſſion (Jean de) ſe forme au commandement ſous deux grands maîtres dont il gagne l'eſtime. Se diſtingue à la bataille de Leipſick: leve une compagnie dans le Bearn pour le ſervice de Guſtave, IV. 25. Service qu'il rend à ce Prince. Il en obtient un Régiment & des paroles obligeantes, 87. diſpute ſur la Controverſe avec un Jéſuite. Butin où il a part, 88. 89. Il continue de ſe ſignaler, &c. 175. 176. Avanture qu'il eut à la bataille de Lutzen. Ce qu'il penſoit ſur la mort du Roi de Suede, 180. 181.

Gaſſion (Jean de) comment il paſſe du ſervice de la Suede à celui de la France: commiſſion qu'on lui donne: faveur extraordinaire qu'il obtient. Il fait mal ſa cour au Capucin Joſeph, V. 58. & ſuiv. Chagrin qu'il reçoit: Lettres qui le conſolent. Il ſignale ſa bravoure en Lorraine: y raille ſur le Capucin: revient à la Cour, & ſe dévoue au Cardinal de Richelieu, 60. & ſuiv. Expédition où il ſe ſignale, 76. Il ſert ſous le Prince de Condé au ſiege de Dole, 155. enſuite ſous le Cardinal de la Valette. Il défait quelques compagnies de cavalerie Eſpagnole. Sa réputation & ſa faveur augmentent tous les jours. Le Roi & ſon Miniſtre le comblent de bienfaits à l'envi l'un de l'autre, &c. 399. Titre qu'on lui donne aſſez plaiſamment, ibid. Son Régiment eſt preſque entierement défait, par la faute du Duc de Candale, 404. Coup hardi de *Gaſſion*, 420. 421. Ce Proteſtant prédit mieux qu'une béate du Calvaire. Extrait d'une Lettre qu'il écrit au Cardinal, 509. Il ne conçoit pas de grandes eſpérances du ſiege de Saint-Omer, 513. ſe ſignale par des actions de bravoure, qui inſpirent à Picolomini l'envie de le connoître, 535. 536. Entrevue qu'il a avec ce Général: civilités réciproques qu'ils ſe font. L'Auteur de la vie de *Gaſſion* n'eſt pas ſans défauts, 537. Cet Officier fait baſſement ſa cour à Richelieu en tourmentant *les Va-nuds-pieds* de Normandie: ſe rend odieux dans cette Province ſous les ordres du Chancelier, 753. & ſuiv.

Gaſſion (Jean de) inveſtit Mariembourg; eſt obligé d'abandonner cette entrepriſe. Lettre qu'il écrit au Maréchal de Châtillon, VI. 50: Il fait les fonctions de Maréchal de camp au ſiege d'Arras, 55. 72. 74. trompe le Cardinal-Infant par un menſonge, 81. défend un fourrage, 82. reçoit une Lettre obligeante du Cardinal qui lui paroît ſuſpecte. Raſſuré par une autre de Des-Noyers, il ſe rend à la Cour. Entretiens qu'il a avec ce Secretaire, & avec Richelieu. Il exprime ſon dévouement à celui-ci par des paroles impies: refuſe cependant de lui ſervir d'eſpion auprès du Comte de Soiſſons, 228. & ſuiv. acquiert beaucoup de gloire au ſiege d'Aire, 344. ſuit la Cour au voyage vers Lyon: dans quel deſſein il a ordre de retourner à ſon emploi dans les Pays-Bas. S'il fut tenté de ſe donner à Cinq-Mars, 458. Extraits de l'Hiſtoire de *Gaſſion*, 474. 476. 477. Son avis dans un Conſeil de guerre. Mot bruſque de cet Officier, 478. 479. Extraits de ſon Hiſtoire, 581. 582. 653.

Gaſton, Duc d'Anjou, enſuite d'Orléans, Frere de Louis XIII. I. 623. 635. fait compliment au Roi ſur la mort du Maréchal d'Ancre, 636. A qui le ſoin de ſon éducation fut confié, 680. Il eſt nommé, pour la forme, Préſident de l'Aſſemblée des Notables, 754.

TABLE DES MATIERES.

GA

Gaston, Duc d'Anjou, est fait Chevalier des Ordres du Roi, II. 172. accompagne S. M. en Normandie, & à la tranchée devant le Château de Caen, 206. 207. ceint l'épée de Connétable à Luines, 337 Il demande la permission d'entrer au Conseil, à la suggestion d'Ornano son Gouverneur. Dépit que lui cause le mauvais traitement fait à cet Officier. Gaston commence à se donner à la débauche des femmes, 599. 600. entre dans la ligue contre la Vieuville : alarme qu'il lui procure, 620. 621. On parle de son mariage avec l'héritiere de Montpensier : intrigues pour & contre ce projet, &c. 675. & suiv. Honneurs qu'il rend au Légat Barberin poussés jusqu'à la bassesse, 711. 712.

Gaston, Duc d'Anjou : intrigues pour traverser son mariage avec la Princesse de Montpensier : il s'éloigne d'elle & du Cardinal de Richelieu, &c. III. 34. & suiv. Ce qu'on lui remontroit pour l'engager à prendre une Princesse étrangere, 36. Egalement superstitieux & débauché, il gagne son Jubilé. Intrigue pour l'engager à venir à la Cour à Fontainebleau, 39. Il demande d'entrer au Conseil ; y est admis. Chagrin que lui donne l'emprisonnement du Maréchal d'Ornano : mouvements qu'il se donne pour obtenir sa liberté, 40. & suiv. Lettre de Gaston où il développe comment le Cardinal devint si puissant : point où il outre les choses. Il est trahi par ses Confidents corrompus par ce Ministre, 43. & suiv. manque tout-à-fait de prudence & de discernement, 45. conçoit le dessein de se défaire de Richelieu : son complot renversé, 46. Dans quelle vue il va voir le Cardinal, qui lui rend de mauvais offices, & l'amuse, 49. & suiv. S. A. R. veut sortir de la Cour, cherche une retraite. A quoi il impute la fin malheureuse de Chalais, &c. 51. 52. Noir attentat dont on accuse Gaston à faux, 53. 54. Perfidies & crimes atroces qu'il reproche au Cardinal : raisons pour le croire, 54. 55. Inconstance & emportements, jusqu'au blasphême, du Duc d'Anjou. Il se rend à la sollicitation de tous ses confidents, & consent à son mariage. Déclaration qu'il fait en présence du Roi, de la Reine-Mere, &c. 56. & suiv. Son apanage, son revenu. Il épouse la Princesse de Montpensier. Biens qu'elle lui apporte. Il change de titre, est appellé Duc d'Orléans, &c. 58.

Gaston, Duc d'Orléans, s'efforce de sauver la vie à Chalais, &c. III. 59. 61. reçoit la nouvelle de sa mort avec indifférence, 62. ne peut avoir justice contre Louvigni, 63. 64. Jalousie & défiance réciproque du Roi & de Gaston, entretenue par le Cardinal. S. A. R. ne peut lui pardonner, &c. 82. Il est nommé Président de l'assemblée des Notables, 91. les conduit à l'audience du Roi, 97. refuse de donner le pas chez lui au Duc de Lorraine, &c. 111. projette de faire enlever les Comtes de Bouteville & des Chapelles, duëlistes prisonniers ; s'intéresse fortement en leur faveur, mais en vain, 114. Sa conduite, ses occupations, ses amusements depuis son mariage, ibid. & suiv. Affliction que lui cause la mort de sa femme. Il donne dans la débauche. Ce qu'il répond aux reproches qu'on lui en faisoit. Il ne veut ni surmonter son antipathie, ni dissimuler son chagrin contre le Roi. Humeur toute différente des deux freres. Projet pour remarier Gaston, &c. 116. & suiv. Reproche qu'il fait au Cardinal de Richelieu, 139. 140. 144. Il va commander l'armée devant la Rochelle, &c. 145. 146. se retire à deux lieues du camp à l'arrivée du Roi, 150. Rongé de chagrin, il quitte l'armée, & s'en va à Paris : feint de la passion pour la Princesse Marie fille du Duc de Nevers : vit fort bien avec la Reine sa belle-sœur. Mot qu'il lui dit un jour, 158. 159. Il prend plaisir de s'entretenir avec Spinola, qui lui donne les louanges extraordinaires, 170. Collusion entre ce Prince & la Reine sa mere, &c. 175. Il continue de jouer cette comédie : part pour l'armée, 229. 230. Arrêté par une maladie feinte, ou véritable, il n'y fait pas de grands exploits, 231. prend la route de Paris le lendemain de la capitulation des assiégés, &c. 257.

Les deux Reines tâchent de procurer le commandement de l'armée d'Italie à Gaston, &c. III. 287. 288. Il feint de partir pour cette armée, paroît changer subitement de résolution : continue le manege concerté avec la Reine sa mere : paroît fort sensible à la mort du Grand-Prieur. Soupçon qu'il insinua, dans la suite, au Roi sur cet accident, 292. Comment il se défend de l'invitation du Roi à venir faire la campagne en Italie. Il continue de faire l'amant passionné pour la Princesse de Mantoue, &c. 335. & suiv. Se retire en Lorraine de concert avec la Reine-Mere : se plaint hautement de Richelieu, &c. 369. & suiv. Conditions de l'accommodement de ce Prince avec le Roi, 407. 408. Reproche que *Gaston* fit, peu de temps après, à son frere, sur le pouvoir immense qu'il avoit donné au Cardinal, 408. 409. Suite de sa collusion avec la Reine-Mere. Il fait le mécontent : ne dissimule point son chagrin contre le Ministre. Commissions données à *Gaston* pour l'apaiser. Le Roi & ce Prince s'embrassent à Troyes, &c. 441. & suiv. Son A. R. souhaite de voir le Cardinal humilié par la perte de Cazal, 485. Espoir qu'il conçoit d'une maladie dangereuse du Roi, & des prédictions des Astrologues, 528. Origine de l'agitation où il vécut, &c. 548. 549. Tentative pour le raccommoder avec le Cardinal, 551. Procédé bas de *Gaston*, 570. Démarches qu'il fait à l'instigation de ses Favoris. De quoi il charge le Maréchal de Marillac dans le Conseil, &c. 572. 573. Engagements qu'il avoit pris, &c. 577, 580. Persuadé par ses Confidents, il se déclare pour la Reine-Mere, sort de la Cour, se retire dans son apanage. Compliment qu'il fit au Ministre avant que de partir ; rapporté de deux différentes manieres. Ses griefs, 589. & suiv. On parle diversement dans le monde de sa retraite, 594. & suiv. Sur quoi il fondoit ses espérances, 596. Ses divers mouvements, 618. & suiv. Lettre de ce Prince à son frere. Conférences qu'il a avec le Cardinal de la Valette, 622, 623. Ses démarches quand il apprend que le Roi s'avance vers Orléans avec des troupes. Vraie cause de la mésintelligence des deux freres, 624. 625. *Gaston* se retire en Bourgogne, & de-là en Franche-Comté. Lettres réciproques & pleines d'aigreur du Roi & de S. A. R. 625. & suiv. Déclaration contre ceux qui avoient suivi le Duc d'Orléans dans sa retraite, 627. 631. Requête qu'il fait présenter au Parlement de Paris contre Richelieu : Réflexions sur cette piece, 631. & suiv. Ses plaintes sur ce qu'on ferme la bouche au Parlement. S'il auroit conservé les mêmes sentiments, en cas qu'il fût parvenu à la Couronne, 635. 636. Il se retire en Lorraine, 642. & suiv. Lettre qu'il adresse au Parlement de Paris, pour être présentée au Roi : endroit remarquable de cette piece : sa conclusion pleine de sentiments fort louables, si l'on étoit assuré de leur sincérité, 644. & suiv. Reproches qu'il fait au Cardinal, 662. 663.

Gaston, Duc d'Orléans : ses projets déconcertés. Il traite sérieusement de son mariage avec Marguerite de Lorraine. Brouilleries entre ses Confidents à ce sujet, IV. 9. & suiv. Il épouse secretement cette Princesse, 14. est obligé de s'en séparer : se retire dans les Pays-Bas Espagnols. Sa cour divisée & orageuse. Il concerte ses projets avec la Reine-Mere, 49. 50. Ses efforts pour empêcher la condamnation du Maréchal de Marillac, 100. 101. Il gagne le Duc de Montmorenci, 114. & suiv. entre dans la Bourgogne, & s'avance vers le Languedoc, 119. Foible secours qu'il reçoit des Espagnols. Manifeste qu'il publie. Qualité qu'il prend. Sa marche au travers du Royaume jusques dans cette Province, &c. 125. & suiv. Déclaration du Roi à ce sujet, 131. 132. Démarche de *Gaston* vers le Roi de Suede, 134. 135. Ce Prince blâmable dans le choix de ses favoris ; louable dans celui des gens de lettres qu'il prit auprès de lui, 139. État de ses affaires en Languedoc, 149. & suiv. Réponse qu'il fait à Montmorenci. Sa conduite au combat de Castelnaudari, 154. & suiv. Si l'on doit ajoûter foi au récit d'un Auteur, sur la maniere dont ce Prince reçut la nouvelle de la prise de son défenseur, &c, 159. 160. *Gaston* a recours à la bonté du Roi : demandes qu'il fait à S. M. par Chaudebonne, 161. & suiv. Il paroit affligé de son équipée, peste contre lui même, &c, 163. Comment ses instances pour obtenir la grace de Montmorenci sont éludées : ce qu'il en raconte lui-même dans une lettre qu'il écrivit au Roi, 164. & suiv. On le fonde sur son mariage, &c. Principaux articles de son traité d'accommodement. Il prend la route de Tours, 166. 167. Lettre qu'il écrit à Richelieu : démarche basse & ridicule, 168. Il envoie un exprès à la Cour, pour demander la grace de Montmorenci, 190. sort de-rechef du Royaume : pourquoi. Lettre qu'il écrit au Roi. Replique de S. M. Réflexions sur ces deux pieces, 209. & suiv. *Gaston* se retire dans les Pays-Bas. Comment il s'y comporte. Il envoie des exprès aux Cours de Vienne, de Madrid & de Londres, 212. & suiv.

Gaston ne peut persuader à la Reine sa mere de quitter Gand, IV. 282. communique à

TABLE DES MATIERES.

GA

l'Infante Isabelle les propositions qu'on lui fait : envoie l'Abbé d'Elbene à Paris, avec des instructions pour négocier son retour ; lui permet d'avouer son mariage. Il n'obtient que des paroles générales, après de basses soumissions à Richelieu. Demande de *Gaston*, qui ne lui est pas accordée. La Reine-Mere & ce Prince se rejoignent à Bruxelles. Leurs confidents les portent à une défiance réciproque, 286. & *suiv*. Il joint l'armée Espagnole envoyée contre le Prince d'Orange. Brave repartie de *Gaston*, 288. 289. Il prend le titre d'Altesse Royale inusité auparavant, 333. déclare son mariage : va au-devant de la Duchesse son épouse, qui s'étoit échappée de Nanci, &c. 348. 349. La division augmente entre ce Prince & la Reine sa Mere, &c. 403. & *suiv*. Procédure contre le mariage de *Gaston*, affaire importante, 419. 420. Déclaration que le Roi, séant en son lit de justice, fait enregistrer contre ce mariage, 425. & *suiv*. 430. Réflexions sur cette piece, 431. Il ratifie de bonne grace son mariage à Bruxelles, 448. 449 Il reçoit de nouvelles ouvertures d'accommodement, & les communique au Marquis d'Ayetone, &c. 462. & *suiv*. La négociation se renoue après la ratification de son mariage, &c. 464. & *suiv*. On le détermine à rejetter les conditions offertes, & à traiter avec le Marquis d'Ayetone. Pourquoi il prétend que l'affaire de son mariage soit jugée à Rome. Motif de son refus de remettre Marguerite entre les mains du Roi, 466. 467. Conférence qu'il a avec l'Abbé d'Elbene. *Gaston* demeure inébranlable à ses vives remontrances, 467. 468. Part qu'il prend à l'attentat formé sur la vie de son Favori, 499. & *suiv*. Il va faire des excuses à la Reine sa mere sur certaines choses qui s'étoient passées : son compliment est mal reçu. Entretien qu'il a avec le Duc d'Elbeuf, contre lequel il s'emporte, 502. Il donne des Gardes à Puylaurens, pour l'empêcher de se battre, &c. 503. Le Duc d'Orléans conclut un Traité avec le Roi d'Espagne ; si ce fut par collusion avec la Cour de France, 504. & *suiv*. Motif qui l'y engagea, 507.
Raisons alléguées au Pape contre la validité du mariage de *Gaston*, IV. 527. & *suiv*. Il va trouver le Marquis d'Ayetone au siege de Mastricht, pour presser l'exécution de ce qu'on lui avoit promis : renoue la négocia-

tion de son retour en France. Si l'on peut le blâmer d'infidélité envers les Espagnols, 553. 554. *Gaston* se laissa tromper par les prétendus Diables de Loudun, 561. Procédures & Arrêt du Parlement de Paris contre son mariage, 569. Traité secret que S. A. R. conclut avec son frere, 662. & *suiv*. Circonstances de son évasion des Pays-Bas & de son retour en France, 664. & *suiv*. Son entrevue avec le Roi, & avec Richelieu, chez qui il va dîner, 668. 669. Réponse pleine de courage & de bon sens qu'il fait aux Théologiens qui le pressoient de consentir à la dissolution de son mariage, &c. 670. 671. Il va à la Cour pour le mariage de son Favori, & n'y fait pas un long séjour, 673. 674. Lettre qu'il avoit écrite au Pape avant son retour en France, 677. On invite *Gaston* à venir à la Cour sur le prétexte d'un ballet. Son Favori est arrêté sous ses yeux. Conduite de S. A. R. dans cette circonstance, 678. & *suiv*. Obsédé par les Emissaires du Cardinal, il donne sa confiance à Montrésor, 681. 682. récuse hautement les Prélats & les Parlemens de France sur l'affaire de son mariage : ne veut pas d'autre Juge que le Pape, 747. 748. Un de ses sujets d'appréhension, s'il eût épousé la niece du Cardinal, 755. Nouvelle preuve de foiblesse qu'il donne, 756. Il fait un voyage en Bretagne, qui cause de l'inquiétude. On le ramene à Paris. Intrigues de sa Cour, 756. 757. Belle occasion dont il ne pense pas même à profiter, 794.

Gaston, Duc d'Orléans. Intrigues dans sa maison. Tentative touchant son mariage : écrit qu'on tire de lui : ce qu'il proteste en même temps. Repartie qu'il fait à Chavigni. Ce Prince chasse ignominieusement l'Abbé d'Elbene, V. 68. & *suiv*. Réception qu'il fait au Duc de Parme, 78. 79. Liaison étroite & secrete, formée entre *Gaston* & le Comte de Soissons, pour perdre Richelieu. Conscience timide & scrupuleuse de S. A. R. 208. & *suiv*. Il est déclaré Lieutenant Général de l'armée destinée à chasser les Espagnols de la Picardie, 215. 218. & *suiv*. fait scrupule d'ordonner l'exécution du projet formé contre la personne du Cardinal, 221. & *suiv*. quitte l'armée & s'en va à Blois. Article dont il étoit convenu avec le Comte de Soissons, 224. *Gaston* vient à Paris, & s'en retourne subitement sans avoir vu le Roi, &c. 233. 234. Ce qui l'engage à cette démarche. Pourquoi

G A

il avoit souhaité que le siege de Corbie échouât, 236. 237. Il rend raison de sa retraite au Roi, écrit à S. M. une Lettre soumise, 238. 239. Motifs qui le porterent à se réconcilier avec S. M. Disposition où Montresor le trouve : partis qu'il lui propose, &c. 251. 252. On envoie diverses personnes à Blois pour négocier avec le Duc d'Orléans. Imprudence qu'il reproche à son frere, & dans laquelle il tombe lui-même. Il donne à Bautru une Lettre respectueuse pour le Roi : paroît incertain du parti qu'il devoit prendre, 252. & suiv. Détails de la négociation entreprise pour le raccommoder avec son frere, 260. & suiv. Artifices indignes, ou inconstance de *Gaston* dans cette affaire, 264. & suiv. 181. & suiv. Son accommodement avec le Roi. Acte du consentement que S. M. donna au mariage de son frere. Promesses que S. A. R. signe, &c, 284, & suiv. Elle se rend à Orléans auprès de Louis, 287. passe son temps à faire l'amour : refuse de reconnoître un fils naturel, 416. *Gaston* se trouve à une fête donnée à Jean de Wert, &c. 475.

Gaston, Duc d'Orléans, ne voit point le Prince Casimir de Pologne, à cause du cérémoniel, VI. 43. se rend auprès du Roi à Amiens, 73. est invité à se joindre au Comte de Soissons, & aux Ducs de Guise & de Bouillon ; ce qu'il révele lui-même, &c. 309. 310. 311. Il charge Fontrailles de faire en sorte que Cinq-Mars s'attache aux intérêts de S. A. R. 338. 339. a plusieurs Conférences avec le Favori, 342. ne veut pas consentir à l'assassinat de Richelieu. Intrigue renouée entre *Gaston*, le Duc de Bouillon & le Grand Ecuyer, 438. 439. 443. 444. Disposition où étoit le Duc d'Orléans sur un bruit répandu de la mort prochaine du Roi. Etroite liaison entre la Reine & ce Prince, 446. 447. Plan mal concerté du parti dont il étoit le Chef. Conférence secrete entre *Gaston*, Bouillon & Cinq-Mars, où ils conviennent de traiter avec le Roi d'Espagne, &c. 448. & suiv. Raisons qui purent détourner S. A. R. du complot d'assassiner le Cardinal, 452. Ce Prince se retire à Blois après le départ du Roi, &c. 453. Entrevue secrete qu'il a avec Cinq-Mars : S. A. R. s'excuse d'aller à Lyon sous divers prétextes, 458. Extrait d'une Déclaration ou Confession qu'il envoya bassement au Roi, laquelle n'est ni exacte ni sincere, 462. 463. Traité de *Gaston* avec le Roi d'Es-

D R

pagne, 465. 466. Négligence extraordinaire de S. A. R. 482. Il brûle l'original du dit Traité, & en garde une copie, qui lui servit à ajouter une nouvelle flétrissure à sa mémoire, &c. 580. & suiv. Expédient qu'il agrée pour éprouver si Cinq-Mars étoit bien dans l'esprit du Roi, comme il s'en vantoit. Prévention de S. A. R. pour l'Abbé de la Riviere. Ce Prince concerte avec le Favori de se retirer à Sedan : envoie un Exprès au Duc de Bouillon en Italie, pour en tirer les ordres nécessaires à cet effet, &c. 583. & suiv. Bassesses de *Gaston* pour tâcher de faire sa paix avec le Roi, & avec le Cardinal de Richelieu, 597. & suiv. Sa seule imprudence cause la perte de ses amis, 603. Il demande pardon au Roi & au Cardinal. Lettre qu'il écrit à Chavigni, &c. 604. & suiv. Indignes déclarations qu'il envoie, dont le Ministre ne se contente pas, 607. 608. *Gaston* promet tout, pourvu qu'on lui épargne la confusion d'être confronté avec les Accusés, Question là-dessus décidée à son avantage. Acte qu'il signe, 609. 610. Nouvelle déclaration qu'il fait, interrogé par le Chancelier, 611. Il persiste dans sa déposition, étant interrogé derechef, 616. Déclaration du Roi contre *Gaston*, enregistrée au Parlement. Réflexions sur les reproches faits à ce Prince dans cette piece, 657. & suiv. Il ne s'en dût prendre qu'à lui-même, de se voir flétri de la sorte, 665. Le Duc d'Orléans se rend à la Cour, demande pardon au Roi : comment il en est reçu. La déclaration donnée contre S. A. R. est révoquée, 679. Fausseté que ce Prince sembla confirmer, à l'instigation de l'Abbé de la Riviere. Froideur entre *Gaston* & le Duc de Beaufort, 682. Brigues pour faire le Duc d'Orléans Co-Régent avec la Reine, qui ne réussissent pas, 683. 684. & suiv. Union contraire à ses intérêts, 686. Part que le Roi, peu porté pour ce Prince, lui donne dans la Régence, 691. 692. Pourquoi S, M, ne le choisit pas pour parrain du Dauphin, 695. *Gaston* tient un bout de la nappe, lorsqu'on administre le Viatique à Louis, 695. 696. Mouvement de S. A. R. qui cause de la défiance à la Reine mal-à-propos, &c. 697. Promesse réciproque que le Roi mourant exige de son épouse & de *Gaston*, 701.

Gatta (Dom Carlo de la) sert le Marquis de Leganez, VI. 38. 39. force un quartier des lignes des François devant Turin, & entre fort
mal-

TABLE DES MATIERES.

GA

mal-à-propos dans la Ville avec deux mille chevaux, 41. 42. tente inutilement d'en fortir : y souffre une disette que ses gens augmentent, 43.

Gaulmin, Maître des Requétes, est enfermé à la Bastille, VI. 21.

Gault (Jean-Baptiste) ou *Gaut*, Prêtre de l'Oratoire, Evêque de Marseille; Prélat dont les vertus Episcopales ont éclaté dans son siecle pervers, V. 86. Eustache & Jean-Baptiste *Gault* freres, Prêtres de l'Oratoire, pourquoi avancés par Henri de Sourdis. Ils sont nommés successivement à l'Evêché de Marseille. Jean-Baptiste se signale sur les galeres d'une toute autre maniere que l'Archevêque de Bourdeaux, &c. VI. 375. 376.

GE

Gelas, Evêque d'Agen, un des Députés pour le Clergé aux Etats Généraux, I. 353.

Genas (Le Colonel) chef d'une députation des Grisons à Inspruck, V. 308.

Généraux d'armée : quel est souvent leur sort, V. 307. 351. Conduite de ceux qui veulent ménager leur réputation, 518. Ils s'attribuent souvent tout l'honneur de plusieurs choses auxquelles ils n'ont pas la moindre part, VI. 79.

Genes, Génois. Projet d'attaquer la République de *Genes*, proposé par le Duc de Savoie, adopté par le Roi de France, rejetté par les Vénitiens. Mesures prises pour cet effet; partage de cet Etat, &c. II. 670. & suiv. Commencement de la guerre contre les *Génois* : surprise qu'elle cause. Consternés de cette irruption, ils se défendent mal, &c. 699. & suiv. Ils recouvrent tout ce qu'ils avoient perdu, 744. & suiv. Les *Génois* sont obligés de fournir des troupes aux Espagnols pour envahir le Montferrat, quoique cette entreprise soit concertée avec le Duc de Savoye, leur ennemi, III. 208. Conspiration qu'on y découvre, tramée de concert avec ce Prince. Jusqu'où la République pousse sa complaisance pour l'Espagne, dans cette affaire. Avertis des offres que le Gouverneur de Milan fait à leur ennemi, les *Génois* pensent à se tirer de la dépendance de S. M. Catholique, 212. 225. Cette République envoie des Ambassadeurs extraordinaires à Suze, vers Louis XIII. Difficulté qu'on leur fait sur le cérémoniel, terminée à leur avanta-

Tome VI.

GE

ge, 328. & suiv. Spinola dissipe les ombrages que l'Espagne avoit donnés aux *Génois* ses Compatriotes, 400. Conjoncture dont ils profitent pour secouer le joug des Espagnols, IV. 333. 392. Pressés de se déclarer en faveur de l'Espagne, ils demeurent neutres, VI. 638.

Geneve : entreprises de Charles-Emmanuel, Duc de Savoye, sur cette ville, I. 68. Elle recherche la bienveillance des Princes Protestants d'Allemagne, 85. 86.

Gennila Bielke, seconde femme de Jean Roi de Suede, refroidit la ferveur de son mari pour la Religion Romaine, I. 110.

George-Frédéric, Marquis de Bade-Dourlac, donne des inquiétudes à l'Empereur, II. 432. refuse de se joindre au Roi de Bohême & à Mansfeld : est défait : perd une partie de ses Etats, 434. Ce qu'il répond aux compliments de condoléance sur la mort d'un de ses fils tué à la guerre, IV. 87. Somme d'argent qu'il demande à l'Ambassadeur de France, 248. bis.

George-Guillaume, Electeur de Brandebourg, ne veut point consentir à l'investiture de l'Electorat Palatin en faveur du Duc de Baviere, II. 533. Ce qui l'oblige à le reconnoître ensuite pour Electeur, III. 68. Il s'oppose à une proposition faite à la Diete de Mulhausen, 128. s'excuse d'aller à la Diete de Ratisbonne. Plaintes qu'il y fait, 496. Il ne se laisse point gagner par l'Empereur, 500. fait des instances pour l'engager à la paix, 515. Sa réponse à Gustave, qui vouloit l'engager à prendre les armes contre S. M. I. 584.

George-Guillaume confere avec le Roi de Suede, lui livre Spandau avec peine, IV. 16. 17. est obligé de se déclarer pour ce Prince : s'excuse inutilement à la Cour de Vienne, 18. détourne l'Electeur de Saxe d'accepter des offres de Valstein, 171. promet à Oxenstiern, après la mort de Gustave, de demeurer attaché à la cause commune : agit en conséquence : va conférer avec l'Electeur de Saxe, 243. Démarche du Chancelier de Suede dont il est content. Il s'unit plus étroitement à cette Couronne : intérêt secret qui le faisoit agir, 250. 251. Il consent aux propositions de Feuquieres, 260. 261. Portrait de *George-Guillaume*, & de sa Cour, 262. Inquiétude qu'il cause à Oxenstiern, 614. Mémoire que ses Députés à Francfort & ceux de Poméranie présentent sur la prétention des Suédois d'obtenir ce pays en dédommage-

GE

ment, 627. 628. Il presse Oxenstiern par Lettres sur ce sujet: se dégoûte de la confédération, &c. 629. accepte le Traité de Prague: donne des paroles aux Suédois, 799. *George-Guillaume*, Electeur de Brandebourg, prêt d'entrer dans une guerre ouverte avec la Suede, écrit une Lettre honnête à Christine, V. 127. consent que le fils de l'Empereur soit élu Roi des Romains, gagné par une promesse, &c. 269.

George, Electeur de Saxe, dépouillé par Charles-Quint, fut plus malheureux que coupable, V. 81.

George, Duc de Brunswick & de Lunebourg, I. 369, traite avec le Général de Suede, VI. 100. 102. 103. assiege Wolfenbutel: meurt. Sa Veuve & sa maison persistent dans la confédération, 210. 211.

George Landgrave de Hesse-Darmstat, zélé Partisan de l'Empereur, & ennemi de la branche aînée de sa maison, fait des démarches pour la dépouiller, V. 488. 489.

Gerson. Passage de cet Auteur sur les impôts mis sur le peuple, I. 294.

Geselius, Ministre, embarrasse les Magistrats de Rotterdam, I. 216.

Gesvres (Le Marquis de) au siege de Mastricht, IV. 145. se signale dans une expédition, 734. arrête le Maréchal de Vitri, V. 348. sert sous le Prince de Condé, à l'expédition de Fontarabie, 543. 556. est Maréchal de Camp dans une armée commandée par la Meilleraie, VI. 49. 50. en fait les fonctions au siege d'Arras, 54. est fait prisonnier, 56. sert au siege d'Aire, 344. sous le Comte d'Harcourt, 478.

GI

Gifart (La Roche) dépêché au Duc de Rohan par le Duc de Vendôme, I. 253.

Gignier, Gentilhomme servant de la Maison du Roi, accusé faussement les premiers Seigneurs de la Cour d'une conspiration contre Luines, & contre le Roi même, I. 681. *& suiv.* Il accuse le Duc de Vendôme de vouloir empoisonner S. M. 684. Sa fourbe est découverte, on le condamne à la mort, 685.

Ginetti Cardinal, nommé Légat pour moyenner la paix, part pour Cologne, où il est long-temps à se morfondre, V. 95. 96. en est rappellé, VI. 63. Il avoit fait une monition à Charles Duc de Lorraine, sur son prétendu mariage avec la Cantecroix, 514.

GI

Girard Historien, ou Panégyriste du Duc d'Epernon: extraits de son ouvrage, V. 200. *& suiv.* Ce qu'il rapporte du sujet de la brouillerie du Duc de la Valette avec Richelieu, 244. *& suiv.* Comment il raconte la négociation de Montresor avec les Ducs d'Epernon & de la Valette, 248. *& s.* Récit qu'il fait du soulevement & de la défaite des *Croquans*, 329. *& suiv.* 333. 334. Ce qu'il raconte d'une affaire qui procura dans la suite du désagrément au Duc d'Epernon, 334. 335. Défaut dans l'ouvrage de cet Auteur. Comment il disculpe le Duc de la Valette d'une chose qu'on lui imputa à crime, 336. 337. Récit qu'il fait d'un voyage de ce Seigneur à la Cour, dont les circonstances paroissent contraires à ce qu'en dit Bassompierre, 494. Extraits de l'ouvrage de *Girard*, 541. 543. 544. Il tâche de disculper le Duc de la Valette sur l'affaire de Fontarabie: en dit trop pour être cru, 557. 558. Récit qu'il fait, où il paroît plus croyable que Bassompierre, 559. 560. Sentimens Chrétiens qu'il attribue à son Héros, dans les disgraces qu'il essuie, 644. *& suiv.* Extraits de son Histoire, VI. 306. 307. 314. 343. 432. 413.

Girardin, Colonel sous Picolomini, à la bataille de Thionville, V. 671.

Giron (Dom Ferdinand) rassure l'Espagne alarmée d'une descente des Anglois, & leur fait lever le siege de Cadix, II. 761. 762.

Giron (Dom Pedro) est blessé à côté du Cardinal Infant, à la bataille de Norlingue, IV. 648.

Giry, un des premiers membres de l'Académie Françoise, IV. 777.

GL. GN. GO

Glandesnes, Evêque de Cisteron, un des Députés pour le Clergé aux Etats Généraux, I. 326.

Glanvil, habile Jurisconsulte, agréable au peuple, est élu Orateur de la Chambre des Communes: fait une Harangue au Roi. Passage remarquable dans cette piece, VI. 117. 118. Il ferme la bouche à des mal-intentionnés, 126.

Gleen, Maréchal de Camp de l'armée Impériale, poursuit Bannier qui se retiroit, VI. 207.

Gnostiques, la plus ancienne des sectes, & qui subsistera jusqu'à la fin, V. 466.

Godeau, un des premiers membres de l'Academie Françoise, depuis Evêque de Vence

& de Graffe, Prélat généralement estimé, &c. IV. 777.

Goetz ou *Gotz*, Officier de l'Empereur, IV. 31. V. 35. Commande un corps de troupes dans la Hesse, 474. 489. celles de la Ligue Catholique pour le Duc de Baviere : va au secours de Brisac : est attaqué & défait par le Duc de Weymar, 539. 540. fait entrer du bled dans cette ville, 599. Accusé d'avoir trahi le Duc de Lorraine, il est arrêté avec ignominie, 600. 601. 605. Il avoit auparavant attaqué, avec Lamboi, les lignes du Duc de Weymar devant Brisac ; & ils avoient été repoussés, 603. *& suiv. Goetz*, protégé par le Duc de Baviere, est absous par la Diete de Ratisbone, 605.

Goldstein (Le Major) amene de la Cavalerie dans l'armée Suédoise, IV. 640.

Gomar, Gomaristes : dispute de *Gomar* avec Arminius, I. 102. *& suiv*. Conférence infructueuse entre les *Gomaristes* & les Arminiens, 105. Pourquoi on appelle ceux-là *Contre-Remontrants*, Continuation de leurs disputes dans les Provinces-Unies, 211. *& suiv*. 222. *Gomar* quitte sa chaire de Professeur, 216. Conférence de Delft entre les *Gomaristes* & leurs adversaires. Réflexion sur les procédés des deux partis, 217. 219. Suite de leurs divisions, 519. *& suiv*. Les *Gomaristes* tâchent de faire approuver dans les pays étrangers le schisme qu'ils formoient, 737. rompent toute Communion Ecclésiastique avec les Arminiens ; pressent la tenue d'une Synode National, &c. 739. *& suiv*. Ils ne veulent point consentir à une tolérance Chrétienne : leur passion contre les cinq articles des Arminiens, II. 53. 54. Ils procedent contre eux, au Synode de Dordrecht, de la mème maniere que les Catholiques avoient procédé contre les Protestants au Concile de Trente, 90. *& suiv*.

Gombaut, un des premiers membres de l'Académie Françoise, IV. 777.

Gondi Comte de Joigni, Général des Galeres, ensuite Prêtre de l'Oratoire, pere du fameux Cardinal de Retz, &c. VI. 699. Voyez *Joigni*.

Gondi, Evêque de Paris, fait publier le Decret contre Richer, I. 137. officie à l'ouverture des Etats, 298. Soin dont il est chargé par la Chambre Ecclésiastique. Il songe à faire sa Cour au Pape, &c. 313.

Gondi est fait Cardinal par de mauvaises voies, II. 4. 5. Vil esclave du Favori, il est d'avis qu'on poursuive la Reine-Mere à force ouverte, 73. A la persuasion du Nonce, il détourne Luines de s'accommoder avec le Prince de Condé, 75. Il est envoyé au devant de Marie de Médicis, 121. agit vivement en faveur de Ferdinand II. 169. 170. 172. conseille au Favori de ménager la Reine-Mere, 188. 199. Prise qu'il a avec le Prince de Condé, &c. 210. Il appuie une proposition du Nonce, 230. Avis qu'il donne à Bassompierre, 264. Il s'oppose à des articles proposés par le Duc de Rohan, 400. Avis qu'il donne au Jésuite Arnoux, 420. Il forme une espece de Triumvirat avec Schomberg & le Garde des Sceaux, pour se rendre ensemble maîtres des affaires, &c. 421. 422. Mortification qu'ils essuient, 425. 426. *Gondi* crie pour la guerre, 427. 446. 457. consulte avec le Prince de Condé & le Comte de Schomberg pour donner un Favori au Roi, 472. *& suiv*. tâche de détourner S. M. d'une résolution violente, 475. Mort de *Gondi* Cardinal de Retz. Sa négligence à faire expédier les Bulles qui érigeoient Paris en Archevêché. Son frere lui succede, 486. est fait Commandeur de l'Ordre du S. Esprit, IV. 276.

Gondi, Envoyé du Grand Duc de Toscane, exhorte la Cour de France à la paix, II. 674. Conférence qu'il a avec Richelieu sur la Reine-Mere, IV. 219. 220. Conséquence qu'il tire d'un entretien qu'il a avec le P. Joseph, 408. 409. Il fait part à Richelieu & à la Duchesse Nicole de la maniere dont le Grand-Duc avoit reçu François de Lorraine & son épouse, 446. va proposer à la Reine-Mere de se retirer à Florence, après avoir conféré sur cela avec Bouthillier, Joseph & le Cardinal, 577. *& suiv*. Ce qui se passe aux audiences que S. M. lui donne à Bruxelles, 579. *& suiv*. Il rend compte à Richelieu de sa négociation : lui parle en vain en faveur de cette Reine affligée, &c. 583. 584.

Gondomar (Le Comte de) Ambassadeur d'Espagne à Londres, II. 243. gagne des Pensionnaires à sa Cour. Réparation qu'il est contraint de faire au Chevalier Cotton, 245. Il s'insinue dans les bonnes graces du Roi Jacques : se rend agréable aux Dames Angloises : ses vues : il propose le mariage du Prince de Galles avec l'Infante d'Espagne, 309. 310. Comment il divertissoit S. M. Britannique, 311. Ses artifices, 312. Fureur du Peuple de

GO

Londres contre cet Ambassadeur, 316. Il continue d'amuser Jacques, 499. 500. Piege dans lequel il le fait donner, 537. Il fait sa cour à Madrid au Prince de Galles: ce qu'il lui dit un jour, 554. Ses sentiments sur la religion de Buckingam, 555. 556. Ce qu'il va lui dire, 580.

Gondren, Prêtre de l'Oratoire, & Confesseur de Gaston Duc d'Orléans, &c. III. 338. Voyez *Condren.*

Gontier, Jésuite convertisseur, & violent Controversiste, I. 82.

Gonteré, Agent du Cardinal Maurice de Savoye, VI. 87.

Gonzague (Ferdinand de) Cardinal, vient rendre visite à Marie de Médicis, sa tante, I. 88. son zele pour les Jésuites, 98. Il crie contre Servin, l'attaque en présence de la Reine, s'attire une réponse vive: pauvre défaite du Cardinal, 131. 132. Il succede au Duché de Mantoue, 180. Voyez *Ferdinand de Gonzague*. Déreglement des derniers Princes de la branche aînée de la Maison de Gonzague, III. 128.

Gonzague, un des Commandants d'un détachement Espagnol, est blessé dans une expédition contre les Piémontois, V. 131. Le Marquis Louis de Gonzague commande la Cavalerie sous Picolomini, à la bataille de Thionville, 670. 671. y est tué, 672.

Gonzague (Marie & Anne de) filles de Charles I. Duc de Mantoue, prétendent exclure de la succession des biens qu'il possédoit en France leur neveu, comme Aubain, V. 376. Anne de Gonzague donne de l'amour à Henri de Lorraine, lors Archevéque de Rheims, & ensuite Duc de Guise, VI. 222. 223. peu scrupuleuse sur l'article des bienséances, équippées qu'elle fait. Elle n'épouse point ce Duc : est dans la suite mariée au Prince Edouard Palatin ; & ses filles héritent des biens de la Maison de Guise, VI. 224. Avis que la Princesse Marie de Gonzague donne à Cinq-Mars, 582.

Gonzalez (Dom) de Cordoue: Voyez *Cordoue.*

Goodman, Evêque de Norwich, s'oppose à l'injonction d'un serment. Suspendu des fonctions de son ordre par le Primat, il jure comme les autres, VI. 128.

Goodwin (Le Colonel) s'avance au secours de Coventry que Charles vouloit assiéger, VI. 575.

Gordes (Le Marquis de) Capitaine des Gardes, arrête Châteauneuf, IV. 221. est fait Chevalier de l'ordre du S. Esprit, 276. arrête Puylaurens, 678. 679. Scene dont il fut témoin entre le Roi & Cinq-Mars, V. 749.

Gordon, Officier Ecossois de l'armée de Valstein, à qui il devoit sa fortune, forme, avec Butler & Leslie, le complot d'assassiner ce Général, ses deux beaux-freres, & deux de ses principaux confidents, &c. IV. 483. 484.

Goring (Le Colonel) conserve Portsmouth au Roi Charles, VI. 574.

Gotz, Officier de l'Empereur, fait une irruption dans la Lusace, &c. IV. 31. commande un détachement de Cavalerie Allemande, pour harceler les François dans une retraite, V. 35. Voyez *Goetz.*

Goulart, Ministre qui prêchoit les sentiments d'Arminius à Amsterdam, suspendu par le Consistoire, I. 520.

Goulas, jeune Officier de Gaston, & confident de ses plaisirs, le trahit, III. 43. 44. déclame contre les Coigneux, est chassé de la Maison de S. A. R. IV. 11. 12. condamné à la mort par contumace, 221. Vendu au Cardinal, il s'emploie pour inspirer à Gaston de l'amour pour la Combalet, 448. reçoit ordre de se retirer des Pays-Bas, 667. Conférence qu'il a avec le Cardinal, 680. Il est un de ses Emissaires auprès de MONSIEUR, 682. 756. demeure seul, & le moins dangereux des trois espions, auprès de S. A. R. V. 70. 71. Lettre de sa façon, au nom de ce Prince, 239. Conduite de Goulas dans la négociation pour le raccommodement de son maître avec le Roi, 261. *& suiv.* Trahison dont Goulas est soupçonné, VI. 581. 582.

Gourgues (Marc Antoine de) premier Président du Parlement de Bourdeaux: origine de la mésintelligence qui se forme entre le Duc d'Epernon & ce Magistrat, II. 719. 720. Mortification que le Roi lui fait essuyer, & qui ranime son éloquence. Il meurt peu de temps après, III. 120.

Gourney (Richard) Maire de Londres, bien intentionné pour le Roi, & pour le repos du Royaume, &c. VI. 417. 529. est emprisonné, parcequ'il avoit obéi aux commandements exprès du Roi.

Goutes (Le Commandeur de) est donné pour Lieutenant Général au Marquis de Brezé, sur une flote, VI. 68.

Goutte (La) Avocat du Roi au Présidial de la Rochelle, porte la parole pour les Roche-

lois, & implore la clémence du Roi, III. 244.
Grace : disputes sur les questions de la *Grace* & de la Prédestination parmi les Catholiques, & parmi les Protestants, I. 99. *& suiv.* Si le système de S. Augustin sur cette matiere est essentiel à la Religion, 101. 102. Continuation de ces disputes dans les Provinces-Unies, 211. *& suiv.*
Grammont, Maison puissante en Bearn, &c. II. 18.
Grammont (Le Comte de) Gouverneur de Baïone, &c. II. 547. III. 145. IV. 130. V. 543. 556. 669. 724.
Grammont (Le petit) suit MONSIEUR dans sa retraite à Blois, V. 237. Commission qu'on lui donne, à laquelle il étoit peu propre, 237. VI. 344.
Grammont (Le Maréchal de) dit auparavant le Comte de Guiche, plus connu par ses bons mots & par ses flateries envers Louis XIV. que par ses exploits. Voyez *Guiche.*
Gramond Président au Parlement de Toulouse, & Historien peu judicieux, II. 544. 718. 793. 794.
Gramond, dépêché à la Cour par le Duc de Montmorenci, IV. 119.
Grana (Le Marquis de) Officier Italien de l'armée de Valstein, IV. 475. Il tient les Etats du Landgrave en échec, V. 350. amene du renfort à Jean de Wert, 352. Expédition où il se trouve, 586. Le Marquis de *Grana* Ambassadeur de l'Empereur en Espagne : Conseil où il est appellé : ce qu'il y remontre, VI. 489. Autre Conseil où il assiste & fait de fortes représentations : ce qu'il y replique à l'Auditeur du Conseil Royal, 492. 493. Différent dont il s'entremet, 496. On croit que ce fut de concert avec la Reine d'Espagne, qu'il combattit si librement les sentiments du Comte-Duc, 673.
Grancey (Le Comte de) ou de *Médavi*, se trouve à la bataille de Thionville, V. 673. 674. Maréchal de Camp au siege d'Arras, VI. 55. 76. se distingue à la défense des lignes, 77. 58.
Grandeur : remarque sur ce Titre, VI. 171.
Grandier (Urbain) Curé & Chanoine à Loudun, à qui ses ennemis imputent une mauvaise satire contre le Cardinal, est accusé de magie. Preuves de l'imposture, IV. 559. *& suiv.* Comment il s'attira un grand nombre d'ennemis. Traité qu'on trouva dans ses papiers, & qu'il avoua avoir composé, &c. 565. *& suiv.* Procédure qu'il essuie. Il est con-

damné au feu : souffre ce supplice & la question la plus cruelle avec une constance admirable, 567. *& suiv.*
Grandpré (Le Comte de) Gouverneur de Mouzon, accepte ce que Mansfeld lui propose, II. 494.
Grand-Prieur de France, Voyez *Vendôme* (Le Chevalier de)
Grands : leurs puérilités deviennent des affaires importantes, II. 770. Ils se contrefont, quand ils se montrent au dehors, III. 272.
Grange (La) aux Ormes, envoyé par la Cour de France à l'Electeur de Saxe : ce qu'on le charge de lui persuader, IV. 238. 239. Il ne suit pas son instruction, 240. porte le plan d'un Traité à Paris, 653. inspire du courage aux Confédérés assemblés à Vormes, 689. 690. se rend auprès du Duc de Lorraine à Cirk, invité par une Lettre de ce Prince : représente, dans un mémoire envoyé à Richelieu, l'incertitude & l'agitation de l'esprit de Charles, V. 655. 656. On ôte des mains de *la Grange* la négociation entamée avec ce Prince, &c. 657.
Grange (La) frere de Puysegur, est tué, V. 684.
Gratian, Prince de Moldavie, fait périr dans une embuscade un Successeur que la Porte lui envoyoit : se jette entre les bras des Polonois : est tué dans une bataille, II. 379.
Graves (De) Ecuyer du Cardinal, porte des ordres secrets à Guébriant, au camp devant Brisac, V. 606. Négociation où il paroit ridiculement au nom de son maître, VI. 87.
Grégoire XV. Pape, comment élu, II. 301. Il écrit au Roi d'Espagne à l'occasion de la Valteline, 319. Bref long & flateur qu'il adresse à Louis XIII. sur le progrès de ses armes contre les Huguenots : paroles impies de cette piece, 371. 372. Alarmes que lui donne la paix avec eux, 507. Sa situation entre les deux Couronnes touchant la Valteline, 523. 524. Ce qu'il gagne pour les bons offices rendus au Duc de Baviere, 537. Brefs qu'il adresse au Prince de Galles & au Duc de Buckingam, 557. *& suiv.* Obsédé par ses parens, qui étoient à la dévotion du Roi d'Espagne, il accepte le dépôt des Forts de la Valteline. Sa mort, 565. 566.
Grégoire de Tours, Auteur peu estimable, & qu'on est cependant obligé de suivre, III. 262. 263.
Gremonville, Intendant de l'armée envoyée contre le Comte de Soissons, VI. 322. 329.

GR

Grenoble. Assemblée générale des Eglises Réformées de France dans cette Ville, I. 406. *& suiv.* 443. *& suiv.* Ce que Richelieu dit du Parlement de *Grenoble* dans un Mémoire de sa façon, VI. 595.

Grey, Lieutenant Général de l'Artillerie Angloise, est fait prisonnier dans l'Isle de Ré, III. 157.

Grignan (Le Chevalier de) sert de second au Chevalier de Guise dans un duel, I. 179. sort de la bastille où il étoit à l'occasion de MONSIEUR, V. 263. 267.

Grimaldi (Les) Princes de Monaco sous la protection de Charles-Quint & de ses successeurs Rois d'Espagne. Hercule *Grimaldi* est assassiné : son fils Honoré *Grimaldi* secoue le joug des Espagnols, & reçoit garnison Françoise, VI. 394. 395.

Grimaldi, Génois, parent du Prince de Monaco, Nonce du Pape en France, depuis Cardinal & Archevêque d'Aix, &c. VI, 394. 395.

Grimston, membre de la Chambre des Communes, y harangue sur les griefs de la Nation, VI. 119. 521. 257. fait une invective atroce contre Laud, 272.

Grisons (Les) deviennent maîtres de la Valteline. Alliances qu'ils font avec la France, & avec la République de Venise, II. 259. 260. Animosités & divisions entr'eux. Affaires que les Espagnols leur suscitent en faisant révolter les Habitants de la Valteline, 261. 262. Intrigues du Duc de Feria chez les *Grisons*. Une des Ligues, prête à se détacher, revient à elle-même, 319. 320. Vallée de leur dépendance dont l'Archiduc Leopold s'empare, 438. Ils prennent les armes pour chasser les Espagnols de la Valteline ; se retirent en désordre, &c. 439. Traités de quelques-uns de leurs Députés avec le Gouverneur de Milan, ratifiés dans une Assemblée générale, 440. Ils s'assemblent à Lindau, y concluent un Traité avec l'Archiduc Léopold, &c. 523. tiennent une Diete à Coire : ce qui y fut résolu, 692. Négociation d'un accord entre eux & les Valtelins, prolongée & rompue, 776. 777.

Grisons (Les) refusent de consentir au Traité de Monçon, III. 72. Irruption des Impériaux dans leur pays, 383. 384. Les *Grisons* favorisent une expédition des François dans la Valteline, &c. V. 3. se soulevent contre eux, & obligent le Duc de Rohan & ses troupes à sortir de la Valteline, & à quitter les Forts

GR

occupés chez eux. Récit de cet évenement par le Maréchal de Bassompierre, 302. *& suiv.* Détail plus ample qu'en donne le Duc de Rohan, 304. *& suiv.* 309. Ils s'y prennent fort habilement. S'il y eut de la collusion entre eux & ce Seigneur, 311. 312. Accord qu'ils concluent avec lui, 313. Vives remontrances qu'on leur fait de la part de Louis : ils ne les écoutent pas, rejettent ses nouvelles offres, &c. 314. 315.

Griti (Frédéric) Ambassadeur de Venise & Plénipotentiaire pour le Duc de Savoye à Madrid, I. 719. refuse d'accepter les conditions proposées. Sa conduite est approuvée, &c. 720. Ce qu'il contribue au Traité de Madrid, 727. 729.

Grobendonc, Gouverneur de Bosleduc pour les Espagnols, ne peut empêcher la prise de cette place, malgré sa prudence & son courage, III. 350. *& suiv.* défend Louvain, IV. 806. Il n'est pas si heureux au Fort de Skenk, qu'il rend par capitulation, V. 114.

Groenevelt, fils aîné de Barnevelt, accusé d'être complice de son frere dans une conspiration contre le Prince Maurice d'Orange, est arrêté & condamné à la mort. Doutes sur son innocence, II. 539. *& suiv.*

Grotius, Avocat Fiscal de Hollande, a part à ce que les Etats de la Province font dans les contestations entre les Arminiens & les Gomaristes. Horreur qu'il avoit pour le Socinianisme. Il paroît n'avoir pas eu dans la suite si mauvaise opinion des Sociniens, sans embrasser leurs sentiments. Gloire qu'on ne peut lui ôter, I. 213. Occasion d'un excellent Traité de cet Auteur, 215. A quel dessein il est envoyé en Angleterre. On l'y écoute favorablement. Avis qu'il donne à son ami Wytembogart, 219. 220. Il est chargé de faire l'Apologie des Etats de Hollande, contre un libelle de Sibrand, &c. 220. est fait Pensionaire de Rotterdam, & chargé de dresser le projet d'un Edit, &c. 221. Ce qu'il pensoit des Théologiens Réformés de France, 478. Un des Députés par les Etats de Hollande à la ville d'Amsterdam ; discours qu'il y fit, 520. Il lie une Conférence entre les deux partis, mais en vain, 522. Ordonnance rigoureuse qu'il dresse contre les Contre-Remontrants : réflexions sur sa conduite, & sur la maniere dont il justifie cette piece, 522. Il conseille de tenir un Synode Provincial en Hollande, 747. 748, est à la tête d'une

GR

députation faite vers les Etats de Zélande, 748. Grotius fait l'Apologie des Etats de Hollande, &c. II. 50. 51. répond à des Mémoires; presse un projet d'accommodement, 53. 54. est député à Utrecht, &c. 55. 56. donne un conseil modéré à la ville de Rotterdam. Il est arrêté, &c. 57. & suiv. On travaille à son Procès: ce qu'il en dit dans son Apologie, 95. & suiv. Témoignage qu'il rend au Prince d'Orange, 97. Il est condamné à une prison perpétuelle, 100. Renfermé dans le Château de Louvestein, comment il se consoloit. Beaux sentimens de cet homme incomparable, 101. 102. Intercession de Louis XIII. en sa faveur. Il se sauve de prison, & se retire en France, &c. 328. 329. recommande les intérêts de sa patrie ingrate: se donne à l'étude: compose son livre *du Droit de la guerre & de la paix*, 330. Emploi que cet Ouvrage lui procura. *Grotius* aussi mauvais Négociateur qu'habile Ecrivain, &c. *ibid*. On conjecture qu'il avoit fourni quelques Mémoires à la Cour de France en faveur des Arminiens, 570. 571.

Grotius estimoit beaucoup le Maréchal de Toiras, IV. 276. Sorti de France, & retiré à Hambourg, jugement qu'il porte des ouvrages de *Petrus Aurelius*, & du fond de la contestation de cet Auteur avec les Jésuites, 313. & *suiv. Grotius* va en France en qualité d'Ambassadeur de Suede. Difficultés qu'on lui fait sur ce titre, 692. 693. Il confere avec le Pere Joseph sur le sujet de son envoi, 694. Contestation que deux de ses Lettres éclaircissent, 716. 717. Ce qu'il écrit sur la bataille d'Avein, 730. Passages tirés de ses Lettres, 737. 740. 749. 773. Remarque que *Grotius* fait fort à propos, V. 5. Raillerie qu'il fait sur le Cardinal de la Valette, 20. Extraits de ses Lettres, 38. 41. 48. Juste idée qu'il donne du Ministere de France, dans le temps qu'il écrivoit, 50. Extraits de ses Lettres, 75. 80. 83. Il rend visite au Duc de Weymar, après avoir hésité. Pourquoi il n'envoya pas ses carosses à l'entrée du Duc de Parme, 82. Idée juste qu'il donne de ce qui se passoit à Paris, & ailleurs, 91. 92. Il confere avec l'Ambassadeur de Venise sur le titre que le Doge donnoit à la Reine de Suede, 97. 98. Ce qu'il dit judicieusement des forces de Louis XIII. 111. Nouvelles qu'il mande au Chancelier & à quelques Ministres de Suede. Reproche que l'on a fait à Grotius sur ce sujet, & sans fondement, 129. 130. Ce qu'il écrit sur la position des François en Italie, 149. Extraits de ses Lettres, 178. 181. 192. 216. *Grotius* ne rendoit pas visite au P. Joseph, 271. Il fait de vaines instances pour engager Louis à une diversion sur le Rhin, 349. Ce qu'il dit de l'amour de ce Prince pour la Fayette, & des visites qu'il lui rend à la grille, 353. 355. 356. Ses conjectures sur des événemens & des intrigues de la Cour, 356. & *s.* 365. Ce qu'il mande du choix fait du P. Sirmond, qu'il estimoit, pour Confesseur du Roi, 371. Extrait d'une de ses Lettres sur la Cour de Savoye, 378. Autre sur le Portugal, 428. 429. Autres Extraits de ses Lettres, 466. 467. 469. & *suiv*. A quoi il attribuoit la nonchalance de la Cour de France sur les affaires d'Allemagne, 472. Harangue qu'il fait à Louis sur la victoire de Rhinfeld, gagnée par le Duc de Weymar, &c. 475. Extraits de ses Lettres, 496. Il se moque de la superstition du Roi de France, 547. Sans consulter les Astres, il tire l'horoscope du Dauphin mieux que les Astrologues, 553. Récit qu'il fait de la déroute des François à Fontarabie, 555. Extrait qu'il envoie à Oxenstiern de l'apologie du Duc de la Valette, 556. 557. Plaisanterie de *Grotius*. Extraits de ses Lettres, 566. 567. Ce qu'il écrit touchant la mort du P. Joseph, 609. sur le desir du Roi de France d'avoir Brisac, 611. Témoignage qu'il rend à un manifeste de Marie de Médicis, 617. Comment il s'explique sur le Recueil des preuves des Libertés de l'Eglise Gallicane; 620. Entretien qu'il a avec le Prince de Condé sur ce qu'on appelle la distinction des deux Puissances. Principes qu'il avance dont S. A. demeure d'accord, 621. &c. Autre entretien qu'il a avec Chavigni sur la soustraction de l'obédience du Pape, sans cesser d'être Catholique, 622. Extraits des Lettres de *Grotius*, 655. Son sentiment sur le genre de mort du Duc de Weymar. Eloge qu'il fait de ce Prince, 689. 690. *Grotius* presse l'élatgissement du Palatin arrêté en France; mais avec des ménagemens, 703. Extraits de ses Lettres, 744. 745. 754. 755.

Extraits des Lettres de *Grotius*, VI. 43. 44. Il s'emploie pour Charles-Louis: demande solemnellemant sa liberté de la part de la Reine de Suede. Précis de la Harangue qu'il fait au Roi dans cette occasion, &c. 45. 46. Les conseils qu'il donne au Palatin sont

GR

inutiles, 47. Les succès de la campagne de 1640. ne répondent pas tout-à-fait à ses espérances, 48. Extraits de ses Lettres, 56. 59. Il condamne hautement une entreprise des Ambassadeurs des Etats & de Guillaume de Nassau contre l'Electeur Palatin, &c. 252. 253. Lettre qu'il écrit sur la bataille de Sedan, & sur la mort du Comte de Soissons, 324. Ce qu'il dit de la campagne de 1641. dans les Pays-Bas, 345. 346. & de la condamnation de Saint-Preuil, 349. Il se plaint des difficultés que la Cour de France faisoit de céder Jean de Wert, pour le changer avec le Général Horn, 472.

GU

Guasco (Jean) conduit des secours aux Génois, &c. II. 702.

Guastalla (César de Gonzague Prince de) III. 130.

Guébriant (Jean-Baptiste de Budes, Comte de) commence d'acquérir de la réputation. Emploi de ses premieres années. Capitaine au Régiment des Gardes, il en conduit un détachement à l'armée du Cardinal de la Valette, V. 22. 23. Se signale à la retraite de cette armée en deçà du Rhin. Particularités que son Historien raconte de cette affaire, 33. & suiv. Guébriant sauve Guise: remarques sur le récit qu'en fait son Panégyriste. Rodomontades qu'il lui attribue, 173. 174. Passage remarquable de cet Auteur, 189. Le Comte de Guébriant est fait Maréchal de Camp, reçoit ordre d'aller chez les Grisons soulevés contre la France, Remontrances & nouvelles offres qu'il fait aux Chefs des Ligues, de concert avec Etampes; mais inutilement, 314. 315. Il convie le Duc de Rohan à une Conférence, refuse d'aller jusqu'à Geneve, 315. 316. sert en Franche-Comté sous le Duc de Longueville, 351. 352. Conduit du secours au Duc de Weymar, marche fort lentement, 472. Combien cette commission étoit difficile. Il acquiert l'estime des Ducs de Weymar & de Rohan, 477. 478. Soins qu'il prend dans sa marche pour empêcher la désertion. Il joint Bernard, qui lui fait un compliment fort gracieux, 479. Commencement de la grande réputation que Guébriant acquit, 537. 538. Il se signale beaucoup dans une bataille que le Duc de Weymar gagne : compliment que ce Prince lui fait, & témoignage avantageux qu'il lui rend auprès du Roi, 540. Il fait travailler aux lignes pour bloquer Brisac : s'aquite bien de la commission qu'on lui donne de ménager le Duc de Weymar, 599. 600. prend la place de ce Prince malade, & repousse les Impériaux prêts à forcer les lignes devant Brisac. Compliment que Bernard lui fait sur cette action, 603. & suiv. Ordres secrets dont Guébriant est chargé touchant la place, 606. Il accompagne le Duc en Franche-Comté, le presse de se rendre à Paris, lui propose la cession de Brisac: Discours qu'il lui fit en cette occasion, suivant son Historien, &c. 613. & suiv. Progrès du Duc & de Guébriant dans la Franche-Comté. Celui-ci tâche d'y retenir S. A. Ils partent pour passer le Rhin. Le Comte tombe malade, 688. Eloge que son Historien fait de Bernard, 690. Présent que ce Prince fait à Guébriant par son testament, 692. Instruction que la Cour lui envoie concernant l'armée & les places du feu Duc de Weymar, 632. & suiv. Guébriant a le principal honneur de l'exécution du fameux passage du Rhin, selon l'Auteur de sa vie. La relation du Duc de Longueville n'en dit pas tant, 750. & suiv.

Guébriant (Le Comte de) prend soin de toute l'armée pendant une maladie du Duc de Longueville, secourt Binguen, ramene par ses remontrances les Directeurs des troupes du feu Duc de Weymar, &c. VI. 95. 96. Ce qu'il conseilloit par esprit de droiture & de sincérité, 97. Il propose d'envoyer un renfort au Général Bannier, non le joindre avec toute l'armée. On se repent de n'avoir pas suivi son avis, 98. & suiv. Le Comte s'oppose à une marche vers la Bohême, 100. 101. Ce qu'on peut dire à sa gloire. Il engage les Officiers & les Soldats du feu Duc de Weymar à prêter serment de fidélité au Roi, 103. & suiv. commande derechef l'armée en l'absence du Duc de Longueville, &c. 106. 107. Les Directeurs de celle de Bernard en déferent le commandement à Guébriant. Il refuse honnêtement la recommandation de Bannier à la Cour de France, 108. concerte avec ce Général une entreprise hardie, ou même la lui propose suivant l'Auteur de sa vie, 200. 202. 203. Contestation qu'ils ont sur les quartiers d'hiver. Ils se séparent. Le Comte retient les Allemans de Weymar, prêts à suivre Bannier, rejoint l'armée Suédoise qui avoit reçu un échec;

G U

échec : Détail qu'il donne de ceci dans une Lettre, 203. & *suiv*. Belle réponse que son Historien lui attribue à cette occasion, 206. *Guébriant* rend inutiles les efforts de Picolomini : hérite de l'épée de Bannier, 208. Embarras que lui cause la mort de ce Général : il s'en tire par dextérité, 211, & *suiv*. Lettre qu'il écrit à Des-Noyers. Dans quelles vues il demande son rappel en France, 213. Il engage les Suédois & les Confédérés à combattre les Impériaux à Wolfembutel. Relation qu'il donne de ce combat, où il ne dit pas un seul mot de lui-même; quoiqu'il eut presque tout l'honneur de la victoire, 353. & *suiv*. Pourquoi il se dégoûte, ou fait semblant de se dégoûter de son emploi. Il se sépare des Suédois, se rapproche du Rhin : n'a plus personne au-dessus de lui dans le commandement de l'armée : engage les Officiers de l'armée du feu Duc de Weymar à le reconnoître pour Général, &c. 356. & *suiv*.

Ordre qu'on donne au Comte de *Guébriant*, VI. 435. Belle victoire qu'il remporte près de Kempen. Son Historien, pour en relever l'importance, commet une faute considérable, 454. & *suiv*. Le Comte de *Guébriant* est fait Maréchal de France, 456. Extraits de son Historien. Le Maréchal s'approche du Général Suédois Torstenson : ce qu'il écrit de son entrevue avec lui. Résultat de leur Conférence, &c. 641. & *suiv*. *Guébriant* présente la bataille aux ennemis, qui la refusent, 644.

Gueffier, Résident de France à la Cour de Savoye, ce qu'il déclare au Duc, I. 182. Il découvre une intrigue de ce Prince à la Cour de France, 190. va à Paris pour savoir les intentions du Roi sur les affaires d'Italie, & retourne en Piémont, &c. 384. 385. Envoyé du Roi chez les Grisons, 575. Il est chargé de réconcilier les deux partis qui étoient parmi eux : est plus favorable au parti Espagnol qu'à celui des Vénitiens, II. 261. Insultes que cette partialité lui attire. Il se retire en Suisse : est prié de revenir à Coire, 262. Chargé des affaires de France à Rome, ce qu'il écrit au Roi, IV. 330.

Guèle (La) Procureur Général du Parlement de Paris, conclut en faveur de la Reine, I. 15.

Guépé (Le Baron de) III. 659.

Guercheville (La Marquise de) Dame d'honneur de Marie de Médicis, s'acquitte bien d'une commission qu'elle lui avoit donnée, I. 653. 654.

Tome VI.

G U

Guerre-Civile : si elle est quelquefois préférable à un mauvais Prince, I. 230. 231. *Guerre* allumée sous des prétextes légers, 276. 277. Si une *Guerre-Civile* doit être toujours taxée de rébellion, 452. 453. Actes de *Guerre* barbares, appellés *exécutions militaires*, II. 721. 722. Droit de la *Guerre* sur ceux qui s'échapent d'une Ville qu'on veut affamer, III. 221. Ce que les vaillants y considerent souvent, 477. Comment l'on doit juger de l'entreprise d'une *Guerre*, IV. 712. Formule de déclaration de *Guerre* selon les anciennes solemnités, 714. La *Guerre* ruineuse, même pour l'Etat conquérant. Ce qui la rend juste, 760.

Guevara (Dom Fernandez de) commande la Cavalerie Espagnole dans le Montferrat, III. 475. 477. Dom Emmanuel Sanchez de *Guevara* rend la Citadelle de Tortone au Duc de Longueville, VI. 674.

Guevara (Anne de) nourrice de Philippe IV. lui fait une forte représentation sur le déplorable état de l'Espagne, VI. 674.

Guey (Du) Chambellan de MONSIEUR, est dépêché au Duc de la Valette à Bourdeaux, &c. V. 244.

Guichardin, Gentilhomme des Princes François & Mathias de Médicis, va informer l'Empereur de la conspiration de Valstein, &c. IV. 478.

Guiche (Le Comte de) fils aîné du Comte de Grammont, veut défendre Nice de la paille : les Habitants l'obligent à capituler, III. 216. 217. Il fait de son mieux à Mantoue, 465. est fait prisonnier, 471. épouse une parente du Cardinal, 674. Occasion où il se signale, V. 34. Il contribue au bon succès d'une expédition du Cardinal de la Valette, 74. 75. Commission dont il est chargé, 158. Il est employé dans l'armée de Picardie, 180. se rend à Blois auprès de *Gaston*, avec une instruction du Cardinal : fait une action qui devoit le perdre, & qui le met en plus grande considération auprès de Son Em. 254. 255. Le Comte de *Guiche* prend part à la négociation pour le raccommodement de Gaston avec le Roi, 261. & *suiv*. sert au siege de Landreci, 406. dans le Piémont sous le Cardinal de la Valete, 495. 497. 641. est Maréchal de camp sous la Meilleraie, VI. 49. 50. au siege d'Arras, 55. Contestation curieuse qu'il a avec le Maréchal de Châtillon, 75. Le Comte de *Guiche* se distingue à la défense des lignes, selon le témoignage du Général, 76.

GU

& suiv. va faire des compliments au Duc de Lorraine, de la part du Cardinal, 239. sert au siege d'Aire : est fait Maréchal de France, 344. commande une armée pour défendre la Champagne, 435. se laisse battre à Honnecour de concert avec le Cardinal, ou par malhabileté, &c. 476. *& suiv.*

Guignonez (Dom Alvare) Commissaire Général de l'Armée Espagnole en Catalogne, est tué à l'attaque de Barcelone, VI. 198.

Guillaume, Duc de Baviere, Prince ambitieux & rusé, insere un article frauduleux, dans un acte qu'il passe avec les Princes Palatins. Avantage qu'il prétendit en tirer, II. 530.

Guillaume, (Le Prince) de Frise, fait des progrès en Vestphalie, III. 350.

Guillaume, Landgrave de Hesse, néglige les menaces du Général de l'Empereur ; se met sous la protection de Gustave : traité qu'il conclut avec ce Prince, IV. 19. Il le joint avec des troupes, 176. suit ses desseins indépendamment d'Oxenstiern, 611. son dévouement à la France, 631. Il est presque le seul qui demeure attaché aux Suédois après la paix de Prague, 799. Il propose au Duc de Weymar & au Cardinal de la Valette de passer le Rhin : donne espérance de les joindre, V. 24. Conjectures sur ses vûes dans cette affaire. Il est obligé de se retirer dans son pays, 26. Sa réponse à l'invitation du Prélat, de venir joindre l'armée des Confédérés, & ce qu'il lui fait insinuer, 27. 28. voyez 29. *& suiv.* Expéditions du Landgrave après la Bataille de Witstock, 129. Il ne peut secourir Hermenstein, 350. Défaut unique que les Catholiques Romains trouvent dans ce Prince, & que les Protestants lui pardonnent. Mouvements qu'il se donne pour le rétablissement de la Maison Palatine. Il meurt. Eloge de *Guillaume* & de sa postérité, 374. 375. S'il avoit été empoisonné. Il laisse la tutelle de ses enfants & l'administration de ses Etats à son épouse, &c. 487. 488.

Guillaume III. Roi de la Grande Bretagne, & Prince d'Orange, fidele à sa parole, II. 235. véritablement brave & intrépide, il avoit beaucoup à craindre, & ne craignoit rien, III. 232. 233. Ce qu'il racontoit d'un entretien qu'il avoit eu avec Charles IV. Duc de Lorraine, 326. Il a eu la gloire d'arrêter les usurpations de Louis XIV. 425. le Royaume d'Angleterre ne lui coûta qu'un feu de joie,

GU

VI. 173. Il a traversé les projets ambitieux de Louis XIV. 245. 252. Exhortation qu'il fit aux Anglois dans sa Harangue au dernier Parlement qu'il convoqua, 255. Il a porté les premiers coups à l'Oppresseur de l'Europe, 571.

Guillaume, Duc de Saxe-Weymar, amene des troupes au Roi de Suede, IV. 80. 176. Ce qu'il déclare à un Ambassadeur de France, 246. Comment il repousse une insulte du Chancelier Oxenstiern, 253.

Guillaume de Bade, élevé dans la Religion Romaine : l'Empereur lui adjuge le Marquisat de Bade, II. 434.

Guilleminet, Greffier des Etats de Languedoc, confronté avec le Duc de Montmorenci, en essuie des reproches, IV. 196. Réparation que ce Seigneur lui fait, 198.

Guimené (Le Prince de) volontaire au secours de l'Isle de Ré, III. 155. va au-devant du Cardinal François de Lorraine, V. 329.

Guimené (La Princesse de) s'intéresse pour le Duc de Montmorenci, auprès du Cardinal, IV. 132. confirme la Reine Anne d'Autriche dans la pensée de garder le Cardinal Mazarin, VI. 699.

Guimera (Le Comte Dom Raymond de) négocie avec l'Envoyé de France, de la part des Catalans, VI. 65.

Guire (Le Lord Mac-) un des Chefs des Révoltés en Irlande, VI. 414.

Guiscardi, Ministre du Duc de Mantoue, III. 332.

Guiscardi, Chancelier de Mantoue, l'un des trois hommes d'Etat que Richelieu estimoit le plus, V. 504.

Guise (Charles de Lorraine, Duc de) s'emploie pour faire déclarer Régente Marie de Médicis, I. 14. Il amene le Duc de Sulli au Louvre, 16. Récompenses qu'il obtient, 18. Ceux de la Maison de *Guise* pensent à se relever : obstacle à leur dessein d'entrer au Conseil, 19. Dans quelles vûes ils s'étoient liés au Prince de Condé, 27. En faisant des démarches pour accommoder Conti & Soissons, *Guise* se fait une grande affaire avec ce dernier, 49. 50. Comment elle est terminée, 51. Il promet ses services à la Reine pour l'affaire du double mariage : grace qu'il lui demande, 126. Son air décisif dans le Conseil, à ce sujet, 127. Un des tenants d'un Carouzel. En grande faveur à la Cour, 138. 139. son parti abaissé, 144. 145. Il découvre au Comte de Soissons la perfidie de Conci-

G U   G U

ni : cherche à fe réunir aux Princes du fang contre lui , 147. Colere de la Reine contre les *Guifes* : défenfe au Duc de paroitre au Louvre : Baſſompierre l'y ramene : fierté de la Ducheſſe leur mere , qui gâte tout, 172. 173. Son deſſein d'attaquer le Duc de Mayenne fon couſin : réconciliation. *Guife* veut fe lier avec le Prince de Condé , 173. Converfation qu'il a avec Baſſompierre. Emportement & humeur intéreſſée du Duc, 175. Conditions de fon raccommodement avec la Régente, 176. 177. Il chancelle encore , 189. parle à la Reine en faveur de Baſſompierre , 191. On lui deſtine le commandement d'une armée, 192. Il reçoit de nouvelles marques de diſtinction, 227. Son avis fur les demandes du Prince de Condé & de fon parti, 244. 245. Offres qu'il fait au Roi à l'occaſion des remontrances du Parlement, 421. Il fe charge de conduire fûrement le Roi & la Reine à Bourdeaux , 441. Concurrence entre *Guife* & Epernon qui les divife : autre fujet de froideur & de jalouſie entre eux, 449. Jufqu'où il portoit fes vûes, tout au plus , 461.
Le Duc de *Guife* époufe Madame Elizabeth au nom du Prince d'Eſpagne , la conduit fur les frontieres. Attention qu'il fait à toutes fes démarches dans l'échange des deux Princeſſes, I. 480. Il eſt déclaré Lieutenant Général de l'armée du Roi, 489. Choqué d'une entrepriſe de Concini, il s'unit à Mayenne & à Bouillon, pour le perdre , 516. 534. rejette une propoſition du Prince de Condé contre la Reine-Mere , 535. approuve une entrepriſe du Duc de Longueville, 536. Démarches de *Guife*, quand il apprend que le Prince a été arrêté: il fe retire à Soiſſons , 544. 545. Réponfe qu'il fait à une Lettre du Roi , 551. Son embarras & fon chagrin. Les Malcontents tâchent de le gagner par de grandes déférences. Il fe retire dans fon Duché, &c. 552. Ses incertitudes & fa diſſimulation. Il fait fon Traité particulier avec la Reine Mere, 556. *& fuiv.* favoriſe l'intrigue du Duc de Nemours contre le Duc de Savoye, 576. Autre intrigue dans laquelle il entre, 588. Son expédition en Champagne contre les Malcontents, 608. Ceſſation des hoſtilités par la mort du Maréchal d'Ancre. Le Duc de Nevers & *Guife* ne fe rendent aucune civilité , 653.
Guife (Le Duc de) confeille la neutralité entre l'Empereur & le Palatin ; eſt fait Chevalier des Ordres du Roi, II. 172. Luines tâche de le mettre dans fes intérêts. Double mariage propoſé pour cet effet. Trait qu'on attribue à *Guife* dans cette occafion, 186. 187. Il eſt envoyé en Provence , &c. 206. empêche le Cardinal fon frere de fe battre , & de renoncer au chapeau ; prie le Roi de le faire mettre à la Baſtille , 293. va au fiege de Montauban : s'excufe d'accepter le poſte du Duc de Mayenne mort, 393. commande la flotte du Roi ; bat celle de la Rochelle , 505. 506. La maifon de *Guife* tâche d'introduire la Loi falique en Lorraine : acte fuppofé pour cet effet, &c. 764. 765.
Guife (Le Duc de) la crainte de rendre fa maifon trop puiſſante engage pluſieurs Princes & Seigneurs à traverſer l'alliance de la Princeſſe de Montpenfier, fa belle-fille, avec le Duc d'Anjou, III. 35. 55. Ce mariage fe fait : la Ducheſſe de *Guife* ne donne qu'un diamant à fa fille, 58. Le Duc de *Guife* a une difpute fur la préféance avec le Duc de Nemours, dans l'aſſemblée des Notables , 91. crie en vain contre une entrepriſe du Cardinal, 94. 95. On lui donne le commandement d'une armée navale, 149. 169. Différend qu'il avoit avec Richelieu. Il fe jette dans le parti de Marie de Médicis, 440. 441. Ce qu'il difoit de Toiras, 475. Il ne garde plus de meſures avec le Cardinal, 483. 484. Projets du Duc de *Guife* , renverfés : il fe retire en Italie : eſt dépouillé de fes charges , 647. 648. La Ducheſſe fa femme a ordre de fortir de Paris , & enfuite du Royaume, IV. 443. Charles de Lorraine , Duc de *Guife*, meurt à Florence. Remontrance qu'il avoit faite à l'Archevêque de Rheims, devenu fon fils aîné , VI. 222. 223. La Ducheſſe fa veuve retourne en France, trainant après elle les cercueils de fon époux & de fes deux fils aînés, 680.
Guife (Le Cardinal de) Archevêque de Rheims, joint fes freres à Soiſſons. Il avoit contracté un mariage fecret, &c. I. 551. Il blâme la conduite de fon frere , &c. 558. 559. & le fuit cependant à Paris, 560. Lié avec Luines pour perdre le Maréchal d'Ancre, ce qu'il fait infinuer au Roi, 580. 581. Il preſſe vivement Luines fur ce fujet, &c. 608. Deſſein que l'on a de s'aſſurer de lui, 630. 631. Il fait compliment au Roi fur la mort du Maréchal d'Ancre, 636.
Guife (Le Cardinal de) fe lie avec le Maréchal de Bouillon, & avec le Duc d'Epernon, en faveur de la Reine-Mere , II. 34. 41. eſt

O ooooij

GU

instruit d'une entreprise formée sur Metz; en donne avis au Marquis de la Valette, 104. tâche d'attirer Bassompierre dans son parti, 212. Querelle entre ce Cardinal & le Duc de Nevers. Le Prélat est mis à la Bastille, à la sollicitation de son frere le Duc de *Guise*. Prétention de la Cour à ce sujet. Il est mis en liberté, & meurt quelque temps après. Mariage qu'il avoit contracté secretement, &c. 292. *& suiv.* Sa derniere campagne, 361.

Guise (François Paris de Lorraine, Chevalier de) I. 49. soupçonné par les malins de plaire à la Régente, 139. Il tue le Baron de Lutz, 172. obtient la Lieutenance Générale de Provence, tue encore en duel le jeune Baron de Lutz: blessé dans cette occasion, la Reine l'envoie visiter. Sa mort violente, 178. 179.

Guise (Henri de Lorraine Duc de) portrait qu'en fait l'Auteur des Mémoires du Duc de Bouillon. Antipathie entre ce Prince & le Comte de Soissons, VI. 217. Henri, revêtu de l'Archevêché de Rheims & de plusieurs riches bénéfices, étoit revenu de Florence à Paris, avec défense de paroître à la Cour. Amoureux de la Princesse Anne de Gonzague, il propose à Richelieu de se défaire de ses bénéfices à certaines conditions : devient l'aîné de sa maison. Mécontent du Ministre, il entre dans une intrigue contre lui, &c. 222. *& suiv.* 227. Déclaration du Roi où le Duc de *Guise* est compris, 306. 309. 310. Procédures contre lui au Parlement de Paris, 310. 311. 314. 315. Pourquoi il ne se trouva pas à la bataille de Sedan, 324. Ce qu'il dit de sa tête à Puysegur après ce combat, 328. Il ne se raccommode pas avec la Cour : est condamné à mort par contumace : fait à Bruxelles une action qui le perdit de réputation, & qui lui causa de terribles embarras dans la suite: querele qu'il a avec le Duc d'Elbeuf à ce sujet, &c. 336. 337. Pourquoi il ne fut pas rappellé aussitôt que d'autres après la mort du Cardinal, 680.

Guitaut, Capitaine aux Gardes : ce qu'il répond étant confronté avec le Duc de Montmorenci, IV. 196.

Guiton, Amiral de la Rochelle, entreprend de gagner le port de cette ville : sa flote est dispersée, &c. II. 733. *& suiv.* Il est élu Maire de cette ville au commencement du siege : à quelle condition il accepte cet emploi. Sa fermeté sans pareille. Il est un des derniers François, III. 169. rassure les Rochelois alar-

GU

més du départ d'une flote Angloise, 199. *Guiton*, présent à une assemblée du Présidial, donne un soufflet à un Conseiller de ce siege, qui parle de se rendre, &c. 210. 221. lie une négociation pour contenter ses compatriotes, & leur faire voir qu'il ne tient pas à lui qu'ils n'obtiennent des conditions raisonnables : les exhorte à préférer la mort à la servitude, 222. A la réduction de la place, il fait la révérence au Cardinal. Ce qu'il dit à ce Ministre sur les Rois de France & d'Angleterre. Ordre qui pique *Guiton*, &c. 246. 247. Portrait qu'en fait Pontis, 248.

Guron, chargé d'une commission à Turin; ce qu'il insinue au Comte de Soissons qui s'y trouvoit, III. 181. Il va commander à Cazal : détermine ses Habitants à se défendre bravement, 210. est envoyé à Montauban, pour exhorter ses Habitants à se soumettre, 375. fait divers voyages en Lorraine, &c. 592. IV. 10. 121. est derechef dépêché au Duc Charles, qui lui donne audience à Luneville, 338.

Gussoni (Vincent) Envoyé des Vénitiens aux Princes de la Ligue Protestante, I. 569. Ambassadeur en France, 720. Difficultés qu'il fait, avec son Collegue, sur la signature de la paix de l'Italie, 727. 728. Ils la signent, & sont condamnés par le Sénat à venir se constituer prisonniers, &c. 729. 730.

Gustave Ericson ou *Vasa* : ce qui le rend fameux dans l'Histoire, I. 107. Comment fut dressé un Traité qu'il conclut avec François I. III. 582. 583.

Gustave-Adolphe ; sa naissance : Tycho-Brahé lui promet une Couronne, I. 113. Sa mere lui laisse l'administration du Royaume, quoiqu'il n'eût pas dix-huit ans. Il arrête les progrès du Roi de Dannnemarck, fait la paix : dans quelle vûe il cede quelque chose, 164. laisse perdre l'occasion de placer son frere sur le thrône de Moscovie, 169. s'entremet pour pacifier les troubles domestiques des Provinces-Unies : commence de faire grande figure dans l'Europe, II. 43. Ce qui le porta à employer Grotius, 310. Il envoie des provisions de guerre à Stralsund assiégé par l'armée Impériale, & promet de secourir cette ville, III. 102. Ce que propose à ce Prince un Envoyé secret du Roi de France : exception qui arrête la négociation. *Gustave* forme le projet de travailler à la délivrance des Princes Protestants d'Allemagne : par

GU

quels motifs. Ce qu'il fait infinuer à Richelieu, &c. 284. Il prend intérêt à ce qui fe négocioit à Lubec pour la paix entre l'Empereur & le Roi de Danemarck. Ses Plénipotentiaires n'y font pas admis, 344. Il goûte les propositions qu'on lui fait de la part du Roi de France : écrit aux Electeurs : a du défavantage en Prusse contre les Polonois : avanture qu'il a avec un Officier François. Il rend vains les efforts de fes ennemis : conclut une treve avec le Roi de Pologne, 347. 348. fait un Traité avec le Marquis d'Hamilton, 491.

Caractere de *Gustave Adolphe*, III. 508. *& suiv.* On lui avoit proposé depuis longtemps de se joindre aux Puissances jalouses de l'agrandissement de la Maison d'Autriche. Avis pour & contre dans le Sénat de Suede. Il se résout à passer en Allemagne, 510. *& suiv.* Discours qu'il fait aux Officiers de sa petite armée. Il s'embarque, arrive à Stralsund, s'assure de la Poméranie par un accord avec le Duc Bogislas, 515. *& suiv.* 518. *Gustave* étoit habillé en simple Soldat. Comment on le distinguoit, 517. Il reçoit civilement une Lettre de l'Empereur : ce qu'il dit, d'un air railleur, au Gentilhomme qui la lui rendoit. Discipline qu'il fai observer à son armée dans Stetin. Il refute le Palais qu'on lui avoit préparé. On admire sa tempérance, sa piété, &c. 519. Manifeste du Roi de Suede, 520. 521. ses progrès dans la Basse-Saxe, 522. 523. Il fait agir ses Ministres de tous côtés ; compte sur Richelieu, dont il estimoit l'habileté, 526. Ligue qu'il conclut avec le Roi de France. Prétention de l'Ambassadeur de France, que *Gustave* rejette hautement, 581. *& suiv.* Il tâche de faire alliance avec les Electeurs & les Princes Protestants, &c. 584. 585. Ses progrès dans la Basse-Saxe. Mauvaise réponse qu'il fit à un Ministre Calviniste, dont il se repentit dans la fuite, 588.

Gustave, Roi de Suede, laisse prendre Magdebourg : manifeste qu'il publie à ce sujet, IV. 16. 17. oblige l'Electeur de Brandebourg de se déclarer pour lui, 18. Traité qu'il fait avec le Landgrave de Hesse, 19. & se retranche sous l'Electeur de Saxe, 21. 22. Il gagne la bataille de Leipsick. Sa maniere civile envers l'Electeur de Saxe, qui avoit fui, 23. *& suiv.* Il poursuit le Comte de Tilli. Pourquoi il ne tourna pas du côté de Vienne ; motifs qu'un Au-

GU

teur Italien lui attribue. *Gustave* porte ses vûes fort loin : ce qu'il se mit en tête, selon Puffendorf, 25. *& suiv.* Progrès de ce Prince. Préface d'un Edit qu'il donne à Wirtzbourg, 28. *& suiv.* Lettre qu'il écrit au Duc de Lorraine, &c. 48. 49. *Gustave* propose une entrevue avec Louis, pour concilier leurs divers intérêts : ne peut souffrir qu'on lui impose la loi : confere avec Brezé. Reparties fieres & brusques de S. M. Suédoise, &c. 51. *& suiv.* Il reçoit bien Frédéric, & le traite en Roi ; presse Louis en sa faveur ; propose un expédient pour le rétablir, &c. 53. 54. Conditions de la neutralité qu'il offre aux Princes de la ligue Catholique : lettre qu'il écrit à Horn, &c. 71. 72. Articles qu'il proposa pour une paix générale, suivant un Auteur Italien, 73. Réponse qu'il fait à un Exprès de l'Electeur de Treves, 74. Négociations de *Gustave* dans les Provinces-Unies, à Venise, chez les Suisses, & en Danemarck, 77. *& suiv.* Il chasse Tilli de la Franconie, le pourfuit jusqu'en Baviere, &c. 80. 81. Passe le Lech, défait ce Général, prend Augsbourg, &c. 81. 82. pense à profiter de ses avantages. Chagrin que la jalousie de ses Alliés lui donne. Il refuse la neutralité au Duc de Neubourg. Réponses brusques & seches qu'il fait à un Envoyé de France, qui la demandoit pour le Duc de Baviere, 83. *& suiv.* Il affiege Ingolstad : risque de la vie qu'il y court. Ce qu'il répond à ses Officiers qui le conjuroient de ne se pas exposer si facilement, 86. 87. Il pénetre dans la Baviere, entre dans Munick, vifite le College des Jéfuites, dispute en latin sur la controverse avec leur Recteur, agit par-tout avec humanité, &c. 87. *& suiv.* pense à se faire élire Roi de Pologne, 89. *& s.*

Gustave, inquiété par le Duc de Lorraine, & prie Louis de l'attaquer, IV. 121. Sa colere à l'occasion de l'enlevement d'un Gentilhomme que Marie de Médicis & Gaston lui envoyoient, &c. 134. 135. Lettre qu'il écrit au Roi de France : beaux sentiments qu'il y exprime, 170. Il tâche d'empêcher la jonction du Duc de Baviere avec Valstein : se retranche sous Nuremberg : compte sur la mésintelligence de ces deux Chefs, 173. 174. Ce qu'il répond aux honnêtetés de Valstein, 175. Il s'expose souvent : se présente en ordre de bataille : attaque les ennemis dans leur camp ; est repoussé : mar-

Ooooo iij

GU

che vers la Baviere, 176. va au secours de l'Electeur de Saxe. Acclamations des Saxons à son arrivée: réflexion de Gustave à ce sujet. Il se prépare à combattre Valstein: encourage son armée. Bataille de Lutzen: le Roi de Suede y est tué. Sa mort diversement racontée, 177. & suiv. Son corps mort est porté au milieu de son armée en triomphe, &c. 181.

Guzman (Louïse de) épouse du Duc de Bragance, Princesse de grand courage & de bon esprit, l'exhorte à songer au Throne, V. 436. VI. 150. & suiv. Comment elle finit l'exhortation qu'elle fait à son époux, 152. Elle arrive à Lisbone, & y fait à merveille le personnage de Reine, Réponse fiere qu'elle fait à l'Archevêque de Lisbone, 384.

Guzman (Dom Henri de) neveu du Comte Duc d'Olivarez, est fait Cardinal, II. 769.

Guzman (Enriquez de) voyez Enriquez.

GY

Gyselis (Arnaud) Amiral des Provinces-Unies, arrive à Lisbone avec sa flote, &c. VI. 377.

HA

HABERT, Docteur de Sorbonne, répond au gré de la Cour sur le mariage de Gaston, IV. 749.

Habert, Commissaire de l'artillerie, est un des premiers membres de l'Académie, IV. 776.

Hacqueville, Président au Parlement de Paris, offre tout son bien, pour bâtir un mausolée à Henri IV. Tom. III. 95. est nommé premier Président, jouit peu de temps de cette Charge, 560.

Haie (La) Vantelai obtient une Charge de Conseiller au Parlement de Paris, nouvellement créée, IV. 275.

Haie (La) porte le manifeste & une lettre du Prince de Condé à l'assemblée de Grenoble, y fait une harangue fort étudiée, I. 444. Ce qu'il dit au Roi, étant à la tête d'une députation de l'assemblée de Loudun, II. 174. 175.

Haies (Des) de Courmoulin, envoyé vers le Roi de Suede par Marie de Médicis & par Gaston, est arrêté près de Mayence, & conduit en France, IV. 134. 135.

Halberstat (L'Administrateur de) voyez Christian de Brunswick.

HA

Hallier (Du) frere de Vitri, employé pour arrêter & assassiner le Maréchal d'Ancre, I. 624. 631. Il est fait Capitaine des Gardes, 644. On lui défend de paroître devant la Reine-Mere, 657. Il va prendre le Cardinal de Guise & le Duc de Chevreuse, II. 293. se met en possession du Château de Saumur, 354. arrête le Maréchal d'Ornano, III. 40. 41. signe la capitulation de la Rochelle au nom du Roi, &c. 244. 246. 247. Il sert au siege de Corbie, V. 227. ensuite sous le Duc de Weymar, en qualité de Maréchal de Camp, 350. 351. puis au siege de S. Omer, 513. Il commande une armée, & reprend le Catelet, 534. Du Hallier, Gouverneur de Nanci, lie une négociation avec le Duc de Lorraine, à l'instigation de la des Essarts sa femme, 657. Il conduit un grand convoi devant Arras: particularité de sa marche qu'un Auteur Italien rapporte, & qui fut cause que du Hallier n'obtint pas la dignité de Maréchal de France, VI. 70. & suiv. Il arrive au camp devant Arras, 74. 76. 78. inspire de la jalousie à la Meillerie: va se poster à Dourlens: est rappellé, & arrive à propos, &c. 79. 80. commande un petit corps d'armée après la prise d'Arras, 81. fait part à la Cour de la disposition du Duc de Lorraine: est chargé de lui donner de belles espérances, 238. Peu s'en faut que du Hallier ne soit enveloppé dans la disgrace de sa femme, 244. Ce qui l'empêche d'aller renforcer l'armée du Maréchal de Châtillon, 303.

Halluin (Charles de Schomberg, Duc d') conduit en Languedoc un renfort d'Allemans, qui avoient quitté Mansfeld, II. 506. se trouve au combat de Suze, III. 317. est fait Chevalier de l'Ordre du S. Esprit, IV. 276. tâche en vain de désarmer la Ville de Toulouse, 794. Avis qu'il reçoit d'une prochaine irruption des Espagnols en Languedoc. Il se prépare à les bien recevoir, V. 338. & suiv. Quoiqu'il se fût peu distingué, on lui confie la défense de cette Province dont il étoit Gouverneur, &c. 340. 341. Il s'avance au secours de Leucate, attaque les Espagnols dans leurs retranchements, & les défait. Lettre modeste qu'il écrit sur sa victoire, 344. 345. Il est fait Maréchal de France, & reçoit une lettre enjouée & obligeante du Roi. On l'appelle depuis Maréchal de Schomberg, 348. Voyez Schomberg (Charles de)

Hambden (Le Chevalier Jean) arrêté pour

TABLE DES MATIERES.

HA

avoir refusé de l'argent au Roi par maniere d'emprunt, demande son élargissement; en est débouté, III. 133. 134. Compliment que quelques-uns lui attribuent, 303. 304. Il refuse de payer une modique taxe que le Roi exigeoit sans le consentement du Parlement : réponse qu'il fait aux Exacteurs, V. 102. Il ne se rend pas à la décision des douze Juges d'Angleterre : est ajourné à la Chambre de l'Echiquier, s'y défend hardiment, perd son procès, & acquiert beaucoup de crédit & de réputation par cette courageuse résistance. Portrait que le Comte de Clarendon a tracé de ce Gentilhomme, 104. 105. *Hambden* profite du mécontement donné à trois Seigneurs, VI. 129. s'intrigue fortement pour engager les habitants de Londres à présenter une requête, &c. 134. porte à la Chambre Haute les Chefs d'accusation contre Laud, 273. Il fait figure dans la Chambre Basse, 286. suit le Roi en Ecosse en qualité de Commissaire de la Chambre des Communes, 406. 409. Disposition où il étoit, si Charles eût voulu le gratifier, 419. Chefs d'accusation portés contre lui, & contre quatre autres Gentilshommes des Communes de la part du Roi. Suites de cette grande affaire, 525. & *suiv.* Il est ramené en triomphe au Parlement avec les autres, 534.

Hambden (Le Colonel)*'* avance au secours de Coventry, que Charles vouloit assiéger, VI. 575.

Hameaux (Des) voyez *Des-Hameaux.*

Hamilton (Jacques Marquis, puis Duc d') de l'aveu du Roi d'Angleterre, traite, comme de lui-même, avec le Roi de Suede, III. 491. va joindre Gustave avec six mille hommes, &c. IV. 19. suit Charles I. en Ecosse, 297. est de son Conseil pour les affaires de ce pays, V. (. 39. Requête qu'il est prié de présenter au Roi, 578. Il est choisi pour l'emploi de Grand Commissaire, ou Viceroi d'Ecosse, 579. Comment on peut concilier le bien que l'Auteur de sa Vie en dit, & le reproche que d'autres lui font. On dit que sa personne n'étoit point agréable à ceux de sa nation. Demandes qu'il fait aux Députés d'Edimbourg, avant que d'y aller, &c 580. & *suiv.* Il emploie vainement son adresse & son éloquence pour gagner les Confédérés d'Ecosse. Avis qu'il donne au Roi. Il fait un voyage à la Cour, 583. & *suiv.* arrête les instances des Confédérés pour une assemblée Ecclésia-

HA

stique. Embarras imprévu où il se trouve : comment il s'en tire, 586. 587. Expédient qu'il propose à Charles, & que S. M. accepte. Surprise d'*Hamilton* à son retour d'Angleterre. Second voyage qu'il y fait, après avoir concerté une remontrance au Roi avec trois Seigneurs Ecossois. Il revient en Ecosse avec des instructions plus amples : indique une Assemblée Ecclésiastique, &c. 587. & *suiv.* Harangue qu'il y fait, où il ne se pique pas de sincérité, 590. 591. Débats qu'il a avec cette Assemblée : il la dissout ; & les Confédérés la continuent, 591. & *suiv.* *Hamilton* retourne à Londres, 596. conseille au Roi la guerre. Expédition que S. M. lui destine, 704. Il ne fait rien, & donne sujet de croire qu'il gâtoit sous main les affaires de son Maître. On l'accuse de s'être laissé gagner par sa mere, zélée Presbyterienne 714. Il blâme ceux qui ont conseillé au Roi le traité honteux qu'il conclut avec les Confédérés : travaille sourdement à se raccommoder avec ceux-ci, 721. Intrigue où il a part, 722. Remontrance qu'il fait au Roi concernant le Comte de Lowdon, 723.

Hamilton (Le Marquis d') est appellé à l'audience que Charles I. donne aux Députés du Parlement d'Ecosse, VI. 109. Négociation entre lui & Lowdon. Circonstance qui rend la droiture du Marquis suspecte, 130. 131. Dans un grand Conseil il conclut à un accommodement avec les Confédérés 135. Témoignage qu'il rend en faveur du Comte de Strafford, 279. *Hamilton* zélé serviteur du Roi, selon son Historien. Il trahissoit donc le parti Puritain auquel il s'étoit dévoué, du moins en apparence, 400. Il se raccommode avec le Comte d'Argyle, & le rapproche du Roi. Manege de ces deux Seigneurs, 408. 409.

Harcourt (Henri de Lorraine, Comte d') sert au siege de Montpellier, II. 515. volontaire au secours de l'Isle-de Ré, III. au combat de Suze, 317. est fait Chevalier de l'Ordre du S. Esprit, IV. 276. défere à la décision du Conseil du Roi pour le Duc de Parme, sur le cérémoniel, V. 78. Le Comte d'*Harcourt* commande une flotte, quoiqu'il n'eût jamais servi sur mer. On lui donne deux Prélats pour principaux Conseillers. Mésintelligence du Comte avec Vitti, Gouverneur de Provence, 150. 322. Descente d'*Harcourt* dans l'Isle de Sardaigne, 323. 324. Il reprend

HA

les Isles de Sainte-Marguerite & de S. Honorat, 326. & *suiv.* épouse la veuve du Duc de Puylaurens, parente du Cardinal, 610. 611. commande des Galeres & des vaisseaux sur la Méditerranée, 667. ensuite une armée dans le Piémont. Il y défait le Prince Thomas & Léganez au combat de la Rotta, quoique beaucoup inférieur en nombre de troupes. Répartie qu'il fait à ce que l'Espagnol lui avoit envoyé dire, 736. 737.

Le Comte d'*Harcourt* se prépare à secourir Cazal avec une armée fort inférieure à celle des Espagnols qui l'assiégeoient ; en donne avis au premier Ministre ; ne part cependant qu'après l'ordre du Roi. Discours que ce Général adresse à son Conseil de guerre, VI. 30. & *suiv.* Bonne fortune du Comte, qui se préparoit à l'attaque des lignes des ennemis par un côté qui lui paroissoit le plus foible, & qui étoit le plus fort. Il défait l'armée Espagnole, &c. 32. & *suiv.* Passage d'une instruction qui lui est envoyée, 36. Il assiege Turin, 37. & *suiv.* Extrême embarras où il se trouve : les ennemis lui fournissent eux-mêmes un moyen de s'en tirer, 39. 40. Ils attaquent en vain ses lignes, 41. 42. Le Comte reçoit aisément ses convois, & serre étroitement la Ville, 43. Craignant de perdre l'honneur de cette conquête, il s'efforce de finir, trouve une occasion favorable, traite de la reddition de la Place, 86. 87. y entre triomphant. Compliment qu'il fait au Prince Thomas. Pourquoi le Comte ne fut pas employé sous le ministere de Mazarin, 88. Plein pouvoir où il est nommé par bienséance, 89. Entreprise qu'il concerte avec Mazarin, 93. Il va au-devant du Duc de Lorraine avec un nombreux cortege, 239. tente d'emporter Ivrée par assaut : est repoussé avec perte : abandonne le siege de cette place : fait lever celui de Chivas : forme un projet important : se rend maître de Coni, &c. 247. 248. commande une armée pour défendre la frontiere de Picardie & d'Artois, 435. 477. & *suiv.*

Hardier, premier Commis d'Herbaut Secrétaire d'Etat, est nommé Greffier de l'Assemblée des Notables, III. 91. 92.

Hardivillier, Recteur de l'Université, fait une longue & mauvaise harangue au Parlement, contre les Jésuites, I. 97.

Harford (Le Comte d') concerte une requête avec quelques autres Seigneurs, VI. 134.

AA

Harlai (Achille de) premier Président du Parlement de Paris ; ce qu'il répond à une brusquerie du Duc d'Epernon, I. 15. Réflexion sur la harangue qu'il fit au premier Lit de Justice de Louis XIII. 17. Eloge de ce grand homme. Il se démet de sa Charge, 53. Ses efforts pour empêcher le rétablissement des Jésuites, 96.

Harlai de Sanci : voyez *Sanci*.

Harlai de Beaumont, confident du Prince de Condé, négocie pour l'unir avec le Comte de Soissons, I. 90.

Harlai de Chanvalon, Abbé de S. Victor de Paris, complaisant pour la Cour, selon le génie de sa famille, propose de priver Richer du Syndicat, I. 137. Député avec Boissize vers les Seigneurs mécontents de la détention du Prince de Condé, 558. & *suiv.* Devenu Archevêque de Rouen, pourquoi il refuse de se trouver à une Assemblée d'Evêques, IV. 311. 312. Voy. *Chanvalon.*

Harlai de Cesi, Ambassadeur de France à Constantinople, &c. II. 577. On lui envoie un successeur, dont il devient le plus ardent & le plus dangereux ennemi, IV. 539. 540.

Harlai (Henri de) retiré à l'Oratoire, bouffon, mais droit & généreux, condamne la conduite de Sanci, son frere aîné, III. 602.

Haro (Dom Louis de) neveu d'Olivarez, VI. 485. 486, pourquoi il déteste son oncle, 674. Faveur qu'il obtient du Roi, pour le Comte-Duc, 676. Il trouve moyen de s'insinuer dans l'esprit de Philippe, & parvient enfin à la place que son oncle avoit remplie, 677.

Harrach (Ernest Adalbert de) Archevêque de Prague, est fait Cardinal, II. 769.

Hasterig (Le Chevalier Arthur) membre de la Chambre des Communes, y propose un acte de condamnation contre Strafford, VI. 282. Accusation où il est compris, de la part du Roi, quoiqu'il fût de nulle considération dans son parti. Suite de cette affaire, 524. & *suiv.* Il est ramené en triomphe au Parlement, avec ses Co-accusés, 534.

Hatzfeld (Le Comte d') joint l'Electeur de Saxe avec plusieurs Régiments Impériaux, à l'aide à prendre Magdebourg : se trouve à la bataille de Wittstock, V. 128. défait Charles-Louis, Prince Palatin, & King Officier au service de Christine, 598. 599. Voyez VI. 99. 106. Il se retire aux approches du Comte de Guébriant, 456.

Hautefontaine

TABLE DES MATIERES. 849
HA

Hautefontaine : comment il excuse une faute de Soubize, II. 362. Sa mort avance la prise de S. Jean d'Angeli, 364.

Hautefort (Mademoiselle de) Loüis XIII. paroît avoir de l'inclination pour elle. On la fait passer du service de Marie de Médicis à celui d'Anne d'Autriche, III. 607. 608. Elle est rappellée à la Cour, V. 414. en est bannie derechef, & reçoit ordre de sortir de Paris avec sa Confidente, 745. Pourquoi on lui donnoit le titre de *Dame*, quoiqu'elle ne fut pas encore mariée, 746.

Hauterive (Le Marquis de) frere du Garde des Sceaux Châteauneuf : chagrin qu'une de ses lettres donne à Richelieu. Il se sauve en Hollande après la disgrace de son frere, IV. 221.

Hay (Mylord) va au siege de Montauban, intercéder pour les Réformés, de la part du Roi Jacques, II. 396.

HE

Hebron (Le Colonel) Ecossois, Maréchal de Camp dans une armée Françoise, se signale, IV. 735. 734. défait quatre régimens de Croates, V. 159. Il est tué au siege de Saverne : témoignage glorieux que Chavigni lui rend, 161.

Hebron, Lieutenant des Gardes de Picolomini, à la bataille de Thionville, V. 671.

Heilbron : Assemblée de quatre cercles dans cette Ville, IV. 246. & *suiv.* Diverses intrigues qu'on y forme, 248. *bis*, & *suiv.* Résolutions qu'on y prend, 252. 253.

Hein, Amiral des Provinces-Unies, prend, ou coule à fond les Galions d'Espagne, III. 280.

Hémeri, Intendant des Finances, est dépêché à Turin par le Cardinal, &c. III. 417. 418. 419. 432. Conseil où il est appellé, 431. Commissaire du Roi aux Etats de Languedoc, IV. 112. il traverse le Duc de Montmorenci, 113. 114. participe à un complot pour l'arrêter : on prétend qu'il l'en fit avertir sous main, 115. 116. Ordres qu'il reçoit de la Cour, 119. Sa peur quand le Duc le fit arrêter, 120. Ambassadeur de France auprès du Duc de Savoye, il presse S. A. R. de se rendre au camp devant Valence, V. 12. y suit ce Prince, 13. 17. tâche de détourner le Duc de Parme du voyage qu'il vouloit faire à la Cour de France, 77. Remontrances qu'il fait au Duc de Savoye, 138. 139. 140. Etrange dessein qu'*Hémeri* forme, & sous quel prétexte, 379. 380. Il s'oppose à un conseil donné par le P. Monod, & le rend suspect à Christine sa pénitente, 384. 385. crie de toute sa force pour empêcher qu'elle ne reçoive la visite du Cardinal Maurice, son beaufrere, 387. Repartie d'*Hémeri*, 491. Il tâche d'empêcher que le Comte du Plessis-Pralin ne serve dans le Piémont : cause de sa jalousie, 495. Conseils que cet Ambassadeur de France, ou plutôt Ministre du Cardinal, donne à la Duchesse, & qu'elle rejette avec fermeté, 500. 501. *Hémeri*, venu depuis peu de Turin, y est renvoyé en diligence. Articles principaux de l'instruction qu'on lui donne, 635. & *suiv.* Ce vil esclave du Cardinal presse le Gouverneur de Montmelian de livrer le Duc de Savoye, les Princesses ses sœurs, & le P. Monod, 638.

Henderson : voyez *Hunderson*.

Henri II. Roi de France : pourquoi il ne convoqua pas les Etats du Royaume, I. 289. Il vend ouvertement les Charges, 304.

Henri III. Roi de France, aliene mal-à-propos Pignerol en faveur du Duc de Savoye, III. 435. Question difficile, sa conduite envers les Guises, VI. 447.

Henri IV. à quoi il employa les premieres années de son regne : il fait la paix avec Philippe II. malgré ses Alliés : comment il s'excuse auprès d'eux, &c. I. 4. Il veut gagner le cœur de tous ses Sujets, prévient & étouffe leurs murmures : comment il se flate d'arrêter l'humeur inquiete de quelques Seigneurs, &c. 5. Ses plaintes contre la Cour d'Espagne : Récriminations de cette Cour : *Henri* pense à humilier l'orgueil de la Maison d'Autiche : alliances & négociations dans cette vûe : réflexion sur le projet qu'on lui attribue, 6. Il trouve un prétexte plausible de lever des troupes & de les envoyer sur les frontieres, 8. 9. Sa folle passion pour la Princesse de Condé : chagrin que lui cause son évasion : mesures prises pour la r'avoir, 10. & *suiv.* Il se dispose à marcher à la tête de son armée : à qui il confioit le Gouvernement de l'Etat pendant son absence, 12. 13. *Henri* est assassiné, 13. Il avoit nommé le Duc de Mayenne pour un Conseil qu'il avoit formé, 19. A quoi l'avoit porté la peur du couteau de la Ligue, 20. Obseques d'*Henri* IV. Si l'on pouvoit faire son éloge dans la chaire de vérité, 23. Divers sentimens sur

Tome VI. Ppppp

HE

les qualités & les actions de ce Prince, 23. 24. Il avoit rejetté un projet d'alliance entre la France & l'Espagne, 25. Sa foiblesse touchant le Livre de Jacques I. 39. *Henri* souffre patiemment la censure de l'Arrêt du Parlement contre Jean Chastel, 40. Il avoit promis sa fille aînée au Prince de Piémont : ce qu'il disoit là-dessus, 61. Principes dont il s'accommodoit n'étant que Roi de Navarre, & qu'il voulut abandonner lorsqu'il fut Roi de France. Il n'accordoit pas sans peine aux Protestants la permission de tenir une Assemblée générale, &c. 70. 71. Se formalisoit quelquefois de leur serment d'union, &c. 74. Il s'étoit opposé à un nouvel article qu'ils vouloient mettre dans leur Confession de foi, 81. 82. Son entêtement à rétablir les Jésuites, 96. Comment il gouverna : ce qui le retenoit peut-être, 193. 297. Il rendit les Charges héréditaires, 305. Comment il avoit éludé les poursuites pour la publication du Concile de Trente, 308. 309. S'il pouvoit être justement exclus du thrône par la Ligue, 342. Pourquoi il n'entreprit pas de rétablir la Religion Romaine, & d'ordonner la main-levée des biens Ecclésiastiques en Bearn, 697.

Henri IV. varioit dans ses sentimens sur le Duc d'Epernon, II. 81. Sa bonne foi, peu imitée par plusieurs de ses descendants, 235. Parallele de ce Prince & de son fils, 236. Alliance de *Henri* avec les Grisons. Pourquoi il ne contraignit pas les Espagnols à démolir le fort de Fuentes, 260. Sa bonne foi, 354. Il suivoit l'avis de ses bons serviteurs, préférablement aux siens propres, 443. Il avoit secouru les Provinces-Unies, quoiqu'il ne le dût plus faire suivant le traité de Vervins, 573. Projet qu'il avoit formé de marier le Dauphin avec Nicole de Lorraine, 655. *Henri* IV. se rendit redoutable en suivant une méthode différente de celle de ses successeurs, III. 94. Il est demeuré sans mausolée, 95. 96. Remarque sur le traité qu'il fit avec le Duc de Savoye, 667. Sa conduite envers Biron justifiée, IV. 186. Ce que Montmorenci, conduit au supplice, dit en voyant une statue de ce Prince, 200.

Henri, Prince de Galles, fils aîné de Jacques I. donnoit de belles espérances, &c. I. 143. On parle de le marier avec Christine de France, & avec d'autres Princesses, 157. Sage réponse qu'il fit au Roi son pere sur ces proposi-

HE

tions de mariage, 158. Sa mort pleurée par les Anglois. Regrets qu'il avoit eus à la mort d'Henri IV. sous lequel il vouloit apprendre le métier de la guerre : sentimens généreux de ce Prince, 159. Soupçons sur la cause de sa mort, 160.

Henri II. Duc de Lorraine, surnommé *le Bon* à juste titre : ce qui le détournoit de donner sa fille aînée à son neveu Charles : comment on l'engage à consentir à ce mariage : mauvaise opinion qu'il avoit de son gendre. Mort de *Henri*, Tom. II. 655. 656. voyez 764.

Henriette de France, sœur de Louis XIII. ne fait aucune impression sur le Prince de Galles, qui la voit *incognitò* dans un ballet, II. 547. Négociation de son mariage avec ce Prince : alliance inutile, ou funeste à ceux qui y avoient fondé quelques espérances, 614. *& suiv*. Cette affaire, presque rompue, est renouée, 632. *& suiv*. Fruits de son caractere bigot & impérieux. Articles de son mariage touchant la Religion, un, entr'autres, dont elle sut bien profiter, 635. 636. Autres articles. Ils sont tous ratifiés, 640. Lettre qu'elle envoie à Rome pour faciliter la dispense demandée. Disgraces qu'elle cause à son mari & à ses enfants, 685. Acte qu'on lui fit signer. Cérémonies de son mariage, 703. 704. Elle part de Paris, arrive en Angleterre, 705. 706. affecte de vivre plutôt en Religieuse qu'en Reine. Division entre elle & son mari, 759.

Henriette, Reine d'Angleterre ; pourquoi elle n'est pas couronnée. Acte étrange de superstition que ses Directeurs lui suggerent, III. 16. Elle se plaint à la Cour de France du renvoi de ses domestiques François, 64. 65. est bien-aise d'être défaite du Duc de Buckingam, qui la traitoit avec hauteur, 227. prend de l'ascendant sur le Roi son époux, 305. accouche d'un Prince, IV. 598. Mécontentement d'*Henriette* contre Richelieu : elle refuse de recevoir de ses lettres. Sa colere est désarmée par les soumissions de ce Ministre, 599. 600. Elle reçoit la Duchesse de Chevreuse avec beaucoup de distinction, V. 565. accueillit la Reine sa mere à l'entrée de la Ville de Londres, 568. s'intéresse pour elle, 571. engage le Roi son époux à ménager la réconciliation du fils & de la mere, 6.5. demande la permission de venir en France. Réponse de

H E

Louïs, 619. *Henriette* écrit une lettre circulaire aux Catholiques d'Angleterre, & les exhorte à secourir le Roi contre les Confédérés d'Ecosse, 707. rend de bons offices au Comte de Holland, 709. Par son crédit, le Chevalier Vane est fait Secrétaire d'Etat, au lieu de Cooke, 722.

Henriette, bigotte & superstitieuse au dernier point, a un pouvoir presque absolu sur l'esprit du Roi son époux. On craint qu'elle ne le pervertisse. Elle inspire son Papisme aux Princes ses fils, VI. 258. Pourquoi elle intercede en faveur de l'Evêque de Lincoln, 267. Précautions que les Prétendus Réformateurs de l'Eglise & de l'Etat prenoient à propos contre cette Reine bigotte, 523. *Henriette* conduit sa fille en Hollande. But principal de ce voyage, 533. Elle détermine son époux à passer l'Acte qui exclut les Evêques du Parlement, 539. Ce qu'elle craignoit de la part de Charles, 551. Elle lui envoie de Hollande des armes & des munitions: cherche à y engager ses pierreries, 553. aigrit le Roi son époux contre le Comte de Holland, 572. La bigotterie d'*Henriette* précipita ce Prince dans des malheurs inouïs, 578.

Henriette de Lorraine, sœur du Duc Charles IV. est mariée au Prince de Phaltzbourg, II. 656. Intrigue qu'elle lie avec Puylaurens, IV. 11. Elle le pique d'honneur, 13. Engage le Cardinal son frere à faire évader leur sœur Marguerite, 348. montre son esprit mâle lors du siege de Nanci, 353. 354. rend ses devoirs, dans cette Ville, à Anne d'Autriche, avec plus de civilité que de joie, 367. se sauve de la citadelle de Nanci. Raison secrete que l'on prétend qu'elle avoit d'aller à Bruxelles, & qui ne lui fait pas d'honneur, 442. 443. Elle engage le Duc d'Orléans à ratifier son mariage avec Marguerite, 448. embrasse le parti de la Reine - Mere contre Puylaurens, 450. 464. Amante aussi vindicative & presque aussi furieuse que Médée, elle est soupçonnée d'avoir eu part à un attentat contre ce Gentilhomme, 498. 499. 500. Ces soupçons paroissent assez bien fondés, 501. 503. Procedures & Arrêt du Parlement de Paris où cette Princesse est comprise, 571. 572. Elle fait part au Marquis d'Ayetone du traité secret de Gaston avec Louis, 664. amene elle-même un renfort à son frere, en Lorraine, V. 38.

Herbault (Phelippeaux d') Secrétaire d'Etat.

H E

Proposition qu'il fait au Duc d'Epernon, &c. II. 468. 469. Son département, 596. Médiocrité de son pouvoir, 690. Il est un des Commissaires pour négocier avec le Légat, 713. Proposition & plainte qu'il fait au Nonce, III. 105. Ce qu'il dit, de la part de la Cour, sur une entreprise du Duc de Montmorenci, 162. Fonction dont il s'acquite à la réduction de la Rochelle, 244. *voyez* 328. 329. Sa mort, 528. Remontrance qu'il avoit faite au Nonce Spada, IV. 520.

Herbert, Procureur Général du Roi Charles I. justifie ce Prince sur l'impôt de la Marine, VI. 121. rapporte dans la Chambre-Basse ce qui s'étoit passé dans une conférence avec celle des Seigneurs, 125. Le Lord *Herbert* fait une remontrance de fort bon sens, 136. 137. apporte dans la Chambre - Haute des chefs d'accusation contre un Pair & cinq Gentilshommes des Communes, &c. 525. 526. La Chambre Basse s'en prend à lui touchant cette affaire: elle l'interroge, l'accuse, & le fait condamner par la Chambre-Haute, malgré sa bonne défense, & un écrit du Roi qui le justifioit, 536. 537.

Hérodote, appellé le *Pere de l'Histoire*, Auteur poli, mais plein de fables. La Cyropédie préférable à son Histoire, I. *Préface*, ij. iij.

Hervart, Confident du Duc de Weymar, & depuis Controlleur Général des Finances en France, blâme une réponse que ce Prince avoit faite, V. 80.

Hesdin, siege de cette Ville. Elle est prise par capitulation. Compliment que son vieux Gouverneur fait au Roi, &c. V. 681. 682.

Hesse (Landgrave de) voyez *Louïs*. *Guillaume*. *Emilie Elizabeth*.

Heyden (Le Chevalier) est tué à la descente dans l'Isle de Ré, III. 139.

H I

Hilaire, Evêque d'Arles, s'oppose fortement à la prétention d'un Pape, IV. 318.

Hilarion (Le Pere) Capucin, s'entremet de l'accommodement du Comte de Soissons avec la Cour, &c. V. 292.

Histoire, *Historiens*. Utilité qu'on peut tirer de la lecture de l'*Histoire*. Pourquoi peu de gens en profitent, I. *Préface*, p. j. *& suiv*. Devoir d'un parfait *Historien*. Harangues utiles dans quelques *Histoires*, *Préf*. iij. Pourquoi les bonnes *Histoires* ont été & seront toujours rares. Style de l'*Histoire*, Pr. iv. v. Si un

Ppppp ij

HI. HO

Historien doit être homme d'Etat, v. vj. S'il est à souhaiter maintenant que les Ministres d'Etat écrivent l'*Histoire* de leur temps. Ce qu'on doit penser des Mémoires qu'ils écrivent, vj. vij. Si l'*Historien* doit être habile dans le métier de la guerre, vij. viij. Si l'on peut faire une bonne *Histoire* sans Mémoires secrets & curieux, viij. ix. Ce qu'on exige d'un *Historien* sur le caractere de ceux qu'il est obligé d'amener sur la scene, ix. x. Pourquoi on n'a pas imité dans cette *Histoire* de Louis XIII. la brieveté de Tite Live & de Tacite, x. & *suiv.* Dans l'*Histoire* il faut souvent s'en tenir à la vraisemblance. Qualités essentielles à un *Historien*, xiv. & *suiv.* Mauvais Mémoires pour l'*Histoire*, 228. 229. C'est une représentation du jeu continuel & bizarre des passions humaines, 531. Une simple narration n'est pas une *Histoire*, &c. III. 267. ce qu'on y doit trouver, 272. Preuve de son incertitude, 562. & *suiv.* Illusion dans laquelle un *Historien* judicieux ne doit jamais donner, IV. 513. Ce qui engage les *Historiens* à flater leurs héros, 557. Il ne faut pas trop se fier aux descriptions qu'ils donnent des batailles, 646. 647. Incertitude des détails de l'*Histoire*, V. 143. Pourquoi l'Auteur de celle-ci l'a faite si longue, 189. Occasions où un *Historien* doit plus transcrire que composer, 679. 680.

Hocquincourt, sert dans un convoi amené au camp devant Arras, VI. 72.

Hoditz (Le Comte d') Officier de l'armée Suédoise, est blessé au combat de Wolfembutel, VI. 354.

Hofkirchen ou *Hofkerk*, Officier dans l'armée Suédoise, IV. 595. Commission dont il est chargé, 634. Il est blessé à la bataille de Norlingue, 640.

Hofkirk, Officier de l'Electeur de Saxe, amene des troupes à Gustave, IV. 176.

Hogerb ets, Pensionnaire de Leyde, est député à Utrecht, II. 55. 56. Il est arrêté, &c. 57. & *suiv.* On travaille à son Procès, 95. & *suiv.* Il est condamné à une prison perpétuelle, 100. & conduit au Château de Louvestein, 101.

Hoguette (La) Sergent Major de Blaye, intimide un intriguant qu'on lui avoit dépêché, V. 238.

Hohenlo (George-Frédéric Comte de) ou le *Hollac*, du parti du Palatin, II. 248. 249. est mis au ban de l'Empire, 303.

HO

Hohenzollern (George-Frédéric Comte de) vi de la part de Ferdinand II. à une Assemblée des Princes Protestants, qui se tenoit à Nuremberg, &c. II. 167. 168. Pourquoi il cesse d'assister au Conseil de l'Empereur, dont il étoit le Président, 303.

Hollornes parle pour Hampden contre un droit prétendu du Roi d'Angleterre, V. 105.

Holck, Officier de l'Empereur, joint Valstein, IV. 176.

Holland (Henri Rich Comte de) employé à la négociation du mariage du Prince de Galles avec Henriette de France, II. 615. 632. 639. 640. 684. 695. est envoyé à la Haye, 760. négocie à Paris la paix des Réformés, 792. 793. Intrigue où il entre, III. 58. Il suit le Roi en Ecosse, IV. 297. procure à Marie de Médicis un entretien avec l'Ambassadeur de France, V. 570. *Holland*, plus propre à se distinguer dans une fête qu'à la guerre, est Général de la Cavalerie dans l'armée destinée à réduire les Ecossois, 709. Sa conduite singuliere dans une occasion où il se trouve proche des Rebelles, 716. Il est un des Commissaires pour entendre les propositions des Confédérés. Ce qui le porte à les servir, 719. Mécontentement donné au Comte de *Holland*, VI. 129. Il se déclare presque ouvertement pour les Confédérés d'Ecosse, 136. est choisi pour Général de l'armée. Pourquoi il se brouille ouvertement avec le Roi, & avec la Reine, 400. 401. Il signe une protestation, 522. refuse de suivre le Roi à Hamptoncourt, & en détourne le Comte d'Essex : prétexte dont il colore ce refus : est privé de sa Charge de premier Gentilhomme de la Chambre de S. M. 533. 534. Il est député à Charles par la Chambre-Haute, 548. Requête qu'il est chargé d'aller présenter à ce Prince. Pourquoi il se charge volontiers de cette commission. Ce qu'il dit à S. M. en lui présentant cette piece. Déchu de ses espérances, il parle d'une maniere fort emportée avant que de s'en retourner à Londres, 572.

Holland, membre de la Chambre des Communes, y déclame contre le Gouvernement, VI. 257. Grief dont il se plaint en désignant Marie de Médicis, 259.

Hollande : parti que prennent les Etats de *Hollande* dans les disputes entre les Arminiens & les Gomaristes, I. 103. & *suiv.* Ils cherchent tous les moyens possibles d'étouffer

TABLE DES MATIERES.

H O

ces contestations: Edit qu'ils publient, suffisant pour réfuter la calomnie de quelques Contre-Remontrants, 212. 213. Autre contestation en *Hollande* sur la maniere de choisir les Pasteurs : résolution des Etats sur cette matiere, 213. *& suiv.* Ils approuvent la conduite des Remontrans dans la Conférence de Delft, 218. Libelle publié contre les Etats de *Hollande*, réfuté par Grotius, 220. Edit qu'ils publient, pour assoupir le différend des Arminiens & des Gomaristes, & qui rend la tempête plus violente. S'il fut approuvé en Angleterre, 221. 222. La division augmente en *Hollande*, & ailleurs, 519. *& suiv.* Elle prétend avoir droit de terminer seule & souverainement ce qui concerne la Religion dans son ressort, 738. 740. Usurpation violente que les Etats de *Hollande* ne répriment pas, 741. Résolution qu'ils prennent, contraire aux intérêts du Prince Maurice. Division dans cette Assemblée, 743. *& suiv.* Déclaration qu'ils donnent en réponse aux propositions de quatre Provinces. Ils accordent un Synode Provincial, refusent le National, 747. *& suiv.*

Hollande. Foiblesse des Etats de *Hollande*, II. 48. 51. Fonctions de son Conseiller Pensionnaire, 49. Les Etats de *Hollande* en corps comparoissent dans l'Assemblée des Etats Généraux, continuent de s'opposer à la tenue d'un Synode National, &c. 54. soutiennent leur indépendance & leur liberté, envoient des Députés à Utrecht, 55. Coups d'autorité qui abattent les Etats de *Hollande*, 56. *& suiv.* Ils déliberent sur l'emprisonnement de leurs principaux Membres, sans prendre aucune résolution : remercient le Prince Maurice de tout ce qu'il avoit fait, 59. 60.

Hollandois. Parallele de leur bonne foi avec celle des Italiens & des Espagnols, I. 710. 711. Joints avec les François, ils prennent Tillemont & le saccagent, IV. 738. *& suiv.*

Hollis ou Hollies (Denzil) Membre de la Chambre des Communes, porte à celle des Seigneurs l'accusation dressée contre Laud, VI. 272. est un des Chefs des Puritains dans la premiere, 286. Disposition où il étoit, si le Roi eût voulu le gratifier, 419. Chefs d'accusation portés contre lui, & contre quatre autres Gentilshommes des Communes, de la part de S. M. Aveu que *Hollis* fit dans la suite de bonne foi, &c. 524. *& suiv.* Il est ramené en triomphe au Parlement avec

H O

les autres accusés, 534. Instances qu'il fait à la Chambre Haute, de la part de la Basse, 546. Il porte à la premiere des chefs d'accusation contre des Pairs qui s'étoient rendus auprès du Roi, 566.

Hollis (Le Colonel) s'avance au secours de Coventry contre Charles, VI. 575.

Homem (François Rebello) un des Députés de la ville de Lisbone, remercie le Roi Dom Jean IV. au nom des Etats Généraux de Portugal, VI. 180.

Hommes. Les plus grands *Hommes* ne connoissent pas quelquefois les replis secrets de leurs cœurs, IV. 83. Quel est souvent le fort de ceux qui sont employés à la conduite des armées, ou à quelque négociation importante, V. 307. Disposition ordinaire des *Hommes*, envers leurs ennemis, 558. La plûpart de ceux qui se montrent populaires, & affectionnés à la liberté de leur pays, songent plus à leur intérêt qu'à celui du Public, VI. 419. 420.

Hommius (Festus) Professeur de Leyde, Contre-Remontrant modéré : Conférence liée entre lui & Wytenbogart, I. 217. Il va à la Haie informer les Etats de ce qui s'étoit passé à Delft, 218.

Hongrie : articles que les Seigneurs de ce pays font jurer à Mathias, en l'élisant Roi, I. 31. A quelles conditions les Etats de *Hongrie* élisent Ferdinand. Circonstance de son Couronnement. Malheur ou aveuglement de la Nation Hongroise, II. 25. 26.

Honnecour : combat près de ce lieu, où les François sont battus, VI. 479. *& suiv.*

Hooft, Bourgmestre d'Amsterdam : comment il y perd son autorité, malheureusement pour les Arminiens, I. 519. 520.

Hopital (Le Chancelier de l') ce qu'il disoit des Etats Généraux dans ceux qui furent tenus à Orléans. Il n'en a pas connu la vraie origine, I. 290.

Hopital (Paul Huraut de l') Archevêque d'Aix, un des Députés pour le Clergé dans les Etats Généraux, I. 319. 326. 359.

Hopton (Le Chevalier) un de ceux qui portent la Banniere Royale à Nottingham, VI. 575.

Horn, Officier Général du Roi de Suede, lui amene un renfort, III. 522. Commissaire dans la Ligue conclue avec le Roi de France, 583. Ambassadeur extraordinaire vers S. M. IV. 51. Il surprend Bamberg, l'abandonne, & se retire avec perte, 80. n'est point d'avis

H O

de tenter le passage du Lech, 81. chasse les Espagnols de Coblentz, 125. Le Maréchal *Horn* s'empare du pont de Stein, & assiege Constance, 385. Réponse qu'il fait à une Lettre du grand Conseil de Zurich sur cette entreprise, 386. 387. Comment il la justifie à une Diete des Suisses par un Officier qu'il y députe, 387. 388. Projet d'accommodement qu'il accepte, & qui n'a point lieu, 389. Il leve le siege de Constance, & va au-devant du Duc de Feria. Comment il couvre sa retraite forcée, 391. Il goûte les raisons de ceux qui, dans un Conseil de guerre, sont d'avis de ne point combattre les Espagnols, 395. refuse bonnêtement une offre que le Maréchal de la Force lui faisoit, &c. 397. harcele l'armée Espagnole, 400. seconde Oxenstiern, 614. *Horn* ne se presse pas d'aller recevoir les ordres du Duc de Weymar: prend Landshut: est joint par ce Prince. Ils marchent trop tard au secours de Ratisbone, 630. *& suiv.* Leur conduite après la reddition de cette ville, 634. 635. Relation que le Maréchal *Horn* a composée de la bataille de Norlingue, & des circonstances qui la précéderent, 636. *& suiv.* 643. *& suiv.* Il y est fait prisonnier, &c. 647. On le garde long-temps. Il est enfin échangé contre Jean de Wert: va rendre graces à Louis dans son camp devant Perpignan: est bien reçu, & régalé d'une épée de diamants: visite le Cardinal, VI. 472.

Hotham (Le Chevalier) Gentilhomme riche & d'un grand crédit dans la Province d'York: pourquoi il s'étoit jetté dans le parti de Pym. Il se rend maître de tout dans Hull, en vertu d'une commission du Parlement: refuse d'y recevoir le Roi Charles I. &c. VI. 554. *& suiv.* Intrigue qu'il lie pour livrer cette place à S. M. Il n'y réussit pas, 558. *& suiv.* Ce qu'une pareille entreprise coûta à lui & à son fils, dans la suite, 560.

Hotman (Villers-) envoyé par Marie de Médicis à Aix-la-Chapelle, I. 82.

Houdancourt (La Mothe-) Voyez *Mothe* (La)

Houdiniere (La) Capitaine des Gardes du Cardinal de Richelieu, V. 168. 556.

Houtstein, Amiral de Zélande, commande les vaisseaux envoyés par les Provinces-Unies à Louis XIII. est défait par Soubize & les Rochelois: s'il y eut de la perfidie de leur part dans cette action, II. 723. *& suiv.* Il ramene les vaisseaux Hollandois dans leurs ports, 792.

HO. HU

Howard (Le Lord) d'Escrick, Commissaire de la Chambre haute auprès du Roi, suit S. M. en Ecosse, VI. 406.

Howard (Françoise) Comtesse d'Essex. Voyez *Carr.*

Huguenots. Voyez *Réformés.*

Hugues Archevêque d'Ambrun donne la bénédiction nuptiale à Lesdiguieres & à la Vignon, I. 409. Voyage secret qu'il fait en Angleterre: ses Conférences avec Buckingam & le Roi Jacques, II. 618. 619.

Humanaï Général de Ferdinand II. en Hongrie, trop foible pour s'opposer à Gabor, se retire vers la Pologne, II. 147. Il revient avec un renfort de troupes, & défait un Général de Gabor, 148. 149.

Hull en Angleterre, de village devenu ville. Le Parlement s'assure de cette place, de son Arsenal & de ses magazins. Le Gouverneur refuse d'y recevoir le Roi Charles I. Ecrits de part & d'autre sur cette affaire, VI. 554. *& suiv.*

Hunderson ou *Henderson*, Modérateur de l'Assemblée Ecclésiastique d'Ecosse à Glasgow, y fait une harangue remplie d'exclamations: proposition qu'il fait, V. 592. Il donne au Roi un titre propre à choquer les plus zélés de ses confreres, &c. 594. est adjoint aux Députés de la confédération, 720. Titre que le Comte de Clarendon lui donne, VI. 135. Ce Ministre prêche devant le Roi à Edimbourg, 409.

Huntley (Le Marquis d') maintient la partie Septentrionale de l'Ecosse dans la fidélité au Roi, V. 587. 704. Il y est accablé, & fait prisonnier, 712. ligne 41. où l'on a mis Hamilton, par erreur.

Hurtaut, créature du P. de Chanteloube, est dépêché de Gand en France par la Reine-Mere, &c. IV. 284. Cet Exprès est nommé *Brasseuse* à la page 406. Querele où *Hurtaut* se signale, 451.

Hussites: leur Administrateur couronne Frédéric & son épouse, à Prague, II. 166. 167.

Hutton, un des douze Juges d'Angleterre, se défend de signer la décision d'un cas proposé par le Roi, & ne la signe qu'avec une protestation dont on lui sut gré dans la suite, V. 103. 104.

H Y

Hyde (Le Chevalier Edouard) passe pour l'Auteur de la réponse de Buckingam aux ac-

H Y

cufations intentées contre lui : récompenſe qu'il en reçut, III. 31. 32. Jugement où il préſide, 133. 134. Quoique Partiſan de l'Epiſcopat, il condamne les entrepriſes d'un prétendu Concile national, VI. 270. déconcerte fort habilement un projet des Preſbytériens dans la Chambre des Communes, 398. fait ceſſer des crieries importunes, 400. proteſte contre la réſolution priſe dans cette Chambre de faire imprimer une remontrance injurieuſe au Roi. Pourquoi il eſt épargné dans cette occaſion, 423. 424. Sa conduite envers Digby qui contribua à ſon avancement, 521. *Hyde* eſt fort indigné de l'avantage que Charles donnoit à ſes ennemis, &c. Il ſert utilement ce Prince. Son ſtyle trop diffus. De quoi quelques-uns l'ont blâmé mal-à-propos, 531. 532. Remontrance qu'il fait dans la Chambre des Communes, 544. A quoi il contribua vraiſemblablement, 569. Voyez *Clarendon*.

Hyperbole: cette figure eſt familiere aux anciens Auteurs Eccléſiaſtiques, IV. 311.

I B. I D. I G. I L. I M. I N

IBRAHIM, dont une longue priſon avoit augmenté la ſtupidité naturelle, ſuccede à ſon frere Amurath. Peine qu'on eut à lui perſuader que ce Sultan étoit mort. Il ſe divertit dans ſon Serrail, & abandonne le gouvernement de l'Empire à ſa mere & à ſon grand Vizir, V. 665.

Idiaquez (Dom Martin d') Officier Eſpagnol, ſe ſignale à la bataille de Norlingue, IV. 636. 649.

Ignace de Loyola, béatifié: Panégyriques à cette occaſion, cenſurés par la Sorbonne, I. 90. & ſuiv. Réflexions ſur les miracles qu'on lui attribue, & ſur le caractere qu'on lui donne, 92. 93.

Iliere (La) Commandant à Loches, II. 71. Expédition où il eſt préſent, IV. 325.

Illo, un des intimes Confidents de Valſtein, s'emploie, avec d'autres, à lui aſſurer l'armée, IV. 474. & ſuiv. Il eſt aſſaſſiné d'une perfide maniere, 483. 484.

Illuminés, gens à peu près ſemblables à ceux qu'on nomme à préſent Quiétiſtes, V. 466.

Importans : qui l'on nomma ainſi dans les derniers jours de la vie de Louis XIII. VI. 698.

Infantado (Le Duc de l') un des Exécuteurs du Teſtament de Philippe III. II. 321.

I N

Innocent X. Pape, termine la longue & ſcandaleuſe affaire du mariage du Duc de Lorraine avec la Cantecroix, VI. 515.

Innocent XI. Pape : ce qu'il penſa de ceux qui avoient eu part à l'Aſſemblée du Clergé de 1682. I. 327. Il a fait trembler Louis XIV. 333. Ce qu'il auroit pû faire, s'il n'avoit craint de pouſſer ce Monarque à bout, 336. Plaiſanterie d'un Cardinal, lorſqu'on parla d'élire ce Pape, II. 301. Pourquoi il traverſa les projets de Louis XIV. IV. 144. Brefs qui font honneur à *Innocent* dans l'affaire de la Régale, 752. Il étoit louable de rejetter la nomination du Prince Guillaume de Furſtemberg au Cardinalat. Mais il falut céder, V. 648.

Inojoſa (Jean Mendoça Marquis d') Gouverneur du Milanez, favoriſe les deſſeins du Duc de Savoye, & fait demander la Ducheſſe Douairiere de Mantoue & ſa fille, II. 182. 185. Il crie contre ce Prince, & s'entend avec lui, 186. 187. le contraint enſuite à ſe ſoumettre à la volonté du Roi d'Eſpagne, 194. 195. Conteſtation qu'il a avec le Prince de Caſtiglio-e: ils s'accommodent, 195. Son arrogance & ſa malignité: Différend qu'il a avec le Duc de Nevers, *ibid.* & 96. Démarches de ce Gouverneur, contraires en apparence: comment on les concilie, 204. 205. Intrigue qu'on lui attribue. Il preſſe Charles Emmanuel de déſarmer, 205. 206. demande la Princeſſe de Mantoue de la part du Roi d'Eſpagne, 206. 207. reçoit bien le Marquis de Cœuvres, & traverſe ſa négociation, 239. Hauteur avec laquelle il agit envers le Duc de Savoye, 266. 267. 271. Il entre en armes dans le Piémont, ſe rend mépriſable dans cette expédition, bâtit un fort près de Verceil, &c. 271. 272. Traité qu'il ne veut pas accepter, 274. 276. Sa lenteur. Mécontentement de ſon Maître. Ordres qu'on lui envoie dans une Lettre ſurpriſe par le Duc de Savoye, 277. Il ſe prépare à réduire ce Prince, 379. 380. Il marche au ſecours du Marquis de Mortare. Sa conduite, ſa lenteur, ſa malhabileté, 383. 384. Expédient pour avoir ſon ſeing dans le Traité d'Aſt, 388. Il prétend que ce Traité eſt honorable à ſon maître, & veut revenir en triomphe, 389. On s'emporte contre lui à la Cour de Madrid, 390. Il eſt rappellé, arrêté priſonnier. On travaille à ſon Procès: il eſt abſous, 493.

Iojoſa (Le Marquis d') envoyé à Londres

IN

pour l'affaire du mariage de l'Infante avec le Prince de Galles, fait, en passant à Fontainebleau, des plaintes sur les secours que Louis XIII. envoyoit aux Provinces-Unies, &c. II. 573. porte les articles du mariage à Londres, &c. 578. 579. se plaint mal à-propos, d'un discours de Buckingam, 605. lie une intrigue contre ce Favori, 612. 613. est rappelé à Madrid, sur les plaintes du Roi Jacques, &c. 614.

Inojosa (Le Marquis d') volontaire dans un combat naval contre les François, VI. 373. Il traverse par jalousie un projet du Marquis de Torrecuse en Catalogne: prend le bâton de commandement que cet Italien lui remet: Effrayé du voisinage des ennemis, il veut le lui rendre. Il se retire aux approches du Maréchal de la Mothe, & laisse jetter du renfort dans Lerida, 632. 633.

Inquisition d'Etat, sous le regne de Louis XIV. aussi sévere que celle de la Foi en Espagne, II. 575. III. 662. établie sous le regne de Louis XIII. & poussée plus loin sous celui de son fils, V. 374. 622.

Interdits des Villes, Provinces & Royaumes, invention des Papes, odieuse en France, IV. 326.

Invsliet négocie le mariage du fils du Prince d'Orange avec la Princesse d'Angleterre, &c. VI. 251.

IR. IS

Irlande, *Irlandois*, Troupes d'Irlande congédiées. L'Ambassadeur d'Espagne les demande pour le service du Roi son maitre. Le parti Puritain s'oppose au projet de les envoyer dans les Pays Etrangers, VI. 402. Débats sur cette proposition dans la Chambre des Communes. Partie les *Irlandois* avoient liée, 403. 404. Indisposition des *Irlandois* envers les Anglois depuis la conquête de l'*Irlande* par Henri II. augmentée par la Réformation & par d'autres causes. Révolte des Catholiques Romains d'*Irlande*: massacre qu'ils y font des Protestants, &c. 412. & *suiv*, Usage que le Parlement d'Angleterre fait de la révolte des *Irlandois*, & pourquoi il ne se presse pas de les réduire, 561.

Isabelle, Infante d'Espagne, obtient la souveraineté des Pays-Bas Espagnols, I. Voyez *Albert* Archiduc d'Autriche. Après la mort de ce Prince, son mari, elle continue d'observer fidelement les résolutions de la Cour de Madrid, II. 386. tente Mansfeld par des of-

IS

fres avantageuses, 432. 433. 490. Joue le Roi Jacques & les Anglois, 659. va se montrer à Breda, & à l'armée qui l'avoit pris, 699. Intrigue qu'elle a avec Marie de Médicis, III. 652. 653. Douceur & droiture d'*Isabelle*. Elle fait l'accueil le plus obligeant à S. M. envoie faire des civilités à Louis XIII. &c. 665.

Isabelle entretient le Duc de Lorraine dans son mécontentement contre la France, IV. 47. fait de grands honneurs au Duc d'Orléans; défraye ce Prince & la Reine-Mere avec magnificence, 49. 50. Comment elle gouvernoit les Pays-Bas. Elle tâche de ramener le Comte de Bergues mécontent, &c. 141. 142. Ordonne des neuvaines & des prieres pour le secours de Mastricht, 143. Promesse qu'elle observe, 145. Elle s'excuse de livrer à Louis XIII. Chanteloube & Saint Germain, 205. donne des témoignages d'affection au Duc d'Orléans, 212. écrit au Roi Catholique, sur les demandes des Provinces Unies, 226. déconcerte les projets des Carondelets, 231. avertit Louis XIII. que la Reine-Mere malade demande Vautier, 283. répond honnêtement aux compliments qu'on lui fait de la part de Richelieu, 284. Elle conseille à Gaston d'écouter les propositions qu'on lui fait. Droiture de cette Princesse, 286. Elle presse le Roi d'Espagne de lui envoyer un Successeur au Gouvernement des Pays-Bas, 333. apprend avec joie l'arrivée de la Duchesse d'Orléans: s'avance au-devant d'elle, 348. 349. Concert d'*Isabelle* & de Marie de Médicis contre Puylaurens, 404. Mort de l'Infante Archiduchesse *Isabelle*, le meilleur modele qu'on puisse proposer aux personnes de son rang, à la superstition près, 416.

Isabelle de Savoye, Duchesse de Modene, se rend à Mantoue, &c. I. 184.

Isabelle veuve du Prince de Bozzolo, quoique dans un âge avancé, charme Vincent de Gonzague, qui l'épouse, & veut ensuite faire casser ce mariage, III. 129. 130.

Isabelle, Reine de Castille par elle-même, épouse de Ferdinand Roi d'Aragon, étoit absolue dans ses Etats, VI. 5. Maxime de cette Princesse, 487.

Isambert, Docteur de Sorbonne, répond au gré de la Cour sur le mariage de Gaston, IV. 749.

Isar (Le Duc d') est maltraité par Olivarez, VI. 485.

Ische

TABLE DES MATIERES.

IS. IT. IV

Ische, Gouverneur de la Motte en Lorraine, est tué en défendant cette place avec bravoure & avec prudence, IV. 510.

Isembourg (Le Comte d') Gouverneur de l'Artois, &c. VI. 55.

Issoudun (Le Marquis d') frere de l'infortuné Chalais, se met à la tête de quelques paysans soulevés, &c. V. 200.

Isle (De l') Envoyé de Louis sur le haut Rhin; ce qu'il déclare au Rhingrave, IV. 656. 657. Lettres & ordres dont il est chargé touchant la Comtesse Douairiere de Soissons, V. 289. 290. On l'envoie faire des compliments au Duc de Saxe-Weymar, & porter des instructions secretes à Guébriant, 611. 612.

Italie. Italiens. De quoi quelques *Italiens* blâment ceux de Venise. Ils paroissent surpris de ce que des troupes Hollandoises ne commirent pas une noire perfidie dans une bonne occasion, I. 711. 712. Souverains d'*Italie*, esclaves des Espagnols, 713. Nouvelle qui les alarme, 716. Les Princes *Italiens* sollicités en vain contre l'Espagne, II. 11. Rétablissement de la paix en *Italie*, 16. Etat de l'*Italie* à la mort du Duc Vincent de Mantoue : Conjonctures qui favorisoient l'agrandissement du Duc de Savoie & des Espagnols dans ce pays, III. 164. & *suiv.* Peinture des Souverains d'*Italie*, 421. Treve en *Italie*: à quelles conditions, 488. Négociation sur les affaires d'*Italie*, 530. & *suiv.* Les *Italiens* naturellement superstitieux : épouvante que leur donne le Roi de Suede, &c. IV. 14. Disposition des Princes d'*Italie* à l'arrivée du Cardinal Infant dans ce pays, 351. 352. 353. Ce qui fit la défiance qu'ils en avoient conçue, 392. Ils ne veulent entendre parler ni de ligue, ni de guerre, 514. Situation des affaires en *Italie* en 1640. VI. 22. & *suiv.* Les Auteurs *Italiens* affectent de paroître profonds politiques : exemple, 105. 206. Les Princes d'*Italie* rejettent des propositions de Louis & de Philippe : forment une ligue pour défendre le Duc de Parme contre le Pape, 502. 507. & *suiv.*

Ivetaux (Des-) Voyez *Vauquelin.*

JA

JACINTHE (Le P.) Capucin négociateur, II. 532. III. 392. V. 609. se flate de succéder à Joseph : mais on lui ordonne de demeurer dans son Couvent, 610. Il avoit vivement soufflé le feu en Ecosse, 619.

Jacquelot, Gentilhomme de Marie de Médicis, est envoyé de Bruxelles à la Cour de France, &c. IV. 407.

Jacques I. Roi d'Angleterre, fait un Traité d'alliance avec Henri IV. Caractere de ce Prince, I. 7. Serment de fidélité qu'il exige des Catholiques d'Angleterre, 37. 38. Il écrit lui-même pour le défendre contre deux Brefs du Pape & une Lettre de Bellarmin, ne met point son nom à la tête de l'ouvrage. Paralele de sa conduite avec celle du Pape, 38. 39. Seconde édition de son apologie : il s'en déclare l'Auteur, & y joint une Préface en forme de manifeste, &c. Réponses à cette apologie, 39. 40. Réflexion sur le procédé de ce Prince, 40. 41. Portrait qu'en fait Marie de Médicis, 60. Comment il reçoit une proposition du Duc de Savoye, 69. *Jacques* s'oppose vivement à l'élection de Vorstius, fait brûler ses livres, &c. 106. 107. publie une apologie pour justifier sa conduite dans cette affaire, 107. Il auroit pû contraindre Marie de Médicis à suivre le plan d'Henri IV. &c. 123. Ce qui se passa entre S. M. & le Maréchal de Bouillon, Ambassadeur Extraordinaire de France, 142. 143. Proposition de mariage pour son fils Henri Prince de Galles, 157. 158. Sa conduite à la mort de ce Prince, 159. Il permet qu'on joue Scioppius sur le théatre, en sa présence, 164. réconcilie les Rois de Danemark & de Suede, 164. se divertit : jalousie que lui avoit donné son fils Henri : parole qui lui échappa. Il marie sa fille à l'Electeur Palatin, &c. 196. 197. a peu de zele pour l'établissement de la Réformation : propose le mariage de Charles, son second fils, avec Christine de France, 198. Chaleur & empressement qu'il témoigne dans les disputes des Théologiens de Hollande, 211. 212. Il est moins prévenu contre les Arminiens, persiste à condamner Vorstius, 219. 220. écrit au Synode de Tonneins sur un différend Théologique, 253. Son Conseil vendu à l'Espagne, 195. Il cherche à s'entremettre dans les affaires d'Italie, 268. 274.

Jacques I. réfute la harangue du Cardinal du Perron contre l'article du Tiers-Etat, &c. I. 347. 348. Il paroît s'intéresser à la conservation du Duc de Savoye. Son humeur connue à Venise, 380. Il donne de bonnes paroles à Bouillon, 395. Proposition qu'il fait

Tome VI. Qqqqq

J A

faire aux Vénitiens, négligée par la République, 471. Il prend de l'inclination pour Villiers, la diffimule, &c. figne un acte de pardon général en faveur de Sommerfet, 472. 473. Artifice dont il ufoit dans le choix de fes Favoris, qu'il faifoit femblant de déférer à la Reine, 474. 475. Il abandonne Sommerfet aux Juges d'Angleterre: ferment qu'il fait avec exécration: baffeffe qu'on lui attribue. Il fait grace de la vie à Sommerfet & à fa femme, nonobftant fon ferment, 475. 476. Il tente la réunion des Proteftants, 476. & fuiv. fait ceffer la guerre que le fiege de Brunfwick allumoit en Allemagne, 478. 479. Ce qu'il répond à l'Envoyé du Prince de Condé qui lui demandoit un fecours d'hommes & d'argent. Il lui offre fon entremife. A quoi l'obligeoit la politique, &c. 490. 491. Il remet aux Etats Généraux trois de leurs places engagées à la Couronne d'Angleterre. Eloges qu'auroit mérité cette action, fi les motifs en euffent paru honnêtes, 517. 518. Honteux de ce marché, il en conçoit une haine mortelle contre Barnevelt, qui l'y avoit engagé. En quoi S. M. fut blâmable, 518. 519. Il s'intéreffe peu à la guerre entre les Efpagnols & le Duc de Savoye, quoique garant du Traité d'Aft, &c. 580. n'eft point d'avis que le Palatin fonge à fe faire Empereur: ne raifonne pas mal dans cette affaire, 687. 721. fe déclare contre l'Arminianifme, 739. 747. 749.

Jacques diffuade fon gendre de penfer à l'Empire: eft d'avis qu'on l'ôte à la Maifon d'Autriche: propofe mal-à-propos le Duc de Savoye, II. 25. fe met en tête d'extirper l'Arminianifme, 43. Ses démarches n'étoient fouvent ni judicieufes, ni régulieres, 115. Il donne dans un piege que les Efpagnols lui tendoient. Affront qu'il effuie fans en être plus irrité contre eux, 135. 136. Il n'eft point d'avis que le Palatin, fon gendre, accepte la Couronne de Bohême. Comment S. M. Br. éludoit les raifons les plus folides, 164. 165. Il défavoue hautement Frédéric, 169. fe plaint de ce que Louis XIII. fe déclaroit pour Ferdinand, 172. En le méprife, 226. 230. 239. 240. Il fe plaint de l'irruption des Efpagnols dans le Palatinat, 241. Raifons de fa conduite dans les affaires de fon gendre, difcutées; 243. & fuiv. Il gâte les affaires de fon gendre; élude les bons deffeins de fes Sujets. Ce Prince & fes deux petits-fils, n'ont jamais

J A

connu leurs véritables intérêts, &c. 308. 309. Il goûte la propofition dont les Efpagnols le leurroient, de marier fon fils avec l'Infante d'Efpagne, 310. & fuiv. affemble fon Parlement: Difcours qu'il fit aux deux Chambres, 312. & fuiv. dépêche un Agent fecret à Rome, 314. Mécontentement du Roi & de la Chambre des Communes. S. M. proroge le Parlement, &c. 316. & fuiv. Réponfe fanfarone qu'il fait à l'Ambaffadeur de Venife, 320. 321. Aveuglement de ce Prince, 322. Il intercede en faveur de fon gendre. On le paye de belles paroles, 383. 384. Vaines défaites dont on l'amufe. Il écrit à Ferdinand une Lettre en maniere de Manifefte, 385. 386. fait mine de s'entremettre des affaires des Réformés de France, 396. Dans quelle vue il raffemble le Parlement. Il fe brouille avec la Chambre des Communes, &c. 409. & fuiv. Réponfe pédantefque qu'il fait à fes remontrances, 412. 413. Il proroge & caffe enfuite ce Parlement, 414. Proteftation qui l'irrite. Procédés violents de S. M. Infultes publiques qu'on lui fait dans les Pays-Etrangers, 415. Effort qu'il fait en faveur des Réformés, 471.

Jacques fait des déclarations dont on fe met peu en peine. Il fe laiffe amufer par une feinte négociation, II. 498. & fuiv. On ne s'étonne pas de fes menaces. Il continue la négociation du mariage de fon fils avec l'Infante, 501. & fuiv. refufe toute forte de fecours aux Réformés: fa conduite imprudente & irréguliere. Il fe glorifie de ne fuivre aucune des maximes d'Elizabeth, 504. 505. fe plaint à la Cour de Madrid des procédés de Ferdinand: paroît s'apaifer, trompé par les artifices des Efpagnols, 533. 534. Pieges qu'ils lui tendent, & dans lefquels il donne, 537. & fuiv. Voyage bizarre qu'il fait entreprendre à fon fils. Avance pareille qu'il avoit faite autrefois, 546. 547. Le Garde du grand Sceau & un Fou de Cour le font rentrer en lui-même. Déchaînement contre S. M. fur ce voyage, 548. 549. Jufqu'où il vouloit pouffer fa complaifance pour la Cour de Rome. Remontrance que l'Archevêque de Cantorbery lui adreffe à ce fujet, 559. Ce que fon entêtement de marier fon fils à une fille de Roi lui fait dire, 560. Lettre qu'il avoit écrite au Pape Grégoire XV. 561. Il jure les articles du mariage convenus, 579. Fatigué d'être le jouet de l'Empereur & du Roi d'Efpagne, il mande à son fils de revenir, &c. 581. Il avoit vécu en bonne intelligence avec les Papes jusqu'à la conspiration des poudres, &c. Bref qu'il reçoit d'Urbain VIII. 582. & *suiv.* Perplexité où il se trouve sur le mariage négocié depuis sept années : ses démarches sur cette affaire après le retour de son fils à Londres, 585. & *suiv.* Lettre qu'il avoit écrite à son Gendre sur les conditions proposées pour le rétablir dans ses Etats & dans sa dignité. *Jacques* peu scrupuleux sur le chapitre de la Religion, 589. 590. difficile quand il étoit question de débourser de l'argent : il se défie de la Cour de France : impression que font sur son esprit timide & soupçonneux les émissaires de la Cour d'Espagne, 601. Il convoque le Parlement : Harangue qu'il y fait, pleine de faussetés & de parjures, 601. & *suiv.* S. M. renvoie au jugement de cette Assemblée les plaintes des Ambassadeurs d'Espagne contre Buckingam : répond à l'adresse des deux Chambres d'une maniere fort avantageuse pour son Favori, & en belle humeur, 605. Perplexité où le met la rigueur du Parlement. S. M. semble tout craindre : fait une réponse ambigue à cette Assemblée, 606. 607. Lettre qu'il lui écrit sur leurs offres honnêtes & obligeantes pour sa famille. Ne pouvant plus reculer, il se résout à la guerre, &c. 610. Il prend l'alarme sur une adresse du Parlement contre le Papisme : réponse qu'il y fait, ornée d'une saillie qui fit rire les gens d'esprit, 610. 611. Intrigue qui lui donne des inquiétudes, &c. 612. & *suiv.* Il pense tout de bon à marier son fils avec Henriette de France, 614. & *suiv.* relâche sa sévérité pour les Catholiques à la sollicitation de l'Archevêque d'Ambrun. Entretiens qu'il a avec ce Prélat. Sentimens équivoques, projets de *Jacques* sur la Religion. Il n'en hait pas moins les Jésuites ; 619. 620.

Jacques propose une ligue pour la restitution du Palatinat avant la conclusion de l'affaire du mariage : consent ensuite à la remettre après : ratifie les articles du mariage : fait cesser les poursuites contre les Papistes, II. 639. 640. envoie des troupes pour le recouvrement du Palatinat, sous le commandement de Mansfeld : mauvais succès de cette entreprise. Ménagemens de S. M. pour des gens qui le jouent de la maniere la plus indigne, &c. 658. & *suiv.* Il accepte en partie des articles ajoutés dans la Dispense du Pa-

pe pour le mariage : réflexion sur sa patience dans cette affaire, 684. 685. Mort de ce Prince. Ce qu'il recommande à son fils en mourant : sentimens équivoques de *Jacques* sur la Religion. Il n'avoit aucune des qualités qui rendent un Prince recommandable. Son caractere. On le compare ridiculement avec Salomon, &c. 695. 696. Il avoit refusé, avant sa mort, de se mêler des affaires de Rohan & de Soubize, 716. Il avoit prêté des vaisseaux à Louis XIII. & pris des précautions afin qu'ils ne fussent pas employés contre les Réformés, 730. Joug dont il fut bien aise d'être délivré par son avenement à la Couronne d'Angleterre, IV. 299. Comment les Ministres d'Edimbourg avoient rompu une fête qu'il vouloit donner dans son Palais. Ses efforts pour arrêter les désordres de l'Eglise d'Ecosse, V. 453. 454.

Jacques II. Roi d'Angleterre, naturellement bigot & superstitieux : réflexion sur sa conduite, V. 457.

Jacques, Suisse : ce qu'il entreprend pour un écu, II. 394.

Jagendorf (Jean-George Marquis de) se charge de défendre la Lusace, II. 229. Il n'y réussit pas, 245. est mis au ban de l'Empire, 303. tâche en vain de conserver une partie de la Silésie à Frédéric, 381. 382.

Jai (Nicolas le) Président à Mortier du Parlement de Paris, enlevé par ordre de la Cour, I. 442. Il est déclaré rebelle, 603. est un des trois Sujets proposés par Silleri, comme les plus capables d'avoir les sceaux, II. 593. se trouve à une assemblée de la Faculté de Théologie ; y déploie en vain son éloquence, III. 104. Son attachement au Cardinal presque disgracié, 554. Il est fait premier Président. Autre mérite qu'il avoit auprès de ce Ministre, 559. 560. Menace qu'il va faire, de sa part, à la Reine-Mere, 581. 608. Sa lâche conduite, 630. 631. 634. Il est récusé par le Duc d'Orléans, 644. & par la Reine-Mere. La mémoire de ce misérable Magistrat flétrie à jamais, &c. 655. 658. Il abandonne, selon sa coutume, les intérêts du Public, & ceux de sa Compagnie, V. 64. Reproche qu'on lui en fait : motif qui le conduit, &c. 65. 66. Il s'oppose à une délibération proposée dans le Parlement, &c. 193. est chargé d'assister la Reine de ses conseils durant l'absence du Roi, 215. arrête une délibération de sa Compagnie par une

Qqqqq ij

TABLE DES MATIERES.

JA

Lettre de cachet, 462. Remontrance qu'il fait au Roi dans le procès du Duc de la Valette, 625. Il infiste fur le renvoi au Parlement, & opine au Decret de prife de corps, 627.

Janin, Secrétaire d'Etat du Duc de Lorraine, fait des foumiffions à Louis de la part de ce Prince, IV. 124. Dogme dont il favorifa le progrès : dans quel deffein. Il connut trop tard fa méprife, VI. 570. 571.

Jars (Le Chevalier de) Confident du Garde des Sceaux Châteauneuf, eft mis à la Baftille, transféré à Troies, condamné à la mort, reçoit fa grace fur l'échaffaut. Sa fermeté. Il eft ramené à la Baftille, IV. 222. 222.

Janféniftes (Les) s'attachent à décrier les Jéfuites, IV. 311. Changent de langage fur l'autorité des Evêques & les cenfures de la Sorbonne, 813.

Janfenius Evêque d'Ypres : longue & fameufe difpute que fon Livre occafionne, I. 99.

Jaucour (Le Baron de) perd la vie au fiege de Maftricht, IV. 143.

Javelot : Louanges & récompenfe qu'un Empereur Romain donna à un mal-adroit tireur de javelot, II. 466.

JE

Jean (Dom) d'Autriche, reconnu pour fils naturel par Philippe IV. eft nommé au commandement de l'armée deftinée contre le Portugal, VI. 487.

Jean Duc de Finlande, fe fouleve contre fon Frere Eric, n'obferve pas le ferment qu'il lui avoit fait, eft mis à fa place, & le fait empoifonner, I. 108. Il n'eft pas plus fidele au Duc de Sudermanie, qui l'avoit fecondé, tâche de changer la Religion établie par fon pere : fon irréfolution fur ce point : pratique de pénitence qu'il obferva pour le meurtre de fon frere, 108. 109. Il humilie les Catholiques Romains : quel put être le motif de fon changement, 110. fait de vains efforts pour faire recevoir fa Liturgie & les anciennes cérémonies, III. Il fe réconcilie avec le Duc de Sudermanie : fa mort, III. 112.

Jean, fecond fils de Jean Roi de Suede, I. 112. refufe la Couronne fort généreufement en apparence, 117. 118.

Jean Bafilovits, Czar de Mofcovie, connu par fes cruautés, &c. I. 164. 165.

Jean Roi de France : pourquoi il prit la coutume d'affembler fouvent les trois Ordres du Royaume, I. 296. 297.

JE

Jean-Cafimir Palatin de Deux-Ponts, beaufrere de Guftave, voit avec chagrin les mefures prifes pour lui donner peu de part au Gouvernement de Suede, durant la minorité de Chriftine, IV. 233. 234. eft un des Régents de ce Royaume, 236.

Jean IV. appellé auparavant le Duc de Bragance, eft proclamé Roi de Portugal, VI. 165. & fuiv. Agitations où fon efprit fe trouvoit, 170. & fuiv. Il fe rend à Lisbone : circonftances de fon voyage différemment racontées : zele empreffé des Portugais pour leur nouveau Roi. Prudence & modération qu'il témoigne, 172. & fuiv. Il penfe à s'unir aux Catalans ; Lettre qu'il leur écrit en forme de Manifefte. Maniere dont il fut folemnellement reconnu Roi : ferment qu'il fit, & celui que fes Sujets lui prêterent, 176. & fuiv. Portrait & caractere de ce Prince. Il affifte aux Etats Généraux de Portugal, 178. & fuiv. Ses droits à la Couronne expofés dans un Decret ou Manifefte de cette Affemblée, 181. & fuiv. Il envoie des Ambaffadeurs en France & ailleurs, 186. & fuiv. Confpiration contre ce Prince, qui eft découverte, 378. & fuiv. Il fe faifit fort habilement des Conjurés : fait publier une amniftie pour en impofer au peuple par une clémence feinte : n'eft pas moins bon Comédien dans le confeil qu'il tint fur la condamnation des Complices. Chofes fingulieres dans fa conduite à leur égard. Il refufe d'envoyer l'Archevêque de Brague au Pape, 383. 384. envoie un Ambaffadeur à Rome, à la follicitation de la Cour de France, & contre l'avis de fon Confeil, 385. & fuiv.

Jean-George, Electeur de Saxe après la mort de fon frere, fe rend à Nuremberg, &c. I. 86. 87. Vifite qu'il reçoit de l'Empereur Mathias, & de Ferdinand, &c. 717. Sa conduite dans les troubles de Bohême, II. 32. Il approuve d'abord le fentiment du Palatin, &c. 134. change d'idée, & envoie fon fuffrage en faveur de Ferdinand, 136. fe déclare hautement pour l'Empereur contre Frédéric, 169. 219. 220. accepte la commiffion d'exécuter le ban contre la Bohême, 229. Ses progrès dans la Luface, 245. L'Empereur fe fert de lui pour tromper les Siléfiens, 249. L'Electeur intercede vainement en faveur des Luthériens de Bohême, 382. murmure contre l'Empereur : refufe de confentir à la tranflation de la dignité électorale du Palatin au

Duc de Baviere, 531. 533. y confent enfuite, gagné par les offres de l'Empereur, 654.

Jean-George, Electeur de Saxe, se trouve à la Diete de Mulhausen, s'oppose à une proposition qu'on y mit sur le tapis, III. 127. 128. crie en vain contre un Edit de l'Empereur, connoît la grande faute qu'il a faite, &c. 346. s'excuse d'aller à la Diete de Ratisbone. Ce que ses Ministres y pressent hautement, par son ordre, 496. 498. Il ne donne pas dans un piege que l'Empereur lui tend, &c. 500. Remontrances qu'il fait à S. M. I. 523. 524. Il approuve les desseins de Gustave. Pourquoi il refuse d'entrer en ligue avec ce Prince. Vues qu'on attribue à *Jean-George*. Il convoque une Assemblée des Protestans à Leipsick, &c. 585. *& suiv*.

Jean-George s'excuse de joindre le Roi de Suede pour le secours de Magdebourg, IV. 17. Irrité des menaces & des actes d'hostilité du Général de l'Empereur, il s'unit à S. M. Suédoise, 19. *& suiv*. presse le combat contre les Impériaux; commande la gauche à la bataille de Leipsick, se retire croyant tout perdu : est charmé des honnêtetés de Gustave, 23. *& suiv*. se rend maître de Prague, & d'une partie de la Bohême. Réponse qu'il fait aux propositions d'un Envoyé Espagnol. Sa négligence véritable, ou affectée, &c. 31. *& suiv*. On tâche de le dégoûter de l'alliance du Roi de Suede. Caractere de *Jean-George*: portrait qu'en fait Feuquieres, 170. 171. Pourquoi il n'accepte pas des offres qu'on lui fait. Ses troupes sont chassées de la Bohême, 172. 173. Embarras où il se trouve. Il refuse de consentir à un Traité particulier, & prie Gustave de venir à son secours, 176. 177. Poste que la Cour de France veut lui persuader de prendre en Allemagne, après la mort de Gustave : pourquoi les Ministres de cette Cour ne suivent pas cet article de leurs instructions, 238. *& suiv*. Conférences de *Jean-George* & de ses Ministres avec Oxenstiern, 241. *& suiv*. Il ne se rend pas aux remontrances de l'Electeur de Brandebourg. Sa jalousie contre le Chancelier de Suede sauve l'Empereur, 243. Ce qu'il écrit aux quatre Cercles assemblées à Heilbron. Il traverse leurs résolutions par ses émissaires, 248. Maxime dont il étoit entêté : proposition qu'il fait en conséquence, 251. Il refuse d'approuver les résolutions prises à Heilbron : réponse qu'il fait à Feuquieres, 259. 260. Embarras que *Jean George* cause à Oxenstiern, 613. 614. Conduite de ses Députés dans une Diete des Princes & Etats confédérés, 624. 625. Ce qu'il fait insinuer à l'Electeur de Brandebourg mécontent des Suédois, 629. Il refuse d'envoyer du secours au Duc de Weymar, 632. fait manquer l'occasion de surprendre Prague : commence à négocier avec l'Empereur, 636. avance beaucoup cette négociation, 692. la conclut par un Traité à Prague : motif principal qui l'y détermine, &c. 795. *& suiv*. Comment il pallie son ingratitude envers la Couronne de Suede, 798. Impatience qu'il a de s'emparer de Magdebourg, 799. 800.

Jean-George, Electeur de Saxe, envoie copie d'une procuration de l'Empereur pour entamer une négociation de paix, au Roi de Danemarck. Ce qu'il fait dire à S. M. Danoise, &c. V. 119. Projet qui s'évanouit par son opiniâtreté à ne consentir jamais au moindre démembrement de l'Empire, 121. Réponse qu'il fait à une Lettre de la Reine Christine : comment il s'y justifie d'avoir conclu la paix de Prague : plaintes qu'il fait. Examen de sa conduite. Il prend Magdebourg, secondé par les Impériaux, 269. est indigné de ce que le Roi de France ne veut pas reconnoître Ferdinand III. pour Empereur, 280. Accouru au secours de Pyrn, il s'enfuit dès qu'il s'imagine que Bannier a dessein de le combattre, 661. entreprend de débaucher les Allemans de l'armée Suédoise, VI. 212.

Jean Sigismond Electeur de Brandebourg, un des prétendans à la succession de Cleves & de Juliers, se met en possession d'une partie de ces Etats, consent à un Traité provisionnel avec le Palatin de Neubourg, I. 8. Division entre ces Princes. L'Electeur donne un soufflet à Volfgang de Neubourg, 203. suites de leur mésintelligence, 262. 263. 265. Les Provinces-Unies lui assurent la possession des Comtés de la Marck & de Ravenspurg, 480. Il favorise le sentiment du Palatin, &c. II. 134.

Jeanne de France, fille de Louis XI. femme de Louis XII. parallele de sa conduite avec celle de Marguerite de Valois, I. 377. 378.

JE

Jeannin (Le Préfident) ce qu'il propofe au fujet de l'évafion du Prince de Condé, I. 11. Il eft nommé un des Directeurs des Finances, 52. a un entretien fecret avec la Régente, 177. lui propofe de réconcilier Silleri & Villeroi avec le Marquis d'Ancre, 191. Ce qu'il écrit à du-Pleffis-Mornai, 235. Difcours du Préfident dans les Etats Généraux, fur l'adminiftration des Finances, 321. Réponfe qu'il fait à une de leurs demandes, 321. 322. Il tâche de juftifier fa conduite dans l'adminiftration des Finances, 421. Réponfe qu'il fait à une Lettre du Maréchal de Bouillon, 426. Il va négocier un accommodement avec le Prince de Condé & fes adhérants. Nouvelle qui le furprend. Ce qu'il répond à une queftion des Habitants de Noyon, 430. 431. Trop crédule fur le compte du Duc de Vendôme, 488. Il eft éloigné des affaires, conferve fa charge, 511. en eft dépouillé, 581. 583. entretient une fecrete correfpondance avec Luines, 617. 618. eft rappellé au Miniftere, 639. 640. paroit froid fur les affaires de la Reine-Mere, 654. eft nommé Commiffaire pour la paix de l'Italie, 722. 727.

Jeannin (Le Préfident) fait une réponfe judicieufe à une Lettre de la Reine-Mere, II. 85. tient pour la neutralité entre l'Empereur & le Palatin, 172. fon avis fur les affaires d'Allemagne, 181. *& fuiv.* Confeil qu'il donne à Luines, 190. Il eft envoyé vers la Reine-Mere, 200. 215. Ce qui l'éloigne du deffein de pouffer les Réformés à bout, 279. Il eft un des Commiffaires pour le renouvellement de l'alliance avec les Etats Généraux, 328. reçoit bien Grotius, 329. infinue la paix avec les Réformés, 427. Avis fage qu'il donne au Roi, 443. Examen qu'il fait de la queftion, s'il eft à propos de donner la paix aux Réformés, ou de continuer la guerre contre eux, 444. *& fuiv.* Mort de Pierre *Jeannin*, habile négociateur, grand politique, &c. 526. fon modele de probité, de défintéreffement & de religion, III. 270.

Jelvès (Le Marquis de) Capitaine de la Garde Efpagnole, arrête le Duc d'Arfchot, IV. 489.

Jermin, Pair d'Angleterre, eft envoyé à la Cour de France, pour ménager la réconciliation de Marie de Médicis avec le Roi. Mouvements inutiles qu'il fe donne pour y parvenir, V. 515. *& fuiv.* Complot où il a part, VI. 284.

JE

Jéfuites, devenus formidables aux Souverains, font rappellés & comblés de faveurs par Henri IV. Tom. I. 20. Ce que l'un d'eux recommanda à Ravaillac, *ibid*. Déchaînement prefque général contre eux à l'occafion du meurtre d'Henri IV. du Livre de Mariana, &c. 21. 22. A quoi les conduit le dogme de la probabilité, qu'ils ont enfanté, ou adopté, 23. On leur impute les brouilleries de Bohême. Requête préfentée contre eux à l'Empereur, 34. Intéreffés à empêcher que de Thou ne fut fait premier Préfident du Parlement de Paris, 53. Ils favorifent les deffeins de Léopold en Bohême, 56. On s'affure d'eux à Aix-la-Chapelle, &c. 83. 84. Leurs excès lors de la Béatification de leur Fondateur. Nouvelle tempête qu'un de leurs Peres attire à la Société, 90. *& fuiv.* Rien que d'humain dans l'état floriffant de la Compagnie: ce qu'ils racontent de leur Fondateur propre à le faire méprifer. Prophétie qui leur a été appliquée. Comment ils préviennent l'effet des reproches qu'on leur fait, 92. 93. Différentes tentatives des *Jéfuites* pour s'établir à Troyes, 94. 95. Oppofition de l'Univerfité de Paris à leur établiffement, & enfuite à l'ouverture de leur College de Clermont, 95. *& fuiv.* Ils s'attirent des ennemis par leurs fentiments fur la Grace & fur la Prédeftination, 99. Fauffe efpérance que les *Jéfuites* avoient conçue de la faveur du premier Préfident de Verdun. Arrêt qui les mortife. Perfonnages qu'ils font agir pour fe tirer d'affaires, 118. *& fuiv.* Embarras où ils fe trouvent entre la Cour de Rome & le Parlement de Paris: parti qu'ils prennent, 133. 134. Comment ils s'en juftifient auprès du Pape, 134. Oppofition de la République de Venife à leur rétabliffement, &c. 142. *Jéfuites* déchaînés contre l'autorité légitime des Souverains: comment ils parent la Cenfure que la Sorbonne vouloit faire du Livre d'un de leurs Confreres, 161. *& fuiv.* Mortification qu'ils reçoivent à Paris à l'occafion d'un Livre de Suarez, 246. 247. Ceux de Rome fe remuent pour y faire brûler l'Arrêt du Parlement contre cet ouvrage. Comment on arrête leur zele impétueux, 250. *Jéfuites* attaqués dans des Ecrits publics, 300. Le Clergé & la Nobleffe des Etats Généraux demandent qu'ils foient admis dans l'Univerfité de Paris. Livrets publiés contre ces Peres à cette occafion: apologies qu'ils y oppofent, 313. *& fuiv.* Ils font

JE

désignés clairement dans les Remontrances du Parlement, 417. Sermons de quelques *Jésuites* qui alarment bien des gens, 434. Conséquence qu'en tire du-plessis-Mornai. Caractere de ces bons Peres, 449. Portrait d'après nature des *Jésuites* du temps de Louis XIII. Ils ont fait semblant de prendre une autre méthode sous le regne de son fils, 692.

Jésuites (Les) obtiennent du Roi la permission d'enseigner publiquement à Paris: ils n'ont pû venir à bout d'entrer dans l'Université de cette Ville. Leur ingratitude envers le Fondateur de leur College. Pourquoi il est si fréquenté, II. 3. 4. Intérêts différents des *Jésuites* de Cour: la Compagnie y trouve toujours son compte. Subtilités dignes d'eux, 21. 22. Les *Jésuites* confidents du Duc de Baviere l'encouragent à songer à l'Empire: bon avis qu'ils lui donnent, 25. Ils sont bannis du Royaume de Boheme par les Etats du pays, 28. Comment ils sont désignés dans les Remontrances de l'Assemblée de la Rochelle, 274. Réflexions sur un Ecrit qu'ils publient contre cette piece, 277. 278. Finesse de ces Peres, 288. Ils sont plus heureux en Hongrie qu'à Venise, 429. forment des entreprises qui ne réussissent pas: Procès de toutes les Universités de France contre eux, où ils succombent: piece de cette affaire où les vues de la Société sont assez bien découvertes, &c. 651. *& suiv. Jésuites* aux prises avec l'Université de Paris. Livre de leur Confrere Santarel qui arrive en France fort mal-à-propos pour eux. Démarches que leurs Supérieurs sont obligés de faire à cette occasion. Leurs réponses divertissantes aux interrogations du Parlement. Déclaration qu'ils signent & qu'ils portent au Roi, 798. *& suiv.*

Jésuites Auteurs du Journal de Trevoux, lâchés par la Société pour ses raisons particulieres, ne sont plus capables de flétrir ceux qu'ils attaquent à tort & à travers, III. 259. D'où vient le chagrin de ces malhonnêtes Censeurs contre l'Auteur de l'Histoire de Louis XIII. 169. 275. Esprit général de la Société; plusieurs de ceux qui la composent, estimables, 276. A quoi ils portent l'Empereur, en partie pour leur profit, 345. 346. Ils l'éblouissent par des Remontrances qu'ils lui font, 499. sont de toutes les intrigues, 502. Hauteur hors de saison qu'ils inspirent à S. M. I. 523. Leur Société fournit des Théologiens accommodants, IV. 62. Idée qu'en avoit

Valstein, qui projettoit de les chasser de l'Empire, 264. Les *Jésuites* Missionnaires en Angleterre ne veulent point de Vicaire Apostolique, se brouillent avec celui que le Pape avoit nommé. Intrigues qu'on prétend qu'ils formerent pour le faire fuir. Réponses de deux de leurs Auteurs à un Livre de Kellyson, condamnées en France, 308. *& suiv.* Ce qu'ils disent d'une Lettre circulaire de quelques Evêques de France, sur cette affaire. Si ces Peres avoient grand tort dans le fonds, &c. 311. Ils s'apperçoivent de la diminution de leur crédit: désavouent les ouvrages de leurs Confreres Anglois, 312. trouvent tôt ou tard un prétexte de perdre leurs ennemis, *ibid.* Hérésie impardonnable chez les bons Peres, 320.

Un *Jésuite* prêche des maximes contraires à celles que le Pere Caussin insinuoit au Roi, V. 368. Quelques autres de ces Peres diminuent les scrupules de S. M. 369. Leur Général & les principaux de la Maison Professe de Paris désavouent Caussin, &c. 370. Quelques-uns lui font un crime de ce qu'il ne demandoit pas l'avis des Supérieurs de la Compagnie, sur ce que le Roi lui déclaroit en confession, 371. 372. Trois *Jésuites* de S. Omer sont faits prisonniers: un d'eux, Ecossois de nation, est amené à la Cour, & fait s'y faire valoir, 513. Souplesse & circonspection des *Jésuites* de Parme & de Plaisance envers le Duc excommunié par le Pape, VI. 504. Place qui fut & sera toujours l'objet de la dévote & fine ambition de ceux qui se distinguent parmi eux, 684.

JO

Johnston (Archibald) Greffier des Assemblées des Confédérés à Edimbourg, ensuite de l'Assemblée Ecclésiastique à Glasgow, fait une protestation singuliere, V. 595. est adjoint aux Députés de la confédération, 720.

Joigni (Le Comte de) cadet de la maison de Retz, Général des Galeres, en amene à la flotte du Roi, II. 505. volontaire au secours de l'Isle de Ré, III. 155. Devenu Prêtre de l'Oratoire, il est consulté par la Reine, VI. 699.

Jonsac ou *Jonzac* (Le Comte de) obtient le Gouvernement de Saintonge, Angoumois, &c. IV. 276. Proposition qu'il fait au Duc d'Epernon, de la part du Prince de Condé, V. 646.

JO

Joseph (Le P.) Capucin, tâche d'entrer dans les affaires de la Cour & du monde, II. 109. est envoyé à Angoulême, vers la Reine-Mere, 118. Caractere de ce Moine, Confesseur & principal Confident du Cardinal de Richelieu, 629. 630. Il est envoyé au Nonce pour l'amuser, &c. 691. Ses remontrances ne peuvent arrêter le Légat Barberin, 736. Le P. *Joseph* est détaché sous main par le Cardinal, pour tendre des pieges à Ornano, III. 37. 39. feint de vouloir négocier son élargissement, 44. Projet qu'il se mit en tête pour prendre la Rochelle, 160. Il s'intéresse pour le Duc de Mantoue, avec qui il avoit eu d'étroites liaisons en France, 217. tâche d'acquérir Pontis au service du Cardinal, 240. 241. Compliment qu'il fait au Duc de Mantoue de la part de ce Ministre, 327. Il est nommé malignement dans un Manifeste du Duc de Savoye, 434. est envoyé à Ratisbone. Traits ajoutés au portrait de ce Moine, contraires à l'idée qu'en veut donner l'Auteur de sa vie, &c. 493. & *suiv.* Il fomente les mécontentements contre l'Empereur, &c. 498. S'il eut tout l'honneur de l'intrigue de la déposition de Valstein, &c. 500. 501. Ses négociations sur l'affaire de Mantoue : Traité qu'il conclut, & qu'on l'oblige de signer. Il est désavoué, & maltraité en apparence : comment il supporta cette disgrace, suivant son Historien. Il est bientôt rappellé, & remis dans la plus intime confidence du Cardinal, 504. & *suiv.* Soupçon qu'il avoit tâché de détourner par sa dissimulation ordinaire, 581. On prétend qu'il s'étoit beaucoup intrigué avec les Princes Protestants, 585. Il est consulté par Richelieu sur les moyens de se délivrer de l'embarras que la Reine-Mere lui causoit, &c. 597. se charge, comme Casuiste, de prévenir les scrupules du Roi sur l'éloignement de sa mere, 598. 601. Il méditoit plus sur Machiavel que sur les Epîtres de S. Paul, &c. 637. Misérable piece, de sa façon, 639. Ouvrage qu'il publie sous un nom supposé: trait notable qu'on en releve, 663.

Joseph (Le P.) fausse idée qu'il s'étoit formé sur le Roi de Suede, &c. IV. 51. 52. 70. Instructions qu'il est chargé de dresser, 216. 227. Forfanterie de ce Moine pour les intérêts de la Religion Romaine, 128. Il dresse des instructions pour négocier avec Valstein, 270. 271. approuve le ressentiment du Roi contre le Duc de Lorraine, 287. prend part à une perfidie de Richelieu, 365. est destiné pour lui succéder, en cas de mort. Entretien de *Joseph* avec l'envoyé du Grand Duc de Toscane, où l'on découvre les sentiments de ce maître fourbe, 408. 409. Sa scélératesse égale à celle du Cardinal, & de Chanteloube, 411. *Joseph* s'occupe de spéculations politiques, plûtôt que de sa regle, ou de l'Evangile, &c. 514. va *incognito* à Loudun, y marque à ses Confreres les ressorts qu'il falloit remuer contre Grandier, 560. presse Gondi d'aller à Bruxelles, pour proposer à la Reine-Mere de se retirer à Florence. Expressions du fourbe *Joseph*, 577. 578. Il dresse une instruction pour le Comte d'Avaux, 605. est consulté par le Cardinal après la défaite des Suédois à Norlingue, 654. Projet chimérique qu'ils forment ensemble de gagner le Duc de Baviere, &c. 656. Intrigues où le P. *Joseph* est employé, 663. 669. 670. Il est un des plus affligés de la perte de Philipsbourg, 686. confere avec Grotius Ambassadeur de Suede, 694.

Joseph (Le P.) écrit des nouvelles qui ne sont pas exactes, V. 11. mande au Cardinal de la Valette, de la part de Richelieu, de n'insister pas trop sur les prétentions des Cardinaux avec le Duc de Weymar, 21. Maniere curieuse dont il parle à ce Prélat, sur un exploit dont il lui attribue mal-à-propos toute la gloire. Espérances du Capucin trompées, 24. Il applaudit de tout son cœur aux fausses démarches de la Valette, 26. croit en savoir plus que les Maréchaux de France, 38. Extrait d'une de ses Lettres, 48. Il donne des louanges à la Valette sur sa retraite, 52. Projets & raisonnemens du P. *Joseph*, &c. 53. Il est piqué au vif d'une repartie de Gassion, &c. 59. 60. Nouveau chagrin que lui donne une raillerie de cet Officier, dont il se venge secretement, 61. 62. Extrait d'une de ses Lettres, 63. 64. Il est nommé au Cardinalat : le Pape ne veut pas recevoir cette nomination. Extrême impatience du Moine de devenir Cardinal, Instances pressantes du Roi pour lui obtenir cette dignité, 71. & *suiv.* Il se récrie sur un mince exploit de la Valette, 75. lui fait des compliments plus courts & moins outrés qu'à l'ordinaire, 76. Grand ridicule que le Duc de Weymar donne à ce Moine impertinent, 82. Ce que le P. *Joseph* fait insinuer au Pape, pour le fléchir. Il tâche d'engager Louis à faire la paix malgré Richelieu,

J O

Richelieu. Circonftance qui rend plaufible le fentiment de ceux qui prétendent qu'il devint fufpect à ce Miniftre, 92. 93. Applaudiffements que le Capucin donne au Cardinal de la Valette, 159. 160. Extrait d'une de fes Lettres, 166. Le fin *Joseph* le fut moins que deux jeunes Princes, 170. Circonftances remarquables, rapportées par l'Auteur de fa vie, 192. 193. Lettre du Capucin à la Valette, 194. Il fe mêle de donner des avis à celui qu'il regardoit comme le plus grand Capitaine du temps, 196. 197. Confiance qu'il lui témoigne, 199.

Joseph fuit Richelieu en Picardie, V. 215. défapprouve la méthode employée pour reprendre Corbie, 220. Ce qu'il écrit fur la retraite de MONSIEUR & du Comte de Soiffons, 234. Extrait d'une de fes Lettres, 333. Il peut avoir excité fous main la Demoifelle de la Fayette, fa parente, à parler contre le Cardinal, 354. 355. On propofe, dit-on, à *Joseph* le pofte de premier Miniftre, &c. 366. 367. Confeils qu'il donne au Cardinal de la Valette, 401. Il tâche de le confoler du chagrin que lui donnoient des bruits populaires, 402. Ses proteftations ne peuvent raffurer le Prélat, 406. Deffein que *Joseph* s'étoit mis dans la tête. Pourquoi il n'aimoit pas le Duc de Candale, 418. 419. Il croit infaillible une entreprife fur Cambrai, fait donner le Roi là-dedans, &c. 422. 423. Ce projet échoue: le Capucin s'en prend à la Valette: ne trouve pas des Généraux affez dociles pour exécuter fes projets, 424. 425. Occafion qu'il a de fléchir la rigueur du Pape à fon égard, 465. 466. Il s'érige en Inquifiteur Général en France, pour fe venger des gens qu'il n'aimoit pas, 466. 467. prône la vifion d'une fille du Calvaire, & fait le béat, quoique peut-être il ne crût pas trop en Dieu, 509. Dévoré d'une profonde ambition fous fon froc, comment il efpere d'obtenir le chapeau rouge, 538. Acte fuperftitieux qu'il infpire au Roi, 547. Une premiere attaque d'apoplexie fait fentir à *Joseph* la vanité de fes grandes efpérances de fortune: une feconde attaque l'enleve. Ce qu'en écrit Grotius, 608. 609. Rôle comique qu'il avoit joué dans un ouvrage de commande pour le Roi. Principales maximes de ce Traité de politique, 610.

Joyeufe (Le Duc de) favori & beau-frere d'Henri III. Roi de France, IV. 11.

Joyeufe (Le Cardinal de) prétend d'avoir place

J U

au Confeil de Régence, I. 19. Alarmé du retour de Condé, 27. Il eft d'avis de négocier la réunion des deux partis, 28. Il facre le Roi, 36. Ses plaintes contre Soiffons, 48. Il s'en va à Rome, 58. prétexte de fon voyage. Inftruction que la Régente lui donne, 59. 60. Son avis fur la maniere de diffiper le parti du Prince de Condé, 227. Voy. 242. 243. Il préfide au Clergé à l'ouverture des Etats Généraux, 298. Retiré pour indifpofition, pourquoi on le fait revenir, 325. Ce qu'il fait accroire à la Reine, 349. Il meurt. Sa fortune & fa conduite, 448. 449.

Jubilé d'Urbain VIII. pour la paix, qui en recule la négociation, au lieu de l'avancer, V. 96. 97.

Juifs cachés en Portugal fous le titre de *nouveaux Chrétiens*, fort nombreux, & répandus dans tous les ordres de l'état: ils fe flatent en vain d'obtenir du nouveau Roi, Dom Jean IV. l'abolition du Tribunal de l'Inquifition. Plufieurs d'entre eux donnent dans un complot formé contre ce Prince, VI. 380. 382.

Julien, Empereur, fe rend ridicule par un ouvrage qu'il écrit, I. 39.

Julien de Veleazar, Avanturier, reconnu pour fils naturel par le Comte-Duc d'Olivarez, prend le nom d'Enriquez de Guzman, &c. VI. 486.

Juliers furpris par l'Archiduc Léopold, I. 8. Affiégé & pris par le Prince d'Orange, &c. I. 35. Les Etats Généraux s'en affurent, avec le confentement de l'Electeur de Brandebourg, 263. Cette place eft affiégée & prife par Spinola, II. 389. 390.

Juftel, Secrétaire du Duc de Bouillon, eft dépêché à la Cour de France. Lettre & inftruction dont le Roi le charge pour la Douairiere de Bouillon à Sedan, &c. V. 259.

Juftiniani, Provéditeur, commande un camp volant des Vénitiens, III. 401.

Juxon (Guillaume) Evêque de Londres, eft nommé Grand Tréforier d'Angleterre, à la follicitation de Laud, &c. IV. 307.

K E

KELLYSON (Matthieu) Profeffeur en Théologie dans l'Univerfité de Rheims, &c. IV. 308. Recteur du College des Anglois à Douay, publie un Livre qui eft attaqué par deux Jéfuites, 309.

K E. K H. K I. K N. K O. K R

Kempen : bataille près de ce lieu, gagnée par le Comte de Guébriant, VI. 454. & *suiv.*

Khevenhuller Comte de Franchembourg, Ambassadeur de l'Empereur, & Plénipotentiaire de Ferdinand Roi de Bohême à Madrid, I. 719. 720. 727. 729.

Kimbolton (Le Lord) un des Chefs des Puritains, VI. 285. signe une protestation, 523. Chefs d'accusation contre lui & contre cinq Gentilshommes des Communes, de la part du Roi. Suites de cette affaire, 524. & *suiv.* Il est ramené en triomphe au Parlement, avec les autres accusés, 534. Arrêt qu'il prononce, comme Orateur de la Chambre-Haute, 566.

King, Officier Ecossois au service de Christine, joint un petit corps de troupes qu'il commande à celles du Prince Palatin. Ils sont défaits, &c. V. 598. 599.

Kingstown sur Hull : Voyez *Hull.*

Kinski (le Comte de) Seigneur de Bohême, réfugié à Dresde, insinue à Feuquieres les dispositions où étoit Valstein, IV. 265. Demandes qu'il fait pour ce Général, comme de lui-même, 267. Il renoue cette négociation ; confere avec Arnaud, &c. 472. & *suiv.* s'emploie avec d'autres, pour assurer l'armée à Valstein son beau-frere, 474. & *suiv.* écrit à Feuquieres, 479. 480. *Kinski* est assassiné de la maniere du monde la plus perfide, 483. 484.

Knot (Edouard) Jésuite Anglois, répond à un Livre de Kellyson. Cette réponse est condamnée en France, IV. 309. & *suiv.*

Knut ou *Knuyt* (Jean) un des Ambassadeurs des Etats Généraux des Provinces-Unies à Paris, pour un traité de Ligue offensive & défensive, IV. 698. Il est envoyé à la Cour de France, pour obtenir à Marie de Médicis, la permission de retourner en France, ou de vivre en Hollande : agit avec circonspection. On le soupçonne de recevoir des gratifications de cette Cour, &c. V. 567.

Konigsmark Officier Suédois, VI. 99. 202. 203. se signale au combat de Wolfembutel, 354. 355.

Kouthasse, Colonel Allemand, fournit, par son exemple, aux François un moyen hardi de passer le Rhin, V. 750. 753.

Kragge (Laurent) Officier Suédois défend bravement Ratisbone : capitule faute de poudre, IV. 632. 634.

Krembsmunster (L'Abbé de) Commissaire de l'Empereur, pour négocier avec Leon Brulart & le P. Joseph, III. 504.

Kutner, Ministre du Duc de Baviere à la Cour de France, IV. 13. 38.

L A

LACHAU Archevêque de Tours, & premier Aûmônier du Roi, fait une remontrance flateuse à S. M. sur ce qu'il s'exposoit trop, II. 467.

Lacour, Ambassadeur de France auprès de la Duchesse de Savoye, traverse sa négociation avec ses beaux freres, VI. 24. 35. Mémoire qu'il envoie au Cardinal, 87.

Lactance (Le P.) Récollet fougueux : jusqu'où il pousse sa fureur contre Grandier, IV. 569.

Ladislas, Prince de Pologne, est élu Czar de Moscovie, I. 168. Il marche au-devant des Turcs, II. 379. empêche leurs progrès, détruit leur armée, en se bien retranchant, 380. 381. forme son intrigue pour se faire élire Roi de Pologne. Son indifférence pour le Papisme. Comment il trompoit les Ecclésiastiques, IV. 90. Il prend le titre & les armes de Suede, après la mort de son pere, contre l'avis du Sénat de Pologne : est proclamé Roi de Pologne. A quels titres il méritoit de l'emporter sur ses concurrents, 91. 92. Il envoie un Ambassadeur en Allemagne pour offrir sa médiation, &c. 261. parallele de sa conduite avec celle de Louis XIII. 539. Evenemens divers de la guerre que *Ladislas* soutint contre les Moscovites. Il la termine glorieusement, 541. & *suiv.* Envoie à Amurat un Ambassadeur, qui est mal reçu. Sa réponse à une Lettre du Sultan, 544. & *suiv.* Il va au-devant de lui avec une nombreuse armée, & l'oblige à faire la paix, 548. Propositions qu'on fait à *Ladislas* de la part du Roi de France, 607. 608. *Ladislas* fomente la jalousie des Allemans contre les Suédois, 614. signe une longue treve avec Christine, après bien des difficultés, &c. 811. 812. envoie un Ambassadeur en France, pour demander la liberté de son frere. *Ladislas* ne paroît pas à Louis une caution suffisante, VI. 43.

Ladron (Dom Alonzo) Mestre de camp Espagnol, est fait prisonnier à la bataille d'Avein, IV. 729.

Laffemas, un des Commissaires du Maréchal de Marillac, récusé par ce Seigneur, IV. 102.

LA

103. 104. Expéditions de ce Juge inique, 222.

Laifné, Conseiller au Parlement de Paris, parle fortement contre une Déclaration du Roi : est suspendu de l'exercice de sa charge, & relégué : rappellé peu de temps après, III. 630. 634. 635. Il parle hardiment contre le premier Président : est conduit au Château d'Angers, d'où il est rappellé quelques mois après, V. 66. est encore relégué, VI. 22.

Laleu (Le Rebours de) Ecuyer de Marie de Médicis, est dépêché à Paris par S. M. Instruction qu'on lui donne, IV. 454. & *suiv*. Audience que le Roi lui donne dans son Conseil, 457. Scene qu'il a dans Ruel. Réponse qu'il est chargé de rapporter à sa maîtresse, 458. 459.

Lamb (Le Docteur) un des confidents de Buckingam, est assassiné par la populace mutinée, III. 194.

Lambert, Maréchal de camp sous le Prince de Condé, au siege de Dole, V. 155. sert au blocus de Corbie, 220. est fait Gouverneur de La Capelle, 418. obtient le gouvernement de Metz, VI. 83.

Lamboi, Officier de l'Empereur, arrive au secours de Dole, V. 163. Expédition où il se trouve, 521. *Lamboi* Officier du Roi d'Espagne, & Goetz attaquent les lignes du Duc de Weymar devant Brisac, & sont repoussés, 603. & *suiv*. Le Baron de *Lamboi*, Général des troupes Impériales, va harceler les François qui assiégeoient Arras. Avantage remporté sur lui, grand selon quelques-uns, mince selon d'autres. Il joint le Cardinal Infant, VI. 55, 56. insiste sur l'attaque des lignes des assiégeants, 57. 73. conduit un corps de troupes promis par l'Empereur au Comte de Soissons, 228. On le prie d'approcher de Sedan : il a une conférence avec le Duc de Bouillon : passe la Meuse, 303. 304. 306. se trouve à la bataille de Sedan, 319. 320. 322. 323. Il donne de l'Altesse au Duc de Bouillon, en lui écrivant, 328. est battu & fait prisonnier près de Kempen par le Comte de Guébriant, 455.

Lamego (L'Evêque de) Voyez *Portugal* (Dom Miguel de)

Lamoignon obtient un mortier d'une maniere peu honnête. Comment les gens de cette Maison sont parvenus, IV. 7. 275.

Lande envoyé aux Grisons par l'Ambassadeur de France, II. 667. La *Lande* Commissaire du Roi chez les Grisons, V. 3.

LA

Landel va donner avis au Duc de Mantoue de la résolution de Louis XIII. en sa faveur, III. 288.

Lando Ambassadeur de Venise à Londres, &c. II. 320.

Landreci assiégé & pris par le Cardinal de la Valette : mince conquête, V. 400. & *suiv*.

Lane, Avocat Anglois, se charge de la défense du Comte de Strafford, malgré les menaces des ennemis de ce Seigneur, & s'acquite bien de cette commission, VI. 280.

Lanerick (Le Comte de) frere du Marquis d'Hamilton, & Secrétaire d'Etat pour l'Ecosse, VI. 130. 133.

Langallerie, maltraité par Louis XIV. lui a fait sentir la faute qu'il avoit faite, V. 569.

Langerack (Boetsellaer Baron de) Ambassadeur des Etats Généraux en France, &c. I. 478.

Langlade Historien, ou Panégyriste du Duc de Bouillon : erreur où il est tombé, IV. 552. Détails qu'il donne sur le changement de Religion de son Héros, 555. & *suiv*. & sur son entrée à la Cour de France. Portrait qu'il trace de Richelieu, 557. 558. Projet étrange qu'il lui attribue, V. 235. Extraits de cet Auteur, 237. VI. 217. 224. 226. 227. 304. & *suiv*. 321. 323. 325. 328. 332. 339. 340. 342. 343. Il soutient que son Héros désaprouva le projet de traiter avec l'Espagne : preuves qui détruisent sa prétention, 442. 443. 448. & *suiv*. 454. Extraits curieux de son ouvrage imprimé avec privilege, 444. & *suiv*. 460. 473. 474. Roman de cet Auteur, réfuté, 585. & *suiv*. Son récit de la maniere dont le Duc de Bouillon fut arrêté, 590. & *suiv*. Extraits de son ouvrage, 619. 629. Fausseté d'un récit qu'il fait, 625. 626.

Langrish, Capitaine Anglois, donne avis à la Chambre des Communes d'une visite que le Roi se disposoit à y faire, VI. 527.

Languedoc : suppression des Etats de cette Province. Réponse généreuse d'un Gentilhomme qui y étoit député, III. 373. 374. Le Duc de Montmorenci en presse le rétablissement, &c. IV. 111. 112. Assemblée de ces Etats, 114. 115. 118. Ils s'unissent à ce Seigneur, 120. Etats de *Languedoc* à Beziers, où le Roi assista, 168.

Lanier. Voyez *Lasnier*.

Lanoi (Le Comte de) est fait Chevalier de l'Ordre du S. Esprit, IV. 276.

Lanoi dit des choses qui irritent Marie de Mé-

Rrrrr ij

LA

dicis, IV. 501. est prêt à seconder Puylaurens dans un duel, 503.

Lanti (Le Cardinal) Doyen du Sacré College, VI. 516.

Lanz (Le Marquis de) Gouverneur de la Savoye, I. 577. envoyé vers Louis XIII. 705.

Laque (La) se signale dans une expédition, IV. 733.

Lasnier, Ambassadeur ordinaire de France auprès des Grisons, & Intendant de l'armée du Duc de Rohan, condamne Clauzel à la mort, IV. 772. 773. Sa conduite imprudente & violente contribue à soulever les Grisons, V. 303. 304. & *suiv.* 308.

Lasseré, Secrétaire des commandemens de Madame, laissé à Bruxelles auprès de cette Princesse, IV. 667. 671.

Laval (Le Comte de) frere du Duc de la Tremouille, entre dans le parti de Rohan & de Soubize. II. 716. prêt à s'embarquer avec un bon secours pour l'Isle de Ré, il ne peut passer, 733. Entreprise périlleuse à laquelle il se destine: on rejette ses offres, III. 233. Il s'en retourne en Angleterre avec la flote, 253.

Lavardin, Maréchal de France en récompense de ses services, meurt, I. 378.

Laubardemont Conseiller d'Etat, & créature du Cardinal, est mis à la tête d'un Tribunal érigé contre Grandier: procédés iniques de ce Magistrat, IV. 559. & *suiv.* Il est Rapporteur du procès fait à Cinq-Mars & de Thou, VI. 612. 620.

Laud (Guillaume) Evêque de S. Davids, depuis Archevêque de Cantorberi, compare ridiculement Jacques I. à Salomon, II. 696. se déclare pour la Doctrine des Arminiens. Sentimens qui le rendent agréable à la Cour. Son ambition démesurée. Il travaille à ruiner Williams dans l'esprit de Buckingam, 751. fait, au couronnement du Roi, les fonctions de celui dont il étoit ennemi déclaré, III. 16. répond aux raisons que l'Archevêque de Cantorberi donnoit contre un Sermon sur l'autorité des Rois, 132. Il est nommé dans une remontrance des Communes, comme suspect d'hétérodoxie. Justice qu'on doit lui rendre. Il est fait Evêque de Londres, 185. 196. menace de la question l'assassin du Duc de Buckingam, 228. Grand crédit de *Laud* à la Cour, 294. Pourquoi on se prévient contre lui dans la Chambre des Communes: titre qu'on lui donne plaisamment, 298. 299.

LA

Il est mal intentionné pour les Réformés de France, 305.

Laud (Guillaume) Evêque de Londres, entêté de cérémonies, quoique bon Protestant, consacre une Eglise avec grande pompe, &c. IV. 290. 291. Projet qu'il inspire à Charles I. qu'il accompagne à son voyage en Ecosse, avec un train fastueux, 293. 294. Imprudence de ce Prélat brouillon & violent: preuve qu'il en donne à la cérémonie du couronnement du Roi, 296. 297. Bonnes raisons que ses préjugés l'empêchent de goûter, 298. 299. Il est fait Archevêque de Cantorberi. Ses bonnes & ses mauvaises qualités. Ce qu'il y a de triste & de bizarre dans sa vie. On ne peut douter qu'il ne fût ambitieux, vindicatif & imprudent, 300. & *suiv.* Il s'applique à faire des innovations dans les Eglises d'Ecosse & d'Angleterre. Contestation qu'il a avec l'Evêque de Lincoln à ce sujet, 303. & *suiv.* *Laud* moins estimable que son Antagoniste. Journal qu'il a fait de sa vie, plein de puérilités & de superstitions. Suite des nouveautés qu'il entreprend d'établir, dont le peuple est choqué, &c. 306. & *suiv.*

Laud (Guillaume) Archevêque de Cantorberi, est décrié comme fauteur secret du Papisme: assiste à un arrêt sévere contre quelques Ecrivains de Libelles. Incapable de souffrir la moindre chose qui se disoit contre lui, il se donne un ridicule dans le monde. Bizarrerie de sa conduite, V. 448. 449. Il ne pense qu'à perdre l'Evêque de Lincoln, à qui il étoit redevable du commencement de sa fortune; le décrie; lui tend des pieges: fait mine de vouloir le servir, pour sauver les apparences; &c. 449. 450. est un de ses Juges, & fait une longue & maligne harangue contre lui, 451. Son autorité sur les affaires d'Ecosse, 459. Projet concerté avec lui, 587. Piece où l'on marque nettement le mauvais effet des conseils qu'il avoit donnés au Roi, 588. 589. Il porte S. M. à la guerre contre les Confédérés, 704. écrit une Lettre circulaire aux Evêques & au Clergé, pour les convier à secourir ce Prince dans cette expédition, 707. Chagrin des Seigneurs Anglois contre *Laud*. Sa puissance auprès de Charles fort grande, 717.

Laud Archevêque de Cantorberi. Libelles publiés, & soulevement de la populace de Londres contre ce Prélat. Il pourvoit à sa sûreté: fait une démarche qui auroit été condamnée, même dans un temps plus favorable, VI. 127. 128. Il ne voyoit pas l'ufage que les Papiftes vouloient faire de fes innovations, 255. Plaintes ameres contre ce Prélat dans la Chambre des Communes. Quoiqu'elles fuffent fouvent outrées, il n'eft pas pour cela difculpé, &c. 257. 258. Préfages de fa difgrace prochaine. Imprudence de ce Prélat & de fes Partifans, 266. *& fuiv.* Mémoire des Commiffaires d'Ecoffe contre *Laud.* S'il faut les en croire. Invective atroce contre ce Prélat dans la Chambre Baffe. Elle l'accufe du crime de leze-majefté. On s'affure de fa perfonne. Permiffion qu'il obtient : Chefs de l'accufation intentée contre lui, &c. Il eft enfermé étroitement dans la Tour de Londres, 273. Ce qu'il répond à un Meffage du Comte de Strafford. Comment il reçoit les derniers adieux de ce Seigneur, 294. 295.

Lauderdale (Le Comte de) va au-devant du Grand Commiffaire du Roi en Ecoffe, V. 581.

Laudron (Le Comte de) eft fait prifonnier à la bataille de Kempen, VI. 455.

Laverne Gouverneur de Dole, fommé de rendre la place au Prince de Condé, lui fait une réponfe gaillarde, V. 155.

Launai, Lieutenant des Gardes, chargé de garder le Duc de Montmorenci, IV. 195. 199.

Launai, femme de Chambre de la Reine-Mere, obtient la permiffion de venir à Paris : en eft bientôt congédiée, IV. 406. 407.

Launoi (Nicolas de) favant Théologien de la Faculté de Paris, Auteur du *Traité de la puiffance des Rois fur ce qui concerne le mariage*, fe démêle cavalierement des décifions du Concile de Trente, IV. 750. 751. V. 468.

Laurenzana (Le Duc de) Volontaire Efpagnol dans un combat naval contre les François, VI. 373.

Lauriere fe fignale au combat de Caftelnaudari, IV. 155. 157.

Lauzon, Intendant en Guienne, y éclaircit une affaire à l'avantage du Duc de la Valette, VI. 314.

Lauzun (Le Comte de) pourquoi il refufa la qualité de Duc & Pair qu'on lui offroit, II. 201.

Lawembourg (Le Duc de Saxe) Voyez *François Albert*, *François-Charles*. IV. 17. fauve la vie au Comte de Tilli, 24.

Lecques (Le Marquis de) Commandant de l'armée Françoife dans la Valteline, fait difficulté d'obéir aux ordres que le Duc de Rohan lui envoie, d'en remettre les Forts aux Grifons, &c. Propofition qu'il fait au Duc de Rohan, V. 313. 314. Il eft chargé de fervir fous lui en qualité de Maréchal de camp, 315. publie une réfutation de fon apologie, 469. 470.

Ledenberg, Secrétaire des Etats d'Utrecht, zélé pour le parti Remontrant, II. 55. eft dépofé, mis en prifon, & fe tue lui-même, 56. 96.

Leffler eft envoyé à Paris de la part des Confédérés, IV. 653. Traité que lui & fon Collegue concluent à Paris. Ils commettent une grande faute, 657. *& fuiv.* 694.

Leg (Le Capitaine) à qui Charles I. avoit confié la garde des magazins d'Hull, VI. 555.

Léganez (Dom Diego de Guzman, Marquis de) Gendre d'Ambroife Spinola, III. 170. 548. commande l'armée fous le Cardinal Infant, IV. 633. Jacques Philippe de Guzman, Marquis de *Léganez*, Gouverneur de Milan, envoie des Troupes fur les Terres du Duc de Parme, qui font mifes en déroute : entre dans le Plaifantin, y prend une place confidérable. Mouvement qui l'oblige d'en fortir. Il remporte un avantage fur le Maréchal de Crequi, &c. V. 130. *& fuiv.* 133. Ses forces inférieures à celles des Confédérés, 136. Il les fépare en trois corps, 137. les réunit pour empêcher les ennemis de pénétrer dans fon gouvernement, 143. Mefures qu'il prend. On crie contre lui. Perplexité où il fe trouve. Il attaque le Maréchal de Crequi fur les bords du Tefin. Divers récits de cette affaire, 144. *& fuiv.* *Léganez* envoie une armée dans les Etats du Duc de Parme : proteftation qu'il fait là-deffus, 300. Il envoie du fecours en Sardaigne, 324. fe flate d'emporter tout le Montferrat, à la tête d'une belle armée : à quoi fe terminent fes conquêtes, 377. Ce qu'il concerte avec le Comte de Monterey, pour repouffer les François au delà des monts. *Léganez* affiege & prend le Fort de Brême, 490. 491. tâche d'amufer la Ducheffe de Savoye, 492. fait une irruption dans le Piémont, précédée d'un manifefte : prend Verceil : tombe malade, 496. *& fuiv.* Manifefte qu'il avoit préparé fur les affaires de la Maifon de Mantoue, 503. Il tient un Confeil de guerre avec les Princes Maurice & Thomas de Savoye : contefte avec eux pour favoir à qui demeureront les conquêtes à faire dans le Piémont. Comment cela eft réglé,

Rrrrr iij

632. 633. Progrès qu'il fait dans ce pays avec le Prince Thomas, 634. 635. 641. Ils entrent dans Turin, 642. *Léganez*, victorieux de tous côtés, consent à une treve de deux mois : ce qui l'y détermine, 543. Il est défait au combat de la Rotta par le Comte d'Harcourt : Ce qu'il envoie dire au Général François, 736.

Le Marquis de *Léganez* fait de belles promesses qu'il ne peut tenir, VI. 22. Il investit Cazal. Pourquoi il aime mieux attaquer cette place que la Citadelle de Turin. Ce qu'il écrit au Sénat de Venise pour sauver les apparences. Autre artifice grossier dont il use, 26. 27. Prévention qui cause sa négligence. Quel étoit son projet. Il compte en vain sur les Habitants de la Ville, 27. Ce qu'il dit quand on lui rapporte les plaintes des Vénitiens sur son entreprise. Il tourne en raillerie les instances du Ministre du Pape. Sa réponse aux remontrances de quelques Officiers de son armée, 28. 29. *Léganez* rejette avec hauteur la proposition d'une suspension d'armes : se prépare à défendre ses retranchements : demeure ferme dans le pire des trois partis qu'il avoit à prendre, 32. remplit les devoirs de Soldat & de Général en même-temps. Ses efforts sont vains ; & son armée est défaite, 33. 34. Il s'avance au secours de Turin assiégé : guéri de l'aveugle confiance qu'il témoignoit au commencement de la campagne, il temporise, & trouve le moyen de couper les vivres aux assiégeants, 38. 39. Mésintelligence où il vit avec le Prince Thomas, 40. Dans la crainte qu'il n'abandonne le parti Espagnol, *Léganez* résout, de concert avec S. A. d'attaquer les retranchements de l'ennemi : agit vigoureusement dans cette entreprise, qui ne réussit pas, 41. 42. Mécontents l'un de l'autre, Thomas & *Léganez* se font de grands reproches : celui-ci reprend son premier poste, &c. 42. 43. Le Gouverneur de Milan concerte avec ce Prince une nouvelle attaque des lignes des Assiégeants : arrive trop tard, & s'en retourne sans rien entreprendre, 86. On lui ôte son Gouvernement, 89. Il se prépare à marcher au secours de Tarragone assiégée, 369. 371. Mauvais conseil qu'il donne au Comte-Duc, 469. 470. Il est appuyé de ce Ministre, qui lui permet de piller impunément, 485. Ordre qu'il reçoit, 491. Projet dont l'exécution lui est confiée. Il répond mal aux bonnes espérances que son Patron avoit données de lui, 632. Sa passion contre Torrecuse. *Léganez* combat les François : écrit faussement à la Cour qu'il les a battus : est disgracié, &c. 634. 635. Equivoque dont il avoit usé envers un Officier François, 637.

Leide (Le Baron de) dépêché à Nanci par l'Archiduchesse Isabelle, IV. 47. défend Mastricht assiégé, 142. 143.

Leide, Ville de Hollande, refuse le Synode National, &c. I. 750. exécute une Ordonnance des Etats Généraux avec beaucoup de modération, II. 57. fait des remontrances au Prince d'Orange en faveur de son Pensionnaire, 59.

Leipsick : bataille près de cette Ville, gagnée par Gustave, IV. 23. 24. endroit plus d'une fois fatal à la Maison d'Autriche : victoire que Torstenson y gagne contre les Impériaux. Il prend cette Ville, VI. 639. & *suiv.*

Lemos, riche bourgeois de Lisbone : part qu'il eut à la révolution de Portugal, selon l'Abbé de Vertot, VI. 160. 161.

Lemos (Le Comte de) est maltraité par le Comte-Duc, VI. 485.

Lencrau, Président au Parlement de Paris, récusé par la Reine-Mere, III. 655. 658.

Lenoncourt (Le Marquis de) Gentilhomme Lorrain, est chargé de faire part au Roi de France du mariage du Duc François de Lorraine avec la Princesse Claude, &c. IV. 438. 439. Il défend S. Mihel avec trop d'opiniâtreté : capitule d'une maniere imprudente : est envoyé à la Bastille, V. 46. Expéditions où il se trouve, VI. 72. 344. 478. 480.

Lenthal (Guillaume) Avocat d'un mérite médiocre, est choisi pour Orateur de la Chambre des Communes, VI. 257.

Léopold d'Autriche, Evêque de Strasbourg & de Passau, passe secretement dans Juliers : commission dont il étoit chargé, I. 8. Il reçoit divers échecs, &c. 35. se met en tête de se faire Roi de Bohême, y fait une Invasion, &c. 55. 56. Il se retire aux approches de Mathias, conclut un accord avec lui, 57. Soin dont il se charge pour son frere Ferdinand, II. 135. Réponse qu'il fit à une proposition des Ambassadeurs de France, 224. Il est obligé de lever le siege de Haguenau qu'il avoit formé, 434. 435. s'empare d'une vallée de la dépendance des Grisons, &c. 438. Ses gens attaquent ceux de ce peuple qui avoient pris les armes, entrent dans Coi-

LE

re. Desseins de *Léopold*, qu'il est obligé d'abandonner, 439. 440. Il les reprend. Ses progrès chez les Grisons, 523. Il va à Rome gagner les Indulgences de l'année Sainte : ce qu'il négocie avec le Pape, 770. *Leopold* d'Autriche quitte ses bénéfices, & se marie, III. 122. Comment le Chancelier d'Alsace, son Envoyé chez les Suisses, est puni de sa hauteur, 422. & *suiv.* Il aspire à la Couronne de Pologne, IV. 89. Mort de ce Prince, 134.

Leopold-Guillaume d'Autriche, second fils de l'Empereur Ferdinand II. est revêtu des Evêchés de Strasbourg & de Passau. Autres Prélatures que son pere lui destine, III. 122. 128. Il arrive à Prague avec un corps de troupes, 663. s'intéresse pour le Prince Edouard, frere du Duc de Bragance, VI. 192. Avantage que l'Archiduc *Leopold* & Picolomini remportent sur les Suédois, 206. 207 Ils sont battus au combat de Wolfembutel, 353. & *suiv.* & ensuite à Leipsick, 640.

Lerme (Le Duc de) premier Ministre d'Espagne: son peu de capacité, I. 7. Mécontent de la harangue du Philibert de Savoye, formule de satisfaction qu'il exige, 66. Il fait régaler le Duc de Mayenne dans une de ses maisons. Somptuosité de ses meubles, 154. Comment il signe les Actes du mariage de Louis XIII. & de l'Infante, 155. Il haïssoit le Duc de Savoye, & n'aimoit pas la guerre, 192. 238. (par erreur 288) 240. Voyez 379. 381. Sa conduite à l'égard d'Inojosa blâmée, quoique louable, 493. 494. Son caractere & ses paroles contrastent avec les démarches irrégulieres des Espagnols dans les affaires d'Italie, 701. Il négocie pour les terminer, &c. 719. 720. 726.

Lerme (Le Duc de) est fait Cardinal, sans avoir brigué le chapeau. Distinction que le Pape lui accorde, &c. II. 4. & *suiv.* Il est disgracié, & a ordre de se retirer dans une de ses terres, 190. 191. On lui permet de revenir à la Cour : il est un des exécuteurs du Testament de Philippe III. 321 reçoit l'ordre de s'en retourner sur ses pas. On casse un don considérable que ce Prince lui avoit fait, 321. 323.

Lerme (Le Duc de) (par erreur Lorraine) fils du précédent, sert dans le Montferrat, III. 475. est présent à une entrevue de Spinola & de Toiras, 489. Voyez 537. 538. 540. Il

LE

s'entremet des querelles des François à Bruxelles, IV. 504. Traité qu'il signe comme témoin, 505. Galanterie du Duc de *Lerme* à l'égard de Gaston & des Gentilshommes de sa suite, 553.

Lermond, Officier brave & intelligent dans son métier, contribue beaucoup à la conservation de Leucate, V. 344.

Lescot, Docteur de Sorbonne, répond au gré de la Cour sur le mariage de Gaston, IV. 747. nommé à l'Evêché de Chartres, signe comme témoin le Testament du Cardinal, VI. 475. confesse ce Ministre mourant, 655.

Lescun (Paul de) Conseiller au Conseil Souverain de Bearn, & Député des Réformés de ce pays, I. 697. parle avec courage pour la défense de la liberté de cette Province, en présence du Roi, 698. 699. *Lescun* publie une défense des droits du Bearn, II. 19. assiste à l'Assemblée de Loudun, &c. 154. est fait prisonnier, & condamné à la mort par le Parlement de Bourdeaux. Il meurt en Héros Chrétien, 461. 462.

Lesdiguieres, Maréchal de France, chargé de conduire des troupes contre le Milanois, I. 9. Il tient son armée dans le devoir, 16. promet ses bons offices à ceux du Berne & de Geneve : remontrance qu'il fait au Duc de Savoye: presse la Reine de s'opposer à ses desseins, 68. Témoigne du zele pour sa Religion. Ce qu'on peut dire de lui, 72. Ce qui le rend complaisant aux volontés de la Cour, 126. Avis qu'il donne en applaudissant au double mariage, 127. Il persuade le Comte de Soissons d'y consentir, 140. Ne pouvant faire vérifier son brevet de Duc & Pair, il se joint aux Princes contre les Ministres, 143. & leur promet du secours, 145. On lui destine le commandement d'une armée contre le Duc de Savoye, 192. Sollicité par la Reine à l'occasion de la retraite du Prince de Condé, 235. Il exhorte ce Prince à la paix, 236. détourne la Régente de lui faire la guerre, 243. Ses liaisons avec le Duc de Savoye. Ce qu'il demande pour ce Prince. Malgré les ordres de la Reine, il trouve le moyen de lui procurer des Soldats, 271. Pourquoi les Réformés défioient de sa religion, & de sa droiture. Il s'entend avec la Cour, refuse de consentir que leur assemblée soit transférée de Grenoble, 407. n'a aucun égard aux remontrances de Mornai là-dessus, engage les Réformés à demander Grenoble :

assurance qu'il donne à la Reine, 408. Déreglements & crimes de *Lesdiguieres* : son mariage honteux : incestes dans sa famille, 408. *& suiv.* Il ménage les Députés à l'assemblée de Grenoble, &c. pourquoi il refuse d'en être Président, 443. Il tâche de la détourner de la résolution de sortir de Grenoble, 457. 458. Au désespoir de voir ses projets renversés, il use d'abord de violence, change d'avis, retient les Députés de Dauphiné, & laisse partir les autres, 458. 459. Expédient qu'il propose à Du-Plessis-Mornai pour prévenir le mal que les démarches de l'assemblée de Nîmes pouvoient causer aux Réformés, &c. 487. Son crédit auprès du Duc de Savoye, &c. 493.

Lesdiguieres se lie avec les Ducs de Montmorenci & d'Epernon, I. 562. Recherché par les Vénitiens & par Charles-Emmanuel ; ce qui flate son avarice & son ambition, &c. 567. 568. Voyage du Maréchal à Turin, 572. 573. Ce qu'il y négocie en particulier avant son retour, 575. Il envoie des troupes au Duc de Savoye, 576. Gagné par ce Prince, il presse fortement la Cour de le protéger, 588. 589. Il s'engage à secourir S. A. malgré les défenses : artifices de la Cour & des Espagnols pour l'en détourner. Beaux sentiments du Maréchal, mais peu sinceres, 589. *& suiv.* Ses préparatifs pour passer en Piémont, nonobstant les ordres contraires du Roi & les Remontrances du Parlement de Grenoble, 591. 592. Lettre qu'il écrit au Roi en forme d'Apologie, ou de Manifeste. Il marche au secours de Charles-Emmanuel. Avantages remportés depuis son arrivée, 592. *& suiv.* Il repasse les monts. Remerciment que lui fait le Duc, 594. Le Roi lui donne un aveu authentique de ce qu'il avoit fait, 705. Informé des desseins de la Cour, il laisse prendre Verceil, 708. joint le Duc de Savoye ; presse le Gouverneur de Milan de finir : élude les ordres de la Cour ; fait une irruption dans le Milanez ; veut engager le Roi à conquérir ce Duché, 722. *& suiv.* retourne en Dauphiné ; fait une visite au Cardinal Ludovisio ; réponse qu'il fit à un Bref de ce Cardinal devenu Pape, &c. 726.

Lesdiguieres conseille au Roi d'user de douceur dans l'affaire de Bearn, &c. Maxime de ce Courtisan intéressé, II. 17. Il agit pour la conclusion du mariage du Prince de Piémont avec Madame Christine de France, 42.

se donne des soins au sujet d'une assemblée tenue à la Rochelle, &c. 87. Opposition faite en son nom à l'enregistrement du brevet de Duc & Pair obtenu par Luines, &c. 120. *Lesdiguieres* fait mine de n'être pas content. Comment la Cour le gagne. Caractere scélérat de ce Seigneur, 124. 125. Il travaille à l'accommodement de l'affaire de l'Assemblée de Loudun, 177. 178. Vues de ce politique raffiné, dans cette négociation, 179. 180. Il répond à S. M. des bonnes intentions du Duc de Savoye, & lui persuade de ménager ce Prince, 186. approuve le dessein du Duc d'Ossone, de se faire Roi de Naples, & agit à la Cour pour lui, 194. 195. Voyage de *Lesdiguieres* en Piémont à l'occasion de la Valteline, 261. *& suiv.* Pourquoi il se déclara contre l'Assemblée de la Rochelle, 276. 277. Offres & reproches qu'elle lui fit, 284. 285. Il est sourd à toutes les remontrances des Réformés, 286. 287. Lettre du Maréchal à l'Assemblée de la Rochelle. Artifices dont la Cour se sert pour tromper son ambition, 287. 288. Intrigues pour l'engager à se désister de ses prétentions à la dignité de Connétable, 289. 290. Il les cede à Luines, & se contente d'être Maréchal Général : va à la Cour, &c. 291. 292. Nom que le P. Arnoux lui donnoit, 288. 292. Efforts qu'il fait pour prévenir la guerre civile, 332. 334. Bassesse ridicule de *Lesdiguieres*. Comment il tâche de se consoler. Il feint en vain de vouloir demeurer Réformé. Complot pour le faire arrêter, &c. 335. 336. Il assiste à l'enregistrement des Lettres de Connétable en faveur de Luines, 337. Hauteur dont il use envers l'Assemblée de la Rochelle, 338. 339. Département qu'elle lui offre, 347. Il sert sous le Connétable contre les Réformés : son exemple en trompe un grand nombre, 349. Il amuse du Plessis-Mornai, 353. 354. Droit qu'il révendique en qualité de Maréchal général, 361. Complot formé pour l'arrêter : il est tenté de se retirer de l'armée : on le détourne de ce dessein, 362. *& suiv.* Il sert au siege de Montauban, donne de bons avis, essuie des désagrements qu'il méritoit bien, 392. 393. 397. 400. 402. Sa collusion avec Monbrun pour exciter des mouvements en Dauphiné, & pour engager la Cour à l'y renvoyer, 405. 406. Négociation dont il est chargé, 427. Remontrance qu'il fait au Roi pour la paix avec les Réformés : s'il avoit en

cela

cela quelque autre vûe que celle du bien public, 428. Il attaque le Duc de Rohan, sans vouloir le ruiner; prend des forts dans le Vivarez. Son véritable dessein, qui lui réussit, &c. 454. Il confere avec ce Seigneur sur les conditions de la paix, 456. 457. troque sa religion pour la dignité de Connétable, 479. *& suiv.* Comédie jouée à Grenoble à cette occasion : éloge particulier que le Roi donne à *Lesdiguieres*. Déreglement de ses mœurs : ses belles qualités : son bonheur constant. On lui apporte le Cordon bleu. Il joint Sa M. dans le Languedoc, &c. 481. 482.

Lesdiguieres a une conférence pour la paix avec le Duc de Rohan. Attentions du Connétable pour le Prince de Condé, II. 506. 507. Conseil où il est appellé : il n'ose s'opposer au torrent qui entraine à la guerre : retourne en Dauphiné : raison de ce départ, 508. 510. Il revient à l'armée avec un renfort : renoue la négociation pour la paix, 515. 518. 520. appuie les remontrances du Duc de Savoye & du Sénat de Venise sur les affaires de la Valteline, 523. régale le Roi à Grenoble. Autres soins qu'il se donne, fort agréables à Sa M. 524. Ce qu'il répond aux plaintes des Rochelois contre le Fort-Louis, 545. Il prend des mesures pour attaquer les Génois, dans une conférence avec le Duc de Savoye, 671. Ils font ensemble une irruption dans l'Etat de Genes : succès de cette entreprise. Mésintelligence entre le Connétable & ce Prince, 699. *& suiv.* 703. Démarches de *Lesdiguieres* pour prévenir une guerre civile en France, 716. Opinion où il fut, que les Génois se donneroient d'eux-mêmes à la France : réponse fiere qu'il leur fait. Embarras où il se trouve. Il est obligé d'abandonner l'Etat de Genes, &c. 744. *& suiv.* médite un coup de désespoir : raisons qui l'en détournent. Il fait une glorieuse retraite : tombe dangereusement malade, &c. 746. 747. reçoit un renfort, fait lever le siege de Verrue, rejette diverses propositions du Duc de Savoye, retourne dans le Dauphiné, &c. 748. Minces expéditions qui l'occupent. Mort du Connétable de *Lesdiguieres*. Ce qu'en dit le Duc de Rohan, III. 12. 13. Bon conseil qu'il avoit donné au Duc de Montmorenci, IV. 129.

Lesdiguieres (La Duchesse de) est exilée, III. 607. Cette Dame, d'une rare beauté & d'un

mérite distingué, reçoit la Duchesse de Savoye à Grenoble, V. 734.

Lesdiguieres (Le Duc de) fils aîné du Maréchal de Crequi, & Lieutenant Général en Dauphiné, V. 733. en obtient le Gouvernement, VI. 473. Clause mise dans ses provisions, 595. Il est du nombre des amis, ou des complaisants de Mazarin & de Chavigni, 670. se trouve au Parlement pour l'enregistrement de la Déclaration sur la Régence, 693. se déclare pour la Meilleraie contre le Duc de Vendôme, 696.

Lesley (ailleurs *Leslé* par erreur) Ecossois, Commandant de la garnison Suédoise dans Stralsund, s'empare de l'Isle de Rugen, III. 516. amene des troupes à Bannier ; commande le corps de bataille â la bataille de Wistock, V. 128. Irrité du mépris qu'on lui témoigne à la Cour de Londres, il forme le projet de faire prendre les armes aux mécontents de son pays, & de se mettre à leur tête. Offres qu'il fait à la Cour de France, 569. 570. Les Confédérés d'Ecosse le choisissent pour leur Général, 710. Il surprend le Château d'Edimbourg, 712. s'avance vers la frontiere d'Angleterre : range si bien son armée, qu'elle paroît nombreuse, &c. 716. 717. Lettre au Roi de France qu'il avoit signée, 722. *Lesley* Chef des Confédérés, &c. VI. 129. fait une irruption en Angleterre, défait un corps de troupes Angloises, & prend Niewcastle, 231. 232. est créé Comte de Leven. A quoi il s'engage envers le Roi, 411.

Leslie, Ecossois, Capitaine des Gardes de Valstein, participe à un noir complot contre ce Général, son bienfaiteur, contre ses beaux-freres, & deux de ses intimes confidents, IV. 483. 484.

Létrange (Le Vicomte de) du parti de Gaston, est fait prisonnier de guerre, condamné à mort, & décapité, IV. 150. 151.

Lettres (Gens de) on ne les méprise pas impunément, II. 642.

Leucate, siege de cette Ville par les Espagnols. Courage & fidélité de son Gouverneur, V. 342. *& suiv.* Bataille devant *Leucate*, où les assiégeants sont défaits, 344. *& suiv.*

Leuville (Le Marquis de) neveu de Châteauneuf, Garde des Sceaux, est mis à la Bastille, & y demeure long-temps, IV. 221. 222.

TABLE DES MATIERES.

LE. LI

Leycester (Le Comte de.) Ambaſſadeur Extraordinaire d'Angleterre à la Cour de France, propoſe à Louis un accommodement : s'abſtient de voir Richelieu, & ne va pas chez le P. Joſeph, V. 270. 271. ſigne un traité de ligue avec la France, 447. eſt rappellé, 619. retourne à Paris : y réclame l'Electeur Palatin arrêté, 702. 703. agrée une propoſition de Grotius, en fait part au Roi ſon maître, VI. 45. Ce qu'il déclare à l'Ambaſſadeur de Suede, 47. Il eſt fait Viceroi d'Irlande, 399. 413. 415.

Leze-Majeſté, crime étendu ſous un gouvernement tyrannique, IV. 7.

Liancourt (Le Marquis de) eſt envoyé à Sedan, pour négocier avec le Comte de Soiſſons, &c. V. 257. *& ſuiv.* Sa liaiſon avec Mazarin & Chavigni, VI. 670. Il le ſert auprès de la Reine, avec ſon épouſe, 698. Le Marquis de *Liancourt* voit que les Rois ne ſont pas plus exempts que les autres des miſeres de la vie, 701.

Libelles : moyen de les faire tomber, I. 422. *Libelles* où Louis XIII. & ſes Miniſtres ſont étrangement décriés : bruit que leur cenſure occaſionne, II. 795. *& ſuiv.*

Liberté. Les principes de *liberté* répandus dans cet ouvrage ſont de tous les ſiecles, & de toutes les nations de l'Europe, IV. 494.

Libertés de l'Egliſe Gallicane, ce que c'eſt ſuivant le Parlement de Paris, & ſelon quelques Théologiens, IV. 318. Recueil des preuves de ces *Libertés*, condamné par un Arrêt du Conſeil, & par quelques Evêques. L'ouvrage n'en eſt que mieux vendu & plus eſtimé, V. 620.

Lichtenſtein (Le Prince de) Gouverneur de Bohême, II. 250. Tribunal ſanglant où il préſide, 307. 308.

Lindſey (Le Comte de) eſt fait Amiral d'une flote pour le ſecours de la Rochelle, III. 228. Il refuſe de tenter le paſſage au milieu de la digue qui fermoit le port de cette place. Manege de cet Amiral, 233. 234. Il ne veut pas permettre que les Réformés François remmenent leurs vaiſſeaux, 243. ſe retire avec ſa flote diminuée, &c. 253. 254. va recevoir le Prince Guillaume de Naſſau à Douvre, VI. 253.

Lindſey Archevêque de Glaſcow en Ecoſſe, paroît au Couronnement du Roi en ſon habit ordinaire. Inſulte que Laud lui fait, IV. 297.

LI. LO

Liege, neutre entre les François & les Eſpagnols : factions des uns & des autres qui l'agitent. Jean de Wert fait mine de vouloir l'aſſiéger. Différends de ſes Habitants avec l'Empereur & avec leur Evêque, accommodés, V. 166. 167.

Lingendes eſt dépêché en Eſpagne, avec de nouveaux ordres pour du Fargis, III. 6. 7. 11. eſt envoyé à Madrid par Gaſton, 214.

Lionne, dans la ſuite Secrétaire d'Etat, eſt dépêché à Parme & à Rome, VI. 392. Ce qu'il inſinue aux Barberins, 502. Remontrance inutile qu'il fait au Duc de Parme, pour le détourner d'un projet qui paroiſſoit téméraire. Ce qu'il va repréſenter à Thadée & à François Barberin, 509. 510. Parole qu'il porte de leur part à Farneſe, 512. Il entame une négociation avec le Cardinal Spada, laquelle ſe rompt tout d'un coup. Rien de plus embrouillé que l'intrigue de cette négociation, 513. 514.

Liſieres, Gentilhomme ordinaire du Duc d'Orléans, eſt envoyé à Sedan, V. 256.

Littleton (Le Chevalier Edouard) parle pour le Roi, contre le Chevalier Hampden, V. 105. eſt fait Garde du Grand Sceau, VI. 277. communique à la Chambre des Seigneurs une proteſtation des Evêques, 428. prévoit la guerre civile : ſauve le Grand Sceau dont Pym & ſa faction vouloient s'emparer : va exercer ſa charge auprès du Roi, 551.

Liturgie réglée : l'uſage en eſt bon & ancien. Inconvéniens des prieres faites ſur le champ. Cependant les Apôtres n'ont établi aucune *Liturgie*, IV. 295. *Liturgie* dreſſée pour l'Ecoſſe, occaſion d'un grand ſoulevement, V. 456. *& ſuiv.*

Lomenie de la Ville-aux-Cleves, Secrétaire d'Etat, I. 190. *Lomenie* ſon fils, 640. *Lomenie* le pere brigue la commiſſion de reporter les Sceaux à du Vair, &c. 645. va trouver le Marquis de la Force, pour le porter à ſe ſoumettre au Roi, II. 470. Il apporte le Cordon bleu au Connétable de Leſdiguieres, 482. Son département, 596. Négociation où il a part, 615. Il porte à Londres les articles du mariage de Madame Henriette avec le Prince de Galles, 640. y agit pour les intérêts du Roi, 731. Il va demander les Sceaux à Marillac de la part du Roi : annonce à la Reine Mere la diſgrace de ce Magiſtrat, III. 559. porte à S. M. l'ordre d'aller à Moulins,

TABLE DES MATIERES.

L O

608. est chargé d'une lettre de cachet pour le Parlement, V. 67. porte les ordres du Roi à ceux de ce Corps appellés au jugement du Duc de la Valette, 624.

Londigni, Officier dans la Gendarmerie du Cardinal de Richelieu, périt dans une retraite, V. 35.

Londres: le Maire & les Bourgeois de cette ville font des remontrances au Roi, sur un ordre qu'il leur avoit envoyé d'équipper quelques vaisseaux. Ils sont contraints d'obéir. A quoi se réduit leur taxe, V. 101. 102. Le peuple de *Londres* se prévient contre Marie de Médicis, 568. 569. Réception qu'il fait à trois hommes flétris par la Chambre de l'Etoile, VI. 168. Tumulte que les ennemis de Strafford y excitent, 286. 287. Alarme générale & sans fondement du peuple de *Londres*, 290. Il crie contre Marie de Médicis, 298. Le Maire & les Magistrats de *Londres* reçoivent Charles, à son retour d'Ecosse, d'une maniere respectueuse & magnifique: supplient S. M. d'y faire son séjour, 417. 418. La populace de cette ville est soulevée contre les Evêques, & les insulte, 426. 427. Le Maire & le Conseil de *Londres* n'ont aucun égard à une demande du Roi. Requête qu'ils lui présentent, 529. *& suiv.* Les Mariniers & les Apprentifs de *Londres* offrent leurs services à la Chambre des Communes, 532. 533. Zele du peuple de cette ville pour cette Chambre: reconnoissance qu'elle lui en témoigne, 534. 535. Requêtes présentées au nom de la ville de *Londres*, 541. 546.

Longueil de Maisons, Président à Mortier au Parlement de Paris: à quoi il est employé par Mazarin & Chavigni, VI. 683.

Longueville (La Duchesse douairiere de) est cruellement jouée, avec sa niece, la Princesse Marie de Gonzague, III. 229. 230. 335. *& suiv.*

Longueville (Le Duc de) pourquoi il ne demande pas place au Conseil de la Régente, I. 19. Il prend des engagements avec le Prince de Condé, 225. 226. Brouillerie de ce Duc avec le Maréchal d'Ancre: réconciliation apparente. Il se lie étroitement avec Condé, 392. 393. se retire de la Cour, 426. se rend auprès de ce Prince, 430. assiste à la Conférence de Loudun, 499. Son incertitude entre la paix & la guerre: ce que Condé lui faisoit espérer pour le déterminer à la paix,

L O

500. 501. Article proposé pour le satisfaire, 505. 506. Il se retire dans une de ses maisons, &c. 512. Entreprises du Duc en Picardie, 536. Invité à se rendre à Couci, il fait difficulté de reconnoître le Duc de Guise comme Chef du parti, 551. 552. s'en retourne à Peronne, 553. fait son traité particulier avec la Reine-Mere, 557. On lui permet de s'approcher de la Cour, 636. Il épouse la Princesse de Soissons, 661. obtient le Gouvernement de Normandie, en échange de celui de Picardie, II. 168. prend le parti du Comte de Soissons: éclate contre Luines, 185 Ce qu'il déclare au Parlement de Rouen. Il se retire à Dieppe aux approches du Roi: est suspendu de sa Charge, 206. 207. Il semble vouloir entrer en composition, &c. 209. Il sonde secretement la disposition de l'Assemblée de la Rochelle, 282. n'épargne pas les Réformés dans son Gouvernement, 358.

Longueville (Le Duc de) s'oppose au mariage du Duc d'Anjou avec la Princesse de Montpensier, III. 35. Commission dont il est chargé, 149. Il se trouve au combat de Suze, 317. est fait Chevalier de l'Ordre du S. Esprit, IV. 276. conduit un corps de troupes en Bourgogne. On veille sur ses démarches, V. 235. 321. Il prend quelques Places en Franche-Comté: est si bien auprès du Cardinal, qu'on fait courir le bruit de son mariage avec la Combalet, &c. 351. Le Duc de *Longueville* passe par Sedan, fait des offres avantageuses au Comte de Soissons, pour l'engager à revenir à la Cour, 469. Projet d'envoyer le Duc sur le Rhin, déconcerté, 538. 539. Ordre qu'on lui envoie 599. Il va en Piemont avec ses troupes, 638. est adjoint au Cardinal de la Valette, 641. tâche de reprendre Coni, 642. Projet de substituer le Duc de *Longueville* à la place du feu Duc de Weymar, 694. 695. 698. 699. L'article de son Généralat passe le premier, 700. 701. L'armée de France passe le Rhin sous sa conduite: entreprise hardie, 750. 751. Rélation qu'il envoie à la Cour de cette expédition, 751. *& suiv.* Il a une grande maladie, &c. VI. 95. 96. engage la Landgrave de Hesse à se déclarer pour les Confédérés: va conférer avec cette Princesse, 98. joint les Suédois, &c. 100. 101. arrête une résolution de Bannier, &c. 102. 103. fait prêter serment de fidélité envers le

S ffff ij

LO

Roi aux troupes du feu Duc de Weymar, 104. 105. est attaqué d'une violente maladie: se fait porter à Cassel, & ne revient plus à l'armée. Difficulté qu'il termine avant son retour en France, 106. 107. Pourquoi on lui laisse le titre de Général de cette armée, quoiqu'on n'ait pas intention de l'y renvoyer, 357. Il va commander l'armée de France en Piémont, à la place du Duc de Bouillon prisonnier. Ses expéditions avec le Prince Thomas de Savoye, 636. & suiv. Le Duc de *Longueville*, Plénipotentiaire pour la paix générale, obtient une place dans le Conseil de la Régence, 693. se déclare pour la Meilleraie, contre le Duc de Vendôme, 696.

Lorete: les Vénitiens se vantent d'avoir sauvé le trésor de ce lieu plus fabuleux que le tombeau de Mahomet, V. 508.

Lorraine: ce Duché & celui de Bar ne sont pas des fiefs masculins : occasion de les réunir à la France, manquée, II. 655. On tâche d'y introduire la loi Salique, 764. 765. Si la *Lorraine* est un fief mouvant de la France, IV. 341. Dispersion de toute la Maison de *Lorraine*, 440. & suiv. Causes de sa ruine: peine qu'on a eue à la rétablir, 442. Usurpation de la *Lorraine* sous des prétextes frivoles, 509. 510. Désolation de ce pays, par les soldats de son Duc, & par les troupes Françoises, 731. Examen des prétentions de Louis sur ce Duché, VI. 60. 61. Les habitans de la *Lorraine* grands adorateurs de leurs Souverains : acclamation plaisante qu'ils firent à leur Duc Charles, 242. Voy. *Henri*, *Charles* Ducs de *Lorraine*.

Lorraine (Le Cardinal de) Evêque de Toul, &c. IV. 14, se rend ôtage pour son frere, 124. Voyez *François* de Lorraine.

Lothian (Le Comte de) Pair d'Ecosse, s'oppose à deux actes, &c. IV. 298.

Loudun: Conférence dans cette ville, pour la réconciliation du Prince de Condé & des Seigneurs de son parti avec la Cour, I. 439. & suiv. Assemblée générale des Eglises Réformées qui s'y tient, II. 154. 174. 175. 177. 178. Elle se sépare, 179. 180. Diablerie de *Loudun*, imposture grossiere & maligne, IV. 559. & suiv. 563. & suiv. Requête des habitans de cette ville contre la tyrannie de Laubardemont, & de ses Exorcistes, 562. 563.

Louis (Saint) IX. Roi de France, défend à ses Enfans de lever aucunes *Tailles* sur le peu-

LO

ple, I. 293. 295. Il abolit le trafic des Offices de Judicature, 303.

Louis XI. Roi de France : éloge ridicule qu'on lui a donné. Ce que disoient ses Courtisans, I. 289. Entreprises de ce Prince, entêté du pouvoir arbitraire, 292. Il fallut qu'il fit mine de consulter le peuple, &c. 297. Ce qu'il fit dire au Pape en lui rendant l'obéissance filiale, 467. Il donna au Duc de Bourgogne un légitime prétexte de le faire arrêter, IV. 463.

Louis XII. Roi de France : pourquoi il ne convoqua pas les Etats du Royaume, I. 289. Comment il gouverna, 293. Il exposе les Magistratures en vente, reconnoît sa faute : comment il y pourvut ensuite, 304. ce qui le rendit un des meilleurs Princes qui aient gouverné la France, III. 636.

Louis XIII. idée succincte des grands évenemens de son regne, I. 1, 2. Il tient son lit de Justice pour la premiere fois. Ce qu'on avoit inséré dans le discours qu'il y récita, & dont il ne se souvint plus dans la suite, 16. 17. Qualités dont il avoit besoin, 18. Il reçoit la Jarretiere de la part de Jacques I. 29. Sacré à Rheims. Reflexions sur le serment de son Sacre, 36. 37. Signature des articles de son mariage avec l'Infante d'Espagne, 155. Satisfaction qu'il donne à Paul V. sans nécessité, sur un Arrêt du Parlement contre un livre de Suarez, 250. 251. Voyage qu'il fait en Poitou & en Bretagne, 257. & suiv. Déclaration qu'il donne pour premier acte de sa majorité, 279. Il tient son lit de Justice au Parlement de Paris, 280. Education qui lui avoit été donnée : à quoi il s'occupoit : ses bonnes inclinations, &c. 280. & suiv. Il assiste à la procession & à l'ouverture des Etats, 298. 299. Il évoque à sa personne le différend sur l'article du Tiers Etat, & surséoit l'exécution de l'Arrêt du Parlement, 347. Il ordonne que cet article soit ôté du cahier, 349. Coup d'autorité qu'on lui fait faire envers les Etats Généraux, 362. Ce qu'il fait dire au Duc de Savoye, il défend à ses Sujets d'aller à son service, 380. tâche de lui obtenir des conditions supportables, 381. Ce que son Ambassadeur promet en son nom dans le traité d'Ast, 386. 387. On l'accoutume à parler d'un ton grave & sévere, 398. Il défend au Parlement de passer outre à l'exécution d'un Arrêt qu'il avoit rendu, 399. 402. 404. 405.

TABLE DES MATIERES.

LO

donne une Déclaration en faveur des Réformés, & en explication du ferment fait à fon Sacre: maxime équitable qu'on y trouve, & qu'il a oubliée quelquefois, 405. 406. Il parle aux Députés du Parlement en Souverain abfolu, 419.423. caffe un Arrêt rendu par cette Compagnie, 422. 423. témoigne à Condé qu'il fouhaitoit qu'il affiftât à fon mariage, 428. Déclaration qu'il donne contre ce Prince & fes adhérants, 432. 433. Ce qu'il répond à des remontrances de du Pleffis-Mornai, 438. 439. Il part pour la Guienne, 442. Moyens dont il s'eft fervi pour établir le pouvoir arbitraire, 442. 443. Il arrive à Bourdeaux, 464.

Louis XIII. rend l'obéïffance filiale à Paul V. par le Chevalier de Vendôme, I. 467. publie une Déclaration fur ce que les Réformés prenoient les armes en plufieurs endroits du Royaume, 485. 486. Génie de fa Cour, 486. 488. Réponfe du Roi à une lettre du Prince, 491. Il déclare qu'il n'abandonnera pas le Duc de Savoye; lui écrit de fa propre main, 497. 498. donne un Edit à Blois pour la pacification des troubles, & une Déclaration fur le ferment du Sacre, 512. va faire enregiftrer au Parlement fa Déclaration fur la détention du Prince de Condé, & un Edit pécuniaire, 553. & fuiv. Ce qu'il écrit à du Pleffis-Mornai fur les affaires d'Italie, 568. Il a une grande maladie: s'ennuie d'être fous la tutelle de fa mere. Difpofition de S. M. envers le Maréchal d'Ancre & les Seigneurs mécontents, 580. 581. Caractere de Louis à l'âge de 15 à 16 ans. Artifice ridicule dont on fe fert pour le prévenir contre Concini, 583. & fuiv. Mécontent de la maniere dont fa Mere le gouvernoit, il penfe à lui ôter l'adminiftration des affaires, &c. 587. Lettres qu'on écrit fous fon nom, & contre fon gré au Maréchal de Bouillon & au Duc de Mayenne, 595. & fuiv. On continue de le prévenir contre le Maréchal d'Ancre, &c. 597. 598. Déclaration fous fon nom contre le Duc de Nevers, 599. Autres pareilles, fans fon aveu, 603. 604.

Bonne envie qu'a Louis de dire au moins qu'il gouverne par lui même: chagrin contre fa Mere. Artifices qu'on employe pour l'irriter contre elle, & contre le Maréchal d'Ancre, I. 615. & fuiv. Il confent à l'affaffinat de Concini, & à l'éloignement de Marie de Médicis; cache ce deffein, 613. 624.

LO

Crainre & impatience qu'on lui infpire: il preffe l'exécution du projet, 625. Incertitude & embarras du Roi avant cette expédition. On redouble fes frayeurs, 626. & fuiv. Avis que fon Favori lui donne pendant la Meffe, &c. 628. Il diffimule fort bien fon deffein. Nouvelle alarme qu'il a. Précautions qu'on lui fait prendre, &c. 630. 631. Artifice pour l'animer, après l'affaffinat du Maréchal, &c. 633. Duretés de Louis à l'égard de fa Mere, 635. Il reçoit des compliments de conjouiffance fur la mort du Maréchal d'Ancre, 636. & fuiv. Reparties qu'il fit dans cette occafion, 637. Il rappelle les anciens Miniftres, 639. 640. Mots de S. M. Il reçoit mal Richelieu, fe radoucit, &c. 641. Lettre du Roi fur la mort du Maréchal d'Ancre: fauffetés qu'on y avance, 649. 650. Réponfe qu'il fait à une lettre de du Pleffis-Mornai, 651. Il ne relâche rien de fa dureté pour fa Mere: Négociation pour fa retraite, 653. & fuiv. Entrevûe du Fils & de la Mere, où tout étoit concerté, 657. & fuiv. Caufe des manieres dures & inflexibles de Louis au regard de Marie de Médicis. Il revient promptement à fes divertiffements puériles, 659. 660. Les Seigneurs malcontents rentrent dans fes bonnes graces. Déclaration en leur faveur: réfléxions fur cette piece, 660. & fuiv. Commiffion du Roi contre la mémoire & la veuve du Maréchal d'Ancre. Déclaration en faveur de Vitri: critique de ces actes, 663. 664. Sous quel prétexte il differe la liberté du Prince de Condé, 666. Il ne favoit pas mal diffimuler, quand il vouloit, 685. fe plaint du tranfport fait à Madrid de la négociation pour la paix de l'Italie, 703. & des Efpagnols à l'occafion du fiege de Verceil, 705. & fuiv. Artifices & diffimulation de S. M. & de fes Miniftres dans cette affaire, 707. & fuiv. Compliment qui lui plaît. Son Confeil partagé fur l'élection prochaine d'un Empereur, 721. 722. Ordres qu'il envoie à Lefdiguieres en Piemont, éludés, 723. Satisfaction qu'il fait au Roi d'Efpagne fur l'irruption du Maréchal dans le Milanez, 725. 726. Il engage les Ambaffadeurs de Venife à paffer fur une difficulté, & à figner l'accommodement des affaires d'Italie, 727. & fuiv. trouve mauvais que le Sénat veuille les punir, 730. Crédulité de Louis, 734. Il convoque une Affemblée de Notables à Rouen.

Sffff iij

LO

Servitude à laquelle il fut réduit toute sa vie, 751. Lettres patentes pour la tenue de cette Assemblée ; serment solemnel qu'il y fait, & que ses Ministres rendirent vain, 753. 754. Il congédie l'Assemblée trop précipitamment, 754.

Louis XIII. révoque la Paulette *pour toujours*, promet de pourvoir aux désordres de la vénalité des Charges, &c. II. 2. 3. témoigne du mécontentement de la distinction accordée par le Pape au Cardinal Duc de Lerme, 5. 6. tâche de raccommoder le Duc d'Epernon avec le Garde des Sceaux : traite le Duc d'une maniere dure, &c. 8. 9. paroît en colere contre les Espagnols : ce qu'il dit au Duc de Monteléon, & devant ses Courtisans, 12. Déclaration qu'il fait faire au Pape, & au Gouverneur de Milan, 16. Il écrit des lettres obligeantes à sa Mere, &c. 21. 22. *Louis*, mal conseillé, ne s'unit point à ceux qui vouloient ôter l'Empire à la Maison d'Autriche, 25. Voyage qu'on lui conseille de faire à Metz, & dans quelle vûe : ce qui l'en empêcha, 33. 34. Ménagements qu'il garde avec le Roi d'Espagne, en concluant le mariage de sa sœur Christine avec le Prince de Piemont, 42. A quoi il s'occupoit, quand il apprit que sa Mere s'étoit échappée de Blois, &c. Il va au Parlement faire vérifier quelques Edits pécuniaires, 73. 74. Avis qu'il goûte. Lettre qu'il écrit à sa Mere, 79. 80. *& suiv.* S'il faisoit tout par lui-même. Caractere de sa piété, 81. 82. Indignation des honnêtes gens en lisant les lettres de la Mere & du Fils, 82. 83. Il continue d'armer, amuse Marie de Médicis de l'espérance d'un accommodement avantageux, 86. 87. Sa recommandation ne peut sauver la vie à Barnevelt, 100. 101. Il dissimule son ressentiment contre les Provinces-Unies : continue ses préparatifs contre sa Mere & Epernon. Actes d'hostilité, 102. 103. se dispose à marcher vers Metz : projets échoués. *Louis* prend la résolution de s'accommoder avec sa Mere, 104. met son esprit en repos sur le chapitre du Prince de Condé, 104. 105. permet, sans le communiquer à son Conseil, que l'Evêque de Luçon retourne auprès de Marie de Médicis ; arrête l'ardeur du Chancelier qui s'en plaignoit, 107. 108. Comment il reçoit l'offre que le Pape lui fait de son entremise, 110. Conditions de l'accommodement de *Louis* avec sa Mere, 111. 112. Lettre qu'il lui écrit, &c. 118. 119. Il va voir la Seigneurie de Luines, 120. Entrevue du Roi & de sa Mere : ils se séparent peu contents l'un de l'autre, 122. 123.

Sentiments que le Favori & les Ministres de *Louis* inspirent à ce Prince sur l'élection d'un Empereur : leurs motifs. Parallele de sa conduite avec celle de son Fils, II. 129. 130. De quel œuil il regardoit les disgraces de Ferdinand II. Le Roi tire le Prince de Condé de sa prison, &c. 150. *& suiv.* croit tout le mal qu'on lui dit de sa Mere : rejette le cahier préliminaire de l'Assemblée de Loudun, 154. 155. lui ordonne de se séparer, 157. 158. déclare qu'il veut secourir l'Empereur ; fait une nombreuse promotion de Chevaliers de ses Ordres, 172. reçoit avec hauteur les remontrances de l'Assemblée de Loudun, &c. 174. 175. va au Parlement faire vérifier un Edit pécuniaire. Liberté avec laquelle on lui parle dans cette occasion, 175. *& suiv.* Démarche irréguliere que son Favori lui fait faire, 178. 179. Dans quel dessein il s'avance jusqu'à Orléans. Bonne disposition où il parut être à l'égard des Réformés, &c. 180. Démarche où Luines l'engage pour intimider la Reine-Mere, 187. 188. Il va en Normandie : se présente à la tranchée devant le Château de Caen, 206. 207. refuse de recevoir une lettre de sa Mere, 208. Déclaration qu'il donne sur sa prise d'armes, & contre les Mécontents, 211. 212. Il se rend maître du Pont de Cé, 213. Traité entre la Mere & le Fils, 214. 215. leur entrevue à Brissac, 216. Le Roi va en Guienne, 217. 218. Son Conseil oublie les véritables intérêts de la France, dans les affaires d'Allemagne, 224. *& suiv.* 227. Pourquoi il éleve tant Luines, 230. Dessein véritable de son voyage en Guienne. Il va en Bearn, y fait vérifier son Edit pour la restitution des biens ecclésiastiques : dépouille ce pays de ses privileges & de sa liberté, 231. *& suiv.* Parallele de *Louis* XIII. & de son pere, 236. Sa M. est insensible à l'irruption des Espagnols dans le Palatinat, 238. 243. Il essuie une mortification qu'il méritoit bien, 258. Il écoute favorablement les remontrances du Sénat de Venise sur les mouvements de la Valteline. Pourquoi il reçoit Bassompierre d'un air froid & sérieux. Foiblesse de ce Prince, 264. 265.

LO

Louis fait des défenses aux Réformés de s'assembler à la Rochelle, II. 269. 270. refuse de recevoir leurs remontrances. Si l'on a pu contredire un fait avancé dans une de ses Déclarations, &c. 275. 276. Il ordonne à l'Assemblée de la Rochelle de se séparer. Lettre qu'il écrit à du Plessis-Mornai, 283. Il joue l'Evêque de Luçon, de concert avec son favori & ses Ministres, 296. 298. se plaint des Etats Généraux : renouvelle l'alliance avec eux, 328. 329. Lettre circulaire du Roi sur la promotion de Luines à la dignité de Connétable, &c. 338. Déclaration qu'il donne contre l'Assemblée de la Rochelle, 339. Il passe la Loire, va à Tours, 343. Ce qui redouble sa colere contre cette Assemblée, 350. S'il étoit disposé à prendre le parti le plus honnête, 353. 354. Ses expéditions en Poitou. Il donne une nouvelle Déclaration contre l'Assemblée de la Rochelle, &c. 356. 357. assiege S. Jean d'Angeli. Ce qu'il dit au Duc de la Trémouille. Les paroles de *Louis* ne s'accordoient pas toujours avec ses actions, 361. 362. Il prend cette place sans aucune composition, en fait raser les fortifications, &c. 364. 365. commence à se dégoûter de Luines ; en fait confidence à Bassompierre, 365. 366. Son penchant à la sévérité, 367. 369. Voyage & expéditions de Sa M. en Guienne, 368. 369. *Louis* & son Conseil ouvrent les yeux un peu tard sur les desseins de la Maison d'Autriche. Lettre du Roi à ses trois Ambassadeurs en Allemagne, &c. 373. 391. Il assiege Montauban, 391. *& suiv.* Superstition ridicule de S. M. Il se dégoûte plus que jamais du Connétable, 395. 396. Confidence qu'il lui fait, par un dépit bas & puérile, 397. S. M. leve le siege de Montauban, 402. 403. fait son entrée à Toulouse : serment qu'il fit dans cette occasion, &c. 403. 404. Il assiege & prend Monheur, 418. l'abandonne au pillage & au feu, 420. 421. voit mourir Luines sans regret, 421. Supercherie qu'on lui propose, qu'il ne goûte pas, & qu'il consent de faire si son Conseil l'approuve, &c. 422. 423. Il mortifie trois de ses Ministres, inspiré par Bassompierre, 425. 426. Ordre qu'il met aux affaires de Guienne, de Poitou, &c. 426. Perplexité où il se trouve par les sentimens divers de son Conseil, 427. Fausses maximes de politique qu'on lui met dans la tête, 436. *& suiv.* Il se plaint

LO

de l'inexécution du Traité de Madrid : fait des menaces qui n'effrayent guere les Espagnols, 440. 441. Se résout avec peine à rappeller sa Mere au Conseil : n'aime point Richelieu : tâche de reculer sa promotion au Cardinalat, &c. 442. Foiblesse de son génie, 443. Il s'accoutume insensiblement à ne pas tenir sa parole, 447. part à l'improviste & à la dérobée, pour continuer la guerre contre les Réformés, 457. On agite dans son Conseil s'il ira en Languedoc, ou en Poitou. Sa M. se détermine pour celui-ci, 458. *& suiv.* Expédition où il montre de la bravoure & de l'intrépidité, 463. 464. Il écoute à Niort les Députés pour la paix, feint de n'y vouloir pas entendre devant Condé & ceux de sa cabale : conseil secret de Sa M. 464. 465. Il assiege & prend Royan : circonstances de ce siege qui font honneur à ce Prince. Réponse dont il paye l'Ambassadeur d'Angleterre, & celui des Cantons Suisses, 466. 467. Il caresse Epernon qu'il n'aimoit pas, 469. Son aversion pour le Prince de Condé, 470. 472. Résolution violente qu'il prend contre les habitans de Negrepelisse, 474. *& suiv.* Suite de ses expéditions en Guienne, 476. *& suiv.* Déclaration qu'il envoie par-tout à l'occasion de Mansfeld, 491.

Flotte de *Louis* XIII. II. 505. Il tient conseil sur le refus des habitans de Montpellier de permettre l'entrée de S. M. dans leur ville : se détermine à en faire le siege : réflexion sur cette résolution, 508. *& suiv.* Petit couché du Roi : Jalousie qu'il avoit de son autorité. Pourquoi il fit difficulté de donner les Sceaux à Caumartin, 513. 514. Sa M. se met à la tête d'un détachement pour empêcher le secours d'entrer dans la place, &c. 515. Son humeur, suivant Bassompierre, 516. Par quel motif le Roi se porte à la paix avec les Réformés, 516. 517. 520. Son entrée dans Montpellier, 521. Il va en Provence : actes de superstition qu'il y fit. Entrevue de S. M. avec le Duc de Savoye à Avignon, 522. Il va à Grenoble & à Lyon, &c. 524. consent à la translation de la dignité Electorale du Palatin au Duc de Baviere, 531. 532. 541. ne se met pas en peine d'accomplir ce qu'il avoit promis aux Réformés, 542. 543. Motif qui l'engage à rendre la liberté au Duc de Rohan arrêté, 544. Il a la curiosité d'apprendre la méthode d'Arnaud secretement ; s'y exerce avec Pon-

LO

tis, 545. 546. Inquiétudes des Miniſtres de *Louis* ſur le voyage du Prince de Galles en Eſpagne, & ſur ſon mariage avec l'Infante, 550. *& ſuiv*. Ligue entre S. M. le Duc de Savoye & la République de Veniſe, pour chaſſer les Eſpagnols de la Valteline, &c. 563. 564. Il conſent au dépôt des Forts de la Valteline entre les mains du Pape, 566. donne une Déclaration ſur la maniere de tenir les Synodes des Réformés : s'oppoſe à ce que celui de Charenton faſſe jurer la réception des articles définis à Dordrecht, 569. *& ſuiv*. Déclaration qu'il donne en faveur des Réformés, pour les amuſer, 571. Réponſe qu'il fait aux plaintes des Eſpagnols ſur les ſecours qu'il donnoit aux Provinces-Unies, 573. Ses Miniſtres traverſent la concluſion du mariage du Prince de Galles avec l'Infante, 577. Prévention de *Louis* contre Richelieu, 591. Auſſi facile à croire du mal, que difficile à penſer bien de quelqu'un, il croit ce qu'on lui dit du Chancelier & de ſon fils, & prend la réſolution de ſe défaire d'eux, 592. Contre ſa coutume, il donne audience aux Ambaſſadeurs ſans avoir Puiſieux auprès de lui : on flate S. M. à cette occaſion, 593. Meſures qu'il garde avec le Pape, à qui ſon Ambaſſadeur avoit trop promis, 595. Son Conſeil privé après la diſgrace de Puiſieux, 596. Il feint du mécontentement contre Baſſompierre, par complaiſance pour la Vieuville : goûte l'expédient d'envoyer Richelieu à Rome : comment ce deſſein échoue. Sa M. l'appelle à ſon Conſeil, 597. 598. Soupçonneux & jaloux de ſon frere, il maltraite ſon Gouverneur, à cauſe qu'il lui avoit ſuggéré de demander la permiſſion d'aſſiſter au Conſeil, 599. 600. accepte les avances du Roi Jacques & de ſon fils pour le mariage de ſa ſœur Henriette, 615. Réponſe qu'il fait à des remontrances du Nonce du Pape, 617. Il agit en faveur des Catholiques d'Angleterre, 618. Chimere qu'il goûtoit, 619. 620.

Louis XIII. conclut un traité avec les Etats Généraux des Provinces-Unies : raiſons qu'il eut de s'engager plus étroitement à les ſecourir, II. 630. *& ſuiv*. Trait qui ne cadre pas avec le ſurnom de *Juſte* qu'on lui donnoit. Il diſoit *blanc & noir*, ſelon qu'on le faiſoit parler, 641. 642. Ce qu'il veut contribuer pour le recouvrement du Palatinat, 658. S. M. amuſe les Anglois qui demandoient paſſage par la France, 660. Raiſons pour leſquelles il déſavoue le traité dont le Pape étoit convenu avec le Commandeur de Silleri, 661. Il répond en termes généraux à une lettre de la Reine d'Eſpagne, ſa ſœur, 663. Réponſe qu'il fait à un diſcours du Nonce, 668. Vûes de S. M. dans le recouvrement de la Valteline par la force, 669. 670. Il goûte la propoſition d'attaquer la République de Gênes : partage d'avance cet Etat avec le Duc de Savoye, 671. 672. Origine de la jalouſie de *Louis* contre ſon frere, &c. 677. *& ſuiv*. Ses démarches touchant la diſpenſe pour le mariage de ſa ſœur, &c. 684. 685. Ce qu'il répond aux déclamations & aux remontrances des Miniſtres du Pape ſur l'irruption dans la Valteline, 687. 688. Il s'excuſe par lettre de ce qu'il ne va pas au-devant du Légat, 710. Comment il le reçoit, & ce qu'il répond à ſes propoſitions, 712. 713. Offres qu'il fait pour prévenir les mouvements de quelques Réformés : ce qui l'engage à ne plus offrir de ſi bonnes conditions, 715. 716. Il n'eſt pas mécontent de voir ſa Cour déſerte le premier jour de l'arrivée du Duc d'Epernon. Mot de Sa M. là-deſſus, 710. Il fait faire le dégât aux environs de Montauban : injuſtice de ce procédé, 721. 722. Il répond favorablement au cahier des Réformés : communie à la premiere Meſſe du Légat, le comble d'honneurs : ce qu'il répond à une de ſes remontrances, 717. 728, & à ſon compliment de congé, &c. 735. 736. S. M. convoque un Conſeil extraordinaire, pour examiner les propoſitions du Légat, 739. 740. Ce qu'il répond aux Députés Généraux des Réformés, & à celui de la Rochelle, qui demandoient la paix, 768. Comment il reçoit la déclaration que fait le Pape, de vouloir reprendre les forts de la Valteline à main armée, 772. Il va au Palais faire enregiſtrer des Edits pécuniaires, 793. 794. Libelles publiés contre ſon gouvernement, &c. 796. *& ſuiv*.

Louis XIII. eſt fort étonné de recevoir un traité ſur l'affaire de la Valteline. Différents avis dans ſon Conſeil là-deſſus. Ebranlé par des remontrances dont il ne peut diſcerner l'illuſion, S. M. offre de le ratifier après quelques changements, III. 5. *& ſuiv*. Comment il agit avec le Prince de Piemont. Ce qui contribue à lui faire ſouhaiter que

l'accommodement

TABLE DES MATIERES.
LO

l'accommodement de la Valteline se conclue, 8. Conseil qu'il tient sur le traité retouché en quelques points : S. M. y appelle le Prince de Piémont, consent à ratifier, &c. 9. *& suiv.* ouvre enfin les yeux sur la fausse démarche où on l'a engagé, 12. Pourquoi il témoigne de la répugnance à marier son frere avec la Princesse de Montpensier, 34. Crédulité & timidité de *Louis* : calomnie plus que diabolique à laquelle il ajoûte foi, & qui le porte à presser le mariage de son frere, &c. 37. 38. Il fait arrêter le Maréchal d'Ornano. Ce qu'il répond aux plaintes du Duc d'Anjou, 40. 41. S. M. trompe le Grand Prieur par une basse équivoque : retient le Cardinal qui feignoit de vouloir se retirer des affaires : promesse qu'il lui fait, &c. 48. 49. Calomnie qu'on lui mit bien avant dans l'esprit, 53. 54. Remontrances qu'on lui fait sur le mariage de son frere, qui le troublent d'une étrange maniere : la Reine-Mere le guérit des impressions qu'on lui avoit données ; & il découvre de quelle part elles venoient, 55. 56. conçoit de l'aversion contre son épouse, 57. Il faisoit quelquefois certaines choses sans consulter ses Ministres, 59. Mortification que S. M. vouloit procurer au Comte de Soissons à la Cour de Rome. *Louis* maltraite la Reine son épouse en plein Conseil, 62. 63. Embarras où il se trouve, craignant une rupture avec l'Angleterre, &c. 65. Il transige du bien d'autrui avec le Roi d'Espagne, 72.

Le Roi est charmé d'une petite flote de Toiras, &c. Jalousie & défiance fomentée entre S. M. & Gaston, III. 81. 82. *Louis* assiste à l'ouverture d'une assemblée de Notables, 84. 85. Sa modération en bâtimens : blâmable de n'avoir pas élevé un mausolée à son pere, 95. 96. Il publie une déclaration magnifique, 98. Basse complaisance de S. M. pour la Cour de Rome, &c. 104. 105. Il entre dans les passions de son Ministre : conclut une ligue secrete avec le Roi d'Espagne contre l'Angleterre, & un nouveau traité d'alliance avec les Provinces-Unies, 108. *& suiv.* Plaintes de *Louis* contre le Duc de Lorraine : ce qu'il répond à un compliment de ce Prince, 112. 113. Il fait observer à la rigueur les Loix contre les duels, 113. 114. feint d'être touché de la mort de sa belle-sœur ; marque de l'éloignement pour un second mariage de son frere ; s'efforce de

LO

le contenter par des témoignages d'affection. Humeur différente des deux freres. Ce qu'il y a de singulier dans la dévotion de *Louis*, 116. *& s.* Sévérité dont il usa à l'égard du premier Président du Parlement de Bourdeaux, 120. Prêt à aller en Poitou pour repousser les Anglois, il tient un lit de Justice, tombe malade, &c. 134. 135. Sa jalousie contre Gaston, 145. 146. Le Roi arrive devant la Rochelle, &c. 149. 150. adopte les insinuations de Richelieu contre la Reine-Mere, & contre Gaston, 153. s'applique aux préparatifs du secours de l'Isle de Ré. Son génie propre pour les menus détails, non pour les grandes affaires, 154. 155. Il paye la rançon de quelques Officiers Anglois, faits prisonniers dans l'Isle de Ré, & les renvoie à la Reine d'Angleterre, sa sœur, 157.

Louis répond fierement à des Ambassadeurs du Roi de Danemarck & des Etats Généraux des Provinces-Unies, qui offroient leur médiation pour la paix entre la France & l'Angleterre, III. 172. 173. Sous quel prétexte il va à Paris, & laisse le commandement du siege à son Ministre, duquel il se sépare les larmes aux yeux, &c. 173. 174. Explication qu'il a avec sa Mere, à qui il ne témoignoit plus la même confiance, 175. Il retourne au siege de la Rochelle, à la sollicitation du Cardinal. A quoi un Historien flateur impute cette résolution de *Louis*, 197-198. Comment il tâche de prévenir l'oppression dont le nouveau Duc de Mantoue est menacé, 206. Si son surnom de *Juste* lui permettoit de faire repousser ceux qui sortoient de la Rochelle pour ne pas y mourir de faim, 221. Il fait sommer solemnellement les Habitants de cette Ville : répond d'un ton sévere à leurs Députés : rejette une proposition sur laquelle ils ne vouloient pas se relâcher, 221. 222. Sa conduite dans les feints mécontentements que la Reine-Mere & Gaston se donnent réciproquement. Il invite son frere à revenir au camp devant la Rochelle, 229. 230. Circonstance glorieuse à *Louis*, 232. Il ne veut pas signer les articles de la capitulation de la Rochelle : ce qu'il répond à ceux de ses Habitants qui venoient implorer sa clémence. Il rejette une Requête qu'ils lui présentoient : traite avec rigueur la Douairiere de Rohan : fait son entrée dans la Rochelle, &c. 244. *& suiv.* Ordre sévere qu'il envoie sur des prisonniers Réformés, qui occa-

Tome VI.   Ttttt

TABLE DES MATIERES.

LO

sionne des représailles, 250. Il ressent quelques atteintes de goutte, &c. 253. Sa déclaration sur l'ordre & la police à observer dans la Rochelle, 244. & suiv. Il fait démolir plusieurs places, entr'autres le Fort de Saint Martin: retourne à Paris, où il fait une entrée pompeuse, & reçoit des complimens de toutes parts sur sa conquête, 256. 257.

Louis pouvoit acquérir autant de gloire qu'aucun de ses Prédécesseurs, sans opprimer les Réformés. Desseins que Richelieu lui inspire, III. 280. Idée que les flateries de ses Courtisans lui donnent de lui-même. Belle réponse qu'il fait au Duc de Lorraine, 285. Vaincu par les larmes & par les prieres des deux Reines, il accorde que son frere commande l'armée d'Italie. On réveille sa jalousie contre ce Prince; & il se résout à y aller lui-même, 287. 288. tient son lit de justice au Parlement: commission qu'il laisse à sa mere, 288. 289. Il part pour le Piémont, &c. 291. 292. Sa déclaration pour engager ceux des Réformés qui étoient en armes à se soumettre, 306. Son expédition en Italie, plus éclatante & plus louable que la prise de la Rochelle. Il arrive à Grenoble, y écoute gravement une harangue de l'Evêque, & ne profite pas d'un important avis qu'il lui avoit donné, 313. 314. part de cette ville nonobstant la bize, les brouillards & la neige; fait forcer le pas de Suze, &c. 315. & suiv. s'accommode avec le Duc de Savoye, fait lever le siege de Cazal, 321. & suiv. reçoit bien *sa bonne Sœur*, la Princesse de Piémont & le Duc; rend visite à ce Prince, &c. 326. 327. Proposition qui diminue la bonne opinion que l'on avoit conçue de la générosité de *Louis* envers le Duc de Mantoue, 327. 328. Colere où il se met, mal-à-propos, contre Bassompierre: puérilité royale, 328. & suiv. Il conclut une ligue avec les Vénitiens & le Duc de Mantoue, 332. signe & jure la paix avec le Roi d'Angleterre, &c. 333. 334. part de Suze avec précipitation, nonobstant les remontrances de l'Ambassadeur de Venise, 334. 335. Parti qu'il prend dans une querelle feinte de sa mere & de Gaston: Lettre honnête qu'il écrit à Marie de Médicis, &c. 336. & suiv. Il acheve de réduire les Réformés de Languedoc. Si cette expédition fut fort glorieuse. Inhumanités qu'il fit commettre à Privas. La clémence ne fut jamais la vertu de *Louis* XIII, 351. & suiv.

LO

Il accorde une paix générale aux Réformés: pardonne à regret au Duc de Rohan, & refuse de le voir, 364. 365. revient à Paris, 367.

Soupçons qu'on inspire à *Louis* XIII. III. 374. S'il songea sérieusement à se défaire de son Ministre, 381. Lettre qu'il écrit à l'Empereur sur l'affaire de Mantoue, 385. Propositions faites de la part du Roi; sa délicatesse sur un article qui concernoit le Duc de Savoye, 393. Son Conseil laisse perdre une occasion favorable, par sa lenteur, 395. Mot de ses Courtisans sur les pouvoirs amples qu'il donne au Cardinal, 408. Il approuve sa conduite à l'égard du Prince de Piémont, &c. 416. Inquiétudes de *Louis*, & ce qui les cause. Il part pour l'Italie, mais ce qui le fait revenir sur ses pas. Il continue sa route: embrasse son frere à Troyes: entre à Dijon en Souverain irrité, &c. 440. & suiv. arrive à Lyon, galant & amoureux contre sa coutume. Ses sentimens pour les Dames, & ce qu'il en disoit. Il s'avance jusqu'à Grenoble, &c. 446. Lettre qu'il écrit à son frere sur l'état des affaires d'Italie, 447. 448. Son Conseil l'engage à conquérir la Savoye, &c. 450. 451. On fait de vains efforts pour le dissuader de retourner à l'armée. Il tombe malade à Saint Jean de Maurienne, revient à Lyon. Avanture dans la route où il témoigne beaucoup de résolution, 454. 455. Il promet sa protection à son Ministre effrayé des traverses qu'on lui suscite, 485. altere sa santé, en s'appliquant aux fonctions d'un Colonel, ou d'un Maréchal de Logis, 486. paroît faire quelque difficulté de ratifier une treve en Italie, 488.

Louis XIII. tombe dangereusement malade à Lyon. Intrigues durant sa maladie, III. 526. & suiv. Sa santé se rétablit: il retourne à Paris: promet à sa mere de renvoyer le Cardinal: demande du délai: s'il agissoit là-dessus de concert avec son Ministre. Effet de la foiblesse & de la timidité du Roi, 529. 530. Scene qu'il eut avec la Reine sa mere à l'occasion du Cardinal. Il tâche de le raccommoder avec le Duc d'Orléans, 599. & suiv. S'il abandonna réellement son Ministre au ressentiment de Marie de Médicis, 551. & suiv. Ce qui se passa entre le Roi & le Cardinal à Versailles, 557. Ce que *Louis* envoie dire à l'Ambassadeur d'Espagne: réponse fiere qu'il fait à ses plaintes. Chagrins

TABLE DES MATIERES.

LO

qu'il donne à la Reine son épouse, 569. 570. Sa conduite dans les brouilleries de sa Mere avec Richelieu, 576. 577. 578. 581. Ligue qu'il conclut avec le Roi de Suede, 581. & *suiv.* Comment il reçoit la nouvelle de la retraite de Gaston, &c. 593. 594. Projet qu'il approuve. Il va à Compiegne pour l'exécuter, 598. 599. Instances qu'il fait à sa Mere. Il s'abandonne à son dépit & à sa jalousie, croyant qu'elle étoit inflexible. Guéri de ses scrupules, il consent à l'exiler. Conseil qu'il tient sur ce sujet, 600. & *suiv.*. Il retourne à Paris, la laisse à Compiegne. lui envoie l'ordre d'aller à Moulins, &c. 607. & *s.* Lettre qu'il écrit là-dessus aux Parlements & aux Gouverneurs des Provinces, 610. 611. Il reçoit bien Bassompierre, s'entretient avec lui; l'envoie à la Bastille peu après, 632 3. fait presser la Reine-Mere de sortir de Compiegne, 615. 616. Il se met en chemin, & poursuit son frere. Lettre qu'il envoie dans les Provinces. Réponses qu'on lui suggere aux Lettres de S. A. R. Déclaration qu'il donne contre ceux qui l'avoient suivi dans sa retraite, 624. & *suiv.* Humiliation qu'il fait essuyer au Parlement de Paris, 633. & *suiv.* Réponse brusque qu'il fait à une remontrance, 635. S'il lut une Lettre touchante de son frere. Il lui répond avec hauteur & sévérité, 646. se laisse persuader de faciliter la retraite de sa mere hors de la France, &c. 653. 654. Paroles d'une réponse qu'il lui fit après son évasion, 659. Projet injuste qu'il appuie. Ce qu'il dit au Parlement qui étoit venu le saluer, 666. Déclaration qu'il y fait vérifier contre ceux qui avoient suivi sa mere & son frere, 667.

Louis XIII. Eloge qu'en fait le Prince de Condé, &c. IV. 4. 5. Il tance séverement le Parlement de Paris, 9. Ombrage qu'il prend de la proximité de Gustave, 29. 37. Pourquoi il fit le voyage de Metz. Il fait prendre Vic & Moyenvic, sous le nom de l'Evêque de Metz, 39. & *suiv.* Comment il reçoit une Lettre de sa mere, 41. Entretien particulier qu'il a avec le Duc de Lorraine, 45. Pourquoi il n'ose s'exposer à une entrevue avec le Roi de Suede, 51. Il revient à Paris: réponse qu'il fait à un Ambassadeur d'Espagne, 54. Mortification qu'il fait essuyer au Cardinal, 55. Il acheté Pignerol, 62. 63. Comment il s'explique en recevant la nouvelle d'une seconde victoire du Roi de Suede, 83. Il va à Calais, de-là en Lorraine. Lettre qu'il écrit en forme de Manifeste contre Charles IV. 122. 123. Il conclut un traité à Liverdun avec ce Prince: fait rétablir l'Electeur de Treves dans ses Etats, 124. 125. tient un lit de Justice. Sa déclaration sur l'entrée de son frere en armes dans le Royaume. Le Roi part pour le Languedoc, &c. 131. Sensibilité qu'il témoigne pour son frere, 160. Offres qu'il lui fait faire: Lettre qu'il lui écrit, 162. Il se trouve en grande pompe aux Etats de Languedoc à Beziers. Jalousie que le Cardinal réveille dans son esprit, 168. 169. Rigueur inflexible de *Louis* à l'égard du Duc de Montmorenci, 189. 190. 192. & *suiv.* 201. Réponse fiere qu'il fait au Maréchal de Châtillon, 194. Il écrit à la Combalet, sur la découverte d'un complot formé contre elle, &c. 204. 205. prend la route la plus courte pour retourner à Saint-Germain: engage la Reine d'en prendre une plus longue avec Richelieu, 207. Replique de *Louis* à une Lettre de son frere, &c. 211. 212. Son impatience pour le retour du Cardinal: accueil qu'il lui fait, 214. Traité entre *Louis* & Christine, 254. Lettre contre sa conscience qu'il écrit à Valstein, dont il paroît approuver les projets. Motif de ce changement de conduite, 270. 271. Il tient un lit de Justice en grande pompe; distribue plusieurs charges; fait une nombreuse promotion de Chevaliers du S. Esprit, 275. 276.

Démarches de *Louis* envers la Reine-Mere, malade à Gand, IV. 282. 283. Colere où il entre quand il apprend le mariage de son frere avec Marguerite de Lorraine, &c. 287. Basse soumission faite en son nom au Pape, 331. Il fond sur la Lorraine avec ses troupes. Réponses qu'il fait au Prince François frere du Duc, 338. 339. 340. Il rejette les nouvelles offres de Charles: si *Louis le juste* devoit le ruiner, 343. Il veut absolument avoir Nanci: fait de belles offres au Cardinal François de Lorraine, 345. s'emporte contre ce Prince, qui avoit fait évader sa sœur Marguerite: entre dans la Lorraine avec ses troupes. Lettres en forme de Manifestes qu'il envoie au Parlement de Metz, & au Duc de Montbazon. Réflexions sur ces pieces, 348. & *suiv.* Il assiege Nanci: risque d'être tué, 352. 353. Ce qu'il raconte, dans une Lettre au Duc de Montbazon, sur un traité ratifié, & non exécuté par le Duc

LO

de Lorraine, 355. 356. Bien inſtruit par ſon Miniſtre, rolle qu'il joue avec Charles qui étoit venu le trouver, & dont il s'aſſure ſous prétexte de lui faire honneur, 359. *& ſuiv.* Il s'applaudit d'une choſe qui flétrit ſa réputation. Maniere impertinente dont les Hiſtoriens François tâchent de pallier ſa mauvaiſe foi dans cette affaire. *Louis* ne ſe diſculpe pas mieux lui-même dans une Lettre au Duc de Montbazon, 363. *& ſuiv.* Son entrée dans Nanci, & ſon retour à Paris, 366. 367. Réponſe qu'il fit à une Lettre des Suiſſes de la Communion Romaine, 390. Comment il reçut un Exprès avec une Lettre de la Reine-Mere, 406. Réponſe qu'il fait à un autre, & entretien qu'il a avec lui, 409. 410. En quels termes il parle à cet Exprès, qui étoit venu prendre ſes derniers ordres, 411. Il aſſemble un Conſeil extraordinaire, pour délibérer ſur les meſures à prendre au regard de ſa mere & de Gaſton, qui demandent à rentrer dans ſes bonnes graces, 412. *& ſuiv.* Lit de juſtice qu'il tient, où il écoute une longue & fade harangue du Cardinal, 420. *& ſuiv.* Déclaration qu'il y fait enregiſtrer contre le mariage du Duc d'Orléans, 425. *& ſuiv.* 430. 431. Ses bonnes intentions pour le ſoulagement du peuple, 429. Traité qui n'aſſortit pas le ſurnom de *Juſte* qu'il prenoit, 440. 441. Il ſollicite la Ducheſſe Nicole de venir à ſa Cour : offres qu'il lui fait, plus intéreſſées que généreuſes, 443. Comment il la reçoit à Fontainebleau, 445. 446. Il donne audience à Laleu Envoyé de la Reine-Mere, 457. Ce qu'il exige d'elle pour préliminaires d'accommodement, 459. Lettre tendre qu'il écrit à Gaſton, pour l'engager à revenir, 466. Perſuadé par le Cardinal, il écrit à Kinski, & fait faire des propoſitions à Valſtein, 472. *& ſuiv.* Ce qu'il dit en apprenant la cataſtrophe de ce Général, 487. *Louis le Juſte* s'empare du bien d'autrui ſous les prétextes les plus frivoles, 509. 510.

Louis diſſimule un affront que ſon Ambaſſadeur eſſuie à la porte Ottomane. Parallele de ſa conduite avec celle de Ladiſlas Roi de Pologne, IV. 539. 540. *Louis* conclut un Traité avec les Etats Généraux des Provinces-Unies, 549. *& ſuiv.* Lettre qu'il écrit au Parlement de Paris, pour l'obliger à procéder contre le mariage de Gaſton, 570. Réponſe qu'il fait au Nonce Extraordinaire

LO

du Pape, ſur les affaires des Princes Lorrains, 576. Trait marqué de ſon indifférence pour ſa mere, 584. Scrupules inſpirés à *Louis.* Docteurs conſultés pour les calmer. Incapable de rien réſoudre à cauſe de l'incertitude naturelle & des bornes étroites de ſon eſprit, il recherche ſon Miniſtre, lorſqu'il feint de vouloir ſe retirer. Surpris par des remontrances ſpécieuſes, ce Prince n'écoute plus les remords de ſa conſcience, 591. 592. *Louis* devient tous les jours plus ſuſpect à la Couronne de Suede, 612. Il conclut une alliance plus étroite avec les Princes & Etats confédérés de l'Empire, qui lui livrent Philipſbourg, 630. 631. Conſeil tenu en ſa préſence, après la défaite des Suédois à Norlingue : avis auquel il ſe rend, &c. 654. 655. Places qui lui ſont remiſes, 655. 657. Réception qu'il fait à ſon frere, 668. *Louis*, indigné de la hauteur de l'Archevêque de Bourdeaux contre le Duc d'Epernon, chaſſe ce Prélat de la Cour, 676. Il fait arrêter Puylaurens ſous les yeux de ſon frere : raſſure S. A. R. &c. 678. 659. *Louis* eſt conſterné de la ſurpriſe de Philipſbourg par les Impériaux, 683. 686. Audiences & préſents qu'il donne au Chancelier de Suede, 696. 697. Traité de Ligue offenſive & défenſive qu'il conclut avec les Etats Généraux des Provinces-Unies. Légers ſujets de plainte qu'il allegue contre Philippe, 698. *& ſuiv.* Autre Ligue offenſive & défenſive entre *Louis* & quelques Princes d'Italie. Il y affecte un grand déſintéreſſement, &c. 705. *& ſuiv.*

Evenemens qui annonçoient une rupture ouverte entre *Louis* & Philippe. Fait que le premier avance : juſte replique qu'y font les Eſpagnols, IV. 710. 711. Il envoie un Héraut à Bruxelles déclarer la guerre ſelon les anciennes ſolemnités. Déclaration ſignée : piece mal tournée, 714. 715. Manifeſte mieux tourné, qui la ſuit : faux ſerment qu'on y fait faire au Roi, 716. 717. Pourquoi ſa déclaration de guerre ne parut qu'après une irruption de ſes troupes, & une bataille donnée dans le Duché de Luxembourg, 724. Extrait de la Lettre qu'il écrit ſur la bataille d'Avein. Sa relation s'accorde pas avec celle de ſon Miniſtre. Le gain de cette bataille augmente une chimérique eſpérance de *Louis*, 729. 730. A quoi elle ſe termine. La paix de l'Electeur de Saxe avec l'Empereur n'en fait rien rabattre, 744. 745. Etat

TABLE DES MATIERES.

LO

des forces du Roi, 746. 747. Sa réponse aux plaintes du Pape sur la déclaration du Clergé contre le mariage de Gaston, 753. Il défend à son frere d'envoyer de l'argent à Marguerite pour sa subsistance, 756. Chagrin du mauvais succès de ses armes, il maltraite Bouthillier : reçoit fort mal une Lettre de la Reine-Mere sur sa rupture avec l'Espagne, 769. 770. tient conseil chez le Cardinal : nouveauté qui surprend toute la Cour, 771. La nouvelle Académie Françoise compte *Louis* pour rien, 785. Ce que l'Empereur lui impute dans une déclaration qu'il publie, 797. 798. *Louis*, trop crédule, mande une fausse nouvelle, 810.

Louis XIII. n'est pas bien informé du nombre de ses troupes dans la Valteline, V. 2. Il constitue le Duc de Savoye son Capitaine Général en Italie, 5. 6. Plus il a d'embarras, plus il s'attache à son Ministre. Pilule qui, quoique dorée, paroît amere à S. M. 17. Il donne du secours au Duc de Weymar, 20. explique ses intentions & la situation des affaires dans une Lettre au Cardinal de la Valette, Général de l'armée qu'il envoye à ce Prince, 22. Réponse qu'il fait à une Lettre de ce Prélat, qu'il appelle sage & prévoyant Capitaine, 23. Pouvoir qu'il lui envoie pour le tirer d'intrigue, 28. Il paroît fort content de lui & de sa retraite, 32. Traité que les circonstances l'obligent de conclure avec le Duc de Weymar, 36. 37. Voyage du Roi en Lorraine, qui fit plus d'éclat que de bien, 37. & *suiv*. Le tonnerre tombe près de S. M. présage de bonheur, selon les Courtisans adulateurs, 40. 41. *Louis* se chagrine contre Richelieu, lui écrit un billet dur, s'en repent dès le lendemain, & lui en demande pardon, 41. 42. Inégalité de l'humeur & de l'esprit de ce Prince. Promesse qu'il avoit faite à son Ministre, & qu'il ne garda que trop exactement, 43. 44. Il prend S. Mihel, & oublie les Loix de la clémence & de la générosité envers la garnison, 45. 46. retourne à Paris, en passant par Ruel : raconte au Cardinal ce que le Comte de Cramail avoit dit contre lui, &c. 48. reçoit bien Gassion : s'amuse d'un démêlé de cet Officier avec le Capucin Joseph, 59. 60. Ordres que S. M. envoie à ses Généraux en Lorraine. Avantage qu'elle remporta sur les Impériaux, 62. 63. Le Roi va au Parlement pour faire enregîtrer quelques Edits portans création

LO

de nouvelles Charges, &c. 64. veut faire un reproche à l'Evêque de S. Malo, qui l'arrête par une repartie, 65. Lettre de cachet qu'il envoie au Parlement de Paris, 67. Il presse par ses Ambassadeurs à Rome la promotion du P. Joseph au Cardinalat, 72. 73. Accueil que S. M. fait au Duc de Parme, 77. & *suiv*. Pourquoi elle n'en fit pas un pareil au Duc de Weymar, 80. 82. *Louis* fait des instances auprès du Pape, pour empêcher le rappel de Mazarin, 84. Trame dont il avertit Richelieu, 93. Il promet d'envoyer à Cologne des Ministres pour traiter de la paix, à laquelle il ne songeoit pas, 94. 96. Expression qui le choque dans des brefs du Pape, & dans sa bulle pour un Jubilé, dont il ordonne la suppression, 96. Point sur lequel il insiste, 99.

Si *Louis* avoit de justes raisons de rompre avec l'Espagne. Ce qu'il faut entendre par sa fermeté tant exaltée par son Ministre, V. 108. 109. Le Roi est louable de n'avoir pas écouté les propositions de la porte Ottomane. Si ses armées étoient aussi nombreuses qu'on l'a prétendu. Compte à rendre dont il n'a pas cru devoir s'occuper, 110. 111. Des moyens qu'il employa pour subvenir aux frais de la guerre. Si le profit a valu l'argent dépensé & le sang répandu, 111. *Louis* fait faire des remontrances aux Etats Généraux, & leur écrit fortement sur une négociation particuliere qu'ils entamoient avec les Espagnols, &c. 112. fait un nouveau Traité avec ceux-là : donne de l'Altesse au Prince d'Orange, 116. signe un traité de Ligue conclu à Wismar avec Christine, &c. 126. 127. presse le Duc de Savoye de marcher au secours du Duc de Parme : regle un démêlé de Crequi & de Toiras au désavantage de celui-ci, 134. 135. paroît touché de sa mort : ce qu'il disoit à l'occasion de ses promptitudes, 142. *Louis* se persuade que ses troupes ont remporté une victoire complette sur le Tesin, 147. fait équipper une belle flotte, qui ne fait rien, 149. & *suiv*. publie une déclaration sur ce qu'il porte ses armes en Franche-Comté, 154. Lettre qu'il écrit au Cardinal de la Valette sur son expédition en Alsace, 160. Autre au même après la prise de Saverne, 161. 162. Inquiétude de S. M. sur le siege de Dole : il en ordonne la levée, 164. 165. est alarmé de la prise de la Capelle par les Espagnols, 172. Ce qu'il à

TABLE DES MATIERES.

LO

écrit sur l'état des affaires en Picardie, 178. 179. On prévient le Roi contre le Comte de Soissons, par de faux rapports, 185. & suiv. On désabuse S. M. 188. Pourquoi cette Histoire de *Louis* XIII. est si longue, 189. Défense qu'il fait aux Gens du Parlement mandés au Louvre, 192. Dépêche de S. M. au Cardinal de la Valette, 196. Sa disposition après l'exil de son Favori Saint-Simon, 211. 212.

Louis part pour la Picardie, V. 215. sa mélancholie fait trembler Richelieu, auquel S. M. étoit plus attachée par le besoin qu'il croyoit en avoir, que par inclination, 217. Quartier du Roi pendant le blocus de Corbie, d'où il va tenir Conseil chez son Ministre dans Amiens, 219. Sa tranquillité dans une occasion où Richelieu courut risque de la vie, 222. Il traite favorablement le Comte de Soissons : va prendre l'air à Chantilli, 225. 226. Dépêche de S. M. au Cardinal de la Valette sur la prise de Corbie, 228. Lettre au Comte de Soissons, dont *Louis* charge Liancourt qu'il envoie à Sedan, 257. Il écrit aussi à la Douairiere de Bouillon touchant ce Prince : ouvre les Lettres qu'il envoyoit à la Comtesse sa mere, 259. 260. Prétexte qu'il prend pour ne point reconnoître le Roi de Hongrie ni comme Roi des Romains, ni comme Empereur, 270. &c. *Louis* s'avance jusqu'à Orléans, pour réduire son frere, &c. 281. 282. Lettre qu'il lui écrit. Acte du consentement de S. M. au mariage de Gaston, 285. 286. promesse qu'il lui fait. Il le reçoit bien. Lettre qu'il écrit aux Gouverneurs de Province sur cet accommodement, 287. 288. Il envoie ordre à la Comtesse Douairiere de Soissons de sortir de Paris : écrit au Prince de Condé de veiller à cette affaire, 289. & suiv. Lettre de S. M. au Comte de Soissons, 292. Autre à la Maréchale - Duchesse Douairiere de Bouillon, 299. *Louis* apprend avec déplaisir l'accommodement du Duc de Parme avec les Espagnols, 301. Ses troupes sont obligées de sortir du pays des Grisons & de la Valteline. Lettre obligeante de S. M. au Duc de Rohan, 315.

Louis, mécontent des Habitants & du Parlement de Rouen, s'avance vers cette Ville : est apaisé, & retourne sur ses pas, V. 319. Ses finances épuisées par les dépenses de la guerre, 320. Délibérations dans son Conseil sur les projets de la campagne de 1637.

LO

321. Dépêche du Roi à l'Archevêque de Bourdeaux, sur la descente dans l'Isle de Sainte Marguerite, 327. 328. Autres au Duc d'Halluin à l'occasion des projets des Espagnols sur le Languedoc, 338. & suiv. Ce qu'on lui fait dire sur leur défaite à Leucate : son récit ne s'accorde pas bien avec celui de son Général, 345. 346. *Louis* lui écrit d'une maniere enjouée, en lui envoyant le bâton de Maréchal de France, 348. Amour Platonicien de S. M. pour Mademoiselle de la Fayette : intrigue pour les dégoûter l'un de l'autre. Le Roi ne peut la détourner de se faire Religieuse : va la voir à la grille. Circonstance d'une de ces visites, &c. 353. & suiv. *Louis* est agité par les scrupules que le P. Causlin, son Confesseur, lui met dans l'esprit : on fait les dissiper, 365. & suiv. Inquisition d'Etat, établie sous son regne, 374. Lettre du Roi, où se voient les projets formés après la prise de Landreci, 403. Il projette de bloquer la Capelle, &c. se met en grande colere contre Richelieu & la Meilleraie. Le Cardinal fait l'apaiser, 413. & suiv. S. M. donne dans un projet du P. Joseph, 422. 423. Affaire qui oblige *Louis* à s'avancer vers la frontiere de Picardie, 463. Il fait rendre graces à Dieu d'une victoire remportée par le Duc de Weymar, qui n'avoit aucun Régiment François : comment l'on couvre cette fanfaronade. Singularité dans sa conduite, 475. Lettre de S. M. au Comte de Guébriant qu'elle envoie au secours du Duc de Weymar, 477. *Louis* ne veut pas consentir que la Duchesse de Savoye demeure neutre entre les deux Couronnes, 492. Traité de Ligue entre S. M. & S. A. R. 496. Acte superstitieux du Roi, en vertu duquel il se flate de réussir dans toutes ses entreprises ; mais vainement, 509. Il s'opiniâtre à prendre S. Omer. Lettre qu'il écrit au Maréchal de Châtillon, &c. 515. 516. Il écrit durement à la Force, qui se justifie, 530. envoie Châtillon dans sa maison, 531. 532. fait un voyage en Picardie : enjoint à ses Généraux de chercher l'occasion de donner bataille, 532. 533. A quoi aboutirent ses efforts pour se venger de l'affront reçu à S. Omer. Il s'en retourne : a quelques accès de fievre. Evenement qui le rend joyeux, 534. 535. Dépêches de S. M. au Comte de Guébriant : elle promet plus qu'elle ne tient, 539. 540. Commission que *Louis* donne au Prince de Condé, par Let-

tres Patentes, 542. Vœu qu'il avoit fait d'une lampe à mettre devant l'Autel de Notre-Dame de Paris. Il met sa personne & son Royaume sous la protection particuliere de la Vierge. Extrait des Lettres Patentes qu'il donna dans cette occasion. Il oublia d'élever un monument qu'il y avoit promis, &c. 546. & suiv.

Le Roi est si content d'avoir un fils, qu'une maladie qui le tourmentoit se dissipe bientôt. Ce qu'il écrit aux Ambassadeurs sur cet évenement, V. 552. Dureté extrême dont il use envers sa mere, 567. Extrait d'une Lettre qu'on lui fait signer, en réponse aux propositions qu'elle avoit faites à l'Ambassadeur de France à Londres, 571. 572. Louis régrette le P. Joseph: combien il étoit coiffé de ce prétendu Saint: profit que Richelieu tire de ce préjugé, pour confirmer S. M. dans de certaines maximes qu'il lui avoit insinuées, 609. 610. Empressement du Roi pour avoir Brisac: motifs qui l'y portoient, 611. & suiv. 614. Réponse qu'on lui suggere aux instances du Roi d'Angleterre & de son épouse en faveur de Marie de Médicis, 616. 617. Artifices diaboliques qu'on employa pour armer Louis contre les remords de sa conscience, 618. Derniere réponse qu'il donne à l'Envoyé de Charles. Comment il reçoit la proposition d'Henriette de venir en France, &c. 619. Il préside au jugement criminel du Duc de la Valette, contre l'usage, & s'y comporte d'une façon fort tyrannique, 624. & suiv. dit son avis après tous les autres, & condamne son beau-frere à la mort, 631. Louis, si généreux en apparence, ne veut pas secourir pour rien sa sœur Christine, 635. Nouveau Traité entre S. M. & la Duchesse, 640. 641. Résultat du Conseil du Roi sur les démêlés de son Ambassadeur à Rome avec les Barberins, 652. 653. Sa recommandation, jointe aux sequins répandus dans le Divan, rend Amurath & ses Ministres plus traitables envers les Vénitiens. Louis reçoit une nouvelle offre de Ragotsi, 654. Ordre qu'il envoie au Maréchal de Châtillon, 677. S. M. va voir les travaux du siege d'Hesdin, &c. 679. décrit les fortifications de cette place dans une Lettre à Châtillon, 681. accorde une capitulation honorable à la garnison: annonce cette nouvelle au même: répond obligeamment au compliment du Gouverneur de la place: y entre par la breche, &c. 682. 683. Lettre qu'il écrit au Maréchal de Châtillon, 685. Louis & son Ministre, après la mort du Duc de Weymar, cherchent tous les moyens possibles d'attirer ses Officiers & ses troupes au service de la France, & d'avoir ses places, 692. & suiv. Ils sont fort mécontents du testament de Bernard. Prétentions du Roi, assez mal fondées, sur les conquêtes de ce Prince. Réponse de S. M. au Colonel dépêché par les Directeurs de l'armée du feu Duc, 696. & suiv. Traité de Louis avec ces Officiers, 700. 701. Ce qu'il fait dire au Roi d'Angleterre sur l'arrêt du Palatin son neveu, 703. Voyage de Louis en Champagne & en Dauphiné: quels en étoient les motifs, 729. 730. Entrevue de S. M. avec sa sœur Christine à Grenoble, 734. 735. Premiere démarche du Roi pour se vénger des Barberins: il fait un terrible fracas, qui aboutit à peu de chose, 737. 738. Il explique, dans une Lettre de cachet au Parlement de Paris, les raisons qu'il avoit de se plaindre du Pape & de son Ministre, 739. 740. Louis, de son propre mouvement, fait Cinq-Mars Grand Ecuyer: nomme l'Abbé d'Effiat, son frere, à une Abbaye meilleure que celle que le Cardinal lui destinoit: donne un avis salutaire à son Favori, 747. Billet de ce Prince, où il raconte à Richelieu une scene singuliere entre S. M. & Cinq-Mars, 749.

Louis XIII. devient supérieur à Philippe, par l'imprudence d'Olivarez, VI. 4. Avantage qu'il avoit sur son ennemi, 23. Lettre qu'il écrit sur la défaite des Espagnols devant Cazal. Extraits de sa dépêche au Comte d'Harcourt après une si belle victoire, 34. 35. Lettre du Roi à son Ambassadeur auprès de Christine, pour la détourner de s'accommoder avec ses beaux-freres. Espérance dont il amuse la Duchesse, 35. 36. A quelle condition il donne la liberté à Cazimir: honneurs qu'il lui rend, 43. Le Roi paroit touché de la harangue de Grotius en faveur du Palatin: se découvre au nom de la Reine de Bohême: réponse qu'il fait à l'Ambassadeur. Loix qu'il impose à Charles-Louis en lui accordant la liberté: honneurs qu'il lui rend, 46. 47. Louis fait de grands présents au Prince d'Orange, & aux principaux membres des Provinces-Unies: s'avance en Picardie, 48. Extrait d'une dépêche du Roi. S. M. résout dans son Conseil le siege d'Arras, 52. 53. Examen de ses prétentions sur

LO LO

les Duchés de Lorraine & de Bar, 60. 61. Peur qu'il eut, & ordre qu'il envoie en conséquence à l'insû de son Ministre, selon un Auteur Italien, 71. 72. *Louis* rejette une demande indiscrete de son Favori, 82. 83. Il permet à sa sœur Christine de retourner à Turin, 88. fait arrêter son principal confident dans cette Ville. Si cette expédition est conforme au titre de *Juste* qu'il prenoit, 92. *& suiv.* Maxime qu'il a approuvée en secourant les Portugais & les Catalans, 185. Il reçoit les Ambassadeurs de Portugal de la maniere du monde la plus obligeante : conclut une Ligue avec leur nouveau Roi, 187. 188. accepte la donation des Catalans. Question là-dessus, que les gens de bon sens décideront, 199. 200. S'il souhaitoit l'affoiblissement de l'armée Suédoise, comme le conjecture un politique Italien, 206. Artifice qu'on emploie pour aigrir *Louis* contre le Comte de Soissons, 218. *& suiv.* Lettre de S. M. au Maréchal de Châtillon. Affaire la plus extraordinaire de son regne : il préside au procès du Duc de Vendôme, son frere naturel, &c. 233. *& suiv.* Comment il reçoit le Duc de Lorraine. Ignorante forfanterie dans la préface du traité qu'il conclut avec ce Prince. Dures conditions du pardon qu'il lui accorde, 239. *& suiv.* Le Roi parle selon son cœur aux Ministres des Princes d'Italie, 244. S'il eut du chagrin du mariage de la Princesse d'Angleterre, sa niece, avec le fils du Prince d'Orange. Si *Louis* avoit eu le don de Prophétie, il auroit été affligé de cette alliance, 252.

Louis donne une alarme à son Ministre, suivant un Auteur Italien, VI. 302. s'avance vers la Champagne, pour prévenir un inconvénient : donne une Déclaration contre Soissons, Bouillon, Guise ; &c. 306. Circonstances qui donnent à penser que S. M. n'avoit pas le même empressement que son Ministre de se défaire du Comte de Soissons, ni d'enlever Sedan au Duc de Bouillon. Particularités que sa déclaration contient de l'intrigue des mécontents, 308. *& suiv.* Le Roi juge fort bien que le Maréchal de Châtillon n'étoit pas si blâmable d'avoir perdu la bataille de Sedan, 320. La nouvelle de la mort du Comte de Soissons fait changer les mesures que *Louis* avoit prises, 326. Il donne des Lettres Patentes pour faire condamner la mémoire de ce Prince, 327. s'opiniâtre là-dessus : comment on l'en détourne. Il se rend à Rhétel : fait assiéger Doncheri, 331. reçoit bien le Duc de Bouillon, & lui accorde des Lettres d'abolition, 335. 336. désavoue une confidence qu'il avoit faite à Cinq-Mars touchant le Cardinal, 338. Esclavage auquel il se laisse réduire, ou plûtot auquel il s'imaginoit être réduit par son arrogant Ministre, 341. Réponse qu'il avoit faite à des remontrances de Saint-Preuil. On prévient son esprit foible contre cet Officier. Lettre qu'il écrit au Duc d'Orléans au sujet de ce brave homme, 351. 352. *Louis* ratifie un traité d'alliance avec Christine Reine de Suede, 359. 360. Malgré la foiblesse de sa santé, il s'entête d'aller à la conquête du Roussillon, & même jusqu'à Barcelone, par le manege du Cardinal, 433. *& suiv.* conspire contre sa propre sûreté : projette d'emmener avec lui la Reine ; se laisse fléchir par ses larmes, & consent qu'elle demeure à Saint-Germain avec ses enfants, 335. 336. Disposition de *Louis* au regard de Richelieu : paroles qu'il répete à son Favori, 436. S. M. entre en mauvaise humeur contre son Ministre : si elle consentit à la proposition de l'assassiner, que Cinq-Mars lui fit, 437. *& suiv.* Plaisant manege du Roi & de son Favori lorsqu'ils étoient brouillés, 440. La santé de *Louis* s'affoiblit tellement, que l'on commence à craindre pour sa vie : frayeurs qui en résultent, 445. 446. Il a pu être tenté quelquefois d'user de voies de fait contre Richelieu, 447. Voyage de S. M. vers Lyon. Elle reçoit mal les propositions que le Cardinal lui fait d'éloigner Cinq-Mars, 458. 459. Preuves du consentement de *Louis* au projet d'assassiner son Ministre. S. M. savoit dissimuler, 459. 460. Elle fait la revue des troupes qu'elle destine à son expédition : poursuit son voyage vers le bas Languedoc : se chagrine contre Richelieu, 461. 462. prend plaisir à mortifier *le fourbe* : va assiéger Perpignan, nonobstant les douleurs de la goutte dont il étoit tourmenté : ne trouve qu'une fort petite maison pour son quartier, 471. reçoit bien le Maréchal Horn, & le Prince de Monaco, 472. 473. résiste aux instances de son Ministre, qui le presse de revenir à Narbonne, 474. quitte le camp à cause de la foiblesse de sa santé : retourne dans cette ville, où il est fort malade : prend des mesures pour faire la paix à l'insû de Richelieu,

LO

lieu, 476. Comment S. M. reçut la nouvelle de la difgrace que fes troupes effuyerent à Honnecourt. Son inconftance & fa diffimulation, fi le récit d'un Hiftorien eft véritable, 482. Traité entre Louis & les Princes Maurice & Thomas de Savoye, 501. 502.

Inquiétudes de Louis à Perpignan : infinuations qui le difpofent en faveur de fon Miniftre, VI. 585. Il ne confent à faire arrêter Cinq-Mars qu'après de grands combats. Sentiments de S. M. jaloufe de certains dehors d'autorité, 587. Lettres qu'il écrit à la Douairiere de Bouillon & à fa Bru, 594. Tout infirme qu'il eft, il va vifiter le Cardinal malade à Tarafcon : feinte réconciliation. Le Roi demeure toujours dégoûté de Son Eminence. Billet qu'il lui écrit, 595. pouvoir qu'il lui donne, 596. Comment il reçoit la nouvelle de la mort de fa mere, 597. Il fuit exactement la leçon que fon Miniftre lui avoit envoyée concernant fon frere, 600. 601. Lettre de cachet que Louis envoie aux Parlements, où il dépofe, en quelque maniere, contre Cinq-Mars, &c. 611. 612. Le Roi, prefque auffi malade que fon Miniftre, ne voyage pas à fi grands frais que lui, 613. Difpofition de Louis & de fon Miniftre à l'égard des Suédois, 640. 641. Lettre de S. M. au Maréchal de Guébriant, 642. Trifte fervitude de Louis. Entretiens qu'il a avec Pontis, 645. 649. 650. Soupçons & défiances entre le Roi & fon Miniftre, qui alterent leur fanté. Après avoir déchargé fa bile contre lui & contre Chavigni, S. M. accorde les demandes extravagantes du Cardinal : congédie de fa maifon honnêtement quelques Officiers fufpects à S. E. refufe de difpofer de leurs Charges, 650. & fuiv. va voir ce Miniftre mourant. Comment il fut affecté de fa mort, 654. & fuiv. Louis mande le Parlement, & lui prefcrit d'enregiftrer fa déclaration contre fon frere. Teneur de cette piece finguliere & curieufe, 657. & fuiv. S. M. par politique, fuit prefque entierement les dernieres volontés du Cardinal. Lettres qu'il écrit au Parlement, à fon Ambaffadeur à Rome, &c. 665. 666. Comment il décide fur conteftation fur le cérémoniel entre les Princes du Sang & le Cardinal Mazarin. Il ordonne un Service folemnel dans la Cathédrale de Paris pour Richelieu, 672. confent au retour de fon frere à la Cour : ce qu'il lui dit en l'embraffant. Il révoque fa Déclaration con-

tre lui : permet que la Ducheffe fa femme vienne en France, 679. On l'engage par un motif d'avarice à élargir trois Seigneurs prifonniers à la Baftille. Reproches qu'il avoit faits au Duc de Beaufort par Lettres, & à quoi il avoit voulu l'engager, 680. Il accorde le retour du Duc de Vendôme, reçoit bien fes deux Fils, & voit la Ducheffe leur mere, 681. 682. Les Miniftres du Roi font courir le bruit du rétabliffement de fa fanté. Propofition qui lui déplaît, & qui le porte à renvoyer fon Confeffeur, 683. Sa maladie augmente à un point qui ne lui laiffe aucune efpérance de guérifon. Il eft irréfolu fur la forme de Gouvernement qu'il devoit établir après fa mort. Réponfe qu'il fait touchant la Reine, qui tâchoit de diffiper fes préjugés contr'elle, 685. Ce qu'il difoit de Des-Noyers, 689. Repartie aigre qu'il fait à Mazarin, 690. Trifte état de Louis dans fes derniers mois de fa vie. Ses fentiments fur fon époufe, fur fon frere, fur Châteauneuf & fur la Ducheffe de Chevreufe. Extrait de fa Déclaration fur la Régence, 690. & fuiv. Il femble ne vouloir penfer déformais qu'à fa confcience & à la mort ; pardonne entierement à ceux dont il fe croyoit offenfé ; fait fuppléer les cérémonies omifes au Baptême du Dauphin. Pourquoi il choifit pour Parrain de fon fils le Cardinal Mazarin. Il fe réfout à la mort, & reçoit le Viatique. Exhortation qu'il fait aux Maréchaux de la Force & de Châtillon, 694. & fuiv. Il fe trouve un peu mieux, fait à la Reine un compliment qui la choque, 698. Louis reçoit l'Extrême Onction. Circonftances de fa mort, de l'ouverture de fon corps, & de fes obfeques, 702. 703.

Louis XIV. Différence entre les évenements furvenus pendant fa minorité, & ceux qui ont fuivi la paix des Pyrenées, I. Préface, xij. xiij. Il n'a pas tenu ce qu'il avoit promis au Parlement, I. 17. peu généreux, 159. Jufte louange qu'il mérite fur les duels, 179. Il plie devant le Pape, 252. Mauvaife opinion qu'il a voulu donner de fon pere & de fon grand-pere, 279. 280. 486. Il fait paffer que fes Edits feront enregiftrés avant toute remontrance, 292. Son zele mal accompagné, 299. Maxime qu'il n'a pas fuivie, 323. Précaution qu'il prit contre les foudres du Vatican, 333. Réflexion fur fon entreprife contre le Pape en 1682. 336. 337. Il fe tire

Tome VI.

moins bien d'intrigue avec Victor-Amédée, que Philippe III. avec Charles Emmanuel, 387. 388. est contraint de demander humblement la paix au Duc de Savoye, 389. a poussé l'injustice plus loin que son pere, 403. Maxime équitable qu'il a méprisée, 406. Implacable ennemi des Réformés, quoiqu'ils l'eussent utilement servi, &c. 434. Moyens qu'il a employés pour établir le pouvoir arbitraire, 442. 443. & pour réunir tous ses Sujets à l'Eglise Romaine, 486. On l'a souvent trompé par des artifices badins & ridicules, 583. Il a bien choisi, quand il a été question de l'éducation de ses enfants. Ce qui lui a déplu dans M. de Cambrai, 681. *Louis* XIV. le Roi le plus fier & le plus jaloux de son autorité : à quoi il s'est vû réduit, 692. Toujours tremblant pour sa vie. Par quel artifice on l'a rendu persécuteur de ses Sujets Réformés, 692. Idée de sa maniere de gouverner, & de son humeur guerriere, 752.

Louis XIV. a mis les vapeurs à la mode, II. 35. A quel point il s'est coëffé de la bigotterie, 46. Adulation de ses Prédicateurs, 74. Moins juste & moins religieux dans un âge avancé, que son pere encore jeune, 130. Sa fausse & superstitieuse politique, &c. 160. Maximes de son Conseil opposées à celles du Conseil de son pere, 181. 182. Il respecte peu la foi des Traités, 233. Si le zele de la Maison de Dieu le dévoroit. En quel sens il étoit bon Catholique, 255. Maximes de son Gouvernement : différence entre ce Prince & son pere. Si *Louis* XIV. régloit tout lui seul. Jusqu'où il a porté sa pleine puissance, 443. 444. Voyez 459. Sa bravoure moindre que celle de son pere, 463. 467. S'il a toujours choisi ses maîtresses, 472. Endroits par lesquels il ressembloit à son pere, 516. Supercheries des Ministres de *Louis* XIV. 538. Inquisition d'Etat sous son regne, 545. Il secourut le Portugal, contre ce qu'il avoit promis par le traité des Pyrénées, 573. Méthode abrégée de punir les Financiers sous son regne, 643. Peu s'en est falu qu'il n'ait autant persécuté les Cartésiens, que les Jansénistes & les Réformés. A quoi il a interposé son autorité, 646. Guerre sanglante qu'il entreprit pour une cause légere : droit qu'il donnoit aux autres Potentats de se liguer contre lui, 671. Il a recueilli plus que son pere les fruits des conseils de Richelieu. Faute qu'il a commise, 679. 680. Spectacles affreux qu'il a donnés en Allemagne : verset d'un Pseaume qui lui fut appliqué à cette occasion, 721. 722. Ses lettres & mémoires pleins de faussetés, 780. On le loue avec peu de fondement, 788.

Louis XIV. Il en est de son regne comme de celui de Domitien, III. 34. Mauvais état de son Royaume malgré ses conquêtes, 94. Monument de son luxe, & de son mauvais goût, 96. Il va plus rondement que son pere, & ne se met pas en peine d'amuser le peuple, 100. *Louis* XIV. plus timide que brave, 232. Il a abandonné les maximes de Richelieu, pour suivre celles des Espagnols, & a perdu de bons Sujets sans aucune raison, &c. 238. 239. Pourquoi l'on blâme très-fort ce Prince, qui aimoit les louanges à l'excès, & qui a été excessivement flaté, 272. *& suiv.* Son pere a été plus que lui un *Héros de toutes les saisons*. Parallele d'une expédition de *Louis* XIV. fort relevée par ses flateurs, avec l'affaire du pas de Suze entreprise par Louis XIII. 313. 314. *Louis* XIV. se jouoit de la foi des traités : distinction subtile dont le monde lui est redevable, 326. Il ne se piquoit pas de clémence, 357. ne s'est pas mis en peine d'imiter la générosité de son pere, &c. 425. Inquisition d'Etat établie par ses Ministres, 662.

Louis XIV. Eloge que ses flateurs n'ont osé lui donner, IV. 5. Pauvreté qu'il a dite gravement, 341. Son infidélité dans les traités, 364. il s'est humilié quelquefois auprès des Cantons Suisses, 383. Son goût pour la flaterie, 423. Il s'est appliqué à augmenter les miseres de son peuple, qu'il pouvoit soulager avec beaucoup de gloire & de facilité, 429. 430. Bassesse où sa fierté n'a pû se réduire, quoique d'ailleurs il ait rampé devant les Papes, &c. 515. 524. Mauvaise distinction qu'il allégua avec confiance, 540. 541. Style de ses manifestes & de ses déclarations, 699. Son orgueil ne s'assujétit pas aux formes ordinaires ; & personne n'a le courage de s'en plaindre. Titre qu'il a bien mérité, 711. Il s'est trop échauffé sur le chapitre de la Régale, &c. 752. Ses Conquêtes ne l'ont pas dédommagé de l'épuisement de son Royaume. Sage maxime qu'il n'a pas suivie, 760. Par quel motif il s'est rendu protecteur de l'Académie Françoise, 779. La servitude poussée loin sous son long & dur

LO

regne, 782. Ridicule où Despréaux l'a exposé, 784.

Louis XIV. a bien fu fe fervir du droit de bienféance, V. 6. Incendies commis par fon ordre, 51. Quelle doit etre fa réputation, fuivant une maxime inconteftable ? Il a été moins fcrupuleux que fon pere fur l'emploi des armes Ottomanes, 109. 110. Compte à rendre dont il n'a pas cru devoir s'occuper. S'il eft bien dédommagé de l'argent dépenfé & du fang répandu dans fes guerres, 111. 112. Ce qu'on remarquera en comparant fes lettres avec les relations exactes de fes prétendues victoires, 346. Inquifition d'Etat, pouffée fort loin fous fon regne, 374. Ceux qui firent des vœux pour fa naiffance ne favoient pas quel il devoit etre, 462. Si Louis XIV. jaloux de la gloire de fon frere, fut un grand Conquérant, 512. Il a négligé pendant plus de cinquante ans d'aquiter un vœu de fon pere, qu'on appelle, mal-à propos, le vœu de fa naiffance, 548. Il fut donné de Dieu, fans doute, ou dans fa miféricorde, ou dans fa colere. Le furnom de *Dieu-donné* n'a pas été de fon goût : celui de *Grand* a plus flaté fon orgueil. Préfage tiré de la façon dont il traitoit fes Nourrices, &c. 552. 553. Il eut fujet de fe repentir d'avoir maltraité Langallerie, 569. Il a plus gagné par des traités violés, que par des victoires, 643. tâche de perfuader aux Turcs qu'ils ne doivent pas être plus fcrupuleux que lui fur cet article, 664.

Louis XIV. eft *petit* dans des actions par lefquelles il fe flate d'avoir acquis le furnom de *Grand*, VI. 93. Il a afpiré à une Monarchie univerfelle, 245. La fin de fon regne difficile & laborieufe, pour achever l'ouvrage de fa fanctification, felon fes flateurs, &c. 292. Droit dont il s'eft fervi hautement & fans fcrupule, 394. Réferve dont il fe feroit bien trouvé, 475. 476. Il a fenti que la Fortune abandonnoit les vieillards, 635. Idée qu'on a donné en France de ceux qui s'oppofoient à fes vaftes projets, 641. Digreffion fur le furnom de Grand pris par *Louis* XIV. & fur fa dévotion, 675. On fupplée les cérémonies omifes à fon Baptême. Son parrain & fa marraine, 695. Il eft proclamé Roi après les obfeques de fon pere, 703.

Louis, Dauphin, fils de Louis XIV. ce que l'on s'appliqua à lui enfeigner. Mot agréable de ce Prince fur ce fujet, I. 681.

Louis, Landgrave de Heffe Darmftat, expofe les raifons que Mathias avoit eues pour convoquer une Diete, I. 200. fe déclare pour l'Empereur contre le Palatin, II. 220. Irruption faite fur fes terres : il eft fait prifonnier : fe rachete avec de l'argent, 435.

Louis IV. Duc de Baviere, élu Empereur, fe brouille avec fon frere, le dépouille de fes Etats. A quelle condition il les rend à fes neveux. La tranfaction qu'il avoit paffée avec eux eft caffée, II. 528. 529.

Louis-Frédéric, Adminiftrateur de Virtemberg, fe plaint des violences commifes par les gens du Comte de Tilli, &c. III. 524.

Louife de Guzman, Ducheffe de Bragance, puis Reine de Portugal : Voyez *Guzman*.

Louife Juliane de Naffau, -mere de Frédéric Electeur Palatin, tâche de le diffuader d'accepter la Couronne de Bohême, II. 162. 163.

Louife-Marie de Savoye, demandée en mariage par Maurice fon oncle, témoigne de la répugnance pour cet établiffement, VI. 498. 499. Traités où l'on ne confulte pas fon goût, 501. Elle époufe ce Prince, 636.

Louifon maîtreffe de Gafton, dont elle eut un fils qu'il refufa de reconnoître, laquelle fe retira depuis dans le Monaftere des filles de la Vifitation, V. &c. 416.

Louftelnau, Sergent de bataille dans l'armée de la Meilleraie, V. 684.

Louvain. L'Univerfité de *Louvain* fe déclare contre les Jéfuites, I. 99. Siege de cette Ville par les François & Hollandois Confédérés, IV. 744. 746. s'il fut levé par la faute du Prince d'Orange, 801. *& fuiv.* Raifons & particularités de cette retraite, 805. *& fuiv.*

Louviere, ou la Loubiere, III. 53. agit pour les intérêts du Duc d'Orléans, IV. 10.

Louvigni (Le Comte de) cadet de la Maifon de Grammont, &c. II. 733. querelle le Comte de Candale fon Rival : révele ce qu'il fait, & ce qu'il ne fait pas : invente une calomnie diabolique contre Chalais ; &c. III. 52. 53. Il lui eft confronté ; ufe d'une défaite frivole, 61. On l'enferme par façon dans le Château d'Ancenis. Le Cardinal le fait évader, & le comble fecretement de bienfaits, 63. 64.

Louvois (Le Marquis de) ne s'eft pas mis en peine des gens de Lettres. Tragédie où il a été dépeint, II. 642. il a pouffé loin la fervitude, IV. 782. Sa brutalité, 790. Réferve qu'il avoit faite à l'infu du Roi, VI. 475.

LO. LU

Mot de ce Miniftre à fon Médecin, 654.

Lowdon Pair d'Ecoffe, un des Députés des Confédérés, V. 719. fait l'apologie de leurs procédures devant le Roi, 720. Député à la Cour, il y eft arrêté à l'occafion d'une Lettre au Roi de France qu'il avoit fignée: on détourne Charles de lui faire faire fon procès en Angleterre, 722. 723. Harangue qu'il avoit faite auparavant à S. M. VI. 109. *& fuiv.* Promeffe qu'il fait, en vertu de laquelle il obtient fon élargiffement, 130. Il eft chargé de conférer avec les Commiffaires du Roi, 135.

Lucena, Secrétaire d'Etat de Dom Jean IV. Roi de Portugal, néglige d'avertir le Prince Edouard de l'élévation de fon aîné fur le thrône, &c. VI. 191.

Lucien a parlé plus jufte du ftyle hiftorique que Ciceron & Quintilien, I. *Préface.* v. Ce qu'il dit judicieufement fur les qualités effentielles à un Hiftorien, XIV.

Lude (Le Comte du) ce qu'il difoit de Luines & de fes freres, qui s'étoient mis à fa fuite, I. 393. Il eft fait Gouverneur de Gafton frere unique du Roi: fa conduite dans ce pofte, 680. fa mort, II. 152. Tour plaifant qu'un autre Comte du *Lude* joua aux Exorciftes & aux Energumenes de Loudun, IV. 560. 561.

Lude (Daillon de) Evêque d'Albi, fe rend auprès du Duc d'Halluin à l'expédition de Leucate, V. 345. leve des Soldats à fes dépens, pour le fecours de Salces, 728. fe trouve à la prife de Perpignan, affemble des Volontaires pour renforcer l'armée, VI. 630. 631.

Ludlow Gentilhomme Anglois, qui fe vante, dans fes Mémoires, d'avoir eu l'honneur d'être un des Juges de Charles I. propofition qu'il a eu l'audace de foutenir, VI. 524.

Ludovic (Le Comte) Commandant d'un corps de Croates qui eft défait, fe fauve avec une bourfe de piftoles, V. 684.

Ludovifio, nommé Nonce Extraordinaire, pour négocier la paix de l'Italie, I. 575. 577. 578. créé Cardinal, 579. preffe le Gouverneur de Milan de finir, 723. Ce qui fe paffa dans une vifite que Lefdiguieres lui fit. *Ludovifio* devenu Pape lui écrit un Bref, &c. 726. *Ludovifio*, Prélat qui n'étoit pas d'un grand mérite, ni d'une vie irréprochable: comment il fut fait Pape, II, 300. *& fuiv.* Voyez Grégoire XV.

LU

Ludovifio, Cardinal, Neveu de Grégoire XV. II. 319. 447. 523. 566. met à profit le temps du court Pontificat de fon oncle, 567. eft envoyé durement à fon Archevêché de Bologne, IV. 60.

Luines (Charles d'Albert de) qui il étoit: il vient à Paris avec deux de fes freres, trouve le moyen de fe faire connoître & de plaire à Louis XIII. obtient le Gouvernement d'Amboife, &c. I. 393. Commiffion dont il eft chargé, 481. Il travaille à la ruine du Maréchal d'Ancre, 580. 581. Artifice qu'il emploie pour l'éloigner, & pour ôter à la Reine-Mere l'adminiftration des affaires, 583. *& fuiv.* Il confirme le Roi dans ce deffein, 597. 598. 603. tremble pour lui-même, 608. Ses nouveaux artifices pour perdre le Maréchal d'Ancre, & s'enrichir de fes dépouilles, 614. *& fuiv.* 618. *& fuiv.* Il trompe la Reine-Mere, entretient une correfpondance fecrete avec les anciens Miniftres, 617. 618. Remarque fur fon procédé, 610. Artifices de *Luines* pour irriter davantage le Roi contre Concini, & contre la Reine-Mere, 621. *& fuiv.* Il prend des mefures pour faire affaffiner le Maréchal, 623. *& fuiv.* Son incertitude & fon embarras avant cette expédition, 626. 627. Impatience dont il brûle de l'exécuter. Déconcerté de ce que le coup avoit manqué, il tremble de peur, &c. *Luines* plus méchant que Concini, 628. 629. Précaution que fa crainte lui fait prendre, 630. Il empêche l'entrevûe du Roi avec la Reine-Mere après la mort de Concini, 635. ne fe preffe point d'élargir le Prince de Condé, 636. 651. 666. Procédure qu'il fait propofer au Parlement, 638. Pourquoi il ne fait pas rappeller d'abord le Chancelier de Silleri, 639. Avidité de *Luines*: fa dureté barbare envers la femme & le fils de Concini, 643. 644. Charges qu'il fe fait donner de la dépouille du Maréchal, 644. Ses artifices pour en impofer au monde, 652. Pourquoi il regarde de travers le Duc de Rohan, 653. Il amene la Reine-Mere au point où il la vouloit ; obtient du Roi que Richelieu demeure auprès d'elle, 654. 655. élude une demande de S. M. 659. Ses bonnes intentions pour les Seigneurs malcontents. Jufqu'où il portoit fes vûes, 660. 661. Murmures contre *Luines*, & contre fes freres, 663. fes intrigues & fes follicitations pour faire condamner à mort la Maréchale d'Ancre, 672. Il

LU

obtient la confiscation de tous les biens qu'elle & son mari possédoient, 674. 675.

Ce qu'on disoit de *Luines*. Inscription qu'on met sur l'appartement qu'il occupoit avec ses freres. Il laisse parler, pendant qu'on le laisse faire, &c. I. 678. 679. épouse la fille du Duc de Monbazon; met ses créatures auprès du frere unique du Roi, 679. 680. Défiance qu'un fourbe lui inspire par la révélation d'un complot imaginaire, 681. & *suiv.* Inrrigues de *Luines* pour rendre le Roi plus puissant à la Cour de Rome, 686. 687. Il partage avec les Borgheses les effets que la Maréchale d'Ancre avoit à Rome ; censure de cet accord honteux, 688. 689. Il fait le bon Catholique, 690. Son manege dans les affaires d'Italie, 705. 707. 708. Perplexité où il se trouve entre Marie de Médicis & le Prince de Condé. Ses Confidents le détournent de s'accommoder avec la Reine-Mere, 732. 733. Discours qu'il tient au Duc de Rohan, &c. 734. Il craint d'irriter les Protestants. Entreprise qu'il fait échouer, en voulant la conduire, 736. 737. Pourquoi il engage le Roi à convoquer une Assemblée de Notables à Rouen, 751. 752. Il ne veut que tromper le Peuple, 753. 754.

Luines. Comment il tâche de gagner les Borgheses, II. 3. 4. Il recherche l'amitié du Duc d'Epernon : se brouille avec lui, 6. 7. irrite le Roi contre ce Seigneur, &c. 7. 8. envoie un espion à Metz: comment il y fut reçu, 9. Appréhension où étoit *Luines*: il tâche de gagner le Duc de Mayenne : prend le Gouvernement de l'Isle de France, 10. ses artifices pour retenir la Reine-Mere à Blois, 19. 20. Il tâche de gagner son Confesseur, 20. Acte qu'il extorque de S. M. Sécurité où il vit, au moyen de cette piece, 21. 22. Il éloigne Déageant du Conseil & des affaires, 22. 23. Pourquoi le Roi se défioit souvent de *Luines*, 34. Il recherche le Duc d'Epernon, 40. Indolence merveilleuse dans laquelle il vivoit, 68. Ce qu'il fait pour gagner ce Favori. Il néglige tous les avis qu'on lui donnoit sur l'évasion prochaine de la Reine-Mere, 70. 71. Embarras où il se trouve, &c. 73. & *suiv.* On n'a gueres vû un plus indigne Favori, 76. Animosité de Paris contre *Luines*. Comment il veut engager le Parlement à poursuivre Epernon, 78. 79. A quoi il veut amener la Reine-Mere. Il gagne l'Abbé Rucellaï, 80. Manege de *Luines*, 87. Il étoit plus

LU

attentif à soutenir sa fortune, qu'à ce qui se passoit au dehors, 102. Projets échoués par son indiscrétion. Il exhorte le Roi à la paix, 104. redoute l'esprit de l'Evêque de Luçon ; se défie des Ministres, &c. 107. 108. reçoit agréablement l'Abbé Rucellaï, & lui donne part à sa confidence & aux affaires, 109. Il écrit le premier au Duc d'Epernon, 113. Intentions secretes de *Luines* sur le retour de la Reine-Mere à la Cour, 116. 117. 118. Peur qu'il a de l'Evêque de Luçon, *ibid.* Il est créé Duc & Pair, &c. 120. va faire la révérence à Marie de Médicis à Monbazon, est bien reçu : entretien particulier qui gâte tout, 121. 122. Défaite dont il use pour éloigner S. M. de la Cour, 123. Il renvoie Déageant à Grenoble, 124. va tirer le Prince de Condé de sa prison, 150. ses liaisons avec S. A. 153. Il obtient le Gouvernement de Picardie. Les émissaires de Rome & de Madrid le gagnent, & l'incitent à la guerre contre les Réformés, 158. 159. Il engage le Roi à se déclarer pour l'Empereur : obtient le cordon bleu. Rapidité de sa fortune, & de celle de ses freres. Déchainement de la Cour & de la Ville contre eux, 172. 173. Il suit aveuglément toutes les impressions qu'on lui donnoit par le Jésuite Arnoux, &c. 173. 174. Chagrin qu'il essuie au Parlement: comment il s'en venge, 177. Sa conduite inconstante dans l'affaire de l'Assemblée de Loudun, &c. 177. & *suiv.* Nécessité où il se trouve de se tenir sur ses gardes, 180. 183. & *suiv.* Il travaille à se fortifier contre ses ennemis, 186. 187. Embarras où il se trouve, &c. 188. & *suiv.* 199. 200.

Luines ne suit point le Roi à la tranchée devant le Château de Caen. On se moque de sa poltronerie, II. 207. 208. ses Confidents l'engagent à lier une intrigue avec l'Evêque de Luçon, 210. Il commence à parler d'un ton plus haut, 211. Comment lui & ses freres étoient désignés par un Envoyé du Maréchal de Bouillon, 212. Pourquoi il dispose le Roi à pardonner aux Seigneurs du parti de la Reine-Mere, 214. Chagrin qu'il conçoit contre Bassompierre. Il ne se presse pas de procurer la pourpre à Richelieu, &c. 215. 216. Ce qui le confirme dans la pensée d'éloigner Bassompierre de la Cour, 217. Reconnoissance que l'Empereur lui témoigne, 227. 228 Il écoute une proposition favorable à ses projets ambitieux : presse S. M.

V v v v v iij

LU

de se faire obéir par les Bearnois, 230. 231. Accusé publiquement de mauvaise foi, ce qu'il fait pour mettre son honneur à couvert, 237. Il engage le Roi à faire la mine à Bassompierre. Comment cela s'ajuste. Paroles basses & ridicules de *Luines*, 264. 265. Il est plus fin que Condé. Pourquoi il vouloit la guerre, 276. 277. Ses intrigues pour engager Lesdiguieres à se désister de ses prétentions à la dignité de Connétable, 289. & *suiv.* '*Luines* & les Ministres de France jouent l'Evêque de Luçon à la Cour de Rome, 296. & *su.v.* Son dessein de pousser les Réformés à bout, &c. Il pense à faire arrêter Lesdiguieres : comment il est détourné de ce dessein, 335. & *suiv.* Le Duc de *Luines* est fait Connétable de France, &c. 337.

Luines est entêté de la guerre. Mesures qu'il prend. Ce que dit de lui le Duc de Rohan, &c. II. 342. 343. Il promet ce qu'il n'a pas dessein de tenir, 344. 353. & *suiv.* Son arrogance insupportable, 363. Le Roi commence à s'en dégoûter, 365. 366. *Luines* se charge des Sceaux après la mort de du Vair. On crie contre lui : on se moque de sa vanité, 371. Il porte le Roi à entreprendre le siege de Montauban, sur les intelligences qu'il avoit dans la place, 391. ne suit pas les bons avis qu'on lui donne, 392. 393. Sa superstition ridicule : il met sa confiance dans un Moine fanatique. S.M. se dégoûte de plus en plus de *Luines*. Réponse de celui-ci à un avis que Bassompierre lui donne, &c. 395. 396. Il a une conférence avec le Duc de Rohan, 398. 399. On crie contre le Favori à l'occasion de la levée du siege de Montauban, Lettres qu'il écrit en forme d'apologie : réponses que l'on y fait, 402. 403. Trait qui l'irrite contre le Parlement de Toulouse, &c. 404. Il découvre quelques intrigues de Lesdiguieres, &c. 405. s'apperçoit de l'ingratitude du Jésuite Arnoux; le fait disgracier; compliment qu'il lui fait, &c. 418. & *suiv.* Mort du Connétable de *Luines* : ses meubles & son équipage sont pillés, &c. Satires publiées contre lui, 421. Sa veuve, cause d'une fausse couche de la Reine, a ordre de sortir du Louvre : épouse le Duc de Chevreuse, 457. 458.

Luines (Le Duc de) Volontaire au siege d'Arras, VI. 54. 56. 72. est appellé au procès du Duc de Vendôme, 235.

Lullin (Le Marquis de) dépêché au Roi par la Duchesse de Savoye, &c. V. 733. 734.

LU

Luna (Dom Manrique de) est fait prisonnier au combat de Carignan, III. 482.

Lunsford (Le Chevalier) est pourvu du poste de Lieutenant de la Tour de Londres. Chaleur des Puritains pour l'en dépouiller, VI. 521. 522.

Luthériens (Les) abandonnent les hypotheses de S. Augustin sur la Grace & sur la Prédestinalion, que *Luther* avoit adoptées, I. 100. Surprise où ils sont de voir leur Doctrine sur ces points condamnée par les Réformés, qui les pressent de se réunir à eux, II. 94. 95. Préjugé qui les engage à favoriser Ferdinand II. contre Fréderic. Ils en furent punis dans la suite, 169. 382.

Lutz (Le Baron de) Agent du Marquis d'Ancre, de quoi il sollicite le Duc de Guise. I. 147. tué par le Chevalier de Guise. Divers personnages qu'il avoit faits, 172. Son fils envoie un Cartel au Chevalier, se bat avec lui, & est tué, 178. 179.

Lutzen (Bataille de) où les Suédois remportent la victoire, malgré la mort de Gustave, IV. 177. & *suiv.*

Lutzow (Conrad de) Conseiller Aulique, & Plénipotentiaire de l'Empereur à Hambourg pour le reglement des Préliminaires de la paix, VI. 359.

Luxembourg (Le Duc de Piney-) joint le Prince de Condé avec trois cents chevaux. Son quartier est enlevé, &c. I. 462. Il assiste à la Conférence de Loudun, 499.

Luxembourg (Leon d'Albert Duc de) appellé auparavant Brantes, frere de Luines, est envoyé vers la Reine-Mere à Angers, &c. II. 187. 216. obtient le Gouvernement de Brouage, 217. est taxé d'ingratitude envers Luines, son aîné, 421. sert au siege de Montpellier, 515.

Luzerne (La) Gentilhomme de Normandie, II. 209.

Luzignan (Le Marquis de) surprend Clerac pour les Réformés, II. 461. conduit du secours dans Castres, 718.

MA

MACHAUT, Intendant de Languedoc : commission que le Cardinal lui envoie, III. 639. Il condamne à la mort le Vicomte de Létrange, IV. 150. 151. est chargé d'informer de l'affaire de Fontarabie, V. 556. 624. 625.

TABLE DES MATIERES.

M A

Machiavelli, Patriarche Titulaire de Constantinople, est Nonce extraordinaire du Pape à Cologne, VI. 63.

Mac-Guire : *Mac-Mahon*. Voyez *Guire* : *Mahon*.

Madaillan, Chef d'une troupe de *Croquans*, fuit honteusement, & se sauve hors du Royaume, V. 333. *Madaillan* scélérat qui accuse à faux le Duc d'Epernon d'un noir complot, VI. 432.

Maestro (Le P.) Jésuite, entre dans une intrigue pour perdre Buckingam, II. 612. 613.

Magalotti avoit beaucoup de pouvoir sur l'esprit d'Urbain VIII. qui le fit Cardinal. Son inclination pour les Espagnols, II. 568. 686. 687. Remontrance qu'il fait au Cardinal Barberin, 694.

Magalotti, frere du Cardinal, donné pour Conseiller au Légat Barberin son neveu, meurt en France, II. 710.

Magdebourg assiégé, pris d'assaut & saccagé par le Comte de Tilli, IV. 16. 17. Cette ville est prise sur les Suédois par l'Electeur de Saxe joint aux Impériaux, V. 127.

Magistrats : combien il est indigne d'eux de s'ériger en flateurs, III. 272. 273.

Magnac, espion du Duc de Savoie à la Cour de France, surpris, arrêté, & roué vif, I. 190. 191.

Magnificences. Pourquoi l'an 1612. fut nommé l'an des *Magnificences*, I. 140.

Magno (Le P.) Capucin Milanois, se fait nommer au Cardinalat par le Roi de Pologne, V. 72.

Mahon (Hugh. Ogte-Mac-) Colonel Irlandois, fait confidence de la conspiration tramée par les Catholiques à un de ses amis, Protestant Irlandois, VI. 414.

Maia, Religieux Portugais, se donne des mouvements pour augmenter le nombre des Cohjurés contre les Espagnols, VI. 59.

Majesté, Titre réservé autrefois aux Empereurs d'Allemagne : comment les Rois l'ont acquis, VI. 171.

Maillant (Charles) Jésuite, Confesseur de Louis XIII. inspire divers scrupules à ce Prince, IV. 592. se joint aux Théologiens qui sollicitent Gaston à consentir à la dissolution de son mariage, 670.

Maillé, Comté, érigé en Duché-Pairie sous le nom de Luines, II. 120.

Maillé (Le Comte de) envoyé à la Cour par le Duc d'Epernon, IV. 130. Expédition où il est présent, 325.

M A

Maine (Le) Conseiller d'Etat, est envoyé à Loudun, &c. II. 157. 158. a ordre de courir en Guienne, pour prévenir les desseins du Duc de Mayenne, 187.

Maintenon (Charles d'Angennes Seigneur de) un des Députés pour la Noblesse aux Etats, &c. I. 322. 326.

Maintenon (Madame de) sa fortune surprenante, & inouïe, VI. 486.

Maître (Le) fameux Avocat, présente les Lettres du Chancelier Seguier au Parlement de Paris : se retire à Port-Royal peu de temps après, V. 64.

Malandris, Gouverneur de Montmedi, enleve un quartier de l'armée du Maréchal de Châtillon, &c. V. 410.

Malause (Le Marquis de) se laisse enfermer dans une Eglise ; est obligé de capituler, II. 397. est opposé au Duc de Vendôme, 485. Il traverse les desseins du Duc de Rohan, III. 164. 181.

Malevet ou *Mallerai*, un des Députés pour porter au Roi les cahiers de l'Assemblée de Grenoble, I. 446. Commission que lui donne une Assemblée convoquée à Sainte-Foi, II. 367. 368.

Malines (L'Archevêque de) est envoyé par l'Assemblée des Pays Bas Catholiques, pour faire des propositions aux Etats Généraux des Provinces Unies, IV. 224. 231. signifie un Monitoire du Pape à la femme de campagne du Duc de Lorraine ; puis un autre à ce Prince, V. 655. 656. est du Conseil établi après la mort du Cardinal-Infant, VI. 347.

Malleville homme de Lettres de la Société qui fut érigée en Académie contre ses vœux, & Secrétaire du Maréchal de Bassompierre, IV. 777. 780.

Malte. Les Chevaliers de *Malte*, Pirates par un motif de Religion, II. 15.

Mambrun (Le P.) Jésuite, assiste de Thou à la mort, VI. 621.

Manchester (Le Comte de) de la Maison de Montaigu, est affligé des liaisons du Lord Kimbolton, son fils aîné, avec les Puritains, VI. 550. 551.

Mandelli (Le Comte) dépêché à Mantoue par le Gouverneur de Milan, VI. 26.

Mandeville (Le Vicomte de) Seigneur Anglois, porté pour les Confédérés d'Ecosse, VI. 136.

Mangeant, Envoyé de France à Turin, tâche de rassurer Charles Emanuel qui se défie du

MA

nouveau Gouverneur de Milan, I. 496. Ordres qu'il reçoit, &c. 497. Il porte au Gouverneur de Milan une Lettre du Roi, 571.

Mangot sert utilement le Marquis & la Marquise d'Ancre, & en est bien récompensé, I. 192. est fait Secrétaire d'Etat, 511. est dépêché au Duc de Longueville, &c. 536. l'engage à s'accommoder avec la Reine-Mere, 557. On lui donne les Sceaux. Rapidité de son avancement, 581. Il se donne de grands mouvements pour conserver le maniement des affaires à Marie de Médicis & à Concini, 598. Perplexité où il se trouve, par un faux avis, 622. Embarras où le met la mort du Maréchal d'Ancre. Démarches qu'il fait. On lui ôte les Sceaux, 640. 641.

Mangot de Villarceaux, Maître des Requêtes, maintient les Habitants de Castelnaudari dans le service du Roi, IV. 149.

Manicamp, Gouverneur de Colmar, remporte quelques avantages sur les Impériaux. Avis qu'il donne à la Cour, V. 74. Il y est envoyé par le Duc de Weymar: rapporte au Roi des paroles de ce Prince qui produisent quelque effet, 352. ne conserve pas des Forts dont la garde lui avoit été confiée, 353. se distingue au siege de S. Omer, 523. est rappellé à la Cour, VI. 695.

Mansel (Le Chevalier) choisi par Charles I. pour commander la flote Angloise, VI. 553.

Mansfeld (Ernest de) qui il étoit. Il amene des troupes au secours des Bohémiens, arrête les progrès des Impériaux; est mis au ban de l'Empire. Cela ne sert qu'à l'animer davantage, &c. II. 33. 131. Il fait tête au Comte de Buquoi: est presque entierement défait. Grand Capitaine que la mauvaise fortune accompagnoit, & n'abattoit pas, 133. Il tâche de profiter de l'absence de Buquoi: fait peu de progrès en Bohême, 149. Mécontent de Frédéric, 169. Il tâche d'arrêter les Impériaux par ses artifices, 246. 247. Sa constance après la déroute de Prague: il recueille les débris de l'armée de Frédéric, & se maintient dans un canton de la Bohême, 249. 250. Chassé des places qu'il y occupoit, il se retire dans le haut Palatinat, 382. ses expéditions dans ce pays. Ne pouvant plus s'y maintenir, il a recours à la ruse, trompe le Duc de Baviere, & se retire vers le bas Palatinat, 384. 385. Ses exploits dans ce pays & en Alsace. Méthode que les Princes de l'Empire ont prise de cet Avanturier, appellé

MA

l'Ulysse d'Allemagne, 387. 388. Bizarrerie de cet homme singulier, 389. Offres que lui fait l'Archiduchesse Isabelle. Il congédie son Agent, quand il apprend l'arrivée du Roi de Bohême: fait donner Tilli dans une embuscade, & le défait, 432. 433. Projet qu'il avoit formé de s'établir en Alsace. Il oblige l'Archiduc Leopold à lever le siege de Haguenau, 434. 435. fait irruption sur les terres de Darmstat, emmene le Landgrave prisonnier: échec qu'il essuie dans sa retraite, 435. Il se joint à l'Administrateur de Halberstat: leurs expéditions: le Roi de Bohême les congédie, 436.

Mansfeld est recherché de tous côtés, &c. II. 488. & *suiv*. Il porte la désolation en Lorraine; s'avance jusques aux frontieres de la Champagne; a une entrevue avec le Maréchal de Bouillon, &c. 490. 491. Le Duc de Nevers l'amuse, &c. 492. & *suiv*. Religion de *Mansfeld*, 493. Mésintelligence entre lui & Halberstad, &c. 494. On les raccommode. Ils marchent au secours des Provinces-Unies; en viennent à une bataille contre les Espagnols. Belle retraite de *Mansfeld*, 495. 496. Il joint le Prince d'Orange, 497. prend des quartiers dans l'Oostfrise & dans l'Evêché de Munster, 499. On le met de toutes les parties où il est question d'attaquer la Maison d'Autriche: il est recherché par la Cour de France qui le traitoit de Bandolier, &c. 564. 596. Maxime dont il s'accommodoit. Ses entreprises dans la Westphalie, 573. 575. Il va en France & en Angleterre: comment il y est reçu, & propositions qu'il y fait, 600. 601. Il cherche parti en divers lieux. Expédition dont il est chargé par le Roi d'Angleterre, sans succès, 658. & *suiv*. Il perd ses troupes Angloises: tâche de se joindre au Roi de Danemarck, 699.

Mansfeld se charge d'une expédition: prétend joindre Bethlem Gabor dans la Silésie. Son armée est mise en déroute: il en forme une autre. Embarras où il se trouve dans cette Province: il s'échape en Hongrie: ses Soldats se débandent: il passe sur les Terres du Grand Seigneur. Sa mort: il veut expirer debout. Portrait d'après nature qu'en fait un Vénitien, &c. III. 67. & *suiv*. 70.

Mansfeld (Un Comte de) commande une armée Impériale en Suabe, III. 204. fait arrêter le Général Goetz avec ignominie, V. 600.

TABLE DES MATIERES. 897

MA

600. prend sa place, & n'ose rien entreprendre, 605. 606.

Manti Vice Amiral de France, II. 723. 724. *Mauti* Capitaine de Vaisseau, V. 323.

Mantoue : siege de cette Ville converti en blocus, III. 402. 403. Elle est surprise & saccagée, 471. & *suiv*. Ducs de *Mantoue* : Voyez *François, Ferdinand, Vincent, Charles* de Gonzague.

Manuel (Dom Augustin) entre dans un complot contre le nouveau Roi de Portugal, & y engage plusieurs autres, VI. 380. est puni de mort, 384.

Manwaring (Roger) Docteur Anglois, prêche devant le Roi une Doctrine qui déplaît à ses Compatriotes, III. 131. 132. Il est condamné par le Parlement, & récompensé par S. M. 193. 299. Ce qui est relevé dans la Chambre des Communes, VI. 120. 258.

Maqueda (Le Duc de) Général des galions d'Espagne dans un combat naval contre les François, VI. 373. est maltraité par le Comte-Duc, 485.

Maraccini Officier de l'Empereur, sous l'Electeur de Saxe, à la bataille de Witstock, V. 128. est battu à Chemnits, 661.

Maradas (Dom Balthazar de) Officier de l'Empereur, prend deux places en Bohême, II. 382. retient les Habitants & la Garnison de Prague dans le devoir, IV. 481. a part au commandement des Troupes, 482. prend Straubinguen, 632.

Marais (Des) Lieutenant des Gardes du Prince de Condé, est dépêché pour négocier avec le Duc de Rohan, I. 235.

Marais, Valet de Chambre qui divertissoit le Roi, en imitant les Courtisans, III. 378.

Maraldi, Prélat Italien, confere avec le Maréchal de Crequi sur le mariage de Gaston, IV. 536.

Marca (Pierre de) dans la suite Archevêque de Toulouse, puis de Paris, habile, mais ambitieux, tourne les Canons à sa maniere, par complaisance pour Richelieu, IV. 319. Témoignage tiré d'une de ses Lettres, VI. 581. Ce qu'il écrit sur le Procès fait au Duc de Bouillon, à Cinq Mars & de Thou, dont il étoit un des Commissaires, 616. 617.

Marcheville est envoyé en diverses Cours d'Allemagne : ce que portoit son instruction, III. 123. & *suiv*. 127. Il est dépêché au camp devant la Rochelle, par Gaston, &c. 230. est fait Ambassadeur à Constantinople : s'y con-

Tome VI,

MA

duit imprudemment ; se brouille avec son Prédécesseur ; est chassé outrageusement, IV. 539. 540.

Marcillac, Gentilhomme qui avoit passé du service du Prince de Condé à celui de la Reine, maltraité par l'ordre de ce Prince, &c. I. 353. & *suiv*. Il trahit la Reine-Mere pour gagner les bonnes graces de Luines, 618.

Marco (Dom) de Lima y Ravia, Gentilhomme Portugais, Gouverneur de la Capelle pour les Espagnols, capitule avec trop de précipitation : est condamné à perdre la tête, V. 417.

Maréchal de France, dignité autrefois considérable, honteusement prostituée, I. 545. 644. Eblouissement que donne ce titre, qui ne donne d'autorité qu'autant qu'on est employé, II. 485. Dignité *encanaillée*, 575.

Marescot, Secrétaire du Roi, est envoyé à Loudun, &c. II. 158.

Marescot, Conseiller d'Etat, est insulté par le Duc de Chevreuse, II. 293. Légere réparation qui lui est faite, 295.

Margarit (Dom Joseph) Envoyé des Catalans vers Louis XIII. réponses qu'il fait au Cardinal de Richelieu, VI. 363. Il fait les fonctions de Viceroi de Catalogne, jusqu'à ce que le Roi en nomme un, 635.

Marguerite de Valois, premiere femme d'Henri IV. avertit la Régente des révélations de la d'Escouman, &c. I. 53. Sa mort. Conduite, caractere & mœurs de cette Princesse, 377. 378. Son mariage célébré sans dispense du Pape, II. 633.

Marguerite d'Autriche, femme de Philippe III. Roi d'Espagne, meurt, I. 88.

Marguerite de Lorraine, seconde sœur du Duc Charles IV. premieres démarches pour son mariage avec Gaston, III. 369. 370. Conclusion de cette affaire, IV. 14. Elle s'échappe de Nanci, & va joindre le Duc son époux à Bruxelles, 348. 349. Embarras où elle se trouve par la division entre son époux & la Reine-Mere, 403. & *suiv*. Procédures contre *Marguerite* au Parlement de Paris, 447. Assurances que MONSIEUR lui donne après son retour en France, qui la consolent beaucoup, 666. 667. Elle reçoit la visite du Cardinal-Infant, 673. se retire à Anvers au premier bruit de la marche des François & des Hollandois vers Bruxelles, 738. fait représenter son droit à Rome, 755. Quoique le Roi consente qu'elle vienne en France, elle

Xxxxx

ne peut se résoudre à entrer dans le Royaume qu'après la mort de S. M. VI. 679.

Marguerite de Gonzague, Duchesse de Lorraine, rend visite à Marie de Médicis sa tante : dans quelle vue, &c. I. 88. 89. ses démarches pour soutenir les droits de ses filles, 764. 765. Elle va voir le Roi à Troyes : à quelle intention, III. 443.

Marguerite de Savoye, Veuve de François Duc de Mantoue, I. 179. soumise aux volontés de son pere, feint une grossesse. Tentatives pour la retirer des Etats de Mantoue avec sa fille, 181. 182. Elle cesse de feindre, tâche d'avoir sa fille, part pour Turin sans elle, 184. 185. la sollicite de se remarier, IV. 62. Piege qu'elle tend au Duc de Mantoue. Embarras qu'elle lui suscite. Obligée de se retirer, elle va à Madrid. On la fait Vicereine de Portugal, 335. *& suiv.* est fort gênée dans cet emploi, V. 441. Avis réitérés qu'elle donne au Roi d'Espagne, & qui ne sont pas écoutés, 446. Elle est méprisée & insultée ouvertement par les Portugais, 447. Crainte qu'elle inspire aux Conjurés, VI. 145. 146. Sa conduite au jour de la révolution : les Conjurés la retiennent. Elle essuie une réponse brusque : est réduite à remettre la Citadelle, & à quitter le Palais, &c. 167. *& suiv.* Elle sortit du Portugal avant l'emprisonnement du Prince Edouard, 380. Le Comte - Duc empêche qu'elle ne vienne à Madrid : la laisse manquer des choses nécessaires à la vie. Plainte vive qu'elle fait à Philippe, 484. 485. *Marguerite* de Savoye vient à Madrid aider la Reine à ruiner le Comte-Duc : a des audiences secretes du Roi malgré les précautions de la Comtesse d'Olivarez, & découvre à S. M. bien des choses concernant son Ministre, 673.

Marguerite de Médicis, niece de la Reine Mere, &c. III. 117. 118.

Mariana, Jésuite : son Livre *De Rege & Regis institutione* condamné par le Parlement de Paris, I. 21.

Marie de Medicis, nommée Régente pendant l'absence d'Henri IV. son mari ; sacrée à S. Denys, I. 13. Après la mort de ce Prince, déclarée Régente, 14. 15. Réflexions des Sages sur cette Reine, & sur ses confidens, 15. 16. Son discours au premier Lit de Justice de son fils : sa dissimulation, 17. Elle récompense ceux qui l'avoient bien servie, 18. Intrigues au commencement de sa Régence, 19. 20. Politique de ses Ministres envers les Seigneurs qui demandoient place au Conseil, *ibid.* Idée que ses Confidents lui avoient inspirée. Son Conseil se résout à secourir Juliers, 25. 26. Elle a soin de contenter tout le monde, 26. presse le Prince de Condé de revenir, conçoit de l'ombrage de sa grande suite, fait armer les Parisiens, &c. 27. *Marie* traverse la réunion de Condé & de Soissons, 28. Autant dévouée à la Cour de Rome qu'à celle de Madrid, elle sursoit l'Arrêt du Parlement contre un Livre de Bellarmin, 42. Pourquoi Sulli ne lui plaisoit pas, 43. 44. Elle consent à deux propositions de Soissons, 48. Soins qu'elle prend de terminer des querelles des Grands, 49. *& suiv.* Elle consent volontiers à éloigner Sulli des affaires, 52. Instruction qu'elle fait donner au Cardinal de Joyeuse partant pour Rome, 59. 60. Plaintes qu'elle y fait contre le Duc de Savoye, 60. 61. Elle n'a point d'égard à celles de ce Prince, 61. Déterminée à abandonner les desseins d'Henri, ce qu'elle répond aux propositions du Sénat de Venise, 62. Dans l'impatience de congédier l'armée du Dauphiné, elle presse le Duc de Savoye de désarmer, 63. Conseil qu'elle lui donne : elle congédie ces troupes, 64. fait quelques démarches en faveur du Savoyard : ombrages qu'elle sembloit prendre contre l'Espagne dissipés, 65. Résolue de protéger Geneve & le pays de Vaux, elle oblige le Duc de Savoie à désarmer, 68. *& suiv.* Raison particuliere qui l'engage à ne point souffrir qu'on donne au Pape le titre d'Antechrist, 80. Méthode qu'elle suit à l'égard des Protestants : elle tâche d'apaiser les troubles d'Aix-la-Chapelle, 82. *& suiv.* rejette la proposition du mariage de son Fils avec la Princesse de Lorraine ; donne du mécontentement au Comte de Soissons, 89.

Fausses maximes de Politique dont *Marie* de Medicis est prévenue, I. 122. 123. Elle conclut le double mariage entre la France & l'Espagne, & le fait passer au Conseil, 124. *& suiv.* Embarras où elle se trouve à l'occasion d'un Arrêt rendu contre les Jésuites, 128. *& suiv.* Ce qui avoit apaisé sa douleur. Divertissemens où elle s'amuse. Sa prodigalité. Elle semble négliger les Princes du Sang, 138. Les malins lui attribuent de l'inclination pour le Chevalier de Guises

TABLE DES MATIERES.

MA

139. Dans quelles vûes elle envoie un Ambaffadeur extraordinaire en Angleterre, 142. 143. Elle mécontente Lefdiguieres, abaiffe le parti des Ducs de Guife & d'Epernon, 144. 145. Embarras que lui caufent les mauvais confeils qu'elle écoute. Ce qu'on lui fait entreprendre contre le Duc de Rohan, 147. & *fuiv*. Remede que fon Confeil trouve à un inconvénient qui fuivit la féparation de l'Affemblée de Saumur, 151. 152. Empreffement qu'elle témoigne pour marier fa Fille Chriftine au Prince de Galles, 157. 158. Elle fe réferve le Gouvernement de Normandie, 160. éloigne les Miniftres du fecret des affaires, mortifie Silleri, 161. Nouveau parti à la Cour. *ibid*. On l'engage à empêcher les délibérations de la Sorbonne fur un livre du Jéfuite Becan, 162. 163. Colere de la Régente contre les Guifes, calmée, puis ranimée par la fierté de leur mere, 172. 173. Elle élude la demande du Gouvernement du Château-Trompette pour le Prince de Condé : prend la réfolution de fe raccommoder avec les Ducs de Guife & d'Epernon : Converfations qu'elle à avec Baffompierre pour cet effet, 174. 176. 177. Ses talens pour gouverner inférieurs à ceux de Catherine de Médicis, 176. Elle a un entretien fecret avec Jeannin, donne des marques de diftinction au Duc d'Epernon : fa belle humeur, &c. 177. 178. envoie vifiter le Chevalier de Guife qui s'étoit battu en duel, 179. s'oppofe aux deffeins du Duc de Savoye contre la Maifon de Mantoue, 182. Menaces qu'elle fait au Marquis d'Ancre, 189. Sa bonté pour cet homme & pour fa Leonora, 191. Elle fe réfout d'envoyer un puiffant fecours à la Maifon de Mantoue. Son ardeur fe ralentit, 191. 192. *Marie* foutient mal l'honneur du Royaume, 196. Dans quelle vûe elle écoute la propofition de marier fa fille Chriftine avec Charles Prince de Galles, 198. Réponfe qu'elle fait aux remontrances du Nonce fur ce fujet, 199. Son embarras fur l'affaire de Mantoue : repréfentation qu'on lui fait : elle donne plus de fignes de vie; prend la voie de la négociation, 208. & *fuiv*.

Alarmes que la retraite du Prince de Condé & de plufieurs Seigneurs mécontens donne à *Marie* de Médicis, I. 225. & *fuiv*. Lettre circulaire qu'elle écrit fur ce fujet, 228. 229. Ample réponfe qu'elle fait au

MA

Prince de Condé : ce qu'elle y promet fort à propos, 231. 232. Elle fait lever fix mille Suiffes, eng ge le Duc de Rohan à fe défaire de la Charge de Colonel de ces Troupes, 232. ménage les principaux d'entre les Réformés, 235. Divifion dans fon Confeil fur les demandes du Prince de Condé & de fon parti pour leurs intérêts particuliers, 242. 243. Traité conclu entre la Régente & le Prince, 245. 246. Ménagemens qu'elle a pour le Pape, 249. 251. Affaires qui la chagrinent, 252. Elle envoie le Marquis de Cœuvres au Duc de Vendôme, &c. 253. 254. amene le Roi en Poitou & en Bretagne, 257. & *fuiv*. Fautes que fa fauffe politique lui fait commettre, 262. & *fuiv*. Elle s'entremet pour accommoder le Roi d'Efpagne & le Duc de Savoye, &c. 271. 273. n'eft pas contente de la négociation de Rambouillet, 275. Son fils, devenu majeur, lui laiffe le foin de gouverner l'Etat, 280.

Vûes de *Marie* de Médicis dans l'affemblée des Etats, I. 288. 289. Artifices de fes Miniftres pour mettre la divifion entre les Chambres, 300. 301. 304. 308. Embarras où elle fe trouve par un démêlé du Duc d'Epernon avec le Parlement, 316. La Reine & fes Confidens ufent de toute leur adreffe pour empêcher que les Etats Généraux ne prennent connoiffance de l'adminiftration des Finances, 319. & *fuiv*. Son obéiffance aveugle aux volontés du Pape, 340. Démarches qu'elle fait pour contenter le Clergé, 349. Brouillerie entre Sa Majefté & le Prince de Condé, 353. & *fuiv*. Elle preffe la conclufion des Etats Généraux, 355. & *fuiv*. 362. Si elle reffembloit à la femme forte dont parle Salomon, 361. Artifices de Sa Majefté & de fes Miniftres fur les demandes principales des Etats Généraux, 372. & *fuiv*. Embarras que lui caufent les affaires d'Italie, 378. 379. Elle auroit voulu voir l'orgueil du Duc de Savoye humilié, 380. Pendant qu'elle femble ne penfer qu'aux divertiffemens, elle roule des chofes bien différentes dans fa tête, 390. 391. Ce que fes Miniftres lui infinuent fur les démarches du Parlement. Elle fait défendre au Prince de Condé de s'y trouver, 397. Ce qu'elle dit à Servin, 397. 398 & aux Députés du Parlement, 404. 405. Elle tâche de ménager les Réformés, entretient une grande correfpondance avec du Pleffis

TABLE DES MATIERES.
MA

Mornai, 405. Son dépit & sa colere contre les Remontrances du Parlement, 414. 416. 418. 420. Attention qu'elle fait à un Libelle, 422. Ce qu'elle dit aux Gens du Roi, 423. 424. Elle presse le voyage de Guienne pour le mariage du Roi, 424. 425. s'accommode avec le Parlement, 426. & *suiv*. tâche d'engager le Prince de Condé au voyage de Guienne, 428. Démarche imprudente où ses Confidens l'engagent, 430. Elle se met en état de renverser les projets du Prince : embarras où elle se trouve, 431. 432. presse le voyage, &c. 439. ajoûte foi aux insinuations de Concini & de sa femme contre le Duc d'Epernon & les Silleris, &c. 440. part pour la Guienne après avoir négligé plusieurs bons avis, 440. & *suiv*. fait arrêter le Président le Jai, 442. favorise Guise, plutôt qu'Epernon, 449. fait déclarer Condé & ses adhérans rebelles, &c. 451. suit de mauvais Conseils, mécontente le Duc de Rohan, 454. Son imprudence, 456. Elle tâche d'amuser l'assemblée des Réformés par des réponses générales & ambiguës, 457. dissimule son dépit & son chagrin contre elle, &c. 459. pleure de joie en entrant dans Bourdeaux, 464.

Marie de Médicis tente le Duc de Rohan par des offres avantageuses, I. 480. travaille à diviser le Prince de Condé & les Seigneurs de son parti, 489. Déplaisir que lui donne la continuation des brouilleries en Italie, 493. 497. Elle court risque de la vie par un accident extraordinaire : mauvaise volonté, ou indifférence qu'elle témoigne pour Epernon, 498. 499. Scene entre Sa Majesté, Silleri & Bassompierre, 502. 503. Son embarras sur deux prétentions particulieres du Prince de Condé & du Duc de Longueville, dans la Conférence de Loudun, 505. & *suiv*. Elle accepte ces deux articles, 508. éloigne des affaires Villeroi & Jeannin, 511. Bon gré qu'elle savoit au Duc de Mayenne, 512. Elle est contente des procédés du Duc de Rohan, 516. 517. travaille à gagner le Prince de Condé, 532. 533. Dans quelle vûe elle tire le Duc d'Angoulême de la Bastille, & l'attache à son service, 535. 536. Elle prend la résolution de faire arrêter le Prince de Condé, 537. 538. Ce qu'elle répond à des remontrances de Sulli, 539. Elle jette les yeux sur Themines pour arrêter S. A. Réponse qu'elle fait à un avis de Bassompierre.

Elle s'assure de quelques Courtisans par un serment de fidélité, 540. 541. Conduite & précautions de S. M. dans cette expédition, 541. 542. Ce qu'elle dit à Bassompierre, en voyant le Prince, 542. Combien elle est contente de cet exploit. Elle récompense ceux qui l'y avoient servie, &c. 545. 546. prend des mesures pour dissiper le parti des Seigneurs malcontens, 550. Embarras où elle se trouve, 553. Changement qu'elle fait dans le Ministere, 581. 582. Panneau qu'on lui tend, dans lequel elle ne donne pas, 585. & *suiv*. Fausses démarches qu'elle fait, prévenue par ses mauvais Conseillers, & par l'Ambassadeur d'Espagne, 589. Précaution qu'elle prend contre les intrigues de Bouillon. Elle tient son fils dans l'esclavage, & dispose de tout dans le Conseil, 595. à quelquefois envie de remettre au Roi le Gouvernement de l'Etat : elle en est détournée, 598. Réponse qu'elle fait au Nonce, qui la sollicitoit en faveur du Duc de Nevers, 599. Soin qu'elle a de dérober à son Fils la connoissance de ce qui se passe, 603. Parti que prend son Conseil sur une Assemblée des Réformés convoquée sans la permission du Roi, 610. 611. Elle déclare à la Galigaï qu'elle feroit bien de se retirer de France avec son mari, 615. Bon avis dont elle ne fait pas profiter. Fausse sécurité où elle est sur son Fils. Luines la trompe, 617. 618. 624. 631. Artifices qu'on emploie auprès du Roi, contre elle, 620. 622. 623. Sa désolation & son désordre, lorsqu'elle apprend que le Maréchal d'Ancre vient d'être assassiné, 634. Duretés qu'elle essuie de la part de son Fils, 635. 636. Indignités qu'on lui fait. Beaux sentimens qu'elle exprime alors, peu gravés dans son cœur, 643. Vaine tentative qu'elle fait pour ramener le Roi. Négociation pour sa retraite, 653. & *suiv*. Entrevue concertée de la Mere & du Fils. Elle part pour se retirer à Blois, 657. & *suiv*. Pourquoi elle avoit appellé en France un Medecin Juif, &c. 669. Négociation en sa faveur, renversée par Deageant, 732. & *suiv*.

Marie de Médicis au désespoir de la rigueur dont on avoit usé envers ses serviteurs : résolution qu'elle prend. Ses Partisans travaillent à brouiller le Duc d'Epernon avec Luines, II. 6. 7. Artifices pour la retenir à Blois. Elle redouble ses pratiques pour en sortir, 19. 20. Acte que le Jésuite Arnoux

MA

lui fait signer, &c. 21. 22. Intrigue pour sa délivrance, 34. & suiv. 41. Présent qu'elle envoie au Duc d'Epernon avec une lettre obligeante, 37. Il se détermine à délivrer S. M. Plaisanterie sur cette affaire, 40. Perplexité où se trouve *Marie* de Médicis : elle s'échappe de Blois, & se réfugie à Angoulême, 71. 72. Divers mouvemens des esprits sur cette affaire, 73. & *suiv.* Elle écrit au Roi, & à quelques Seigneurs, 76. 77. envoie une seconde lettre à son fils; écrit en même-temps aux Ministres, 78. Confusion que le Roi lui fait, & qu'elle méritoit bien, 80. 81. De quoi sa conduite a donné lieu de l'accuser. Indignation des honnêtes gens à la lecture des lettres de la Mere & du Fils, 82. 83. Variations de *Marie* de Médicis. Elle a été la victime du pouvoir arbitraire qu'elle avoit contribué à établir. Elle rejette la proposition d'abandonner Epernon, 86. recherche les Réformes ; les sollicite inutilement, 87. 88. Foiblesse de son parti. Alarmes données à S. M. 102. 103. Assurance que le Roi lui donne sur le chapitre du Prince de Condé, 104. 105. Elle découvre au Duc d'Epernon les conseils que Rucellaï donnoit à S. M. 105. donne ses sceaux à l'Evêque de Luçon, 109. Affaire qu'elle étouffe promptement. Conditions de son accommodement avec le Roi son fils. Article sur lequel il y eut de grandes difficultés, 111. 112. Elle écrit à S. M. désavoue le procédé de son Ecuyer, 113. Sa Cour magnifique & nombreuse à Angoulême, 114. Difficultés qu'elle fait naître pour son entrevue avec le Roi, 117. 118. Ses soupçons augmentés par les instances de Louis : elle cherche une défaite dans le cérémonial avec la jeune Reine, 119. va trouver le Roi à Tours ; reçoit bien Luines : entretien particulier qui gâte tout, 120. & *suiv.* Entrevue de la Mere & du Fils : envie qu'elle a de demeurer à la Cour : défaite dont on se sert pour l'en éloigner. S. M. fait son entrée à Angers, 122. 123. ne prend point de part à la délivrance de Condé, 150. est mécontente de la Déclaration du Roi en faveur du Prince : refuse d'aller à la Cour, 152. Ce qu'elle répond aux Députés de l'Assemblée de Loudun, 154. S. M. ne dissimule plus son mécontentement, 183. & *suiv.* Lettre & présent qu'elle envoie au Duc d'Epernon, 186. Tentatives pour engager *Marie* de Médicis à se rendre auprès du Roi, 187. & *suiv.*

MA

Forces de son parti : ses intentions peu sincères, 198. 199.

Marie de Médicis suit de mauvais conseils, II. 203. 204. Elle écrit au Roi, & à tous les Parlemens, 208. 209. Démarches qu'elle fait, &c. 211. Ce qu'elle fait agiter dans son Conseil. Elle est prête à négocier, 212. 213. Traité entre la Mere & le Fils, 214. 215. Leur entrevue à Briffac, 216. Elle va trouver le Roi à Poitiers : part pour Fontainebleau, 217. suit son Fils à Tours, 341. au Siege de St. Jean d'Angeli : revient à Tours fort mécontente de Luines, 365. Espoir de S. M. après la mort de ce Favori, 423. Ce qui la fait pencher pour la paix avec les Réformés, 427. Elle sollicite le Chapeau pour Richelieu : rentre dans le Conseil, 441. 442. suit son fils dans le voyage de Poitou, &c. 465. ne peut l'accompagner en Guienne : va prendre les eaux de Pougues, 471. Ses profusions envers Richelieu, &c. 525. Ses efforts pour le faire entrer dans le Conseil secret du Roi, &c. 591. Elle abandonne, pour y réussir, le soin de sa santé, &c. 597. fait négocier secretement à la Cour d'Angleterre. Pourquoi S. M. prend à cœur le mariage de sa fille Henriette avec le Prince de Galles, 615. Réponse qu'elle fait au Nonce du Pape, au sujet d'un certain bruit, &c. 617. Elle détermine le Roi à renvoyer la Vieuville, 620. Réponse qu'elle fait à une remontrance de l'Envoyé du Grand Duc de Toscane, 674. & aux exclamations des Ministres du Pape sur l'irruption dans la Valteline, 688. Elle est fort réservée à l'égard du Duc d'Epernon, 720. 721. adoucit ce qu'on disoit contre le Légat Barberin, 739.

Marie de Médicis, entraînée par des intrigues secretes, & par des considérations bigotes, engage du Fargis à conclure un Traité sur l'affaire de la Valteline, sans pouvoir, & à l'insu du Roi, III. 4. 5. 7. porte son fils à donner le bâton de Maréchal de France demandé pour Ornano. Ce qu'elle exige du nouveau Maréchal, 38. Elle saisit une occasion de se venger de deux intriguans, 41. presse la conclusion du mariage de son second fils avec la Princesse de Montpensier ; guérit le Roi des impressions qu'on lui avoit données derechef contre cette affaire, 55. 56. Pourquoi elle ne veut pas du Gouvernement de Bretagne, 59. Sa profusion pendant sa Régence, 93. Avant que de bâtir son Pa-

Xxxxx iij

TABLE DES MATIERES.

MA

lais du Luxembourg, elle auroit dû élever un Maufolée à fon époux, 96. Embarras de la Reine-Mere entre fes deux fils. Projet qu'elle fe met en tête pour remarier le cadet, &c. 117. 118. Elle eft déclarée Régente durant l'abfence du Roi pour le fiege de la Rochelle, 149. donne le bonnet de Cardinal à Berulle avec un contentement extrême. Elle avoit déja eu de grands démélés avec Richelieu, 153. Raifons qui la pottent à détourner Gafton de penfer à la Princeffe Marie, fille du Duc de Nevers, 159. Reproche public fait à S. M. d'avoir traverfé fourdement le bon fuccès du fiege de la Rochelle, 161. Ce qu'elle fe met en tête, trompée par fa paffion contre le Duc de Nevers, 165. 166. Elle donne audience à des Ambaffadeurs de Danemarck : Sa réponfe à leurs propofitions, 172. Inquiétudes que lui donne une explication qu'elle a avec le Roi : ftratagême dont elle s'avife pour diffiper fes foupçons, 175. Elle tâche de l'engager à ne pas retourner au fiege de la Rochelle, 197. 198. Intentions de la Reine-Mere connues du Duc de Savoye, 211. 217. Elle continue de jouer la Comédie avec Gafton, 229. 230.

Confeil de *Marie* de Médicis : infinuations qui entrent facilement dans fon efprit, III. 278. 279. Elle s'efforce de retenir le Roi à Paris, & de faire donner le Commandement de l'armée d'Italie au Duc d'Orléans, 287. 288. eft déclarée Régente des Provinces en deçà de la Loire, au départ du Roi pour l'Italie. Eloge donné à fon adminiftration dans la préface de la commiffion qu'on lui laiffe : remarque contraire, venant de même part, 288. 289. Manege concerté entre S. M. & fon fils Gafton, 292. 335. *& fuiv.* Crédulité de *Marie* de Médicis pour l'Aftrologie judiciaire, 338. Son projet. Sa confiance entiere dans les deux freres Marillac, 361. Son mécontentement contre le Cardinal éclate, 378. *& fuiv.* Elle lui pardonne en apparence, & remet la partie pour le ruiner à un autre temps, 382. veut fuivre le Roi à fon voyage d'Italie ; pourquoi : ménage la réconciliation de fes deux fils, 406. 407. n'appréhende rien tant que la guerre entre les deux Couronnes, &c. 415. pourfuit fon deffein contre le Cardinal, 440. continue dans fa collufion avec fon fecond fils : Commiffions qu'elle lui procure. Elle fuit le Roi jufqu'à Lyon, 441. *& fuiv.* Ce qu'elle ré-

MA

commande au Cardinal. Elle paroît radoucie à fon égard, 444. 445. s'emporte contre lui, irritée de la guerre qu'on fait au Duc de Savoye, &c. 451. ne peut diffuader le Roi de retourner à l'armée, où il tombe malade : fe déchaîne contre Richelieu : fi c'étoit avec raifon, 454. *& fuiv.* fe réunit avec la jeune Reine, pour le perdre, 483. ne peut plus fouffrir la Combalet, &c. 484. Ses projets contre le Cardinal, 485. Conjoncture qui les favorife. Promeffe qu'elle tire du Roi, 505. 529.

Marie de Médicis, durant une maladie dangereufe du Roi, prend des mefures pour conferver fon autorité, III. 527. Aigrie contre Richelieu, elle veut abfolument l'éloigner des affaires, &c. 529. 548. 549. fe déchaîne contre lui, maltraite fa niece en préfence du Roi, 550. fait confentir S. M. à l'éloignement de ce Miniftre, &c. 551. 552. ne fe laiffe point fléchir, 553. Faute énorme qu'elle fit dans cette circonftance, 555. Tranfportée de colere, elle chaffe de fa maifon la Combalet & les autres parens du Cardinal, 560. travaille à mettre le Comte de Soiffons dans fes intérêts : fait des avances au Prince de Condé, 573. 574. Emportement de S. M. contre Richelieu. Tentatives pour les réconcilier : entrevues, éclairciffemens pleins de diffimulation : raccommodemens feints, qui durent peu, 576. *& fuiv.* Elle tâche de réveiller les chagrins de Gafton contre ce Miniftre, &c. 589. 590. Circonftance rapportée par Richelieu, qui prouve que S. M. ne faifoit pas difficulté d'employer le menfonge, 593. Sa crédulité pour les prédictions des Aftrologues, fur-tout pour celles qui étoient de fon goût, 596. 597. Imaginations dont elle fe repaît, &c. 597. Paroles qui lui échappent, fur quoi le Cardinal forme fon projet de l'éloigner, 598. Elle fuit imprudemment le Roi à Compiegne. Quelles étoient fes vues, 599. Projet de réconciliation ; diverfes inftances auprès de *Marie de Médicis.* Rien n'eft capable de la perfuader, 600. 601. Confeil tenu fur fon éloignement, 603. *& fuiv.* Le Roi retourne à Paris, & la laiffe à Compiegne fous la garde du Maréchal d'Etrées. Lettre qu'elle écrit à S. M. Ordre qu'elle en reçoit d'aller à Moulins. Ce qu'elle difoit dans l'amertume de fon cœur, 607. *& fuiv.* Elle eft vivement preffée de fortir de Compiegne. Prétextes

TABLE DES MATIERES.

MA

dont elle use pour différer son départ, 615. 616. S. M. refuse de sortir de Compiegne; sous quel prétexte. Conférences qu'elle a avec le Maréchal de Schomberg & Roissi, que le Roi lui avoit dépêchés, 645. & *suiv.* Plaintes qu'elle fait du premier, 651. Projet de la Reine-Mere déconcerté. Elle pense à sortir de France: impute au Cardinal de l'avoir réduite à cette nécessité, &c. 652. & *suiv.* implore l'autorité du Parlement de Paris qu'elle avoit opprimé. Lettre & Requêtes qu'elle lui adresse, 655. & *suiv. Marie* de Médicis se retire dans les Pays-Bas Espagnols. Sa retraite est généralement blâmée. Lettres qu'elle écrit au Parlement, & au Prevôt des Marchands & Echevins de Paris, 658. & *suiv.* Lettre vive & pressante qu'elle écrit au Roi son fils, 664. 665. Ses biens & son douaire sont saisis, 667.

Marie de Médicis approuve le mariage de Gaston avec Marguerite de Lorraine, & en presse la conclusion, IV. 10. Lettres qu'elle écrit au Roi, & au Parlement de Paris, 41. & *suiv.* Elle a le plaisir d'embrasser son fils Gaston. Sur quoi leurs desseins étoient fondés, 50. Ses efforts pour empêcher la condamnation du Maréchal de Marillac, 100. 101. Elle est très-irritée de sa mort, 108. Si S. M. s'intrigua avec Gustave, &c. 134. 135. Elle entreprend de faire enlever la Combalet. Chagrin qu'elle avoit été obligée de dévorer, 204. 205. Ses plaintes contre Gaston: elle est consolée par son retour: se retire à Gand, 212. & *suiv.* Réjouissances dans sa maison sur une fausse nouvelle de la mort du Cardinal, 214. Projet de ce Ministre pour amener S. M. à se retirer à Florence. Triste sort de cette Reine, 219. 220. Elle tombe malade à Gand: Compliments & Lettre que Louis lui envoie par un exprès, à cette occasion: réponse qu'elle fait au Roi son fils. On la dissuade d'écouter des propositions d'accommodement. Elle répond sechement aux Compliments de la part de Richelieu: ses hauteurs & ses emportemens contre ce Ministre, &c. 281. & *suiv.* Ce qui l'engage à retourner à Bruxelles. Ses Confidents & ceux de Gaston gâtent tout, 288. Elle sort au-devant de la Duchesse d'Orléans, 349. Complot de son principal Confident, où elle n'eut aucune part, 369. Traits malins du Cardinal, pour la rendre odieuse, 371. 373. La division augmente entre *Marie* de Médi-

MA

cis & Gaston. S. M. éclate contre Puylaurens, 403. & *suiv.* recherche avec empressement sa réconciliation avec le Roi : concerte mal ses démarches. Mauvais traitemens qu'elle essuie : son chagrin retombe sur le Général des Feuillans. Conditions dures qu'on prétend imposer à S. M. Elle retranche son train, 406. & *suiv.* Ce qu'elle fait dire à Louis par un exprès : mensonge évident qu'on avance de sa part. Elle envoie un mémoire au Roi, 409. 410. Son opiniâtreté à soutenir Chanteloube est inexcusable. S. M. est d'ailleurs traitée avec trop de hauteur, &c. 411. 412. Elle refuse de confirmer l'approbation qu'elle avoit donnée au mariage de Gaston : réponse brusque qu'elle fait à ce Prince, 449. Quereles qu'engendre la mésintelligence de *Marie* avec Puylaurens. S. M. fait déclarer au Marquis d'Ayetonne le dessein qu'elle a de se raccommoder avec Louis. Ce qu'elle propose à Gaston, en attendant la réponse du Roi d'Espagne, 450. & *suiv.* Démarches qu'elle fait envers le Roi son fils, & envers le Cardinal, 452. & *suiv.* Elle fait de plus grandes soumissions ; offre d'envoyer son Confesseur au Roi ; n'obtient rien, & s'arme de courage, 461. 462. fomente l'inquiétude des Espagnols au sujet de Gaston, 464. La Reine-Mere s'opiniâtra trop à se servir de Chanteloube. Evenements dont elle s'irrite. S. M. reçoit mal un compliment du Duc d'Orléans, 501. 502. Grande animosité entre leurs domestiques. Voyage de *Marie* à Anvers. Elle parle & agit avec hauteur ; donne des gardes au Duc d'Elbeuf & à Chanteloube, 503. 504. refuse de signer un Traité du Roi d'Espagne avec Gaston, 506.

Raisons qui ne permettent pas à *Marie* de Médicis de se retirer à Florence. Milieu pour la retirer des mains des Espagnols qui paroît aussi suspect au Cardinal, IV. 578. Ce qui se passe aux audiences que S. M. donne à Gondi, qui étoit venu lui proposer le premier parti, 579. & *suiv.* Elle se fait un point d'honneur de paroître constante, & affectionnée aux gens qui se dévouoient à son service, 580. reçoit la visite du Cardinal Infant. Compliment qu'elle lui fait, 673. Elle se retire à Anvers au premier bruit de la marche des François & des Hollandois vers Bruxelles, 738. prie le Pape de ne point permettre que les Evêques de France

MA

se mêlent de l'affaire du mariage de Gaston, 752. 753. *Marie* de Médicis envoie un Résident à Rome : engage Urbain à faire remettre à Louis une Lettre qu'elle lui écrit sur sa rupture avec Philippe : écrit même à Mazarin, &c. 757. *& suiv.* Réflexions sur cette piece touchante, bien écrite, & remplie de bon sens. Intentions de S. M. justifiées à cet égard, 760. *& suiv.* 770. 771. Si on peut l'accuser d'avoir eu part à l'affaire de Clauzel, 771. 772. Instances de l'Ambassadeur de France pour faire chasser son Résident de la Cour de Rome. Lettre que la Reine-Mere écrit au Pape à ce sujet : plaintes qu'elle y fait de Richelieu, 773. *& suiv.* Sentimens généreux & Chrétiens de S. M. à la fin de cette piece, que les précédentes lignes rendent suspects, &c. Son Résident est congédié en sauvant les apparences, 776. 777.

Marie de Médicis recommande ses intérêts au Légat Ginetti, V. 98. Propositions de paix, faites de sa part, reçues avec mépris, 216. Elle négocie avec le Comte de Soissons : promesse réciproque qu'ils se font, 293. *& suiv.* Conditions dont elle étoit convenue avec le Cardinal Infant. Déchue de ses nouvelles espérances, elle envoie un exprès à la Cour d'Angleterre, avec un mémoire contenant ses demandes, &c. 295. 296. quitte les Pays-Bas, on ne sait pourquoi : va en Hollande. Piege qu'on lui tendit vraisemblablement, & dans lequel elle donna. Le séjour de Florence lui paroît pire que celui du Purgatoire. Triste condition de cette Reine infortunée. Dureté extrême de son fils envers elle, &c. 565. *& suiv.* Elle passe en Angleterre, où on ne la souhaitoit pas : court risque de faire naufrage sur la mer, &c. 567. 568. Soumissions inutiles qu'elle fait à Richelieu, dans un entretien qu'elle a avec Bellievre, Ambassadeur de France, &c. 570. *& suiv.* Vaine tentative du Roi & de la Reine d'Angleterre pour l'accommodement de la Mere & du Fils, 615. *& suiv.* Manifeste modéré de *Marie* de Médicis. A quoi se réduisoit tout ce qu'on pouvoit dire de plus fort contre elle. Ses desseins justes & légitimes, 617. 618.

Marie de Médicis inquiete le Cardinal par son long séjour à Londres, VI. 44. Nouveaux soupçons inspirés à Louis contre elle. A quel point cette Reine infortunée s'humilie, 236. 237. Elle fait la premiere ouverture

MA

du mariage de la Princesse d'Angleterre, sa petite fille, avec le fils du Prince d'Orange, &c. 250. 251. est désignée dans la harangue d'un membre de la Chambre des Communes, 259. Obligée de sortir d'Angleterre, le Roi d'Espagne & les Etats Généraux des Provinces-Unies lui refusent un asyle. Sommes que le Parlement lui accorde. Elle se retire à Cologne, 299. Maladie & mort de *Marie* de Médicis, 596. 597.

Marie Infante d'Espagne, sœur de Philippe IV. Proposition de son mariage avec le Prince de Galles ; négociation de cette affaire, II. 310. *& suiv.* 501. *& suiv.* 577. *& suiv.* Ce mariage est rompu, 585. *& suiv.* Celui qu'elle contracte avec le fils aîné de l'Empereur est déclaré, III. 15.

Marie de Bourbon-Soissons, femme du Prince Thomas de Savoye : Voyez *Carignan*.

Marie de Gonzague héritiere du Montferrat : projets pour la marier, III. 129. *& suiv.* Elle épouse le Duc de Rethel, 167. devient veuve : proposition de la marier avec son beau-pere, IV. 62. Démarche où elle est engagée : Acte de protestation qu'on lui fait faire, & qu'elle rétracte ensuite, 335. *& suiv.* Elle est Régente des Etats de son fils après la mort de son beau-pere, V. 375. On s'apperçoit qu'elle n'a pas l'inclination Françoise, &c. 376. 377. Elle renonce à l'alliance de France, & s'accommode avec l'Espagne : a part à une conspiration pour chasser les François de Cazal, 504. 505. est d'intelligence avec les Espagnols pour la prise de cette place : tâche de couvrir son jeu, VI. 26. 27.

Marie de Gonzague, fille du Duc de Nevers, puis de Mantoue, semble inspirer de la passion au Duc d'Orléans : prétexte dont on se sert pour détourner S. A. R. de penser à cette Princesse, III. 159. Collusion dont elle fut la victime, 175. 229. 230. 292. 335. *& suiv.* 370. 441. 442. Elle est envoyée dans un Monastere, 443. Prétentions de cette Princesse & de sa sœur Anne sur les biens que leur pere possédoit en France, contre leur neveu Aubain, V. 376.

Marigni (Enguerrand de) Ministre des injustices de Philippe le Bel : Conseil qu'il donna à ce Prince. Imposition onéreuse à laquelle il engagea les Etats de consentir. I. 295. 296.

Marillac, Archevêque de Vienne : ce qu'il disoit

TABLE DES MATIERES.
MA

foit des Etats Généraux, en préfence de François II. I. 289.

Marillac (Michel de) appuie une propofition du Comte de Schomberg dans le Confeil, II. 413. eft fait Directeur des Finances, d'abord en tiers ; en obtient feul enfuite l'adminiftration, 612. eft le fléau de ceux qui les avoient adminiftrées avant lui, &c. 644. Il eft fait Gardes des Sceaux, III. 42. Vendu au Cardinal de Richelieu, il fe met à la tête d'une commiffion à laquelle il auroit dû s'oppofer. Il ne prévoyoit pas ce qui arriva à fon frere, 53. A l'ouverture de l'affemblée des Notables, il fait un long & mauvais difcours, mêlé de flateries baffes & ridicules, &c. 85. 86. 91. Ce qu'il repréfente aux Députés du Parlement fur le Livre de Santarel, 104. Il augmente les foupçons de Marie de Médicis contre le Cardinal, 118. dreffe un Recueil d'Ordonnances que le Parlement de Paris méprife, & appelle par dérifion *Code Michau*, 134. 135. Son avis dans le Confeil tenu fur le fecours de l'Ifle de Ré, 151. 152. Réponfe brufque qu'il fait à Toiras, qui le relance bien, 156. Il travaille à détourner le Roi d'aller encore au fiege de la Rochelle, 197. 198. Comment il étoit difpofé à l'égard du Duc de Mantoue, 217. Il communie à la Rochelle de la main du Cardinal, à la ruine duquel il travailloit, 247. Il prétend s'élever fur les débris de fa fortune : écoute Berulle comme un Ptophete, 279. extorque l'enregiftrement de fon *Code* d'une maniere haute & violente : cette piece n'étoit point méprifable. Défauts & bonnes qualités de *Marillac*, 289. 290. 359. Longue & impertinente harangue, où il abaiffe l'autorité des Parlements, exalte le pouvoir arbitraire du Prince, 290. 291. Emporté Ligueur dans fa jeuneffe, comment il s'étoit élevé. Preuve de fon défintéreffement & de fon intégrité, 359. Il fait une longue & févere réprimande aux Habitants de Dijon, 443. Effet de fes intrigues, fuivant les Flateurs du Cardinal. S'ils ont pu dire, avec raifon qu'il étoit penfionnaire d'Efpagne, & un monftre d'ingratitude, 454. 456. Il paroît le plus ardent & le plus dangereux ennemi de Richelieu, lui donne de belles paroles, 483. 484. continue de travailler à fa ruine, 527. 529. 549. Rôle qu'on lui fait jouer dans des circonftances critiques, 553. Précaution qu'il prend, voyant fa difgrace pro-

Tome VI.

MA

chaine. On lui ôte les Sceaux. Il eft conduit en exil avec dureté, 559. Il meurt pauvre, &c. IV. 108.

Marillac (Louis de) fert au fiege de Montauban, II. 400. Gouverneur de Verdun, eft dépêché à Nanci, &c. III. 112. Maréchal de camp fous Schomberg, au fecours de l'Ifle de Ré, 154. eft d'avis de ne point attaquer les Anglois dans leur retraite, 156. Lui & fon frere accufés d'avoir traverfé la prife de la Rochelle, 174. Il en figne la capitulation au nom du Roi, &c. 244. 246. 247. fert dans l'expédition contre Privas, 356. Mauvaife opinion qu'Henri IV. avoit conçue de *Marillac* : comment il s'étoit avancé fous la Régence de Marie de Médicis. Il donne prife fur lui par fon avarice. Sa prudence & fa valeur. Sobriquet que fes ennemis lui donnerent, 359. 360. Il eft fait Maréchal de France : choque le Cardinal, 361. va à Nanci pour ménager l'accommodement du Duc d'Orléans avec le Roi : comment il s'acquite de cette négociation, 407. 408. Il avance les fortifications de la Citadelle de Verdun : travaille à l'arrêt de fa condamnation, 449. s'efforce d'attirer des ennemis au Cardinal : de quoi il fe vantoit, 484. Il reçoit ordre d'amener fa petite armée dans le Piémont : affecte des délais, &c. 485. s'intrigue contre le Miniftre, 527. Gratification & emploi qu'on lui donne. Il eft infenfible aux careffes & aux bons offices de Richelieu, 529. fert en Italie avec les Maréchaux de la Force & de Schomberg. Ils marchent au fecours de Cazal, 531. *& fuiv.* 536. *& fuiv.* Motif qui le porte à confentir à un projet de Schomberg, 535. Il l'oblige d'aquiter une dette contractée pour le fervice du Roi par Toiras, 542. Courte joie qu'eut *Marillac*, 547. 552. Il eft arrêté : récits oppofés fur la maniere dont il reçut cette difgrace, 561. *& fuiv.* Lettre qu'il écrit au Cardinal. Si le Maréchal & fon frere étoient coupables d'ingratitude envers ce Miniftre. Ce qu'on peut dire de plus favorable à leur mémoire, 567. *& fuiv.* De quoi il eft lâchement chargé par le Duc d'Orléans, 573. Autre chofe qui lui fit tort. Il fait remettre au Roi la Citadelle de Verdun, 580. On inftruit fon procès par Commiffaires. Quel étoit fon grand crime, &c. IV. 94. *& fuiv.* Difcours qu'il adreffe à fes Juges. Il eft condamné. Ses parents demandent en vain fa grace, 103. *& fuiv.*

Yyyyy

TABLE DES MATIERES.
MA

Mort du Maréchal de *Marillac*, &c. 166. & *suiv*.

Marillac (Le Pere Michel de) Capucin, fils du Garde des Sceaux, est nommé Evêque de S. Malo: son brevet est révoqué, III. 601. 602.

Marini, Génois, mécontent, Résident de France à Turin, rend de mauvais offices à sa Patrie, II. 670. 702. Il est rappellé, &c. III. 282.

Marmiesse, Avocat & Capitoul de Toulouse, est envoyé à la Chambre du Clergé de la part du Tiers-Etat, &c. I. 326. 327.

Marnays, Maréchal de bataille, envoyé pour diriger le Duc de Parme novice dans la conduite d'une armée, V. 7.

Marquemont, Archevêque de Lyon, agit contre un Arrêt du Parlement, I. 132. Mauvaise harangue qu'il fit à l'ouverture des Etats: bonne maxime qu'il y insinua, 299. Remontrance qu'il est chargé de faire, 364. 365. Il est envoyé à Rome, pour y faire les fonctions d'Ambassadeur. Instruction qu'on lui donne, pleine de bassesses & de déguisements, 688. 689. Il écrit plusieurs fois à la Cour sur l'exil de l'Evêque de Luçon, 736.

Marquemont manque le chapeau de Cardinal par la mort de Villeroi, II. 4. Ce qu'il écrivit au sujet de la conjuration contre Venise, 14. 15. 16. sur le Duc de Savoye, 141. Lettre qu'il écrit à Puisieux sur le mariage du Prince de Galles avec l'Infante d'Espagne, 550. & *suiv*. Témoignage qu'il rend au Cardinal Montalte. Extrait d'une relation de la Cour de Rome, après l'exaltation d'Urbain VIII. que *Marquemont* dressa pour servir d'instruction aux Ministres du Roi, 567. & *suiv*. Preuve qu'il n'étoit pas fort scrupuleux, 568. Témoignage avantageux qu'il rend au Commandeur de Silleri, malgré la disgrace de sa famille, 595. Son sentiment sur la dispense demandée à Rome pour le mariage d'Henriette avec le Prince de Galles, 633. 637. Son sentiment sur la guerre entreprise contre Genes, & sur la maniere dont on la faisoit, 700. 701. Ennuyé de ce qu'il n'obtenoit pas le chapeau rouge qu'il briguoit depuis long-temps, il se forme des scrupules, qui cessent quand il fut Cardinal. Il jouit peu de cette dignité, 769. Ce qu'il propose au Pape par ordre de la Cour de France, & ce qu'il marque des dispositions de S. S. sur certains ouvrages, III. 102.

MA

Marsan (Le Comte de) confirmé dans la jouissance d'une pension sur un Evêché, quoique marié, I. 176.

Marse (Le Duc de) Colonel d'un Régiment de Cavalerie au service de l'Espagne, indique un moyen de tirer de peine Marie de Médicis & Gaston, IV. 369.

Marsillac (Le Prince de) fils du Duc de la Rochefoucault, est mis à la Bastille, V. 362. Voyez *Rochefoucault*. Il s'attache à la Reine, VI. 693. 696.

Marsillac, Evêque de Mende, leve des Soldats à ses dépens, pour le secours de Salces, V. 728.

Marteliere (La) Avocat de l'Université contre les Jésuites: idée de son plaidoyer, I. 97. Il fait un Discours étudié à la louange du Maréchal de Vitri, 664.

Martiniz (Le Comte) Schmzansky, est jetté par les fenêtres du Château de Prague: sa chute heureuse, II. 28.

Mascaregnas (Ignace de) Jésuite, parent de Jean IV. Roi de Portugal, est envoyé pour traiter avec les Catalans, VI. 176. Succès dont il est témoin, &c. 198.

Massimi, Nonce du Pape: projet d'accommodement qu'il propose au Duc de Savoye sur son différend avec la Maison de Mantoue, I. 193.

Mastricht est assiégé & pris par Frédéric Henri Prince d'Orange, IV. 142. & *suiv*.

Masuyer premier Président du Parlement de Toulouse, ardent persécuteur des Réformés; Magistrat avare & bigot: noir attentat contre sa personne: son courage véritable ou affecté dans cette occasion, &c. II. 717. 718. Lâche & cruelle supercherie de ce Magistrat, 793. nommé au Tome I. *Mazurier*: Voyez ce mot. Affront fait à *Masuyer* par sa compagnie: réprimande qu'il fut sur le point d'essuyer, & qu'on lui épargna, III. 176.

Matel, mari de la Vignon, assassiné à la sollicitation de sa femme & de Lesdiguieres, I. 408. 409.

Mathias, Archiduc d'Autriche, ne vivoit pas en bonne intelligence avec l'Empereur son frere, I. 7. Il lui fait la guerre: sous quel prétexte. Il avoit défendu la liberté des Provinces-Unies, 30. A quelles conditions il fait la paix. Il prend possession de l'Autriche; publie un Edit contre les Protestants de ce pays: sous quelles conditions il est élu Roi de Hongrie. Réponse qu'il fait aux Protestants

TABLE DES MATIERES.

MA

de ce Royaume, qui intercédoient pour ceux d'Autriche, 31. Ce qu'il accorde à ces derniers, 32. Nouveau Traité qu'il fait avec Rodolphe, 34. 35. Il se marie. Pourquoi il ménageoit les Protestants, 55. Alarmé de l'invasion de Léopold en Bohême, il abandonne les affaires qu'il avoit avec le Prince de Transilvanie, oblige Léopold à se retirer, conclut un accord avec lui, est couronné Roi de Bohême, prend possession de la Silésie, 56. 57. Il envoie un Député à l'Assemblée des Protestants à Rottembourg, 85. est élu & couronné Empereur, & fait couronner l'Impératrice, 141. se défie du Roi d'Espagne : ajuge au Cardinal de Mantoue la tutelle des enfants du feu Duc, 184. Il fait signifier au Duc de Savoye qu'il ait à se désister de son entreprise sur le Montferrat, &c. 193. 194. assemble une Diete à Ratisbonne, s'y rend : demandes qu'il y fait; n'a pas les talents nécessaires pour concilier les Catholiques & les Protestants, &c. 199. & suiv. Il veut faire valoir ses prétentions sur la Transilvanie, 202. prend peu de part à l'affaire de Mantoue, 208. Il met Aix-la-Chapelle au Ban de l'Empire, 264. Mécontentement que lui donne le Traité d'Ast : on ne se met pas en peine de ses plaintes, 275. Il tâche d'arrêter les Pirateries des Uscoques, 470. 471. Sa conduite dans la guerre entre l'Archiduc Ferdinand & les Vénitiens, 569. 570. On le détermine à adopter ce Prince, & à lui assurer la succession aux Etats héréditaires de la Maison d'Autriche, 715. 716. Il se fait élire Roi de Bohême : rend visite à l'Electeur de Saxe, 717. veut persuader les Princes Protestants de rompre leur confédération : ce qu'ils lui répondent, 718.

Mathias, Empereur : intérêt qu'il a de finir avec les Vénitiens, II. 10. Il pense à ramener les Bohémiens par la douceur : leve des troupes, 28. 30. Sa colere au sujet de l'emprisonnement de son premier Ministre : on l'apaise. Comment il passe le reste de ses jours, 29. 30. Il meurt dans une conjoncture qui le fait regretter, 128.

Matos (Dom Sebastien de) de Norogna, Archevêque de Brague, VI. 141. Quelques-uns des Conjurés proposent de le tuer : d'autres s'y opposent, & obtiennent qu'on n'attentera pas à sa vie, 161. 162. Il appuie les offres & la remontrance de la Vice-Reine aux Conjurés ; profite d'un avertissement

MA

qu'on lui donne, & sort du Palais plein de rage & de dépit, 168. s'il eut part au gouvernement jusqu'à l'arrivée de Jean IV. nouveau Roi : récits opposés, 169. 170. Il assiste à l'installation du nouveau Roi : lui prête le serment de fidélité, 177. 178. trame une conspiration contre ce Prince : discours qu'il tient au Marquis de Villareal, &c. 378. & suiv. La conspiration est découverte : il est arrêté & meurt en prison, 382. & suiv. augis, Gouverneur de Realmont pour les Réformés, livre cette place au Prince de Condé, III. 181.

Maulde (Caronbelet Seigneur de) Sergent Major de Bouchain, frere du Gouverneur de cette place & du Doyen de Cambrai, est arrêté, IV. 231. 232.

Maupeou, par erreur *Monpeou*, Intendant des Finances, I. 321. Controlleur Général, 645.

Mauric Conseiller d'Etat, Commissaire pour instruire le procès du Duc de Vendôme, VI. 235.

Maurice de Savoye, Cardinal, vient à Paris demander en mariage, pour le Prince de Piémont, Madame Christine de France, II. 42. a le titre de Protecteur de France à Rome, 186. assiste au Conclave où Urbain VIII. fut élu, 567. souffre que Santarel lui dédie son Livre de *l'Hérésie & du Schisme*, 799. va saluer Louis XIII. après la conclusion du Traité de Suze ; III. 326. refuse de quitter son titre d'*Altesse* pour prendre celui d'*Eminence*. Mémoire qui fut fait à cette occasion, 452. 453. Il se rend à la Cour de France, avec le Prince Thomas son frere : sous quel prétexte, 674. Ballet dont il est régalé, IV. 1. Mécontent de Louis, il quitte la protection de France à Rome, & prend celle de l'Empire : porte le Prince Thomas, son frere, à se tourner vers la Maison d'Autriche, 495. 496. Il n'accepte pas la proposition d'aller à Paris, & se retire à Rome, 497.

Maurice, Cardinal de Savoye, part pour le Piémont après la mort de son frere ; prévient sa belle-sœur par un Exprès & par une Lettre honnête : la Duchesse ne veut pas le recevoir, V. 384. Irrité de ce refus, il proteste contre le Testament de son frere, & se retire, 388. n'a aucun égard aux Remontrances de Christine suggérées par Richelieu, rejette une offre qu'on lui fait, 389. 390. Accident qui réveille ses espérances. Bruits qu'on

Xyyyy ij

TABLE DES MATIERES.

MA

fait courir dans le monde pour le rendre fuſpect & odieux à Chriſtine : il les défavoue avec horreur. A quoi il bornoit ſes prétentions. Il s'avance déguiſé juſques dans le Piémont où il avoit des Partiſans : reçoit une Lettre de la Ducheſſe, 499. 500. Il eſt reçu dans Quieraſque : ſe retire craignant d'y être arrêté. Lettre qu'il écrit à ſa belle-ſœur, 501. 502. Décret qu'il obtient de l'Empereur, 631. Conſeil de guerre où il ſe trouve avec le Prince Thomas ſon frere. Diſpute qu'ils ont avec le Gouverneur de Milan : comment elle ſe termine. Imprudence des deux freres, aveuglés par leur chagrin contre Chriſtine. Diſpoſition où ils étoient de s'accommoder avec elle, 632. 633. Ils publient un Manifeſte, & de la plume on paſſe aux armes, 634. Pourquoi *Maurice* & Thomas ne ſe ſoucient pas d'aider Léganez à prendre la Citadelle de Turin, 643. Sur quoi la Cour de France avoit conçu des eſpérances de gagner ces deux Princes, 730. 731.

Maurice ne paroît pas éloigné d'accepter une offre qu'on lui fait ; ce qui cauſe de l'inquiétude aux Eſpagnols & au Prince Thomas. Les deux freres tâchent de s'accommoder avec leur belle-ſœur indépendamment de la France. Piece où les plus noires calomnies contre eux ne ſont pas épargnées, &c. VI. 24. & ſuiv. *Maurice* & Thomas tâchent vainement de détourner Léganez du ſiege de Cazal, & ne peuvent l'engager à celui de la Citadelle de Turin, 26. Deſſein de ſerrer le Cardinal de Savoye dans Nice, 248. Il avertit le Gouverneur de Milan de ce qui ſe tramoit à Monaco, 395. Intérêts de *Maurice* oppoſés à ceux de ſon frere, 498. Il trouve moyen de ſe défaire de la garniſon Eſpagnole qu'il avoit reçue dans Nice. Accommodement des deux freres avec leur belle ſœur & avec la France, 500. & ſuiv. *Maurice* épouſe ſa niece, 636.

Maurice de Naſſau, Prince d'Orange : V. *Orange*.

Maurice, Landgrave de Heſſe engage l'Electeur de Brandebourg & le Palatin de Neubourg à conclure un traité proviſionnel, I. 8. s'accommode avec l'Empereur, II. 303.

Maurice, Electeur de Saxe à la place de ſon couſin George dont il eut la dépouille, fut plus heureux, mais non moins coupable que lui, V. 81.

Maurienne (L'Evêque de S. Jean de) accompagne le Prince de Savoye en Eſpagne, &c. I. 65. 66.

MA

Maurier (Du) Ambaſſadeur de France auprès des Etats Généraux : ce qu'il remontre à du Pleſſis-Mornai. Ordres qu'il reçoit de travailler au rétabliſſement de la paix, I. 738. Il les exécute inutilement, 749. va en France pour ſes affaires domeſtiques ; confere avec Mornai ſur celles des Provinces-Unies, 750. Du *Maurier* a ordre de ſeconder Barnevelt, II. 43. Inſtances qu'il fait, avec Boiſſiſe Ambaſſadeur Extraordinaire, &c. 60. 61. Mémoire de ſa façon, préſenté aux Etats Généraux, 62. & ſuiv. Ce qui fait croire qu'il avoit du penchant pour l'Arminianiſme, 63. Il intercede en vain pour Barnevelt, 100. 101. engage Grotius à paſſer en France, 329.

Maurier (Du) le fils : examen d'un fait qu'il avance, ſur le Prince Maurice d'Orange, dans ſes Mémoires, I. 527. & ſuiv.

Maximilien I. Empereur, appuie le Duc Albert de Baviere ſon beau-frere, contre l'Electeur Palatin. Ce qui le fait changer d'avis ; & ce qu'il recommande à Charles-Quint ſon petit fils, II. 529. 530. Mot attribué à *Maximilien*, VI. 5.

Maximilien II. Empereur, avoit eu de bons ſentimens pour la Religion Proteſtante, I. 55.

Maximilien d'Autriche, frere de Rodolphe & de Mathias, I. 55. Elu Roi de Pologne, battu & fait priſonnier par ſon Compétiteur, rachete ſa liberté en renonçant à ſes prétentions, 111. Il négocie avec les Proteſtans à une Diete, & n'obtient rien d'eux, 201. demeure neutre entre l'Archiduc Ferdinand & les Vénitiens, 569. renonce à ſes prétentions en faveur de ſon frere, 715. 716. On trouve un Mémoire que *Maximilien* d'Autriche envoyoit à l'Empereur Mathias, ſon frere, II. 24. Il ſe déclare pour la guerre contre les Etats de Bohême, contribue à l'empriſonnement du Cardinal de Cleſel, 29. fait des ſoumiſſions indignes de ſon rang, &c. 30.

Maximilien, Duc de Baviere, Chef d'une Ligue des Catholiques, I. 9. obligé de déſarmer, 36. penſe à la Couronne Impériale, 711. *Maximilien* de Baviere paroît accepter les offres qu'on lui faiſoit de l'Empire : ce qui l'arrête, II. 25. Sa conduite dans les troubles de Bohême : ſon adreſſe & ſa diſſimulation, 32. 33. Motifs pour appuyer ſes prétentions à la Couronne Impériale, &c. 136.

TABLE DES MATIERES.

MA

117. Il refuse de s'embarquer dans cette affaire: pourquoi il y renonce, 134. 135. Il n'est pas d'avis que le Palatin accepte la Couronne de Bohême, &c. 164. est déclaré Général de l'armée des Catholiques Confédérés: répond avec fierté aux demandes des Princes Protestants, 168. Proposition à laquelle il ne veut point consentir, &c. 225. 226. Il remercie les Ambassadeurs de France du traité conclu à Ulm, &c. 226. 217. accepte la commission d'exécuter le ban contre la Bohême, 229. gagne la bataille de Prague, &c. 246. & suiv. Suites de sa victoire. Il évite une entrevue avec l'Empereur, &c. 250. Il envahit le haut Palatinat. Réponse qu'il fait aux plaintes de l'Ambassadeur d'Angleterre, 384. Fausses raisons qu'il fait insinuer au Roi de France: ce qu'il lui promet, & ce qu'il proteste à l'Empereur, 437. 438. Il est investi de la dignité Electorale de Frédéric. Ancienne jalousie entre sa branche & la Palatine, 517. & suiv. Adresse de *Maximilien* pour obtenir cette investiture, 530. & suiv. Il ne l'obtient que durant sa vie, 538. demande au Pape la confirmation de sa nouvelle dignité, partage avec lui la bibliotheque d'Heidelberg, acquiert le haut Palatinat en échange de la haute Autriche qui lui étoit engagée, &c. 537. Alarmes que lui cause le mariage projetté du Prince de Galles avec l'Infante d'Espagne: démarches qu'il fait à cette occasion, 553. Il est reçu dans le College Electoral durant sa vie, 654. Autre plaisir qu'il a, & qu'il s'étoit procuré, 655. 656.

Maximilien, Duc de Baviere, s'offre d'aider l'Empereur embarrassé, à des conditions qu'il rejette: fait le dévot & le zélé; mais veut y trouver ses avantages, III. 70. Alarmé des projets de Ferdinand, il tâche de les arrêter, 122. 128. effrayé des garnisons mises dans les places voisines de ses Etats, 201. *Maximilien* modele d'un politique profond & délié. Réponses qu'il fait aux propositions de Charnassé. Comment il se ménage entre la Maison d'Autriche & la France, 340. & suiv. Ce qu'il fait adroitement proposer à l'Empereur, 346. Il se rend à la Diete de Ratisbone, 496. Comment il s'y comporte, 498. 499. Il fait ôter à Valstein le commandement général des troupes de l'Empereur. Fausse idée qu'un Auteur donne de *Maximilien*, 500. 501. Il se venge du refus

MA

honnête qu'on avoit fait de lui donner la charge ôtée à Valstein, 502. 503. Conseils qu'il donne à l'Empereur après la descente du Roi de Suede en Poméranie, 518. 519.

Maximilien, Duc de Baviere, conclut une Ligue défensive avec la France, dont il ne tire aucun avantage, IV. 15. Secours qu'il y sollicite: réponse qu'on lui fait. Pourquoi cette Cour le ménage. Vues de ce Prince dissimulé, 38. 39. Il se plaint de l'emploi donné à Valstein. Mérite qu'il se fait à la Cour de Vienne, 69. Il refuse la neutralité avec Gustave, & de se séparer de la Maison d'Autriche, 70. & suiv. Manege de *Maximilien*: ses projets moins vastes que solides: coup qui le déconcerte. Ses démarches vers la Cour de Vienne. Faute qu'il fait, &c. 74. & suiv. Intrigué des approches du Roi de Suede, il s'humilie devant le fier Valstein, 80. 81. fait faire des propositions de neutralité à Gustave par l'Envoyé de France à Munick, 84. & suiv. crie en vain au secours: surprend Ratisbonne, & s'y fortifie, 86. sa jonction avec Valstein: chagrins qu'il en reçoit. Il ne peut l'engager à attaquer le camp de Gustave, 174. 175. Ils se séparent mécontents l'un de l'autre, 176. Sa surprise quand il apprend que Ratisbonne est assiégée par les Suédois. Lettres qu'il écrit au Gouverneur de cette Ville, lesquelles sont interceptées, 397. Il dissimule son ressentiment contre Valstein qui avoit laissé prendre la place: ce qui l'oblige d'éclater enfin contre lui. Représentations qu'il envoie faire à la Cour de Vienne, 398. 399. Ordre qu'il donne à Aldringher: retraite qu'il offre à l'armée Espagnole, &c. 400. Il souhaite qu'un tiers parti parmi les Protestants se rende puissant & nombreux, 605. *Maximilien*, quoiqu'attaché à Ferdinand, aspire à quelque chose de plus éclatant que le bonnet Electoral. Ses enfants ont eu la même vue, &c. 623. Il investit Ratisbonne; est joint par le Roi de Hongrie, 632. Vaine tentative pour séparer le Duc de Baviere de la Maison d'Autriche, après la bataille de Norlingue, 656.

Maximilien Duc de Baviere, épouse une fille de l'Empereur, V. 99. 268. ménage secretement la Cour de France. Ce qui le porte à continuer l'Empire dans la Maison d'Autriche, 268. 269. protege puissamment Goetz, 606. fait quelques démarches pour avoir les

MA

troupes du Duc de Weymar, 699. Intelligence secrete entre le Roi de France & *Maximilien*: de quoi les Miniſtres de celui-ci ſe vantoient, VI. 44. Il a peu d'inclination à finir la guerre. A quoi il penſe uniquement. Son petit fils a mal connu ſes véritables intérêts, 101. 360. 361.

Maxwell, Evêque de Roſſ en Ecoſſe, prétend à la Charge de Grand-Tréſorier, V. 455.

Mayenne (Charles de Lorraine Duc de) ce qui devoit le faire préférer au Duc de Guiſe, ſon neveu, pour l'entrée au Conſeil, I. 19. Il le tire avec honneur d'un pas délicat, 51. ſa mort: réflexions ſur ſa conduite, étant Chef de la Ligue, 88. Mort de la Ducheſſe ſa femme, *ibid.* Témoignage rendu à ſa mémoire par Louis XIII. 597.

Mayenne (Henri de Lorraine Duc de) Ambaſſadeur Extraordinaire pour la demande de l'Infante, I. 128. 139. 140. Honneurs qu'il reçoit à la Cour d'Eſpagne: il ſigne les Actes du mariage, 154. 155. Deſſein qu'a le Duc de Guiſe de l'attaquer. La Reine ordonne à *Mayenne* de ſe réconcilier avec lui, 173. Démarche qu'il fait pour le Prince de Condé, avec le Duc de Nevers & le Marquis d'Ancre, 174. Il prend de nouveaux engagements, & ſe retire à Soiſſons, 225. 226. revient à la Cour, 246. va preſſer Condé de ſe retirer du Poitou, 259. ſe retire à Soiſſons, 425. 426. ſe rend auprès du Prince, 430. Ce qui le dégoûte de l'entrepriſe du parti, 489. 490. Il aſſiſte à la conférence de Loudun, 499. appuie les raiſons de Villeroi, 500. travaille à faire accepter le Traité par les autres Seigneurs & par les Réformés, 508. Ménagements qu'il avoit eus pour la Cour pendant les troubles: il y retourne le premier, &c. 512. demeure étroitement uni avec le Maréchal de Bouillon, 513. Uſage qu'ils font l'un & l'autre des offres de Concini: ils le menacent, &c. 516. *Mayenne* s'offre de le tuer, 534. approuve une entrepriſe du Duc de Longueville, 536. conçoit de la défiance, ſe tient ſur ſes gardes, a des eſpions par-tout, fait avertir le Prince de Condé du deſſein qu'on a ſur ſa perſonne, 541. 542. Ses démarches après l'arrêt de S. A. Il ſe retire à Soiſſons, 544. 545. ſe trouve à une aſſemblée tenue à Couci, 551. 552. Sa colere contre le Duc de Guiſe, 556. Il s'oppoſe à l'avis qu'on donne de l'arrêter, 558. envoie deux Régimens d'Infanterie au Duc

MA

de Savoye, 575. 576. Déplaiſir que lui cauſe, & aux Seigneurs de ſon parti, une maladie du Roi. Il écrit au Cardinal de Guiſe de s'intriguer avec Luines contre le Maréchal d'Ancre, 580. 581. Lettre de *Mayenne* au Roi, & réponſe au nom de S. M. 596. 597. Remontrances où il a part, 601. *& ſuiv.* Il eſt déclaré rebelle, 603. Aſſiégé dans Soiſſons, il ſe défend avec bravoure, 608. Un exrès dépêché par le Roi lui annonce la mort du Maréchal d'Ancre. Il fait ſes ſoumiſſions à S. M. 652. revient à la Cour, 661.

Mayenne (le Duc de) obtient le Gouvernement de Guienne, II. 10. arme contre la Reine-Mere & contre le Duc d'Epernon, &c. 102. évite un piege que S. M. lui tendoit, 119. Mécontent & irrité, il écoute une propoſition qu'on lui fait, 122. Il reçoit le Prince de Condé dans l'antichambre du Roi, 151. obtient le cordon bleu, 172. Démarches du Duc mécontent, 180. 185. 187. Il s'excuſe de revenir à la Cour, 189, fait difficulté de s'abandonner à la clémence du Roi: ſonde Epernon: prévient l'orage qui le menaçoit, & vient ſe jetter aux pieds de S. M. 216. 217. régale le Roi au Château-Trompette, 218. veut diſſuader S. M. d'aller en Bearn, 232. Il ſonde ſecretement la diſpoſition de l'Aſſemblée de la Rochelle, 282. s'offre à ſervir de ſecond au Duc de Nevers, contre le Cardinal de Guiſe & le Duc de Chevreuſe, 293. Son mécontentement eſt apaiſé, 343. Il aſſiege & prend Nerac; délivre Caumont, 368. 369. Attaque dont il ſe charge au ſiege de Montauban, 391. 392. Il y eſt tué. Son caractère: ſa fauſſe bravoure, &c. 393. 994.

Mayenne (le Duc de) ſecond fils du Duc de Mantoue. Voyez *Ferdinand* de Gonzague Duc de Mayenne.

Maynard, membre de la Chambre des Communes, VI. 273.

Mayola, Lieutenant des gardes de Richelieu, eſt dépêché au Prince de Condé, qui faiſoit le ſiege de Dole, V. 164. 165. eſt envoyé en Languedoc, comme un ſurveillant, &c. 341.

Mazargues, frere du Maréchal d'Ornano, eſt mis en priſon, III. 41.

Mazarin (Jules) *Giulio Mazarini*, commence à ſe faire connoître, III. 392. eſt dépêché au Marquis Spinola Gouverneur de Milan;

TABLE DES MATIERES.

MA

ce qu'il lui remontre, &c. 400. 401. Il trompe le Duc de Mantoue, 403. est envoyé au Cardinal de Richelieu ; gagne son estime & son amitié, 417. Avis qu'il lui donne. Jalousie entre *Mazarin* & le Nonce Pancirole, 430. Proposition qu'il fait à Richelieu de la part du Légat, 437. Ses allées & venues dans la guerre de Mantoue & de Savoye, où il paroît plutôt un Courier qu'un Négociateur, 445. 446. Il ménage une suspension d'armes en Italie, 486. *& suiv.* Souplesses & patience de *Mazarin* : grands mouvements qu'il se donne pour la paix, 531. *& suiv.* Risques qu'il court de la part des Espagnols & des François : il les concilie prêts à se battre, 538. *& suiv.* Il met l'épée à la main contre un Espagnol qui l'insultoit, 540. joue un tour d'Italien aux Espagnols, donne un avis salutaire aux François, 544. 545. les accorde derechef, 545. 547. Il engage le Duc de Savoye à céder Pignerol a la France, 669. 670. Comment il débusqua le Nonce Pancirole dans la négociation des affaires d'Italie, 671. Trait de fourberie de *Mazarin*, 675.

Mazarin (Jules) va recevoir des instructions secretes sur Pignerol : déterminé à quitter l'épée, & à prendre le parti de l'Eglise, poste qu'il recherche, & qu'il n'obtient pas, &c. Il s'en retourne à Turin, IV. 55. engage le Duc de Savoye à vendre Pignerol, 62. 63. devient suspect à Richelieu, qui traverse sourdement sa brigue pour être Nonce en France, 516. Remontrance qu'il fait au Pape dans l'affaire de la Comprotection, &c. 520. 521. Il dissipe les soupçons de Richelieu, & obtient la Nonciature extraordinaire à la Cour de France, &c. 526. & la Vice-légation d'Avignon, 574. Sa dissimulation & sa souplesse dans cette occasion. Il se dévoue si hautement à la France que le Roi Catholique demande & obtient son rappel, 575. *& suiv.* Etant encore Nonce, il est chargé par le Pape de remettre à Louis une Lettre de la Reine sa mere, &c. 758. Comment il s'aquite de cette commission, 769. On trouve fort étrange qu'il date de Ruel sa réponse à Marie de Médicis, 71.

Mazarin (Jules) agit pour le Duc de Savoye, auprès de Richelieu, V. 18. A quel point il s'étoit insinué dans l'esprit de ce Ministre. Prise qu'il donne à ses ennemis par sa conduite. Il brigue la Nonciature ordinaire en France ; est rappellé de cette Cour,

MA

avec ordre d'aller faire ses fonctions de Vice-Légat d'Avignon, &c. 83. 84. Pourquoi on le rappelle à Rome. Preuve de l'étroite union qui s'étoit formée entre Richelieu & *Mazarin*, 89. *& suiv. Mazarin* qui se piquoit peu de religion, & qui se moquoit de la simplicité de Richelieu sur cet article, étoit autant ou plus crédule que lui aux prédictions des Astrologues, 509. Il obtient la nomination du Roi pour le Cardinalat. Conjonctures qui retardent sa promotion, 647.

Mazarin (Jules) est envoyé en Piémont avec la qualité d'Ambassadeur Extraordinaire de France, VI. 86. arrive après la reddition de Turin, ce qu'il ne pardonna jamais au Comte d'Harcourt, 88. Il négocie avec le Prince Thomas de Savoye, 88. *& suiv.* signe un traité avec S. A. lequel demeura sans effet, 91. 92. Un des principaux motifs de l'Ambassade de *Mazarin*, l'arrêt du Comte d'Aglié : il réussit dans cette entreprise, 92. 93. sollicite le Prince Thomas de se rendre à Paris : lui écrit une Lettre pressante, 245. cherche à se venger de son infidélité, 247. Comment il est désigné dans un Manifeste du Comte de Soissons, &c. 317. 318. Il est fait Cardinal, quoiqu'il n'eût aucun ordre sacré, &c. 393. 461. signe le testament de Richelieu, comme témoin, 475. renoue le traité conclu avec le Prince Thomas ; le flatte d'une agréable idée. Ce qu'il ne prévit pas en mariant une de ses nieces avec le second fils de ce Prince, 499. 500. Heureuse conjoncture dont il sut bien profiter. Réponse du Roi à Richelieu, de laquelle il est le porteur, 596. Il négocie la cession de Sedan avec le Duc de Bouillon prisonnier à Pierre-Encise : se fait comme Sous-Ministre de Richelieu : va prendre possession de cette place au nom du Roi, 626. *& suiv.* Affaire qu'il ménage avec souplesse, 652. 653. Il est, dit-on, recommandé au Roi par Richelieu, comme le plus propre à remplir sa place, 654. *Mazarin*, qui avoit projetté de se retirer en Italie, est fait Ministre d'Etat en France, 665. *& suiv.* Lettre qu'il écrit au Prince d'Orange : si la douleur qu'il y témoigne de la mort de Richelieu étoit bien sincere, 668.

Mazarin, Chavigni & Des-Noyers ont seuls le secret des affaires. Union étroite des deux premiers : leur conduite & leur maniere de vivre, 669. *& suiv. Mazarin* est en danger de se brouiller sur le cérémoniel avec les

TABLE DES MATIERES.
MA. ME

Princes du Sang. Différend qu'il a fur le même fujet avec l'Archevêque de Reims & l'Evêque de Beauvais, 672. *Mazarin* & Chavigni cherchent un appui : travaillent de concert à faire venir Gafton à la Cour. Moyen dont ils fe fervent pour obtenir la délivrance de trois Seigneurs renfermés à la Baftille, 678. *& fuiv.* Propofition qu'ils font faire au Roi, laquelle lui déplaît beaucoup. Ils tentent de fe mettre bien auprès de la Reine, &c. 683. *& fuiv. Mazarin* porte à Des-Noyers l'agrément du Roi pour fe retirer, 689. Mot de S. M. fur une propofition du Cardinal, 690. La Reine eft ulcérée contre *Mazarin* à caufe de la déclaration fur la Régence. Difpofitions de cette piece qui concernent ce Miniftre, 691. 692. Il porte le Roi à pardonner à des perfonnes dont il fe croyoit offenfé : eft Parrain du Dauphin : parle de la mort à S. M. 694. 695. Il redouble fes intrigues auprès de la Reine : fait la fixer en fa faveur : tente de fe maintenir auprès du Duc d'Orléans, & de s'affurer du Prince de Condé, 698. 699.

Mazure (La) Lieutenant des Gardes de Marie de Medicis, III. 658. 659. IV. 501.

Mazurier, Maître des Requêtes, fert utilement le Marquis & la Marquife d'Ancre. Récompenfe qu'il en reçoit, I. 191. Commiffion qu'on lui expédie pour Poitiers, 258. On l'y laiffe en qualité d'Intendant de Juftice, 261. Voyez *Mafuyer.*

Meazza, Gouverneur de Gavi, défend mal cette place, II. 703.

Médavi (le Comte de) ou de Grancey. Voyez *Grancey.*

Médicis (Dom Jean de) Général des Vénitiens, a un différend avec le Commandant du fecours Hollandois, &c. I. 711. amene des Florentins dans l'armée de Spinola, III. 427.

Médicis (Julien de) Archevêque de Pife, Envoyé du Grand Duc de Tofcane en Efpagne, affifte aux Conférences fur les affaires de la Valtéline, &c. II. 325. 326. va à Suze faire à Louis XIII. les compliments de ce Prince, III. 328.

Médicis (Dom Charles de) frere du Grand-Duc de Tofcane, & Généraliffime des forces maritimes d'Efpagne, VI. 630.

Médicis (François & Mathias de) freres du Grand Duc de Tofcane, & neveux de l'Empereur, étant à Pilfen, apprennent la confpiration de Valftein ; fe tirent de fes mains, & font informer Ferdinand de ce qui fe tramoit, IV. 477. 478. Ce que Mathias va remontrer au Duc de Parme de la part du Grand Duc, VI. 511.

Médina las-Torres (Le Duc de) Viceroi de Naples, renverfe les projets des mécontents & des François fur cette ville, VI. 69. 70.

Médina-Sidonia (Dom Gafpar-Alphonfe Perez de Guzman, Duc de) eft chargé de harceller les Portugais, VI. 176. prête l'oreille aux infinuations du nouveau Roi de Portugal fon beau-frere, &c. fe difpofe à foulever l'Andaloufie dont il étoit Gouverneur, &c. Son projet fe divulgue. Il fe rend à Madrid, pour diffiper les foupçons de Philippe : envoie un cartel plein de rodomontades extravagantes à Dom Jean, &c. 376. *& fuiv.* eft mis en prifon, malgré cette démarche, 485.

Megrin, placé par Richelieu auprès du Duc d'Enguien, eft tué, VI. 364.

Meilleraie (La) Gentilhomme Réformé, oncle de l'Evêque de Luçon, va conférer avec du Pleffis-Mornai, I. 611.

Meilleraie (La) coufin du Cardinal & Capitaine des Gardes de la Reine-Mere, eft chaffé par cette Princeffe, III. 560. eft fait chevalier de l'Ordre du S. Efprit, IV. 276. obtient la Charge de Grand-Maître de l'Artillerie, 592. en fait les fonctions dans l'armée des Maréchaux de Châtillon & de Brezé, 726. 728. 737. Témoignage que le premier lui rend, 739. Querelle de jeu & de galanterie que la *Meilleraie* fait à Pontis, 804. Il fait fa Charge au fiege de S. Mihel, V. 45. Convoi perdu par fa négligence, 58. Il eft Lieutenant Général fous le Prince de Condé au fiege de Dole, 154. 155. Récompenfe qu'il efpere de la prife de cette ville. Inquiétude qu'il caufe à Richelieu par fa bravoure, 156. 157. Son impétuofité fait plus de mal que de bien. Lettre où il fait part au Cardinal de la Valette de l'état du fiege, 163. Ce qu'il écrit au même après la retraite d'auprès de Dole, 165. Il fert au fiege de Corbie, 227. commande un corps de troupes, 322. Commencements de méfintelligence entre la *Meilleraie* & le Cardinal de la Valette. Le premier s'avance vers Bologne, 397. 398. rejoint le Prélat en conférvant le commandement féparé du corps qu'il conduifoit. Ce privilege eft révoqué fur les plaintes de la Valette. Dépit que la *Meilleraie* en conçoit, 402. 403. Voyage qu'il fait à Paris, dont ce Prélat eft alarmé

ME

alarmé, &c. 405. & *suiv*. Ils affiegent conjointement la Capelle. Colere du Roi contre la *Meilleraie* à ce fujet. On apaife S. M. qui le reçoit bien, 414. 415. Circonftance racontée dans les Mémoires de Pontis, par laquelle il paroît que le Grand-Maître avoit entrepris ce fiege de fa tête, 416. 417. Il eft fort brouillé avec la Valette, 418. Le Cardinal s'attache à l'avancer plus qu'aucun autre de fes parents. Armée qu'on met fous fa conduite, 668. *La Meilleraie* fe met en marche dans le deffein d'affiéger Aire. Forcé de changer d'avis, il attaque Hefdin, le prend: eft fait Maréchal de France fur la breche de cette place, 680. *& fuiv*. Comment il raconte l'avantage qu'il remporta fur un corps de Croates. Il forme un projet qui n'a pas lieu, 684. 685.

Le Maréchal de la *Meilleraie* commande une belle armée: forme des entreprifes fur Charlemont & fur Mariembourg, qui ne réuffiffent pas, VI. 48, *& fuiv*. Il manque de prévoyance, 50. joint le Maréchal de Châtillon pour affiéger Arras, 54. attaque Lamboi, 56. a une conteftation avec Châtillon, 57. 58. combat le Comte de Buquoi, 59. va au devant d'un convoi amené par Hallier, 70. 72. rentre au camp attaqué par les ennemis, 74. 76. 78. fait une brutalité à du Hallier, qui fe retire: le rappelle enfuite par une lettre civile, 79. 80. Le Maréchal de la *Meilleraie* commande une puiffante atmée, 303. affiege & prend la ville d'Aire, 344. tente inutilement de conferver cette conquête: prend quelques autres places de concert avec le Maréchal de Brezé, 346. Il haïffoit Saint-Preuil, & fut le principal auteur de fa difgrace, 348. *& fuiv*. La *Meilleraie* commande l'armée dans le Rouffillon, 435. affiege & prend Colioure, 469. 479. Mortification que Cinq-Mars, fon beau-frere, lui procure, en lui faifant donner pour Collegue le Maréchal de Schomberg au fiege de Perpignan, 471. La *Meilleraie* & fon Collegue prennent Perpignan par capitulation, 630. Ils affiegent & prennent Salces, 631. 632. La *Meilleraie* s'entremet d'engager Pontis au fervice du Cardinal, 649. obtient le Gouvernement de Bretagne, 669. Grande méfintelligence entre lui & la Maifon de Vendôme à ce fujet. Vacarme auquel il donne lieu, 696. 697.

Melac, miférable & barbare incendiaire, V. 51.

Tome VI.

ME

Melanchthon prend le fyfteme des Peres Grecs fur la grace & la prédeftination, &c. I. 100. Ses lieux communs traduits en François par Calvin, 102.

Melander, ou *Milander*, III. 401. 470. Général des troupes de Heffe. De quoi il eft foupçonné, V. 487.

Meliand, Ambaffadeur de France chez les Suiffes, V. 155. 156. 309.

Mellini, Evêque d'Imola, eft dépêché par le Pape, pour travailler a l'accommodement des Ducs de Modene & de Parme, V. 131.

Mello (Dom Francifco de) V. 136. tâche de porter le Duc de Parme à un accommodement, 152. La négociation eft mife entre fes mains, 300. Il commande l'armée Efpagnole dans le Piemont, en l'abfence de Leganez, &c. 498. Il prend le Château de Pomar, 504. Rappellé de la Vice-Royauté de Sicile, pour aller à la Diete de Ratifbonne en qualité d'Ambaffadeur, il contribue, en paffant à Naples, à renverfer les projets des mécontents & des François fur cette ville, VI. 69. 70. Comment il étoit devenu ennemi de la Maifon de Bragance, & odieux aux Portugais fes compatriotes. Il contribue à faire arrêter le Prince Edouard, 191. 192. eft du Confeil d'Etat établi après la mort du Cardinal-Infant, 347. bat le Maréchal de Guiche à Honnecourt, 476. 479. *& fuiv*. donne la relation de ce combat, 481. profite peu de fa victoire: marche vers le Maréchal de Guébriant, 482.

Mello (Dom François de) Grand Veneur de Portugal, & Dom George fon frere, font du nombre des Conjurés contre les Efpagnols, VI. 142. 161. 162. Avanture qui arrive à Dom George, 165. Il porte au Duc de Bragance l'agréable nouvelle de ce qui s'étoit paffé à Lisbone, 170. 171. Alphonfe de *Mello*. 172. Dom François eft envoyé à Paris en qualité d'Ambaffadeur extraordinaire, avec un adjoint, &c. 186. Compliment & réponfes qu'il fit à la Reine Anne d'Autriche. *Mello* & fon Collegue conferent avec le Cardinal de Richelieu: fignent une ligue entre la France & le Portugal, 188.

Melun (Le Vicomte de) fe diftingue à la défenfe des lignes devant Brifac, V. 604.

Mekelbourg (Les Ducs de) redevables de leur rétabliffement à Guftave; comment ils font difpofés à l'egard des Suédois, IV. 614. Ils acceptent le traité de Prague, 799.

Zzzzz

ME

Memmi (Antoine) élu Doge de Venife, I. 141.

Mémoires : incertitude de ceux qui paroiffent les plus fûrs, IV. 149.

Ménage, qu'on auroit pu nommer le *Varron de la France*, fi fon entêtement pour les étymologies ne l'avoit porté à écrire de grandes puérilités, compofe une fatire contre l'Académie Françoife, IV. 779. 785.

Mendoça (Dom Pierre) Portugais, du nombre des Conjurés contre les Efpagnols, VI. 142. eft député au Duc de Bragance de leur part, 146. 154. 155. Succès de fa négociation, &c. 156. 157. Conférence où il fe trouve, 161. 162. Part qu'il a dans la révolution, 166. 169. Il apporte au Duc de Bragance la nouvelle de ce qui s'étoit paffé à Lifbone, 170. 171.

Mendoça (Triftan Hurtado de) eft envoyé aux Etats Généraux des Provinces Unies en qualité d'Ambaffadeur du nouveau Roi de Portugal. Négociation délicate & difficile dont il eft chargé, VI. 188. 189.

Menezez (Dom Jean de) Gouverneur de Perpignan, va reconnoître déguifé les paffages du Rouffillon dans le Languedoc : eft arrêté fur les terres de France, IV. 585.

Menezez (Fernando-Tello de) un des Conjurés contre les Efpagnols à Lisbone, VI. 162. 166. commande une flote Portugaife, 377.

Merci, Gouverneur de Moyenvic, rend cette place, ne pouvant la défendre, IV. 40. 41. commande une retraite des troupes du Duc de Lorraine, 733. a du défavantage en Alface, V. 74. commande les Bavarois au combat de Wolfembutel, VI. 354. eft fait prifonnier à la bataille de Kempen, 455.

Mercier, Secrétaire du Duc d'Angoulême, eft dépêché pour demander la grace du Duc de Montmorenci, IV. 190. & *fuiv.*

Mercœur (Le Duc de) conduit Grotius, Ambaffadeur de Suede, à l'audience du Roi, IV. 693. amene, avec fon frere, les carroffes du Roi au Duc de Parme : lui cede le pas partout, en déférant à une décifion du Confeil du Roi, V. 77. 78. Expédition où il fe trouve, VI. 71. Il fait des merveilles à la défenfe des lignes devant Arras, 74. 77. eft relégué avec fa mere & fon frere, 235. eft conduit au Roi par le Cardinal Mazarin : parle pour fon frere, & obtient le retour de fon pere, 681. 682. s'attache aux intérêts de la Reine, 693. Confiance que Sa M. lui témoigne, & à fon frere, 697.

ME

Mercure François : utilité de ce Recueil pour l'Hiftoire de Louis XIII. I. 284. Il eft auffi fupportable qu'aucune des pieces recueillies par du Chêne, dont on eft obligé de fe fervir, III. 262.

Mercuvino, Gouverneur de la citadelle de Cazal, V. 505.

Meri : expédition où il fe trouve, V. 604.

Mérode (Le Comte de) fait une irruption chez les Grifons avec un corps de troupes Impériales, III. 384.

Meflai (Le Baron de) trahit lâchement le Duc de Rohan, III. 177. & *fuiv.*

Mefmes (De) Préfident au Parlement de Paris, III. 106. 114. Reproche, malignement interprété, qu'il fait au Cardinal, V. 190. Precis d'une harangue où il parla fortement contre ce Miniftre, & contre le premier Préfident. Intimidé comme fes Confreres, il rampe, 191. 192. opine du bonnet dans le procès du Duc de la Valette, 626. 628.

Mefmin, Secrétaire du Marquis de Cœuvres, II. 667. enfuite Ambaffadeur aux Grifons, eft arrêté par les Impériaux, contre le droit des gens, &c. III. 384. 387. 389. 390.

Meftrezat, Miniftre des Réformés à Charenton, I. 690.

Metz : Parlement établi en cette ville ; fous quel prétexte ; & quelle en étoit la raifon, IV. 349. 350. Il envoie faire des complimens au Roi à Nanci. Premier Arrêt de mort qu'il rend, dont Richelieu fut fort fatisfait, 369. Autre qui fait tort à la réputation des gens de ce Parlement, & qui rend le premier fufpect d'injuftice, 373.

Mexia (Dom Dicgode) neveu du Comte Duc d'Olivarez, & Ambaffadeur extraordinaire en France, &c. III. 149.

Mexia (Dom Chriftophe de) Meftre de Camp, Gouverneur de Fontarabie, V. 545.

MI

Michel Fédérovits, élu Czar de Mofcovie, reprend Smolensko, I. 169. Il demande la paix à Ladiflas, IV. 543.

Midlefex (Le Comte de) Grand Tréforier d'Angleterre : difgrace que lui procure Buckingam, II. 614.

Milander, Colonel au fervice des Vénitiens, III. 401. Sa brave conduite, 470. Voyez *Melander.*

Milhaud en Rouergue : défordre arrivé dans cette Ville, I. 364.

M I

Mineur (Un) enféveli fous des terres écroulées, en fort deux jours après, par un trou qu'il fait avec fes mains, V. 681.

Miniftres d'Etat : artifice ufé dont ils fe fervent contre les gens de mérite qu'ils n'aiment pas, VI. 83. La bonne foi inconnue à la plûpart, 90. Ils ne font pas verfés à dreffer des actes dans le ftyle de l'Evangile, 240.

Miniftres, ou Prédicateurs de l'Evangile : licence qu'ils prennent en Angleterre contraire à la raifon, & à l'efprit de leur état, VI. 406.

Mioſſens, reçoit ordre de fe joindre au Duc d'Epernon, II. 360.

Mirabel (Le Marquis de) Ambaffadeur d'Efpagne à la Cour de France ; ce qu'il répond aux plaintes de Louis XIII. fur la Valteline, &c. II. 440. Il tend un piege à Marie de Médicis, qui n'y donne pas, 616. Traité qu'il voit conclure à regret, 632. Le feu lui monte à la tête : paroles aigres qu'il dit à Richelieu. Il fait enfuite des avances pour fe raccommoder avec le Cardinal, 674. 675. Entretien qu'il affecte d'avoir avec Baffompierre : Conférences pour la paix qui en réfultent : rupture de cette négociation, &c. 741. 742.

Mirabel (Le Marquis de) ce que Louis lui dit, dans une audience, fur le traité de Mouçon & fur du Fargis qui l'avoit conclu. On retouche avec lui quelques articles : il eft de bonne compofition, &c. III. 11. Il héfite fur fur une propofition que Richelieu lui fait faire, &c. 109. Se plaint du renouvellement d'alliance avec les Provinces-Unies, 110. feint de condamner les mouvements du Gouverneur de Milan contre le Duc de Mantoue : ce qu'il fait entendre au Nonce du Pape, 218. Il entre dans les intrigues de la Cour contre le Cardinal, 483. 548. Ce que le Roi lui envoie dire, & ce qu'il répond à fes plaintes, &c. 569. 570. Offre qu'il fait à Gafton mécontent. Il blâme fa retraite de la Cour, 590. 591. le compliment à Bruxelles, IV. 50. eft envoyé vers la Princeffe de Carignan : lui dit des chofes peu refpectueufes touchant le Prince fon époux. Elle lui répond d'une maniere fi haute, qu'il garde le filence, VI. 495.

Mirande, un des Députés Généraux des Réformés : Requêtes que lui & fon Collegue pséfentent au Roi, I. 71. 72. Gagné par le Maréchal de Bouillon, 365.

M I

Miré, Envoyé de la Cour de France vers quelquelques Princes d'Allemagne, IV. 244.

Mirembeau fe faifit de Monheur pour le parti Réformé ; écoute les propofitions de remettre la place entre les mains du Roi ; change d'avis, & la défend bravement, II. 420.

Mirepoix (Le Marquis de) fe trouve à la bataille de Leucate, V. 345. y perd la vie, 346.

Miron (Robert) Prevôt des Marchands, préfide à la Chambre du Tiers-Etat, I. 298. Sa harangue fenfée, prononcée à genoux, 299. 300. Comment il élude la propofition du Clergé fur la publication du Concile de Trente, 309. 310. Réponfe qu'il fait à la harangue du Cardinal du Perron, 340. Il fait voir qu'il eft mieux inftruit des droits du Roi & de la puiffance du Pape, que le Prince de Condé, 342. fe relâche fur l'article du Tiers-Etat, détourne la propofition d'opiner par Bailliages, 350. Il parle de meilleur fens qu'un Cardinal, au fujet d'une brouillerie entre la Reine & Condé, 354. Ce qu'il avoit repliqué à la demande du Clergé touchant le Concile de Trente, 365. Sa harangue au Roi à la clôture des Etats Généraux, 369. & fuiv. *Miron*, Ambaffadeur ordinaire de France en Suiffe, II. 773. 777. 788. Il eft un des Commiffaires du Roi aux Etats de Languedoc, IV. 112. Ses bons deffeins traverfés par fon Collegue, 113. 114. Ordres qu'il reçoit de la Cour, 119. Il eft arrêté de la part du Duc de Montmorenci, & ne s'en étonne pas, 120.

Miron (Charles) Evêque d'Angers, porte la parole au nom du Clergé, &c. I. 344. 348. Il eft extrêmement décrié au Parlement de Paris : ne peut obtenir que fes affaires en foient évoquées : a un grand démêlé avec fon Chapitre & avec fon Archidiacre : déclame contre les appels comme d'abus, &c. II. 646. & fuiv. Nouveau différend qu'il a avec fon Chapitre, 649. 650.

M O

Moda (Albert) Gouverneur d'Heidelberg, Colonel Suédois, fe renferme dans le Château, qu'il fe prépare à bien défendre, IV. 661. 662.

Modene (Le Prince de) Général de la Cavalerie Vénitienne, fe retire du fervice de la République, après s'être vengé d'un affront qu'il

M O

croyoit recevoir, III. 469. Ducs de *Modene:* voyez *César, François* d'Eſt.

Modene, parent, & un des intimes Confidents de Luines, I. 679. détourne Luines de ſe raccommoder avec la Reine-Mere, 733. 734. eſt envoyé à Turin en qualité d'Ambaſſadeur extraordinaire, II. 12. va ſouvent voir Condé à Vincennes, 150. eſt conduit à la Baſtille, III. 41.

Moines auſſi orgueilleux que les Phariſiens. Héréſie damnable chez eux, V. 468. Ils ont introduit les ſuperſtitions, & les opinions les plus extravagantes, 550.

Molé, Procureur Général du Roi au Parlement de Paris, I. 397. 423. III. 106. Requête qu'il préſente contre le mariage de Gaſton, IV. 571. *Molé,* premier Préſident, mandé à la Cour, porte à ſa Compagnie l'ordre de vérifier la Déclaration du Roi contre Gaſton, VI. 657. 658.

Moleur, Chancelier du Duc de Lorraine, ſoutient l'invalidité du mariage de ce Prince avec Nicole: ſe rétracte enſuite, V. 602.

Molina, fameux Jéſuite: ſon ſyſtème ſur la grace adopté par la Société, I. 99.

Molondin, envoyé à une Diete des Suiſſes par le Maréchal de Baſſompierre, III. 423.

Monaco (Honoré Grimaldi, Prince de) ſe met ſous la protection de la France. Son traité n'eſt pas d'abord exécuté par la vigilance des Eſpagnols, V. 604. Dépendance où il étoit à leur égard. Il trouve le moyen de les chaſſer: introduit les François à leur place. Conditions de ſon accord avec Louis, VI. 394. *& ſuiv.* Il viſite le Cardinal à Narbonne: rend ſes reſpects au Roi devant Perpignan. Sa M. lui donne l'Ordre du S. Eſprit, & le Duché-Pairie de Valentinois, 472. 473.

Monbazon (Le Duc de) I. 236. II. 114. 118. eſt pourvu du Gouvernement de l'Iſle de France, 158. va preſſer la Reine-Mere de ſe rendre auprès du Roi, 187. 200. Ce qui l'oblige à ſe retirer d'Angers, 208. Réponſe qu'il fait à une lettre que du Pleſſis-Mornai lui avoit écrite. Autre publiée ſous ſon nom, 236. 237. 176. Peine qu'il ſe donne pour arrêter une ſédition dans Paris, 394. Il ſe démet du Gouvernement de la ville & du Château de Nantes, IV. 4.

Monbrun (Le Marquis de) marié à une bâtarde adultérine de Leſdiguieres, engage les Réformés à demander que leur aſſemblée ſe tienne à Grenoble, I. 408. Son mariage rompu, 410. Il eſt nommé Lieutenant Général en Provence par l'Aſſemblée de la Rochelle, II. 347. excite des mouvements en Dauphiné, de concert avec Leſdiguieres, 405. 406.

Monbrun, Gouverneur de Montauban, réſiſte bravement au Duc d'Epernon, II. 721.

Monbrun (Saint André-) eſt envoyé par le Duc de Rohan pour défendre Privas: ſa conduite brave & généreuſe, III. 354. *& ſuiv.* Il obtient à peine la vie, 356. entre avec un convoi dans Mantoue, 403.

Moncaurel, commandant à Ardres: on tache inutilement de le gagner pour le parti de Gaſton, IV. 10.

Monfalcou, Préſident, Miniſtre du Duc de Savoye, III. 412.

Monheur en Guienne, eſt aſſiégé, pris, pillé, & brûlé, II. 418. 420. 421.

Moni (Le Marquis de) trempe dans l'intrigue pour la délivrance de la Reine-Mere, II. 37. 40. Il quitte ſon ſervice, & ſe donne au Favori, 114. voy. 358.

Monmas, commandant à Metz, en l'abſence du Duc de la Valette, &c. IV. 370.

Monnoies que Toiras fit battre dans Cazal aſſiégé, III. 479.

Monod (Le Pere) Jéſuite, Directeur de Chriſtine Ducheſſe de Savoye, peu touché d'un préſent qui lui eſt fait à l'inſtigation de Richelieu, & d'une lettre obligeante qu'il en reçoit, engage le P. Cauſſin à inſpirer au Roi des ſcrupules qui ne ſont pas favorables à ce Miniſtre, V. 364. 365. Il fait peur à ce grand politique, 380. conſeille à Chriſtine de recevoir ſon beau-frere Maurice, &c. 384. 385. Mémoire où *Monod* eſt décrié comme un ſcélérat par Richelieu, 386. A quoi ſe réduit le crime de ce Jéſuite. Acharnement de Son Em. contre lui, 390. *& ſuiv.* Piege où *Monod* n'a garde de donner. Il diſſipe les ſoupçons de la Ducheſſe: lettre du Cardinal là-deſſus, 393. *& ſuiv.* Intrigue du P. *Monod* à Rome. Sa réponſe quand on lui propoſa d'aller en France. Vaines tentatives de Chriſtine en ſa faveur. Il eſt envoyé à Coni, 492. 493. Richelieu s'obſtine à demander qu'il lui ſoit livré: réſiſtance de la Ducheſſe, 499. 501. 502. 503. *Monod* fournit à Chriſtine un prétexte pour lui manquer de parole: eſt conduit au Château de Montmelian, 632. De-là on l'envoie à Miolans. Demande qu'il fait, & qu'on lui refuſe avec dureté. Il écrit à Chriſtine, &c. VI. 36. 37.

MO

Monpinson fait des offres au Duc d'Orléans, qui les révele au Roi : & ce Gentilhomme est mis à la Bastille, III. 114. 115.

Monsigot, Secrétaire des commandements de Gaston, se vend au Cardinal, &c. III. 572. presse le départ de S. A. R. de la Cour, 591. Déclaration où il est compris, 627. Il est dépêché à Nanci, afin d'engager le Duc de Lorraine à recevoir MONSIEUR, 642. 643. est envoyé à Bruxelles, IV. 12. Chassé pour quelque temps par S. A. R. 49. Il est déclaré criminel de leze-Majesté, & sa charge de Maître des Comptes éteinte, 275. On l'excepte d'une amnistie promise, 430. 663. Il est dépêché à la Cour d'Angleterre par Marie Médicis, &c. V. 295. 568.

Montaigu (Richard) Chapelain de Charles I. défend hautement la doctrine d'Arminius : bruit que son livre excite en Angleterre, II. 750. 752. Il est nommé Evêque de Chichester, III. 193.

Montaigu, Confident du Duc de Buckingam, est envoyé à la Cour de France sous un prétexte léger : vrai but de son voyage. Il y revient ; & on lui signifie, de la part du Roi, qu'il ait à s'en retourner promptement, III. 64. 65. voyez 74. 78. Il est envoyé en Lorraine, en France, & en Savoye ; arrêté, conduit à la Bastille, ensuite relâché, 111. se trouve sur une flote Angloise devant la Rochelle. Idée qu'on peut se former de cet homme. Il entame une négociation avec Richelieu. Ses alliées & venues au camp des François. Il est dépêché en Angleterre pour savoir les intentions du Roi sur ce qui se propose, 233. 234. revient avec un plein pouvoir de S. M. enrage de le voir joué par Richelieu, 243. Il confere avec ce Ministre après la prise de la Rochelle, 252. Devenu Abbé de S. Martin de Pontoise & dévot de profession, il gagne l'affection de la Reine Anne d'Autriche ; lui parle en faveur de Mazarin, VI. 698. 699.

Montaigu (Le Grand-Maître de) mot d'un Célestin de Marcoussis sur sa condamnation, IV. 5.

Montaigu (Edouard de) Chef de cette illustre Maison, Baron de Boughton, reçoit une commission du Roi Charles I. pour lever des soldats : est arrêté par ordre du Parlement. Eloge de ce Seigneur : sa fidélité envers le Roi, &c. VI. 550. 551. Ralph Duc de Montaigu, son petit-fils, 550.

MO

Montaigu (Charles de) Baron d'Halifax. Eloge de ce Seigneur, VI. 551.

Montaigu (Le Chevalier Sidney de) serment qu'il refusa de prêter, VI. 551.

Montalte (Le Cardinal) de la famille de Sixte V. meurt, ayant fait un fort bon usage de ses grands revenus, II. 567.

Montalte [Le Cardinal] de la faction Espagnole, &c. VI. 518.

Montalto, Medecin Juif, appellé en France par Marie de Médicis, avec la permission du Pape, I. 668. 669.

Montauban: siege de cette ville, II. 390. *& suiv.* Il est levé, 402. Elle se joint au Duc de Rohan, III. 182. refuse quelque temps d'accepter la paix conclue, 366. se soumet : mortification qu'essuient les gens du Consistoire de cette ville, 374. 375.

Montauban de Gouvernet, Gentilhomme Réformé, soutient un siege dans sa maison, &c. III. 13.

Montausier [Le Marquis de] défend bien Rossignan, obtient une capitulation honorable : éloge qu'en fait un Historien, III. 475. 476.

Montausier (Charles de Sainte-Maure, Marquis, puis Duc de) à qui il dut sa grande fortune, III. 476. Il traite fort civilement le Marquis de Bassompierre, prisonnier, V. 601. se distingue à la défense des lignes devant Brisac, 604.

Monté (Del) Cardinal proposé pour être Pape, II. 302.

Monteclair, Officier du Régiment de la Marine ; se signale à la défense d'un moulin, V. 179. 180. 183.

Montecuculli (Le Comte de) amene des troupes Impériales au secours des Espagnols dans les Pays-Bas, III. 350. est dépêché au Duc de Lorraine par l'Empereur, &c. IV. 47.

Montecuculli envoyé à Rome par le Duc de Modene, VI. 503.

Montégli, Gouverneur du Château de Cazal, promet de livrer la ville, & même la citadelle aux Espagnols. La trame est découverte : il est arrêté. On lui promet la vie sous une condition qu'il accomplit, & on ne lui tient pas parole, V. 504. 505.

Montéléon (Le Duc de) Ambassadeur d'Espagne à la Cour de France, I. 571. 576. Intrigue qu'il lie pour empêcher qu'elle n'use du droit qu'elle avoit par le Traité d'Ast, &c. 588. Ce qu'il insinue à la Reine-Mere, pour détourner Lesdiguieres de secourir le Duc de

Zzzzz iij

Savoye, 589. 590. Défeſpéré de la fermeté du Maréchal, alternative qu'il propoſe à Sa M. 591. Ce qui lui arrive au Louvre après la mort de Concini, 635. 636. Il ne trouve plus les mêmes agrémens à la Cour, 652. Proteſtation qu'il faiſoit ſur les affaires d'Italie, 701. Ce qu'on lui déclare à la nouvelle du ſiege de Verceil, 705. Mouvements qu'il ſe donne pour perſuader la Cour de laiſſer prendre cette ville, 706. & ſuiv. Il réuſſit, 709. travaille à diſſiper les ombrages ſur les démarches des Eſpagnols en Italie, 722. fait de grandes plaintes contre Leſdiguieres, 725. contribue à l'accommodement des affaires d'Italie, 727. Intrigue dans laquelle il entre. Pourquoi il travaille au retour de la Reine-Mere, II. 22. 23.

Montenegro (Le Marquis de) Général que l'Empereur oppoſe à Bethlem-Gabor, ne réuſſit pas, II. 575. eſt chargé de faire une irruption dans le Mantouan : tâche d'arrêter cette entrepriſe, III. 208.

Montereau, Officier dépêché à Mansfeld pour l'amuſer, s'aquite bien de cette commiſſion, II. 492. & ſuiv.

Monterey (Le Comte de) Ambaſſadeur d'Eſpagne à Rome, paſſant par Genes, y entreprend une réforme à laquelle les Génois s'oppoſent, III. 315. Conférence qu'il a avec le Marquis de Léganez, V. 490. Il eſt chargé de harceller les Portugais, VI. 176. trouve grace devant le Comte-Duc, qui lui permet de piller impunément, 485. *Monterey*, revenu de ſa Viceroyauté de Naples avec des tréſors immenſes, leve huit cents Gentilshommes, qu'il amene en Catalogne à petites journées, & ſe divertiſſant en chemin, 631.

Monteſpan reçoit ordre de ſe joindre au Duc d'Epernon, III. 360. Il eſt de la Cour de Gaſton, &c. II. 49. & d'un convoi amené au ſiege d'Arras, VI. 72.

Montferrand (Le Marquis de) Maréchal de Camp, & Lieutenant de la Compagnie des Gendarmes du Duc d'Epernon, V. 333.

Montferrat poſſédé par des Maiſons différentes : prétentions de celle de Savoye ſur ce Marquiſat, I. 180. envahi par Charles-Emmanuel, 186. Comment il étoit tombé dans la Maiſon de Gonzague, III. 129. Le Roi d'Eſpagne & le Duc de Savoye le partagent par un traité, &c. 204. & ſuiv.

Montgaillard, Gouverneur du Fort de Brême, qui s'étoit avancé par la faveur du Maréchal de Crequi, rend cette place après avoir ſoutenu un aſſaut général. Ce qu'il allegue pour ſa juſtification. On lui fait trancher la tête, V. 491.

Montgommeri, II. 209. vend lâchement Ponterſon, dont il étoit gouverneur, 359.

Montgommeri (Le Comte de) Grand Chambellan d'Angleterre, III. 75. Lettre au Roi de France, ſignée par un Comte de *Montgommeri*, V. 722.

Montholon, Avocat des Jéſuites contre l'Univerſité, affecte de parler bas, I. 97. Comment il élude une propoſition faite à ſes parties, 98. Il fait imprimer ſon plaidoyé plus ample qu'il ne l'avoit prononcé, *ibid*.

Montigni ramaſſe en Breſſe des ſoldats congédiés par le Duc de Savoye, &c. I. 438. Par quel hazard il fut fait Maréchal de France, &c. 545. 546. On lui donne le commandement d'une armée, 553. Il aſſiege & prend la Tour de Bourges, 561. ſoumet le Nivernois, 608. 613.

Montigni, Miniſtre des Réformés à Charenton, I. 690.

Montjoy, Colonel de la Cavalerie Angloiſe dans l'Iſle de Ré, eſt fait priſonnier, & renvoyé peu de jours après, III. 157.

Montmor, Maître des Requêtes, eſt aggrégé à l'Académie Françoiſe, IV. 781.

Montmor a la connoiſſance d'une intrigue, VI. 453. Commiſſion dont il eſt chargé par Cinq-Mars, 459. 466. 468. 469. Il s'échappe, 615.

Montmorenci (le Connétable de) donne des inquiétudes à Henri IV. I. 5. Il demande la Princeſſe de Condé, ſa fille, réfugiée à Bruxelles, 12. Il prétend une place au Conſeil de la Régente, 19. Il ſe déclare contre le Duc de Guiſe, 50. Ce qui le porte à conſentir au double mariage, 126. 127. Reproche qu'il fait au Prince de Condé ſon Gendre, 128. Ce qu'il repréſente à la Régente, pour ſervir les Princes du Sang, 138. 139. Différend de ſa veuve avec la Ducheſſe de Chevreuſe, terminé d'une maniere qui déplaît à l'une & à l'autre, II. 592.

Montmorenci (Henri Duc de) ſe déclare contre les démarches du Parlement, &c. I. 421. ſe lie avec Epernon & Leſdiguieres, 562. préfere les intérêts du Prince de Condé à ceux de Marie de Médicis, 734. eſt fait Chevalier des Ordres du Roi, II. 172. fait des proteſtations d'attachement au ſervice du

M O

Roi, 209. à une petite-guerre avec le Marquis de Châtillon, 272. conduit un renfort au fiege de Montauban : y tombe malade, 393. 403. prend une place, 506. eft appellé au Confeil, 580. Expédition où il fe trouve, &c. 511. 512. En qualité d'Amiral de France, il commande une flote contre la Rochelle, &c. 732. 733. défait celle des Rochelois, demande le Gouvernement de l'Ifle de Ré qu'il n'obtient pas ; n'en témoigne aucun reffentiment. Sa générofité, &c. 734. 735.

Montmorenci (le Duc de) fe démet de la charge d'Amiral, III. 42. Embarras où il fe trouve. Il leve des troupes fans attendre les ordres de la Cour. Comment il fut payé de fes foins. Il combat le Duc de Rohan, 161. 162. reçoit le Prince de Condé dans fon Gouvernement, 175. le régale d'un ballet magnifique : va attaquer Rohan dans le Vivarez, qui évite fa rencontre : prend Pamiers joint au Prince de Condé, 180. 181. eft contraint de fortir du Vivarez, où il faifoit des progrès, &c. 201. raffure le bas Languedoc, effrayé du retour fubit de Rohan, prend un corps de Milices des Cevenes, &c. 248. *& fuiv*. aide à réduire les Réformés, 351. 353. 356. Sa lâche déférence aux volontés du Cardinal : comment il en eft payé. Ce que certaines gens difoient de ce Seigneur, 373. 374. Il accompagne Richelieu allant en Italie, 409. 413. va à Turin ; y eft bien reçu, &c. 428. 429. Confeil où il eft appellé, 431. Avis qu'on le foupçonna d'avoir donné au Duc de Savoye, 433. Il accompagne le Cardinal à Lyon, 444. eft engagé à prendre le commandement de l'armée de Piémont. Mauvais état de ces troupes, 457. *& fuiv*. Sa valeur extraordinaire dans un combat donné près de Veillane, &c. 459. *& fuiv*. Sa jonction avec le Maréchal de la Force, fuivie de la conquête de la ville & du Marquifat de Saluces, 483. Il force les Savoyards retranchés au pont de Carignan, &c. 480. *& fuiv*. Chagrin qu'il reçoit, qui l'engage à demander la permiffion de revenir en France, 487. Il promet au Roi dangereufement malade de défendre le Cardinal ; protefte la même chofe à ce Miniftre, 528. 529. prend le bon parti à la journée des dupes, 455. eft fait Maréchal de France, dignité au-deffous de lui ; dans quelle efpérance il l'accepte, 575.

M O

Montmorenci (le Duc de) fouffre que le Cardinal, nouveau Pair, prenne le pas fur lui au Parlement, IV. 3. Mécontentement de ce Seigneur, 110. *& fuiv*. 114. Il fe bat avec le Duc de Chevreufe dans la maifon du Roi, &c. 112. 113. Efforts pour l'engager dans le parti de la Reine Mere & de Gafton, & pour l'en détourner. Il promet de recevoir ce Prince en Languedoc, 114. *& fuiv*. fait arrêter l'Archevêque de Narbonne, les Commiffaires du Roi, & l'Intendant, 120. fe plaint de la précipitation de MONSIEUR. Précautions qu'il auroit dû prendre, & qu'il avoit omifes, 127. *& fuiv*. Il rejette des confeils violents, 129. 130. Déclaration rigoureufe contre lui, 132. Mauvaife fituation de fes affaires. Sa bravoure imprudente au combat de Caftelnaudari, &c. 150. *& fuiv*. Il y eft fait prifonnier, tout couvert de bleffures, 157. *& fuiv*. eft conduit à Leitoure, 160. Portrait de la Reine qu'il avoit, dit-on, à un bracelet, &c. 168. La faute de *Montmorenci* pardonnable. Délibération dans le Confeil fur la maniere dont il devoit être traité, 186. *& fuiv*. Vaines tentatives pour obtenir fa grace, 190. *& fuiv*. Il fe prépare tranquillement à mourir : eft transféré à Touloufe. Circonftances de fon procès & de fa condamnation, 195. *& fuiv*. 198. *& fuiv*. S'il pouvoit fe joindre à Gafton en fûreté de confcience, 197. 198. Mort héroïque & chrétienne du Maréchal-Duc de *Montmorenci*, 200. *& fuiv*. Circonftances de fa vie privée qui marquent fes inclinations nobles & élevées, 202. 203.

La Ducheffe de *Montmorenci*, Marie-Felice des Urfins, parente de la Reine-Mere, & attachée à fes intérêts, &c. IV. 110. Si elle engagea fon mari dans l'entreprife qui caufa fa perte, 117. 118. Elle prie Gafton de s'accommoder avec le Roi ; dans quelle vue, 151. Mauvais traitements qu'elle effuie. Sa douleur conftante : vertu qu'elle témoigne dans fa difgrace, 203. 204.

Montmorenci (Henriette-Charlotte de) pourquoi le projet de fon mariage avec Baffompierre fut rompu : paffion qu'elle infpire à Henri IV. qui la marie au Prince de Condé : elle fe retire dans les Pays-Bas avec fon mari, I. 10. Mefures prifes pour l'enlever, dont elle ne paroiffoit pas fâchée : dégoûtée de fon mari & de la Cour de Bruxelles, 12. Voyez *Condé* (Princeffe de)

MO

Montmouth (le Comte de) porte à Charles un acte passé au Parlement, VI. 547. Procédure où il est compris, pour s'être rendu auprès de ce Prince, 565. 566.

Montpellier: Ses habitants, intimidés par les discours du Prince de Condé, ne veulent point permettre que le Roi entre dans la ville : Conseil à ce sujet. S. M. en forme le siege, II. 507. & *suiv.* Il va lentement, 515. Les gens de *Montpellier* ont assez de peine de se contenter des conditions de paix proposées : ils se rendent aux raisons du Duc de Rohan. Brevet particulier que le Roi leur donne, 520. Entrée de S. M. dans cette ville, 521. Plaintes de ses habitants sur les infractions du traité, &c. 542. 543. 680.

Montpensier (le Duc de) mécontent d'Henri IV. &c. I. 5. Sa fille, riche héritiere, recherchée par Soissons, pour son fils. 18. 43. 48. A qui elle étoit destinée, 48. La tutele de cette Princesse déférée au Duc de Guise, 449.

Montpensier (la Princesse de) intrigues pour & contre son mariage avec Gaston, II. 675. & *suiv.* III. 34. & *suiv.* 55. Elle épouse ce Prince ; gagne son cœur en peu de temps. Biens qu'elle lui apporte, 58. Sa complaisance la rend agréable à Gaston. Mort de cette Princesse, 115. 116. Mademoiselle de *Montpensier*, sa fille : Voyez *Orleans*.

Montpezat est dépêché au Prince de Condé par Marie de Médicis, I. 258.

Montpouillan, un des fils du Marquis de la Force, aimé particulierement du Roi, est gagné par Luines, entre dans l'intrigue contre la Reine-Mere, &c. I. 623. Il la noircit dans l'esprit de son fils, 659. 660. *Montpouillan* a ordre de se retirer de la Cour : quel étoit son crime, II. 343. 360. Il commande dans Nerac, 368. défend Tonneins avec courage : meurt d'une blessure qu'il y avoit reçue. Il estimoit plus sa Religion que les bonnes graces du Roi, 462. 463.

Montredon, Officier du Duc de Rohan, fait retirer les troupes qu'il commandoit d'auprès de Montpellier, III. 179.

Montresor, Gentilhomme attaché à Gaston, ce qu'il raconte de la quatrieme sortie de ce Prince hors du Royaume, IV. 299. 212. 213. Extraits de ses Mémoires, 231. 232. 282. 286. 288. 289. 349. Bien informé de ce qui se passoit chez Gaston ; il assure que le Cardinal prétendoit réduire ce Prince à épouser sa niece, 448. Témoignage qu'il rend à Puylaurens, 498. Ce qu'il raconte de l'attentat formé sur la vie de ce favori de Gaston, 499. 500. Il est prêt à le suivre dans un duel, 503. Motif qu'il donne à Gaston dans son traité avec le Roi d'Espagne, 506. Extraits de ses Mémoires, 553. 554. 662. 663. 665. & *suiv.* 674. 677. & *suiv. Montresor* entre dans la confiance de Monsieur, 681. 682. Il parle de la guerre entreprise contre l'Espagne tout autrement que les adulateurs de Louis XIII. & de son Ministre, Titre qu'il donne sans façon à Richelieu, 711. 712. Extraits des Mémoires de *Montresor* 755. & *suiv.*

Montresor: ce qu'il rapporte d'une intrigue où il entra fort avant, V. 69. & *suiv.* Preuves d'un reproche qu'il fait au Cardinal, 169. Extrait de ses Mémoires, 176. Complot dont il se fait un mérite d'avoir été le principal auteur, contre Richelieu, 207. & *suiv.* Il en presse l'exécution, sans scrupule de commander, ou de commettre un assassinat, &c. 221. & *suiv.* Article dont il fait convenir Gaston & le Comte de Soissons, 224. *Montresor* se plaint qu'ils ne l'ont pas observé. Extraits de ses Mémoires, 236. 238. Détail de sa négociation avec les Ducs d'Epernon & de la Valette, 240. & *suiv.* Extraits de ses Mémoires, 244. Il paroit mieux instruit & plus sincere que Girard, 244. 245. Relation que celui-ci fait de la susdite négociation, 248. & *suiv. Montresor* s'en retourne auprès de Monsieur : disposition où il le trouve : partis qu'il lui propose, 251. 252. Particularités qu'il raconte des négociations auprès de S. A. R. à Blois, 253. 255. 256. 261. Traits d'un indigne & bas artifice qu'il impute à ce Prince, qui peuvent être des effets de son inconstance & de son incertitude, 264. & *suiv.* Réflexions politiques & morales qu'il fait en cette occasion, 267. 268. Suite de son récit sur l'accommodement du Duc d'Orléans avec le Roi, 281. & *suiv.* Ce que *Montresor* devint après la conclusion de ce traité, &c. 282. 289.

Relation de la bataille de Sedan, dans les Memoires de *Montresor*, VI. 319. 323. 325. Autres extraits de cet Ouvrage, 448. 449. *Montresor* désapprouve une affaire dont le Duc d'Orléans lui fait confidence, 453. disculpe le Marquis de Bethune d'une délation qu'on lui impute, 582. suit Fontrailles en Angleterre

TABLE DES MATIERES.

MO

Angleterre, 585. Extraits de ses Mémoires, 587. 598. 611. Extraits d'une Relation qui est à leur suite, 652. 653. Comment la mort du Cardinal y est racontée, 654. & *suiv*. Noire calomnie que l'Abbé de la Riviere impute à *Montresor*, qui s'étoit uni avec le Duc de Beaufort en Angleterre, 682.

Montrose (Le Comte de) Pair d'Ecosse & quelques autres Seigneurs font présenter une requête au Roi, V. 578. Il signe une lettre adressée au Roi de France, 722.

Moravie : conduite des Etats de ce Pays : ils arrêtent le Cardinal de Dietrichstein en représailles de leur argent livré à Ferdinand, &c. II. 132. Ils se soumettent à l'Empereur, 249.

Moret (le Comte de) fils naturel d'Henri IV : charge qu'il a dans un Royaume ridicule, formé chez le Duc d'Orléans, III. 117. Il se trouve au combat de Suze, 317. Il se rend auprès de Gaston. Déclaration où il est compris, 618. 627. Ses biens sont confisqués, IV. 7. Il dispose le Duc de Bellegarde & Puylaurens à s'accommoder, 49. suit Gaston en Languedoc, 149. 154. est tué au combat de Castelnaudari, 155. 156.

Morette (le Comte de) Ambassadeur de Savoye en France, VI. 88. se plaint de l'enlevement du Comte Philippe d'Aglié, 94.

Moricq un des Commissaires du Maréchal de Marillac, récusé par ce Seigneur, IV. 101. 103. 104.

Mornai (Du Plessis) sage réponse de ce Gentilhomme Protestant, I. 25. Il dresse des Mémoires pour les Provinces, 72. Il est fait Président de l'Assemblée de Saumur, malgré sa résistance, 73. Sa sagesse à l'occasion des divisions qu'on y avoit semées, 77. Ce qu'il répond au Commissaire du Roi, qui en demandoit la séparation : Conseil qu'il donne aux membres de l'Assemblée, 78. Bruit que fait son livre intitulé, le Mystere d'iniquité. Il est condamné par la Sorbonne. Réflexions sur cette censure, 79. & *suiv*. Embarras où il se trouve entre la Reine & le Duc de Rohan : parti qu'il prend : ce qu'il représente aux Ministres d'Etat. Conseil qu'il donne à Rohan, 149. 150. Sages avis de *Du Plessis-Mornai* sur les démarches du Prince de Condé & de ses Partisans, 234. Sa réponse aux lettres de la Régente & de Jeannin, 235. Celle qu'il fit au Prince de Condé, 235. 236. Ce qu'il dit quand il eut appris que le Duc

Tome VI.

MO

de Rohan vouloit entrer en composition avec ce Prince, 236. Coup qu'il détourne fort habilement. Il accommode les Ministres du Moulin & Tilenus. Eloge de ce Gentilhomme, 253. Conseils qu'il donne au Prince de Condé, qui l'étoit venu trouver à Saumur, 254. Il tâche de l'engager à ne se point commettre mal-à-propos, 257. Ce qu'il disoit du dessein du Prince d'aller à St. Jean d'Angeli. Réponse qu'il fait à une de ses lettres, 258. 259. Exprès qu'on lui envoie de la Cour. Il se plaint à la Reine d'un mauvais bruit que l'on faisoit courir, 259. Sage remontrance qu'il lui fait, 260. Il va au devant de leurs Majestés & les reçoit dans Saumur, &c. 261.

Correspondance de *Du Plessis-Mornai* avec la Cour, I. 405. Il la presse d'accorder aux Réformés un autre lieu que Grenoble pour leur assemblée. Pourquoi il refuse l'offre de la Reine de transférer cette assemblée à Saumur, 407. Il écrit là-dessus aux Ministres, & à Lesdiguieres, 408. Avis prudents qu'il donne aux Réformés, pour leur assemblée de Grenoble, 433. 434. Sages réponses qu'il fait à un Gentilhomme que le Prince de Condé lui avoit envoyé. Ce qu'il remontre au Roi sur son voyage en Guienne, 438. Conseils qu'il donnoit aux membres de l'assemblée de Grenoble, 444. 445. Ce qu'il insinue à la Reine & aux Ministres mécontents des cahiers : remontrances qu'il leur fait, &c. 447. Particularité de l'entretien qu'il eut avec le Chancelier, 448. Démarches de l'assemblée de Grenoble qui lui déplaisent : conjectures qu'il en tire, 450. Il lui envoie de bons avis, 453. 454. Il n'est pas la dupe des feintes de la Reine ; demeure cependant ferme dans sa premiere pensée, 457. Son sentiment sur la résolution que prend l'Assemblée, de sortir de Grenoble, 458. Ce qu'il avoit représenté à la Reine sur ce sujet, 459. Il travaille à réunir les Protestants ; reçoit une lettre du Roi d'Angleterre, 477. résiste aux sollicitations du Prince de Condé : Comment il excuse la démarche de l'assemblée de Nimes, 484. Ce qu'il ne cessoit de représenter à la Reine, 486. 487. Preuve de la prudence & de la religion de ce politique vraiment Chrétien, 487. Ce qu'il dit du Cour, &c. 488. Conseil qu'il avoit donné au Maréchal de Bouillon, 512. Son attention pour les habitants de la Ro-

Aaaaaa

MO

chelle, dans le démêlé qu'ils ont avec le Duc d'Epernon, 564. 566. Il ne se laisse pas prendre à un artifice du Duc de Bouillon, 594. tâche en vain d'empécher une convocation des Réformés à la Rochelle, 609. 610. Consulté par la Cour sur cette affaire, avis sage & prudent qu'il envoie au Conseil du Roi, 610. 611. Il instruit bien ceux de l'Assemblée, 611. 612. Consulté sur la maniere de se défaire du Maréchal d'Ancre, quel fut son avis, 620. Lettre sage qu'il écrit au Roi sur la révolution arrivée à la Cour par la mort du Maréchal, & réponse du Roi, 650. 651. Il envoie des avis fort sages à l'Assemblée des Réformés à la Rochelle, 665. Ce qu'il pensoit de la contestation qui partageoit les Politiques & les Théologiens des Provinces-Unies, 737. 738. On tâche de l'engager à un voyage en Hollande, &c. 750. 751. Il se trouve à l'Assemblée des Notables, 751. Son avis sur une affaire où la Cour l'avoit consulté, 752. 753. Il forçoit ses adversaires à louer ses lumieres, sa pénétration & sa prudence. Avis qu'il donne au Roi, 754.

Mornai (*Du Plessis-*) parti qu'il prend dans les brouilleries du Bearn, II. 17. Ce qu'il disoit fort judicieusement sur la disposition des Provinces-Unies envers la France, 46. Conjoncture dont il profite, pour faire légitimer une Assemblée des Réformés, tenue à la Rochelle sans la permission du Roi. Maxime constante de ce Gentilhomme. Ce qu'il répond à une Lettre de la Reine-Mere, 87. 88. Consulté sur la maniere de procéder dans le Synode de Dordrecht, il déclare son sentiment avec beaucoup de prudence & de modération, 89. 90. Idée de du *Plessis-Mornai* sur l'élection d'un Empereur: ouverture qu'il fait au Comte de Verrue. Il a un entretien avec le Prince de Piémont, 116. Ce qu'il prévoyoit & craignoit lors de l'Assemblée de Loudun: Lettre qu'il écrit, & Discours qu'il compose sur cette affaire, 155. *& suiv.* Ses remontrances inutiles, 157. 159. Il porte l'Assemblée à un accommodement: démarche qui l'étonne. Il s'aperçoit d'une conspiration contre ceux de sa religion: écrit fortement au Duc de Monbazon, 178. 179. Conseille à l'Assemblée de se contenter des conditions proposées, 180. Ce qu'il répond à un Secrétaire d'Etat sur les affaires du Bearn, 231. Conseils qu'il donne à ceux de sa religion, 233. 234. Lettre qu'il écrit au

MO

Duc de Monbazon, pour justifier leur conduite. Remontrances judicieuses qu'elle contient, 134. *& suiv.* Replique qu'il fait à une réponse feinte de ce Seigneur, 237. Mot plaisant, mais plein de bon sens, de *Du-Plessis-Mornai*, 268. A quoi il exhorte l'Assemblée de la Rochelle, 270. Réponse qu'il fait à une proposition du Comte & de la Comtesse de Soissons, 271. 272. Ce qu'il représente aux Ducs de Rohan & de la Tremouille, Lettre qu'il écrit au Roi sur l'Assemblée de la Rochelle, 279. 280. Il ouvre son cœur à un membre de l'Assemblée sur ses procédés précipités, & sur diverses propositions, 281. 282. Mémoire qu'il dresse sur cette affaire: ouverture qu'il propose pour l'ajuster, 332. 333. Expédient qu'il fournit à l'Assemblée, 333. 334.

Mornai (*Du-Plessis-*) devient suspect à l'Assemblée de la Rochelle. Sur quel pied il avoit joui du Gouvernement de Saumur, II. 343. 344. Il a trop de confiance dans les promesses de la Cour, &c. 349. Perfidie dont elle use à son égard, 352. *& suiv.* Il refuse le bâton de Maréchal de France, &c. 354. 355. Artifices employés pour le tirer de Saumur, 355. 356. Il avertit Luines des mauvais effets qu'une déclaration du Roi pouvoit causer, 357. écrit à S. M. pour le prier de donner la paix à ses Sujets: Extrait de ses remontrances, 447. *& suiv.* Il demande inutilement de rentrer dans le Gouvernement de Saumur. Comment il l'avoit obtenu: services qu'il avoit rendus à Henri IV. 452. Il prend la résolution d'aller mourir dans un pays étranger: Requête qu'il avoit dressée pour en demander la permission au Roi, &c. 453. Il sollicite en vain son rétablissement dans le Gouvernement de Saumur: mince dédommagement que l'état de ses affaires le força d'accepter. Mort édifiante de ce Gentilhomme, le plus sage, le plus savant, & le plus pieux qui fut peut-être jamais, 572. Maxime politique qu'il avoit toujours dite à ceux de sa religion, & dont ils connurent la vérité, 716.

Morozzo (Le Président) commission dont il est chargé par la Cour de Turin, V. 385.

Mortagne, Colonel Allemand dans l'armée de Suede, forme une Ligue de tous les autres Colonels, &c. Il est gagné par le Comte de Guébriant, VI. 212. 213.

Mortare (Le Marquis de) Gouverneur d'A-

TABLE DES MATIERES.

MO

lexandrie de la Paille, commence la Guerre contre le Duc de Savoye, prend Roccaverano. Son projet ne réussit qu'en partie, &c. I. 382. 383. Expédition où il se signale, V. 556. Il tente d'arrêter les François dans le Roussillon, mais inutilement, VI. 367. Emploi qu'il a dans ce pays, 462. Il défend bravement Colioure : est obligé de rendre cette place, 469. 470. traverse un projet du Marquis de Torrecuse, 633.

Mortemar (Le Marquis de) premier Gentilhomme de la Chambre, III. 317. 557. envoyé à la Duchesse de Savoye pour des complimens de condoléance, &c. V. 385. Il sut tout le détail du complot de Cinq-Mars contre le Cardinal, y entra, ou fit semblant d'y entrer, & découvrit tout à S. E. après la disgrace du Favori, VI. 460. Il est du nombre des amis ou des complaisants de Mazarin & de Chavigni, 670.

Mortheuser Maréchal Général de Logis dans l'armée Suédoise, IV. 639.

Morton (Le Comte de) est fait Vice-Amiral d'une flotte pour le secours de la Rochelle, III. 228. *Morton* Evêque de Durham, IV. 297. Le Comte de *Morton* est prié de présenter une Requête au Roi, V. 578.

Moscovie. Révolutions dans ce Pays, I. 164. & *suiv*. Guerre entre les *Moscovites* & les Polonois, terminée désavantageusement pour les premiers, IV. 541. & *suiv*.

Moterie (Le Comte de la) Gouverneur de Maîtricht pour les Espagnols, fait grand vacarme contre les Liégeois, IV. 143.

Mothe (Le Comte de la) *Houdancourt* se signale à la prise de Tillemont. Démêlé qu'il y a avec Pontis, IV. 739. & *suiv*. Il commande une partie de l'Infanterie à l'attaque des lignes des Espagnols devant Cazal, VI. 35. sert au siege de Turin, 39. 42. commande les troupes en Catalogne, 361. assiege mal-à-propos Tarragone, 365. 367. & *suiv*. Déchu de ses espérances chimériques, il abandonne cette entreprise, 374. 375. continue d'être employé en Catalogne sous le Maréchal de Brezé, 435. Exploit qui procure au Comte de la *Mothe Houdancourt* le bâton de Maréchal de France, 470. Il effraye un Général Espagnol, jette du renfort dans Lérida, & se campe avantageusement, 633. Lettre qu'il écrit en Cour sur divers mouvemens, & sur un combat où il a l'avantage. Raillerie qu'il fait sur le Marquis de Léganez, 634.

MO. MU

635. Il prend possession de la Vice-Royauté de Catalogne, 635.

Mothe (La) la-Forêt, Gentilhomme, est contraint d'accepter l'emploi de Chef des Croquans, V. 331.

Mouï (Le Marquis de) premier Prince du Sang de Lorraine, &c. IV. 343. 346. Sa conduite dans Nanci assiégé, 353. 354. Il exécute avec peine les ordres que Charles lui envoie, d'y recevoir les Troupes du Roi, 365.

Mouï, Lieutenant des Gendarmes du Cardinal de Richelieu, périt dans une retraite, V. 33. 35.

Moulin (Du) Ministre : contestation qu'il a avec Tilenus assoupie, I. 253. Il va en Angleterre conférer avec Jacques I. sur la réunion des Protestans ; dresse, à son retour, un projet pour cette fin, &c. 477. Il publie, avec ses Confreres Ministres de Charenton, un Ouvrage contre le Jésuite Arnoux, &c. 690. Conférences de controverse où il est engagé à Sedan, par le Duc de Bouillon, IV. 556.

Moussaie (Le Marquis de la) est député au Roi par l'Assemblée de Loudun, II. 154.

Mouzon (L'Abbé de) prend intérêt aux affaires de Liege, V. 166.

Moyranc (Madame de) Concubine de Lesdiguieres, I. 408. 409. Voyez *Vignon*.

Murice, Cordelier, Evêque de Madaure, & Suffragant de Metz, n'approuve pas la résolution, suggérée à Gaston, de sortir de la Cour, III. 591.

Murry : avis qu'il donne à la Chambre des Communes, suivant le Comte de Clarendon, VI. 527.

Musch, Membre des Etats Généraux des Provinces-Unies, presse l'acceptation des offres de la Maison d'Autriche. Le Cardinal lui envoie de l'argent pour le gagner, V. 115.

Mussan traite pour le Cardinal Maurice de Savoye, VI. 87.

Mustapha, Prince imbécille, succede à son frere Achmet : est bientôt détrôné, II. 378. Il est remis sur le thrône : abandonne Osman son neveu à la fureur des Janissaires. Extravagances de ce Sultan, 430. & *suiv*. Il est déposé pour la seconde fois, 576. 577.

NA

NANGIS (Le Comte de) Grand-Maître de la Garderobe, va saluer Grotius, Ambas-

Aaaaaa ij

N A

ſadeur de Suede, de la part du Roi, IV. 693.
Le Marquis de *Nangis* volontaire au ſiege d'Arras, VI. 56.

Nani, Noble Vénitien, Procurateur de Saint Marc, Hiſtorien de ſa République : examen d'une réflexion politique qu'il fait ſur un Traité de la Régente de France avec le Prince de Condé, I. 244. 245. Réflexion judicieuſe de cet Auteur, II. 438. Ce qu'il dit de Buckingam, & de la Reine Anne d'Autriche, 705. A quoi il attribue un des grands malheurs de l'Europe dans le temps de Louis XIII. III. 2. Il dépeint Mansfeld d'après nature, 69. Portrait qu'il fait de Charles-Emmanuel, 464. Réflexion de *Nani*, 470. 471. Remarque qu'il fait ſur le ſac de Mantoue, 474. Miracle qu'il allegue, & récit peu vraiſemblable qu'il fait, 668. 669. Ce qu'il dit des dispoſitions du Duc de Savoye (Victor-Amédée) envers la France, IV. 707. Vues politiques qu'il attribue aux Etats Généraux & au Prince d'Orange, à l'occaſion de la levée du ſiege de Louvain, 803. Extrait de ſon Ouvrage, V. 144. 145. Récit de *Nani* ſur le combat du Teſin, 146. Réflexions judicieuſes de cet Hiſtorien, 147. 190. Comment il raconte la déroute de Fontarabie : circonſtance où il ſe trompe, 555. 556. Remarque judicieuſe du Procurateur *Nani* ſur le ſoulevement des Catalans, VI. 8. 9. Il n'eſt pas d'accord avec les autres Ecrivains dans le détail de l'attaque des lignes des François devant Turin, 41. Paſſage de cet Auteur, 108. Ce qu'il dit du combat d'Honnecour, 477. Récit de cet Hiſtorien de Veniſe où ſe trouvent des circonſtances fauſſes 665. Réflexions ſur ce qu'il dit du Comte-Duc d'Olivarez, 677. 678.

Nargonne, Officier à qui l'on donne un déſagréable emploi, &c. V. 177.

Nari (Bernardino) Envoyé Extraordinaire du Pape Urbain VIII. en France, y fait, conjointement avec le Nonce, de grandes plaintes au Roi, à la Reine-Mere & aux Miniſtres, ſur l'irruption dans la Valteline, II. 687. & *ſuiv.*

Naſſau (Maurice de) Voyez *Orange.*

Naſſau (Frédéric-Henri de) frere de Maurice Prince d'Orange, fait une expédition dans les Etats de la ſucceſſion de Cleves, I. 480. adhere au parti Arminien, quoique ſon frere y ſoit oppoſé, 742. ne prend aucune part à ce que ſon frere fait contre les Arminiens.

On admire ſa pénétration & ſa prudence, II. 59. 64. Il conduit un corps d'élite au ſecours du Palatinat. Chagrin qu'il y eſſuie, 240. Il fait une irruption dans le Brabant, &c. 496. 497. Expédition où il eſt en danger de faire naufrage, 539. Il couvre les places du Duché de Cleves avec une armée, 657. ſuccede aux biens & aux Charges de ſon frere Maurice : ne peut empêcher la priſe de Breda, 698. 699.

Naſſau (Frédéric-Henri de) Prince d'Orange, aſſiege & prend Boſleduc : fait rejetter la propoſition d'une treve, &c. III. 349. & *ſuiv.* De quoi il peut avoir détourné le Duc de Bouillon, ſon neveu, IV. 9. 10. Propoſition du Roi de Suede, laquelle lui déplût, 77. Ses deſſeins réuſſiſſent, 140. 141. Il prend Maſtricht, &c. 142. & *ſuiv.* Maniere de négocier avec ce Prince, contenue dans une inſtruction donnée à Charnacé, 227. Il écoute froidement les diſcours véhémens de cet Ambaſſadeur, 229. aſſiege & prend Rhimberg, 288. 289. ſauve Maſtricht en formant le ſiege de Breda, dont il ſe déſiſte aux approches de l'armée Eſpagnole, 351. 352. ne joint pas une armée Françoiſe au jour marqué, 725. Circonſtances de ſa jonction avec les Maréchaux de Châtillon & de Brezé, &c. 735. & *ſuiv.* Ils prennent Tillemont, que leurs troupes ſaccagent, 738. 739. Suite de leurs opérations : marche vers Bruxelles : ſiege de Louvain, 742. & *ſuiv.* Si l'on doit imputer au Prince d'Orange la honteuſe retraite des Confédérés, 801. & *ſuiv.* Prévoyance qu'on lui attribue, 803. Embarras où il ſe trouve par la priſe du Fort de Skenk. Ce que le Maréchal de Châtillon penſoit de ſa conduite, 807. Frédéric-Henri, déterminé à ne pas riſquer une bataille, emploie toute ſon habileté à bloquer ce Fort, 809.

Naſſau (Fred. Henri de) Prince d'Orange, reprend le Fort de Skenk : donne des marques d'eſtime & de confiance à Pontis, &c. V. 113. & *ſuiv.* Il rompt une intrigue de l'Agent de l'Empereur ; ce qui lui procure le titre d'Alteſſe à la Cour de France, 116. Il n'en eſt pas plus attaché aux intérêts de Louis. A quoi il s'appliquoit, 320. Projets qu'il concerte avec la Cour de France ſur la campagne de 1637. Deſſein qui échoue, dont il ſut ſe dédommager, 321. 322. Les vents contraires favoriſent ſes deſirs ſecrets, 398. 399. Il joue fort habilement les Fran-

TABLE DES MATIERES.

NA

çois & les Espagnols: assiege & prend Breda, 407. & suiv. Sa fermeté à ne découvrir pas ses desseins, 486. Mauvais succès de sa campagne en 1638. 517. & suiv. Ses projets en 1639. déconcertés par le Cardinal Infant, & par les pluies, 686.

Frédéric-Henri de *Nassau*, Prince d'Orange, s'engage d'entrer dans la Flandre avec une puissante armée: reçoit des présens considérables du Roi de France, VI. 47. 48. forme des entreprises qui ne réussissent pas: est accusé faussement de collusion avec les Espagnols, 50. 51. La Cour de France se défie de lui, & peut-être avec raison. Les belles alliances de ce Prince augmentent son ambition, &c. Il obtient la Princesse d'Angleterre en mariage pour son fils, 250. & suiv. Mince expédition du Prince d'Orange en 1641. Ce qu'on en dit dans le monde, 345. Il tente inutilement le Sas de Gand, 346. intercede vivement pour le Duc de Bouillon, 625. 626. rend un bon office à Richelieu. Lettre qu'il en reçoit, 650.

Nassau (Guillaume de) fils de Frédéric-Henri Prince d'Orange, obtient la Princesse d'Angleterre en mariage: refuse de céder le pas à l'Electeur Palatin, &c. VI. 251. & suiv.

Nassau (Le Comte Guillaume-Louis de) Gouverneur de Frise, cherche les moyens d'assoupir les contestations sur la Religion, &c. I. 217. suit l'exemple du Prince Maurice, 742. II. 54. fait une expédition en Vestphalie, III. 350. poursuit le siege du Fort de Skenk, V. 114. fait une descente dans le pays de Waes, avec un corps de troupes: est défait & perd son fils, 520. Expédition où il ne peut réussir, VI. 50.

Nassau (Jean Comte de) passe au service du Duc de Savoye, I. 241. ensuite à celui du Roi de France, 438. commande une partie des Troupes Hollandoises envoyées au secours de Venise. Contestations qu'il a avec le Général des Vénitiens. Il meurt dans cette expédition, 710. 711.

Nassau (Philippe-Guillaume de) a une entrevue avec son frere Maurice, &c. I. 576. va rendre visite au Prince de Condé son beaufrere, 533.

Nassau (Le Comte Henri de) au service des Espagnols, attaque un quartier des Hollandois qui assiégeoient Breda, &c. V. 408.

Nassau (Justin de) frere naturel de Maurice, & Gouverneur de Breda, défend bien cette place, II. 657. 699.

NA

Nassau (Le Comte Ernest-Casimir de) commande l'armée des Provinces-Unies en l'absence du Prince d'Orange, II. 657. Commission qui lui est confiée, III. 350. Il se rend maitre d'un Fort: est tué à l'attaque d'un autre, VI. 51.

Nassau (Le Comte Jean de) Commissaire Impérial en Italie; somme le Duc de Mantoue de lui remettre sa Capitale & Cazal, III. 213. 215. amene des troupes Impériales au secours des Espagnols dans les Pays-Bas, 350. Expédition dont il est chargé à l'attaque des lignes des François devant S. Omer, V. 522.

Nassau (Le Comte Louis de) Commissaire Impérial à Liege, accommode les différends de ses Habitants avec l'Empereur, & avec leur Evêque, V. 166. 167.

Nassau (Le Comte Maurice de) Commandant pour les Hollandois dans le nouveau Monde, étend leurs conquêtes sur plusieurs places de la domination des anciens Rois de Portugal, possédées par les Espagnols, VI. 189.

Nassau (Le Comte Henri de) garde les frontieres des Provinces-Unies avec un corps de troupes, V. 518. 519.

Nassau (Le Comte de) un des quatre Directeurs de l'armée du Duc de Weymar, après la mort de ce Prince, VI. 692. 693. se trouve au fameux passage du Rhin, 752. Intrigue dont il étoit, VI. 96. Expédition qu'il fait en Baviere avec le Major Général Wittemberg. Ils sont sur le point de surprendre l'Empereur, 209. Voyez 356. 358.

Natta (Le Comte) dépêché par la Princesse de Mantoue au Gouverneur de Milan, VI. 27.

Navailles est tué à la descente des Anglois dans l'Isle de Ré, III. 138.

Navas, Secrétaire de l'Ambassadeur d'Espagne en France, part pour Madrid. Compliment dont le Cardinal le charge pour les Ministres de S. M. Catholique, III. 406.

Naufrage de deux Caraques Portugaises. Injustice criante du droit Seigneurial de *Naufrage*, III. 120. 121.

Naugas, Lieutenant des Gardes du Duc d'Epernon, effraye l'Archevêque de Bourdeaux: est excommunié, &c. IV. 323. 324.

Nauve (La) Conseiller au Parlement de Paris, va saisir le Duché de Bar, IV. 339. rend compte des informations contre les Ducs de Guise & de Bouillon, VI. 311. Fausseté qu'il avance en plein Parlement, 314.

A aaaaa iij

N E

Neal (Le Chevalier Phelim-O-) un des Chefs des Révoltés d'Irlande, fabrique une commission sous le nom du Roi, &c. VI. 414. 415.
Neal (Eugene O) Officier Irlandois, commande la Garnison d'Arras assiégé, VI. 55.
Neal, Evêque de Winchester, Arminien, nommé dans une remontrance des Communes, comme suspect d'hétérodoxie, III. 195. De quoi on l'accuse : titre qu'on lui donne plaisamment, 298. 299. 301.
Négociation continuelle, avantageuse aux Etats, IV. 331. Quel est souvent le sort de ceux qui sont employés à quelque *négociation* importante, V. 307.
Negrepelisse : les Habitants de cette ville égorgent la garnison qu'on y avoit mise, II. 460. Ils en sont très-sévèrement punis, 474. *& suiv.*
Nemours (Henri de Savoye Duc de) promet du secours à Charles-Emmanuel. Mécontent de ce Prince, & séduit par son ambition & par les promesses des Espagnols, il se déclare contre le Chef de sa Maison. Ses projets échouent. Il s'accommode avec le Duc, I. 576. 577. fait compliment au Roi sur la mort du Maréchal d'Ancre, 636. Le Duc de *Nemours* entre dans un parti contre Luines, II. 190. conduit le Légat Barberin à son entrée & à son audience publique, 711. 712. dispute la préséance au Duc de Guise dans une assemblée de Notables, III. 91. Le Duc de *Nemours* volontaire au siège d'Arras, VI. 54. 56. 72. se signale, 77. est présent à l'ouverture du corps du Roi, 702.
Nemours (La Duchesse de) fille du Duc de Longueville & de sa premiere femme, qui hérita dans la suite des grands biens de sa maison, V. 351. VI. 92.
Nesle (Le Marquis de) est fait Chevalier du S. Esprit, IV. 276. reçoit Gaston à la Fere, 667.
Nesmond, Maître des Requêtes, un des Juges du Maréchal de Marillac, IV. 106. Intendant de l'armée du Prince de Condé au siège de Dolé, il excite la colere de S. A. &c. V. 157. Le Président de *Nesmond* : comment il opine, dans le Procès du Duc de la Valette, 625. est appellé à celui du Duc de Vendôme, VI. 235.
Nestier, dépêché à Pignerol, donne des nouvelles d'un renfort qu'on attendoit devant Turin, VI. 40.
Nettancourt : expédition où il se signale, IV. 734. Le même, ou son frere, défend vigoureusement une redoute, V. 524.

N E

Neubourg (Le Duc ou le Palatin de) Voyez *Philippe-Louis* : *Volfgang*.
Nevers (Louis de Gonzague Duc de) Gouverneur de Pignerol, fait de grands & vains efforts pour détourner Henri III. de céder cette place au Duc de Savoye, III. 435.
Nevers (Charles de Gonzague Duc de) fait prêter serment aux Officiers de son armée, I. 16. Il demande d'être admis au Conseil, & dispute la préséance aux Guises, 19. Un des tenants d'un Carouzel, 138. Différend qu'il a avec le Prince de Condé, 153. Démarche qu'il fait pour ce Prince, avec le Duc de Mayenne & le Marquis d'Ancre, 174. Il se trouve en Italie dans le temps de l'invasion du Montferrat, se jette dans Cazal, 186. Choqué de l'arrogance & de la malignité du Gouverneur de Milan, ce qu'il lui fait dire, 195. 196. Il prend de nouveaux engagements avec le Prince de Condé, se retire en Champagne, 225. 226. est reçu dans Méziéres, se plaint à la Reine, 229. Ce qu'il gagne au Traité de Sainte Menehould, 245. Son sentiment dans le Conseil, sur des remontrances du Parlement : pourquoi on y fit peu d'attention, 422. On l'employe à gagner le Prince de Condé, 428. Pourquoi il affectoit d'être neutre entre la Cour & S. A. 433. Démarche vaine & ridicule du Duc. Il a ordre de retourner vers le Prince, &c. 491. assiste à la Conférence de Loudun, 499. Projets chimériques du Duc de *Nevers*. Ce qu'il répond à une Lettre du Roi sur l'emprisonnement du Prince de Condé, 551. 552. Démarches qu'il fait dans son Gouvernement de Champagne. On lui ferme les portes de Châlons sur Marne : il s'en plaint fortement au Roi, & se joint aux Seigneurs malcontents, 555. 556. Mouvements du Duc en Champagne, 594. Il est déclaré rebelle & criminel de leze-Majesté, 599. Ce qu'il répond à la Déclaration publiée contre lui, 600. 601. Lettre qu'il écrit au Pape, en forme de Manifeste : ridicule qui y est répandu, 605. 606. Réunion de son armée avec celle du Roi, par la mort du Maréchal d'Ancre. Le Duc de Guise & lui ne se rendent aucunes civilités. Soumission de la Duchesse de *Nevers* au Roi, 653. Le Duc revient à la Cour, 661. 662.
Nevers (Le Duc de) entretenoit une correspondance avec Jacques Pierre, fameux Pirate, II. 14. Il amasse une armée en Cham-

TABLE DES MATIERES.

NE

pagne, 103. follicite ardemment pour l'Empereur Ferdinand II. qui fut enfuite fon plus grand ennemi, 170. Propofition qu'il fait au Confeil, 172. Il eft chargé d'agir contre le Marquis de la Valette, 205. 206. Querelle que lui fait le Cardinal de Guife, &c. 292. & *fuiv.* On apaife fon mécontentement, 343. Il délivre le Roi de l'inquiétude que lui caufoit l'arrivée de Mansfeld fur les frontieres de Champagne, 492. & *fuiv.* Vaiffeaux équipés pour le Duc de *Nevers* à Blavet, fous quel prétexte : leur véritable deftination, &c. 677. 682.

Nevers (Le Duc de) comment établi en France. Son droit fur la fucceffion prochaine du Duché de Mantoue : négociation pour l'appuyer, & pour conferver le Montferrat dans fa maifon, III. 129. & *fuiv.* 166. Il affecte une efpece de neutralité entre la France & la Maifon d'Autriche; a des Agents fecrets à Vienne & à Madrid. Ses foumiffions à ces deux Cours n'avancent nullement fes affaires, 165. Il eft proclamé légitime fucceffeur de Vincent, &c. 167. Voyez *Charles de Gonzague*, Duc de Mantoue.

Neuilli eft chargé d'une Lettre du Roi pour la Comteffe de Soiffons, V. 291.

Neuman, un des intimes Confidents de Valftein, eft affaffiné d'une perfide maniere, avec trois autres Officiers, IV. 483. 484.

Newcaftel (Le Comte de) régale fplendidement le Roi & toute fa Cour, IV. 297. amene à S. M. plufieurs Gentilshommes, pour l'expédition contre les Ecoffois, V. 714. eft envoyé à Hull de la part de Charles : dans quel deffein. Il fait échouer le projet par une précaution mal entendue. Les Pairs lui enjoignent de fe rendre à Weftminfter : il obéit du confentement du Roi, VI. 554. 555.

NI

Nicole, fille aînée d'Henri le Bon, Duc de Lorraine : projet d'Henri IV. de la marier avec Louis fon fils. A quelles conditions elle époufe fon coufin Charles. Elle fuccede à fon pere conjointement avec lui, II. 155. 156. eft traitée avec indifférence par fon mari. Atteinte qu'il donne aux droits de *Nicole* & de fa fœur fur les Etats de leur pere : Princes qui les appuient, 764. 765. La Ducheffe *Nicole* de Lorraine défere aux defirs du Roi de France, & fe rend à fa Cour. Proteftation juridique qu'elle fit avant fon départ. Sa ré-

NI

ception à Paris, où elle arrive avec des habits de laine, IV. 443. 444. Cérémonial obfervé entre elle & les Princeffes du fang. Accueil que le Roi & la Reine lui font à Fontainebleau: larmes que la Ducheffe répand à cette entrevue. Piece de tapifferie dans fa chambre, qui paroît infulter à fes malheurs, &c. 445. 446. Ses bons fentiments pour fa Maifon & pour le Duc fon époux, 447. Préfent qu'elle fait au Cardinal : elle eft mortifiée de ce qu'il n'en accepte qu'une partie, 448. découvre à ce Miniftre un deffein propofé de le tuer, 468. La validité de fon mariage mife en queftion par Charles, paffionné pour la Cantecroix, V. 602. Motif par lequel on engage le Roi à témoigner de l'indifférence à *Nicole*, 654. Elle infifte que l'affaire de fon mariage foit jugée à Rome, 657. demande vivement juftice au Pape. Elle n'eft plus reconnue en Lorraine pour Souveraine légitime, &c. VI. 514. 515.

Nielle chante dans la ruelle du lit de Louis XIII. VI. 698.

Nîmes : Affemblée qui s'y tient, oppofée au Marquis de Châtillon : fes procédés contre ce Seigneur, II. 407. 408. Mécontentement qu'elle donne : fes prétentions : elle crie & cabale contre le Duc de Rohan, qui ne fe mettoit pas en peine de la foutenir, 453 & *fuiv.* Les habitants de *Nîmes* défendent bien les environs de leur ville, III. 361. refufent quelque-temps d'accepter la paix générale : fe foumettent aux approches du Roi, 366.

Niewport (Le Comte de) figne une proteftation, VI. 522.

NO

Noailles, un des principaux Officiers de Soubize dans l'expédition de Blavet, le trahit, II. 681. 683.

Noailles (Le Comte de) fait le dégât à Milhaud, III. 351. eft nommé Ambaffadeur ordinaire à Rome, IV. 329. Affaires principales qu'il devoit y négocier, 515. Mouvements qu'il fe donne, avec l'Ambaffadeur extraordinaire, pour affurer la comprotection de la Couronne de France au Cardinal Antoine Barberin, 516. & *fuiv.* Inftruction donnée au Comte de *Noailles* touchant le mariage de MONSIEUR, 527. 528. Il ne réuffit pas dans ce qu'il avoit ordre de négocier pour les intérêts particuliers de Riche-

TABLE DES MATIERES.
NO

lieu, 537. 538. fait des démarches pour les intérêts de Mazarin, 575. 576. presse le Pape de chasser de Rome le Résident de la Reine-Mere, 773. 774. 777. Dispense qu'il sollicite pour le Cardinal de la Valette, V. 20. Il est rappellé de son Ambassade, 86. On ne le trouvoit pas *assez fort.* Comment les *Noailles* ont fait une fortune prodigieuse : ce qu'en disoit le Marquis de Vardes. Leur esprit naturellement doux & bigot, 90. Le Comte de *Noailles* assemble des milices pour le secours de Salces, 727. 728. est volontaire dans une expédition, VI. 72. Emploi qu'on lui destinoit, 602. 603.

Noailles (Le Cardinal de) grandeur qu'il promet à Louis XIV. par ses discours consolants, VI. 675.

Noblesse (La) de France a couru avec ardeur à la servitude, I. 288. Ce qui la rend dépendante des volontés de la Cour, I. 300. 302. La *Noblesse* des Etats-Généraux s'unit au Clergé pour demander la publication du Concile de Trente, 310. l'admission des Jésuites dans l'Université de Paris, 313. & pour presser l'accomplissement du double mariage, 318. Chagrin de la *Noblesse* contre les Financiers. Proposition qu'elle accepte, & qu'elle fait accepter aux deux autres Ordres, 318. 319. Elle se relâche, 320. semble vouloir donner encore quelques signes de vie, 322. s'unit au Clergé contre un article du Tiers Etat sur la puissance souveraine du Roi, & la sûreté de sa personne, 326. 328. Sa docilité à la voix du Clergé, 343. 344. A quelle condition elle concourt à une nouvelle instance des Prélats contre l'article du Tiers Etat, 348. Bref de remerciment qu'elle reçoit du Pape, & qui devoit la faire rougir de honte, 351. La Chambre de la *Noblesse* pénetre les desseins de la Cour. Son zele contre la Paulette. Résolutions que l'on y prend, 357. 358. Nouvelle proposition qu'elle agrée, 359. Elle cede, 363. suit aveuglément toutes les idées du Clergé dans certains articles concertés avec ce Corps, 365. 366. Remedes proposés contre les désordres de la *Noblesse*, 371. Proposition qui avoit été faite dans sa Chambre, 406. Génie de la *Noblesse* Françoise, 550. Elle a perdu le courage & les généreux sentiments de ses peres, II. 113. Etat pitoyable où elle étoit réduite, représenté à Louis XIII. dans une requête. Sa décadence encore plus digne de compassion sous le regne de son fils, III. 98, *& suiv.*

Nocera (Le Duc de) commande le Cavalerie Napolitaine sous Spinola, III. 403. Voyez 540.

Nochera (Le Duc de) Seigneur Arragonois, excité sous main par la Cour de Madrid, propose un accommodement aux Catalans : blâme la conduite d'Olivarez à leur égard, VI. 362. marche au secours de Tarragone avec une armée, 373.

Nogent (Le Comte de) est chargé d'entretenir le Duc de Lorraine, IV. 360. 361. interrompt un entretien du Roi avec Pontis, &c. VI. 645. 646.

Norlingue : bataille près de cette ville, où les Suédois sont défaits par les Impériaux, IV. 640. *& suiv.*

Norogna (Dom Carlos de) Portugais conjuré contre les Espagnols, VI. 161. 168.

Northampton (Le Comte de) procédure où il est compris, pour s'être rendu auprès de Charles I. à York, VI. 565. 566.

Northumberland (Le Comte de) IV. 297. Grand-Amiral, a le commandement de l'armée contre les Confédérés d'Ecosse. Une maladie qui lui survient l'empêche de servir, VI. 129. Témoignage qu'il rend au sujet du Comte de Strafford, 279. Protestation qu'il signe, 522. Saillie de ce Seigneur dans la Chambre-Haute, 546. 547. Il exécute les ordres du Parlement au sujet de la Flote : ne pouvant servir lui-même, il en donne le commandement à un Officier au gré de cette Assemblée, contre l'ordre du Roi, 552. Il est révoqué par S. M. & reçoit d'une maniere soumise les lettres de sa révocation, 553.

Northwick, un des Ambassadeurs des Provinces-Unies pour la conclusion d'un traité avec Louis XIII. II. 630. Président des Etats Généraux, il répond à une harangue de l'Archevêque de Malines, IV. 225. On tâche de le gagner avec de l'argent, V. 115.

Nostitz (Le Baron de) Vice-Chancelier de Boheme, négocie avec Leon Brulart & le P. Joseph, III. 504. 505.

Notables. Assemblée de *Notables* à Rouen : pourquoi elle fut convoquée dans cette ville, & dans quel dessein, &c. I. 751. *& suiv.* Comment se passent d'ordinaire ces sortes d'Assemblées, 754. Autre assemblée de *Notables*, convoquée par les conseils du Cardinal de Richelieu, III. 84. *& suiv.* 92. *& suiv.* Maniere dont il y fut opiné, 91. L'assemblée

NO

est congédiée : principaux avis qu'ils donnerent au Roi, 97. 98.

Noue [La] reçoit ordre d'aller au secours de Géneve , I. 68. Il est pris dans une rencontre près de la Rochelle. Le Roi veut lui faire faire son procès , &c. II. 367.

Novion (Le Président de) comment il opine dans le procès du Duc de la Valette, V. 626. 628.

Nouvelle fausse que des fourbes répandent en Espagne, VI. 492.

Noy, fameux Jurisconsulte Anglois, obtient une Charge , III. 303. Procureur Général du Roi, il lui donne un avis , qui est bien reçu dans la conjoncture où il se trouvoit , V. 99. 100.

Noyelles (Carondelet Comte de) frere du Doyen de Cambrai, & Gouverneur de Bouchain : ses desseins sont découverts : il est investi dans sa place, se soumet , ensuite est assommé sous quelque prétexte, IV. 231. 232.

Noyers (Sublet des-) est fait Secrétaire d'Etat à la place de Servien, V. 68. Compliment bien fondé qu'il fait au Marquis de la Force, 76. Lettres de *Des-Noyers* sur les affaires d'Italie, 134. 135. Témoignage avantageux qu'il rend au Duc de Rohan, 136. Il chante victoire à l'occasion du combat du Tesin, 147. Extrait d'une de ses lettres, 150. Ce qu'il écrit à la Meilleraie , de la part du Cardinal. Il fait des soumissions au Prince de Condé, pour l'apaiser, 157. applaudit au Cardinal de la Valette, 161. prie le Prince de Condé , par ordre du Ministre , de se ménager davantage au siege de Dole. Le bigot *Des-Noyers*, entierement dévoué aux Jésuites, fait élever pour ces bons Peres un beau morceau d'architecture, &c. 164. Ce qu'il écrit du mauvais état de la frontiere de Picardie, 167. 168. Lettres de ce Ministre au Maréchal de Chaunes , 171. & *suiv*. Extrait d'une autre , 176. 178. Circonstance glorieuse à un Officier , qu'il raconte. Il se console des disgraces de son maître le mieux qu'il peut, 179. 180. Remarque sur une nouvelle qu'il avoit mandée, 181. S'il avoit eu plus d'esprit , on croiroit qu'il se moque du Prince de Condé en lui écrivant , 198. Extraits des lettres de *Des-Noyers*, 199, 200. 216. 220. 221. 225. 227. 235. 252. 297. 298. 332. 335. 338. 351. 352. Ce que ce bigot s'étoit mis en tête, & comment il faisoit sa cour

Tome VI.

NO

au Pape , selon Grotius , 353. Extraits des lettres de *Des-Noyers* , 358. 402. 478. Il presse le Maréchal de Châtillon par une lettre vive , qui est bien réfutée , 511. changé de style , & lui écrit plus modérément , 512. & *suiv*. emploie tout son esprit & toute son éloquence à l'exhorter à la diligence & à l'encourager. Ses lettres paroissent divertissantes. Il ne demande que des batailles, 516. Ecrit au Maréchal de Châtillon, pour le consoler, 530. Extraits d'autres lettres de *Des-Noyers*, 539. 540. Galimathias de dévotion superstitieuse, qui étoit apparemment de sa façon, 547. Lettre de Grotius, où il est désigné, 609. Conseil extraordinaire, concernant Marie de Médicis, où *Des-Noyers* est appellé, 617. Abus prophane que cet hypocrite fait des actions & des paroles de Jesus-Christ, pour appuyer son sentiment dénaturé, 618. Ce qu'il écrit sur la bataille de Thionville, 672. 673. Lettre de ce flateur sur la promotion de la Meilleraie à la dignité de Maréchal de France, 683. Il exalte beaucoup un avantage remporté sur un quartier de Croates, 684. Lettre qu'il écrit au Comte de Guébriant, 692. 693.

Noyers (Des) Secrétaire d'Etat, prend soin de remplir de grain les magasins de Picardie, VI. 53. Mémoire qu'il envoie aux trois Maréchaux de France qui faisoient le siege d'Arras, 56. 57. Ce qu'il écrit au Comte de Guébriant dont il semble pénétrer les vues secretes, 213. Intrigue que *Des-Noyers* découvrit, dit-on, VI. 218. 219. Bas & indignes artifices où il servoit le Cardinal, Lettre qu'il écrit à Gassion, & entretien qu'il a avec lui. Paroles impies que le dévot Secrétaire trouve fort belles , 228. & *suiv*. Lettre qu'il écrit au Baron de Sirot : caresses qu'il lui fait , 232. 233. Il assiste au procès du Duc de Vendôme, 236. survient dans un colloque de Puysegur avec le Cardinal, &c. 308. 309. Comment il reçoit un exprès de Châtillon, après la Bataille de Sedan, 326. Ce qu'il dit du Duc de Bouillon, 330. Pourquoi *Des-Noyers* haïssoit Saint-Preuil, 348. 349. De quoi il l'accuse , &c. 350. 351. Lettres qu'il écrit au Comte de Guébriant, 357. 358. Il tâche de perdre l'Archev. de Bourdeaux, qu'il haïssoit, 365. 367. 369. Pourquoi il l'avoit servi dans son bizarre dessein de commander sur mer. Il trouve enfin l'occasion de le perdre, 376. Lettre de *Des-Noyers* à

Bbbbbb

NO

Gaſſion, 457. Autre qu'il écrit au même, avec des apoſtilles du Cardinal, 461. Il fait, pour ainſi dire, le Maréchal des logis de Son Em. 613. Entretien qu'il a avec Pontis, 648. 649. Le Roi dit des choſes aigres à *Des-Noyers*, 653. Il eſt recommandé à S. M. par le Cardinal mourant, 654. court au Louvre porter la fauſſe nouvelle du rétabliſſement de ce Miniſtre, 656. Extrait d'un mémoire que *Des-Noyers* envoya au Maréchal de Guébriant, 665. 666. Ce Miniſtre, le Cardinal Mazarin & Chavigni ſont ſeuls dans le Conſeil étroit du Roi, 669. Conduite du premier contraire à celle des deux autres : ce qui lui donnoit de la familiarité avec le Roi, &c. 670. 671. Autre point où *Des-Noyers* ne s'accorde pas avec ſes Collegues, 678. 679. Ce qu'il écrit ſur la ſanté du Roi. Il fait aſſûrer la Reine d'un attachement inſéparable à ſes intérêts : s'ouvre à ſon Confident ſur les deſſeins de Mazarin & de Chavigni, &c. 683. 684. Il preſſe le Roi de lui accorder la permiſſion de ſe retirer, & l'obtient. Preuves qu'il n'eſt point chaſſé. Motifs de ſa retraite. Sa ridicule bigotterie. Ce que Sa M. diſoit de ce Miniſtre, 688. *& ſuiv.*

OB. OG

OBENTRAUT, Officier du Roi de Bohême, fait une irruption dans le Briſgau, II. 388. Autre expédition de ce Colonel, V. 435.

O-*Conally*. Voyez *Conally*.

Ogliani [Le Marquis d'] ſoutient le ſiege dans Verceil avec beaucoup de courage : eſt obligé de le rendre : obtient une capitulation honorable, V. 497. 498.

Ogliani [Le Chevalier] eſt dépêché à Genes par la Ducheſſe de Savoye, pour s'aboucher avec l'Abbé Vaſquès, Eſpagnol, &c. V. 492.

Ognano [La Ducheſſe d'] entre dans une faction contraire à Richelieu, III. 483. 576. eſt exilée, 607.

Ognate [Le Comte d'] Ambaſſadeur extraordinaire du Roi d'Eſpagne à Vienne, &c. I. 715. fait un traité ſecret avec Ferdinand Archiduc de Gratz, 716. Mouvements qu'il ſe donne, à l'occaſion des troubles de Bohême, II. 29. Il fait lui ſeul tout le conſeil ſecret de l'Empereur Ferdinand II. 226. 227. 251. 258. 303. 375. va au devant du Légat Barberin, III. 13. négocie à Rome ſur l'exécution du traité de Mouçon, 72. diſſimule à l'égard de Valſtein, IV. 398. Offre qu'il fait à l'Empereur, 401. Il ne garde plus de meſures envers Valſtein, 471. repréſente ſes deſſeins, ſes intrigues & ſes intelligences à S. M. I. & la preſſe de s'en défaire, 480. 481. ſollicite Olivarez d'envoyer une armée du côté de la Guienne ou du Languedoc, 810. Le Comte d'*Ognate* eſt d'avis de réduire le Portugal avant la Catalogne, VI. 175. 176.

Ohem (Le Colonel) un des quatre Directeurs de l'armée du Duc de Weymar, après la mort de ce Prince, V. 692. 693. Intrigue où il participa, VI. 96. Ses Collegues & lui renoncent à leur qualité de Directeurs, & reconnoiſſent le Comte de Guébriant pour leur Général, 358.

Ohlne, Lieutenant Colonel Suédois, eſt tué à la bataille de Norlingue, IV. 640.

Oiſonville (Le Baron d') neveu de Des-Noyers, eſt dépêché vers les Officiers & l'armée du feu Duc de Weymar, avec des Lettres de change, & une inſtruction pour lui & pour le Comte de Guébriant, V. 692. *& ſuiv.*

OL

Olivarez (La Comteſſe d') Gouvernante de Dom Balthazar Prince d'Eſpagne : empire qu'elle exerçoit ſur lui, VI. 483. Elle conſent à la reconnoiſſance que ſon mari fait d'un fils naturel, 486. Ses précautions inutiles pour empêcher la Ducheſſe douairiere de Mantoue de parler à Philippe en particulier, 673. Elle demeure quelque temps à la Cour après que ſon mari en eſt ſorti, 677.

Olivarez (Gaſpard de Guzman Comte d') confident & favori de Philippe IV. n'oſe pas ſe charger du poids du Gouvernement : s'accommode avec ſon oncle Zuniga, qu'il fait nommer premier Miniſtre : eſt fait Duc, & ſe fait nommer le Comte Duc, II. 322. 323. Projets qu'il inſpire à ſon Maitre, 386. 387. Mémoire qu'il envoie à S. M. ſur la négociation feinte avec le Roi d'Angleterre : expédient qu'il propoſe ; ſur quoi il eſt fondé, 503. 504. A quoi l'engage la paſſion de faire réüſſir les projets formés contre les Provinces-Unies, 546. Il va faire les complimens du Roi d'Eſpagne au Prince de Galles arrivé à Madrid : ce qu'il dit à Buckingam, 554. Excuſes qu'il fait à S. A. R. &c. 555. Informé des diſpoſitions du Favori Anglois, paroles

OL

qu'il lui adreffe, *ibid*. Tentatives qu'il fait pour engager le Prince à changer de religion, 557. Sa conduite dans l'affaire du mariage, 579. 580. 581. 582. Il détourne Philippe d'une démarche qu'il veut faire pour s'oppofer aux Anglois, 761. Occafion dont il profite, 792.

Olivarez (Le Comte Duc d') profite de l'empreffement de Richelieu à finir l'affaire de la Valteline. Traité qu'il conclut avec du Fargis, III. 3. *& fuiv*. Il l'antidate, pour que le Légat ne s'en mêle pas, 11. écoute volontiers la propofition d'une alliance fecrete entre la France & l'Efpagne contre l'Angleterre, 109. Pourquoi il pouffe foiblement la guerre contre les Provinces-Unies, 125. Conjonctures favorables qui relevent fes efpérances du côté de l'Italie, 165. Plus attentif au profit apparent, qu'aux fuites fâcheufes d'une affaire, il envoie promptement au Duc de Savoye la ratification d'un traité de partage du Montferrat, &c. 208. écoute gravement les remontrances des Vénitiens à ce fujet, 209. fait mine d'entrer en négociation fur une treve en Italie, 218. Son but en procurant à Spinola l'emploi de Gouverneur de Milan, 399. Mortification qu'il lui fait donner, 446. *Olivarez* s'oppofe à la conclufion de la paix d'Italie; forme des projets chimériques, 669. Chagrin que lui donne la fupériorité de Richelieu, 667.

Olivarez (Le Comte Duc d') choque les Catalans par fa hauteur. Soupçon qui tombe fur lui, fans apparence, IV. 133. 134. L'eftime qu'il conçoit pour Voiture donne bonne opinion de fon goût. Eloge d'*Olivarez* par ce bel efprit, 135. *& fuiv*. Ce qui peut fervir à juftifier ce Miniftre, 138. Réflexion qu'il fit fur l'exécution du Duc de Montmorenci, 187. Plan qui l'accommode par la haine qu'il porte au Duc de Feria, 393. *Olivarez*, le Duc d'Albe & le Préfident du Confeil de Caftille preffent le Duc d'Arfchot de contenter le Roi, &c. 489. Entrevue que le Comte-Duc a avec ce Seigneur prifonnier, 491. Beau plan qu'*Olivarez* dreffe dans fon cabinet, mais qu'il ne peut exécuter, 508. 509. Il preffe l'Empereur & le Roi d'Efpagne d'en venir à une guerre ouverte avec la France. Deffin de ce Miniftre dans fes projets, 585. Comment il négocioit avec l'Ambaffadeur de France, 587. Le Comte-Duc confere directement avec lui. Ils s'accufent

OL

réciproquement de mauvaife foi; & avec juftice, 591. *Olivarez*, auffi fier & plus irrité que Richelieu, attend l'occafion de faire un coup éclatant, &c. 702.

Le Comte-Duc d'*Olivarez* ne fouhaite pas plus la paix que Richelieu, V. 93. 94. Projets qu'il avoit formés, 193. 199. 203. Ce qu'il pouvoit dire avec plus de raifon que le Cardinal, 229. *Olivarez* prenoit de bonnes mefures; échouoit dans l'exécution, 321. Projet fpécieux dont il fe prévient, & dont les gens habiles & pénétrans reconnoiffent l'illufion, 337. Il rejette un projet de treve propofé par Richelieu. Inclinations contraires de ces Miniftres. En quoi ils convenoient, 425. 426. 428. Moyens qu'*Olivarez* emploie pour affurer l'autorité de fon Maître fur le Portugal, 429. 430. Maximes de politique qu'il fuit dans ce deffein, à une près, 431. *& fuiv*. Infinuations qu'il reçoit fans peine. Violences dont il ufe envers trois Archevêques & quelques Grands de ce Royaume, 442. 443. Il tend divers pieges au Duc de Bragance, pour s'affurer de fa perfonne, 443. *& fuiv*. Défaut dont *Olivarez* ne paroit pas plus exempt que Richelieu, qui eut plus de bonheur que lui, 538. Ces deux Miniftres lient un commerce fecret de Lettres, par l'entremife de leurs amis, & femblent foupirer après la paix, 608. Le Comte-Duc eft irrité d'une treve que le Marquis de Léganez accorde dans le Piémont, 643. Lettre preffante, & apoftille encore plus vive qu'il écrit à l'occafion du fiege de Salces, où l'on voit combien les Catalans font maltraités, 726. 727.

Le Comte-Duc d'*Olivarez* fe trouve trop géné par les privileges des Catalans, VI. 5. eft irrité du mépris qu'ils affectent pour lui, & ne garde plus de mefures avec eux, 7. 8. 10. Ce qu'il répond à leurs plaintes fur l'infraction de leurs privileges dans le logement des gens de guerre. Il projette d'en violer un autre avec raillerie & infulte, 12. 13. s'aperçoit trop tard qu'il a eu tort de les irriter: prend des mefures plus douces pour les ramener, &c. 19. 20. eft flatté des promeffes de Léganez, 22. fait fecretement des propofitions de paix à Richelieu, qui font rejettées, 60. *& fuiv*. tâche de couper la communication des Catalans avec le Gouverneur de Leucate, 66. Confeillers, ou Infpecteurs qu'il avoit donnés au Cardinal-Infant, qui lui firent perdre plufieurs occafions

Bbbbbb ij

TABLE DES MATIERES.
OL
OL. ON. OP. OQ. OR

favorables, 73. 74. *Olivarez* fait ordonner aux Gentilshommes les plus distingués du Portugal d'aller servir dans l'armée destinée contre la Catalogne, 144. tâche d'attirer le Duc de Bragance à Madrid, 152. & *suiv.* 162. Comment il annonce à Philippe IV. la révolution de Portugal. Si le tour qu'il prit est aussi fin que le prétend l'Abbé de Vertot, 175. Le Comte-Duc persuade à S. M. de réduire la Catalogne avant le Portugal. Il eut toujours le malheur de voir ses projets déconcertés, 176. 193. A quoi il avoit employé Dom Francisco de Mello Portugais, qu'il avoit gagné, 192. Son humeur hautaine & vindicative, cause ordinaire de ses plus grandes disgraces, 194. Ce qui le porte à continuer la guerre, 201. Il fait de nouveaux efforts pour réduire les Catalans, &c. 362. se fait un point d'honneur de secourir Tarragone, 372. 373. Reproche qu'il essuie à l'occasion du Duc de Medina-Sidonia son parent, &c. 377.

Olivarez laisse parler le monde sur les affaires de Portugal, comptant sur une conspiration contre le nouveau Roi, 378. 381. Il envoie un puissant secours à Perpignan, 462. Sa négociation avec Fontrailles Agent du Duc d'Orléans. Portrait que cet Agent fait du Comte-Duc, 463. & *suiv.* Expédition téméraire qu'*Olivarez* fait entreprendre, &c. 469. 470. Différence entre ce Ministre & Richelieu. En quoi ils se ressemblerent. Mauvaise conduite du Comte-Duc pendant son Ministere, 482. & *suiv.* La reconnoissance qu'il fait d'un prétendu fils naturel, qu'il vouloit faire son héritier, indigne toute l'Espagne contre lui, 485. & *suiv.* Il met tout en œuvre pour empêcher Philippe d'aller en Catalogne. Sa confiance affectée sur les affaires de France. Lettre de son Maître qui le mortifie, 488. 489. A quoi il tâche d'amuser le Roi pendant le voyage, 490. 491. 493. Scenes d'*Olivarez* avec la Princesse de Carignan, qu'il tâche de retenir en Espagne avec ses enfans, 493. & *suiv.* Menace dont il est embarrassé, 498. Il approuve la défiance du Gouverneur de Milan envers le Prince Thomas, 500. Comment il annonça, dit-on, la perte de Perpignan à S. M. C. Ecrit ridicule qu'il fit composer sur cet évenement, selon un Historien François, 631. Noble projet dont il se vante, & dont il commet l'exécution à un mauvais Général, 632. Efforts pour ruiner *Olivarez* dans l'esprit de Philippe: ses ennemis nombreux, & ses amis en petit nombre, 672. & *suiv.* Insolence de ce Favori dans un entretien avec S. M. Il est disgracié & relégué dans une de ses maisons, 675. Précaution qu'il prend fort à propos en sortant de Madrid, 676. Il publie à contre temps des apologies de sa conduite: est relégué plus loin, & meurt de chagrin. Ses grandes qualités accompagnées de grands défauts. Il commit des fautes énormes. Sa modération vantée mal-à-propos par un Auteur Italien, 677. 678.

O-Neal. Voyez *Neal.*

Optatus Gallus, de schismate Cavendo, titre d'un Libelle où le Cardinal de Richelieu est accusé de vouloir se faire Patriarche en France, V. 623.

Oquendo (Dom Antonio d') Amiral d'une flotte Espagnole qui est battue par celle des Provinces-Unies, V. 687.

Orange (Guillaume Prince d') Mot de ce Héros, I 644. Ses sentimens & sa conduite en fait de Religion, 740. 741. Il souffrit certaines choses qu'il n'auroit pas voulu faire lui-même, II. 717.

Orange (Maurice Prince d') assiege & prend Juliers, I. 35. est fait Chevalier de l'Ordre de la Jarretiere, 197. se saisit d'une partie de la succession de Cleves & de Juliers, 265. Comment il avoit vécu avec Barnevelt. Il laisse les Théologiens s'entrebattre, 524. 525. Entretien qu'il a avec Wytembogart, 525. 526. Sentimens qu'il avoit témoignés pour le Pensionnaire, 526. Origine de leur mésintelligence, 527. S'il avoit conçu le dessein d'opprimer la liberté des Provinces-Unies, 527. & *suiv.* Il exhorte le Palatin son neveu, à songer à l'Empire, 721. témoigne avoir envie de savoir le sentiment de Du-Plessis-Mornai sur les disputes des Arminiens & des Gomaristes, 737. se déclare formellement pour les Contre-Remontrants, 740. & *suiv.* garde quelques mesures au dehors; a un entretien avec Episcopius, 742. La mésintelligence augmente entre le Prince & Barnevelt, 742. & *suiv.* Il presse la convocation d'un Synode National, 750.

Orange (Maurice Prince d') appuie les faux bruits répandus contre Barnevelt. Pourquoi il avoit juré sa perte, & celle du parti Arminien, II. 46. 47. Plus sensible aux con-

OR

tradictions qu'il trouvoit de la part du Penfionnaire, qu'aux avantages que ce Magiftrat lui avoient procurés, 49. Il abat le parti Arminien dans la Gueldre, & dans l'Overiffel, 50. 51. fait échouer tout ce qui n'étoit pas au gré des Miniftres Contre-Remontrants, 54. abat le parti Arminien à Utrecht, 54. & *fuiv.* fait arrêter Barnevelt, Grotius & Hogerbects; met le tout fur le compte des Etats Généraux : fait dépofer les Magiftrats Arminiens des Villes de Hollande, 57. & *fuiv.* Pourquoi la France craignoit qu'il ne devînt trop puiffant dans les Provinces-Unies, 62. Remarques fur fa conduite. Si l'on doit lui imputer les procédures des Etats Généraux contre Barnevelt, &c. 96. 97. Il détermine le Palatin, fon neveu, à l'acceptation de la Couronne de Bohême, 165. obferve, à la tête d'une armée, les démarches de Spinola, 240. fait de vains efforts pour empêcher la prife de Juliers, 389. 390. médite une irruption dans le Brabant, 496. marche au fecours de Bergopzom, en fait lever le fiege; ne s'expofe pas à l'évenement d'une bataille, 497. 498. Ce qu'il fait pour intimider la Cour de Vienne, 500. 501. Deffein qu'il avoit formé fur Anvers : il s'en défifte. Conjuration contre fa vie, découverte & punie, 539. & *fuiv.* Il s'aperçoit que l'affection du peuple pour lui eft diminuée, 541. Ses démarches pour empêcher la prife de Breda. Il tombe malade, 657. 658. Mort de Maurice Prince d'*Orange*, &c. Ses grands exploits. Ses défauts, 697. 698. Il avoit défapprouvé, avant fa mort, les mouvemens de Rohan & de Soubize, 716.

Orange (Frédéric Henri Prince d') Voyez *Naffau* (Frédéric-Henri de)

Oratoire. Eloge & apologie de la Congrégation des Peres de l'*Oratoire* en France, I. 600.

Orgaz (Le Comte d') tâche d'amufer la Princeffe de Carignan, qui vouloit fortir de l'Efpagne, VI. 494.

Orléans (Mademoifelle d') fille aînée de Gafton : ce qu'elle difoit plaifamment de l'Abbé de la Riviere, III. 115. Cérémoniel obfervé entre cette Princeffe & la Ducheffe Nicole de Lorraine, IV. 445. Mademoifelle prend foin d'un frere naturel, V. 416. On l'offre en mariage au Cardinal-Infant, VI. 346. Elle met tout en œuvre inutilement pour détourner un coup porté à fon pere, 657.

Orléans (Madame, Douairiere d') a pleuré juftement la défolation de fa Patrie, III. 474.

Ormond (Le Comte d') commande les troupes d'Irlande, deftinées contre les Ecoffois, VI. 129. Il les congédie par ordre du Roi, 402.

Ornano, Colonel des Corfes, I. 633. envoyé au Parlement pour lui donner avis de la mort du Maréchal d'Ancre, 637. *Ornano* eft gratifié de la Lieutenance générale de Normandie, & fait Gouverneur de Monsieur. Comment il s'aquita de cet emploi, II. 10. Pourquoi ce choix déplut à la Reine-Mere, 152. Demande qu'il fuggere à Gafton, & qui déplait au Roi. *Ornano* reçoit l'ordre de fe retirer dans fon Gouvernement du Pont Saint-Efprit : fur ce qu'il differe de partir, il eft mis à la Baftille, & transféré de-là au Château de Caen, 599. 600. eft élargi, & revient auprès de Gafton, 622. reçoit l'ordre d'empêcher qu'il ne prenne aucun engagement avec la Princeffe de Montpenfier, 677. eft fait Maréchal de France, 791.

Ornano (Le Maréchal d') rejette les avances de Richelieu. Ce qu'il promet à la Princeffe de Condé dont il étoit amoureux, III. 34. 35. Artifices du Cardinal pour le perdre, 37. & *fuiv.* Il eft arrêté, enfermé dans le Château de Vincennes, & dépouillé de fes Gouvernemens : on met en prifon deux de fes freres, 40. 41. Son époufe, ayant reçu ordre de fortir de Paris, fe retire à Gentilli ; s'intrigue vainement pour obtenir la liberté de fon mari, 43. & *fuiv.* Occafion que Richelieu faifit de calomnier *Ornano*, 57. Il meurt à Vincennes. Proteftation qu'il fait à l'article de la mort. Si fes jours furent avancés par le Cardinal, 63.

Ornano (Madame d') Confidente de la Reine-Mere, parle pour elle-même, en diffuadant S. M. d'écouter des propofitions d'accommodement, IV. 285.

Orval (Le Comte d') fils du Duc de Sulli, cede le commandement dans Montauban au Marquis de la Force, II. 390. 392. affiege fon pere dans Figeac, 461. Collufion entre eux, &c. *Orval* fe foumet, 478.

Orthe, Capitaine au Régiment de Turenne, fe fignale dans une expédition, IV. 734.

OS

Ofman, fils aîné d'Achmet, eft mis fur le Thrône à la place de fon oncle Muftapha. Ce qui le

Bbbbbb iij

TABLE DES MATIERES.

OS

détermine à faire la guerre à la Pologne, II. 378. 379. Moyens qu'on emploie pour l'en détourner. Comment il traite un Santon apoſté dans ce deſſein. Il ne peut forcer le camp des Polonois, ni entrer dans la Podolie : perd la moitié de ſon armée. Sa rage & ſa haine contre les Janiſſaires, &c. 380. 381. Entrepriſe qui lui coûte l'Empire & la vie, 430. 431.

Oſſa Officier Allemand : Extrait d'une Lettre qu'il écrit au Grand-Maître de l'ordre Teutonique, V. 75.

Oſſone (Le Duc d') Viceroi de Naples, forme une eſpece de Triumvirat avec le Gouverneur de Milan & le Marquis de Bedmar, arme ſur mer ſous divers prétextes, I. 701. 702. fait une guerre ouverte aux Vénitiens dans leur Golfe, malgré les ordres de la Cour de Madrid, 712. 713. ſe moque d'eux, 714. prend ſur eux des vaiſſeaux & des marchandiſes, 727. ſe met en colere au ſeul mot de paix, refuſe de reſtituer malgré les ordres de la Cour de Madrid, 731. Le Duc d'Oſſone continue de vexer les Vénitiens, II. 10. 11. Accuſé d'appuyer une conjuration tramée contre eux, 12. 13. eſt continué dans ſa Vice-Royauté, 16. penſe à ſe faire Roi de Naples, &c. 191. *& ſuiv.* Les incertitudes du Conſeil de France ſont cauſe qu'il ſe déſiſte de ſon entrepriſe. Il eſt dépoſſédé de ſon emploi, &c. meurt en priſon, 194. *& ſuiv.*

Oſſonville Capitaine des Gardes du Duc de Bouillon, qui étoit demeuré à la Cour pour avertir le Duc de ce qui s'y paſſoit, prend la poſte pour lui donner avis de l'Arrêt de Cinq-Mars : eſt fait priſonnier à Valence, &c. VI. 589. 590.

OT. OU. OX.

Othon-Louis Rhingrave, Gouverneur des deux Cercles du Rhin pour la Couronne de Suede, prend les Villes Foreſtieres, &c IV. 378. remet de lui-même au Roi de France quelques Villes en Alſace, 656. 657.

Ouailli, Capitaine des Gardes de Gaſton, fait une réponſe généreuſe au Roi, IV. 679. 680.

Overbury (Le Chevalier) empoiſonné par ordre de ſon bon ami Carr, à la ſollicitation de la Comteſſe d'Eſſex, I. 473. 475.

Oxenſtiern (Axel) Chancelier de Suede : pourquoi il crut devoir employer Grotius, II. 330. Ce qu'il inſinue finement à Guſtave, &c. IV. 26. 27. Direction qui lui eſt confiée:

OX

Ce qu'il dit ſur la méſintelligence de deux Princes qui commandoient les troupes, 80. Il preſſe Richelieu d'attaquer le Duc de Lorraine, 121. amene des troupes à Guſtave, 176. eſt un des Régents de Suede pendant la minorité de Chriſtine, & chargé de la direction générale des affaires de cette Couronne en Allemagne. Embarras où il ſe trouve, 236. 237. Il projette de ſe former un bon établiſſement en Allemagne, 237. 238. Meſures qu'il prend dans la conjoncture de la mort de Guſtave, 238. Commiſſion & inſtructions qu'il reçoit de la part du Sénat de Suede, 240. 241. Il va conférer avec l'Electeur de Saxe ; enſuite avec celui de Brandebourg, 241. *& ſuiv.* Ce qu'il répond aux offres qu'on lui fait de la part du Roi de France, 245. 246. Diſcours qu'il adreſſe aux Cercles aſſemblés à Heilbron. Il communique ſes demandes aux Electeurs de Saxe & de Brandebourg, &c. 247. 248. Articles ſur leſquels il ne s'accorde pas avec Feuquieres. *Oxenſtiern* ſuit un projet formé par Guſtave : penſe à ſes propres intérêts dans cette occaſion : ſa grande habileté, ſa pénétration, ſa conſtance, ſa prudence, 248. *bis & ſ.* Comment il ſe délivre de l'embarras que le Roi de Danemark lui donnoit, 251. L'Aſſemblée d'Heilbron le nomme Directeur Général des affaires des Confédérés avec reſtriction. Hauteur du Chancelier en quelques occaſions, 252. 253. Il ſigne un Traité avec la France, malgré les difficultés qu'il rencontroit dans cette affaire, 253. 254. Ombrages que lui donne la conduite de l'Electeur de Saxe, 259. 260. Il ne veut pas appuyer les projets de Valſtein, 265. 271. 272. ſe plaint à Louis du Duc de Lorraine, 338. donne ordre de ſe ſaiſir des Villes foreſtieres : tâche de calmer l'agitation des Suiſſes à ce ſujet, 378. 379. Nouveaux ordres qu'il envoie à l'armée du Maréchal Horn. Demande qu'il ne veut pas accorder à Richelieu, 396. 397. Il ſe défie de Valſtein ; le rend ſuſpect à la Cour de France, 741. 742.

Comparaiſon du Cardinal de Richelieu & du Chancelier *Oxenſtiern.* En ſe tirant avec honneur & avantage d'une adminiſtration très-difficile, celui-ci a mérité le premier rang entre les habiles politiques de ſon temps, IV. 610. *& ſuiv.* Content d'une réſolution du cercle de la Baſſe-Saxe, il ſe rend à Francfort pour une Diete des Princes & Etats confédérés de l'Empire, qu'il y avoit

OX

indiquée : présente à l'Assemblée les articles sur lesquels il s'agit de délibérer. L'Ambassadeur de France & le Chancelier de Suede se traversent sous-main sur quelques points, 615. 616. Réponse d'*Oxenstiern* à la harangue de Feuquieres, 624. Le Chancelier refuse de s'expliquer sur le dédommagement prétendu par la Couronne de Suede. Il est réduit à la nécessité de le mettre sur le tapis, &c. 625. *& suiv.* Embarrassé des contradictions qu'il essuie à ce sujet, il tâche d'apaiser les esprits, &c. 628. traverse avec vigueur le dépôt de Philipsbourg dans les mains de Louis ; mais en vain , 629. 630. Embarras où le met la défaite de l'armée Suédoise à Norlingue. Mesures qu'il prend dans cette conjoncture, 649. *& suiv.* Il assemble les Confédérés à Vormes : ce qu'il leur remontre : il refuse de ratifier un traité conclu par leurs Députés à Paris , 659. 660. 694. Embarras d'*Oxenstiern*; difficultés qui l'effrayent; nouvelle disgrace qui l'étourdit. Il va conférer avec les Maréchaux de la Force & de Brezé , 688. 689. se détermine à aller en Saxe par la France & les Provinces-Unies, 692. Il écrit de Metz au Roi & au Cardinal. On l'engage de venir à la Cour malgré les embarras du cérémonial. Réception qu'on lui fait : Traité qu'il y conclut : présents qu'il reçoit de S. M. 694. *& suiv.* Il est splendidement reçu à la Haie, & conduit à l'Assemblée des Etats Généraux, &c. 697. Abattement où le met la paix de Prague. Prêt à repasser en Suede, ce qu'il répond à un Envoyé de France qui veut l'en détourner. Evenement qui lui fait reprendre courage, 799. *& suiv.*

Oxenstiern aussi fin & aussi pénétrant négociateur que Richelieu & son Capucin. Son courage & sa prudence dans les difficultés où il se trouve replongé, &c. V. 116. *& suiv.* Négociation du Chancelier avec le Marquis de Saint Chaumont Ambassadeur de France : Traité qu'ils signent à Wismar , &c. 121. *& suiv.* Disposition où *Oxenstiern* étoit , ou feignoit d'être , 320. Parti qu'il prend avec les autres Régents de Suede plus embarrassés que jamais, 486. 487.

Oxenstiern (Benoît) est dépêché à la Haye par le Roi de Suede , IV. 77.

Oxfort (Le Comte d') est envoyé à la Tour de Londres, II, 415.

OZ

Ozorio (Dom Lopez) Commandant d'une flotte Espagnole : ordre secret qu'on lui avoit donné , & qu'il ne put exécuter , V. 444.

PA

PACHECO, Agent de Portugal , est mis en mouvement pour prévenir une insulte que les Espagnols vouloient faire à l'Ambassadeur de ce Royaume, VI. 516. 517.

Packurst (Le Chevalier Robert) Maire de Londres & le Conseil de cette ville , font des remontrances au Roi , V. 101.

Padilla , Général de l'Artillerie dans le Milanez, homme singulier par son flegme , envoyé au Duc de Savoye , &c. I. 195.

Paëz (Antonio) Viegas , Secrétaire du Duc de Bragance, dont les conjurés se défioient , porte son Maître à accepter la Couronne qu'ils lui offrent, VI. 155. 156.

Pairs de France : avilissement de leur dignité. Leurs anciens privileges , II. 200. 201. Leur basse complaisance pour le Cardinal de Richelieu , IV. 3. Contestation qu'ils ont sur le cérémoniel avec le Duc de Parme, décidée en faveur de ce Prince , IV. 77. 78.

Palfi , Seigneur Hongrois du parti de Ferdinand, se joint à Setski, &c. II. 376. Ils sont surpris, & mis en déroute, 377.

Palice (Le Comte de la) Saint-Geran est fait Gouverneur de Bourbonnois, IV. 276.

Pallavicini (Le Marquis Hippolyte) dépêché à Turin par le Prince Thomas de Savoye, V. 388.

Palluau (Le Baron de) dépêché à Turin par le Cardinal de Richelieu , V. 386.

Palmer , Membre de la Chambre des Communes, se récrie & proteste contre la publication d'une remontrance injurieuse au Roi : est envoyé à la Tour pour peu de temps. Pourquoi il étoit odieux & suspect aux Chefs du parti Puritain, VI. 423. 424.

Palotta (Le Cardinal) Légat de Ferrare, III. 675.

Pamphilio (Jean-Baptiste) Prélat Romain , propose une suspension d'armes au Duc de Savoye , avec les Génois, II. 702. 703. se rend à Paris avant le Légat, & propose cette treve pour toute l'Italie , 710. est fait Cardinal , III. 409.

Pancirole , Nonce du Pape, négocie à Turin & ailleurs, pour disposer les esprits à un ac-

PA

commodement, III. 400. 403. 417. eft détaché pour amufer le Cardinal de Richelieu, &c. 418. 419. Jaloufie entre ce Nonce & Mazarin, 430. *Pancirole* accompagne le Prince de Piémont à une entrevue avec le Cardinal, 432. & le Légat dans un autre, 437. Son dévouement à la Maifon d'Autriche le rend peu propre à l'emploi de Médiateur, 445. Il apaife un nouveau différend dans le Montferrat, 547. eft Médiateur au traité de Quierafque, 669. Supériorité qu'il laiffa prendre à Mazarin, qui n'étoit entré dans cette négociation que comme Gentilhomme de fa maifon, &c. 671. Affaire qui le met en mouvement, 675.

Pandolfini, Agent du Grand Duc auprès d'Edouard Farnefe, V. 152. s'entremet de l'accommodement de ce Prince avec les Efpagnols, 300.

Panigarole [Le Comte de] envoyé à Vienne par Spinola, III. 465.

Paniffaut fait ouvrir les portes de Bergerac au Roi, II. 368.

Pape : idée qu'en avoit Ravaillac. Réflexion fur les Princes qui fe foumettent à fa domination, I. 10. 38. 39. Du titre d'Antechrift que les Réformés lui donnent, 80. 81. 82. Aveuglement des Souverains qui s'engagent à lui obéir, 141. 249. Arrogance des *Papes*, 249. Plan fur lequel ils prétendent que J. C. a dû régler fon Eglife : les anciens *Papes* n'ont pas connu ce fyfteme, 251. Jufques où ils étendent leur prétendu droit de dépofer les Souverains, 333. Si un *Pape* a difpenfé les François du ferment fait à Childeric. Comment les *Papes* fe font élevés fur les Têtes Couronnées, 333. 334. Le *Pape* n'eft pas l'Evêque univerfel de tout le monde, 342. Déférence ridicule qu'ont pour lui les Princes de fa communion, 386. Contradiction entre adhérer au *Pape*, & condamner un fentiment qu'il foutient être véritable, 415. De l'obéiffance filiale que lui rendent les Souverains de fa communion. Ce qu'emporte le titre de *Vicaire de Jefus-Chrift*, qu'ils lui attribuent, 467. 468. 691. Ce qu'on gagne à fe faire *Pape*, 686. Reffource du *Pape* & de fon Clergé, 693.

Pape. Comment le *Pape* & les Princes de fa Communion fe jouent de leur Religion, II. 30. Droit que lui donne la qualité de *Pere commun*, qu'on lui laiffe prendre. Il ne commet pas facilement fon autorité, 109. 110. Situation où il fe trouvoit au commencement du XVIIIe fiecle, 160. Artifice du *Pape* pour établir fa Monarchie fpirituelle, 202. 203. Maxime de faire des *Papes* vieux, 298. Si le S. Efprit préfide à leur élection. Caractere des *Papes* de ce temps, 300. 301. Ce qui fuffit pour être bon *Pape*, 302. Ce qu'on doit attendre de ces Pontifes fanguinaires, 372. Le *Pape* premier inftigateur de la guerre contre les Réformés, 469. 470. Bons offices qu'il rend au Duc de Baviere, 531. 532. 537. Perfections que les *Papes* ne fe piquent plus d'avoir, 567. 568. Charité du *Pape*, 583. Ce que penfe un fage Vénitien fur l'agrandiffement du *Pape*, 662. Abus qu'il fait de l'Evangile, 688.

Pape. Adreffe des *Papes* & de leurs neveux, III. 105. Conféquence qui réfulte de l'idée qu'on a du pouvoir du *Pape*, IV. 315. Prétention des *Papes* d'être les feuls Juges des Evêques accufés : fur quoi ils la fondent : Conteftation qu'ils eurent là-deffus avec les Evêques d'Afrique & des Gaules, 316. *& fuiv*. Occafion qu'ils n'échapent pas de faire valoir cette prétention en France. Ils ne réuffiffent pas dans un autre temps, 319. 320. Leur adreffe à faire valoir les moindres bagatelles, 517. *& fuiv*. Droit qu'ils prétendent de confirmer l'élection de l'Empereur, V. 280. Civilité volontaire qu'ils ont fû changer en obligation indifpenfable, VI. 385.

Pappenheim [Le Baron] Officier Allemand, remporte quelques avantages dans la Valteline, II. 742. réduit les payfans rebelles de la Haute Autriche, III. 70. furprend le Duc de Saxe-Lavembourg, & le fait prifonnier, 523. entre le premier dans Magdebourg pris d'affaut, IV. 17. eft d'avis d'accepter la bataille près Leipfick ; commande l'aîle gauche, &c. 23. 24. Le Comte *Pappenheim* fe vante de faire lever le fiege de Maftricht, ou d'y périr. Il eft repouffé, légerement bleffé, & infulté, 144. 145. remporte des avantages fur les Suédois, 173. 177. joint fes troupes à celles de Valftein, 176. 177. *Pappenheim*, Général d'un rare mérite, eft tué à la bataille de Lutzen, 179.

Parabere, affifte à la conférence de Niort, blâme le Duc de Rohan, II. 335. reçoit le Roi à Niort, 356.

Paradis

TABLE DES MATIERES.

PA

Paraditz, Colonel au service d'Espagne, va faire des propositions à l'Electeur de Saxe, IV. 11. 32.

Pardaillan [Boëffe-] mécontent de la préférence donnée à la Force, pour le commandement de la basse Guienne, prend des engagements avec la Cour, &c. II. 367. 368. 417. Il est tué. 418.

Pavelle, Gentilhomme de la Chambre du Duc de Savoye, envoyé à Milan pour féliciter le nouveau Gouverneur, &c. I. 496.

Paris. Génie de ses habitants, sujets à prendre l'épouvante , I. 460. Sédition dans cette ville contre les Réformés, à l'occasion de la mort du Duc de Mayenne, II. 394. 395. Il est érigé en Archevêché, 486. Lettre que Marie de Médicis écrivit aux Officiers de l'Hôtel de Ville de *Paris*, sur sa retraite hors du Royaume, III. 661. 662. Les progrès des Espagnols en Picardie jettent l'épouvante dans *Paris*. Troupes levées aux dépens des *Parisiens*, V. 189. & suiv.

Paris, Docteur de Sorbone, présente à la Faculté des propositions extraites du livre de Bécan , &c. I. 162.

Parlemens: ce qu'étoient en France, anciennement, ces assemblées, tout-à-fait différentes des Etats Généraux , I. 290. 291. convertis en Tribunaux de Justice, 293. Par quel motif les *Parlemens* refusent d'ouvrir une lettre de Marie de Médicis, & l'envoient à la Cour, II. 209. Ils pressent la démolition des places inutiles : leur aveuglement dans cette conduite, III. 94. 95. Sur quels principes ils cassent certains mariages, IV. 752. Attention de Richelieu à ruiner l'autorité des *Parlemens*, VI. 595. 596.

Parlement de Paris [Le] séant aux Augustins, brusqué par le Duc d'Epernon, disposé de la Regence sans la participation des Princes du Sang & des Officiers de la Couronne. Réflexions des plus sages de ce Corps sur Marie de Médicis, & sur ses Confidents, I. 15. 16. Promesses vaines de suivre ses bons conseils. Ce qu'on disoit du *Parlement* sous Louis XII. 17. Démarches du *Parlement*, le jour de l'exécution de Ravaillac. Il condamne un livre de Mariana, 21. Il supprime un livre de Bellarmin , 37. 41. Exécution de son Arrêt sursise , 42. Expédient du *Parlement* pour se délivrer des importunités des Jésuites : Arrêt qui leur défend d'enseigner à Paris, 97. 98. Mouvements contre cet Arrêt, 128. & suiv,

PA

Modification qu'on y fait ; 131. Sa conduite dans l'affaire de Richer, 135. Il n'ose recevoir une Requête de ce Docteur, 137. Pourquoi il ne veut point vérifier le brevet de Duc & Pair de Lesdiguieres , 144. Il fait brûler un livre de Scioppius, 163. Comment il est appellé dans une lettre que le Prince de Condé lui écrit. Les Rois , les Princes , les Grands se jouent de cette Compagnie depuis long-temps. Sa foiblesse dans cette occasion, 230. Arrêt du *Parlement* contre un livre de Suarez : il mande quatre Jésuites : ce qu'il leur prescrit. Suites de cette affaire, 246. & suiv. Exécution de cet Arrêt suspendue, 251. D'où vient l'usage d'envoyer au *Parlement* les Edits & Ordonnances des Rois, pour les enregitrer. Entreprises de Louis XI. & de Louis XIV. contre cette ancienne police : foiblesse des Gens du *Parlement*, 292. Démêlé considérable qu'il a avec le Duc d'Epernon , 315. & suiv. Arrêt qu'il donne à l'occasion du différend survenu dans les Etats sur la puissance souveraine du Roi, 329. Plaintes du Clergé contre cet Arrêt, 340. 341. Exécution de cet Arrêt sursise par le Roi. Etonnement & réflexions des Magistrats du *Parlement*, 345.

Intrigues du Maréchal de Bouillon dans le *Parlement* de Paris, I. 394. Arrêt de cette Cour pour convoquer les Princes, les Pairs & les Officiers de la Couronne : alarmes qu'en prend la Reine, Suites de cette affaire, 396. & suiv. Il reçoit défenses de passer outre. Réflexions sur les raisons alléguées contre son Arrêt, 399. 400. Foiblesse de cette Compagnie. Comment elle peut être comparée au Sénat de Rome, 400. 401. Nouveau mouvement dans le *Parlement* : seconde mortification qu'il reçoit, 402. 404. S'il est vrai qu'il ne puisse prendre aucune connoissance de ce qui concerne le Gouvernement du Royaume, 403. Il concerte des remontrances sur cet objet, malgré les défenses du Roi, 405. les présente : elles sont lûes en pleine audience. Réflexions sur la conduite du *Parlement* envers Louis XIV. 410. 411. Extrait de ces belles & fortes remontrances , 411. & suiv. 415. & suiv. Si le zele des Magistrats étoit bien sincere, 414. 415. Leur véritable but. Réponse aux remontrances du *Parlement*, 419. & suiv. Arrêt du Conseil d'Etat qui casse celui du *Parlement* ; difficultés pour son enregistrement,

TABLE DES MATIERES.

PA

Démarche ridicule à laquelle cette Compagnie se résout, 422. & *suiv.* Accommodement du *Parlement* avec la Cour : elle n'a pas grande peine à le mettre dans ses intérêts, &c. 426. & *suiv.* Maniere avantageuse dont en parloit le Prince de Condé dans son Manifeste, 435. 436. Mouvements de la Compagnie au sujet de l'enlevement du Président le Jai : réponse froide que ses Députés rapportent, 442. Divers avis dans le *Parlement* au sujet de la Déclaration contre le Prince de Condé : il la vérifie. Difficultés que la Cour devroit éclaircir, 452. 453. Il vérifie aveuglément tout ce que la Cour lui envoie, 599. 603. Flaterie indigne du *Parlement* sur la mort du Maréchal d'Ancre. Ce qu'il répond à deux questions qu'on lui propose, 637. & *suiv.* Il reçoit la commission pour faire le Procès à la mémoire & à la veuve du Maréchal d'Ancre, 663. Procédures iniques du *Parlement* dans cette affaire, 667. & *suiv.* Jurisprudence nouvelle qu'il établit par son Arrêt, 674. Il en a honte, 735.

Parlement de Paris : on y parle hautement contre ceux qui vouloient engager le Roi à poursuivre sa mere à force ouverte, II. 73. 74. Il ne paroît pas disposé à procéder contre Epernon, 78. Remontrances qu'il fait au Roi à l'occasion d'un Edit pécuniaire, 175. & *suiv.* Il donne un Arrêt contre quelques Philosophes nouveaux : réflexions là-dessus. Ce qui l'empêcha d'en donner un pareil contre les sentiments de Descartes, 644. & *suiv.* Il réprime avec vigueur les entreprises de Miron Evêque d'Angers, 648. & *suiv.* Difficulté qu'il forme sur les facultés du Légat Barberin. Ce différend est accommodé, 708. 709. Le *Parlement* s'oppose à une indigne supercherie du Clergé, 797. 798. condamne au feu le Livre de Santarel *de l'Hérésie & du Schisme* : oblige les principaux Jésuites de Paris à désavouer la Doctrine contenue dans cet ouvrage, 799. 800.

Parlement de Paris : ses démarches pour empêcher que la Faculté de Théologie ne révoque sa censure du Livre de Santarel. Il cede aux ordres contraires du Roi, III. 104. 105. refuse d'enregîtrer un Recueil d'Ordonnances, qu'il nomme par dérision *Code Michau*, 134. 135. Cet enregîtrement est extorqué d'une maniere violente. La résistance du *Parlement*, dans cette occasion, ne lui fait pas honneur, 289. 290. Offre qu'il fait à

PA

Gaston, 441. Contradiction au *Parlement* sur une Déclaration du Roi contre ceux qui avoient suivi S. A. R. dans sa retraite hors du Royaume. Requête qui lui est présentée de la part de ce Prince contre le Cardinal de Richelieu, 630. & *suiv.* On ferme la bouche à cette Compagnie par une mortification éclatante, 634. 635. Ecrits de part & d'autre sur cette violence, & sur l'autorité du *Parlement*, 635. & *suiv.* Il n'ose ouvrir un paquet que Gaston lui avoit envoyé, 644. Lettre & Requêtes que Marie de Médicis adresse à cette Compagnie, qui n'ose agir pour S. M. 653. & *suiv.* Autre Lettre que le *Parlement* en reçoit après sa retraite hors du Royaume, 659. & *suiv.*

Le *Parlement* de Paris forme des difficultés sur la vérification des Lettres pour l'établissement d'une Chambre de Justice, IV. 6. 7. Il tâche d'arrêter les Procédures de ce nouveau Tribunal. Mortification que le *Parlement* essuie à ce sujet, 8. 9. Lettre que la Reine-Mere écrit à cette Compagnie, 43. Il rend un Arrêt pour la saisie du Duché de Bar, 339. demande du temps pour décider sur la validité du mariage de Gaston avec Marguerite de Lorraine : Lit de Justice que le Roi y tient, où il fait enregîtrer une Déclaration contre ce mariage, 420 & *suiv.* Procédures du *Parlement* contre les Ducs Charles & François de Lorraine, & contre Marguerite leur sœur, 447. 450. Arrêt qu'il rend contre eux, & contre le mariage de Gaston, &c. 569. & *suiv.* Surprise générale que cet Arrêt cause, 572. 573. Mot d'un barbon du *Parlement* sur la conduite de Richelieu à l'égard de cette Compagnie, 777. Elle forme des difficultés sur les Lettres Patentes qui établissent l'Académie Françoise, & ne les enregître qu'après un long délai, &c. 786. 788.

Mouvements dans le *Parlement* de Paris à l'occasion de quelques Edits portants création de nouvelles Charges, V. 65. & *suiv.* sa fermeté louable, s'il l'avoit témoignée dans d'autres occasions, &c. 67. Le *Parlement* promet de lever des troupes à ses dépens pour arrêter les progrès des Espagnols, veut délibérer sur une affaire proposée ; la Cour s'y oppose, & les Magistrats intimidés cedent, 191. 192. Il reçoit de nouvelles atteintes à sa liberté. Interdiction de la troisieme des Enquêtes, 462. 463. Il refuse de

TABLE DES MATIERES.

PA

vérifier un Arrêt du Conseil, quoique ses dispositions fussent assez de son goût, 466. Le Parlement & la Chambre des Comptes donnent la Comédie dans l'Eglise de Notre-Dame, 550. Membres du Parlement appellés au Procès du Duc de la Valette : difficulté sur leur séance, 624. 625. Comment ils opinent dans cette affaire, 625. & suiv. 628.

Le Parlement de Paris refuse d'enregîtrer un Edit portant création de Charges de Maîtres des Requêtes. Comment cette affaire s'accommode, VI. 21. Procédures de cette Cour contre les Ducs de Guise & de Bouillon, 310. 311. Négligence, ou malignité indigne du premier Tribunal de France, dans cette affaire, 314. 315. Il commence des Procédures contre la mémoire du Comte de Soissons, qui n'eurent point de suite, 327. 328. condamne le Duc de Guise par contumace, 337. enregistre, de l'exprès commandement du Roi, une Déclaration contre son frere, 657. 658. Il vérifie la Déclaration sur la Régence, l'envoie aux autres Parlements. Son ancienne autorité anéantie, 693.

Parlement d'Angleterre. Voyez Angleterre.

Parme (Ducs de) Voyez Ranuce, Edouard Farnese.

Parti : aveuglement étrange que l'esprit de parti produit, VI. 536.

Pasman (Le Cardinal) ou d'Arach : emploi dont il se charge malgré ce qu'Urbain VIII. lui fait dire. Réponse ferme qu'il fait à S. S. Il la presse d'accorder un secours d'argent à l'Empereur, &c. IV. 56. 57.

Passart, Contrôleur Général des Finances de Gaston, est dépêché à Rome avec une Lettre de ce Prince. Il est arrêté sur la frontiere & envoyé à la Bastille, IV. 449.

Pasteurs : contestation en Hollande sur la maniere de les élire, I. 213. & suiv.

Pastrane (Le Duc de) Ambassadeur extraordinaire d'Espagne, pour la demande de Madame Elisabeth de France, I. 140. Son entrée à Paris, & sa premiere audience, 153. 154. Il signe les articles du mariage, est bien régalé, & retourne en Espagne, 154.

Patavino, Ambassadeur de Venise chez les Grisons, I. 575.

Patrie : comment un honnête homme la doit aimer, I. Préface, xvi.

Patris, connu par ses poésies & par ses bons mots. Officier d'une assemblée que le Duc d'Orléans forma, III. 115. 116.

PA

Pavillon (Nicolas) Evêque d'Alet, s'est fait honneur par sa résistance sur la Régale, IV. 752. Ses vertus ont brillé avec éclat dans son siecle pervers, V. 86.

Paul IV. Pape s'est conduit tyranniquement, IV. 752.

Paul V. Pape, I. 25. 26. Il défend aux Catholiques d'Angleterre de prêter le serment que Jacques I. exigeoit d'eux, 38. Effrayé de la mort d'Henri IV. ce qu'il fait dire au Sénat de Venise, 61. Il craint que Lesdiguieres ne passe les Alpes, tâche d'engager l'Espagne & la Savoye à désarmer, 63. dissipe les ombrages que la Régente sembloit prendre, 65. prend des mesures pour rompre une négociation entre le Roi d'Angleterre & le Duc de Savoye, 69. Inscriptions impies, faites pour ce Pape, &c. 79. Il se plaint de l'outrage que lui faisoit du Plessis-Mornai, 80. Content des Jésuites, il supprime une Bulle de son Prédécesseur contre leur Doctrine, 99. S'il auroit entrepris d'excommunier l'Avocat Général Servin, 129. Il écrit au Grand Duc pour le dissuader du mariage d'une de ses sœurs avec le Prince de Galles, 157. Sa conduite dans l'affaire de Mantoue, 183. 187. 193. Il fait ses efforts pour détourner la Régente d'écouter les offres du Roi d'Angleterre, 198. Sa négligence naturelle, ou affectée pour les affaires de ses voisins : ce qu'en écrivoit l'Ambassadeur de France, &c. 208. Il se plaint des Procédures du Parlement de Paris contre un Livre de Suarez : entretien qu'il a avec l'Ambassadeur de France sur ce sujet, 247. & suiv. Il ne veut pas se contenter d'une Déclaration du Roi là dessus: raisonnement de ce Pape, 251. Il n'aimoit point à se mêler des affaires de Savoye, 271. Consentement qu'il donne à un article dressé par le Clergé de France, &c. 343. Il envoie des Brefs de remerciment à ce Corps & à la Noblesse, 351. Ce qu'il prédit de l'Evêque de Luçon, 367. Comment il dédommage le Chevalier de Vendôme de ce qu'il avoit dépensé à Rome, 468. Sa conduite dans la guerre des Vénitiens avec l'Archiduc Ferdinand, 569. 570. Il nomme un Nonce extraordinaire, pour négocier la paix de l'Italie, 574. 575. Avis peu agréable que la Cour de France lui donne, 689. Il appuie les plaintes de l'Evêque de Luçon, à qui on ne permettoit pas de résider dans son Diocèse. Son zele paroit étrange : on le laisse gronder, 736.

Ccccc ij

PA

Paul V. fait les avances au Duc de Lerme, & l'éleve au Cardinalat. Distinction qu'il lui accorde, II. 4. 5. Il brigue les faveurs de la Cour d'Espagne, 11. s'entremet de réconcilier Louis XIII. avec la Reine sa Mere. Brefs qu'il envoie en France, 110. Ce qu'il déclara à l'Ambassadeur de France, sur le Duc de Savoie, 141. Il fait une promotion de Cardinaux, &c. 295. & *suiv.* Sa mort. Il fut fait Pape d'une façon assez extraordinaire. Son caractere, 298. 299. A quoi on attribua sa mort, V. 86.

Paulette : on en propose l'abolition dans les Etats Généraux, I. 301. 302. Comment ce droit avoit été introduit, 305. Le Clergé & la Noblesse en demandent la suppression, 348. 357. Le Président Miron en presse l'abolition, 371. Débats sur cette matiere. La *paulette* est continuée, 373. 374. 410. 505. Feinte abolition de ce droit, II. 2. 3. Il est rétabli, 209.

Paw, Pensionnaire de la Ville d'Amsterdam, I. 738. 748. Paw d'Heemstade un des Ambassadeurs des Provinces-Unies pour le renouvellement de l'alliance ; ce qu'il disoit à du Plessis-Mornai, II. 331. est un des Ambassadeurs pour un Traité entre Louis XIII. & la République, 630. va féliciter Gustave du succès de ses armes, IV. 77. ménage les intérêts des Provinces-Unies à l'Assemblée d'Heilbron, 247. 248. bis, Offres qu'il fait à la Suede de leur part, pour le Pays de Bremen, 257. Adrien *Paw* traverse Charnacé, & presse la conclusion d'une treve avec l'Espagne, 548. Ministre des Etats Généraux des Provinces Unies à Paris, il demande à ses maîtres comment il en usera envers Grotius, Ambassadeur de Suede à la Cour de France, &c. 693. signe un Traité de Ligue offensive & défensive, 698.

Payens (Les) ont méprisé leurs Empereurs qui ont dansé & chanté sur un théatre public, &c. I. 191.

Pays-Bas Espagnols, ou Catholiques : conspiration pour les ériger en République. Etat de ces Provinces dans les dernieres années du Gouvernement d'Isabelle, IV. 140. & *suiv.* On en convoque les Etats Généraux, & on leur permet de négocier une paix, ou une treve avec ceux des Provinces-Unies, sans que les Espagnols paroissent y intervenir, &c. 223. & *suiv.* Rupture de cette négociation, 331. Offres que font les Seigneurs mécontents de ces Provinces au Roi de France, 230. Leurs projets déconcertés, 231. 232. Circonstances qui prouvent que leur conspiration alla fort loin, 490. Mécontentement général de ces Provinces : écrit sanglant qu'on y répand contre la violence du Gouvernement des Espagnols, IV. 493. 494. L'Assemblée des Etats des *Pays-Bas* Catholiques est congédiée, 551. Projet de Louis XIII. & des Hollandois d'engager ces Provinces à s'ériger en République, ou de les partager entre eux, 699. 700.

Peard, Avocat, homme hardi, Membre de la Chambre des Communes, emploie une expression outrée contre un impôt exigé par le Roi, &c. VI. 125.

Peckius, Chancelier de Brabant, invite les Etats Généraux des sept Provinces-Unies à se réunir aux dix autres, &c. II. 330.

Pédro (Dom) de Tolede. Voyez *Villafranca.*

Pelham, Membre de la Chambre des Communes, détourne le Chevalier Hotham de recevoir Charles I. dans Hull, VI. 555.

Pelz (Bernard) Gentilhomme Zélandois établi en Espagne, porte au Duc de Rohan un traité conclu avec S. M. Catholique : est arrêté & condamné à mort par le Parlement de Toulouse, III. 311. 312.

Pembrock (Le Comte de) ou *Pembroke*, IV. 297. V. 719. VI. 188. 166. signe une protestation, 522. est député au Roi par la Chambre Haute, 548.

Pennington, chef d'une escadre de vaisseaux prêtées au Roi de France, refuse de servir contre les Réformés, livre les vaisseaux, se retire, & fait du bruit sur cette affaire, II. 730. & *suiv.* est mis en prison pour n'avoir pas empêché le combat entre une flotte Espagnole, & celle des Hollandois, V. 687. 688. Charles I. souhaite que *Pennington* commande la flotte en l'absence du Grand-Amiral : le Parlement s'y oppose, &c. VI. 552. 553.

Pennington, Alderman ou Echevin de Londres, présent à la Chambre des Communes, où il demande l'extirpation de l'Episcopat, VI. 269.

Pensionnaire (*Conseiller*) de Hollande : fonctions de ce Magistrat, II. 49.

Peraut, créature de Montmorenci, tient le Château de Beaucaire, IV. 151.

Percy, frere du Comte de Northumberland, entre dans un complot, VI. 284.

PE

Pérefixe (L'Abbé de Baumont de) Maître de Chambre du Cardinal de Richelieu, puis Précepteur de Louis XIV. & Archevêque de Paris: circonstance qu'il contoit sur Cinq-Mars, V. 748. Il signe, comme témoin, le testament du Cardinal, V. 475.

Peretti (L'Abbé) sujet du Pape, petit neveu de Sixte V. est nommé au Cardinalat par le Roi d'Espagne, & rejetté par Sa Sainteté, V. 72. 647. Il est promu à cette dignité, VI. 393.

Perez (Dom Antonio) conseil qu'il donna à Henri IV. Roi de France, IV. 515. Michel Perez: voyez Peyrez.

Pericard, Evêque d'Avranches: remontrance qu'il fait à la Noblesse de la part du Clergé, I. 326. Il explique au Chancelier les intentions du Clergé, 346.

Perpignan assiégé, ou étroitement bloqué par les François, est pris, VI. 471. 629. 630. Un Ecrivain s'avise de soutenir que cette perte est utile aux Espagnols, 631.

Perrault, Secrétaire du Prince du Condé, V. 154.

Perron (Du) Cardinal, crie contre Servin, le traite d'ignorant. Ce qui le rendoit fier, &c. Il embarrasse ce Magistrat sur la question du sceau de la Confession, I. 132. Démarche dont il veut détourner les Jésuites, 133. Ennemi de Richer, ce qu'il dit contre lui dans le Conseil de la Régente, 135. 136. Il fait condamner son livre par une Assemblée d'Evêques de la Province de Sens, à laquelle il présidoit. Irrégularité & contradiction de cette censure, 136. 137. Il décline l'examen de son Concile au Parlement, 137. Réflexion sur une Réponse qu'il fait à une lettre du Prince de Condé, 230. 231. Il s'étoit intrigué pour obtenir à son frere la place de Précepteur de Louis XIII. &c. 281. Chargé par le Clergé des Etats de dresser des articles pour la réformation des Universités, &c. 313. Réponses qu'il fait comme Président de ce Corps, 318. 320. Il harangue dans la Chambre de la Noblesse contre l'article du Tiers Etat sur la puissance souveraine du Roi, 328. Sa conduite critiquée, 330. Il répete sa harangue dans la Chambre du Tiers Etat. Extrait de cette piece, 330. 331. Sa mauvaise foi, 332. 333. Remarques sur les inconvéniens qu'il propose, 331. & suiv. 336. & suiv. Sa harangue ôtée des archives du Clergé, 335. Principe qu'il y posoit dont les conséquences sont bien dangereuses, 337.

PE

Conclusion de cette piece: Raisonnement bizarre qu'il y fait, 339. Vanité de ce déclamateur, 341. Il avoit écrit respectueusement contre le Roi Jacques. Ce Prince lui dit des choses fâcheuses, 347. 348. Attaque qu'il donne au Maréchal de Bouillon, 348. A quoi il emploie sa fausse éloquence, 359. Sa mort, II. 87.

Perron (Du) Archevêque de Sens, frere du Cardinal, est envoyé vers la Reine-Mere, II. 87. 106. 200. 213. 215. appuie une proposition du Nonce, 230. meurt, 419.

Perrot, Président au Parlement de Paris, est suspendu des fonctions de sa Charge, VI. 21.

Persan (Le Baron de) un des assassins du Maréchal d'Ancre, I. 631. On lui ôte le commandement de la Bastille, & on le met en prison, 735. Il joint le Comte de Saint Pol avec des troupes, II. 357. est fait prisonnier à la bataille de Sedan, VI. 324.

Pesari, ou Pesaro, Ambassadeur de Venise à Turin, y confere sur les mouvemens de la Valteline. Ce qu'il propose aux Puissances intéressées dans cette affaire, II. 263. Conférences où il est appelé, 522. Ambassadeur en France, il intervient dans les négociations de Mansfeld avec les Ministres, 600. 601. Jean Pesaro est désigné pour agir en qualité de médiateur avec le Légat du Pape, V. 96.

Pescheur (Charles) Recteur de l'Université de Paris, présente son Cahier à la Chambre Ecclésiastique des Etats Généraux, &c. I. 313.

Pesieux, Gentilhomme de la Cour de la Duchesse de Savoye, est dépêché au Prince Thomas en Flandre, passe par Paris, &c. VI. 389.

Pétasse (Le Comte) sous Picolomini, à la bataille de Thionville, V. 71.

Peuple. Illusion que les Princes & les Grands lui ont trop souvent faite: s'il peut être encore leur dupe en France, I. 225. Malheur des peuples dont le Souverain est inquiet, ambitieux & vindicatif, 241. Voyez 276. 277. Si son consentement est nécessaire pour la levée des impôts, 294. 295. Moyen le plus propre pour le gagner, 296. Son mécontentement éclate, 300. 301. Il applaudit à des spectacles donnés à ses dépens, 391. Son inconstance, 553. Imaginations du peuple ignorant & superstitieux, II. 30. A quoi un peuple jaloux de sa liberté ne sauroit trop pen-

Ccccc iij

fer, 103. Si fes privileges & fa liberté font des graces purement arbitraires. Intérêt d'un *peuple* qui a fait des démarches pour fe fouftraire d'une obéïffance tyrannique , 307. Droit d'un *peuple* opprimé , 351. 352. IV. 494. VI. 185. Sous le prétexte fpécieux de maintenir fa liberté , on exerce fouvent un pouvoir arbitraire , 536.

Peyrez [Mtchel] ou *Perez* , Gouverneur Efpagnol de l'Ifle de Sainte Marguerite, la rend par capitulation , V. 328. entre dans Fontarabie avec un renfort, 545. eft tué dans une fortie. 555.

Phalzbourg [Le Prince de] bâtard d'un Cardinal de Lorraine, aimé par le Duc Henri, qui fe met en tête de le marier avec fa fille aînée, II. 655. Il époufe Henriette niece de ce Prince, & fœur de Charles IV. avec un bon apanage, 656. Inquiétude que lui donnoit une intrigue de fa femme. Il accompagne le Duc de Lorraine en Allemagne, & y meurt, IV. 10. 11.

Phalzbourg [La Princeffe de] voyez *Henriette* de Lorraine.

Philibert, Prince de Savoye, va en Efpagne : accueil qu'on lui fit à fa premiere audience; concerte une harangue pour la feconde, &c. I. 65. 66. Formule de fatisfaction qu'il fit pour fon pere, 66. 67. Il eft comme en ôtage à Madrid. Charge importante qu'on lui donne, qui n'étoit qu'une honnête prifon, 237. 238. Il amene à Genes les troupes deftinées contre fon pere, 271. 272. Sous quel prétexte on l'envoie à Naples, II. 193. Il fouffrit de continuelles traverfes de la part d'Olivarez, VI. 484.

Philippe IV. dit le *Bel*, Roi de France, fait canonifer fon grand-pere, & ne fuit pas le précepte qu'il avoit laiffé à fes Enfants. Innovations qu'il fait dans le gouvernement. Il convoque le peuple avec le Clergé & la Nobleffe, I. 295.

Philippe VI. de Valois, Roi de France. Ce qui fut réglé en fa préfence & de fon confentement par les Etats Généraux, I. 295. Pourquoi il fut obligé de les affembler fouvent, 296. Quels furent les Juges de fon différend avec Edouard IV. fur la fucceffion à la Couronne, 296.

Philippe. II. Roi d'Efpagne : fes efforts pour foutenir la ligue. Il fait la paix avec Henri IV. I. 4. Avantages qu'il avoit faits à fa fille Ifabelle , 6. Son goût pour le pouvoir arbitraire , 30. Caractere de ce Prince , 701. Comment il abandonna le génie & les manieres Germaniques , 714. *Philippe* I I. fuivit une méthode différente de celle de fon pere , 751. Réflexion fur fa fauffe politique. Sentiments qu'il eut en mourent, II. 160. Sa fuperftition , 322. Ses vaftes projets ruinerent l'Efpagne, 679. 680. III. 94. Pourquoi il laiffa une Couronne fi foible à fon fils , IV. 760. *Philippe* II. Ufurpateur du Portugal , promet tout à fes nouveaux Sujets, fans aucune envie de l'obferver : garde quelques mefures durant fa vie. Article qu'il avoit juré aux Etats de Tomar & de Lifbone : pourquoi il l'omit dans les patentes confirmatives de ces Etats, V. 429. *& fuiv.* Avis réels, ou prétendus , qu'il lui furent donnés lorfqu'il alloit à la conquête de ce Royaume, 431. *& fuiv.* Il prend des précautions contre les héritiers légitimes de cét Etat ; mais ne fuit pas alors la déteftable maxime de fon maitre Machiavel, &c. 433. 434. *Philippe* II. profita d'un prétexte que les Aragonois fembloient lui donner, pour les dépouiller de leurs privileges : mais il épargna les Catalans , VI. 5.

Philippe III. Roi d'Efpagne , appuie les factieux de France, I. 5. 6. Sa foibleffe : il confent à une treve honteufe avec les Etats Généraux , 6. 7. Il fait quelques démarches avant la mort d'Henri IV. pour une double alliance , 25. Ses vûes en renouant cette négociation. Parole qu'il tire de Marie de Médicis , & ce à quoi il s'engage réciproquement, 29. Il publie un Edit contre l'onzieme Tome de Baronius , 42. Ses démêlés avec le Duc de Savoye : difpute entre eux à qui défarmera le premier, 63. Satisfaction qu'il exige de ce Prince, &c. 64. Accueil qu'il fait à Philibert de Savoye, fon neveu, 65. 66. Réponfe de *Philippe* à fon compliment de fatisfaction. Il défarme en Italie. Mauvaife fituation de fes affaires , 67. Son Confeil négocie & conclut le double mariage entre la France & l'Efpagne, 124. *& fuiv.* Il s'oppofe aux deffeins du Duc de Savoye fur le Montferrat , 191. fait fignifier au Prince de Piemont, débarqué en Catalogne, une défenfe de paffer outre : veut être le feul arbitre du différend , 193. fait demander au Cardinal Duc de Mantoue qu'il envoie fa niece à Milan : fes vûes dans cette demande, 206. 207. Ses Miniftres gâtent fes affai-

P H

res par trop de hauteur, 209. Il confent à mettre l'affaire de Mantoue en négociation. Ce qu'il dit au Prince de Piemont, 210. Il affecte de donner la loi aux deux parties intéressées, 240. Son armée réduit Aix-la-Chapelle, & se faisit d'une partie des Etats de Cleves & de Juliers, 264. 265. Manieres impérieuses de ses Ministres envers le Duc de Savoye, 266. 267. Guerre ouverte, d'épée & de plume, entre *Philippe* & ce Prince, 271. *& suiv.* Ses ministres refusent d'accepter les conditions proposées par le Nonce du Pape & par l'Ambassadeur de France, 274. *& suiv.* Il n'est pas content de la conduite du Gouverneur de Milan, 277. 379.

Philippe fait mine de vouloir envahir le Piemont. On s'apperçoit de ses vrais sentiments à cet égard, J. 379. Ses Ministres se radoucissent envers le Duc de Savoye, 381. La guerre recommence : combats entre les Espagnols & les Savoyars, 382. *& suiv.* Nouveau traité entre S. M. & Charles-Emmanuel, 385. Délicatesse de *Philippe*, qui ne veut point paroître traiter d'égal à égal. Sa foiblesse visible, 386. 387. Il fait mine de vouloir observer le nouveau traité. Ce qui fait qu'on se défie de sa sincérité, 390. Il conduit sa fille à Fontarabie, & va attendre Madame Elizabeth à Burgos : motif de cette démarche, 480. 481. Il semble menacer les Vénitiens en confidération de Ferdinand Archiduc de Gratz : ne pense plus qu'à se tirer de la nécessité d'accomplir le traité d'Ast, 493. répond par-tout qu'il veut l'observer, 497. Ses démarches pour l'Archiduc Ferdinand, contre les Vénitiens, 569. 570. Offre qu'on prétend qu'il fit à Lesdiguieres, 550. 591. Comment l'on expliquoit sa conduite dans les affaires d'Italie, 701. 702. Pourquoi il avance son cousin Ferdinand. Prétentions de *Philippe* sur les Etats de la Maison d'Autriche en Allemagne. Traité qu'il fait avec ce Prince, 714. *& suiv.* Il ne veut pas négocier d'égal à égal avec le Duc de Savoye, 719. 720. est content des démarches de la Cour de France. Son accommodement avec Charles Emmanuel, 726. 727.

Philippe III. Artifices de ses Ministres pour empêcher que le Roi d'Angleterre n'appuie les Etats de Bohême, II. 135. 136. Leurs vûes secretes à la Cour de France, 173. 174. 178. 179. Négociation du mariage de sa seconde fille avec le Prince de Galles, 309. *&*

suiv. 312. Grace particuliere qu'il accorde à Bassompierre. *Philippe* tombe malade : origine de sa maladie, 318. 319. Il meurt dans les pratiques d'une aveugle superstition : son testament : ses scrupules. Avis qu'il donne à son fils, &c. 321. 322. Voy, *Espagne*.

Philippe IV. Roi d'Espagne, oublie promptement les avis de son pere ; fait des changements dans son Conseil & dans sa Maison, II. 322. 323. Joie qu'il témoigne sur la guerre contre les Réformés, 328. Il a peine à consentir à l'élévation de la Maison de Baviere : cede aux instances de l'Empereur : amuse le Roi Jacques, 382. 383. 502. 503. Vastes projets de *Philippe*, trompé par son Favori, 386. 387. Emu des Conférences tenues à Avignon sur la Valteline, à quoi il veut engager le Pape, &c. 523. 524. Pourquoi il refuse de consentir à la translation de la dignité électorale du Palatin au Duc de Baviere, &c. 531. *& suiv.* Il feint de la désapprouver, pour amuser le Roi Jacques, 533. 534. Honneurs qu'il fait au Prince de Galles arrivé à Madrid, 554. 555. & à son départ pour retourner en Angleterre, 584. 585. Réponse de *Philippe* à une Lettre du Roi Jacques, 586. Demande qui le surprend, 587. Ses démarches pour traverser le mariage du Prince de Galles avec Henriette de France, 616. 632. Ligue qu'il prétendoit former en Italie, 692. Sa conduite dans la négociation de l'affaire de la Valteline, 717. 728. répétées. Il propose de s'avancer vers l'Andalousie, contre les Anglois : est détourné de ce dessein, 761.

Philippe IV. va recevoir le Légat Barberin à la porte de la Ville, III. 14. transige du bien d'autrui avec le Roi de France, 72. Ses vues sur le Montferrat : conjonctures qui les favorisent, 164. 165. Il répond favorablement aux offres du Duc de Rohan, 201. prend la résolution d'enlever la meilleure partie du Montferrat ; presse l'Empereur de le seconder dans ce projet, 204. partage cet Etat, par un Traité avec le Duc de Savoie, 207. Désordre des affaires de *Philippe*, 280. Il traite avec le Duc de Rohan, 310. 311. Ce qui l'y engage. Affront que ses armes reçoivent en Italie. Ses nouveaux projets, 312. 313. 322. 323. Il ratifie le traité de Suze, dans le dessein de se rétracter, 325. Mesures qu'il prend avec l'Empereur, pour dépouiller le Duc de Mantoue, 383. Lettre qu'il

PH

écrit au Pape, en forme d'apologie & de Manifeste, pleine de dissimulation & d'hypocrisie, 404. 405. ses Ministres remuent ciel & terre pour éloigner Richelieu du Conseil du Roi de France, 548.

Philippe IV. convoque les Etats de Castille; ne peut en obtenir de l'argent : est peu satisfait d'un voyage qu'il entreprend : se défie de son frere Dom Carlos, &c. IV. 133. Ridicule & indigne spectacle où il assiste, 181. Résolution de son Conseil qui surprit fort les Politiques, & qui fut un coup de prudence, 223. 224. Demandes de Philippe & de l'Empereur pour terminer leurs différends avec la France. Protestations de leurs Ministres : espérances qu'ils conçoivent, 273. & suiv. Il tâche de causer de l'inquiétude & de la jalousie au Pape, 230. Ce qui l'oblige à faire passer en Allemagne des troupes qu'il eût été bien aise de garder en Italie, 392. Il pense à s'assurer de quelques Seigneurs des Pays-Bas Catholiques, convaincus ou soupçonnés d'avoir eu part à la conspiration du Comte de Bergues, 487. presse le Duc d'Arschot de lui découvrir ce qu'il savoit de cette intrigue, le fait arrêter sur son refus, 488. 489. Récit que Philippe fait aux Etats Généraux de ses Provinces fideles, des motifs qui l'avoient porté à traiter ainsi ce Seigneur, 490. & suiv. Il conclut un Traité avec le Duc d'Orléans, 505. 506. Intérêt qu'il avoit à retenir ce Prince. Beaux projets du Conseil de S. M. Catholique, 507. & suiv. Prétexte dont il se sert pour congédier l'Assemblée des Pays-Bas Catholiques, 551. ses Ministres à Rome pressent le Pape de s'employer en faveur de la Maison de Lorraine, 574. Il demande & obtient le rappel de Mazarin Nonce Extraordinaire en France, 577. envoie une puissante flotte sur la Méditerranée; elle est dissipée par la tempête, 585. sollicite le Roi de la Grande Bretagne, d'entrer dans une Ligue pour s'opposer à l'agrandissement de Louis, &c. 596. approuve des projets de l'Empereur : mande au Cardinal-Infant, son frere, de les appuyer & de demeurer en Allemagne, &c. ses dépêches arrivent trop tard, 672. Evenemens qui préparoient à voir une rupture ouverte entre Philippe & Louis, ou plutôt entre leurs Ministres, 710. 711. La flotte du Roi d'Espagne s'empare des Isles de Sainte Marguerite & de Saint Honorat, 810.

PH

Philippe IV. consent à nommer des Plénipotentiaires pour traiter de la paix, V. 94. 96. refuse de donner des saufconduits aux Etats Généraux, 98. Situation de ses affaires, 117. Ses forces navales, 150. Place importante qu'il obtient en s'accommodant avec le Duc de Parme, 301. Emporté par la passion de se rendre un Souverain aussi arbitraire en Portugal qu'en Castille, il oublie un article juré par son grand-pere & par son pere, 430. 431. Comment il distribue les récompenses, 556. Il fait payer à Marie de Médicis, qui sortoit des Pays-Bas, tout ce qui étoit échu de la pension qu'il lui faisoit. Mécontent de sa conduite, il cesse de la payer, 565. 566. Lettre qu'il écrit au Viceroi de Catalogne, où l'on voit avec quelle rigueur il vouloit que les Catalans fussent traités, 728. 729.

Philippe IV. à son avenement à la Couronne, témoigna qu'il n'étoit pas d'humeur à ménager la délicatesse des Catalans sur leurs privileges, VI. 5. 7. sa conduite dans les Etats qu'il tint deux fois à Barcelone, 8. Corvées auxquelles il les soumet, 10. Il ne relâche rien de ses prétentions : sur quoi il les fonde, 14. Extrait d'une Ordonnance de Philippe, où il explique pourquoi il enfreint un Privilege des Catalans, 15. 16. Excessive dureté de ce Prince & de son Ministre. S. M. frémit des excès de ses troupes en Catalogne, &c. 16. 17. Il conçoit de grandes espérances du côté de l'Italie : ses projets y sont déconcertés. Avantage que Louis avoit sur lui, &c. 22. 23. Philippe ne veut pas employer inutilement pour lui son argent & ses troupes, 26. tâche de leurrer le Roi d'Angleterre de l'espérance d'un double mariage, 108. Comment la révolution de Portugal lui fut annoncée, 175. Reproches qu'on lui fait dans l'Assemblée des Etats Généraux de ce Royaume, 184. 185. Résolution feinte ou véritable de Philippe d'aller en Catalogne, dont on le dissuade, 193. 194. Il refuse à Marie de Médicis la permission de retourner dans les Pays-Bas, & même la liberté d'y passer, 298. Reproche qu'il fait à Olivarez à l'occasion du Duc de Medina Sidonia. Il dissimule son ressentiment contre celui-ci, &c. 377. 378. publie une amnistie générale pour ramener les Catalans ; mais trop tard, 461. Réponse qu'on lui suggere à des représentations du Marquis de Povar, 470. Agitations de la Cour de Philippe,

PH

lippe, entretenu dans la débauche & dans l'amour du plaisir, 482. *& suiv.* Sa Cour déserte : raison qu'on lui en donne, qui pénetre fort avant dans son esprit, 485. Il reconnoît un fils naturel, & l'avance. Conduite de S. M. envers la Reine son épouse, 487. Railleries & remontrances qui le déterminent à faire un voyage en Catalogne, contre l'avis du Comte-Duc. Lettre pleine de vigueur & de bon sens qu'il écrit à ce Ministre. *Philippe* déchire une résolution du Conseil contraire à son départ, 488. 489. De quelle maniere se fait ce voyage. Bigoterie & superstition de ce Monarque. Decret qu'il publie, où se trouve une fausseté, 490. 491. Projet du Roi d'Espagne, déconcerté par un accident ridicule, 491. 492. Il propose dans son Conseil, s'il passera dans l'Aragon : se rend à Sarragosse, où il se tient renfermé par timidité. A quoi il s'y occupe, 492. 493. Grande & longue contestation qu'il avoit eue, avant son départ de Madrid, avec la Princesse de Carignan, qu'il retient en Espagne, malgré elle avec ses enfants, 493. *& suiv*. Il envoie ordre à ses Ministres en Italie de ménager les Princes de Savoye : est fort mal servi dans cette occasion, 500. prend des mesures inutiles pour secourir Perpignan : comment, dit-on, il reçut la nouvelle de la perte de cette place, 630. 631. Négligence de ce Prince, 632. Désabusé d'une prétendue victoire de Léganez, il le disgracie, 635. Quels étoient les ennemis du Roi d'Espagne, si on veut en croire ce Prince, 641. Il est chagrin contre son Ministre : a une peine extrême à se défaire de lui, malgré les remontrances des Grands, de la Duchesse de Mantoue & de la Reine, 673. 674. Conversation qui l'y détermine. Il le congédie par un billet. *Philippe* avoit pris mal-à-propos le surnom de Grand. Papier affiché à la porte de son Palais. Sa surprise de voir les Grands venir au-devant de lui en grand nombre, 675. Il en use fort humainement envers son Favori disgracié. Paroles qu'il adresse à son Conseil d'Etat. Ordres qu'il donne aux Gentilshommes de sa Chambre, 676.

Philippe Duc d'Orléans, frere de Louis XIV. soutint mieux sa dignité que son oncle Gaston, II. 711. Pourquoi il dédaigna le titre d'Altesse Royale, IV. 334. Il battit le Prince d'Orange, & prit S. Omer, quoiqu'il ne fût pas un grand Guerrier, V. 512. Naissance de *Philippe* Duc d'Anjou, puis d'Orléans, VI. 83.

Philippe-Christophe, Electeur de Treves, porté à se lier avec la France, se trouve dans une situation fâcheuse : écrit au Roi de Suede, &c. se met sous la protection du Roi de France, IV. 73. 74. Il est rétabli dans ses Etats, dont les Impériaux & les Espagnols l'avoient dépouillé, &c. 124. 125. Il consent que Richelieu soit élu son Coadjuteur à l'Evêché de Spire, 538. Jalousie qu'il cause à la Maison d'Autriche. Il est surpris & arrêté dans Treves par les Espagnols. Les bons offices du Pape ne peuvent lui procurer la liberté, 703. 704. Raisons sur lesquelles on prétend fonder la justice de sa détention, 721. *& suiv*. Il est transféré en Autriche. On ne tient aucun compte de lui dans l'élection d'un Roi des Romains, V. 269. 270. Ferdinand III. lui rend la liberté, 350.

Philippe, Electeur Palatin, soutient les droits de son fils à main armée : est mis au ban de l'Empire : se réconcilie avec l'Empereur, II. 529.

Philippe-Louis prend l'administration des affaires de la Maison Palatine, après la mort de Frédéric son frere, IV. 182. cherche à rendre son neveu indépendant des Suédois, 611. 612. s'enfuit à Sedan, avec le corps de son frere, V. 20.

Philippe-Louis Palatin de Neubourg, un des prétendans à la succession de Cleves, se met en possession d'une partie de ces Etats, fait un Traité provisionel avec l'Electeur de Brandebourg, I. 8. Il conteste au Duc de Deux-ponts l'administration du Palatinat, 87. & le Vicariat de l'Empire, 140. se brouille avec l'Electeur de Brandebourg : événement qui augmente la division. Douleur du Palatin lorsqu'il apprend que son fils s'est fait Catholique, 204.

Philips (Le Chevalier) membre des Communes d'Angleterre, y parle contre la maniere violente de tenir les gens en prison sans cause, III. 187. Remontrance qu'il fait à cette Chambre : son avis est suivi, 296. 297.

Philips, Anglois, Prêtre de l'Oratoire, & Confesseur de la Reine Henriette : on intercepte une Lettre qu'il écrivoit en France, &c. VI. 286.

Philipsbourg est livré au Roi de France : sous quelles conditions, IV. 631. Surprise de cette place par les Impériaux, 683. *& suiv*.

Tome VI.   Ddddd

PI

Pianezze (Le Marquis de) expédition où il se trouve, V. 16. Il s'oppose à la proposition d'attaquer les lignes des Espagnols à Verceil, 496. se signale à l'attaque de leurs retranchemens devant Cazal, VI. 33. S'il avoit dessein de favoriser l'évasion du Prince Thomas de la Ville de Turin, 41. Joint au Marquis de Ville, il traite pour le Duc de Savoye & sa mere, sur la reddition de Turin. Remontrance qu'ils envoient au Cardinal touchant cette affaire, 87. Le Marquis de *Pianezze* prend Verue, 636.

Pianta & le Chevalier Robustel: leur expédition dans la Valteline, II. 262.

Picard, Cordonnier à Paris, insulte le Maréchal d'Ancre, reçoit des coups de bâton dont il est bien payé, I. 514. tâche de soulever son quartier contre lui, &c. 533. 534. ne peut réussir à exciter la populace en faveur du Prince de Condé arrêté au Louvre, 544.

Picardie: mauvois état où se trouvoit cette Province en 1636. Irruption que les Espagnols y firent. Mécontentement des *Picards*, V. 168. & *suiv*.

Picolomini (Octave) Colonel au service de l'Empereur, III. 465. 470. est envoyé au secours du Marquis de Sainte-Croix, 537. 540. rend une visite inopinée aux Généraux de l'armée de France: compliment qu'il leur fait, 541. 542. Il se signale beaucoup à Lutzen: sa bravoure est récompensée, IV. 179. Fondement de la confiance que Valstein lui témoigne, 475. 476. Acte de confédération en faveur de ce Général que *Picolomini* signe. Action imprudente de cet Italien dans un repas. Il trahit Valstein, &c. 477. 478. concerte avec Galas & Aldringher les moyens d'étouffer sa conspiration, 479. gagne la confiance du Conseil Impérial: tâche d'enfermer le chef de la conspiration & ses principaux Partisans dans Pilsen, 481. a part au commandement des troupes, 482. se trouve à la bataille de Norlingue, 636. amene un secours considérable au Cardinal-Infant, 801. 806.

Picolomini sert dans l'expédition en Picardie, V. 178. 179. 185. amene un renfort au Cardinal-Infant; joint un corps de troupes Espagnoles, & embarrasse beaucoup la Valette, 403. & *suiv*. 406. Expéditions où il accompagne ce Prince, 420. 421. 519. 520. Il est envoyé au secours de S. Omer, 522. 523. Témoin de quelques actions de bra-

PI

voure de Gassion, il est curieux de le voir. Entrevue qu'il a avec lui: civilités mutuelles qu'ils se font, 535. & *suiv*. *Picolomini* repasse le Rhin pour s'opposer aux progrès de Bannier, 663. défait le Marquis de Feuquieres devant Thionville: envoie une relation de cette affaire à l'Empereur, 669. assiege Mouzon, & ne le peut prendre: se retire pour tenter le secours d'Hesdin, 677. 678.

Picolomini, Commandant des troupes Impériales en Allemagne, déconcerte les projets des Généraux de France & de Suede, sans rien hazarder, VI. 95. 99. & *suiv*. 107. Peine inutile qu'il prend à Ratisbone, 203. Avantage que l'Archiduc Leopold & *Picolomini* remportent sur les Suédois. Ce Général de l'Empereur les poursuit, & fait d'inutiles efforts, 207. 208. L'Archiduc & *Picolomini* sont battus à Wolfembutel, 353. & *suiv*. Avantages que celui-ci remporte sur Torstenson. Renforcé derechef par le même Prince, ils courent au secours de Leipsick, & sont battus par le Général Suédois, 640.

Piennes (Le Marquis de) volontaire au siege d'Arras, VI. 56.

Pierre (Jacques) fameux Pirate, fort odieux aux Turcs, leur est sacrifié par les Vénitiens: ses papiers envoyés à Constantinople, II. 13. 14. 16. S'il étoit juste de le punir, 15.

Pignatelli, décrié par sa vie scandaleuse, est élevé au Cardinalat, II. 296. 297. 298.

Pignerol possédé autrefois par la France, aliéné mal-à-propos par Henri III. pris par l'armée commandée par Richelieu, III. 434. 435. Il se défend de le rendre. Importance de cette place pour la France, 437. 438. 447. & *suiv*. Intrigue pour la lui conserver, 667. & *suiv*. *Pignerol* est vendu au Roi de France, IV. 62. 63.

Pim membre de la Chambre des Communes; plainte qu'il y porte, III. 299. Compliment qu'on lui attribue, 303. 304. Voyez *Pym*.

Pimentel, Général de la Cavalerie dans le Milanez, envoyé au Cardinal Duc de Mantoue, &c. I. 107. commission dont il est chargé, & dont il se dispense, 389.

Pinon, Doyen du Parlement, premier opinant dans le procès du Duc de la Valette, demande que l'affaire soit renvoyée au Parlement. Sur les menaces du Roi, il est de l'avis des conclusions, V. 625.

TABLE DES MATIERES.

P I

Pinto Ribeyro, Intendant du Duc de Bragance, se donne de grands mouvements pour élever son maître au thrône de Portugal, VI. 140. & *suiv.* 146. & *suiv.* 157. & *suiv.* 164. 165.

Pinto Pereyra, Prieur de S. Nicolas, est d'un grand secours à l'Archevêque de Lisbone, pour s'assurer des principaux du Clergé, VI. 159.

Piosasque (Le Comte de) commande les Gardes à cheval du Duc de Savoye, V. 14.

Pirez (Laurens) Receveur Général, entre dans une conspiration contre le nouveau Roi de Portugal, VI. 381.

Pisani (Le Marquis de) est tué dans un combat, VI. 60.

Piscina, Envoyé du Duc de Savoye, harangue le Sénat de Venise, I. 268.

Pitham, Gouverneur du Château de Juliers, refuse d'y recevoir le Prince Wolfgang de Neubourg, I. 263.

Pithou, Maire de Troyes, nommé pour aller faire des remontrances à la Régente, I. 95.

P L

Plessis (Du) intime Confident du Duc d'Epernon, &c. II. 39. dépêché à Blois, vers la Reine-Mere, 71. 72. conduit des troupes dans le Medoc, pour s'opposer à Soubize, 722.

Plessis (Du) Evêque de Mende & Aumônier de la Reine d'Angleterre, crie contre Buckingam, & fait le zélé Catholique, &c. II. 759. 763. 764. est chargé de faire passer des vivres dans le Fort S. Martin de Ré, III. 140. 144. De quoi l'accuse le Duc d'Orléans, 146. L'Evêque de Mende est établi Commissaire de vivres, V. 477. Il est mis à la Bastille, 615.

Plessis (Du) Bezançon, dépêché en Cour par le Maréchal de Vitri, V. 325. se trouve à la déroute de Fontarabie, 556. est dépêché pour négocier avec les Catalans: diverses allées & venues qu'il fait en conséquence, VI. 64. & *suiv.* 196. Il contribue par sa bonne conduite & par sa bravoure à repousser les Espagnols devant Barcelone, 197. 198. engage les Catalans à se donner au Roi de France, 199.

Plessis (Du) Mornai. Voyez *Mornai.*
Plessis (Du) Praslin. Voyez *Praslin.*
Plessis (Du) Richelieu. Voyez *Richelieu.*

P O

Poigni (Le Marquis de) va demander audience au Duc de Savoye pour le Marquis de Rambouillet, I. 385. est envoyé à Londres en qualité d'Ambassadeur extraordinaire: ce qu'il y négocie, IV. 597. & *suiv.*

Poirier (Guillaume) scélérat, caché sous un habit d'Hermite, sert à ourdir une trame contre le Duc de Vendôme, VI. 234. 235.

Poley (Le Comte de) Officier dans l'armée du Maréchal de Châtillon, méprise, par bravoure ou par fierté, un avis qu'on lui donne: son quartier est enlevé, & il essuie une rude réprimande, V. 410. 412.

Polheim (Le Baron de) envoyé par Mathias vers l'Assemblée des Protestants à Rottembourg, &c. I. 85.

Polignac (Le Vicomte de) obtient une Lieutenance Générale en Languedoc, IV. 276. assemble les milices pour le secours de Salces, V. 727. 728.

Politique. Esprit des Cours qui se piquent de rafinement en *Politique*, II. 87. Comment Dieu punit l'ambition des *Politiques* les plus rafinés, IV. 269. Particularité qui, si elle étoit véritable, feroit voir jusqu'où va leur scélératesse & leur cruauté, 506. Variations des grands *Politiques*, VI. 61. Ils laissent la sincérité aux petits esprits & aux personnes du commun, 247.

Pologne, Polonois. Faux brillant de la Couronne de *Pologne*, I. 111. *Polonois* jaloux de leur liberté, éloignés de la procurer aux autres: conseils violents qu'ils donnent à leur Roi Sigismond contre la Suede, 113. 114. Réponse du Sénat de *Pologne* aux Etats de Suede; apologie de ceux-ci: arguments que les *Polonois* n'auroient pû réfuter, 118. Election d'un Roi de *Pologne* après la mort de Sigismond, IV. 90. & *suiv.* Guerre entre les *Polonois* & les Moscovites terminée à l'avantage des premiers, 541. & *suiv.* Le Général de l'armée de *Pologne* bat les Musulmans. Un Ambassadeur *Polonois*, mal reçu par Amurat, lui répond courageusement. Le Roi & la République de *Pologne* reçoivent avec une noble fierté les excuses du Sultan, &c. 544. & *suiv.* Les *Polonois* vont au-devant des Turcs en bonne contenance, d'où s'ensuit la paix, 548. Ils ne sont pas d'humeur de soutenir les droits de leur Roi sur la Suede. Longue treve conclue entre eux & les Suédois, 811. 812.

Polyander, mis à la place de Gomar à Leyde, se brouille avec Epiſcopius, ſon Collegue, I. 216.

Polybe : qualité qu'il exige dans un Hiſtorien. Ce qui rend ſon Hiſtoire recommandable, I. *Préface*, v. vj. Remarque judicieuſe de cet Auteur. De quoi il blâme un Hiſtorien Grec, x. Préceptes qu'il donne aux Hiſtoriens, xv.

Pomar (Le Marquis de) Envoyé du Duc de Mantoue à la Cour de France, IV. 54.

Ponica, intime confident de Bernard de Saxe-Weymar, & ſon Agent à la Cour de France, y ménage un traité avantageux à ce Prince, & acquiert l'eſtime & la bienveillance du Roi & de ſes Miniſtres, V. 36. 37.

Pontchartrain, Secrétaire d'Etat, apporte une lettre du Roi au Prince de Condé, à Couci, &c. I. 430. aſſiſte à la conférence de Loudun, 499. avertit la Reine Mere d'une démarche de Silleri, 502. informé Sa M. de deux demandes de Condé, &c. 506. porte une Requête de Favas au Conſeil, II. 275. Sa mort, 468.

Pontchâteau (Le Baron de) couſin du Cardinal, eſt fait Lieutenant-Général en baſſe Bretagne, & Chevalier de l'Ordre du S. Eſprit, IV. 176.

Pontcourlai, Gentilhomme Breton; commiſſion que lui donne Richelieu, ſon beau-frere, I. 625. 626. II. 107. Sa fille eſt mariée à Combalet, 297.

Pontcourlai, neveu du Cardinal, eſt fait Chevalier de l'ordre du S. Eſprit, IV. 276. Général des Galeres, V. 208. en amene une eſcadre à la flotte occupée à reprendre les Iſles d'Hieres, 328. Combat naval où il eſt effrayé du bruit du canon, 506. *Pontcourlai*, homme ſans cœur & ſans conduite, eſt ſuſpendu de ſa charge. Reproches & réprimandes que ſon oncle lui écrit, en vain, ſans doute, comme il paroît par ſon teſtament, 667. 668. Il eſt éloigné des emplois, VI. 68. *Pontcourlai* ſon fils. Voyez *Richelieu* (Duc de)

Pontgibaut, cadet de la maiſon de Lude, & neveu du Maréchal de Schomberg, eſt tué en duel par Chalais, III. 36. Il s'étoit battu avec Bouteville un jour de Pâques, 113.

Pontis, encore jeune Officier, donne un rare exemple de continence à la priſe de Negrepeliſſe, &c. II. 476. Remarque ſur ſes Mémoires. Reproche que lui fit Zamet mourant, 512. Il fait le métier de ſimple ſoldat, pour s'inſtruire de la méthode d'Arnaud; s'y exerce enſuite avec le Roi, 546. *Pontis* rompt avec le Baron de Meſlai, coupable d'une lâche trahiſon : ce que l'Auteur de ſes Mémoires lui fait dire à ce ſujet, III. 179. Tentative inutile, de la part du Cardinal de Richelieu, pour l'attirer à ſon ſervice : refus généreux de *Pontis*, 240. & *ſuiv*. Ordre qu'il reçoit à la reddition de la Rochelle : deſcription qu'il fait de l'état déplorable de cette ville, 245. 246. & de ce qui ſuivit ſa réduction, 247. Ce qu'il dit du Maire Guiton, 248. Commiſſion dont il s'aquite, 285. 286. Autre dont il étoit chargé, 318. Son récit ſur un Officier qui ſe fit tuer par ſa faute, 435. 436. Avanture détaillée dans ſes Mémoires, 543. & *ſuiv*. Ce qu'il raconte de la maniere dont le Maréchal de Marillac reçut ſa diſgrace, 564. & *ſuiv*.

Réflexion maligne de l'Auteur qui a prêté ſa plume à *Pontis*, ſur la condamnation du Maréchal de Marillac, IV. 94. 95. Ce qu'il raconte de ce Seigneur, 101. 102. Circonſtances tirées des Mémoires de *Pontis*, &c. 153. 154. 155. 158. Il porte au Roi la premiere nouvelle du combat de Caſtelnaudari. Faute dans ſon récit. Mépriſes fréquentes dans ſes Mémoires, 160. 161. Trait qu'on en cite, 193. *Pontis*, commandé pour ſervir le Duc de Lorraine, a une converſation nocturne avec ce Prince, 360. & *ſuiv*. Paſſage de ſes Mémoires fautif, 366. Autre qu'on ne garantit pas, 735. 736. Les pieces & les Auteurs du temps ne font aucune mention de *Pontis*. Ce qu'il raconte de ſes proueſſes à Tillemont, & des démêlés qu'il y eut avec la Mothe-Houdancourt & le Maréchal de Brezé, 740. 741. Querele de jeu & de galanterie qu'il a avec le même Maréchal, & avec la Meilleraie, 804. 805.

Pontis, ſuivant l'Auteur de ſes Mémoires, gagne l'eſtime & la confiance du Prince d'Orange. Ce qu'il raconte de la repriſe du Fort de Skenk. Autres particularités qui regardent cet Officier, V. 113. & *ſuiv*. Emploi déſagréable qu'on lui deſtinoit, ſi le Maréchal de Brezé n'eût détourné le coup, 177. Extrait des Mémoires de *Pontis* ſur la maniere dont les Eſpagnols paſſerent la Somme, 181. & *ſuiv*. Il mene du ſecours à Abbeville, & empêche qu'elle ne ſoit priſe,

TABLE DES MATIERES.

PO

227. Particularités qu'il raconte sur l'entreprise du siege de la Capelle par la Meilleraie, 416. 417. Circonstance tirée de ses Mémoires, confus pour la Chronologie, 420. 421. Ce qu'il rapporte du Cardinal, VI. 72. Contestation curieuse & divertissante, tirée de ses Mémoires, qui peut être véritable nonobstant une grossiere bévue, 75. Comment il justifie son ami Saint - Preuil, 347. & *suiv.* Prétendue bonne volonté du Cardinal envers *Pontis*, malgré une lettre interceptée de cet Officier, où il en parloit avec mépris, 470. 471. Paroles que S. Em. lui adressa, 471. 472. Ce qu'il raconte du voyage de ce Ministre depuis Tarascon jusques à Paris. Article où il est peu exact, 613. Entretiens qu'il a avec le Roi, avec le Cardinal, & avec Des - Noyers, extraits de ses Mémoires, 644. & *suiv.* 650. Comment il y décrit le triste état de Louis dans les derniers mois de sa vie, 690. 691.

Poppel (Le Baron de) Officier de l'Empereur, donne de bonnes paroles aux députés des Etats de Bohême, II. 27. 28.

Porte (La) Chevalier de Malte, oncle de l'Evêque de Luçon, est fait Gouverneur d'Angers, II. 114.

Porte (La) entremetteur entre la Reine & la Duchesse de Chevreuse, est arrêté, V. 356. 358. Moyen bizarre & peu vraisemblable dont on usa pour le faire parler, 359. A quoi il put être employé en effet. Il ne découvre rien au Cardinal, 360. 361.

Portes (Le Marquis de) est tué devant Privas : sa bravoure & son habileté louées par Bassompierre, III. 358.

Portland (Le Comte de) Voyez *Weston.*

Portugal ; Portugais. Droit dont les *Portugais* jouissoient depuis la conquête du *Portugal.* Naufrage de deux Caraques *Portugaises*, III. 120. & *suiv.* Etat des affaires en *Portugal* sous Philippe IV. Précautions que les *Portugais* avoient prises pour empêcher que leur pays ne devînt une Province de la Couronne de Castille. Article qu'ils avoient fait jurer à Philippe II. & à son fils, V. 429. & *suiv.* Leur mécontentement, & les commencements de la révolution qui désunit le *Portugal* de l'*Espagne*, 433. 410. & *suiv.* Circonstances de cet évenement racontées diversement, VI. 139. & *suiv.* 144. & *suiv.* Les Conjurés offrent la Couronne au Duc de Bragance, 146. & *suiv.* 154. & *suiv.* s'assem-

PO

blent pour concerter les moyens d'exécuter leur projet, 159. & *suiv.* Divers embarras où ils se trouvent sur le point de l'exécution, 162. & *suiv.* Leur entreprise réussit, & ils proclament le Duc de Bragance Roi de *Portugal*, 165. & *suiv.* zele des *Portugais* pour leur nouveau Roi, & leur haine pour la domination Castillane, 173. 174. Assemblée des Etats Généraux du Royaume de *Portugal*, 178. & *suiv.* Manifeste qu'ils publient. Extrait de cette piece, 181. & *suiv.* Négociation difficile entre le *Portugal* & les Etats Généraux des Provinces - Unies, 188. 189. Usage du *Portugal* dans les supplices, 384.

Portugal (Dom Miguel de) Evêque de Lamego, Ambassadeur extraordinaire de Dom Jean IV. à Rome : embarras qu'il cause au Pape, VI. 386. & *suiv.* Il est la cause innocente d'un grand vacarme : repousse les Espagnols qui vouloient l'insulter, 516. & *suiv.* est déclaré irrégulier : prend le parti de la retraite. Assassins subornés, dit - on, pour le tuer à Livourne, 518.

Possevin, Jésuite, Nonce secret du Pape en Suede, se flatte d'avoir converti le Roi Jean. Pénitence qu'il impose à ce Prince pour le meurtre de son frere, I. 109.

Poterie (La) & Machaut, Conseillers d'Etat, sont chargés d'informer de l'affaire de Fontarabie, V. 556. 624. sont rapporteurs du procès fait au Duc de la Valette, 525.

Potier (René) Evêque de Beauvais, Député du Clergé pour proposer au Tiers Etat la publication du Concile de Trente : pauvretés qu'il allegue à cet effet, I. 309. Nouvelle instance qu'il fait inutilement, 311. Nommé pour dresser des articles de réformation des Universités, 313. Remontrance qu'il fait à la Cour au nom du Clergé, 435. Il se récrie sur une prétention du Cardinal Mazarin, VI. 672. Portrait de cet Evêque, qui se vit premier Ministre d'Etat pendant quinze jours, 684. Ce qu'en dit le Marquis de la Châtre dans ses Mémoires, 694. 699. & le Duc de la Rochefoucault dans les siens, 701.

Potier de Sceaux, Secrétaire d'Etat, est envoyé en Espagne, &c. I. 726.

Potier d'Ocquerre, Secrétaire d'Etat : son département, II. 596.

Povar (Dom Pedro d'Arragon, Marquis de) est chargé d'une expédition téméraire, malgré ses représentations. Il est battu, & obligé de se rendre prisonnier de guerre avec

TABLE DES MATIERES.

PO

ses gens, VI. 470. Si Philippe a pu rejetter sur cet Officier le mauvais succès de cette entreprise, 490.

Poujol (Le Vicomte de) blessé au combat de Castelnaudari, s'intéresse pour délivrer le Duc de Montmorenci prisonnier, IV. 159.

Poussin (Nicolas) le Raphaël de la France, a fait un excellent tableau pour la Chapelle du Noviciat des Jésuites, V. 164.

Pouvoir arbitraire, établi contre la maxime fondamentale des Etats formés des débris de l'Empire Romain. Princes de la Maison d'Autriche qui s'y sont opposés, I. 30. Le serment du Sacre en France y est contraire, 36. Il accable souvent ceux qui ont travaillé à l'établir, 421. Moyens qu'on y emploie, 442. 443. Funestes conséquences du principe qui le donne aux Rois, 639. Maximes des Cours qui travaillent à l'établir, II. 17. Ce qui arrive souvent à ceux qui y contribuent, 86. Un des grands secrets pour l'établir en France, 200. 201. Combien le Papisme lui est commode, 202. 203. Une probité solide se trouve rarement parmi les Courtisans des Princes qui jouïssent d'un *pouvoir arbitraire*. III. 269. 270. Harangue en faveur du *pouvoir arbitraire* : Ceux qui travaillerent à l'établir sous Louis XIII. en sentirent, plus que les autres, les terribles effets, 290. 291. Etranges effets du *pouvoir arbitraire*, 658. Ses maximes n'étoient pas encore généralement reçues sous Louis XIII. IV. 118. Ses terribles suites. Bonheur des peuples qui s'en garantissent, 222. Dur effet du *pouvoir arbitraire*. Gens qu'on ne doit pas plaindre, quand ils en sont opprimés, V. 64. Jargon de ceux qui en favorisent l'établissement, 66. 67. Ils ne conviennent pas de la solidité de certaines maximes : ce qu'ils prétendent, au contraire, VI. 291. 292. Maxime constante de Richelieu, pour l'établissement du *pouvoir arbitraire*, 595. 596.

Poyanne (Le Marquis de) zélé Catholique, est fait Gouverneur de Navarreins, II. 232. 353. entreprend sur les droits du Marquis de la Force, de concert avec la Cour, 359. 360. renverse un dessein des Espagnols, par de bons ordres qu'il donne par-tout, V. 206. commande en l'absence du Duc de la Valette, 332.

PR

Prâlin (Le Marquis de) Gouverneur de Troyes, &c. I. 95. Maréchal de Camp de l'armée de Bois-Dauphin, 462. Va inviter le Duc de Guise à venir au Louvre ; après l'arrêt du Prince de Condé, 545. Il est fait Maréchal de France, II. 120. assiege le Château de Caen, 207. va au devant de la Reine-Mere, 216. sert au siege de S. Jean d'Angeli, 361. à celui de Montauban, 391. 400. 401. s'oppose à l'établissement d'un nouveau Ministere, 422. approuve un sentiment de Bassompierre, 423. Expéditions où il sert, 463. 476. 478. 515. Conseil où il est appellé, 508. Scene passée en sa présence, & dont il confirme la vérité au Roi, 513. 514. Il commande dans le pays d'Aunis, &c. 722. Sa mort, 791.

Prâlin (Le Marquis de) fils du Maréchal, &c. II. 753. demande au Duc de Montmorenci l'épée dont il s'étoit servi au combat de Veillane, III. 461. s'intéresse dans un démélé de ce Seigneur, avec le Duc de Chevreuse, IV. 112. 113. Entreprise hardie du Marquis de *Prâlin*, V. 420. 421. Il s'avance au secours de Gassion, 535. se trouve à la bataille Thionville, 671. 673 674. Avis qu'il avoit donné au Marquis de Feuquieres, 675. Il fait les fonctions de Maréchal de Camp au siege d'Arras, VI. 55. 72. 76. 78. arrive à propos au secours de Gassion, 82. est tué à la bataille de Sedan, 324.

Praslin (Le Comte du Plessis-) ce qu'il rapporte, dans ses Mémoires, sur les infractions faites au traité de Cazal, III. 543. Il va voir le Duc d'Orléans de la part du Roi, 551. est dépêché vers les Princes d'Italie. De quoi il détourne le Duc de Mantoue, IV. Ambassadeur auprès du Duc de Savoye, il tente d'engager ce Prince à se déclarer contre les Espagnols : offres & insinuations qu'il lui fait de la patt de Louis, 600. & *suiv*. Ce qu'il écrit au Cardinal des intentions du Duc de Savoye, 707. Il sert au siege de Valence. Ce qu'il insinue dans ses Mémoires, au préjudice de ce Prince, V. 12. 17. Comment il raconte le passage du Tesin, où il commandoit, suivant ses Mémoires, 142. 143. Récit qu'il fait du combat donné près de cette riviere, 145. Extrait de ses Mémoires qui prouve que le Duc de Savoye traversa sous-main les conquêtes des François dans le Milanez, 147. & *suiv*. Il sert dans le Piémont sous le Cardinal de la Valette, en dépit d'Hémeri, 495. 497. se signale tellement dans

TABLE DES MATIERES.

PR

une occasion, que son Général, qui ne l'aimoit pas, ne put refuser de lui rendre un bon témoignage, 634. Exploit attribué à du *Plessis-Praslin*, dont il ne parle pas lui-même, 641. Il se donne tout l'honneur de la prise de Chivas. Ce qu'il dit de la surprise de Turin, & de la treve consentie par Léganez, 642. 643. de l'entrevue du Roi avec la Duchesse de Savoye, 735. Action où il se signale, selon ses Mémoires, où il ne laisse passer aucune occasion de se louer, 736. 737.

Le Comte *du Plessis-Praslin* a beaucoup de part à la victoire remportée sur les Espagnols devant Cazal : ce qu'il en raconte dans ses Mémoires, où il ne se met pas en peine de rendre justice aux autres, VI. 33. Il propose d'assiéger Turin, 35. Circonstances qu'il raconte de cette entreprise, où il acquit beaucoup de gloire, 37. & *suiv.* Relation qu'il donne de l'attaque des lignes des François devant cette place, 41. 42. Négociations où il est employé, 84. 87. Il est fait Gouverneur de Turin, 88. Entreprise qu'il concerte avec Mazarin, 93. Extrait de ses Mémoires qui paroissent plutôt écrits pour servir à son oraison funebre, que pour instruire la postérité, 248. Ordre qu'il reçoit de faire arrêter le Duc de Bouillon : comment il l'exécute. Extraits de ses Mémoires, &c. 588. & *suiv.* 594. Autres où il paroit plus occupé de son panégyrique que des évenements dont il parle. Circonstance qu'il omet qui en rend de ses récits obscur & embarrassé. Il sert en qualité de Lieutenant Général, &c. 636. & *s.*

Preaux (L'Abbé de) Voyez *Châteauneuf*.

Préfet de Rome, dignité inventée par les Papes, pour contenter leur faste, ou l'orgueil de leurs parents, &c. IV. 523.

Prêle (Le Baron de) introduit un renfort dans Ivrée assiégée par les François, VI. 247.

Présage, pour ceux qui y font attention, avant la bataille de Leipsick, IV. 23.

Presbytériens, ou *Puritains*. Les Ministres *Presbytériens* d'Edimbourg incommoderent souvent le Roi Jacques. Leur crédit parmi le peuple, IV. 299. Autorité que leur Synode national s'attribuoit. Tour qu'ils jouerent à ce Prince, V. 452. 453. Ils préviennent le peuple contre la liturgie, 457. Ce qui les rend plus hardis. Ils déclament avec violence contre les Evêques, &c. 572. 573. Chose que leur esprit de domination ne vouloit pas souffrir, 576. Longues harangues qu'ils

PO

préparent pour le Grand-Commissaire. Lettre fanatique qu'ils lui écrivent, & aux Seigneurs du Conseil privé, 582. 583. Ils déclament contre le premier dans leurs sermons, 584. Leur Assemblée générale à Glasgow, composée de Ministres, & de Laïques nommés *Anciens*, &c. 590. & *suiv.* Elle est dissoute, & continue contre l'ordre du Roi, 594. & *suiv.* Excès étranges de leurs Prédicateurs malins & fanatiques, 596. 597. Piece de leur façon, remplie de saillies d'enthousiasme & de traits d'hypocrisie, 710. & *suiv.* Correspondance secrete de Richelieu avec les *Presbytériens*. Ils paroissent mieux intentionnés que les autres pour la Maison Palatine, VI. 44. Enthousiasme des Ministres *Presbytériens* dans des écrits qu'ils publient, 132. Conspiration des *Presbytériens* d'Angleterre contre l'Episcopat, 268. & *suiv.* 396. & *suiv.* Leur liaison avec ceux d'Ecosse, 533. Voyez *Puritains*.

Preston (Thomas) acquiert beaucoup d'honneur à la défense de Genep contre les Hollandois, VI. 345.

Prêtre qui se présente au Roi à la tête d'une troupe de gens armés : Harangue qu'il lui fait, II. 477.

Prim, membre des Communes, ardent Défenseur des droits du Peuple, réfléchit sur une addition que les Seigneurs vouloient faire à un acte proposé, III. 191. leur porte les chefs d'accusation contre le Docteur Manwaring, 193.

Princes & Princesses : si leur rang leur permet de danser & de chanter sur un théatre public, I. 391. Vûes des *Princes* dans leurs Manifestes, 461. Ils négligent les affaires de la Religion, 478. Intrigues ordinaires de leurs Cabinets, 488. 517. Fausse couleur qu'on donne souvent à leurs actions, 534. Réflexion sur les démarches irrégulieres des *Princes* & des Grands, 558. Les *Princes* ne reconnoissent point de parents, 656. Ils n'aiment pas à traiter avec leurs Sujets, 660. Point d'honneur des *Princes*, fatal aux Peuples, 704. 707. 708. Comment on accoutume les *Princes* à se jouer de ce qu'il y a de plus sacré dans la Religion, 753. 754.

Princes : comment ils reçoivent les services qu'on leur rend, II. 49. Leur génie dans le choix de leurs Favoris, 76. Quel fonds on peut faire sur le bien, ou sur le mal qu'ils disent des gens, 81. Ils s'arrêtent à des for-

PR

…nalités, 119. sont faits comme les autres. Différence entre eux & les particuliers, 123. La meilleure maxime pour augmenter la puissance d'un *Prince*, 160. Cette puissance ne consiste pas dans l'esclavage du Peuple, 176. S'ils peuvent casser les privileges & la liberté de leurs Sujets, sous le prétexte qu'ils en abusent, 306. 307. Ressource ordinaire des *Princes* avares & tyrans, 308. Supercheries entre particuliers, coups d'une profonde politique à la Cour des *Princes*, 435. Leur naturel, 478. Sont-ils dispensés d'obéir aux commandements de Dieu ? 510. Les promesses mutuelles qu'ils se font ne signifient rien. Ils gouvernent les Peuples; & l'intérêt gouverne les *Princes*, 573. Génie des *Princes* hautains & vindicatifs, 671. Les moins louables trouvent toujours des flateurs, 696. Quand on aime la Patrie, on doit être en garde contre leurs entreprises sur la liberté du Peuple, 716.

Princes: sort de ceux qui aspirent à la Monarchie universelle, III. 94. Conduite ridicule de quelques *Princes*, 105. 106. Leur manege ordinaire, quand ils cherchent à se surprendre les uns les autres, 118. Réflexion sur l'acharnement des *Princes* de la Communion du Pape à se priver, sans nécessité, d'une bonne partie de leurs Sujets, 238. 239. A quoi le rang des *Princes* les expose. Ils doivent être sur leurs gardes infiniment plus que des particuliers, 271. 272. parlent souvent contre leur conscience, 289. Devoir d'un *Prince* soumis à la raison, 291. A quoi sont exposés les *Princes* Guerriers & Conquérants, 314. Combien on doit se défier des *Princes* qui se piquent de rafiner en politique, 326. Indignités dont les *Princes* débauchés sont capables, 327. 328.

La flaterie choquante dans la bouche d'un *Prince*, IV. 5. Ce que les *Princes* disent dans les actes publics, on ne doit pas toujours le prendre à la lettre, 356. Supériorité d'un *Prince* courageux, & formé à regner par lui-même, sur un autre foible & mal élevé, &c. 539. Avis à ceux qui se mêlent des affaires des *Princes*, V. 224. Comment un puissant *Prince* en use à l'égard de ceux qu'il protege, 305. Fâcheuse condition d'un *Prince* voisin de deux puissants Monarques, 635. Les *Princes* sont les gens les plus faciles à surprendre, VI. 83. La bonne foi est inconnue à la plûpart d'entre eux, 90. Il ne faut

PR

pas juger de leur mérite par les éloges & par les surnoms qu'on leur donne, 93. Cause assez ordinaire de leurs fausses démarches & de leurs disgraces, 244. Leur éducation souvent confiée à des gens indignes, 437. Les *Princes* flétrissent sans scrupule la réputation de ceux qui leur ont simplement obéi, 490. 491. Ils sont souvent plus rampants, plus fourbes, & plus parjures que les autres, 598.

Princes du Sang de France: occasion où ils ne veulent pas céder la préséance aux Cardinaux, I. 153. Ils ont été quelquefois plus complaisants, II. 173. 598. 599. Déchus de la part qu'ils devroient avoir aux affaires, 184. 185. 443. 444. On ne trouve nulle part la Loi qui leur défend de se marier sans le consentement du Roi, IV. 420. Ils évitent de se trouver avec le Duc de Parme, V. 78. ne veulent plus céder le pas aux Cardinaux après la mort de Richelieu. Reglement de Louis XIII. là-dessus, VI. 671. 672.

Prison: on n'y doit pas laisser languir long-temps les accusés, II. 95. *Prison* perpétuelle, peine nouvelle & désapprouvée par un Empereur Romain, 100. *Prison* arbitraire sous le ministere de Richelieu, III. 173.

Privas, Synode National des Réformés tenu en ce lieu, réconcilie les Seigneurs de leur communion, I. 150. 151. Protestation qu'il publie, & qui fait grand bruit, 151. 152. Siege & prise de cette place: cruelle exécution qui s'y fit, III. 353. &*suiv.*

Priuli (Antonio) élu Doge de Venise, II. 10. sa mort, 567.

Priuli, Ambassadeur Extraordinaire en France, fait des remontrances à Louis XIII. sur les mouvements de la Valteline, II. 264. Jérome *Priuli* est envoyé en France, en qualité d'Ambassadeur Extraordinaire, pour dissuader Louis du projet contre Genes. Conférence où il assiste en passant à Suze, &c. 672. Ordre qu'il reçoit du Sénat, 701.

Protecteur de France, ou de quelque autre Royaume, à Rome; titre pompeux & ridicule, I. 59. IV. 515. Sa principale fonction, IV. 515. Le Cardinal Antoine Barberin accepte ce titre, ou celui de *Comprotecteur* de la Couronne de France. Opposition de son frere François, & du Pape leur oncle. Négociation sur cette badinerie, comme sut une affaire de la derniere importance, *ibid.* &*suiv.*

Protestants: assemblée des Princes *Protestants*

TABLE DES MATIERES.

PR

à Hall, touchant la succession de Cleves, I. 9. Les *Protestants* d'Autriche, privés de l'exercice de l'exercice de leur Religion par Mathias, refusent de lui prêter serment, se mettent sous les armes, prient ceux de Hongrie d'intervenir en leur faveur, 31. Comment cette affaire est terminée, & ce qui leur est accordé, 32. Division entre les *Protestants* & les Catholiques d'Aix-la-Chapelle, 81. & *suiv.* Assemblée des Princes *Protestants* à Introbok, &c. 84. 85. pareille assemblée à Rottembourg : dans quelles vûes, & ce qui s'y passa : modération de ces Princes, 85. 86. Avantages qu'ils se flattent de tirer de l'alliance de l'Electeur Palatin avec l'Angleterre. Ce qui augmente l'animosité entre eux & les Catholiques, 199. Leurs plaintes réciproques dans une Diete tenue à Ratisbonne. Avant que de rien accorder à l'Empereur, les *Protestants* demandent la réparation de leurs griefs : ils s'opposent à une délibération des Catholiques, 200. 201. Réunion des *Protestants* tentée par Jacques I. 476. & *suiv.* Les Princes *Protestants* d'Allemagne pensent à faire un Empereur de leur Religion, 687. prennent de grands ombrages à l'occasion des démarches de la Cour de Madrid. Ce qu'ils répondent à l'Empereur qui vouloit les persuader de rompre leur Ligue, 718.

Protestants (Les Princes) s'assemblent à Rottembourg, à l'occasion des troubles de Bohême, &c. II. 32. Autre Assemblée de ces Princes à Nuremberg : ce qui y fut résolu, 167. & *suiv.* La défiance des *Protestants* justifiée par une Lettre du Nonce Benrivoglio, 201. Assemblée des Princes *Protestants* à Ulm : traité qu'ils y concluent avec les Catholiques, 223. & *suiv.* Leur union s'affoiblit, 303. Assemblée qu'ils tiennent à Segenberg, 308. Réponse qu'ils font à la proposition de l'Empereur sur la translation de l'Electorat Palatin au Duc de Baviere, 534. 535. Les *Protestants* sont consternés du voyage du Prince de Galles à Madrid, 553. 554. Danger que courent les Princes *Protestants* en épousant des Catholiques, 635.

Protestants : victoire qui acheve de ruiner leurs affaires en Allemagne, III. 69. 70. Par un soudain changement d'intérêt, tous les Princes *Protestants* ne sont pas fâchés de la prise de la Rochelle, 224. 225. Ils crient en vain contre un Edit de l'Empereur, 346. refusent de se déclarer ouvertement contre

PR

lui : servent pourtant à l'exécution des desseins de Gustave. Assemblée qu'ils tiennent à Leipsick ; résolutions qu'ils y prennent ; Lettres qu'ils écrivent à S. M. I. & aux Electeurs Catholiques, 584. & *suiv.*

Protestants (Les) relevés de leur abattement, IV. 24. Emportement du Grand-Maître de l'ordre Teutonique contre eux, 28. Tiers parti qu'on cherche à former parmi les Princes *Protestants* de l'Empire, 605. Diete des *Protestants* confédérés à Francfort, 615. & *suiv.* Grande contestation entre eux sur le dédommagement demandé par la Suede, 624. & *suiv.* Ils concluent une alliance plus étroite avec le Roi de France, & lui livrent Philipsbourg, &c. 629. & *s.* Traité que leurs Députés concluent à Paris, après la défaite des Suédois à Norlingue, 657. & *s.* Assemblée de ces Princes à Vormes, 659. 689. & *suiv.*

Protestants de France. Voyez *Réformés*.

Province : ce qu'on entend par ce mot dans le langage de la Cour de Savoye, V. 637.

Provinces-Unies (Etats Généraux des) se plaignent d'Henri IV. I. 4. concluent une treve avec Philippe III. 7. s'intéressent à l'affaire de la succession de Cleves, &c. 8. 9. appuient l'Electeur de Brandebourg, & s'assurent de Juliers, de son consentement, 263. Ils arment, & se tiennent sur leurs gardes, 264. s'emparent d'une partie des Etats de Cleves & de Juliers, 265. ne veulent pas permettre qu'on leve des Soldats pour le service du Duc de Savoye, 380. envoient du secours à la Ville de Brunswick assiégée, s'assurent des Comtés de la Mark & de Ravenspurg pour la Maison de Brandebourg, 479. 480. retirent trois de leurs places, engagées à la Couronne d'Angleterre, 517. & *suiv.* Ils envoient du secours à la République de Venise, 710. Constitution de leur gouvernement, 738. 744. 745. Division dans les *Provinces-Unies* sur la convocation d'un Synode National, 746. & *s.* Les Etats Généraux l'indiquent à la pluralité des voix, 749.

Provinces-Unies (Les Etats Généraux des) s'intriguent pour les Bohémiens. Leur but, II. 31. Ils envoient par-tout les Lettres de convocation d'un Synode National, malgré l'opposition des Provinces de Hollande & d'Utrecht, 54. Contestation sur les milices nouvellement levées, 55. Ordonnance des Etats Généraux pour la cassation de ces milices en Hollande, 56. 57. Ce qu'ils ré-

Tome VI, Lееееe

PR

pondent aux instances des Ambassadeurs de France, 69. 61. & à un mémoire qu'ils avoient présenté, 64. 65. Influence des Etats Généraux sur le Synode de Dordrecht, 89. Ils nomment des Juges-Commissaires pour faire le procès à Barnevelt & aux autres. Réflexions là-dessus, 96. 98. concourent dans le dessein de s'opposer aux projets de la Maison d'Autriche, 129. renouvellent l'alliance avec la France, 328. 329. Réponse qu'ils font à la sommation des Archiducs des Pays-Bas, 330. 331. Traité des Etats Généraux des *Provinces-Unies* avec Louis XIII. 630. & *suiv*. Pourquoi ils refusent de donner passage à des troupes Angloises, &c. 660. Ils prêtent des vaisseaux au Roi de France, 716. proposent une Ligue contre la Maison d'Autriche, la concluent offensive & défensive avec le Roi d'Angleterre, 760. 761. demandent les vaisseaux prêtés à la France, 792.

Provinces-Unies (Les Etats Généraux des) promettent une parfaite neutralité entre la France & l'Angleterre: concluent un nouveau traité d'alliance avec Louis, III. 110. donnent un secours considérable au Roi de Dannemarck, 125. offrent, avec ce Prince, leur médiation pour la paix entre la France & l'Angleterre, 171. 225. Succès de leurs armes. Ils rejettent la proposition d'une Treve avec l'Espagne, 349. 351. renouvellent leurs anciens Traités avec la France, 489. 492. remercient le Roi de Suede de ses offres obligeantes. Sentiment de quelques-uns de l'Assemblée, à l'occasion des victoires de ce Prince, IV. 77. Inquiétude que leur donne sa puissance, 83. 84. Ils entrent en négociation avec les Députés des Etats Généraux des Pays-Bas Catholiques, 224. & *suiv*. écoutent froidement les discours véhéments de l'Ambassadeur de France: offres qu'ils lui font, si Louis veut déclarer la guerre à la Maison d'Autriche, 228. & *suiv*. Ils ne s'accommodent pas avec les Députés des Pays-Bas Catholiques, & se préparent à la guerre, 231. Vûes des Etats Généraux sur Brême, &c. 248. *bis*. Offres qu'ils font à la Suede pour cet effet, & qui sont rejettées, 257. Ils ménagent avec beaucoup de dextérité un nouveau Traité avec la France, 548. & *suiv*. Disposition des Etats Généraux des *Provinces-Unies* envers la Suede, 612. 613. Les insinuations de son Chancelier ne les engagent

PR

pas à de plus grandes liaisons avec cette Couronne, 697. 698. Traité de Ligue offensive & défensive qu'ils concluent avec le Roi de France, 698. & *suiv*. Leur but dans le partage des Pays-Bas Espagnols avec S. M. dont ce Traité fait mention, 701.

Provinces-Unies (Les Etats Généraux des) rejettent la médiation du Pape pour la Paix, & se soucient peu de celle des Vénitiens: demandent que cette affaire se traite dans leur pays, V. 95. reprennent le Fort de Skenk: entament une négociation particuliere avec les Espagnols, qui est bientôt rompue: proposent d'attaquer l'Espagne par mer, 112. 113. Leur armée ne fait rien le reste de l'année 1636. Ils rejettent les propositions d'un Agent de l'Empereur: font un nouveau Traité avec le Roi de France, 115. 116. s'appliquent à obtenir une paix solide & durable, 320. Ils eurent droit de secouer le joug de Philippe II. 431. Situation des affaires des *Provinces-Unies* en 1638. 482. Leurs Etats Généraux reçoivent avec gratitude & magnificence Marie de Médicis: s'intéressent pour elle à la Cour de France, mais avec circonspection, 567.

Provinces-Unies: nouvelles mesures que Richelieu prend avec leurs Etats Généraux pour la campagne de 1640. Argent que Louis y répand, VI. 47. 48. Ils reconnoissent Dom Jean IV. pour Roi de Portugal, malgré un différend de grande importance qui en résulte: concluent une trêve avec ce Prince: clause qu'ils stipulent finement, & dont ils profitent. Ils envoient des vaisseaux à la flote Portugaise, 188. 189. & des Ambassadeurs Extraordinaires en Angleterre pour conclure un mariage, non une Ligue, 251. 252. prient Marie de Médicis de chercher un autre azyle que leur pays, 299. écrivent une Lettre fort honnête au Duc de Bouillon, en lui ôtant les emplois qu'il avoit dans leur République, 318. ne veulent pas aider la France à s'agrandir dans leur voisinage, 343.

Prouville, Sergent-Major d'Amiens, assassiné: ce meurtre imputé au Maréchal d'Ancre, I. 668. 671. 672.

Prudent, Officier qui commandoit dans le Château de Caen, y fait une brave résistance. Artifice qui l'oblige à se rendre, II. 207.

Prynn, Ecrivain qui avoit eu déja les oreilles coupées pour des Libelles de sa façon, en publie de nouveaux; est condamné derechef à une peine très-févere, V. 448. 449. Sur une requête de son Domestique, il est amené à Londres, par ordre de la Chambre des Communes, qui déclare les poursuites & l'arrêt rendu contre lui contraires aux Loix du Royaume, VI. 268.

Puebla (Le Marquis de la) donné comme Gouverneur à Marguerite de Savoye Gouvernante de Portugal, V. 441.

Puebla (Le Marquis de la) Castillan, se trouve auprès de la Vice-Reine de Portugal lors de la révolution: Conseil qu'il lui donne. Il demeure comme en ôtage entre les mains des Conjurés, VI. 168.

Puffendorf, grand adorateur de Gustave: projet qu'il lui attribue, IV. 27. 28. Ce qu'il raconte sur la mort de ce Prince, 180. Portrait qu'il fait de Valstein, 485. 486. Il raconte une négociation de Bannier différemment d'un autre Auteur, V. 663. Eloge qu'il fait du Duc de Weymar. Son sentiment sur le genre de sa mort, 690. Oubli où cet Historien tombe souvent, VI. 355. Il est fort surprenant qu'il ait ignoré certaines circonstances, ou qu'il les omette à dessein, 641. 642. Ce qu'il dit de Torstenson, 644.

Pugeol, Domestique François du Prince Thomas de Savoye, étant à Madrid pour les affaires de son Maître, persuade au Comte-Duc de se réconcilier avec Richelieu, V. 608.

Puisieux, Secrétaire d'Etat, va en Espagne avec le Duc de Mayenne, I. 140. signe les Actes du mariage, &c. 155. On lui ôte sa charge, 511. On la lui rend. Comment il l'avoit obtenue, 646. est fait un des Commissaires pour la paix de l'Italie, 722. 727. Ce qu'il disoit de Jacques I. Roi d'Angleterre, II. 239. 240. 241. Il donne de bonnes paroles à l'Ambassadeur de Venise, 264. est un des Commissaires pour le renouvellement de l'alliance avec les Etats Généraux, 328. Confidence que le Roi lui fait, 365. 396. Lettre qu'il écrit aux Ambassadeurs de France en Allemagne, 374. Il a plus de part au Gouvernement qu'aucun autre depuis la mort de Luines: ses ménagements pour la Cour de Madrid. Il est peint d'après nature par un Historien étranger, 437. Il consent à une nouvelle négociation sur les affaires de la Valteline, &c. 441. A l'instigation de *Puisieux*, le Roi rappelle à son Conseil la Reine-Mere, & se sert d'un artifice indigne de son rang pour reculer la promotion de Riche-

lieu au Cardinalat, 442. Ce qu'il écrit au Commandeur de Silleri, son oncle, 460. Conseil particulier dont il étoit, 455. Il donne à connoître le premier instigateur de la guerre qu'on faisoit aux Réformés, 467. 468. rend de mauvais offices au Prince de Condé, 470. 471. Idée que le Duc de Rohan en donne. Complot pour le ruiner, &c. 471. Pourquoi il porte le Roi à donner l'épée de Connétable à Lesdiguieres, 479. 480. & le Gouvernement de Guienne au Duc d'Epernon, 482. Pourquoi il souhaitoit la paix. Ses ménagements pour la Cour de Rome, 507. Il ne peut obtenir que les Sceaux soient rendus au Chancelier, son pere: s'intrigue pour empêcher qu'Aligre ne les obtienne: avanture qui le favorise dans cette demande, 513. & *suiv*. Crédit de son parti, opposé au Prince de Condé, &c. 515. 516. *Puisieux* fait rendre les Sceaux au Chancelier son pere: appuie les remontrances de la Vieuville contre Schomberg, &c. 525. 526. Mérite qu'il faisoit à son Maître auprès du Pape, 532. 541. Manege qu'il fait faire à Valencé son beaufrere, 542. 543. Ton qu'il prenoit, 544. Ce qu'il persuade au Roi, de concert avec le Chancelier son pere, 566. Ennemis qu'ils s'étoient attirés: leur crédit diminue, 591. & *suiv*. De quoi le pere & le fils étoient accusés. Ils sont relégués dans leurs terres: on tente de leur faire le procès. *Puisieux* soutient bien cette disgrace, 593. 594. Quelle en étoit la vraie cause, 595. 596. La Reine lui demande conseil dans une affaire délicate, V. 360.

Puritains: quels étoient ceux qu'on appelloit ainsi en Angleterre. Grand nombre de Presbytériens outrés, & de francs Républicains dans ce parti, VI. 254. 255. 258. Ils s'appliquent à se rendre nombreux & puissants dans la Chambre des Communes, 264. 265. Allures des *Puritains* dans cette Chambre, 275. 276. 281. 283. 286. 293. 264. 298. Hauteur avec laquelle ils agissent. Leur animosité contre l'Episcopat. Ils proposent un acte pour le supprimer, ou pour en changer la forme. Leur projet déconcerté, 396. & *suiv*. Crieries, intrigues, importunités pressantes des *Puritains*. Ils donnent des espions au Roi, 400. & *suiv*. s'opposent au projet d'envoyer les Soldats Irlandois congédiés dans les pays étrangers, 402. & *suiv*. Ils entreprennent de réformer la Liturgie & l'ordre

Eeeee ij

TABLE DES MATIERES.

PU

établi dans les Eglises, malgré l'opposition des Seigneurs : animent la populace sous main à agir par voies de fait, &c. 404. *& suiv.* prennent hautement le parti du Marquis d'Hamilton, 408. 409. Allures des *Puritains*, 420. 422. *& suiv.* 426. 427. 429. Sobriquet que les gens de la Cour leur donnoient. Chaleur des *Puritains* touchant la Lieutenance de la Tour de Londres donnée à Lunsford. Artifices dont ils usoient pour obliger le Roi à leur céder, 521. *& suiv.* Projet de ces prétendus Réformateurs de l'Eglise & de l'Etat. Embarras où ils se trouvoient au commencement de 1642. Avantage que Charles leur donne sur S. M. par sa conduite imprudente, 523. *& suiv.* Ce qu'ils font pour achever de le rendre odieux au peuple. Leurs Emissaires excitent la populace de Londres à prendre les armes. Sobriquet qu'ils donnoient aux gens de Cour, 529. Desseins des Chefs du parti *Puritain*. Dans quelle vue ils attaquerent les Evêques. Ils mettent tout en œuvre pour répandre une terreur panique en Angleterre. Requêtes qu'ils mendient, & qu'ils font bien valoir, pour venir à leurs fins, 540. *& suiv.* Quelques zélés *Puritains* vouloient qu'on se contentât de ce qu'on avoit obtenu, &c. 569. 570. Voyez *Presbytériens.*

Puy (Pierre & Jacques Du) savants freres, compilent le Recueil des preuves des Libertés de l'Eglise Gallicane, V. 620. ramassent les pieces originales du Procès du Duc de Vendôme, & en donnent une relation, VI. 233.

Puylaurens (Antoine de Lage Seigneur de) jeune Gentilhomme que Gaston aimoit, &c. III. 41. 45. 56. traverse la Duchesse d'Orléans, 115. devient amoureux de la Princesse de Phaltzbourg ; flate le Duc de Lorraine de l'espérance du mariage de MONSIEUR avec la Princesse Marguerite, 369. se rend bien cher au Cardinal. Démarches où il engage son Maître, 571. 572. On tente de le séparer de le Coigneux. Ils s'unissent & engagent Gaston à sortir de la Cour, 589. 590. 619. 623. Déclaration où il est compris, 627. Ce qui est dit pour sa justification dans une Lettre de Gaston, 628. 629.

Puylaurens lie une intrigue avec la Princesse de Phaltzbourg, IV. 11. se brouille avec le Coigneux : presse la conclusion du mariage de S. A. R. avec Marguerite de Lor-

PR

raine; y assiste comme témoin, 13. 14. est querellé par le Duc de Bellegarde : vit en mésintelligence ouverte avec le Coigneux & Monsigot, 49. Jalousie qu'il conçoit contre le Duc de Montmorenci. *Puylaurens* accusé à tort d'intelligence avec Richelieu, 150. S'il trahit Montmorenci, 159. On tâche de l'intimider, afin qu'il ne détourne pas Gaston de se soumettre. Il fait le brave. On vient à bout de le réduire, 163. 164. Il presse MONSIEUR de sortir du Royaume, 209. n'est pas d'humeur de se soumettre à Chanteloube, 213. est condamné à la mort par contumace, 222. Avis qui l'alarment, & qui l'obligent à quelques démarches : ce qu'il fait dire au Cardinal, &c. 286. 287. Haine réciproque de Chanteloube & de *Puylaurens* : celui-ci brave insolemment Marie de Médicis : dispose Gaston à s'accommoder avec le Cardinal, &c. 403. *& suiv.* Ses galanteries à Bruxelles, 443. Sa brouillerie avec la Reine-Mere engendre plusieurs querelles, 450. 451. Il rompt une négociation, 452. voit avec plaisir l'inutilité des soumissions de Marie de Médicis, 462. Entêté d'établir sa fortune en s'alliant au Cardinal de Richelieu, il porte Gaston à faire négocier son retour, &c. 463. 464. traverse le rappel de le Coigneux dans la maison de S. A. R. se met peu en peine d'un entretien du Président avec ce Prince, 465. Le Duc & son Favori rejettent les conditions proposées, 467. Témoignage rendu à la fidélité de *Puylaurens.* A cela près, on ne trouve en lui rien de louable. Circonstances de l'attentat formé sur sa vie, diversement racontées, 498. *& suiv.* Cartel de défi qui lui est porté de la part du Duc d'Elbeuf. Prêt à partir pour le rendezvous, il est arrêté, 503. *Puylaurens* engage Gaston à conclure un traité avec le Roi d'Espagne : le signe comme témoin. Ce qu'il répond à une offre que lui fait le Marquis d'Ayetone, 504. 505. S'il prétendit jouer les Espagnols dans cette affaire, il en fut justement puni, 506. 507. *Puylaurens* presse Gaston de renouer la négociation pour son retour en France, 554. l'engage à signer un traité conclu avec une imprudente précipitation, 662. *& suiv.* Complot de ses ennemis contre sa vie, rompu par son évasion des Pays-Bas à la suite de MONSIEUR, 665. 606. Sujets d'inquiétude que *Puylaurens* reçoit en chemin. Il est reçu agréablement à la Cour, 667. 668.

Torture qu'on lui donne sur l'article du mariage de son maitre, &c. 669. 670. Après quelques délais qui le chagrinent, *Puylaurens* épouse enfin une cousine du Cardinal, est fait Duc & Pair, &c. méprise les promesses de ce Ministre; en fait des railleries, & lui témoigne peu de complaisance, 673. *& suiv.* Piece qui avance le mal de *Puylaurens*. Il est arrêté & conduit à Vincennes, où il meurt, quelques mois après, regretté de fort peu de gens, 677. *& suiv.*

Puysegur surprend un renfort de Réformés, II. 476. Enseigne aux Gardes, & témoin oculaire d'une faute de Buckingam, III. 155. est sur le point de le prendre prisonnier, 157. Ordre qu'il reçoit & qu'il exécute. Extrait de ce qu'il dit sur la maniere dont le Maréchal de Marillac reçut sa disgrace, 561. *& suiv.* Moyen de le concilier avec Pontis qui dit le contraire, 567. Il confond l'ordre des temps dans ce qu'il dit sur la disgrace de Beringhen, 571. Ce qu'il va remontrer au Roi sur un ordre envoyé à quelques troupes, d'assiéger la Citadelle de Verdun, 580. Il rejette une proposition lucrative. Ce qu'il raconte sur le Maréchal de Marillac, IV. 101. Description qu'il fait de la marche de l'armée des Maréchaux de Châtillon & de Brezé, & de la bataille d'Avein, 726. *& suiv.* Son dénombrement des troupes Françoises opposé à celui qu'en fait Châtillon, 735.

Les Mémoires de *Puysegur* confus sur la reprise du Fort de Skenk par les Hollandois, V. 114. Il s'attire la confiance du Comte de Soissons, 175. 176. Extrait de ses Mémoires, 177. Détails qu'on y trouve sur la maniere dont les Espagnols passerent la Somme, 183. *& suiv.* Particularités agréables & instructives qu'on en tire, & qui font voir quelle fut la cause des progrès des ennemis en Picardie, 186. *& suiv.* Ce qu'il dit du blocus de Corbie, 219. & du risque de sa vie que le Cardinal y courut, 221. 222. Confidence que lui fait le Comte de Soissons, 225. Ce que dit *Puysegur* du siege de Landreci où il étoit présent, 400. Extraits de ses Mémoires, 404. 417. Il n'a pas bonne opinion du siege de Saint-Omer, 513. Expédition où il se trouve, & qu'il raconte, 517. Ce qu'il dit de la maniere dont le siege d'Hesdin fut entrepris, 680. Détail qu'il donne d'un entretien qu'il eut avec le Roi, & de la maniere dont la Meilleraie fut fait Maréchal de France, 683.

Puysegur raconte comment le siege d'Arras fut entrepris, VI. 52. 53. rend compte d'une contestation survenue entre les Maréchaux de Châtillon & de la Meilleraie, 57. 58. parle froidement d'un avantage prétendu : décrit ce qu'on souffroit au siege d'Arras, 59. 60. Circonstance qu'il raconte, glorieuse au Maréchal de Châtillon, 74. Grace que le Roi accorde à *Puysegur*, & que le Cardinal fait révoquer, 82. Circonstances tirées de ses Mémoires, 308. 309. Relation qu'il a donnée de la bataille de Sedan, 319. 320. 324. Il est envoyé dans cette ville pour l'échange des prisonniers. Replique qu'il fait au Duc de Guise, 328. *Puysegur* a une Conférence secrete avec le Duc de Bouillon, l'exhorte à se réconcilier avec la Cour; négocie son raccommodement; engage le Roi à se désister du procès entamé contre la mémoire du Comte de Soissons, 329. *& suiv.* parle au Cardinal pour le Duc de Guise, 336. rapporte dans ses Mémoires une particularité considétable, dont le Duc de Bouillon lui fit confidence. *Puysegur* haïssoit Richelieu dans le fonds de son ame, &c. 341. 342. Extraits de ses Mémoires sur le siege de la Bassée par les Espagnols, & sur le combat d'Honnecourt, 477. *& suiv.* Il est fait prisonnier dans ce combat, & sauve prudemment sa vie, 480.

Pym, Membre de la Chambre des Communes : plaintes qu'il y porte, III. 299. Compliment qu'on lui attribue, 303. 304. Homme d'esprit & d'une grande expérience dans les affaires, eunemi juré du Comte de Strafford, il fait un ample détail des griefs de la nation, VI. 119. 120. profite du mécontentement donné à trois Seigneurs, &c. 129. s'intrigue à Londres, pour engager les habitans à présenter une requête, &c. 134. harangue dans la Chambre des Communes contre les abus introduits dans le Gouvernement, 150. n'oublie pas les Ecclésiastiques ambitieux & flateurs, 158. Si dans sa premiere harangue il déclama contre le Comte de Strafford : discours que Clarendon fait tenir à *Pym*, 259. 260. Il propose d'accuser le Comte de Strafford : se charge de la commission de porter à la Chambre Haute la résolution de la Basse sur cette affaire, & les chefs d'accusation contre ce Seigneur, 261. *& suiv.* y porte aussi ceux de l'accusation intentée contre l'Archevêque de Canto-be-

Eeeee iij

PY

ri : fait un long difcours pour les expliquer, &c. 273. Tour qu'il prit, avec ceux de fa faction, pour engager la Chambre Haute à faire au Roi une demande finguliere, 275. Découvertes dont *Pym* & fes amis fe réfolurent à tirer de grands avantages, 285. 286. Ils projettent d'obtenir un Parlement toujours fubfiftant, &c. 293. Conduite de *Pym* & de fa faction, 400. 401. 402. 403. 405. Commiffion dont il fe fait élire Préfident. Correspondance qu'il entretenoit avec les Commiffaires de la Chambre-Baffe qui avoient fuivi le Roi en Ecoffe. Il rend compte à cette Chambre de ce que lui & fes Collegues avoient fait durant le *Recès*, 406. 407. *Pym* & fes amis s'intéreffent pour le Marquis d'Hamilton & le Comte d'Argyle, 408. 409. Deffeins de *Pym* & de ceux de fon parti. Difpofition où étoit ce Chef, fi le Roi eût voulu le gratifier, 418. 419. Remontrance à S. M. qu'il dreffe, & qu'il fait paffer à la Chambre des Communes, 422. *& fuiv.* But de *Pym* & de fes amis, 425. Charge que *Pym* avoit prétendu obtenir : fes efpérances renverfées, &c. 519. Chaleur de *Pym* & fes amis fur le pofte de Lieutenant de la Tour de Londres donné à quelqu'un qui leur déplaifoit. Leur artifice ordinaire pour obliger le Roi à céder, 521. *& fuiv.* Chefs d'accufation portés contre lui, & contre quatre autres Gentilshommes des Communes, de la part de S. M. Suites de cette affaire, 524. *& fuiv.* Il eft ramené en triomphe au Parlement, avec les autres accufés, 534. *Pym* fait enforte que la ville de Londres, & quelques Provinces préfentent des Requêtes à la Chambre-Baffe, & les appuie fortement dans une conférence avec les Seigneurs. Fauffes fuppofitions de ce harangueur, & malignes interprétations qu'il donnoit à des chofes fort innocentes, 541. *& fuiv.* Propofition que fon parti fait faire dans la Chambre des Communes, 544. 545. Intrigue qu'il lie pour la faire paffer dans la Chambre des Seigneurs, 546. 547. *Pym* & fa faction penfent à s'affurer du grand Sceau, mais en vain. Deux entreprifes qu'ils méditoient depuis long-temps leur réuffiffent, 551. *& fuiv.* 554. Artifice ufé où ils ont recours, pour rendre fufpect le féjour du Roi à York, 555 Ils exaltent le courage & la fidélité de leur Gouverneur d'Hull, &c. 557. 558. Voy. *Prim*, peut être le même que *Pym*.

QU

QUESTEMBERG (Le Baron de) Confeiller d'Etat de l'Empereur, négocie avec Leon Brulart & le P. Jofeph, III. 504. 505. eft le feul qui tienne pour Valftein dans le Confeil Impérial : il va le difpofer à céder fon emploi au Roi de Hongrie, 471.

Quixafque en Piémont : traité qui y eft conclu, pour la paix d'Italie, III. 67 *. & fuiv.*

Quillet (L'Abbé) pouffé à bout un Diable de Loudun : eft décrété : s'enfuit en Italie, IV. 561.

Quintilien : ftyle qu'il demande pour l'Hiftoire, I. *Préface*, iv. v.

Quirini, Provéditeur Vénitien, fe fauve en fuyant, III. 469.

Quiroga, Capucin, nommé au Cardinalat pas l'Empereur, V. 72. miférable Cafuifte, qui trouve le moyen de lever de juftes fcrupules de S. M. I. VI. 192.

Quiroga, Gouverneur de Salces, rend cette place aux François, VI. 632.

RA

RABATA (Le Baron) Commiffaire Impérial, maffacré par les Ufcoques, I. 470. Autre de ce nom, envoyé par l'Empereur aux Princes d'Italie, pour leur demander du fecours, IV. 56. 60.

Raconis, Docteur de Sorbonne, répond au gré de la Cour fur le mariage de Gafton, IV. 749.

Radzivil (Chriftophe) offre à Guftave les fuffrages des Seigneurs & des Gentilshommes Proteftants, pour le faire élire Roi de Pologne, IV. 89. Comment il s'excufe de ce que ce projet ne réuffit pas, 91. Témoignage que Ladiflas lui rend, 543.

Ragni (Le Marquis de) prend Campredon envoyé en Efpagne par le Duc de Rohan, II. 793.

Ragotski (Sigifmond) élû Prince de Tranfilvanie, cede cette Principauté à Gabriel Batthori, I. 202.

Ragotski, ou *Ragotfi* (Etienne) Général des troupes de Gabor en Hongrie, eft défait, II. 148. 149. *Ragotski*, Prince de Tranfilvanie penfe à inquéter l'Empereur : négocie avec la France & la Suede. Cela n'a pas de fuite V. 664. 665.

Ralles, Ingénieur, & Capitaine dans le Régiment de Champagne, V. 678.

TABLE DES MATIERES.
RA RA. RE.

Rambouillet (Le Marquis de) Ambaſſadeur extraordinaire de France en Italie, I. 271. preſſe le Duc de Savoye de déſarmer, 273. dreſſe un Traité proviſionnel : il eſt blâmé d'avoir trop précipité ſa négociation, &c. 274. 275. 379 Ce qu'il eſt chargé de dire au Duc de Savoye, 380. Il négocie & conclut un nouveau traité entre le Roi d'Eſpagne & ce Prince, 385. *& ſuiv.* eſt envoyé extraordinairement en Eſpagne, &c. III. 3. s'emploie à gagner au Cardinal les favoris de Gaſton : récompenſe qu'il eut de cette négociation , 573. 574.

Rambouillet (Julie de) célebre dans les écrits de Voiture : par quelles voies elle procura une grande fortune au Duc de Montauſier, ſon époux, III. 476.

Rambures, Maréchal de Camp, meurt d'une bleſſure reçue au ſiege de la Capelle, V. 417. Autre du même nom , tué au combat d'Honnecour , après s'être rendu , VI. 480.

Rames, Gentilhomme dépêché au Roi par Gaſton, V. 238.

Ramſey, brave Ecoſſois, Commandant dans Hanaw pour la Reine de Suede, s'aviſe d'un ſtratagême pour envoyer des vivres & des munitions dans Hermenſtein aſſiégé, V. 349. 350. rend Hanaw aux Impériaux , 350. eſt tué à la déſenſe des lignes devant Briſac , 603.

Rantzau, arrache la victoire aux Lorrains occupés au pillage, IV. 338. ſert ſous le Prince de Condé au ſiege de Dole, V. 155. eſt tenté de quitter le ſervice de France, 197. entre dans S. Jean de Loſne avec des troupes & des munitions, & en fait lever le ſiege, 229. 230. ſert au ſiege d'Aire , VI. 344. Maréchal de Camp ſous le Maréchal de Guiche : conſeil qu'il lui donne, 478. 479. Il commande la gauche au combat d'Honnecour; y eſt fait priſonnier, 480.

Ranuce Farneſe, Duc de Parme, découvre une étrange conſpiration tramée contre lui, &c. I. 155. *& ſuiv.*

Raſche (Le Chevalier) envoyé à Veniſe, & vers les Suiſſes par le Roi de Suede, IV. 77. 78.

Ravaillac (François) tue Henri IV. Négligence à le garder pendant deux jours, I. 13. 14. Motifs de ſon parricide : où ils les avoit puiſés. Il eſt condamné & exécuté, 20. ce qui l'avoit porté à un crime ſi atroce, 696.

Rauſchemberg, Gouverneur de Juliers pour l'Empereur, capitule après avoir bien défendu cette place, I. 35.

Rawleigh (Le Chevalier Walter) eſt ſacrifié au reſſentiment des Eſpagnols. Hiſtoire qu'il avoit compoſée en priſon, II. 311.

Reaux (Des) Lieutenant des Gardes, IV. 101. 106. 107.

Rebé (Claude de) Archevêque de Narbonne, tâche de détourner le Duc de Montmorenci de ſuivre les conſeils des partiſans de la Reine-Mere & de Gaſton, IV. 118. eſt arrêté par l'ordre de ce Seigneur. Son intrépidité, 120. Remis en liberté, il empêche les habitans de Narbonne de ſe déclarer pour le Duc d'Orléans, 128. déconcerte les deſſeins de ce Prince & de Montmorenci ſur cette ville, 149. a ordre de travailler à un accommodement, 152. prie le Roi, préſent aux Etats, de pardonner, &c. 168. eſt fait Commandeur de l'Ordre du S. Eſprit, 276. leve des ſoldats à ſes dépens pour ſecourir Salces, V. 728. ſe trouve à la priſe de Perpignan, VI. 630.

Rébellion : quelle eſt la nature de ce crime, I. 452. 453.

Recès des deux Chambres du Parlement d'Angleterre, à l'imitation des Dietes d'Allemagne, VI. 406. 407.

Redole (La) Capitaine au régiment de Piemont, V. 184.

Redondo (Le Comte de) Seigneur Portugais, VI. 172.

Réformation; idée différente qu'en ont les Miniſtres & les Magiſtrats, I. 100. 101. Pourquoi elle n'a pas été goûtée par le Clergé de France, 363.

Réformés de France, raſſurés par l'Edit de Nantes, I. 5. Déclaration en leur faveur, à l'avenement de Louis XIII. 26. Etonnement que produit une démarche des principaux Seigneurs du parti, 50. Légitimité des Aſſemblées politiques des *Réformés*, 70. 71. Ils obtiennent la permiſſion d'en tenir une à Châtelleraut, transférée à Saumur : ce qui s'y paſſa, 72. 73. Ils y renouvellent leur ſerment d'union : réflexion ſur ce ſerment, 74. Parti que prend l'Aſſemblée dans l'affaire du Duc de Sulli, *ibid. & ſuiv.* La Cour entreprend de la diviſer & de la ſéparer ; elle y réuſſit, 76. *& ſuiv.* Libelles qu'on publie contre eux, à cette occaſion, 76. 79. Ils ne ſont pas les premiers qui aient appliqué au Pape les prophéties de l'Apocalypſe. Les

RE

plus sages *Réformés* désavouent la conduite du Synode de Gap, 81. Leur état sous la Régence de Marie de Médicis, 124. Synode des *Réformés* à Privas, réconcilie les Seigneurs du parti, proteste contre une nouvelle Déclaration du Roi, 150. *& suiv.* Leur conduite dans l'affaire du Prince de Condé, 233. *& suiv.* Synode national des *Réformés* à Tonneins, 253. Mesures prises pour les ruiner, 260. Remontrances & plaintes du Clergé contre eux : récrimination des *Reformés*, 363. *& suiv.* Le Maréchal de Bouillon tâche de les attirer dans le parti du Prince de Condé, 395. Déclaration du Roi en leur faveur, &c. 406. Assemblée générale de leurs Eglises indiquée à Grenoble : débats sur le lieu, 406. *& suiv.* Le Parlement a plus d'égards pour eux que pour le Clergé, dans ses remontrances, 416. 417. Les clairvoyants du parti ne se laissent pas prendre à la maniere favorable dont le Prince de Condé parloit d'eux dans son Manifeste, 436. Assemblée générale des *Réformés* à Grenoble, 443. *& suiv.* Vérité reconnue par leurs ennemis ; pourquoi ils avoient pris les armes sous les Regnes précédents. Demandes que leurs cahiers contenoient, 445. 446. Ils les envoient au Roi, se plaignent hautement du Clergé de France, travaillent à l'établissement du pouvoir arbitraire dont ils ont senti les terribles effets, 446. 447. Chagrin de la Cour contre quelques articles de leurs cahiers, 447. 448. L'assemblée députe au Prince de Condé, &c. appuie mal-à-propos ses demandes : plus imprudente que criminelle, 450. 451, sort de Grenoble pour se transporter à Nîmes, 457. 458. envoie des Députés à la Cour supplier le Roi d'agréer sa démarche, s'excuse d'aller à Montpellier, 459.

Démarches imprudentes & peu sinceres des *Réformés* assemblés à Nîmes : ils s'unissent au Prince de Condé: motif qui engage les plus sages de l'assemblée à y consentir. Conditions du traité d'adjonction, I. 484. 485. Déclaration du Roi sur ce que les *Réformés* prenoient les armes en plusieurs endroits du Royaume, 485. 486. Raisons qu'ils pouvoient avoir de se défier des promesses de la Cour, 486. Ils envoient des Députés pour négocier la paix de concert avec l'Envoyé du Prince : difficulté à les admettre : on trouve un expédient, 491. 492. L'assemblée des *Réformés*, transférée à la Rochelle, envoie des Députés

RE

à la conférence de Loudun, 499. 500. Sous quelles conditions ils veulent la paix, 501. Difficultés à les faire consentir au Traité de Loudun, 508. 509. 510. Déclaration du Roi en leur faveur, 512. Pourquoi les *Réformés* s'intéresserent peu à l'emprisonnement du Prince de Condé, 549. 550. Assemblée qu'ils convoquent à la Rochelle sans la permission du Roi, & par les intrigues de la Maréchale de Bouillon, 608. *& suiv.* Cette Assemblée depute au Roi après la mort du Maréchal d'Ancre ; charge ses Députés de demander la liberté du Prince de Condé. On ne leur donne pas audience, 664. *& suiv.* Défense de la Confession de foi des *Réformés* contre les sermons du Jésuite Arnoux, &c. 690. *& suiv.* Mouvements de leurs Députés généraux dans l'affaire du Bearn. Assemblée des *Réformés* de ce pays : résolution qu'on y prend, 697. 698. Quel a toujours été le sort des *Réformés* en France. Ils tiennent un Synode-National à Vitré : ce qu'on y agite, 737. 738.

Réformés de France : une des causes de leur aversion pour le parti Arminien, II. 62. Recherchés par la Reine-Mere & par Epernon, mais en vain, ils se servent de la conjoncture pour faire légitimer une Assemblée qu'ils tenoient à la Rochelle sans la permission du Roi, &c. 87. *& suiv.* Ils reçoivent les décisions du Synode de Dordrecht, sans que rien les y oblige ; offrent la communion aux Luthériens. Contradiction dans ces démarches, 95. Assemblée de leurs Eglises à Loudun, &c. 154. *& suiv.* Le Roi leur ordonne de se séparer, 157. 158. Cause de leur malheur sous le regne de Louis XIII. &c. 158. 159. Ce que le Cardinal de Richelieu pensoit de leur oppression entiere, 160. Ceux de l'Assemblée de Loudun envoient de nouveaux Députés au Roi, qui les reçoit avec hauteur, & leur réitere l'ordre de se séparer, 174. 175. On travaille à accommoder cette affaire. Déclaration foudroyante qui surprend les *Réformés*. On renoue la négociation ; & l'Assemblée se sépare, 177. *& suiv.* Leur défiance continuelle justifiée par une lettre du Nonce Bentivoglio. Si leur religion a pris naissance durant les guerres civiles ; & s'ils ont voulu établir un gouvernement populaire en France, 201. 202. Ils convoquent une Assemblée générale à la Rochelle. Sources de leurs malheurs. Justification

fication de leur conduite, 233. & *suiv.* Ils s'affemblent à la Rochelle malgré la défenfe du Roi. Origine de leur décadence, 269. & *suiv.* Remontrances qu'ils font à S. M. 272. & *suiv.* Le Roi refufe de les recevoir. Idée de la liberté que les *Réformés* ont confervée plus long-temps que les autres. Apologie de ceux qui formerent l'Affemblée de la Rochelle, 275. & *suiv.* Ils fe brouillent plus que jamais avec la Cour, & fe préparent à la guerre, 280. & *suiv.* Offres & reproches qu'ils font à Lefdiguieres, 284. & *suiv.* Tentative des Seigneurss *Réformés* pour prévenir la guerre civile, 331. & *suiv.* Conférence entre eux & des Commiffaires de l'Affemblée de la Rochelle, 334. 335. Fureur de la cabale des bigots contre les *Réformés*, 337. Sédition contre eux à Tours, 339. 340.

Réformés: procédés de ceux qui compofoient l'Affemblée de la Rochelle, II. 343. & *suiv.* Manifefte qu'ils publient, 345. 346. Mefures qu'ils prennent pour foutenir la guerre, 346. & *suiv.* Réflexions fur leur conduite, 348. & *suiv.* S'ils étoient coupables du crime de Rébellion dans cette première guerre, 350. & *suiv.* Preuves certaines que la Cour vouloit opprimer les *Réformés*, 352. & *suiv.* Toutes leurs villes en Poitou fe rendent au Roi, 356. Ils perdent plufieurs places, & font défarmés en diverfes Provinces, 357. & *suiv.* Sédition contre eux à Paris, &c. 394. *Réformés* affemblés à Nîmes: leurs procédés violents contre le Marquis de Châtillon, 407. 408. Animofité des bigots contre les *Réformés*, 422. Raifons du Préfident Jeannin pour leur accorder la paix, qui fervent à juger équitablement de leurs affaires, 444. & *suiv.* Leur fituation, 451. 452. Leurs affaires changent de face en Guienne: ils y reprennent plufieurs places, 460. 461. Leurs progrès arrêtés, 462. & *suiv.* Ce qui devoit engager à les traiter avec moins de rigueur, 477. 478. On ne fait la paix avec eux que dans le deffein de les perdre plus facilement, 516. 517. Conditions de cette paix conclue à Montpellier, 520. 521. Ils travaillent en vain à en recueillir quelques fruits: on élude leurs demandes, &c. Précautions prifes pour empêcher que leurs Synodes ne fe mêlent des affaires politiques. Ils tiennent un Synode National à Charenton: ce qui y fut décidé, 569. & *suiv.* Leurs efprits s'aigriffent

Tome VI.

par les injuftices de la Cour: ils fe plaignent hautement des infidélités des Miniftres du Roi. Déclaration de S. M. pour les amufer, 571. Caufes de la feconde guerre qu'ils commencent fous Louis XIII. entreprife à contre-temps & mal concertée, non injufte, 677. & *suiv.* La plûpart des *Réformés* défavouent l'entreprife fur Blavet, 683. Guerre civile excitée par quelques-uns de ce parti, 715. & *suiv.* 721. & *suiv.* Bravoure des *Réformés* au Roi: remarque fur une proteftation qu'ils y faifoient. La requête eft affez bien reçue: ce qui empêche qu'on ne leur accorde une paix favorable, 725. & *suiv.* Ils la demandent humblement: harangue rampante de leurs Députés Généraux, &c. 767. 768. Détails & motifs de la feconde paix accordée aux *Réformés*, 790. & *suiv.*

Réformés: origine de leur troifieme guerre fous Louis XIII. III. 65. & *suiv.* *Réformés* François, joints à une flote Angloife pour fecourir la Rochelle, ce qu'ils propofent au Comte de Denbigh Vice-Amiral: plaintes qu'ils envoient faire de fa conduite au Roi d'Angleterre, 199. Ceux qui fe trouvoient fur la derniere flote deftinée au fecours de cette place envoient des Députés au camp des Affiégeants: entretien qu'ils ont avec le Cardinal, 235. & *suiv.* Ils acceptent les conditions qu'il leur obtient, 242. 243. L'oppreffion des *Réformés* ternit l'éclat des grands deffeins de Richelieu; n'étoit point néceffaire pour la gloire du regne de Louis XIII. 280. Ils implorent en vain le fecours du Roi d'Angleterre, 304. 305. Déclaration de Louis XIII. pour les engager à fe foumettre. Leur affemblée de Nîmes publie une efpece de Manifefte fur cette piece, 306. & *suiv.* Les *Réformés* ne font pas compris dans le traité de paix entre la France & l'Angleterre, 333. Leur ruine totale; fi ce fut un grand exploit. Cruautés exercées contre eux, &c. 351. & *suiv.* Paix générale qui leur eft accordée, 363. & *suiv.* Fauffe idée que certains *Réformés* fe font du Chriftianifme, V. 454. Remarque maligne de quelques-uns, à l'occafion du jour auquel arriva la déroute de Fontarabie. Réponfe des Catholiques, 554. Autorité que certains *Réformés* attribueroient à leurs Synodes, s'ils l'ofoient, 576.

Refuge (Du) dans quel deffein envoyé à la

Fffff

TABLE DES MATIERES.
RE — RE. RI

Haie, I. 117. Gouverneur de Mouzon, & Capitaine au Régiment des Gardes, V. 678.

Régale. Remontrance du Clergé à Louis XIII. contre l'extenfion de ce droit. Grand vacarme de fon fils fur ce fujet, &c. IV. 752.

Regersberg (Marie de) époufe de Grotius, le tire de la prifon où il étoit, II. 329.

Régimens compofés de François, reçus fur le pied de *Régiments* étrangers: privileges de leurs Colonels, V. 59.

Reinach ou *Reinacher*, Gouverneur de Brifac, le défend avec toute la valeur & toute la prudence poffible, V. 605. Il capitule, 607.

Religieux (Les) ou *Moines*, pourquoi ils ne s'accommodent pas d'un Vicaire Apoftolique en Angleterre, IV. 308. S'ils préchoient anciennement dans les Eglifes, &c. 314. Différend qu'ils ont avec les Evêques de France, accommodé par le Cardinal de Richelieu. Jufte conféquence que les *Moines* tirent des privileges que les Papes leur ont accordés, 315.

Religion. Différence entre la vraie *Religion* & la fuperftition, I. 156. Caufe véritable des guerres de *Religion* fous le regne de Louis XIII. II. 159. 677. *& fuiv.* zele de *Religion*, ordinairement zele de parti, 637. 638.

Reliques reconnues fauffes, dont cependant on n'abolit pas le culte, II. 522.

Remontrants. Voyez *Arminiens*.

Renard, Maître des Requêtes, Commiffaire du Roi en Bearn, eft mal reçu à Pau, II. 18.

Renaud (Le Pere) Minime, procure une affaire fâcheufe au Maréchal de Baffompierre, V. 372. 373.

République nouvellement formée, difficile à maintenir, VI. 64.

Requêtes (Maîtres des) on en crée feize. Oppofition du Parlement. Ces nouvelles charges font réduites à douze, VI. 21.

R ffs (Le Marquis de la) fous Picolomini, à la bataille de Thionville, V. 671.

R ftincleres Capitaine aux Gardes, frere de Toiras, eft tué à la defcente des Anglois dans l'Ifle de Ré, III. 138.

Rethel (Charles de Gonzague Duc de) fils du Duc de Nevers: projet de le marier avec l'héritiere du Montferrat. Il va en Italie, &c. III. 130. 131. époufe cette Princeffe; fait proclamer fon pere Duc de Mantoue, &c. 167. Voyez *Charles* de Gonzague, Prince de Mantoue.

Retz (Gondi Duc de) fe joint au Duc de Vendôme, I. 236. 254. eft fait Chevalier des ordres du Roi, II. 172. entre dans un patti contre Luines, 185. fe retire de la Ville du Pont de Cé, qu'il s'étoit chargé de défendre, 213. accompagne le Duc de Vendôme au fecours de Blavet, 683. fuit le Duc de Montmorenci dans une expédition, 732. 733. Volontaire au fecours de l'Ifle de Ré, III. 155. Il fait des inftances au Cardinal pour le Duc de Montmorenci, IV. 191. eft privé, fans récompenfe, de la charge de Général des Galeres, V. 208. fe retire de la Cour en même temps que Gafton & le Comte de Soiffons, 236. va voir à Anet le Duc de Beaufort revenu d'Angleterre, VI. 681. affifte à l'enregiftrement de la déclaration fur la Régence: s'attache à la Reine, & s'éloigne de Mazarin & de Chavigni, 693.

Retz (Le Cardinal de) Voyez *Gondi*.

Ribeyra (Dom Benoît de) eft tué au combat de Carignan, III. 482.

Ribier, Lieutenant Général à Blois, Député du Tiers-Etat: ce qu'il eft chargé de repréfenter au Clergé, I. 353. Remontrance qu'il fait au Roi après la clôture des Etats Généraux, 374.

Rich, enfuite Comte de Holland, fait les premieres avances pour le mariage du Prince de Galles avec Henriette de France, II. 615. Voyez *Holland*.

Rich (Le Chevalier) va prier la Chambre Haute, de la part de celle des Communes, d'ordonner que le Duc de Buckingam foit arrêté, III. 28.

Richelieu (Armand Jean du Pleffis de) Evêque de Luçon, envoyé à la Chambre de la Nobleffe, I. 343. cherche les moyens de s'avancer dans le monde : fes occupations : fes intrigues. Il obtient la commiffion de préfenter le cahier du Clergé au Roi, 366. 367. Harangue qu'il fit en cette occafion : réflexions fur divers endroits de cette piece, 367. *& fuiv.* Dégoûté de la controverfe & de la prédication, il fe dévoue au Maréchal d'Ancre, eft fait Grand Aumônier de la jeune Reine, &c. Son coup d'effai en négociation, 532. 533. Il eft revêtu de la charge de Secrétaire d'Etat pour la guerre : indignation que cela caufe. Il laiffe parler : obtient la préféance fur les autres Secrétaires d'Etat, 581. répond, fous le nom du Roi, à une Lettre du Duc de Mayenne, &c. 597. fe donne de grands mouvements pour conserver le maniement des affaires à Marie de Médicis & à Concini, 598. Réponse qu'il fait aux instances du Nonce en faveur du Duc de Nevers, 599. Extrait d'un Ecrit de sa façon, 603. 604. Il écrit obligeamment à Du-Plessis-Mornai, &c. 611. Intrigue de Richelieu pour conserver son emploi, nonobstant la chûte du Maréchal d'Ancre, 625. 626. Ce qu'il fit après la mort de son protecteur. Mortification qu'il essuie : il perd son emploi, &c. Ce qu'on jugea de ses démarches, 640. & suiv. Il avoit offert une de ses sœurs en mariage à Barbin, homme de néant, 642. Il obtient la permission de résider auprès de la Reine-Mere durant son exil : négocie la retraite de S. M. 655. 656. Compliment d'adieu qu'elle fit au Roi, de la façon de Richelieu, &c. 657. 658. Il s'avise d'écrire sur la Controverse. Ce qu'on en pensa dans le monde, 693. 695. Nouvelle disgrace du Prélat : il est relégué à Avignon : feint du zele pour la résidence : se plaint au Pape, 736.

Richelieu, Evêque de Luçon, obtient secretement du Roi la permission de retourner auprès de la Reine-Mere. Chagrin qu'en ont le Favori & les Ministres. Il est arrêté dans sa route, & conduit à Lyon. Ordre de lui laisser la liberté de continuer son voyage, II. 107. 108. Déférence qu'il a pour le Duc d'Epernon, avant que d'entrer dans Angoulème. Il descend chez ce Seigneur, & lui fait toutes les soumissions imaginables : est fait Chancelier de Marie de Médicis, 108. 109. dissimule la douleur que lui causoit la mort de son frere ; recueillit sa succession, &c. 114. remue ciel & terre pour parvenir au Cardinalat. Peur qu'il causoit à Luines, 117. 118. 123. Il est dépêché au Roi par la Reine-Mere, & bien reçu, 121. dissimule le chagrin que lui causoit la Déclaration en faveur de Condé : attend le temps de se venger de Luines, 153. irrite Marie de Médicis, lie un parti contre le Favori, 184. 185. empêche S. M. de suivre les bons avis que les Seigneurs de son parti lui donnoient, &c. 203. & suiv. Ses passions conspirent avec celles de Luines, pour les lier ensemble, 210. Il détourne la Reine-Mere de passer la Loire : trahit S. M. secretement, 212. 213. Avis qu'il donne à Luines, 214. Ce qu'il gagne par le traité conclu entre Leurs Majestés, 215. Il est bien reçu du Roi & de son Favori, 216. Intrigue pour empêcher sa promotion au Cardinalat, 296. & suiv. La Reine-Mere sollicite pour lui obtenir le Chapeau rouge : précaution qu'on prend contre lui. Les Ministres le craignent : le Roi ne l'aime pas : artifice que S. M. emploie pour reculer sa promotion, &c. 442. Maniere dont Richelieu gouverna, 443. Il est fait Cardinal. Harangue qu'il fit au Roi en recevant le bonnet rouge. Il le porte aux pieds de Marie de Médicis : vœu solemnel qu'il lui fait, & qu'il accomplit fort mal, 524. 525. Efforts de S. M. pour le faire entrer dans le Conseil de son fils prévenu contre lui. Epithete que le Roi lui donnoit : défaut naturel qu'il lui impute, &c. 591. Complot formé pour envoyer Richelieu à Rome, découvert & prévenu. Il obtient son entrée au Conseil avec certaines restrictions. Sa fausse modestie. Prognostics sur son élévation, & sur la maniere dont il en useroit. Mémoire qu'il fait dresser pour la préséance des Cardinaux sur les Princes du Sang, 597. 598. Il est un des Commissaires pour la négociation du mariage de Madame Henriette. Difficulté sur le cérémoniel entre lui & les Ambassadeurs d'Angleterre. Il s'étoit délivré des conditions qu'on lui avoit imposées à son entrée au Conseil, 615. 616. Il rassure la Vieuville alarmé, &c. 620.

Caractere du Cardinal de Richelieu : ses bonnes & ses mauvaises qualités également extraordinaires, II. 626. & suiv. Il a la commission de traiter avec les Ambassadeurs des Provinces-Unies, 630. renoue la négociation du mariage de Madame Henriette avec le Prince de Galles : conversation qu'il a avec le Nonce sur cette affaire, 632. 633. Lettre qu'il écrit à Marquemont, où il s'explique rondement sur la dispense demandée, 636. 637. Pourquoi il insinue au Roi la recherche des Financiers. Il fait établir contre eux une Chambre de Justice, sans qu'il paroisse en être le promoteur, 643. 644. Ton haut qu'il inspire au Roi sur les affaires de la Valteline, &c. 661. 663. Entretien qu'il a avec le Nonce sur cette affaire Question qu'il étudia à fonds, & déclaration qu'il fit en conséquence, 668. 669. Il parle fortement à l'Envoyé du Grand Duc qui l'exhortoit à la paix. Motifs qui déterminoient le Cardinal à la guerre : Ligues qu'il négocioit. Il répond vivement à des paroles

Fffffffij

aigres de l'Ambaſſadeur d'Eſpagne, 674. 675. Intrigues de Cour qui lui donnent de l'exercice, 675. & ſuiv. Contretemps des Réformés qui le choque, & l'oblige à changer de vues. Maximes fondamentales de ſa politique. Plan qu'il avoit formé dès la premiere année de ſon miniſtere, 678. 679. Comment il reçoit les plaintes du Nonce & d'un Envoyé extraordinaire du Pape ſur l'irruption dans la Valteline, 689. 690. Ce qu'il dit au premier, en particulier, 691. Il parle en maître de la Légation du Cardinal Barberin, 695. répond froidement aux queſtions & aux plaintes des Ducs de Toſcane & de Mantoue ſur la guerre de Genes, 699. 700. Pourquoi il avoit conſeillé cette expédition, 701. *Richelieu* rival, dit-on, de Buckingam, prend de grands ombrages de ſes intrigues avec les Dames de la Cour, &c. 705. va ſaluer le Légat, 711. confere avec lui ſur les affaires de la Valteline, 713. & ſuiv. Aigreur ſecrete & réciproque entre le Duc d'Epernon & le Cardinal, pour une bagatelle, &c. 720. 721. Il incline à donner la paix aux Réformés, 726. 727. Inſtances ſur la reſtitution de la Valteline qu'il fait au Légat, qui demeure ſans replique. Précaution de *Richelieu*, afin que le Pape ne lui impute pas le mauvais ſuccès de la négociation de ſon neveu, p. 728. répétée & 729. Il travaille à équiper une flote contre les Rochelois, emprunte des vaiſſeaux Anglois, 730. 732. Le Nonce Spada & lui ne peuvent conférer enſemble ſans s'aigrir, 737. 738. Les bigots crient contre le Cardinal. Pour leur fermer la bouche, il porte le Roi à convoquer un Conſeil extraordinaire, 738. 739. Il oublie la réſolution qu'il avoit priſe d'y garder le ſilence, 740. Ce qu'il répondoit aux inſtances de l'Ambaſſadeur de Veniſe pour abandonner l'entrepriſe ſur Genes, 744. Vues qu'il pouvoit avoir en n'accordant pas au Duc de Savoie le rappel de Leſdiguieres, 745. Il fait refuſer à Buckingam la permiſſion de venir en France, &c. 759. Plan que *Richelieu* s'étoit formé : ce qu'il dit au Nonce, en y faiſant alluſion, 769. Il raille ſur la marche des troupes eccléſiaſtiques vers la Valteline, 771. 772. Son manege dans la paix accordée aux Réformés, 791. 792. Il fait propoſer au Clergé aſſemblé la condamnation de quelques Libelles, 795. eſt d'avis de laiſſer agir le Parlement ſur l'affaire du Livre de Santarel, 800.

Richelieu (Le Cardinal de) plus habile que les Favoris des Rois d'Eſpagne & d'Angleterre, trompe Buckingam. Pourquoi il s'empreſſe de finir l'affaire de la Valteline. Fourberie dont il s'aviſe pour la terminer à l'inſû des Alliés du Roi, & ſans qu'il paroiſſe y avoir part, III. 3. & ſuiv. Il uſe de toute ſon adreſſe pour engager S. M. à accepter le traité conclu ſur cette affaire, 6. ment ſans héſiter, 9. Pourquoi il ſouhaite le mariage de Gaſton avec la Princeſſe de Montpenſier. Ne pouvant gagner Ornano, il conçoit le deſſein de le perdre, 34. 35. Artifices qu'il emploie dans ce deſſein, 37. & ſuiv. Réponſe ferme qu'il fait à Gaſton. Sa puiſſance augmente conſidérablement. Il corrompt les Confidents du Duc d'Anjou, 42. & ſuiv. Conſpiration contre le Cardinal découverte. Il conçoit une haine mortelle contre la Maiſon de Savoie: travaille à perdre le Duc de Vendôme & le Grand-Prieur, 46. & ſuiv. feint de vouloir ſe retirer des affaires : on lui donne une Compagnie de Gardes. Jamais on ne vit un plus grand Comédien, 48. 49. Il joue le Prince de Condé, acheve de ſuborner Chalais, rend de mauvais offices au Duc d'Anjou, 49. 50. l'amuſe par ſes artifices, 50. 51. jure la perte de Chalais. Reproche qu'on a fait au Cardinal, 52. Un des grands moyens qu'il a employés pour perdre ſes ennemis. Ses artifices pour tromper Chalais. Calomnie qu'il mit bien avant dans l'eſprit du Roi. Crimes & perfidies imputés à *Richelieu* par Gaſton : motifs pour les croire, 53. & ſuiv. Le Cardinal preſſe le mariage de S. A. R. Intrigue qui le déconcerte, 55. 56. Réponſe qui l'étourdit. Il fait l'homme de bien : ne laiſſe rien échaper de ce qui peut rendre ſes ennemis odieux, 57. Ce qu'il ſe fait donner pour livrée dans le mariage de MONSIEUR, 58. Il eſt fruſtré du Gouvernement de Bretagne, ſur lequel il comptoit, & de celui de Breſt, &c. 59. S'il eſt vrai qu'il eût ſuborné Chalais pour lui faire dire des choſes atroces contre la Reine, & contre Gaſton, &c. 60. 61. Juſqu'où le Cardinal pouſſe ſon reſſentiment. S'il avança les jours du Maréchal d'Ornano. Sa conduite conforme aux principes de Machiavel. Sa puiſſance égale & ſurpaſſe même celle du Roi, 62. 63. Il fait évader Louvigni, & le comble de bienfaits, 64. Inquiétudes qu'on donne à *Richelieu* du côté de l'Angleterre, 65. 66.

TABLE DES MATIERES.

R I

Pourquoi le Cardinal éloigne Toiras de la Cour. Il entretient la jalousie & la défiance réciproque du Roi & de son frere : tâche en vain de se raccommoder avec S. A. R. Ce qu'il lui donne à entendre, pour l'arrêter. Moyens qu'il trouve de maintenir sa fortune, & de croître en autorité. Expédient dont il s'avise pour se mettre à couvert des clameurs du peuple, III. 81. & *suiv*. Son véritable dessein dans la convocation qu'il fit faire des Notables. Discours qu'il fit à l'ouverture de leur assemblée, &c. 86. & *s*. Il leur présente un mémoire de treize articles, qu'il explique selon son adresse ordinaire, 92. Son but en exposant le mauvais état des finances. Points sur lesquels on l'a loué fort mal-à-propos, 94. Il tâche d'en imposer au peuple, &c. 98. ménage la Cour de Rome plus qu'à l'ordinaire ; devient bon ami de Spada ; fait révoquer la censure de Santarel faite en Sorbonne dont il étoit Proviseur, &c. 100. & *suiv*. Heureuse situation des affaires de *Richelieu*. Artifice dont il se sert pour se procurer la seule chose qui sembloit manquer à son bonheur, 106. & *suiv*. Dans quelle vue il négocie une ligue secrete avec l'Espagne contre l'Angleterre. Il fait expliquer les Etats Généraux des Provinces-Unies avant la rupture entre Louis & Charles. Mensonges Politiques de ce Ministre, 108. & *suiv*. Il fait arrêter un Agent secret de Buckingam : poursuit la construction d'une citadelle à Verdun, pour tenir en bride le Duc de Lorraine, 112. 113. traverse sous main un projet de la Reine-Mere ; lui devient suspect, &c. 118. Contestation qu'il a avec le Duc d'Epernon sur les débris d'un naufrage, 121. 122. Il emploie de foibles moyens pour arrêter les progrès de l'Empereur, 123. 124. chagrine le Maréchal de Bassompierre dont il est mécontent, 135. Sujets d'inquiétude que *Richelieu* devoit avoir. On lui a reproché qu'il souhaitoit que les Anglois se rendissent maîtres de l'Isle de Ré, 139. 140. 144. Comment il s'excuse de ce qu'il traversoit le dessein de Gaston d'aller commander l'armée devant la Rochelle, 145. Dès que le Roi est devant la Rochelle, le Cardinal devient plus ardent qu'aucun autre à secourir l'Isle de Ré, 152. 153. Surprise que lui donne la promotion de Berulle au Cardinalat : ce qu'il fait pour parer ce coup, 135. Son insolence envers Gaston. Il mécontente Toiras qu'il craignoit. Places dont il se rend le maître, 158. Ce Ministre s'applique à fermer le port de la Rochelle, 159. 160. sacrifie son ressentiment contre le Duc de Nevers au bien & à la gloire de son Maître ; prend de bonnes mesures pour mettre ce Duc en possession du Duché de Mantoue & du Montferrat, &c. 165. 166.

Le Cardinal de *Richelieu* s'entête de l'encens que ses flateurs lui donnoient : converse souvent avec Spinola, & lui rend de grands honneurs : alliance de fils à pere qu'il vouloit contracter ridiculement avec ce Général, III. 171. Fierté qu'il inspire au Roi, 172. 173. Il persuade à Sa M. d'aller à Paris : a le commandement du siege de la Rochelle durant son absence : se flate en vain d'avoir tout l'honneur de la prise de cette place. Impertinence d'un flateur du Cardinal. Il prenoit Ximénez pour son modele, &c. 174. Témoignage qu'il rendit aux Rochelois, 184. Il conjure le Roi de revenir au siege de la Rochelle. Comment il fait sommer cette ville, n'y ayant ni Héraut, ni cotte d'armes dans le camp, 197. 198. Il fait publier une réponse à un écrit du Duc de Savoye, en attendant mieux, 213. Convaincu de la nécessité de protéger le Duc de Mantoue, il attend avec impatience la prise de la Rochelle, autant pour cette affaire, que pour se venger du Duc de Savoye : il tente cependant la voie de la négociation, 217. 218. Occasion qu'il a de rappeller ses anciennes méditations sur la controverse, 219. 220. Trompé par la Reine-Mere & par Gaston, il voit avec plaisir les mécontentemens réciproques qu'ils feignent de se donner, &c. 229. 230. Son adresse pour tromper les Anglois de la flote qui étoit devant la Rochelle, 133. 134. Il engage habilement les Rochelois à implorer la clémence du Roi, sans leur participation. Entretien qu'il a avec les députés des Réformés François qui étoient sur la flote Angloise, 235. & *suiv*. Fausse & pernicieuse politique dont il fut éloigné. Maxime dont il connoissoit l'utilité, & que son entêtement pour établir le pouvoir arbitraire de son Maître, ou plutôt le sien, l'empêcha de suivre dans toute son étendue, 238. 239. Il cherchoit à se mettre à couvert des effets terribles du pouvoir qu'il établissoit. Ses efforts inutiles pour gagner Pontis, 240. & *suiv*. Il conseille au Roi de donner une

R I

déclaration en faveur des Réformés François qui étoient sur la flote Angloise : se moque de Montaigu & des Anglois, 242. 243. refuse de signer la capitulation de la Rochelle, &c. 244. Sa joie en entrant dans cette ville, dont il avoit médité la conquête avant sa fortune. Il dépeint lui-même l'ambition qui l'avoit toujours dévoré. A quoi il s'occupoit durant le siege, si on veut l'en croire. Il fait distribuer des vivres gratuitement aux habitants : s'entretient avec Guiton : dit la messe dans une Eglise de cette ville, en présente les clefs au Roi, & le précede immédiatement à son entrée, 246. 247. Il fait le grand guerrier, 253. Eloge qu'il se fait donner dans la préface d'une déclaration concernant la Rochelle : on se moque de sa vanité, 255. 256. Comment il se venge de Toiras, qui ne rampoit pas devant lui, 256.

Une des principales maximes de la politique de *Richelieu*, III. 265. Ses projets depuis la prise de la Rochelle, 278. *& suiv.* Quel fut son premier dessein en entrant dans le Ministere, & qu'il poursuivit toujours opiniâtrement par les voies les plus illicites, 280. Il tâche d'accommoder l'affaire de Mantoue à l'amiable ; d'ébranler le Duc de Savoye par des menaces & par des promesses, &c. 281. 282. négocie avec le Roi de Suede par le moyen de Charnassé, 284. 285. Beaux sentiments qu'il inspire à son Maître : par quels motifs, 285. Il combat fortement le délai de l'expédition d'Italie, proposé par Berulle. Les choses arrivent comme il les avoit projettées, 286. 287. Il n'ose plus insister publiquement sur le voyage du Roi en Italie ; comment il l'y détermine par ses créatures, 287. Il tâche d'apaiser Marie de Médicis : n'ose rompre ouvertement avec elle. Pourquoi il la trompe en louant son administration, 288. 289. On fait courir le bruit qu'il a empoisonné le Grand-Prieur. *Richelieu* se défend d'accepter deux Abbayes du défunt. Lettre fine & bien tournée qu'il écrit, là-dessus, au Roi, 292. 293. Maxime dont il fit usage en plusieurs rencontres, 308. Il confere avec le Prince de Piemont : ce qu'il lui remontre. Réponse qu'il fait à une proposition de la part du Duc de Savoye, 315. 316. Si tout le succès de l'affaire du pas de Suze est dû au Cardinal, 320. Ce qui l'engage à conseiller au Roi de faire la premiere démarche auprès du Duc de Savoye,

R I

pour un accommodement, qu'il conclut avec le Prince de Piemont, 321. *& suiv.* Ce qu'il répond à une plainte du Duc de Mantoue. Proposition qu'il fait faire à ce Prince ; & mauvais conseil qu'il donne au Roi, 327. 328. Le Cardinal est laissé à Suze avec un plein pouvoir de finir les affaires commencées : pourquoi il en part bien vîte. Panneau dans lequel il donne, 335. Rôle qu'il fait dans une intrigue dont il fut la dupe. Ses vûes ambitieuses. A quoi le porta le dépit qu'il eut d'avoir été joué, 336. *& suiv.* Crédulité de *Richelieu* pour l'Astrologie judiciaire, 338. 339. Son beau projet, mais chimérique, dans les affaires d'Allemagne, 339. 340. Ce qui l'engage à faire accorder aux Réformés des conditions moins dures qu'elles ne l'auroient été. Epoque de sa grande autorité, 351. Il veut faire accroire qu'il n'avoit aucune part aux inhumanités commises à Privas, 353. tâche d'en couvrir l'horreur, 357. 358. Ce qui l'engage à ne plus s'opposer à l'élévation de Louis de Marillac qu'il haïssoit. Lettre de ce nouveau Maréchal de France, qui le choque furieusement, 360. 361. Motifs qui l'engagent à faire accorder une paix générale aux Réformés, 363. Il se fait donner la commission de réduire Montauban, 367.

Complot pour ruiner *Richelieu* : plaintes de Gaston contre lui. Ecrit où il est maltraité. Son apologie par une plume vénale, III. 370. *& suiv.* Il fait éclater sa puissance en Languedoc d'une terrible maniere : réduit Montauban ; y est reçu avec de grands honneurs, 373. *& suiv.* Sa Cour nombreuse dans cette Ville. Il extorque une visite du Duc d'Epernon ; le reçoit bien, mais fait des efforts inutiles pour le gagner, 375. *& suiv.* Brouilleries entre le Cardinal & la Reine-Mere : pardon apparent, &c. 378. *& suiv.* Il est fait principal Ministre par Lettres Patentes : éloge ridicule qu'il s'y fait donner, 382. Propositions qu'il fait au Nonce du Pape, pour terminer l'affaire de Mantoue, rejettées, 393. Ce qu'il fait déclarer aux Ministres du Roi d'Espagne, 406. Ample pouvoir que Louis lui donne. Titre de Généralissime inventé pour lui. Il donne une fête magnifique au Roi & aux Reines ; sort de Paris en grande pompe, pour aller vers l'Italie, 408. 409. Sa souplesse & ses artifices pour se venger du Duc de Savoie, en affectant de le ménager. Il refuse de s'aboucher avec le Prince de Piémont au pont Bauvoisin, &c. 412. & suiv. confere avec Mazarin, conçoit de l'estime & de l'amitié pour lui : s'avance vers le Piémont : conditions qu'il offre pour la paix de l'Italie, 417. 418. Comment il se défait du Nonce Pancirole détaché pour l'amuser, 418. 419. Il s'attache à mettre le Duc de Savoye dans son tort, 419. 420. a diverses entrevues avec le Prince de Piémont, 418. & suiv. tient un Conseil où l'on opine à son gré : prend la résolution d'attaquer le Duc de Savoye : remontrances & sommation qu'il lui fait faire, 431. 432. Sa contenance & son équipage à la tête de l'armée, &c. 433. 434. Il prend Pignerol, 435. se défend de rendre cette place, 437.

Différend de Richelieu avec le Duc de Guise, III. 440. 441. Le Cardinal va à Grenoble, est reçu de la maniere la plus agréable par le Roi : part pour saluer les Reines à Lyon : confere avec Marie de Médicis, &c. 444. 445. Pourquoi il persuade au Roi d'écrire une Lettre fort honnête à son frere, 449. Généralissime sous S. M. à la conquête de la Savoye, il flatte son inclination à la guerre, 450. 451. Son adresse afin qu'on ne lui impute pas le retour du Roi à l'armée en Savoye, & la maladie dont il y est attaqué. Déchaînement contre ce Ministre, monstre d'ingratitude, si jamais il en fut, & plus blâmable que Marie de Médicis, 454. & suiv. Vûes qu'on lui attribue en sollicitant le Duc de Montmorenci de prendre le commandement de l'armée en Piémont, 459. Il se fait un grand mérite d'une chose qui ne lui coûtoit guere, 479. Cabales à la Cour contre ce Ministre : il tâche en vain de gagner le Garde des Sceaux : se plaint hautement de ses ennemis devant le Roi : est déterminé à tout sacrifier pour la conservation de sa fortune, & à profiter de la leçon de son Machiavel, 483. & suiv. Il cherche à finir au plûtôt la guerre d'Italie, 487. 488. Grandes affaires auxquelles il travailloit fortement, 489. 495. 496. Ce qu'il se promettoit de l'Ambassade à Ratisbone. Son manege divers dans l'affaire de Mantoue, selon la diversité des conjonctures. Il presse la conclusion d'un traité, puis le fait désavouer : maltraite le P. Joseph en apparence, puis le rétablit dans sa plus intime confidence, 504. & suiv.

Intrigues & complots contre Richelieu pendant une maladie dangereuse du Roi : précautions & mesures qu'il prend. Son découragement quand sa fortune chancelle. Il tâche inutilement d'apaiser la Reine-Mere, & de gagner les Mariilacs, 527. & suiv. Délivré des frayeurs que la maladie du Roi lui avoit causées, parti vigoureux qu'il prend sur les affaires d'Italie, 530. 531. Circonstances qui lui font honneur, & dont il se prévaut, 548. Eclat de la Reine-Mere contre ce Ministre, 549. 550. Tentative pour raccommoder avec Gaston, 551. Il s'introduit dans le cabinet de Marie de Médicis, où elle étoit enfermée avec le Roi : ce qui se passa dans cette occasion. Le Cardinal se croit disgracié, & prend le parti de se retirer. Reproche que ses ennemis lui ont fait. Il tente en vain de fléchir la Reine-Mere, 552. 553. Prêt à partir pour le Havre de Grace, il en est détourné par le Cardinal de la Valette, &c. 554. va se jetter aux genoux du Roi à Versailles, & déconcerte les projets de Marie de Médicis. Lettre qu'il écrit à cette Princesse, où paroît l'esprit souple & fourbe de Richelieu, 557. 558. Ce qu'il dit malignement au Président le Jai. Il ne veut pas souffrir l'affront fait à sa niece & à son cousin par la Reine-Mere, 560. Ce qu'il rapporte du Maréchal de Marillac, qu'il est résolu de perdre, 567. 569. Usage qu'il fait de son pouvoir sur l'esprit du Roi, &c. 569. & suiv. Il se raccommode avec Gaston, en gagnant ses principaux Confidents, 571. 572. Comment il reçoit une proposition de la Comtesse de Soissons. Il présente au Baptême le Prince de Conti, second fils du Prince de Condé, 573. 574. veut avoir tout le mérite de la liberté accordée au Duc de Vendôme, &c. 575. Tentatives pour réconcilier Richelieu avec la Reine-mere : entrevues, scenes pleines d'hypocrisie : raccommodements simulés, 576 & suiv. Il veut l'obliger à reprendre chez elle ses parents. Sa scélératesse. Il cherche les moyens de la perdre sans ressource auprès du Roi, 580. 581. Comment il met à couvert les intérêts de la Religion Catholique dans la Ligue avec Gustave, 582. Vacarme contre le Cardinal à l'occasion de ce Traité, 583. Il tâche de diviser les Confidents du Duc d'Orléans, 589. Compliment qu'il essuie de la part de ce Prince : ses griefs contre Richelieu, 591. & suiv. Ce Ministre est bientôt délivré de

TABLE DES MATIERES.

RI

ses frayeurs: protestations qu'il fait faire à S. A. R. & à ses Confidents, 593. 594. Projet qu'il concerte avec le P. Joseph contre la Reine-Mere, 597. & *suiv.* Ses artifices pour faire consentir le Roi à l'éloignement de cette Princesse, 600. & *suiv.* Il confirme l'opinion qu'on avoit de lui, qu'il étoit le plus grand Comédien & le plus délié Courtisan de son siecle : discours qu'il prononce dans le Conseil, 603. & *suiv.* Il tâche d'en imposer au monde sur l'exil de Marie de Médicis. Reproche fait à ce Ministre, 610. 611. Il propose de faire arrêter quelques Seigneurs attachés à la Reine-Mere, &c. Intérêt secret qui le portoit à perdre Bassompierre, 611. 612. Réponse qu'il fit à quelqu'un qui demandoit l'élargissement de ce Seigneur, 614.

Projet de *Richelieu* embarrassé des divers mouvements du Duc d'Orléans, III. 621. 622. Prétention de ce Ministre sur ceux de S. A. R. 624. 625. Comment il se justifie dans une réponse du Roi à ce Prince, 626. 627. Content d'avoir forcé Gaston à sortir du Royaume, il ramene le Roi à Fontainebleau, &c. 629. Projets ambitieux imputés au Cardinal, &c. 631. & *suiv.* Remontrance qu'il fait au Roi sur les procédés du Parlement de Paris : mortification éclatante qu'il fait essuyer à cette Compagnie, 633. & *suiv.* Plumes vénales qui s'empressent à justifier ce Ministre. Il compose lui-même son apologie dans plusieurs déclarations du Roi, &c. 638. Il persécute Morgues de Saint Germain, 639. soumet la Cour des Aides, 641. 642. Ses manieres artificieuses pour surprendre la crédule Louis, 645. Avantages qu'il trouvoit à poursuivre les grands Seigneurs. Son impatience pour engager la Reine-Mere à partir de Compiegne, 648. 649. Il facilite sa retraite hors du Royaume. Fine & maligne politique du Cardinal, 652. & *suiv.* Son ministere, ou plûtôt son regne à quoi comparé. Si certains reproches qu'on lui a faits sont bien fondés, 662. 663. Intrigue qu'il lie contre les Espagnols, avec le Doyen de Cambrai, 665. 666. Il conserve Pignerol à la France, non sans supercherie, mais avec une grande dextérité, 667. & *suiv.*

Richelieu (Le Cardinal de) est fait Duc & Pair, prend le pas sur les autres Pairs : obtient le Gouvernement de Bretagne, &c. IV. 1. & *suiv.* Il travaille à dépouiller ses ennemis de leurs dignités & de leurs biens, 5. & *suiv.* Comment il couvre les effets de ses passions, 8. Il déconcerte les projets des Ducs d'Orléans & de Lorraine, 10. refuse de s'accommoder avec le Duc de Bellegarde ; lui tend une embuscade, 12. Pourquoi il porte le Roi à conclure une Ligue défensive avec le Duc de Baviere, 15. Il s'étonne moins que les autres des progrès de Gustave, 29. arrête le Roi prêt à prendre une résolution inspirée par le bigotisme. Ce qu'il répond aux propositions des Electeurs Catholiques. But secret du Cardinal, 37. 38. Il ôte à la Reine-Mere la liberté de se justifier auprès de son Fils. Pieces où il est fort maltraité, 41. & *suiv.* Il projette de se former un petit Royaume, 42. Principe détestable qu'il a suivi. Sa fureur contre Chanteloube, 43. Il tire bon parti du Duc de Lorraine qui étoit venu à Metz, 45. & *suiv.* se démêle des complots de ses ennemis, 50. ménage Gustave avec grand soin. Idée que *Richelieu* & son Capucin s'étoient formé sur ce Prince, &c. 51. 52. Intrigues du Cardinal à Strasbourg, 53. Ce qu'il répond aux plaintes de la Cour d'Espagne, 54. Mortification qu'il reçoit sur le mariage de sa niece, proposé avec le Comte de Soissons, 55. Points sur lesquels il reconnut qu'il s'abusoit, 70. Ce qu'il étoit bien-aise de persuader au monde, 72.

Le Cardinal de *Richelieu* veut intimider ses ennemis en faisant couper la tête au Maréchal de Marillac. Réponse qu'il fit aux Juges de ce Seigneur. Conduite du Ministre dans cette affaire, 94. 96. & *suiv.* 105. 106. Nouvel embarras qui ne le déconcerte pas. Mesures qu'il prend pour s'en démêler, 109. 110. S'il cherchoit un prétexte de perdre le Duc de Montmorenci, 114. Bien averti de ce que font ses ennemis, il tâche de prévenir le complot de ce Seigneur pour les intérêts de Gaston, 115. Ce qu'il disoit à ceux qui le consoloient de la mort du Maréchal d'Effiat, 125. Il persuade au Roi de suivre Gaston en Languedoc, 130. Maxime qu'il suivoit, 131. Il fait insérer son éloge dans une déclaration du Roi sur l'entrée de ce Prince dans le Royaume. Réponse qu'il fait à la Princesse de Guimené, qui lui parloit pour Montmorenci, 132. Il fait enlever, près de Mayence, un Gentilhomme que la Reine-Mere & Gaston envoyoient au Roi de Suede,

TABLE DES MATIERES.

RI

de, &c. 134. 135. penfe à conjurer l'orage formé contre lui, 151. 152. eft furpris d'une marque d'affection que le Roi donnoit à Monsieur : ce qui prouve cette circonftance, 160. 161. Il réveille dans l'efprit de Louis fon ancienne jaloufie, 168. Deux embarras dont *Richelieu* eft délivré, 169.

Comment *Richelieu* furprit le Roi dans l'affaire de Montmorenci. Principes de politique dont ce Miniftre couvroit fes vengeances particulieres, 185. & *fuiv.* Il opine avec beaucoup d'efprit & d'artifice dans le Confeil, fur la maniere dont ce Seigneur devoit être traité, 187. & *fuiv.* Vrais motifs de la rigueur inflexible qu'il infpira au Roi. Réponfes qu'il fait à ceux qui intercédoient pour Montmorenci. Il parle plus haut que S. M. 190. & *fuiv.* Vifite qu'il rend à la Princeffe de Condé, où il paroît grand Comédien. Compliment qu'il fait à Saint Preuil, 193. Ce qui le rend plus hardi à exercer fes vengeances particulieres, &c. 198. 199. Petites marques de clémence qu'il faifoit donner aux victimes qu'il facrifioit à fon ambition, &c. 201. 202. Démarches qu'il fuggere au Roi, pour chagriner la Reine-Mere. Autre déplaifir qu'il lui avoit donné, 205. Vafte projet attribué à *Richelieu.* Route qu'il prend pour s'en retourner avec la Reine. Sujets d'aigreur entre lui & le Duc d'Epernon. Grande maladie du Cardinal, &c. 206. & *fuiv.* Accueil que le Roi lui fait à fon retour. Il explique fon fentiment dans le Confeil, fur les mefures à prendre depuis la mort de Guftave, 214. & *fuiv.* Réflexions fur le plan & fur les vues fecretes de ce délié politique, 216. & *fuiv.* Ses projets au regard de la Reine-Mere & de Gafton : fon infolence envers fa bienfaitrice : conférence qu'il a avec l'Envoyé de Tofcane, 218. & *f.* Mécontentement qu'il a de Châteauneuf & de la Ducheffe de Chevreufe : comment il eft défigné dans une Lettre de cette Dame. *Richelieu* jette la terreur par-tout, 221. 222. Il affecte du zele pour la Religion, qui étoit le moindre de fes foucis, 228. Pourquoi il évite une rupture ouverte avec la Maifon d'Autriche, 230. 231. Motifs de fon empreffement à renouveller & à confirmer les traités avec la Couronne de Suede, & avec les Princes de l'Union Proteftante, 232. 233. Il envoie à Feuquieres des inftructions pour négocier avec Valftein, 270. 271. Réponfe

Tome VI.

RI

du Cardinal aux demandes des Cours de Vienne & de Madrid pour parvenir à un accommodement. Proteftations qu'il faifoit. Ses vues : il pénetre celles d'Olivarez : prend des mefures pour les traverfer, 274. 275. Il continue de ruiner fes ennemis & d'avancer fes créatures : eft fait Commandeur de l'Ordre du S. Efprit, &c. 275. 276. Lettres obligeantes qu'il envoie à Toiras, dans le temps même qu'il travaille à le perdre, 277. & *fuiv.*

Richelieu diffuade Louis d'envoyer à la Reine-Mere, malade à Gand, le Médecin Vautier qu'elle demandoit. Proteftation qu'il fait faire à cette Princeffe par Des-Roches Exprès du Roi. Couleurs dont il pallioit fa violence, &c. IV. 283. 284. Irrité des hauteurs de Marie de Médicis, il la laiffe fouffrir dans les Pays-Bas, fauve les apparences par des propofitions qu'il lui fait faire de temps en temps : feme les foupçons & la méfintelligence entre elle & Gafton, 286. Il promet toute fureté à Puylaurens, s'il s'allie dans fa maifon ; approuve le reffentiment du Roi contre le Duc de Lorraine, &c. A quelle condition il promet de fervir Gafton. Demande de S. A. R. qui ne l'accommode pas, 287. & *fuiv.* Tempérament judicieux qu'il prit pour terminer un différend entre les Evêques & les Moines, 315. Atteinte qu'il donne aux priviléges des Evêques, pour perdre fes ennemis, 319. Bien aife de trouver une occafion d'humilier le Duc d'Epernon, il promet fa protection à l'Archevêque de Bourdeaux, 321. 322. prononce en fa faveur, fait reléguer le Duc, 327. Grande maxime de *Richelieu*, la négociation perpétuelle, 331. Raillerie qu'il fait du Duc de Savoye, 334. Il perfuade à Louis de ne plus ménager le Duc de Lorraine, 338. confere avec le Cardinal François, frere de ce Prince : prétention frivole qu'il forme fur la mouvance de la Lorraine, &c. 340. & *fuiv.* Confeil où il recueille toutes les raifons capables d'infpirer fa paffion au Roi. Il le porte à s'emparer de Nanci & de toute la Lorraine, 343. & *fuiv.* Comment il reçoit la propofition du mariage de fa niece avec le Prince François, frere du Duc, 345. & *fuiv.* Il refufe de céder le pas aux Princes du Sang ; cherche à mortifier le Comte de Soiffons qui rejette cette prétention, 346. Son ardeur martiale au fiege de Nanci. Accident qui l'étonne ;

Gggggg

RI

353. Articles dont il convient avec le Cardinal de Lorraine, 354. 355. Particularités d'une entrevue de *Richelieu* avec le Duc Charles, 356. & *suiv*. Feinte modestie de ce Ministre, 358. Il persuade au Duc de Lorraine d'aller trouver le Roi à la Neuville, & engage le Roi à s'assurer de sa personne sous prétexte de lui faire honneur, 358. & *suiv*. Ou a tâché en vain de pallier cette mauvaise foi du Cardinal, 363. & *suiv*. Réfutation de ce qu'on avance sur cette affaire dans son Testament politique, 368. 369. Complot de l'assassiner, 369. & *suiv*. Autre qui paroit mal fondé. Acharnement réciproque de *Richelieu* & de Chanteloube l'un contre l'autre: partie inégale, 372. 373. Desseins profonds du Cardinal, & sa prévoyance, 384. Tentatives qu'il fait pour avoir Philisbourg, 397. 400. 401.

Richelieu ne relâche rien de la rigueur des conditions proposées à la Reine-Mere: sous quel prétexte il couvre cette dureté. Mal qui le tourmentoit: Successeur qu'il se destinoit en cas de mort, IV. 407. 408. Parallele de sa scélératesse avec celle de son Capucin, & de Chanteloube. Sentiment que fait naître la conduite du Cardinal à l'égard de la Reine-Mere, 411. 412. Discours qu'il tient dans le Conseil du Roi, touchant les mesures à prendre au regard de Marie de Médicis & de Gaston. Il y confond adroitement les intérêts de Louis avec les siens, & entraine tous les Conseillers d'Etat dans son opinion, 412. & *suiv*. Il ne peut convenir des articles du mariage de sa niece avec le Cardinal François de Lorraine, 417. 418. fait à S. A. une proposition à laquelle il ne s'attendoit pas, 418. 419. Longue & fade Harangue qu'il fait en présence du Roi au Parlement de Paris, & contre l'usage. Passages extraits de cette piece, avec des remarques, 410. & *suiv*. Sa passion contre la Maison de Lorraine: querelle qu'il cherche au Cardinal François, Duc de Lorraine par la démission de son frere, 433. & *suiv*. Maxime altiere & arrogante de *Richelieu*, 436. La nouvelle du mariage du Duc François avec la Princesse Claude l'embarrasse: réponse qu'il fait à l'Exprès de S. A. Son nouveau plan sur la Lorraine, 439. 440. Ce que l'hypocrite Cardinal répond à l'Envoyé du Grand Duc, touchant l'accueil fait à Florence au Duc François de Lorraine & à son épouse, 446. Il n'accepte qu'en

RI

partie un présent de la Duchesse Nicole, 448. Bruit sourd qui se répand, qu'il prétendoit réduire MONSIEUR à épouser la Combalet, 448. Ce qu'il fait insinuer à Marie de Médicis. Il presse plus que jamais la cassation du mariage de S. A. R. avec Marguerite, 450. Grande & constante maxime du Cardinal, qui ne le rend pas favorable au retour de la Reine-Mere, 453. Lettre qu'il reçoit de S. M. conclusion impertinente qu'en tire un des Historiens flateurs de *Richelieu*, &c. 454. 455. Etranges effets de son ambition, qui le porte à rompre la négociation de l'accommodement de Marie de Médicis, &c. 456. & *suiv*. Il confere avec l'Abbé d'Elbene sur le retour de MONSIEUR, 463. 464. Pourquoi il a de l'impatience de revoir ce Prince: Lettre qu'il lui écrit, 466. Preuve de son ambition sans bornes: proposition étrange qu'il a l'audace de faire dans le Conseil, 469. Ce qui redouble son empressement pour attirer le Duc d'Orléans en France, 470. Pourquoi le Cardinal regretta sincerement la fin malheureuse de Valstein, 487. Il étoit capable de tout, 506. Ce Ministre se moque des rodomontades de celui d'Espagne: engage le Roi à s'emparer de la Lorraine, à occuper une partie de l'Alsace. Comment il appaise les plaintes des Suédois, 509.

L'étendue & la supériorité du génie de *Richelieu* ne doivent pas couvrir ses mauvaises qualités, ni lui faire pardonner sa scélératesse. Obligation où il étoit d'être homme de bien, plûtôt qu'habile politique. Au fonds il n'est pas si estimable. Il pense à former de tous côtés des Ligues contre la Maison d'Autriche, IV. 513. & *suiv*. Incapable de borner son ambition, il forme des projets d'établissement pour lui-même. Il se met en tête d'engager le Cardinal Antoine Barberin à prendre la protection de la Couronne de France à Rome, &c. 515. Lettre obligeante & enjouée qu'il lui écrit, jointe à un magnifique présent du Roi, 517. *Richelieu* est fort choqué de la conduite du Cardinal François Barberin: affaire où ils s'opiniâtrent l'un contre l'autre d'une étrange maniere. Instruction que le Ministre de Louis envoie là-dessus aux Ambassadeurs de France à Rome, 514. 525. Il laisse tomber cette affaire, 527. ne réussit point dans sa prétention sur les bénéfices vacants par le mariage du Cardinal de Lorraine, & sur l'Evêché de Spire, 537. & *suiv*.

TABLE DES MATIERES.

R I

Portrait de *Richelieu* par Langlade. Opposition qui se trouve entre ce Ministre & le Duc de Bouillon, 557. 558. Le Cardinal pousse l'emportement jusques à la rage & à la fureur contre ceux qui disoient du mal de lui, comme il paroît par l'affaire de Grandier, 559. 560. 561. 564. 567. Il ne veut pas entendre parler du rétablissement des Lorrains; veut détourner le Pape d'envoyer un Nonce extraordinaire; entretient une négociation perpétuelle par-tout, &c. 576. Inquiet des attentats faits sur sa vie, il tâche d'amener la Reine-Mere à se retirer à Florence; emploie à cet effet l'Envoyé du Grand-Duc de Toscane, 577. 578. confere avec Gondi à son retour de Bruxelles; déclame contre Chanteloube, Fabroni & S. Germain, 583. 584. *Richelieu* souhaite une guerre ouverte avec l'Espagne; n'y pense jamais sans tomber dans une grande perplexité, &c. 584. *& suiv.* Comment il négocioit avec l'Ambassadeur de cette Couronne. Il lui refuse audience, 587. envoie un Exprès à Madrid avec une longue instruction, 588. *& suiv.* Pourquoi il feint de l'empressement à prévenir une rupture ouverte avec la Maison d'Autriche. Adresse du Cardinal quand le Roi paroît mécontent de lui. Il lui suscite de grandes affaires, pour se rendre plus nécessaire. Charges qu'il fait donner à ses parents, 591. 592. Instruction qu'il envoie au Résident de France à Vienne, 592. *& suiv.* Il y joint un projet artificieux d'accommodement, 595. 596. persuade au Roi d'envoyer un Ambassadeur extraordinaire en Angleterre: instruction & projet de traité dont le Cardinal charge ce Ministre, 597. 598. Il y glisse une espece de menace, qu'il ne manqua pas d'effectuer, 598. 599. *Richelieu* désarme la colere d'Henriette, Reine de la Grande-Bretagne, par des soumissions, 599. Lettre qu'il écrit à cette Princesse, 600. Ce Ministre conçoit des soupçons contre le Duc de Savoye; tâche de découvrir ses véritables sentiments, 600. *& suiv.* modere l'ardeur martiale du Duc de Parme, 602. 603. débauche en peu d'années plusieurs Princes d'Italie, 604. Il tente de prévenir les inconvéniens qu'il prévoyoit du côté du Nord, 604. tâche de cacher par une feinte, modération le dessein d'étendre la domination de son Maître vers le Rhin & la Moselle, 606. 607.

Comparaison du Cardinal de *Richelieu* & du Chancelier Oxenstiern, IV. 610. 611. Ce que le premier médite pour gagner l'Electorat de Treves, 612. Il se venge d'Oxenstiern qui le traversoit: pense moins à l'avantage de son Eglise qu'à celui de son Prince, 616. Pourquoi il cherche à conserver l'Electorat au Duc de Baviere, 623. La défaite de l'armée Suédoise à Norlingue favorise les projets de *Richelieu*, 649. 650. Mesures qu'il concerte avec son Capucin. Comment il s'explique dans le Conseil tenu pour délibérer là-dessus, 654. *& suiv.* Projet chimérique qu'il forme avec Joseph. Le Cardinal se voit au comble de sa joie par la remise de Philipsbourg & d'autres places, faite au Roi, 656. 657. Sa négociation avec les Députés des Princes Confédérés, 657. *& suiv.* Piege qu'il tend à Puylaurens avec autant de finesse que de malignité. Mot dont il usoit par allusion au nom de ce Favori, 663. Il joue bien la Comédie à l'arrivée de Monsieur à la Cour, & à un régal qu'il lui donne: fait donner la torture à son Favori sur l'article du mariage de ce Prince, &c. 668. *& suiv.* conclut celui de Puylaurens avec une de ses parentes: s'apperçoit qu'il ne lui sera pas facile de disposer de ce nouvel allié, &c. 674. *Richelieu* appuie de tout son crédit l'Archevêque de Bourdeaux, en France & à Rome, contre le Duc d'Epernon: prononce lui-même l'Arrêt du Conseil sur cette affaire. A quelles conditions il s'apaise enfin. Courte joie qu'eurent ses ennemis. Compagnies destinées à le garder, 675. 676. But principal des mouvements de ce Prêtre ambitieux & cruel pour la dissolution du mariage du Duc d'Orléans. Inquiétudes qui le troublent dans sa prodigieuse fortune. Persuadé que Puylaurens le traverse, il engage le Roi à le faire arrêter, &c. 676. *& suiv.* Protestations que le Cardinal fait à Gaston dans cette circonstance, 679. 681. Douleur que cause à *Richelieu* la surprise de Philipsbourg par les Impériaux. Il prend des mesures pour en prévenir les mauvais effets, 683. 686. engage le Chancelier de Suede à venir à la Cour. Cérémoniel observé entre ces deux Ministres: visite en bottes que celui de France rend à l'autre. Traité qu'ils concluent, 695. *& suiv.* Confiance ridicule de *Richelieu*, 701. 713. 714. Ce qui le console de la violence faite à l'Electeur de Treves, &c. 704. Occasion que *Richelieu* embrasse de décla-

Gggggg ij

rer la guerre qu'il méditoit depuis long-temps. Son imprudence dans cette entreprise, selon son propre aveu. On le fait parler moins sincerement dans son Testament politique, IV. 710. & suiv. Il n'est point oublié dans la déclaration de guerre contre l'Espagne : arrogance inouïe du Cardinal, bien relevée par les Espagnols : juste reproche qu'ils lui font. Ce Prêtre se joue de la Religion, &c. 716. & suiv. Piece où il est fort maltraité, & presque toujours avec raison, 718. & suiv. Irrégularité qui lui fut reprochée, 724. Il ne s'accorde pas avec le Roi dans la relation de la bataille d'Avein, 729. Lettres qu'il écrit à son Confrere la Valette, devenu militaire, 732. 734. *Richelieu* ne perd pas de vue son dessein de faire casser le mariage : invente un nouveau droit, fondé sur quelques faits anciens : engage une Assemblée du Clergé à décider cette affaire au gré de la Cour, &c. 747. & suiv. Il ne prend pas mal ses mesures pour réussir, 751. 752. se fait donner toutes les Abbayes Chefs-d'ordre en France. Défiance que la Cour de Rome & le Duc d'Orléans conçoivent de ses vastes projets, 755. *Richelieu* s'alarme mal à propos d'un voyage de ce Prince : change l'ordre qu'il s'étoit prescrit à l'égard de S. A. R. joue cette Comédie pendant quelques mois, 756. 757. Tout étoit-il perdu, si le Roi eût chassé ce Ministre, 767. Le Cardinal consent qu'une Lettre de Marie de Médicis soit envoyée au Roi : détourne par ses insinuations le bon effet qu'elle auroit pu faire, 769. Quoiqu'il se porte bien, il engage Louis à tenir le Conseil chez lui, à Ruel. A quoi les Courtisans imputoient cette conduite, 771. Il fait chasser de Rome le Résident que la Reine-Mere y avoit envoyé. Lettre que S. M. écrit au Pape contre *Richelieu*, pleine de justes reproches, &c. 773. & suiv. Il reçoit chez lui un misérable qui le divertit : occasion & motif qui le portent à établir l'Académie Françoise, 778. & suiv. Preuve de la tyrannie qu'il exerçoit. Basse flaterie dont il sent le ridicule, 781. Il parut ensuite se soucier peu de son Académie, qu'il ne prit pas soin de loger, 789. Luxe & puérilités du Cardinal : il fait de méchantes Comédies : récompense Colletet pour deux vers médiocres : résistance qu'il éprouve de la part de ce Poëte, 790. 791. 791. Proposition qu'il fait à Chapelain. Sa basse

jalousie contre le succès du Cid de Corneille : il fait critiquer cette piece, 792. 793. Chagrin que lui donne le Prince d'Orange, &c. 802. Le Cardinal ne devoit pas associer Brezé avec Châtillon, 804. Vérité du reproche que Montresor fait à ce Ministre. Nouvelle qui le console un peu du mauvais succès de ses entreprises, 811.

Richelieu (Le Cardinal de) ce qu'on lui fait dire sur l'expédition du Duc de Rohan dans la Valteline, &c. Ce que son Dictionnaire appelle *Infidélité*, V. 4. 5. Il peut avoir été la dupe du Duc de Savoye, & du Prince d'Orange, 12. La nouvelle de la levée du siege de Valence paroit le consterner, 17. Il a besoin que son Capucin le rassure, 19. s'attache à ménager le Duc de Weymar, 20. 21. Compliments qu'il fait à la Valette son Confrere, 24. Mémoire qu'il lui envoye, où l'on trouve les projets du Ministre & de son Capucin, 25. Ils applaudissent aux fausses démarches de la Valete, 26. Perplexité où *Richelieu* se trouve par la mauvaise situation de ce Prélat. Expédient fâcheux auquel il est forcé de recourir pour le tirer d'intrigue. Lettre qu'il lui écrit en forme d'instruction, où l'on apperçoit son trouble & son embarras, 28. & suiv. Instruction mieux digérée qu'il envoie à la Valette. Demande qu'il n'accorde qu'avec une extrême répugnance, 30. 31. Il félicite son Confrere de sa glorieuse retraite, 32. regle tout avec son Capucin : se fait Surintendant Général des vivres, & laisse mourir les armées de faim : opine contre le voyage du Roi sur les frontieres de Champagne, & parle fort cavalierement de S. M. selon le discours qu'on lui attribue, 38. 39. Génie de ce Politique : ce qu'il écrit à son Confrere la Valette. On raisonne fort dans le monde sur ce que *Richelieu* ne suit pas son maître, &c. 39. & suiv. Le Roi se chagrine contre ce Ministre, & lui en demande pardon. Réponses qu'il fait à S. M. dans cette conjoncture, 41. & suiv. Promesse qu'il en avoit extorquée, sur un mémoire artificieux qu'il lui avoit présenté, &c. 43. & suiv. Intrigue contre son Eminence pendant que le Roi est en Lorraine. Si elle étoit *douce & facile*, comme Chavigni l'écrit. Le Cardinal fait exiler de la Cour le Comte de Soissons : obtient son rappel peu de temps après, content de faire sentir l'étendue de son crédit, 46. & suiv. A quoi aboutirent

TABLE DES MATIERES.

R I

ses vastes projets en 1635. Incapable de supporter le travail, il se repose de tout sur son Moine, 50. Embarras & aveuglement du Ministre, 53. Il se repose entierement sur l'habileté de son ami la Valette, 55. 56. Mémoire où *Richelieu* expose sa pensée sur les mesures à prendre pour repousser le Duc Charles & les Impériaux de la Lorraine, 56. 57. Il reçoit bien Gassion, 59. l'attache à sa personne, 61. 62. ne paroît point déconcerté du mauvais succès de ses entreprises. Ce qu'il disoit aux Ministres étrangers, 63. Il cherche de l'argent de tous côtés, & trouve divers obstacles à surmonter, 65. Parole qu'il fait donner aux Gens du Parlement de Paris, & qu'il ne tient pas, 67.

Intrigues dans la Maison du Cardinal, dont il paroît se mettre moins en peine que de ce qui passoit dans celle de Gaston. Il avance aussi peu à Rome qu'à Paris pour la dissolution du mariage de ce Prince. Nouvelle tentative qu'il fait auprès de S. A. R. sur ce point. Artifice qu'il emploie pour éloigner les fideles serviteurs du Duc d'Orléans, V. 68. *& suiv.* Extrait d'une Lettre qu'il écrit à son ami la Valette, 71. *Richelieu*, dit-on, traversa sous-main la promotion du P. Joseph au Cardinalat, après lui avoir obtenu la nomination du Roi, 72. Lettres qu'il écrit à son Confrere la Valette, 74. 75. Il appuie le Duc de Parme dans ses prétentions sur le cérémoniel, au préjudice des meilleures Maisons de France. Comment il reçoit sa visite. Le Cardinal régale ce Prince avec une dépense énorme, 77. 78. Il fait, dit-on, proposer le mariage de sa niece au Duc Bernard de Weymar, qui le rejette d'une maniere choquante, 80. Empressements du Cardinal pour Mazarin, dont il tâche en vain d'empêcher le rappel, 84. Il se fait élire Abbé de Cluni, de Citeaux & de Prémontré, dans le dessein réel, ou feint, de réformer ces trois Chefs d'Ordre. La Cour de Rome, peu persuadée de son zele pour la Maison de Seigneur, lui en refuse les Bulles. Certaines gens soupçonnent *Richelieu* d'aspirer au Patriarchat, 84. 85. Il donne quelques excellents Prélats à l'Eglise de France, mais un plus grand nombre de mauvais, 86. Pourquoi il fait donner au Maréchal d'Etrées la commission d'Ambassadeur Extraordinaire à la Cour de Rome, 86. Lettre du Cardinal au Pape, pour engager S. S. à donner audience

R I

à cet Ambassadeur, &c. 88. 89. Autre en réponse à Mazarin, où l'on voit l'étroite union qui s'étoit formée entre ces deux Politiques, 90. 91. Manege de *Richelieu*, tant au dedans qu'au dehors, à l'égard de la paix qu'il feignoit de souhaiter : intrigue à la Cour de France pour l'obliger à la faire, &c. 91. *& suiv.* 96. Joie secrete que lui donnent les embarras qui surviennent dans cette affaire. Point sur lequel il insiste, 98. 99.

Récit abrégé avec art par le Cardinal de *Richelieu*, ou en son nom, de la campagne de 1636. Raisonnements qu'il fait, ou qu'on lui prête sur cette guerre, accompagnés d'un Commentaire, V. 107. *& suiv.* 110. *& suiv.* Maxime qu'il avance, qui mérite d'être bien pesée, 109. Il semble oublier les affaires de la guerre durant l'hyver, dépense beaucoup en spectacles, & ne se met pas en peine que les troupes soient payées, 112. 113. envoie de l'argent pour rompre une trame à la Haie, 115. 116. est plus fin que le Duc de Savoye, 134. Implacable ennemi de ceux qui se mettoient bien auprès du Roi sans lui, mauvais traitements qu'il avoit suscités à Toiras, 142. *Richelieu* fait le fanfaron sur le combat du Tesin, 147. Affaire où il n'avoit osé s'engager. Tentatives qu'il avoit faites sur la fidélité des Comtois, 154. Sa tendresse pour la Meilleraie. Promesse qu'il fait pour hâter la prise de Dole, 157. Sujets de mécontentement qu'il donne au Comte de Soissons, 158. 159. Compliments outrés qu'il fait à son Confrere la Valette, 160. Il est chagrin de la dépense & de la perte faites pour la conquête de Saverne, 161. empêche la remise de cette place au Duc de Weymar, 162. est fort embarrassé par la mauvaise réussite du siege de Dole, 165. Imprudence inexcusable du Cardinal, par le mauvais état où il laissa les places frontieres de Picardie, 168. *& suiv.* Il dissimule la crainte que lui donne la prise de la Capelle par les Espagnols, 171. Comment il couvre sa négligence, &c. 177. 178. Rien ne lui coûte pour maintenir sa fortune, 179. Dictionnaire particulier de ses créatures & de ses flateurs, 181. Il se disculpe aux dépens des autres, 185. 186. Artifice ordinaire de *Richelieu* touchant ceux qu'il vouloit perdre dans l'esprit de son Maître, 187. 188. Sa négligence seule cause des progrès des Espagnols en Picardie, 188. 189. Reproche qu'on lui fait, interprété malignement par un de

Gggggg iij

R I

ses Panégyristes. Déchainement contre son Eminence, 190. On parle fortement contre ce Ministre au Parlement de Paris, &c. Il trouve pourtant des sots qui lui donnent publiquement de l'encens, 191. 192. *Richelieu* découragé est rassuré par son Capucin; se promene dans Paris sans Gardes à son instigation, &c. 192. 193. Mesures qu'il prend pour prévenir une irruption des ennemis en Bourgogne: Lettres qu'il écrit à son ami la Valette: mépris qu'il y témoigne pour le Prince de Condé, 193. *& suiv.* Autre Lettre de ce Ministre au même. Politique dont il pensa être la dupe, 199. *Richelieu* plus heureux que prudent, 203. Intrigue la plus dangereuse & la mieux concertée que ses ennemis eussent encore liée contre lui, 207. *& suiv.* Mémoire de sa façon, où la disgrace de Saint-Simon est expliquée. Ce que c'est que mal faire dans le Dictionnaire du Cardinal, qui se trouve coupable d'ingratitude envers ce Favori, &c. 210. 211.

Richelieu plus redevable à l'imprudence de ses ennemis & aux conjonctures, qu'à ses soins & à son application. Il suit le Roi en Picardie avec ses incommodités. Le Cardinal eût bien voulu commander l'armée en chef, & engager le Comte de Soissons à servir sous lui. Pour le mortifier, il fait déclarer le Duc d'Orléans Lieutenant Général. Peu s'en fallut qu'il ne fut la dupe de ces deux Princes. Arrogance du Ministre, malgré l'embarras où il se trouve, &c. V. 214. *& suiv.* Ses espérances chimériques: mot qu'il dit en belle humeur. Son enjouement dure peu. Ce qui lui cause de nouvelles alarmes. Extraits de quelques-unes de ses lettres, &c. 217. *& suiv.* Le Cardinal & ses Confidents ont mauvaise opinion de l'armée de Picardie, & de ceux qui la commandoient, 221. Il échappe au plus grand danger qu'il eût couru de sa vie, par les scrupules du Duc d'Orléans & du Comte de Soissons, moins imbus que lui d'une détestable maxime de son Machiavel, 221. *& suiv. Richelieu* fait attaquer Corbie à force ouverte, & fort à propos: pourvoit un peu tard à la sûreté d'Abbeville, 225. *& suiv.* Dépêche du Roi, où l'éloge du Ministre n'est pas omis. Il écrit d'un air triomphant à son confrere la Valette sur la reprise de Corbie. Chetive consolation dont il s'amuse, 228. 229. Ses Confidents le regardoient comme le collegue de Louis, 231.

Le Cardinal ne goûte pas la proposition d'envoyer le Duc de Weymar en Allemagne: son confrere la Valette le rassure, 231. 232. Si *Richelieu*, étonné des disgraces de l'année 1636. souhaita véritablement la paix, 233. Extraits des lettres qu'il écrit sur la retraite subite de MONSIEUR, & du Comte de Soissons. S'il en fut alarmé, 233. 234. Etrange paradoxe, & cependant cru communément, dessein qu'il se mit en tête, 235. Défiance qu'il avoit tâché d'inspirer aux deux Princes. Ce qu'il insinue au Roi contre eux après leur départ, 236. 237. Sujet de sa brouillerie avec le Duc de la Valette, 244. *& suiv.* Embarras du Cardinal: il se presse d'apaiser les Princes mécontents, & sur-tout Gaston, 253. 256. aime davantage le Comte de Guiche, pour une action qui auroit dû le perdre, & fait sentir par-là son arrogance, 255. Encore plus fourbe qu'arrogant, il s'accommode au temps, & fait des avances à ceux qu'il veut perdre, 257. prend des mesures, en habile politique, pour empêcher que Gaston ne s'enfuie, 263. 264. Demandes de ce Prince qui effrayent S. Em. &c. 267. *Richelieu* tâche de leurrer le Duc de Baviere, en lui promettant de l'aider à se faire Empereur, 268. 269. Réflexions sur le conseil que ce Ministre donna au Roi de ne point reconnoître Ferdinand III. pour Empereur, 280. Ce qui lui donne tant de fierté: il persuade au Roi de s'avancer jusqu'à Orléans pour réduire son frere, &c. 281. 282. Personne n'ose compter sur les promesses de Louis, à moins que *Richelieu* n'y joigne les siennes. Lettre qu'il écrit à Gaston, 285. Jugement que Montrésor porte de ce Ministre, 287. Il joint une lettre à celle du Roi pour le Comte de Soissons. Réponse qu'il en reçoit, 292. 293. Intrigue dont il est averti, & qui contribue à la résolution qu'il prend d'accommoder l'affaire du Comte de Soissons. Il a moins d'envie que jamais de revoir sa bienfaictrice en France, 295. *& suiv.* Lettres qu'il écrit à son ami la Valette, 295. 298. Leçon qu'il reçut par le traité du Duc de Parme avec les Espagnols, 301.

Richelieu, ou l'Auteur de son Testament politique, exagere certaines choses, & en dissimule d'autres sur les évenements de 1637. V. 318. 319. A quoi il s'occupoit uniquement: il néglige les affaires étrangeres, & en laisse le soin à son Capucin, 320. Expédi-

TABLE DES MATIERES.

R I

tion dont il donne, mal-à-propos, tout l'honneur à l'Archevêque de Bourdeaux, 327. 328. Le Cardinal affecte de témoigner de la confiance aux Ducs d'Epernon & de la Valette, 329. 330. Facilité qu'ils avoient eue de renverser sa fortune, 331. *Richelieu* est averti d'un projet des Espagnols, en donne avis au Duc d'Halluin, Gouverneur du Languedoc, 337. 338. Autres lettres qu'il lui écrit sur ce sujet, 339. 341. Il le félicite de la défaite des Espagnols, 348. est fort occupé de sa santé : achete Aiguillon & le fait ériger en Duché-Pairie, pour sa niece, 351. Lettre qu'il écrit au Cardinal de la Valette, 352. Il est alarmé de l'étroite liaison des Ducs de Weymar & de Rohan, 353. Comment il découvre ce qui se passoit de contraire à ses intérêts entre le Roi & son amie la Fayette. Intrigue qu'il lie, & ressorts qu'il fait jouer pour éloigner de la Cour cette Demoiselle, 353. *& suiv.* Affaire qu'il suscite à la Reine, différemment racontée. Conjectures là-dessus, 356. *& suiv.* Il tâche de retirer la Duchesse de Chevreuse de la Cour d'Espagne : expose les raisons de sa conduite avec cette Dame dans une piece spirituellement tournée, 362. *& suiv.* tâche de gagner le P. Monod, Confesseur de la Duchesse de Savoye, par un présent qu'il lui procure de la part du Roi, & par une lettre obligeante qu'il lui écrit, 364. est averti de l'intrigue de ce Jésuite avec Cauffin, Confesseur de S. M. D'où vient la longue patience sur ce sujet, 365. Prise qu'il donne sur lui par son arrogance. Réponse qu'il fait au Duc d'Angoulême, qui lui avoit révélé une proposition du Jésuite, 366. 367. Lettre à Louis, laquelle se sent du désordre où *Richelieu* se trouvoit : il diminue cependant les scrupules de S. M. & lui persuade de chasser son Confesseur, 368. 369. Réponse du Cardinal à une lettre que le Général des Jésuites lui avoit écrite sur cette affaire, 370. Instruction qu'il envoie à Hémeri sur la Princesse Régente de Mantoue. Extrait d'une de ses lettres au Cardinal de la Valette, 377. Autre instruction du premier Ministre, adressée au même, en cas de mort du Duc de Savoye, 378.

Richelieu cherche les moyens de se rendre aussi absolu dans le Conseil de Christine, que dans celui de Louis : envoie des instructions, ou plutôt des ordres pour régler tout à la Cour de Turin. Artifices & méchanceté de cet

R I

homme, V. 380. *& suiv.* Exprès qu'il dépêche en son particulier à Turin. Instruction plus artificieuse & plus maligne que les précédentes, qu'il envoie à Hémeri. Etrange arrogance du Cardinal, &c. 386. 387. Son acharnement contre le Jésuite Monod, Confesseur de la Duchesse de Savoye : Lettres qu'il écrit pleines de calomnies atroces, où il juge des autres par lui-même, & où il se peint admirablement bien, 390. *& suiv.* Réponses qu'il fait à son confrere la Valette. Ce que *Richelieu* savoit, & en quoi il manquoit. Occasions où il employoit les Sentences & les apophthegmes, 397. Sa passion & sa jalousie, quand il s'agissoit de gagner un brave Officier, 399. Il se croit un grand maître dans l'art de prendre des villes : marque à la Valette les moyens d'emporter Landreci en peu de temps : le prie souvent de se ménager davantage, 400. 401. Il donnoit facilement dans la chimere, 402. Evenement dont il se console comme le renard de la fable, 403. Il presse vivement la Valette d'agir, 404. étonné de sa lenteur, il mande secretement la Meilleraie, pour en savoir la cause, 405. Lettre qu'il écrit au Prélat guerrier, où, en le rassurant, il le désole, 406. Autre où il lui parle du siege de Breda, 407. 408. Il mande des nouvelles fausses, 412. 413. approuve ou fait semblant d'approuver un projet du Roi ; tâche ensuite de l'en détourner. Colere de S. M. qu'il fait apaiser. Extraits des lettres du Cardinal à son confrere la Valette, 413. *& suiv.* 417. Scrupules dont la religion de *Richelieu* n'étoit pas susceptible, 416. Projets chimériques qu'il formoit avec son Capucin, 418. 419. Lettre froide qu'il écrit à son confrere la Valette, dont il n'est plus si charmé, 421. 422. Autre où il souhaite un habile *Petardeur.* Il empêche que le Roi ne prenne un favori : se précautionne contre le parti de la Fayette, 424. fait proposer un projet de treve à Olivarez. Inclinations contraires de ces Ministres. En quoi ils convenoient. Ironie maligne & insultante dont le Cardinal use envers Bassompierre, 425. 426.

Richelieu & le Comte Duc se ressembloient par un fort méchant endroit, V. 428. Le Cardinal dépêche un Exprès en Portugal avec une instruction, où il porte ses vûes fort loin, 437. 438. Il ne ménagea pas le soulevement des Portugais : fausses anecdo-

R I

zes à ce sujet, 438. 439. Il fomente celui des Ecoffois, 448. Il ne fut jamais un si grand homme d'Etat qu'on se l'imagine ordinairement, &c. 464. Irrité d'un juste refus de la Cour de Rome, il fait donner au Conseil du Roi un Arrêt qui la chagrine, &c. 465. 466. Dessein de tuer le Cardinal, qui lui est découvert par la Duchesse Nicole de Lorraine, 468. 469. Ses alarmes & ses inquiétudes pour la conservation de sa fortune & de sa vie contribuent à raccourcir ses jours, &c. 469. Il régale Jean de Wert & Enenfort, prisonniers ; mais il ne peut se trouver au repas, 475. Goût bizarre de *Richelieu*, qui affectoit d'employer les Prélats à des choses qui ne leur convenoient nullement, 477. 478. Il écrit une lettre obligeante au Comte de Guébriant, 478. Projet du Cardinal pour la campagne de 1638. 479. & *suiv*. Le succès ne répond pas à ses espérances, comme il l'avoue, ou comme on le lui fait avouer dans son Testament politique, 481. 482. Il empêche que la Duchesse de Savoye n'obtienne la liberté de demeurer neutre entre les deux Couronnes. Acharnement de cet homme inexorable, & le plus vindicatif qui fut jamais, contre le P. Monod, 492. & *suiv*. Il ne pense plus à la conquête du Milanez, dans un traité conclu avec la Duchesse de Savoye, &c. 496. soutient le Cardinal de la Valette dont on étoit mécontent : lettre qu'il lui écrit. Motifs de leur étroite amitié, qui n'est point rompue par la persécution suscitée aux Ducs d'Epernon & de la Valette, 498. 499. Bruits que *Richelieu* & ses émissaires font courir pour rendre Maurice suspect & odieux à Christine, &c. 499. Il presse instamment S. A. R. de se jetter aveuglément entre les bras de son frere, & d'abandonner absolument Monod : prend ses mesures de loin pour engloutir le Piémont & la Savoye dès que l'occasion s'en présenteroit : écrit une longue & artificieuse lettre à la Duchesse, où il fait le prophete à coup sûr. Son grand & presque unique secret pour s'insinuer dans l'esprit des Princes, 502. 503. Vision qui le fait agir. Sa crédulité à ses folies & à l'Astrologie judiciaire, quoique peut-être il ne crût pas trop en Dieu. Ce qu'il dit un jour à Mazarin, qui se moquoit de sa simplicité sur l'article de la Religion, 509. Extrait de deux lettres qu'il écrit au Maréchal de Châtillon, 510. *Richelieu* s'entête

R I

d'emporter Saint Omer, 516. console Châtillon consterné de la levée du siege, 531. accompagne le Roi en Picardie, &c. 532. & *suiv*. fait valoir la conquête du Catelet comme quelque chose de bien important, &c. 534. 535. mande aux Maréchaux de la Force & de Châtillon la victoire remportée par le Duc de Weymar, 537. Le Cardinal excessif dans ses projets, & se reposant trop sur les autres du détail de l'exécution, fut plus heureux qu'Olivarez, 538. On comptoit plus sur sa faveur que sur celle du Roi, 540. Il y avoit souvent plus de faste que de solidité dans les desseins de *Richelieu*, témoin celui d'assieger Fontarabie, 540. 541. Il exagere souvent les avantages du Roi son Maître, 544. s'applaudit, & remercie Dieu d'un évenement dont il auroit dû gémir, s'il avoit eu quelque sentiment de Religion & d'humanité, 545. 546.

Richelieu, absent de la Cour lors de la naissance du Dauphin, confirme le Roi dans son préjugé sur cet évenement, par sa lettre de compliment. Raison qu'il donne de son style laconique, en écrivant à la Reine, V. 553. Sa passion contre le Duc de la Valette, 559. Lettre singuliere & comique qu'il écrit en réponse au Cardinal frere de ce Seigneur, 564. Il ne se paye point de la défaite de la Cour d'Angleterre sur les honneurs rendus à la Duchesse de Chevreuse. Motifs de la résolution qu'il prend de susciter des embarras au Roi Charles, 565. Piege qu'il tendit vraisemblablement à Marie de Médicis, pour la tirer des Pays-Bas, 566. Réponse qu'il fait à un Envoyé des Etats Généraux, qui convainc tout le monde qu'il étoit implacable envers sa bienfaictrice affligée, 567. Occasion qu'il ne laisse pas échaper d'augmenter les troubles d'Ecosse, 569. 570. Il croit couvrir sa dureté envers la Reine Mere par une lettre qu'il fait signer au Roi, &c. 571. 572. s'épuise à chercher tous les moyens d'obtenir Brisac, &c. 606. 607. Comment il réveille son Capucin agonizant. Commerce secret de lettres entre *Richelieu* & Olivarez, &c. 608. Le Cardinal est le seul qui regrette Joseph. Opinion contraire de quelques-uns, 609. profit qu'il avoit tiré du préjugé de S. M. en faveur de cet homme, pour la confirmer dans certaines idées qu'il lui avoit insinuées, 610. Il fait danser un ballet chez lui, marie la veuve de Puylaurens, sa parente, au Comte d'Harcourt.

d'Harcourt. Réformation qu'il avoit entreprise. Reproches qu'il fait faire au Duc de Weymar. Il met tout en œuvre pour le porter à céder Brisac, &c. 610. & *suiv*. Nouvelle raison qu'il a d'écarter la Reine Mere le plus loin qu'il pourroit. Il projette de se faire déclarer Régent après la mort de Louis, 615. 616. persuade au Roi de consulter ses principaux Ministres sur la proposition faite en faveur de Marie de Médicis, & de leur demander leur avis par écrit : s'excuse d'aller à ce Conseil extraordinaire. On rit de sa modestie grossierement affectée, 617. Démarche qui ne sert qu'à l'irriter davantage contre le Roi d'Angleterre, &c. 619. Le bruit que *Richelieu* veut se faire Patriarche en France, augmente. Il laisse condamner le Recueil des preuves des Libertés de l'Eglise Gallicane, 620. 622. Libelle où sa réputation est cruellement déchirée sous des prétextes frivoles : il en est vivement piqué, &c. 623. Il persuade à son foible Maitre de faire condamner le Duc de la Valette d'une maniere inouïe & sans exemple depuis la fondation de la Monarchie, 624. & *suiv*. démonte le Président le Bailleul, 626. sort de l'assemblée, quand on y opine sur le jugement définitif de l'affaire, 628. n'est pas satisfait de la prison du P. Monod à Montmelian, ni de ce que Christine lui en fait bassement sa cour, 632. Protestations qu'elle lui fait en diverses lettres, 633. 634. Il réduit la Duchesse à se remettre à la discrétion du Roi, 634. 635. Vûes secretes de *Richelieu*, découvertes dans une instruction qu'il donne à Hémeri, 635. & *suiv*. Extrême imprudence, ou indigne finesse de ce Ministre. Article risible & presque incroyable sur lequel il insiste, 638. Artifices qu'il emploie pour se rendre maître des enfants, des places & des principaux Sujets d'une Princesse qui se perdoit par complaisance pour son frere, 638. & *suiv*. Commission secrete qu'il donne à Chavigni auprès du Cardinal de la Valette, 641. Si le regret qu'il témoigna, à la mort de ce Prélat guerrier, fut bien sincere, 644. Lettre de condoléance qu'il écrit au Duc d'Epernon, 645. Ce qui s'engage à donner à Mazarin la nomination de la France au Cardinalat, 647. Lettre qu'il écrit à François Barberin sur les délais du Pape pour la promotion des Cardinaux, 648. 649. Pourquoi *Richelieu* avoit fait envoyer le Maréchal d'Estrées

trées Ambassadeur à Rome. Il connoît qu'il n'étoit pas propre à cet emploi, 649. Plan qu'il envoie à Rome pour réduire les Barberins. Il se trompe dans ses conjectures, 653. 654. Attentif à profiter de tout, il se met en tête de gagner le Duc de Lorraine, & de l'engager dans un traité particulier. Démarches en conséquence, 654. & *suiv*. Merite qu'il se faisoit. Il aide les Vénitiens à se tirer d'intrigue à la Porte, &c. 663. 664.

Richelieu est mécontent de son neveu Pontcourlai, & de son beaufrere Brezé. Lettres qu'il leur écrit, &c. V. 667. 668. Si ce fut le Cardinal qui forma le projet de prendre Hesdin, &c. 680. 661. Quoiqu'il se défiât du Duc de Weymar, il n'y a pas d'apparence qu'il ait pensé à se défaire de lui, 689. Il déconcerte une intrigue du Palatin pour gagner les troupes de ce Prince, il le fait arrêter comme il traversoit la France sans passeport, 699. 702. 703. ne s'étonne pas plus des cris des partisans de la Maison Palatine, que de ceux des Espagnols à Rome, 704. est bien aise de voir le Roi d'Angleterre occupé chez lui. Pourquoi il s'obstine à donner de l'emploi au Prince de Condé, 723. Lettre qu'il écrit au Maréchal de Schomberg qui se plaignoit de Son A. 724. Le Cardinal s'opiniâtre à conserver Salces, nouvelle conquête. Lettre pressante qu'il écrit au même sur ce sujet. 725. 726. Ordre qu'il envoie de faire une nouvelle tentative pour sauver cette place, 729. Il engage le Roi à visiter les frontieres de Champagne, ensuite à marcher vers la Savoye : Dessein de ces voyages, 729. 730. Ce Ministre use de ses artifices ordinaires dans ses entretiens avec un envoyé de Christine, & dans une instruction donnée à Chavigni, &c. 731. & *suiv*. Emploie vainement toute son éloquence auprès de la Duchesse, pour la disposer à ce que le Roi, ou plutôt lui-même desire d'elle : propositions singulieres qu'il fait : leçons de piété que le scélérat donne à Christine : entretien qu'il a avec le principal Ministre de S. A. R. *Richelieu* retourne à Paris plein de rage & de dépit, 734. 735. Fracas qu'il suscite pour se venger des chagrins qu'Urbain & son neveu lui avoient donnés, &c. 737. & *suiv*. Extrait d'une de ses lettres. Motif qui le fait agir, 740. Au travers d'une modération affectée, il fait sentir qu'il étoit fort piqué de certains reproches du Nonce Scoti,

R I

que le monde croyoit affez bien fondés. Bruit qui fe repand qu'Urbain offroit à *Richelieu* les pouvoirs de Légat pour fix mois, 744. 745. S. E. a peur de deux filles, & les fait bannir de la Cour & de Paris: feconde Cinq-Mars à devenir favori du Roi: eft trompé dans fes efpérances à cet égard. Grands projets de ce Miniftre: fa conduite envers la Reine, & envers MONSIEUR, &c. 745. *& fuiv.* Sa crainte à l'occafion des mécontens de Normandie, 754. Déchaînement contre lui à Rouen. Lettre qu'il écrit au Chancelier Seguier, 755. 756.

Richelieu (Le Cardinal de) ne peut jouïr de la joie de voir fon rival plus embarraffé que jamais. Sort de ce Miniftre, qui fe défie de tout le monde, VI. 4. S'il eut deffein de caufer des mouvemens en Catalogne, lorfqu'il porta la guerre dans le Rouffillon, 9. 10. Somme qu'il leve en 1640. Il ne peut fouffrir la moindre réfiftance à fes volontés, &c. 21. Lettre qu'il écrit à la Ducheffe de Savoye, où les plus noires calomnies contre les deux Princes fes beaux-freres ne font pas épargnées: artifice ordinaire du fcélérat, qui jugeoit des autres par lui-même, &c. 24. *& fuiv.* Il s'apperçoit que le Pape & les Vénitiens avoient joué le Roi fon Maître: comment il s'explique là-deffus. Ce qu'il dit fur l'avis que le Comte d'Harcourt lui donne, qu'il marchoit au fecours de Cazal, 30. 31. But de *Richelieu* de rendre Louis maître abfolu de Turin & du Piemont. Il n'épargne ni menaces ni promeffes pour détourner la Ducheffe de Savoye d'un accommodement avec fes beaux-freres, & fes Miniftres de le lui confeiller, 35. 36. Piece où l'on découvre fes vûes fecrettes & honteufes. Malheureufe condition de ceux qui encouroient la difgrace du Cardinal en faifant leur devoir. Sa haine contre le P. Monod n'eft pas affouvie, &c. 36. 37. Deffein qu'il avoit de fe rendre maître de la perfonne du Prince Thomas, 40. 41. L'arrogant *Richelieu* porte fes prétentions auffi haut que Gafton fur le Cérémoniel avec Cazimir de Pologne, 43. entretient une correfpondance fecrete avec les Presbytériens: s'inquiete du long féjour de Marie de Médicis & de la Ducheffe de Chevreufe à Londres, &c. 44. Ce qu'il fait infinuer à Grotius au fujet du Palatin, 45. Infolence du Cardinal envers ce Prince fur le cérémoniel, 47. Il prend de nouvelles mefures avec les Etats-Généraux des Provinces-Unies, 47. 48. Mortification qu'il lui falut effuyer. Il manque de prévoyance, 50. Comment il conçut le deffein du fiege d'Arras. Mémoire qu'il envoya aux Maréchaux de Chaunes & de Châtillon, 51. *& fuiv.* Il donne tous fes foins à cette entreprife. Relation qu'il en donne, &c. 53. 54. Extrait de cette piece, & d'une lettre qu'il écrit à Châtillon, 55. 56. Mémoire qu'il envoie aux trois Maréchaux qui faifoient le fiege d'Arras: billet modefte, ou ironique qu'il leur écrit, &c. 57. 58. Expédition peu avantageufe, qu'il releve comme une victoire fignalée, 59. Il confere avec un Agent du Comte-Duc: appuie les prétentions du Roi fur la Lorraine par des raifons pitoyables: rejette les propofitions de paix qui lui font faites, 60. *& fuiv.* Nouvelle qu'il fait femblant de recevoir avec froideur, quoiqu'elle lui fût très-agréable. Il négocie avec les Catalans, 63. *& fuiv.* répond froidement à un avis du Maréchal de Schomberg, 66. équipe une puiffante flotte: le partage. Paffion qu'il eut de mettre fes neveux à la tête des armées navales, 68.

Richelieu ne pouvoit fouffrir ceux qui exécutoient les ordres du Roi préférablement aux fiens, VI. 72. Extraits de fa Relation du fiege d'Arras, 76. 81. S'il reprocha avec raifon à Cinq-Mars qu'il avoit manqué de bravoure, 77. 78. Il ne laiffe pas échaper une occafion de parler contre ce Favori, 80. Attention du Cardinal à éloigner des emplois ceux qui ne vouloient pas fe dévouer aveuglément à lui. Vue qu'il a fur Metz, 82. 83. Mémoire qu'il envoie fur les propofitions du Prince Thomas. Subftance de cette piece fubtilement conçue, &c. 84. *& fuiv.* Maniere de ce Miniftre arrogant, 87. *Richelieu* s'applique à détacher les deux Princes de Savoye des intérêts de la Maifon d'Autriche. Inftruction qu'il envoie là-deffus: preuve de fes artifices ordinaires & de fa diffimulation, 88. *& fuiv.* Il infpire au Roi de faire enlever de Turin le Comte d'Aglié, 92. 93. fait une réponfe grave à l'Ambaffadeur de Savoye fur cette affaire. Intérêt fecret qui portoit *Richelieu* à fouhaiter que le Prince Thomas vînt à la Cour de France: comment on peut le concilier avec cet enlevement, 94. 95. Il fomente le foulevement de l'Ecoffe, 108. 109. Preuve qu'il eut peu de part à la

R I

révolution du Portugal, 186. 187. Il confere avec les Ambaffadeurs de Dom Jean IV. 188. Faute dont le Cardinal ne fut pas exempt, &c. 194. Pourquoi il n'envoya d'abord qu'un modique fecours aux Catalans. Ce qui l'engagea à prendre leurs affaires plus à cœur, 195. Démarche de leur part qui, dit-on, ne lui plut gueres : ce qui le porta à confentir à l'affaire, 200. Luxe de *Richelieu* dans les noces d'une de fes nieces avec le Duc d'Enghien. Conte fait à plaifir, & mal imaginé fur la maniere dont ce mariage fut conclu. Motifs qui porterent le Miniftre à le défirer, 213. *& fuiv.* Il marque fon chagrin de ce qui fe paffoit à Sedan., 216. Reponfe qu'il fait au Nonce du Pape, fur une propofition du Comte de Soiffons, 217. 218. Remarque qu'un des Hiftoriens de la vie du Cardinal fait fur fon Miniftere. Il fait accufer fauffement le Comte de Soiffons de tramer un foulevement en France, &c. 218. *& fuiv.* fent l'ironie piquante d'une réponfe de S. A. paroles qu'il dit à fon Exprès. Il tient après fon départ un tout autre langage, qui acheve d'irriter le Comte, 222. Avis qu'il donne, avec plus d'artifice que de fincérité, à Henri de Lorraine Archevêque de Rheims, enfuite Duc de Guife. Le Cardinal fe repent de fa dureté envers ce Prince : veut le regagner, mais trop tard, 222. *& fuiv.* Deffein qu'il avoit d'acheter Sedan, felon un Auteur Italien. Il fe détermine à pouffer à bout le Comte de Soiffons & le Duc de Bouillon, 224. 225. 227. Une des reffources ordinaires de *Richelieu* contre fes ennemis. Il tâche d'engager Gafion à lui fervir d'efpion auprès du Comte de Soiffons, 228. *& fuiv.* fait de grandes careffes au Baron de Sirot. Réflexion fur les allures de ce Miniftre, 231. 233. Comédie la plus ridicule que ce fourbe ait jamais jouée : trame impertinente qu'il ourdit contre le Duc de Vendôme, &c. 233. *& fuiv.* Véritable dénouement de la piece, 237. 238. Panneau que le Cardinal tend au Duc de Lorraine, dans lequel ce Prince donne, 238. *& fuiv. Richelieu* plus politique que Chrétien. Son but dans le traité conclu avec Charles : avantage qu'il s'imaginoit devoir en tirer auprès des Princes de l'Empire & autres, 242. 243. Ses vues dans les affaires d'Italie peu droites, malgré les beaux fentiments qu'il produifoit. Il a donné les premieres ouvertures à la France

R I

pour la Monarchie univerfelle, 244. 245. Les mouvements du Comte de Soiffons l'inquietent fans le déconcerter. Il prend des mefures pour attaquer ce Prince & les Efpagnols, 248. 249. Une des maximes politiques de *Richelieu*, 272. Son génie & la fituation de fes affaires mal connus par le Confeffeur de la Reine Henriette, &c. 286. 298.

Plan de *Richelieu* touchant le Comte de Soiffons, le Duc de Bouillon & les Efpagnols. Il eft alarmé de certaines chofes dites au Roi, felon un Auteur Italien, VI. 301. *& fuiv.* Preuve certaine de la malignité de *Richelieu*, 307. Témoignages irréprochables de fon horrible tyrannie. Converfation qu'il a avec Puyfegur. Chagrin qu'il témoigne d'un Régiment donné à d'Andelot, 307. *& fuiv.* Il oublie la parole qu'il avoit donnée au Cardinal de la Valette, & recommence de perfécuter le Duc d'Epernon, 312. Piece où ce Miniftre eft fort maltraité, & quelquefois trop, 316. *& fuiv.* Reproches qu'il fait au Maréchal de Châtillon après la bataille de Sedan. Ce qu'il penfoit de ce Général, 321. 322. *Richelieu*, felon quelques-uns, fit tuer le Comte de Soiffons, 324. Comment il reçut la nouvelle de la mort de ce Prince. Il récompenfe magnifiquement les baffeffes de Condé à fon égard, 326. 327. confere avec Puyfegur touchant l'accommodement du Duc de Bouillon, &c. 330. 331. Politique du Miniftre, bien décrite dans un Mémoire du Cardinal-Infant d'Efpagne, 334. Réconciliation apparente du Duc de Bouillon avec *Richelieu*. Réponfe que celui-ci fait à Puyfegur, touchant le Duc de Guife, 335. 336. Nouvelle confpiration contre le Cardinal, &c. 337. *& fuiv.* Ce qu'il dit de Gaffion dans une Lettre, &c. 344. Piege qu'il avoit tendu au Cardinal-Infant, 316. Projet dont *Richelieu* s'enête, 357. Lettre qu'il écrit au Maréchal de Schomberg, 361. 362. Forte rodomontade de *Richelieu* dans une converfation qu'il a avec le Député des Catalans, 363. Tout alloit fouvent de travers fous fon Miniftere. La foibleffe & l'imprudence de fes ennemis ont plus contribué à fes fuccès, que fa prévoyance & fon application, 368.

Richelieu engage le Roi d'aller à la conquête du Rouffillon, & même jufqu'à Barcelone, par fon artifice ordinaire. Deffein fecret du Cardinal. Ses projets fautent aux

Hhhhhh ij

yeux de tout le monde par le plan de la campagne de 1642. VI. 433. *& suiv.* 436. Billet qu'il écrit à Louis. S'il étoit bien convaincu que S. M. eût rejetté avec indignation la proposition de l'assassiner: il pense plus que jamais à la sureté de sa personne, 438. 439. garde les mesures de la bienséance avec Cinq Mars. Leurs feintes réconciliations, 440. Crainte assez bien fondée que le Cardinal avoit inspirée à la Reine & au Duc d'Orléans. Ses entreprises ne sont gueres moins criantes que celles des Guises sous Henri III. 445. *& suiv.* Pourquoi il procure au Duc de Bouillon le commandement de l'armée d'Italie, 448. Lettre obligeante & modeste qu'il écrit au Comte de Guébriant sur sa promotion à la dignité de Maréchal de France. Plaintes des Confidents de S. E. 456. 457. *Richelieu* suit le Roi dans son voyage vers Lyon, & marche aussi bien accompagné que lui. Dépense de sa table. Il fait de vains efforts pour l'engager à éloigner Cinq-Mars. Mémoire qu'il envoie à ses Confidents. Il échappe d'un fort grand danger, 458. *& suiv.* Persuadé de la diminution de son crédit, il ne parle plus contre le Favori. Apostilles qu'il met à une Lettre de Des-Noyers à Gassion, qui marquent son embarras & son inquiétude, 460. 461. *Richelieu* ne peut obtenir le gouvernement de Colioure pour une de ses créatures; tâche vainement de le procurer à Pontis, pour qui il feint de la bonne volonté, quoiqu'il sût que cet Officier avoit parlé de lui en termes offensants: est qualifié de fourbe par le Roi, 470. 471. On s'aperçoit de la diminution du crédit de S. E. Parti des *Royalistes* & des *Cardinalistes* dans l'armée devant Perpignan. Paroles que ce Prêtre arrogant adressa dans la suite à Pontis. Les Officiers dévoués au Roi lui devenoient suspects, &c. 471. 472. 477. *Richelieu*, fort malade à Narbonne, y reçoit la visite du Maréchal Horn, & du Prince de Monaco, 472. 473. se retire à Tarascon, presque disgracié, 473. 474. Clauses de son testament. Don qu'il avoit fait au Roi de son Hôtel, sous une condition qui n'a pas été observée. Réserve qu'il avoit prudemment faite, 475. Entreprise que le vindicatif *Richelieu* ne pardonna pas à de Thou. Interrogatoire qu'il lui fit subir dans sa Chambre, 476. Il écrit d'un air libre, & même enjoué au Maréchal de Guiche battu à Honnecourt,

480. 481. Disposition du Roi envers S. E. après cette disgrace, 481. 482. Le Cardinal consent que le Maréchal d'Etrées demeure auprès du Duc de Parme, 506. Mécontent du Duc de Lorraine, il anime la Duchesse Nicole à demander vivement justice au Pape: se joue de la religion selon ses intérêts, 514. Fruit de sa maligne politique en Angleterre, 578.

Le Cardinal de *Richelieu* est averti, on ne sait comment, du Traité négocié à Madrid par Fontrailles, &c. VI. 580. *& suiv.* Il engage le Roi, par le moyen de Chavigni & de Des-Noyers, à le venir voir à Tarascon. Circonstances de cette entrevue. Reproches qu'il fait à S. M. & ceux qu'il lui auroit faits s'il eût sû un mystere qu'il ne découvrit que quelques jours après. Il passe le reste de sa vie dans une continuelle défiance de son Maître. Mémoires que le Cardinal donne à ses créatures. Sa constante maxime pour l'établissement du pouvoir arbitraire. Autorité qui lui est confiée: réponse qu'il fait à Louis dans cette occasion, 595. 596. *Richelieu*, forfante & Comédien jusqu'à la fin de ses jours, fait faire un service magnifique pour le repos de l'ame de Marie de Médicis, 597. Réponse qu'il fait à une Lettre soumise de Gaston, 598. Il prescrit au Roi ce qu'il doit dire, ou faire à l'égard de ce Prince. Réponse du Cardinal à Chavigni, 600. 601. Entretien qu'il a avec l'Envoyé du Duc d'Orléans. Projet de S. E. concernant S. A. R. Etrange ambition d'un Prêtre mourant, 602. 603. Insolence avec laquelle il parle du Frere unique de son Maître dans un Mémoire. Preuve que ce Ministre n'avoit ni l'original, ni une copie authentique du Traité de Gaston avec l'Espagne, 603. 604. Réflexions sur la réponse qu'il fait à une Lettre de ce Prince. Comment *Richelieu* oublioit sans peine les projets formés contre lui, 607. Il ne se contente pas des indignes déclarations du Duc d'Orléans: nouvelles demandes qu'il fait à S. A. R. dans un Mémoire où l'on découvre ses nouveaux projets, 608. Il engage le Roi à déposer contre Cinq-Mars, 611. Se rend à Lyon pendant l'instruction du procès fait à Cinq-Mars & de Thou: de-là à Paris. Maniere pompeuse dont il fait ces voyages, 612. 613. Cause alléguée par quelqu'un de son ressentiment contre de Thou, 625. Il félicite le Roi sur la prise de Perpignan, & sur

R I

l'exécution de l'Arrêt rendu contre Cinq-Mars & de Thou, 629. Enflé de ses heureux succès, le Cardinal mourant forme des projets chimériques. Impertinente Comédie qu'il fait représenter, 635. 636. Il pense à faire de nouvelles créatures, 644. Entretiens qu'il a avec Pontis, 646. & suiv. Richelieu oblige le Roi à chasser de sa Maison quelques Officiers suspects à S. E. Jusqu'où il pousse l'arrogance. Artifice auquel il recourt, afin que ses demandes extravagantes lui soient accordées. Lettre qu'il écrit au Prince d'Orange, &c. 650. & suiv. Infirmités du Cardinal de Richelieu. Relation de sa mort. Son dernier adieu au Roi. Il joue cette derniere scene de la Comédie en hypocrite. Comment il pardonne à ses ennemis. Adieux à sa niece, &c. 653. & suiv. Portrait de ce Ministre, 656. 657. Piece qu'il remit, la veille de sa mort, entre les mains du Roi, contre Gaston, 658. Maxime de ce Ministre, 678. Le Peuple de Paris se met à crier qu'il avoit empoisonné son Maître, & s'émeut contre ses parents, 703.

Richelieu (Le Marquis de) obtient le Gouvernement d'Angers : est tué en duel, II. 114.

Richelieu (Alphonse du Plessis-) Chartreux, frere de l'Evêque de Luçon, II. 114. est fait Archevêque d'Aix. Caractere de ce Prélat. Honneurs que le Prince de Condé lui rend, 163. Il est transféré à l'Archevêché de Lyon, & fait Cardinal, III. 409. est mal reçu par le Duc d'Orléans, 442. Mortification qu'il essuie à Rome, pour avoir voulu paroître moins difforme aux yeux des Dames Romaines, V. 71. Il est nommé Plénipotentiaire pour la paix, 96. Comme Grand Aumônier de France, il officie aux funérailles de Louis XIII. VI. 703.

Richelieu (Armand de Vignerod Duc de) dispositions en sa faveur dans le Testament du Cardinal son grand oncle, VI. 475. Le Roi lui donne la Charge de Général des Galeres, au lieu de celle de Surintendant de la navigation qui lui étoit destinée, 669.

Richemond (Le Duc de) VI. 555. 556.

Richer (Edmond) Docteur & Syndic de la Faculté de Paris : bruit que fait un de ses Livres : ce qu'il y enseignoit, I. 134. 135. De quoi il est blâmé par le Parlement, 135. Il demande la permission de se défendre contre les calomnies du Cardinal du Perron, & ne l'obtient pas. Menaces que lui fait le Cardinal de Bonzi. Son Livre est condamné par une Assemblée des Evêques de la Province de Sens : irrégularité & contradiction de cette censure, 136. 137. Il est destitué du Syndicat. Protestation de Richer. Sa patience, 137.

Richerie (La) Gentilhomme du Duc de Soubize, est arrêté. Ce qu'il déclare, &c. VI. 218. 219.

Rieux (Le Comte de) du parti de Gaston, IV. 154. est tué au combat de Castelnaudari, 155. 156.

Rinville (La) Gentilhomme du Duc de Soubize, est saisi & conduit à la Bastille, &c. VI. 219.

Riol (Du) porte un cartel au Chevalier de Guise, de la part du jeune Baron de Lutz, se bat, &c. I. 178. 179.

Riolan, premier Médecin de Marie de Médicis, V. 597.

Ris (Le Commandeur de) sert dans une expédition navale contre les Rochelois, II. 733.

Rivaut (Fleurance) habile Mathématicien, un des Précepteurs de Louis XIII, I. 181.

Riviere (L'Abbé de la) Charge qu'il avoit dans un Royaume ridicule, imaginé chez le Duc d'Orléans, III. 115. Il déclame contre le Coigneux : est chassé de la Maison de S. A. R. IV. 11. 12. s'employe à lui inspirer de l'amour pour la Combalet, 448. confere avec Richelieu, 680. est un de ses émissaires auprès de Monsieur : augmente l'aigreur de S. A. R. contre Chavigni, 682. 683. court en poste après ce Prince. Scenes divertissantes que la Riviere & d'Elbene donnent, 756. 757. Intrigue du premier pour obtenir une place qui ne lui convenoit pas. Il est conduit à la Bastille, V. 69. 70. en sort sur une promesse qu'il lui fait, 262. 266. L'Abbé de la Riviere, le plus fameux, le plus riche, & le mieux récompensé de tous les traîtres du Royaume. S'il fut le premier délateur du Traité négocié à Madrid par Fontrailles, VI. 581. 582. Tentative inutile pour l'éloigner d'auprès de Gaston, 583. Négociation que ce Prince lui commet, & comment il s'en acquite, 598. & suiv. 610. Il va de Blois à Saint-Germain, & y ménage heureusement les intérêts de son Maître, 679. Cause de l'indignation que le Duc de Beaufort conçoit contre cet Abbé, 681. Il tient Mazarin en balance, s'accommode avec le Duc de Vendôme ; mais ne peut gagner Beaufort, 699. 700.

Roannez (Le Duc de) Gouverneur de Poitiers, veut rendre le Prince de Condé maître de cette Ville : mauvais succès de cette entreprise, I. 256. 257. La Duchesse de Roannez est exilée, III. 607. Le Duc de Roannez se rend auprès du Duc d'Orléans. Déclaration où il est compris, 618. 627. Il est condamné à être décapité en effigie, &c. IV. 7.

Robert, Prince Palatin, demeure prisonnier à une bataille où son frere ainé est défait. Il est amené à Vienne. On parle de l'échanger avec le Prince Casimir de Pologne, V. 597. & suiv. Il accompagne Charles I. son oncle à une visite qu'il fait à la Chambre des Communes, VI. 527. suit le Duc d'York dans Hull, 555. 556. Cérémonie où il accompagne le Roi son oncle, 576.

Robustel (Le Chevalier) & Pianta entrent dans la Valteline à main armée, II. 262.

Rocca (Le Comte de) Ambassadeur d'Espagne à la Cour de Savoye, IV. 495.

Roccaverano, petite place : ce qui engage ses Habitans à se donner aux Espagnols, I. 382.

Rocci (Le Cardinal) Nonce du Pape à Vienne, propose, comme de lui-même, des conditions de paix, IV. 592. & suiv.

Roche (La) Baron Dauphinois, employé par le Duc de Savoye dans une intrigue à la Cour de France, I. 190.

Roche (La) homme d'affaires, ou Secrétaire de Chanteloube, trempe dans un complot contre le Cardinal de Richelieu : est condamné à être roué en effigie, IV. 370. 373. Commission qu'on veut lui donner, &c. 452. 453.

Roche (La) Capitaine des Gardes du Duc d'Epernon, exécute un ordre très-dangereux, V. 205. va reconnoître les desseins des ennemis, 206. 207.

Rochefoucault (Le Cardinal de la) Evêque de Senlis, fait un discours plein de galimatias à la Noblesse, I. 310. répond à l'Université, 313. Ce qu'il est chargé de représenter au Roi & à la Reine, 325. Le Chancelier lui parle fortement, &c. 435. Flaterie de ce Prélat qui est mal prise, 636. 637.

Rochefoucault (Le Cardinal de la) a la commission d'aller traiter avec la Reine-Mere, II. 106. 110. 111. fiance le Duc de Luines avec la niéce de l'Evêque de Luçon, 297. Son avis sur la nécessité de la dispense du Pape pour le mariage d'Henriette avec le Prince de Galles, 633. Comment il reçoit les plaintes des Ministres du Pape sur l'irruption dans la Valteline, 689. Comme grand Aumônier de France, il donne la bénédiction nuptiale à à Madame Henriette, &c. 704. seconde les démarches du Nonce en faveur des dogmes savoris de la Cour de Rome, 796. 797.

Rochefoucault (Le Cardinal de la) assiste à une assemblée de Notables, III. 84. son zele pour les intérêts du Pape, 97. 104. Pourquoi il rompt une assemblée d'Evêques qui se tenoit chez lui. Ce qu'on disoit de ce Prélat, IV. 311. Il assemble quelques Evêques dans son Hôtel Abbátial de Sainte Genevieve ; & ce prétendu Concile condamne les Preuves des Libertés de l'Eglise Gallicane, V. 620. Le Nonce l'emploie à susciter des embarras à la Cour, 738.

Rochefoucault (Le Comte de la) Maître de la Garderobe du Roi, refuse d'obéir à la Régente, & de sortir de l'Hôtel de Guise. Il est banni de la Cour, I. 173. Lieutenant Général pour le Roi en Poitou, 261. Il est chargé d'y faire tête au Duc de Rohan, II. 205. obtient le gouvernement de Poitou à sa place, 416. Il ne peut y arrêter les progrès de Soubize, 458. Expédition où il sert, 463. Il est rappellé à la Cour, V. 191. Le Duc de la Rochefoucault évite de s'engager dans le parti de Gaston & du Comte de Soissons, 144. opine extravagamment dans le procès du Duc de la Valette, 630. est un des amis ou complaisans de Mazarin & de Chavigni, VI. 670. se déclare pour la Meilleraie, contre le Duc de Vendôme, 696.

Rochefoucault (Le Duc de la) nommé le Prince de Marsillac du vivant de son pere : ce qu'il dit dans ses Mémoires de la situation de la Cour de France après la mort de Richelieu, VI. 668. 669. Extraits de cet ouvrage. Circonstances qu'il raconte autrement le Marquis de la Châtre, 684. 685. Il porte la Reine à lier une intelligence secrete avec le Duc d'Enghien, 686. Extraits de ses Mémoires, 696. 697. 700. 701.

Rochefort, Confident du Prince de Condé, se charge de la commission de maltraiter Marcillac, &c. Suites de cette affaire I. 353. & suiv. Résolution ridicule & imprudente qu'il fait prendre à S. A. 501. Envoyé en Cour : à quel dessein, 532. Il se jette dans Chinon, 553. se tire d'intrigue avec honneur, & se retire chez lui, 561. obtient la per-

RO RO

miſſion de voir le Prince à Vincennes, II. 150.

Rochefort (Le Comte de) Seigneur Catalan, défend Cambriel contre l'armée Espagnole. Réduit à se rendre à discrétion, il est traité inhumainement avec sa garnison, VI. 194.

Roche-Gifart (La) Gentilhomme de la Religion Réformée, envoyé au Duc de Rohan de la part du Duc de Vendôme, I. 253.

Rochelle (La) Le Prince de Condé écrit aux Habitants de cette Ville. Sa Lettre & les sollicitations de Bouillon y font peu d'impression, I. 444. Ils mettent garnison dans Rochefort; dans quel dessein. Occasion du démêlé qu'ils ont avec le Duc d'Epernon. Sur quoi étoient fondés les grands privileges de cette Ville, 563. Manifeste de ses Habitants contre ce Seigneur, 565. Ils convoquent une assemblée des Réformés des Provinces voisines; envoient des Députés à la Cour. Fin de cette affaire, 566.

Rochelle (La) Assemblée qui s'y tient malgré la défense du Roi, II. 269. & suiv. 331. & suiv. 343. & suiv. 356. & suiv. Elle est attaquée par terre & par mer: la flotte de cette Ville est battue par celle du Roi, &c. 505. 506. Plaintes de ses Habitants sur le Fort-Louis, &c. 544. 545. 680. Victoire qu'ils remportent sur la flote du Roi, &c. 723. & suiv. Ils ne veulent pas consentir à la paix sans la démolition présente du Fort-Louis, 727. Avantages remportés sur eux, 733. & suiv. La Rochelle demande humblement la paix. Conditions dures qu'on veut lui imposer, 768.

Rochelle (La) offres que Buckingam envoie faire à cette Ville: indécision de ses Habitants, III. 135. & suiv. Ils demandent conseil au Duc de Rohan & aux Villes réformées de Guienne & de Languedoc, 140. Leur Ville est serrée de près. Offre qu'ils font à la Cour, que l'on n'écoute pas, &c. 143. 145. Actes d'hostilité contre eux. Ils se joignent au Roi d'Angleterre, publient un Manifeste, &c. 146. 147. Commencement du siege de cette Ville. Digue pour fermer son port, 159. 160. Mémoire que les Députés de la Rochelle présentent au Roi d'Angleterre. Traité qu'ils font avec ce Prince. Ils rejettent la proposition de se donner à lui; quoiqu'ils fussent en droit de le faire, 182. & suiv. Famine & divisions dans cette Ville. Sommation solemnelle à ses Habitants, qui refusent d'écouter le Roi d'armes, 220. & suiv. Délais affectés en Angleterre sur le secours qu'on leur avoit promis. Requête touchante de leurs Députés à Charles I. Main cachée dont ils se plaignent : ce que c'étoit. Révolution dans les intérêts des Princes à l'égard de cette Ville, &c. 223. & suiv. Elle envoie des Députés au camp des assiégeants, &c. 235. 237. 239. Capitulation & soumission de la Rochelle : état déplorable de ses Habitants : entrée que le Roi y fait, &c. 244. & suiv. Abolition de tous ses privileges, 254. & suiv.

Rochepot (La) de la Cour de Gaston, se brouille avec Montespan, IV. 49. est dépêché au Roi pour demander la grace du Duc de Montmorenci, 190. Querele qu'il occasionne, 45 !. Il suit Gaston dans sa retraite à Blois, 237. 263. est tué à la défense des lignes devant Arras, VI. 78.

Rochepozai (La) Evêque de Poitiers, meilleur Soldat que Théologien, fait un pauvre personnage dans la Comédie de Loudun, IV. 562.

Rochester (Robert Carr Vicomte de) Favori de Jacques I. ce qu'il écrit à Henri Prince de Galles, I. 155. Soupçonné d'avoir avancé la mort de ce Prince qui ne l'aimoit pas. Fortune de cet Ecossois, &c. 160. Voyez Carr.

Rodolphe Empereur : son caractere : il n'étoit pas en bonne intelligence avec ses freres, I. 7. Ses brouilleries avec l'Archiduc Mathias : comment terminées, 30. 31. Aigri contre les Evangéliques de Bohême, il leur défend de s'assembler : émotion à ce sujet : comment il l'apaise, 32. & suiv. Edit qu'il leur accorde, 34. Il se repent du Traité fait avec Mathias ; nouveau Traité entre eux : ce que Rodolphe y gagne, 34. 35. Il donne les Etats de Cleves & de Juliers à l'Electeur & à la Maison de Saxe, 35. Sa conduite dans l'invasion de son cousin Léopold, 56. Il se démet du Royaume de Bohême en faveur de Mathias, 57. Il envoie des Députés à l'Assemblée de Rottembourg : comment ils excusent leur Maître, 85. Sa réponse aux représentations des Electeurs assemblés à Nuremberg, 87. 88. Mort de Rodolphe, 140.

Rodolphe I. Electeur Palatin, se brouille avec son frere Louis Duc de Baviere, élu Empereur : est dépouillé de ses Etats, &c. II. 528. 529.

Rodriguez, Agent de l'Ambassadeur de Portugal à Rome, traite avec des Cardinaux choisis par le Pape : leur expose le droit de Dom Jean IV. à la Couronne. Réponse judicieuse qu'il fait au Cardinal Barberin, VI. 387.

RO

Roger, un des premiers Valets de Chambre du Roi, fait une action pleine de générosité à la prise de Negrepelisse, II. 476.

Roger, Procureur Général du Duc d'Orléans, présente au Parlement une requête de ce Prince contre le Cardinal : est mis en prison, III. 631. 633.

Rohan (Le Duc de) Colonel Général des Suisses, I. 14. Démarche qu'il fait à la sollicitation du Duc de Sulli son beau-pere, 16. Il se trouve à l'Assemblée de Saumur, 73. Combien il y est considéré. Sa réponse à une proposition que lui fait le Maréchal de Bouillon, que sa fermeté déconcerte, 75. Beau Discours qu'il fait à l'Assemblée : maxime de politique qu'il y coule, qui est devenue une Prophétie, 76. Il entretenoit correspondance avec Henri Prince de Galles. Comment il instruit Jacques I. de ce qui s'étoit passé à Saumur, 143. Affaires qu'il eut pour se maintenir dans son Gouvernement de S. Jean d'Angeli, 147. & *suiv.* Expédient qu'on lui attribue, 151. Il se démet volontiers de la Charge de Colonel des Suisses, 232. Sollicité de la part de la Reine, à l'occasion des démarches du Prince de Condé, sa réponse, 235. Il ne paroît pas éloigné de se joindre au parti de ce Prince. Ce qui le rend réservé, &c. 236. Sa réflexion sur le Traité de Sainte Menehoud, 246. Tenté par le Duc de Vendôme, ce qu'il lui répond. Il ne remuoit pas le parti Huguenot comme il vouloit, 253. Entrevûe qu'il a avec le Prince de Condé. Remontrance qu'il lui fait, 255. Il va faire la révérence à leurs Majestés à Poitiers, &c. 261. Ses vûes à l'assemblée de Grenoble : ses espérances à la Cour, 443. 444. Plus estimé à la Rochelle que Bouillon, il empêche que ses sollicitations n'y fassent impression, 444. Ce qui le détermine à se déclarer pour le Prince de Condé, 454. 456. 457. Extrait d'un mémoire du Duc de *Rohan* sur le voyage du Roi pour l'accomplissement de son mariage, 455. 456. Ses projets déconcertés, 463. 464.

Réponse de Rohan aux sollicitations de la Reine, & à une Enseigne que le Roi lui avoit envoyé : il s'assure de plusieurs places en Guienne, I. 480. 481. assiste à la Conférence de Loudun, 499. Ce qu'il représente vivement au Prince de Condé, 501. Il écrit à l'assemblée de la Rochelle, &c. 509, va dans cette Ville, &c. Ecrit qu'il refuse de signer, 512. Il offre ses services à la Reine-Mere ;

RO

va à la Cour recevoir les provisions du Gouvernement de Poitou. Ce qu'il dit à S. M. dans une conversation particuliere, &c. 516. 517. Conjecture sur les vûes du Duc dans les démêlés de Marie de Médicis avec Condé, 539. 540. S'il est vrai qu'il ait insulté au malheur du Prince arrêté, 543. 544. Ses avis inspirent du courage à la Reine-Mere, 550. Il peint le Duc d'Epernon d'après nature, s'épuise en vain à donner des avis à Marie de Médicis, 561. 562. Comment il dépeint Louis XIII. à l'âge de quinze à seize ans, 583. Jugement qu'il porte d'un Ecrit de l'Evêque de Luçon, 603. Il sert dans l'armée contre les Malcontents : réflexion là-dessus, 608. tâche de détourner les Réformés de s'unir à ce parti, & leur remontre le peu de secours qu'ils devoient attendre de Bouillon, 609. 610. Ce qu'il dit du meurtre du Maréchal d'Ancre, 618. Il demande hautement la permission de saluer Marie de Médicis disgraciée, &c. 653. Ce qu'il dit du procés fait à la Maréchale d'Ancre, 672. Il va passer son chagrin dans l'armée d'Italie, 706. tâche de s'engager Luines à s'accommoder avec la Reine-Mere ; ne réussit pas. 732. 733. repoussé avec fierté un Discours que ce Favori lui tient, 734. Juste idée qu'il donne de l'Assemblée des Notables, 754.

Rohan (Le Duc de) parti qu'il prend dans les brouilleries du Bearn, II. 17. Idées chimériques qu'il a eues de l'Arminianisme, & des troubles domestiques des Provinces-Unies, 44. & *suiv.* Causes de sa prévention contre Barnevelt, 62. 63. Réponse qu'il fait à une Lettre de la Reine-Mere, 77. Soins qu'il se donne à l'occasion d'une Assemblée tenue à la Rochelle, &c. 87. Il entre dans un parti contre Luines, 185. Conseil qu'il donne à Marie de Médicis, 203. 204. Passages tirés de ses Mémoires, 231. 233. 236. Apologie de ce Seigneur & de son frere, 269. Il travaille à détourner les suites fâcheuses d'une fausse démarche, 270. Fait qu'il pose comme véritable, 276. Il s'entremet pour ajuster l'affaire de l'Assemblée de la Rochelle, 279. 280. 282. 283. 332. & *suiv.* Protestation qu'il fait mal à-propos, 335. Ce qu'il dit de Luines, 342. Idée qu'il avoit sur Saumur, 344. 345. Département où il commande, 347. Il est invité à se séparer de l'Assemblée de la Rochelle : se rend dans cette Ville, &c. 356. de-là dans la basse Guienne,

&

RO

& à Montauban: mouvements qu'il s'y donne, 367. 368. 392. Il fait entrer du secours dans cette place assiégée, 3 7. 398. Conférence qu'il a avec le Connétable de Luines, dont il rejette les offres avantageuses, 398. 399. Mésintelligence entre le Duc de Rohan & le Marquis de Châtillon, &c. 406. *& suiv.* Le premier demeure seul Général des Eglises Réformées, 408. Obstacles qu'il rencontre dans le bas Languedoc. La supériorité de son génie fait peur à la Cour Sa vigilance, Sa fermeté, son application le soutiennent malgré de grandes traverses, &c. 453. *& suiv.* Entrevue qu'il a avec Lesdiguieres, pour conférer sur les conditions de la paix, 456. 457. Il ne veut entendre parler que d'une paix générale, 465. Ce qu'il dit sur l'accommodement du Marquis de la Force. Le Duc de Rohan est déclaré criminel de leze-Majesté, 471. Ce qu'il dit plaisamment de Lesdiguieres, 475. Perplexité où il se trouve à l'entrée du Roi dans le Languedoc. Sa conduite admirable. Pas difficile dont il se tire habilement, 483. 484. Il met la ville de Montpellier en état de soutenir un siege, 485.

Le Duc de *Rohan* accepte des propositions du Maréchal de Bouillon, II. 489. Ses démarches pour la paix. Demande à laquelle il ne peut faire consentir les Habitants de Montpellier, &c. 506. *& suiv.* Il renoue la négociation pour la paix: motifs qui l'y engagent. Ce qu'il dit à propos des reproches injurieux qu'on lui faisoit, 515. 517. 518. Mouvements qu'il se donne pour la faire accepter à ceux de son parti: ce qu'il y gagna pour lui-même. Comment il se justifie des imputations de ses ennemis, 520. 521. Ses démarches pour l'exécution du Traité conclu devant Montpellier. Il y est retenu prisonnier dans son logis, 542. 543. est élargi à condition qu'il se retireroit de Montpellier. La Duchesse, sa femme, contribue à sa liberté, 544. Les gens de Nîmes l'accusent d'intelligence avec la Cour, *ibid*. Etat qu'il donne de la situation des affaires de France lorsque Richelieu entra dans le Ministere, 624. 625. Guerre que le Duc de Rohan entreprend à contre-temps, 677. 678. Raisons qu'il en expose, 680. 681. Ce qui le faisoit hésiter. Il approuve le dessein de son frere sur Blavet, 681. 682. rejette les offres de la Cour: demande l'exécution du Traité de Montpellier. Pour-

Tome VI.

quoi il n'est pas secondé par l'Angleterre & par les Provinces-Unies. Il prend les armes; excite les Réformés à la défense de la religion & de la liberté; affecte des manieres qui ne sont pas dignes d'un Héros, &c. 715. *& suiv.* Sa femme plus courageuse que fidele. *Rohan* déconcerte les projets du Maréchal de Thémines, 718. 719. Ce que lui & son frere demandoient dans une requête présentée au Roi, 725. Il est d'avis d'accepter les conditions offertes par S. M. 727. 730. 732. avertit le Roi Jacques, ensuite les Anglois de la destination des vaisseaux qu'ils prétoient à Louis, 730. 731. engage les Villes de Languedoc à ne point faire de paix, que la Rochelle n'y soit comprise, 767. 768. Il avoit un Agent secret à la Cour d'Espagne, 769. Ce qu'il dit de la seconde paix accordée aux Réformés, 793.

Rohan (Le Duc de) motifs qu'il attribue à Richelieu pour accepter le traité de Mouçon, III. 10. Ce qu'il dit du Connétable de Lesdiguieres, 13. du Maréchal d'Ornano; du Prince & de la Princesse de Condé, 38. 39. A quoi il s'occupe en Languedoc, & sa femme à la Cour, 52. Ce qu'il dit de Buckingam. Il répond avec reconnoissance à l'offre du Roi d'Angleterre, &c. 65. 66. Ce que *Rohan* allegue pour se justifier touchant la troisieme guerre de Religion, 67. Il s'engage à prendre les armes dès que les Anglois seroient en France, &c. 111. Réflexion judicieuse de ce Seigneur, 138. Il anime les Rochelois à recevoir le Duc de Buckingam: assemble les Députés des villes du Bas-Languedoc & des Cevenes: ce qu'il leur représente. Il reprend les armes, 140. *& suiv.* publie un Manifeste plein de beaux sentiments, 147. *& suiv.* Réflexion qu'il fait sur une entreprise de Buckingam, 156. Difficultés qu'il trouve dans l'exécution de ses projets. Il leve une petite armée. Ses mouvements dans le Languedoc. Il a l'avantage sur le Duc de Montmorenci dans un combat, 161. *& suiv.* Piege que l'on tend au Duc de *Rohan*, où il donne en partie, 177. *& suiv.* Etat de ses affaires dans le haut Languedoc & dans le Vivarez, &c. 179. 180. Villes qui se joignent à lui, 181. 182. A qui il impute la perte de la Rochelle, 196. 197. Ses négociations avec les Rois d'Angleterre & d'Espagne. Situation de ses affaires, 200. 201. Le Duc de Rohan déclare que les Réformés se défioient de Buckingam. Reyoy

RO

lution dont il s'aperçut, 224. Ce qu'il dit du dernier secours envoyé à la Rochelle, 228. 231. & de la maniere dont sa mere fut traitée par le Roi. Témoignage non suspect qu'il rend à cette Héroïne Chrétienne. Sa réflexion sur la prise de la Rochelle, 245. Expéditions du Duc de Rohan dans le bas Languedoc: représailles dont il use, 248. *& suiv.* Réponse qu'il fait à une Lettre que le Prince de Condé lui avoit écrite sur ce sujet, 251. 252.

Le Duc de *Rohan* implore en vain le secours du Roi d'Angleterre: ce qu'il dit en recevant la réponse de Charles, III. 304. 305. Mesures qu'il prend pour soutenir son parti, 305. *& suiv.* Lettre qu'il écrivit à S. M. Britannique, 308. *& suiv.* Traité qu'il fait avec la Cour de Madrid. Il pense tout de bon à se cantonner, &c. 310. *& suiv.* Ce qu'il rapporte des dispositions des Réformés dans le Languedoc, & de la derniere expédition faite contre eux. Sa bonne & brave conduite dans la désolation de son parti. Il est payé d'ingratitude, 352. 353. 365. Son récit de l'exécution sanglante faite à Privas, 354. *& suiv.* Son courage & sa fermeté dans les affreuses difficultés où il se trouve. Des Historiens flateurs du Cardinal tâchent de flétrir la réputation du Duc de *Rohan*, 361. *& suiv.* Il parvient à faire conclure une paix générale. Son désintéressement. Calomnies répandues contre lui, 363. *& suiv.* Il se retire à Venise, n'ayant pas eu la permission de saluer le Roi, après avoir conféré avec Richelieu. Eloge qu'il mérite avec justice. Ses sentiments généreux & Chrétiens, 365. 366. Il amene de nouvelles levées aux Vénitiens, 401. Piece qui paroît être de sa façon, 409. *& suiv.* Il entre au service de la République de Venise, à laquelle il avoit d'abord paru suspect, 471.

Commission donnée au Duc de *Rohan* chez les Grisons & les Suisses, IV. 78. 79. Pourquoi il fut traité plus favorablement que le Duc de Montmorenci, 187. En quelle qualité il demeuroit à Coire, 275. Il confirme les Suisses dans la résolution de demeurer neutres entre les Impériaux & les Suédois: travaille à accommoder un différend qui s'étoit élevé dans le corps Helvétique: discours qu'il fait dans cette occasion, bien opposé à ce qu'il a écrit dans ses Mémoires, 375. *& suiv.* Il est d'intelligence avec les Suédois, 378. 384. 385. Lettre qu'il écrit à la Diete des Suisses, touchant le siege de Constance, 388. Projet d'accommodement qu'il dresse de concert avec eux, 389. Sage remontrance qu'il leur fait, 390. Compte qu'il leur rend de sa négociation avec le Général Suédois, qu'il aide ainsi à sauver son honneur, 391. Considérations qui éloignoient le Duc de *Rohan* de se joindre au Duc d'Orléans & aux Espagnols, 508. Revenu à la Cour de France, on l'envoie commander un corps d'armée en Alsace, 656. Il commande l'armée Françoise dans la Valteline: fait arrêter Clauzel, & le livre à la justice. Propositions que cet homme lui faisoit, 769. 772. 773.

Rohan (Le Duc de) se saisit de la Valteline: défait les Impériaux & les Espagnols, V. 2. *& suiv.* s'il mérite les titres qu'on lui donne dans une piece attribuée à Richelieu, 4. 5. Projet où l'on vouloit l'employer, 132. Témoignage avantageux que Desnoyers lui rend, 136. projet qu'il avoit proposé, 138. Il est contraint de sortir du pays des Grisons & de la Valteline avec ses troupes, 302. *& suiv.* Récit circonstancié qu'il fait de cette affaire, 304. *& suiv.* 309. *& suiv.* Il expose fort naïvement sa perplexité dans cette occasion, & se justifie en homme d'esprit. On crut à la Cour de France qu'il y avoit de la collusion entre lui & les Grisons. Il explique la nécessité où il se trouva de traiter avec eux. Accord qu'il signa, 311. *& suiv.* Proposition violente à laquelle il ne voulut pas consentir. Il fut, dit-on, moins modéré ensuite, 314. craint d'aller en France, se défiant de Richelieu: sa retraite à Geneve d'où il va servir en qualité de volontaire, sous le Duc de Saxe-Weymar, 315. 316. Terreur panique imputée au Duc de *Rohan*, 318. 322. Son étroite liaison avec Bernard alarme Richelieu, 353. 469. Réfutation de l'apologie de *Rohan*. La Cour veut l'envoyer à Venise: sous quel prétexte il s'excuse d'y aller, 470. 471. Combat de civilité entre lui & le Duc de Weymar, selon un Auteur Italien, 473. Le Duc de *Rohan* est blessé; & surpris d'une attaque d'apoplexie dans le temps qu'on le pansoit; il meurt, plus regretté par les Etrangers que par la Cour de France. Sous qui il avoit appris le métier des armes. Qualités qu'on loue dans ce Héros. Il croyoit l'avarice incompatible avec la véritable valeur, & dépensoit beaucoup en espions, 476.

TABLE DES MATIERES.

RO

Rohan (La Duchesse Douoiriere de) & sa fille, renfermées dans la Rochelle, y souffrent la faim, & soutiennent les foibles par leur exemple, III. 220. refusent d'être nommées dans la capitulation. Rigueur dont on use envers la mere. Témoignage non suspect que son fils lui rend, 244. 245.

Roi : ce qui fait un bon Roi. III. 636. Le Roi & la patrie ne sont pas la même chose, IV. 805. Rois qui se contentoient autrefois du titre d'Altesse, VI. 6. Comment ils ont acquis celui de Majesté, 171. 172. Ce qu'on gagne à se faire Roi, 179. Voyez Souverains : Princes.

Roilhac : Voyez Rouillac.

Roissi (de Mesmes de) ancien Conseiller d'Etat, chargé de résider à Blois auprès de la Reine-Mere, &c. II. 20. est un des trois sujets proposés par Silleri comme les plus capables d'avoir les sceaux, 593. opine en lâche adulateur dans le Conseil, III. 634. est envoyé à Marie de Médicis avec le Maréchal de Schomberg, &c. 649. & suiv.

Roma (Le Cardinal) VI. 516. 518.

Romains : si l'on a pu avancer qu'ils sont esclaves des autres nations, IV. 782. 783.

Rome (La Cour de) ménage une double alliance entre la France & l'Espagne : ses vûes & son plan, I. 25. Son sentiment sur le serment exigé par Jacques I. 38. Censure qu'elle fait de quelques Ouvrages, 40. Titre ridicule que son orgueil a inventé, 59. Ses liaisons avec l'Espagne : ne garde la neutralité avec la France que par nécessité, 123. Adresse de la Cour de Rome au sujet du Livre de Bécan, 162. 163. Attentive à ce qui peut étendre sa domination, 166. préjugé qu'elle met à profit, 183. Ce qu'elle entend par les mots Eglise & Religion, 198. 199. Usage qu'elle fait des Conciles, 309. Combien ses principes sont capables d'arrêter le progrès du Christianisme, 337. 338. Ce qui lui déplut dans un discours du Prince de Condé, 343. Momerie où elle trouve son compte, 468. Ménagements pour la Cour de Rome, 504.

Artifices de la Cour de Rome pour allumer une guerre de Religion en France, &c. II. 158. & suiv. Ridicule ambition de cette Cour : ses vues secretes en France, 173. 174. 178. 179. Lettre qui découvre ses motifs & ses intrigues, 201. 202. Prétentions de cette Cour à l'occasion de l'emprisonnement d'un Cardinal, 294. Influence qu'elle a sur le Conseil de Louis XIII. 437. 438. Avantages qu'elle prétend tirer du mariage proposé entre l'Infante d'Espagne & le Prince de Galles, 501. 502. Difficultés de la Cour de Rome sur le cérémoniel à l'égard du Prince de Condé, 519. On y fait des réjouissances sur l'investiture de l'Electorat Palatin donnée au Duc de Baviere, 537. Ce qui y passe pour mœurs réglées, 569. Inquiétude de la Cour de Rome sur ce qui se passoit en France, 600. 601. Elle fait bien faire valoir ses moindres faveurs, 637. & suiv.

Utilité pour un Prince Catholique de se rendre puissant à la Cour de Rome, IV. 515. Piece où l'on découvre la maniere dont les affaires s'y traitent, &c. 517. & suiv. Préfet de Rome, 521. La Cour de Rome complaisante à ceux dont elle espere, & indifferente pour ceux dont elle n'a rien à craindre, 777. Ses prétentions sur l'élection d'un Empereur : grimace qu'elle fait pour les sauver en apparence, V. 280. 281. Brouillerie feinte ou vétable de la Cour de France avec celle de Rome, 464. 465. Maniere de la Cour de Rome quand les Couronnes lui proposent des sujets désagréables, 648. Coutume des François de la menacer, lorsque les choses ne s'y font pas à leur gré : à quoi cela se termine. S'il y a lieu de croire que cette Cour ait offert à Richelieu, pour six mois, la qualité de Légat, 745.

Romeo, Général des troupes de l'Archiduc Léopold, ce qu'il lui avoit persuadé. Il conduit son armée dans l'Autriche, & ensuite dans la Bohême, I. 56.

Ronchevolles, Baron du pont S. Pierre, fait une mauvaise harangue pour la Noblesse, à l'ouverture des Etats, I. 299.

Rool, Avoier, Pensionnaire d'Espagne, fait prévaloir sa cabale dans le canton de Soleurre, II. 667.

Roque (La) commandant d'un corps de milices des Cevenes, III. 248.

Roque (Le Comte de) Ambassadeur d'Espagne auprès du Duc de Savoye, à une dispute pour le pas avec Galas Commissaire Impérial à Quicrasque, &c. III. 672.

Roque (La) Massebaut est chargé d'une expédition dans le Vivarez, IV. 150.

Roquelaure fait Maréchal de France à la place de Lavardin, I. 378. Lieutenant Général pour le Roi en Guienne, & Maire de Bourdeaux,

RO

dispose les habitans de cette Ville à bien recevoir le Roi & la Reine, 464. Expédition où il assiste, II. 368. Il investit Monheur, 418.

Roquelaure (Le Matquis de) prisonnier à là bataille de Sedan, VI. 324. ensuite au combat d'Honnecour, 480.

Roquefervieres Aide de Camp du Comte de Guébriant, V. 539. conduit des troupes au fiege de Brisac, 600. fournit un mémoire, à l'auteur de la vie de ce Seigneur, sur le passage du Rhin, 750. 751. se trouve à cette expédition, 752. 753. Extraits des Mémoires qu'il fournit à l'auteur de la vie du Maréchal de Guébriant sur ses campagnes en Allemagne, VI. 94. & *suiv.* 106. 204. 355. Récit tiré de ses Mémoires, 644.

Rose Président du Conseil d'Etat du Cardinal-Infant, &c. VI. 57. fait perdre à ce Prince une occasion favorable, par son flegme, 73. est du Conseil établi après la mort de S. A. R. 347.

Rose (Le Colonel) un des quatre Directeurs de l'armée du Duc de Weymar, après la mort de ce Prince, V. 692. Entreprise dont il garantit le succès, & qu'il aide à exécuter, 750. 752. 753. Intrigue où il participa, VI. 96. Avis qu'il donne, 98. *Rose* & ses Collegues renoncent à leur qualité de Directeurs, & reconnoissent le Comte de Guébriant pour leur Général, 358. *Rose* est envoyé à Torstenson avec deux mille chevaux, 642.

Roseüs, Ministre Contre-Remontrant, excite des mouvemens à la Haïe, I. 523.

Rosseti Nonce Extraordinaire du Pape à Cologne, VI. 63. dispose Marie de Médicis à souffrir des remedes douloureux, 597.

Rossi, Marchand de Cazal, accepte une Lettre de change pour les besoins de la Garnison, III. 479.

Roterdam : les Magistrats de cette ville favorisent les Remontrants : ordonnance rigoureuse qu'ils publient contre les assemblées particulieres du parti contraire, I. 522. *Roterdam* suit le conseil de Grotius, &c. II. 57. fait des remontrances en sa faveur au Prince d'Orange, 59.

Rothelin (Le Marquis de') II. 357.

Rothenan, premier Maître d'hôtel du Duc de Weymar, V. 352.

Rothes (Le Comte de) Pair d'Ecosse, s'oppose à deux actes, avec plusieurs autres Seigneurs, &c. IV. 248. Requête au Roi, où il a part, V. 578. Ce qu'il demande au Grand Com-

RO

missaire de S. M. de la part de l'Assemblée Ecclésiastique, 590. Compliment qu'il lui fait lorsqu'il prétend la dissoudre, 594. Il est un des Députés pour conférer avec les Commissaires du Roi. Discours qu'il fait à S. M. 719. 720. Lettre au Roi de France, qu'il avoit signée, 722. Il avance une somme considérable d'argent aux Confédérés, VI. 12. Son crédit dans le Parlement d'Ecosse. Il meurt après avoir promis, dit-on, d'être du parti du Roi, &c. 399. 400. 408.

Rotré est Envoyé de France vers l'Electeur de Brandebourg; &c. IV. 687. ne peut détourner celui de Saxe de signer la paix de Prague, 796. 797.

Rots Marchand de Londres, & membre de la Chambre des Communes : bruit que la saisie de ses effets excite dans cette Assemblée, III. 300. 301.

Rou membre de la Chambre des Communes: protestation qu'elle fait à son instigation, III. 299.

Rouch Marchand François, fuyant ses Créanciers, & faisant le métier de double espion, tente vainement de corrompre Barri Gouverneur de Leucate, V. 342. 343.

Rouci (Le Comte de) amene un renfort à Mansfeld, II. 699. Il est arrêté & conduit à la Bastille, III. 173. Le Comte de *Rouci* va en Cour proposer la cession de Sedan, de la part du Duc de Bouillon, son beau-frere, VI. 626. 629.

Rouen. Mécontentement que la Ville & le Parlement de *Rouen* donnent au Roi, &c. V. 319. Soulevement du peuple de *Rouen* déchaîné contre le Cardinal. Expédition qu'y fait Seguier Chancelier, & Connétable à longue robe, 755.

Rouillac (Le Marquis de) ou *Roilhac*, neveu du Duc d'Epernon, fait donner des coups de bâton à l'Abbé Rucellai, II. 35.

Roussel (Jacques) envoyé en Pologne par Gustave ; à quel dessein. Il gâte tout par son imprudence, IV. 90.

Rousseliere (La) Gouverneur de Saverdun pour les Réformés, rassure ceux du Comté de Foix consternés, III. 181.

Roussillon (Le Comte de) ce qu'il écrit sur la bataille de Sedan où il se trouva, VI. 320. 321.

Rouvrai, un des Députés des Eglises Réformées à la Cour, gagné par le Maréchal de Bouillon, I. 395.

TABLE DES MATIERES.

RO

Rouvral, Ecuyer du Maréchal d'Etrées, homme brave, mais brutal, délivre fon valet de la chaîne : eft condamné à mort, fa tête mife à prix, & affafliné, &c. Démêlé qui en réfulte entre l'Ambaffadeur & les Barberins, 650. 651.

Roxborough (Le Comte de) Garde du Sceau privé en Ecoffe, court rifque d'être affommé dans un foulevement, V. 459. va au devant du Marquis d'Hamilton Grand Commiffaire, 581. concerte une remontrance au Roi avec ce Seigneur & avec quelques autres, 588. 589. Son fils le trahit, & fe joint aux Confédérés, 712.

Royan : entreprife du Duc d'Epernon fur cette place : tour jouée au Gouverneur. Circonftance finguliere des Canoniers de *Royan*. Le Roi l'affiege & le prend, II. 465. *& fuiv.*

RU

Rucellaï (L'Abbé) expofe fa fortune & fa vie pour délivrer Marie de Médicis. Paffions qui mettent en mouvement cet homme voluptueux. Qui il étoit : fes avantures : ce qui l'avoit brouillé avec le Duc d'Epernon, II. 34. 35. Ses intrigues pour parvenir à fon but, 36. *& fuiv.* Son adreffe pour entrer en négociation avec Epernon. Il gagne fa confiance, 40. 41. Sa brouillerie avec le Duc : il eft gagné par Luines, 80. veut perfuader Marie de Médicis de fe féparer du Duc d'Epernon, &c. 105. Dépit extrême de *Rucellaï*. Il demande à S. M. la permiffion de fe retirer ; refufe une fomme qu'elle lui fit offrir ; fe jette entre les bras de Luines, 109. Confeil qu'il lui donne, 214. Avis qu'il donne à Baffompierre, 264. Il demande l'Archevêché de Sens ; ne peut l'obtenir ; s'en prend au Jéfuite Arnoux ; ouvre les yeux du Connétable fur les intrigues du Confeffeur, 419. Bon office qu'il rend à Luines après fa mort, 421. Rapport qu'il fait au Prince de Condé fur la difpofition de ceux qui avoient la confiance du Roi, 424. Il eft chargé par S. A. de faire une propofition à Baffompierre, & de l'intimider. Mort de l'Abbé *Rucellaï*, 513. 514.

Ruellé Confeiller-Clerc, & Grand Vicaire de l'Archevêque de Lyon, donne une abfolution *ad Cautelam*, II. 648.

Ruelle (La) Bourgmeftre de Liege, s'oppofe à la faction Efpagnole, V. 166.

Rudyard (Le Chevalier Benjamin) Membre de la Chambre des Communes, &c. VI. 119. harangue contre les abus introduits dans le Gouvernement, 257. attaque principalement les Miniftres de Charles, 258. parle en faveur de l'Epifcopat, 269. 270. Ce qu'il dit fur la propofition de permettre aux Couronnes étrangeres de prendre à leur fervice des Soldats Irlandois congédiés, 403. 404. Il exhorte la Chambre des Communes à ne rompre pas ouvertement avec le Roi. Sa harangue difculpe S. M. 569. 570.

Rupa (Le Baron de) complimente la Reine Elizabeth en François, au nom des Etats de Bohême, II. 166.

Rufworth exact & diligent Compilateur des pieces de fon temps, & de ce qui concerne Charles premier, VI. 416.

Ruthwen brave Officier, Gouverneur du Château d'Edimbourg, eft obligé de le rendre aux Confédérés, VI. 131.

Rutland (Le Comte de) beau-pere de Buckingam, Catholique, affure l'Archevêque d'Ambrun des bonnes intentions de fon beau-fils, II. 619.

SA

S A A (Dom Roderic de) Grand Chambellan de Portugal, fe joint aux Conjurés contre les Efpagnols, VI. 142. 162. 166.

Saavedra, (Dom Diego de) Agent d'Efpagne, IV. 330. va négocier incognito, de la part du Marquis de Léganez, avec la Princeffe de Mantoue, V. 504.

Sabionnette, place importante, occupée par les Efpagnols. A qui appartenoit le domaine utile de cette Principauté, V. 301.

Sabran, Gentilhomme ordinaire de la Chambre du Roi, eft dépêché à la Cour de Vienne : Lettre & Inftructions dont on le charge, III. 385. *& fuiv.* Sa replique à la réponfe de l'Empereur, 389. 390. Il eft dépêché à Turin, à Mantoue, & à Parme, IV. 600. 601. va conférer avec Edouard Farnefe : ce qu'il lui remontre. Plan inféré dans l'Inftruction de *Sabran*, fur la maniere dont la France prétendoit agir en Italie, 602. 603. Il eft dépêché à Turin. Sa compaffion pour la Ducheffe de Savoye le fait mettre en prifon, à fon retour à Lyon, V. 493.

Sachetti, (Le Cardinal) VI. 518.

Sackville, (Le Chevalier) depuis Comte de Dorfet, harangue fortement dans la Chambre des Communes, pour l'engager à offrir les fubfides néceffaires pour recouvrer le Palatinat, II. 608. *& fuiv.*

SA

Sagredo, Général d'une Armée Vénitienne, sa mauvaise conduite : Honteuse défaite de ses troupes, III. 466. & *suiv*. Sa générosité envers un Auteur qui le maltraitoit dans un Livre, 471.

Saint-Agnan, (Le Comte de) est pris à la journée du Pont de Cé. Le Roi veut lui faire couper la tête : Comment il est détourné de ce dessein, II. 213. 214.

Saint-André, Maréchal de Camp dans l'Armée d'Italie, VI. 593.

Saint-Ange, Officier qui avoit bien défendu Rossignano, VI. 35.

Saint-Antonin : prise de cette ville, II. 476. 477.

Saint-Août, Officier dans l'armée du Maréchal de Châtillon : sa méthode pour se sauver, V, 684.

Saint-Aubin, Maréchal de Logis de l'armée du Duc de Bouillon, tâche de l'aider à se sauver, VI. 592.

Saint-Aunez, neveu de Thoiras : Compliment que Spinola lui fait, III. 489.

Saint-Aunez, fils du Gouverneur de Leucate, est blessé, V. 346. Se croyant mal récompensé, il se retire en Espagne. Conseil qu'il donne à Olivarez, VI. 10.

Saint-Blancart, défend le Mas d'Azil contre le Maréchal de Thémines, l'oblige à lever le siege de cette bicoque, II. 719. S'aquite habilement d'une commission que le Duc de Rohan lui avoit donnée, III. 66. s'embarque sur une flotte Angloise destinée contre la France, 134. 138. meurt à la descente dans l'Isle de Ré. Eloge qu'en fait le Duc de Rohan, 139.

Saint-Chaumont, (Le Marquis de) Chevalier des Ordres du Roi, &c. II. 609. 610. 611. 736. va négocier à Mantoue en qualité d'Ambassadeur extraordinaire, III. 128. & *suiv*. y est envoyé une seconde fois : négocie inutilement auprès du Duc de Savoye, & plus heureusement à Mantoue, 166. 167. se trouve à la réduction de la Rochelle, 246. est dépêché vers la Reine-mere à Compiegne, 648. Il obtient le Gouvernement de Calais, IV. 122. investit Nanci, 342. Ordre exprès qu'on lui donne d'empêcher l'évasion de Marguerite de Lorraine, 348. Envoyé extraordinaire vers le Chancelier de Suede, afin de le retenir en Allemagne, &c. 800. 801. Il négocie avec ce Ministre : traité qu'ils signent à Wismar, &c. V. 111. & *suiv*.

Saint-Cyran, (Jean du Verger de Haurane Abbé de) soupçonné d'être l'Auteur qui s'étoit caché sous le nom de *Petrus Aurelius*, IV. 312. Comment il s'explique sur le Concile de Trente dans une dispute avec le Pere Condren, &c. 750. est mis à Vincennes. Ses liaisons avec Jansénius : grand nombre de disciples qu'il fit à Paris, V. 466. 467.

Sainte-Colombe, Officier François, prisonnier en Catalogne, &c. VI. 196.

Sainte-Colombe, (Le Comte de) se trouve seul des Grands d'Espagne à la Chapelle du Roi, au jour de Noël, VI. 485.

Sainte-Colome, (Le Comte de) Viceroi de Catalogne, V. 725. Ce Seigneur, ou son pere, avoit tiré l'épée contre Olivarez dans une assemblée d'Etats, VI. 8. 11. Les Catalans obligent ce Viceroi d'écrire en leur faveur à la Cour. Il n'obtient rien, 10. Ce qui l'empêche d'avoir aucun égard à leurs nouvelles plaintes, 11. Nouveauté qu'il ne peut arrêter : il s'adresse à la Cour, 14. Ordonnance qu'il concerte avec les Marquis de los Balbases & de Villafranca, 15. Passage d'une de ses Lettres, & d'une réponse qu'on lui fait, qui prouvent la justice des plaintes des Catalans, 16. Ordre qu'il n'ose exécuter, & remontrance qu'il envoie à Philippe. Conclusion étrange de ce Courtisan flateur. Le peuple soulevé veut mettre le feu à son Palais, 18. Effroi du Comte de *Sainte-Colome*. Circonstances de sa mort, dans cette émeute, racontées différemment, 19.

Sainte-Croix, (Dom Alvare Baçan Marquis de) arrive dans le port de Gênes avec un bon secours, II. 746. signe une treve en Italie, III. 488. Général timide & très habile, 531. ne s'accorde pas avec le Duc de Savoye, 533. négocie avec les Généraux François, par la médiation de Mazarin, 535. 536. 538. 539. Articles dont il convient avec eux, 540. Il fait réparer les infractions faites au traité, 546. 547. va au devant de Gaston à Bruxelles, IV. 49. ne peut secourir Mastricht. Sa jalousie contre Pappenheim, 144. On ôte à *Sainte-Croix* le commandement des troupes, 145. Il est un des Commandants d'une flotte Espagnole, 810.

Sainte-Croix d'Ornano envoyé en Angleterre par Gaston, IV. 214.

Saint-Esprit. Nombreuse promotion de Chevaliers de l'Ordre du *Saint-Esprit*, IV. 276.

Saint-Etienne, beaufrere du Capucin Joseph, III. 534. IV. 28. 52. va demander au Roi de Suede la neutralité pour le Duc de Baviere.

TABLE DES MATIERES.

S A

Réponses brusques & seches que S. M. Suédoise lui fait, 84. *& suiv.* Il le prie d'épargner Munick & le Palais des Ducs de Baviere, 88. Avis qu'il donna au Cardinal, 134. 135.

Saint-Evremont : piece qu'on lui attribue, où le Duc de Beaufort est raillé, VI. 681.

Saint-George, (Le Duc de) commande la Cavalerie dans une armée contre les Catalans, VI. 194. 196. est blessé mortellement devant Barcelone, 198.

Saint Geran, un de ceux qu'on appelloit les dix-sept Seigneurs, I. 541. chargé d'arrêter le Duc de Vendôme, 544. 545. Il crie, & obtient un brevet de Maréchal de France pour la premiere promotion, 546. *Saint-Geran* est fait Maréchal de France, II. 120. va reconnoître Clerac, 369. sert au siege de Montauban, 392. Ce qu'il se met follement en tête avec d'autres Officiers, 400. 401. 402. Commission qu'il refuse, honteux de n'avoir pas pris Montauban, 426. Expéditions où il sert, 476. 515. Conseil où il est appellé, 508.

Saint-Germain, (Matthieu de Morgues de) Apologiste de Marie de Médicis : comment il raconte la premiere brouillerie qui éclata entre cette Princesse & Richelieu, III. 379. *& suiv.* Ce qu'il dit du P. Joseph, 495. 496. Il parle avec beaucoup de courage & de liberté, quoiqu'avec trop de circonspection, sur une violence faite au Parlement, &c. 636. *& suiv.* Aventures de cet Auteur : comment il fut engagé à écrire pour la défense de la Reine-Mere. Persécution qu'il essuya de la part du Cardinal, 638. 639. Réflexion judicieuse de cet Auteur, IV. 6. Ce qu'il dit sur la condamnation du Maréchal de Marillac, 95. 96. Tentative pour faire livrer cet Auteur à Louis XIII. 205. Il presse la Reine Mere, contre son propre intérêt, d'accepter un accommodement qu'on lui propose, 285. tache de justifier le Pere Chanteloube d'un noir complot qu'on lui impute, 369. *& suiv.* le discule mieux sur un autre. Trait malin contre Marie de Médicis, qu'il impute à Richelieu, 373. Si *Saint-Germain* méritoit d'être mis au nombre des victimes que Richelieu exigeoit le sacrifice, 459. 460. Il est fait premier Aumônier de la Reine-Mere, 462. Réflexions qu'il fait *sur* une Lettre de S. M. à Louis, à l'occasion de sa rupture avec l'Espagne, 767. 768. 770. 771. Il se défend mal sur une autre affaire, 771. 772. obtient la liberté de demeurer à Bruxelles, quoique la Reine-mere n'y fût plus, V. 566. 567.

S A

Saint-Germain, (Le Marquis de) va, de la part de la Duchesse de Savoye, faire des complimens au Roi & à son Ministre, V. 731. Gouverneur de la ville de Montmelian. Ordres que S. A. R. lui donne par écrit, 733.

Saint-Ibal, ou *Ibar.* Voyez *Saint-Ybar.*

Saint-Jean-d'Angely est assiégé & pris, II. 361. *& suiv.*

Saint-Jean (Olivier de) Avocat Anglois, acquiert beaucoup de réputation par son plaidoyé en faveur d'Hampden contre une prétention du Roi, &c. V. 104. 105. Evenement qui réjouit cet homme sombre. Conversation qu'il a avec le Comte de Clarendon, VI. 126. 127. Il s'intrigue à Londres, &c. 134. Emploi que Charles lui donne, pour le gagner. Il fait un discours long & subtil aux Seigneurs, pour les porter à consentir à un acte des Communes contre Strafford, 282. *Saint-Jean* est un des Chefs des Puritains dans la Chambre-Basse, 286. 419. y releve une proposition qu'on laissoit tomber : dresse la minute d'un acte sur les milices, 544. 545.

Saintion : avis qu'il donne à Cinq-Mars de la part du Cardinal, VI. 340.

Saint-Leger, Gouverneur du Catelet, rend cette place aux Espagnols. Mauvaise opinion qu'on avoit de lui. Circonstance qui le disculpe. On lui fait son procès : il s'évade, V. 176. 177. Supplice auquel il est condamné par contumace, 179. Voyez 210. 212.

Saint-Luc. (Le Marquis de) Commandement qui lui est confié, II. 426. 458. Il se trouve au siege de Mastricht, IV. 145. Le Maréchal de *Saint-Luc* va recevoir Grotius Ambassadeur de Suede, 693.

Saint-Maurice, (Le Comte de) va, de la part du Duc de Savoye, à Lyon faire des propositions au Cardinal, III. 411. 412. Ambassadeur extraordinaire à la Cour de France, il y trouve des difficultés sur le cérémonial, IV. 496. Protestation qu'il fait à Richelieu sur la retraite du Prince Thomas, 497. 600. Il tâche de disculper son Maître du mauvais succès du siege de Valence, V. 18. accompagne la Duchesse Christine à Grenoble, 734.

Saint-Megrin est fait prisonnier au Combat d'Honnecour, VI. 480.

Saint Michel, parent du Duc de Rohan, est fait Gouverneur de Montauban, III. 181.

Saint-Omer assiégé par le Maréchal de Châtillon. Pourquoi la Garnison de cette Ville étoit foible. Le Prince Thomas y jette du secours, V.

TABLE DES MATIERES.

SA

512. & *suiv.* Diverses relations de la levée de ce siege, 521. & *suiv.*

Saint-Onuphre, (Le Cardinal de) voyez Antoine *Barberini*, Capucin.

Saint-Palais, Lieutenant des Gardes du Duc de Montmorenci, &c. IV. 129.

Saint-Paul, ou *Saint-Pol* Maréchal de Camp, &c. V. 198. est obligé de quitter Plaisance avec la Garnison Françoise qu'il commandoit, 301. est trouvé parmi les morts à la bataille de Thionville, 674. Tour que le Marquis de Leganez lui avoit joué, & comment il en fut vengé, VI. 637.

Saint-Pé est dépêché en Portugal avec une instruction, V. 437. 438. y est renvoyé après la révolution, avec une instruction nouvelle, 439. 440. VI. 186. 187.

Saint-Pol (Le Comte de) cadet de Longueville, pourquoi il ne prétend pas d'entrer au Conseil, I. 19. Il se désiste de sa prétention au Gouvernement de la Citadelle d'Amiens, en faveur du Marquis d'Ancre, 58. se rend auprès du Prince de Condé, 430. passe en Guienne pour y exciter quelque mouvement : la Cour le gagne, 448. 463. 464. Il prend Gergeau : tourmente les Réformés, II. 357. 358.

Saint-Preignan, Capitaine, contribue à la conservation de Leucate, V. 344.

Saint-Preuil, (François de Jussac d'Ambleville, sieur de) sort du Fort de Saint-Martin de Ré assiégé par les Anglois, pour rendre compte au Roi de l'état de la place, &c. il y rentre, III, 151. 152. est commandé pour une embuscade, 154. reçoit le Duc de Montmorenci son prisonnier de guerre, &c. IV. 158. demande au Roi la vie de ce Seigneur : compliment que cette démarche lui attire, 193. Il est confronté avec Montmorenci, 196. entre à la nage dans Corbie, & ne peut empêcher sa prise, V. 180. 181. petarde le Château de Moreuil, 218. Conduit un convoi au Camp devant Arras, VI, 59. Expédition où il se trouve, 72. Il obtient le Gouvernement d'Arras ; honneur qui lui devint funeste, 81. *Saint-Preuil* attaque imprudemment la Garnison qui se retiroit de Bapaume : est accusé de divers crimes, & condamné à mort par le crédit de ses ennemis, 347. & *suiv.* Il y a quelque chose de trop fanfaron dans ses derniers moments, 352.

Saint-Privas dispose toutes choses à Nîmes, pour y recevoir l'Assemblée des Réformés, I. 459.

SA

Saint-Quentin, Gentilhomme ordinaire du Duc d'Orléans, IV. 212. est dépêché vers Madame, & vers le Marquis d'Ayetone, pour les informer des raisons que S. A. R. avoit eues de sortir secretement des Pays-Bas, III. 666. 667.

Saint Remi suit Gaston dans sa retraite à Blois, V. 336.

Saint-Remi, (M. de) Auteur d'une Histoire des Rois de France de la premiere Race, flate démésurément Louis XIV. dans son épitre dédicatoire : parle sans nécessité, dans sa préface, de l'Auteur de cette Histoire de Louis XIII. Réponse à ce qu'il en dit, III. 260. & *suiv.*

Saint-Revan (Le Marquis de) est envoyé à Verrue avec un Régiment, II. 747.

Saint-Romain, Agent de France à Hambourg, VI. 642.

Saints: on ne célébroit aucune fête des *Saints* dans les premiers siecles du Christianisme, &c. V. 549.

Saint-Simon devient favori de Louis XIII. A quoi il fut redevable de sa fortune, III. 81. 82. Il porte à Paris les drapeaux pris sur les Anglois dans l'Isle de Ré, 158. Premier Ecuyer, embarras où il se trouve, 455. Il parle au Roi malade en faveur du Cardinal, 528. est entierement dévoué à ce Ministre, 550. 551. Bon avis qu'il donne à quelques Courtisans. Mauvais offices qu'il rend à Bassompierre, 555. 556. Ce qu'il fait dire à Richelieu, 557. Cabale qui se forme contre lui, & quelle en est la cause, IV. 114. Il obtient le cordon du S. Esprit pour lui & pour son frere aîné, 276. est chargé d'entretenir le Duc de Lorraine, 360. 361. de recevoir Gaston, 668. obtient la dignité de Duc & Pair, 679, Le Duc de *Saint Simon* va à son Gouvernement de Blaye ; reçoit l'ordre de s'y tenir. Sa disgrace expliquée par Richelieu & par ses créatures, V. 210. 211. Conjectures sur sa véritable cause, 212. Il sert sous le Prince de Condé à l'expédition de Fontarabie, 543. 556. a la liberté de retourner à la Cour, VI. 680. assiste à l'enregistrement de la Déclaration sur la Régence, 693.

Saint-Surin, Gentilhomme Réformé, se rend maitre de Royan. Comment il en est dépossedé, II. 465. 466. est dépêché en Cour, III. 444.

Saint-Torse, Aide de Camp du Duc d'Epernon, &c. V. 332.

Saint-Ybar, (ailleurs *Saint-Ibar*, & *Saint-Ibal*)

S A

se signale dans le Piémont, III. 482. Confident du Comte de Soissons, remontrance qu'il lui fait, V. 175. Il forme une intrigue contre le Cardinal avec Montrésor, 207. 208. est le premier à railler des grimaces de ce Ministre à son égard, 217. presse l'exécution du projet formé contre lui, &c. 221. & suiv. suit le Comte de Soissons à Sedan, 237. explique à Liancourt les prétentions & les sujets de plainte de S. A. 258. apporte à Marie de Médicis des propositions pour un traité avec ce Prince, 293. 294. tâche d'empêcher le Duc de Bouillon de s'accommoder avec la Cour, VI. 328. 329.

Salamanque, (Dom Michel de) allant à Bruxelles en qualité de Secrétaire d'Etat, passe par la France incognito, voit le Cardinal, lui rend une Lettre du Comte Duc : confere avec le P. Joseph, V. 608. Offre qu'il va faire au Duc de Lorraine, de la part du Cardinal Infant, VI. 239. Il présente les ordres du Roi d'Espagne aux Grands des Pays Bas, 347.

Salazar, (Le Comte de) Capitaine des Gardes de l'Infante Isabelle, &c. IV. 212. 665. Voy. *Velasco*. (Dom Louis de)

Saldagna, ou *Salsagna* (Dom Antoine de) & ses freres, Portugais, conjurés contre les Espagnols, VI. 162. 166. 167.

Salces est pris par les François, & repris par les Espagnols, V. 723. & suiv. Les François prennent derechef cette place. Dessein de la démolir, &c. VI. 631. 632.

Sale, (De la) Capitaine aux Gardes, suspect à Richelieu, est congédié honnêtement par le Roi, VI. 651. 652.

Sales (Le Commandeur de) Gouverneur de Nice, remet cette Ville & son Château au Cardinal de Savoye, V. 643. Prétendu empoisonnement de ce Commandeur, noire calomnie, VI. 25.

Salignac est envoyé au Cardinal Infant par le Duc de Bouillon, VI. 328. dépêché une seconde fois vers ce Prince, avec une instruction, 331. 332.

Saligni (Le Comte de) sert sous le Maréchal de Châtillon, V. 678.

Salis, Général de l'artillerie de l'Empereur, est défait par Bannier, V. 660

Salis Maréchal de Camp dans l'armée de France, en Italie, VI. 593.

Salisbury, (Le Comte de) V. 719. oublie ses engagements, se dérobe d'auprès de Charles I. & joint le Parlement, VI. 567.

S A

Salms, (Le Comte de) défend bien Saverne, où il commandoit, II. 436.

Salo, Conseiller au Parlement, est relégué & prisonnier à Tours, V. 462. 463.

Saludie (La) porte les ordres du Roi dans le Bearn & au Duc d'Epernon, II. 360. va négocier en Italie sur l'affaire de Mantoue, III. 281. & s. est envoyé pour proposer une ligue aux Princes d'Italie, IV. 514. défend bien Hermenstein, qu'il est obligé de rendre, VI. 642.

Salvius (Jean Adler) Plenipotentiaire de Suede, finit le traité de ligue offensive & défensive entre cette Couronne & la France, V. 486. 487. ne vit pas en bonne intelligence avec Bannier : traverse son intrigue pour un plein pouvoir, & la déconcerte, &c. 665. confere avec le Prince Edouard de Bragance, &c. VI. 191. négocie & conclut deux grandes affaires à Hambourg, 359. 360.

Sanci, (Achille de Harlai de) premierement Ambassadeur de France à la Porte Ottomane, ensuite Prêtre de l'Oratoire, depuis Evêque de Saint-Malo, suit le P. de Berulle en Angleterre ; déplaît plus qu'aucun autre à Charles I. est obligé de sortir de ce Pays ; y retourne avec Bassompierre, dans un poste au-dessous de lui. Embarras que cela cause à l'Ambassadeur, III. 73. 74. 75. 76. Démarches indignes de sa naissance qu'il fait pour avancer sa fortune. Reproches qu'on lui fait. On le nomme Evêque de S. Malo, 601. 602. Il est un des confidens du Cardinal, IV. 345. Commissaire pour l'examen d'une proposition faite au Clergé par le Roi, 749. Il parle, en pleine Assemblée, d'une maniere dont la Cour lui sut mauvais gré. Autre saillie de ce Prélat contre l'Evêque de Nîmes. Comment il arrête le Roi qui vouloit lui en faire reproche, V. 65.

Sandoval, Cardinal Espagnol : scene où il a part dans un Consistoire, IV. 59.

Sanguin a ordre de sortir de la Cour, V. 568.

Santarel, Jésuite, publie un Livre que le Parlement de Paris condamne au feu, & que la Faculté de Théologie censure vigoureusement, II. 799. 800. Cette Censure est révoquée, & on en fait une autre en termes généraux, III. 101. 103. & suiv.

Sanzo, (Le Prince de) Seigneur Néapolitain, lie une intrigue pour introduire les François dans Naples : elle est découverte : il se réfugie à Rome, d'où il est enlevé, conduit à Naples, & décapité, VI. 69.

SA

Sardini, ou *Sardigni* préfente au Roi une Lettre de Marie de Médecis, II. 208. travaille à faire chaffer l'Abbé d'Elbene de la Maifon du Duc d'Oriéans, V. 71. fuit le Comte de Soiffons à Sedan, 237. 730.

Sardique Canon d'un Concile de *Sardique*, que les Papes ont attribué à celui de Nicée, & dont ils fe font bien prévalus, IV. 317. 318.

Savaron, Député aux Etats Généraux, &c. publie deux traités de la Souveraineté du Roi, I. 147.

Savedra, Agent d'Efpagne. Voyez *Saavedra*.

Savelli (Jules) Nonce extraordinaire du Pape, pour négocier un accord entre le Roi d'Efpagne & le Duc de Savoye, I. 271. 273. 274.

Savelli (Le Duc) Romain : fa lâcheté & fon avarice. Raillerie fanglante qu'il effuie de la part de Guftave, III. 588. Il eft envoyé à Rome, en qualité d'Ambaffadeur extraordinaire de l'Empereur. Autre *Savelli* Ambaffadeur ordinaire de S. M. I. Ce qui fe paffe dans l'Audience que le Pape leur donne, IV. 57. 58. *Savelli* Cardinal, 330. Le Duc *Savelli* amene du renfort à Jean de Wert, V. 352. eft fait prifonnier à la bataille de Rhinfeld : s'échappe déguifé en Prêtre, 473. 474. va au fecours de Brifac, eft attaqué & défait par le Duc de Weymar, 539. 540. y revient avec un Corps de troupes : voit fon infanterie diffipée, fon bagage enlevé, &c. 605.

Saugeon fe trouve à la défenfe des lignes devant Arras, VI. 77.

Savignac commande un corps de cinq-cents Réformés dans l'Ifle de Ré, III. 155.

Savignac, Capitaine au Régiment des Gardes, en conduit un détachement à l'armée du Cardinal de la Valette, V. 23.

Savil (Le Chevalier) Membre de la Chambre des Communes, eft pourvu d'une charge, III. 303.

Sault (Le Comte de) ou *Saulx*, fils de Créqui, & petit-fils de Lefdiguieres : parti qu'on propofe pour lui, I. 409. On lui donne le commandement du Château de Saumur, II. 355. Lieutenant Général en Dauphiné, III. 321. Il contribue beaucoup au fuccès de l'expédition pour forcer le pas de Suze, III. 321. conduit la Nobleffe de Dauphiné, convoquée par forme d'arriere-ban, 486. eft caufe que fon pere n'eft pas arrêté, 611. obtient le Cordon de l'Ordre du S. Efprit, IV. 276. fe fignale au paffage du Tefin, V. 141.

Saumeri eft dépêché à Turin par Gafton, IV. 209. travaille à faire chaffer l'Abbé d'Elbene de la maifon de ce Prince, V. 71.

Saumur : Affemblée politique des Réformés dans cette Ville, I. 72. & *fuiv*.

Saufier & Belanger, complices d'un noir complot contre le Cardinal de Richelieu, le révelent, & obtiennent leur grace, IV. 370.

Sauvage eft reçu dans Montauban. Ses intelligences avec le Connétable font découvertes; & il eft pendu, II. 391.

Sauveberg, Capitaine Suiffe, eft dépêché à Louis, au fujet de fon entreprife fur la Franche-Comté, &c. V. 156.

Sauvebeuf accompagne Gafton fortant du Royaume, IV. 209.

Sauveterre, premier valet de Chambre de Louis XIII. veut détourner S. M. de confentir au mariage du Duc d'Anjou avec la Princeffe de Montpenfier. Il eft chaffé de la Cour, III. 55. 56.

Sawley, (Mylord Hay, Baron de) & depuis Comte de Carlile, Ambaffadeur extraordinaire en France, I. 537.

Saxe : parti que prennent l'Electeur & les Princes de la Maifon de *Saxe* dans l'affaire de la fucceffion de Cleves & de Juliers, I. 9. Leurs prétentions fur ces Etats : don que leur en fait l'Empereur Rodolphe, 35. Si l'oppreffion violente que fouffrit la branche aînée de la Maifon de *Saxe* la rendit méprifable en Allemagne, V. 81. 82. Electeurs de *Saxe*. Voyez *Chriftian II. Jean-George*.

Saxe-Lawembourg, voyez *François-Albert*, *François-Charles*.

Say, (Le Vicomte) Seigneur Anglois, étant à l'armée du Roi, refufe de prêter un ferment exigé par S. M. eft arrêté, puis renvoyé dans fa maifon, V. 715. eft appellé l'Oracle des Puritains. Deffein qu'avoit le Comte de Strafford de l'accufer, VI. 261. Mylord *Say* juftifie, dans la Chambre Haute, fes fentimens fur la Religion : eft appuyé par l'Evêque de Lincoln, 267. Rempli de l'efpérance d'être Grand Tréforier, il promet au Roi de fauver Strafford. Démarche qu'il confeille à S. M. 284. Proteftation qu'il figne, 522.

S B. S C

Shirres (Les) canaille poltrone, VI. 517.

Scaglia (L'Abbé) Ambaffadeur du Duc de Savoye à la Cour de France, II. 710. III. 7. Ce qu'il offre au Duc d'Anjou, & ce qu'il lui infpire contre Richelieu, 36. 37. 47. 58. N'étant plus agréable à la Cour de France, il paffe en Angleterre, & y porte fes reffentimens & ceux de fon Maître, 54. Il eft en-

S C

voyé à la Cour de Madrid. Ce qu'on attend de ses intrigués, 200. Il y appuie un envoyé secret du Duc de Rohan, 310. Remontrance qu'il y fait de la part de son Maître, 383. Revenu d'Espagne avec Spinola Gouverneur de Milan, 418. Commission que le Duc de Savoye lui donne, 436. Il retourne en Espagne: s'y attache à perdre Spinola, 446.

Scapi Nonce du Pape auprès des Cantons Suisses Catholiques, II. 772. Proposition qu'il leur fait, 780. *& suiv.* Son discours est réfuté par Bassompierre, 783. *& suiv. Scapi* Nonce du Pape à Milan, III. 216.

Scarnafis (Le Comte de) va faire des civilités à Richelieu, de la part du Duc de Savoye, III. 418.

Scarron, Conseiller au Parlement de Paris, est relégué, VI. 21.

Scarron, Evêque de Grenoble, fait une bonne harangue à Louis XIII. Maxime salutaire qu'il y coula, &c. III. 314.

Schaffenberg, Officier de l'armée de Valstein, est dépêché à Vienne, par ce Général: dans quel dessein, IV. 479. Il y est arrêté à son arrivée, 481.

Schagen, Noble de Hollande, se met en mouvement en faveur de Barnevelt, &c. II. 57. 58.

Schaumbourg (Le Comte de) commande les troupes Impériales dans la Basse-Saxe, III. 522.

Scheumbec, Colonel dans l'armée du Duc de Weymar, V. 693.

Schlang Colonel dans l'armée de Suede, posté à Newbourg avec trois régiments de Cavalerie, y est investi par les Impériaux, & forcé de se rendre prisonnier de guerre avec ses troupes, VI. 205. 207.

Schlick (Joachim-André Comte de) Ambassadeur des Etats de Bohême vers Frédéric, II. 166.

Schlitz (Le Comte) Président du Conseil de guerre en Bohême, entame une négociation pour la paix avec Bannier, V. 661. 662.

Schmidberg Maréchal de Camp sous du Hallier, VI. 72.

Schomberg (M. de) Maréchal de France, & depuis Duc en Angleterre, conseille à un Historien de n'entrer pas dans les détails de la guerre, I. *Préface*, VII.

Schomberg, (Henri de) dans quel dessein envoyé vers les Princes Protestants d'Allemagne, I. 127. Le Comte de *Schomberg*, Lieutenant du Roi en Limosin, se déclare contre le Duc d'Epernon Gouverneur, prend Uzer-

S C

che, II. 102. forme une entreprise qui lui fit un tort extrême dans l'esprit des honnêtes gens, 111. tient pour la neutralité entre l'Empereur & le Palatin, 172. Avis qu'il donne à Bassompierre, 264. Il fait la charge de Grand-Maître de l'artillerie au Siege de Montauban, 392. Ridicule confiance qu'il a de prendre Montauban, &c. 400. 401. Sa prévention là-dessus: raillerie qu'en fait Bassompierre, 402. *Schomberg* tâche de se rendre maître des affaires avec le Cardinal de Retz & le Garde des Sceaux, &c. 421. 422. propose au Roi une indigne supercherie, 422. 423. Mortification qu'il essuie avec ses Collegues, 425. 416. Il crie pour la guerre, 427. 446. 457. Il consulte avec le Prince de Condé & le Cardinal de Retz pour donner un Favori au Roi, 472. *& suiv.* Intrigue où il a part, & qui ne réussit pas, 513. 514. Décadence de son crédit. Une grande maladie qu'il eut au Siege de Montpellier donne beau jeu à ses ennemis, 516. Comment on le pérd dans l'esprit du Roi, qui lui ôte la Surintendance des Finances. Témoignage qu'on rend à *Schomberg*, 525. 526. Il est rappellé à la Cour, & rentre dans le Conseil Privé, 622. 640. Ce qu'il répond aux plaintes des Ministres du Pape sur l'irruption dans la Valteline, 688. 689. Devenu Maréchal de France, il est un des Commissaires pour négocier avec le Legat, 713. Comment il opine dans un Conseil extraordinaire, tenu pour l'examen des propositions de Barberin, 739. Il est adjoint à Bassompierre, pour traiter avec l'Ambassadeur d'Espagne, 741.

Schomberg (Le Maréchal de) assiste à l'assemblée des Notables, &c. III. 84. 87. y propose un reglement pour la Gendarmerie, &c. 91. Sa basse complaisance dans une contestation que lui & le Maréchal de Bassompierre ont avec le Duc d'Angoulême sur le commandement, 150. Il commande le secours envoyé dans l'Isle de Ré, 154. 155. Suit les Anglois dans leur retraite; défait leur arriere-garde, 156. 157. refuse de signer la capitulation de la Rochelle, &c. 244. 246. 247. se trouve à l'affaire du pas de Suze, y est blessé. 317. 319. sert dans l'expédition contre les Réformés du Languedoc, 351. 353. se procure l'occasion de servir sous le Cardinal, 406. 409. parle dans un Conseil selon le cœur de ce Ministre, 413. voyez 431. 435. quitte le Piémont, revient auprès de S. M. en Savoye,

K k k k k k ij

S C

457. amène un renfort en Piémont, prend Veillane, 483. demeure en Italie avec le Maréchal de la Force, 487. Confident du Cardinal, il refuse d'exécuter le traité de Ratisbone. Ses négociations en Italie. Il marche, avec les Maréchaux de la Force & de Marillac, au secours de Cazal, &c. 530. & *suiv.* Exhortation qu'il fait aux Officiers de l'armée, 538. Réception qu'il fait à Toiras, & à deux Généraux de l'Empereur, 541. 542. Mauvaise humeur de *Schomberg* à l'égard du premier, 542. *Schomberg* & les Collegues violent quelques articles du traité conclu devant Cazal : suites de cette infidélité, 543. & *suiv.* 557. Comment il exécute l'ordre d'arrêter le Maréchal de Marillac, &c. 561. & *suiv.* Négociation où il a part, 600. Instances qu'il fait à la Reine-Mere, 601. Il va la presser de sortir de Compiegne : conférences qu'il a avec S. M. plaintes qu'elle fait du Maréchal, 649. & *suiv.*

Schomberg (Le Maréchal de) expéditions dont on le charge, IV. 40. 124. Il ne peut empêcher l'entrée de Gaston en Languedoc, 130. prend S. Felix de Carmain. Sa marche vers Castelnaudari, comme il l'explique lui-même, 152. 153. Combat près de cette ville : relation courte & modeste qu'il en donne, 154. 155. Il paroît compatir au malheur de Montmorenci, 159. donne le temps au Duc d'Orléans de se retirer, 160. est déclaré Gouverneur de Languedoc. S'il refusa cette Charge. Il n'en jouit pas long-temps, & meurt peu après, 169.

Schomberg (Charles de) Maréchal de France, Gouverneur de Languedoc, appellé ci-devant le Duc d'*Halluin*, est Lieutenant Général d'une armée sous le Prince de Condé, V. 669. prend des précautions contre les mauvais offices que S. A. pourroit lui rendre : se brouille avec elle, 724. couvre le siege de Salces, 725. est vivement pressé de sauver cette place que les Espagnols veulent reprendre. Différence entre sa conduite & ses motifs dans cette expédition, & dans celle de Leucate, 726. Bon conseil qu'il donne au Prince; & que S. A. néglige; de quoi elle a sujet de se repentir, 728. *Schomberg* ne marcha pas seul, sans le Prince de Condé, à la derniere tentative du secours de Salces, &c. 729. Avis qu'il donne au Cardinal. Il oblige les Espagnols à lever le siege de deux châteaux, VI. 66. Commission qu'on lui

S C

donne en Guienne. Egards qu'il a pour le Duc d'Epernon : bon office qu'il rend au Duc de la Valette, 313. 314. Assurances positives données à *Schomberg* qu'il auroit le commandement des troupes dans le Roussillon : cela est changé, 361. 363. Il commande au siege de Perpignan, conjointement avec le Maréchal de la Meilleraie, 471. On prétend qu'il fut le délateur secret du complot de Cinq-Mars, &c. 582. *Schomberg* & son Collegue prennent Perpignan, assiegent Salces, 630. 631. Sur les remontrances du premier, cette derniere place n'est pas démolie, 632. Le Maréchal de *Schomberg* est du nombre des amis ou des complaisants de Mazarin & de Chavigni, 670. se déclare pour la Meilleraie, contre le Duc de Vendôme, 696.

Schotte, Pensionnaire de la ville de Bruxelles, & Député des Pays-Bas Catholiques à la Cour de Madrid, est traité avec ménagement, IV. 492.

Schotti, Confident du Duc de Parme, est consterné de voir les affaires tourner tout autrement qu'il ne se l'étoit imaginé, V. 143. 144. Dépêché en France pour solliciter un prompt secours, il n'en rapporte que des promesses, 152.

Scioppius (Gaspard) écrit contre Jacques I. son Livre brûlé à Paris & à Londres : l'Auteur est joué sur le théatre en Angleterre, I. 163. 164.

Scombourg est envoyé vers l'Electeur de Saxe par le Comte de Tilli, &c. IV. 20.

Scoti (Le Comte) Lieutenant Général de la Cavalerie Vénitienne, fait une proposition pleine de lâcheté, qui est applaudie, III. 470.

Scoti, Nonce du Pape : ce qu'il répond à la plainte qu'on lui porte de l'affront fait à la mémoire du Cardinal de la Valette, V. 644. Comment il disculpe François Barberin d'avoir commandé l'assassinat de Rouvrai, 653. La Cour ne veut recevoir *Scoti* qu'en qualité de Nonce extraordinaire. On lui défend de venir à l'audience du Roi. Le Nonce ne s'étonne pas de la menace d'un Concile National, fait susciter des embarras à la Cour, &c. 737. & *suiv.* Comment il reçut la signification de l'ordre de s'abstenir de l'audience du Roi, 740. Conférence qu'il avoit eue auparavant avec Chavigni, &c. 741. & *suiv. Scoti* sonde le Cardinal sur une proposition du Comte de Soissons, &c. VI. 217. 218. Il consent à être rappellé, 505.

Scudamor, Ambassadeur ordinaire d'Angleterre

TABLE DES MATIERES.

SC. SE

à la Cour de France, s'abstenoit de voir Richelieu, & n'alloit pas chez le Capucin Joseph, V. 271. Il signe un traité de Ligue avec la France, 447. est rappellé, 619.

Secq (Le) Domestique de Marie de Médicis, envoie un défi au Comte du Fargis, IV. 451.

Secrétaires d'Etat : les affaires étrangeres sont départies à trois d'entre eux, après la disgrace de Puisieux. Leurs fonctions, II. 596. Style fanfaron des *Secrétaires* d'Etat de Louis XIII. & de son fils, V. 345.

Sedan. Bataille auprès de cette Ville, entre l'armée du Roi & celle du Comte de Soissons : diverses relations qui en ont été données, VI. 319. & *suiv*. Cession de cette Principauté au Roi, 625. & *suiv*.

Seguenot (Le P.) Prêtre de l'Oratoire, est mis au château de Saumur, & puis transféré à la Bastille. Ce qu'on lui reprochoit, & ce qu'il disoit lui-même de la cause de sa prison, V. 466. & *suiv*.

Seguérand (Le P.) Jésuite, va négocier avec son confrere Suffren, touchant les intérêts de Marie de Médicis. Ils se séparent sans rien conclure, II. 20. est fait Confesseur du Roi, 419. l'entretient dans la superstition, 522. n'est pas toujours heureux dans ses entreprises en faveur de sa Société, 651. & *suiv*. présente un placet au Roi contre l'Université, 798. signe la nullité du mariage de Gaston, IV. 749. Crime qu'il imputoit au P. Caussin, V. 371.

Seguier (Pierre) Président à mortier au Parlement de Paris, I. 663. IV. 9. obtient la Charge de Garde des Sceaux, &c. 221. 222. sa basse adulation. Ce qui l'a rendu recommandable, 275. 276. Il défend de la part du Roi, aux Docteurs de la Faculté, de procéder contre le P. Sirmond, 313. Ce qu'il écrit au Duc d'Epernon, son ami intime, 327. 328. Comment il opine dans le Conseil sur l'accommodement proposé de la Reine-Mere avec son fils, 457. *Seguier* a un démêlé avec l'Ambassadeur d'Espagne, 587. est aggrégé à l'Académie Françoise, 781.

Seguier, Garde des Sceaux, accompagne le Roi à son voyage en Lorraine, V. 40. est fait Chancelier de France, en fait les premieres fonctions au Parlement, à un lit de justice : réprimande l'Avocat Général Bignon, qui avoit fait son devoir, 64. Dévoué servilement à la Cour, comment il parle aux gens du Parlement, 66. 67. Lettre qu'il écrit au Duc

SC

d'Epernon. Il n'est pas content de sa réponse. S'il méritoit le titre de *véritable ami* de ce Seigneur, 250. 251. Le Chancelier est envoyé à Rouen, &c. se charge de toutes les commissions qui tendent à l'oppression de la Patrie, 319. Commission qu'on lui donne auprès de la Reine ; & qu'il exécute sans la désobliger, 359. 360. Ce qu'il affectoit de dire concernant Marie de Médicis, 566. Conseil extraordinaire où il est appellé, sur la proposition d'un accommodement avec cette Reine. Abus profane qu'il fait des actions & des paroles de Jesus-Christ pour appuyer son sentiment dénaturé, 617. 618. Sa conduite dans le procès fait au Duc de la Valette, 627. 630. Il est envoyé en Normandie contre les *va-nuds-pieds*, y fait les fonctions de Chancelier & de Connétable : jette l'épouvante dans cette Province par sa sévérité, 755.

Le Chancelier *Seguier* un des Commissaires du Roi pour une ligue avec le Portugal, VI. 188. Rôle qu'il joue dans le procès suscité au Duc de Vendôme, 235. 236. Affaires qui l'amenent au Parlement, 310. 311. 527. Question qui lui est proposée, sur laquelle il consulte des Magistrats habiles : Lettre qu'il écrit à Richelieu, après leur réponse, 609. Il se transporte à Villefranche en Beaujolois, pour interroger Gaston sur le complot qu'il avoit tramé avec le Duc de Bouillon & Cinq Mars, 611. visite Cinq-Mars au château de Pierre-Encise ; le porte, par des espérances générales, à tout confesser, 614. 615. vaque au procès de ce Favori & de ses complices, 616. & *suiv*. 621. se rend auprès du Duc de Bouillon à Pierre-Encise : procès-verbal qu'il y dresse, 626. 627. *Seguier* n'étoit pas du Conseil étroit du Roi, 669. Il est mis du conseil de la Régence, 692.

Seguier Evêque de Meaux, premier Aumônier du Roi, supplée les cérémonies omises au baptême du Dauphin : administre le Viatique à S. M. VI. 695. 696.

Seguier (Le Président) comment il opine dans l'affaire du Duc de la Valette, V. 625. Il se surpasse lui-même dans un Discours, surprend tout le monde par sa conclusion, 628.

Seguin, Médecin de Tours, soutient la vérité de la possession des Ursulines de Loudun, &c. IV. 563.

Selden (Jean) Jurisconsulte Anglois, refuse d'écrire son sentiment sur un Sermon tou-

SE

chant l'obéissance dûe aux Rois: le donne verbalement, III. 132. plaide pour un prisonnier renfermé sans en spécifier la raison, 133. Ce qu'il soutient dans la Chambre des Communes, 137. 188. 190. Il s'y distingue contre la Cour: est maltraité pour ce sujet, 301. 302. 304. défend la souveraineté du Roi sur les mers qui entourent les Isles de sa domination, contre Grotius, V. 100.

Seminat (Aleis) Sergent Major de Barcelone, est dépêché au Gouverneur de Leucate par les mécontents de Catalogne, &c. VI. 63. 64. est arrêté à Perpignan par les Espagnols, 65.

Sendomir (Le Palatin de) ajoute foi à l'avanture du faux Démétrius, I. 165. commande son armée, 166. lui donne sa fille en mariage, &c. 167.

Senecey (Henri de Beaufremont, Baron de) préside dans la Chambre de la Noblesse, I. 298. 328. 369. Ambassadeur en Espagne, 571. donne un projet pour la paix de l'Italie, 719. Le Marquis de *Senecey* obtient une Lieutenance générale en Bourgogne, IV. 276. est tué à la bataille de Sedan, VI. 309. 324.

Senecey (La Marquise de) première Dame d'honneur de la Reine Anne d'Autriche, &c. V. 355. 357. 360. perd cette charge, & a ordre de se retirer, 563. Nota qu'on a mis là *Savoye* au lieu de *Senecey*.

Senelle Médecin & tireur d'horoscopes, est condamné aux Galeres. perpétuelles, IV. 3.

Senneterre (Le Marquis de la Ferté-) va proposer au Duc de Savoye d'entrer en négociation, III. 321. 322. trahit le Comte & la Comtesse de Soissons, &c. 573. est fait Lieutenant de Roi en Champagne, IV. 7. Ambassadeur en Angleterre: de quoi il est chargé auprès de S. M. Britannique, 697. 704. 705. Partie dont il étoit, V. 684. Il sert en qualité de Maréchal de camp sous la Meilleraie, VI. 49. 50. ensuite au siege d'Aire, 344. sous le Comte d'Harcourt, 471.

Senneterre (Le Chevalier de) commande la garnison françoise à Treves, IV. 125.

Serbellon (Le Colonel Augustin) garde le poste de Rive, à l'entrée de la Valteline, II. 742. va prendre Nice de la paille, III. 216. 217. empêche que le Duc de Savoye ne soit pris: est emmené lui-même prisonnier, 319. 320. Général de l'artillerie Espagnole au siege de Cazal, 540. & dans l'armée de l'Infant Ferdinand, IV. 635. *Serbellon* est défait par le Duc de Rohan, V. 4. Commission dont il est chargé, 144. Il se prépare à soutenir les Grisons soulevés contre les François, 308. est Lieutenant Général d'une armée Espagnole destinée à entrer dans le Languedoc, 337. 339. assiege Leucate: tente d'en corrompre le Gouverneur, 342. & suiv. Son armée est attaquée dans ses retranchements, & défaite, 345. 346.

Sérénissime, *Sérénité*: vraie signification de ces titres, VI. 6. En Allemagne, on donnoit autrefois le titre de *Sérénité* aux Rois, 171.

Sérizai homme de Lettres de la Société qui devint l'Académie Françoise contre ses vœux, IV. 777. 787. Il en est le premier Directeur, choisi par le sort, 781.

Serre (La) Gentilhomme Gascon au service du Duc de Lorraine, IV. 343.

Servien, Maître des Requêtes, est envoyé vers le Duc d'Epernon, &c. III. 121. 122. Intendant de l'armée commandée par le Cardinal, il est dépêché à Turin, &c. 412. 434. obtient la Charge de Secrétaire d'Etat, 560. On l'adjoint à Toiras pour conclure la paix d'Italie à Quierasque, 669. 671. 672. Intrigue où il a part, 676. Il signe le Contrat d'aquisition de Pignerol. Abbaye de cette place, donnée à son frere, IV. 63. Il a ordre d'examiner de près les sentiments & les actions de Toiras: comment il s'acquitte de cette fonction, pour faire sa cour à Richelieu, 277. & suiv. Piece de la façon de *Servien*, 710. Lettres qu'il écrit à la Valette, Cardinal Soldat, 732. 735. Autre en réponse au Maréchal de Châtillon, 745. 746. Il est aggrégé à l'Académie Françoise, 781. ne paroit pas alarmé de la prise des Isles de Sainte Marguerite & de Saint Honorat, 810. 811.

Servien Secrétaire d'Etat: ce qu'il écrit sur l'expédition du Duc de Rohan dans la Valteline, V. 4. particularités qu'il mande sur le siege de Valence, 11. Il est Commissaire du Roi dans un traité avec le Duc de Weymar, 36. Extrait d'une Lettre de *Servien*, 39. Autre où il paroit plus content de demeurer auprès du Cardinal, que d'accompagner le Roi; où il grossit beaucoup les objets, & parle de la chute du tonnerre près de S. M. 40. *Servien* Ministre peu habile, 53. 54. Lettres qu'il écrit à Gassion: avis qu'il lui donne, 60. 61. On le perd dans l'esprit du Cardinal. Il reçoit l'ordre de se démettre de sa Charge, & de se retirer, Si c'est lui qui

TABLE DES MATIERES.

S E. S F.

est désigné dans une Lettre de Richelieu, 68.

Servin, Avocat Général au Parlement de Paris : réflexion sur la harangue qu'il fit au premier lit de justice de Louis XIII. I. 17. Il requiert la suppression d'un Livre de Bellarmin, 41. Son espérance trompée sur ce point, 42. Il conclut pour l'Université contre les Jésuites, 97. Invectives du Nonce contre ce Magistrat, 129. 136. La Régente déclame contre lui, 131. Scenes qu'il eut avec les Cardinaux de Gonzague & du Perron : vive repartie qu'il fit au premier, 132. Son Discours au lit de justice de la majorité plein de sages remontrances : ce qu'on y trouva à redire, 280. Remontrance & réquisition qu'il fait au Parlement à l'occasion d'un différend survenu dans les Etats généraux, 329. Sages & généreuses réponses de ce Magistrat au Louvre, 397. & suiv. Il déclare aux Chambres la volonté du Roi. Ridicule flaterie qu'il avance, 400. Compliment bas & rampant qu'il fait au Roi, 401. Il tâche de se dispenser d'apporter un ordre désagréable au Parlement. Démarche ridicule qu'il propose, 423. Il veut en vain apaiser la Reine, 424. Ce qu'il dit aux Chambres assemblées pour un accommodement avec la Cour, 427. Il déclame contre le Maréchal d'Ancre, & fait l'éloge de Vitri, 664. Son sentiment sur le procès fait à la Maréchale d'Ancre, 671. 672.

Servin parle fortement au Roi, à l'occasion d'un Edit pécuniaire, II. 176. 177. fait à S. M. d'amples remercimens de la confiance qu'il témoignoit au Parlement, &c. 206. Mort glorieuse de ce Magistrat : taches qu'un fade imitateur de M. de Thou trouve à la réputation de *Servin*, mais qui lui font honneur, 793. 794.

Setski, Seigneur Hongrois, abandonne le parti de Gabor ; surprend deux places ; se joint à Palfi, &c. II. 376. Ils sont surpris, & mis en déroute, 377.

Sevin, Conseiller au Parlement de Paris, est relégué à Clermont en Auvergne, d'où il est rappellé quelques mois après, V. 64. est relégué & prisonnier à Amboise, 462. 463. obligé de se défaire de sa Charge, VI. 21.

Seymour (Le Chevalier François) membre de la Chambre des Communes : proposition qu'il y fait, III. 186.

Spondrate, Mestre de Camp Italien dans l'armée

S H. S I

Espagnole, est pris à la bataille d'Avein, IV. 729.

Shwartzembourg (Le Comte de) se trouve à la bataille de Norlingue, IV. 647.

Sibrand, Professeur de Franeker en Frise, publie un libelle injurieux aux Etats de Hollande. Il est réfuté par Grotius, I. 220.

Sibthorp, Ecclésiastique Anglois, prêche & fait imprimer un Sermon qui fait beaucoup de bruit. On se moque de sa Théologie, III. 141. & suiv.

Sicile. Pouvoir singulier des Rois de cette Isle sur le spirituel : Recueil de titres pour justifier cette prérogative. Baronius l'attaque. La Cour de Madrid lui en sait mauvais gré, I. 41. 42.

Sigismond, fils de Jean Roi de Suede, est imbû des principes de l'Eglise Romaine : ce qu'il répond aux Sénateurs qui le pressoient d'embrasser la Confession d'Ausbourg, I. 110. Il est élû Roi de Pologne, bat son Compétiteur. Ce que le Sénat de Suede avoit stipulé de lui avant son départ, 110. 111. Il est tenté de retourner à son pays. Maxime dont il connut la vérité par expérience, 111. succede au Royaume de Suede, se défie de son oncle Charles de Sudermanie, n'a point d'égard à ses remontrances, 112. obtient à peine des Polonois la permission d'aller en Suede, mécontente les Suédois par ses entreprises, élude leurs demandes, 113. se brouille & se réconcilie avec son oncle, veut ensuite s'en défaire, cede à la nécessité, promet tout sans intention de tenir, retourne en Pologne : ses ordres pour le Gouvernement, pendant son absence, ne sont pas observés : précaution qu'il avoit prise contre les desseins de son oncle, 114. On assemble les Etats sans son consentement ; il défend de passer outre ; on n'a point d'égard à ses ordres. Il seme la division entre le Duc & le Sénat, 115. Il entre en Suede avec une armée, résolu de ruiner son oncle, se laisse surprendre, lui demande la paix : à quoi il s'engage par le traité qu'ils font ensemble, 116. Il retourne en Pologne, accuse le Duc de trahison, ne tient point le Traité : sommation que lui font les Etats de Suede : ils se déclarent déchargés du serment fait à *Sigismond*. Les affaires qui l'occupent ailleurs ne lui permettent pas d'agir avec vigueur contre la Suede, 117. Il ne répond pas à la lettre de son oncle, qui lui donnoit avis de son élection, 118. Il donne audience au

TABLE DES MATIERES.

S I

prétendu Démétrius, & l'aide à monter sur le throne de Moscovie, 165. 166. assiege & prend Smolensko, tarde trop à conduire son fils à Moscou, 168.

Sigismond, Roi de Pologne, envoie des secours à l'Empereur Ferdinand II. en Hongrie, malgré la Noblesse Polonoise, II. 149. Informé des préparatifs des Turcs, il convoque une Diete. Il avoit été blessé par un Gentilhomme Polonois. Pourquoi il avoit beaucoup d'ennemis, 379. Il engage la ville de Dantzick à accorder des vaisseaux à l'Empereur. Pourquoi il rompt un traité presque conclu avec le Roi de Suede, III. 126. Il conclut une treve avec ce Prince, 348. Cet accommodement avoit été retardé par l'Empereur. De quoi il flatoit Sigismond, 511. 512. Ses projets déconcertés par la victoire que Gustave remporte à Leipsick, IV. 24. Il est affoibli par une premiere attaque d'apoplexie, & meurt d'une seconde. Ses bonnes qualités, 89. 90.

Silesie: à quelle condition les Etats de ce Pays prêtent serment de fidelité à Mathias, I. 57. Ils se joignent à ceux de Bohême contre Ferdinand, II. 132. Ie rendent à des conditions qu'on n'observe pas, 249.

Silhon est aggrégé à l'Académie Françoise, sans les qualités requises pour cette place, I V. 784.

Sillery, Chancelier de France, conseil qu'il donne à Henri IV. sur l'évasion du Prince de Condé, I. 10. 11. Il s'oppose à ceux qui proposoient que toutes les troupes fussent congédiées, & conclut à secourir Juliers, 25. 26. De quoi il étoit accusé par le Comte de Soissons, 126. Ce qu'il fit dans le Conseil pour le double mariage, 127. Il favorise les ennemis de Concini, & mécontente la Reine, 147. Mortifications qu'il reçoit, 161. Il approuve le zele de la Sorbonne contre un Livre du Jésuite Bécan, &c. 162. 163. se réconcilie avec Villeroi, 177. & avec le Marquis d'Ancre, 191. Son avis sur la maniere de dissiper le parti du Prince de Condé. Il se livre aveuglément à Concini, & ne garde plus de mesures avec Villeroi, 227. 252. Il s'intrigue pour détourner la Régente de faire la guerre au Prince de Condé, 243. harangue au lit de Justice de la majorité, 280. & à l'ouverture des Etats Généraux, 299. Comment il s'y comporte, 308. Défaite avec laquelle il amuse cette Assemblée. Remontrance qu'il

S I

fait aux Députés du Tiers Etat, 320. Blâmé de n'avoir pas répondu aux Prélats comme ils le méritoient, 346. Sa réponse à une harangue sur les duels, 351. Ce qu'il déclare aux Députés des Etats Généraux, 373. & aux Gens du Roi mandés à l'occasion d'un Arrêt du Parlement, 397. Il parle aux Députés de cette Compagnie d'une maniere tout-à-fait indigne, 402. 403. Conjecture sur ce qu'il ne se trouve pas à une autre audience donnée à ces Députés, 405. Passage des Remontrances du Parlement dont il fut outré, 418. Réponse qu'il fait, pour le Roi, à ces remontrances: ce qu'il reproche à cette Compagnie. Il vante l'administration de la Régente, 420. 421. Abus qu'il fait du nom & de l'autorité du Roi, &c. 422. La peur qu'il a d'être sacrifié le porte à faire rompre la conférence de Couci, 429. 430. Taxé nommément d'être un des auteurs des désordres, 431. Outré d'une démarche du Clergé, il parle fortement au Cardinal de la Rochefoucault, 435. Vûes du Chancelier & de son frere, en proposant le commandement de l'armée au Maréchal d'Ancre. Ils apperçoivent la faute qu'ils faisoient, le font exclure de cet emploi, & demeurent en bute aux artifices de l'Italien, 439. 440. Il fournit lui-même à ses ennemis de quoi le perdre sans ressource. Scene entre Silleri, Bassompierre & la Reine-Mere, 502. 503. On lui ôte les Sceaux, 511. Il entretient une secrete correspondance avec Luines, 617. 618. Sur quoi il régloit ses liaisons, 639, 640. Mortifié de ce qu'on ne lui rendoit pas les Sceaux, il dissimule son déplaisir. Réponse qu'il fait à du Vair, 645. 646. Il répond froidement au Nonce, qui lui parloit de la Reine-Mere, 654. Si le pardon qu'on prétend que la Galigaï lui demanda, avant que de mourir, le justifie, 673. 674. Il est un des Commissaires pour la paix d'Italie, 722. 727.

Silleri, Chancelier, anime Epernon à mortifier du Vair, II. 7. rend de bons offices au Duc, 8. 9. Ce qu'il répond à une lettre de Marie de Médicis, 84. Il porte au Roi les plaintes des Ministres contre Déageant, & parle contre le rappel de l'Evêque de Luçon. Expression indigne de ce premier Magistrat. S. M. lui ferme la bouche, 108. Il tient pour la neutralité dans les affaires d'Allemagne, 172. tâche de prévenir les mauvais effets de la hauteur du Roi envers l'Assemblée de Loudun, 175. insinue la paix avec les Réformés, 427.

TABLE DES MATIERES.

S I

446. concerte avec le Duc de Nevers les moyens d'éloigner Mansfeld des frontieres de Champagne, 491. 492. 494. Ce qu'il faifoit repréfenter au Pape, pour lui faire agréer la conclufion de la paix avec les Réformés, 516. 517. Ce qu'il écrit à fon frere, Ambaſſadeur à Rome, touchant la Valteline, 523. 524. Les Sceaux lui font rendus, 525. Il fait ôter la Surintendance des Finances à Schomberg, 526. perfuade au Roi de confentir au dépôt des Forts de la Valteline entre les mains du Pape Grégoire, 566. Le Chancelier & fon fils s'apperçoivent de la fupériorité de leurs ennemis : le pere fe couche, de peur d'être couché par terre ; remet les Sceaux comme de lui-même, 591. & fuiv. De quoi on les accufoit. Ils font relégués dans leurs terres. Silleri foutient mal cette avanture. On tente de leur faire le procès, 593. 594. Vraie caufe de leur difgrace. Mort du Chancelier, 595. 596.

Silleri, Commandeur de l'Ordre de Malte, envoyé à Madrid par Marie de Médicis, &c. I. 379. négocie pour obtenir des conditions que le Duc de Savoye puiffe accepter, 381. rapporte à la Cour de France les intentions de Philippe, 385. Pourquoi on l'avoit choifi pour cette Ambaffade, 392. On l'accufe d'être un des auteurs des défordres, 431. Intrigue qu'il lia à la Cour d'Efpagne, 673. Le Commandeur de *Silleri* eſt envoyé à Rome en qualité d'Ambaffadeur ; fon inftruction pleine de baffeffes pour le Pape, II. 441. 442. Il agit vivement pour faire traiter d'Alteffe le Prince de Condé qui étoit venu à Rome, 519. Il eſt rappellé de fon Ambaffade après la difgrace de fon frere & de fon neveu. Prétexte de mécontentement qu'il avoit donné à la Cour. Témoignage avantageux que l'Archevêque de Lyon lui rendit, 594. 595.

Silva, Voyez *Sylva*.

Silvio (Dom) frere naturel du Prince Thomas de Savoye, défend bravement Ivrée, VI. 247.

Simons, (Les) gens d'exécution que le Duc d'Epernon avoit chez lui : comment ils reçurent un efpion de Luines, II. 9.

Siri (*Vittorio*) grandes fpéculations qu'il attribue au Pape Paul V. Ce qu'il dit fur le génie de la Nation Françoife, I. 244. Pourquoi l'on fe fert des *Mémoires* de cet Auteur dans cette Hiftoire, 284. 285. Anecdotes de *Siri* qui ne fe concilient pas bien enfemble, IV.

S I

506. 507. Autres affez chimériques & bizarres, V. 358. 359. Autres fauffes, ou fufpectes, VI. 251. & fuiv.

Sirmond (Le Pere Jacques) Jéfuite, fe défend contre les attaques de *Petrus Aurelius*. Rifque qu'il court dans cette guerre. Ses écrits eſtimés par les habiles gens, IV. 313. Il eſt choifi pour être Confeffeur du Roi. Vœu qu'il fit, dit on. Ne devoit-il pas faire comme fon prédéceffeur, ou refufer de remplir fa place ? &c. V. 370. 371. Il arrache à Louis fon confentement de faire arrêter Cinq-Mars, VI. 587. Propofition qu'il fait à S. M. qui le fait congédier d'un emploi auquel il étoit peu propre, 683. 684.

Sirmond, neveu du Jéfuite de ce nom, écrit pour juftifier le Cardinal, III. 638.

Sirot, (Claude de Letouf Baron de) Gentilhomme François au fervice de l'Empereur : avantures qu'il eut avec les deux Rois du Nord, III. 348. 349. Ses Mémoires cités fur le fac de Mantoue, 473. 474. Expédition où il étoit préfent, & qu'il raconte, V. 409. & fuiv. Extrait de fes Mémoires, 513. 514. Comment il raconte la levée du fiege de Saint-Omer, 523. Paffage de fes Mémoires qui contient des chofes peu exactes, ou même fauffes, 533. Autre extrait de cet ouvrage, 534. Ce qu'il dit de la bataille de Thionville, où il n'étoit pas, 675. Détail qu'il donne des fuites de cette affaire ; & de la levée du fiege de Mouzon, 677. 678. Son récit du fiege d'Hefdin, 681. 682. Le Baron de *Sirot* raconte la marche & l'arrivée du Convoi amené par du Hallier au Camp devant Arras, VI. 71. Particularités tirées de fes Mémoires, concernant l'attaque des lignes d'Arras, & fur une brutalité de la Meillerate, &c. 78. & fuiv. Lettre qu'il reçoit du Secrétaire d'Etat Des-Noyers. Entretien qu'il a avec lui, & avec le Cardinal, dont il reçoit beaucoup de careffes, 232. 233. Ce que dit le Baron de la bataille de Sedan, 323. & de la mort du Comte de Soiffons, 324. Extrait de fes Mémoires fur la bataille d'Honnecour, 476.

Sirvela (Le Comte de) intime ami du Prince Thomas, eſt fait Gouverneur de Milan, VI. 89. 247. évite les engagements autant qu'il eſt poffible, &c. 248. Surprife que le Prince de Monaco lui donne, 395. *Sirvela* fe brouille avec le Prince Thomas, 449. 500. lui fournit imprudemment l'occafion de fe délivrer de la garnifon d'Ivrée, 500. 501. *Sirvela*, eſt

Tome VI. Lllll

SI. SK. SL. SM. SO

frayé de la perte de la Ville de Tortone, crie au secours : assemble une armée, marche pour sauver la Citadelle : craint de hazarder une bataille & se retire, 638. 639.

Sitti: deux Florentins de ce nom, freres, impliqués dans une intrigue, sont arrêtés & condamnés à la mort, I. 734. 735.

Sixte V. Pape, fit une Bulle pour défendre l'envoi des chapeaux rouges, II. 5.

Skenk (Le Fort de) est pris par les Espagnols, IV. 807. bloqué par les Hollandois durant l'hiver, 809. & repris l'année suivante, V. 112. 114.

Skyppon, Officier, ennemi déclaré de l'Eglise Anglicane, commande la milice de Londres, en qualité de *Major Général*, nouvelle Charge créée en sa faveur par des gens sans caractere & sans autorité : reçoit l'ordre de venir garder Westminster, pour la sûreté du Parlement, VI. 534. 535.

Slabata (Le Baron de) Officier de l'Empereur, jetté par les fenêtres du Château de Prague : sa chute heureuse, II. 28.

Slakembourg, Lieutenant Général de la cavalerie des Provinces Unies, trompé par une marche des Espagnols, quitte un bon poste, IV. 289.

Slatius, Ministre, complice d'un complot contre la vie du Prince Maurice d'Orange, II. 539.

Smith (Richard) est fait Evêque titulaire de Chalcedoine, & Vicaire Apostolique en Angleterre : se brouille avec les Religieux, & particulierement avec les Jésuites : proclamation qui le fait fuir, IV. 308. 309.

Smolensko assiégé & pris par les Polonois, I. 168. repris par les Moscovites, 169.

Soarez (Diego) Secrétaire d'Etat pour le Portugal, résident à Madrid, aussi méchant que Vasconcellos, avec qui il conspire la ruine de leur patrie. Raison qu'on en donne. Ce qu'il écrit à son Collegue, &c. V. 442. 443. Conseil qu'il avoit donné pour afoiblir le Portugal, VI. 144.

Soarez d'Albergaria, Corrégidor de Lisbone, se fait sotement tuer le jour de la révolution, VI. 166.

Soie (Le Baron de) sous Picolomini, se signale à la bataille de Thionville, V. 670. & suiv.

Soissons (Charles de Bourbon Comte de) Prince du Sang, fait le mécontent, I. 13. pourquoi, 16. On apaise son mécontentement, 18. Il recherche l'amitié du Duc d'Epernon. Jusqu'où il porte sa haine contre Sulli, *ibid.* & 19. Alarmes que lui cause le retour du Prince de

SO

Condé, 27. Sa réunion avec lui traversée, 28. Mécontent du Marquis d'Ancre, à quelles conditions il se réconcilie avec lui. Expédient qu'il trouve pour le raccommoder avec Epernon, 43. Il se déclare pour Bellegarde contre Concini : rentre en lui-même, & accommode leur querelle, 47. 48. se brouille avec le Cardinal de Joyeuse & avec le Duc d'Epernon, 48. Démêlé qu'il a avec le Prince de Conti son frere : on les réconcilie, 48. 49. Grand différend qu'il a avec le Duc de Guise ; comment on le termine, 50. 51. Il demande l'éloignement de Sulli, 52. se réunit avec Condé contre Epernon, 57. Rend toutes sortes de bons offices à Concini, consent à donner une de ses filles en mariage à son fils. Comment puni de cette bassesse, 58. 59. Avis qu'il donne au Duc de Savoye, 69. Mécontent de la Régente, il forme de nouvelles liaisons avec le Prince de Condé, 89. 90. On s'intrigue en vain pour les désunir. Il se retire de la Cour mécontent : ses projets contre les Ministres, sur-tout contre le Chancelier Silleri : il garde des mesures avec le Marquis d'Ancre, 126. revient à la Cour : paroles vives qui lui échappent : sa foiblesse sur l'affaire du double mariage, 127. 128. Prétexte sous lequel il se retire derechef : ses beaux sentiments suspects, 138. Le Marquis d'Ancre l'engage à revenir, 139. 140. Il consent au double mariage, 140. entreprend de ruiner les Ministres, s'engage de faire un outrage sanglant au Chancelier : il est détourné de cette entreprise, 145. 146. Sa mort. Vastes desseins qu'il rouloit dans sa tête, 160. 161.

Soissons (Louis de Bourbon Comte de) ce qu'il eut de la dépouille de son pere, I. 160. Accident où il est blessé, 498. On le met, & la Comtesse sa mere dans l'intrigue pour perdre le Maréchal d'Ancre, 629. 630. Compliment qu'ils font au Roi sur la mort de Concini, & demande de la Comtesse à S. M. 636. Cérémonie où il se trouve, 664. Le Comte de *Soissons* est fait Chevalier des Ordres du Roi, II. 173. a un différend avec le Prince de Condé pour une bagatelle. Intrigues de la Comtesse sa mere, 184. 185. Il se retire de la Cour avec elle, 190. Ils cherchent à se lier avec les Réformés; sondent Mornai là-dessus, 270. Leurs vues : réponse que leur fait ce Gentilhomme, 271. 272. 282. On apaise le mécontentement du

SO

du Comte, 343. 358. Expédition où il se trouve, 464. Il brigue le commandement des troupes qu'on laissoit autour de la Rochelle, & l'obtient, 466. 467. bloque cette ville, 505. Pourquoi il vouloit mal au Chancelier & à son fils, 591.

Soissons (Le Comte de) ce qui le porte à reculer le mariage du Duc d'Anjou, III. 35. Il commande à Paris en l'absence du Roi, 50. Offre qu'il fait à Gaston, &c. 51. 52. Projet qu'on lui attribue, d'enlever l'héritiere de Montpensier, 55. Il n'attend pas le retour de S. M. à Paris, & va se promener en Italie, &c. 62. Après diverses intrigues, divers projets de mécontent, il fait sa paix avec Louis, & va le joindre au siege de la Rochelle, 180. 181. se trouve à l'affaire du pas de Suze, 317. Projet de le marier avec la niece du Cardinal, 337. Il va au-devant de Gaston à Troyes, 442. suit le Roi à la conquête de la Savoye, 450. blâme le Duc d'Orléans. On a peine à le détourner de se déclarer contre le Cardinal. Ce qu'il répond à la proposition d'épouser la Combalet. Démarches de la Comtesse sa mere pour ménager Richelieu, 273. 274. Conseil qu'il donne à Bassompierre, 613. Il est chargé d'apporter un Edit pécuniaire à la Cour des Aides, 642.

Soissons (Le Comte de) pouvoir qu'on lui confie en l'absence du Roi. Pourquoi le Cardinal lui procura cet honneur, IV. 40. pressé par sa mere, à quelles conditions il consent d'épouser la Combalet. Le Roi refuse d'y consentir, 55. Lit de Justice où il assiste. Commission dont il est chargé durant l'absence de Louis, 132. Destination de l'armée dont il a le commandement, 140. Déclaration qu'il porte à la Chambre des Comptes, 275. Il refuse de céder le pas au Cardinal, & ne lui rend pas de visite, 346. Mince crédit du Comte de Soissons, 508. Il commence à se lier avec le Duc de Bouillon, 558.

Soissons (Le Comte de) accompagne le Roi dans son voyage de Lorraine, V. 40. reçoit des mortifications, dont il témoigne hautement son chagrin. S'il eut part à une intrigue contre le Cardinal, 46. Le Comte est exilé de la Cour après le retour du Roi : rappellé peu de temps après, il se raccommode avec le Cardinal, ou en fait semblant. On lui donne le commandement de l'armée en Champagne, 48. Sujets de mécontentement que Richelieu lui fournit. Mésintelli-

SO

gence entre S. A. & le Cardinal de la Valette, 158. 159. Le Comte de Soissons soupçonné de collusion avec le Cardinal-Infant, 168. 169. 170. On lui donne le commandement de l'armée qui devoit s'opposer aux progrès des Espagnols en Picardie, 172. Il en use mal avec le Maréchal de Brezé, un de ses Lieutenants. Confiance qu'il témoigne à Puysegur, 175. 176. Il ne peut empêcher les ennemis de passer la Somme, & se retire. Foiblesse de son armée, 178. & suiv. On prévient le Roi contre lui. Pourquoi le Comte a si fort à cœur d'obtenir un emploi considérable au Duc de Beaufort. S. A. est justifiée dans l'esprit de S. M. &c. 185. & suiv. Liaison étroite & secrete, formée entre le Duc d'Orléans & le Comte de Soissons, pour perdre Richelieu, 208. & suiv. Celui-ci rejette fierement une proposition sur laquelle ce Ministre l'avoit fait sonder, &c. 215. Il est plus fin que Chavigni, 216. 217. fait scrupule d'ordonner l'exécution du projet formé contre la personne du Cardinal, &c. 221. & suiv. Article dont il convient avec Gaston. Il demeure au camp : dans quelle intention, 224. 225. s'oppose à la proposition d'attaquer Corbie à force ouverte : l'avis contraire passe au Conseil, 225. 226. Plaisir qu'il ne veut pas donner au Cardinal. Le Comte fait la capitulation de Corbie, 226. 227. Il se retire subitement de la Cour, en même-temps que Gaston : va en Champagne, &c. 233. 234. Démarches de la Comtesse sa mere à ce sujet. Grand projet que le Cardinal avoit fondé autrefois sur ce Prince, selon quelques-uns, 235. 236. Ce qui engagea S. A. à quitter la Cour. Pourquoi il avoit souhaité que le siege de Corbie échouât. Il se retire à Sedan, 236. 237.

Lettre du Comte de Soissons au Roi. Autre qu'il écrit aux Maire, Echevins & Habitants de Troyes, V. 239. 240. Circonstance qui fait croire qu'il y avoit eu des paroles entre le Roi & ce Prince, 254. Il fait supplier Gaston de pourvoir à sa sûreté, 256. Négociation entamée avec le Comte : Lettre qu'il reçoit du Roi par les mains de Liancourt, auquel il s'explique. Réponse seche & fiere qu'il écrit à S. M. 256. & suiv. Les Lettres qu'il envoie à la Comtesse sa mere sont ouvertes, &c. Le Duc d'Orléans découvre des choses capables de mettre le Comte encore plus mal dans l'esprit du Roi, 260. Ecrit envoyé de la part de Louis au Comte de Soissons, qui

Lllll ij

TABLE DES MATIERES.
SO　　　　　　　　　　SO

refuſe de le ſigner, 282. Ses intérêts ſont peu ménagés dans l'accommodement de Gaſton avec S. M. Promeſſes réciproques des deux freres au regard de ce Prince, 286. 287. Il refuſe d'entrer dans ce Traité: eſt courroucé des ordres réitérés que ſa mere reçoit, de ſortir de Paris, 289. & ſuiv. Réponſe qu'il fait au Duc d'Orléans, & mémoire qu'il lui envoie, où il paroît fort mécontent d'une déclaration du Roi. On porte au Comte de meilleures paroles. Il ſe rend plus traitable écrit à S. M. envoie des compliments au Cardinal: Lettres qu'il reçoit de l'un & de l'autre: réponſe ſoumiſe & demandes qu'il fait à Louis. Il répond auſſi à la Lettre de Richelieu, 291. & ſuiv. négocie avec Marie de Médicis: promeſſes réciproques qu'ils ſe font, 293. & ſuiv. Accommodement du Comte avec le Roi, 296. & ſuiv. Le Comte de *Soiſſons* réſout de ſe tenir en repos durant quelques années, 319. 320. Inébranlable dans ſa réſolution de ne ſe mettre jamais à la diſcrétion du Cardinal, il rejette des offres avantageuſes qu'on lui fait, 469. envoie faire ſes ſoumiſſions au Roi qui étoit en Champagne: prend des précautions, voyant S. M. ſi près de Sedan, 730.

Portrait du Comte de *Soiſſons*. Antipathie entre ce Prince & le jeune Duc de Guiſe. Le Comte fait des avances pour ſe raccommoder avec le Roi & avec Richelieu: demande l'entremiſe du Pape; ce qui eſt rejetté par S. M. & par ſon Miniſtre, VI. 217. 218. Nouvelle calomnie répandue contre *Soiſſons*: Exprès qu'il envoie à la Cour, & Lettres qu'il écrit pour ſe juſtifier, 218. & ſuiv. Réponſes qu'il fait à des Lettres du Roi & du Cardinal. Paroles de celui-ci, qui achevent d'irriter S. A. 222. Ses irréſolutions fixées par le Duc de Bouillon. A quoi ils s'engagent réciproquement. Ils traitent avec le Cardinal-Infant, & ſe préparent à la guerre, 226. & ſ. Plan de Richelieu touchant le Comte de *Soiſſons*, 301. 302. Inquiétude que celui-ci donne au Duc de Bouillon, par ſon irréſolution, &c. 302. 303. Généreuſe conteſtation entre eux. Ils marchent l'un & l'autre au Maréchal de Châtillon. Déclaration du Roi où le Comte eſt compris. Diſpoſition de S. A. à une réconciliation raiſonnable, 306. 307. Particularités de l'intrigue de ce Prince & de ceux qui s'étoient joints à lui, contenues dans la déclaration de S. M. 307. 319. Manifeſte

du Comte de *Soiſſons*, 314. & ſuiv. Article particulier dans cette piece, & qui auroit beſoin d'un Commentaire, 318. Comment il contribua au gain de la bataille de Sedan, 319. & ſuiv. 323. Il y eſt tué, ou ſe tue malheureuſement lui-même, 324. 325. Procès commencé contre ſa mémoire, mais qui n'eut pas de ſuite, 327. 328. 331.

Soldati (L'Abbé) Domeſtique du Cardinal Maurice de Savoye, eſt dépêché à Turin, &c. V. 384. 387. 388.

Soldats. Brave entrepriſe de trois *Soldats* Gaſcons dans l'Iſle de Ré, III. 144, Coutume des *Soldats*, 433. 434. Soldat pendu pour avoir abuſé de ſa bonne fortune, 473.

Solminiac (Alain de) Abbé Régulier de Chancelade, puis Evêque de Cahors, dont les vertus ont brillé avec éclat dans ſon ſiecle pervers, V. 86.

Solms (Le Comte de) Gouverneur de Cleves & de Juliers, rend les Proteſtants maîtres à Aix-la-Chapelle, I. 84. amene du ſecours à la Ville de Brunswick aſſiégée, 479.

Sommerſet. Le titre très-diſtingué de Comte de *Sommerſet* eſt donné par Jacques I. à ſon Favori, I. 196. 197. Voyez *Carr*.

Soranzo, Procurateur de S. Marc, Ambaſſadeur Extraordinaire de Veniſe auprès de Louis XIII. But de ſon Ambaſſade, III. 330. 332. Remontrance qu'il fait à ce Prince & à ſes Miniſtres, 334. 335. Conſeil tenu en ſa préſence, 395. Il ſuit le Cardinal à ſon voyage en Italie, 419. va preſſer le Duc de Savoye d'entrer dans la Ligue, à la priere de ce Miniſtre qui craint ſes remontrances, &c. 431. 434. apaiſe un nouveau différend ſur le Montferrat, 547. Ambaſſadeur Ordinaire à la Cour de France, IV. 54.

Sorbes (François) ou *Sorbeſſe*, vieux Officier de Maréchauſſée, propoſe de tuer le Cardinal: eſt arrêté après s'être bien défendu, & condamné à la roue, V. 468. 469.

Sorbonne (La) condamne un Livre de du Pleſſis-Mornai: réflexions ſur cette cenſure, I. 80. & ſuiv. Elle cenſure trois Panégyriques d'Ignace de Loyola, 90. 91. Sa réſerve ſur une des propoſitions extraites. Lettre apologétique contre cette cenſure, 92. Quatre propoſitions que l'on veut faire ſouſcrire aux Jéſuites, comme Doctrine de la Faculté, &c. 97. 98. Cabale qui empêche que la *Sorbonne* ne ſe déclare ſur ces articles, 133. Ses démarches contre un Livre du Jéſuite Béčan, 192.

SO

163. Elle censure certains libelles, en ménageant la Cour de Rome, II. 796. flétrit avec vigueur le Livre de Santarel, 800. révoque cette censure ; en fait une autre en termes généraux, III. 191. 103. & *suiv.* La *Sorbonne* condamne des propositions extraites de deux Auteurs Jésuites, IV. 309. Elle est maltraitée dans une réponse à sa censure, 312. Docteurs de *Sorbonne* consultés pour calmer l'esprit agité du Roi : partage entre eux, 591. Flateries extravagantes de deux de ses membres envers le Cardinal, V. 192.

Sotelo, Officier Espagnol, met le siege devant Cencio. Ses retranchements sont attaqués par les François, qui sont repoussés, V. 634.

Soubize (Le Duc ou Prince de) pousse le Duc de Rohan, son frere, à se déclarer pour le Prince de Condé, I. 456. Combien il fut utile à S. A. 483. Il s'intéresse pour la paix, 509. Apologie de ce Seigneur & de son frere, II. 269. Il s'entremet pour ajuster l'affaire de l'Assemblée de la Rochelle, 332. & *suiv.* Commandement que cette Assemblée lui donne : dessein qu'il a sur Saumur, &c. 344. 345. 347. Il se charge de soutenir le siege de Saint-Jean-d'Angeli, 356. Sommé d'en ouvrir les portes au Roi, ce qu'il répond, 362. Il rend la place ; se jette aux pieds de S. M. se retire à la Rochelle : chagrin qu'il y eut, 365. Il ne réussit pas en Saintonge. Ses progrès en Poitou, 458. Il se déconcerte mal à propos, s'enfuit, & perd son armée, 463. 464. rejette les conditions avantageuses qu'on lui offroit, 465. est déclaré criminel de Leze-Majesté : va demander du secours en Angleterre, 471. 504. Une petite Flotte qu'il avoit équipée périt dans le Port, 505. Sa pension lui est continuée par la Paix, 521. Outré d'une perfidie faite à son frere, il fait des menaces, 543. Il commence à contretemps la seconde guerre de religion, 677. 678. 681. Passage de son manifeste, 681. Il forme une entreprise sur Blavet, & sur les vaisseaux qu'on y équipoit, &c. 682. 683. rejette les offres de la Cour, demande l'entiere exécution du traité de Montpellier : pourquoi son frere & lui ne sont pas secondés par l'Angleterre & par les Provinces-Unies, 715. 716. Il fait une descente dans le Medoc ; dans quel dessein. Ce qui l'oblige à se retirer, 722. 723. Il défait la flote du Roi : si ce fut par une lâche perfidie, comme quelques Historiens l'ont avancé, 723. & *suiv.* Ce qu'il demandoit dans une requête, présentée au Roi, 725. Il est d'avis d'accepter les conditions offertes par le Roi, 727. 730. Destitué du secours qu'il avoit demandé, il tâche de déserdre l'Isle de Ré : ses troupes sont défaites. On l'insulte mal-à-propos à ce sujet : fade plaisanterie sur son compte pour faire rire le Roi. *Soubize* ne passera jamais pour poltron. Il se retire en Angleterre avec vingt-deux vaisseaux, 733. 734. s'y donne des soins pour les Réformés de France, 768.

Soubize anime Buckingam à protéger les Réformés de France, III. 66. l'accompagne sur une flote destinée contre la France, 134. est introduit dans la Rochelle, 135. rassure l'Amiral Anglois sur l'indécision des Rochelois. Ses bons conseils ne sont pas suivis, 138. 139. Il est déclaré criminel de leze-Majesté, 149. s'efforce de retenir le Duc de Buckingam dans l'Isle de Ré, 154. *Soubize* un des derniers François, 160. obtient un secours de vivres pour la Rochelle : pourquoi il s'excuse de le commander, 197. Dispute qu'il eut avec Buckingam, un moment avant qu'il fût assassiné : danger où cet accident l'exposé, 226. Assurance que le Roi d'Angleterre lui donne, 228. *Soubize* propose à l'Amiral Anglois de tenter le passage au milieu de la digue qui fermoit le Port de la Rochelle, &c. 233. Manege qui lui est suspect : ce qu'il remontre à l'Amiral Anglois. Il se plaint de ce qu'on traite sans sa participation, &c. 234. retourne en Angleterre avec la flote, 253. fait sa cour à Marie de Médicis en Angleterre, où il tâche de vivre doucement, V. 568. Intrigue qu'il voulut lier en France, selon des Auteurs Italiens, &c. VI. 618. & *suiv.* Déclaration du Roi, où il y a des plaintes contre *Soubize*, 306. 309.

Soudheilles, Capitaine des Gardes du Duc de Montmorenci, & son principal Confident, &c. IV. 110. tâche de le détourner d'un engagement avec Gaston. Il est envoyé à Paris, 114. 115. retourne en Languedoc, afin d'y faire une derniere tentative auprès du Duc. Son zele est inutile, 119. Remontrance qu'il lui fait, percé de douleur, 120.

Sourdeac (Le Marquis de) se démet du Gouvernement de Brest, III. 59. Ses biens sont confisqués, IV. 7.

Sourdeac, Evêque de Saint Paul de Leon, est déposé par des Commissaires du Pape, IV. 320.

Sourdis (François de) Cardinal, & Bonzi son

S O

Collegue, invités à la premiere audience du Duc de Pastrane : leur prétention ridicule : confusion qu'ils essuient, I. 153. Il prêche à l'ouverture des Etats, 298. Ce qu'il répond à la demande de l'Université qui prétendoit y avoir séance, 311. & à une proposition des Députés de la Noblesse, 318. 322. Il répond à une harangue de Jeannin d'une maniere basse & flateuse, 322. Ce qu'il représente au Roi & à la Reine, de la part du Clergé, 325. Réponse qu'il fait au discours d'un Député du Tiers Etat, 327. Il porte la parole pour le Clergé, contre un Arrêt du Parlement, 341. Réponse qu'il fait au Maréchal de Bouillon devant le Roi, & qu'il soutient malgré les reproches du Prince de Condé, 348. 349. Protestations étudiées qu'il fait au Roi & à la Reine, de la part du Clergé, &c. 354. Mandé par la Reine, il rapporte ses plaintes à la Chambre Ecclésiastique, 358. 359. Comment il répond au discours du Duc de Ventadour, 361. Il donne la bénédiction nuptiale à Madame Elizabeth, &c. 481. Entreprise violente de ce Prélat. Il est décrété de prise de corps par le Parlement de Bourdeaux. Le Roi lui accorde sa grace, 482. Il opine d'un air dévot & malin, dans un Conseil extraordinaire, &c. II. 739. 740. appuie les démarches du Nonce pour les dogmes favoris de la Cour de Rome, 796. s'entremet d'accommoder le Duc d'Epernon avec le Parlement de Bourdeaux, III. 119.

Sourdis (Henri de) Archevêque de Bourdeaux après la mort du Cardinal son frere, réconcilie une Eglise à la Rochelle, III. 247. Tentative inutile pour le raccommoder avec le Duc d'Epernon. Mot piquant qu'il essuie de la part de ce Seigneur, 977. Il est fait Commandeur de l'Ordre du S. Esprit, IV. 276. s'assure de la protection de Richelieu, part pour son Diocèse, où il a un grand démêlé avec le Duc d'Epernon, 321. 322. Il excommunie le Lieutenant aux gardes de ce Seigneur, &c. 324. tâche en vain d'émouvoir le peuple, &c. Scene vive entre le Prélat & le Gouverneur : le premier excommunie l'autre ; interdit les Eglises de la Ville : est obligé de lever cet interdit, &c. 325. 326. L'Archevêque brave le Duc relégué dans sa maison de Plassac, 329. Il prescrit des regles qui font cesser le jeu des prétendues possédées de Loudun, 566. renvoie Grandier absous d'une accusation ; lui donne un bon conseil, 566.

obtient une assemblée de ses confreres touchant son affaire avec le Duc d'Epernon, 675. apprête à rire en donnant l'absolution à ce Seigneur. *Sourdis* fort content vient à la Cour : mortification que sa hauteur y essuie par un ordre du Roi d'en sortir incessamment, 676. Ce *Prélat au pied marin* est un des Présidents d'une Assemblée du Clergé, 748.

Henri de *Sourdis* est employé sur une flote : fait des reproches au Maréchal de Vitri, & en reçoit des coups de canne. Plaisanterie de Chavigni sur ce Prélat, V. 150. 151. 322. 323. Il entreprend une descente dans l'Isle de Sardaigne. Mauvais succès de cette expédition, où il témoigne peu de bravoure, 323. 324. Sa conduite extravagante à la descente dans l'Isle de Sainte Marguerite : Richelieu & ses Confidents lui en donnent tout l'honneur. On l'exalte dans les nouvelles publiques, sur les mémoires qu'il donnoit au Gazettier, 326. &suiv. Il met pied à terre, se trouve à la bataille de Leucate, & a soin que mention soit faite de sa valeur, 345. A la faveur du vent, il brûle la flote Espagnole au Port de Gatari, & un grand nombre d'hommes qu'elle contenoit ; digne occupation d'un prétendu successeur des Apôtres. Ce qu'il insinue au Prince de Condé, dans le dessein de se signaler par terre comme sur mer, &c. 545. 546. On confie à ce Prélat une attaque qu'on ôtoit au Duc de la Valette, 554. 555. Il commande une flote sur l'océan, 667. Expédition qu'il fait dans les Ports de Galice, 686.

Sourdis (Henri de) Archevêque de Bourdeaux, commande une flote sur la Méditerranée. Sourd à une sage remontrance, il arrive à la vûe de Naples. A quoi se termine son expédition, VI. 69. 70. Emploi qu'on lui donne avec la qualité de Général de l'armée navale du Levant, 361. Commencement heureux de sa Campagne. Il écrit d'un air triomphant, 364. Projet qu'il désaprouve par des raisons fort solides. Son avis n'est pas suivi, 365. 366. Il s'étoit fait un grand nombre d'ennemis. Mémoire judicieux qu'il donne sur l'entreprise du siege de Tarragone, 368. 369. Lettre qu'il écrit au Prince de Condé sur cette expédition. On n'écoute pas ses justes remontrances, 370. 371. Relation qu'il envoie au Roi d'un combat naval contre les Espagnols. Le Prélat ne peut empêcher le secours de Tarragone ; est contraint de faire

SO

voile en Provence, 373. 374. Affuré de fa difgrace, il s'enfuit à Carpentras. Ce qu'en difent fauffement des Auteurs Italiens. S'il commit une faute puniffable dans cette occafion. Peu de gens le plaignent: A quoi fa baffe & démefurée ambition l'avoit porté, &c. 375. 376.

Sourdis (Le Marquis de) prend Luneville, IV. 349. commande une armée en Guienne avec le Comte de Grammont, V. 669. 724. amene des troupes des environs de Bayonne, 728. eft Lieutenant Général du Maréchal de Châtillon, VI. 308. 320.

Southampton (Le Comte de) eft mis fous la garde du Doyen de Weftminfter, II. 415. fuit le Roi en Ecoffe, IV. 297. Son mérite & fa vertu révérés par les deux partis, VI. 569. Service important qu'il rendit à fa Patrie, après le rappel de Charles II. 590. Ce qu'il alla propofer aux Seigneurs de la part de Charles I. 576.

Southefc, (Le Comte de) Pair d'Ecoffe, concerte une remontrance au Roi avec quelques autres Seigneurs, V. 588. 589.

Souverain. Engagement réciproque & rélatif entre le *Souverain* & fes Sujets, prouvé par le ferment du Sacre des Rois de France : furquoi cette maxime eft fondée : Auteurs François qui l'ont foutenue. Elle eft maintenant profcrite, I. 36. 37. Difpute fur l'indépendance des *Souverains* dans le temporel, à l'occafion du ferment exigé des Catholiques en Angleterre, 37. & *fuiv*. 41. Baffe complaifance des *Souverains* de la Communion du Pape, 39. 59. Comment un *Souverain* peut empêcher qu'il ne fe faffe des confédérations & des affemblées dans fon Etat, 70. Ce qui fait qu'ils ne confultent gueres la raifon, 71. Sentiment des *Souverains* de l'obédience du Pape fur fon autorité, &c. 183. Si un mauvais *Souverain* vaut mieux qu'une guerre Civile, 230. 231. Malheur des Sujets dont le *Souverain* eft inquiet, ambitieux & vindicatif, 247. Superftition des *Souverains* de la Communion du Pape, 249. Si Dieu fait des miracles pour les rendre plus fages & plus éclairés que les autres hommes, 278. Si les *Souverains* ont droit de mettre des impôts fans le confentement du Peuple, 294. 295. 323. Si celui qui n'obferve pas le ferment folemnel fait à fes Sujets peut être dépofé, 332. 334. Servitude des *Souverains* de l'obédience du Pape, 336. A qui il appartient

SO

d'examiner fi leurs Sujets font dans le cas d'être déliés de leur ferment de fidelité, 337. 338. 340. 342. Ce que mériteroient les *Souverains* trop complaifants pour le Pape, 350. 351. Comment ils fe tirent d'une affaire délicate, 356. Baffeffe des *Souverains* de la Communion de Rome; qu'ils tâchent de couvrir d'un beau nom, 386. S'il convient à leur dignité de danfer & de chanter fur un théatre public, 391. S'il eft utile de les rendre maitres abfolus de tout, 421. Du droit qu'ils ont de s'affurer des perfonnes qu'ils foupçonnent d'être mal intentionnées pour l'Etat, 443. Quelles mefures faut il prendre quand ils ne veulent écouter aucune remontrance ? 453. De l'obéiffance filiale qu'ils rendent au Pape, 467. 468. Délicateffe des *Souverains* qui traitent avec leurs Sujets, 492. Comment on doit fervir le *Souverain*, 557. Si un *Souverain* peut être redevable de quelque chofe à fon fujet ? Politique préfente de la France fur ce point, 597. S'il a le droit de faire mourir les gens fans aucune forme de juftice, 638. Indignités où fe livrent les *Souverains* de la Communion du Pape, 686. 688. Si un *Souverain* doit fouffrir qu'on lui adreffe des livres contre fa Religion, 693.

Souverains : chagrin qu'ils méritent fouvent de la part de la Cour de Rome, II. 6. Comment le Pape & les *Souverains* de fa Communion fe jouent de leur Religion, 30. Si un *Souverain* n'entre jamais en négociation avec fes Sujets, 203. Obligation des *Souverains* à tenir leur parole, 235. 237. Pourquoi on leur paye des fubfides : comment ils perdent le droit d'en recevoir, 347. 348. Si leurs Sujets ont quelquefois le droit de leur réfifter à force ouverte, 351. 352. Indigne efclavage des *Souverains* de la Communion du Pape, 507. 633. 685. Ils ne fe piquent pas de gratitude, 768. Les *Souverains* de la Communion du Pape fe moquent de lui en certaines rencontres, III. 13. Véritable grandeur des *Souverains*, 314. Leurs puérilités donnent du plaifir & inftruifent, 330. Leur puiffance bornée chez les Nations feptentrionales, & chez les anciens Grecs & Romains : quand s'eft débitée la maxime, que leur autorité eft la regle de notre obéiffance, 290. 291. Si la modeftie doit être une de leurs vertus, 520. Leur modération quand ils ne fe fentent pas les plus forts, IV. 218. Jufques où vont la fuperftition & la baffeffe

S O. S P

des *Souverains* de la Communion Romaine, 332. 515. 520. 524. Sort des *Souverains* foibles qui se trouvent entre deux puissants Monarques, 352. 353. 442. Devoirs réciproques des *Souverains* & de leurs Sujets, 494. Ce que disoit Guillaume Landgrave de Hesse d'un *Souverain* sujet à changer selon ses divers intérêts, V. 375. Les *Souverains* se jouent des sermens qu'ils font à leur avénement à la Couronne : suppriment ce qui est capable de donner des bornes à leur autorité, 430. 431. Servitude dont ceux de la Communion du Pape se font honneur, VI. 385.

Souvré (Gilles de) Gouverneur de Louis XIII. pourquoi choisi pour cet emploi, & comment il s'en aquitta. Sa Maison éteinte : où l'héritiere en a porté les biens, I. 280. Il est fait Maréchal de France, 378. est mis à la tête d'une Armée, 553. assiege & prend Chinon, 561.

Souvré. (Le Commandeur de) Querelle que lui fait Baradas, III. 79. Il sert dans Cazal assiégé, & y tient bonne table, 476. 478. Il est rappellé à la Cour, dont le Cardinal l'avoit éloigné : rentre bientôt dans une assez grande familiarité avec le Roi, pour se rendre nécessaire à ceux qui l'employent, VI. 670. Il fonde le Marquis de la Châtre de la part de Mazarin, 700.

Souvré, premier Gentilhomme de la Chambre du Roi, reconduit le Duc de Parme jusqu'à Fontainebleau, V. 79. Il ramene à Paris la Comtesse de Soissons reléguée, 299. est présent lorsque le corps du Roi est ouvert, VI. 702.

Soyecour, Gouverneur de Corbie, rend cette Ville aux Espagnols : se réfugie chez les Etrangers pendant qu'on instruit son procès, V. 180. 181.

Spada, (Bernardin) Nonce du Pape en France, fait de grandes plaintes, &c. II. 600. 601. Ses démarches pour traverser la négociation du mariage du Prince de Galles avec Henriette de France, 616. 617. Entretien qu'il a sur cette affaire avec le Cardinal de Richelieu, 633. Il employe en vain toute son éloquence à persuader Louis de se désister d'une entreprise sur la Valteline : réussit encore moins à donner des scrupules à Richelieu, 668. Plaintes outrées qu'il fait sur l'irruption dans la Valteline, au Roi, à la Reine-Mere & aux Ministres, de concert avec un Envoyé extraordinaire du Pape, 687. & *suiv*. Il remet la dispense pour le mariage d'Henriette. Combien il fut exact & pointilleux dans cette occasion, 703. Il assiste aux Conférences du Légat avec les Commissaires du Roi, 713. 729. se flate mal-à propos de finir l'affaire de la Valteline, après le départ du Légat ; pique le Cardinal : comment il défend la conduite de Barberin, 737. 738. Il est fait Cardinal, 769. continue les fonctions de Nonce : notifie au Roi & aux Ministres la marche des troupes Ecclésiastiques vers la Valteline, 771. 772. s'intrigue fortement pour empêcher que les dogmes favoris de la Cour de Rome ne soient flêtris par la Faculté de Paris & par le Clergé, 796. 797.

Spada (Le Cardinal) fait des plaintes contre un reglement proposé, III. 97. est recherché par Richelieu, &c. 100. 101. Ce qu'ils concertent ensemble pour contenter le Pape, 102. 103. Ce qu'il répond aux plaintes d'Herbaut Secrétaire d'Etat, 105. Négociation dont *Spada* se charge, où il est trompeur, ou trompé, VI. 513. 514. *Spada*, Gouverneur de Rome, tâche de prévenir un désordre, 517.

Spadino, Sergent Major de Cazal, complote de livrer cette place aux Espagnols : sa trame est découverte, & il s'échape, III. 209.

Sparr, Colonel, est dépêché à l'Electeur de Saxe par Valstein, IV. 173.

Spencer (Le Lord) signe une protestation, VI. 523.

Sperruyter un des Généraux dans une armée de l'Empereur, V. 473.

Spinola, (Ambroise) Marquis *de los Balbazez*, détourne Albert & Isabelle du dessein où ils étoient de remettre le Prince & la Princesse de Condé entre les mains d'Henri IV. I. 11. Sa réputation dans la guerre, 13. Il réduit Aix-la-Chapelle, & envahit une partie des Etats de Cleves & de Juliers, 164. 265, *Spinola* fait une irruption dans le Palatinat, II. 238. 240. est rappellé dans les Pays-Bas, pour commander l'Armée contre les Provinces-Unies, 387. assiege & prend Juliers, 389. 390. entreprend le siege de Bergopzom, qu'il est obligé de lever, 498. & *suiv*. Il assiege Breda, déconcerte les projets du Prince d'Orange, &c. 657. 658. prend cette place par capitulation, 699.

Spinola, suspect aux Espagnols, est rappellé à Madrid, III. 125. est revêtu de la qualité d'Ambassadeur extraordinaire en passant par la France : honneurs qu'il reçoit à cette Cour, & au siege de la Rochelle qu'il va voir, &c. Bons conseils qu'il donne à la Cour de Madrid, 170. 171. 201. Il est envoyé

TABLE DES MATIERES.
SP. ST

voyé en Italie, 383. Ce qu'on penſoit de ſon voyage. Il eſt fait Gouverneur de Milan. Meſures qu'il prend avant que de s'embarquer. Il diſſipe les ſoupçons des Génois ſes Compatriotes. Conditions préliminaires qu'il propoſe au Duc de Mantoue, &c. 399. *& ſuiv.* Il entre dans le Montferrat : dans quel deſſein, 403. 404. Joie qu'il témoigne de la rupture de la France avec le Duc de Savoye. Il s'abouche avec ce Prince, 436. lui donne du mécontentement. Projets de Spinola. Mortification qu'il reçoit, 446. 447. Il aſſiege Cazal ; admire le Commandant & la garniſon de la Place ; fait une guerre ſanglante & ſans quartier, 477. 47 . Pourquoi il refuſe de conſentir à une treve, 487. 488. Triſte fin du Marquis *Spinola* : entretien qu'il eut avec Toiras, &c. 488. 489. Mot de ce Général, 538. Quelle fut la principale cauſe de ſa diſgrace, IV. 494. 495.

Spinola (Philippe) fils aîné d'Ambroiſe, III. 399. commande la Cavalerie Eſpagnole ſous ſon pere, 403. entre dans le Montferrat avec une armée, 475. Conduit de la Cavalerie au ſecours du Duc de Savoye, 477. Voyez 537. 538. 540. commande la Cavalerie dans l'armée du Cardinal Infant, IV. 635. ſe trouve à la bataille de Norlingue, 647. ne s'accorde pas avec le Marquis de Leganez, &c. V. 133. eſt épouvanté du paſſage de la riviere du Teſin par les Confédérés, 144. Général du Roi Catholique en Catalogne, il met le ſiege devant Salces : veut l'emporter l'épée à la main : eſt obligé de modérer ſon ardeur, 725. 726. prend cette Place par capitulation, 729. Ordonnance qu'il concerte avec le Viceroi de Catalogne & le Marquis de Villafranca, pour apaiſer les Catalans, &c. VI. 15. 16.

Spinola (La) Génoiſe, abandonne un premier amant dont il étoit aſſez magnifiquement entretenue, pour ſe donner à Olivarez. Avantures & fortune d'un fils dont elle accoucha, VI. 486.

Spinola (Le Cardinal) à la Cour d'Eſpagne, VI. 635.

Spotſwood, Archevêque de Saint-André en Ecoſſe, paroît en chappe au Couronnement du Roi, IV. 297 : eſt fait Chancelier d'Ecoſſe, 300. V. 455.

Stamford (Le Comte de) ſigne une proteſtation, VI. 522.

Stapleton (Le Chevalier) un des Commiſſaires de la Chambre des Communes auprès du Roi, ſuit S. M. en Ecoſſe. Pourquoi il s'étoit joint au parti Puritain, &c. VI. 406. 407. 409.

Sternberg (Le Baron de) Officier de l'Empereur, donne de bonnes paroles aux Députés des Etats de Bohême, II. 27. 28.

Stoutembourg, un des fils de Barnevelt, conſpire contre la vie de Maurice Prince d'Orange ; tâche d'engager ſon frere dans le complot ; s'enfuit après qu'il eſt découvert : & ſon frere, moins coupable que lui, eſt arrêté & exécuté, II. 539. *& ſuiv.*

Strafford (Le Comte de) auparavant appellé le Chevalier Wentworth, (voyez ce mot) Viceroi d'Irlande, qui devoit attaquer les Ecoſſois avec les troupes de ſon Gouvernement, eſt mis à la place du Comte de Northumberland malade ; prend la qualité de Lieutenant Général ſous ce Seigneur, VI. 129. 133. ſoutient conſtamment la néceſſité de réduire les Confédérés par la force des armes, 136. Démarche dans la Chambre des Communes pour le perdre. Il ſe rend au Parlement malgré les conſeils de ſes amis : eſt accuſé du crime de leze Majeſté, 260. *& ſuiv.* Remontrance qu'il fait à la Chambre des Seigneurs. Il eſt conduit en priſon. Chefs d'accuſation qu'on porte contre lui, 263. 264. Préliminaires ſinguliers dont les deux Chambres du Parlement convinrent ſur la maniere de le juger, 273. *& ſuiv.* Il eſt accuſé devant les Pairs ſolemnellement aſſemblés : ſe défend bien, à quelques articles près, qui n'étoient pas des crimes de leze-Majeſté. Fin de ſon dernier diſcours, 277. *& ſuiv.* Changement de procédure ; acte de condamnation paſſé dans les deux Chambres contre ce Seigneur, &c. 282. *& ſuiv.* Démarche de Charles en ſa faveur, dont il avoit tâché de le détourner, 283. 284. Il écrit à S. M. & la prie de l'abandonner à ſa triſte deſtinée, 287. Cas de conſcience propoſé ſur ſon ſujet, & mal expliqué, 288. Une des cauſes principales de l'animoſité du peuple contre lui, 291. Mort héroïque de Thomas Wentworth Comte de *Strafford*. Ce qu'on trouve à ſa gloire dans un livre compoſé par Charles I. 294. *& ſuiv.* Sa mémoire eſt réhabilitée par un Parlement tenu ſous Charles II. 298.

Stralendorf (Le Baron de) Miniſtre de l'Empereur à la Diette de Mulhauſen, III 127.

Stralſund, ville de la Poméranie, ſerrée de près, enſuite aſſiégée par Valſtein, & prête

TABLE DES MATIERES.

ST

à se rendre, rompt la Capitulation, étant secourue par Gustave, & arrête les progrès des armes Impériales, III. 202. 203.

Strasbourg : intrigue des Emissaires de France dans cette ville, déconcertée par la remontrance d'un Bourgmestre. Elle se déclare pour le Roi de Suede, IV. 53. Ses habitants refusent au Duc de Weymar le passage sur leur Pont, l'aident sous main à en construire un de bateaux, 352.

Streiff est envoyé à Paris de la part des Confédérés, IV. 653. Traité que lui & son confrere concluent à Paris. Ils commettent une grande faute, 657. & *suiv*. 694.

Strigio (Le Marquis) principal Ministre de Vincent Duc de Mantoue, est gagné pour soutenir les intérets du Duc de Nevers, III. 131. 167. envoyé vers Louis XIII. par ce Prince devenu Duc de Mantoue, 327. signe une ligue, &c. 332.

Stroud (Guillaume) membre de la Chambre des Communes, est compris dans une accusation intentée au nom du Roi, &c. VI. 525. & *suiv*. est ramené en triomphe au Parlement, avec ses Co-accusés, 534.

Stulingen (Le Landgrave de) est chargé, par les Suédois, d'une négociation chez les Suisses. Discours qu'il leur adresse à Bade, IV. 379. & *suiv*.

SU

Suarez, Jésuite : un de ses Livres est condamné au feu par le Parlement de Paris. Suites de cette affaire, I. 246. & *suiv*.

Suede, *Suédois*. Révolutions en *Suede* après la mort de Gustave Ericson, I. 107. & *suiv*. Vigueur des Etats de *Suede*, 110. 114. 115. Les premiers Officiers du Royaume prétendent être en droit de les convoquer en cas de refus injuste du Roi, 115. Actes de ces Etats contre Sigismond leur Roi, 117. 118. Ils font part au Sénat de Pologne de leurs délibérations, répondent à ses reproches par un Manifeste qu'ils lui adressent : arguments des *Suédois* que les Polonois auroient eu de la peine à bien réfuter, 118. Différents avis dans le Sénat de *Suede* sur la proposition faite à Gustave de se déclarer contre l'Empereur, & de passer en Allemagne, III. 512. & *suiv*. Situation des affaires de *Suede* après la mort de Gustave-Adolphe : vigilance, sagesse & prévoyance de son Sénat, dans cette conjoncture, IV. 233. 234. Extrait de la résolution prise par les Etats de ce Royaume dans une circonstance si particuliere, 234. & *suiv*. Plaintes des *Suédois* contre la France : comment on les apaise, 509. Situation des affaires de *Suede* en l'année 1634. 611. & *suiv*. Contestations à Francfort sur le dédommagement demandé par cette Couronne, 625. & *suiv*. Les *Suédois* perdent la bataille de Norlingue, 640. & *suiv*. sont blâmés de l'avoir hazardée, 649. Le Sénat de *Suede* confirme Oxenstiern dans son dessein de soutenir les affaires de la Couronne en Allemagne, 652. Disposition des Régents de *Suede* lorsque les François perdirent Philipsbourg, 687. Ils concluent une longue Treve avec les Polonois, après bien des difficultés : envoient des troupes en Allemagne, 811. 812.

Les *Suédois* rejettent la médiation du Pape pour la paix, & se soucient peu de celle des Vénitiens : refusent de mettre leurs intérêts entre les mains des Ministres de France, & d'envoyer des Plénipotentiaires à Cologne : ne veulent point céder la préféance à Louis : sont mécontents du titre que le Doge de Venise donne à leur Reine : ne goûtent pas un expédient proposé par l'Ambassadeur de France, V. 95. 97. 98. Situation des affaires de *Suede* en 1636. Courage & prudence des Régents de cette Couronne, &c. 116. & *suiv*. Ils se trouvent partagés dans leurs délibérations sur la ratification du traité de Wismar, &c. 124. 125. Les *Suédois* perdent Magdebourg : rétablissent leurs affaires par le gain de la bataille de Witstock, 128. Foiblesse des *Suédois* au commencement de 1638. Les Régents de *Suede* ne trouvent pas d'autre ressource dans leur disgrace que la conclusion du traité offensive & défensive avec la France, 486. 487. Leur disposition à l'égard de la Maison Palatine, 598. Etat des affaires de *Suede* en Allemagne dans les années 1638. & 1639. 658. & *suiv*. Les *Suédois* sollicitent l'armée du feu Duc de Weymar de rentrer au service de la fille de Gustave. N'osant plus agir pour eux-mêmes, ils appuient les sollicitations de l'Electeur Palatin, 699.

Les *Suédois* & les François, nonobstant leur étroite alliance, se traversent les uns les autres en diverses occasions, VI. 95. & *suiv*. Jonction des armées des deux nations, 98. & *suiv*. Avantage que les Impériaux tirent de leur séparation, Echec donné aux *Suédois*,

TABLE DES MATIERES.

S U

Les François les rejoignent, &c. 204. & *suiv.* Soulevement prêt à éclater dans l'armée de *Suede*, où il n'y avoit fort peu de *Suédois*. Le Comte de Guébriant y met ordre, 211. & *suiv.* Progrès des *Suédois* en Allemagne, sous leur Général Torstenson, 639. & *suiv.* Jamais la *Suede* ne fut mieux gouvernée que durant la minorité de Christine, 691.

Suffolk (Le Comte de) signe une protestation VI. 522.

Suffrein, Ministre à Montpellier, complice de l'assassinat du Président du Cros, &c. II. 456.

Suffren (Le Pere) adroit Jésuite, Confesseur de Marie de Médicis, &c. I. 654. s'abouche avec son confrere Seguérand, touchant les intérêts de la Reine-Mere. Ils se séparent mécontents l'un de l'autre, II. 20. *Suffren* guérit S. M. des scrupules que son ferment lui donnoit, 21. Autre subtilité de ce Jésuite, 22. Il tâche de consoler & de rassurer le Roi troublé par des impressions qu'on lui a données, III. 55. 56. prêche en vain la chasteté à Gaston, 117. prononce un méchant Sermon, à l'entrée du Roi dans la Rochelle, 247. Trait louable de ce Pere, 276. Il tente de réconcilier Richelieu avec Marie de Médicis, 578. 579. Protestation qu'il fait à S. M. de la part de ce Ministre, 581. Il ne peut la persuader, 601. 607. Fâcheuse nouvelle qu'il lui porte, 608. Il écrit au Roi touchant l'accommodement proposé par la Reine-Mere. Refus de le recevoir à la Cour, blâmé par les gens intentionnés pour la paix, IV. 461. 462.

Suisses (Les Cantons) envoient à une assemblée des Protestants d'Allemagne: craignent les entreprises du Duc de Savoye, I. 85. 86. On veut les engager à prendre part aux mouvements de la Valteline. Idée des Cantons Catholiques sur cette affaire, II. 263. 264. 564. Voie unique pour engager les *Suisses* à donner des Soldats. Leur disposition à l'égard des affaires de la Valteline, 666. 667. La Cabale Espagnole prévaut parmi eux. Louis XIII. leur envoie le Maréchal de Bassompierre en qualité d'Ambassadeur Extraordinaire, 743. 772. & *suiv.* Pourquoi, contre sa conjecture, les *Suisses* Protestants furent moins favorables à la France que les Catholiques dans sa négociation, 775. 776. Résolutions des treize Cantons *Suisses* sur l'affaire de la Valteline, 788. & *suiv.*

Suisses (Cantons) Les Protestants refusent de

S U

consentir au traité de Mouçon: les Catholiques l'agréent, III. 72. Armée Impériale en Suabe, qui leur donne de l'inquiétude, 213. 214. Intrigues des Ministres de France & d'Espagne chez les *Suisses*, sur l'irruption des Impériaux dans le pays des Grisons. Variation des Dietes *Suisses*, 396. 397. Diete des *Suisses* à Soleurre sur la demande du Maréchal de Bassompierre. On y refuse, par ses intrigues, l'audience à un Envoyé de l'Archiduc Léopold. Propositions du Maréchal à cette assemblée, & ce qu'on y résout, 422. & *suiv.* 428. Négociation du Roi de Suede chez les *Suisses*. Leur réponse à une Lettre que ce Prince leur avoit écrite, IV. 77. 78. Ils refusent d'entrer dans une confédération qu'il leur proposoit: déclarent qu'ils demeureront neutres. Différends qui s'élevent entre eux, & qui sont terminés à l'amiable, 374. & *suiv.* Agitation que cause parmi les *Suisses* la prise des Villes forestieres par les Suédois. Discours que le Landgrave de Stulingen fait dans leur Diete de Bade à ce sujet, 379. & *suiv.* Leur situation engage les puissances de l'Europe à rechercher leur amitié, quoique la guerre est allumée en Allemagne, ou en Italie, 383. & *suiv.* Mouvements, altérations, animosités qu'excite parmi les *Suisses* l'entreprise du siege de Constance formée par les Suédois : assemblées & négociations sur cette affaire, 383. & *suiv.* 387. & *suiv.* Avis donné aux *Suisses*, 387.

Neutralité accordée à la Franche-Comté en considération des *Suisses*, &c. V. 153. 154. Démarches pour empêcher qu'ils ne s'alarment d'une entreprise des François sur ce pays, 155. 156. Les *Suisses* des Cantons de Zurich & de Glaris font une députation pour ménager un accommodement entre les Grisons & le Duc de Rohan, 309. 311.

Suitz (Le Comte de) commande l'Infanterie sous Picolomini, à la bataille de Thionville, V. 670. 671.

Sulli (Le Duc de) son sentiment sur l'évasion du Prince de Condé, I. 11. Terreur panique de ce Seigneur. Il se cantonne à la Bastille, 14. Il se rend au Louvre: sa lâcheté, 16. Il contremande le Duc de Rohan & les Suisses, *ibid.* Il cherche l'appui des Princes Lorrains, 18. Comment il avoit encouru la haine du Comte de Soissons & du Duc d'Epernon, *ibid.* Il va au-devant du Prince

Mmmmmm ij

TABLE DES MATIERES.

SU

de Condé. Combien il pouvoit lui être utile, 27. Conspiration pour le perdre. Il se brouille avec Villeroi. Disposition de la Régente à l'éloigner des affaires, 43. Il offre ses services au Duc de Guise, & le défend dans le Conseil, 50. 51. On l'éloigne des affaires: réflexion sur ses beaux sentimens, 51. 52. Embarras où il s'étoit trouvé sous le regne précédent, 71. Il se rend à l'assemblée de Saumur. Sa réconciliation avec Bouillon, 73. Comment il justifioit, auprès d'Henri IV. le serment d'union des Réformés, 74. Son affaire est proposée dans l'assemblée de Saumur, qui se déclare pour lui, *ibid. & suiv.* Il s'étoit opposé au double mariage; paroles hardies qu'il avoit dites à ce sujet, & qui avancerent sa disgrace, 125. Abus qu'il avoit conseillé à Henri IV. 305. Il consent à la survivance du Gouvernement de Poitou pour son gendre, 444. se joint au Prince de Condé. Réflexion sur cette démarche, 483. assiste à la Conférence de Loudun, 499. A quelles conditions il veut la paix, 501. Ce qu'il va remontrer à l'assemblée de la Rochelle : expédient qu'il propose, agréé par les Commissaires du Roi. Leur étrange procédé le rebute, &c. 508. 509. Il va à la Rochelle , &c. Ecrit qu'il refuse de signer, 512. se démet du Gouvernement de Poitou en faveur de son gendre, 516. Remontrances de *Sulli* à Marie de Médicis. Conjecture sur cette démarche, 538. 539. Il désapprouve l'emprisonnement du Prince de Condé, 543.

Sulli (Le Duc de) perd Gergeau, dont il étoit Gouverneur. La Duchesse sa femme est tourmentée, & abandonne son Château de Sulli, II. 357. 358. Il fait faire des protestations de sa fidélité au Roi, 369. joue un assez mauvais personnage à Montauban, 392. semble se repentir de cette démarche : se laisse assiéger dans Figeac par son fils, &c. 460. 461. Collusion entre eux & avec le Marquis de la Force. Le Duc remet les places qu'il avoit dans le Querci, se retire dans son Château de Sulli, y est arrêté, ensuite mis en liberté. Sa vieillesse fort agitée : louange qu'il mérite, &c. 478. 479.

Sulli (Le Duc de) va voir à Anet le Duc de Beaufort revenu d'Angleterre, VI. 681. assiste à l'enregîtrement de la déclaration sur la Régence, 693.

Sulmone (Le Prince de) petit neveu de Paul V. néglige une fille naturelle d'Henri IV. qu'on lui offre en mariage : présente la ha-

SU

quenée au Pape pour le Roi d'Espagne, malgré les efforts de la France, I. 686. Comment on tâche de lui obtenir la qualité de Grand d'Espagne, II. 5.

Superstition bizarre & extravagante, III. 16. *Superstitions* nouvelles, 248. Gens qui les condamnent, qui s'en moquent secretement, & qui seroient bien fâchés de les voir abolir. Galimatias de dévotion *superstitieuse*, V. 547. Introduction de quelques *Superstitions*, 549. 550. Effets de la *Superstition*, animée par la jalousie & l'avarice, VI. 413.

Susky, Seigneur Moscovite, forme une conspiration contre le faux Démétrius, est élû Czar, I. 167. fait déterrer le vrai Démétrius & transférer ses os à Moscou, &c. se démet du throne, & se retire dans un Monastere, 168.

Saze (Le Comte de) porte au Roi une Lettre du Duc de Mayenne, I. 652.

Suze (Le Comte de la) Seigneur Réformé, est mis à la Bastille, &c. III. 173. Maréchal de Camp, il commence le siege de Treves avec le Vicomte d'Arpajon, IV. 125. prend Charmes en Lorraine, 349. tient la campagne, & empêche que rien n'entre dans Nanci, 352.

Suze: Description du pas de *Suze*, & de la maniere dont il fut forcé par les François, III. 317. *& suiv.*

Swartzembourg (Le Comte de) va à Londres en qualité d'Ambassadeur Extraordinaire de l'Empereur, pour amuser le Roi d'Angleterre, II. 386.

Swicard (Jean) Archevêque de Mayence, travaille à renverser le projet du Palatin, II. 134. ménage les intérêts de Ferdinand d'Autriche, 136. Comment il justifie sa conduite, sur les plaintes des Etats de Bohême, 137. 138. Il préside à l'assemblée où le Duc de Baviere fut reçu Electeur, 654. Ce qui l'empêche de souscrire à la neutralité avec Gustave. Il propose une paix générale, &c. IV. 73.

Sylva (Dom Philippe de) Général de la Cavalerie Espagnole, fait une irruption dans le Piémont, V. 149. contribue à la levée du siege de Gueldres, entrepris par le Prince d'Orange, VI. 51. joint le Cardinal Infant avec ses troupes, 56. n'est point d'avis d'attaquer les lignes des François devant Arras, 57. fait perdre au Cardinal-Infant une occasion favorable, 73.

Synodes des Réformés. Voyez *Gap*: *Privas*; *Tonneins*; *Vitré*; *Dordrecht*; *Charenton*.

TABLE DES MATIERES.

TA

TABARIERE (La) gendre de Du-Pleſſis-Mornai, &c. I. 564.

Tacite: comment il inſtruit ſon Lecteur: pourquoi pas par des Harangues, I. Préface, 111. 1v. Son éloquence mâle le rend obſcur, v. Sur quoi & dans quelle vûe il compoſa ſon Hiſtoire, 1x. Sa brieveté, x. Pourquoi plus diffus dans ſes Hiſtoires que dans ſes Annales, III. 265. Pourquoi il nous repréſente peu de véritables gens de bien, & s'étend ſur leurs éloges, quand il en rencontre, 270.

Taille, impoſition, comment établie. S. Louis défend, par ſon teſtament, de lever aucunes Tailles ſur le Peuple, I. 293.

Talon (Omer) premier Avocat Général au Parlement de Paris, II. 794. Remontrance qu'il fait au Roi, III. 635. Talon, Conſeiller d'Etat, eſt adjoint aux deux premiers Rapporteurs de l'affaire du Duc de la Valette, VI. 627. 628. rapporte le procès du Duc de Vendôme, VI. 245. L'Avocat Général Talon parle contre les Ducs de Guiſe & de Bouillon, au Parlement, 310. 311. y demande l'enregiſtrement des Lettres Patentes pour condamner la mémoire du Comte de Soiſſons, &c. 327. Jacques & Omer Talon, avec Jerôme Bignon, donnent leur avis ſur la queſtion, ſi un fils de France devoit être oui ſuivant les formes ordinaires, dans une affaire criminelle, 609. 610.

Tamarit [Dom François] Député de la Nobleſſe de Catalogne, VI. 11. eſt arrêté par ordre du Roi d'Eſpagne: mais on n'oſe le transférer hors de la Province. Quel étoit ſon crime, 17. 18. Les priſons lui ſont ouvertes par le Peuple ſoulevé, 19.

Tamayo [Dom Jean] Gouverneur Eſpagnol de l'Iſle de S. Honorat, la rend par Capitulation, V. 329.

Targon [Pompée] Ingénieur Italien, conſtruit un Fort près de la Rochelle; médite de faire une eſtacade, &c. II. 505. III. 159.

Tavanes [Le Vicomte ou Marquis, ou Comte de] brave & habile officier, III. 155. 281. 317. 320. eſt fait Lieutenant de Roi en Bourgogne, 483. 485. demeure en Piémont, pour tenir le Duc de Savoye en échec, 534. 536. obtient le Gouvernement de Cazal, IV. 276. arrête en Bourgogne la Princeſſe Anne de Gonzague; la relâche par ordre de la Cour, &c. VI. 224.

Tavara [Le Marquis de] eſt chargé d'une expédition, VI. 421.

TA. TE

Taubalde, Major-Général, ſe ſignale au combat de Wolfembutel, VI. 354. eſt un des principaux Officiers des troupes du Duc de Weymar, 358.

Taurinus, Miniſtre Arminien, fait une réponſe anonyme à une harangue de l'Ambaſſadeur d'Angleterre, I. 749.

Taylor [Jean] Agent du Roi d'Angleterre à la Cour Impériale, V. 275.

Teillac, Gentilhomme que Monsieur dépêche à Bourdeaux, V. 240. 241. 243. 144. Il eſt envoyé à Sedan auprès du Comte de Soiſſons, 256. Autre commiſſion dont il s'aquita, 264.

Teinff, Miniſtre de l'Electeur de Cologne à la Cour de France, IV. 15.

Tellier [Le] Intendant de l'armée de Piémont, Secrétaire d'Etat, mort Chancelier de France, après avoir vu ſa perſonne & ſa famille comblées de proſpérités, VI. 690.

Termes [Le Marquis de] va reconnoître Clerac, II. 369. arrête la Vieuville, 621.

Termes [Le Baron de] vivant en méſintelligence avec le Comte d'Iſembourg Gouverneur de l'Artois, &c. VI. 55.

Terrail [Du] Chef d'une entrepriſe ſur Geneve: ſon imprudence, I. 68.

Tertski, beau-frere & un des intimes Confidents de Valſtein, s'emploie, avec d'autres, à lui aſſurer l'armée, IV. 474. 475. avertit ce Général de ſe défier de Picolomini, 475. 476. Autre avis qu'il donne. Tertski & trois autres Officiers ſont aſſaſſinés de la maniere du monde la plus perfide, 483. 484.

Teſin [Le] fameux paſſage de cette Riviere par les François & les Piémontois confédérés, V. 141. & ſuiv. Combat ſur ſes bords, dont le ſuccès eſt diverſement raconté, 145. & ſuiv.

Teſſu, [Chevalier du Guet] ce qu'il dit au Maréchal de Marillac, en le conduiſant au ſupplice. De quoi il l'avertit lotement, IV. 107. 108.

Têtes-Rondes, ſobriquet que les gens de Cour donnoient aux Preſbytériens, VI. 521. 529.

Teubreze, [Le Baron de] Gouverneur de Ratiſbone pour le Duc de Baviere, y eſt aſſiégé, ſe défend avec bravoure: eſt obligé de capituler, &c. IV. 397. 398.

Thebœuf, Conſeiller au Parlement, eſt relégué & priſonnier à Caën, V. 462. 463.

Themines, Sénéchal de Querci, envoyé au Duc de Rohan, I. 150. Capable de tout entre-

TH

prendre pour faire fortune, on lui donne la commiſſion d'arrêter le Prince de Condé, 540. Il s'en aquite, 542. eſt fait Maréchal de France pour ce bel exploit, 545. Son expédition en Champagne contre les malcontents. Commiſſion qu'on penſoit à lui donner, 608.

Themines [Le Maréchal de] reçoit ordre de s'oppoſer aux Ducs de Mayenne & d'Epernon, II. 205. obtient le gouvernement de Bearn, 343. Poſte qu'on lui confie au ſiege de Montauban, 393. Il eſt fait Lieutenant Général de la haute Guienne, 426. va au ſecours du Duc d'Elbeuf, 462. l'aide à prendre Tonneins, *ibid*. & 470. Expédition où il ſert, 478. 485. On l'envoie attaquer le Duc de Rohan en Languedoc : ſes projets ſont deconcertés : ſon armée eſt arrêtée deux jours par ſept ſoldats Réformés, &c. 718. 719. Il eſt obligé de plier ſous le Duc d'Epernon, 719. va commander les troupes autour de la Rochelle ; ſerre cette ville de près, 791. Obtient le Gouvernement de Bretagne, III. 59. A quoi il s'y occupoit, lorſque la mort le ſurprend, 154.

Themines (Le Marquis de) tue celui de Richelieu en duel ; obtient ſa grace, II. 114. perd la vie au ſiege de Montauban, 393.

Theobon ſe ſaiſit de Sainte Foi pour le parti Réformé, II. 418. Il en eſt chaſſé par le Marquis de la Force, 461.

Théodore, Czar de Moſcovie, Prince ſtupide & ſans cœur : ſa mort, I. 165.

Théodoſe, Empereur, fait des loix ſéveres contre les Hétérodoxes, & ne les fait pas exécuter : uſage pernicieux qu'on en fit dans la ſuite, I. 522.

Théodoſe, fils de Jean IV. Roi de Portugal, enlevé par une mort précipitée, après avoir été reconnu héritier de cette Couronne, VI. 174. 178.

Théologiens : ce qui les rend pacifiques, I. 478. Zele qu'ils ont pour leurs opinions, 739. *Théologiens* incapables d'entendre raiſon, quand ils ſont échauffés, II. 91. Leurs déciſions ſouvent conformes aux intérêts de ceux dont ils dépendent, 714. 728. répétée. Moyen de les engager à lever les ſcrupules des Princes, IV. 798.

Thianges (Le Baron de) porte au Roi une lettre du Prince de Condé, I. 491. 492. avertit ce Prince du deſſein qu'on avoit de l'arrêter, 542. fait des ſoumiſſions au Roi de la part de la Ducheſſe de Nevers, 653.

Thionville. Siege de cette place par le Marquis de Feuquieres. Il eſt défait par le Comte Picolomini. Relations diverſes de cette bataille, V. 669. & ſuiv.

Thoiras, Voyez *Toiras*.

Thomas, (Le Prince) de Savoye, fils de Charles Emmanuel, fait une expédition dans le Milanez, &c. I. 277. Renfermé dans Aſt, il fait des courſes dans ce pays avec ſa garniſon, 383. Il accompagne ſon frere, le Prince de Piémont, à Angoulême, II. 115. & à Saumur, 116. Il commande une armée dans la Savoye : ne peut en empêcher la conquête, III. 451. ſe rend à la Cour de France avec le Cardinal ſon frere ; ſous quel prétexte, 674. Ballet dont ils ſont régalés, IV. 1. L'établiſſement du Prince *Thomas* dans les Etats de ſon frere lui paroît modique : ce qui l'y avoit retenu. Il penſe à s'établir en France, & ſe tourne enſuite vers la Maiſon d'Autriche : cauſes qui l'engagent à prendre cette réſolution. Il part ſecretement de Chamberi avec ſa famille, ſe retire dans les Pays-Bas, Lettre qu'il écrit au Duc ſon frere, &c. 495. & ſuiv. Il s'entremet pour apaiſer les querelles des François de la ſuite de Marie de Médicis & de Gaſton, 504. ne peut engager la premiere à ſigner le traité que ſon fils avoit conclu avec les Eſpagnols, 506. Le Prince *Thomas* tâche d'empêcher la jonction de l'armée Françoiſe avec celle du Prince d'Orange. Faute qu'il fait. Il perd la bataille d'Avein, 724. 726. & ſuiv. contribue par ſa prudence à réparer le mal qui en réſultoit, 743.

Le Prince *Thomas* de Savoye eſt à l'expédition des Eſpagnols en Picardie, V. 174. 179. Stratagéme dont il uſe pour faire reconnoître Corbie, 185. Lettre qu'il écrit à la Ducheſſe ſa belle-ſœur, avec de vives remontrances ſur les intérêts de la Maiſon de Savoye. Il n'a aucun égard à celles de la Ducheſſe, ſuggérées par Richelieu, 388. & ſuiv. jette du renfort dans Saint-Omer, 514. 515. en fait lever le ſiege, 522. 523. va aider ſon frere à dépouiller Chriſtine de la Régence, 631. Conſeil de guerre où Maurice & *Thomas* ſe trouvent. Grande conteſtation qu'ils ont avec le Gouverneur de Milan. De quoi ils conviennent de part & d'autre. Imprudence des deux freres, aveuglés par leur chagrin contre Chriſtine. Diſpoſition où ils étoient de s'accommoder avec elle, 632. 633. Ils publient un manifeſte. Progrès du Prince

TH

Thomas & du Gohverneur de Milan dans le Piémont, 634. 635. 637. 641. Ils furprennent Turin, 642. Pourquoi il ne fe foucie pas d'aider Léganez à en prendre la Citadelle, 643. Sur quoi la Cour de France fonde des efpérances de le gagner, 730. 731. Ce Prince & Léganez font défaits par le Comte d'Harcourt, 736. 737.

Le Prince *Thomas* fait femblant d'écouter une propofition qui lui eft faite de la part de la France : dans quelle vue. Inquiétude que lui donne la difpofition de fon frere Maurice. Ces deux Princes tâchent de s'accommoder avec leur belle-fœur indépendamment de la France. Piece où les calomnies les plus noires contre eux ne font pas épargnées, VI. 23. *& fuiv.* Ils ne peuvent détourner Léganez du fiege de Cazal, ni l'engager à celui de la Citadelle de Turin, 26. Le Prince *Thomas* eft afliégé dans Turin, 37. *& fuiv.* Méfintelligence entre lui & Léganez. Deffein formé de Richelieu de prendre S. A. avec Turin, 40. 41. Le Prince & le Gouverneur de Milan attaquent de concert les lignes de l'ennemi, ne réuffiffent pas, & fe font réciproquement de grands reproches, 41. 42. *Thomas* parle de négociation. Mémoire fur les propofitions qu'il fait, 84. *& fuiv.* Il ne donne pas dans un piege qu'on lui tendoit : concerte une nouvelle attaque des lignes des afliégeants, qui ne réuffit pas : renoue la négociation, & rend la place au Comte d'Harcourt : fe retire à Ivrée, &c. 86. *& fuiv.* Mazarin travaille à le détacher des intérêts de la Maifon d'Autriche. Le Prince donne à connoître qu'il n'eft pas fi facile à furprendre : fe démêle fubtilement de divers pieges : ratifie un traité conclu par fa femme avec le Roi d'Efpagne : trompe l'Italien là-deffus, &c. 88. *& fuiv.* conclut un traité avec la France, qui n'eut point d'effet : profit qu'il en retire, 91. 92. Sous quel prétexte il rompt ce traité : lettres qu'il écrit à Mazarin. *Thomas* ne paffa jamais pour un homme fort fincere. Pourquoi il s'opiniâtre à demeurer attaché à l'Efpagne, &c. 245. *& fuiv.* Il preffe le Gouverneur de Milan d'attaquer les lignes des François devant Ivrée : eft repouffé devant Quierafque : reprend Moncalvo, 248. envoie un Exprès à Madrid pour demander fa femme & fes enfants : ce qu'on n'a nulle envie de lui accorder, 493. *& fuiv.* Menace qu'il fait au Comte-Duc, 498. Raifons qui portent le Prince

TH

Thomas à s'accommoder avec fa belle-fœur & avec la France. Ses intétêts particuliers pour l'établiffement de fa Maifon. Agréable idée dont on le flate, &c. 499. 500. Il fe délivre de la Garnifon Efpagnole qu'il avoit mife dans Ivrée. Accommodement des deux freres avec Chriftine & avec Louis, 501. 502. *Thomas* entre au fervice de la France. Ses expéditions dans le Piémont & dans le Milanès avec le Duc de Longueville. Il eft mis en poffeffion de Tortone, &c. 636. *& fuiv.*

Thomé, Prevôt des Maréchaux à Lyon. Difcours que de Thou, prêt à mourir, lui adreffe, VI. 621.

Thou, (Chriftophe de) Premier Préfident du Parlement de Paris ; reproche fait à fa memoire, I. 53.

Thou, (Jacques Augufte de) Préfident du Parlement, nommé un des Directeurs des Finances, renonce à cet emploi. Pourquoi il ne fut pas fait Premier Préfident, I. 52. 53. Son Hiftoire pourquoi condamnée par un Savant. Ménagements qu'il a été obligé d'y garder, I. *Préface,* xviii. Envoyé au Prince de Condé, il le fait convenir d'une conférence à Soiffons, II. 232. 237. affifte à la conférence de Loudun, 499. Sa mort : fa Bibliotheque : fa belle Hiftoire, 675. fort ample, quoique contenant peu d'années, III. 266. Trait de cet ouvrage critiqué par Chavigni, juftifié par Grotius, V. 622.

Thou (François-Augufte de) eft fait Intendant de l'armée du Cardinal de la Valette : entretient un commerce étroit avec Grotius : fe lie trop avec des perfonnes du premier rang, &c. V. 54. 55. Il preffe en vain les Magiftrats de Strafbourg de fournir du bled à l'armée, 75. Sa haine contre Richelieu l'attache à Cinq-Mars. Il ménage les commencements d'une liaifon entre le Duc de Bouillon & le Favori, VI. 340. 341. Promeffe du Duc dont il eft l'entremetteur, &c. Portrait de de *Thou,* par Langlade. Confeils que le Duc d'Epernon lui donna, 342. 343. Liaifon que Fontrailles & lui avoient formée entre ce Seigneur & Cinq-Mars, 432. L'unique caufe du malheur du Favori fut de n'avoir pas fuivi les avis de *Thou,* 434. Réponfe honnête & Chrétienne de celui-ci, 438. Entretien qu'il a avec le Duc de Bouillon, 439. 440. Il va en Perigord pour le preffer de revenir à Paris, de la part de Cinq-Mars : ménage un entretien fecret

TH. TI

entre l'un & l'autre, 441. Complots qu'il désapprouve. Quelle étoit sa vue. Il avança plus que les autres par la droiture de ses intentions, 444. A quoi il est employé par la Reine, 447. Il ne sut rien du traité des Conjurés avec l'Espagne qu'après sa conclusion. On l'emploie à gagner le Duc de Beaufort, 453. Circonstance que de *Thou* raconte à Fontrailles touchant la Reine : pourquoi il n'en fit aucune mention devant ses Juges. Preuves qu'on lui avoit fait mystere du traité avec l'Espagne, 467. 468. Ce qu'il persuade au Grand Écuyer. Lettres qu'il écrit à Rome & en Espagne, par ordre du Roi, concernant la paix : entreprise que Richelieu ne lui pardonna pas. Interrogatoire qu'il subit à ce sujet dans la chambre de ce Ministre, 476. De *Thou* est arrêté au Camp devant Perpignan, & transféré à Tarascon, 588. de là à Lyon, pour être jugé : détails de son procès, 614. *& suiv.* Il est condamné à perdre la tête, & exécuté : sa mort courageuse & Chrétienne, 619. *& suiv.* 625. Noire calomnie contre lui dans une déclaration du Roi contre Gaston, 662.

Thucydide : ce qu'il disoit d'Herodote. Art de ses Harangues, I. *Préface*, III. son éloquence mâle le rend obscur, v. Ce qui rend son Histoire recommandable, VI. Il a composé la plus grande partie des discours qui s'y trouvent, III. 268.

Thuillerie (La) rappellé de Venise, va à Mantoue en qualité d'Ambassadeur de France, pour détourner la Princesse Marie de se déclarer pour les Espagnols. Sa hauteur irrite S. A. V. 504. Ambassadeur de Louis à la Haie, il fait ôter au Duc de Bouillon les emplois qu'il avoit dans la République, VI. 318.

Thurn (Henri Comte de) Seigneur Bohémien, mécontent, &c. II. 28. commande l'armée des Bohémiens ; poursuit les Généraux de l'Empereur jusques auprès de Vienne, 33. engage les Etats de Bohême à ne se point réconcilier avec Ferdinand, 131. fait soulever la Haute Autriche contre ce Prince. Coup de partie que ce Général manque par ses délais. Il fait le siege de Vienne, qu'il est obligé de lever, 133. Expédition de *Thurn* en Autriche. Il retourne en Bohême, 148. 149. est mécontent de Frédéric, 169. est envoyé à Prague, &c. 247. 249. va trouver Gabor, 258.

Tieffembach, Officier de l'Empereur, IV. 23. fait une irruption dans la Lusace, &c. 31.

TI

Tiers-Etat. Voyez *Etats*.

Tilenus (Daniel) Ministre & Professeur à Sedan, ne s'accorde pas avec du Moulin. Du-Plessis-Mornai assoupit leur contestation, I. 253. Il est chassé de Sedan comme Arminien : quoique né en Silésie, il parloit & écrivoit bien en François. Ecrits de sa façon dont la Cour lui sait bon gré. Trait qu'on rapporte de lui, qui prouve qu'il manquoit de jugement, II. 571.

Tilladet, Capitaine aux Gardes, dont Richelieu demande l'éloignement avec hauteur, VI. 459. est congédié honnêtement par le Roi, 651. 652.

Tillemont en Brabant est pris & saccagé par les François & les Hollandois, IV. 738. *& suiv.*

Tillet (La Demoiselle du) s'intrigue pour Marie de Médicis, auprès du Duc d'Epernon, II. 37. 38.

Tilli (Tzerclas Comte de) commande sous le Duc de Baviere, à la bataille de Prague, II. 248. prend Pilsen & quelques autres places en Bohême, 382. est battu par Mansfeld, 384. *Tilli*, envoyé dans le bas Palatinat, ne s'accorde pas avec le Général Espagnol, 388. donne dans une embuscade ; est défait par Mansfeld, 433. engage Gonzalez à se réunir avec lui : ils battent, étant joints, le Marquis de Dourlac ; poursuivent Mansfeld qui se retiroit ; donnent sur son arriere-garde ; mettent en fuite l'Administrateur de Halberstat, 434. *& suiv. Tilli* assiege Heildelberg, l'emporte d'assaut ; prend Manheim ; leve le siege de Franckendal, 498. 500. défait Christian de Brunswick. Son dessein sur Embden échoue, &c. 574. 575. Il va s'opposer au Roi de Danemarck & aux Princes de la Basse-Saxe, 766. défait l'armée de ce cercle, 767.

Tilli (Le Comte de) devient supérieur au Roi de Danemarck dans la Basse-Saxe, III. 67. remporte une glorieuse victoire sur ce Prince, & en profite, 69. 70. laisse vivre ses troupes à discrétion par-tout, & tire des contributions immenses, 122. renverse tous les projets du Roi de Danemarck ; fait des progrès dans la Basse-Saxe, &c. 125. 126. chasse ce Monarque du continent de l'Allemagne, 202. paroît à la Diete de Ratisbone avec un train nombreux & leste, 496. Sentiment qu'il y appuie, 498. On lui donne le commandement général des troupes de l'Empereur à la place de Valstein, 503. Il reçoit l'ordre de marcher au plûtôt vers la Poméranie, contre

TABLE DES MATIERES.

TI. TO

le Roi de Suede, &c. 522. 523, s'avance dans le deffein de le repouffer : affiege Magdebourg, 588.

Tilli (Le Comte de) prend & facage Magdebourg : fon inhumanité blâmée, IV. 16. 17. Il veut contraindre le Landgrave de Heffe & l'Electeur de Saxe à fe foumettre à l'Empereur, &c. 19. 20. Sa grande maxime qu'il oublie en donnant la bataille de Leipfick, où il eft défait, 23. 24. Ses réfolutions après fa défaite, 25. Il regarde tranquillement le Roi de Suede prendre les Villes & les Provinces, 28. Oblige Horn de fe retirer de Bamberg : eft chaffé de la Franconie par Guftave : s'approche de la Baviere, 80. fe retranche fur le Lech, eft défait, & meurt d'une bleffure. Eloge de ce Général, 81. & fuiv.

Tilli (Le Comte du) fils du précédent, défend Ingolftad avec beaucoup de courage, IV. 86.

Tillieres (Le Comte de) Ambaffadeur de France en Angleterre, II. 615. avertit fon maître des négociations particulieres de la Reine-Mere : eft rappellé, 618.

Tite-Live s'embarraffe dans fes périodes mefurées, I. *Préface*, v. Sur quoi il compofa fon Hiftoire, IX. Sa brieveté, x. Il eft plus diffus quand il approche de fon temps, III. 265. Il eft vraifemblable qu'il a compofé la plus grande partie des Difcours qui font dans fon Hiftoire, 268. Pourquoi on y trouve plufieurs exemples de vertu, 270.

Toiras (Jean de Saint Bonnet de) fes premiers pas vers une fortune grande, mais traverfée. Il porte à la Reine-Mere une copie de la Déclaration en faveur de Condé, II. 152. 153. On l'envoie vers le Duc d'Epernon, 189. Il eft fait Meftre de camp du Régiment de Champagne, & Gouverneur du Fort Louis près la Rochelle, 546. s'efforce de perdre Puifieux, 591. conçoit de grandes efpérances de réduire la Rochelle, 680. eft envoyé en Medoc contre Soubize, 722. fait une defcente dans l'Ifle de Ré, y défait les troupes de Soubize, 733. 734. obtient le Gouvernement de cette Ifle, 735.

Toiras caufe de l'inquiétude au Cardinal : eft gratifié de la Lieutenance générale du Pays d'Aunis ; va voir le Roi à Nantes avec une petite flote. Empreffement pour l'en éloigner, III. 81. 82. Il tâche de s'oppofer à la defcente des Anglois dans l'Ifle de Ré : met le fort de S. Martin en état de défenfe, 138. 139. s'y renferme, & le défend bien. Ré-

TO

ponfe qu'il fait au Duc de Buckingam qui l'invitoit à fe rendre, &c. 142. & fuiv. 146. Il envoie repréfenter au Roi l'etat de la place, & les moyens de la fecourir, &c. 151. 152. Compliment que Buckingam fait faire à *Toiras*. Il preffe le Maréchal de Schomberg d'attaquer les Anglois dans leur retraite, 156. eft fort applaudi, & mal récompenfé. Réponfe qu'il fait à une brufquerie du Garde des Sceaux, 157. 158. Il ne rampe pas devant le Cardinal : comment ce Miniftre s'en venge. Réponfe que *Toiras* fait au Roi, qui lui propofoit la démolition du Fort Saint Martin. Comment il eft récompenfé. On lui confirme le Gouvernement de la Rochelle & du Pays d'Aunis, &c. 256. 257. Il fe trouve au combat de Suze, 317. 320. 321. 325. eft chargé de la défenfe du Montferrat, 353. 403. Confeil où il eft appellé, 431. Il eft dépêché au Duc de Savoye, 432. s'enferme dans Cazal, d'où il incommode le Milanez, 446. 474. 475. s'applique à conferver & à défendre cette place : eft obligé d'y faire une guerre fans quartier, 476. & fuiv. manque d'hommes & d'argent : monnoie qu'il fait battre. De quoi fes envieux le blâmoient, 479. 480. Il fe trouve extrêmement preffé, 485. ne répond plus de la place, 487. 488. rend vifite à Spinola malade : entretien qu'il a avec lui, 488. 489. Il fe difpofe à fondre fur les ennemis, &c. 537. Après la paix faite, il traverfe leur camp, pour faluer les Généraux François : honneurs que lui rendent les Efpagnols : accueil que lui fait le Maréchal de Schomberg, 640. 641. *Toiras* en obtient avec peine le payement d'une obligation contractée dans Cazal pour le fervice du Roi, 624. eft fait Maréchal de France, 575. Il envoie à la Cour une Lettre que Gafton lui avoit écrite, &c. 620. eft un des Plénipotentiaires de la France au Traité de Quierafque, 669. 671. 672.

Toiras (Le Maréchal de) &c. IV. 61. 63. Eftime que Grotius avoit conçue pour lui, 276. Pourquoi il ne fe laiffe pas attirer à la Cour. Marque d'honneur dont il eft privé. Lettre foumife qu'il écrit au Cardinal, Difgrace du Maréchal. Il fe retire à Turin, 277. & fuiv. Son frere, Evêque de Nîmes, eft épargné, felon un Hiftorien, ou dépofé, felon un autre, 319. 320. Conftance de *Toiras* à ne jamais fervir contre Louis, 608. Il a grande part à la confidence du Duc de Savoye, V. 9. 11. 13. 14. Le Duc de Parme tâche d'obtenir qu'il

TABLE DES MATIERES.

TO

vienne servir sous lui, 76. Le Roi ne veut pas le permettre, 7 . Le Duc de Savoye déclare *Toiras* son Lieutenant Général. Différend qu'il a pour le commandement avec le Maréch. l de Créq i, décidé par le Roi au défavantage du premier, 134. 135. Il paroît suspect au Duc de Parme. Le Maréchal de *Toiras* est tué à l'attaque d'une petite Ville. Eloge qu'en font tous les Historiens, malgré la haine que Richelieu avoit pour lui. Ses bonnes qualités. Seul & léger défaut qu'on lui reprochoit. La Duchesse de Savoye lui fait faire des obseques magnifiques, 140. & s.

Toleie (Dom Frédéric de) conduit une flotte Espagnole en B et gne & devant la Rochelle: est reçu avec beaucoup de distinction: n'est pas content, & se retire avec ses vaisseaux, III. 169. 170.

Tolede (Dom Pedro de) Voyez *Villafranca*.

Tonnage & pondage, impôt établi en Angleterre sans la concession du Parlement, & que Charles I. croyoit inséparable de sa Couronne: remontrance des Communes là-dessus, III. 196. Comment il avoit été accordé, & à quoi il étoit destiné. Grandes contestations qu'il cause entre S. M. B. & ses Sujets, 294. & suiv.

Tonneins. Synode national des Réformés tenu à *Tonneins*, I. 253. Prise & reprise de cette Ville, II. 461. 462. 470. Le Marquis de *Tonneins*, fils du Maréchal de la Force, sert au siege de la Motte en Lorraine, IV. 510. est envoyé à Manheim avec des troupes, 686.

Tonnerre (Le Comte de) se trouve à une expédition dans l'Isle de Ré, III. 155. est fait Chevalier du S. Esprit, IV. 276. amene des troupes en Languedoc, V. 728. arrive au camp devant Turin avec un renfort, VI. 43. y commande un corps de Gentilshommes Dauphinois, en qualité de Connétable & de premier Baron de Dauphiné, 83.

Tonti, Cardinal, apporte dans le Conclave des mémoires désavantageux à Ludovisio, II. 300.

Toralto (Dom Gaspar) se signale à la bataille de Norlingue, IV. 636. 649.

Torigni (Matignon Comte de) parti dont il se mit, II. 199. Il va trouver le Roi, 209. est tué en duel par le Comte de Bouteville, III. 113.

Torrecusa (Le Marquis de) ou *Torrecuso* se signale dans une expédition, V. 556. défend les lignes des Espagnols au siege de Salces, 719. est Lieutenant Général d'une armée en Catalogne, VI. 194. 196. introduit du secours dans Perpignan, malgré le Maréchal de Brezé, 461. Projet qu'il offre d'exécuter, & dont il est chargé. Accident qui le fait contremander, 491. 492. Chagrin de ce qu'on lui substituoit Léganez, il forme le projet de forcer Lerida avant son arrivée. Opposition qu'y mettent les Officiers Espagnols par esprit de jalousie. Il remet à l'un d'eux le bâton de Commandant, & refuse de le reprendre, 632. 633. Les mortifications qu'il essuie de la part de Léganez l'obligent d'aller en Cour. Il est fait Grand d'Espagne, & prend, dit-on, l'habit de Capucin, 634. 635.

Tortenson (Leonard) ou *Torstenson* commande l'aile gauche des Suédois à la bataille de Witstock, V. 128. amene un renfort de Suede, & succede à Bannier dans le commandement de l'armée: propose à Guébriant d'aller prendre des quartiers d'hiver en Bohême, &c. VI. 356. 357. remporte deux grandes victoires sur les Impériaux, & prend Leipsick, 639. & suiv. a une entrevue avec le Maréchal de Guébriant: résultat de leur Conférence. *Torstenson* ne tient pas la parole qu'il avoit donnée: assiege Friberg, & ne peut le prendre, 642. & suiv.

Torys (Les) disent ordinairement du mal des *Wigs*: & ceux-ci louent rarement un *Tory*, IV. 298. 299. 300. 301. Remarques sur ces deux partis, VI. 254. & suiv. 406.

Toulouse: les Habitants de cette Ville parlent hautement contre le Connétable de Luines, & sont des imprécations contre lui: reçoivent le Roi avec magnificence, &c. Son Parlement bigot & emporté, II. 403. 404. Il entreprend sur l'autorité de S. M. dans un excès de fureur contre les Réformés, 717. Arrêt du Parlement de *Toulouse* contre le Duc de Rohan, &c. III. 149. Zele des principaux Magistrats de la Compagnie contre l'avarice de leur premier Président, & pour le soulagement du Peuple. Edits pécuniaires qu'elle vérifie avec peine, 176. Ce Parlement condamne à la mort un Envoyé du Roi d'Espagne vers le Duc de Rohan, 312. Arrêts rigoureux de cette Compagnie, IV. 794.

Tour (Le Comte de la) Seigneur de Bohême exilé, & au service de la Suede, dont il commande les troupes en Silésie, confere avec Valstein, goûte ses propositions, IV. 263. & suiv. se trouve à la bataille de Norlingue, 644.

TABLE DES MATIERES.
TO. TR — TR

Tour (La) Colonel d'un Régiment François qui étoit dans le Mantouan, eft congédié par la Princeffe Marie Régente, V. 377. Il commande dans Cazal, & s'y défend bien, VI. 27. 35.

Tournon (Le Comte de) eft fait Lieutenant Général en Languedoc, IV. 276. vit en méfintelligence avec le Gouverneur, &c. 341. ramaffe des milices pour le fecours de Salces, V. 727. 728.

Traquair (Le Comte de) Grand Tréforier d'Ecoffe, V. 455. Lettre qu'il écrit d'Edimbourg au Marquis d'Hamilton, 459. 460. Mouvements qu'il fe donne pour apaifer un foulevement du peuple. Il eft lui-même maltraité, 460. 461. va à Londres faire des Remontrances au Roi, 577. 578. fauve des mains des Confédérés un vaiffeau qui avoit apporté des armes & des munitions de guerre pour le Roi, 581. 582. Remontrance où il a part, 588. 589. Il rend aux Confédérés le Château de Dalkeith fans tirer l'épée, 712. eft nommé Commiffaire du Roi pour l'affemblée de l'Eglife & pour le Parlement d'Ecoffe: ne réuffit pas mieux que le Marquis d'Hamilton, 721. Piece qu'il met entre les mains de Charles, 722. Confeil qu'il donne à ce Prince, 723. Le Comte de *Traquair* proroge le Parlement d'Ecoffe par ordre du Roi: expofe dans le Confeil privé de S. M. ce que cette affemblée avoit fait, &c. VI. 109. Il porte Charles à réduire les Confédérés par la force, 112.

Tranfilvanie. Prétentions de l'Empereur fur cette Principauté, &c. I. 201. 202.

Tranfubftantiation: fuites naturelles de l'établiffement de ce dogme, III. 248.

Travail, fcélérat qui expira fur la roue, étoit Penfionnaire de Silleri: à quoi il le fervoit, I. 618.

Trautsmandorf, Général de l'Archiduc de Gratz, I. 570. emporté d'un coup de canon, 711.

Trautsmandorf (Le Comte de) commiffion dont il eft chargé, IV. 481. Il détourne Ferdinand III. de fe mêler trop des affaires d'Italie, V. 631.

Tremblai (Du) frere du Pere Jofeph, avertit la Reine-Mere d'un complot, II. 517. eft fait Gouverneur de la Baftille, III. 45. Voyez 613. 614.

Trêmes (Le Comte de) Gouverneur de Châlons fur Marne, en refufe l'entrée au Duc de Nevers, I. 556.

Tremouille (Le Duc de la) fe déclare pour le Prince de Condé. Jugement qu'on portoit fur ce Seigneur, I. 483. Il affifte à la Conférence de Loudun, 499. Ecrit que le Maréchal de Bouillon l'engage à figner avec lui, 510. Il s'entremet pour ajufter l'affaire de l'affemblée de la Rochelle, II. 279. 280. 282. 283. 332. & *fuiv*. Département qu'elle lui confie, 347. Il fe retire dans fa maifon de Taillebourg : fait des proteftations de fidélité au Roi. Mérite médiocre de ce Seigneur & de fes defcendan.s, 349. 356. Il fait fes foumiffions à S. M. au fiege de S. Jean d'Angeli, 361. condamne les Réformés qui fe joignent aux Anglois, III. 145. Ses prétentions fur le Royaume de Naples. Il fe fait Profélyte du Cardinal de Richelieu : embraffe la Religion Romaine : eft fait Meftre de Camp de la Cavalerie légere, 219. 220. fe trouve à l'affaire du pas de Suze, 317. fait le dégât autour de Nimes avec le Maréchal d'Etrées, 361. va au-devant de Gafton à Troyes, 442. fert dans le Piémont ; reçoit un coup de moufquet en s'emparant de Carignan, 480. eft fait Chevalier de l'Ordre du S. Efprit, IV. 276. fait l'office de Grand-Maître de la Maifon du Roi aux funérailles de Louis XIII. VI. 703.

Trenel (Le Marquis du) ce qu'il infinue au Duc de Savoye, de la part de la Régente, I. 182. va à Mantoue, & raffure Ferdinand, 183. Ambaffadeur à Rome. Plainte que Paul V. lui fait porter. Entretien de *Trenel* avec ce Pape fur l'Arrêt du Parlement contre un ouvrage de Suarez, 247. & *fuiv*. Avis qu'il donne aux Jéfuites de Rome, 250. Il revient à la Cour, 688.

Trente (Le Concile de) Voyez *Concile*.

Treves (Electeur de) Voyez *Philippe-Chriftophe*.

Trigland, Miniftre Contre-Remontrant, incite le Prince Maurice contre les Arminiens, I. 741.

Trivulce (Le Cardinal) Archevêque de Milan, raffure fon troupeau alarmé, V. 144. conduit une armée dans les Etats du Duc de Parme, 300. déconcerte fon confrere la Valette, 498. Confeil de guerre où *Trivulce* fe trouve, 632. Il amene un renfort au Marquis de Léganez, VI. 37. s'entremet en vain d'accommoder les différends du Prince Thomas avec le Gouverneur de Milan, 500. fait un voyage à la Cour d'Efpagne, 635.

TR. TU

Trois-Villes, Lieutenant des Mousquetaires ; sur le point d'arrêter le Duc de Savoye, en est empêché par le Colonel Serbellon, qu'il fait prisonnier, III. 319. 320. Expédition où il se trouve, VI. 72. Tour que le Cardinal lui joue, 82. 83. Ce Ministre demande son éloignement avec arrogance, 459. 651. *Trois-Villes* est congédié honnêtement par le Roi, & éloigné de la Cour. Il part sans voir le Cardinal. Trait qui avoit rendu cet Officier plus odieux, 15.653. Rappellé d'abord après la mort de Richelieu, repartie cavaliere qu'il fait à S. M. sur ce Ministre, 656.

Tromp (Martin) Amiral d'une flotte des Provinces-Unies, bat une Escadre des Espagnols ; défait ensuite la plus grande partie d'une flotte nombreuse de cette nation, V. 686. 687. Il conduit Guillaume fils du Prince d'Orange en Angleterre, VI. 253.

Tronçon, Secrétaire du cabinet, porte un ordre désagréable au Chancelier de Silleri & à Puisieux, II. 594. donne au Roi des impressions contre le mariage de Gaston avec l'héritiere de Montpensier. I. est chassé de la Cour, III. 55.56.

Troupes mercénaires des Princes de l'Empire ; d'où ils ont pris la méthode d'en avoir pour celui qui les achete au plus haut prix. Réflexion sur cet usage, II. 397. Grand désordre dans les *Troupes* de France, décrit par Bassompierre, V. 463. 464.

Trousse (Le Marquis de la) est tué au siege de S. Omer, V. 523.

Troyes en Champagne : ses Habitants s'opposent à l'établissement des Jésuites dans leur Ville, I. 94. 95. II. 651. Complaisance du Présidial de Troyes, IV. 222.

Turcs (Les) fatigués par les Pirateries des Uscoques : la porte Ottomane en veut rendre les Vénitiens responsables, &c. I. 469. Ils se défient du Viceroi de Naples, qui vouloit les engager à se joindre à lui contre les Vénitiens, 712. Sacrifice que leur fait le Sénat de Venise d'un fameux Pirate, II. 13. 14. 16. S'il est permis de les voler, 15. Si l'on doit avoir si mauvaise opinion d'eux : leçon qu'ils ont donnée aux Chrétiens, 310. Affaires des *Turcs* Coutume qu'ils ont prise des Arabes, 378. 379. Confusion dans leur Empire. Révolution qui met Amurat IV. sur le thrône, 576. 577.

Turcs (Les) essayés de la grande puissance de Ferdinand, renouvellent leur treve avec lui, &c. III. 125. Croisade projettée ridiculement contre eux par le Duc de Nevers, & par le P. Joseph, 494. 495. Guerre des *Turcs* contre les Polonois, &c. IV. 544. & suiv. terminée par un traité de Paix, 548. Le Sultan des *Turcs* observe plus religieusement ses traités que le Roi Très-Chrétien, V. 110.

Turenne (Le Vicomte de) ce qu'il disoit de la dignité du Maréchal de France, III. 575. Il se signale au siege de la Motte en Lorraine. Portrait de ce grand Capitaine, &c. IV. 510. 511. Expédition où il se trouve, 733. 734. Occasion où il se signale, V. 34. Il ne peut secourir Longwy attaqué par les Impériaux, 76. est blessé au siege de Saverne, 161. sert au siege de Landreci, 400. va se poster à Meubeuge avec un corps de troupes commandé par le Duc de Candale. On est obligé de se rejoindre ; & cela est exécuté par la bravoure & l'habileté du Vicomte de *Turenne*, 403. 404. Il force le bourg de Sotre bien défendu : deux belles actions qu'il fit dans cette occasion, 405. Commencement de sa grande réputation, 537. 538. Il amene du secours au Duc de Weymar, 539. se distingue à la défense des lignes devant Brisac, 603. & suiv. au combat de la Rotta, en Piémont, 736. commande la Cavalerie à l'attaque des lignes des Espagnols devant Cazal, VI. 33. Combat où il est blessé, 39. Guéri de sa blessure à Pignerol, il arrive au camp devant Turin avec un renfort, 43. vit en mésintelligence avec le Duc de Bouillon son frere : quelle en fut la cause, selon un Auteur Italien, 225. Le Vicomte de *Turenne* prend Moncalvo : investit Ivrée, 247. est envoyé à l'armée de Roussillon, en qualité de Lieutenant Général, 435. 469. Par un contretemps fâcheux, il est la cause innocente de l'emprisonnement de son frere, selon un Auteur Italien, 589. 590.

Turin surpris par le Prince Thomas & par le Marquis de Léganez, V. 642. assiégé par le Comte d Harcourt, VI. 37. & suiv. 83. & suiv. pris par capitulation, 86. & suiv.

Turner, Médecin, membre de la Chambre des Communes d'Angleterre, y propose des articles par maniere de questions : en soutient la légitimité, III. 18. 19.

Tury (Le Marquis de) Volontaire au siege d'Arras, VI. 56.

Tyrannie ; ce qu'on entend par ce mot, I. Pré-

T Y

face, XVII. Maxime propre à l'établir, fi on la prend dans toute fon étendue, I. 230. 231, Quand elle eft bientôt établie. 667. Prétexte ordinaire pour perdre ceux qui s'y oppofent, II. 461. Double poids & double mefure de la *Tyrannie*, 631. Maximes pour la maintenir, IV. 6. 7. Trifte néceffité de ceux qui vivent fous un pareil Gouvernement, 108. Efprit de la *Tyrannie*, 782. Voyez *Pouvoir arbitraire*.

UB. UC. UL

UBALDINI, Nonce du Papé en France, fait des grandes plaintes contre un Arrêt du Parlement fur le différend de l'Univerfité avec les Jéfuites, I. 128. 129. Ses invectives contre Servin, 129. Il fe récrie principalement fur l'article du Sceau de la Confeffion. Malignité de ce qu'il allegue fur celui de la fupériorité du Concile au deffus du Pape, 130. Ses démarches auprès du Parlement pour obtenir que l'Arrêt foit modifié. Ses intrigues dans le Clergé, 131. 132. Cabale qu'il forme en Sorbonne. Irrité d'une démarche des Jéfuites, ce qu'il répond au P. Coton qui vouloit l'apaifer. 133. Il fe met en mouvement pour perdre Richer, 134. & *fuiv*. Expédient dont il s'avife pour arrêter les délibérations de la Sorbonne fur un livre de Bécan, 162. 163. Ce qu'il repréfente à la Reine, au fujet des armées qu'elle vouloit envoyer en Italie, 192. Il a fatigue de fes remontrances fur la propofition de marier une de fes filles avec le Prince de Galles : Principe de l'Evangile particulier de ce Harangueur. Réponfe que S. M. lui fait, 198. 199. Raifonnement du Nonce fur la réfolution prife de faire la paix avec le Prince de Condé, 244. Il chicane fur une Déclaration du Roi, &c. 251. s'entremêle pour réconcilier le Prince avec la Reine-Mere, 538. eft fait Cardinal, 599. Acte qu'on lui attribue, IV. 58. Il meurt de chagrin, 60.

Uceda (Le Duc d') époufe l'Infante par procuration de Louis XIII. Attention qu'il fait à toutes fes démarches dans l'échange des deux Princeffes, I. 481. Le Duc d'*Uceda* fils du Cardinal Duc de Lerme, contribue à la difgrace de fon pere, & devient maître des affaires, II. 191. fait de vains efforts pour maintenir le Duc d'Offone dans fon emploi, &c. 195. 196. eft un des exécuteurs du tefta-

UN. UR

ment de Philippe III. 321. perd toutes fes charges : il eft mis en prifon, 323.
Ulfeld (Le Comte d') premier Miniftre de Danemarck, VI. 190.
Unedal (Le Chevalier) offres qu'il va faire aux Communes de la part de Charles, VI. 576.
Univerfité de Paris, fon oppofition à l'établiffement des Jéfuites, I. 95. 96. enfuite à l'ouverture de leur College de Clermont, 97. 98. Démarche qu'elle vouloit faire contre eux, 128. Elle prétend avoir féance dans la Chambre Eccléfiaftique des Etats. On y eft choqué de fon procédé, 311. Conteftations dans l'*Univerfité* fur le cahier qu'on propofoit de préfenter : motifs de ce vacarme, 311. & *fuiv*. Son Recteur préfente ce cahier à la Chambre Eccléfiaftique, 313. Le Clergé & la Nobleffe demandent que les Jéfuites foient admis dans l'*Univerfité*, 313. & *fuiv*.
Univerfité (L') fait des Reglements pour obvier à un Arrêt du Confeil qui permet aux Jéfuites d'enfeigner publiquement. Elle eft la feule qui fe foit garantie de leur domination, II. 3. 4. demande la condamnation d'une Thefe contraire aux fentiments d'Ariftote, 645. Procès de toutes les *Univerfités* de France contre les Jéfuites, 651. & *fuiv*. Notes marginales que celle de Paris met à une Apologie de ces Peres : offres qu'elle fait dans un Placet au Roi, 799. L'*Univerfité* de Paris fignale fon zele pour l'Etat, V. 191.
Univerfités : honneur que les plus grands Seigneurs d'Angleterre fe font, d'être nommés Chanceliers de celles de leurs Pays, III. 31.
Urbain VIII. Pape : fes bonnes qualités ; fon caractere ; fa façon de gouverner. Etat de fa famille, II. 587. & *fuiv*. Brefs qu'il adreffe au Roi d'Angleterre & au Prince de Galles, 581. & *fuiv*. Projet dont il étoit convenu avec le Commandeur de Silleri, pour accommoder l'affaire de la Valteline, déconcerté par le rappel de cet Ambaffadeur, 594. 595. Leçon qu'il donne à Louis XIII. Brefs qu'il lui adreffe & à la Reine-Mere fur le projet du mariage d'Henriette avec le Prince de Galles, 617. 631. Sa conduite fur la difpenfe qu'on lui demande, 637. & *fuiv*. Embarras où le jettent les affaires de la Valteline, 660. & *fuiv*. 667. 668. Sa feinte colere fur l'irruption qu'y fait le Marquis de Cœuvres. *Urbain* ne veut entendre parler ni de vengeance, ni d'engagement avec l'Efpagne, 673. 674. Il ajoûte de nouveaux articles dans la difpenfe

qu'il accorde pour le mariage d'Henriette avec le Prince de Galles : comment cette difficulté eſt terminée, 684. 685. Sa plainte ſur l'irruption faite dans la Valteline : il affecte quelque modération dans ſon reſſentiment. Propoſition avantageuſe pour ſa famille qu'il n'oſe accepter, &c. 685. & ſuiv. Révolution qui le trouble, &c. 692. Il nomme le Cardinal Barberin, ſon neveu, Légat en France & en Eſpagne, 692. & ſuiv. conſole les Génois éperdus, 701. Comment il s'excuſe de n'avoir pas donné le titre de Roi de Navarre à Louis, dans la Bulle de Légation de ſon neveu. Il répare ce grief, 709. Il eſt tranſporté de joie en apprenant les honneurs rendus en France à ſon Légat, 711.712. D'où venoit l'inflexibilité d'*Urbain* ſur l'article de la reſtitution de la Valteline, 728. & ſuiv. Il fait une promotion de Cardinaux ; envoie ſon neveu Légat en Eſpagne, & des troupes pour reprendre la Valteline. On raiſonne diverſement ſur cette derniere démarche du Pape, &c. 769. & ſuiv. Ce qu'il inſinue aux Miniſtres de France à Rome, crainte que le Roi ne ſoit choqué de ſon procédé, 772. Il témoigne aux Evêques de France le contentement qu'il a de leur conduite, 798.

Urbain VIII. Satisfaction qu'il obtient de l'affront fait à ſes armes, III. 12. Il eſt mécontent des démarches du Cardinal de Richelieu, 100. du Parlement & de la Sorbonne. Ce qu'on fait pour le contenter, 102. & ſuiv. Perplexité où il ſe trouvoit au ſujet de l'affaire de la ſucceſſion de Mantoue. Il tâchoit d'en impoſer par ſon babil ; promettoit au delà de ce qu'il vouloit tenir, 205. 206. *Urbain* agit vivement en faveur du Duc de Mantoue ; fortifie les frontieres de l'Etat Eccléſiaſtique, leve des troupes ; fait diverſes propoſitions pour gagner du temps, 215. 216. envoie un bref à Louis XIII. ſur la priſe de la Rochelle, où il ne déroge pas à l'humeur ſanguinaire de ſes prédéceſſeurs, 257. Preſſé de ſe déclarer en faveur du Duc de Mantoue, pourquoi il ne parle plus que de neutralité, 283. Idée qu'il avoit de Marie de Médicis, 289. Ce qu'il déclare pour ſe défaire des inſtances réitérées qu'on lui fait de ſigner une ligue. Subterfuge qu'il ſe réſervoit, 332. 333. Il tâche d'attirer à Rome la négociation ſur l'affaire de Mantoue, 393. Il permet aux troupes Impériales de tirer des vivres de l'Etat Eccléſiaſtique : plaintes qu'en fait le Sénat de Veniſe, 401. Ce qu'il répond à une lettre du Roi d'Eſpagne, 405. Il ne ſe rend pas aux remontrances de l'Ambaſſadeur de France ſur l'affaire de Mantoue, 420. Entêtement d'*Urbain* pour produire & employer ſes neveux dans des affaires au deſſus de leurs forces, 445. Il donne, par un décret, le titre d'*Eminence* & d'*Eminentiſſime* aux Cardinaux, &c. 451. & ſuiv. eſt charmé, dit-on, d'un mauvais Poëme du P. Joſeph, 494. Conſent que la France garde Pignerol, 667. preſſe la paix d'Italie, 668. reçoit les ôtages pour le traité de Quieraſque : ne veut pas ſe mêler des intérets des Griſons, 674.

Urbain VIII. a moins de peur que les autres Italiens des progrès de Guſtave, IV. 14. 15. 27. Démarche qu'il fait par bienſéance. Il refuſe de donner de l'argent à l'Empereur. Réponſe hardie qu'il fait aux Miniſtres de Ferdinand, 56. & ſuiv. Proteſtation qu'on lui fait en plein Conſiſtoire : altercations dans cette aſſemblée : colere de Sa Sainteté. Réponſe piquante qu'il fait à cette proteſtation, 58. & ſuiv. A quoi ſe terminent ſes efforts pour ſecourir l'Empereur. Bulle qu'il publie, 60. Il favoriſe l'aliénation de Pignerol, 61. Diſpenſe qu'il refuſe, 62. Clameurs des Eſpagnols contre ce Pape, 143. Ses Nonces tâchent en vain de diſpoſer la Cour de France & la Maiſon d'Autriche à un accommodement, 273. & ſuiv. Offres qu'il fit faire à Laud Evêque de Londres, 290. Il nomme des Commiſſaires en France pour juger des Evêques accuſés, 316. 319. Inquiétudes que les Eſpagnols tâchent de donner à *Urbain* : projets chimeriques contre ce Pontife, &c. 330. Obéiſſance filiale qui lui eſt rendue de la part de Louis XIII. S. S. s'excuſe d'entrer dans une ligue, 332. 514. 604. S'il fut effrayé de l'arrivée de l'Infant Ferdinand en Italie, 333. Il traverſe ouvertement la Maiſon d'Autriche, 392. Diſpenſe qu'il accorde ſans peine au Duc François de Lorraine, qui lui renvoie ſon Chapeau rouge, 437. Il refuſe à ſon neveu, le Cardinal Antoine, l'exercice de la comprotection de la France, nonobſtant les inſtances preſſantes des Miniſtres de cette Couronne, 516. & ſuiv. appuie une prétention orgueilleuſe de ſon neveu Thadée, qu'il avoit créé Préfet de Rome, 523.

Urbain n'agrée pas certaines démarches d'Antoine : préconiſe lui-même dans le Conſiſtoire les Egliſes vacantes de France : ré-

TABLE DES MATIERES.

UR

pond en colere aux plaintes de l'Ambaſſadeur de Louis, &c. IV. 526. Conférence qu'il a avec le Maréchal de Crequi touchant le mariage de Gaſton, 531. & ſuiv. Le Pape ſe garde bien d'ordonner à ce Prince & à Marguerite de ſe ſéparer l'un de l'autre, 536. Il ſe hâte de conférer des bénéfices auxquels Richelieu prétendoit, 537. lui refuſe ſon agrément pour la Coadjutorerie de l'Evêché de Spire, 538. Ce qu'il répond à des reproches de l'Ambaſſadeur d'Eſpagne. Il envoie Mazarin Nonce extraordinaire en France : à quel deſſein, 574. 576. *Urbain* demeure ſourd aux clameurs des Miniſtres de l'Empereur & du Roi d'Eſpagne : fait des grandes plaintes au ſujet de l'empriſonnement de l'Electeur de Treves. Ses bons offices ſont inutiles au priſonnier, 703. 704. Il marque ſon mécontentement au ſujet de la déclaration du Clergé de France contre le mariage de Gaſton, 753. fait mine d'écouter avec plaiſir les remontrances de l'Evêque de Montpellier ſur ce ſujet ; mais n'a nulle envie de favoriſer les prétentions de Richelieu, &c. 755. Il fait remettre à Louis une lettre de la Reine ſa mere, 758. réſiſte quelque temps aux inſtances qu'on lui fait de chaſſer le Réſident de cette Princeſſe ; puis cede en ſauvant les apparences, 777

Urbain VIII. donne un bon avis au Duc de Parme, par un bref qu'il lui envoie, V. 7. Après quelques difficultés, il accorde au Cardinal de la Valette une ample diſpenſe de porter les armes, 20. Réponſes qu'il fait à l'Evêque de Montpellier touchant le mariage du Duc d'Orléans, 69. Le Pape ſemble prendre plaiſir à chagriner Richelieu : ordonne au Cardinal de la Valette de quitter le commandement des armées : refuſe de recevoir la nomination du P. Joſeph au Cardinalat, &c. 71. 72. Remontrances qui engagent S. S. à rappeller Mazarin de la Cour de France, pour l'envoyer à ſes fonctions de Vice-Légat d'Avignon, 83. 84. Conſidérations qui l'engagent à refuſer hautement à Richelieu des bulles pour trois Abbayes Chefs-d'Ordre, 85. *Urbain* n'aime point le Maréchal d'Etrées que la France lui envoie en qualité d'Ambaſſadeur extraordinaire, 86. Laiſſe couler un temps conſidérable ſans lui donner audience : n'admet point Richelieu pour caution de ſa conduite : rappelle Mazarin à Rome, &c. 38. & ſuiv. But du Pape dans la négociation de paix, 92. 93. Il offre ſa médiation, nomme

un Légat : difficultés qu'il eut à ſurmonter, 94. & ſuiv. Expreſſion dans ſes brefs au Cardinal Ginetti, & dans ſa bulle pour indiquer un Jubilé, dont on eſt fort choqué à Paris, 96. Il craint la ſuite des hoſtilités entre les Ducs de Modene & de Parme ; dépêche un Exprès pour les accommoder, 131. chaſſe les Eſpagnols du Parmeſan par un bref, 122. publie un Monitoire contre le Duc de Parme : déclaration qui arrête ſa vivacité. Il s'entremet de l'accommoder avec les Eſpagnols, 151. 152. *Urbain*, ſotement crédule à l'Aſtrologie judiciaire, fait donner un avis à Richelieu, &c. 192. Malgré la faction de France, il fait rendre des actions de graces pour l'Election du Roi de Hongrie à la dignité de Roi des Romains. Brefs aſſez ridicules qu'il avoit envoyés à Ratisbonne, arrivés tard, 280. 281. Il ne veut paroître dans les affaires du Duc de Parme qu'en qualité de Médiateur, 300. tâche de détourner le Cardinal Maurice de Savoye d'un voyage inutile, 384. fait des propoſitions de paix, ou de treve durant la campagne de 1637. 225.

Urbain aime mieux ne point faire de promotion de Cardinaux, que d'y admettre le P. Joſeph, refuſe des Bulles au Cardinal pour les Abbayes de Cîteaux & de Prémontré : brouillerie à ce ſujet, V. 465. 466. Sur le point d'envoyer un Légat à Turin, pour négocier une neutralité, ou une treve, comment il en eſt détourné, 492. Il ordonne au Cardinal Borgia de s'en aller dans ſon Dioceſe de Seville : ne dit rien à la Valette qui commandoit l'armée de France en Italie, 495. Brouillé avec les Vénitiens, il trouve mauvais qu'ils ſe vantent d'avoir ſauvé le tréſor de Lorete. Fanfaronade dont il uſe à cette occaſion, & dont on ſe moque, 508. Il preſſe la Ducheſſe de Savoye de s'accommoder avec ſes beaux-freres, 633. Affront qu'il fait à la mémoire du Cardinal de la Valette, 643. 644. Embarras qui obligent *Urbain* à différer la promotion des Cardinaux, 647. 648. Bruſquerie qu'il fit au Maréchal d'Etrées qui parloit trop haut, 649. Le Pape adreſſe deux Monitoires à l'Archevêque de Malines contre le Duc de Lorraine & ſa femme de campagne, 655.

Affaire difficile qu'*Urbain* doit ménager en qualité de Médiateur, VI. 22. Preſſé par les Vénitiens de lever des troupes, à quelles conditions il offre de le faire, 23. Ses inſtances pour détourner Léganez du ſiege de Ca-

UR

zal, tournées en raillerie, 28. Prêt à conclure une Ligue avec les Vénitiens, & délivré de sa crainte par la levée du siege de Cazal, le Pape trouve un prétexte pour rompre le traité, & laisse crier Richelieu, 29. 30. *Urbain* rappelle son Légat de Cologne, &c. 63. se plaint en vain, ou fait semblant de se plaindre d'une entreprise contre son autorité, 69. demande qu'on lui envoie l'Archevêque de Brague, 384. 388. Embarras où il se trouve par l'arrivée d'un Ambassadeur du nouveau Roi de Portugal, 386. *& suiv.* Il est mécontent de ne pouvoir pas faire valoir les arrogantes prétentions de ses Prédécesseurs, 388.

Urbain se laisse gouverner par ses neveux: invite le Duc de Parme à venir à Rome, VI. 388. 389. est charmé de ce Prince, puis vivement touché de ce qu'il lui dit contre son neveu Barberin, 390. Animé par ses neveux, il agit contre le Duc, & veut lui faire la guerre. Ce qu'il répond à l'Ambassadeur de France, 391. 392. Il fait une promotion de treize Cardinaux, 393. ne donne pas dans un projet qu'on lui propose. Expressions arrogantes que la qualité de prétendu Successeur de S. Pierre inspiroit à ce fils d'un bourgeois de Florence, 501. Il excommunie le Duc de Parme, 502. 503. Rempli de projets de guerre & de conquêtes, il déclare aux Cardinaux la résolution qu'il a prise de réduire le Duc de Parme par les armes: prépare un interdit sur ses Etats. Entretiens qu'il a avec l'Ambassadeur de France, &c. 507. 508. L'armée du Pape est dissipée. Alarmes que le Duc lui donne par son irruption dans l'Etat Ecclésiastique. Trésor auquel on détourne *Urbain* de toucher. Revenu de ses fantaisies martiales, il fait le dévot, s'humilie, maltraite le Cardinal François Barberin, s'adoucit aisément à son égard, refuse de voir Thadée, consent au séquestre du Duché de Castro, &c. 510. *& s.* Il recherche l'assistance du Roi d'Espagne, confere avec le Cardinal Albornoz, 512, 513. *Urbain*, content de voir ses frayeurs dissipées, exalte son neveu Antoine, & fait le brave. Il excommunie le Duc de Lorraine & sa femme de campagne, 514. 515. Le Pape conçoit de l'ombrage de quelques mouvements des Espagnols, 515. Ses plaintes à l'occasion de l'insulte faite à l'Ambassadeur de Portugal, 518. Il s'excuse de donner du secours à l'Empereur, 640. Comment il vou-

loit se faire Médiateur de la paix entre la Maison d'Autriche & la Couronne de France, 667. 668.

Ursé (Le Marquis d') va traiter avec le Duc de Savoye, au nom des mécontents de France, I. 240. conduit deux Régiments d'Infanterie au secours de ce Prince, 576.

Ursins (Jean Juvenal des) Archevêque de Reims: remontrance qu'il fit à Charles VII. au nom des Prélats de France, I. 255.

Ursulines (Les) de Loudun se disent possédées: font périr Grandier par une fourberie aussi grossiere que maligne, IV. 559. *& suiv.*

US. UX

Uscoques (Les) nouvelle colonie: comment établie: leurs pirateties: protégés par l'Archiduc de Gratz: occasion de la guerre entre ce Prince & les Vénitiens, I. 469. *& suiv.*

Usez (Le Duc d') obtient le cordon bleu, II. 171. est appellé au jugement du Duc de Vendôme, VI. 235. 236. assiste à l'enregistrement de la déclaration sur la Régence, 693.

Usserius ou *Usher*, Archevêque d'Armagh, est consulté par Charles I. sur un cas de conscience, &c. VI. 288. 289. aide le Comte de Strafford à mourir chrétiennement, 294.

Uxelles (Le Marquis d') volontaire au secours de l'Isle de Ré, III. 155. leve des troupes au nom du Duc de Mantoue, 217. 218. tâche de retenir ses Soldats mal payés & mal nourris: est repoussé à la tentative qu'il fait de passer à Château-Dauphin, 219. est tué devant Privas, sur le point d'être fait Maréchal de France, 358. Autre Marquis d'*Uxelles*, fait prisonnier à la bataille de Sedan, VI. 324.

VA

VAIR (Guillaume du) Magistrat estimé, plus Philosophe que Courtisan, est fait Garde des Sceaux. Premiere fonction qu'il fait de sa nouvelle dignité, I. 511. 512. Il condamne l'emprisonnement du Prince de Condé, 543. Maniere dont il parla sur cette affaire dans le Parlement, 555. On lui ôte les Sceaux, Il souffre sa disgrace avec magnanimité. Ce qu'il répond à deux Députés que le Parlement lui avoit envoyés, 581. 582. Les Sceaux lui sont rendus, après quelque difficulté qu'il fit pour les reprendre, 645. Compliment qu'il fait au Chancelier de Silleri, 646. Complaisance basse & intéressée qu'il a pour Luines; il accepte l'Evêché de Lisieux contre les regles,

VA

874. 875. Il pense à se faire Cardinal, 678. se laisse persuader par un fourbe, 684. Arrêt qu'il fait donner, pour faire sa cour au Pape, 697. Il est un des Commissaires pour les affaires d'Italie, 722. 717. ordonne à un Agent du Grand Duc de Toscane de se retirer du Royaume, 735.

Vair (Du) Garde des Sceaux, prend le pas sur les Ducs & Pairs. Affront que lui fait Epernon publiquement. Le Roi ne peut les raccommoder, II. 7. 8. Prise qu'il donne aux malins & aux railleurs par sa réponse à une Lettre de la Reine-Mere, 84. 85. Il conseille la neutralité dans les différends de l'Allemagne, 172. perd l'estime qu'il avoit aquise. Dans quel dessein il se dévoue entierement à Luines. Il parle fort au long, dans le Parlement, en faveur du pouvoir absolu des Rois, 175. 176. fait une forte réprimande aux principaux de cette Compagnie, mandés en Cour, 177. Nouveaux soupçons qu'il donne mal-à-propos à Luines, &c. *Ibid.* & 178. Il accompagne le Roi en Normandie. Exposé qu'il fait au Parlement de Rouen, 206. 207. Il censure celui de Bordeaux, 217. appuie une proposition du Nonce, 230. presse S. M. de se faire obéir par les Bearnois, 231. 232. accueillit Grotius, 329. Mort de du *Vair*: son caractere équivoque. Endroit de son testament sur lequel on raisonna beaucoup, 370. 371.

Valbois, Chevau léger, est mis à la Bastille, pour avoir récité un Sonnet contre le Cardinal de Richelieu, V. 373. 374.

Valençai, ou *Valencé*, Gouverneur de Calais, promet de livrer la place au Duc d'Orléans, &c. IV. 10. Il est dépossédé de ce Gouvernement, & relégué, 122. rappellé à la Cour, V. 191.

Valence dans le Milanès assiégée par les François & leurs Confédérés, V. 8. & *suiv.* Ce siege est levé, 17.

Valencé (Le Marquis de) Commandant dans Montpellier, y forme des entreprises contre les privileges de cette Ville, malgré les ordres apparens de la Cour: arrête le Duc de Rohan, &c. II. 542. & *suiv.*

Valencé (Le Commandeur de) engage Chalais à découvrir un complot formé contre le Cardinal, III. 46. refuse de se charger d'une commission, &c. 52. tâche d'amuser le Duc de Savoye, 288. Revenu de Turin, il est renvoyé à S. A. R. pour lui demander passa-

Tome VI.

ge, 314. se signale au combat de Suze, quoique blessé, 319. 320. seconde le Cardinal Antoine Barberin pour la défense de l'Etat Ecclésiastique, VI. 512.

Valentinien III. Empereur stupide & perdu de débauches, fait une Loi par laquelle il soumet les Evêques des Gaules à la jurisdiction du Pape, IV. 318.

Valerien (Le P.) Capucin négociateur, III. 392. homme insinuant & délié, est envoyé vers Valstein, &c. IV. 471.

Valescure Officier Réformé, commandant un corps des milices des Cevenes, attend opiniâtrement le canon dans un mauvais poste: tâche de faire valoir la capitulation qu'il y avoit faite, &c. III. 248. 249.

Valette (Le Marquis de la) second fils du Duc d'Epernon, porte son pere à délivrer Marie de Médicis, II. 39. commande à Metz. On lui apprend un complot des Habitants pour remettre la place au Roi. Il y met ordre, 103. 104. exerce la Charge de Colonel général de l'Infanterie au siege de Saint Jean d'Angeli, 367. épouse une fille naturelle d'Henri IV. & de la Marquise de Verneuil, 524. Pourquoi la Marquise de la *Valette* traverse le mariage de Gaston avec l'héritiere de Montpensier, 676. Ce qu'il répond à une proposition qu'on lui fait de la part de ce Prince, III. 51. Devenu Duc, il accourt à une fête donnée par son pere, &c. 120. Il perd sa femme, 122. se trouve au combat de Suze, 317. 320.

Valette (Le Duc de la) est reçu Duc & Pair, IV. 3. Chevalier de l'ordre du S. Esprit, 276. Divertissement qu'il se procure, & dont il fait part au Roi, 362. 363. Il épouse une parente du Cardinal: ce mariage fut un des moyens employés pour tirer son pere de la mauvaise affaire qu'il avoit avec l'Archevêque de Bourdeaux. Soumissions que le Duc de la *Valette* fait dans une assemblée d'Evêques touchant ce démêlé, 674. & *suiv.* Il prête serment pour la survivance du Gouvernement de Guyenne, 732. aide son pere à calmer des mouvements excités dans cette Province, 794. va faire des complimens au Duc de Parme de la part du Roi, &c. V. 77. 78. est envoyé pour aider son pere à défendre la Guyenne attaquée par les Espagnols, 204. & *suiv.* Intrigue où il s'étoit engagé, suivant Montresor, 207. 110. Il refuse de se déclarer en faveur de Gaston & du Comte

VA

de Soiffons mécontents, 240. & fuiv. 244. Sujet de la brouillerie du Duc de la *Valette* avec le Cardinal de Richelieu, 244. & f. Il paroît que le premier entra bien avant dans le complot des deux Princes ; mais qu'il eut des prétextes pour retirer fa parole, 247. 248. On le fait parler d'une maniere impertinente pour le difculper, 248. 249. Les Ducs d'Epernon & de la *Valette* facilitent l'exécution du projet formé contre leur maifon, 329. 331. Celui-ci défait & diffipe les féditieux appellés *Croquans*, 330. & fuiv. On lui fit un crime de n'avoir pas attaqué les Efpagnols dans leurs retranchéments, & de ne les avoir pas pourfuivis dans leur fuite : récit que Girard fait de cet évenement, 335. & fuiv. Le Duc de la *Valette* fait un voyage à la Cour, duquel les motifs font diverfement racontés, 494. Le Prince de Condé rejette fur lui la déroute de Fontarabie, & celui-ci fur S. A. réflexions fur cette affaire. Reproche le plus vraifemblable qu'on fait à la *Valette*, &c. 554. & fuiv. Extrait d'un Ecrit qu'il publie pour fa juftification, 556. 557. Girard tâche de le difculper, & en dit trop pour être cru, 557. 558. Le Duc, apprenant que le Cardinal fe déchaine contre lui, fe retire en Angleterre, 559. 560. Lettre vive qu'il écrit au Prince de Condé. Le courage qu'il témoigne dans cette occafion le fait eftimer, 561. & f. On lui fait fon procès d'une maniere inouïe & fans exemple depuis la fondation de la Monarchie Françoife, 623. & f. Sur une préfomption il eft condamné à la mort, & décapité en effigie, 630. 631.

Lettres prétendues du Duc de la *Valette* pour lier une intrigue en France, VI. 219. Déclaration du Roi, où fe trouvent des plaintes contre ce Seigneur, 306. 309. 310. Caufe mal fondée de cette nouvelle flétriffure, dont il eft pleinement juftifié, 314. Pourquoi il ne revint pas auffitôt que d'autres après la mort de Richelieu, 680.

Valette (Louis de la) Archevêque de Touloufe, troifieme fils du Duc d'Epernon, fruftré de l'efpérance d'être Cardinal, II. 4. 6. 37. On s'adreffe à lui pour une intrigue en faveur de la Reine-Mere, 37. Il porte fon pere à conclure cette affaire, 39. Il fait un voyage à Paris : dans quel deffein. L'Abbé Rucellaï s'ouvre à lui, &c. 40. 41. Il contribue à l'évafion de la Reine-Mere, 72. Bref du Pape à ce Prélat; les Miniftres

VA

ne font pas d'avis qu'on le lui remettre, 110. Il porte au Roi une Lettre du Duc fon pere, 112. obtient des affurances pour le chapeau de Cardinal, 118. 184. 215. foit la Reine-Mere à la Cour, 121. Il eft fait Cardinal. Son caractere peu conforme à celui de fa profeffion, 295. Il fe diftingue beaucoup à Romie au commencement du Pontificat d'Urbain VIII. Si l'on peut dire que fes mœurs fuffent réglées, 569. Il va faluer le Légat Barberin, 711. Comment il opine dans un Confeil extraordinaire, &c. 740. Il feconde les démarches du Nonce pour les dogmes favoris de la Cour de Rome, 796. 797.

Valette (Le Cardinal de la) affifte à l'affemblée des Notables, III. 84. 91. 92. Plus fouple que fon pere, il fait fa cour à Richelieu. Comment le Duc d'Epernon l'appelloit, indigné de fa baffeffe, 378. Avis important qu'il donne au Cardinal, 379. Il l'accompagne à fon voyage d'Italie, 409. ne peut engager Gafton à faire honnêteté au frere de ce Miniftre, &c. 442. Il fait une action plus généreufe qu'utile au repos de fa maifon, en détournant Richelieu du deffein de quitter la Cour, 554. Il le conduit aux genoux du Roi à Verfailles, 557. négocie pour ce Miniftre avec les Favoris de Gafton, 571. eft envoyé vers ce Prince à Orléans: Conférences qu'il a avec S. A. R. 622. 623. Le Cardinal de la *Valette* eft fait Gouverneur d'Anjou, IV. 3. follicite la grace du Duc de Montmorenci, 194, eft fait Commandeur de l'ordre du S. Efprit, qu'il reçoit debout, 276. Ce qu'il écrit à fon pere, au fujet du démêlé qu'il avoit eu avec l'Archevêque de Bourdeaux, 327. Régal où il fe trouve, & où il perd de l'argent, 669. Son frere & lui apaifent enfin Richelieu envers leur pere. Le Cardinal de la *Valette* eft pourvu du Gouvernement de Metz, 676. va faire des proteftations de fervice au Duc d'Orléans de la part de Richelieu, 681. prend poffeffion de fon Gouvernement : obtient un emploi militaire fous le Maréchal de la Force. Coup d'effai de ce Cardinal-Soldat. Lettres que Richelieu & Servien lui écrivent, 731. & fuiv.

Valette (Le Cardinal de la) travaille à obtenir de l'emploi au Duc de Candale fon frere, V. 19. Il eft lui-même chargé du commandement de l'armée qui doit joindre le Duc de Weymar : obtient une difpenfe du Pape. Remarque fur ce bizarre accouple-

VA

ment. Inftruction donnée au Cardinal, tant pour le cérémoniel, que pour l'effentiel, 20. & *fuiv*. Ridicule du titre de Capitaine que le Roi lui donne dans une Lettre. Expédition de la *Valette* avec le Duc de Weymar. Mémoires & compliments flateurs que le Prélat Capitaine reçoit de la Cour. Il paffe le Rhin très-imprudemment, 23. & *fuiv*. Embarras où il fe trouve au de-là de cette riviere : pouvoir & inftructions qu'on lui envoie pour le tirer d'intrigue, 26. & *fuiv*. Il trouffe bagage avec Bernard, repaffe le Rhin, & fe retire promptement à Metz. Si cette retraite fut honorable, 32. & *fuiv*. Grande affaire & grande autorité qu'on lui confie. Il joint le Duc de Weymar avec les autres Généraux François. Conférence entre eux. Eloges outrés qu'on donne à la *Valette*, 51. & *fuiv*. Réfolution de changer de pofte, à laquelle il s'oppofe : fa conftance louée par les uns, blâmée par les autres, 61. Intrigue dans laquelle il femble qu'il entra, 68. Il reçoit un bref du Pape qui lui ordonne de quitter le commandement de l'armée, 71. Mince exploit de la *Valette*, mais fort vanté par fon confrere Richelieu & par fon Capucin. Il eft bleffé légerement ; revient à Paris recevoir les applaudiffements de fes bons amis, 74. & *fuiv*. Commiffion dont il eft chargé, & qu'il exécute. Son bon ami Richelieu ne veut pas qu'il foit commandé par le Comte de Soiffons. Méfintelligence entre ce Prince & la *Valette*. Celui-ci contribue beaucoup à la prife de Saverne. Applaudiffements qu'il en reçoit, &c. 158. & *fuiv*. Il figne la capitulation de cette place avant le Duc de Weymar : agit de concert avec le Miniftre pour tromper ce Prince, 161. 162. eft chargé de s'oppofer à une irruption que le Duc de Lorraine & Galas fe préparoient de faire en France, &c. 195. & *fuiv*. Le Duc de Weymar & la *Valette* ne peuvent empêcher leur jonction : mais ils les écartent de Dijon, 199.

Le Cardinal de la *Valette* & le Duc de Weymar pourfuivent quelque temps les Impériaux qui fe retirent. Le premier a befoin de toute fa dextérité pour engager l'armée à fe contenter des quartiers d'hyver affignés à fes troupes : raffure fon confrere Richelieu fur le projet que Bernard forme de paffer le Rhin. Extraits de deux de fes Lettres. Expreffion admirable qu'il y emploie, V. 230. & *fuiv*. Bruit qui court que le Miniftre defti-

VA

noit fa niece au Cardinal de la *Valette*, qui n'étoit point engagé dans les Ordres facrés, 236. Confeil qu'il donne à Richelieu, 238. Lettre qu'il lui écrit, 243. Il commande l'armée en Picardie. Avis qu'on lui donne. Il découvre & arrête dans fes troupes un garde du Comte de Soiffons, 297. 298. eft le feul Général qui paroiffe fincerement dévoué au premier Miniftre. Son armée eft augmentée, & fon frere aîné fert fous lui, 320. 321. Dégoût mutuel que la *Valette* & le Duc de Weymar avoient pris l'un pour l'autre, 350. Le Cardinal entre en campagne. Mémoire qu'il envoie au premier Miniftre. Plainte qu'il fait, qui fut le commencement de la méfintelligence entre lui & la Meilleraie, 396. & *fuiv*. Il affiege & prend Landreci ; fe pique de bravoure, emporté par fon ardeur martiale, ou par fa vanité. Chofes qui le chagrinent durant ce fiege : comment on tâche de l'apaifer, 400. & *fuiv*. Mécontentement qu'il témoigne fur un corps d'armée qu'on lui envoie, commandé par la Meilleraie, 402. 403. Séparation de l'armée de la *Valette*, laquelle faillit à la ruiner entierement. Réunion des deux corps féparés, non fans peine. Le Prélat, preffé d'agir, fait peu de chofe, 403. & *fuiv*. Ombrages & foupçons qu'il conçoit d'un voyage de la Meilleraie à Paris. Lettre de Richelieu, laquelle ne raffure pas la *Valette*, &c. 405. 406. Sa réputation & fon crédit commencent à diminuer, 407. Il affiege la Capelle avec la Meilleraie, 414. lui laiffe le commandement du fiege, 417. Grande brouillerie entre eux : appel fait, dit-on, au Cardinal par l'autre, 418. La *Valette* va au fecours de fon frere. On ne trouve plus tant d'exclamations dans les Lettres qu'il reçoit. Pourquoi il fut moins heureux en Picardie qu'en Bourgogne, 420. & *fuiv*. Il ne goûte pas un projet formé fur Cambrai. La Cour paroît mécontente de lui, &c. 422. & *fuiv*.

Le Cardinal de la *Valette* s'offre pour aller commander l'armée en Italie : ce qui eft accepté, V. 494. Sa délicateffe merveilleufe, dans la crainte que le Pape ne lui réitere les défenfes de fervir, 495. Il ne peut empêcher la prife de Verceil par les Efpagnols, 497. 498. eft foutenu par Richelieu, qui perfécutoit fon pere & fon frere. Ce qu'il écrivoit à ce Miniftre dans de pareilles circonftances, Motifs de leur étroite amitié, 498. 499. Con-

V A

duite basse du Cardinal de la *Valette* envers son confrere, qui poussoit l'affaire du Duc son frere avec une extrême violence, &c. 563. 564. Il est fort embarrassé à défendre Christine contre ses beaux-freres, 631. est repoussé à l'attaque des retranchements des Espagnols devant Cencio : donne de justes louanges au Comte du Plessis qu'il n'aimoit pas. Ce pauvre Cardinal ne fait rien de bon sans un Collegue, ou sans des subalternes fort habiles. Il est obligé de revenir à Turin, 634. en retient les Habitants dans le devoir, 638. On vient disposer ce Prélat guerrier à recevoir sans murmurer un nouveau compagnon, 641. Il prend Chivas, &c. 641. meurt à Rivoli. Affront que la Cour de Rome fait à sa mémoire, 643. 644.

Valette (Le Chevalier de la) fils naturel du Duc d'Eperno , sert les Vénitiens, III. 401. est fait prisonnier, 461.

Valette (La) Cornusson, Evêque de Vabres, un des Députés de la Chambre Ecclésiastique aux Etats, I. 348.

Valfons se défend bravement dans le Château de Beaucaire, IV. 151.

Valh conduit les Bavarois au combat de Wolfembutel, VI. 354.

Valiquerville. Voyez *Varicarville.*

Valparaiso (Le Marquis de) ou *Vilparaiso*, Viceroi de Navarre, &c. V. 199.

Valstein (Albert de) origine de sa fortune, II. 132. Portrait qu'un Auteur poli en a fait. Il devient Duc de Fridland, Général de l'Empereur, leve une armée à ses dépens, va joindre Tilli, 766. 767. *Valstein*, Duc de Fridland, Général des troupes Impériales, &c. III. 67. suit Mansfeld dans sa marche vers la Silésie ; met son armée en déroute, &c. 68. De quoi il menace les Electeurs. Il laisse vivre ses troupes à discrétion par-tout, & tire des contributions immenses, 122. Ses expéditions : il s'empare des Etats de Meckelbourg : l'Empereur les lui engage, & le fait son Amiral, 126. Il tâche de pénétrer dans les Isles du Danemarck : demande des vaisseaux aux Villes de Lubec & de Dantzic : prend Rostock & Wimar : serre Stralsund de près : défait le Roi de Danemarck qui vouloit rompre ce projet : assiege la place dans les formes : va se mettre en possession du Duché de Meckelbourg, &c. 202. Moyens qu'il employa pour augmenter la puissance de son maître, & pour élever sa propre for-

V A

tune, 203. 204. Embarras où il se trouve. Il refuse hautement des passeports aux Plénipotentiaires de Suede. &c. 343. 344. Complot de *Valstein*, où l'on prétend que Charles-Emmanuel étoit entré, 463. Sa magnificence à la Diete de Ratisbone irrite davantage ses ennemis, 496. On s'y déchaîne publiquement contre lui, 498. Il est déposé de sa Charge. Comment il avoit tâché de conjurer l'orage élevé contre lui. Il se retire : dissimule son déplaisir : continue de vivre avec un grand faste, &c. 500. *& suiv.* Ce que ses amis représentent à l'Empereur, touchant le Palatin, 504. *Valstein* se vantoit de chasser le Roi de Suede d'Allemagne avec des verges, 502. 508.

Valstein, retiré à Prague, envoie faire des propositions de paix à l'Electeur de Saxe : fort de cette Ville, IV. 32. Pourquoi il n'alloit pas à Vienne. Pressé de reprendre le commandement des armées de l'Empereur, il use de dissimulation, se rend à certaines conditions : forme le dessein de se faire Roi de Bohême, &c. 34. *& suiv.* Artifices de cet ambitieux, 64. *& suiv.* Conditions qu'il propose, sans lesquelles il ne veut pas rentrer dans l'emploi, 66. 67. Offre des Espagnols qui lui plaît fort. Ouverture de leur part, à laquelle il fait semblant d'applaudir, 68. Ce qui le porte à ne point secourir le Duc de Baviere, 81. 86. Ses desseins & ses vues, 169. 170. 172. Il reprend la Bohême sur l'Electeur de Saxe : joint le Duc de Baviere, lui cause du chagrin, du dépit : fait des civilités au Roi de Suede, refuse de l'attaquer dans son camp, 174. 175. repousse ce Prince qui vouloit forcer le sien : se sépare de Maximilien, marche vers la Saxe, 176. Sa conduite à la bataille de Lutzen, où son armée est battue, 177. *& suiv.* Il fait des promesses avantageuses à un Envoyé de Gaston ; mais sans effet, 214. Sujets de défiance qu'il donne à la Cour de Vienne, &c. 244. 245. Il se plaint d'une atteinte donnée à sa dictature, 258. 259. convient d'une treve avec Arnheim, 260. Quels avoient été ses mouvements après sa défaite à Lutzen. Il explique ses desseins aux chefs de l'armée des Confédérés en Silésie, 262. *& suiv.* Ressorts secrets de sa chute. Instruction envoyée de la Cour de France pour négocier avec lui. Défiance que sa conduite inspire à Oxenstiern, & à Feuquieres, 269. *& suiv.* Confidence qu'il fait à Arnheim, 271. 272. Il s'ouvre imprudemment au Duc de Saxe-Lawembourg, 273.

Valstein envoie faire des compliments à l'Infant Ferdinand, IV. 334. défait un Officier Suédois en Siléfie. Occupé de son projet d'ufurper la Bohême, il ne profite pas de cette victoire, &c. 374. Pensées que sa nonchalance inspire à Richelieu, 384. Défiance conçue contre *Valstein* par les Cours de Vienne & de Madrid. Artifice qu'il pénétra, & dont il résolut de se venger, 392. 393. On se plaint de ce qu'il a laissé prendre Ratisbone. Il cede aux clameurs des Espagnols & de Maximilien; marche vers la Baviere. Sous quel prétexte il rebrousse chemin. On éclate de toutes parts contre ce Général, &c. 398. 399. On vient le disposer à céder son emploi au Roi de Hongrie : il feint d'en être content. Vraie cause de sa perte. Mauvaise opinion qu'il avoit donnée de lui par sa dissimulation & par sa duplicité dans les négociations, 471. 472. Il reprend sa négociation commencée avec la Cour de France : propositions qu'on lui fait de la part de Louis, 472. & *suiv*. Mesures que *Valstein* prend pour faire réussir son projet, 474. & *suiv*. 476. 477. Il est sotement crédule à l'Astrologie judiciaire, 476. Sa conspiration éclate, &c. 477. & *suiv*. Précautions qu'on prend contre lui à la Cour de Vienne. Edit qui lui ôte le commandement de l'armée, 480. & *suiv*. Il est proscrit par l'Empereur, abandonné par son armée, trahi par des gens qui lui devoient leur fortune, &c. 482. 483. Fin tragique de cet homme extraordinaire, 484. Il est fort maltraité par un Historien. Portrait qu'un Auteur éclairé, judicieux & désintéressé fait de *Valstein*, 485. 486.

Valteline (La) situation de ce pays : comment les Grisons en étoient devenus maîtres : les Espagnols tâchent de s'en emparer, y excitent une révolte, &c. II. 259. & *suiv*. 319. 320. Traité de Madrid sur cette affaire, 326. Voyez 438. & *suiv*. 522. & *suiv*. Ligue entre le Roi de France, les Vénitiens & le Duc de Savoye, pour en chasser les Espagnols, 563. 564. Les Forts qu'ils y occupoient sont mis entre les mains du Pape, 564. & *suiv*. Diverses négociations sur la *Valteline*, &c. 660. & *suiv*. Irruption qu'y fait le Marquis de Cœuvres, 673. 692. Suite des négociations sur cette affaire, 712. & *suiv*. Les Habitants de ce pays offrent de se donner au Pape,

tâchent de persuader qu'il est de l'intérêt du Roi de France d'y consentir, &c. 728. & *suiv*. Etat des affaires dans ce pays, 742. 743. Négociation du Maréchal de Bassompierre en Suisse pour les terminer, 772. & *suiv*. 790. Traité pour ajuster les différends sur la *Valteline*, conclu à Mouçon à l'insu des Alliés de Louis XIII. Articles principaux qu'il contenoit, III. 3. & *suiv*. 9. & *suiv*. 12. Exécution de ce Traité qui assoupit & ne termine pas cette affaire, 72.

Valteline (La) expédition du Duc de Rohan dans ce pays, V. 2. & *suiv*. Les François sont contraints d'en sortir par un soulevement des Grisons, 302. & *suiv*.

Vane (Henri) Ambassadeur d'Angleterre auprès de Gustave, IV. 172. 173. régale Charles I. 297. Circonstances singulieres dans l'expédition contre les Ecossois, qu'il rapporte dans une de ses Lettres, V. 716. Il se donne du mouvement; mais pense plus à ses intérèts qu'à ceux de son maître, 719. est fait Secrétaire d'Etat, 722. Ce qu'il va dire, de la part du Roi, à la Chambre des Communes, VI. 125. Déclaration qu'il y fait sans l'ordre de S. M. 126. Avis qu'il soutint avoir été donné au Roi par Strafford, 275. Il est ennemi de ce Seigneur, & varie dans son témoignage unique, 279.

Vane (Le Chevalier Henri) le fils, Député au Parlement pour la Ville d'Hull, & Républicain outré, VI. 554. Ce qu'il insinue à Hotham, pour l'engager à ne point recevoir le Roi dans Hull, 556.

Va-nuds pieds (Les) populace de Normandie soulevée. Expédition contre eux, V. 754. 755.

Vapeurs : ce qui a mis cette maladie à la mode, II. 35.

Vardes (Le Marquis de) Gouverneur de la Capelle, déconcerte une intrigue de son fils avec la Reine-Mere, &c. III. 652. 654. 655. Ce qu'un Marquis de *Vardes* disoit des Noailles, V. 90. Le Marquis & la Marquise de *Vardes* à la Cour de Gaston à Blois, 263.

Varenne (La) envoyé par la Cour de France à Turin, I. 69. Son manege à l'Assemblée de Saumur, 77.

Varennes porte au Duc de Rohan un ordre d'aller à Venise, V. 471.

Varennes (Le Marquis de) sert au siege de Valence, V. 14. 17. se trouve à la défense des lignes devant Arras, VI. 78.

Vargas, Secrétaire du Roi d'Espagne, est dé-

V A

péché au Duc de Savoye, I. 192. reçoit de nouveaux ordres de passer par Turin, &c. 206.

Vargas, Espagnol, Gouverneur de Tillemont, IV. 740.

Vargas, Officier Castillan, tâche de tuer l'Ambassadeur de Portugal à Rome : est repoussé, VI. 518.

Varicarville, par erreur *Valiquerville* a connoissance d'un complot formé pour assassiner le Cardinal, V. 223. tâche d'empêcher le Duc de Bouillon de s'accommoder avec la Cour, VI. 328. 329.

Varillas : comment il surprend le monde. Forfanterie de cet Ecrivain Gascon découverte, I. *Préface*, VIII. IX.

Vasconcellos (Michel de) Secrétaire d'Etat auprès de la Vice-Reine du Portugal, a tout le secret des affaires, & toute l'autorité. Portrait odieux qu'on en donne. Réponse insolente qu'il fit à l'Archevêque de Brague. Diverses plaintes qu'on en fait inutilement. But de ce Ministre, &c. V. 440. 441. Petit voyage qu'il fait, & qui jette l'alarme parmi les Conjurés, &c. VI. 164. Il est massacré, & son corps traité avec indignité, &c. 166. 167.

Vassenear, Colonel, commandant une partie du secours envoyé aux Vénitiens par les Hollandois, I. 710.

Vasquez (Dom Jean) Mestre de camp, Général d'une armée Espagnole devant Cazal, VI. 32.

Vasquez (L'Abbé) Espagnol, s'abouche à Genes avec un Exprès de la Duchesse de Savoye, V. 492.

Vatteville se jette trop tard dans Gergeau : court au secours de Sancerre, où il n'est pas plus heureux, II. 357. 358.

Vatteville Suisse, défend bravement la Motte en Lorraine assiégée par les François, IV. 510.

Vaubecourt, Commandant à Verdun, ennemi déclaré du Maréchal de Marillac, &c. IV. 97. *Vaubecourt* le fils est fait Gouverneur de Landreci, V. 403. Maréchal de camp, 477.

Vaucelas, Ambassadeur ordinaire de France en Espagne, I. 155.

Vaucelle, chargé d'une commission vers le Duc d'Orléans, de la part du Comte de Soissons, &c. est arrêté en retournant à Sedan, VI. 310. 311.

Vaudemont (François de Lorraine Comte de) frere du Duc Henri, pere de Charles IV. II. 655. 656. demande d'être reconnu Duc de Lorraine & de Bar, en vertu d'un acte supposé : rétrocede ces Duchés à son fils, 264. 265. Ce qu'il pensoit du mariage de sa fille avec le Duc d'Orléans, IV. 14. Avis qu'il donne à son fils, 44. Déplaisir qu'il a du traité de Vic. Sa mort. Ses derniers sentiments, &c. 46. 47.

Vaudemont (Le Prince de) né du mariage illégitime & scandaleux de Charles IV. avec la Comtesse de Cantecroix, chassé du Duché de Milan, qu'il avoit livré à la France, V. 602. VI. 515.

Vaugelas (Claude Faure de) attaché au Duc d'Orléans : son caractere. Son exactitude trop scrupuleuse, raillée par Voiture, &c. IV. 139. 140.

Vaugré : attentat imputé à cet homme par le Duc de Mayenne, I. 596.

Vauquelin des Ivetaux, Précepteur de Louis XIII. peinture qu'en fait un Auteur. Il est privé de cet emploi, I. 281.

Vautier, premier Médecin de la Reine-Mere, plus ardent à entrer dans les intigues de Cour qu'à méditer sur les aphorismes d'Hippocrate, III. 527. Il tâche de réconcilier sa maitresse avec Richelieu : vues ambitieuses de ce Médecin, 576. 577. 600. Il est arrêté, 608. Voyez 615. Pourquoi il refuse d'envoyer par écrit son avis sur une maladie de la Reine-Mere, IV. 283.

Vauvert (Le Comte de) second fils du Duc de Ventadour, accompagne le Duc de Montmorenci, son oncle, dans une expédition, II. 732. 733. y perd la vie, 735.

V E

Veere (Horace) conduit quelques troupes Angloises au secours du Palatinat, II. 239. Plaintes que fait l'Empereur des expéditions de cet Officier, 385. 387. 388. Il se défend dans Manheim avec bravoure, &c. 500.

Veillane : combat près de cette Ville, où le Duc de Montmorenci se comporte avec une valeur extraordinaire, III. 459. *& suiv.*

Veilles (De) un des membres de l'Assemblée de la Rochelle, est envoyé à Saumur pour sonder la disposition de Du-Plessis-Mornai, &c. II. 281. 282.

Velasco, Connétable de Castille, Gouverneur du Milanès, congédie l'armée de ce pays, I. 67. donne sa fille en mariage à un avanturier qu'Olivarez reconnoit pour son fils naturel, VI. 486. traverse un projet de Torrecuse, 633.

TABLE DES MATIERES.

VE

Velasco (Dom Louis de) Comte de Salazar, Lieutenant Général du Marquis Spinola, occupe un poste, &c. II. 389. Ordre qu'il reçoit & qu'il exécute, 497.

Velasco (Dom Roderic de) Commandant des Galeres Espagnoles, est tué en brave homme dans un combat naval, V. 506.

Veleazar (Julien de) Voyez *Julien: Enriquez.*

Velez (Le Marquis de *Los*) bigot, plus propre à rouler un chapelet dans ses mains qu'à manier le bâton de Général d'armée, est fait Viceroi de Catalogne: prend Tortose, Cambriel & Tarragone: effraye les Catalans par ses cruautés, VI. 194. & *suiv.* Son armée est fort maltraitée devant Barcelonne, 198. Il est rappellé, & envoyé Ambassadeur Extraordinaire à Rome, 199. agit contre l'Ambassadeur du Roi de Portugal, 386. prend la résolution de l'insulter: ce qui lui réussit mal. Il est aussi brave dans les rues de Rome qu'il l'avoit été près de Barcelone, 516. 517. Ses plaintes: il fait plus de vacarme que les autres, & sort de Rome, 518.

Vendôme, (Cesar Duc de) fils naturel d'Henri IV. Pourquoi il ne prétend pas d'entrer au Conseil de la Régente, I. 19. Ses amusements, 138. Il se joint aux Ducs de Guise & d'Epernon, avec l'agrément de la Régente: chagrin que cette union déclarée lui attire, 144. 145. Il se lie étroitement avec Condé, &c. 189. 225. Prêt à se retirer de la Cour, il est arrêté au Louvre, & gardé dans sa chambre, 226. Il s'évade, se retire en Bretagne, écrit au Roi, &c. On le néglige à la Cour, 236. 237. Ce qu'on stipule pour lui au Traité de Sainte-Menehould: il refuse de s'y tenir, 245. 246. 252. Il tente le Duc de Rohan, 253. se raccommode avec la Cour, 254. 261. Chagrin qu'il essuie: ni estimé, ni craint: il dissipe les biens immenses de sa femme, 261. Il se déclare contre les démarches du Parlement, &c. 421. Allures équivoques de *Vendôme*: il se déclare à contretemps pour le Prince de Condé, 488. 489. assiste à la Conférence de Loudun, 499. ne veut la paix qu'à des conditions avantageuses, &c. 501. Occasion périlleuse où il se trouve, 541. Il s'enfuit après l'emprisonnement du Prince, & se retire à la Fère, 544. se trouve à l'assemblée tenue à Couci, 552. Remontrances où il eut part, 601. & *suiv.* Il est déclaré rebelle, &c. 603. Offre qu'on lui persuade de faire aux Réformés, qui ne

VE

l'estimoient pas, 609. Il revient à la Cour, sans faire aucune soumission publique au Roi, 661. offre sa sœur à Luines, 679. Accusé par un fourbe de vouloir empoisonner le Roi. il se justifie pleinement, 684. 685.

Vendôme, (Le Duc de) est fait Chevalier des Ordres du Roi, II. 172. entre dans un parti lié contre Luines, 185. prend le chemin d'Angers, 190. fait aux Réformés tout le mal dont il est capable, &c. 359. paroît au siege de Montauban, 393. Expéditions où il se trouve, 464. 476. 485. Mince Capitaine: il est mandé au Camp de Montpellier avec ses troupes, &c. 515. accourt au secours de Blavet, fait de son mieux; & la Cour se défie de lui, 683. Il tâche de détourner le Duc de Montmorenci d'accepter un emploi périlleux, 732.

Vendôme, (Cesar Duc de) s'oppose au mariage du Duc d'Anjou avec la Princesse de Montpensier, III. 35. Richelieu travaille à le perdre, 47. 48. Il est arrêté & conduit à Amboise, 51. est destitué du Gouvernement de Bretagne, 59. allegue les privileges des Pairs pour n'être pas jugé par des Commissaires: est transféré à Vincennes, 63. Il montre d'abord quelque fermeté, & fait ensuite une bassesse pour obtenir sa liberté, 107. 108. A quelle condition il la recouvre. Il va en Hollande, 575.

Le Duc de *Vendôme* envoie offrir ses services à Gaston retiré à Blois, V. 256. Ses dissipations. Trame impertinente ourdie contre lui. Il offre de venir se justifier, s'en repent ensuite, & se retire en Angleterre. Il est poursuivi criminellement, 234. & *suiv.* Véritable dénouement de cette comédie, 237. 238. Son retour est accordé au Duc de Mercœur, VI. 680. Il est rappellé à la Cour, 695. prétend rentrer dans le Gouvernement de Bretagne, donné à la Meilleraie. Toute la Cour prend parti dans cette querelle, 696.

Vendôme, (La Duchesse de) aussi grossiere qu'une femme des halles, VI. 681. Le Roi, qui l'avoit renvoyée assez rudement, sans vouloir lui parler, après la mort de Richelieu, consent à la voir, 682.

Vendôme, (Alexandre Chevalier de) Grand-Prieur de France, fils naturel d'Henri IV, &c. I. 19. va rendre l'obéissance filiale à Paul V. Pourquoi il fut chargé de cette commission, 467. Ce qu'il reçut du Pape, en dédommagement de ce qu'il avoit dépensé, 468. Il fait

VE

compliments au Roi sur la mort du Maréchal d'Ancre, 636. recouvre le Gouvernement du Château de Caën, 644. Il entre dans un parti lié contre Luines, II. 185. 190. tente en vain d'empêcher la prise du Château de Caën, 207. Le Roi ne veut pas lui rendre ce Gouvernement, 215. Il sert au siege de Montpellier, 515. s'oppose au mariage de Gaston avec la Princesse de Montpensier : entraîne son ami Chalais dans ce parti, III. 35. 36. est le plus ardent de tous ceux qui avoient juré la perte du Cardinal, &c. 46. Sa bonne intelligence avec son frere. Il donne occasion à Richelieu de leur tendre un piege, 47. 48. Ils sont arrêtés & conduits au Château d'Amboise, 51. de là transférés à Vincennnes. Le Grand-Prieur allegue les privileges de l'Ordre de Malte, pour n'être point jugé par des Commissaires, 63. ne veut rien dire contre sa conscience, pour obtenir sa liberté, 107. 108. Sa mort à Vincennes : bruit qui court sur la cause de cet accident, 292.

Venevelle, député au Prince de Condé par l'assemblée de Grenoble, I. 450.

Venier, Général de la République de Venise, use de représailles sur les sujets de la Maison d'Autriche, surprend Novi, I, 471. Sebastien *Venier* Ambassadeur Extraordinaire à la Diete de Ratisbone, III. 506.

Venise : Vénitiens : à quelle condition ils promettoient de se déclarer pour Henri IV. contre la Maison d'Autriche, I. 13. Alarmés de la mort de ce Prince : ligue que le Duc de Savoye leur propose : ils cherchent à s'assurer du concours de la France : refus de la Régente : ce qu'ils répondent au Savoyard, 61. 62. Ils recherchent la bienveillance des Protestants d'Allemagne, &c. 85, 86. Ils se relâcherent dans le différend qu'ils eurent avec le Pape. Leurs procédés contre les Jésuites, 142. Ils appuient Ferdinand de Gonzague, 183, 184. Ce qu'ils représentent au Duc de Savoye sur son invasion du Montferrat. Ils envoient des troupes à Cazal, 187. Ils continuent les secours qu'ils avoient donnés au Cardinal Duc, & prennent leurs précautions contre Ferdinand Archiduc de Gratz, 204. traversent les desseins du Roi d'Espagne sur les Etats de la Maison de Mantoue, 206. 207. 208. Jaloux de la correspondance des deux Couronnes sur les affaires d'Italie, 238. (par erreur 288.) Nature du Gouvernement de *Venise*, 245. Recher-

VA

chés par le Duc de Savoye : Harangue de son Envoyé flateuse & rampante, 268. 269. Réponse du Sénat : il ordonne de nouvelles levées. Défiance mutuelle entre les Espagnols & les *Vénitiens*, 270. Ils ne se rendent pas aux sollicitations du Duc de Savoye, 274. Ménagements qu'ils gardent pour ne pas irriter davantage les Espagnols, 276. Ils se tiennent armés ; ne font pas d'attention aux remontrances de l'Ambassadeur d'Angleterre, 380. sollicitent des conditions tolérables pour le Duc de Savoye, 381. A quoi ils s'engagent par le traité d'Ast, 388.

Origine & progrès du démêlé des *Vénitiens* avec l'Archiduc Ferdinand à l'occasion des Uscoques, I. 469. 470. Guerre ouverte entre la République & ce Prince, 471. Ils excitent le Duc de Savoye à conserver ses troupes, &c. 493. 496. Leurs liaisons avec ce Prince, & avec Lesdiguieres, 567. 568. Ils négocient en Allemagne, continuent la guerre contre l'Archiduc avec peu de succès, 569. 570. Inquiétude que leur donne le voyage de Lesdiguieres à Turin, 572. Ils négocient avec lui, 575. Ils transportent à Madrid la négociation de la paix d'Italie, &c. 702. 703. Continuation de la guerre entre eux & l'Archiduc de Gratz. Manifeste de la République, avec une Préface trop fastueuse. Son indépendance n'est pas fort ancienne. Si elle a eu l'ambition de s'agrandir. Reproches sanglants qu'elle fait à l'Archiduc. Les *Vénitiens* sont secourus par les Hollandois : on crie contre eux sur ce point à la Cour de Rome. De quoi ils sont blâmés par quelques Italiens, &c. 709. *& suiv*. Inquiétudes que leur donne le Duc d'Ossone du côté de la mer. Ils équippent une flote pour se défendre contre ses hostilités. Fausse nouvelle à *Venise* d'une grande victoire, &c. Les Ministres *Vénitiens* déclament par-tout contre les Espagnols. Ressource de la République dans le Duc de Savoye, 711. *& suiv*. Ils transferent la négociation à Paris : font un compliment agréable à Louis XIII. 720. 721. Leur accommodement avec Ferdinand est conclu. Le Sénat accepte le Traité, & veut punir ses Ambassadeurs pour n'avoir pas insisté sur un article contenu dans leurs instructions, 726. *& suiv*. Nouveaux embarras que les Ministres Espagnols leur suscitent, 731.

Venise : Vénitiens. Le Sénat, ennuyé des vexations du Duc d'Ossone, fait mettre sa
flote

VE

flote en mer: fait un nouveau Traité avec le Duc de Savoye, II. 11. Conjuration prétendue des Espagnols contre *Venise*, 12. *& suiv.* Projets des *Vénitiens* contre la Maison d'Autriche, 129. Ils ne veulent pas entrer dans celui du Duc d'Ossone, de se faire Roi de Naples, 193. 194. Instances que la République fait au Conseil de France, au sujet de la Valteline : intérêt qu'ils prenoient à ce pays. Leur alliance avec les Grisons, 259. *& suiv.* Démarches & propositions du Sénat à ce sujet, 263. 264. ses remontrances à Rome, à Londres, 319. 320. Il refuse de rétablir les Jésuites, 429. s'occupe entierement des affaires de la Valteline, 432. 437. 439. 523. Alarmes des *Vénitiens* sur le voyage du Prince de Galles à Madrid, &c. 553. Ils concluent une Ligue avec le Roi de France & le Duc de Savoye, pour chasser les Espagnols de la Valteline: opposition de plusieurs Sénateurs, &c. 563. 564. Le Sénat de *Venise* n'agrée pas le dépôt des Forts de ce pays entre les mains du Pape ; est cependant obligé d'y consentir, 566. tâche de traverser la conclusion du mariage du Prince de Galles avec l'Infante, 577. Vues des *Vénitiens* dans la Ligue pour le recouvrement de la Valteline, 669. 670. Ils refusent d'employer leurs forces contre la République de Genes, &c. 671. 672. 700. 701. envoient fort à propos du secours dans la Valteline, 742. 743. font déclarer par-tout qu'ils désapprouvent l'entreprise contre l'Etat de Genes : leur Ambassadeur en France presse Louis de s'en désister, 743. 744. Persuadés de la foiblesse des François en Italie, ils refusent d'attaquer le Milanez, 747.

Venise : *Vénitiens* : pourquoi on négocie la paix de la Valteline à l'insu du Sénat de *Venise*, III. 34. Il en est choqué, & rappelle de France son Ambassadeur, 12. Pourquoi les *Vénitiens* ne se mettent pas en peine d'une proposition qui leur auroit fait autrefois plaisir. Ils s'excusent d'accéder au Traité de Mouçon, 71. 72. Reglement établi à *Venise* : pourquoi l'Ambassadeur de cette République en France s'oppose à ce qu'on en fasse un pareil pour les François, 96. 97. La République s'excuse de donner du secours au Roi de Danemarck, 125. Intérêt qu'elle prend au maintien du Duc de Nevers, devenu Duc de Mantoue, 204. *& suiv.* Réponse du Sénat de *Venise* à une déclaration du Gouverneur de Milan sur son entrée dans le Montferrat : dé-

Tome VI.

libération en conséquence, 209. Sollicité en faveur du Duc de Mantoue, il differe sa derniere résolution jusqu'à ce que l'armée Françoise ait passé les Alpes, 214. Les *Vénitiens* font des propositions de paix à Louis & à Charles, 224. 225. Nouvelle qui les refroidit, 281. Ils remettent la conclusion d'une Ligue proposée jusqu'au passage de l'armée de France en Italie, 283. Circonspection du Sénat de *Venise*. Il devient aussi vif qu'il avoit paru réservé : ses délibérations ; sa dévotion, ses démarches, &c. Il conclut une Ligue avec le Roi de France & le Duc de Mantoue, 330. *& suiv.* Alarmes des *Vénitiens*, & mesures qu'ils prennent sur l'irruption des Impériaux dans le pays des Grisons, 384. Bon dessein qu'ils inspirent au Conseil de France ; mais qui n'est pas exécuté à temps, 395. Ils se déclarent hautement pour le Duc de Mantoue, malgré le voisinage des troupes Impériales, &c. 401. *& suiv.* Instances du Sénat de *Venise* à la Cour de France, 405. Son phlegme ne s'échauffe point par la vivacité Françoise, 421. 422. Remontrances qu'il fait à l'occasion de la rupture ouverte entre la France & la Savoye, 437. Procédés lents & circonspects des *Vénitiens* pour le secours de Mantoue, 465. *& suiv.* Défaite honteuse de leur armée par les Impériaux, 468. *& suiv.* Ils travaillent à l'accomplissement d'une prophétie contre l'Empereur, 474. sont compris dans un traité fait à Ratisbonne : trouvent étrange qu'on l'ait conclu sans leur participation, 506. Peste qui afflige leur Etat : vœu du Sénat de *Venise* à cette occasion. Miracle qu'un de leurs Historiens allegue, &c. 668.

Venise, *Vénitiens* : le Sénat s'excuse de donner du secours à l'Empereur : favorise l'aliénation de Pignerol: se charge de garder Mantoue. Bonne foi des *Vénitiens* à cet égard, IV. 60. 61. Ils s'excusent de donner un secours d'argent à Gustave, 77. Démêlé qu'ils ont avec le Pape, 330. Ils refusent d'entrer dans une Ligue, 132. 604. 705. 706. Le Pape s'associe les *Vénitiens* pour la médiation de la paix. Les Suédois & les Etats Généraux des Provinces-Unies témoignent s'en soucier peu, V. 95. Ils désignent un Ministre pour agir avec le Légat du Pape, 96. Les Suédois sont mécontens du titre que le Doge de *Venise* donne à leur Reine, &c. 97. 98. Les *Vénitiens* s'excusent de donner du secours au Duc de Modene, 131. sont

VE

fermes dans leur neutralité, 300. font des propositions de paix ou de treve durant la campagne de 1637. 125. Leur générosité envers le Duc de Rohan, 470. Ils reçoivent avec reconnoiffance le don qu'il leur fait, en mourant, des armes qu'il avoit coutume de porter, 476. Vigoureuse expédition des *Vénitiens* contre les Corfaires de Barbarie réfugiés dans un port de l'Empire Ottoman : ils tâchent de la juftifier à la Porte : apaifent Amurat irrité, &c. 506. & *fuiv.* 664.

Les *Vénitiens*, en qualité de Médiateurs avec le Pape, ont à ménager une affaire bien difficile, &c. VI. 22. preffent S. S. de lever des troupes : n'agréent pas une Ligue qu'Urbain leur propofe, 23. On la remet fur le tapis : prêts à la conclure, ils la laiffent-là quand ils apprennent que Cazal eft fecouru, &c. 29. 30. Le Sénat de *Venife* rejette également des propofitions de Louis & de Philippe, 501. arme & conclut une Ligue pour la défense du Duc de Parme contre les troupes du Pape, 507. & *fuiv.* Entreprife qui paroît téméraire au Sénat, & dont il tâche de détourner Farnefe, 509. Confeil qu'il donne à ce Prince qui ne le fuit pas, 511. Réponfe que les *Vénitiens* font à l'Empereur, qui leur demande du fecours contre les Suédois, 640.

Ventadour (Le Duc de) envoyé vers le Prince de Condé, pour l'engager à revenir à la Cour, &c. I. 228. 229. 237. 241. 244. 245. Ce qu'il dit au Parlement de la part du Roi, au fujet du Duc d'Epernon, 317. Envoyé aux trois Chambres des Etats pour les difpofer à préfenter inceffamment leurs cahiers, 356. Difcours qu'il fait dans la Chambre Eccléfiaftique, 360. 361. Le Duc de *Ventadour* eft Commiffaire du Roi pour l'exécution du Traité de Montpellier, II. 542. fait fa cour au Prince de Condé à Toulouse, III. 175. maltraite les Réformés : tâche en vain d'amufer Rohan, 179. 180. fait le dégât à Caftres, 351. Il obtient le Gouvernement du Limofin, 276. eft appellé au procès du Duc de Vendôme, VI. 235. 236. affifte à l'enregiftrement de la déclaration fur la Régence, 693.

Verceil eft affiégé & pris par les Efpagnols, V. 497. 498.

Vercourt entête le P. Jofeph de la facilité d'emporter Cambrai, V. 418. 422. 424.

Verdenberg (Le Comte de) Chancelier d'Au-

VE

triche, propofe au Miniftre de Venife une Ligue contre le Turc, III. 207.

Verderone Intendant de Languedoc, IV. 119. eft arrêté par ordre du Duc de Montmorenci, IV. 120. fuit Gafton à Blois, V. 263.

Verdugo, Colonel, conduit des troupes à D. Gonzalez de Cordoue, II. 495.

Verdun : différend entre l'Evêque & les Magiftrats de cette Ville, III. 112.

Verdun (Nicolas de) allié de Villeroi, eft nommé premier Préfident du Parlement de Paris, I. 53. Signature qu'il propofe aux Jéfuites, &c. 97. 98. Il trompe les efpérances qu'ils avoient conçues de lui, 128. Sollicité de la part du Nonce & de la Régente, de faire modifier l'Arrêt donné contre ces Peres : fes réponfes, 131. Il harangue au Lit de Juftice de la majorité, 280. répond à un Difcours du Duc d'Epernon, d'une maniere grave, & capable de rabattre fon orgueil, 317. affemble les Chambres du Parlement, 396. 400. eft d'intelligence avec Bouillon, ou dans les mêmes vûes, 402. Sage réponfe qu'il fait au Roi : autres à la Reine, 404. 405. Il préfente au Roi le cahier des remontrances, 411. veut repartir aux Seigneurs qui condamnoient les démarches du Parlement, &c. 421. 422. affemble les Chambres pour lire l'Arrêt du Confeil, &c. 424. Proteftations qu'il fait au Roi & à la Reine au nom du Parlement, 427. Impatience qu'il a de féliciter le Roi fur la mort du Maréchal d'Ancre, 637. Commiffion dont il eft chargé, 663.

Verdun, premier Préfident, parle au Roi avec beaucoup de courage & de gravité dans le Parlement. Il eft mandé en Cour, &c. II. 176. 177. remercie le Roi de la confiance qu'il témoignoit au Parlement, 106. Extrait du Difcours qu'il fit à l'ouverture de l'affemblée des Notables, III. 90. 91. Mandé en Cour avec d'autres membres du Parlement : à quelle occafion : fes réponfes, 104. 105. Mort de *Verdun*, premier Préfident : fes bonnes qualités, &c. 106.

Verger (Du) Malaguet, Officier de Soubize, fait une defcente au Bec d'Ambès, II. 722.

Verger (Du) eft envoyé de Barcelone à la Cour de France avec un Traité, &c. VI. 195.

Verneuil (La Marquife de) Maîtreffe d'Henri IV. trame une confpiration contre ce Prince, qui eft diffipée, I. 5. Accufée par la d'Ef-

TABLE DES MATIERES.

V E

couman d'avoir suborné Ravaillac, &c. 53. 54. Dot qu'elle donne à sa fille, mariée au Marquis de la Valette, II. 524.

Verneuil (Le Duc de) s'attache aux intérêts de la Reine Anne d'Autriche, VI. 693.

Verneuil (Mademoiselle de) sœur naturelle de Louis XIII. est cause que la Reine se blesse, &c. II. 457. 458. Elle épouse le Marquis de la Valette, 524. Sa mort, III. 122.

Verriere (La) Gentilhomme François, Capitaine des Gardes du Duc d'Ossone, lui insinue de se faire Roi de Naples, II. 192. 193. 195.

Verrue (Le Comte de) accompagne le Prince de Savoye en Espagne, &c. I. 65. 66. approuve une ouverture faite au Duc, 210. est un des principaux Confidents de ce Prince, &c. II. 116. Proposition qu'il va faire de sa part à Louis XIII. III. 316. Il garde le pas de Suze : ses réponses à l'Officier envoyé par S. M. pour demander passage, 318. Expédition où il se trouve, V. 14. Sa mort, 378.

Versailles autrefois monument de la modération de Louis XIII. maintenant celui du luxe & du mauvais goût de son fils, III. 6.

Verthamont, Intendant de Justice à Bayonne, V. 206. 337.

Vertot (L'Abbé de) divers extraits de son Histoire de la conjuration de Portugal, avec des remarques. Son témoignage ne s'accorde pas souvent avec celui des Auteurs contemporains, &c. VI. 140. & suiv. 175.

Vertus (Le Comte de) traverse le Duc de Vendôme en Bretagne, I. 236. 237.

Vervins (Le Marquis de) premier Maître d'Hôtel du Roi, Volontaire dans une armée conduite par le Hallier, VI. 72.

Vesuve : irruption considérable qui en sort, & qui épouvante les Italiens, IV. 14.

Veymar (Le Duc de Saxe-) donné en ôtage au Gouverneur de Mouzon par Mansfeld, II. 494. est tué dans une bataille, 496. Bernard Duc de Saxe-Weymar : Voyez *Bernard*.

Veynes, Gentilhomme Dauphinois, fait des voyages pour les intérêts du Duc d'Ossone, II. 193. 195.

V I

Vic (De) Conseiller d'Etat, I. 799. Garde des Sceaux après la mort de Luines, forme une espece de Triumvirat avec le Cardinal de Retz & le Comte de Schomberg, II. 421. Mortification qu'ils essuient, 425. 426. De

Vic crie pour la guerre, 427. Sa mort. Ses emplois, 486.

Vic (De) Gentilhomme François : offre qu'il va faire au Duc de Rohan, de la part du Roi d'Angleterre, III. 66.

Vic (Dominique de) Archevêque d'Auch, se plaint de l'extension de la Régale, IV. 752.

Victor-Amédée, Prince de Piémont : dessein de son voyage à Mantoue. Il en part sans réussite, I. 181. 182. Il y revient pour conduire sa sœur à Turin, &c. 184. 185. va à Milan, ensuite en Espagne négocier sur le Montferrat. Défense de passer outre qui lui est signifiée en Catalogne, 193. Il s'intrigue pour son pere à Madrid, où il avoit eu permission de venir, 209. 210. Il y étoit comme en ôtage, 237. Avis qu'il donne à son pere, 238. (par erreur 288.) & qu'il confirme, revenu de Madrid, 240. Il accourt en Savoye, pour s'opposer aux desseins du Duc de Nemours, 577.

Victor-Amédée, Prince de Piémont : son mariage avec Christine de France conclu, II. 42. Il va à Paris, 73. Ce qu'il répond à une Lettre que Marie de Médicis lui avoit écrite, 83. 84. Il va voir S. M. à Angoulême, &c. travaille pour les intérêts de son pere, 115. 116. va à Saumur ; a un entretien avec Du-Plessis-Mornai, 116. Jusqu'où va son respect pour la Reine-Mere. Il s'en retourne à Turin, 123. Il avoit voulu engager la Cour de France à aider le Duc d'Ossone, &c. 194. va voir le Roi à Lyon avec la Princesse son épouse, 523. part avec le Maréchal de Crequi, pour assiéger Savone : ils sont forcés d'abandonner cette entreprise, 745. 746. Ils s'opposent à un projet du Connétable, 746. prennent des mesures pour défendre Verrue, 747.

Victor-Amédée, Prince de Piémont, va en France : à quel dessein. Il n'y trouve pas les agrémens qu'il attendoit, III. 7. 8. Se moque d'une nouvelle de l'Ambassadeur Vénitien, qui se trouve vraie. Projets de S. A. Espérance dont il se laissoit leurrer, 9. s'emporte contre le traité de Mouçon, & le blâme devant le Roi & son Conseil, 10. 11. est rappellé par son pere, 12. va trouver Louis XIII. qui s'avançoit vers le Piémont ; tâche de l'amuser en négociant ; confere avec le Cardinal de Richelieu, &c. 315. 316. revient négocier avec ce Ministre, & conclut un accommodement, 322. 323. 325. amene

TABLE DES MATIERES.

V I

son Epouse au Roi son frere, 326. propose de s'aboucher avec Richelieu au pont Beauvoisin; ce que celui ci refuse, 412. & suiv. 416. Diverses entrevues de ce Prince avec ce Ministre, 428. & suiv. 433. Spectateur du combat de Veillane, il manque une belle occasion de défaire l'armée de France, 461. 462.

Victor-Amédée, Duc de Savoye après la mort de son pere: comment il est disposé à l'égard de la France & de l'Espagne, III. 464. Il s'oppose au dessein des François de passer dans le Montferrat: est forcé dans les retranchements qu'il avoit fait faire au pont de Carignan, &c. 480. & *suiv*. Il n'étoit point fâché que Cazal fût secouru. Condition sans laquelle il ne veut point embrasser le parti de la France, 531. Pourquoi il n'étoit pas content de la négociation commencée à Ratisbone, 531. Il fait une chose qui plaît aux Généraux François: pourquoi ils lui refusent la neutralité. Ce Prince rejette les offres qu'ils lui font: pourquoi, 533. 534. Il obtient la cessation de toute hostilité, en conséquence du traité de Ratisbone. Artifice de S. A. R. 536. Raison qui l'empêchoit de céder Pignerol à la France, 667. 668. Comment on l'engage de consentir à cette cession, 670. 671. Il en est récompensé aux dépens du Duc de Mantoue, 673. Collusion de *Victor-Amédée* avec les François, &c. 675. & *suiv.*

Victor-Amédée, Duc de Savoye: demande qu'il lui faut à contretemps, en récompense de Pignerol, IV. 55. Il vend cette place au Roi de France; par quels motifs: veut se réserver un moyen de la ravoir, &c. 62. 63. A une entrevue avec l'Infant Ferdinand à Villefranche, après une grande contestation sur le cérémonial; y soutient mal son rang: prend le titre & les armes de Roi de Chypre. Raillerie qu'en fait Richelieu. Pourquoi *Victor-Amédée* prit cette marque de distinction, 334. Si ce fut d'intelligence avec lui que ses deux freres se retirerent de ses Etats. Il veut engager le Prince Thomas à se rendre à la Cour de France. Surpris de la retraite de ce Prince, il prie le Cardinal Maurice d'y aller: prend le titre d'Altesse Royale. Protestation qu'il fait faire à Richelieu, &c. 496. 497. Il est suspect à ce Ministre. Offres & insinuations faites à *Victor-Amédée* de la part de la France, desquelles il paroit content, 600. & *suiv.* Sa disposition à l'égard de cette Couronne,

V I

Projets qui ne l'accommodent point. Ligue qu'il signe craignant d'attirer les François contre lui, &. dans le dessein de traverser leurs entreprises en Italie, 706. 707.

Victor-Amédée, Duc de Savoye, est constitué Capitaine Général du Roi de France en Italie. Sa conduite faisoit présumer qu'il n'étoit pas bien disposé envers la France, V. 5. 6. Il se rend tard au siege de Valence, & désapprouve cette entreprise: raisons qu'il en donne dans une relation qu'il envoie à la Cour de France, 9. 10. Difficultés qu'il avoit faites de se rendre devant cette place, 11. Il est d'avis d'attaquer les Espagnols dans leurs retranchements. Escarmouche & retraite. Comment ce Prince raconte cette affaire dans sa relation, 13. & *suiv*. Il est trop loué dans cette piece. Sa conduite rendue suspecte, 15. 16. Autre relation de *Victor-Amédée*, où il parle de la levée du siege de Valence, 17. Il emploie toute son adresse à se disculper du mauvais succès de l'entreprise, &c. 18. 19. Procédés qui semblent prouver son attention à traverser le progrès des armes de France dans le Milanès, 131. & *suiv*. Il est mis dans la nécessité d'aller prendre le commandement de l'armée confédérée, &c. 134. 135. Sa conduite à la tête de cette armée: projets qu'il propose. On lui reproche de la rendre inutile par ses délais affectés, &c. 136. & *suiv.* Remontrances auxquelles il n'a point d'égard. Il revient trop tard à ce qui lui avoit été proposé d'abord: contrarie un nouveau projet de Crequi: fait une proposition qui n'est pas approuvée. Nouveau plan qu'il n'ose rejetter, 139. 140. Expéditions de l'armée qu'il commande, 141. & *suiv*. Combat du Tesin, où il secourt le Maréchal de Crequi, 145. & *suiv.* Récit qui met presque hors de doute ce que les François lui reprochent, 147. & *suiv.* La division augmente entre S. A. R. & Crequi. *Victor Amédée* retourne dans ses Etats sous un prétexte plausible, 149. avertit Richelieu d'une intrigue liée entre les PP. Caussin & Monod, 365. Dernier exploit de ce Prince: sa mort, 377. 378. Bonnes qualités de *Victor-Amédée*. Faute énorme qu'il fit en se défaisant de Pignerol. Comment il étoit disposé envers la France & la Maison d'Autriche, 379.

Victor-Amédée II. Duc de Savoye, a contraint Louis le Grand à lui demander la paix, &c.

I. 389. III. 670. Il a réparé prudemment une faute énorme de son grand pere. Eloge de ce Prince, V. 379.

Vierge (La Sainte) n'avoit point de fêtes dans les premiers siecles du Christianisme. Comment s'est introduite celle de son Assomption, V. 549. 550.

Vieuville (Le Marquis de la) envoyé pour apaiser les troubles d'Aix la Chapelle, &c. I. 82. 84. Lieutenant Général en Champagne, il fait fermer les portes de Reims à la Duchesse de Nevers, 556. Il procure la disgrace de Schomberg : est fait Surintendant des Finances en sa place, II. 525. 526. Ton qu'il prend, 544. Il oublie l'obligation qu'il avoit aux Silleri, & les rend odieux au Roi, 592. 593. Sa conduite différente de la leur. Il s'aperçoit bientôt qu'il a plus d'ennemis qu'eux : tâche de perdre Bassompierre, 596. Expédient qu'il suggere à S. M. pour éloigner Richelieu. Vaincu par les prieres de la Reine-Mere, il consent que le Prélat entre au Conseil, & persuade Louis de l'y admettre. Prognostic qu'il fit à Marie, 597. Il mécontente mal à propos Monsieur, & lui envoie en vain de l'argent pour le consoler, 599. 600. suit une route contraire à celle de Puisieux & des Ministres précédents, 600. est un des Commissaires pour la négociation du mariage de Madame Henriette, 615. ne manque pas l'occasion de chagriner Bassompierre, 618. Disgrace de la *Vieuville* : il demeure long-temps prisonnier au Château d'Amboise : il s'évade, & demeure chez lui en pleine liberté, 619. & *suiv*. est maltraité dans sa prison, sur de fausses accusations. Réflexion qu'il fait alors, qui fait connoître le génie des Courtisans. Les personnes équitables lui rendent justice, &c. 641. 642. Il est condamné à être décapité en effigie, &c. IV. 7. est dégradé de l'ordre du S. Esprit, 276. excepté d'une amnistie, 663. Les Espagnols n'ont pas pour lui les mêmes égards que pour Chanteloube & S. Germain, V. 567. Anne d'Autriche fait espérer son rappel au Duc de Beaufort, VI. 699.

Vieux pont est excepté d'une amnistie, IV. 663.

Vignerod (Armand de) petit neveu du Cardinal : dispositions en sa faveur dans le Testament de son oncle, VI. 475. Voyez *Richelieu* (Duc de) *Pont-Courlai : Combalet*.

Vignier Ministre, publie un Livre sous le nom de *Théatre de l'Antechrist*, &c. I, 82.

Vignier dépêché par la Régente au Prince de Condé, I. 244.

Vignoles (Le Baron de) est dépêché au Duc d'Epernon son ami, &c. 1. 566. lui amene des troupes pour réduire le Bearn, II. 360. Expédition où il se trouve, 369. Il conduit un renfort au Connétable de Lesdiguieres, 748. est présent à la réduction de la Rochelle, III. 245. Expédition où il sert, V. 49.

Vignon (Marie) débauchée par Lesdiguieres, fait assassiner son mari, épouse ensuite ce Seigneur, I. 408. 409. Gagnée par le Duc de Savoye, démarche qu'elle fait faire au Maréchal, 588. 589. Affront qu'elle le dispose à souffrir, II. 289. 292. Elle le suit au siege de S. Jean d'Angeli, &c. 363. Pouvoir qu'elle eut sur lui, 482.

Villada (Le Marquis) membre du Conseil établi après la mort du Cardinal Infant, VI. 347.

Villafranca (Dom Pedro de Tolede, Marquis de) appelé à la Cour, pour lui donner le Gouvernement de Milan. Son humeur bien différente de celle d'Inojosa, I. 390. 493. Son caractere, son zele pour son Roi : il parle de son Prédécesseur avec le dernier mépris. Ses procédés avec l'Agent de France, 494. 495. Réponse ambigue qu'il fait à l'Envoyé de Savoye. Discours de ce Gouverneur, 496. Proposition qu'il fait à Charles Emmanuel. Il tâche de flater son ambition, trame une conspiration contre ce Prince, 497. envoie des troupes sur les confins du Piémont, 498. paroit approuver les démarches des Vénitiens contre les Uscoques, 569. fait avancer des troupes vers les frontieres de la République, 570. Ce qu'il répond à un Envoyé de France, qui le pressoit d'exécuter le Traité d'Ast, 571. 572. & à un mémoire du Marquis de Bethune, Ambassadeur de cette Cour, 574. Il engage le Duc de Nemours à se déclarer contre le Chef de sa Maison, 576. répond fierement aux propositions des Médiateurs, fait la guerre au Duc de Savoye avec peu d'avantage, 578. 579. rompt la négociation de la paix avec hauteur, 580. Sa fierté rabatue : réduit à la défensive, il feint de vouloir entendre à la paix, 593. 594. forme une espece de Triumvirat avec le Viceroi de Naples & le Marquis de Bedmar, forme une armée considérable, 701. 702. assiege & prend Verceil, 704. Réponses ambigues, délais continuels

V I

de Dom Pedro, 723. Sa conduite après la signature de l'accommodement, 730. 731. Il est mal intentionné pour la paix, II. 11. Accusé d'appuyer une conjuration contre Venise, 12. 13. Poussé à bout, & forcé d'accomplir le Traité: ce qu'il dit alors. Il est rappellé en Espagne, 16. Le Marquis de *Villafranca* Officier Général de l'armée en Catalogne, VI. 15. 16. 18.

Villanova (Le Comte de) Portugais, part pour l'armée de Catalogne : fait une réponse qui inquiete les Conjurés de Portugal, VI. 146.

Villaplana (François de) reprend une négociation commencée de la part des Mécontentens de Catalogne, VI. 65. 67. va conférer avec le Prince de Condé à Toulouse, 68.

Villareal (Dom Louis de Menezez, Marquis de) du Sang Royal de Portugal, VI. 143. 144. entre dans une conspiration contre Dom Jean IV. 378. *& suiv.* y engage son fils, 381. Circonstances de sa condamnation & de son supplice, 383. 384.

Villarnoux, un des Députés Généraux des Réformés : Requête que son College & lui présentent au Roi, I. 71. 72. Il va trouver du Plessis son beau-pere, &c. 234. Voyez 564. 650. 651. On délibere dans l'Assemblée de la Rochelle, si l'on doit s'assurer de *Villarnoux*: pourquoi, II. 344.

Villars (Le Marquis de) II. 358. est tué au siege de Montauban, 393.

Ville (De) premier Gentilhomme de la Chambre du Duc de Lorraine, va faire des soumissions à Louis de la part de ce Prince, IV. 124. Prisonnier de guerre au Château de Vincennes, il en sort pour nouer une négociation de paix entre Louis & Charles, V. 654. 655.

Ville (Le Marquis de) va au siege de Valence avec une partie des troupes de Savoye, V. 8. 9. 14. On l'engage à faire irruption dans le Modénois : sous quel prétexte il y entre. Il se retire sur les terres de Parme, à l'approche des Espagnols. Ceux-ci le poursuivent : il les attaque, & les met en fuite, 131. Il entre dans Verceil avec des troupes Savoyardes, 380. s'oppose à la proposition d'attaquer les lignes des Espagnols, 498. se trouve à l'attaque de leurs retranchemens devant Cazal, VI. 33. traite, joint au Marquis de Pianezze, pour le Duc de Savoye & sa mere, sur la reddition de Turin. Ils veulent prendre le Prince Thomas avec cette Ville, 87.

Villemontée Conseiller d'Etat, & Intendant de Justice en Poitou, se rend à Bourdeaux, pour travailler à l'accommodement du Duc d'Epernon & de l'Archevêque : arrive trop tard : dresse son procès-verbal sur les aveus du Duc, &c. IV. 327.

Villequier (Le Marquis de) Gouverneur de Boulogne, se retire d'une expédition, V. 50. sert au siege d'Aire, VI. 344. Capitaine des Gardes du Corps, il accompagne le Roi dans la chambre du Cardinal mourant, 654.

Villeroi, Secrétaire d'Etat : son avis sur l'évasion du Prince de Condé, I. 11. Ce qu'il insinuoit à la Régente, & dans quelles vûes, 16. Brouillé avec Sulli, il se retire de la Cour, 43. Il fait nommer Verdun premier Président du Parlement, 53. Suspect d'être Pensionnaire d'Espagne, il négocie le double mariage, & s'intrigue pour le faire réussir : ce que lui dit Sulli en présence de la Régente, 125. Il se réconcilie avec le Chancelier, 177. & avec le Marquis d'Ancre, 191. ne garde plus de mesures avec le premier. Son avis sur la maniere de dissiper le parti du Prince de Condé, 227. Voyez 243. Ce qu'il dit, voyant que l'expédient contraire plaisoit davantage. Interprétation donnée à ses paroles, 228. Il tâche en vain de faire rentrer la Charge de Colonel des Suisses dans la maison de Longueville, 233. Brouillé plus que jamais avec le Maréchal d'Ancre & avec Silleri, 252. Il devient suspect à la Reine par les insinuations de Concini, se retire de la Cour presque disgracié. Comment il rentre dans les bonnes graces de Marie de Médicis, 391. 392. Il n'est pas fâché des démarches du Parlement, 402. négocie avec le Prince de Condé par ordre de la Cour, 428. *& suiv.* assiste à la Conférence de Loudun de la part du Roi, 499. A quoi il s'applique. Il réussit dans ses intrigues, 500. pense à ses affaires, en s'occupant de celles de la Reine-Mere. Occasion qu'il met à profit, 502. Mécontentement de S. M. contre lui, à l'occasion de deux propositions du Prince de Condé, qu'il n'avoit pas rejettées : Conférence qu'il a avec elle là-dessus : elle paroît persuadée de ses raisons, 506. *& suiv.* Il conclut le Traité : ne veut point permettre que l'Ambassadeur d'Angleterre le signe, 509. 510. est éloigné des affaires, 511. Il

TABLE DES MATIERES.

VI

entretient une secrete correspondance avec Luines, 617. 618. est rappellé au Ministere, 639. 640. Sa charge de Secrétaire d'Etat exercée par d'autres, en même temps qu'il la possédoit, 646. Ce qu'il dit à l'Ambassadeur d'Espagne de la part du Roi, 652. Bien intentionné pour la Reine-Mere ; mais toujours impénétrable, 654. Il s'oppose à la demande des Seigneurs malcontens, de revenir à la Cour sans abolition, ni traité, 660. 661. Intrigue où il a part, 708. 709. est nommé un des Commissaires pour les affaires d'Italie, 722. 727. Il meurt le plus ancien Ministre d'Etat de la Chrétienté ; ayant conservé un cœur François dans le parti de la Ligue. Ce qu'il dit à Du-Plessis-Mornai, &c. 754. 755. *Villeroi* habile Ministre, non modele de probité, de désintéressement & de religion, III. 270.

Villeroi (Le Marquis de) Commandant de la Citadelle de Pignerol, fait mine de l'évacuer, III. 675. Il sert au siege de Valence, V. 13. *& suiv.* sous le Prince de Condé au siege de Dole, 155. conduit un renfort au camp devant Turin, VI. 81.

Villers-Hotman envoyé à Aix-la-Chapelle de la part de Marie de Médicis, I. 82.

Villerval (Le Comte de) Officier Espagnol, est fait prisonnier à la bataille d'Avein, IV. 229.

Villiers (George) vient à la Cour d'Angleterre, attire l'attention du Roi Jacques, I. 472. 473. devient son Favori, 474. 475. est fait Comte de Buckingam, 476. Voyez *Buckingam.*

Villiers S. Genest, Gentilhomme de Marie de Médicis, est dépêché de Bruxelles à Paris. Ce qui se passa dans l'audience que le Roi lui donna, IV. 409. 410.

Villon, dit le *Philosophe Soldat*, est condamné au bannissement, pour une Thèse contré les sentimens d'Aristote, II. 644. 645.

Vimes, Officier à qui la peur fait oublier de belles promesses qu'il avoit faites, III. 470.

Vimiose, ou *Vimioso* (Dom Alphonse de Portugal Comte de) Seigneur Portugais, VI. 172. fait semblant de prêter l'oreille à un complot contre Dom Jean, & informe le Prince de tout, 382. 383.

Vincent de Gonzague accourt à Cazal, passe par Milan, &c. I. 186. commande les troupes de Mantoue pour le secours du Montferrat, 194. ruine sa santé par des débau-

VI

ches extraordinaires ; prend à regret le chapeau rouge ; épouse la veuve du Prince de Bozzolo ; veut faire casser ce mariage ; succede à son frere ; projette d'épouser sa niece héritiere du Montferrat, &c. III. 128. *& suiv.* Sa santé s'affoiblit de plus en plus : intrigues à cette occasion, 164. *& suiv.* Il déclare le Duc de Nevers son héritier légitime : consent au mariage de sa niece avec le Duc de Rethel, & meurt, 167.

Vincent, un des Députés de la Rochelle à la Cour d'Angleterre, &c. III. 223. 225. porte les Réformés François, qui étoient sur la flote Angloise, à se soumettre aux conditions offertes par Richelieu, 242. 243.

Vincent (Le Pere) Instituteur & premier Supérieur Général des Prêtres de la Mission, homme d'un extérieur simple & humble, mais d'un esprit insinuant & adroit, s'intéresse pour Mazarin & Chavigni, VI. 698.

Vincentio Ludovici, Secrétaire du Maréchal d'Ancre, est chargé de négocier pour la délivrance de la Reine-Mere ; & s'acquitte bien de cette commission, II. 38. *& suiv.*

Vinwood, Ambassadeur d'Angleterre auprès des Etats Généraux des Provinces-Unies, s'intrigue avec les Gomaristes, &c. I. 211. 212. Voyez *Winwood.*

Viole, Procureur Général du Parlement de Paris, nommé un des Directeurs des Finances, & sommé de se défaire de sa charge, la préfere à cette commission, II. 622.

Virieux, Commandant à Pondefture, capitule forcé par ses Officiers, III. 475.

Virtemberg (Le Duc de) fait d'inutiles représentations à la Cour de France, II. 298. & à celle de Vienne, II. 238. 239. Voyez *Wirtemberg.*

Visée (La) Gentilhomme, contribue à l'évasion de Marguerite de Lorraine, IV. 348.

Visconti (Vercellino-Maria) Mestre de Camp Milanois, rentre dans Ivrée assiégée, VI. 247.

Vitelleschi, Général des Jésuites, approuve le Livre de Santarel, *de l'Hérésie & du Schisme*, II. 799.

Vitré: Synode National des Eglises Réformées de France tenu en ce lieu : de quoi l'on y parla, I. 737. 738.

Vitri, Capitaine des Gardes : exploit dont on le charge, I. 624. 626. 628. Comment il s'en aquite, 631. 632. Remerciment que lui fait le Roi, 633. Réponses froides aux questions qu'on lui fait, 634. Il désarme les Gas-

V I

des de Marie de Médicis, 635. Ce qu'il dit à l'Ambaffadeur d'Espagne, 636. Procédés de *Vitri* envers Mangot, Garde des Sceaux, 640. 641. Il eſt fait Maréchal de France, 644. on lui défend de paroître devant la Reine Mere, 657. Déclaration en ſa faveur : critique de cette piece. Il va au Parlement prêter le ſerment de Maréchal de France, 663. 664.

Vitri (Le Maréchal de) eſt chargé d'agir contre le Marquis de la Valette, II. 205. 206. joint le Comte de S. Pol avec des troupes, 357. Expédition où il ſert, 463. 464. Il eſt nommé Lieutenant Général ſous le Comte de Soiſſons, 468. 505. devient ami de Richelieu; eſt fait Gouverneur de Provence; fait le Panégyrique du Cardinal, mais avec réſerve. Sa grande faveur auprès de lui dure peu, IV. 8. Il attaque le Château de Beaucaire : accorde une compoſition honorable à ceux qui l'avoient défendu bravement, 151.

Le Maréchal de *Vitri*, Gouverneur de Provence, ne s'accorde pas avec le Comte d'Harcourt, envoyé dans ſon Gouvernement pour une expédition : refuſe de ſervir ſous lui : donne des coups de canne à l'Archevêque de Bourdeaux, V. 150. 151. 322. 323. envoie un mémoire à la Cour touchant les Iſles d'Hieres : on profite de ſes avis ; mais il n'obtient pas l'emploi qu'il demande, &c. 325. 326, Il eſt enfermé dans la Baſtille, 348. eſt élargi, VI. 680. rappellé à la Cour, 695. préſent lorſque le corps du Roi eſt ouvert, 702.

Viveras, frere du Comte de Fuenſaldaigne, eſt fait priſonnier, V. 399.

Vivès, Miniſtre du Roi d'Espagne à Genes, habile & délié, &c. I. 574.

V O

Voilth (Le Comte de) Gouverneur de Thionville, ne s'y trouve pas quand elle eſt inveſtie, V. 669.

Voiture (Vincent) Agent du Duc d'Orléans à Madrid : ſa fortune, ſes mœurs, ſon génie, & ſa maniere d'écrire. Il gagne l'eſtime du Comte-Duc d'Olivarez : ce qu'il penſoit de ce Miniſtre, IV. 135. & ſuiv. Comment il railloit Vaugelas ſur ſon exactitude trop ſcrupuleuſe, 140. Caractere qu'il donne du Comte d'Avaux, 608. *Voiture* a fait, ſans y penſer, l'éloge du Cardinal-Infant d'Espagne, VI. 484.

VO. VR

Voiſinet, diſpoſé à ſeconder le Duc d'Elbeuf dans un duel, IV. 503.

Volfgang de Neubourg va demander en mariage la fille de l'Electeur de Brandebourg. Celui-ci lui donne un ſoufflet dans un feſtin. Irrité d'un pareil affront, *Volfgang* ſe retire, épouſe la fœur du Duc de Baviere, & ſe fait Catholique, II. 203. 204. Suites de la méſintelligence de ce Prince avec l'Electeur de Brandebourg, 262. 263. 265. Il établit le Calendrier Grégorien dans ſes Etats, pour plaire au Pape & à la Cour de Madrid. 480. va ſolliciter l'inveſtiture de l'Electorat Palatin, II. 382. fait des propoſitions de neutralité au Roi de Suede. Son député eſt mal reçu, IV. 84. s'aviſe trop tard de demander la neutralité du pays de Juliers après une victoire des François, VI. 458.

Vorſtius choiſi pour remplir la chaire d'Arminius : oppoſitions à cauſe de ſes ſentiments ſuſpects. Il tâche de ſe juſtifier auprès des Etats de Hollande, & les ſatisfait, I. 105. Jacques I. s'oppoſe à ſon élection, fait brûler ſes Livres, &c. 106. 107. Engagé par les Etats à faire imprimer en Latin & en Flamand une déclaration qu'il avoit faite contre les ſentiments de Socin, &c. 213.

Villiere (La) Secrétaire d'Etat, rend ſervice au Cardinal, III. 528. lit une déclaration aux Etats de Languedoc, IV. 168. va demander les Sceaux à Châteauneuf, 221. Lettre qu'il écrit au Duc d'Halluin, Gouverneur du Languedoc, V. 340. Il n'étoit pas du Conſeil étroit du Roi, VI. 669, Acte où il eſt préſent, 692.

W A

WANDESFORD, membre de la Chambre des Communes d'Angleterre, lui fait ſon rapport de l'Etat de la Nation, &c. II. 17.

Warwick (Le Comte de) concerte une Requête au Roi avec quelques autres Seigneurs, VI. 134. ſigne une proteſtation, 522. reçoit de Northumberland, Grand-Amiral, la commiſſion de commander la Flote, contre la volonté du Roi : fait pourſuivre une frégate envoyée à S. M. par Henriette. Après la révocation du Comte de Northumberland, il continue de commander en vertu d'une Ordonnance du Parlement : gagne la plupart des Capitaines des vaiſſeaux : empêche ceux qui étoient

TABLE DES MATIERES.
W E.

étoient fideles à Charles de fe retirer, 552. 553.

Welderen, Gouverneur du Fort de Skenk, le défend bravement ; mais ne peut empêcher qu'il ne foit pris, IV. 807.

Wentworth (Le Chevalier Thomas) membre de la Chambre des Communes : fentiment qu'il y foutient, ne prévoyant pas qu'il lui nuiroit dans la fuite, III. 18, 19. aime mieux être arrêté que de donner au Roi la fomme qu'il lui demandoit par maniere d'emprunt, 34. 133. fe montre ardent défenfeur des libertés du peuple dans la Chambre des Communes, 186. 191. Séduit par fon ambition, il embraffa dans la fuite des fentimens contraires : ce qui lui en arriva, 192. Il eft gagné par la Cour : devient Pair d'Angleterre. Compliment fingulier qu'un de fes amis lui fit, 303. 304. Wentworth, Viceroi d'Irlande : commandement qu'il reçoit, V. 705. Il ne peut pas l'exécuter, 714. tâche de foutenir Cooke, Secrétaire d'Etat, 722. Voyez Strafford.

Wert (Jean de) a le commandement des troupes de Baviere, IV. 633. fe fignale à la bataille de Norlingue, 636. 647. 648. fe rend maître d'Heidelberg, en affiege le Château : eft obligé de fe retirer, 660, 661. prend la Ville de Spire, 686. accompagne le Duc Charles à une expédition en Lorraine, V. 45. Deffein qu'il eut d'enlever le quartier du Roi, 47. fe rend maître d'un Convoi, 58. commande une partie des troupes Impériales en Lorraine : fe retire en Alface, 63. fait mine de vouloir affieger Liege, 166. 167. enrre en Picardie avec le Cardinal-Infant, 170, y fait des courfes, &c. 172. 178. 179. prend Hermenftein, 348. & fuiv. enfuite Hanaw, 350. eft battu deux fois par le Duc de Weymar. Son armée eft renforcée. Il eft bleffé dans un troifieme combat, 352. fond avec trois autres Généraux fur le Prince, & l'oblige à lever le fiege de Rhinfeld, 473. eft fait prifonnier dans un fecond combat, & mené en France à fon grand regret, avec Ekenfort : comment ils y font traités, 474. 475. Jean de Wert eft échangé avec le Maréchal Horn, VI. 472.

Wefton (Le Chevalier) dans la fuite Comte de Portland, va négocier à Bruxelles pour l'accommodement du Palatin avec l'Empereur, &c. II. 498. 499. le Chevalier Wefton, Chancelier de l'Echiquier, préfente un mémoire

Tome VI.

W E. W H. W I

à la Chambre des Communes de la part du Roi, III. 19. Wefton Grand Tréforier d'Angleterre : fon crédit augmente, après la mort de Buckingam, 293. Demande qu'il élude, 300. De quoi il eft accufé par un membre des Communes. Soupçons fur fa religion, 301. Ce qu'il perfuade au Roi, 303. 305. Reproche qu'il fait à la Cour de Madrid, &c. IV. 596. Remontrance qui lui eft faite de la part de la France, 598.

Wharton (Le Lord) figne une proteftation, VI. 523.

Whiltz (Le Comte de) Gouverneur de Thionville pour le Roi d'Efpagne, & la Comteffe fon époufe, reçoivent avec honneur Marguerite de Lorraine, IV. 348.

Whitlock fait une fage remontrance dans la Chambre-Baffe, VI. 570.

Wigs (Les) & les Torys, partis oppofés en Angleterre, ne louent, ou ne blâment, pour l'ordinaire, que felon leurs préjugés, IV. 291. 292. 300. 301. Remarques fur ces deux partis, VI. 254. & fuiv. 406.

Wigton (Le Comte de) fe met en mouvement pour apaifer un foulevement à Edimbourg, V. 460. 461.

Willerval (Le Comte de) ou Villerval, IV. 229. eft tué à l'attaque des lignes devant Arras, VI. 78.

Williams (Jean) Doyen de Weftminfter, depuis Evêque de Lincoln & Archevêque d'Yorck, eft fait Garde du Grand Sceau, II. 316. expofe au Parlement les raifons que le Roi avoit de le convoquer, 409. propofe d'adoucir certains endroits d'une Lettre de S. M. à la Chambre des Communes. Ce qu'il dit fur les droits de cette Affemblée, 413. 414. Son fentiment fur le voyage du Prince de Galles en Efpagne. Alarmes que cette entreprife lui donne. Lettres qu'il écrit à S. A, R. & à Buckingam, 548. 549. Il jure l'obfervation des articles du mariage du Prince de Galles avec l'Infante, 579. Baffe adulation de Williams, 604. Il rend un grand fervice à Buckingam par la découverte d'une intrigue formée pour le perdre, 613. 614. compare ridiculement Jacques I. à Salomon, 696. Difcours qu'il fait au premier Parlement convoqué par Charles I. 749. 750. Bons confeils qu'il donne à S. M. & qui ne font pas fuivis, 752. 753. Ce Prélat, eftimé dans le Parlement, prévenoit le monde en fa faveur. Remontrances qu'il fait à Buckingam

Qqqqqq

WI

& au Roi, pour détourner un coup dont il prévoyoit les fuites fâcheuses, mal reçues, 756. 757. La conduite de *Williams* irréprochable. Prétexte dont on se sert pour lui ôter son emploi, &c. Ses démarches basses & rampantes dans sa disgrace, 757. 758.

Williams, Evêque de Lincoln, n'est point appellé au couronnement de Charles I. quoiqu'il y dût faire quelques fonctions comme Doyen de Westminster, ni au Parlement. Il représente son droit, prie le Roi d'une maniere trop basse d'apaiser Buckingam, III. 15. s'oppose à une innovation de l'Archevêque de Cantorberi ; publie un Livre pour soutenir l'ancienne Coutume. Reproches que le Comte de Clarendon fait à *Williams*, plus estimable que son ennemi Laud, IV. 304. & suiv. Pieges tendus à l'Evêque de Lincoln. Comment il s'explique sur le compte des Puritains. On lui en fait un crime. Il a recours à la clémence du Roi. A quelles conditions on lui offre sa grace. L'accord est rompu sur la maniere dont elle seroit conçue. Il est jugé à la Chambre de l'Etoile sur une nouvelle accusation : condamné à une forte amende, à demeurer prisonnier, &c. Il souffre sa disgrace avec beaucoup de constance, &c. V. 449. & s. prévoit les suites fâcheuses de la fausse démarche du Roi dans les affaires d'Ecosse, 721. Charles, content de *Williams*, l'élargit & le rétablit. Le Prélat prend sa place à la Chambre Haute. On l'accuse sans fondement d'être Puritain, VI. 266. & suiv. Il engage ses confreres à s'absenter pendant le jugement du Comte de Strafford, comme les Communes le demandoient, S'il y eut de la malignité dans son fait, 276. Cas de conscience qu'il résout, mal expliqué. Le Comte de Clarendon raconte la chose d'une maniere fort désavantageuse à *Williams*, 288. 289. Entreprise de ce Prélat, laquelle Pym & les gens de sa faction désapprouvent, 405. 406. *Williams* est transféré à l'Archevêché d'York : prononce un Sermon devant le Roi, où il choque les Presbytériens qu'il avoit ménagés autrefois. Ce que le Comte de Clarendon dit de ce Prélat. Il est insulté par la populace de Londres : assemble quelques-uns de ses confreres, & les engage à signer mal-à-propos une protestation, &c. 427. 428. Accusation intentée contre eux. L'Archevêque d'York & douze autres Prélats sont mis en prison, 429. Ils sont élargis sans l'aveu des Communes, puis remis en prison, 540.

Wilmot, Officier de l'armée d'Angleterre, entre dans un complot, VI. 284.

Wimbleton (Edouard Cecill Vicomte de) commande la flote Angloise qui fait une descente sur les côtes d'Espagne, II. 761.

Windebank (Le Chevalier François) Secrétaire d'Etat en Angleterre, attaqué par la Chambre des Communes, se retire en France : tâche de se disculper par une Lettre, aux dépens de Charles, VI. 266.

Winwood, Ambassadeur d'Angleterre à la Haie, s'intrigue avec les Gomaristes, &c. I. 211. 212. est fait Secrétaire d'Etat : mécontent du Favori, 472. découvre les preuves d'un de ses crimes, en fait rapport au Roi, 475.

Wiremberg, (Le Duc de) fait d'inutiles représentations à la Cour de France, & à celle de Vienne, II. 238. 239. III. 127. IV. 612. est fait Gouverneur de Philipsbourg. Son attachement à la France, 631.

Wirtzbourg (L'Evêque de) Chef d'une Ambassade des Electeurs Catholiques en France, IV. 15. Ce qu'il y négocie, 37. 38.

Witstock dans le Brandebourg : les Suédois y gagnent une bataille sur l'Electeur de Saxe, joint aux Impériaux, V. 128.

Wittemberg Général Major, passe le Danube gelé, & fait une expédition en Baviere, avec le Comte de Nassau, VI. 202. 203.

Witzleben, Lieutenant Colonel dans l'armée Suédoise, fait un mouvement avec beaucoup de valeur, mais mal-à-propos, IV. 643. se venge de sa premiere disgrace, 645.

Witzthum, Major Général dans l'armée des Suédois & des Confédérés, IV. 637. 640. 644.

W O

Wolberg, Ambassadeur des Provinces-Unies à la Cour de France, IV. 54.

Wolfeg (Le Comte de) Gouverneur de la Ville de Constance assiégée par les Suédois, &c. IV. 389. défend cette place avec prudence & avec courage, 391.

Wolfgang, Duc de Neubourg : Voyez *Volfgang.*

Wolmar, Chancelier d'Alsace, est envoyé à une Diete des Cantons Suisses, &c. IV. 77. 78.

Wortley (Le Chevalier) un de ceux qui portent la Banniere Royale à Nottingham, VI. 575.

Woton (Le Chevalier) Ambassadeur de S. M. Britannique à la Cour de Vienne, y pré-

TABLE DES MATIERES.

WR. WY

fente un Mémoire fur l'irruption des Espagnols dans le Palatinat. Ses sentiments sur la conduite de son Maître dans cette affaire, &c. II. 241. & suiv.

Wrangel, Colonel Suédois, est chargé de conduire un corps de troupes en Allemagne, IV. 57. se signale au combat de Wolfembutel, VI. 355.

Wray (Le Chevalier) membre de la Chambre des Communes, seconde Pym, propose une association, &c. VI. 286.

Wren, Evêque d'Ely, se rend odieux, VI. 268. avancé par Laud, 272. est accusé par la Chambre des Communes, 396.

Wytenbogart, Ministre, ami & partisan d'Arminius, I. 102. 103. Conférence liée entre lui & Festus Hommius. Déclaration du premier, 217. Il va à la Haie informer les Etats de ce qui s'étoit passé à Delft, & leur fait approuver la conduite des Remontrants, 218. s'applique à effacer les mauvaises impressions données à Jacques I. contre son parti, 218. 219. Lettre qu'il écrit à Casaubon, afin qu'il la montre à S. M. 220. Il écrit pour défendre l'Edit des Etats, 222. Démarche de ce Pasteur pacifique, 523. Goûté par le Prince d'Orange, 524. Entretien qu'il a avec Son Excellence, 325. 326. Il prie Barnevelt, & ses Collegues de consentir à la convocation d'un Synode National, 749. 750. Wytenbogart désespere de tout après que le Prince d'Orange s'est déclaré ouvertement; veut se retirer: ce qui l'arrête. Conférences qu'il a avec Barnevelt. Ses sentiments dignes d'un bon Ministre de l'Evangile, II. 52. Prévoyant l'oppression de son parti, ce qu'il dit au Pensionnaire, 53.

X ENOPHON: sa Cyropédie plus vraisemblable, & plus digne d'estime que l'Histoire d'Hérodote, I. *Préface*, II. 111.

Y ORK (Le Duc d') VI. 555. 556. 570. 571.

Z A

Z AMET, ami du Duc d'Epernon; con-

ZA. ZE. ZI. ZO. ZU

sidération que cette amitié lui procure à la Cour, I. 178.

Zamet, Maréchal de camp, brave, savant & sage Officier, meurt au siege de Montpellier. Discours que l'Auteur des Mémoires de Pontis lui fait tenir, &c. II. 512.

Zamet, Evêque de Langres: lâche conduite qu'on lui attribue envers l'Abbé de Saint-Cyran, dont il avoit été intime ami, V. 467.

Zamosky, fils du Grand Chancelier de Pologne, s'empare de la Moldavie; la défend d'abord heureusement: périt dans une bataille, II. 379.

Zanchius Théologien attaché aux dogmes de Saint Augustin, I. 100.

Zané, Capitaine Général d'une flote Vénitienne, perd une occasion favorable de battre les Espagnols. On lui ôte le commandement, I. 713.

Zapata, Cardinal Espagnol, III. 15. Réflexion qu'il fit sur la cause de la mort du Duc de Montmorenci, IV. 186. 187. 190.

Zélande, une des Provinces-Unies. Démarche que font les Etats de ce pays, I. 747. 748.

Zeno (Renier) Ambassadeur de Venise à la Cour de Savoye, I. 270. 274. ensuite à Rome: se déchaîne contre le dépôt proposé des Forts de la Valteline entre les mains du Pape, II. 566.

Zignoni de Bergame, Ingénieur, emploie les boulets creux appellés *Couriers volants*, VI. 84.

Zorzi, Ambassadeur de Venise en France, signe une Ligue, est un des médiateurs entre Louis XIII. & le Roi d'Angleterre, III. 332. 333.

Zuiroga, Capucin Espagnol: offre qu'il fait à Vaistein de la part du Roi Catholique, IV. 68.

Zuniga (Dom Balthazar de) négocie avec Bassompierre, II. 319. est fait premier Ministre de concert avec le Comte d'Olivarez son neveu, 321. Expédients qu'il propose pour l'accommodement de l'affaire de la Valteline, 324. 325. 326. Il ménage les choses à l'avantage du Roi son maître, &c. 564. 565.

FAUTES A CORRIGER
AU TOME VI.

Page 11, ligne 5, gens guerre, *lisez* gens de guerre.
13, lig. 14, *lui*, *lis.* loi.
37, lig. 13, encourre, *lis.* encourt.
48, lig. 18, 19, fait auffi belle, *lis.* fait une auffi belle.
50, lig. 13, pour-tout, *lis.* partout.
51, lig. 14, *Camtilmo*, *lis.* Cantelmo.
56, lig. 29, Piennet, *lis.* Piennes.
58, lig. 26, contefté, *lis.* confeffé.
84, lig. 41, du Turin, *lis.* de Turin.
Les chiffres de la feuille O doivent être 105, 106, 107, 108, 109, 110, 111, 112 au lieu de 205, 206, &c.
135, lig. 25, Henderfon, *lis.* Hunderfon.
149, lig. 42, pofive, *lis.* pofitive.
161, lig. 15, *Salfagna*, *lis.* Saldagna.
170, lig. 17, Cantannede, *lis.* Cantagnede.
ibid. lig. 20, Albare, *lis.* Alvare.
171, à la note, Grau, *lis.* Grace.
177, lig. 44, Sebaftian, *lis.* Sebaftien.
186, lig. 25, Mai, *lis.* Mars.
193, lig. 32, conclu, *lis.* conçu.
197, lig. 39, 40, *derneire*, *lis.* derniere.
201, lig. 31, de parvenir, *lis.* de chercher les moyens de parvenir.
203, lig. 22, tout le *Cercle*, lif. tous les *Cercles*.
ibid. lig. 39, Rengeftauff, *l.* Regenftauff.
ibid. lig. 16, de côté, *lis.* de ce côté.
206, lig. 18, 19, de Woilland, *lis.* du Woitland.
209, lig. 28, 29, conftance, *lis.* conftante.
214, lig. 22, qu'il a pris, *lis.* qu'il prit.
224, lig. 16, Héronie, *lis.* Héroïne.
238, lig. 40, cantonnées, *lis.* fe trouvoient cantonnées.
242, lig. 13, 14, tous honneurs, *lis.* tous les honneurs.
ibid. lig. 23, Lifbone, *lis.* Liflebonne.
243, lig. 34, renfoncer, *lis.* renforcer.
248, lig. 2, révole, *lis.* révolte.
249, lig. 15, Brederole, *lis.* Brederode.
250, lig. 37, le Cogneux, *lis.* le Coigneux.
ibid. lig. derniere, foutenus, *l.* foutenue.
253, lig. 26, Linfey, *lis.* Lindfey.

Page 257, lig. 33, remplifoient, *l.* rempliffent.
260, ligne 25, Clortworthy, *lis* ez Clotworthy.
265, lig. 31, employée ; pour, *lis.* employées pour.
266, lig. 3, de ce Windebank, *lis.* de ce que Windebank.
273, lig. 15, intimidés, *lis.* intimidé.
ibid. lig. 35, de faire, *lis.* à faire.
280, lig. 1, forcés, *lis.* forcées.
281, à la marge en haut, mettez-nes changent de procédure contre le Comte de Strafford.
Tryal of the Earl of Strafford.
Rushworth Hiftorical Collections IV. Vol.
Clarendon's Hiftory. I. vol. 3 Book.
Burnet's Hiftory of the Réformation of England. I. Vol. 2 & 3. Book.
291, lig. 29, les Parlemens, *lis.* dans les Parlemens.
292, lig. 12, 16, Malborough, *lis.* Marlborough.
294, lig. 12, entiére, *lis.* entier.
302, lig. 18, elles fe trouvent, *lis.* elle fe trouve.
305, lig. 22, eft en, *lis.* en eft.
309, lig. 34, travailloit-il, *lis.* travailloient-ils.
312, lig. 2, il croyoit, *lis.* il le croyoit.
328, lig. 10, M. Comte, *lis.* M. le Comte.
333, lig. 28, naturel, *lis.* mutuel.
334, lig. 24, Comte, *lis.* Comté.
343, lig. 20, 21, condération, *lis.* confidération.
ibid. lig. 26, augmenta, *lis.* augmentât.
344, lig. 22, cet, *lis.* c'eft.
352, lig. 44, plufibéraux, *lis.* plus libéraux.
363, lig. 33, feroit, *lis.* fe fairoit.
377, lig. 17, 18, Mandrid, *lis.* Madrid.
ibid. lig. 25, les ombrages de Brezé, *lis.* les ombrages & les foupçons qu'il y avoit caufés. Le Marquis de Brezé.
ibid. lig. 35. Media, *lis.* Medina.
378, au Sommaire, Bragance, *lis.* Brague.
378, lig. 19. le Duc de Sidonia, *lis.* le Duc de Medina-Sidonia.

Page 378, lig. 39, de Villaréal, lif. Marquis de Villaréal.
386, lig. 16, Vimoife, lif. Vimiofe.
393, lig. 12, Vicenne, lif. Vicenze.
395, lig. 10, garde, lif. garnifon.
396, lig. 27, Egilfes, lif. Eglifes.
400, lig. 14, trahaiffoit, lif. trahiffoit.
402, lig. 1, de ne négocier, lif. négocier.
406, lig. 1, menerent, lif. menent.
420, lig. 18, Romé, lif. Rome.
425, lig. 5, paarcequ'on, lif. parcequ'on.
433, lig. 24, la fanté, lif. la foibleffe de la fanté.
438, lig. 7, & de Cinq-Mars, lif. & Cinq-Mars.
439, lig. 1, Briane, lif. Briare.
476, lig. 11, euffent, lif. n'euffent.
480, lig. 17, prémodité, lif. prémédité.
484, lig. 21, Conférés, lif. Confédérés.
485, lig. 17, Alcamira, lif. Altamira.
490, lig. 32, j'eufe, lif. j'euffe.
507, lig. 36, Pontifie, lif. Pontife.
512, lig. 27, l'invefture, lif. l'inveftiture.
522, lig. 7, civile, lif. incivile.
534, lig. 42, ils étoient, lif. il étoit.
537, lig. 19, ufurpateurs, lif. ufurpations.
542, lig. 24, 25, ne verrons-pas, lif. ne verrons-nous-pas.
546, lig. 38, Denzill, Hollis, lif. Denzill Hollis.
547, lig. 22, qu'elles prennent, lif. difent qu'elles prennent.
550, lig. 22, fe donnoient, lif. fe donnoit.
571, lig. 42, 43, fi le Roi, ... impofer. Les factieux, lif. que fi le Roi .... impofer, les factieux.
575, lig. 27, 28, volontiers au tout, lif. volontiers tout.
581, lig. 39, 40, maître, au rapport de quels-uns, lif. maître. Au rapport de quelques-uns.
Page 596, lig. 19 20, fes deux autres créatures, lif. fes deux créatures.
601, lig. 43, par lefquelles, lif. dans lefquelles.
602, lig. 4, avec le Duc d'Orléans ; lif. avec l'Envoyé du Duc d'Orléans.
603, lig. 4, Gaulas, lif. Goulas.
607, lig. 22, mais le Grand Ecuyer ne lui déclara, lif. mais que jamais le Grand Ecuyer ne le lui déclara.
ibid. lig. 25, ma conduite eft, lif. ma conduite paffée en eft.
608, lig. 10, Mrs. Bouillon, lif. Mrs de Bouillon.
619, lig. 11, une, lif. un.
623, lig. 35, bons, lif. bonds.
633, lig. 2, quatres, lif. quatre.
ibid. lig. 22, éprend, lif. reprend.
634, lig. 21, demeurerai, lif. demeurai.
637, lig. 1, conitrubua, lif. contribua.
642, lig. 26, Puffendrof, lif. Puffendorf.
ibid. lig. 41, Cafel, lif. Caffel.
643, lig. 13, mouvemens, lif. momens.
ibid. lig. 22, Guemind, lif. Guemund.
674, lig. 41, Capio, lif. Carpio.
677, lig. 4, Haroœ, lif. Haro.
692, lig. 11, pouvoit, lif. pourra.
697, lig. 18, 19, du Duc d'Anjou, lif. du Dauphin & du Duc d'Anjou.
701, lig. 11, efpérent, lif. efpérerent.

A la Table des Matieres.

Page 836, colonne 2, à la fin de l'article *Gourney*, ajoutez, 573.
837, col. 1, à l'article *Grammont* (Le Maréchal de) après exploits, ajoutez, 344.

F I N.

www.ingramcontent.com/pod-product-compliance
Lightning Source LLC
Chambersburg PA
CBHW050246230426
43664CB00012B/1845